NOVO REGIME
DO ARRENDAMENTO URBANO

Anotado – Lei n.º 6/2006, de 27 de Fevereiro

JOSÉ ANTÓNIO DE FRANÇA PITÃO
ADVOGADO

NOVO REGIME DO ARRENDAMENTO URBANO

Anotado – Lei n.º 6/2006, de 27 de Fevereiro

2.ª Edição (Actualizada)

Remissões
Legislação Complementar
Jurisprudência
Doutrina

ALMEDINA

NOVO REGIME DO ARRENDAMENTO URBANO
Anotado – Lei n.º 6/2006, de 27 de Fevereiro

AUTOR
JOSÉ ANTÓNIO DE FRANÇA PITÃO

EDITOR
EDIÇÕES ALMEDINA, SA
Avenida Fernão de Magalhães, n.º 584, 5.º Andar
3000-174 Coimbra
Tel.: 239 851 904
Fax: 239 851 901
www.almedina.net
editora@almedina.net

PRÉ-IMPRESSÃO • IMPRESSÃO • ACABAMENTO
G.C. – GRÁFICA DE COIMBRA, LDA.
Palheira – Assafarge
3001-453 Coimbra
producao@graficadecoimbra.pt

Junho, 2007

DEPÓSITO LEGAL
260028/07

Os dados e as opiniões inseridos na presente publicação
são da exclusiva responsabilidade do(s) seu(s) autor(es).

Toda a reprodução desta obra, por fotocópia ou outro qualquer processo,
sem prévia autorização escrita do Editor,
é ilícita e passível de procedimento judicial contra o infractor.

PREFÁCIO À 2ª EDIÇÃO

Publicada esta obra em Outubro de 2006, rapidamente se esgotou a 1ª edição, pelo que fomos solicitados pelas Edições Almedina para a sua republicação, o que agora materializamos.

Aproveitou-se, contudo, para introduzir nesta nova edição apontamentos mais recentes de doutrina, bem como a actualização da jurisprudência dos tribunais superiores e legislação complementar regulamentadora do Novo Regime do Arrendamento Urbano.

É óbvio que uma obra desta envergadura e com um tema jurídico tão candente nunca estará constantemente actualizada. Contudo, nesta nova edição pretende-se colocar à disposição do leitor consulente o que de mais recente foi publicado nesta matéria.

Funchal, Maio de 2007

O Autor

FRANÇA PITÃO

PREFÁCIO À 1ª EDIÇÃO

A Lei n.º 6/2006, de 27 de Fevereiro, aprovou o Novo Regime do Arrendamento Urbano (NRAU), pondo, assim, termo a quase dezasseis anos de vigência do Regime do Arrendamento Urbano (RAU), que havia sido aprovado pelo Decreto-Lei n.º 321-B/90 de 15 de Outubro, e posteriormente alterado por várias vezes.

Contudo, apesar da revogação expressa do RAU, constante do artigo 60.º da Lei n.º 6/2006, a verdade é que este preceito ressalva a continuação da vigência do anterior diploma nas matérias previstas nos artigos 26.º e 28.º da nova Lei, ou seja, as matérias aí referidas atinentes quer a contratos habitacionais celebrados na vigência do regime do arrendamento urbano e contratos não habitacionais celebrados depois do Decreto-Lei n.º 257/95, de 30 de Setembro, quer os contratos habitacionais celebrados antes da vigência do RAU e contratos não habitacionais celebrados antes do Decreto-Lei n.º 257/95, de 30 de Setembro.

A nova Lei pretendeu, sobretudo, estabelecer regras quanto à possibilidade de actualização (extraordinária) de rendas, a qual se encontrava "congelada" há vários anos, fazendo-a contudo depender do estado de conservação do imóvel arrendado, estabelecendo-se critérios para o cálculo do valor do locado. Assim, se por um lado, se protege o senhorio, no sentido de obter uma retribuição mais justa pela cedência do gozo do imóvel, também se protege o arrendatário, que poderá exigir, de forma mais eficaz, a realização de obras de conservação ou recuperação do locado, em conjugação com vária legislação extravagante já em vigor.

Por outro lado, alterou-se significativamente o leque de oportunidades do senhorio em conseguir o despejo do imóvel, por via extrajudicial ou judicial, e, quanto a esta, com o recurso a acção comum, como resulta dos artigos 14.º e 15.º do NRAU.

Prefácio

Disciplinaram-se as formas de comunicações entre senhorios e arrendatários, com vista a uma maior segurança nas relações entre ambos, o que é de louvar, na medida em que a prova da prática de determinado acto (assim como a prova do próprio contrato, hoje necessariamente reduzido a escrito) torna-se quase inequívoca.

Finalmente, o legislador aproveitou para "repor" vários preceitos do Código Civil, em matéria de locação, alterando ainda a redacção de alguns dos que ainda se encontravam em vigor.

No presente trabalho propomo-nos anotar os vários preceitos do NRAU, bem como os do Código Civil, entretanto republicados, com indicação, sempre que oportuno, da legislação complementar, jurisprudência (alguma meramente indiciária) e anotações doutrinais, que, pensamos, ajudarão o prático do direito a melhor interpretar e compreender o alcance da nova legislação, podendo proceder à sua aplicação de forma mais correcta.

Dado o espírito iminentemente prático deste trabalho, deixamos em aberto, no fim das anotações a cada preceito, um espaço para notas pessoais, por forma a tornar este livro num verdadeiro instrumento pessoal de trabalho.

Como não podia deixar de ser, introduz-se na Parte III, toda a nova legislação complementar a que faz referência a nova Lei, bem como, na Parte IV, vária legislação subsidiária, também com interesse prático para a resolução de todas as questões relacionadas com o instituto do arrendamento.

Esperamos que o nosso objectivo – ajudar o prático do direito nesta área – tenha sido conseguido.

Funchal, Agosto de 2006

O Autor

FRANÇA PITÃO

INTRODUÇÃO

PROPOSTA DE LEI N.º 34/X

PROPOSTA DE LEI N.º 34/X

Aprova o Novo Regime do Arrendamento Urbano (NRAU),
que estabelece um regime especial de actualização das rendas antigas,
e procede à alteração do Código Civil, do Código de Processo Civil,
do Decreto-Lei n.º 287/2003, de 12 de Novembro, do Código do Imposto
Municipal sobre Imóveis e do Código do Registo Predial

EXPOSIÇÃO DE MOTIVOS

O regime do arrendamento urbano encontra-se consagrado no nosso Direito de há muitos séculos. Desde as Ordenações do Reino ao Código Civil de Seabra, de 1867, foi criado um regime claro e liberal: o arrendamento, como modalidade de locação, um contrato temporário com um prazo supletivo de seis meses que, chegado ao seu termo, se presume renovado «se o arrendatário se não tiver despedido, ou o senhorio o não despedir no tempo e pela forma costumados na terra».

Mas, desde então, são múltiplas as alterações ao regime do arrendamento, bem consubstanciadas em centenas de leis aprovadas durante os últimos 140 anos, o que dá bem conta da instabilidade que se gerou em torno deste regime e da sua prática.

O Código de Processo Civil de 1876 foi usado, desde logo, para regular, com alguma minúcia, a cessação do contrato de arrendamento.

Uma lei de 21 de Maio de 1896 desenvolveu aspectos processuais nas acções de despejo. Ela vigoraria até ser revogada pelo Decreto de 30 de Agosto de 1907, que substituiu, também, os artigos competentes do Código de Processo Civil e introduziu novas disposições substantivas.

Introdução – Proposta de Lei n.º 34/X

Contudo, as tensões políticas decorrentes da proclamação da República, que impõem alterações legislativas ainda mais variadas, dão início a um século conturbado no âmbito da legislação do arrendamento urbano. Logo o Decreto de 11 de Novembro de 1910, veio fixar preceitos fiscais estritos no domínio do arrendamento, tendo, para além disso, congelado as rendas pelo prazo de um ano. Pouco depois, a situação gerada já era de tal forma complexa para o então Governo Provisório, que, por Portaria de 23 de Janeiro de 1911, se vê obrigado a nomear uma comissão constituída por representantes dos proprietários e dos inquilinos de Lisboa e Porto, por um advogado, um contador e pelo então chefe de repartição do Ministério da Justiça – o Prof. Doutor José Maria Vilhena Barbosa de Magalhães – para «codificar todas as disposições em vigor sobre arrendamentos de prédios urbanos». O trabalho desta comissão, mercê da instabilidade política da época, só viria a ser aprovado em 1919, através do Decreto n.º 5411, de 17 de Abril.

A I Grande Guerra constituiria, no entanto, motor fundamental das intervenções legislativas no arrendamento. Logo em 23 de Novembro de 1914, o Decreto n.º 1079 congelava as rendas nos contratos existentes e nos novos contratos, com a excepção das de montante elevado. Esta situação foi mantida, com pequenas modificações, pela Lei n.º 828, de 28 de Setembro de 1917, a qual veio declarar «expressamente proibido aos senhorios ou sublocadores [...] intentarem acções de despejo que se fundem em não convir-lhes a continuação do arrendamento, seja qual for o quantitativo das rendas». Previa-se, ainda, que esta lei se aplicasse «somente enquanto durar o estado de guerra e até seis meses depois de assinado o tratado de paz». Menos de um ano volvido, o Decreto n.º 4499, de 27 de Junho de 1918, regulou a matéria do arrendamento urbano, tentando pôr fim à multiplicidade de diplomas existentes. Mas manteve o congelamento das rendas e a proibição dos despejos por conveniência do senhorio. No fim da Guerra, foi publicado o já citado Decreto n.º 5411, de 17 de Abril de 1919, que pretendeu reunir «toda a legislação referente ao arrendamento de prédios rústicos e urbanos». O condensar de múltiplas fontes existentes nesse domínio em 120 artigos permitiu dar um tratamento coerente à matéria, suprimindo evidentes lacunas e contradições. Contudo, este Decreto n.º 5411 foi criticado pelas confusas relações que veio estabelecer com o Código Civil. A instabilidade económica e social subsequente promoveu novas alterações ao arrendamento, num absurdo

Exposição de Motivos

legislativo que chegou a ultrapassar a centena de diplomas. Não obstante, ele foi conservado como referência, dando ao arrendamento um mínimo de unidade institucional e científica.

A Lei n.º 1662, de 4 de Setembro de 1924, pretendeu significar uma certa abertura. Mantendo restrições no domínio dos despejos, facultou actualizações de rendas na base, também, de valores matriciais. Ela própria considerou estas regras como transitórias, prescrevendo o termo da sua vigência para o dia 30 de Dezembro de 1925. Mas logo este prazo seria prorrogado até 31 de Dezembro de 1926, pelo Decreto n.º 10774, de 19 de Maio de 1925, até 31 de Dezembro de 1927, pelo Decreto n.º 12617, de 6 de Novembro de 1926, e indefinidamente pelo Decreto n.º 14630, de 28 de Novembro de 1927.

Uma nova tentativa de resolução do problema das rendas foi efectuada pelo Decreto n.º 15289, de 30 de Março de 1928. Previram-se, aí, esquemas complexos de actualizações com base no valor matricial. As rendas dos prédios que vagassem eram libertadas, bem como as relativas a arrendatários com outra habitação ou que subaproveitassem o local ou a proprietários de prédios construídos sem subsídios depois da entrada em vigor do diploma. Os contratos no regime de liberdade de renda podiam, ainda, cessar no seu termo, por conveniência do senhorio, nos moldes gerais. Estas regras foram suspensas, contudo, ainda que em parte, pelo Decreto n.º 15315, de 4 de Abril de 1928, enquanto o Decreto n.º 22661, de 13 de Junho de 1933, dispôs que as restrições relativas a rendas e a despejos só pudessem ser invocadas pelos arrendatários em relação à habitação onde tivessem residência permanente.

A concluir esta fase, assinale-se o Código de Processo Civil de 1939, que inseriu a acção de despejo entre os processos especiais nele regulados, ainda que integrando matéria que, como o depósito das rendas, nada com ela tinha a ver.

A Lei n.º 1918, de 3 de Abril de 1940, de natureza eminentemente fiscal, facultou avaliações de locais onde houvesse estabelecimentos comerciais, permitindo uma nova renda em consonância com o valor actualizado.

Mas a grande reforma no domínio do arrendamento fica a dever-se à Lei n.º 2030, de 22 de Junho de 1948. Este diploma veio tratar de assuntos variados, com relevo para a expropriação por utilidade pública e para o direito de superfície. Na sua parte V – artigos 36.º e seguintes – versou

13

Introdução – Proposta de Lei n.º 34/X

o contrato de arrendamento urbano, numa série de preceitos que transitariam, depois, para o Código Civil de 1966. No tocante à actualização das rendas, foi esta admitida, fora de Lisboa e do Porto, até ao duodécimo do rendimento ilíquido inscrito na matriz, de modo escalonado. Admitia-se, ainda, a avaliação fiscal para corrigir tal rendimento, na base do qual se poderiam fazer novas actualizações.

A Lei n.º 2088, de 3 de Junho de 1957, veio regular a denúncia do contrato para a realização de obras que permitam aumentar o número de arrendatários, num esquema mantido pelo Código Civil, então em preparação. Num outro plano, a Lei n.º 2114, de 15 de Junho de 1962, veio regular especialmente o arrendamento rural.

Mas as diversas modalidades de arrendamento, só voltaram a ser reconstituídas pelo Código Civil de 1966. Procurando respeitar muitas das especificidades preexistentes, o Código Civil conseguiu traçar um quadro claro para um instituto que, em pouco mais de meio século, terá provocado mais de 300 intervenções legislativas.

A liberdade de fixação das rendas manteve-se para o primeiro ou para novos arrendamentos. A denúncia por iniciativa do senhorio era, porém, muito restringida, conferindo aos arrendamentos urbanos uma natureza não temporária. A actualização das rendas, dada a depreciação monetária, tornava-se, assim, questão candente: o Código Civil facultava-a, permitindo fazer corresponder o seu montante ao duodécimo do rendimento inscrito na matriz, actualizável ao cabo de cinco anos por avaliação fiscal: era, pois, o esquema da Lei n.º 2030. O Decreto-Lei n.º 47334, de 25 de Novembro de 1966, que aprovou o Código Civil, manteve, porém, a suspensão das avaliações fiscais prescritas em 1948 para Lisboa e para o Porto. Esta solução, encontrada na época por puros pruridos políticos, veio ampliar o problema, sem precedentes na agitada história do arrendamento urbano português, criado pela Lei n.º 2030.

Em 1974, aquando da Revolução de 25 de Abril, havia, assim, numerosas rendas, em Lisboa e no Porto, que não eram actualizadas desde 1945.

A evolução do regime do arrendamento urbano que se seguiu à Revolução de 1974, e ainda durante o período revolucionário, retomou a instabilidade já trilhada durante o período pós-proclamação da República e da Guerra de 1914-1918. O Decreto-Lei n.º 217/74, de 27 de Maio, congelou por 30 dias as rendas dos prédios urbanos. De seguida, o Decreto-Lei

Exposição de Motivos

n.º 445/74, de 12 de Setembro, pretendendo resolver o problema da habitação do País, alargou a todos os concelhos a suspensão das avaliações fiscais para actualização das rendas, antes confinada a Lisboa e ao Porto, suspendeu o direito de demolição, estabeleceu um dever de arrendar e fixou rendas máximas para o arrendamento de prédios antigos.

No período entre 1975 e 1976 assiste-se novamente à proliferação de diplomas, a que não é estranho o clima revolucionário. O Decreto-Lei n.º 155/75, de 25 de Março, que suspendeu as denúncias do arrendamento feitas com base na ampliação do prédio ou na necessidade do local arrendado para casa própria do senhorio, o Decreto-Lei n.º 198-A/75, de 14 de Abril, que permitiu a legalização das ocupações de fogos levadas a efeito para fins habitacionais mediante contratos de arrendamento compulsivamente celebrados, o Decreto-Lei n.º 232/75, de 16 de Maio, que adoptou medidas relativas a casas sobreocupadas na região do Porto, o Decreto-Lei n.º 539/75, de 27 de Setembro, que pretendeu facilitar o realojamento das famílias prejudicadas por demolições, o Decreto-Lei n.º 188/76, de 12 de Março, que estabeleceu medidas respeitantes à prova do contrato de arrendamento para habitação, o Decreto-Lei n.º 366/76, de 15 de Maio, que introduziu alterações processuais na acção de despejo e visou instalar os locatários que não pagassem rendas por razões conjunturais, e o Decreto-Lei n.º 420/76, de 28 de Maio, que concedeu um direito de preferência aos conviventes com o arrendatário, em relação aos novos arrendamentos.

A cada vez mais complexa reconstrução dos regimes do arrendamento urbano foi, no entanto, iniciada já sob o domínio da normalização constitucional. O Decreto-Lei n.º 583/76, de 22 de Junho, veio fazer cessar a suspensão das acções de despejo por denúncia para habitação própria do senhorio quando este fosse retornado das ex-colónias, emigrante, reformado, aposentado ou trabalhador que deixasse de beneficiar de habitação concedida pela entidade patronal. O Decreto-Lei n.º 293/77, de 20 de Julho, concedeu uma série de medidas de protecção aos réus em acções de despejo – incluindo moratórias na desocupação do prédio e a própria caducidade do direito de resolução pelo senhorio – e, como que em contrapartida, revogou o Decreto-Lei n.º 155/75, de 25 de Março, que suspendia os despejos por denúncia. A Lei n.º 63/77, de 25 de Agosto, correspondente à ideia de primazia da habitação própria, conferiu aos arrendatários

Introdução – Proposta de Lei n.º 34/X

habitacionais um direito de preferência na aquisição de habitação própria. A Lei n.º 55/79, de 15 de Setembro, veio restringir a denúncia para habitação própria do senhorio.

A questão das rendas foi sempre abordada com muitas cautelas. O Decreto-Lei n.º 148/81, de 4 de Junho permitiu, para o futuro, arrendamentos de renda livre, ilimitada mas sem actualização e de renda condicionada, limitada a 7% do duodécimo do valor do fogo, mas actualizável, sendo o valor dos fogos definitivamente desanexado das matrizes totalmente desactualizadas e as rendas actualizadas segundo um coeficiente anual a aprovar pelo Governo. Manteve-se, por fim, a suspensão das avaliações fiscais para actualização de rendas, mas revogou-se o Decreto-Lei n.º 445/74, de 12 de Setembro.

O Decreto-Lei n.º 330/81, de 4 de Dezembro, veio permitir a actualização anual das rendas comerciais, de acordo com coeficientes de actualização aprovados pelo Governo e permitindo-se ainda uma avaliação fiscal extraordinária para ajustamento das rendas praticadas à data da aplicação do regime anual.

No domínio do arrendamento para habitação já existente, foram facultadas actualizações de rendas em virtude de certas obras, nos termos dos Decretos-Leis n.ᵒˢ 294/82, de 27 de Julho, e 449/83, de 26 de Dezembro.

A Lei n.º 46/85, de 20 de Setembro, aperfeiçoou a ideia de contratos celebrados no regime de renda livre e no de renda condicionada, tal como vinham já do Decreto-Lei n.º 148/81, de 4 de Junho. Para evitar, porém, novos desfasamentos e uma subida incontrolável das rendas exigidas às pessoas que chegassem, de novo, ao mercado do arrendamento, proclamou o princípio da actualização anual de todas as rendas, de acordo com os coeficientes a aprovar pelo Governo. Ao mesmo tempo, permitiu-se a correcção extraordinária das rendas fixadas antes de 1980, segundo coeficientes que variavam de acordo com a condição do prédio e a data da última actualização, com escalonamento dos aumentos daí resultantes. Foi, ainda, regulado o tema das obras de conservação e beneficiação, as quais podem, em certos casos, reflectir-se nas rendas. Para compensar os aumentos de rendas, foi instituído o subsídio de renda para os arrendatários de baixo rendimento. Vários outros temas, como o direito a novo arrendamento a favor do convivente com o senhorio ou a celebração de contratos de duração limitada, em conjunto com disposições fiscais e penais, foram, ainda, incluídos na Lei n.º 46/85, de 20 de Setembro.

Exposição de Motivos

Em regulamentação da Lei n.º 46/85, de 20 de Setembro, foi publicado o Decreto-Lei n.º 13/86, de 23 de Janeiro, relativo a arrendamentos em renda condicionada, mas que introduziu várias regras gerais sobre o arrendamento urbano, e o Decreto-Lei n.º 68/86, de 27 de Março, sobre subsídios de renda.

Apesar das suas múltiplas implicações a Lei n.º 46/85, de 20 de Setembro, foi aplicada sem dificuldades sociais. A convicção generalizada da injustiça das rendas antigas e a disponibilidade dos subsídios de renda terão, para tanto, sido decisivos.

O final do século XX fica marcado, em termos legislativos na área do arrendamento, pelo regime aprovado pelo Decreto-Lei n.º 321-B/90, de 15 de Outubro. Esse diploma visou três grandes objectivos: a codificação das leis relativas ao arrendamento urbano, a correcção de alguns pontos controversos, esparsos por todo o articulado e a introdução de determinadas reformas de fundo.

O Regime do Arrendamento Urbano (RAU) de 1990 foi acolhido, sem sobressaltos, tão evidente era o seu limitado alcance reformista. Acresce que pouco tempo depois já eram aprovadas várias alterações quer ditadas por questões pontuais, quer destinadas a dar corpo a uma renovação de fundo que o diploma original não consagrava. O Decreto-Lei n.º 278/93, de 10 de Agosto, veio dar nova redacção aos artigos 30.º, 31.º, 69.º, 78.º, 89.º e 99.º do RAU, introduzindo, ainda, diversos preceitos: os artigos 81.º-A, 89.º-A, 89.º-B, 89.º-C e 89.º-D. No fundamental, visou-se ampliar o papel da autonomia privada na actualização das rendas e flexibilizar as denúncias, em certas hipóteses de transmissão por morte.

Um especial relevo assume o Decreto-Lei n.º 257/95, de 30 de Setembro, que revê o arrendamento urbano para o exercício de comércio, indústria e profissões liberais, no sentido de, também aí, se possibilitarem contratos de duração limitada efectiva. O Decreto-Lei n.º 64-A/2000, de 22 de Abril, veio alterar os artigos 7.º, 9.º, 111.º, 115.º e 122.º do Regime do Arrendamento Urbano, no sentido de desformalizar a celebração de contrato. Já a Lei n.º 16/2000, de 8 de Agosto, autorizou o Governo a legislar sobre o RAU, particularmente em matéria de realização de obras de conservação por parte do senhorio ou por parte do arrendatário, de actualização de rendas, de denúncia do contrato, de resolução do contrato, de subsídio de renda e de criação de mecanismos de conciliação e arbitragem. Em sua sequência foram publicados o Decreto-Lei n.º 329-A/2000, de 22 de Dezembro, que alterou o regime de renda condicionada, constante do Decreto-Lei n.º 13/86, de 23 de Janeiro e o Decreto-Lei n.º 329-B/2000, também de 22 de Dezembro, que modificou os artigos 12.º, 15.º, 16.º, 18.º, 31.º, 32.º, 36.º, 38.º, 56.º, 64.º, 69.º, 71.º, 73.º e 107.º do RAU. Foram ainda alterados os artigos 1.º, 3.º e 7.º da Lei n.º 2.088, de 3 de Junho de 1957 e aditado o artigo 5.º-A à mesma Lei, para além de outros diplomas. O artigo 85.º do referido Regime foi ainda alterado pelas Leis n.ºˢ 6/2001 e 7/2001, de 11 de Maio, no tocante às uniões de facto e à economia comum.

A Constituição de 1976, no seu artigo 65.º, considera a habitação como um direito que assiste a todos os portugueses. Mas não há verdadeiro direito de habitação sem a participação plena e articulada de todas as componentes do mercado. Em consequência cabe ao Estado criar condições políticas que permitam que aquele preceito constitucional se torne uma realidade concreta.

Passados anos, décadas, de sucessivas alterações e pretensas reformas, tem de reconhecer-se que o mercado de arrendamento continua paralisado, não se tendo concretizado as muitas expectativas depositadas nas sucessivas leis. De facto, o País continua a debater-se com a falta de um verdadeiro mercado do arrendamento ao mesmo tempo que os centros urbanos se degradam, fruto do baixo nível de rendibilidade associado aos arrendamentos antigos, tendencialmente perpétuos, forçando muitos senhorios a omitirem as necessárias obras de reparação e de beneficiação.

Apesar das evoluções que sempre foram representando, mantêm-se, no actual regime jurídico do arrendamento urbano, realidades que o tornam pouco atractivo, condicionando a sua adequada utilização no desenvolvimento da política de habitação.

No nosso País muitas vezes aborda-se recorrentemente a problemática do arrendamento como se de uma luta de interesses antagónicos se tratasse entre proprietários e inquilinos, quando, de facto, se está perante uma situação totalmente inversa. Tal filosofia estava bem patente na última tentativa para rever esta legislação, motivo que determinou o seu acelerado insucesso e unânime rejeição.

Não há interesses antagónicos, antes se deve apostar numa saudável conjugação de interesses, em benefício de senhorios e de inquilinos, e assim da sociedade e do País no seu todo. E se o mercado não funciona adequadamente, cabe ao Estado encontrar os equilíbrios socialmente justos.

Exposição de Motivos

Todos os estudos, comparatísticos e sócio-económicos, realizados nos últimos anos apontam para a necessidade de uma reforma profunda do regime do arrendamento urbano, nisso sendo acompanhados pela opinião do cidadão mais comum.

Os efeitos nefastos de uma legislação desajustada e perversa estão à vista. Muitas pessoas optam esmagadoramente pela aquisição de habitação própria, especialmente no início de uma vida independente, acentuando elevados níveis de endividamento familiar, fazendo proliferar as habitações de escalão mais baixo, apostando a construção civil em zonas suburbanas, com a consequente duplicação de infra-estruturas públicas.

Existem, em Portugal, mais de 700.000 contratos de arrendamento urbano, dos quais cerca de 400.000 são anteriores a 1990. As habitações de rendas baixas, se oneram muitos proprietários, contribuem decisivamente para a sobrevivência de muitas famílias de baixos rendimentos, de desempregados e de pensionistas, não podendo estes, sem mais, ser delas despojadas.

Contudo, não se pode ignorar que em resultado das políticas de arrendamento seguidas em Portugal nas últimas décadas, das quais se destaca o congelamento das rendas por um largo período de tempo, aliado à galopante inflação em determinados períodos, deparamo-nos com a fragilização financeira de muitos senhorios, quantos deles tão ou mais carecidos que os seus inquilinos.

A revisão do RAU, visa, pois alcançar objectivos considerados essenciais ao saudável desenvolvimento do mercado habitacional português, através da previsão de regras que, simultaneamente, promovam o mercado de arrendamento para habitação, serviços e comércio, facilitem a mobilidade dos cidadãos, criem condições atractivas para o investimento privado no sector imobiliário, devolvendo confiança aos agentes económicos, promovam a reabilitação urbana, a modernização do comércio, a qualidade habitacional e uma racional alocação de recursos públicos e privados.

Para tanto, o Governo apresenta à Assembleia da República uma Proposta de Lei, que aprova o Novo Regime do Arrendamento Urbano (NRAU), e bem assim um regime transitório relativo aos contratos celebrados durante a vigência do RAU, aos quais se aplica o novo regime, salvo em relação a alguns aspectos do regime de denúncia, matérias que continuam a reger-se pelo RAU, tendo em vista assegurar a protecção da expectativa das partes e a estabilidade do regime jurídico aplicável.

Introdução – Proposta de Lei n.º 34/X

O regime transitório incide ainda sobre os contratos de arrendamento anteriores a 1990, e relativamente aos arrendamentos comerciais, anteriores a 1995, tendo em vista manter, de igual modo, a aplicação das regras do RAU em sede de duração, renovação e denúncia daqueles contratos.

A presente Proposta de Lei permite ainda a actualização das rendas baixas, que foram congeladas durante décadas, mas sendo essa actualização efectuada de forma faseada, tendo em vista evitar-se quaisquer rupturas sociais.

Regra geral, o faseamento decorre ao longo de 5 anos. Porém, prevê-se um prazo mais dilatado de 10 anos, nos arrendamentos habitacionais em que os arrendatários invoquem auferir um rendimento anual bruto corrigido inferior a 5 retribuições mínimas nacionais anuais, ou ter idade superior a 65 anos, e ainda nos arrendamentos não habitacionais, quando o arrendatário seja uma microempresa ou uma pessoa singular, quando tenha adquirido o estabelecimento por trespasse ocorrido há menos de cinco anos, quando exista no locado um estabelecimento aberto ao público e aquele esteja situado em área crítica de recuperação e reconversão urbanística, ou ainda quando a actividade exercida no local tenha sido classificada de interesse nacional ou municipal. No entanto, o arrendatário cujo agregado familiar receba um rendimento anual bruto corrigido inferior a três retribuições mínimas nacionais anuais tem direito a um subsídio de renda.

Com efeito, tem sido o congelamento das rendas que tem impossibilitado a renovação, a reabilitação e a requalificação urbana, por ter entorpecido a capacidade económica do proprietário para a realização das obras necessárias à conservação dos prédios, o que levou a situações calamitosas de degradação do património urbano, algumas em estado de iminente ruína.

A desejável dinamização do mercado de arrendamento passa, assim, pelas iniciativas legislativas necessárias ao impulsionamento da renovação, reabilitação e requalificação urbanas, impedindo-se desta forma a progressiva degradação dos centros urbanos, que já se constata sobretudo em Lisboa e no Porto.

Paralelamente, o Estado responsabiliza os proprietários que não asseguram qualquer função social ao seu património, que permitem a sua

Exposição de Motivos

degradação, através da intimação à realização das obras necessárias à sua conservação, e pela penalização em sede fiscal dos proprietários que mantém os prédios devolutos.

Esta profunda reforma do arrendamento urbano assume, pois, uma faceta contratual ou privatística, mas também administrativa, de Direito Público, de renovação, reabilitação e requalificação urbanas, consubstanciando dois níveis de intervenção conjunta, tendo em vista assegurar os objectivos e a eficácia desta reforma legislativa.

Assim sendo, após a aprovação da presente Proposta de Lei, o Governo deve ainda tomar o conjunto de iniciativas legislativas complementares necessárias à implementação plena e eficaz da reforma, que serão posteriormente acompanhadas com rigor, assegurando-se ainda a monitorização e avaliação da reforma legislativa.

Vejamos, pois, de forma mais detalhada, quais são as linhas de orientação da Reforma do Arrendamento Urbano.

1) O novo regime do arrendamento urbano:

O Novo Regime do Arrendamento Urbano (NRAU) assenta no contrato de arrendamento enquanto modalidade do contrato de locação dotado de especialidades. Assim sendo, a matéria regressa ao Código Civil, reocupando o lugar que tinha até à entrada em vigor do RAU.

As legítimas expectativas das partes que celebraram contratos de arrendamento antes da entrada em vigor do novo regime são salvaguardadas pelas normas constantes do regime transitório.

Do ponto de vista substantivo, o NRAU mantém os princípios da liberdade de funcionamento do mercado e da autonomia contratual, já vigentes para os contratos posteriores a 1990, mas assenta numa matriz moderna, que visa colocar o mercado de arrendamento português a par dos outros países europeus, sem esquecer as nossas particularidades.

Assumindo-se uma perspectiva simplificadora, a repartição tradicional em habitação, comércio ou indústria, exercício de profissão liberal ou outra aplicação lícita, é substituída pela bipartição entre arrendamento habitacional e não habitacional, sem deixar de se densificar as especificidades destes últimos arrendamentos.

Introdução – Proposta de Lei n.º 34/X

O regime jurídico mantém a sua imperatividade em sede de cessação do contrato de arrendamento, mas abre-se a hipótese à resolução extrajudicial do contrato, com base em incumprimento que, pela sua gravidade ou consequências, torne inexigível à outra parte a manutenção do arrendamento.

As partes devem pautar-se pelo princípio da boa fé no cumprimento das suas obrigações, dando um sinal ao mercado de que o arrendatário deve primar pelo pontual cumprimento das obrigações, prevendo-se expressamente que é sempre inexigível ao senhorio a manutenção do arrendamento em caso de mora no pagamento da renda superior a três meses, ou de oposição pelo arrendatário à realização de obra ordenada por autoridade pública.

Manter-se-ão as normas jurídicas de protecção do direito à habitação, constitucionalmente consagrado (o já referido artigo 65.º da Constituição da República Portuguesa), e as especificidades dos arrendamentos não habitacionais, designadamente o arrendamento comercial e para serviços.

2) A agilização processual:

A almejada agilização da actual acção de despejo passa pela separação entre a fase declarativa e executiva, através da alteração de algumas normas do Código de Processo Civil (CPC).

Assim, pode intentar-se uma acção declarativa, sob a forma de processo comum, ordinário ou sumário, consoante o valor da causa, permitindo-se a cumulação de pedidos e a coligação, nos termos gerais da lei de processo.

No que respeita aos recursos, aproveita-se a presente iniciativa legislativa para dirimir uma dúvida doutrinária e jurisprudencial relativa à admissibilidade da interposição de recurso e à fixação do seu efeito, assegurando-se a possibilidade de recurso para a Relação, independentemente do valor da acção, e o efeito suspensivo do recurso de apelação.

A presente iniciativa legislativa não poderia deixar de ter em conta que, relativamente ao processo executivo em geral, a pendência processual no ano de 2000 ascendia a 394.843 execuções, e duplicou no ano de 2003 para 623.646 acções executivas.

Exposição de Motivos

Quanto às acções de despejo, no ano de 2003, a duração média das acções declarativas foi de 17 meses, e das acções executivas de 24 meses.

Assim, prevêem-se alterações à execução para entrega de coisa certa, tendo em vista esclarecer questões levantadas durante os 15 anos de vigência do RAU, cujas soluções já se encontram desfasadas relativamente ao actual regime processual civil, agilizar o próprio processo executivo e penalizar quem pretenda executar um despejo sem fundamento para tal.

Porém, prevê-se a suspensão da execução sempre que o executado se opuser à execução baseada em título executivo extrajudicial, se a execução colocar em risco de vida a pessoa que se encontra no local arrendado, por motivos de doença aguda, ou quando o arrendatário por razões sociais, pedir o diferimento da desocupação, designadamente no caso de resolução do contrato de arrendamento por não pagamento de rendas, se a falta do mesmo se dever a carência de meios do executado, nomeadamente por ser beneficiário de subsídio de desemprego ou de rendimento social de inserção, e quando o executado é portador de deficiência com grau comprovado de incapacidade superior a 60%.

Tendo em vista aligeirar a pendência processual em fase declarativa, prevê-se a ampliação do número de títulos executivos de formação extrajudicial, possibilitando-se ao senhorio o recurso imediato à acção executiva, por exemplo, nos casos em que o contrato de arrendamento tenha cessado por revogação das partes, por caducidade por decurso do prazo ou por oposição à renovação.

De igual modo, nos casos de cessação por resolução com base em mora no pagamento da renda superior a três meses, ou devido a oposição pelo arrendatário à realização de obra ordenada por autoridade pública, se o senhorio proceder à notificação judicial do arrendatário, ou à sua notificação através de contacto pessoal pelo advogado ou solicitador de execução, e o arrendatário mantiver a sua conduta inadimplente, permite-se a formação de título executivo extrajudicial.

3) Regime transitório, actualização das rendas antigas, renovação e reabilitação urbanas e penalização dos prédios devolutos:

O NRAU é aplicável a todos os contratos de arrendamento futuros, e ainda aos contratos antigos (ou seja, aos que tenham sido celebrados antes da sua entrada em vigor), salvaguardando-se alguns aspectos da denúncia daqueles contratos, os quais continuam a reger-se pelo RAU, tendo em vista assegurar a protecção da expectativa das partes aquando da sua celebração. Prevê-se um regime substantivo transitório relativo à transmissão dos contratos antigos.

Em relação aos contratos de arrendamento anteriores a 1990, e relativamente aos arrendamentos comerciais, anteriores a 1995, trata-se de uma reforma que visa permitir ao proprietário a valorização do seu património e ao inquilino viver numa habitação condigna.

A necessidade de actualização das rendas baixas, decorrente de um alargado consenso nas várias associações com interesses no sector, deve permitir a conjugação entre o direito à habitação, a renovação e reabilitação urbanas e a justa remuneração do investimento dos proprietários.

A conjugação de todos esses objectivos implica uma estreita articulação entre a actualização das rendas antigas no âmbito da actual reforma do arrendamento urbano e a reforma da tributação do património.

Assim, em alternativa a mecanismos especulativos, ou que têm por horizonte um potencial despejo, o mecanismo essencial de determinação do valor de correcção das rendas anteriores a 1990, e relativamente aos arrendamentos comerciais, rendas anteriores a 1995, é o das avaliações efectuadas no âmbito da reforma de tributação do património e o valor de mercado, sob o qual são tributadas os prédios em sede de Imposto Municipal de Imóveis (IMI).

A verdade de mercado deve corresponder à verdade fiscal. Se sempre que há uma nova transacção o prédio é reavaliado, não faz sentido que não se possa fazer o mesmo em termos de arrendamento urbano, seguindo-se aqui critérios objectivos e fórmulas seguras para determinar uma relação entre o valor de um prédio e a remuneração do capital determinante para a fixação de um valor justo de arrendamento.

Assim, os senhorios que queiram aumentar as suas rendas antigas, de acordo com o valor patrimonial do prédio, têm de pedir uma nova avaliação dos imóveis aos serviços de finanças competentes.

Tendo em vista adequar os critérios actualmente vigentes a algumas particularidades dos prédios antigos, cria-se o coeficiente de conservação, que traduz as condições de habitabilidade do locado, as quais condicionam a actualização da renda.

Exposição de Motivos

Tal como está a ser aplicado no IMI, deve existir um mecanismo de convergência gradual para a actualização, em que os aumentos são progressivos durante cinco ou dez anos.

O período-padrão é de cinco anos, relativamente aos contratos de arrendamento habitacional ou não habitacional, mas deve ser ajustado em função da idade e da situação sócio-económica de inquilinos e proprietários.

Assim, nos arrendamentos habitacionais, a actualização da renda é faseada ao longo de dez anos, se o arrendatário invocar um rendimento anual bruto corrigido inferior a cinco retribuições mínimas nacionais anuais, ter idade superior a 65 anos ou deficiência com grau comprovado de incapacidade superior a 60%.

Relativamente aos arrendamentos não habitacionais, a actualização da renda é faseada ao longo de dez anos, quando existindo no locado um estabelecimento aberto ao público, o arrendatário seja uma microempresa ou uma pessoa singular, quando o arrendatário tenha adquirido o estabelecimento por trespasse ocorrido há menos de cinco anos, quando exista no locado um estabelecimento comercial aberto ao público situado em área crítica de recuperação e reconversão urbanística, ou ainda quando a actividade exercida no locado tenha sido classificada de interesse nacional ou municipal.

Prevê-se ainda a possibilidade de actualização da renda faseada ao longo de dois anos, se o senhorio invocar e provar que o arrendatário dispõe de um rendimento anual bruto corrigido superior a quinze retribuições mínimas nacionais anuais, ou quando o arrendatário não tenha no locado a sua residência permanente, habite ou não outra casa, própria ou alheia.

Em qualquer das situações, é socialmente protegido o arrendatário cujo agregado familiar receba um rendimento anual bruto corrigido inferior a três retribuições mínimas nacionais anuais, o qual tem direito a um subsídio de renda.

Em caso de diferendo entre as partes, prevêem-se mecanismos expeditos para a sua resolução, como seja a possibilidade de o arrendatário requerer outra avaliação do prédio ao serviço de finanças competente, dando disso conhecimento ao senhorio.

São ainda constituídas pela presente Proposta de Lei as Comissões Arbitrais Municipais (CAM), compostas por representantes da Câmara Municipal, do serviço de finanças competente, dos proprietários e dos inquilinos.

Introdução – Proposta de Lei n.º 34/X

As CAM asseguram três relevantíssimas finalidades: o acompanhamento da avaliação dos prédios arrendados, a coordenação da verificação dos coeficientes de conservação dos prédios e a arbitragem em matéria de responsabilidade pela realização de obras, valor das mesmas e respectivos efeitos no pagamento da renda.

Sendo a renovação, a reabilitação e a requalificação urbana um dos objectivos da presente reforma do arrendamento urbano, prevê-se ainda que, caso o senhorio não tome a iniciativa de actualizar a renda, o arrendatário pode, solicitar à Comissão Arbitral Municipal a determinação do coeficiente de conservação, e caso este coeficiente seja de classificação inferior a 3, o arrendatário pode intimar aquele à realização de obras. Se o senhorio não iniciar as obras no prazo de três meses pode o arrendatário realizar as obras, que são deduzidas na renda, dando disso conhecimento ao senhorio e à Comissão Arbitral Municipal, ou solicitar à Câmara Municipal a realização de obras coercivas.

Paralelamente, o Estado responsabiliza os proprietários que não asseguram qualquer função social ao seu património, permitindo a sua degradação, através da intimação à realização das obras necessárias à sua conservação, e penalização em sede fiscal dos proprietários que mantém os prédios devolutos.

Como bem se compreende, a reforma do arrendamento urbano depende da conjugação equilibrada e eficaz de todos os vectores supra expostos, ou seja, trata-se de uma reforma que se baseia numa estratégia concertada, com várias frentes, interdependentes, e que visam os mesmos objectivos: dinamizar, renovar e requalificar o mercado do arrendamento urbano.

Uma reforma legislativa que abrange objectivos da maior importância para o desenvolvimento económico de Portugal, como acima se explicitou, fica dependente de um Programa de Acção Legislativa, pedindo o Governo autorização à Assembleia da República para, no prazo de 120 dias, prever o Regime Jurídico das Obras Coercivas e a definição do conceito fiscal de prédio devoluto.

Ainda no prazo de 120 dias, e em complemento, o Governo deve aprovar os Decretos-Lei relativos à determinação do Rendimento Anual Bruto Corrigido, à determinação e verificação do Coeficiente de Conservação, à atribuição do Subsídio de Renda e aos Requisitos de celebração do contrato de arrendamento urbano.

Exposição de Motivos

Por último, no prazo de 180 dias, o Governo deve aprovar as iniciativas legislativas em relação ao Regime do Património Urbano do Estado e dos Arrendamentos por Entidades Públicas, bem como do regime das rendas aplicável, ao Regime de Intervenção dos Fundos de Investimento Imobiliário e dos Fundos de Pensões em Programas de Renovação e Requalificação Urbana, à criação do Observatório da Habitação e da Reabilitação Urbana, bem como da Base de dados da Habitação e ao Regime Jurídico da Utilização de Espaços em Centros Comerciais.

Estes são os objectivos e as metas de uma reforma que se pretende decidida, ousada, mas gradualista e acompanhada, o que levou o Governo, desde o início, a adoptar uma postura clara, e uma metodologia em sede de procedimento legislativo que assentou na relevância da ampla participação pública nas suas linhas de orientação, visando o maior consenso possível, numa matéria de extrema relevância social e económica.

O Novo Regime do Arrendamento Urbano depende pois do esforço conjunto de todos os representantes com interesses no sector, mas cabe ao Governo a apresentação desta proposta de lei à Assembleia da República, para que de um mercado estagnado, renasça o dinamismo e a vivência dos centros das cidades, através da sua renovação, reabilitação e requalificação urbana.

Assim, foram ouvidos os órgãos de governo próprio das Regiões Autónomas e a Associação Nacional dos Municípios Portugueses.

Foram, ainda, ouvidas as várias associações com interesses no sector, designadamente a Associação Lisbonense de Proprietários, a Associação dos Inquilinos Lisbonense e a Associação dos Inquilinos do Norte, a Confederação do Comércio e Serviços de Portugal e a Confederação do Turismo Português, a Federação da Restauração, Cafés, Pastelarias e Similares de Portugal, a Federação Portuguesa da Indústria de Construção e Obras Públicas e a Federação Nacional de Comércio, a Ordem dos Advogados, a Ordem dos Engenheiros e a Ordem dos Arquitectos, a Associação Portuguesa para a Defesa do Consumidor, e ainda várias entidades representativas das empresas de consultoria e avaliação imobiliária, de mediação mobiliária, de fundos de investimento e de fundos de pensões.

Assim, nos termos da alínea *d*) do n.º 1 do artigo 197.º da Constituição, o Governo apresenta à Assembleia da República a seguinte proposta de lei:

PARTE I

LEI N.º 6/2006, DE 27 DE FEVEREIRO

NOVO REGIME DO ARRENDAMENTO URBANO (NRAU)

LEI N.º 6/2006, DE 27 DE FEVEREIRO

APROVA O NOVO REGIME DO ARRENDAMENTO URBANO (NRAU), QUE ESTABELECE UM REGIME ESPECIAL DE ACTUALIZAÇÃO DAS RENDAS ANTIGAS, E ALTERA O CÓDIGO CIVIL, O CÓDIGO DE PROCESSO CIVIL, O DECRETO-LEI N.º 287/2003, DE 12 DE NOVEMBRO, O CÓDIGO DO IMPOSTO MUNICIPAL SOBRE IMÓVEIS E O CÓDIGO DO REGISTO PREDIAL

TÍTULO I
NOVO REGIME DO ARRENDAMENTO URBANO

ARTIGO 1.º
Objecto

A presente Lei aprova o Novo Regime do Arrendamento Urbano (NRAU).

HISTÓRICO:

Redacção da Lei n.º 6/2006, de 27 de Fevereiro (NRAU).
Não tem correspondência na legislação anterior.

ANOTAÇÕES:

O novo diploma, agora em anotação, vem revogar o Regime do Arrendamento Urbano (RAU) aprovado pelo Decreto-Lei n.º 321-B/90, de 15 de Outubro, alterado pelos Decreto-Lei n.º 278/93, de 10 de Agosto, Decreto-Lei n.º 257/95, de 30 de Setembro, Decreto-Lei n.º 64-A/2000, de 22 de Abril, e Decreto-Lei n.º 329-B/ /2000, de 22 de Dezembro.

NOTAS PESSOAIS:

CAPÍTULO I
Alterações legislativas

ARTIGO 2.º
Alteração ao Código Civil

1. São revogados os artigos 655.º e 1029.º do Código Civil.

2. Os artigos 1024.º, 1042.º, 1047.º, 1048.º, 1051.º, 1053.º a 1055.º, 1417.º e 1682.º-B do Código Civil, aprovado pelo Decreto-Lei n.º 47 344, de 25 de Novembro de 1966, passam a ter a seguinte redacção:

A nova redacção vem introduzida na republicação do Capítulo IV do Título II do Livro II do Código Civil [infra, Parte II], à excepção dos artigos 1417.º e 1682.º-B, anotados de seguida

Artigos Revogados

ARTIGO 655.º
Fiança do locatário

1. A fiança pelas obrigações do locatário abrange apenas, salvo estipulação em contrário, o período inicial de duração do contrato.

2. Obrigando-se o fiador relativamente aos períodos de renovação, sem se limitar o número destes, a fiança extingue-se, na falta de nova convenção, logo que haja alteração da renda ou decorra o prazo de cinco anos sobre o início da primeira prorrogação.

Parte I – Novo Regime do Arrendamento Urbano

ARTIGO 1029.º
Exigência de escritura pública

1. Devem ser reduzidos a escritura pública:
a) Os arrendamentos sujeitos a registo;
b) Os arrendamentos para o comércio, indústria ou exercício de profissão liberal.

2. No caso da alínea a) do número anterior, a falta de escritura pública ou do registo não impede que o contrato se considere validamente celebrado e plenamente eficaz pelo prazo máximo por que o poderia ser sem a exigência de escritura e de registo.

Artigos alterados (não incluídos no contrato de locação)

ARTIGO 1417.º
Princípio geral

1. A propriedade horizontal pode ser constituída por negócio jurídico, usucapião, decisão administrativa ou decisão judicial, proferida em acção de divisão de coisa comum ou em processo de inventário.

2. A constituição da propriedade horizontal por decisão judicial pode ter lugar a requerimento de qualquer consorte, desde que no caso se verifiquem os requisitos exigidos pelo artigo 1415.º.

ANOTAÇÃO:

ALTERAÇÃO LEGISLATIVA:

O n.º 1 deste artigo foi alterado com a introdução de mais uma fonte de constituição da propriedade horizontal, a saber, decisão administrativa, o que vem desburocratizar a constituição deste direito real.

ARTIGO 1682.º-B
Disposição do direito ao arrendamento

Relativamente à casa de morada de família, carecem do consentimento de ambos os cônjuges:

NRAU   *Art. 2.º*

a) A resolução, a oposição à renovação ou a denúncia do contrato de arrendamento pelo arrendatário;
b) *A revogação do arrendamento por mútuo consentimento;*
c) *A cessão da posição de arrendatário;*
d) *O subarrendamento ou empréstimo total ou parcial.*

ANOTAÇÃO:

ALTERAÇÃO LEGISLATIVA:

A alínea *b)* deste artigo foi alterada com a introdução de mais uma situação jurídica (e de facto) que, para a sua validade, exige o consentimento de ambos os cônjuges. Trata-se da nova figura da ***oposição à renovação*** do contrato de arrendamento pelo arrendatário, prevista na nova redacção do artigo 1055.º do Código Civil.

Contudo, como resulta do preceito, tal consentimento só é necessário quando esteja em causa a casa de morada de família, o que se compreende, já que o cônjuge não arrendatário poderá ter interesse particular na renovação do contrato, por aí pretender continuar a habitar, sendo certo que o arrendamento lhe pode ser transmitido, quer em vida (artigo 1105.º do Código Civil), quer por morte do arrendatário (*idem*, artigo 1106.º).

NOTAS PESSOAIS:

ARTIGO 3.º
Aditamento ao Código Civil

Os artigos 1064.º a 1113.º do Código Civil, incluindo as correspondentes Secções e Subsecções, são repostos com a seguinte redacção:

A redacção reposta dos artigos referidos neste preceito vem introduzida (e anotada) na REPUBLICAÇÃO do Capítulo IV do Título II do Livro II do Código Civil

ANOTAÇÃO:

Consultar o texto e anotações destes artigos, *infra*, PARTE II.

NOTAS PESSOAIS:

ARTIGO 4.º
Alteração ao Código de Processo Civil

Os artigos 678.º, 930.º e 930.º-A do Código de Processo Civil, aprovado pelo Decreto-Lei n.º 44 129, de 28 de Dezembro de 1961, passam a ter a seguinte redacção:

ARTIGO 678.º
Decisões que admitem recurso

1. Só é admissível recurso ordinário nas causas de valor superior à alçada do tribunal de que se recorre desde que as decisões impugnadas sejam desfavoráveis para o recorrente em valor também superior a metade da alçada desse tribunal; em caso, porém, de fundada dúvida acerca do valor da sucumbência, atender-se-á somente ao valor da causa.

2. Mas se tiver por fundamento a violação das regras de competência internacional. Em razão da matéria ou da hierarquia ou a ofensa de caso julgado, o recurso é sempre admissível, seja qual for o valor da causa.

3. Também admitem sempre recurso as decisões respeitantes ao valor da causa, dos incidentes ou dos procedimentos cautelares, com o fundamento de que o seu valor excede a alçada do tribunal de que se recorre.

4. É sempre admissível recurso do acórdão da Relação que esteja em contradição com outro, dessa ou de diferente Relação, sobre a mesma questão fundamental de direito e do qual não caiba recurso ordinário por motivo estranho à alçada do tribunal, salvo se a orientação nele perfilhada estiver de acordo de acordo com a jurisprudência já anteriormente fixada pelo Supremo Tribunal de Justiça.

5. Independentemente do valor da causa e da sucumbência, é sempre admissível recurso para a Relação nas acções em que se aprecie a

Parte I – Novo Regime do Arrendamento Urbano

validade, a subsistência ou a cessação de contratos de arrendamento, com excepção dos arrendamentos para habitação não permanente ou para fins especiais transitórios.

6. *É sempre admissível recurso das decisões proferidas contra jurisprudência uniformizada pelo Supremo Tribunal de Justiça.*

ANOTAÇÕES:

1. ALTERAÇÃO DE REDACÇÃO DO N.º 5:

Com a revogação do artigo 57.º do RAU, que estabelecia a admissibilidade de recurso para a relação nas acções de despejo, independentemente do valor da causa, houve necessidade de proceder à alteração da redacção do n.º 5 deste preceito da lei processual civil, limitando-se o âmbito de admissibilidade do recurso, já que ficam de fora os despejos nos casos de prédios tomados de arrendamento para habitação não permanente ou para fins especiais transitórios, sendo que, quanto a estes, o recurso já será admissível se o valor da acção exceder a alçada dos tribunais da primeira instância (calculado nos termos do artigo 307.º do Código de Processo Civil).

Por outro lado, admite-se que o recurso, nos restantes casos, ou seja, quando se aprecie a validade, a subsistência ou a cessação de contratos de arrendamento, vale não só quando se trate de arrendamentos para habitação, como para arrendamentos não habitacionais (para comércio, indústria, exercício de profissões liberais ou outros fins).

2. EFEITOS DO RECURSO:

"Quanto aos efeitos do recurso, interposto nos termos do artigo 678.º, n.º 5, vale o disposto no artigo 692.º, n.º 2, alínea *b*), do CPC, segundo o qual a apelação tem efeito suspensivo nas referidas acções.

Com a revogação do n.º 2 do artigo 57.º do RAU, o efeito suspensivo da apelação da sentença que decreta o despejo resulta agora da leitura conjugada do artigo 692.º, n.º 2, alínea *b*), e do artigo 678.º, n.º 5 do CPC.

Quanto aos arrendamentos excluídos do âmbito do artigo 678.º, n.º 5 ... esse não terá, em princípio efeito suspensivo. Aplicar-se-á a regra geral do artigo 692.º, n.º 1, ou seja, o recurso terá efeito meramente devolutivo, a não ser que o requerente alegue que a execução da decisão lhe causa prejuízo considerável a presta caução, nos termos do n.º 3 do artigo 692.º."

(Maria Olinda Garcia, A Nova Disciplina do Arrendamento Urbano, Coimbra, 2006, pág. 81)

3. RECURSO PARA A RELAÇÃO:

"Tendo o arrendamento mero fim transitório, tornava-se aberrante admitir que a protecção do arrendatário fosse até onde se entende que deve ir nos arrendamentos

NRAU   *Art. 4.º*

com fim não transitório, isto é, que também as decisões judiciais relativas aos arrendamentos transitórios pudessem ser impugnadas por meio de recurso para o tribunal da Relação mesmo quando a causa fosse de valor inferior à alçada do tribunal de comarca (Código de Processo Civil, artigo 678.º, n.º 1; cfr. artigo 462.º, n.º 1). A alçada do tribunal de comarca é presentemente de € 3 740,98 – artigo 24.º, n.º 1 da Lei n.º 3/99, de 13 de Janeiro."

(Cunha de Sá – Leonor Coutinho, Arrendamento 2006, Novo Regime do Arrendamento Urbano, Coimbra, 2006, pág. 17)

ARTIGO 930.º
Entrega da coisa

1. À efectivação da entrega da coisa são subsidiariamente aplicáveis, com as necessárias adaptações, as disposições referentes à realização da penhora, procedendo-se às buscas e outras diligências necessárias, se o executado não fizer voluntariamente a entrega; a entrega pode ter por objecto bem do Estado ou de outra pessoa colectiva referida no n.º 1 do artigo 823.º.

2. Tratando-se de coisas móveis a determinar por conta, peso ou medida, o agente de execução manda fazer, na sua presença, as operações indispensáveis e entrega ao exequente a quantidade devida.

3. Tratando-se de imóveis, o agente de execução investe o exequente na posse, entregando-lhe os documentos e as chaves, se os houver, e notifica o executado, os arrendatários e quaisquer detentores para que respeitem e reconheçam o direito do exequente.

4. Pertencendo a coisa em compropriedade a outros interessados, o exequente é investido na posse da sua quota-parte.

5. Efectuada a entrega da coisa, se a decisão que a decretou for revogada ou se, por qualquer outro motivo, o anterior possuidor recuperar o direito a ela, pode requerer que se proceda à respectiva restituição.

6. Tratando-se da casa de habitação principal do executado, é aplicável o disposto nos n.ºs 3 a 6 do artigo 930.º-B, e caso se suscitem sérias dificuldades no realojamento do executado, o agente de execução comunica antecipadamente o facto à câmara municipal e às entidades assistenciais competentes.

Parte I – Novo Regime do Arrendamento Urbano

ANOTAÇÕES:

REMISSÃO:

Consultem-se, *infra,* as anotações ao artigo 930.º-B do Código de Processo Civil (artigo 5.º do NRAU).

ARTIGO 930.º-A
Execução para entrega de coisa imóvel arrendada

À execução para entrega de coisa imóvel arrendada são aplicáveis as disposições anteriores do presente Subtítulo, com as alterações constantes dos artigos 930.º-B a 930.º-E.

ANOTAÇÕES:

REMISSÃO:

Consultem-se, *infra*, as anotações aos artigos 930.º-B e 930.º-E do Código de Processo Civil (artigo 5.º do NRAU).

NOTAS PESSOAIS:

ARTIGO 5.º
Aditamento ao Código de Processo Civil

São aditados ao Código de Processo Civil os artigos 930.º-B a 930.º-E, com a seguinte redacção:

ARTIGO 930.º-B
Suspensão da execução

1. A execução suspende-se nos seguintes casos:
   a) Se for recebida a oposição à execução, deduzida numa execução que se funde em título executivo extrajudicial;
   b) Se o executado requerer o diferimento da desocupação do local arrendado para habitação, motivada pela cessação do respectivo contrato, nos termos do artigo 930.º-C.

2. O agente de execução suspende as diligências executórias sempre que o detentor da coisa, que não tenha sido ouvido e convencido na acção declarativa, exibir algum dos seguintes títulos, com data anterior ao início da execução:
   a) Título de arrendamento ou de outro gozo legítimo do prédio, emanado do exequente;
   b) Título de subarrendamento ou de cessão da posição contratual, emanado do executado, e documento comprovativo de haver sido requerida no prazo de quinze dias a respectiva notificação ao exequente, ou de o exequente ter especialmente autorizado o subarrendamento ou a cessão, ou de o exequente ter conhecido o subarrendatário ou cessionário como tal.

3. Tratando-se de arrendamento para habitação, o agente de execução suspende as diligências executórias, quando se mostre, por atestado médico que indique fundamentadamente o prazo durante o qual se deve suspender a execução, que a diligência põe em risco de vida a pessoa que se encontra no local, por razões de doença aguda.

Parte I – Novo Regime do Arrendamento Urbano

4. Nos casos referidos nos n.os 2 e 3, o agente de execução lavra certidão das ocorrências, junta os documentos exibidos e adverte o detentor, ou a pessoa que se encontra no local, de que a execução prossegue, salvo se, no prazo de 10 dias, solicitar ao juiz a confirmação da suspensão, juntando ao requerimento os documentos disponíveis, dando do facto imediato conhecimento ao exequente ou ao seu representante.

5. No prazo de quinze dias, o juiz de execução, ouvido o exequente, decide manter a execução suspensa ou ordena a imediata prossecução dos autos.

6. O exequente pode requerer, à sua custa, o exame do doente por dois médicos nomeados pelo juiz, decidindo este da suspensão, segundo a equidade.

ANOTAÇÕES:

1. TIPOS DE SUSPENSÃO:

"Esta norma prevê diferentes tipos de suspensão da execução para entrega de imóvel arrendado.

– suspensão de natureza *preventiva*, tendente a acautelar o efeito útil da oposição à execução deduzida pelo arrendatário executado: alínea *a*) do n.º 1.

– suspensão *temporária de duração pré-definida*, traduzida no diferimento da desocupação por razões sociais imperiosas: alínea *b*) do n.º 1 (em conjugação com os artigos 930.º-C e 930.º-D).

– suspensão *precária* decidida pelo agente de execução: alíneas *a*) e *b*) do n.º 2.

Nos dois primeiros tipos de situações, a suspensão da execução resulta de decisão judicial. No terceiro tipo, a suspensão é decidida, num primeiro momento, pelo agente de execução e posteriormente confirmada (ou não) pelo juiz."

(*Maria Olinda Garcia, A Nova Disciplina do Arrendamento Urbano, Coimbra, 2006, págs. 82 e seg.*)

2. SUSPENSÃO PREVENTIVA:

"Como dispõe a alínea *a*) do n.º 1, o recebimento da oposição à execução pelo arrendatário executado suspende automaticamente a execução (sem necessidade de prestar caução), quando a execução se funde em título extrajudicial).

Porém (pode concluir-se *a contrario*), se o título executivo é uma decisão judicial (já transitada em julgado), dado que o recurso tem efeito suspensivo nos termos do artigo 692.º, n.º 2, alínea *b*), o recebimento da oposição à execução (com os fundamentos previstos no artigo 814.º) não tem imediato efeito suspensivo, pelo que o executado terá de prestar caução nos termos gerais.

(*Maria Olinda Garcia, A Nova Disciplina do Arrendamento Urbano, Coimbra, 2006, pág. 83*)

3. SUSPENSÃO TEMPORÁRIA:

A suspensão temporária de duração pré-definida, traduzida no diferimento da desocupação do local arrendado para habitação por razões sociais imperiosas, encontra-se regulada nos artigos 930.º-C e 930.º-D do Código de Processo Civil. Cfr., *infra*, as respectivas anotações.

4. SUSPENSÃO PRECÁRIA:

"A suspensão precária decidida pelo agente de execução, prevista nos n.ºs 2 e 3 do artigo 930.º-B ... , poderá verificar-se em circunstâncias de ordem diversa.

As situações a que respeita o n.º 2 pressupõem sempre uma execução fundada num título judicial. Pressupõem a prévia existência de uma acção declarativa na qual o detentor do imóvel não foi ouvido e convencido. Este sujeito não foi, portanto, parte na acção declarativa, ou não foi regularmente citado na hipótese de a acção ter corrido à revelia.

A este pressuposto acresce o requisito (cumulativo) de o detentor do imóvel exibir (perante o agente de execução) algum dos seguintes documentos:

– Título de arrendamento ou outro gozo legítimo do prédio (por exemplo, contrato-promessa de arrendamento com *traditio*), emanado do exequente, com data anterior ao início da execução;

– Título de subarrendamento, válido e eficaz em relação ao senhorio, e com data anterior ao início da execução;

– Título de cessão da posição contratual, válido e eficaz em relação ao senhorio, e com data anterior ao início da execução."

(*Maria Olinda Garcia, A Nova Disciplina do Arrendamento Urbano, Coimbra, 2006, págs. 83 e seg.*)

5. SUSPENSÃO DO N.º 3:

No n.º 3 do artigo 930.º-B prevê-se uma hipótese específica de suspensão precária decidida pelo agente de execução.

Esta suspensão vale apenas para arrendamentos habitacionais e justifica-se unicamente por razões de doença do arrendatário, ou de outra pessoa que se encontre no local arrendado. O agente de execução só poderá, porém, suspender as diligências executórias mediante a apresentação de atestado médico no qual se declare que o imediato despejo constitui risco de vida para a pessoa que se encontra nesse local, devendo também indicar um prazo de suspensão adequado à situação concreta."

(*Maria Olinda Garcia, A Nova Disciplina do Arrendamento Urbano, Coimbra, 2006, págs. 84 e seg.*)

Parte I – Novo Regime do Arrendamento Urbano

6. CONFIRMAÇÃO DA SUSPENSÃO PELO JUIZ:

As suspensões precárias decididas pelo agente de execução são, posteriormente, apreciadas e confirmadas (ou não) pelo juiz.

Os interessados nessa confirmação dispõem do prazo de 10 dias para a requererem judicialmente, devendo o juiz decidir em 15 dias, se a suspensão deve ser mantida ou não (artigo 930.º-B, n.ᵒˢ 4 e 5).

Caso o juiz decida manter a suspensão da execução, estabelecerá um prazo para o efeito, o qual deve ser fixado segundo o seu prudente arbítrio, dada a omissão da lei quanto ao estabelecimento de um prazo máximo determinado.

ARTIGO 930.º-C

Diferimento da desocupação de imóvel arrendado para habitação

1. No caso de imóvel arrendado para habitação, dentro do prazo de oposição à execução, o executado pode requerer o diferimento da desocupação, por razões sociais imperiosas, devendo logo oferecer as provas disponíveis e indicar as testemunhas, a apresentar, até ao limite de três.

2. O diferimento de desocupação do local arrendado para habitação é decidido de acordo com o prudente arbítrio do tribunal, desde que se alegue algum dos seguintes fundamentos:

a) Que a desocupação imediata do local causa ao executado um prejuízo muito superior à vantagem conferida ao exequente;

b) Que, tratando-se de resolução por não pagamento de rendas, a falta do mesmo se deve a carência de meios do executado, o que se presume relativamente ao beneficiário de subsídio de desemprego ou de rendimento social de inserção.

c) Que o executado é portador de deficiência com grau comprovado de incapacidade superior a 60%.

3. No diferimento, decidido com base:

a) Na alínea *a)* do número anterior, pode o executado, a pedido do exequente, ser obrigado a caucionar as rendas vincendas, sob pena de perda de benefício;

b) Na alínea *b)* do número anterior, cabe ao Fundo de Socorro Social do Instituto de Gestão Financeira da Segurança Social indemnizar o exequente pelas rendas não pagas, acrescidas de juros de mora e ficando sub-rogado nos direitos daquele.

NRAU   Art. 5.º

ANOTAÇÕES:

1. DIFERIMENTO DA DESOCUPAÇÃO:

Os fundamentos que podem sustentar o pedido de diferimento da desocupação do imóvel são apenas os enunciados nas três alíneas do n.º 2 do artigo 930.º-C. Estas três hipóteses apresentam amplitudes significativamente diferentes e assentam em critérios de feição distinta.

Assim, enquanto a alínea *c*) respeita a um factor de natureza objectiva (o facto comprovado de o executado ser portador de incapacidade superior a 60%, a alínea *a*) recorre a conceitos indeterminados (um prejuízo do executado muito superior à vantagem do exequente) cujo preenchimento requererá uma complexa ponderação de múltiplos factores. ... [Neste caso] caberá ao executado alegar e provar as concretas circunstâncias da vida das quais o julgador extrairá aquela conclusão [diferimento da desocupação]. Não apenas a absoluta ausência de um alojamento alternativo e a inerente carência de meios para o conseguir justificarão o diferimento. Ainda que o arrendatário tenha possibilidades económicas para aceder imediatamente a um alojamento alternativo, certas circunstâncias pessoais (de natureza transitória) poderão justificar aquele diferimento. Assim, se, por exemplo, a arrendatária (ou mulher do arrendatário) se encontra em adiantado estado de gravidez, a imediata desocupação do local com a eventual remoção de todo o seu recheio, pela disponibilidade exigida, colocará o executado numa situação significativamente gravosa. Em tais hipóteses, o diferimento da desocupação poderá, eventualmente, ser condicionado pela caução das rendas futuras, caso o exequente o requeira, nos termos da alínea *a*) do n.º 3.

2. HIPÓTESE DA ALÍNEA B):

"Na alínea b) do n.º 2 prevê-se uma hipótese de diferimento, cujo âmbito aplicativo é relativamente restrito, pois vale apenas quando houve prévia resolução do contrato por falta de pagamento de rendas, sendo essa falta devida a carência económica do arrendatário. Tal carência é legalmente presumida quando o arrendatário é beneficiário de subsídio de desemprego ou de rendimento social de inserção. Nas demais situações caberá ao executado o ónus de provar a carência de meios para pagar as rendas."

(*Maria Olinda Garcia, A Nova Disciplina do Arrendamento Urbano, Coimbra, 2006, págs. 87 e seg.*)

ARTIGO 930.º-D
Termos do diferimento da desocupação

1. A petição de diferimento da desocupação assume carácter de urgência, e é indeferida liminarmente quando:

a) Tiver sido deduzida fora do prazo;

Parte I – Novo Regime do Arrendamento Urbano

b) O fundamento não se ajustar a algum dos referidos no artigo anterior;

c) For manifestamente improcedente.

2. Se a petição for recebida, o exequente é notificado para contestar, dentro do prazo de dez dias, devendo logo oferecer as provas disponíveis e indicar as testemunhas, a apresentar, até ao limite de três.

3. Na sua decisão, o juiz deve ainda ter em conta as exigências da boa fé, a circunstância de o executado não dispor imediatamente de outra habitação, o número de pessoas que habitam com o executado, a sua idade, o seu estado de saúde e, em geral, a situação económica e social das pessoas envolvidas.

4. O juiz deve decidir do pedido de diferimento da desocupação por razões sociais, no prazo máximo de trinta dias a contar da sua apresentação, sendo a decisão oficiosamente comunicada, com a sua fundamentação, ao Fundo de Socorro Social do Instituto de Gestão Financeira da Segurança Social.

5. O diferimento não pode exceder o prazo de dez meses a contar da data do trânsito em julgado da decisão que o conceder.

ANOTAÇÕES:

1. PETIÇÃO DE DIFERIMENTO:

"A petição de diferimento da desocupação (que tem de ser logo acompanhada das provas, com indicação das testemunhas, a apresentar, até ao limite de 3, como determina o n.º 1 do artigo 930.º-C) tem carácter urgente e será sempre objecto de despacho liminar que a receberá ou indeferirá liminarmente.

A petição só poderá liminarmente indeferida em alguma das hipóteses a que se reportam as três alíneas do n.º 1 do artigo 930.º-D e que, na essência, respeitam à não observância de requisitos definidos nos n.ᵒˢ 1 e 2 do artigo 930.º-C. A primeira dessas hipóteses é a da petição ser apresentada fora do prazo, sendo tal prazo o da oposição à execução (20 dias). A segunda hipótese é a de o fundamento da petição não se ajustar a algum dos referidos no n.º 2 do artigo 930.º-C, o que permite concluir pela existência de um elenco taxativo de tais fundamentos. A última das hipóteses de indeferimento é a de existir manifesta improcedência do pedido, o que, nessa fase, resultará essencialmente da não apresentação de qualquer meio de prova (nem se protestando a sua posterior apresentação) ou da indicação de qualquer testemunha."

(Maria Olinda Garcia, A Nova Disciplina do Arrendamento Urbano, Coimbra, 2006, págs. 88 e seg.)

2. CUMULAÇÃO COM OPOSIÇÃO À EXECUÇÃO:

"Sendo, ao mesmo tempo, deduzida oposição à execução, a solução legal preferível seria a de a decisão sobre o pedido de diferimento ser proferida em simultâneo com a decisão que se pronuncia sobre a oposição à execução, dão que, nessa hipótese, a execução se encontrará suspensa (por força da apresentação da oposição à execução)."

(Maria Olinda Garcia, A Nova Disciplina do Arrendamento Urbano, Coimbra, 2006, pág. 89)

ARTIGO 930.º-E
Responsabilidade do exequente

Procedendo a oposição à execução que se funde em título extrajudicial, o exequente responde pelos danos culposamente causados ao executado e incorre em multa correspondente a dez por cento do valor da execução, mas não inferior a dez UC nem superior ao dobro do máximo da taxa de justiça, quando não tenha agido com a prudência normal, sem prejuízo da responsabilidade criminal em que possa também incorrer.

ANOTAÇÃO:

MECANISMO DE CONTROLO:

"São dois os requisitos processuais condicionantes deste tipo de responsabilização. Por um lado, tratar-se de execução fundada num título extrajudicial. Por outro lado, ter procedido à oposição à execução.

Se, por exemplo, o senhorio recorreu à comunicação extrajudicial (carta registada com aviso de recepção) para efeitos de resolução do contrato de arrendamento quando, no caso concreto, a lei determinava o recurso à acção de despejo (não tendo, assim, título executivo idóneo para aquela execução), responderá pelos danos causados ao arrendatário, que se traduzirão, no mínimo, nas despesas de justiça que teve de fazer para se defender.

Na hipótese de haver falsificação do título executivo em que se baseia a execução, o exequente incorrerá também na correspondente responsabilidade criminal."

(Maria Olinda Garcia, A Nova Disciplina do Arrendamento Urbano, Coimbra, 2006, pág. 90)

Parte I – Novo Regime do Arrendamento Urbano

NOTAS PESSOAIS:

ARTIGO 6.º
Alteração ao Decreto-Lei n.º 287/2003, de 12 de Novembro

1. É revogado o artigo 18.º do Decreto-Lei n.º 287/2003, de 12 de Novembro, que aprova o Código do Imposto Municipal sobre Imóveis e o Código do Imposto Municipal sobre as Transmissões Onerosas de Imóveis, altera o Código do Imposto do Selo, altera o Estatuto dos Benefícios Fiscais e os Códigos do IRS e do IRC e revoga o Código da Contribuição Predial e do Imposto sobre a Indústria Agrícola, o Código da Contribuição Autárquica e o Código do Imposto Municipal de Sisa e do Imposto sobre as Sucessões e Doações.

2. Os artigos 15.º a 17.º do diploma referido no número anterior passam a ter a seguinte redacção:

ARTIGO 15.º
Avaliação de prédios já inscritos na matriz

1. Enquanto não se proceder à avaliação geral, os prédios urbanos já inscritos na matriz serão avaliados, nos termos do CIMI, aquando da primeira transmissão ocorrida após a sua entrada em vigor.

2. O disposto no n.º 1 aplica-se às primeiras transmissões gratuitas isentas de imposto do selo, bem como às previstas na alínea e) do n.º 5 do artigo 1.º do Código do Imposto do Selo, ocorridas após 1 de Janeiro de 2004, inclusive.

3. O disposto no presente artigo aplica-se também às primeiras transmissões de partes sociais de sociedades sujeitas a IMT, ou de estabelecimentos comerciais, industriais ou agrícolas de cujo activo façam parte prédios urbanos, ocorridas após 1 de Janeiro de 2004, inclusive.

4. Será promovida uma avaliação geral dos prédios urbanos, no prazo máximo de 10 anos após a entrada em vigor do CIMI.

Parte I – Novo Regime do Arrendamento Urbano

5. *Quando se proceder à avaliação geral dos prédios urbanos ou rústicos, será afectada para despesas do serviço de avaliações uma percentagem até 5, a fixar e regulamentar por portaria do Ministro das Finanças, do IMI cobrado nos anos em que se realizar aquela avaliação.*

ARTIGO 16.º
Actualização do valor patrimonial tributário

1. Enquanto não se proceder à avaliação geral, o valor patrimonial tributário dos prédios urbanos, para efeitos de IMI, é actualizado com base em coeficientes de desvalorização da moeda ajustados pela variação temporal dos preços no mercado imobiliário nas diferentes zonas do País.

2. *Os coeficientes referidos no n.º 1 são estabelecidos, entre um máximo de 44,21 e um mínimo de 1, e constam de portaria do Ministro das Finanças.*

3. *Aos valores dos prédios inscritos nas matrizes até ao ano de 1970, inclusive, é aplicado o coeficiente que lhe corresponder nesse ano e, aos dos prédios inscritos posteriormente, aquele que corresponder ao ano da inscrição matricial.*

4. *Em qualquer dos casos previstos no número anterior, o coeficiente é sempre aplicado aos referidos valores já expurgados de quaisquer correcções efectuadas posteriormente ao ano de 1970 e aos anos da respectiva inscrição matricial.*

5. *No caso de prédios urbanos arrendados que o deixaram de estar até 31 de Dezembro de 1988, é aplicado ao valor patrimonial resultante da renda o coeficiente correspondente ao ano a que respeita a última actualização da renda.*

ARTIGO 17.º
Regime transitório para os prédios urbanos arrendados

1. Para efeitos exclusivamente de IMI, o valor patrimonial tributário de prédio ou parte de prédio urbano arrendado é determinado nos termos do artigo anterior, com excepção do previsto nos números seguintes.

2. Quando se proceder à avaliação de prédio arrendado, o IMI incidirá sobre o valor patrimonial tributário apurado nos termos do artigo

NRAU   Art. 6.º

38.º do CIMI, ou, caso haja lugar a aumento da renda de forma faseada, nos termos do artigo 38.º da Lei n.º 6/2006, de 27 de Fevereiro, que aprova o Novo Regime do Arrendamento Urbano, sobre a parte desse valor correspondente a uma percentagem igual à da renda actualizada prevista nos artigos 39.º, 40.º, 41.º e 53.º da referida Lei sobre o montante máximo da nova renda.

3. Quando o senhorio requeira a avaliação do imóvel para efeitos de actualização da renda, e não possa proceder a actualização devido ao nível de conservação do locado, o IMI passa a incidir sobre o valor patrimonial tributário apurado nos termos do artigo 38.º do CIMI no 3.º ano posterior ao da avaliação.

4. Não tendo sido realizada a avaliação nos termos do n.º 2, no ano da entrada em vigor da Lei n.º 6/2006, de 27 de Fevereiro, que aprova o Novo Regime do Arrendamento Urbano, o valor patrimonial tributário de prédio ou parte de prédio urbano arrendado, por contrato ainda vigente e que tenha dado lugar ao pagamento de rendas até 31 de Dezembro de 2001, é o que resultar da capitalização da renda anual pela aplicação do factor 12, se tal valor for inferior ao determinado nos termos do artigo anterior.

5. A partir do ano seguinte ao da entrada em vigor da Lei n.º 6/ /2006, de 27 de Fevereiro, que aprova o Novo Regime do Arrendamento Urbano, e enquanto não existir avaliação nos termos do artigo 38.º do CIMI, o valor patrimonial tributário do prédio, para efeitos de IMI, é determinado nos termos do artigo anterior.

HISTÓRICO:

Redacção da Lei n.º 6/2006, de 27 de Fevereiro (NRAU).
Não tem correspondência na legislação anterior.

LEGISLAÇÃO COMPLEMENTAR:

ACTUALIZAÇÃO DOS VALORES PATRIMONIAIS PORTARIA N.º 1337/2003, DE 5 DE DEZEMBRO
O sistema de tributação do património em Portugal que a recente reforma fiscal veio abolir sofria há várias décadas de dois desajustamentos fundamentais geradores de injustiça fiscal entre os contribuintes. Por um lado, o regime de avaliações de

Parte I – Novo Regime do Arrendamento Urbano

prédios urbanos era profundamente discricionário, dado que assentava no valor da renda potencial e a sua determinação era sempre um exercício pouco objectivo. Por outro lado, porque a inexistência de um regime de actualização de valores patrimoniais tributários fazia recair sobre os titulares de prédios novos uma carga fiscal desproporcionada relativamente aos titulares de prédios antigos. Os fenómenos de desvalorização monetária das últimas décadas tomaram fortemente desajustados da realidade os valores patrimoniais tributários destes últimos prédios.

A reforma da tributação do património responde a esses dois factores de injustiça com duas medidas fundamentais. A primeira institui um sistema simples e integralmente objectivo de avaliações de prédios urbanos. A segunda determina a actualização dos valores patrimoniais tributários dos prédios já existentes, com base em factores de correcção monetária, reduzindo-se significativamente as taxas vigentes.

A actualização de valores patrimoniais tributários, que a reforma determina, tem apenas em vista a correcção das injustiças entre os contribuintes, geradas pela erosão da base tributável em função da desvalorização monetária.

Daí que o método mais objectivo e justo de actualização dos valores patrimoniais seja o que assenta na aplicação dos coeficientes de correcção monetária, tal como a lei determina no artigo 16.º, n.º 1, do Decreto-Lei n.º 287/2003, de 12 de Novembro.

Os coeficientes de correcção monetária estabelecidos resultam da evolução do Índice de preços no consumidor desde 1970, cujas componentes integram a evolução temporal dos preços no mercado imobiliário.

A presente actualização respeita também as diferenças de valores patrimoniais tributários nos diferentes municípios geradas pelo funcionamento das comissões de avaliação e pela fixação definitiva dos valores patrimoniais tributários no momento en1 que foram realizadas as avaliações.

Seguindo o mesmo princípio, fixam-se também os coeficientes de correcção monetária para actualização do valor patrimonial tributário dos prédios rústicos para efeitos de liquidação do imposto municipal sobre as transmissões onerosas de imóveis e de imposto do selo nas transmissões gratuitas.

Assim:

Manda o Governo, pela Ministra de Estado e das Finanças, ao abrigo do n.º 2 do artigo 16.º e da alínea c) do n.º 1 do artigo 27.º do Decreto-Lei n.º 287/2003, de 12 de Novembro, que os coeficientes de desvalorização da moeda a aplicar para a actualização dos valores patrimoniais tributários dos prédios urbanos não arrendados e dos prédios rústicos sejam os constantes do quadro anexo.

ANEXO

Quadro de actualização dos coeficientes de desvalorização da moeda aplicáveis para actualização do valor patrimonial tributário dos prédios urbanos

Até 1970	44,21
1971	42,08
1972	39,34
1973	35,76
1974	27,42
1975	23,43
1976	19,62
1977	15,06
1978	11,80
1979	9,29
1980	8,38
1981	6,85
1982	5,69
1983	4,54
1984	3,54
1985	2,94
1986	2,68
1987	2,44
1988	2,22
1989	1,97
1990	1,77
1991	1,56
1992	1,46
1993	1,35
1994	1,28
1995	1,23
1996	1,19
1997	1,17
1998	1,14
1999	1,11
2000	1,08
2001	1,04
2002	1,00

NOTAS PESSOAIS:

ARTIGO 7.º
Alteração ao Código do Imposto Municipal sobre Imóveis

Os artigos 61.º e 112.º do Código do Imposto Municipal sobre Imóveis passam a ter a seguinte redacção:

ARTIGO 61.º
Constituição da CNAPU

1. A CNAPU é constituída por:
a) Director-Geral dos Impostos, que preside, podendo delegar no sub-director responsável pelo departamento de gestão tributária competente;
b) Dois vogais indicados pelo Ministério das Obras Públicas, Transportes e Habitação;
c) Um vogal indicado pela Associação Nacional dos Municípios Portugueses;
d) Dois vogais indicados pela Direcção-Geral dos Impostos, sendo um secretário;
e) Um vogal indicado pelo Instituto Geográfico Português;
f) Um vogal indicado pelas associações de proprietários;
g) Um vogal indicado pelas associações de inquilinos;
h) Um vogal indicado pelas associações de construtores;
i) Um vogal indicado pelas associações de empresas de promoção e de mediação imobiliária;
j) Um vogal indicado pelos organismos representativos dos avaliadores.

2. Se as entidades referidas nas alíneas f) a i) do número anterior não chegarem a acordo quanto aos vogais que lhes compete indicar, é proposto pelo presidente um vogal de entre os indicados por cada uma daquelas entidades.

3. Os membros da CNAPU são nomeados pelo Ministro das Finanças.

Parte I – Novo Regime do Arrendamento Urbano

ARTIGO 112.º
Taxas

1. As taxas do imposto municipal sobre imóveis são as seguintes:
a) Prédios rústicos: 0,8%;
b) Prédios urbanos: 0,4% a 0,8%
c) Prédios urbanos avaliados, nos termos do CIMI: 0,2% a 0,5%.

2. Tratando-se de prédios constituídos por parte rústica e urbana, aplica-se ao valor patrimonial tributário de cada parte a respectiva taxa.

3. As taxas previstas nas alíneas *b)* e *c)* do n.º 1 são elevadas ao dobro, nos casos de prédios urbanos que se encontrem devolutos há mais de um ano, considerando-se devolutos os prédios como tal definidos em diploma próprio.

4. Para os prédios que sejam propriedade de entidades que tenham domicílio fiscal em país, território ou região sujeitos a um regime fiscal claramente mais favorável, constantes de lista aprovada por portaria do Ministro das Finanças, a taxa do imposto é de 5%.

5. Os municípios, mediante deliberação da assembleia municipal, fixam a taxa a aplicar em cada ano, dentro dos intervalos previstos nas alíneas b) e c) do n.º 1.

6. Os municípios, mediante deliberação da assembleia municipal, podem definir áreas territoriais, correspondentes a freguesias ou zonas delimitadas de freguesias, que sejam objecto de operações de reabilitação urbana ou combate à desertificação, e majorar ou minorar até 30% a taxa que vigorar para o ano a que respeita o imposto.

7. Os municípios, mediante deliberação da assembleia municipal, podem definir áreas territoriais, correspondentes a freguesias ou zonas delimitadas de freguesias e fixar uma redução até 20% da taxa que vigorar para o ano a que respeita o imposto a aplicar aos prédios urbanos arrendados, que pode ser cumulativa com a definida no número anterior.

8. Os municípios, mediante deliberação da assembleia municipal, podem majorar até 30% a taxa aplicável a prédios urbanos degradados, considerando-se como tais os que, face ao seu estado de conservação, não cumpram satisfatoriamente a sua função ou façam perigar a segurança de pessoas e bens.

9. Os municípios, mediante deliberação da assembleia municipal, podem majorar até ao dobro a taxa aplicável aos prédios rústicos com áreas florestais que se encontrem em situação de abandono, não podendo da aplicação desta majoração resultar uma colecta de imposto inferior a € 20 por cada prédio abrangido. (*)

10. Consideram-se prédios rústicos com áreas florestais em situação de abandono aqueles que integrem terrenos ocupados com arvoredos florestais, com uso silvo-pastoril ou incultos de longa duração, e em que se verifiquem, cumulativamente, as seguintes condições: (*)

a) Não estarem incluídos em zonas de intervenção florestal (ZIF), nos termos do disposto no Decreto-Lei n.º 127/2005, de 5 de Agosto; (*)

b) A sua exploração não estar submetida a plano de gestão florestal elaborado, aprovado e executado nos termos da legislação aplicável; (*)

c) Não terem sido neles praticadas as operações silvícolas mínimas necessárias para reduzir a continuidade vertical e horizontal da carga combustível, de forma a limitar os riscos de ignição e propagação de incêndios no seu interior e nos prédios confinantes. (*)

11. Constitui competência dos municípios proceder ao levantamento dos prédios rústicos com áreas florestais em situação de abandono e à identificação dos respectivos proprietários, até 30 de Março de cada ano, para posterior comunicação à Direcção-Geral dos Impostos. (*)

12. As deliberações da assembleia municipal referidas no presente artigo devem ser comunicadas à Direcção-Geral dos Impostos para vigorarem no ano seguinte, aplicando-se as taxas mínimas referidas no n.º 1, caso as comunicações não sejam recebidas até 30 de Novembro. (*)

13. No caso de as deliberações compreenderem zonas delimitadas de freguesias, as comunicações referidas no número anterior são acompanhadas de listagem contendo a indicação dos artigos matriciais dos prédios abrangidos, bem como o número de identificação fiscal dos respectivos titulares. (*)

(*) Redacção introduzida pela Lei n.º 21/2006, de 23 de Junho.

Parte I – Novo Regime do Arrendamento Urbano

HISTÓRICO:

Redacção da Lei n.º 6/2006, de 27 de Fevereiro (NRAU).
Não tem correspondência na legislação anterior.
O artigo 112.º do CIMI, na redacção da Lei n.º 6/2006, de 27 de Fevereiro, continha apenas 10 números. A Lei n.º 21/2006, de 23 de Junho alterou os anteriores n.ᵒˢ 9 e 10 e acrescentou os n.ᵒˢ 11, 12 e 13, cujo texto integral vai acima transcrito.

LEGISLAÇÃO COMPLEMENTAR:

PAÍSES, TERRITÓRIOS E REGIÕES COM REGIME DE TRIBUTAÇÃO PRIVILEGIADA
– PORTARIA N.º 1272/2001, DE 9 DE NOVEMBRO

A luta contra a evasão e fraude internacionais passa também pela adopção de medidas defensivas, tradicionalmente designadas por "medidas anti-abuso", traduzidas em práticas restritivas no âmbito dos impostos sobre o rendimento, benefícios fiscais e imposto do selo, que têm como alvo operações realizadas com entidades localizadas em países, territórios ou regiões qualificados como "paraísos fiscais" ou sujeitos a regimes de tributação privilegiada.

Tendo em conta as dificuldades em definir "paraíso fiscal" ou "regime fiscal claramente mais favorável", o legislador nacional, na esteira das orientações seguidas por outros ordenamentos jurídico-fiscais, optou, nuns casos, por razões de segurança jurídica, pelo sistema de enumeração casuística e, noutros, por um sistema misto, estando, no entanto, ciente que tais soluções obrigam a revisões periódicas dos países, territórios ou regiões que figuram na lista.

Assim:

Manda o Governo, pelo Ministro das Finanças, nos termos do n.º 2 do artigo 3.º do Decreto-Lei n.º 88/94, de 2 de Abril, o seguinte:

1.º Para todos os efeitos previstos na lei, designadamente no n.º 2 do artigo 59.º, no n.º 3 e na alínea *c*) do n.º 7 do artigo 60.º do Código IRC, na alínea *b*) do n.º 2 do artigo 26.º do EBF, no artigo 6.º do Código do Imposto do Selo, no artigo 3.º do Decreto-Lei n.º 88/94, de 2 de Abril e no n.º 4 do artigo 2.º e no n.º 3 do artigo 4.º do Decreto-Lei n.º 219/2001, de 4 de Agosto, a lista dos países, territórios e regiões com regimes de tributação privilegiada, claramente mais favoráveis, é a seguinte:

1) Andorra;
2) Anguilla;
3) Antígua e Barbuda;
4) Antilhas Holandesas;
5) Aruba;
6) Ascensão;
7) Bahamas;
8) Bahrain;

NRAU   Art. 7.º

9) Barbados;
10) Belize;
11) Ilhas Bermudas;
12) Bolívia;
13) Brunei;
14) Ilhas do Canal (Alderney, Guernsey, Jersey, Great Stark, Herm, Little Sark, Brechou, Jethou e Lihou);
15) Ilhas Cayman;
16) Ilhas Cocos e Keeling;
17) Chipre;
18) Ilhas Cook;
19) Costa Rica;
20) Djibouti;
21) Dominica;
22) Emiratos Árabes Unidos;
23) Ilhas Falkland ou Malvinas;
24) Ilhas Fiji;
25) Gâmbia;
26) Grenada;
27) Gibraltar;
28) Ilha de Guam;
29) Guiana;
30) Honduras;
31) Hong Kong;
32) Jamaica;
33) Jordânia;
34) Ilha de Queshm;
35) Ilha de Kiribati;
36) Koweit;
37) Labuán;
38) Líbano;
39) Libéria;
40) Liechtenstein;
41) Luxemburgo, apenas no que respeita às sociedades holding no sentido da legislação luxemburguesa que se rege pela Lei de 31 de Julho de 1929 e pela Decisão Grã-Ducal de 17 de Dezembro de 1938;
42) Ilhas Maldivas;
43) Ilha de Man;
44) Ilhas Marianas do Norte;
45) Ilhas Marshall;
46) Maurícias;
47) Mónaco;

Parte I – Novo Regime do Arrendamento Urbano

48) Monserrate;
49) Nauru;
50) Ilhas Natal;
51) Ilha de Niue;
52) Ilha Norfolk;
53) Sultanato de Oman;
54) Ilhas do Pacífico não compreendidas nos restantes números;
55) Ilhas Palau;
56) Panamá;
57) Ilha de Pitcairn;
58) Polinésia Francesa;
59) Porto Rico;
60) Quatar;
61) Ilhas Salomão;
62) Samoa Americana;
63) Samoa Ocidental;
64) Ilha de Santa Helena;
65) Santa Lúcia;
66) São Cristóvão e Nevis;
67) São Marino;
68) Ilha de São Pedro e Miguelon;
69) São Vicente e Grenadinas;
70) Seychelles;
71) Suazilândia;
72) Ilhas Svalbard (arquipélago Spitsbergen e ilha Bjornoya);
73) Ilha de Tokelau;
74) Tonga;
75) Trinidad e Tobago;
76) Ilha Tristão da Cunha;
77) Ilhas Turks e Caicos;
78) Ilha Tuvalu;
79) Uruguai;
80) República de Vanuatu;
81) Ilhas Virgens Britânicas;
82) Ilhas Virgens dos Estados Unidos da América;
83) República Árabe do Yémen.

2.º A lista constante do número anterior substitui, para todos os efeitos, a lista aprovada pela Portaria n.º 377-B/94, de 15 de Junho, com as alterações introduzidas pela Portaria n.º 268/96, de 19 de Julho, não sendo aplicável a restrição decorrente do disposto no n.º 1 do artigo 3.º do Decreto-Lei n.º 88/94, de 2 de Abril, quando as entidades residentes nos países, territórios ou regiões indicados forem bancos centrais ou agências de natureza governamental.

3.º É revogada a Portaria n.º 377-B/94, de 15 de Junho.

NOTAS PESSOAIS:

ARTIGO 8.º
Alteração ao Código do Registo Predial

O artigo 5.º do Código Registo Predial passa a ter a seguinte redacção:

ARTIGO 5.º
Oponibilidade a terceiros

1. Os factos sujeitos a registo só produzem efeitos contra terceiros depois da data do respectivo registo.

2. Exceptuam-se do disposto no número anterior:
a) A aquisição, fundada na usucapião, dos direitos referidos na alínea a) do n.º 1 do artigo 2.º;
b) As servidões aparentes;
c) Os factos relativos a bens indeterminados, enquanto estes não forem devidamente especificados e determinados.

3. A falta de registo não pode ser oposta aos interessados pelos seus representantes legais a quem incumba a obrigação de o promover, nem pelos herdeiros destes.

4. Terceiros, para efeitos de registo, são aqueles que tenham adquirido de um autor comum direitos incompatíveis entre si.

5. Não é oponível a terceiros a duração superior a seis anos do arrendamento não registado.

HISTÓRICO:

Redacção da Lei n.º 6/2006, de 27 de Fevereiro (NRAU).
Não tem correspondência na legislação anterior.

Parte I – Novo Regime do Arrendamento Urbano

NOTAS PESSOAIS:

CAPÍTULO II
Disposições Gerais

SECÇÃO I
Comunicações

ARTIGO 9.º
Forma da comunicação

1. Salvo disposição da lei em contrário, as comunicações legalmente exigíveis entre as partes, relativas a cessação do contrato de arrendamento, actualização da renda e obras, são realizadas mediante escrito assinado pelo declarante e remetido por carta registada com aviso de recepção.

2. As cartas dirigidas ao arrendatário, na falta de indicação deste em contrário, devem ser remetidas para o local arrendado.

3. As cartas dirigidas ao senhorio devem ser remetidas para o endereço constante do contrato de arrendamento ou da sua comunicação imediatamente anterior.

4. Não existindo contrato escrito nem comunicação anterior do senhorio, as cartas dirigidas a este devem ser remetidas para o seu domicílio ou sede.

5. Qualquer comunicação deve conter o endereço completo da parte que a subscreve, devendo as partes comunicar mutuamente a alteração daquele.

6. O escrito assinado pelo declarante pode, ainda, ser entregue em mão, devendo o destinatário apor em cópia a sua assinatura, com nota de recepção.

Parte I – Novo Regime do Arrendamento Urbano

7. A comunicação pelo senhorio destinada à cessação do contrato por resolução, nos termos do n.º 1 do artigo 1084.º do Código Civil, é efectuada mediante notificação avulsa, ou mediante contacto pessoal de advogado, solicitador ou solicitador de execução, sendo neste caso feita na pessoa do notificando, com entrega de duplicado da comunicação e cópia dos documentos que a acompanhem, devendo o notificando assinar o original.

HISTÓRICO:

Redacção da Lei n.º 6/2006, de 27 de Fevereiro (NRAU).
Não tem correspondência em anterior legislação.

LEGISLAÇÃO COMPLEMENTAR:

**DOCUMENTOS PARTICULARES
– ARTIGOS 373.º A 379.º DO CÓDIGO CIVIL:**

Artigo 373.º *(Assinatura)*
1. Os documentos particulares devem ser assinados pelo seu autor, ou por outrem a seu rogo, se o rogante não souber ou não puder assinar.
2. Nos títulos emitidos em grande número ou nos demais casos em que o uso o admita, pode a assinatura ser substituída por reprodução mecânica.
3. Se o documento for subscrito por pessoa que não saiba ou não possa ler, a subscrição só obriga quando feita ou confirmada perante notário, depois de lido o documento ao subscritor.
4. O rogo deve igualmente ser dado ou confirmado perante notário, depois de lido o documento ao rogante.

Artigo 374.º *(Autoria da letra e da assinatura)*
1. A letra e a assinatura, ou só a assinatura, de um documento particular consideram-se verdadeiras, quando reconhecidas e não impugnadas, pela parte contra quem o documento é apresentado, ou quando esta declare não saber se lhe pertencem, apesar de lhe serem atribuídas, ou quando sejam havidas legal ou judicialmente como verdadeiras.
2. Se a parte contra quem o documento é apresentado impugnar a veracidade da letra ou da assinatura, ou declarar que não sabe se são verdadeiras, não lhe sendo elas imputadas, incumbe à parte que apresentar o documento a prova da sua veracidade.

Artigo 375.º *(Reconhecimento notarial)*
1. Se estiverem reconhecidas presencialmente, nos termos das leis notariais, a letra e a assinatura do documento, ou só a assinatura, têm-se por verdadeiras.

NRAU

Art. 9.º

2. Se a parte contra quem o documento é apresentado arguir a falsidade do reconhecimento presencial da letra e da assinatura, ou só da assinatura, a ela incumbe a prova dessa falsidade.

3. Salvo disposição legal em contrário, o reconhecimento por semelhança vale como mero juízo pericial.

Artigo 376.º *(Força probatória)*

1. O documento particular cuja autoria seja reconhecida nos termos dos artigos antecedentes faz prova plena quanto às declarações atribuídas ao seu autor, sem prejuízo da arguição e prova da falsidade do documento.

2. Os factos compreendidos na declaração consideram-se provados na medida em que forem contrários aos interesses do declarante; mas a declaração é indivisível, nos termos prescritos para a prova por confissão.

3. Se o documento contiver notas marginais, palavras entrelinhadas, rasuras, emendas ou outros vícios externos, sem a devida ressalva, cabe ao julgador fixar livremente a medida em que esses vícios excluem ou reduzem a força probatória do documento.

Artigo 377.º *(Documentos autenticados)*

Os documentos particulares autenticados nos termos da lei notarial têm a força probatória dos documentos autênticos, mas não os substituem quando a lei exija documento desta natureza para a validade do acto.

Artigo 378.º *(Assinatura em branco)*

Se o documento tiver sido assinado em branco, total ou parcialmente, o seu valor probatório pode ser ilidido, mostrando-se que nele se inseriram declarações divergentes do ajustado com o signatário ou que o documento lhe foi subtraído.

Artigo 379.º *(Valor dos telegramas)*

Os telegramas cujos originais tenham sido escritos e assinados ou somente assinados pela pessoa em nome de quem são expedidos, ou por outrem a seu rogo, nos termos do n.º 4 do artigo373.º, são considerados para todos os efeitos como documentos particulares e estão sujeitos, como tais, ao disposto nos artigos anteriores.

NOTIFICAÇÃO JUDICIAL AVULSA
– ARTIGOS 261.º A 263.º DO CÓDIGO DE PROCESSO CIVIL

Artigo 261.º *(Como se realizam)*

1. As notificações avulsas dependem de despacho prévio que as ordene e são feitas pelo solicitador de execução, designado para o efeito pelo requerente ou pela secretaria, ou por funcionário de justiça, nos termos do n.º 8 do artigo 239.º, na própria pessoa do notificando, à vista do requerimento, entregando-se ao notificado o duplicado e cópia dos documentos que o acompanhem.

2. O solicitador ou funcionário de execução lavra certidão do acto, que é assinada pelo notificado.

3. O requerimento e a certidão são entregues a quem tiver requerido a diligência.

Parte I – Novo Regime do Arrendamento Urbano

4 – Os requerimentos e documentos para as notificações avulsas são apresentados em duplicado; e, tendo de ser notificada mais de uma pessoa, apresentar-se-ão tantos duplicados quantas forem as que vivam em economia separada.

Artigo 262.º *(Inadmissibilidade de oposição às notificações avulsas)*
1. As notificações avulsas não admitem oposição alguma. Os direitos respectivos só podem fazer-se valer nas acções competentes.
2. Do despacho de indeferimento da notificação cabe agravo, mas só até à Relação.

Artigo 263.º *(Notificação para revogação de mandato ou procuração)*
1. Se a notificação tiver por fim a revogação de mandato ou procuração, será feita ao mandatário ou procurador, e também à pessoa com quem ele devia contratar, caso o mandato tenha sido conferido para tratar com certa pessoa.
2. Não se tratando de mandato ou procuração para negociar com certa pessoa, a revogação deve ser anunciada num jornal da localidade onde reside o mandatário ou o procurador; se aí não houver jornal, o anúncio será publicado num dos jornais mais lidos nessa localidade.

Artigo 263.º-A *(Notificação feita por auxiliares de citações e notificações)*
As notificações é aplicável o disposto no artigo 252.º-A.

NOTIFICAÇÃO POR SOLICITADOR OU FUNCIONÁRIO JUDICIAL – ARTIGOS 239.º E 240.º (EX VI ARTIGO 256.º) DO CÓDIGO DE PROCESSO CIVIL

Artigo 239.º *(Citação por solicitador de execução ou funcionário judicial)*
1. Frustrando-se a via postal, a citação é efectuada mediante contacto pessoal do solicitador de execução com o citando.
2. Os elementos a comunicar ao citando, nos termos do artigo 235.º, são especificados pelo próprio solicitador, que elabora nota com essas indicações para ser entregue ao citando.
3. No acto da citação, o solicitador entrega ao citando a nota referida no número anterior, bem como o duplicado da petição inicial, recebido da secretaria e por esta carimbado, e a cópia dos documentos que a acompanhem, e lavra certidão, que o citado assina.
4. Recusando-se o citando a assinar a certidão ou a receber o duplicado, o solicitador dá-lhe conhecimento de que o mesmo fica à sua disposição na secretaria judicial, mencionando tais ocorrências na certidão do acto.
5. No caso previsto no número anterior, a secretaria notifica ainda o citando, enviando-lhe carta registada com a indicação de que o duplicado nela se encontra à sua disposição.
6. O solicitador designado pode, sob sua responsabilidade, promover a citação por outro solicitador de execução, ou por um seu empregado credenciado pela Câmara dos Solicitadores, nos termos do n.º 4 do artigo 161.º; neste caso, a citação só é válida se o citado assinar a certidão, que o solicitador posteriormente também assinará.

NRAU *Art. 9.º*

7. A citação por solicitador de execução tem também lugar, não se usando previamente o meio da citação por via postal, quando o autor assim declare pretender na petição inicial.

8. A citação é feita por funcionário judicial, nos termos dos números anteriores, devidamente adaptados, quando o autor declare, na petição inicial, que assim pretende, pagando para o efeito a taxa fixada no Código das Custas, bem como quando não haja solicitador de execução inscrito em comarca do círculo judicial a que o tribunal pertence.

9. Quando a diligência se configure útil, pode o citando ser previamente convocado por aviso postal registado, para comparecer na secretaria judicial, a fim de aí se proceder à citação.

10. Aplica-se à citação por solicitador de execução o disposto no n.º 2 do artigo 234.º.

Artigo 240.º *(Citação com hora certa)*

1. No caso referido no artigo anterior, se o solicitador de execução ou o funcionário judicial apurar que o citando reside ou trabalha efectivamente no local indicado, não podendo, todavia, proceder à citação por não o encontrar, deixará nota com indicação de hora certa para a diligência na pessoa encontrada que estiver em melhores condições de a transmitir ao citando ou, quando tal for impossível, afixará o respectivo aviso no local mais indicado.

2. No dia e hora designados, o solicitador ou o funcionário fará a citação na pessoa do citando, se o encontrar; não o encontrando, a citação é feita na pessoa capaz que esteja em melhores condições de a transmitir ao citando, incumbindo-a o solicitador ou o funcionário de transmitir o acto ao destinatário e sendo a certidão assinada por quem recebeu a citação; pode, neste caso, a citação ser feita nos termos do n.º 6 do artigo 239.º.

3. Não sendo possível obter a colaboração de terceiros, a citação é feita mediante afixação, no local mais adequado e na presença de duas testemunhas, da nota de citação, com indicação dos elementos referidos no artigo 235.º, declarando-se que o duplicado e os documentos anexos ficam à disposição do citando na secretaria judicial.

4. Constitui crime de desobediência a conduta de quem, tendo recebido a citação, não entregue logo que possível ao citando os elementos deixados pelo funcionário, do que será previamente advertidos; tendo a citação sido efectuada em pessoa que não viva em economia comum com o citando, cessa a responsabilidade se entregar tais elementos a pessoa da casa, que deve transmiti-los ao citando.

5. Considera-se pessoal a citação efectuada nos termos dos n.ºs 2 ou 3 deste artigo.

Parte I – Novo Regime do Arrendamento Urbano

NOTIFICAÇÃO POR MANDATÁRIO JUDICIAL – ARTIGOS 245.º E 246.º (EX VI ARTIGO 256.º) DO CÓDIGO DE PROCESSO CIVIL

Artigo 245.º *(Citação promovida pelo mandatário judicial)*

1. A citação efectuada nos termos do n.º 3 do artigo 233.º segue o regime do artigo 239.º, com as necessárias adaptações.

2. O mandatário judicial deve, na petição inicial, declarar o propósito de promover a citação por si, por outro mandatário judicial, por via de solicitador ou de pessoa identificada nos termos do n.º 4 do artigo 161.º, podendo requerer a assunção de tal diligência em momento ulterior, sempre que qualquer outra forma de citação se tenha frustrado.

3. A pessoa encarregada da diligência é identificada pelo mandatário, na petição ou no requerimento, com expressa menção de que foi advertida dos seus deveres.

Artigo 246.º *(Regime e formalidades da citação promovida pelo mandatário judicial)*

1. Os elementos a comunicar ao citando, nos termos do artigo 235.º, são especificados obrigatoriamente pelo próprio mandatário judicial, sendo a documentação do acto datada e assinada pela pessoa encarregada da citação.

2. Sempre que, por qualquer motivo, a citação não se mostre efectuada no prazo de 30 dias contados da solicitação a que alude o n.º 2 do artigo anterior, o mandatário judicial dará conta do facto, procedendo-se à citação nos termos gerais.

3. O mandatário judicial é civilmente responsável pelas acções ou omissões culposamente praticadas pela pessoa encarregada de proceder à citação, sem prejuízo da responsabilidade disciplinar e criminal que ao caso couber.

ANOTAÇÕES:

1. MODOS DE COMUNICAÇÃO:

"O artigo 9.º prevê três modos distintos de comunicação entre as partes. Dois desses modos de comunicação são gerais, ou seja, valem, potencialmente, para todas as hipóteses de comunicação entre as partes. São eles: a carta registada com aviso de recepção, prevista no n.º 1; e a entrega em mão com cópia assinada pelo destinatário, prevista no n.º 6.

O terceiro modo de comunicação encontra-se previsto no n.º 7 e tem um âmbito de aplicação limitado, pois vale apenas para efeitos de resolução do contrato, nos termos do artigo 1084.º, n.º 1 do CC. Nesta hipótese, pelas especiais razões de certeza e segurança inerentes a uma comunicação destinada a resolver o contrato, a comunicação é feita mediante notificação judicial avulsa ou por contacto pessoal com o notificado através de advogado ou solicitador de execução.

(*Maria Olinda Garcia, A Nova Disciplina do Arrendamento Urbano, Coimbra, 2006, pág. 92*)

2. NOTIFICAÇÃO PELO SENHORIO:

"Tratando-se de cartas enviadas pelo senhorio, dispõe o n.º 2 que estas devem ser dirigidas, naturalmente, ao arrendatário, com excepção do disposto no artigo 12.º, n.º 1, para a hipótese de o imóvel ser casa de morada da família, devendo, então, as comunicações ser dirigidas aos dois cônjuges. Caso o arrendatário não indique expressamente o endereço preferencial, todas as comunicações do senhorio devem ser enviadas para o local arrendado."

(*Maria Olinda Garcia, A Nova Disciplina do Arrendamento Urbano, Coimbra, 2006, pág. 92*)

3. NOTIFICAÇÃO PELO ARRENDATÁRIO:

" Tratando-se de comunicações enviadas pelo arrendatário, os n.ºs 3 e 4 estabelecem um conjunto de regras, de sentido alternativo e supletivo (o endereço constante do contrato, o endereço da última comunicação, o domicílio ou sede) que traduzem a ideia de que o arrendatário deverá, razoavelmente, procurar saber qual o local onde a sua comunicação será efectivamente recebida pelo senhorio."

(*Maria Olinda Garcia, A Nova Disciplina do Arrendamento Urbano, Coimbra, 2006, pág. 92*)

NOTAS PESSOAIS:

ARTIGO 10.º
Vicissitudes

1. A comunicação prevista no n.º 1 do artigo anterior considera-se realizada ainda que:

a) A carta seja devolvida por o destinatário se ter recusado a recebê-la ou não a ter levantado no prazo previsto no regulamento dos serviços postais;

b) O aviso de recepção tenha sido assinado por pessoa diferente do destinatário.

2. O disposto no número anterior não se aplica às cartas que constituam iniciativa do senhorio para actualização de renda, nos termos do artigo 34.º, ou integrem ou constituam título executivo para despejo, nos termos do artigo 15.º.

3. Nas situações previstas no número anterior, o senhorio deve remeter nova carta registada com aviso de recepção decorridos que sejam trinta a sessenta dias sobre a data do envio da primeira carta.

4. Se a nova carta voltar a ser devolvida, nos termos da alínea *a)* do n.º 1, considera-se a comunicação recebida no décimo dia posterior ao do seu envio.

HISTÓRICO:

Redacção da Lei n.º 6/2006, de 27 de Fevereiro (NRAU).
Não tem correspondência na legislação anterior.

ANOTAÇÕES:

1. PRESUNÇÕES DE NOTIFICAÇÕES:

"Com exclusão das comunicações do senhorio para efeitos de actualização de rendas ou daquelas que integrem ou constituam título executivo para despejo (nos

Parte I – Novo Regime do Arrendamento Urbano

termos do artigo 15.º), as demais comunicações (do senhorio ou do arrendatário) presumem-se realizadas mesmo que a carta seja devolvida por o destinatário se ter recusado a recebê-la ou não a ter levantado no prazo regulamentar, bem como na hipótese de o aviso de recepção ter sido assinado por pessoa diferente.

Nesta matéria deverá, todavia, ter-se em conta a possibilidade de o destinatário invocar justo impedimento que tenha obstado à recepção da comunicação que lhe foi dirigida (nos termos do artigo 16.º).

Nas comunicações do senhorio para efeitos de aumento de rendas ou que se destinem a constituir título executivo para despejo, embora não se presumam recebidas nos termos do n.º 1, o recebimento virá, todavia, a ser posteriormente presumido após uma segunda tentativa de comunicação por parte do senhorio, nos termos dos n.ᵒˢ 3 e 4."

(*Maria Olinda Garcia, A Nova Disciplina do Arrendamento Urbano, Coimbra, 2006, pág. 93*)

2. *NUANCE* AO REGIME DO ARTIGO:

"É introduzida uma *nuance* a este regime, relativamente às comunicações que constituam iniciativa do senhorio para actualização de renda, nos termos do artigo 34.º, ou que integrem ou constituam título executivo para despejo, nos termos do artigo 15.º. Nestes casos, o senhorio, face à ausência de recepção por parte do destinatário da sua comunicação, deve remeter nova carta registada com aviso de recepção decorridos que sejam trinta a sessenta dias sobre a data de envio da primeira carta. Se, porventura, a nova carta voltar a ser devolvida, por o destinatário se ter recusado a recebê-la ou não a ter levantado no prazo previsto no regulamento dos serviços postais, considera-se a comunicação recebida no décimo dia posterior ao do seu envio."

(*Margarida Grave, Novo Regime do Arrendamento Urbano, 2006, 3ª ed., pág. 124*)

3. TEORIA DA RECEPÇÃO:

"Encontramos neste preceito consagrada a teoria da recepção, segundo a qual uma declaração negocial recipienda ou receptícia começa a produzir efeitos quando chega à esfera de poder de facto do destinatário, momento em que ele pode tomar dela conhecimento. É esta a regra da nossa lei civil, artigo 224.º do Código Civil, admitindo-se que os efeitos da declaração possam começar a produzir-se antes da recepção, se antes dela houver conhecimento do conteúdo da declaração, ou se a recepção não se verificar em tempo oportuno por culpa do destinatário, caso em que os efeitos se produzem desde o momento em que ela deveria ter sido recebida, não fora o acto culposo do destinatário; por outro lado, o n.º 3 do artigo citado admite que uma declaração recebida não produza desde logo os seus efeitos: é o que acontece quando o destinatário não se encontra, sem culpa sua, em condições de a conhecer."

(Margarida Grave, Novo Regime do Arrendamento Urbano, 2006, 3ª ed., pág 125)

NOTAS PESSOAIS:

ARTIGO 11.º
Pluralidade de senhorios ou de arrendatários

1. Havendo pluralidade de senhorios as comunicações devem, sob pena de ineficácia, ser subscritas por todos, ou por quem a todos represente, devendo o arrendatário dirigir as suas comunicações ao representante, ou a quem em comunicação anterior tenha sido designado para as receber.

2. Na falta da designação prevista no número anterior, o arrendatário dirige as suas comunicações ao primeiro signatário, e envia a carta para o endereço do remetente.

3. Havendo pluralidade de arrendatários, a comunicação do senhorio é dirigida ao que figurar em primeiro lugar no contrato, salvo indicação daqueles em contrário.

4. A comunicação prevista no número anterior é, contudo, dirigida a todos os arrendatários nos casos previstos no n.º 2 do artigo anterior.

5. Se a posição do destinatário estiver integrada em herança indivisa, a comunicação é dirigida ao cabeça-de-casal, salvo indicação de outro representante.

6. Nas situações previstas nos números anteriores, a pluralidade de comunicações de conteúdo diverso por parte dos titulares das posições de senhorio ou de arrendatário equivale ao silêncio.

HISTÓRICO:

Redacção da Lei n.º 6/2006, de 27 de Fevereiro (NRAU).
Não tem correspondência na legislação anterior.

Parte I – Novo Regime do Arrendamento Urbano

ANOTAÇÕES:

1. PARTE PLURAL:

"Os sujeitos que integram a parte plural não têm necessariamente de ser emissários ou destinatários directos de toas as comunicações. As comunicações podem estabelecer-se entre os representantes de cada parte plural. Todavia, havendo pluralidade de arrendatários, a comunicação do senhorio (ou senhorios) para efeitos de aumento de rendas bem como as comunicações que constituam título executivo para efeitos de despejo têm de ser destinadas a todos os arrendatários, como determina o n.º 4 do artigo 11.º."

(*Maria Olinda Garcia, A Nova Disciplina do Arrendamento Urbano, Coimbra, 2006, pág. 94*)

2. UNANIMIDADE:

"A regra da unanimidade de posições dentro da parte plural resulta claramente do disposto no n.º 6 do artigo 11.º, nos termos do qual a existência de comunicações de conteúdo diverso equivale ao silêncio, ou seja, as comunicações divergentes anular-se-ão mutuamente no seu alcance informativo.

(*Maria Olinda Garcia, A Nova Disciplina do Arrendamento Urbano, Coimbra, 2006, pág. 94*)

3. PLURALIDADE DE ARRENDATÁRIOS:

"A este respeito entendemos que dever-se-á ter em conta o disposto no artigo 1068.º do Código Civil, que estabelece, para os arrendamentos urbanos, um regime de comunicabilidade em termos gerais e de acordo com o regime de bens.

Daqui decorre que caso o arrendamento tenha sido celebrado por apenas um dos cônjuges, já na constância do matrimónio, e os cônjuges tenham casado sob o regime da comunhão de adquiridos (ou ainda antes do matrimónio e este venha a ser celebrado sob o regime da comunhão geral), o direito do arrendatário que o celebrou comunica-se ao outro cônjuge, passando, assim, ambos os cônjuges a ser considerados como arrendatários.

Neste caso, e independentemente de o locado constituir, ou não, casa de morada de família, as comunicações que o senhorio vier a efectuar, relativas *i*) à actualização de renda para habitação, nos termos do artigo 34.º do NRAU *ii*) ou que constituam título executivo para despejo, nos termos do artigo 15.º do NRAU, *deverão ser efectuadas a ambos os cônjuges.*"

(*Amadeu Colaço, Novo Regime do Arrendamento Urbano – Guia prático, Coimbra, 2006, pág. 41*)

NOTAS PESSOAIS:

ARTIGO 12.º
Casa de morada da família

1. Se o local arrendado constituir casa de morada de família, as comunicações previstas no n.º 2 do artigo 10.º devem ser dirigidas a cada um dos cônjuges.

2. As comunicações do arrendatário podem ser subscritas por ambos ou por um só dos cônjuges.

3. Devem, no entanto, ser subscritas por ambos os cônjuges as comunicações que tenham por efeito algum dos previstos no artigo 1682.º-B do Código Civil.

HISTÓRICO:

Redacção da Lei n.º 6/2006, de 27 de Fevereiro (NRAU), conjugada com a declaração de rectificação n.º 24/2006, de 17 de Abril, quanto ao n.º 1.

REMISSÕES:

Domicílio – arts. 82.º e segs. CC; residência da família – art. 1673.º CC; disposição do direito ao arrendamento da casa de morada de família – art. 1682.º-B CC.

LEGISLAÇÃO COMPLEMENTAR:

RESIDÊNCIA DA FAMÍLIA
– ARTIGO 1673.º DO CÓDIGO CIVIL
Artigo 1673.º *(Residência da família)*
1. Os cônjuges devem escolher de comum acordo a residência da família, atendendo, nomeadamente, às exigências da sua vida profissional e aos interesses dos filhos e procurando salvaguardar a unidade da vida familiar.
2. Salvo motivos ponderosos em contrário, os cônjuges devem adoptar a residência da família.

Parte I – Novo Regime do Arrendamento Urbano

3. Na falta de acordo sobre a fixação ou alteração da residência da família, decidirá o tribunal a requerimento de qualquer dos cônjuges.

DISPOSIÇÃO DO DIREITO AO ARRENDAMENTO DA CASA DE MORADA DE FAMÍLIA

Artigo 1682.º-B *(Disposição do direito ao arrendamento)*

Relativamente à casa de morada de família, carecem do consentimento de ambos os cônjuges:

a) A resolução, a oposição à renovação ou a denúncia do contrato de arrendamento pelo arrendatário;

b) A revogação do arrendamento por mútuo consentimento;

c) A cessão da posição de arrendatário;

d) O subarrendamento ou o empréstimo, total ou parcial.

ANOTAÇÕES:

1. COMUNICAÇÃO PELO SENHORIO:

Quando se trate da casa de morada de família, o senhorio terá de enviar comunicações separadas para cada um dos cônjuges, quando pretenda proceder ao aumento da renda ou obter título executivo para despejo, num caso e noutro, relativamente à casa de morada da família.

2. IDEM:

"O n.º 1 do artigo 12.º do NRAU dispõe que "se o local arrendado constituir a casa de morada de família as comunicações previstas no n.º 2 do artigo 9.º devem ser dirigidas a cada um dos cônjuges".

Sucede que o âmbito de aplicação do n.º 2 do artigo 9.º do NRAU, para o qual remete o n.º 1 do citado artigo 12.º, são as "cartas dirigidas ao arrendatário, na falta de indicação deste em contrário..."

Parece-nos pois, que constituindo o local arrendado a casa de morada de família, ainda assim o arrendatário poderá indicar ao senhorio que as comunicações a efectuar por este sejam apenas a ele efectuadas.

Salvo melhor opinião, esta solução não nos parece aplicável nos específicos casos de comunicações do senhorio destinadas à cessação do contrato de arrendamento, nas quais entendemos que o cônjuge arrendatário deverá, também, ser sempre destinatário, desde logo, para em tempo poder reagir, se necessário, judicialmente.

Pense-se, por exemplo, numa situação de separação de facto, prévia a um divórcio, em que o arrendatário deixou de viver no locado. Nesta hipótese, é natural que o arrendatário pouco se preocupe em saber se a comunicação do senhorio, destinada à cessação do contrato de arrendamento será, ou não, lícita."

(Amadeu Colaço, Novo Regime do Arrendamento Urbano – Guia prático, Coimbra, 2006, págs. 41 e seg.)

3. COMUNICAÇÃO PELO ARRENDATÁRIO:

Relativamente às comunicações feitas por arrendatário casado, bastará que esta seja assinada pelo arrendatário, a não ser que o arrendamento, por força do regime de bens, seja comunicável. Excepcionam-se, contudo, as situações vertidas no artigo 1682.º-B do Código Civil, casos em que tem de haver o consentimento de ambos dos cônjuges e, consequentemente, ser a comunicação subscrita por ambos.

NOTAS PESSOAIS:

SECÇÃO II
Associações

ARTIGO 13.º
Legitimidade

1. As associações representativas das partes, quando expressamente autorizadas pelos interessados, gozam de legitimidade para assegurar a defesa judicial dos seus membros em questões relativas ao arrendamento.

2. Gozam do direito referido no número anterior as associações que, cumulativamente:

a) Tenham personalidade jurídica;
b) Não tenham fins lucrativos;
c) Tenham como objectivo principal proteger os direitos e interesses dos seus associados, na qualidade de senhorios, inquilinos ou comerciantes;
d) Tenham, pelo menos, três mil, quinhentos ou cem associados, consoante a área a que circunscrevam a sua acção seja de âmbito nacional, regional ou local, respectivamente.

HISTÓRICO:

Redacção da Lei n.º 6/2006, de 27 de Fevereiro (NRAU).
Não tem correspondência na legislação anterior.

REMISSÕES:

Associações – arts. 167.º e segs. CC; personalidade jurídica – arts. 66.º e segs. CC.

Parte I – Novo Regime do Arrendamento Urbano

LEGISLAÇÃO COMPLEMENTAR:

LIBERDADE DE ASSOCIAÇÃO
– ARTIGO 46.º DA CONSTITUIÇÃO

Artigo 46.º *(Liberdade de associação)*

1. Os cidadãos têm o direito de, livremente e sem dependência de qualquer autorização, constituir associações, desde que estas não se destinem a promover a violência e os respectivos fins não sejam contrários à lei penal.

2. As associações prosseguem livremente os seus fins sem interferência das autoridades públicas e não podem ser dissolvidas pelo Estado ou suspensas as suas actividades senão nos casos previstos na lei e mediante decisão judicial.

3. Ninguém pode ser obrigado a fazer parte de uma associação nem coagido por qualquer meio a permanecer nela.

4. Não são consentidas associações armadas nem de tipo militar, militarizadas ou paramilitares, nem organizações racistas ou que perfilhem a ideologia fascista.

ASSOCIAÇÕES
– ARTIGOS 167.º A 184.º DO CÓDIGO CIVIL

Artigo 167.º *(Acto de constituição e estatutos)*

1. O acto de constituição da associação especificará os bens ou serviços com que os associados concorrem para o património social, a denominação, fim e sede da pessoa colectiva, a forma do seu funcionamento, assim como a sua duração, quando a associação se não constitua por tempo indeterminado.

2. Os estatutos podem especificar ainda os direitos e obrigações dos associados, as condições da sua admissão, saída e exclusão, bem como os termos da extinção da pessoa colectiva e consequente devolução do seu património.

Artigo 168.º *(Forma e publicidade)*

1. O acto de constituição da associação, os estatutos e as suas alterações devem constar da escritura pública.

2. O notário deve, oficiosamente, a expensas da associação, comunicar a constituição e estatutos bem como as alterações destes, à autoridade administrativa e ao Ministério Público e remeter ao jornal oficial um extracto para publicação.

3. O acto de constituição, os estatutos e suas alterações não produzem efeitos em relação a terceiros, enquanto não forem publicados nos termos do número anterior.

Artigo 169.º (Modificações do acto de constituição ou dos estatutos)

As alterações do acto de constituição ou dos estatutos, que impliquem modificação do fim da associação, não produzem efeitos enquanto não forem aprovadas pela entidade competente para o reconhecimento da pessoa colectiva.

Revogado pelo Decreto-Lei n.º 496/1977, de 25 de Novembro

Artigo 170.º *(Titulares dos órgãos da associação e revogação dos seus poderes)*

1. É a assembleia geral que elege os titulares dos órgãos da associação, sempre que os estatutos não estabeleçam outro processo de escolha.

NRAU   Art. 13.º

2. As funções dos titulares eleitos ou designados são revogáveis, mas a revogação não prejudica os direitos fundados no acto da constituição.

3. O direito de revogação pode ser condicionado pelos estatutos à existência de justa causa.

Artigo 171.º *(Convocação e funcionamento do órgão da administração e conselho fiscal)*

1. O órgão da administração e o conselho fiscal são convocados pelos respectivos presidentes e só podem deliberar com a presença da maioria dos seus titulares.

2. Salvo disposição legal ou estatutária em contrário, as deliberações são tomadas por maioria de voto dos titulares presentes, tendo o presidente além do seu voto, direito a voto de desempate.

Artigo 172.º *(Competência da assembleia geral)*

1. Competem à assembleia geral todas as deliberações não compreendidas nas atribuições legais ou estatutárias de outros órgãos da pessoa colectiva.

2. São, necessariamente, da competência da assembleia geral a destituição dos titulares dos órgãos da associação, a aprovação de balanços, a alteração dos estatutos, a extinção da associação e a autorização para esta demandar os administradores por factos praticados no exercício do cargo.

Artigo 173.º *(Convocação da assembleia)*

1. A assembleia geral deve ser convocada pela administração nas circunstâncias fixadas pelos estatutos e, em qualquer caso, uma vez em cada ano para aprovação do balanço.

2. A assembleia será ainda convocada sempre que a convocação seja requerida, com um final legítimo, por um conjunto de associados não inferior à quinta parte da sua totalidade, se outro número, não for estabelecido nos estatutos.

3. Se a administração não convocar a assembleia nos casos em que deve fazê-lo, a qualquer associado é lícito efectuar a convocação.

Artigo 174.º *(Forma da convocação)*

1. A assembleia geral é convocada por meio de aviso postal, expedido para cada um dos associados com a antecedência mínima de oito dias; no aviso indicar-se-á o dia, hora e local da reunião e respectiva ordem do dia.

2. São anuláveis as deliberações tomadas sobre matéria estranha à ordem do dia salvo se todos os associados compareceram à reunião e todos concordaram com o aditamento.

3. A comparência de todos os associados sanciona quaisquer irregularidades da convocação, desde que nenhum deles se oponha à realização da assembleia.

Artigo 175.º *(Funcionamento)*

1. A assembleia não pode deliberar em primeira convocação, sem a presença de metade, pelo menos, dos seus associados.

2. Salvo o disposto nos números seguintes, às deliberações são tomadas por maioria absoluta de votos dos associados presentes.

Parte I – Novo Regime do Arrendamento Urbano

3. As deliberações sobre alterações dos estatutos exigem o voto favorável de três quartos do número dos associados presentes.

4. As deliberações sobre a dissolução ou prorrogação da pessoa colectiva requerem o voto favorável de três quartos do número de todos os associados.

5. Os estatutos podem exigir um número de votos superior ao fixado nas regras anteriores.

Artigo 176.º *(Privação do direito de voto)*

1. O associado não pode votar, por si ou como representante de outrem, nas matérias em que haja conflito de interesses entre a associação e ele, seu cônjuge, ascendentes ou descendentes.

2. As deliberações tomadas com infracção do disposto no número anterior são anuláveis se o voto do associado impedido for essencial a existência da maioria necessária.

Artigo 177.º *(Deliberações contrárias a lei ou aos estatutos)*

As deliberações da assembleia geral contrárias à lei ou aos estatutos seja pelo seu objecto, seja por virtude de irregularidade havidas na convocação dos associados ou no funcionamento da assembleia, são anuláveis.

Artigo 178.º *(Regime da anulabilidade)*

1. A anulabilidade prevista nos artigos anteriores pode ser arguida dentro do prazo de seis meses, pelo órgão de administração ou por qualquer associado que não tenha votado a deliberação.

2. Tratando-se de associado que não foi convocado regularmente para a reunião da assembleia, o prazo só começa a correr a partir da data em que ele teve conhecimento da deliberação.

Artigo 179.º *(Protecção dos direitos de terceiros)*

A anulação das deliberações da assembleia não prejudica os direitos que terceiro de boa fé haja adquirido em execução das deliberações anuladas.

Artigo 180.º *(Natureza pessoal da qualidade do associado)*

Salvo disposição estatutária em contrário, a qualidade de associado não é transmissível, quer por acto entre vivos, quer por sucessão; o associado não pode incumbir outrem de exercer os seus direitos pessoais.

Artigo 181.º *(Efeitos de saída ou exclusão)*

O associado que por qualquer forma deixar de pertencer à associação não tem direito de repetir as quotizações que haja pago e perde o direito ao património social, sem prejuízo da sua responsabilidade por todas as prestações relativas ao tempo em que foi membro da associação.

Artigo 182.º *(Causas da extinção)*

1. As associações extinguem-se:

a) Por deliberações da assembleia geral;

b) Pelo decurso do prazo, se tiverem sido constituídas temporariamente;

c) Pela verificação de qualquer outra causa extintiva prevista no acto de constituição ou nos estatutos;

NRAU   *Art. 13.º*

d) Pelo falecimento ou desaparecimento de todos os associados;
e) Por decisão judicial que declare a sua insolvência.
2. As associações extinguem-se ainda por decisão judicial:
a) Quando o seu fim se tenha esgotado ou se haja tornado impossível;
b) Quando o seu fim real não coincida com o fim expresso no acto de constituição ou nos estatutos;
c) Quando o seu fim seja sistematicamente prosseguido por meios ilícitos ou imorais;
d) Quando a sua existência se torne contrária à ordem pública.

Artigo 183.º *(Declaração da extinção)*
1. Nos casos previstos na alínea *b)* e na alínea *c)* do n.º 1 do artigo anterior a extinção só se produzirá se, nos trinta dias subsequentes à data em que devia operar-se, à assembleia geral não decidir a prorrogação da associação ou a modificação dos estatutos.
2. Nos casos previstos no n.º 2 do artigo precedente, a declaração de extinção pode ser pedida em juízo pelo Ministério Público ou por qualquer interessado.
3. A extinção da declaração de insolvência dá-se em consequência da própria declaração.

Artigo 184.º *(Efeitos da extinção)*
1. Extinta a associação, os poderes dos seus órgãos ficam limitados à prática dos actos meramente conservatórios e dos necessários, quer a liquidação do património social, quer a ultimação dos negócios pendentes, pelos actos restantes e pelos danos que deles advenham à associação respondem solidariamente os administradores que os praticarem.
2. Pelas obrigações que os administradores contraírem, a associação só responde perante terceiros se estes estavam de boa fé e a extinção não tiver sido dada a devida publicidade.

ASSOCIAÇÕES DE CONSUMIDORES
– LEI N.º 24/96, DE 31 DE JULHO, ARTIGOS 17.º E 18.º

Artigo 17.º *(Associações de consumidores)*
1. As associações de consumidores são associações dotadas de personalidade jurídica, sem fins lucrativos e com o objectivo principal de proteger os direitos e os interesses dos consumidores em geral ou dos consumidores seus associados.
2. As associações de consumidores podem ser de âmbito nacional, regional ou local, consoante a área a que circunscrevam a sua acção e tenham, pelo menos, 3.000, 500 ou 100 associados, respectivamente.
3. As associações de consumidores podem ser ainda de interesse genérico ou de interesse específico:
a) São de interesse genérico as associações de consumidores cujo fim estatutário seja a tutela dos direitos dos consumidores em geral e cujos órgãos sejam livremente eleitos pelo voto universal e secreto de todos os seus associados;

Parte I – Novo Regime do Arrendamento Urbano

b) São de interesse específico as associações de consumidores de bens e serviços determinados, cujos órgãos sejam livremente eleitos pelo voto universal e secreto de todos os seus associados.

4. As cooperativas de consumo são equiparadas, para os efeitos do disposto no presente diploma, às associações de consumidores.

Artigo 18.º *(Direitos das associações de consumidores)*

1. As associações de consumidores gozam dos seguintes direitos:

(...)

n) Direito à isenção do pagamento de custas, preparos e imposto do selo, nos termos da Lei n.º 83/95, de 31 de Agosto.*

* **Lei n.º 83/95, de 31 de Agosto, artigo 20.º**

Artigo 20.º *(Regime especial de preparos e custas)*

1. Pelo exercício do direito de acção popular são exigíveis preparos.

2. O autor fica isento do pagamento de custas em caso de procedência parcial do pedido.

3. Em caso de decaimento total, o autor interveniente será condenado em montante a fixar pelo julgador entre um décimo e metade das custas que normalmente seriam devidas, tendo em conta a situação económica e a razão formal ou substantiva da improcedência.

4. A litigância de má fé rege-se pela lei geral.

5. A responsabilidade por custas dos autores intervenientes é solidária, nos termos gerais.

ANOTAÇÕES:

1. ANÁLISE DO PRECEITO:

"Esta norma vem atribuir legitimidade às associações de senhorios ou de arrendatários para representarem judicialmente os seus membros. Aqueles que se fazem representar em juízo através de uma associação de defesa dos seus interesses terão, eventualmente, a vantagem de beneficiar do serviço de profissionais forenses especializados nestas matérias.

As associações que patrocinem os senhorios ou os arrendatários, tanto em acções de despejo como em acções executivas para entrega do local arrendado, deverão apresentar logo prova documental comprovativa de reunirem todos os requisitos exigidos pelo n.º 2 do artigo 13.º, dado que dessa prova depende a legitimidade para intervir em juízo."

(*Maria Olinda Garcia, A Nova Disciplina do Arrendamento Urbano, Coimbra, 2006, pág. 96*)

NOTAS PESSOAIS:

SECÇÃO III
Despejo

ARTIGO 14.º
Acção de despejo

1. A acção de despejo destina-se a fazer cessar a situação jurídica do arrendamento, sempre que a lei imponha o recurso à via judicial para promover tal cessação, e segue a forma de processo comum declarativo.

2. Quando o pedido de despejo tiver por fundamento a falta de residência permanente do arrendatário, e quando este tenha na área dos concelhos de Lisboa ou do Porto e limítrofes, ou no respectivo concelho quanto ao resto do País, outra residência ou a propriedade de imóvel para habitação adquirido após o início da relação de arrendamento, com excepção dos casos de sucessão *mortis causa,* pode o senhorio, simultaneamente, pedir uma indemnização igual ao valor da renda determinada nos termos dos artigos 30.º a 32.º, desde o termo do prazo para contestar até à entrega efectiva da habitação.

3. Na pendência da acção de despejo, as rendas vencidas devem ser pagas ou depositadas, nos termos gerais.

4. Se o arrendatário não pagar ou depositar as rendas, encargos ou despesas, vencidas por um período superior a três meses, é notificado para, em 10 dias, proceder ao seu pagamento ou depósito, e ainda da importância de indemnização devida, juntando prova aos autos, sendo, no entanto, condenado nas custas do incidente e nas despesas de levantamento do depósito, que são contadas a final.

5. Se, dentro daquele prazo, os montantes referidos no número anterior não forem pagos ou depositados, o senhorio pode pedir certidão dos autos relativa a estes factos, a qual constitui título executivo para efeitos

Parte I – Novo Regime do Arrendamento Urbano

de despejo do local arrendado, na forma de processo executivo comum para entrega de coisa certa.

HISTÓRICO:

Redacção da Lei n.º 6/2006, de 27 de Fevereiro (NRAU).
Corresponde, parcialmente, ao artigo 55.º do RAU (revogado), que se transcreve:

Artigo 55.º *(Finalidade)*
1. A acção de despejo destina-se a fazer cessar a situação jurídica do arrendamento, sempre que a lei imponha o recurso à via judicial para promover tal cessação.
2. A acção de despejo é, ainda, o meio processual idóneo para efectivar a cessação do arrendamento quando o arrendatário não aceite ou não execute o despedimento resultante de qualquer outra causa.

REMISSÕES:

Valor da acção – art. 307.º, n.º 1, CPC; admissibilidade de recurso – art. 678.º, n.º 5 CPC; efeito do recurso – art. 692.º, n.º 2, al. *b*), CPC.

LEGISLAÇÃO COMPLEMENTAR:

VALOR DA ACÇÃO
– ARTIGO 307.º, n.º 1 DO CÓDIGO DE PROCESSO CIVIL
Artigo 307.º *(Critérios especiais)*
1. Nas acções de despejo, o valor é o da renda anual, acrescido das rendas em dívida e da indemnização requerida.
(…)

JURISPRUDÊNCIA:

HABILITAÇÃO; SEPARAÇÃO JUDICIAL DE PESSOAS E BENS:
"Constando da escritura da partilha subsequente a acção de separação judicial de pessoas e bens, que aquela incidiu sobre os bens comuns do casal, deve ser habilitado para prosseguir acção de despejo fundada em falta de pagamento de rendas, proposta por um deles, o outro cônjuge, adquirente do imóvel a que a dita acção se reporta."
(**Acórdão da Relação de Évora**, *de 17.05.2001, Colectânea de Jurisprudência, 2001, Tomo III, pág. 267*)

NRAU   *Art. 14.º*

FALTA DE PAGAMENTO DE RENDAS; FALTA DE IMPUGNAÇÃO DO DEPÓSITO:

"**I** – Tendo o senhorio sido devidamente notificado da junção aos autos do documento de depósito da renda em dívida e correspondente indemnização, a sua falta de impugnação no prazo de 20 dias faz precludir o direito de o impugnar.

II – Em consequência, a obrigação considera-se extinta, independentemente de sentença que o declare, inferindo-se daí que há renúncia implícita aos direitos à resolução do contrato ou à exigência de indemnização.

III – Tendo o Autor invocado na petição o pagamento tardio de outras rendas, sem referir que elas estão em dívida, não existe fundamento para o despejo."

(***Acórdão da Relação de Coimbra***, *de 06.03.2001, Colectânea de Jurisprudência, 2001, Tomo II, pág. 9*)

RENDAS VENCIDAS; PRESCRIÇÃO; CADUCIDADE DO DIREITO DE ACCIONAR:

"**I** – Não é lícito aos RR. Inquilinos invocar a excepção de prescrição das rendas vencidas há mais de cinco anos à data da propositura da respectiva acção de despejo, se as depositaram ao longo desse período alegando mora dos AA. senhorios na Caixa Geral de Depósitos, com a clara intenção de satisfazer obrigação – (pagamento de cada sucessivamente vencida) – que por si eram reconhecidas e eram exigíveis.

II – No caso dos autos, atento o regime legal do artigo 65.º, n.ºs 1 e 2 do RAU, tendo a acção de despejo em apreço sido intentada em 5 de Novembro de 1998, verifica-se a excepção da caducidade do direito de resolução em relação a todas as rendas vencidas há mais de um ano antes da propositura da acção, ou seja, antes de 5 de Novembro de 1997. Tal não obsta que as respectivas quantias referentes a essas rendas, sucessiva e mensalmente depositadas, continuem a ser exigíveis pelos AA., na medida a que correspondem a créditos vencidos dos senhorios sobre os inquilinos.

III – Face ao depósito de todas as rendas vencidas efectuadas pelos RR., não prescritas, e do depósito condicional da quantia indemnizatória equivalente a 50% do montante das rendas vencidas no momento da contestação e respectivos juros de mora, deve considerar-se verificada a caducidade superveniente do direito de resolução do contrato de arrendamento em causa, nos termos dos artigos 1042.º e 1048.º do Código Civil.

IV – Não sendo no caso *sub judice* possível a modificação da decisão sobre a matéria de facto, não é possível considerar as obras feitas no arrendado pelos RR. Como benfeitorias necessárias. Consequentemente, face ao regime legal aplicável não podiam os RR. Proceder directamente às obras em apreço nos autos. Por outro lado, não estando apuradas se tais benfeitorias são ou não susceptíveis de ser levantadas pelos RR., não podem os AA. serem condenados a pagarem-lhes o seu valor."

Parte I – Novo Regime do Arrendamento Urbano

(**Acórdão da Relação de Évora**, *de 04.04.2001, Colectânea de Jurisprudência, 2001, Tomo II, pág. 257*)

DEPÓSITO DE RENDA NÃO LIBERATÓRIO:

"**I** – O R. que, na contestação, se arrogou o direito a indemnização por benfeitorias que realizou no locado mas no final do articulado omitiu tal pedido e viu o A. absolvido da instância por ineptidão da reconvenção, não tendo recorrido da sentença que assim decidiu, não pode ver essa questão apreciada em recurso no STJ.

II – Indeferido o incidente de despejo imediato com base na falta de depósito de rendas vencidas na pendência da acção, não viola o caso julgado a sentença que depois decreta o despejo do prédio locado por falta de pagamento de rendas.

III – Ao arrendatário que não pague a renda no dia do vencimento, assiste o direito de proceder logo ao seu depósito em singelo, à ordem do tribunal, com carácter liberatório, nos oito dias seguintes na CGD."

(**Acórdão do Supremo Tribunal de Justiça**, *de 08.11.2001, Colectânea de Jurisprudência, Acórdãos do Supremo Tribunal de Justiça, 2001, Tomo III, pág. 104*)

ACÇÃO DE DESPEJO; ACÇÃO DE REIVINDICAÇÃO:

"**I** – Não é inepta, por contradição entre o pedido e a causa de pedir, a petição inicial em que se deduz um pedido de despejo e se usa como causa de pedir a caducidade do arrendamento.

II – Discutindo-se a possibilidade de transmissão do arrendamento ou a constituição do direito a novo arrendamento, não faz sentido o recurso à acção de reivindicação, porque está em causa o arrendamento, embora já caducado. **III** – Os artigos 85.º e 93.º do RAU não são materialmente inconstitucionais, não violando o disposto nos artigos 65.º e 67.º da CRP."

(**Acórdão da Relação de Lisboa**, *de 11.04.2002, Colectânea de Jurisprudência, 2002, Tomo II, pág. 98*)

MORTE DO ARRENDATÁRIO; FALTA DE RESIDÊNCIA PERMANENTE:

"**I** – O incumprimento do dever de comunicação ao senhorio da morte do arrendatário não tem como sanção a caducidade do arrendamento, mas apenas o dever de indemnizar os danos derivados da omissão.

II – Na transmissão do arrendamento, por morte do primitivo arrendatário, o contrato fica sujeito ao regime de renda condicionada, devendo recorrer-se directamente para a sua determinação ao regime geral da renda condicionada e não ao disposto nos artigos 31.º e seguintes do RAU.

III – No caso da transmissão ocorrer para descendentes com mais de 26 e menos de 65 anos de idade, querendo o senhorio exigir ao transmissário o montante da renda condicionada é ao mesmo senhorio que cabe o ónus da prova da idade daquele, como facto constitutivo do seu direito.

IV – Deve considerar-se que obsta à resolução do arrendamento por falta de residência permanente, a circunstância da ausência do arrendatário ser justificada por contrato de trabalho por conta de outrem no estrangeiro, por tempo que ainda não excede os dois anos, não tencionando o arrendatário fixar-se definitivamente naquele país estrangeiro."

(*Acórdão da Relação de Coimbra, de 27.01.2004, Colectânea de Jurisprudência, 2004, Tomo I, pág. 28*)

REALIZAÇÃO DE OBRAS SEM CONSENTIMENTO:

"O artigo 37.º, n.º 1, do DL n.º 49399, de 24 de Novembro de 1969, admite a legitimidade excepcional de realização, pelo arrendatário, de modificações no prédio sem consentimento do senhorio, verificadas as circunstâncias neles previstas, *maxime*, que as obras interessem directamente à exploração da indústria, desde que sejam aprovadas e autorizadas, tratando-se de um Hotel, pela Direcção Geral de Turismo e não ponham em acusa a segurança do edifício."

(*Acórdão da Relação de Lisboa, de 01.04.2004, Colectânea de Jurisprudência, 2004, Tomo II, pág. 100*)

RENDAS VENCIDAS NA PENDÊNCIA DA ACÇÃO:

"**I** – Face ao disposto no artigo 58.º do RAU [hoje, artigo 14.º do NRAU], a lei não onera o arrendatário com a prova necessariamente documental de que efectuou o pagamento ou o depósito das rendas, ao contrário do que resultava do regime anterior ao RAU – artigo 979.º do Código de Processo Civil, hoje revogado.

II – Para efeitos do disposto no artigo 58.º do RAU, na acção de despejo imediato que tem por base a falta de pagamento de rendas, deve entender-se por 'rendas vencidas na pendência da acção' as que se vencerem em momento posterior à contestação.

III – Sendo de questionar a possibilidade de arrolamento de rendimentos de bens do casal, na providência prévia ao divórcio, mas tendo sido decidido tal arrolamento e alegando os Réus-arrendatários que pagaram as rendas por depósito à ordem do ex-marido da Autora, há que apreciar se aos Réus-arrendatários era exigível um outro comportamento, por forma a evitarem a resolução do contrato, pelo fundamento aludido no artigo 64.º, n.º 1, al. *a*), do RAU [hoje, artigo 1083.º, n.º 3 (em parte), do Código Civil]."

(*Acórdão da Relação de Guimarães, de 19.05.2004, Colectânea de Jurisprudência, 2004, Tomo III, págs. 277 e seg.*)

CADUCIDADE DO DIREITO À RESOLUÇÃO:

"**I** – A junção do comprovativo do depósito (efectuado por mera cautela) das rendas e da indemnização com a contestação da acção de despejo configura uma

Parte I – Novo Regime do Arrendamento Urbano

óbvia manifestação da vontade dos réus de se prevalecerem da faculdade que a lei lhes concede de neutralizarem, por essa via da caducidade, a eficácia do direito do senhorio à resolução do contrato de arrendamento, não sendo necessária a formulação do pedido de caducidade.

II – É ao senhorio que compete decidir se o não pagamento das rendas vencidas na pendência da acção deve determinar o despejo imediato e, no caso afirmativo, quais dessas rendas devem ser invocadas para o obter.

III – A qualificação da perda da coisa locada como total ou parcial depende da natureza do arrendamento e do fim nele convencionado.

IV – A perda parcial não acarreta a caducidade do contrato de arrendamento a menos que, não desaparecendo nem ficando totalmente destruído o arrendado, o seu estado impossibilite o seu uso pelo arrendatário para o fim convencionado.

V – Reconhecer a perda do locado e a consequente caducidade configura um verdadeiro abuso de direito do senhorio no aproveitamento da sua própria omissão de realização das obras a que estava legalmente obrigado se aquela perda resultou desta omissão.

VI – O contrato de arrendamento celebrado apenas por um dos cônjuges é um claro contrato com eficácia reflexa sobre terceiros (o uso do imóvel é conferido não apenas ao locatário mas a todo o seu agregado familiar com ele convivente).

VII – Porém os terceiros assim reflexamente beneficiados não adquirem qualquer direito próprio às prestações principais ou secundárias do contrato, logo está-lhes vedada a discussão do respectivo conteúdo."

(**Acórdão da Relação de Évora**, *de 03.02.2005, Colectânea de Jurisprudência, 2005, Tomo I, pág. 249*)

DEPÓSITO DE RENDAS; FORMA

"**I** – As formalidades previstas para o depósito no art. 23.º do RAU visam facilitar a identificação de depósito, a sua finalidade, o beneficiário e o controlo do seu levantamento.

II – O facto desse depósito não ter sido efectuado em impresso próprio da C.G.D. não suprime o direito dos Réus obstarem à resolução do contrato de arrendamento."

(**Acórdão da Relação de Évora**, *de 16.03.2006, Colectânea de Jurisprudência, 2006, Tomo II, pág. 230*)

FALTA DE PAGAMENTO DE RENDAS; DIFERIMENTO DA DESOCUPAÇÃO

"Sendo decretado o despejo com base na falta de pagamento das rendas vencidas e diferindo-se a desocupação por um período de 6 meses, o Fundo de Socorro Social, da IGFSS, apenas é responsável pelo pagamento das rendas vencidas e não pagas durante a moratória imposta ao senhorio (os referidos 6 meses)."

NRAU Art. 14.º

(*Acórdão da Relação do Porto*, de 10.10.2006, *Colectânea de Jurisprudência, 2006, Tomo IV, pág. 175*)

FALTA DE PAGAMENTO DA RENDA

"**I** – Salvo casos excepcionais, não existe no direito português qualquer presunção de cumprimento das obrigações.

II – Na acção de despejo por falta de pagamento da renda, cabe ao senhorio, apenas, o ónus de provar a constituição da obrigação de pagamento (provando o contrato) e o ónus de alegar a falta de pagamento.

III – Mas já cabe ao inquilino o ónus de alegar e de provar o pagamento da renda.

IV – Esta distribuição do ónus da prova não é alterada pelo facto de o réu ter sido condenado à relevia."

(*Acórdão da Relação de Guimarães*, de 16.11.2006, *Colectânea de Jurisprudência, 2006, Tomo V, pág. 282*)

DESPEJO IMEDIATO; RENDAS VENCIDAS NA PENDÊNCIA DA ACÇÃO

"**I** – O incidente da acção de despejo previsto no art. 58º do RAU, de despejo imediato por falta de pagamento das rendas vencidas na pendência da acção, apenas admite como oposição relevante a prova do pagamento ou do depósito das rendas em falta.

II – Não releva, para tal, a alegação por parte do inquilino de excepção de incumprimento por parte do senhorio ou de direito de retenção do locado para garantir direito a indemnização por benfeitorias nele realizadas."

(*Acórdão do Supremo Tribunal de Justiça*, de 05.12.2006, *Colectânea de Jurisprudência, Acórdãos do Supremo Tribunal de Justiça, 2006, Tomo III, pág. 144*)

ANOTAÇÕES:

1. ÂMBITO:

"A acção de despejo tem agora um âmbito aplicativo inferior àquele que tinha anteriormente, pois diminuiu o número de hipóteses em que o senhorio tem de recorrer à acção de despejo para obter a cessação da relação de arrendamento (cfr. artigos 1084.º e 1103.º do CC) e esta acção deixou de ser o meio idóneo para obter a efectiva desocupação do local arrendado, já que essa matéria passou para o âmbito da acção executiva para entrega de coisa certa."

(*Maria Olinda Garcia, A Nova Disciplina do Arrendamento Urbano, Coimbra, 2006, pág. 97*)

Parte I – Novo Regime do Arrendamento Urbano

2. VALOR DA ACÇÃO:

"O valor da acção de despejo é determinado nos termos do artigo 307.º do CPC e a decisão proferida nesta acção pode ser sempre alvo de recurso para a Relação, independentemente do valor da causa, nos termos do artigo 678.º, n.º 5 do CPC, tendo esse recurso efeito suspensivo nos termos do artigo 692.º, n.º 2, alínea *b*) do CPC."

(*Maria Olinda Garcia, A Nova Disciplina do Arrendamento Urbano, Coimbra, 2006, pág. 97*)

3. RENDAS NA PENDÊNCIA DA CAUSA:

"Enquanto estiver pendente a acção de despejo, qualquer que seja o seu fundamento, o arrendatário tem de pagar ao senhorio as rendas que entretanto se vencerem, ou depositá-las nos termos dos artigos 17.º a 20.º do NRAU e 841.º e seguintes do Código Civil. O mesmo se diga dos encargos ou despesas que, sendo por conta do réu, ele tiver de pagar ao autor durante a pendência da acção de despejo, nos termos do artigo 1078.º do Código Civil.

Pode suceder, no entanto, que o réu não pague nem deposite as rendas, encargos ou despesas, cujo vencimento se verifique após a propositura da acção e enquanto a instância não se extinguir (artigos 267.º e 287.º do Código de Processo Civil).

Se a mora do arrendatário persistir durante mais de três meses, o autor pode requerer nos autos que ele seja notificado para em 10 dias proceder ao seu pagamento ou depósito, com a indemnização devida e para juntar aos autos prova de tal pagamento ou depósito.

A indemnização devida é igual a 50% do montante das rendas (artigo 1041.º, n.º 1 do Código Civil) e, quanto aos encargos e despesas, aos juros moratórios calculados à taxa legal supletiva desde o momento do respectivo vencimento até efectivo pagamento (artigos 559.º, n.º 1 e 806.º, n.º 1 do Código Civil).

Se o réu não fizer prova de que, dentro daquele prazo de dez dias, procedeu ao pagamento ou ao depósito de tudo quanto for devido, pode o autor fazer extrair certidão dos autos relativa a estes factos.

Esta certidão tem o valor de título executivo para o despejo do local arrendado."

(*Cunha de Sá – Leonor Coutinho, Arrendamento 2006, Novo Regime do Arrendamento Urbano, Coimbra, 2006, pág. 36*)

4. TÍTULO EXECUTIVO ESPECIAL:

"No n.º 5 do artigo 14.º prevê-se a hipótese de formação de um título executivo especial, dentro da acção de despejo, quando o arrendatário não pague as rendas vencidas na pendência da acção por tempo superior a 3 meses. Com base nesse título poderá o senhorio optar por mover acção executiva para entrega de coisa certa."

(*Maria Olinda Garcia, A Nova Disciplina do Arrendamento Urbano, Coimbra, 2006, pág. 97*)

5. FORMA DO PROCESSO:

"Proclama-se neste preceito que a *acção de despejo* segue a forma do processo comum de declaração.

Isto vem a significar que, se o valor da acção de despejo exceder a alçada da Relação (que é presentemente de € 14.963,94 – artigo 24.º, n.º 1 da Lei n.º 3/99, de 13 de Janeiro), emprega-se o processo ordinário; se a não exceder, emprega-se o processo sumário (artigo 462.º, n.º 1 do Código de Processo Civil). As disposições reguladoras do processo ordinário constituem o padrão do processo comum; o processo sumário é regulado pelas disposições que lhe são próprias e pelas disposições gerais e comuns.

O valor da acção de despejo é determinado pelo valor da renda anual, acrescido, se for caso disso, das rendas em dívida e da indemnização requerida (artigo 307.º, n.º 1 do Código de Processo Civil).

É que com o pedido de despejo pode cumular-se o pedido de indemnização e o pedido de condenação do arrendatário nas rendas vencidas e, tratando-se de obter o despejo do prédio no momento em que findar o arrendamento, nas rendas vincendas durante a pendência da acção e até findar o arrendamento (cfr. artigos 470.º, n.º 1 e 472.º, n.º 2 do Código de Processo Civil."

(Cunha de Sá – Leonor Coutinho, Arrendamento 2006, Novo Regime do Arrendamento Urbano, Coimbra, 2006, págs. 34 e seg.)

6. DESPEJO:

"Por despejo entende-se o desalojamento dos prédios ocupados pelos arrendatários e a expressão é utilizada, também, para qualificar as acções que se destinam àquele fim.

O despejo pode ser extrajudicial, administrativo (quando precedido de um acto administrativo) ou judicial.

O despejo judicial é o único que tem por base a acção de despejo e só tem lugar nos casos previstos na lei, utilizando-se, apenas, para dois fins:

– Quando, para fazer cessar o arrendamento, a lei imponha o recurso à via judicial, como é exemplo, a resolução do contrato por incumprimento, por parte do arrendatário, artigo 1083.º, n.º 2 do Código Civil;

– Quando o arrendatário não aceite ou não execute o despejo, nos casos em que a cessação do contrato não depende, necessariamente, do recurso à via judicial, como na revogação do contrato por acordo, artigo 1082.º do Código Civil.

(Margarida Grave, Novo Regime do Arrendamento Urbano, 2006, 3ª ed., pág 131)

7. EFEITOS DO DESPEJO:

"O despejo, consequência da respectiva acção, tem normalmente efeitos mediatos, isto é, somente depois de decretado por sentença, na data nela fixada.

Parte I – Novo Regime do Arrendamento Urbano

Nos casos de nulidade ou de anulabilidade do contrato de arrendamento, não tem cabimento a acção de despejo, mas sim a de declaração de nulidade ou de anulação do contrato, porque aquela (acção de despejo) aponta para a cessação do arrendamento e não para a sua extinção.

A acção declarativa de despejo não é um processo especial, mas um processo comum, tratado de acordo com as normas processuais deste tipo de processo, com as modificações previstas nesta lei."

(*Margarida Grave, Novo Regime do Arrendamento Urbano, 2006, 3ª ed., pág 132*)

8. REGIME DOS RECURSOS:

"Relativamente ao regime dos recursos, o art. 678.º, n.º 5 CPC estabelece que eles são admissíveis para a Relação, independentemente do valor da causa e da sucumbência, em todas as acções em que se aprecie a validade, a subsistência ou a cessação de contratos de arrendamento, com excepção dos arrendamentos para habitação não permanente ou para fins especiais transitórios. Assim, em relação ao arrendamento urbano em geral é sempre admissível o recurso em um grau para a Relação, independentemente do valor, tendo esse recurso efeito suspensivo, nos termos do art. 692.º, n.º 2 b) CPC. Já em relação aos arrendamentos para habitação não permanente ou para fins especiais transitórios, para além de só haver recurso para a Relação se o valor da causa o permitir, esse recurso terá em princípio efeito meramente devolutivo, apenas lhe podendo ser atribuído efeito suspensivo nos casos referidos no art. 692.º, n.º 3."

(*Luís Manuel Teles de Menezes Leitão, Arrendamento Urbano, 2ª edição, Coimbra, 2006, págs. 151 e seg.*)

NOTAS PESSOAIS:

ARTIGO 15.º
Título executivo

1. Não sendo o locado desocupado na data devida por lei ou convenção das partes, podem servir de base à execução para entrega de coisa certa:

a) Em caso de cessação por revogação, o contrato de arrendamento, acompanhado do acordo previsto no n.º 2 do artigo 1082.º do Código Civil;

b) Em caso de caducidade pelo decurso do prazo, não sendo o contrato renovável por ter sido celebrado para habitação não permanente ou para fim especial transitório, o contrato escrito de onde conste a fixação desse prazo.

c) Em caso de cessação por oposição à renovação, o contrato de arrendamento, acompanhado do comprovativo da comunicação prevista no artigo 1097.º do Código Civil.

d) Em caso de denúncia por comunicação, o contrato de arrendamento, acompanhado dos comprovativos das comunicações previstas na alínea *c)* do artigo 1101.º do Código Civil e no artigo 1104.º do mesmo diploma.

e) Em caso de resolução por comunicação, o contrato de arrendamento, acompanhado do comprovativo da comunicação prevista no n.º 1 do artigo 1084.º do Código Civil, bem como, quando aplicável, do comprovativo, emitido pela autoridade competente, da oposição à realização da obra.

f) Em caso de denúncia pelo arrendatário, nos termos do n.º 5 do artigo 36.º ou do n.º 5 do artigo 42.º, o comprovativo da comunicação da iniciativa do senhorio e o documento de resposta do arrendatário.

2. O contrato de arrendamento é título executivo para a acção de pagamento de renda, quando acompanhado do comprovativo de comunicação ao arrendatário do montante em dívida.

Parte I – Novo Regime do Arrendamento Urbano

HISTÓRICO:

Redacção da Lei n.º 6/2006, de 27 de Fevereiro (NRAU).
Não tem correspondência na legislação anterior.

LEGISLAÇÃO COMPLEMENTAR:

EXECUÇÃO PARA ENTREGA DE COISA IMÓVEL ARRENDADA – ARTIGOS 930.º-A A 930.º-E DO CÓDIGO DE PROCESSO CIVIL

Artigo 930.º-A *(Execução para entrega de coisa imóvel arrendada)*
À execução para entrega de coisa imóvel arrendada são aplicáveis as disposições anteriores do presente subtítulo, com as alterações constantes dos artigos 930.º-B a 930.º-E.

Artigo 930.º-B *(Suspensão da execução)*
1. A execução suspende-se nos seguintes casos:
a) Se for recebida a oposição à execução, deduzida numa execução que se funde em título executivo extrajudicial;
b) Se o executado requerer o diferimento da desocupação do local arrendado para habitação, motivada pela cessação do respectivo contrato, nos termos do artigo 930.º-C.
2. O agente de execução suspende as diligências executórias sempre que o detentor da coisa, que não tenha sido ouvido e convencido na acção declarativa, exibir algum dos seguintes títulos, com data anterior ao início da execução:
a) Título de arrendamento ou de outro gozo legítimo do prédio, emanado do exequente;
b) Título de subarrendamento ou de cessão da posição contratual, emanado do executado, e documento comprovativo de haver sido requerida no prazo de quinze dias a respectiva notificação ao exequente, ou de o exequente ter especialmente autorizado o subarrendamento ou a cessão, ou de o exequente ter conhecido o subarrendatário ou cessionário como tal.
3. Tratando-se de arrendamento para habitação, o agente de execução suspende as diligências executórias, quando se mostre, por atestado médico que indique fundamentadamente o prazo durante o qual se deve suspender a execução, que a diligência põe em risco de vida a pessoa que se encontra no local, por razões de doença aguda.
4. Nos casos referidos nos n.ºs 2 e 3, o agente de execução lavra certidão das ocorrências, junta os documentos exibidos e adverte o detentor, ou a pessoa que se encontra no local, de que a execução prossegue, salvo se, no prazo de 10 dias, solicitar ao juiz a confirmação da suspensão, juntando ao requerimento os documentos disponíveis, dando do facto imediato conhecimento ao exequente ou ao seu representante.
5. No prazo de quinze dias, o juiz de execução, ouvido o exequente, decide manter a execução suspensa ou ordena a imediata prossecução dos autos.

6. O exequente pode requerer, à sua custa, o exame do doente por dois médicos nomeados pelo juiz, decidindo este da suspensão, segundo a equidade.

Artigo 930.º-C *(Diferimento da desocupação de imóvel arrendado para habitação)*

1. No caso de imóvel arrendado para habitação, dentro do prazo de oposição à execução, o executado pode requerer o diferimento da desocupação, por razões sociais imperiosas, devendo logo oferecer as provas disponíveis e indicar as testemunhas, a apresentar, até ao limite de três.

2. O diferimento de desocupação do local arrendado para habitação é decidido de acordo com o prudente arbítrio do tribunal, desde que se alegue algum dos seguintes fundamentos:

a) Que a desocupação imediata do local causa ao executado um prejuízo muito superior à vantagem conferida ao exequente;

b) Que, tratando-se de resolução por não pagamento de rendas, a falta do mesmo se deve a carência de meios do executado, o que se presume relativamente ao beneficiário de subsídio de desemprego ou de rendimento social de inserção.

c) Que o executado é portador de deficiência com grau comprovado de incapacidade superior a 60%.

3. No diferimento, decidido com base:

a) Na alínea *a)* do número anterior, pode o executado, a pedido do exequente, ser obrigado a caucionar as rendas vincendas, sob pena de perda de benefício;

b) Na alínea *b)* do número anterior, cabe ao Fundo de Socorro Social do Instituto de Gestão Financeira da Segurança Social indemnizar o exequente pelas rendas não pagas, acrescidas de juros de mora e ficando sub-rogado nos direitos daquele.

Artigo 930.º-D *(Termos do diferimento da desocupação)*

1. A petição de diferimento da desocupação assume carácter de urgência, e é indeferida liminarmente quando:

a) Tiver sido deduzida fora do prazo;

b) O fundamento não se ajustar a algum dos referidos no artigo anterior;

c) For manifestamente improcedente.

2. Se a petição for recebida, o exequente é notificado para contestar, dentro do prazo de dez dias, devendo logo oferecer as provas disponíveis e indicar as testemunhas, a apresentar, até ao limite de três.

3. Na sua decisão, o juiz deve ainda ter em conta as exigências da boa fé, a circunstância de o executado não dispor imediatamente de outra habitação, o número de pessoas que habitam com o executado, a sua idade, o seu estado de saúde e, em geral, a situação económica e social das pessoas envolvidas.

4. O juiz deve decidir do pedido de diferimento da desocupação por razões sociais, no prazo máximo de trinta dias a contar da sua apresentação, sendo a deci-

Parte I – Novo Regime do Arrendamento Urbano

são oficiosamente comunicada, com a sua fundamentação, ao Fundo de Socorro Social do Instituto de Gestão Financeira da Segurança Social.

5. O diferimento não pode exceder o prazo de dez meses a contar da data do trânsito em julgado da decisão que o conceder.

Artigo 930.º-E *(Responsabilidade do exequente)*

Procedendo a oposição à execução que se funde em título extrajudicial, o exequente responde pelos danos culposamente causados ao executado e incorre em multa correspondente a dez por cento do valor da execução, mas não inferior a dez UC nem superior ao dobro do máximo da taxa de justiça, quando não tenha agido com a prudência normal, sem prejuízo da responsabilidade criminal em que possa também incorrer.

ANOTAÇÕES:

1. ÂMBITO DO PRECEITO:

"Quando a lei não impõe o recurso à via judicial (acção de despejo) para fazer cessar a relação de arrendamento, caso o arrendatário não cumpra a obrigação de restituir o imóvel após a extinção dessa relação, o senhorio deverá recorrer à acção executiva para entrega de coisa certa tendo por base algum dos títulos executivos formados nos termos deste artigo.

A acção executiva para entrega de imóvel arrendado poderá, assim, ter por base, além da sentença proferida na acção de despejo e do título executivo especial formado dentro da acção de despejo nos termos do n.º 5 do artigo 14.º da Lei n.º 6/ /2006, qualquer um dos títulos executivos extrajudiciais constituídos nos termos das seis alíneas do n.º 1 do artigo 15.º."

(Maria Olinda Garcia, A Nova Disciplina do Arrendamento Urbano, Coimbra, 2006, pág. 98)

2. REQUERIMENTO EXECUTIVO:

"A execução para entrega de imóvel arrendado inicia-se pela apresentação de requerimento executivo, obedecendo aos requisitos do art. 810.º do CPC, em modelo legalmente aprovado para o efeito, que actualmente consta do DL 200/2003, de 10 de Setembro e da Portaria n.º 985-A/2003, de 15 de Setembro.

Apresentado o requerimento executivo será exigido despacho liminar, a menos que a execução se baseie em decisão judicial proferida em acção de despejo ou em acção em que se tenha apreciado a validade ou a subsistência do contrato de arrendamento (art. 812.º-A, n.º 1, a) CPC). Neste caso, o despacho liminar só será proferido se o funcionário suscitar a intervenção do juiz por duvidar da suficiência do título (art. 812.º-A, n.º 3 CPC).

NRAU

No despacho liminar, o juiz pode indeferir liminarmente o requerimento executivo, nos casos previstos no art. 812.º, n.º 2, CPC, ou convidar o requerente a suprir as suas irregularidades (art. 812.º, n.º 4, CPC). Não se verificando nenhuma destas situações, o executado é então citado para, no prazo de 20 dias, fazer a entrega do imóvel arrendado ou opor-se à execução (art. 928.º CPC)."

(Luís Manuel Teles de Menezes Leitão, Arrendamento Urbano, 2ª edição, Coimbra, 2006, pág. 157)

NOTAS PESSOAIS:

SECÇÃO IV
Justo impedimento

ARTIGO 16.º
Invocação de justo impedimento

1. Considera-se justo impedimento o evento não imputável à parte em contrato de arrendamento urbano que obste à prática atempada de um acto previsto neste diploma ou à recepção das comunicações que lhe sejam dirigidas.

2. O justo impedimento deve ser invocado logo após a sua cessação, por comunicação dirigida à outra parte.

3. Compete à parte que o invocar a demonstração dos factos em que se funda.

4. Em caso de desacordo entre as partes, a invocação do justo impedimento só se torna eficaz após decisão judicial.

HISTÓRICO:

Redacção da Lei n.º 6/2006, de 27 de Fevereiro (NRAU).
Não tem correspondência na legislação anterior.

ANOTAÇÕES:

MECANISMO DE CORRECÇÃO:

"Este artigo prevê um mecanismo de correcção ... para situações nas quais uma das partes não pode receber uma comunicação que lhe foi dirigida ou não pode praticar atempadamente determinado acto, quando a lei lhe atribui consequências a essas ausências de actuação.

Parte I – Novo Regime do Arrendamento Urbano

Cabe à parte que invoca o justo impedimento o ónus de alegar e provar os factos que a impediram de agir atempadamente, por comunicação dirigida à outra parte, logo que cesse essa situação. Assim, se, por exemplo, o arrendatário estava hospitalizado e não pode receber ou levantar, no prazo regulamentar, a carta que lhe foi enviada pelo senhorio nos termos do artigo 9.º, quando cessar esse impedimento deve tomar a iniciativa de contactar o senhorio (já que o aviso dos correios lhe fornecem a identidade do remetente da carta registada), a fim de evitar a presunção de recebimento da carta ou cartas não levantadas.

Caso a contraparte não aceite a razão invocada como justo impedimento, a parte interessada na sua invocação terá de recorrer a tribunal (por exemplo, através de acção de simples apreciação) a fim de aí ser demonstrada a existência de justo impedimento."

(*Maria Olinda Garcia, A Nova Disciplina do Arrendamento Urbano, Coimbra, 2006, pág. 99*)

NOTAS PESSOAIS:

SECÇÃO V
Consignação em depósito

ARTIGO 17.º
Depósito das rendas

1. O arrendatário pode proceder ao depósito da renda quando ocorram os pressupostos da consignação em depósito, quando lhe seja permitido fazer cessar a mora e ainda quando esteja pendente acção de despejo.

2. O previsto na presente secção é aplicável, com as necessárias adaptações, ao depósito do valor correspondente a encargos e despesas a cargo do arrendatário.

HISTÓRICO:

Redacção da Lei n.º 6/2006, de 27 de Fevereiro (NRAU).

LEGISLAÇÃO COMPLEMENTAR:

**CONSIGNAÇÃO EM DEPÓSITO
– ARTIGOS 841.º A 846.º DO CÓDIGO CIVIL**

Artigo 841.º *(Quando tem lugar)*
1. O devedor pode livrar-se da obrigação mediante o depósito da coisa devida nos seguintes casos:
  a) Quando, sem culpa sua, não puder efectuar a prestação ou não puder fazê-lo com segurança, por qualquer motivo relativo à pessoa do credor;
  b) Quando o credor estiver em mora;
2. A consignação em depósito é facultativa.

Artigo 842.º *(Consignação por terceiro)*
A consignação em depósito pode ser efectuada a requerimento de terceiro a quem seja lícito efectuar a prestação.

Parte I – Novo Regime do Arrendamento Urbano

Artigo 843.º *(Dependência de outra prestação)*

Se o devedor tiver a faculdade de não cumprir senão contra uma prestação do credor, é-lhe lícito exigir que a coisa consignada não seja entregue ao credor enquanto este não efectuar aquela prestação.

Artigo 844.º *(Entrega da coisa consignada)*

Feita a consignação, fica o consignatário obrigado a entregar ao credor a coisa consignada, e o credor com o direito de exigir a sua entrega.

Artigo 845.º *(Revogação da consignação)*

1. O devedor pode revogar a consignação, mediante declaração feita no processo, e pedir a restituição da coisa consignada.

2. Extingue-se o direito de revogação, se o credor, por declaração feita no processo, aceitar a consignação, ou se esta for considerada válida por sentença passada em julgado.

Artigo 846.º *(Extinção da obrigação)*

A consignação aceita pelo credor ou declarada válida por decisão judicial libera o devedor, como se ele tivesse feito a prestação ao credor na data do depósito.

DA CONSIGNAÇÃO EM DEPÓSITO
– ARTIGOS 1024.º A 1032.º DO CÓDIGO DE PROCESSO CIVIL

Artigo 1024.º *(Petição)*

1. Quem pretender a consignação em depósito requererá, no tribunal do lugar do cumprimento da obrigação, que seja depositada judicialmente a quantia ou coisa devida, declarando o motivo por que pede o depósito.

2. O depósito é feito na Caixa Geral de Depósitos, salvo se a coisa não puder ser aí depositada, pois nesse caso é nomeado depositário a quem se fará a entrega; são aplicáveis a este depositário as disposições relativas aos depositários de coisas penhoradas.

3. Tratando-se de prestações periódicas, uma vez depositada a primeira, o requerente pode depositar as que se forem vencendo enquanto estiver pendente o processo, sem necessidade de oferecer o pagamento e sem outras formalidades; estes depósitos sucessivos consideram-se consequência e dependência do depósito inicial, e o que for decidido quanto a este vale em relação àqueles.

4. Se o processo tiver subido em recurso, os depósitos sucessivos podem ser feitos na 1ª instância, ainda que não tenha ficado traslado.

Artigo 1025.º *(Citação do credor)*

1. Feito o depósito, é citado o credor para contestar dentro do prazo de 30 dias.

2. Se o credor, quando for citado para o processo de consignação, já tiver proposto acção ou promovido execução respeitante à obrigação, observar-se-á o seguinte:

    a) Se a quantia depositada for a pedida na acção ou na execução, é esta apensada ao processo de consignação e só este seguirá para se decidir

112

NRAU   *Art. 17.º*

sobre os efeitos do depósito e sobre a responsabilidade pelas custas, incluindo as da acção ou execução apensa;

b) Se a quantia ou coisa depositada for diversa, em quantidade ou qualidade, da que é pedida na acção ou execução, é o processo de consignação, findos os articulados, apensado ao da acção ou execução e neste se apreciarão as questões suscitadas quanto ao depósito.

Artigo 1026.º *(Falta de contestação)*

1. Se não for apresentada contestação e a revelia for operante, é logo declarada extinta a obrigação e condenado o credor nas custas.

2. Se a revelia do credor for inoperante, é notificado o requerente para apresentar as provas que tiver; produzidas estas e as que o juiz considerar necessárias, é proferida decisão, aplicando-se o disposto no artigo 304.º.

Artigo 1027.º *(Fundamentos da impugnação)*

O depósito pode ser impugnado:

a) Por ser inexacto o motivo invocado;

b) Por ser maior ou diversa a quantia ou coisa devida;

c) Por ter o credor qualquer outro fundamento legítimo para recusar o pagamento.

Artigo 1028.º *(Inexistência de litígio sobre a prestação)*

1. Se a eficácia liberatória do depósito for impugnada somente por algum dos fundamentos indicados nas alíneas *a)* e *c)* do artigo anterior, seguir-se-ão os termos do processo sumário, posteriores à contestação.

2. Procedendo a impugnação, é o depósito declarado ineficaz como meio de extinção da obrigação e o requerente condenado nas custas, compreendendo as despesas feitas com o depósito. O devedor, quando seja o depositante, é condenado a cumprir como se o depósito não existisse e, pagas as custas, efectuar-se-á o pagamento ao credor pelas forças do depósito, logo que ele o requeira; nas custas da acção, da responsabilidade do devedor, compreendem-se também as despesas que o credor haja de fazer com o levantamento do depósito.

3. Se a impugnação improceder, é declarada extinta a obrigação com o depósito e condenado o credor nas custas.

Artigo 1029.º *(Impugnação relativa ao objecto da prestação)*

1. Quando o credor impugnar o depósito por entender que é maior ou diverso o objecto da prestação devida, deduzirá, em reconvenção, a sua pretensão, desde que o depositante seja o devedor, seguindo-se os termos, subsequentes à contestação, do processo ordinário ou sumário, conforme o valor; se o depositante não for o devedor, aplica-se o disposto no artigo anterior, com as necessárias adaptações.

2. Se o pedido do credor proceder, será completado o depósito, no caso de ser maior a quantia ou coisa devida; no caso de ser diversa, fica sem efeito o depósito, condenando-se o devedor no cumprimento da obrigação.

3. O credor que possua título executivo, em vez de contestar, pode requerer, dentro do prazo facultado para a contestação, a citação do devedor, seja ou não o

Parte I – Novo Regime do Arrendamento Urbano

depositante, para em 10 dias completar ou substituir a prestação, sob pena de se seguirem, no mesmo processo, os termos da respectiva execução.

Artigo 1030.º *(Processo no caso de ser duvidoso o direito do credor)*

1. Quando sejam conhecidos, mas duvidoso o seu direito, são os diversos credores citados para contestar ou para fazer certo o seu direito.

2. Se, dentro do prazo de 30 dias, não for deduzida qualquer oposição ou pretensão, observar-se-á o disposto no artigo 1026.º, atribuindo-se aos credores citados direito ao depósito em partes iguais, quando o juiz não decida diversamente, nos termos do n.º 2 desse artigo.

3. Se não houver contestação, mas um dos credores quiser tornar certo o seu direito contra os outros, deduzirá a sua pretensão dentro do prazo em que podia contestar, oferecendo tantos duplicados quantos forem os outros credores citados. O devedor é logo exonerado da obrigação e o processo continua a correr unicamente entre os credores, seguindo-se os termos do processo ordinário ou sumário, conforme o valor. O prazo para a contestação dos credores corre do termo daquele em que a pretensão podia ser deduzida.

4. Havendo contestação, seguir-se-ão os termos prescritos nos artigos anteriores, conforme o fundamento.

5. Com a impugnação fundada na alínea *b*) do artigo 1027.º pode qualquer credor cumular a pretensão a que se refere o n.º 3. Nesse caso ficam existindo no mesmo processo duas causas paralelas e conexas, uma entre o impugnante e o devedor, outra entre aquele e os restantes credores citados.

Artigo 1031.º *(Depósito como acto preparatório da acção)*

1. O depósito para os efeitos do artigo 474.º do Código Comercial e disposições semelhantes é mandado fazer a requerimento do interessado; feito o depósito, é notificada a pessoa com quem o depositante estiver em conflito.

2. O depósito não admite nenhuma oposição e as suas causas serão atendidas na acção que se propuser, apensando-se a esta o processo de depósito.

3. Salvo acordo expresso entre o depositante e o notificado, o depósito não pode ser levantado senão por virtude da sentença proferida na acção a que se refere o número anterior.

4. Na sentença se fixará o destino da coisa depositada e se determinarão as condições do seu levantamento.

Artigo 1032.º *(Consignação como incidente)*

1. Estando pendente acção ou execução sobre a dívida e tendo já sido citado para ela o devedor, se este quiser depositar a quantia ou coisa que julgue dever, há-de requerer, por esse processo, que o credor seja notificado para a receber, por termo, no dia e hora que forem designados, sob pena de ser depositada. Feita a notificação, observar-se-á o seguinte:

a) Se o credor receber sem reserva alguma, o processo finda; o credor é advertido desse efeito no acto do pagamento, consignando-se no termo a advertência feita;

b) Se receber com a declaração de que se julga com direito a maior quantidade, a causa continua, mas o valor dela fica reduzido ao montante em litígio, devendo seguir-se, quanto possível, os termos do processo correspondente a esse valor;

c) Não se apresentando o credor a receber, a obrigação tem-se por extinta a contar da data do depósito, se a final vier a julgar-se que o credor só tinha direito à quantia ou coisa depositada; se vier a julgar-se o contrário, seguir--se-á o disposto no n.º 2 do artigo 1029.º.

2. O disposto no número anterior é aplicável aos casos previstos no n.º 2 do artigo 30.º do Código das Sociedades Comerciais e ainda ao caso de cessação da impugnação pauliana fundada na oferta do pagamento da dívida.

CÔMPUTO DO TERMO DO PRAZO
– ARTIGOS 279.º E 296.º DO CÓDIGO CIVIL

Artigo 279.º *(Cômputo do termo)*
A fixação do termo são aplicáveis, em caso de dúvida, as seguintes regras:

a) Se o termo se referir ao princípio, meio ou fim do mês, entende-se como tal, respectivamente, o primeiro dia, o dia 15 e o último dia do mês; se for fixado no princípio, meio ou fim do ano, entende-se respectivamente, o primeiro dia do ano, o dia 30 de Junho e o dia 31 de Dezembro;

b) Na contagem de qualquer prazo não se inclui o dia, nem a hora, se o prazo for de horas, em que ocorrer o evento a partir do qual o prazo começa a correr;

c) O prazo fixado em semanas, meses ou anos, a contar de certa data, termina às 24 horas do dia que corresponda, dentro da última semana, mês ou ano, a essa data; mas, se no último mês não existir dia correspondente, o prazo finda no último dia do mês;

d) É havido, respectivamente, como prazo de uma ou duas semanas o designado por oito ou quinze dias, sendo havido como prazo de um ou dois dias o designado por 24 ou 48 horas;

e) O prazo que termine em domingo ou dia feriado transfere-se para o primeiro dia útil; aos domingos e dias feriados são equiparados às férias judiciais, se o acto sujeito a prazo tiver de ser praticado em juízo.

Artigo 296.º *(Contagem dos prazos)*
As regras constantes do artigo 279.º são aplicáveis, na falta de disposição especial em contrário, aos prazos e termos fixados por lei, pelos tribunais ou por qualquer outra autoridade.

Parte I – Novo Regime do Arrendamento Urbano

ANOTAÇÕES:

1. SITUAÇÕES DE DEPÓSITO DE RENDAS, ENCARGOS E DESPESAS:

"São três os casos em que o artigo 17.º do NRAU prevê o depósito das rendas ou da quantia correspondente aos encargos e às despesas que corram por conta do arrendatário:

a) quando ocorram os pressupostos da consignação em depósito;
b) quando o arrendatário entre em mora e lhe seja permitido purgar a mora;
c) quando esteja pendente acção de despejo."

(*Cunha de Sá – Leonor Coutinho, Arrendamento 2006, Novo Regime do Arrendamento Urbano, Coimbra, 2006, pág. 43*)

2. REQUISITOS DA CONSIGNAÇÃO EM DEPÓSITO:

"Os pressupostos ou requisitos da consignação em depósito são enumerados pelo n.º 1 do artigo 841.º do Código Civil:

a) quando o devedor, sem culpa sua
– não puder efectuar a prestação
ou
– não puder efectuar com segurança a prestação por qualquer motivo relativo à pessoa do credor
b) quando o credor estiver em mora.

As hipóteses aqui abrangidas têm de comum entre si que nada se opõe ao cumprimento da obrigação do arrendatário a não ser o próprio senhorio. O arrendatário ofereceu ao senhorio ponto por ponto tudo quanto lhe deve. Não há da parte do senhorio qualquer motivo justificativo para recusar a prestação ou desenvolver a colaboração necessária ao cumprimento. A lei permite então ao arrendatário que possa libertar-se da sua obrigação pecuniária através do instituto da consignação em depósito. A consignação em depósito é facultativa, não se impõe ao devedor, no interesse de quem é criada. (…)

Não é só o arrendatário que pode efectuar a consignação em depósito: ela pode também ser efectuada a requerimento de terceiro, a quem é lícito pagar a renda ou as despesas e encargos – artigos 842.º e 767.º e 768.º do Código Civil.

(*Cunha de Sá – Leonor Coutinho, Arrendamento 2006, Novo Regime do Arrendamento Urbano, Coimbra, 2006, págs. 43 e seg.*)

3. MORA DO ARRENDATÁRIO – CESSAÇÃO:

"Constituindo-se o locatário em mora quanto à obrigação de pagar as rendas, é-lhe permitido fazer cessar a mora no prazo de oito dias a contar do seu começo (artigo 1041, n.º 2 do Código Civil.

NRAU   Art. 17.º

Assim, considerando a hipótese mais habitual, vencendo-se a renda no primeiro dia útil de certo mês, o arrendatário pode purgar a mora se pagar essa renda dentro dos oito dias seguintes ao seu vencimento.

Por exemplo:

– o dia 1 do mês é domingo ou dia feriado; a renda deve ser paga na 2ª feira, dia 2; se o arrendatário não pagar a renda ao senhorio nesse dia 2, poderá pagar a renda (sem qualquer indemnização) até ao dia 10, inclusive, desse mês – artigos 279.º, alíneas b) e e) e 296.º do Código Civil.

– o dia 1 do mês é um sábado, que deve ser considerado para este efeito dia útil; a renda vence-se, pois nesse dia. Se a renda não for paga nesse dia, o arrendatário constitui-se em mora e pode fazer cessar a mora até ao dia 10, inclusive, desse mês (uma vez que dia 9 é domingo). Mas se o dia 10 for feriado, a purgação da mora pode ter lugar até ao dia 11 do mesmo mês – artigo 279.º, alínea e) do Código Civil."

(*Cunha de Sá – Leonor Coutinho, Arrendamento 2006, Novo Regime do Arrendamento Urbano, Coimbra, 2006, pág. 45*)

4. CADUCIDADE DO DIREITO DE RESOLUÇÃO DO CONTRATO PELO SENHORIO:

"A lei permite que o arrendatário faça caducar o direito do senhorio à resolução do contrato por falta de pagamento da renda se pagar ou depositar quantia igual a uma vez e meia o que atrasou (isto é, a renda ou rendas não pagas e uma indemnização igual a 50% da renda ou rendas não pagas) até ao termo do prazo de que o arrendatário dispõe para contestar a acção de despejo ou para se opor à execução para entrega do prédio – Código Civil, artigo 1048.º, n.º 1.

Mas o arrendatário só pode fazer uso desta faculdade, na acção de despejo ou no processo executivo, uma única vez – Código Civil, artigo 1048.º, n.º 2. E isto vale para cada contrato de arrendamento (ibidem), pelo que o arrendatário que evite por este modo o despejo de certo prédio, pode recorrer ao mesmo expediente em relação ao arrendamento de outro prédio, ou ainda que se trate de outro contrato de arrendamento do mesmo prédio."

(*Cunha de Sá – Leonor Coutinho, Arrendamento 2006, Novo Regime do Arrendamento Urbano, Coimbra, 2006, pág. 46*)

5. FORMAS DE DEPÓSITO:

"Os depósitos podem ser definitivos ou condicionais, respectivamente, artigos 1048.º, n.º 1 e 1042.º, n.º 2 do Código Civil. São definitivos, quando abrangem as rendas e/ou a indemnização legal e o arrendatário assim o declarou ou nada declarou sobre a sua natureza. São condicionais, quando abrangem também as rendas e/ou a indemnização legal e o arrendatário declarou a sua condicionalidade.

O depósito, quando abranja a indemnização, envolve da parte do arrendatário o reconhecimento de que caíra em mora, salvo se for feito condicionalmente, artigo 1042.º, n.º 2 do Código Civil.

Parte I – Novo Regime do Arrendamento Urbano

Se tiver sido feito condicionalmente e se se provar a falta de pagamento de rendas, o depósito das rendas e da indemnização poderá ser levantado na sua totalidade pelo senhorio, à custa do arrendatário, subsistindo o arrendamento, artigo 1042.º, n.º 1 do Código Civil.

Se não se fizer prova, o senhorio apenas tem direito às rendas em singelo, podendo o arrendatário levantar o restante à custa daquele."

(*Margarida Grave, Novo Regime do Arrendamento Urbano, 2006, 3ª ed., pág. 138*)

NOTAS PESSOAIS:

ARTIGO 18.º
Termos do depósito

1. O depósito é feito em qualquer agência de instituição de crédito, perante um documento em dois exemplares, assinado pelo arrendatário, ou por outrem em seu nome, e do qual constem:

a) A identidade do senhorio e do arrendatário;
b) A identificação do locado;
c) O quantitativo da renda, encargo ou despesa;
d) O período de tempo a que ela respeita;
e) O motivo por que se pede o depósito.

2. Um dos exemplares do documento referido no número anterior fica em poder da instituição de crédito, cabendo o outro ao depositante, com o lançamento de ter sido efectuado o depósito.

3. O depósito fica à ordem do tribunal da situação do prédio ou, quando efectuado na pendência de processo judicial, do respectivo tribunal.

HISTÓRICO:

Redacção da Lei n.º 6/2006, de 27 de Fevereiro (NRAU).
Não tem correspondência na legislação anterior.

JURISPRUDÊNCIA:

DEPÓSITO DE RENDAS – FORMA:

"**I** – As formalidades previstas para o depósito no artigo 23.º do RAU visam facilitar a identificação de depósito, a sua finalidade, o beneficiário e o controlo do seu levantamento.

II – O facto desse depósito não ter sido efectuado em impresso próprio da C.G.D., não suprime o direito dos Réus obstarem à resolução do contrato de arrendamento."

Parte I – Novo Regime do Arrendamento Urbano

(**Acórdão da Relação de Évora**, *de 16.03.2006, Colectânea de Jurisprudência, 2006, Tomo II, pág. 230*)

ANOTAÇÕES:

1. DEPÓSITO PELO ARRENDATÁRIO OU POR TERCEIRO:

"O depósito das quantias devidas ao senhorio é feito, pelo arrendatário ou por terceiro interessado ou não no cumprimento da obrigação, em qualquer instituição de crédito e não apenas na Caixa Geral de Depósitos.

O documento relativo ao depósito deve ser assinado pelo depositante, isto é, pelo arrendatário ou pelo terceiro, mas neste caso a lei exige que a assinatura do terceiro seja feita em nome do arrendatário.

O documento é elaborado em dois exemplares, um destinado à instituição de crédito onde o depósito é feito, outro destinado ao próprio depositante. No exemplar destinado ao depositante deverá a agência onde o depósito é feito declarar a sua realização e respectiva data."

(*Cunha de Sá – Leonor Coutinho, Arrendamento 2006, Novo Regime do Arrendamento Urbano, Coimbra, 2006, pág. 48*)

2. DEPÓSITO À ORDEM DO TRIBUNAL:

" Ficar o depósito à ordem do tribunal significa que, em princípio, a instituição de crédito consignatária só pode entregar a quantia depositada a quem e nos termos em que lhe forem ordenados pelo tribunal competente (artigo 22.º, n.º 3 do NRAU). Mas se o senhorio apresentar à consignatária a declaração, feita nos termos do artigo 22.º, n.ᵒˢ 1 e 2, de que não impugnou nem pretende impugnar o depósito, é admitido a levantar o depósito junto da própria instituição de crédito onde ele foi feito, sem necessidade de intervenção ou ordem do tribunal neste sentido (artigo 22.º, n.ᵒˢ 1, 2 e 3, *a contrario sensu*)."

(*Cunha de Sá – Leonor Coutinho, Arrendamento 2006, Novo Regime do Arrendamento Urbano, Coimbra, 2006, pág. 48*)

NOTAS PESSOAIS:

ARTIGO 19.º
Notificação do senhorio

1. O arrendatário deve comunicar ao senhorio o depósito da renda.

2. A junção do duplicado ou duplicados das guias de depósito à contestação, ou figura processual a ela equivalente, de acção baseada na falta de pagamento produz os efeitos da comunicação.

HISTÓRICO:

Redacção da Lei n.º 6/2006, de 27 de Fevereiro (NRAU).
Não tem correspondência na legislação anterior.

ANOTAÇÕES:

1. COMUNICAÇÃO AO SENHORIO:

"Sempre que o depósito seja feito sem estar pendente qualquer acção de despejo ou processo executivo, o arrendatário tem de comunicar ao senhorio o depósito que efectuou.

Esta comunicação deve ser feita pelo próprio arrendatário, ainda que o depósito tenha sido efectuado por um terceiro, interessado ou não no cumprimento da obrigação de pagar as rendas.

A forma desta comunicação não decorre do artigo 9.º do NRAU, por não estar abrangida no respectivo n.º 1 (...).

Mas, naturalmente, deverá o arrendatário privilegiar, como meio de comunicação do depósito ao senhorio, a carta registada com aviso de recepção, acompanhada de cópia do duplicado do documento de depósito."

(*Cunha de Sá – Leonor Coutinho, Arrendamento 2006, Novo Regime do Arrendamento Urbano, Coimbra, 2006, pág. 49*)

2. FORMA DA NOTIFICAÇÃO:

"Esta comunicação, que anteriormente era facultativa nos termos do artigo 24.º do RAU, passou agora a ser obrigatória.

Parte I – Novo Regime do Arrendamento Urbano

Face ao teor do n.º 1 do artigo 19.º do NRAU, assim como à alteração verificada ao artigo 1042.º do Código Civil, afigura-se-nos que já não será obrigatório que esta comunicação seja efectuada por meio de notificação judicial avulsa.

Estranhamos, contudo, que o n.º 1 do artigo 9ª do NRAU não tenha incluído esta comunicação no rol daquelas em que é obrigatória a sua realização por escrito assinado pelo declarante e remetido por carta registada com aviso de recepção.

Não obstante, para salvaguarda dos valores da segurança e certeza jurídicas, aconselhamos, a exemplo das demais comunicações, que esta seja efectuada por carta registada com aviso de recepção, tanto mais que os prazos de impugnação do depósito, previsto no artigo 21.º do NRAU contam-se a partir da data da sua realização."

(Amadeu Colaço, Novo Regime do Arrendamento Urbano – Guia prático, Coimbra, 2006, pág. 46)

3. DEPÓSITO NA PENDÊNCIA DE ACÇÃO OU EXECUÇÃO:

"Se, porém, o depósito tiver sido efectuado na pendência de acção de despejo ou de execução para entrega do prédio arrendado ou para pagamento de quantia certa, basta que o arrendatário junte aos autos o duplicado entregue ao depositante pela instituição consignatária. O momento oportuno para esta junção é o da apresentação da contestação à acção de despejo ou da oposição à execução."

(Cunha de Sá – Leonor Coutinho, Arrendamento 2006, Novo Regime do Arrendamento Urbano, Coimbra, 2006, pág. 49)

NOTAS PESSOAIS:

ARTIGO 20.º
Depósitos posteriores

1. Enquanto subsistir a causa do depósito, o arrendatário pode depositar as rendas posteriores, sem necessidade de nova oferta de pagamento nem de comunicação dos depósitos sucessivos.

2. Os depósitos posteriores são considerados dependência e consequência do depósito inicial, valendo quanto a eles o que for decidido em relação a este.

HISTÓRICO:

Redacção da Lei n.º 6/2006, de 27 de Fevereiro (NRAU).
Não tem correspondência na legislação anterior.

ANOTAÇÕES:

1. DEPÓSITOS POSTERIORES:

"Dado que as rendas são prestações periódicas – cfr. artigo 1075.º, n.º 1 do Código Civil – (e os encargos ou despesas que também o sejam), uma vez efectuado o depósito da primeira, é lícito ao arrendatário depositar as que se forem vencendo, enquanto subsistir o motivo do depósito daquela, sem ter de oferecer ao senhorio previamente as rendas subsequentes nem lhe comunicar os depósitos posteriores.

Entendemos que isto só vale para os depósitos posteriores que sejam feitos na mesma instituição de crédito, ainda que noutra agência.

Se os depósitos sucessivos não forem feitos na mesma instituição de crédito, só através de comunicação do arrendatário ao senhorio poderá este saber da sua realização e, por isso, o arrendatário deve comunicar ao senhorio o depósito ou os depósitos subsequentes que tenha feito em diferente instituição de crédito."

(Cunha de Sá – Leonor Coutinho, Arrendamento 2006, Novo Regime do Arrendamento Urbano, Coimbra, 2006, pág. 50)

NOTAS PESSOAIS:

ARTIGO 21.º
Impugnação do depósito

1. A impugnação do depósito deve ocorrer no prazo de vinte dias contados da comunicação, seguindo-se, depois, o disposto na lei de processo sobre a impugnação da consignação em depósito.

2. Quando o senhorio pretenda resolver judicialmente o contrato por não pagamento de renda, a impugnação deve ser efectuada em acção de despejo a intentar no prazo de vinte dias contados da comunicação do depósito ou, estando a acção já pendente, na resposta à contestação ou em articulado específico, apresentado no prazo de dez dias contados da comunicação em causa, sempre que esta ocorra depois da contestação.

3. O processo de depósito é apensado ao da acção de despejo, em cujo despacho saneador se deve conhecer da subsistência do depósito e dos seus efeitos, salvo se a decisão depender da prova ainda não produzida.

HISTÓRICO:

Redacção da Lei n.º 6/2006, de 27 de Fevereiro (NRAU).
Não tem correspondência na legislação anterior.

REMISSÕES:

Consignação em depósito: inexistência de litígio sobre a prestação – art. 1028.º CPC; impugnação relativa ao objecto da prestação – art. 1029.º CPC.

LEGISLAÇÃO COMPLEMENTAR:

**CONSIGNAÇÃO EM DEPÓSITO
– ARTIGOS 1024.º A 1032.º DO CÓDIGO DE PROCESSO CIVIL**
Em anotação ao artigo 17.º do NRAU

Parte I – Novo Regime do Arrendamento Urbano

ANOTAÇÕES:

1. IMPUGNAÇÃO DO DEPÓSITO PELO SENHORIO:

"Esta impugnação é feita:

– pendendo acção de despejo, na própria resposta à contestação ou, se esta já tiver sido apresentada, em articulado autónomo, junto aos autos no prazo de dez dias a contar da data em que o senhorio tiver recebido a comunicação do arrendatário;

– através da propositura de acção de despejo com fundamento na falta de pagamento da renda, encargos ou despesas, a qual deve ocorrer no referido prazo de 20 dias a contar da data em que o senhorio tiver recebido a comunicação do depósito;

– através de processo especial, com os fundamentos do artigo 1027.° e nos termos dos artigos 1028.° e 1029.° do Código de Processo Civil."

(*Cunha de Sá – Leonor Coutinho, Arrendamento 2006, Novo Regime do Arrendamento Urbano, Coimbra, 2006, pág. 51*)

2. IMPUGNAÇÃO DO DEPÓSITO – FORMAS:

"A impugnação do depósito deve:

– Ser feita através de acção judicial, onde se segue a tramitação sobre a impugnação da consignação em depósito;

– Ser proposta no prazo de vinte dias contados da comunicação do depósito – nos termos do artigo 6.° do Decreto-Lei n.° 329-A/95, de 12 de Dezembro, os prazos processuais estabelecidos neste artigo, a que é subsidiariamente aplicável o artigo 144.° do Código de Processo Civil, consideram-se adaptados à regra da continuidade;

– Estando a acção judicial proposta, na réplica ou em articulado específico, no prazo de dez dias contados da comunicação do depósito."

(*Margarida Grave, Novo Regime do Arrendamento Urbano, 2006, 3ª ed., pág. 141*)

NOTAS PESSOAIS:

ARTIGO 22.º
Levantamento do depósito pelo senhorio

1. O senhorio pode levantar o depósito mediante escrito em que declare que não o impugnou nem pretende impugnar.

2. O escrito referido no número anterior é assinado pelo senhorio ou pelo seu representante, devendo a assinatura ser reconhecida por notário, quando não se apresente o bilhete de identidade respectivo.

3. O depósito impugnado pelo senhorio só pode ser levantado após decisão judicial e de harmonia com ela.

HISTÓRICO:

Redacção da Lei n.º 6/2006, de 27 de Fevereiro (NRAU).
Não tem correspondência na legislação anterior.

ANOTAÇÕES:

1. ANÁLISE DO PRECEITO:

"Se o senhorio não tiver impugnado oportunamente ou não pretender impugnar o depósito efectuado e quiser levantar as quantias depositadas, terá de declarar por escrito que não impugnou nem impugnará o depósito.

Esta declaração deve ser assinada pelo senhorio ou por quem o represente e a assinatura reconhecida presencialmente por notário, a menos que no momento da sua entrega à instituição de crédito consignatária seja exibido o bilhete de identidade do declarante.

Neste caso, é lícito à entidade consignatária entregar ao senhorio as quantias depositadas. Fora deste caso, só pode fazê-lo após transitar em julgado a decisão judicial sobre a impugnação do depósito e de harmonia com o que for julgado."

(Cunha de Sá – Leonor Coutinho, Arrendamento 2006, Novo Regime do Arrendamento Urbano, Coimbra, 2006, págs. 51 e seg.)

Parte I – Novo Regime do Arrendamento Urbano

2. LEVANTAMENTO DO DEPÓSITO PELO SENHORIO:

"O senhorio pode levantar o depósito mediante escrito em que declare que não o impugnou, nem pretende impugnar. Havendo divergência entre as partes acerca da existência de fundamento legal para o arrendatário recorrer à consignação em depósito, como meio de não incorrer em mora, o levantamento do depósito só será permitido, pela instituição bancária, depois de o juiz ter reconhecido que o arrendatário tem razão quanto ao fundamento invocado para o depósito e, na sequência dessa conclusão, autorizar o levantamento pelo senhorio."

(Margarida Grave, Novo Regime do Arrendamento Urbano, 2006, 3ª ed., pág. 142)

3. DECLARAÇÃO DO ARRENDATÁRIO:

"Declarando o arrendatário no requerimento de depósito que o faz porque o senhorio se recusa a receber a renda, essa declaração deve considerar-se aceite pelo senhorio como exacta, se ele, ao levantar as rendas, declara não a ter impugnado nem desejar impugná-la. O levantamento das rendas depositadas, por parte do senhorio, não põe termo à mora em que caíra. Esta só se extingue se ele comunicar ao arrendatário a disposição de receber as rendas que de futuro se forem vencendo."

(Margarida Grave, Novo Regime do Arrendamento Urbano, 2006, 3ª ed., pág. 142)

NOTAS PESSOAIS:

ARTIGO 23.º
Falsidade da declaração

Quando a declaração referida no artigo anterior seja falsa, a impugnação fica sem efeito e o declarante incorre em multa equivalente ao dobro da quantia depositada, sem prejuízo da responsabilidade penal correspondente ao crime de falsas declarações.

HISTÓRICO:

Redacção da Lei n.º 6/2006, de 27 de Fevereiro (NRAU).
Não tem correspondência na legislação anterior.

REMISSÕES:

Crime de falsas declarações – art. 360.º CPenal

LEGISLAÇÃO COMPLEMENTAR:

FALSAS DECLARAÇÕES – ARTIGO 360.º DO CÓDIGO PENAL

Artigo 360.º *(Falsidade de testemunho, perícia, interpretação ou tradução)*

1. Quem, como testemunha, perito, técnico, tradutor ou intérprete, perante tribunal ou funcionário competente para receber como meio de prova, depoimento, relatório, informação ou tradução, prestar depoimento, apresentar relatório, der informações ou fizer traduções falsas, é punido com pena de prisão de 6 meses a 3 amos ou com pena de multa não inferior a 60 dias.

2. Na mesma pena pode incorrer quem, sem justa causa, se recusar a depor ou a apresentar relatório, informação ou tradução.

3. Se o facto referido no n.º 1 for praticado depois de o agente ter prestado juramento e ter sido advertido das consequências penais a que se expõe, a pena é de prisão até 5 anos ou de multa até 600 dias.

Parte I – Novo Regime do Arrendamento Urbano

ANOTAÇÕES:

1. FALSAS DECLARAÇÕES:

"Se o senhorio, por si ou por seu representante, declarar à instituição de crédito consignatária que não impugnou o depósito e, de facto tiver já procedido à impugnação do depósito, a impugnação é julgada improcedente ou fica sem efeito.

Ao impugnante será aplicada uma multa igual ao dobro das quantias depositadas até ao momento da declaração. Competente para aplicar esta multa é o tribunal onde corre o processo especial da consignação em depósito ou a acção de despejo a que o mesmo foi apensado.

Além da multa o senhorio incorrerá na pena do crime de falsas declarações – Código Penal, artigo 359.º."

(*Cunha de Sá – Leonor Coutinho, Arrendamento 2006, Novo Regime do Arrendamento Urbano, Coimbra, 2006, pág. 52*)

NOTAS PESSOAIS:

SECÇÃO VI
Determinação da renda

ARTIGO 24.º
Coeficiente de actualização

1. O coeficiente de actualização anual de renda dos diversos tipos de arrendamento é o resultante da totalidade da variação do índice de preços no consumidor, sem habitação, correspondente aos últimos doze meses e para os quais existam valores disponíveis à data de 31 de Agosto, apurado pelo Instituto Nacional de Estatística.

2. O aviso com o coeficiente referido no número anterior é publicado no *Diário da República,* até 30 de Outubro de cada ano.

HISTÓRICO:

Redacção da Lei n.º 6/2006, de 27 de Fevereiro (NRAU).
Não tem correspondência na legislação anterior.

REMISSÕES:

Redução da renda ou aluguer – art. 1040.º CC; caducidade do arrendamento pela perda da coisa locada – art. 1051.º, al. *e)* CC; actualização de rendas – art. 1077.º CC.

ANOTAÇÕES:

1. REDUÇÃO DA RENDA:

"A redução da renda, que é disciplinada pelo artigo 1040.º do Código Civil, ocorre nos casos em que o arrendatário, por motivo não atinente à sua pessoa ou à

Parte I – Novo Regime do Arrendamento Urbano

dos seus familiares, sofre privação ou diminuição do gozo do prédio arrendado. Em caso de perda ou destruição do prédio arrendado é o próprio arrendamento que caduca – Código Civil, artigo 1051.º, al. *e*).

A redução da renda é proporcional ao tempo da privação ou diminuição e à extensão desta. Mas se a privação ou diminuição não for imputável ao senhorio nem aos seus familiares, a redução da renda só terá lugar no caso de uma ou outra exceder um sexto da duração do contrato. Familiares são, para este efeito, os parentes, afins ou serviçais que vivam habitualmente em comunhão de mesa e habitação com o arrendatário ou o senhorio."

(*Cunha de Sá – Leonor Coutinho, Arrendamento 2006, Novo Regime do Arrendamento Urbano, Coimbra, 2006, pág. 53*)

2. AUMENTO DE RENDA:

"Do artigo 1077.º do Código Civil decorre que a actualização da renda é feita nos termos convencionados entre as partes.

A lei não estabelece quaisquer limites imperativos para os casos, tempo e modo de actualização da renda – designadamente não fixa limites, mínimos ou máximos, para os montantes das novas rendas.

Mas exige que o regime convencional de actualização da renda conste de documento escrito (artigo 1077.º, n.º 1 do Código Civil). A inobservância desta forma torna a convenção nula (artigo 220.º do Código Civil).

Só na falta de estipulação válida das partes quanto à admissibilidade e ao regime de actualização da renda é que se aplica o disposto no n.º 2 do artigo 1077.º do Código Civil."

(*Cunha de Sá – Leonor Coutinho, Arrendamento 2006, Novo Regime do Arrendamento Urbano, Coimbra, 2006, pág. 53*)

3. REGIME SUPLETIVO:

"O senhorio pode actualizar a renda, de acordo com o coeficiente de actualização anual que for publicado em aviso do Instituto Nacional de Estatísitca, no Diário da República, até 30 de Outubro de cada ano – artigos 1077.º, n.º 2, al. *a*) do Código Civil e 24.º, n.º 2 do NRAU.

Este coeficiente é apurado pelo Instituto Nacional de Estatística, como o resultante da totalidade da variação do índice de preços no consumidor, sem habitação, correspondente aos últimos doze meses e cujos valores estejam disponíveis à data de 31 de Agosto último.

O montante resultante da aplicação do coeficiente do Instituto Nacional de Estatística à renda que estiver a ser paga até à actualização pode ser arredondado para a unidade euro imediatamente superior. O mesmo quando a determinação da nova renda seja feita com recurso a fórmulas aritméticas."

(*Cunha de Sá – Leonor Coutinho, Arrendamento 2006, Novo Regime do Arrendamento Urbano, Coimbra, 2006, pág. 54*)

4. ACTUALIZAÇÃO POSTERIOR:

"Se o senhorio, podendo exigir, uma ou mais vezes, a actualização da renda, não o fizer, não pode, quando exigir posteriormente a actualização, ir recuperar os aumentos não feitos. Mas nessa actualização tardia e nas actualizações posteriores, pode o senhorio, em vez de só aplicar o coeficiente então fixado pelo Instituto Nacional de Estatística e publicado no Diário da República para o ano seguinte, optar por aplicar cumulativamente os coeficientes anteriores que não utilizou. Com a seguinte condição: só pode acumular os coeficientes referentes aos três últimos anos. É o que resulta do artigo 1077.º, n.º 2, al. *d*) do Código Civil, também como regime supletivo."

(*Cunha de Sá – Leonor Coutinho, Arrendamento 2006, Novo Regime do Arrendamento Urbano, Coimbra, 2006, pág. 55*)

NOTAS PESSOAIS:

ARTIGO 25.º
Arredondamento

1. A renda resultante da actualização referida no artigo anterior é arredondada para a unidade euro imediatamente superior.

2. O mesmo arredondamento se aplica nos demais casos de determinação da renda com recurso a fórmulas aritméticas.

HISTÓRICO:

Redacção da Lei n.º 6/2006, de 27 de Fevereiro (NRAU).
Não tem correspondência na legislação anterior.

ANOTAÇÕES:

1. PRINCÍPIO GERAL:

O senhorio, por sua iniciativa, pode arredondar a renda que for obtida, uma vez aplicado o coeficiente de actualização, para a unidade euro imediatamente superior. Tal significa que, calculada a actualização da renda por aplicação do coeficiente do Instituto Nacional de Estatística ou pelo recurso a fórmulas aritméticas, se encontrar, por exemplo, o valor da nova renda de € 52,68, o senhorio, por sua própria iniciativa, poderá arredondá-lo para € 53,00, comunicando tal intenção ao arrendatário, com directa referência ao preceito em análise.

NOTAS PESSOAIS:

TÍTULO II
NORMAS TRANSITÓRIAS

CAPÍTULO I
Contratos habitacionais celebrados na vigência do RAU e contratos não habitacionais celebrados depois do Decreto-Lei n.º 257/95, de 30 de Setembro

ARTIGO 26.º
Regime

1. Os contratos celebrados na vigência do Regime do Arrendamento Urbano (RAU), aprovado pelo Decreto-Lei n.º 321-8/90, de 15 de Outubro, passam a estar submetidos ao NRAU, com as especificidades dos números seguintes.

2. À transmissão por morte aplica-se o disposto nos artigos 56.º e 57.º.

3. Os contratos de duração limitada renovam-se automaticamente, quando não sejam denunciados por qualquer das partes, no fim do prazo pelo qual foram celebrados, pelo período de três anos, se outro superior não tiver sido previsto, sendo a primeira renovação pelo período de cinco anos no caso de arrendamento para fim não habitacional.

4. Os contratos sem duração limitada regem-se pelas regras aplicáveis aos contratos de duração indeterminada, com as seguintes especificidades:

a) Continua a aplicar-se o artigo 107.º do RAU;

Parte I – Novo Regime do Arrendamento Urbano

b) O montante previsto no n.º 1 do artigo 1102.º do Código Civil não pode ser inferior a um ano de renda, calculada nos termos dos artigos 30.º e 31.º;

c) Não se aplica a alínea *c)* do artigo 1101.º do Código Civil.

5. Em relação aos arrendamentos para habitação, cessa o disposto nas alíneas *a)* e *b)* do número anterior após transmissão por morte para filho ou enteado ocorrida depois da entrada em vigor da presente lei.

6. Em relação aos arrendamentos para fins não habitacionais, cessa o disposto na alínea *c)* do n.º 4 quando:

a) Ocorra trespasse ou locação do estabelecimento após a entrada em vigor da presente lei;

b) Sendo o arrendatário uma sociedade, ocorra transmissão de posição ou posições sociais que determine a alteração da titularidade em mais de 50 % face à situação existente aquando da entrada em vigor da presente lei.

HISTÓRICO:

Redacção da Lei n.º 6/2006, de 27 de Fevereiro (NRAU).
Não tem correspondência em legislação anterior.

REMISSÕES:

Regime dos contratos não habitacionais celebrados antes do DL 257/95, de 30.09: âmbito – art. 27.º NRAU; regime – art. 28.º NRAU;
Actualização de rendas nos arrendamentos para habitação: rendas passíveis de actualização – art. 30.º NRAU; valor máximo da renda actualizada – art. 31.º NRAU;
Transmissão por morte no arrendamento para habitação – art. 57.º NRAU;
Denúncia pelo senhorio – art. 1101.º CC; denúncia para habitação – art. 1102.º CC.

ANOTAÇÕES:

1. ALCANCE DO PRECEITO:

"Num breve olhar sobre o alcance do artigo 26.º é possível, desde já, extrair algumas conclusões, relativamente aos arrendamentos que subsistem à data da

NRAU   Art. 26.º

entrada em vigor da nova legislação do arrendamento. Assim, enquanto os arrendatários habitacionais continuam relativamente bem protegidos, nomeadamente em matéria de denúncia por parte do senhorio, os arrendatários não habitacionais são significativamente desprotegidos, desde logo porque o artigo 58.º determina a caducidade do direito por morte do arrendatário (o que pode ser particularmente gravoso nos arrendamentos para comércio ou indústria) e porque a verificação de algum dos requisitos a que se refere o n.º 6 do artigo 26.º tem como consequência a possibilidade de o senhorio utilizar a denúncia livre com antecedência de 5 anos)."

(*Maria Olinda Garcia, A Nova Disciplina do Arrendamento Urbano, Coimbra, 2006, pág. 52*)

2. ARRENDAMENTOS HABITACIONAIS VIGENTES À DATA DA ENTRADA EM VIGOR DO NRAU:

A estes arrendamentos "continuam a aplicar-se os limites à denúncia (por parte do senhorio) previstos no artigo 107.º do RAU [revogado].

Assim, o arrendatário (primitivo ou o cônjuge a quem o arrendamento se tenha transmitido nos termos dos artigos 84.º e 85.º do RAU) de 65 anos ou mais de idade, bem como de idade inferior mas reformado por invalidez absoluta sofrendo de incapacidade total para o trabalho ou incapacidade parcial superior a dois terços continuará a gozar de protecção legal contra a denúncia do senhorio baseada em necessidade do imóvel para habitação (própria ou de um filho). Esta tutela não é, porém, de duração ilimitada. Como decorre do n.º 2 do artigo 26.º, tal protecção cessa quando, depois de a nova lei estar em vigor, o contrato se renove pela primeira vez, tratando-se de arrendamentos de duração limitada, ou quando ocorra transmissão por morte para filho ou enteado do arrendatário (que é disciplinada nos termos do artigo 57.º)."

(*Maria Olinda Garcia, A Nova Disciplina do Arrendamento Urbano, Coimbra, 2006, pág. 51*)

3. INDEMNIZAÇÃO NA DENÚNCIA DO ARRENDAMENTO:

"Na hipótese de o senhorio denunciar o arrendamento com base em necessidade do imóvel para habitação, nos termos do artigo 1102.º do CC (que corresponde ao artigo 71 do RAU), a indemnização a que o arrendatário tem direito, correspondente a 1 ano de renda, deverá ser calculada nos termos dos artigos 30.º e 31.º, ou seja, mesmo que a renda anual ainda não tenha sido actualizada à data em que a denúncia deva produzir os seus efeitos, o valor a considerar para aquele efeito é o que teria, caso tivesse sido actualizada."

(*Maria Olinda Garcia, A Nova Disciplina do Arrendamento Urbano, Coimbra, 2006, pág. 51*)

Parte I – Novo Regime do Arrendamento Urbano

4. ARRENDAMENTOS VINCULÍSTICOS:

"Os arrendamentos vinculísticos, quer habitacionais, quer não habitacionais, não podem ser alvo de livre denúncia por parte do senhorio, ou seja, não tem aplicação a estes arrendamentos a alínea *c*) do artigo 1101.º (nos termos da qual o senhorio pode denunciar o contrato de duração indeterminada sem necessidade de invocar qualquer motivo, desde que comunique ao arrendatário com 5 anos de antecedência).

(*Maria Olinda Garcia, A Nova Disciplina do Arrendamento Urbano, Coimbra, 2006, pág. 52*)

5. ARRENDAMENTOS PARA FINS NÃO HABITACIONAIS:

"Nos arrendamentos para fins não habitacionais, a aplicação da alínea *c*) do artigo 1101.º passará a ser possível após a verificação de algumas das seguintes circunstâncias, ocorridas depois da entrada em vigor do novo regime:
– haver trespasse ou locação de estabelecimento;
– sendo arrendatária uma sociedade, haver transmissão das posições sociais que altere em mais de 50% a titularidade do capital social face à situação que existia quando a lei entrou em vigor."

(*Maria Olinda Garcia, A Nova Disciplina do Arrendamento Urbano, Coimbra, 2006, pág. 52*)

6. MORTE DO ARRENDATÁRIO:

"Nos arrendamentos habitacionais, quer os celebrados antes da entrada em vigor do RAU, quer depois (ou seja, em todos os arrendamentos que subsistem à data da entrada em vigor da nova disciplina do arrendamento), em caso de morte aplica-se o artigo 57.º.

Nos arrendamentos não habitacionais (quer celebrados antes, quer depois da entrada em vigor do DL n.º 257/95, de 30 de Setembro), em caso de morte do arrendatário aplica-se o artigo 58.º."

(*Maria Olinda Garcia, A Nova Disciplina do Arrendamento Urbano, Coimbra, 2006, pág. 52*)

7. IDEM:

"Enquanto que no regime anterior a transmissão para a pessoa que convivesse com o primitivo arrendatário em condições análogas às dos cônjuges só se verificava se tal união de facto perdurasse há mais de cinco anos (artigo 85.º, n.º 1, al. *e*) do RAU), dispensa-se agora qualquer requisito temporal para essa união de facto (artigo 57.º, n.º 1, al. *b*) do NRAU).

Por outro lado, constata-se o cerceamento da categoria de sucessíveis formada por descendentes e afins: sucessíveis são agora apenas os filhos (e não quais-

quer outros descendentes na linha recta) e os enteados (não quaisquer outros afins na linha recta); e só mesmo os filhos ou enteados
– que tenham menos de um ano de idade;
ou
– que tenham menos de 26 anos de idade, se frequentarem o 11.º ou 12.º ano de escolaridade ou estabelecimento de ensino médio ou superior;
ou
– qualquer que seja a sua idade quando portadores de deficiência com grau comprovado de incapacidade superior a 60%.

Em contrapartida, anteriormente só havia lugar a duas transmissões quando o arrendamento se transmitia para o cônjuge sobrevivo e, por morte deste, para os parentes ou afins do arrendatário. A transmissão do direito ao arrendamento é alargada agora entre os próprios ascendentes do primitivo arrendatário (artigo 57.º, n.º 3), sem, aliás, limitar o seu número.

A transmissão a favor dos filhos ou enteados do primitivo arrendatário verifica-se agora também quando o arrendamento já antes se tenha transmitido
– para o cônjuge do arrendatário ou para a pessoa que com o arrendatário vivesse em união de facto;
ou
– para ascendentes que com o arrendatário convivessem há mais de um ano e o sucessor venha, por seu turno, a falecer."

(*Cunha de Sá – Leonor Coutinho, Arrendamento 2006, Novo Regime do Arrendamento Urbano, Coimbra, 2006, pág. 61*)

8. DENÚNCIA IMOTIVADA

"A análise que, de imediato, efectuamos incide sobre a temática do direito de denúncia (imotivada) e, em particular, acerca da limitação imposta à aplicabilidade do art. 1101.º, al. *c*) CC, NRAU, a expressa no art. 26.º, n.º 4, al. *c*) NRAU.

Com efeito, o art. 1101.º, al. *c*) CC, NRAU dispõe sobre a denúncia do contrato, consagrando que o locador pode extinguir o negócio "mediante comunicação ao arrendatário com antecedência mínima não inferior a cinco anos sobre a data em que pretenda a cessação. Portanto, o senhorio pode pôr termo ao contrato a todo o tempo, dando um (relativamente amplo) prazo de pré-aviso, sem ter que invocar qualquer fundamento.

Ora, o art. 26.º, n.º 4, al. *c*) NRAU, ao determinar a inaplicabilidade da norma civilista, impede que os anteriores contratos de arrendamento de tipo vinculista sejam denunciados sem motivo. Impossibilita-se assim a denúncia *ex lege* e *ad nutum*. Estabelece-se, pois, a continuidade do regime no que toca à protecção dos interesses do arrendatário mercantil que celebrou um negócio em face de um dado quadro legal.

Desta sorte, pode afirmar-se que a principal faceta vinculista dos contratos de arrendamento celebrados até à data de 28 de Junho de 2006 permanece intacta."

Parte I – Novo Regime do Arrendamento Urbano

(Fernando de Gravato Morais, Novo Regime de Arrendamento Comercial, Coimbra, 2006, págs. 35 e seg.)

9. LOCAÇÃO FINANCEIRA:

"Não alude igualmente o art. 26.º, n.º 6, al. *a*) NRAU à locação financeira de estabelecimento comercial. Claro que se perspectivarmos a operação em causa no seu todo, fácil é perceber que esta envolve a celebração de um outro negócio (por força da obrigação de aquisição da coisa imposta ao locador, nos termos do art. 9.º, n.º 1, al. *a*) do DL 149/95), justamente a compra e venda da unidade jurídica. Tal aquisição pelo locador financeiro configura um trespasse, pelo que há lugar à aplicação imediata do art. 1101.º, al. *c*) CC, NRAU. Mas a coisa pode ter sido restituída ao locador, porque, v.g., o locatário não exerceu o direito de aquisição, sendo que aquele pretende ceder novamente o seu gozo a outrem com a faculdade de compra por parte do novo utente do estabelecimento. Embora seja discutível que aqui possa falar-se de uma específica forma de locação financeira, idênticas razões justificam a aplicação do normativo extensivamente, já que estão abrangidos no seu espírito."

(Fernando de Gravato Morais, Novo Regime de Arrendamento Comercial, Coimbra, 2006, pág. 45)

10. FUSÃO OU CISÃO DE SOCIEDADES:

"A orientação que perfilhamos, ao contrário de outros autores, é a de que em tal hipótese – caso a operação societária em apreço envolva a alienação de uma organização mercantil – não há trespasse de estabelecimento, mas tão só a sua transmissão definitiva. Tal deve-se, entre outros motivos, à transferência universal, em bloco, dos direitos e das obrigações para a sociedade resultante da fusão ou da cisão (art. 112.º CSC) e à regulamentação de cariz distinto, de âmbito mais lato e mais abrangente, que subjaz aos negócios societários em causa.

Ora, tal possibilidade não está, de igual sorte, directamente contemplada na alínea *a*) – onde apenas se alude ao trespasse – nem na alínea *b*), pois não se trata de qualquer cessão entre vivos de posições sociais.

Mas também aqui se transmite a situação de locatário para a sociedade incorporante ou nova, sem necessidade de aquiescência do senhorio. Por si só, a alteração da posição de arrendatário, por efeito da respectiva operação societária, leva-nos a considerar aqui a aplicação do art. 1101.º, al. *c*) CC, NRAU. É certo, porém, que tal consequência pode criar alguns entraves aos negócios em causa, já que a sociedade se vê sujeita à possibilidade de extinção do contrato de arrendamento com o prazo de pré-aviso de 5 anos. Mas também não é menos verdade que a razão de ser do NRAU é a do afastamento da principal vertente vinculista."

(Fernando de Gravato Morais, Novo Regime de Arrendamento Comercial, Coimbra, 2006, pág. 46)

NRAU Art. 26.°

NOTAS PESSOAIS:

CAPÍTULO II
Contratos habitacionais celebrados antes da vigência do RAU e contratos não habitacionais celebrados antes do Decreto-Lei n.º 257/95, de 30 de Setembro

SECÇÃO I
Disposições gerais

ARTIGO 27.º
Âmbito

As normas do presente capítulo aplicam-se aos contratos de arrendamento para habitação celebrados antes da entrada em vigor do Regime do Arrendamento Urbano, aprovado pelo Decreto-Lei n.º 321-8/90, de 15 de Outubro, bem como aos contratos para fins não habitacionais celebrados antes da entrada em vigor do Decreto-Lei n.º 257/95, de 30 de Setembro.

HISTÓRICO:

Redacção da Lei n.º 6/2006, de 27 de Fevereiro (NRAU).
Não tem correspondência na legislação anterior.

ANOTAÇÕES:

1. ANÁLISE DO PRECEITO:

Este artigo refere quais os contratos a que se aplicam as normas do respectivo capítulo, e que são:

Parte I – Novo Regime do Arrendamento Urbano

a) Os contratos de arrendamento para fins habitacionais celebrados antes de 19 de Novembro de 1990, data da entrada vigor do RAU;

b) Os contratos de arrendamento para fins não habitacionais celebrados antes de 5 de Outubro de 1995, data da entrada em vigor do Decreto-Lei n.º 257/95.

NOTAS PESSOAIS:

ARTIGO 28.º
Regime

Aos contratos a que se refere o presente Capítulo aplica-se, com as devidas adaptações, o previsto no artigo 26.º.

HISTÓRICO:

Redacção da Lei n.º 6/2006, de 27 de Fevereiro (NRAU).
Não tem correspondência na legislação anterior.

ANOTAÇÕES:

Consulte as anotações, *supra*, ao artigo 26.º do NRAU.

NOTAS PESSOAIS:

ARTIGO 29.º
Benfeitorias

1. Salvo estipulação em contrário, a cessação do contrato dá ao arrendatário direito a compensação pelas obras licitamente feitas, nos termos aplicáveis às benfeitorias realizadas por possuidor de boa fé.

2. A denúncia dos contratos de arrendamento prevista no n.º 5 do artigo 36.º ou ocorrida no seguimento das notificações para actualização faseada da renda previstos nos artigos 38.º, 39.º e 40.º confere ao arrendatário direito de compensação pelas obras licitamente feitas, independentemente do estipulado no contrato de arrendamento.

3. Tem aplicação o disposto no número anterior, nos arrendamentos para fins não habitacionais, quando haja cessação de contrato em consequência da aplicação do disposto no número 6 do artigo 26.º.

HISTÓRICO:

Redacção da Lei n.º 6/2006, de 27 de Fevereiro (NRAU).

Não tem correspondência na legislação anterior. Contudo, o n.º 3 do artigo 120.º do RAU (revogado), tinha uma ligeira afloração do princípio contido nesta norma, ao considerar que o senhorio teria de indemnizar o arrendatário, cessado o contrato, segundo as regras do enriquecimento sem causa.

REMISSÕES:

Cessação do contrato de arrendamento – arts. 1079.º e segs. CC; denúncia pelo senhorio – art. 1101.º CC; denúncia para habitação – ar. 1102.º CC; denúncia justificada – art. 1103.º CC; confirmação da denúncia – art. 1104.º CC; denúncia de arrendamento para fins não habitacionais – art. 1110.º CC; denúncia pelo arrendatário – art. 37.º, n.º 4 NRAU; benfeitorias pelo possuidor de boa fé – arts. 1273.º a 1275.º CC.

Obras: reparações ou outras despesas urgentes – art. 1036.º CC; obras – art. 1074.º CC; obras nos arrendamentos para fins não habitacionais – art. 1111.º CC.

Parte I – Novo Regime do Arrendamento Urbano

LEGISLAÇÃO COMPLEMENTAR:

BENFEITORIAS PELO POSSUIDOR
– ARTIGOS 1273.º A 1275.º DO CÓDIGO CIVIL

Artigo 1273.º *(Benfeitorias necessárias e úteis)*
1. Tanto o possuidor de boa fé como o de má fé têm direito a ser indemnizados das benfeitorias necessárias que hajam feito, e bem assim a levantar as benfeitorias úteis realizadas na coisa, desde que o possam fazer sem detrimento dela.
2. Quando, para evitar o detrimento da coisa, não haja lugar ao levantamento das benfeitorias, satisfará o titular do direito ao possuidor o valor delas, calculado segundo as regras do enriquecimento sem causa.

Artigo 1274.º *(Compensação de benfeitorias com deteriorações)*
A obrigação de indemnização por benfeitorias é susceptível de compensação com a responsabilidade do possuidor por deteriorações.

Artigo 1275.º *(Benfeitorias voluptuárias)*
1. O possuidor de boa fé tem o direito de levantar as benfeitorias voluptuárias, não se dando detrimento da coisa; no caso contrário, não pode levantá-las nem haver o valor delas.
2. O possuidor de má fé perde, em qualquer caso, as benfeitorias voluptuárias que haja feito.

ANOTAÇÕES:

1. APLICAÇÃO DA LEI NO TEMPO:

"Nos arrendamento urbanos celebrados após a entrada em vigor do NRAU, o regime das obras obedece ao disposto nos artigos 1036.º, 1074.º e 1111.º do Código Civil.

Nos arrendamentos habitacionais celebrados antes da vigência do RAU e nos arrendamentos não habitacionais celebrados antes da vigência do DL n.º 257/95, o direito do arrendatário a compensação pelas obras que tenha efectuado passa a reger-se por este artigo 29.º."

(Cunha de Sá – Leonor Coutinho, Arrendamento 2006, Novo Regime do Arrendamento Urbano, Coimbra, 2006, pág. 67)

2. REGIME SUPLETIVO:

"O regime supletivo (...) atribui ao arrendatário, quando cessar o contrato, direito a compensação pelas obras que ele tenha efectuado licitamente no local. Essa compensação segue os termos aplicáveis às benfeitorias realizadas por possuidor de boa fé (artigos 1273.º a 1275.º do Código Civil).

A lei não distingue para este efeito as diferentes causas de cessação do contrato, que o artigo 1079.º do Código Civil enumera (acordo das partes, resolução,

NRAU   Art. 29.º

caducidade, denúncia, etc.). Em todas elas pode surgir agora o direito do arrendatário a compensação por obras."

(*Cunha de Sá – Leonor Coutinho, Arrendamento 2006, Novo Regime do Arrendamento Urbano, Coimbra, 2006, págs. 67 e seg.*)

3. COMPENSAÇÃO PELAS OBRAS:

"O n.º 2 do artigo 29.º do NRAU atribui ao arrendatário, nos contratos de arrendamento para habitação celebrados antes do RAU, o direito a compensação pelas obras que tiver realizado licitamente (isto é, quando autorizado por lei, pelo contrato ou por escrito do senhorio) se, no âmbito do procedimento de actualização de renda instituído pelo NRAU, denunciar o contrato nos casos previstos nos artigos 37.º, n.º 5, 39.º, 40.º e 41.º."

(*Cunha de Sá – Leonor Coutinho, Arrendamento 2006, Novo Regime do Arrendamento Urbano, Coimbra, 2006, pág. 71*)

4. ESPÉCIES DE BENFEITORIAS:

"Entende-se por benfeitoria toda a despesa feita para a conservação ou melhoramento de uma coisa, se se trata de alguém ligado à coisa por qualquer relação do autor da obra com o bem, isto é, se se trata de alguém ligado à coisa por qualquer relação ou vínculo jurídico. Na situação em apreço, através de uma relação arrendatícia. As benfeitorias classificam-se em:

– Necessárias (têm por fim evitar a perda, destruição ou deterioração da coisa);

– Úteis (aumentam o valor da coisa, mas não são indispensáveis à conservação dela);

– Voluptuárias (apenas servem para recreio do benfeitorizante)."

(*Margarida Grave, Novo Regime do Arrendamento Urbano, 2006, 3ª ed., pág. 149*)

5. COMPENSAÇÃO AO ARRENDATÁRIO:

"O legislador optou por fazer prevalecer o direito do arrendatário a uma compensação pelas obras licitamente feitas, em detrimento da autonomia contratual:

– Nos arrendamentos habitacionais, quando ocorra uma denúncia do contrato em consequência de uma actualização (artigos 37.º, n.º 5, 39.º, 40.º e 41.º do NRAU);

– Nos arrendamentos não habitacionais, quando haja cessação de contrato, em virtude de trespasse ou locação após a entrada em vigor da presente lei, ou, sendo o arrendatário uma sociedade, ocorra transmissão inter vivos de posição ou posições sociais que determine a alteração da titularidade em mais de 50% face à situação existente aquando da entrada em vigor da presente lei (artigo 26.º, n.º 6 do NRAU)."

(*Margarida Grave, Novo Regime do Arrendamento Urbano, 2006, 3ª ed., págs. 149 e seg.*)

Parte I – Novo Regime do Arrendamento Urbano

6. COMPENSAÇÃO POR OBRAS REALIZADAS:

"Questionar-se-á qual o tipo de obras aqui equacionadas. O art. 29.º, n.º 1 NRAU remete para o regime das benfeitorias realizadas pelo possuidor de boa fé, equiparando-se, portanto, o arrendatário a este.

Em termos gerais, o art. 216.º CC alude a três tipos de benfeitorias. Por um lado, as que têm por fim evitar a perda, a destruição ou a deterioração da coisa (benfeitorias necessárias). Por outro lado, as que não sendo indispensáveis para a conservação do bem, lhe aumentam o valor (benfeitorias úteis). E ainda as que servem apenas para recreio do benfeitorizante (benfeitorias voluptuárias).

Acresce que deve conjugar-se tal disciplina com a perspectiva seguida no art. 29.º NRAU, ou seja, com a qualificação atribuída ao arrendatário, tido como possuidor de boa fé. Daí que se imponha o emprego dos arts. 1273.º a 1275.º CC.

Nestes termos, o inquilino deve ser indemnizado pelas benfeitorias necessárias que efectuou no prédio (art. 1273.º, n.º 1 CC). Tem ainda, em princípio, o direito a levantar as benfeitorias úteis realizadas no locado, desde que o possa efectuar sem detrimento da coisa. Não sendo o levantamento possível (em razão da deterioração que provoca), o senhorio deve satisfazer o valor daquelas, de acordo com o regime do enriquecimento sem causa (art. 1273.º, n.º 2 CC).

Note-se que a obrigação de indemnizar que impende sobre este último é passível de compensação com o eventual ressarcimento dos danos a suportar pelo arrendatário, nos termos da responsabilidade civil, na sequência das deteriorações causadas por si no imóvel (art. 1274.º CC).

Em relação às benfeitorias voluptuárias, o inquilino tem direito a retirá-las desde que não haja detrimento da coisa. Caso contrário, não se mostra possível o levantamento, nem a obtenção de qualquer indemnização (art. 1275.º, n.º 1 CC)."

(Fernando de Gravato Morais, Novo Regime de Arrendamento Comercial, Coimbra, 2006, págs. 66 e seg.)

NOTAS PESSOAIS:

SECÇÃO II
Actualização de rendas

SUBSECÇÃO I
Arrendamento para habitação

ARTIGO 30.º
Rendas passíveis de actualização

As rendas dos contratos a que se refere o presente Capítulo podem ser actualizadas até ao limite de uma renda determinada nos termos previstos no artigo seguinte.

HISTÓRICO:

Redacção da Lei n.º 6/2006, de 27 de Fevereiro (NRAU).
Não tem correspondência na anterior legislação.

ANOTAÇÕES:

1. ÂMBITO DE APLICAÇÃO:

Os contratos a que se refere este artigo são:
a) Os contratos de arrendamento para habitação celebrados antes de 19 de Novembro de 1990 (entrada em vigor do RAU);
b) Os contratos de arrendamento urbano para fins não habitacionais celebrados antes de 5 de Outubro de 1995 (entrada em vigor do DL n.º 257/95).

NOTAS PESSOAIS:

ARTIGO 31.º
Valor máximo da renda actualizada

A renda actualizada nos termos da presente secção tem como limite máximo o valor anual correspondente a 4% do valor do locado.

HISTÓRICO:

Redacção da Lei n.º 6/2006, de 27 de Fevereiro (NRAU).
Não tem correspondência em legislação anterior.

REMISSÕES:

Valor do locado – art. 32.º NRAU; coeficiente de conservação – art. 33.º NRAU; valor da avaliação – arts. 38.º e segs. CIMI.

ANOTAÇÕES:

1. CÁLCULO DO VALOR DE ACTUALIZAÇÃO DA RENDA:

"Para determinar o valor da actualização da renda é necessário começar por conhecer o chamado valor do locado. O valor do locado (para efeitos de actualização de rendas) corresponde ao valor do local arrendado determinado segundo os termos dos artigos 38.º e seguintes do Código do IMI, corrigido pelo coeficiente de conservação previsto no artigo 32.º do presente diploma. Procede-se depois ao cálculo de 4% desse valor e divide-se o respectivo resultado por 12, encontrando-se, assim, o valor da renda mensal."

(*Maria Olinda Garcia, A Nova Disciplina do Arrendamento Urbano, Coimbra, 2006, págs. 54 e seg.*)

2. EXEMPLO DE CÁLCULO DO VALOR – I:

Vamos considerar a seguinte hipótese prática:

O locado (com mais de dez anos), de acordo com a avaliação fiscal, efectuada nos termos dos artigos 38.º a 46.º do CIMI tem o valor de € 50.000,00.

Parte I – Novo Regime do Arrendamento Urbano

A este valor, há que aplicar o coeficiente de conservação, a que se refere o artigo 33.º do NRAU. Supondo que o estado de conservação é excelente, aplica-se o factor 1,2, pelo que o valor do prédio, para cálculo do valor da renda é de € 60.000,00.

Sobre este valor calcula-se a percentagem de 4% (a que se refere o preceito em anotação), encontrando-se o valor de € 2.400,00 [anual], o qual é dividido por 12, encontrando-se, assim, a renda mensal de € 200,00.

3. EXEMPLO DE CÁLCULO DO VALOR – II:

Vamos considerar uma outra hipótese prática:

O locado (com mais de dez anos), de acordo com a avaliação fiscal, efectuada nos termos dos artigos 38.º a 46.º do CIMI tem o valor de € 50.000,00.

A este valor, há que aplicar o coeficiente de conservação, a que se refere o artigo 33.º do NRAU. Supondo que o estado de conservação é bom, aplicar-se-ia, por princípio, o factor 1. Contudo, o arrendatário pode provar que o estado de conservação do locado ficou a dever-se a obras por si realizadas, que valorizaram o prédio. Neste caso, aplica-se o coeficiente imediatamente inferior (artigo 33.º, n.º 4, 1ª parte), ou seja o factor 0,9, pelo que o valor do prédio, para cálculo do valor da renda é de € 45.000,00.

Sobre este valor calcula-se a percentagem de 4% (a que se refere o preceito em anotação), encontrando-se o valor de € 1.800,00 [anual], o qual é dividido por 12, encontrando-se, assim, a renda mensal de € 150,00.

NOTAS PESSOAIS:

ARTIGO 32.º
Valor do locado

1. O valor do locado é o produto do valor da avaliação realizada nos termos do artigo 38.º e seguintes do Código do Imposto Municipal sobre Imóveis (CIMI), realizada há menos de três anos, multiplicado pelo coeficiente de conservação previsto no artigo seguinte.

2. Se a avaliação fiscal tiver sido realizada mais de um ano antes da fixação da nova renda, o valor previsto no artigo anterior é actualizado de acordo com os coeficientes de actualização das rendas que tenham entretanto vigorado.

HISTÓRICO:

Redacção da Lei n.º 6/2006, de 27 de Fevereiro (NRAU).
Não tem correspondência na legislação anterior.

REMISSÕES:

Coeficiente de actualização – art. 24.º NRAU; coeficiente de conservação – art. 33.º NRAU; avaliação de prédio urbano – arts. 38.º e segs. CIMI.

LEGISLAÇÃO COMPLEMENTAR:

VALOR PATRIMONIAL TRIBUTÁRIO DOS PRÉDIOS URBANOS – ARTIGOS 37.º A 46.º DO CIMI:

SECÇÃO I – Da iniciativa da avaliação

Artigo 37.º *(Iniciativa da avaliação)*
1. A iniciativa da primeira avaliação de um prédio urbano cabe ao chefe de finanças, com base na declaração apresentada pelos sujeitos passivos ou em quaisquer elementos de que disponha.
2. À declaração referida no número anterior deve o sujeito passivo juntar plantas de arquitectura das construções correspondentes às telas finais aprovadas

Parte I – Novo Regime do Arrendamento Urbano

pela competente câmara municipal ou fotocópias das mesmas autenticadas e, no caso de construções não licenciadas, plantas da sua responsabilidade.

3. Em relação aos terrenos para construção, deve ser apresentada fotocópia do alvará de loteamento, que deve ser substituída, caso não exista loteamento, por fotocópia do alvará de licença de construção, projecto aprovado ou documento comprovativo da viabilidade construtiva.

4. A avaliação reporta-se à data do pedido de inscrição do prédio na matriz.

5. Na avaliação de prédios urbanos é aplicável o disposto no artigo 35.º.

SECÇÃO II – Das operações de avaliação

Artigo 38.º *(Determinação do valor patrimonial tributário)*

1. A determinação do valor patrimonial tributário dos prédios urbanos para habitação, comércio, indústria e serviços resulta da seguinte expressão:

$$Vt = Vc \ x \ A \ x \ C \ a \ x \ Cl \ x \ Cq \ x \ Cv$$

em que:

Vt = valor patrimonial tributário;
Vc = valor base dos prédios edificados;
A = área bruta de construção mais a área excedente à área de implantação;
Ca = coeficiente de afectação;
Cl = coeficiente de localização;
Cq = coeficiente de qualidade e conforto;
Cv = coeficiente de vetustez.

2. O valor patrimonial tributário dos prédios urbanos apurado é arredondado para a dezena de euros imediatamente superior.

Artigo 39.º *(Valor base dos prédios edificados)*

1. O valor base dos prédios edificados *(Vc)* corresponde ao custo médio de construção por metro quadrado adicionado do valor do metro quadrado do terreno de implantação fixado em 25% daquele custo.

2. O custo médio de construção compreende os encargos directos e indirectos suportados na construção do edifício, designadamente os relativos a materiais, mão de obra, equipamentos, administração, energia, comunicações e outros consumíveis.

Artigo 40.º *(Tipos de áreas dos prédios edificados)*

1. A área bruta de construção do edifício ou da fracção e a área excedente à de implantação *(A)* resultam da seguinte expressão:

$$A = Aa + Ab + Ac + Ad$$

em que:

Aa – representa a área bruta privativa;
Ab – representa as áreas brutas dependentes;
Ac – representa a área do terreno livre até ao limite de duas vezes a área de implantação;

NRAU   *Art. 32.º*

Ad – representa a área do terreno livre que excede o limite de duas vezes a área de implantação.

2. A área bruta privativa *(Aa)* é a superfície total, medida pelo perímetro exterior e eixos das paredes ou outros elementos separadoras do edifício ou da fracção, inclui varandas privativas, caves e sótãos privativos com utilização idêntica à do edifício ou da fracção a que se aplica o coeficiente 1.

3. As áreas brutas dependentes *(Ah)* são as áreas cobertas de uso exclusivo, ainda que constituam partes comuns, mesmo que situadas no exterior do edifício ou da fracção, cujas utilizações são acessórias relativamente ao uso a que se destina o edifício ou fracção, considerando-se, para esse efeito, locais acessórios, as garagens e parqueamentos, as arrecadações, as instalações para animais, os sótãos ou caves acessíveis, desde que não integrados na área bruta privativa, e ainda outros locais privativos de função distinta das anteriores, a que se aplica o coeficiente 0,30.

4. A área do terreno livre do edifício ou da fracção ou a sua quota-parte resulta da diferença entre a área total do terreno e a área de implantação da construção ou construções e integra jardins, parques, campos de jogos, piscinas, quintais e outros logradouros, aplicando-se-lhe, até ao limite de duas vezes a área de implantação *(Ac)*, o coeficiente de 0,025 e na área excedente ao limite de duas vezes a área de implantação *(Ad)* o de 0,005.

Artigo 41.º *(Coeficiente de afectação)*

O coeficiente de afectação *(Ca)* depende do tipo de utilização dos prédios edificados, de acordo com o seguinte quadro:

Utilização	Coeficientes
Comércio	1,20
Serviços	1,10
Habitação	1
Habitação social sujeita a regimes legais de custos controlados	0,70
Armazéns e actividade industrial	0,60
Estacionamento coberto	0,40
Prédios não licenciados, em condições muito deficientes de habitabilidade	0,45
Estacionamento não coberto	0.80

Artigo 42.º *(Coeficiente de localização)*

1. O coeficiente de localização *(CL)* varia entre 0,4 e 2, podendo, em situações de habitação dispersa em meio rural, ser reduzido para 0,35 e em zonas de elevado valor de mercado imobiliário ser elevado até 3.(I)

2. Os coeficientes a aplicar em cada zona homogénea do município podem variar conforme se trate de edifícios destinados a habitação, comércio, indústria ou serviços.

Parte I – Novo Regime do Arrendamento Urbano

3. Na fixação do coeficiente de localização têm-se em consideração, nomeadamente, as seguintes características:

a) Acessibilidades, considerando-se como tais a qualidade e variedade das vias rodoviárias, ferroviárias, fluviais e marítimas;

b) Proximidade de equipamentos sociais, designadamente escolas, serviços públicos e comércio;

c) Serviços de transportes públicos;

d) Localização em zonas de elevado valor de mercado imobiliário.

4. O zonamento consiste na determinação das zonas homogéneas a que se aplicam os diferentes coeficientes de localização do município e as percentagens a que se refere o n.º 2 do artigo 45.º.

Artigo 43.º *(Coeficiente de qualidade e conforto)*

O coeficicnte de qualidade e conforto *(Cq)* é aplicado ao valor base do prédio edificado, podendo ser majorado até 1,7 e minorado até 0,5, e obtém-se adicionando à unidade os coeficientes majorativos e subtraindo os minorativos que constam das tabelas seguintes:

TABELA I
Prédios urbanos destinados a habitação

Elementos de qualidade e conforto	Coeficientes
Majorativos:	
Moradias unifamiliares	Até 0,20
Localização em condomínio fechado	0,20
Garagem individual	0,04
Garagem colectiva	0,03
Piscina individual	0,06
Piscina colectiva	0,03
Campo de ténis	0,03
Outros equipamentos de lazer	0,04
Qualidade construtiva	Até 0,15
Localização excepcional	Até 0,10
Sistema central de climatização	0,03
Elevadores em edifícios com menos de 4 pisos	0,02
Minorativos:	
Inexistência de cozinha	0,10
Inexistência de instalações sanitárias	0,10
Inexistência de rede pública ou privada de água	0,08
Inexistência de rede pública ou privada de electricidade	0,10
Inexistência de rede pública ou privada de gás	0,02
Inexistência de rede pública ou privada de esgotos	0,05
Inexistência de ruas pavimentadas	0,03
Existência de áreas inferiores às regulamentares	0,05
Inexistência de elevador em edifícios com mais de três pisos	0,02
Estado deficiente de conservação	Até 0,10

NRAU *Art. 32.º*

TABELA II
Prédios urbanos destinados a comércio, indústria c serviços

Elementos de qualidade e conforto	Coeficientes
Majorativos:	
Localização em centro comercial	0,25
Localização em edifícios destinados a escritórios	0,10
Sistema central de climatização..	0,10
Qualidade construtiva	Até 0,10
Existência de elevador(es) e/ou escada(s) rolante(s)......................	0,03
Minorativos:	
Inexistência de instalações sanitárias	0,10
Inexistência de rede pública ou privada de água	0,08
Inexistência de rede pública ou privada de electricidade...............	0,10
Inexistência de rede pública ou privada de esgotos	0,05
Inexistência de ruas pavimentadas	0,03
Inexistência de elevadores em edifícios com mais de três pisos	0,02
Estado deficiente de conservação..	Até 0,10

2. Para efeitos de aplicação das tabelas referidas no número anterior:

a) Considera-se cozinha um local onde se encontram instalados equipamentos adequados para a preparação de refeições;

b) Considera-se que são instalações sanitárias os compartimentos do prédio com um mínimo de equipamentos adequados às respectivas funções

c) Consideram-se também redes públicas de distribuição de água, de electricidade, de gás ou de colectores de esgotos as que, sendo privadas, sirvam um aglomerado urbano constituído por um conjunto de mais de dez prédios urbanos;

d) Consideram-se áreas inferiores às regulamentares as que estejam abaixo dos valores mínimos fixados no Regime Geral das Edificações Urbanas (RGEU);

e) Considera-se condomínio fechado um conjunto de edifícios, moradias ou fracções autónomas, construído num espaço de uso comum e privado, com acesso condicionado durante parte ou a totalidade do dia;

f) Considera-se piscina qualquer depósito ou reservatório de água para a prática da natação, desde que disponha de equipamento de circulação e filtragem de água;

g) Consideram-se equipamentos de lazer todos os que sirvam para repouso ou para a prática de actividades lúdicas ou desportivas;

h) Para aferição da qualidade construtiva, considera-se a utilização de materiais de construção e revestimento superiores aos exigíveis correntemente, nomeadamente madeiras exóticas e rochas ornamentais;

Parte I – Novo Regime do Arrendamento Urbano

i) Considera-se haver localização excepcional quando o prédio ou parte do prédio possua vistas panorâmicas sobre o mar, rios, montanhas ou outros elementos visuais que influenciem o respectivo valor de mercado;

j) Considera-se centro comercial o edifício ou parte de edifício com um conjunto arquitectonicamente unificado de estabelecimentos comerciais de diversos ramos, em número não inferior a 45, promovido, detido e gerido como uma unidade operacional, integrando zona de restauração, tendo sempre uma loja âncora e ou cinemas, zonas de lazer, segurança e parqueamento;

l) Considera-se edifício de escritório o prédio ou parte de prédio concebido arquitectonicamente por forma a facilitar a adaptação e a instalação de equipamentos de acesso às novas tecnologias;

*m)*Considera-se que é deficiente o estado de conservação, quando os elementos construtivos do prédio não cumpram satisfatoriamente a sua função ou façam perigar a segurança de pessoas e bens.

3. As directrizes para definição da qualidade de construção, localização excepcional e estado deficiente de conservação são estabelecidas pela CNAPU com base em critérios dotados de objectividade e, sempre que possível, com base em fundamentos técnico-científicos adequados.

Artigo 44.º *(Coeficiente de vetustez)*

O coeficiente de vetustez *(Cv)* é função do número inteiro de anos decorridos desde a data de emissão de licença de utilização, quando exista, ou da data da conclusão das obras de edificação, de acordo com a presente tabela:

Anos	Coeficiente De Vetustez
Menos de 3	1
3 a 5	0,98
6 a 10	0,95
11 a 15	0,90
16 a 20	0,85
21 a 30	0,80
31 a 40	0,75
41 a 50	0,65
51 a 60	0,55
61 a 80	0,45
Mais de 80	0,35

Artigo 45.º *(Valor patrimonial tributário dos terrenos para construção)*

1. O valor patrimonial tributário dos terrenos para construção é o somatório do valor da área de implantação do edifício a construir, que é a situada dentro do perímetro de fixação do edifício ao solo medida pela parte exterior, adicionado do valor do terreno adjacente à implantação.

NRAU Art. 32.º

2. O valor da área de implantação varia entre 15% e 45% do valor das edificações autorizadas ou previstas.

3. Na fixação da percentagem do valor do terreno de implantação têm-se em consideração as características referidas no n.º 3 do artigo 42.º.

4. O valor da área adjacente à construção é calculado nos termos do n.º 4 do artigo 40.º.

Artigo 46.º *(Valor patrimonial tributário dos prédios da espécie «Outros»)*

1. No caso de edifícios, o valor patrimonial tributário é determinado nos termos do artigo 38.º, com as adaptações necessárias.

2. No caso de não ser possível utilizar as regras do artigo 38.º, o perito deve utilizar o método do custo adicionado do valor do terreno.

3. No caso de terrenos, o seu valor unitário corresponde ao que resulta da aplicação do coeficiente de 0,005, referido no n.º 4 do artigo 40.º, ao produto do valor base dos prédios edificados pelo coeficiente de localização.

4. O valor patrimonial tributário dos prédios urbanos em ruínas é determinado como se de terreno para construção se tratasse.

ANOTAÇÕES:

1. VALOR DO LOCADO:

Por princípio, o valor do locado é o que resultar de avaliação feita nos termos dos artigos 38.º e seguintes do CIMI há menos de três anos, multiplicado pelo coeficiente de conservação previsto no artigo 33.º do NRAU. Contudo, se a avaliação fiscal tiver sido realizada há mais de um ano antes da fixação da nova renda, tal valor é actualizado com o coeficiente de actualização de rendas referido no artigo 24.º deste diploma.

Um exemplo prático:

Vamos supor que o prédio foi avaliado há menos de três anos, nos termos do disposto no CIMI, apurando-se um valor de € 50.000,00. O prédio encontra-se em estado de conservação considerado médio, pelo que se aplica o factor 3, a que corresponde um coeficiente de 0,9. Assim sendo, o valor do locado será de € 45.000,00 (50.000,00 x 0,9 = 45.000,00).

Contudo, se a avaliação fiscal de que resultou o valor acima referido tiver sido efectuada há mais de um ano, multiplica-se este valor pelo coeficiente de actualização das rendas que esteja em vigor. Supondo que, relativamente àquele prédio, o coeficiente de actualização é de 0,03, relativamente ao ano de 2006, então encontraremos o valor de actualização (45.000,00 x 0,03 = 1.350,00) e, consequentemente, o actual do locado (relativamente, ao referido ano), que é de € 46.350,00 (45.000,00 + 1.350,00 = 46.350,00).

2. REMISSÃO:

Devem consultar-se as anotações *supra* ao artigo 31.º do NRAU.

Parte I – Novo Regime do Arrendamento Urbano

NOTAS PESSOAIS:

ARTIGO 33.º
Coeficiente de conservação

1. Ao locado edificado com mais de dez anos de construção, avaliado nos termos referidos no n.º 1 do artigo anterior, é aplicado o coeficiente de conservação (Cc) constante da tabela seguinte:

Nível	Estado de conservação	Coeficiente
1	Excelente	1,2
2	Bom	1,0
3	Médio	0,9
4	Mau	0,7
5	Péssimo	0,5

2. Os níveis previstos na tabela anterior reflectem o estado de conservação do locado e a existência de infra-estruturas básicas, constando de diploma próprio as directrizes para a sua fixação.

3. A determinação do estado de conservação do locado é realizada por arquitecto ou engenheiro inscrito na respectiva Ordem profissional.

4. Ao locado aplica-se o coeficiente imediatamente inferior ao correspondente ao seu estado de conservação quando o arrendatário demonstre que o estado do prédio se deve a obras por si realizadas, sendo aplicado um coeficiente intermédio, determinado de acordo com a equidade, caso o senhorio demonstre ter também efectuado obras de conservação.

5. O disposto no número anterior não implica atribuição de distinto nível de conservação, nomeadamente para efeitos da alínea b) do artigo 35.º.

HISTÓRICO:

Redacção da Lei n.º 6/2006, de 27 de Fevereiro (NRAU).
Não tem correspondência em anterior legislação.

Parte I – Novo Regime do Arrendamento Urbano

LEGISLAÇÃO COMPLEMENTAR:

FICHA DE AVALIAÇÃO PARA DETERMINAÇÃO DO NÍVEL DE CONSERVAÇÃO DE IMÓVEIS LOCADOS: PORTARIA N.º 1192-B/2006, DE 3 DE NOVEMBRO

O texto integral e respectivo modelo vão transcritos na Parte III.

ANOTAÇÕES:

1. PRINCÍPIO GERAL:

O preceito em anotação estabelece um princípio geral de cálculo do coeficiente de conservação do prédio que será utilizado para várias situações previstas no NRAU, das quais destacamos o valor máximo da renda actualizada (artigo 31.º do NRAU), segundo o critério complementado pelo artigo 35.º do mesmo diploma. Contudo, tal coeficiente só é aplicado quando o prédio tenha sido edificado há mais de dois anos, pois dentro deste prazo considera-se não se proceder a correcções no seu valor, calculado nos termos do artigo 32.º do NRAU.

2. APLICAÇÃO DO COEFICIENTE:

Para a determinação do coeficiente de conservação é imperiosa a intervenção de um arquitecto ou engenheiro inscrito na respectiva ordem profissional, reflectindo o estado de conservação do locado e a existência de infra-estruturas básicas.

3. OBRAS EFECTUADAS PELO ARRENDATÁRIO:

O n.º 4 do artigo em anotação distingue dois tipos de obras efectuadas pelo arrendatário:

– por um lado, este poderá ter realizado obras de beneficiação no locado, caso em que, para efeitos de actualização da renda será aplicável o coeficiente imediatamente abaixo daquele que resulta da determinação efectuada por técnico competente (arquitecto ou engenheiro, conforme n.º 3 do mesmo artigo);

– por outro lado, o arrendatário poderá ter efectuado apenas obras de conservação, caso em que se fixará um coeficiente intermédio, determinado por critérios de equidade. Note-se que o legislador não especifica o que deva entender-se por coeficiente intermédio, remetendo tal decisão para um juízo equitativo que possa fazer o julgador, o que pressupõe a existência de litígio entre o arrendatário e o senhorio.

4. CRITÉRIOS DE AVALIAÇÃO:

"Os critérios de avaliação do valor patrimonial dos imóveis, nos termos do artigo 38.º do CIMI, praticamente não valoram o estado de conservação dos prédios, dado que não incluem um coeficiente autónomo de conservação.

Com efeito, o actual valor de mercado de um imóvel antigo é pouco afectado pelo seu estado de conservação. Frequentemente a localização ou mesmo a capacidade construtiva do terreno são determinantes numa perspectiva de valorização do imóvel. No entanto, do ponto de vista do uso para arrendamento e em particular do arrendatário, o estado de conservação é vital e determina, aliás, a habitabilidade do locado.

Os critérios de avaliação tradicionais e, em particular, as fórmulas correspondentes à renda condicionada valoram autonomamente o estado de conservação.

O estado de conservação é tido em conta no valor de actualização da renda, para além de condicionar a admissibilidade da própria actualização (artigo 35.º, al. *b*))."

(*Cunha de Sá – Leonor Coutinho, Arrendamento 2006, Novo Regime do Arrendamento Urbano, Coimbra, 2006, pág. 76*)

NOTAS PESSOAIS:

ARTIGO 34.º
Iniciativa do senhorio

1. A actualização da renda depende de iniciativa do senhorio.

2. O senhorio que deseje a actualização da renda comunica ao arrendatário o montante da renda futura, o qual não pode exceder o limite fixado no artigo 31.º.

HISTÓRICO:

Redacção da Lei n.º 6/2006, de 27 de Fevereiro (NRAU).
Não tem correspondência em legislação anterior.

REMISSÕES:

Comunicações – arts. 9.º a 12.º NRAU; valor máximo da renda actualizada – art. 31.º NRAU.

ANOTAÇÕES:

1. QUANTO AO N.º 1:

Diz o n.º 1 do preceito em anotação que o senhorio terá de tomar a iniciativa da actualização da renda.

Tal significa que "ainda que o arrendatário conheça o valor correspondente à renda actualizada não tem o dever de proceder a qualquer pagamento adicional enquanto o senhorio não lhe comunicar formalmente (através de carta com aviso de recepção) esse valor. O senhorio tem, assim, o ónus de comunicar ao arrendatário que pretende actualizar a renda e qual o respectivo montante."

(*Maria Olinda Garcia, A Nova Disciplina do Arrendamento Urbano, Coimbra, 2006, pág. 57*)

2. QUANTO AO N.º 2

Como já se disse, o senhorio comunica a nova renda ao arrendatário, por escrito, através de carta registada com aviso de recepção (artigo 9.º, n.º 1 do NRAU).

Parte I – Novo Regime do Arrendamento Urbano

"Porém, nem todas as rendas poderão ser imediatamente actualizadas. O senhorio só adquire o direito de exigir a actualização das rendas depois de o locado ter sido avaliado (nos termos do Código do Imposto Municipal sobre Imóveis) e desde que a avaliação tenha atribuído a esse imóvel um coeficiente de conservação, pelo menos de nível médio. Verificando-se tal requisito, o senhorio tem, nesta comunicação, de enviar o correspondente documento comprovativo bem como os demais elementos exigidos pelo n.º 4 do artigo 38.º, sob pena de ineficácia da comunicação."

(*Maria Olinda Garcia, A Nova Disciplina do Arrendamento Urbano, Coimbra, 2006, pág. 57*)

3. COMUNICAÇÃO DO SENHORIO – ELEMENTOS:

"A comunicação do senhorio contém, sob pena de ineficácia, ou seja, de não produção de efeitos jurídicos, os seguintes elementos:

– Cópia do resultado da avaliação do locado nos termos do IMI e da determinação do nível de conservação;

– Os valores da renda devida após a primeira actualização correspondentes a uma actualização em dois, cinco ou dez anos;

– O valor em euros do RABC que, nesse ano, determina a aplicação dos diversos escalões;

– A indicação de que a não invocação de alguma das circunstâncias previstas no n.º 3 do artigo anterior deve ser realizada em 30 dias, mediante apresentação de documento comprovativo;

– A indicação das consequências da não invocação de qualquer das circunstâncias previstas no n.º 3 do artigo anterior;

– A invocação de o arrendatário dispor de um RABC superior a quinze RMNA, com o comprovativo emitido pelo serviço de finanças competente."

(*Margarida Grave, Novo Regime do Arrendamento Urbano, 2006, 3ª ed., pág. 155*)

NOTAS PESSOAIS:

ARTIGO 35.º
Pressupostos da iniciativa do senhorio

O senhorio apenas pode promover a actualização da renda quando, cumulativamente:

a) Exista avaliação do locado, nos termos do CIMI;

b) O coeficiente de conservação do prédio não seja inferior a 3.

HISTÓRICO:

Redacção da Lei n.º 6/2006, de 27 de Fevereiro (NRAU).
Não tem correspondência na legislação anterior.

REMISSÕES:

Avaliação – arts. 38.º e segs. CIMI; coeficiente de conservação – art. 33.º NRAU.

LEGISLAÇÃO COMPLEMENTAR:

**MODELO ÚNICO SIMPLIFICADO PARA PEDIDOS
E COMUNICAÇÕES: PORTARIA N.º 1192-A/2006,
DE 3 DE NOVEMBRO**

O texto integral e respectivo modelo vão transcritos na Parte III.

ANOTAÇÕES:

1. REQUISITOS DE ACTUALIZAÇÃO:

São vários os requisitos para que o senhorio possa proceder à actualização da renda, a saber:

– estas actualizações de renda aplicam apenas aos contratos de arrendamento para habitação celebrados antes da entrada em vigor do RAU (19 de Novembro de 1990);

Parte I – Novo Regime do Arrendamento Urbano

– é necessário que tenha sido efectuada avaliação do locado, nos termos dos artigos 38.º e seguintes do CIMI, há menos de três anos;

– é necessário que o estado de conservação do locado seja médio, bom, ou excelente, de acordo com os critérios do artigo 33.º do NRAU;

– é necessário que o senhorio tome a iniciativa de comunicar ao arrendatário o montante da renda futura, encontrada por aplicação dos critérios acima referidos.

NOTAS PESSOAIS:

ARTIGO 36.º
Colaboração do arrendatário

1. O arrendatário tem o dever de prestar a sua colaboração na realização dos actos necessários à avaliação fiscal e à determinação do coeficiente de conservação.

2. Quando, para os efeitos previstos no número anterior, se revele necessário o acesso ao locado e o arrendatário não o possa facultar na data prevista, este indica uma data alternativa, a qual não pode distar mais de 30 dias da data inicial.

3. A oposição pelo arrendatário à realização dos actos necessários à avaliação fiscal ou à determinação do coeficiente de conservação é fundamento de resolução do contrato pelo senhorio.

HISTÓRICO:

Redacção da Lei n.º 6/2006, de 27 de Fevereiro (NRAU).
Não tem correspondência na legislação anterior.

REMISSÕES:

Coeficiente de conservação – art. 33.º NRAU; avaliação fiscal – arts. 38.º e segs. CIMI; resolução do contrato – art. 1047.º CC; fundamento da resolução – art. 1083.º CC.

ANOTAÇÕES:

1. ACESSO AO INTERIOR DO IMÓVEL:

O arrendatário terá de permitir o acesso ao interior do imóvel, com vista a proceder à avaliação fiscal e aferir o seu grau de conservação, para fixação do coeficiente.

Parte I – Novo Regime do Arrendamento Urbano

"Quando o arrendatário não permita o acesso ao interior do imóvel, impedindo, assim, o conhecimento de aspectos importantes para efeitos de avaliação fiscal ou determinação do estado de conservação do local, o senhorio pode requerer a resolução do contrato. Esta hipótese de resolução deverá ser activada nos termos gerais do artigo 1083.°, n.° 2, implicando, portanto, o recurso à via judicial."

(*Maria Olinda Garcia, A Nova Disciplina do Arrendamento Urbano, Coimbra, 2006, pág. 58*)

NOTAS PESSOAIS:

ARTIGO 37.º
Resposta do arrendatário

1. O prazo para a resposta do arrendatário é de 40 dias.

2. Quando termine em dias diferentes o prazo de vários sujeitos, a resposta pode ser oferecida até ao termo do prazo que começou a correr em último lugar.

3. O arrendatário, na sua resposta, pode invocar uma das seguintes circunstâncias:
 a) Rendimento Anual Bruto Corrigido (RABC) do agregado familiar inferior a cinco Retribuições Mínimas Nacionais Anuais (RMNA);
 b) Idade igual ou superior a sessenta e cinco anos ou deficiência com grau comprovado de incapacidade superior a 60%.

4. A falta de resposta do arrendatário vale como declaração de inexistência das circunstâncias previstas no número anterior.

5. O arrendatário pode, em alternativa e no mesmo prazo, denunciar o contrato, devendo desocupar o locado no prazo de seis meses, não existindo então alteração da renda.

6. O arrendatário pode, no mesmo prazo de trinta dias, requerer a realização de nova avaliação do prédio ao serviço de finanças competente, dando disso conhecimento ao senhorio.

7. No caso previsto no número anterior, o arrendatário, para os efeitos do artigo 76.º do CIMI, ocupa a posição do sujeito passivo, sendo o senhorio notificado para, querendo, integrar a comissão prevista no n.º 2 daquele artigo ou para nomear o seu representante.

8. Se da nova avaliação resultar valor diferente para a nova renda, os acertos devidos são feitos com o pagamento da renda subsequente.

9. O RABC é definido em diploma próprio.

Parte I – Novo Regime do Arrendamento Urbano

HISTÓRICO:

Redacção da Lei n.º 6/2006, de 27 de Fevereiro (NRAU).
Não tem correspondência na legislação anterior.

REMISSÕES:

Prazos em processo civil: modalidades – art. 145.º CPC; aproveitamento de prazo para a contestação – art. 486.º, n.º 2, CPC; denúncia do contrato pelo arrendatário – art. 1100.º CC; comunicação de nova avaliação ao senhorio; forma – art. 9.º NRAU; actualização faseada do valor da renda – art. 38.º NRAU; actualização em dois anos – art. 39.º NRAU; actualização em cinco anos – art. 40.º NRAU; actualização em dez anos – art. 41.º NRAU; comprovativo das als. *a*) e *b*) do n.º 3 – art. 44.º NRAU.

LEGISLAÇÃO COMPLEMENTAR:

RENDIMENTO ANUAL BRUTO CORRIGIDO (RABC): – DECRETO-LEI N.º 158/2006, DE 8 DE AGOSTO

O texto integral vai transcrito *infra*, Parte III.

SEGUNDA AVALIAÇÃO DE PRÉDIOS URBANOS – ARTIGO 76.º DO CIMI

Artigo 76.º *(Segunda avaliação de prédios urbanos)*

1. Quando o sujeito passivo ou o chefe de finanças não concordarem com o resultado da avaliação directa de prédios urbanos, podem, respectivamente, requerer ou promover uma segunda avaliação, no prazo de 30 dias contados da data em que o primeiro tenha sido notificado.

2. A segunda avaliação é realizada com observância do disposto no presente Código, por uma comissão composta por dois peritos regionais designados pelo director de finanças em função da sua posição na lista organizada por ordem alfabética para esse efeito, um dos quais preside, e pelo sujeito passivo ou seu representante.

3. É aplicável o disposto nos n.ºˢ 3 a 6 do artigo 74.º e nos n.ºˢ 4 a 6 do artigo 75.º.

4. Quando uma avaliação de prédio urbano seja efectuada por omissão à matriz ou na sequência de transmissão onerosa de imóveis e o alienante seja interessado para efeitos tributários deverá o mesmo ser notificado do seu resultado para, querendo, requerer segunda avaliação, no prazo e termos dos números anteriores, caso em que poderá integrar a comissão referida no n.º 2 ou nomear o seu representante.

NRAU   *Art. 37.º*

5. Nas avaliações em que intervierem simultaneamente o alienante e o adquirente ou os seus representantes, o perito regional que presidir à avaliação tem direito a voto e, em caso de empate, voto de qualidade.

6. Na designação dos peritos referidos no n.º 2, deve atender-se ao domicílio e à localização do prédio a avaliar, com vista a uma maior economia de custos.

MODELO ÚNICO SIMPLIFICADO PARA PEDIDOS E COMUNICAÇÕES: PORTARIA N.º 1192-A/2006, DE 3 DE NOVEMBRO

O texto integral e respectivo modelo vão transcritos na Parte III.

ANOTAÇÕES:

1. RESPOSTA DO ARRENDATÁRIO:

"O tipo de resposta do arrendatário condiciona a subsequente tramitação deste procedimento. Assim, o arrendatário pode não dar qualquer resposta ou pode dar uma de três possíveis.

Caso o arrendatário não responda, a renda será actualizada de forma faseada ao longo de 5 anos, nos termos do artigo 38.º, n.º 1 e do artigo 40.º, ou ao longo de 2 anos, caso o senhorio invoque alguma das circunstâncias previstas no n.º 2 do artigo 38.º.

As respostas possíveis do arrendatário são:

– optar pela denúncia do contrato, nos termos do n.º 5 do artigo 37.º;

– requerer uma nova avaliação do imóvel à repartição [serviço] de finanças competente, informando o senhorio, nos termos do n.º 6 do artigo 37.º;

– ou invocar (e demonstrar, nos termos do artigo 44.º) alguma das circunstâncias a que se refere o n.º 3 do artigo 37.º, que permitem que a actualização da renda se faça de modo faseado ao longo de 10 anos, nos termos do n.º 3 do artigo 38.º e do artigo 41.º."

(*Maria Olinda Garcia, A Nova Disciplina do Arrendamento Urbano, Coimbra, 2006, pág. 59*)

2. FORMALIDADES:

"O arrendatário que invoque o rendimento anual bruto corrigido (RABC) do agregado familiar inferior a 5 retribuições mínimas anuais faz acompanhar a sua resposta de documento comprovativo emitido pelo serviço de finanças competente (artigo 44.º, n.ᵒˢ 1 e 2 NRAU). O inquilino que invoque ter completado 65 anos à data da comunicação do senhorio faz acompanhar a sua resposta de documento comprovativo, tal como fotocópia do B.I. ou certidão de nascimento (artigo 44.º, n.º 5 NRAU).

Parte I – Novo Regime do Arrendamento Urbano

O arrendatário que invoque deficiência com grau comprovado de incapacidade superior a 60% faz acompanhar a sua resposta de documento comprovativo (artigo 44.º, n.º 5 NRAU).

A falta de envio dos comprovativos referidos no artigo 44.º, n.ºs 1, 2 e 5 conduz a que o faseamento da actualização da renda se realize ao longo de 5 anos."

(Cunha de Sá – Leonor Coutinho, Arrendamento 2006, Novo Regime do Arrendamento Urbano, Coimbra, 2006, pág. 80)

NOTAS PESSOAIS:

ARTIGO 38.º
Actualização faseada do valor da renda

1. A actualização do valor da renda é feita de forma faseada ao longo de cinco anos, sem prejuízo do disposto nos números seguintes.

2. A actualização é feita ao longo de dois anos:

a) Quando o senhorio invoque que o agregado familiar do arrendatário dispõe de um RABC superior a 15 RMNA, sem que o arrendatário invoque qualquer das alíneas do n.º 3 do artigo anterior.

b) Nos casos previstos no artigo 44.º.

3. A actualização é feita ao longo de 10 anos quando o arrendatário invoque uma das alíneas do n.º 3 do artigo anterior.

4. A comunicação do senhorio prevista no artigo 34.º contém, sob pena de ineficácia:

a) Cópia do resultado da avaliação do locado nos termos do IMI e da determinação do nível de conservação;

b) Os valores da renda devida após a primeira actualização correspondentes a uma actualização em 2, 5 ou 10 anos;

c) O valor em euros do RABC que, nesse ano, determina a aplicação dos diversos escalões;

d) A indicação de que a invocação de alguma das circunstâncias previstas no n.º 3 do artigo anterior deve ser realizada em 40 dias, mediante apresentação de documento comprovativo.

e) A indicação das consequências da não invocação de qualquer das circunstâncias previstas no n.º 3 do artigo anterior.

5. A comunicação do senhorio contém ainda, sendo caso disso, a invocação de que o arrendatário dispõe de RABC superior a 15 RMNA, com o comprovativo previsto no n.º 3 do artigo 43.º, sendo então referido nos termos da alínea *a)* do número anterior apenas o valor da renda devido após a actualização a dois anos.

Parte I – Novo Regime do Arrendamento Urbano

HISTÓRICO:

Redacção da Lei n.º 6/2006, de 27 de Fevereiro (NRAU).
Não há disposição correspondente na legislação anterior.

REMISSÕES:

Comunicação do senhorio: forma – art. 9.º, n.º 1 NRAU; actualização em dois anos – art. 39.º NRAU; actualização em cinco anos – art. 40.º NRAU; actualização em dez anos – art. 41.º NRAU.

ANOTAÇÕES:

1. PRINCÍPIO GERAL:

O n.º 1 do artigo em anotação estabelece um princípio geral em matéria de actualização faseada do valor da renda, que é o prazo de cinco anos, sendo tal actualização formalizada nos termos previstos no artigo 40.º do NRAU.

Vejam-se as anotações ao artigo 40.º do NRAU.

2. EXCEPÇÃO – I:

A lei prevê dois tipos de excepções ao princípio geral, seja por encurtamento, seja por alongamento do prazo.

Assim, o n.º 2 do preceito estabelece as situações em que a actualização é feita no prazo de dois anos, a saber:

a) Quando o senhorio invoque que o agregado familiar do arrendatário tem um rendimento anual bruto corrigido superior a 15 retribuições mínimas anuais nacionais. Mas que para esta excepção funcione é necessário que o arrendatário não prove o contrário ou, tendo 65 anos de idade ou mais, ou deficiência com grau comprovado de incapacidade superior a 60%, não invoque qualquer destas circunstâncias (artigo 37.º, n.º 3, als. *a)* e *b)*, do NRAU) – se o agregado familiar do arrendatário tem, efectivamente um RABC superior a 15 RMNA, ou, não o tendo, nada disse em contrário, se não tem mais de 65 anos de idade ou deficiência superior a 60%, ou, enquadrando-se em alguma das hipóteses, nada invocou, presume-se que sendo pessoa de meia idade (ou até jovem) tem um rendimento que lhe permite suportar um maior aumento anual da renda, face à diminuição do número de anos de actualização;

b) Quando o arrendatário não tenha no locado a sua residência permanente, habite ou não outra casa, própria ou alheia (artigo 45.º, n.º 1, do NRAU) – se o arrendatário não habita o locado com carácter de permanência, deverá pressupor-se que este é uma segunda habitação, pelo que o seu nível financeiro tem um padrão que permite suportar a actualização em apenas dois anos.

3. EXCEPÇÃO – II:

Também se excepciona o prazo geral, estabelecendo-se o prazo de dez anos para a actualização, nas seguintes circunstâncias:

a) Quando o rendimento anual bruto corrigido do agregado familiar é inferior a cinco retribuições mínimas nacionais anuais – trata-se, neste caso, de pessoas com baixo rendimento, que não se compadece com aumentos elevados na renda, com vista à sua actualização, pelo que esta é efectuada paulatinamente, de forma a não desestabilizar o nível financeiro do agregado familiar;

b) Quando o arrendatário tenha idade igual ou superior a 65 anos ou deficiência com grau comprovado de incapacidade superior a 60% – trata-se de dois tipos de situações em que se presume, necessariamente, a dificuldade de sustento do agregado familiar, quer por força da idade avançada do arrendatário (geralmente, já em situação de reforma), quer da sua capacidade para o trabalho, independentemente da idade.

4. ACTUALIZAÇÃO EM DOIS ANOS:

"Ainda que o arrendatário possua um RABC inferior a 5 RMNA, ou idade igual ou superior a 65 anos, ou deficiência com grau comprovado de incapacidade superior a 60%, mas não tenha no locado a sua residência permanente, habite ou não outra casa, própria ou alheia e não se verifique nenhuma das circunstâncias previstas no n.º 2 do artigo 45.º (caso de força maior; falta de residência permanente, não perdurando há mais de dois anos, for devida ao cumprimento de deveres militares ou profissionais, do próprio, do cônjuge ou de quem viva com o arrendatário em união de facto; permanência no locado por parte do cônjuge ou pessoa que tenha vivido com o arrendatário por prazo não inferior a um ano) não se vê razão objectiva para que não lhe seja aplicável o regime da actualização da renda em 2 anos, para o qual remete o n.º 1 do artigo 45.º.º"

(*Amadeu Colaço, Novo Regime do Arrendamento Urbano – Guia prático, Coimbra, 2006, págs. 153 e seg.*)

NOTAS PESSOAIS:

ARTIGO 39.º
Actualização em dois anos

A actualização faseada do valor da renda, ao longo de dois anos, faz-se nos termos seguintes:

a) 1.º ano: à renda vigente aquando da comunicação do senhorio acresce metade da diferença entre esta e a renda comunicada.

b) 2.º ano: aplica-se a renda comunicada pelo senhorio, actualizada de acordo com os coeficientes de actualização que entretanto tenham vigorado.

HISTÓRICO:

Redacção da Lei n.º 6/2006, de 27 de Fevereiro (NRAU).
Não tem correspondência na legislação anterior.

REMISSÕES:

Valor máximo da renda actualizada – art. 31.º NRAU; coeficiente de conservação – art. 33.º NRAU; casos de actualização em dois anos – art. 38.º, n.º 2, NRAU.

ANOTAÇÕES:

EXEMPLO PRÁTICO:

Como resulta do artigo em anotação, dá-se um aumento no primeiro ano correspondente a 50% da actualização (extraordinária) e um aumento de 50% no segundo ano, a que acresce o coeficiente de actualização (anual).

Vamos, então, supor que a renda actualmente vigente é de € 50,00, sendo que o valor de renda encontrado, por aplicação dos critérios dos artigos 31.º e seguintes do NRAU, é de € 250,00.

Verifica-se, assim que o valor de actualização da renda é de € 200,00. Tal significa que a actualização da renda vai evoluir em 50% no primeiro ano e 50% no

Parte I – Novo Regime do Arrendamento Urbano

segundo, sendo que neste último o arrendatário terá ainda de suportar o coeficiente de actualização fixado nos termos do artigo 24.º do NRAU. Ou seja, no caso concreto, a renda vai ser actualizada da forma seguinte:

1.º ano: € 50,00 + € 100,00 = € 150,00

2.º ano: € 50,00 + € 200,00 + c.a. = € 250,00 + c.a.

Supondo que o coeficiente de actualização (c.a.) fixado para o segundo ano foi de 0,03, ele corresponde a um aumento de € 7,50 (250,00x0,03=7,50), o que significa que a renda a vigorar neste ano será de € 257,50.

NOTAS PESSOAIS:

ARTIGO 40.º
Actualização em cinco anos

1. A actualização faseada do valor da renda, ao longo de cinco anos, faz-se nos termos seguintes:

a) 1.º ano: à renda vigente aquando da comunicação do senhorio acresce um quarto da diferença entre esta e a renda comunicada.

b) 2.º ano: à renda vigente aquando da comunicação do senhorio acrescem dois quartos da diferença entre esta e a renda comunicada.

c) 3.º ano: à renda vigente aquando da comunicação do senhorio acrescem três quartos da diferença entre esta e a renda comunicada.

d) 4.º ano: aplica-se a renda comunicada pelo senhorio.

e) 5.º ano: a renda devida é comunicada pelo senhorio, actualizada de acordo com os coeficientes de actualização que entretanto tenham vigorado.

2. O limite máximo de actualização da renda é de € 50 mensais no 1.º ano e de € 75 mensais nos 2.º a 4.º anos, excepto quando tal valor for inferior ao valor que resultaria da actualização anual prevista no n.º 1 do artigo 24.º, caso em que é este o aplicável.

HISTÓRICO:

Redacção da Lei n.º 6/2006, de 27 de Fevereiro (NRAU).
Não tem correspondência na legislação anterior.

REMISSÕES:

Coeficiente de actualização – art. 24.º NRAU; valor máximo da renda actualizada – art. 31.º NRAU; valor do locado – art. 32.º NRAU; coeficiente de conservação – art. 33.º NRAU.

Parte I – Novo Regime do Arrendamento Urbano

ANOTAÇÕES:

1. CÁLCULO DE ACTUALIZAÇÃO EM CINCO ANOS – EXEMPLO PRÁTICO [I]:

Vamos supor que o valor da renda mensal actualizada, calculado de acordo com aos artigos 38.º a 46.º do CIMI e 31.º do NRAU é de € 200,00 e que o inquilino paga, actualmente, a renda de € 50,00. Há portanto, uma diferença de valor entre a renda que tem vindo a ser praticada e a nova renda de € 150,00.

Ora, caso a actualização seja efectuada em cinco anos, teremos de dividir o montante de actualização por 4, dado que no último ano o arrendatário já terá de pagar a renda no valor total, acrescida do coeficiente de actualização anual que estiver em vigor. Assim, encontramos o valor de € 37,50, que corresponde ao montante anual de actualização, o que significa que o arrendatário irá suportar as seguintes actualizações:

1.º ano – € 87,50
2.º ano – € 125,00
3.º ano – € 162,50
4.º ano – € 200,00
5.º ano – € 200,00+coeficiente de actualização anual.

Supondo que o índice de actualização no 5.º ano foi de 2,5%, tal significa que a renda a vigorar neste ano será de € 200,00 + 1,025 = € 205,00.

2. CÁLCULO DE ACTUALIZAÇÃO EM CINCO ANOS – EXEMPLO PRÁTICO [II]:

Vamos agora supor que o valor da renda mensal actualizada, calculado de acordo com aos artigos 38.º a 46.º do CIMI e 31.º do NRAU é de € 500,00 e que o inquilino paga, actualmente, a renda de € 150,00. Há portanto, uma diferença de valor entre a renda que tem vindo a ser praticada e a nova renda de € 350,00.

Ora, caso a actualização seja efectuada em cinco anos, teremos de dividir o montante de actualização por 4, dado que no último ano o arrendatário já terá de pagar a renda no valor total, acrescida do coeficiente de actualização anual que estiver em vigor. Assim, encontramos o valor de € 87,50, que corresponde ao montante anual de actualização.

Contudo, nos termos do n.º 2 do preceito em anotação o limite máximo de actualização no 1.º ano é de € 50,00 e de € 75,00 nos 2.º a 4.º anos.

Tal que significa que o arrendatário irá suportar (para além da renda já em vigor) as seguintes actualizações:

1.º ano – € 50,00
2.º ano – € 125,00
3.º ano – € 200,00
4.º ano – € 275,00
5.º ano – € 350,00+coeficiente de actualização anual

NRAU *Art. 40.º*

Note-se que, nesta hipótese, a renda não atingiu o montante proposto pelo senhorio no 4.º ano de actualização, já que, face ao n.º 2 do preceito o limite máximo de actualização é de € 75,00. Contudo, parece haver uma contradição no regime legal, na medida em que, por um lado se estabelece que o limite máximo de actualização no 4.º ano é de € 75,00, enquanto, por outro se estipula que no quarto ano deverá estar completado o montante de actualização (extraordinária), o que é inviável.

Supondo que o índice de actualização no 5.º ano é de 2,2%, tal significa que a renda a vigorar nesse ano será de € 350,00 + 1,022 = € 357,70, montante que o senhorio pudera arredondar para € 358,00, de acordo com o critério do artigo 25.º, n.º 2 do NRAU.

3. EXCEPÇÃO À 1.º PARTE DO N.º 2:

Os limites máximos estabelecidos na primeira parte do artigo em anotação não se aplicam no caso dos valores aí considerados serem inferiores ao valor que resultaria da actualização anual, de acordo com o critério fixado no n.º 1 do artigo 24.º. De referir que o coeficiente anual de actualização de qualquer tipo de renda é publicado no Diário da República até ao dia 30 de Outubro de cada ano (cfr. n.º 2).

NOTAS PESSOAIS:

ARTIGO 41.º
Actualização em 10 anos

1. A actualização faseada do valor da renda, ao longo de dez anos, faz-se nos termos seguintes:

a) 1.º ano: à renda vigente aquando da comunicação do senhorio acresce um nono da diferença entre esta e a renda comunicada;

b) 2.º ano: à renda vigente aquando da comunicação do senhorio acrescem dois nonos da diferença entre esta e a renda comunicada;

c) 3.º ano: à renda vigente aquando da comunicação do senhorio acrescem três nonos da diferença entre esta e a renda comunicada;

d) 4.º ano: à renda vigente aquando da comunicação do senhorio acrescem quatro nonos da diferença entre esta e a renda comunicada;

e) 5.º ano: à renda vigente aquando da comunicação do senhorio acrescem cinco nonos da diferença entre esta e a renda comunicada;

f) 6.º ano: à renda vigente aquando da comunicação do senhorio acrescem seis nonos da diferença entre esta e a renda comunicada;

g) 7.º ano: à renda vigente aquando da comunicação do senhorio acrescem sete nonos da diferença entre esta e a renda comunicada;

h) 8.º ano: à renda vigente aquando da comunicação do senhorio acrescem oito nonos da diferença entre esta e a renda comunicada;

i) 9.º ano: aplica-se a renda comunicada pelo senhorio;

j) 10.º ano: a renda devida é a renda máxima inicialmente proposta pelo senhorio, actualizada de acordo com coeficientes de actualização que entretanto tenham vigorado.

Parte I – Novo Regime do Arrendamento Urbano

2. O limite máximo de actualização da renda é de € 50 mensais no 1.º ano e de € 75 mensais nos 2.º a 9.º anos, excepto quando tal valor for inferior ao valor que resultaria da actualização anual prevista no n.º 1 do artigo 24.º, caso em que é este o aplicável.

HISTÓRICO:

Redacção da Lei n.º 6/2006, de 27 de Fevereiro (NRAU).
Não tem correspondência na legislação anterior.

ANOTAÇÕES:

1. CÁLCULO DE ACTUALIZAÇÃO EM DEZ ANOS – EXEMPLO PRÁTICO [I]:

Vamos supor que o valor da renda mensal actualizada, calculado de acordo com aos artigos 38.º a 46.º do CIMI e 31.º do NRAU é de € 200,00 e que o inquilino paga, actualmente, a renda de € 20,00. Há portanto, uma diferença de valor entre a renda que tem vindo a ser praticada e a nova renda de € 180,00.

Ora, caso a actualização seja efectuada em dez anos, teremos de dividir o montante de actualização por 9, dado que no último ano o arrendatário já terá de pagar renda no valor total, acrescida do coeficiente de actualização anual que estiver em vigor. Assim, encontramos o valor de € 20,00, que corresponde ao montante anual de actualização, o que significa que o arrendatário irá suportar, para além da renda já em vigor, a actualização (extraordinária), pelo que vigorarão as seguintes rendas:

1.º ano – € 40,00
2.º ano – € 60,00
3.º ano – € 80,00
4.º ano – € 100,00
5.º ano – € 120,00
6.º ano – € 140,00
7.º ano – € 160,00
8.º ano – € 180,00
9.º ano – € 200,00
10.º ano – € 200,00+coeficiente de actualização anual.

2. CÁLCULO DE ACTUALIZAÇÃO EM DEZ ANOS – EXEMPLO PRÁTICO [II]:

Vamos agora supor que o valor da renda mensal actualizada, calculado de acordo com aos artigos 38.º a 46.º do CIMI e 31.º do NRAU é de € 560,00 e que o inquilino paga, actualmente, a renda de € 20,00. Há portanto, uma diferença de valor entre a renda que tem vindo a ser praticada e a nova renda de € 540,00.

Ora, caso a actualização seja efectuada em dez anos, teremos de dividir o montante de actualização por 9, dado que no último ano o arrendatário já terá de pagar a renda no valor total, acrescida do coeficiente de actualização anual que estiver em vigor. Assim, encontramos o valor de € 60,00, que corresponde ao montante anual de actualização.

Contudo, nos termos do n.º 2 do preceito em anotação o limite máximo de actualização no 1.º ano é de € 50,00 e de € 75,00 nos 2.º a 4.º anos.

Tal que significa que o arrendatário irá suportar a renda já em vigor e as respectivas actualizações anuais (extraordinárias), pelo que pagará anualmente as seguintes quantias:

1.º ano – € 70,00
2.º ano – € 130,00
3.º ano – € 190,00
4.º ano – € 250,00
5.º ano – € 310,00
6.º ano – € 370,00
7.º ano – € 430,00
8.º ano – € 490,00
9.º ano – € 560,00
10.º ano – € 560,00+coeficiente de actualização anual

Note-se que no 9.º ano a actualização foi superior em € 10,00 relativamente às referentes aos 2.º a 8.º anos, dado que no primeiro ano a actualização não pôde ultrapassar € 50,00, compensando-se, portanto, tal diferença no 9.º ano, em que o arrendatário já terá de pagar a totalidade da renda proposta pelo senhorio, e o montante actualizado não ultrapassa € 75,00 (em cumprimento do n.º 2 do preceito em anotação).

3. EXCEPÇÃO À 1.º PARTE DO N.º 2:

Os limites máximos estabelecidos na primeira parte do n.º 2 do artigo em anotação não se aplicam no caso dos valores aí considerados serem inferiores ao valor que resultaria da actualização anual, de acordo com o critério fixado no n.º 1 do artigo 24.º. De referir que o coeficiente anual de actualização de qualquer tipo de renda é publicado no Diário da República até ao dia 30 de Outubro de cada ano (cfr. n.º 2).

NOTAS PESSOAIS:

ARTIGO 42.º
Comunicação do senhorio ao serviço de finanças

1. No prazo de 30 dias a contar da data em que a avaliação patrimonial se tornar definitiva, nos termos dos artigos 75.º e 76.º do CIMI, ou do fim do prazo de resposta do arrendatário, se este for mais longo, o senhorio comunica, mediante declaração a aprovar por portaria conjunta do Ministro de Estado e da Administração Interna e do Ministro de Estado e das Finanças, ao serviço de finanças competente o período de faseamento de actualização do valor da renda, ou a sua não actualização.

2. Na falta de comunicação do senhorio, presume-se que a actualização faseada do valor da renda se faz ao longo de cinco anos, sem prejuízo dos poderes de inspecção e correcção da administração fiscal e da sanção aplicável à falta de entrega da declaração.

HISTÓRICO:

Redacção da Lei n.º 6/2006, de 27 de Fevereiro (NRAU).
Não tem correspondência na legislação anterior.

REMISSÕES:

Comunicação do senhorio – art. 9.º, n.º 1, NRAU; actualização faseada – art. 38.º NRAU; actualização em cinco anos – art. 40.º NRAU.

LEGISLAÇÃO COMPLEMENTAR:

SEGUNDA AVALIAÇÃO – ARTIGOS 75.º E 76.º DO CIMI:

Artigo 75.º *(Segunda avaliação directa)*
1. Quando o sujeito passivo ou o chefe de finanças não concordarem com o resultado da avaliação directa de prédios rústicos podem, respectivamente, requerer ou promover uma segunda avaliação, no prazo de 30 dias contados da data em que o primeiro tenha sido notificado.

Parte I – Novo Regime do Arrendamento Urbano

2. A segunda avaliação é realizada com observância do disposto no presente Código por uma comissão com a composição e nos termos referidos no artigo 74.º.

3. Se a segunda avaliação for requerida pelo sujeito passivo, a sua falta de comparência ou a do seu representante torna definitivo o resultado da primeira avaliação, salvo se a falta for justificada no prazo de 8 dias, caso em que se permite um adiamento.

4. Sempre que a segunda avaliação seja promovida pelo chefe de finanças, o sujeito passivo deve ser notificado para, no prazo de 20 dias, comunicar se pretende integrar a comissão ou nomear o seu representante.

5. No caso previsto no número anterior, se o sujeito passivo não comunicar que pretende integrar a comissão ou não indicar o seu representante no prazo aí fixado ou, indicando-o, o mesmo não compareça, a competência para a nomeação do representante, que recai num dos peritos regionais referidos no artigo 74.º, devolve-se ao chefe de finanças.

6. No caso referido no n.º 4, à não comparência do sujeito passivo ou do seu representante aplica-se a parte final do n.º 3.

Artigo 76.º *(Segunda avaliação de prédios urbanos)*

1. Quando o sujeito passivo ou o chefe de finanças não concordarem com o resultado da avaliação directa de prédios urbanos, podem, respectivamente, requerer ou promover uma segunda avaliação, no prazo de 30 dias contados da data em que o primeiro tenha sido notificado.

2. A segunda avaliação é realizada com observância do disposto no presente Código, por uma comissão composta por dois peritos regionais designados pelo director de finanças em função da sua posição na lista organizada por ordem alfabética para esse efeito, um dos quais preside, e pelo sujeito passivo ou seu representante.

3. É aplicável o disposto nos n.ºs 3 a 6 do artigo 74.º e nos n.ºs 4 a 6 do artigo 75.º.

4. Quando uma avaliação de prédio urbano seja efectuada por omissão à matriz ou na sequência de transmissão onerosa de imóveis e o alienante seja interessado para efeitos tributários deverá o mesmo ser notificado do seu resultado para, querendo, requerer segunda avaliação, no prazo e termos dos números anteriores, caso em que poderá integrar a comissão referida no n.º 2 ou nomear o seu representante.

5. Nas avaliações em que intervierem simultaneamente o alienante e o adquirente ou os seus representantes, o perito regional que presidir à avaliação tem direito a voto e, em caso de empate, voto de qualidade.

6. Na designação dos peritos referidos no n.º 2, deve atender-se ao domicílio e à localização do prédio a avaliar, com vista a uma maior economia de custos.

NRAU *Art. 42.º*

MODELO ÚNICO SIMPLIFICADO PARA PEDIDOS E COMUNICAÇÕES: PORTARIA N.º 1192-A/2006, DE 3 DE NOVEMBRO

O texto integral e respectivo modelo vão transcritos na Parte III.

ANOTAÇÕES:

1. ENQUADRAMENTO DA NORMA:

"Esta é uma norma de natureza essencialmente fiscal, pelo que a sua localização no Código do IMI seria sistematicamente mais adequada."
(*Maria Olinda Garcia, A Nova Disciplina do Arrendamento Urbano, Coimbra, 2006, pág. 63*)

2. INCIDÊNCIA DO IMI:

"Quando se proceder à avaliação do prédio arrendado, o IMI incidirá sobre o valor patrimonial apurado nos termos do artigo 38.º do CIMI ou, caso haja lugar ao aumento da renda, sobre a parte desse valor correspondente a uma percentagem igual à da renda actualizada prevista.

A comunicação do senhorio ao serviço de finanças prevista no artigo 42.º, n.º 1 destina-se a permitir o cálculo do imposto Municipal sobre Imóveis devido. Com efeito, o IMI incidirá sobre uma parte apenas do valor patrimonial tributário, tendo em conta o faseamento da actualização da renda e a correspondente parte da renda futura que é efectivamente devida ao senhorio durante os anos de faseamento (artigo 17.º, n.º 2 do DL 287/2003).

No caso da avaliação patrimonial ter sido realizada e não haver lugar a aumento de rendas, devido ao nível de conservação do locado, o IMI passa a incidir sobre o valor patrimonial apurado no terceiro ano posterior ao da avaliação (artigo 17.º, n.º 3 do DL 287/2003)."
(*Cunha de Sá – Leonor Coutinho, Arrendamento 2006, Novo Regime do Arrendamento Urbano, Coimbra, 2006, pág. 88*)

NOTAS PESSOAIS:

ARTIGO 43.º
Aplicação da nova renda

1. Não tendo o arrendatário optado pela denúncia do contrato, a nova renda é devida no terceiro mês seguinte ao da comunicação do senhorio.

2. As actualizações seguintes são devidas, sucessivamente, um ano após a actualização anterior.

3. O senhorio deve comunicar por escrito ao arrendatário, com a antecedência mínima de trinta dias, o novo valor da renda.

4. A não actualização da renda não pode dar lugar a posterior recuperação dos aumentos de renda não feitos, mas o senhorio pode, em qualquer ano, exigir o valor a que teria direito caso todas as actualizações anteriores tivessem ocorrido.

5. Nos trinta dias seguintes à comunicação de um novo valor, o arrendatário pode denunciar o contrato, devendo desocupar o locado no prazo de seis meses.

6. Existindo a denúncia prevista no número anterior, não há actualização da renda.

HISTÓRICO:

Redacção da Lei n.º 6/2006, de 27 de Fevereiro (NRAU).
Não tem correspondência na legislação anterior.

REMISSÕES:

Denúncia do contrato pelo arrendatário – art. 1098.º CC; comunicação do senhorio – art. 9.º, n.º 1, NRAU.

Parte I – Novo Regime do Arrendamento Urbano

ANOTAÇÕES:

1. ANÁLISE DO PRECEITO:

"A primeira renda com actualização será devida no terceiro mês seguinte ao da comunicação do senhorio e será esse mês que marcará o 'aniversário' do aumento em cada um dos anos seguintes (ao longo de 2, 5 ou 10 anos). Porém, quando se completar um ano sobre o início do aumento da renda, o arrendatário não tem obrigação de automaticamente passar a pagar o segundo aumento (apesar de o conhecer, porque, desde o início, conhece o faseamento e o valor a pagar em cada fase). O senhorio tem o ónus de todos os anos enviar uma nova comunicação (para refrescar a memória do arrendatário) a solicitar o aumento correspondente à fase seguinte. E face a cada uma das novas comunicações para aumento de renda pode o arrendatário optar pela denúncia do contrato.

Se o senhorio se esquecer de pedir o aumento correspondente a alguma das fases, não pode recuperar a renda correspondente ao tempo de pré-aviso em falta, mas pode, a qualquer momento, exigir o valor que, segundo o escalonamento inicial, o arrendatário estaria a pagar nesse momento."

(Maria Olinda Garcia, A Nova Disciplina do Arrendamento Urbano, Coimbra, 2006, pág. 64)

2. REGIME:

"No caso de o arrendatário pretender denunciar o contrato deverá desocupar o locado no prazo de 6 meses e a renda não será alterada (artigo 37.º, n.º 5).

Nesta hipótese o arrendatário terá direito a compensação pelas obras por si licitamente realizadas, independentemente do estipulado no contrato de arrendamento (artigo 29.º, n.º 2).

Se o arrendatário não tiver optado pela denúncia, a nova renda é devida no terceiro mês seguinte ao da comunicação do senhorio. A renda devida é a renda aplicável no 1.º ano, de acordo com o faseamento que tenha lugar (artigos 38.º a 41.º).

A renda terá o valor correspondente ao 2.º ano um ano após a actualização relativa ao 1.º ano. As actualizações seguintes da renda serão sempre realizadas no mesmo mês, todos os anos."

(Cunha de Sá – Leonor Coutinho, Arrendamento 2006, Novo Regime do Arrendamento Urbano, Coimbra, 2006, pág. 89)

3. EXEMPLO PRÁTICO:

Vamos aproveitar um dos exemplos práticos dado em anotação ao artigo 40.º do NRAU, para se fazer a aplicação do regime deste preceito.

Assim, vamos supor que o valor da renda mensal actualizada, calculado de acordo com aos artigos 38.º a 46.º do CIMI e 31.º do NRAU é de € 200,00 e que o

NRAU *Art. 43.º*

inquilino paga, actualmente, a renda de € 50,00. Há portanto, uma diferença de valor entre a renda que tem vindo a ser praticada e a nova renda de € 150,00.

No caso vertente, a actualização é efectuada em cinco anos (artigo 38.º, n.º, NRAU), pelo que teremos de dividir o montante de actualização por 4, dado que no último ano o arrendatário já terá de pagar a renda no valor total, acrescida do coeficiente de actualização anual que estiver em vigor. Assim, encontramos o valor de € 37,50, que corresponde ao montante anual de actualização, o que significa que o arrendatário irá suportar as seguintes actualizações:

  1.º ano – € 87,50
  2.º ano – € 125,00
  3.º ano – € 162,50
  4.º ano – € 200,00
  5.º ano – € 200,00+coeficiente de actualização anual.

Face ao preceito em anotação, o senhorio terá de comunicar a nova renda ao arrendatário, o que aquele concretizou em 2 de Janeiro de 2007. Neste caso, o arrendatário terá de pagar a nova renda, correspondente ao primeiro ano, no montante de € 87,50, a partir de Abril de 2007.

Em Janeiro de 2008, o senhorio não comunicou ao arrendatário a actualização correspondente ao segundo ano, ou, tendo-o feito, não deu cumprimento ao estabelecido no n.º 1 do artigo 9.º do NRAU. Tal significa que o arrendatário, a partir de Abril de 2008 (quando se completa um ano), continuará a pagar a renda do primeiro ano.

Em Janeiro de 2009, finalmente, o senhorio comunica o aumento da renda, pela forma legal e formalmente exigível. Neste caso, o aumento não será o correspondente ao do segundo ano (€ 125,00), mas o do terceiro ano, ou seja, € 162,50, que o arrendatário terá de pagar a partir de Abril do mesmo ano. Nesta hipótese, poderá também o arrendatário denunciar o contrato de arrendamento, no prazo de 30 dias após a comunicação do senhorio.

NOTAS PESSOAIS:

ARTIGO 44.º
Comprovação da alegação

1. O arrendatário que invoque a circunstância prevista na alínea *a*) do n.º 3 do artigo 36.º faz acompanhar a sua resposta de documento comprovativo emitido pelo serviço de finanças competente.

2. O arrendatário que não disponha, à data da sua resposta, do documento referido no número anterior, faz acompanhar a resposta do comprovativo de ter o mesmo sido já requerido, devendo juntá-lo no prazo de 15 dias após a sua obtenção.

3. O senhorio que pretenda invocar que o agregado familiar do arrendatário dispõe de RABC superior a 15 RMNA, requer, ao serviço de finanças competente, o respectivo comprovativo.

4. O RABC refere-se ao ano civil anterior ao da comunicação.

5. O arrendatário que invoque circunstância prevista na alínea *b*) do n.º 3 do artigo 37.º faz acompanhar a sua resposta, conforme o caso, de documento comprovativo de ter completado 65 anos à data da comunicação pelo senhorio, ou de documento comprovativo da deficiência alegada, sob pena de se lhe passar a aplicar o faseamento ao longo de cinco anos.

HISTÓRICO:

Redacção da Lei n.º 6/2006, de 27 de Fevereiro (NRAU).
Não tem correspondência em legislação anterior.

REMISSÕES:

Circunstâncias do arrendatário para actualização em dez anos – art. 37.º, n.º 3, NRAU; actualização em dez anos – art. 41.º NRAU.

Parte I – Novo Regime do Arrendamento Urbano

LEGISLAÇÃO COMPLEMENTAR:

MODELO ÚNICO SIMPLIFICADO PARA PEDIDOS E COMUNICAÇÕES: PORTARIA N.º 1192-A/2006, DE 3 DE NOVEMBRO

O texto integral e respectivo modelo vão transcritos na Parte III.

ANOTAÇÕES:

1. PRINCÍPIOS DE ACTUALIZAÇÃO EM DEZ ANOS:

O artigo 37.º, n.º 3 do NRAU estabelece dois princípios gerais que fundamentam que a actualização em dez anos. São eles, por um lado, a prova de que o rendimento anual bruto corrigido do agregado familiar (definido em diploma próprio) é inferior a 5 retribuições mínimas nacionais anuais. Por outro, a prova de que o arrendatário tem 65 ou mais anos de idade ou deficiência com grau comprovado de incapacidade superior a 60%. Caso o arrendatário não faça a prova documental do facto por si invocado, a renda será actualizada de acordo com a regra geral – cinco anos.

2. QUANTO AO ARTIGO 37.º, N.º 1, AL. A):

Caso o arrendatário invoque o fundamento constante desta alínea, para que a actualização da renda se processe pelo período de 10 anos, terá de comprová-lo através de documento emitido pelo serviço de finanças competente, a enviar de imediato ao senhorio ou, caso ainda não o tenha obtido, no prazo de 15 dias, após a comunicação ao senhorio, com expressa menção do facto. Tal documento consistirá numa declaração emitida pelo serviço de finanças extraída da liquidação do IRS referente ao ano anterior (artigo 44.º, n.º 4).

3. QUANTO AO ARTIGO 37.º, N.º 1, AL. B):

Neste caso prevêem-se duas hipóteses: a primeira delas é a de o arrendatário já ter completado 65 anos de idade, o que será comprovado por certidão de nascimento deste; o segundo refere-se a deficiência com grau comprovado de incapacidade superior a 60%, o que terá de ser comprovado por relatório emitido por junta médica de verificação do grau de incapacidade do arrendatário.

NOTAS PESSOAIS:

ARTIGO 45.º
Regime especial de faseamento

1. A actualização efectua-se nos termos do artigo 39.º quando o arrendatário não tenha no locado a sua residência permanente, habite ou não outra casa, própria ou alheia.

2. Não se aplica o disposto no número anterior:

a) Em caso de força maior ou doença;

b) Se a falta de residência permanente, não perdurando há mais de dois anos, for devida ao cumprimento de deveres militares ou profissionais, do próprio, do cônjuge, ou de quem viva com o arrendatário em união de facto;

c) Se permanecer no local o cônjuge ou pessoa que tenha vivido em economia comum com o arrendatário por prazo não inferior a um ano.

3. Em caso de actualização nos termos do n.º 1, o senhorio deve mencionar a circunstância que a justifica na comunicação a que se refere o artigo 34.º, e tem direito à renda assim actualizada enquanto não for decidido o contrário, caso em que deve repor os montantes indevidamente recebidos.

HISTÓRICO:

Redacção da Lei n.º 6/2006, de 27 de Fevereiro (NRAU).
Não tem correspondência na legislação anterior.

REMISSÕES:

Uso efectivo do locado pelo arrendatário – art. 1072.º, n.º 1, CC; causas de exclusão do uso efectivo – art. 1072.º, n.º 2, CC; resolução pelo senhorio por falta de residência permanente – art. 1083.º, n.º 2, al. *d)*, CC; união de facto – art. 1.º da Lei n.º 7/2001, de 11.05; economia comum – art. 1.º da Lei n.º 6/2001, de 11.05; actualização da renda em dois anos – art. 39.º NRAU.

Parte I – Novo Regime do Arrendamento Urbano

ANOTAÇÕES:

1. ANÁLISE DO PRECEITO – PRINCÍPIO GERAL:

"O senhorio poderá exigir a actualização da renda em 2 anos quando demonstre que o arrendatário não tem residência permanente no local arrendado. O senhorio terá de demonstrar que o arrendatário deixou de residir (permanentemente ou até completamente) no local arrendado. Feita essa demonstração para efeitos de obtenção de um aumento acelerado da renda, dificilmente poderia admitir-se que, de seguida, o senhorio invocasse esse mesmo facto para efeitos de resolução do contrato, nos termos do artigo 1083.º, n.º 2, alínea *d*) do Código Civil."

(*Maria Olinda Garcia, A Nova Disciplina do Arrendamento Urbano, Coimbra, 2006, pág. 65*)

2. EXCEPÇÕES AO PRINCÍPIO GERAL:

Como já referimos, no caso de falta de residência permanente do arrendatário, o regime é o da actualização em dois anos.

Contudo, a lei excepciona a aplicação deste regime, substituindo-o por um dos outros 5 ou 10 anos), consoante as circunstâncias invocadas pelo arrendatário.

Trata-se, em primeiro lugar de caso de força maior ou doença – se o arrendatário (que vive só), tendo-se deslocado em férias a determinado país, se encontra retido em virtude de guerra entretanto aí declarada, que impede a saída de qualquer cidadão, ou se foi vítima de doença prolongada, que exige o seu internamento, há fundamento para a não aplicação do regime de actualização de dois anos.

Em segundo lugar, a lei refere o cumprimento de deveres militares ou profissionais do arrendatário, seu cônjuge ou companheiro de união de facto – trata-se, nomeadamente, do caso em que uma das pessoas referidas se tenha deslocado para o estrangeiro em missão militar de apoio humanitário (ou de guerra declarada) ou se um deles for diplomata de carreira, sendo colocado em serviço numa qualquer embaixada. Contudo, nestes casos, a não permanência só pode perdurar por dois anos.

Finalmente, não há lugar à actualização de dois anos caso permaneça no locado o cônjuge do arrendatário ou pessoa que com ele viva em economia comum. É evidente que, neste caso, a expressão "economia comum" terá de ser interpretada em sentido amplo, já que, muito embora a alínea *c*) do n.º 2 do preceito não refira a pessoa que viva em união de facto, a verdade é que esta, por maioria de razão enquadra-se no espírito do legislador.

3. CONCEITO DE RESIDÊNCIA PERMANENTE:

"Considera-se residência permanente a casa em que o arrendatário tem organizada a sua vida familiar e social, bem como a economia doméstica. Ou seja, a casa em que o arrendatário e a família habitualmente dorme, toma as refeições e

NRAU · Art. 45.º

convive socialmente. A Jurisprudência tem caracterizado a residência permanente pela habitualidade e estabilidade da sede da vida doméstica de uma pessoa."

(*Margarida Grave, Novo Regime do Arrendamento Urbano, 2006, 3ª ed., págs. 168 e seg.*)

4. RESIDÊNCIA NÃO PERMANENTE NO LOCADO:

"Quando o arrendatário não tenha a sua residência permanente no locado, o senhorio, nos termos do artigo 38.º, n.º 2, al. *b*), fazer a actualização da renda em dois anos, devendo para tal mencionar a circunstância que o justifica na sua comunicação ao arrendatário de actualização da renda.

A residência não permanente no locado não implica forçosamente que o arrendatário habite noutra casa, própria ou alheia (artigo 45.º, n.º 1).

Não se aplica o faseamento em dois anos da actualização de renda quando exista para a não residência permanente razão de força maior ou doença, ou cumprimento de deveres militares ou profissionais por período inferior a 2 anos, ou se permanecer no local cônjuge ou pessoa que tenha vivido com o arrendatário em economia comum por prazo superior a 1 ano (artigo 45.º, n.º 2)."

(*Cunha de Sá – Leonor Coutinho, Arrendamento 2006, Novo Regime do Arrendamento Urbano, Coimbra, 2006, págs. 91 e seg.*)

5. PAGAMENTO DA ACTUALIZAÇÃO; REEMBOLSO:

Resulta do n.º 3 do preceito que, uma vez comunicada a actualização em dois anos pelo senhorio, este tem direito a receber a importância correspondente, independentemente de o arrendatário ter invocado qualquer uma das excepções referidas no n.º 2, até porque tal invocação não produz efeitos imediatos, estando dependente de comprovação e decisão. Contudo, caso se decida pela relevância da excepção invocada pelo arrendatário, o senhorio terá de repor àquele os montantes indevidamente recebidos, procedendo-se, assim, a uma correcção dos valores de actualização.

NOTAS PESSOAIS:

ARTIGO 46.º
Subsídio de renda

1. Tem direito a um subsídio de renda, em termos definidos em diploma próprio, o arrendatário:
 a) Cujo agregado familiar receba um RABC inferior a três RMNA;
 b) Com idade igual ou superior a 65 anos e cujo agregado familiar receba um RABC inferior a cinco RMNA.

2. O pedido de atribuição do subsídio, quando comunicado ao senhorio, determina que o aumento seguinte do valor da renda só vigore a partir do mês subsequente ao da comunicação, pelo arrendatário ou pela entidade competente, da concessão do subsídio de renda, embora com recuperação dos montantes em atraso.

3. O arrendatário comunica a decisão sobre a concessão de subsídio ao senhorio no prazo de quinze dias após dela ter conhecimento, sob pena de indemnização pelos danos causados pela omissão.

4. A renda a que se refere o artigo anterior não é susceptível de subsídio.

HISTÓRICO:

Redacção da Lei n.º 6/2006, de 27 de Fevereiro (NRAU).
Não tem correspondência na legislação anterior.

LEGISLAÇÃO COMPLEMENTAR:

Cfr. legislação sobre subsídio de renda, *infra*, Parte IV, Anexo VII.

MODELO ÚNICO SIMPLIFICADO PARA PEDIDOS E COMUNICAÇÕES: PORTARIA N.º 1192-A/2006, DE 3 DE NOVEMBRO

O texto integral e respectivo modelo vão transcritos na Parte III.

Parte I – Novo Regime do Arrendamento Urbano

ANOTAÇÕES:

1. ÂMBITO DO PRECEITO:

Apesar do regime de subsídio ser objecto de legislação própria (complementar do NRAU), o certo é que o legislador estabeleceu regras para a aplicação efectiva deste subsídio. Assim, uma vez atribuído o subsídio ao arrendatário, este deve ser comunicado ao sen horio, ou por aquele ou pela entidade competente, só vigorando a renda a pagar pelo arrendatário no mês subsequente ao da comunicação, que deverá ser efectuada no prazo de 15 dias após o seu conhecimento. Apesar disso, o arrendatário tem direito a recuperar os montantes em atraso, ou seja, a diferença entre a renda efectivamente paga e a que deverá pagar, deduzido o subsídio.

2. MOMENTO DE ATRIBUIÇÃO:

"O direito ao subsídio de renda pode ocorrer quer no primeiro ano de aumento quer nos anos subsequentes, de acordo como faseamento do valor da renda e a evolução dos rendimentos do arrendatário. Com efeito, a actualização faseada do valor da renda poderá conduzir a que o peso da renda nos rendimentos do agregado familiar do arrendatário só venha a exceder o nível de esforço que vier a ser considerado razoável ao fim de vários anos de actualização."

(*Cunha de Sá – Leonor Coutinho, Arrendamento 2006, Novo Regime do Arrendamento Urbano, Coimbra, 2006, pág. 92*)

3. EXCEPÇÃO AO REGIME DE SUBSÍDIO:

Não há lugar a subsídio de renda quando esta tenha sido fixada com o recurso ao critério estabelecido no artigo 45.º do NRAU.

Cfr. *supra* anotações a este artigo.

4. FALSAS DECLARAÇÕES:

"Ao prestar falsas declarações para obtenção do subsídio de renda, o arrendatário sujeita-se a que o tribunal criminal o condene:

– Pela prática de crime de burla [artigo 217.º do Código Penal];

– Pela prática do crime de falsidade de documento [artigo 256.º do Código Penal];

– A restituir o montante indevidamente recebido acrescido de 100%;

– À cessação do recebimento do subsídio relativo ao período de pagamento em curso."

(*Margarida Grave, Novo Regime do Arrendamento Urbano, 2006, 3ª ed., pág. 170*)

NOTAS PESSOAIS:

ARTIGO 47.º
Alteração de circunstâncias

1. O arrendatário que tenha invocado que o seu agregado familiar dispõe de um RABC inferior a cinco RMNA deve fazer prova anual do rendimento perante o senhorio, no mês correspondente àquele em que a invocação foi feita, e pela mesma forma.

2. Se os rendimentos auferidos ultrapassarem o limite invocado, o senhorio tem o direito de, nas actualizações subsequentes da renda, utilizar o escalonamento correspondente ao novo rendimento.

3. Também se passa a aplicar actualização mais longa ao arrendatário que, tendo recebido a comunicação pelo senhorio do novo valor da renda resultante de actualização anual, demonstre ter auferido, no ano anterior, RABC que a ela confira direito.

4. Falecendo o arrendatário que tenha invocado alguma das circunstâncias previstas no n.º 3 do artigo 37.º, e transmitindo-se a sua posição contratual para quem não reúna qualquer dessas circunstâncias, passa a aplicar-se o faseamento adequado à nova situação.

5. A transição entre regimes faz-se aplicando à nova renda o valor que, no escalonamento de actualização correspondente ao regime para que se transita, for imediatamente superior à renda em vigor, seguindo-se, nos anos posteriores, as actualizações desse regime, de acordo com o escalonamento respectivo.

6. Quando da regra constante do número anterior resulte que a passagem para regime de actualização mais célere dá origem a aumento igual ou inferior ao que seria devido sem essa passagem, aplica-se à actualização o escalão seguinte.

Parte I – Novo Regime do Arrendamento Urbano

HISTÓRICO:

Redacção da Lei n.º 6/2006, de 27 de Fevereiro (NRAU).
Não tem correspondência na legislação anterior.

LEGISLAÇÃO COMPLEMENTAR:

RESOLUÇÃO OU MODIFICAÇÃO DO CONTRATO POR ALTERAÇÃO DAS CIRCUNSTÂNCIAS – ARTIGOS 437.º A 439.º DO CÓDIGO CIVIL:

Artigo 437.º *(Condições de admissibilidade)*

1. Se as circunstâncias em que as partes fundaram a sua decisão de contratar tiverem sofrido uma alteração anormal, tem a parte lesada direito à resolução do contrato, ou à modificação dele segundo juízos de equidade, desde que a exigência das obrigações por ela assumidas afecte gravemente os princípios da boa fé e não esteja coberta pelos riscos próprios do contrato.

2. Requerida a resolução, a parte contrária pode opor-se ao pedido, declarando aceitar a modificação do contrato nos termos do número anterior.

Artigo 438.º *(Mora da parte lesada)*

A parte lesada não goza do direito de resolução ou modificação do contrato, se estava em mora no momento em que a alteração das circunstâncias se verificou.

Artigo 439.º *(Regime)*

Resolvido o contrato, são aplicáveis à resolução as disposições da subsecção anterior.

ANOTAÇÕES:

1. ANÁLISE DO PRECEITO:

"Nos termos do artigo 38.º o período de faseamento do aumento de renda depende do nível de rendimento do agregado familiar do arrendatário.

Uma vez que esse rendimento pode aumentar ou diminuir ao longo do período de aumento progressivo da renda, estabelece-se que o arrendatário que tenha invocado um rendimento inferior a cinco RMNA (rendimento mínimo nacional anual) deve anualmente fazer prova do rendimento do ano anterior perante o senhorio (artigo 47.º. N.º 1).

Também quando o arrendatário tenha, no decorrer do processo de actualização da renda, uma diminuição de rendimentos que lhe confira direito a um faseamento mais longo, pode beneficiar de um prolongamento do prazo de actualização da renda (artigo 47.º, n.º 3). O mesmo pode acontecer por o arrendatário completar 65 anos e passar a poder beneficiar de um faseamento mais longo.

NRAU   Art. 47.º

Falecendo o arrendatário e transmitindo-se a sua posição contratual para quem não reúna as mesmas condições, passa a aplicar-se o faseamento correspondente à nova situação (artigo 47.º, n.º 4).

A transição entre regimes faz-se por adopção da renda do novo regime imediatamente superior à renda em vigor aquando da transição (artigo 47.º, n.º 5), salvo quando o prazo diminua e a nova renda não dê origem a um aumento superior, caso em que se aplica o escalão seguinte (artigo 47.º, n.º 6)."

(Cunha de Sá – Leonor Coutinho, Arrendamento 2006, Novo Regime do Arrendamento Urbano, Coimbra, 2006, pág. 94)

2. ALTERAÇÃO DAS CIRCUNSTÂNCIAS:

"O problema de saber em que medida uma alteração imprevisível de circunstâncias, posterior à celebração do contrato, legitima a extinção deste, ou a sua modificação, tem ocupado os juristas, particularmente em épocas de profundas alterações económicas e sociais.

Várias teorias têm sido elaboradas e propostas no sentido de estabelecer os critérios e limites, segundo e dentro dos quais é admissível a modificação dos contratos ou a sua resolução: é o caso da cláusula *rebus sic stantibus*, da pressuposição, da teoria da base negocial e da teoria da imprevisão."

(Margarida Grave, Novo Regime do Arrendamento Urbano, 2006, 3ª ed., pág. 172)

NOTAS PESSOAIS:

ARTIGO 48.º
Direito a obras

1. No caso de o senhorio não tomar a iniciativa de actualizar a renda, o arrendatário pode solicitar à comissão arbitral municipal (CAM) que promova a determinação do coeficiente de conservação do locado.

2. Caso o nível de conservação seja de classificação inferior a 3, o arrendatário pode intimar o senhorio à realização de obras.

3. O direito de intimação previsto no número anterior, bem como as consequências do não acatamento da mesma, são regulados em diploma próprio.

4. Não dando o senhorio início às obras, pode o arrendatário:
a) Tomar a iniciativa de realização das obras, dando disso conhecimento ao senhorio e à CAM;
b) Solicitar à Câmara Municipal a realização de obras coercivas;
c) Comprar o locado pelo valor da avaliação feita nos termos do CIMI, com obrigação de realização das obras, sob pena de reversão.

5. Caso as obras sejam realizadas pelo arrendatário, pode este efectuar compensação com o valor da renda.

6. As obras coercivas ou realizadas pelo arrendatário, bem como a possibilidade de este adquirir o locado, são reguladas em diploma próprio.

HISTÓRICO:

Redacção da Lei n.º 6/2006, de 27 de Fevereiro (NRAU).
Não tem correspondência em legislação anterior.

Parte I – Novo Regime do Arrendamento Urbano

REMISSÕES:

Valor do locado – art. 32.º NRAU; coeficiente de conservação – art. 33.º NRAU; avaliação do imóvel – arts. 38.º e segs. CIMI.

LEGISLAÇÃO COMPLEMENTAR:

MODELO ÚNICO SIMPLIFICADO PARA PEDIDOS E COMUNICAÇÕES: PORTARIA N.º 1192-A/2006, DE 3 DE NOVEMBRO

O texto integral e respectivo modelo vão transcritos na Parte III.

ANOTAÇÕES:

1. ANÁLISE DO PRECEITO:

"Esta norma confere ao arrendatário legitimidade para requerer a determinação do coeficiente de conservação do imóvel quando o senhorio não solicite a actualização da renda. Naturalmente que o interesse do arrendatário não é o de passar a pagar uma renda mais elevada, mas sim o de demonstrar que o nível de conservação é inferior a 3, sendo, portanto, nível 4 (mau) ou nível 5 (péssimo), nos termos do artigo 33.º. Demonstrando-se que o nível de conservação do imóvel é um destes últimos, abrem-se ao arrendatário diferentes hipóteses de actuação: pode exigir ao senhorio a realização de obras; pode ele próprio realizar essas obras, caso o senhorio não as faça, ou pode solicitar a sua realização à Câmara Municipal; em alternativa, pode comprar o local pelo valor da avaliação feita nos termos do Código do IMI, nos termos da legislação especial aplicável."

(*Maria Olinda Garcia, A Nova Disciplina do Arrendamento Urbano, Coimbra, 2006, pág. 68*)

2. AVALIAÇÃO DO LOCADO:

"Caso o senhorio não tome a iniciativa de actualizar as rendas, o arrendatário pode solicitar à comissão arbitral municipal referida no art. 49.º NRAU, que proceda à avaliação do locado (art. 48.º, n.º 1 NRAU). Caso o nível de conservação seja de classificação inferior a 3, o arrendatário pode intimar o senhorio à realização de obras, constando de diploma próprio o regime do direito de intimação com as consequências do não acatamento da mesma (art. 48.º, n.º 3 NRAU). A lei prevê desde já que, não dando o senhorio início às obras pode o arrendatário: *a*) tomar a iniciativa da sua realização, dando de imediato conhecimento ao senhorio e à CAM; *b*) solicitar à câmara municipal a realização de obras coercivas; *c*) comprar o locado pelo valor da avaliação feita nos termos do CIMI, com obrigação de realização

NRAU   Art. 48.º

das obras, sob pena de reversão (art. 48.º, n.º 4, NRAU). Devemos dizer que esta última possibilidade nos suscita sérias dúvidas de constitucionalidade, dado que dificilmente se pode considerar compatível com a garantia constitucional do direito de propriedade privada (art. 62.º, n.º 1, Const.) alguém ser obrigado a alienar a outrem um imóvel de que é proprietário, com base num valor administrativamente fixado."

(Luís Manuel Teles de Menezes Leitão, Arrendamento Urbano, 2ª edição, Coimbra, 2006, págs. 145 e seg.)

NOTAS PESSOAIS:

ARTIGO 49.º
Comissão arbitral municipal

1. São constituídas CAM com a seguinte finalidade:
a) Acompanhar a avaliação dos prédios arrendados;
b) Coordenar a verificação dos coeficientes de conservação dos prédios;
c) Estabelecer os coeficientes intermédios a aplicar nos termos do n.º 4 do artigo 33.º;
d) Arbitrar em matéria de responsabilidade pela realização de obras, valor das mesmas e respectivos efeitos no pagamento da renda;
e) Desempenhar quaisquer outras competências atribuídas por lei.

2. As CAM são compostas por representantes da Câmara Municipal, do serviço de finanças competente, dos senhorios e dos inquilinos.

3. O funcionamento e competências das CAM são regulados em diploma próprio.

HISTÓRICO:

Redacção da Lei n.º 6/2006, de 27 de Fevereiro (NRAU).
Não tem correspondência na legislação anterior.

LEGISLAÇÃO COMPLEMENTAR:

**COMISSÕES ARBITRAIS MUNICIPAIS
– DECRETO-LEI N.º 161/2006, DE 8 DE AGOSTO**

Sobre o funcionamento e competência das Comissões Arbitrais Municipais (CAM), veja-se, *infra*, Parte III.

NOTAS PESSOAIS:

SUBSECÇÃO XII
Arrendamento para fim não habitacional

ARTIGO 50.º
Regime aplicável

Aos arrendamentos para fim diverso de habitação aplicam-se as normas constantes da subsecção anterior, com as necessárias adaptações, bem como o disposto nos artigos seguintes.

HISTÓRICO:

Redacção da Lei n.º 6/2006, de 27 de Fevereiro (NRAU).
Não tem correspondência na legislação anterior.

REMISSÕES:

Rendas passíveis de actualização – art. 51.º NRAU; pressupostos da iniciativa do senhorio – art. 52.º NRAU; actualização faseada do valor da renda – art. 53.º NRAU; comunicação do senhorio – art. 54.º NRAU; resposta do arrendatário – art. 55.º NRAU; actualização imediata da renda – art. 56.º NRAU.

ANOTAÇÕES:

1. APLICAÇÃO DO PRECEITO:

"Só relativamente aos arrendamentos celebrados antes da entrada em vigor do DL 257/95, de 30 de Setembro (diploma que alterou o RAU no sentido de permitir a celebração de contratos a prazo para comércio, indústria, exercício de profissões liberais e outros fins), é possível a actualização especial de rendas nos termos deste diploma. A disciplina própria desta matéria será integrada, em primeiro lugar, pelo disposto nos artigos 52.º a 56.º, aplicando-se também, na medida em que não exista contradição com estas normas, o disposto relativamente aos arrendamentos para habitação."

Parte I – Novo Regime do Arrendamento Urbano

(*Maria Olinda Garcia, A Nova Disciplina do Arrendamento Urbano, Coimbra, 2006, pág. 69*)

2. REGIME:

"O regime obedece às mesmas regras do arrendamento habitacional (artigo 50.º) e aplica-se aos contratos celebrados antes de 5 de Outubro de 1995 (artigo 51.º) independentemente do nível de conservação do locado (artigo 52.º).

No entanto, o estado de conservação continua a influenciar o valor do locado e portanto da renda, nos termos do artigo 32.º. Também quando o arrendatário demonstre que o estado do prédio se deve a obras por si realizadas se aplica o coeficiente imediatamente inferior ao correspondente ao seu estado de conservação (artigo 33.º, n.º 4) ou um coeficiente intermédio a fixar equitativamente pela Comissão Arbitral Municipal (artigo 49.º, n.º 1, al. *d*)).

Também se aplica o artigo 29.º, relativo a benfeitorias, que confere ao arrendatário direito a compensação, aquando da cessação do contrato, pelas obras licitamente feitas."

(*Cunha de Sá – Leonor Coutinho, Arrendamento 2006, Novo Regime do Arrendamento Urbano, Coimbra, 2006, pág. 97*)

NOTAS PESSOAIS:

ARTIGO 51.º
Rendas passíveis de actualização

Podem ser actualizadas as rendas relativas a contratos celebrados antes da entrada em vigor do Decreto-Lei n.º 257/95, de 30 de Setembro.

HISTÓRICO:

Redacção da Lei n.º 6/2006, de 27 de Fevereiro (NRAU).
Não tem correspondência na legislação anterior.

LEGISLAÇÃO COMPLEMENTAR:

ALTERAÇÕES AO REGIME DO ARRENDAMENTO URBANO – DECRETO-LEI N.º 257/95, DE 30 DE SETEMBRO:

A reconstrução do arrendamento urbano tem vindo a ser efectuada, com as necessárias cautelas, desde 1976. Marcos importantes dessa tarefa complexa foram, entre outros, o Decreto-Lei n.º 330/81, de 4 de Dezembro, que permitiu a actualização anual das rendas comerciais, de acordo com coeficientes aprovados pelo Governo, e que facultou uma avaliação fiscal extraordinária para ajustamento das rendas praticadas à data da aplicação do regime anual, e a Lei n.º 46/85, de 20 de Setembro, que proclamou o princípio da actualização anual de todas as rendas e possibilitou uma correcção das rendas habitacionais fixadas antes de 1980. Uma reforma mais global surgiria, porém, apenas com o Regime do Arrendamento Urbano, aprovado pelo Decreto-Lei n.º 321-B/90, de 15 de Outubro. Este diploma, para além de ter codificado a, vasta legislação existente sobre o arrendamento urbano procedeu a algumas inovações relevantes, designadamente, facultando a celebração, no domínio do arrendamento habitacional, de contratos de duração limitada.

Tal possibilidade veio trazer ao arrendamento uma dinâmica nova: fez ressurgir um mercado há muito paralisado e que uma política de incentivos fiscais tornou uma das melhores aplicações financeiras hoje disponíveis. Os sinais animadores permitiram mesmo, através do Decreto-Lei n.º 278/93, de 10 de Agosto, introduzir alterações no Regime do Arrendamento Urbano, entre as quais a que faculta, às

Parte I – Novo Regime do Arrendamento Urbano

partes, nos contratos de duração limitada ou de prazo superior a oito anos, inserir cláusulas de actualização de renda livremente negociadas.

Cabe, agora, estender a reforma aos, arrendamentos destinados ao comércio, indústria e ao exercício de profissões liberais e, bem assim, aos contratos destinados a outros fins não habitacionais. Também neste domínio a reanimação do mercado do arrendamento passará pela possibilidade, reconhecida às partes, de conferir natureza temporária aos contratos de arrendamento, podendo ainda ser convencionado um prazo para denúncia por parte do senhorio. De qualquer modo, mantém-se a possibilidade de celebração de contratos ao abrigo do regime vigente. Paralelamente, abre-se o caminho à fixação convencional de regimes de actualização de rendas nos contratos com duração efectiva superior a cinco anos e, bem assim, naqueles em que não houver sido estipulado qualquer prazo.

Por último, passarão as partes a poder estabelecer qual delas será responsável pela execução de qualquer tipo de obras.

Assim:

No uso da autorização legislativa concedida pelo artigo 2.º da Lei n.º 21/95, de 18 de Julho, e nos termos da alínea b) do n.º 1 do artigo 201.º da Constituição, o Governo decreta o seguinte:

Artigo 1.º. O artigo 12.º do Regime do Arrendamento Urbano, aprovado pelo Decreto-Lei n.º 321-B/90, de 15 de Outubro, doravante designado por RAU, passa a ter a seguinte redacção:

Artigo 12.º
[...]

As obras de conservação ordinária estão a cargo do senhorio, sem prejuízo do disposto no artigo 1043.º do Código Civil e nos artigos 4.º e 120.º do presente diploma.

Artigo 2.º. São inseridos no capítulo III do RAU os artigos 117.º a 120.º, com a redacção seguinte:

Artigo 117.º
Estipulação de prazo de duração efectiva

1. As partes podem convencionar um prazo para a duração efectiva dos arrendamentos urbanos para comércio ou indústria, desde que a respectiva cláusula seja inequivocamente prevista no texto do contrato, assinado pelas partes.

2. Aos contratos para comércio ou indústria de duração limitada, celebrados nos termos do número anterior aplica-se, com as necessárias adaptações, o regime dos artigos 98.º a 101.º, salvo o disposto no artigo seguinte.

Artigo 118.º
Renovação e denúncia

1. Os contratos de arrendamento a que se refere o artigo anterior renovam-se automaticamente no fim do prazo, por igual período, se outro não estiver expressamente estipulado, quando não sejam denunciados por qualquer das partes.

NRAU — *Art. 51.º*

2. As partes podem livremente convencionar um prazo para a denúncia do contrato pelo senhorio, desde que a respectiva cláusula seja reduzida a escrito.

Artigo 119.º
Actualização das rendas

Nos contratos de arrendamento para o exercício de comércio ou indústria em que haja sido estipulado um prazo de duração efectiva superior a cinco anos e, bem assim, quando não haja sido convencionado qualquer prazo, as partes podem estabelecer, seja no próprio contrato, seja em documento posterior, o regime de actualização anual das rendas.

Artigo 120.º
Regime das obras

1. As partes podem convencionar, por escrito, que qualquer dos tipos de obras a que se refere o artigo 11.º do presente diploma fique, total ou parcialmente, a cargo do arrendatário.

2. A realização de obras determinadas pelas autoridades administrativas em função do fim específico constante do contrato, quando devam ser suportadas pelo arrendatário, não carece de autorização do senhorio.

3. Salvo cláusula em contrário, quando o arrendatário suporte o custo das obras, deve o senhorio indemnizá-lo, no termo do contrato, de acordo com as regras do enriquecimento sem causa.

Artigo 3.º. Os artigos 117.º e 118.º do RAU passam a ser os artigos 121.º e 122.º, respectivamente.

Artigo 4.º. O artigo 121.º do RAU passa a ter a seguinte redacção:

Artigo 121.º
Remissão

É aplicável aos arrendamentos para o exercício de profissões liberais o disposto nos artigos 110.º a 120.º do presente diploma.

Artigo 5.º. É aditado ao RAU um CapítuloV, do qual faz parte um artigo 123.º, com a seguinte redacção:

CAPÍTULO V
Do arrendamento para outros fins não habitacionais

Artigo 123.º
Arrendamentos para outros fins

1. Aos contratos de arrendamento urbano para qualquer aplicação lícita do prédio, não habitacional e diferente das constantes dos capítulos III e IV do presente diploma, pode ser aplicável o disposto nos artigos 117.º a 120.º, sem prejuízo do disposto no número seguinte.

Parte I – Novo Regime do Arrendamento Urbano

2. Se o contrato de arrendamento se destinar ao exercício de uma actividade não lucrativa, podem as partes, em alternativa e de forma expressa, convencionar a respectiva sujeição ao regime dos artigos 98.º a 101.º do presente diploma.

Artigo 6.º. O presente diploma não é aplicável aos contratos celebrados antes da sua entrada em vigor.

NOTAS PESSOAIS:

ARTIGO 52.º
Pressupostos da iniciativa do senhorio

A renda pode ser actualizada independentemente do nível de conservação.

HISTÓRICO:

Redacção da Lei n.º 6/2006, de 27 de Fevereiro (NRAU).
Não tem correspondência na legislação anterior.

REMISSÕES:

Coeficiente de actualização – art. 33.º NRAU.

ANOTAÇÕES:

1. ANÁLISE DO PRECEITO:

"Tal como nos arrendamentos para habitação, o senhorio tem o ónus de comunicar ao arrendatário o montante da actualização, calculada nos termos dos artigos 31.º e seguintes.

Esta actualização pressupõe a avaliação do imóvel nos termos do Código do IMI, corrigida pela aplicação do correspondente coeficiente de conservação, mas (diferentemente dos arrendamentos para habitação) não depende da atribuição de um coeficiente mínimo de conservação do prédio. Assim, mesmo que, nos termos do artigo 33.º, ao imóvel corresponda um coeficiente de conservação de nível 4 (mau) ou 5 (péssimo), pode haver actualização de rendas. Naturalmente que em tais hipóteses o valor da actualização da renda será inferior àquele que seria caso o imóvel tivesse melhor nível de conservação."

(*Maria Olinda Garcia, A Nova Disciplina do Arrendamento Urbano, Coimbra, 2006, págs. 69 e seg.*)

NOTAS PESSOAIS:

ARTIGO 53.º
Actualização faseada do valor da renda

1. A actualização do valor da renda é feita de forma faseada, podendo decorrer durante 5 ou 10 anos, nos termos do artigo 40.º e 41.º.

2. A actualização é feita em 10 anos quando:

a) Existindo no locado um estabelecimento comercial aberto ao público, o arrendatário seja uma microempresa ou uma pessoa singular;

b) O arrendatário tenha adquirido o estabelecimento por trespasse ocorrido há menos de cinco anos;

c) Existindo no locado um estabelecimento comercial aberto ao público, aquele esteja situado em área crítica de recuperação e reconversão urbanística (ACRRU);

d) A actividade exercida no locado tenha sido classificada de interesse nacional ou municipal.

3. Microempresa é a que tem menos de dez trabalhadores e cujos volume de negócios e balanço total não ultrapassam € 2.000.000 cada.

4. São ACRRU as assim declaradas nos termos do artigo 41.º da Lei dos Solos, aprovada pelo Decreto-Lei n.º 794/76, de 5 de Novembro.

HISTÓRICO:

Redacção da Lei n.º 6/2006, de 27 de Fevereiro (NRAU).
Não tem correspondência na legislação anterior.

REMISSÕES:

Actualização em cinco anos – arts. 38.º e 40.º NRAU; actualização em dez anos – arts. 38.º e 41.º NRAU; pessoas singulares – arts. 66.º e segs. CC.

Parte I – Novo Regime do Arrendamento Urbano

LEGISLAÇÃO COMPLEMENTAR:

ÁREAS CRÍTICAS DE RECUPERAÇÃO E RECONVERSÃO URBANÍSTICA – ARTIGOS 41.º E SEGUINTES DO DECRETO-LEI N.º 794/76, DE 5 DE NOVEMBRO (LEI DOS SOLOS):

Artigo 41.º

1. Poderão ser declaradas áreas críticas de recuperação e reconversão urbanística aquelas em que a falta ou insuficiência de infra-estruturas urbanísticas, de equipamento social, de áreas livres e espaços verdes, ou as deficiências dos edifícios existentes, no que se refere a condições de solidez, segurança e salubridade, atinjam uma gravidade tal que só a intervenção da Administração, através de providências expeditas, permita obviar, eficazmente, aos inconvenientes e perigos inerentes às mencionadas situações.

2. A delimitação das áreas a que se refere o número anterior é feita por decreto.

Artigo 42.º

1. A delimitação de uma área crítica de recuperação e reconversão urbanística implica como efeito directo e imediato:

a) A declaração de utilidade píblica da expropriação urgente, com autorização de investidura na posse administrativa, segundo o processo correspondente, dos imóveis nela existentes de que a Administração necessite para a execução dos trabalhos a realizar para a recuperação ou reconversão da área;

b) A faculdade de a Administração tomar posse administrativa de quaisquer imóveis situados na área, como meio destinado:

I) À ocupação temporária de terrenos, com vista à instalação transitória de infra-estruturas ou equipamento social ou à realização de outros trabalhos necessários;

II) À demolição de edifícios que revista carácter urgente, em virtude de perigo para os respectivos ocupantes ou para o público, por carência de condições de solidez, segurança ou salubridade, que não possa ser evitado por meio de beneficiação ou reparação economicamente justificável;

III) À realização de obras de beneficiação ou reparação de edifícios que, por idênticas carências, revistam também carácter urgente, em virtude de os prédios não oferecerem condições de habitabilidade.

2. A ocupação temporária de terrenos prevista no n.º I alínea *b)* do número anterior será precedida de vistoria *ad perpetuam rei memoriam*, efectuada nos termos prescritos para a posse administrativa nas expropriações urgentes por utilidade pública.

3. A necessidade de demolição de edifícios ou de obras de beneficiação ou reparação dos mesmos será verificada através de vistoria.

Artigo 43.º

1. A posse administrativa, nos casos da alínea *b)* do n.º 1 do artigo anterior, será notificada aos proprietários dos imóveis a que respeita, por meio de ofício registado com aviso de recepção, no qual se lhes dará conhecimento da deliberação, dos fundamentos e da finalidade da diligência.

2. A notificação será feita por edital, afixado nos Paços do Concelho durante quinze dias, e publicada em dois números de um dos jornais mais lidos da área da situação do prédio:

   a) Quando se desconheça a identidade e residência do proprietário;

   b) Quando este não seja encontrado na sua residência habitual.

Artigo 44.º

1. Os interessados poderão reclamar da deliberação, no prazo de quinze dias, a contar do recebimento do ofício de notificação ou do termo do período de afixação do edital ou da última publicação do jornal, se for posterior.

2. Nos casos de posse administrativa para demolição, reparação ou beneficiação de edifícios, os interessados, dentro do prazo estipulado no número anterior, poderão requerer a fixação de prazos para o início e conclusão dos trabalhos, assumindo a responsabilidade de os efectuar.

3. A Administração procederá aos trabalhos de demolição, de beneficiação ou reparação de edifícios, por conta dos respectivos proprietários:

   a) Se estes não apresentarem reclamação contra a diligência ou a mesma for indeferida;

   b) Se os interessados não iniciarem os trabalhos ou não os concluírem nos prazos para esse efeito fixados a seu pedido.

Artigo 45.º

1. A ocupação temporária de terrenos, nos termos do n.º I da alínea *b)* do n.º 1 do artigo 42.º, confere direito a indemnização pelos danos causados.

2. Se a ocupação do terreno se prolongar para além de cinco anos, o proprietário tem o direito de exigir que a Administração proceda à respectiva expropriação.

Artigo 46.º

A Administração poderá proceder ao despejo administrativo dos prédios a demolir, bem como ao despejo temporário daqueles que careçam de obras cuja realização não possa ser feita sem a desocupação.

MODELO ÚNICO SIMPLIFICADO PARA PEDIDOS E COMUNICAÇÕES: PORTARIA N.º 1192-A/2006, DE 3 DE NOVEMBRO

O texto integral e respectivo modelo vão transcritos na Parte III.

Parte I – Novo Regime do Arrendamento Urbano

ANOTAÇÕES:

1. ANÁLISE DO PRECEITO:

"A actualização da renda pode ser imediata ou faseada, podendo o faseamento ter a duração de 5 ou 10 anos. O senhorio poderá exigir o pagamento imediato da actualização da renda nas hipóteses a que respeita o artigo 56.º, ou seja, quando o local se encontre encerrado ou sem actividade regular há mais de um ano (ressalvadas determinadas excepções); quando exista trespasse ou locação do estabelecimento depois da entrada em vigor do novo regime do arrendamento; quando exista transmissão das posições sociais da sociedade arrendatária que determinem alteração da titularidade em mais de 50% face à situação existente à data da entrada em vigor do novo regime do arrendamento.

Não se verificando nenhuma destas situações a actualização da renda será faseada. O arrendatário terá direito ao faseamento da actualização em 10 anos quando se verifique alguma das hipóteses apontadas nas quatro alíneas do n.º 2. Para além de tais hipóteses o faseamento da actualização terá a duração de cinco anos."

(Maria Olinda Garcia, A Nova Disciplina do Arrendamento Urbano, Coimbra, 2006, págs. 70 e seg.)

2. APLICAÇÃO DO N.º 2, AL. A); ALTERAÇÃO DE CIRCUNSTÂNCIAS:

"Deve discutir-se qual a solução a dar se entretanto ocorrer alguma das vicissitudes referidas no art. 56.º, als. *b*) e *c*) NRAU. A nosso ver, o novo arrendatário (nos casos de trespasse e de transmissão definitiva de estabelecimento comercial em sede de fusão ou de cisão de sociedades) ou o mesmo arrendatário (nas hipóteses de locação, de usufruto de estabelecimento ou em face da transferência da posição ou das posições sociais que altere a titularidade em mais de 50%), se não possuírem os atributos requeridos – art. 53.º, n.º 2, al. *a*) NRAU – perdem o benefício da actualização faseada em dez anos. É agora o senhorio o titular da vantagem da actualização imediata.

Literalmente, não é esta a consequência que emerge do art. 56.º, al. *b*) NRAU. A lei refere-se simplesmente ao trespasse e à locação de estabelecimento, parecendo impor em qualquer situação a actualização imediata. Entendemos, contudo, que a razão de ser do art. 47.º, n.º 4 NRAU pode aproveitar-se na hipótese concreta. O normativo refere-se à transmissão da posição contratual "para quem não reúna qualquer dessas circunstâncias", concluindo que "passa a aplicar-se o faseamento adequado à nova situação". Portanto, se, v.g., o trespassário for uma pessoa singular deve beneficiar da dilação máxima. Tal já não sucederá se, por exemplo, o adquirente do estabelecimento for uma grande empresa."

(Fernando de Gravato Morais, Novo Regime de Arrendamento Comercial, Coimbra, 2006, pág. 62)

3. APLICAÇÃO DO N.º 2, AL. B); CESSÃO DE EXPLORAÇÃO:

"Quanto a uma eventual "cessão de exploração" do estabelecimento realizada há menos de 5 anos não parece justificar-se a dilação máxima. O proprietário da unidade jurídica (e arrendatário comercial) aproveita-se da transmissão temporária do estabelecimento e, consequentemente, da transferência do gozo do imóvel para outrem. De igual forma, o exercente usufrui das correspondentes vantagens. Ao invés do que ocorre com o senhorio, que se encontra à margem do negócio efectuado, sendo que a renda não sofre qualquer mutação."

(*Fernando de Gravato Morais, Novo Regime de Arrendamento Comercial, Coimbra, 2006, pág. 63*)

NOTAS PESSOAIS:

ARTIGO 54.º
Comunicação do senhorio

A comunicação do senhorio prevista no artigo 34.º contém, além do valor da renda actualizada, sob pena de ineficácia:

a) O valor da renda devida após a primeira actualização, calculada nos termos correspondentes a uma actualização faseada em dez anos, quando se verifique alguma das circunstâncias previstas no n.º 2 do artigo anterior.

b) O valor da renda devida após a primeira actualização, calculada nos termos correspondentes a uma actualização faseada em cinco anos, quando não se verifiquem as referidas circunstâncias.

c) A indicação de que não há lugar a faseamento da actualização, por se verificar alguma das circunstâncias previstas no artigo 56.º.

HISTÓRICO:

Redacção da Lei n.º 6/2006, de 27 de Fevereiro (NRAU).
Não tem correspondência na legislação anterior.

ANOTAÇÕES:

1. ANÁLISE DO PRECEITO [I]:

"Caso o senhorio saiba que a arrendatária é uma microempresa (porque tem menos de 10 trabalhadores) ou uma pessoa singular, com facturação inferior a € 2.000.000,00 [artigo 53.º, n.º 3 NRAU], e desde que exista estabelecimento comercial aberto ao público no local arrendado, bem como quando saiba que houve trespasse nos últimos 5 anos ou que se verifica alguma das demais circunstâncias referidas no n.º 2 do artigo 53.º, deve enviar ao arrendatário um plano para actualização da renda em dez anos.

Caso o senhorio não tenha conhecimento da verificação de alguma das circunstâncias a que se refere o n.º 2 do artigo 53.º, deverá enviar ao arrendatário um plano de actualização da renda em 5 anos. Nesta última hipótese, poderá o arren-

Parte I – Novo Regime do Arrendamento Urbano

datário, na sua resposta, demonstrar e provar documentalmente que se verifica alguma das circunstâncias que possibilitam o faseamento da actualização em 10 anos.

Caso o senhorio saiba que se verifica alguma das circunstâncias previstas no artigo 56.º, deverá comunicar ao arrendatário que não há faseamento da actualização, pelo que a nova renda mensal já deverá ser paga integralmente no primeiro mês de actualização."

(Maria Olinda Garcia, A Nova Disciplina do Arrendamento Urbano, Coimbra, 2006, págs. 71 e seg.)

2. ANÁLISE DO PRECEITO [II]:

"A iniciativa do senhorio para actualização da renda deverá indicar a renda futura (artigo 34.º) assim como o valor da renda a aplicar no 1.º ano, de acordo com as alíneas *a*) e *b*) do artigo 54.º.

No caso de actualização imediata de renda deverá o senhorio invocar as circunstâncias previstas no artigo 56.º.

O senhorio só pode promover a actualização da renda quando exista avaliação do locado, nos termos do artigo 38.º do CIMI (artigo 35.º, al. *a*)), uma vez que só esta pode permitir a determinação da renda futura.

Não tendo o arrendatário optado pela denúncia do contrato (artigo 37.º, n.º 5) em comunicação ao senhorio a remeter no prazo de 40 dias (artigo 37.º, n.º 1), a nova renda é devida no 3.º mês seguinte ao da comunicação do senhorio.

A aplicação da nova renda segue os termos constantes do artigo 43.º.

O arrendatário pode, no prazo de 40 dias após a comunicação do senhorio, requerer a realização de nova avaliação, mas tal não obsta à aplicação da nova renda, os acertos subsequentes tendo lugar quando o resultado for conhecido (n.ºs 6, 7 e 8 do artigo 37.º)."

(Cunha de Sá – Leonor Coutinho, Arrendamento 2006, Novo Regime do Arrendamento Urbano, Coimbra, 2006, pág. 99)

3. COMUNICAÇÃO DO SENHORIO – ELEMENTOS:

A comunicação do senhorio contém, além do valor da renda actualizada, sob pena de ineficácia, ou seja, de não produção de efeitos jurídicos, os seguintes elementos:

– o valor da renda devida após a primeira actualização calculada nos termos correspondentes a uma actualização faseada em cinco anos;

– o valor da renda devida após a primeira actualização, calculada nos termos correspondentes a uma actualização faseada em dez anos, quando se verifique alguma das circunstâncias previstas no n.º 2 do artigo 53.º do presente diploma;

– a indicação de que não há lugar a faseamento da correcção por se verificar alguma das circunstâncias previstas no artigo 56.º do presente diploma.

(Margarida Grave, Novo Regime do Arrendamento Urbano, 2006, 3ª ed., pág. 179)

NRAU   *Art. 54.º*

NOTAS PESSOAIS:

ARTIGO 55.º
Resposta do arrendatário

Quando a comunicação do senhorio indique uma actualização em cinco anos, o arrendatário pode, na sua resposta, alegar a verificação de circunstância prevista no n.º 2 do artigo 53.º, devendo a resposta fazer-se acompanhar dos correspondentes comprovativos.

HISTÓRICO:

Redacção da Lei n.º 6/2006, de 27 de Fevereiro (NRAU).
Não tem correspondência na legislação anterior.

REMISSÕES:

Comunicações – art. 9.º, n.º 1 NRAU; actualização em cinco anos – art. 40.º NRAU; actualização faseada do valor da renda em arrendamentos não habitacionais – art. 53.º NRAU.

ANOTAÇÕES:

RECUSA DE NOVA RENDA – FUNDAMENTOS:

"Face à comunicação, por escrito, feita pelo senhorio, do novo montante de renda, o arrendatário pode responder, recusando a nova renda que lhe foi comunicada, e exigir uma correcção do valor da renda a decorrer em dez anos, se se verificar uma das seguintes circunstâncias, a qual terá de ser provada:

– existir no locado um estabelecimento comercial aberto ao público, o arrendatário seja uma microempresa ou uma pessoa singular, encarregando-se o legislador de definir esta última como a que tem menos de dez trabalhadores e cujos volumes de negócios e balanço total não ultrapassem dois milhões de euros cada;

– o arrendatário ter adquirido o estabelecimento por trespasse ocorrido há menos de cinco anos;

– existir no locado um estabelecimento comercial aberto ao público, aquele esteja situado em área crítica de recuperação urbanística (ACRRU), isto é, assim

Parte I – Novo Regime do Arrendamento Urbano

tenha sido declarada nos termos do artigo 41.º da Lei dos Solos, aprovada pelo Decreto-Lei n.º 794/76, de 5 de Novembro;

– a actividade exercida no locado ser classificada de interesse nacional ou municipal."

(*Margarida Grave, Novo Regime do Arrendamento Urbano, 2006, 3ª ed., pág. 180*)

NOTAS PESSOAIS:

ARTIGO 56.º
Actualização imediata da renda

Não há faseamento da actualização da renda, tendo o senhorio imediatamente direito à renda actualizada, quando:

a) O arrendatário conserve o local encerrado ou sem actividade regular há mais de um ano, salvo caso de força maior ou ausência forçada, que não se prolongue há mais de dois anos, aplicando--se o disposto no n.º 3 do artigo 45.º;

b) Ocorra trespasse ou locação do estabelecimento após a entrada em vigor da presente Lei;

c) Sendo o arrendatário uma sociedade, ocorra transmissão *inter vivos* de posição ou posições sociais que determine a alteração da titularidade em mais de 50 % face à situação existente aquando da entrada em vigor da presente Lei.

HISTÓRICO:

Redacção da Lei n.º 6/2006, de 27 de Fevereiro (NRAU).
Não tem correspondência na legislação anterior.

REMISSÕES:

Resolução do contrato – art. 1083.º, n.º 2, al. *d)* CC; uso do locado – art. 1072.º, n.º 1, CC; excepções ao não uso do locado – art. 1072.º, n.º 2, CC; locação de estabelecimento – art. 1109.º CC; trespasse – art. 1112.º, n.º 1, al. *a)* CC; transmissão entre vivos e cessão de quotas – art. 228.º CSC.

LEGISLAÇÃO COMPLEMENTAR:

**TRANSMISSÃO ENTRE VIVOS E CESSÃO DE QUOTAS
– ARTIGO 228.º DO CÓDIGO DAS SOCIEDADES COMERCIAIS:**
Artigo 228.º *(Transmissão entre vivos e cessão de quotas)*
1. A transmissão de quotas entre vivos deve ser reduzida a escrito.

Parte I – Novo Regime do Arrendamento Urbano

2. A cessão de quotas não produz efeitos para com a sociedade enquanto não for consentida por esta, a não ser que se trate de cessão entre cônjuges, entre ascendentes e descendentes ou entre sócios.

3. A transmissão de quota entre vivos torna-se eficaz para com a sociedade logo que lhe for comunicada por escrito ou por ela reconhecida, expressa ou tacitamente.

ANOTAÇÕES:

1. ANÁLISE DO PRECEITO:

"A actualização da renda pode não ser faseada, ou seja, aplicar-se a renda futura indicada pelo senhorio, de acordo com o artigo 31.º, no terceiro mês seguinte ao da comunicação do senhorio nos casos indicados no artigo 56.º.

O arrendatário pode, em alternativa, denunciar o contrato, devendo desocupar o locado no prazo de 6 meses, não existindo alteração da renda (artigo 37.º, n.º 5).

O arrendatário tem, no caso de denúncia do contrato, direito a compensação por obras (artigo 29.º, n.ºs 1 e 2).

Quando ocorra uma das circunstâncias indicadas nas alíneas *b*) e *c*), após a entrada em vigor do NRAU, o senhorio poderá não só actualizar imediatamente a renda como, ao abrigo da alínea *c*) do artigo 1101.º do Código Civil, denunciar o contrato com antecedência de cinco anos (artigo 26.º, n.º 6)."

(*Cunha de Sá – Leonor Coutinho, Arrendamento 2006, Novo Regime do Arrendamento Urbano, Coimbra, 2006, págs. 100 e seg.*)

2. ANÁLISE DA ALÍNEA A):

"Da remissão para o disposto no n.º 3 do artigo 45.º decorre que ainda que o arrendatário na sua resposta invoque caso de força maior ou ausência forçada, não poderá, sem mais, passar para o regime de actualização que lhe caberia caso não tivesse conservado o locado encerrado ou sem actividade regular há mais de um ano.

Assim sendo, nesta hipótese, ou o senhorio concorda com o que o arrendatário invocou, e, então, passar-se-á para o regime de renda que ao caso couber, ou, caso não concorde, apenas quando houver decisão judicial transitada em julgado favorável ao arrendatário é que este será então ressarcido dos montantes que pagou antecipadamente e passará para o correspondente regime de actualização."

(*Amadeu Colaço, Novo Regime do Arrendamento Urbano – Guia prático, Coimbra, 2006, pág. 165*)

3. ANÁLISE DA ALÍNEA C):

"Pensamos que esta disposição será de difícil exequibilidade. Desde logo, porque mesmo nas sociedades cujas posições sociais dependa de registo, e, como

NRAU   *Art. 56.º*

tal, de publicidade, será sempre complicado para o senhorio consultar com regularidade anual o correspondente registo comercial.

Por outra parte, porque não ficou estabelecida qualquer obrigação (para quem quer que seja) de informar o senhorio quanto à verificação do facto determinante da actualização imediata, que é a transmissão de posição ou posições sociais que determine a alteração da titularidade em mais de 50% face à situação existente aquando da entrada em vigor do NRAU.

Mas, ainda que tivesse ficado consignada tal obrigação, ainda assim o seu controlo seria sempre muito difícil. Atente-se, por exemplo, no caso de uma sociedade anónima com acções ao portador. Como será possível controlarmos se após a entrada em vigor do NRAU, se verificou, ou não, uma alteração na titularidade do respectivo capital em mais de 50%?"

(Amadeu Colaço, Novo Regime do Arrendamento Urbano – Guia prático, Coimbra, 2006, pág. 165)

NOTAS PESSOAIS:

SECÇÃO III
Transmissão

ARTIGO 57.º
Transmissão por morte no arrendamento para habitação

1. O arrendamento para habitação não caduca por morte do primitivo arrendatário quando lhe sobreviva:

a) Cônjuge com residência no locado;

b) Pessoa que com ele vivesse em união de facto, com residência no locado;

c) Ascendente que com ele convivesse há mais de um ano;

d) Filho ou enteado com menos de um ano de idade ou que com ele convivesse há mais de um ano e seja menor de idade ou, tendo idade inferior a 26 anos, frequente o 11.º ou 12.º ano de escolaridade ou estabelecimento de ensino médio ou superior;

e) Filho ou enteado maior de idade, que com ele convivesse há mais de um ano, portador de deficiência com grau comprovado de incapacidade superior a 60%.

2. Nos casos do número anterior, a posição do arrendatário transmite-se, pela ordem das respectivas alíneas, às pessoas nele referidas, preferindo, em igualdade de condições, sucessivamente, o ascendente, filho ou enteado mais velho.

3. Quando ao arrendatário sobreviva mais de um ascendente, há transmissão por morte entre eles.

4. A transmissão a favor dos filhos ou enteados do primitivo arrendatário, nos termos dos números anteriores, verifica-se ainda por morte daquele a quem tenha sido transmitido o direito ao arrendamento nos termos das alíneas *a)*, *b)* e *c)* do n.º 1 ou nos termos do número anterior.

Parte I – Novo Regime do Arrendamento Urbano

HISTÓRICO:

Redacção da Lei n.º 6/2006, de 27 de Fevereiro (NRAU).

Corresponde, parcialmente ao artigo 85.º do RAU (revogado), que se transcreve:

Artigo 85.º *(Transmissão por morte)*
1. O arrendamento para habitação não caduca por morte do primitivo arrendatário ou daquele a quem tiver sido cedida a sua posição contratual, se lhe sobreviver:
  a) Cônjuge não separado judicialmente de pessoas e bens ou de facto;
  b) Descendente com menos de um ano de idade ou que com ele convivesse há mais de um ano;
  c) Pessoa que com ele viva em união de facto há mais de dois anos, quando o arrendatário não seja casado ou esteja separado judicialmente de pessoas e bens;
  d) Ascendente que com ele convivesse há mais de um ano;
  e) Afim na linha recta, nas condições referidas nas alíneas *b)* e *c)*;

2. Caso ao arrendatário não sobrevivam pessoas na situação prevista na alínea *b)* do n.º 1, ou estas não pretendam a transmissão é equiparada ao cônjuge a pessoa que com ele vivesse em união de facto.

Tem também alguma correspondência com o actual artigo 1106.º do Código Civil (anotado *infra*, II Parte).

REMISSÕES:

Domicílio – arts. 82.º e segs. CC; noção de casamento – art. 1577.º CC; união de facto – Lei n.º 7/2001, de 11.05; parentesco – arts. 1578.º e segs CC; afinidade – arts. 1584.º e segs. CC.

ANOTAÇÕES:

1. QUANTO AOS N.ᵒˢ 1 E 2:

"Falecendo o arrendatário, num arrendamento que subsiste à data da entrada em vigor à data da entrada em vigor da nova lei, as hipóteses de transmissão do direito ao arrendamento são agora mais limitadas. Assim, o arrendamento só pode transmitir-se ao cônjuge ou à pessoa que com o arrendatário vivia em união de facto ou, não existindo qualquer uma dessas pessoas, o arrendamento poderá transmitir-se a ascendente que com ele vivia há mais de um ano, ou ainda a filho ou enteado em determinadas circunstâncias.

A lei não faz referência ao tempo mínimo de vivência em união de facto para se adquirir o direito ao arrendamento. Sendo assim, terá de aplicar-se o prazo mínimo relevante para a produção dos efeitos da união de facto em geral, fixado no artigo 1.º da Lei n.º 7/2001, ou seja, 2 anos.

NRAU

Art. 57.º

É de notar que neste regime os ascendentes surgem em posição prioritária relativamente aos filhos do arrendatário, embora o n.º 4 permita uma posterior transmissão do direito para os filhos do arrendatário, em caso de morte do ascendente a quem prioritariamente o direito se transmitiu.

O arrendamento só se transmite a um filho ou a um enteado desde que tenham menos de 1 ano de idade ou que vivam com o arrendatário há mais de 1 ano e sejam menores de idade. Os filhos ou enteados maiores de idade só têm direito à transmissão do arrendamento desde que tenham menos de 26 anos e desde que sejam estudantes (frequentando, pelo menos, o 11.º ano de escolaridade). Os filhos ou enteados com mais de 26 anos de idade só têm direito ao arrendamento na hipótese de serem portadores de deficiência com grau comprovado de incapacidade superior a 60%. Assim, se com o arrendatário vivia apenas um filho, com mais de 18 anos de idade, que não é estudante nem portador de deficiência superior a 60%, o arrendamento caduca, devendo este sujeito desocupar a casa no prazo de seis meses [artigo 1053.º do Código Civil]".

(*Maria Olinda Garcia, A Nova Disciplina do Arrendamento Urbano, Coimbra, 2006, págs. 73 e seg.*)

2. QUANTO AOS N.ᵒˢ 3 E 4:

"Nos n.ᵒˢ 3 e 4 deste artigo consagram-se hipóteses de dupla e até de tripla transmissão do arrendamento por morte. A dupla transmissão pode verificar-se:

– de um ascendente do arrendatário para outro;

– do cônjuge, da pessoa que vivia em união de facto ou de um ascendente para um filho ou enteado do arrendatário.

A tripla transmissão verifica-se (nos termos do n.º 5) na hipótese de já ter havido uma dupla transmissão do arrendamento entre ascendentes do arrendatário, quando à data da morte do segundo beneficiário da transmissão com ele viva um filho ou enteado do arrendatário que preencha os requisitos definidos na alínea *d*) do n.º 1, ou seja, ser menor de idade ou, tendo entre 18 e 26 anos ser estudante (pelo menos no 11.º ano de escolaridade), ou ser portador de deficiência com grau comprovado de incapacidade superior a 60%."

(*Maria Olinda Garcia, A Nova Disciplina do Arrendamento Urbano, Coimbra, 2006, págs. 73 e seg.*)

3. UNIÕES DE FACTO:

"Se se comparar, relativamente às uniões de facto, os dois regimes de transmissão *mortis causa* da posição contratual do arrendatário que passam a coexistir após a entrada em vigor do NRAU, verifica-se o seguinte:

– nos arrendamentos de pretérito, não se exige à pessoa que, à data da morte do arrendatário, viva com ele no local arrendado em união de facto um período mínimo para tal união de facto ou para a utilização conjunta do locado – artigo 57.º, n.º 1, al. *b*).

Parte I – Novo Regime do Arrendamento Urbano

– nos arrendamentos celebrados depois do NRAU, exige-se que essa pessoa viva no locado em união de facto há mais de um ano.

– o requisito temporal abrange as duas realidades: união de facto e coabitação no local arrendado – artigo 1106.º, n.º 1, al. *a*) do Código Civil."

(*Cunha de Sá – Leonor Coutinho, Arrendamento 2006, Novo Regime do Arrendamento Urbano, Coimbra, 2006, pág. 103*)

4. TRANSMISSÃO DO ARRENDAMENTO CELEBRADO APÓS A ENTRADA EM VIGOR DO NRAU:

"A transmissão do arrendamento habitacional celebrado após a entrada em vigor do NRAU parece alargar-se a todas as pessoas que, à data da morte do arrendatário, residam com ele em economia comum há mais de um ano – artigo 1106.º, n.º 1, al. *b*) do Código Civil. Ora, por força do n.º 2 do artigo 1093.º do Código Civil (preceito imperativo), consideram-se sempre como vivendo com o arrendatário em economia comum:

a) os seus parentes ou afins na linha recta ou até ao 3.º grau da linha colateral;

e

b) as pessoas relativamente às quais, por força da lei ou de negócio jurídico que não respeite directamente à habitação, haja obrigação de convivência ou de alimentos.

(…) Em contrapartida, no futuro não haverá nestes contratos mais do que uma transmissão por morte do arrendatário."

(*Cunha de Sá – Leonor Coutinho, Arrendamento 2006, Novo Regime do Arrendamento Urbano, Coimbra, 2006, pág. 104*)

5. REGIME DO PRECEITO:

"O regime agora instituído no art. 57.º NRAU vem assim representar uma grande facilitação da transmissão por morte do arrendamento para habitação, em relação ao que resultava do regime anterior. Basta ver que além de se afastar o requisito negativo de o arrendatário não ter outra residência na localidade, previsto no art. 86.º do RAU, passam a facilitar-se novas transmissões do arrendamento, quando o art. 85.º, n.º 4 do RAU apenas a admitia numa única situação. Por outro lado, deixou de se prever, quer a possibilidade de em certos casos a transmissão por morte do arrendamento para habitação determinar a aplicação da renda condicionada (art. 87.º do RAU), quer a alternativa anteriormente existente para o senhorio de denunciar o contrato, pagando uma indemnização correspondente a dez anos de renda, sem prejuízo do direito do arrendatário a indemnização por benfeitorias e de retenção nos termos gerais (art. 89.º-A RAU)."

(*Luís Manuel Teles de Menezes Leitão, Arrendamento Urbano, 2ª edição, Coimbra, 2006, págs. 123 e seg.*)

NRAU   *Art. 57.º*

NOTAS PESSOAIS:

ARTIGO 58.º
Transmissão por morte no arrendamento
para fins não habitacionais

1. O arrendamento para fins não habitacionais termina com a morte do arrendatário, salvo existindo sucessor que, há mais de três anos, explore, em comum com o arrendatário primitivo, estabelecimento a funcionar no local.

2. O sucessor com direito à transmissão comunica ao senhorio, nos três meses posteriores ao decesso, a vontade de continuar a exploração.

HISTÓRICO:

Redacção da Lei n.º 6/2006, de 27 de Fevereiro (NRAU).

Corresponde, em sentido inverso, ao artigo 112.º do RAU (revogado), que se transcreve:

Artigo 112.º *(Morte do arrendatário)*

1. O arrendamento não caduca por morte do arrendatário, mas os sucessores podem renunciar à transmissão, comunicando a renúncia ao senhorio no prazo de 30 dias.

2. O sucessor não renunciante deve comunicar, por escrito, ao senhorio a morte do arrendatário, a enviar nos 180 dias posteriores à ocorrência e da qual constem os documentos autênticos ou autenticados que comprovem os seus direitos.

3. O arrendatário não pode prevalecer-se do não cumprimento dos deveres de comunicação estabelecidos neste artigo e deve indemnizar o senhorio por todos os danos derivados da omissão.

Também, em sentido tendencialmente contrário, cfr. o actual artigo 1113.º do Código Civil (*infra*, II Parte).

JURISPRUDÊNCIA:

CADUCIDADE DE ARRENDAMENTO:

"**I** – É acessório do arrendamento para habitação, o arrendamento de garagem

Parte I – Novo Regime do Arrendamento Urbano

celebrado posteriormente àquele, se a garagem foi construída em logradouro que antes se integrava no arrendado.

II – Por isso aquele arrendamento, tal como o principal, não caduca por morte do locatário se lhe sobrevive cônjuge não separado judicialmente ou de facto."

(*Acórdão da Relação de Lisboa, de 21.03.1991, Colectânea de Jurisprudência, 1991, Tomo II, 157*)

ARRENDAMENTO; MORTE DO ARRENDATÁRIO; TRANSMISSÃO DO CONTRATO:

"**I** – No domínio dos arrendamentos de prédios urbanos para fins habitacionais, o contrato não caduca por morte do primeiro arrendatário, se lhe sobreviver cônjuge não separado judicialmente de pessoas e bens ou de facto, ou deixar parente ou afim, na linha recta com menos de um ano, ou que com ele convivessem pelo menos há um ano.

II – O inciso legal «que com ele convivesse pelo menos há um ano» não pode deixar de ser interpretado no sentido de se exigir que o sucessor conviva com o arrendatário, pelo menos no último ano de vida deste, no prédio arrendado, em termos de aí ter a sua residência permanente, o que pressupõe a comunidade da vida familiar e a instalação do trem de vida doméstica unicamente no arrendado.

III – Ao assegurar aos familiares do arrendatário a sucessão no direito ao arrendamento, a lei quer evitar-lhes que, saindo de casa onde tinham a residência permanente, fiquem sem casa para onde ir morar, devendo excluir-se, assim, da hipótese legal o sucessor que não careça do prédio arrendado, *v.g.*, por ter na localidade outro prédio, próprio ou arrendado, que satisfaça as suas necessidades habitacionais."

(*Acórdão da Relação do Porto, de 08.06.1992, Boletim do Ministério da Justiça, 418, pág. 854*)

TRANSMISSÃO POR MORTE DO ARRENDATÁRIO; CONDIÇÕES PARA A 2ª TRANSMISSÃO DO ARRENDAMENTO:

"**I** – Para que ocorra a 2ª transmissão do arrendamento a favor dos parentes ou afins não é necessário que estes tenham convivido com o primitivo arrendatário, basta a convivência de mais de um ano do cônjuge sobrevivo, à data da morte daquele, e a dos parentes ou afins, de igual duração, à da morte do cônjuge sobrevivo.

II – É esta interpretação que se colhe do n.º 3 do artigo 85.º do Regime de Arrendamento Urbano, no qual a expressão «nos termos deste artigo» e o advérbio «também» insinuam que a segunda transmissão a favor dos parentes ou afins se verifica por forma igual à primeira.

III – Tal transmissão, porém, fica condicionado ao disposto no artigo 86.º do referido Regime de Arrendamento Urbano, integrando-se a lacuna quanto à 2ª transmissão, como se neste artigo se dissesse «à data da morte do primitivo arrendatário «e seu cônjuge».

IV – Assim, não tendo ficado provado que a neta do cônjuge sobrevivo tivesse, quer na ocasião da morte do seu avô (primitivo arrendatário), quer na da sua avó, uma outra residência obstativa da transmissão, é suficiente para que esta se dê, por morte da avó, que tenha, com ela convivido, como se verificou, mais de um ano, à data desse facto."

(*Acórdão do Supremo Tribunal de Justiça*, de 22.11.1994, Colectânea de Jurisprudência, Acórdãos do Supremo Tribunal de Justiça, 1994, Tomo III, pág. 150)

ARRENDAMENTO; TRANSMISSÃO AOS PARENTES DO ARRENDATÁRIO; ECONOMIA COMUM; PRESUNÇÃO:

"A transmissão do arrendamento para os parentes do falecido arrendatário, nos termos do artigo 1111.º do Código Civil, na redacção da Lei n.º 46/1985, de 20 de Setembro, depende apenas de o beneficiário ter vivido com o finado há pelo menos um ano à data da morte, presumindo a lei que estes parentes vivem em economia comum com o arrendatário, ainda que paguem alguma retribuição, não carecendo, por isso, de provar que contribuíam para as despesas domésticas do agregado familiar."

(*Acórdão da Relação do Porto*, de 09.12.1997, Boletim do Ministério da Justiça, 472, pág. 561)

ACÇÃO DE DESPEJO; FALECIMENTO DO ARRENDATÁRIO:

"**I** – A transmissão do direito ao arrendamento não constitui um verdadeiro fenómeno de 'sucessão'.

II – Ela só poderá ser feita para os concretos transmissários da posição contratual definidos na lei e não para os sucessores no quadro da herança.

III – Assim não pode haver habilitação.

IV – A enunciação dos beneficiários da Segunda transmissão é taxativa."

(*Acórdão da Relação de Lisboa*, de 11.05.2000, Colectânea de Jurisprudência, 2000, Tomo III, pág. 83)

CONTRATO DE ARRENDAMENTO; CADUCIDADE POR ÓBITO DO ARRENDATÁRIO; PERMANÊNCIA DO CÔNJUGE SOBREVIVO, SEPARADO DE FACTO; FORMA DO PROCESSO:

"**I** – O meio processual próprio para se obter a desocupação de uma casa objecto de um arrendamento que caducou por óbito do arrendatário é a acção de reivindicação, e não acção de despejo.

II – A alínea *a*) do n.º 1 do artigo 85.º do Regime de Arrendamento Urbano deve ser interpretada restritivamente, naqueles casos em que o cônjuge arrendatário abandona o arrendado, continuando a viver neste o cônjuge sobrevivo, após a separação de facto.

Parte I – Novo Regime do Arrendamento Urbano

III – Nestes casos, o arrendamento não caduca por morte do primitivo arrendatário, transmitindo-se ao cônjuge sobrevivo, observados que se mostrem os requisitos previstos nesse diploma."

(*Acórdão da Relação de Lisboa, de 2000.02.24, Colectânea de Jurisprudência, 2000, Tomo I, pág. 126*)

ACÇÃO DE DESPEJO; FALECIMENTO DO ARRENDATÁRIO:

"**I** – A transmissão do direito ao arrendamento não constitui um verdadeiro fenómeno de 'sucessão'.

II – Ela só poderá ser feita para os concretos transmissários da posição contratual definidos na lei e não para os sucessores no quadro da herança.

III – Assim não pode haver habilitação.

IV – A enunciação dos beneficiários da Segunda transmissão é taxativa."

(*Acórdão da Relação de Lisboa, de 11.05.2000, Colectânea de Jurisprudência, 2000, Tomo III, pág. 83*)

CONTRATO DE ARRENDAMENTO; TRANSMISSÃO POR MORTE:

"O facto do arrendatário falecido, uns anos antes da sua morte ter abandonado o lar conjugal, não impede a transmissão do arrendamento para o cônjuge sobrevivo, que se manteve no arrendado."

(*Acórdão da Relação de Lisboa, de 20.02.2001, Colectânea de Jurisprudência, 2001, Tomo I, pág. 123*)

TRANSMISSÃO DE DIREITO POR MORTE DO INQUILINO:

"**I** – As expressões 'conviver com' e 'viver com', referidas nas diversas alíneas do n.º 1 do artigo 85.º do RAU, devem ser interpretadas no sentido de que o parente transmissário do direito ao arrendamento, por morte do inquilino, não só coabite com o *de cuius*, mas tenha também estabelecido com ele laços de efectiva vivência ou convivência comunitária.

II – Por isso, tal coabitação deve ser interpretada no sentido de o parente transmissário ter no locado a sua residência permanente (entendida no sentido que dominantemente vem hoje sendo atribuído a este conceito)."

(*Acórdão da Relação de Coimbra, de 05.06.2001, Colectânea de Jurisprudência, 2001, Tomo III, pág. 19*)

TRANSMISSÃO DO ARRENDAMENTO; REQUISITOS:

"**I** – Não deve ser reconhecida a transmissão do direito ao arrendamento a favor da filha do arrendatário que com ele vivia à data da sua morte se, estando o locado situado em Lisboa, a mesma é proprietária de um prédio numa comarca limítrofe, o qual satisfaz as suas necessidades.

NRAU

Art. 58.º

II – O termo 'residência' empregue no artigo 86.º do RAU não deve ser considerado no seu literal, mas antes no sentido de o interessado ter habitação disponível que satisfaça as necessidades habitacionais."
(**Acórdão da Relação de Lisboa**, de 12.02.2004, Colectânea de Jurisprudência, 2004, Tomo I, pág. 109)

ECONOMIA COMUM, DIREITO À TRANSMISSÃO DO ARRENDAMENTO:

"**I** – A alínea f) do n.º 1 do artigo 85.º do RAU (alínea aditada pela Lei n.º 6/2001) veio conferir às pessoas que vivessem em economia comum com o arrendatário há mais de dois anos o direito à transmissão do arrendamento, no caso de morte do arrendatário.

II – Porque se trata de uma norma relativa ao estatuto legal dos sujeitos da relação jurídica, ela tem aplicação aos contratos em curso, não se exigindo que os pressupostos de que depende a transmissão do direito se tenham de verificar no domínio da nova lei.

III – Tal norma não é inconstitucional.

IV – Nem viola o princípio da confiança, ínsito no princípio do Estado de Direito."
(**Acórdão do Supremo Tribunal de Justiça**, de 22.04.2004, Colectânea de Jurisprudência, Acórdãos do Supremo Tribunal de Justiça, 2004, Tomo II, pág. 45)

ANOTAÇÕES:

1. ANÁLISE DO PRECEITO:

"Esta norma estabelece como regra a caducidade do arrendamento por morte do arrendatário nos arrendamentos para fins não habitacionais, introduzindo, assim, a regra oposta àquela que, desde há muito tempo, tem vigorado quanto aos arrendamentos para comércio, indústria e exercício de profissões liberais.

Para que exista transmissão por morte para um sucessor é necessário que, ao longo dos 3 últimos anos de vida do arrendatário, esse sujeito tivesse explorado, em comum com o arrendatário, um estabelecimento a funcionar no local.

Esta norma coloca dificuldades interpretativas e conduz, eventualmente, a soluções desiguais e injustas. Assim, desde logo, a referência ao *"arrendatário primitivo"* tem de ser adequadamente entendida. É evidente que este só pode ser o arrendatário que faleceu (e relativamente ao qual se coloca o problema da caducidade ou transmissão do arrendamento), e não o primeiro dos arrendatários, pois podem ter existido transmissões posteriores. Por outro lado, também é difícil perceber o alcance da exigência de o estabelecimento ter sido *explorado em comum* com o arrendatário. Se, por exemplo, o sucessor é o cônjuge, caso o estabelecimento seja bem comum do casal, parece que existirá sempre exploração em comum, sem ser, portanto, necessário que o cônjuge trabalhasse efectivamente naquele estabelecimento."

Parte I – Novo Regime do Arrendamento Urbano

(*Maria Olinda Garcia, A Nova Disciplina do Arrendamento Urbano, Coimbra, 2006, págs. 74 e seg.*)

2. DESIGUALDADE:

"Esta norma cria uma situação de desigualdade entre situações que podem ser materialmente semelhantes (embora juridicamente não o sejam). É o que se verificará entre o arrendatário empresário em nome individual e o arrendatário que, entretanto, constituiu uma sociedade unipessoal, porque nesta última hipótese, sendo a sociedade a arrendatária o arrendamento não caduca por morte."

(*Maria Olinda Garcia, A Nova Disciplina do Arrendamento Urbano, Coimbra, 2006, pág. 75*)

3. EXPLORAÇÃO EM COMUM DO ESTABELECIMENTO:

"...há que determinar o que significa "exploração em comum do estabelecimento". A nosso ver, pode daqui decorrer uma interpretação meramente declarativa ou uma interpretação ampla.

Se, com a expressão usada, se tem em vista a exploração efectiva, de facto, em comum com o inquilino comercial, o número de situações abrangidas pelo normativo parece muito limitado.

Se, ao invés, se pretende abarcar, para além daqueles casos, as hipóteses em que alguém retira *vantagens* da organização mercantil, então o campo de aplicação da disposição é bem mais lato. Estamos a pensar fundamentalmente na questão de saber se o cônjuge do inquilino, que não explore efectivamente em comum com ele – porque não exerce qualquer tipo de actividade no estabelecimento – deve beneficiar do regime legal, dado que o estabelecimento é, *in casu*, um bem comum.

Sustentamos esta interpretação. Recorrendo ao elemento sistemático, encontramos no NRAU a expressão "economia comum" (art. 1093.º, n.º 2 CC), sendo que aí o seu significado é amplo. Aduza-se ainda a compatibilidade com o espírito da lei: o legislador não pode ter querido consagrar um desvio à regra tornando quase inútil a aplicabilidade da norma do ponto de vista prático."

(*Fernando de Gravato Morais, Novo Regime de Arrendamento Comercial, Coimbra, 2006, pág. 52*)

4. ARRENDATÁRIO PRIMITIVO:

"No normativo utiliza-se ainda a locução "arrendatário primitivo". Textualmente, o termo "primitivo" tem em vista o inquilino originário. Mas o primeiro locatário pode nem sequer já existir ou ter já cedido a sua posição negocial. O que, de resto, é muito natural quer nos contratos de arrendamento muito antigos, já que outrora a posição de locatário poder-se-á ter transferido por morte (art. 112.º RAU), quer na sequência do trespasse de estabelecimento comercial (art. 115.º, n.º 1 RAU). Daí que seja questionável se deve tomar-se à letra esta expressão. Parece-nos que

NRAU   *Art. 58.º*

não, sob pena de se esvaziar também aqui o sentido útil da norma. Aliás, na disposição exige-se a exploração em comum *com* o primitivo arrendatário (itálico nosso), o que demonstraria a sua inaplicabilidade na maior parte das situações."

(*Fernando de Gravato Morais, Novo Regime de Arrendamento Comercial, Coimbra, 2006, pág. 53*)

5. IDEM:

"Duvidoso é, porém, o significado da expressão "arrendatário primitivo", sendo de questionar se com ela se quer implicar alguma limitação ao número de transmissões por morte do arrendamento para fins não habitacionais ou exigir que a exploração em comum do estabelecimento tenha ocorrido com o arrendatário originário do contrato, não abrangendo assim o adquirente *inter vivos* da sua posição contratual. Parece, porém, que não resulta da lei qualquer limitação ao número de transmissões por morte dos arrendamentos para fins não habitacionais sujeitos ao regime transitório, ao contrário do que se prevê nos arrendamentos para habitação, nem se vê razão justificativa para que quem explore o estabelecimento em conjunto com o anterior arrendatário se veja excluído da transmissão, apenas porque este não era o arrendatário originário do contrato. Tendemos por isso a interpretar esta expressão "arrendatário primitivo" apenas como fazendo referência ao arrendatário falecido."

(*Luís Manuel Teles de Menezes Leitão, Arrendamento Urbano, 2ª edição, Coimbra, 2006, pág. 125*)

6. COMUNICAÇÃO AO SENHORIO: FORMA:

"O diploma [NRAU] não alude expressamente ao modo de realização desta comunicação. Não se trata de uma situação de cessação do contrato de arrendamento (prevista no art. 9.º NRAU), mas antes da sua continuidade. Acresce que nem o art. 1107.º CC, NRAU (em sede de arrendamento habitacional), nem o art. 1113.º CC, NRAU (referente ao arrendamento não habitacional) se referem a este caso. Note-se que o art. 112.º do anterior RAU (quanto ao arrendamento mercantil) vinculava o inquilino à comunicação por escrito, ao invés do que sucedia no art. 89.º do antigo RAU (no tocante ao arrendamento habitacional), que exigia o envio de uma carta registada com aviso de recepção. De todo o modo, valem, a nosso ver, as mesmas razões que obrigam à remessa da carta registada com aviso de recepção (ou entrega em mão do documento com nota de recepção do senhorio), regra essa ínsita no art. 9.º, n.ᵒˢ 1 a 6 NRAU."

(*Fernando de Gravato Morais, Novo Regime de Arrendamento Comercial, Coimbra, 2006, págs. 53 e seg.*)

NOTAS PESSOAIS:

TÍTULO III
NORMAS FINAIS

ARTIGO 59.º
Aplicação no tempo

1. O NRAU aplica-se aos contratos celebrados após a sua entrada em vigor, bem como às relações contratuais constituídas que subsistam nessa data, sem prejuízo do previsto nas normas transitórias.

2. A aplicação da alínea *a*) do n.º 1 do artigo 1091.º do Código Civil não determina a perda do direito de preferência por parte de arrendatário que dele seja titular aquando da entrada em vigor da presente Lei.

3. As normas supletivas contidas no NRAU só se aplicam aos contratos celebrados antes da entrada em vigor do presente diploma quando não sejam em sentido oposto ao de norma supletiva vigente aquando da celebração, caso em que é essa a norma aplicável.

HISTÓRICO:

Redacção da Lei n.º 6/2006, de 27 de Fevereiro (NRAU).
Não tem correspondência na legislação anterior.

LEGISLAÇÃO COMPLEMENTAR:

**APLICAÇÃO DAS LEIS NO TEMPO
– ARTIGOS 12.º E 13.º DO CÓDIGO CIVIL**

Artigo 12.º *(Aplicação das leis no tempo. Princípio geral)*
1. A lei só dispõe para o futuro; ainda que lhe seja atribuída eficácia retroactiva,

Parte I – Novo Regime do Arrendamento Urbano

presume-se que ficam ressalvados os efeitos já produzidos pelos factos que a lei se destina a regular.

2. Quando a lei dispõe sobre as condições de validade substancial ou formal de quaisquer factos ou sobre os seus efeitos, entende-se, em caso de dúvida, que só visa os factos novos; mas, quando dispuser directamente sobre o conteúdo de certas relações jurídicas, abstraindo dos factos que lhes deram origem, entender-se-á que a lei abrange as próprias relações já constituídas, que subsistam à data da sua entrada em vigor.

Artigo 13.º *(Aplicação das leis no tempo. Leis interpretativas)*

1. A lei interpretativa integra-se na lei interpretada, ficando salvos, porém, os efeitos já produzidos pelo cumprimento da obrigação, por sentença passada em julgado, por transacção, ainda que não homologada, ou por actos de análoga natureza.

2. A desistência e a confissão não homologadas pelo tribunal podem ser revogadas pelo desistente ou confitente a quem a lei interpretativa for favorável.

JURISPRUDÊNCIA:

ARRENDAMENTO PARA COMÉRCIO; MORTE DO ARRENDATÁRIO; OMISSÃO DO DEVER DE COMUNICAÇÃO:

"A omissão do dever de comunicação, por morte do arrendatário, prevista no artigo 112.º, n.º 2 do Regime de Arrendamento Urbano, não determina a caducidade do contrato de arrendamento para comércio."

(*Acórdão da Relação de Évora, de 25.05.2000, Colectânea de Jurisprudência, 2000, Tomo III, pág. 259*)

PENHORA DO "DIREITO AO TRESPASSE E ARRENDAMENTO"; CADUCIDADE POR MORTE DO ARRENDATÁRIO:

"**I** – A nomeação à penhora do 'direito ao trespasse e arrendamento' de um estabelecimento comercial ou industrial deve ser entendida como a nomeação à penhora do próprio estabelecimento, enquanto unidade jurídica.

II – No arrendamento para comércio ou indústria, a regra é a de que o contrato não caduca por morte do arrendatário.

III – O não cumprimento pelo sucessor do arrendatário falecido do dever de comunicação estatuído no artigo 112.º, n.º 2 do RAU (comunicação da morte do arrendatário) não obsta à transmissão do arrendamento, ou seja, não implica a caducidade daquele."

(*Acórdão do Supremo Tribunal de Justiça, de 16.01.2001, Colectânea de Jurisprudência, Acórdãos do Supremo Tribunal de Justiça, 2001, Tomo I, pág. 65*)

ANOTAÇÕES:

1. CONFLITOS DE LEIS NO TEMPO:

"A expressão conflitos de leis no tempo traduz os problemas que se equacionam pela sucessão no tempo de uma lei nova a uma lei anterior.

O princípio vigente no nosso ordenamento é o da não retroactividade, sendo a lei nova, imediatamente, aplicável, sem retroactividade. Se lhe for atribuída eficácia retroactiva, o artigo 12.º, n.º 1 do Código Civil, estabelece uma presunção de que ficam ressalvados os efeitos já produzidos pelos factos que a lei se destina a regular.

O n.º 2 do citado artigo 12.º do Código Civil esclarece que a mova lei que dispõe sobre as condições de validade substancial ou formal de quaisquer factos, ou sobre os seus efeitos, só se aplica a factos novos, mas aquela que dispuser directamente sobre o conteúdo de certas relações jurídicas, abstraindo dos factos que lhes deram origem, aplica-se às relações já constituídas à data da entrada em vigor.

Daqui decorre, por exemplo, que os negócios jurídicos válidos face à lei vigente no momento da sua conclusão não verão essa validade, e a correspondente eficácia, afectada pela entrada em vigor de uma nova lei que passe a exigir para aqueles requisitos de substância ou de forma que não preenchiam, por não serem necessários antes; já os negócios jurídicos, *maxime*, os contratos de execução duradoura, criadores de uma relação entre os contraentes que se prolonga no tempo, podem ver os seus termos alterados em consequência da entrada em vigor de uma nova lei que os regule, se a alteração disser respeito ao conteúdo da relação jurídica criada e existente e não às respectivas condições de validade e eficácia; daí que este novo diploma, ao permitir a correcção do valor da renda, é aplicável aos contratos que existam e que tenham sido celebrados no quadro e na vigência da legislação antiga."

(*Margarida Grave, Novo Regime do Arrendamento Urbano, 2006, 3ª ed., págs. 186 e seg.*)

2. REMISSÃO:

Veja-se a anotação de *CUNHA DE SÁ – LEONOR COUTINHO, Arrendamento 2006, Novo Regime do Arrendamento Urbano, Coimbra, 2006, págs. 107 a 110.*

NOTAS PESSOAIS:

ARTIGO 60.º
Norma revogatória

1. É revogado o RAU, aprovado pelo Decreto-Lei n.º 321-B/90, de 15 de Outubro, com todas as alterações subsequentes, salvo nas matérias a que se referem os artigos 26.º e 28.º da presente lei.

2. As remissões legais ou contratuais para o RAU consideram-se feitas para os lugares equivalentes do NRAU, com as adaptações necessárias.

HISTÓRICO:

Redacção da Lei n.º 6/2006, de 27 de Fevereiro (NRAU).
Não tem correspondência em legislação anterior.

REMISSÕES:

Regime dos contratos habitacionais celebrados na vigência do RAU e contratos não habitacionais celebrados depois do DL 257/95, de 30.09 – art. 26.º NRAU; regime dos contratos habitacionais celebrados antes da vigência do RAU e contratos não habitacionais celebrados antes do DL 257/95, de 30.09 – art. 28.º NRAU.

ANOTAÇÕES:

CRITÉRIOS DE MUDANÇA PARA O NOVO REGIME:

"Desde logo, deverá atender-se à distinção feita pelo n.º 2 do artigo 12.º do Código Civil. Assim, as normas da nova lei que dispõem sobre condições de validade substancial ou formal do arrendamento não devem ter aplicação retroactiva, continuando, portanto, essa matéria a ser disciplinada pela lei vigente à data da celebração do contrato (é o caso, por exemplo, do artigo 7.º do RAU). Pelo contrário, as normas que dispõem directamente sobre o conteúdo da relação de arrendamento abrangem as relações já constituídas, tendo, portanto, aplicação imediata.

Porém, nem todas as normas do novo regime se aplicam a todas as relações de arrendamentos já constituídas. Assim, como resulta dos artigos 26.º e seguintes

Parte I – Novo Regime do Arrendamento Urbano

da Lei n.º 6/2006, a disciplina dos arrendamentos anteriores à entrada em vigor deste diploma desvia-se da disciplina dos novos contratos em três aspectos:
– não se aplicam algumas normas do novo regime;
– continuam a aplicar-se algumas normas do RAU;
– aplicam-se normas transitórias especificamente previstas para estes arrendamentos."

(*Maria Olinda Garcia, A Nova Disciplina do Arrendamento Urbano, Coimbra, 1997, págs. 49 e seg.*)

NOTAS PESSOAIS:

ARTIGO 61.º
Manutenção de regimes

Até à publicação de novos regimes, mantêm-se em vigor os regimes da renda condicionada e da renda apoiada, previstos nos artigos 77.º e seguintes do RAU.

HISTÓRICO:

Redacção da Lei n.º 6/2006, de 27 de Fevereiro (NRAU).
Não tem correspondência na legislação anterior.

LEGISLAÇÃO COMPLEMENTAR:

REGIME DE RENDAS – ARTIGOS 77.º A 82.º DO RAU

Artigo 77.º *(Regime de rendas)*
1. Nos contratos de arrendamento para habitação podem estabelecer-se regimes de renda livre, condicionada e apoiada.
2. A opção entre os regimes de renda livre e de renda condicionada, quando se trate de primeiro ou de novo arrendamento, é feita por acordo das partes, salvo o disposto no artigo 81.º.
3. No silêncio das partes presume-se que tenha sido estipulado o regime de renda condicionada, quando a isso não se oponha o montante da renda acordada.

Artigo 78.º *(Renda livre)*
1. No regime de renda livre, a renda é estipulada por livre negociação entre as partes.
2. As partes podem convencionar, seja no próprio contrato seja em documento posterior, o regime de actualização anual das rendas.

Artigo 79.º *(Renda condicionada)*
1. No regime de renda condicionada, a renda inicial do primeiro ou dos novos arrendamentos resulta da livre negociação entre as partes, não podendo, no entanto, exceder por mês o duodécimo do produto resultante da aplicação da taxa das rendas condicionadas ao valor actualizado do fogo, no ano da celebração do contrato.

Parte I – Novo Regime do Arrendamento Urbano

2. A taxa das rendas condicionadas é fixada por portaria dos Ministros das Finanças e das Obras Públicas, Transportes e Comunicações.

Artigo 80.º *(Valor actualizado dos fogos)*

Para efeitos do disposto no artigo anterior, o valor actualizado dos fogos é o seu valor real, fixado nos termos do Código das Avaliações.

Artigo 81.º *(Regime obrigatório de renda condicionada)*

1. Ficam sujeitos ao regime de renda condicionada os arrendamentos constituídos por força do direito a novo arrendamento, nos termos dos artigos 66.º, n.º 2, e 90.º.

2. O regime de renda condicionada é também obrigatório nos arrendamentos:

a) De fogos que, tendo sido construídos para fins habitacionais pelo Estado e seus organismos autónomos, institutos públicos, autarquias locais, misericórdias e instituições de previdência, tenham sido ou venham a ser vendidos aos respectivos moradores;

b) De fogos construídos por cooperativas de habitação económica, associações de moradores e cooperativas de habitação-construção que tenham usufruído de subsídios ao financiamento ou à construção por parte do Estado, autarquias locais ou institutos públicos;

c) Nos demais casos previstos em legislação especial.

3. A obrigatoriedade imposta no número anterior cessa decorridos 25 anos contados da data da primeira transmissão do prédio, salvo disposição específica em contrário.

Artigo 81.º-A *(Actualização até ao limite da renda condicionada)*

1. O senhorio pode suscitar, para o termo do prazo do contrato ou da sua renovação, uma actualização obrigatória da renda, até ao que seria o seu valor em regime de renda condicionada, quando o arrendatário resida na área metropolitana de Lisboa ou do Porto e tenha outra residência ou for proprietário de imóvel nas respectivas áreas metropolitanas, ou quando o arrendatário resida no resto do País e tenha outra residência ou seja proprietário de imóvel nessa mesma comarca, e desde que os mesmos possam satisfazer as respectivas necessidades habitacionais imediatas.

2. Na comunicação para efeitos da actualização obrigatória da renda cabe ao senhorio identificar com rigor as residências ou imóveis que satisfaçam as exigências do número anterior.

3. A actualização rege-se pelo artigo 33.º, com as adaptações seguintes:

a) A comunicação do senhorio é feita com a antecedência mínima de 90 dias em relação ao termo do prazo do contrato ou da sua renovação;

b) A denúncia do arrendatário é enviada por escrito no prazo de 15 dias após a recepção da comunicação do senhorio, devendo o prédio ser restituído devoluto até ao termo do prazo do contrato ou da sua renovação.

Artigo 82.º *(Renda apoiada)*

1. No regime de renda apoiada, o montante das rendas é subsidiado, vigorando, ainda, regras específicas quanto à sua determinação e actualização.

264

NRAU   Art. 61.º

2. Ficam sujeitos ao regime referido no número anterior os prédios construídos ou adquiridos para arrendamento habitacional pelo Estado e seus organismos autónomos, institutos públicos e autarquias locais e pelas instituições particulares de solidariedade social com o apoio financeiro do Estado.

3. O regime de renda apoiada fica sujeito a legislação própria, aprovada pelo Governo.

ANOTAÇÕES:

1. RENDA CONDICIONADA:

"O objectivo do regime de renda condicionada é restabelecer o equilíbrio entre o valor actualizado do prédio arrendado e o rendimento do capital investido pelo senhorio. Por isso a determinação da renda condicionada resulta ou tem como limite o valor actualizado do fogo multiplicado pela taxa de rendimento considerada justa.

O valor do fogo é o seu valor real, a fixar nos termos do Código das Avaliações. O artigo 10.º do diploma preambular do RAU estabeleceu um regime transitório para cálculo do valor real do fogo até à entrada em vigor do Código das Avaliações. Para efeitos deste regime transitório, a determinação do valor actualizado dos prédios sujeitos ao regime de renda condicionada passou a resultar do disposto no DL n.º 329-A/2000, de 22 de Dezembro."

(*Cunha de Sá – Leonor Coutinho, Arrendamento 2006, Novo Regime do Arrendamento Urbano, Coimbra, 2006, pág. 113*)

2. ÂMBITO DE APLICAÇÃO:

"Dispõe o art. 61.º do NRAU que *até à publicação de novos regimes*, mantêm-se em vigor os regimes de renda condicionada e da renda apoiada, previstos nos artigos 77.º e seguintes do RAU.

Se é certo que existem contratos de arrendamento sujeitos aos regimes de renda condicionada ou de renda apoiada, celebrados já na vigência dos arts. 79.º a 82.º do RAU, aos quais nem sequer se levanta a questão da sua aplicabilidade a este regime especial de transição, pois que o mesmo é somente aplicável aos contratos celebrados antes da entrada em vigor do RAU, é igualmente certo que existem muitos outros contratos, celebrados antes da vigência do RAU, isto é, ao abrigo da Lei 46/85, de 20 de Setembro. Ora é precisamente quanto a estes contratos que se levanta a questão da eventual aplicabilidade deste regime especial de actualização das rendas, previsto nos arts. 30.º e seguintes do NRAU.

Ressalvada sempre melhor opinião, é nosso entendimento que apesar de o NRAU, no seu art. 35.º, não o referir expressamente, parece-nos que constituirá, também, um pressuposto de actualização da renda, o facto de *não tratar-se de arrendamento sujeito a regime de renda condicionada ou apoiada.*

Parte I – Novo Regime do Arrendamento Urbano

Isto, por que estes contratos contêm regras específicas de actualização, sendo que o art. 61.º do NRAU expressamente ressalvou que até à publicação de novos regimes mantêm-se em vigor os regimes da renda condicionada e da renda apoiada, previstos nos artigos 77.º e seguintes do NRAU."

(*Amadeu Colaço, Novo Regime do Arrendamento Urbano – Guia prático, Coimbra, 2006, pág. 19*)

NOTAS PESSOAIS:

ARTIGO 62.º
Republicação

O Capítulo IV do Título II do Livro II do Código Civil, composto pelos artigos 1022.º a 1113.º, é republicado em anexo à presente lei.

HISTÓRICO:

Redacção da Lei n.º 6/2006, de 27 de Fevereiro (NRAU).
Não tem correspondência na legislação anterior.

REMISSÕES:

Consulte estes artigos e respectivas anotações, *infra*, Parte II.

NOTAS PESSOAIS:

ARTIGO 63.º
Autorização legislativa

1. Fica o Governo autorizado a aprovar no prazo de 120 dias os diplomas relativos às seguintes matérias:

a) Regime Jurídico das Obras Coercivas;

b) Definição do conceito fiscal de prédio devoluto.

2. Em relação ao Regime Jurídico das Obras Coercivas, a autorização tem os seguintes sentido e extensão:

a) O diploma a aprovar tem como sentido permitir a intervenção em edifícios em mau estado de conservação, assegurando a reabilitação urbana nos casos em que o proprietário não queira ou não possa realizar as obras necessárias;

b) A extensão da autorização compreende a consagração, no diploma a aprovar, das seguintes medidas:

i) Possibilidade de o arrendatário se substituir ao senhorio na realização das obras, com efeitos na renda;

ii) Possibilidade de as obras serem efectuadas pela Câmara Municipal, ou por outra entidade pública ou do sector público empresarial, com compensação em termos de participação na fruição do prédio;

iii) Possibilidade de o arrendatário adquirir o prédio, ficando obrigado à sua reabilitação, sob pena de reversão;

iv) Limitações à transmissão do prédio adquirido nos termos da subalínea anterior;

v) Possibilidade de o proprietário de fracção autónoma adquirir outras fracções do prédio para realização de obras indispensáveis de reabilitação.

3. Em relação à definição do conceito fiscal de prédio devoluto, a autorização tem os seguintes sentido e extensão:

a) O diploma a aprovar tem como sentido permitir a definição dos

Parte I – Novo Regime do Arrendamento Urbano

casos em que um prédio é considerado devoluto, para efeitos de aplicação da taxa do Imposto Municipal sobre Imóveis;

b) A extensão da autorização compreende a consagração, no diploma a aprovar, dos seguintes critérios:

i) Considerar devolutos os prédios urbanos ou as suas fracções autónomas que, durante um ano, se encontrem desocupados;

ii) Ser indício de desocupação a inexistência de contratos em vigor com prestadores de serviços públicos essenciais, ou de facturação relativa a consumos de água, electricidade, gás e telecomunicações;

iii) Não se considerarem devolutos, entre outros, os prédios urbanos ou fracções autónomas dos mesmos que forem destinados a habitação por curtos períodos em praias, campo, termas e quaisquer outros lugares de vilegiatura, para arrendamento temporário ou para uso próprio.

c) A extensão da autorização compreende ainda a definição, no diploma a aprovar, dos meios de detecção da situação de devoluto, bem como a indicação da entidade que a ela procede e do procedimento aplicável.

HISTÓRICO:

Redacção da Lei n.º 6/2006, de 27 de Fevereiro (NRAU).
Não tem correspondência na legislação anterior.

LEGISLAÇÃO COMPLEMENTAR:

REGIME JURÍDICO DAS OBRAS EM PRÉDIOS ARRENDADOS – DECRETO-LEI N.º 157/2006, DE 8 DE AGOSTO

O texto integral vai transcrito *infra*, na Parte III.

DEFINIÇÃO DO CONCEITO FISCAL DE PRÉDIO DEVOLUTO – DECRETO-LEI N.º 159/2006, DE 8 DE AGOSTO

O texto integral vai transcrito *infra*, na Parte III.

NOTAS PESSOAIS:

ARTIGO 64.º
Legislação complementar

1. O Governo deve aprovar, no prazo de 120 dias, decretos-leis relativos às seguintes matérias:
a) Regime de Determinação do Rendimento Anual Bruto Corrigido;
b) Regime de Determinação e Verificação do Coeficiente de Conservação;
c) Regime de Atribuição do Subsídio de Renda.

2. O Governo deve aprovar, no prazo de cento e oitenta dias, iniciativas legislativas relativas às seguintes matérias:
a) Regime do Património Urbano do Estado e dos Arrendamentos por Entidades Públicas, bem como do Regime das Rendas aplicável;
b) Regime de Intervenção dos Fundos de Investimento Imobiliário e dos Fundos de Pensões em Programas de Renovação e Requalificação Urbana;
c) Criação do Observatório da Habitação e da Reabilitação Urbana, bem como da Base de dados da Habitação;
d) Regime Jurídico da Utilização de Espaços em Centros Comerciais.

HISTÓRICO:

Redacção da Lei n.º 6/2006, de 27 de Fevereiro (NRAU).
Não tem correspondência na legislação anterior.

LEGISLAÇÃO COMPLEMENTAR:

REGIMES DE DETERMINAÇÃO DO RENDIMENTO ANUAL BRUTO CORRIGIDO E ATRIBUIÇÃO DO SUBSÍDIO DE RENDA – DECRETO-LEI N.º 158/2006, DE 8 DE AGOSTO

O texto integral vai transcrito *infra*, na Parte III.

Parte I – Novo Regime do Arrendamento Urbano

REGIME DE DETERMINAÇÃO E VERIFICAÇÃO DO COEFICIENTE DE CONSERVAÇÃO – DECRETO-LEI N.º 156/2006, DE 8 DE AGOSTO

O texto integral vai transcrito *infra*, na Parte III.

NOTAS PESSOAIS:

ARTIGO 65.º
Entrada em vigor

1. Os artigos 63.º e 64.º entram em vigor no dia seguinte ao da publicação da presente lei.

2. As restantes disposições entram em vigor 120 dias após a sua publicação.

HISTÓRICO:

Redacção da Lei n.º 6/2006, de 27 de Fevereiro (NRAU).
Não tem correspondência na legislação anterior.

ANOTAÇÕES:

1. REGIME:

"Todos os preceitos do NRAU – incluindo, designadamente, as alterações ao Código Civil e ao Código de Processo Civil – entram em vigor no prazo de 120 dias a contar da data da publicação do NRAU no *Diário da República*, ou seja, em 27 de Junho de 2006.

À excepção de duas únicas disposições, que têm diferente início de vigência: os artigos 63.º e 64.º entram em vigor no dia seguinte ao da publicação do NRAU, quer dizer, em 28 de Fevereiro de 2006.

Ali, fixou-se a *vacatio legis* que se julgou adequada para tornar conhecido de todos o novo regime do arrendamento urbano.

Aqui, entendeu-se que o Governo deveria iniciar imediatamente o labor tendente à aprovação de legislação relacionada com o novo regime do arrendamento urbano ou deste complementar."

(*Cunha de Sá – Leonor Coutinho, Arrendamento 2006, Novo Regime do Arrendamento Urbano, Coimbra, 2006, págs. 117 e seg.*)

NOTAS PESSOAIS:

PARTE II

CÓDIGO CIVIL

LIVRO II – TÍTULO II – CAPÍTULO IV

**REDACÇÃO DOS ARTIGOS 2.º E 3.º
DA LEI N.º 6/2006, DE 27 DE FEVEREIRO**

CAPÍTULO IV
LOCAÇÃO

SECÇÃO I
Disposições gerais

ARTIGO 1022.º
Noção

Locação é o contrato pelo qual uma das partes se obriga a proporcionar à outra o gozo temporário de uma coisa, mediante retribuição.

HISTÓRICO:

Redacção do Decreto-Lei n.º 47 344, de 25 de Novembro de 1966.

REMISSÕES:

Contrato como fonte das obrigações – arts. 405.º e segs. CC; negócio jurídico – arts. 217.º e segs. CC; duração máxima da locação – art. 1.025.º CC; prazo supletivo – arts. 1.026.º CC (locação em geral) e 1.095.º CC (arrendamento urbano); imposto do selo – 2 da TGIS.

LEGISLAÇÃO COMPLEMENTAR:

**CÓDIGO DO IMPOSTO DO SELO
(LEI N.º 150/99, DE 11 DE SETEMBRO,
ALTERADA PELO DECRETO-LEI N.º 287/2003,
DE 12 DE NOVEMBRO)**

Artigo 1.º *(Incidência objectiva)*
1. O imposto do selo incide sobre todos os actos, contratos, documentos,

Parte II – Código Civil

livros, papéis, e outros factos previstos na Tabela Geral, incluindo as transmissões gratuitas de bens.

Artigo 2.º *(Incidência subjectiva)*
1. São sujeitos passivos do imposto:
g) Locador e sublocador, nos arrendamentos e subarrendamentos;

Artigo 3.º *(Encargo do imposto)*
1. O imposto constitui encargo dos titulares do interesse económico nas situações referidas no artigo 1.º.
2. Em caso de interesse económico comum a vários titulares, o encargo do imposto é repartido proporcionalmente por todos eles.
3. Para efeitos do n.º 1, considera-se titular do interesse económico:
b) No arrendamento e subarrendamento, o locador e o sublocador;

Artigo 60.º *(Contratos de arrendamento)*
1. As entidades referidas no artigo 2.º, bem como os locadores e sublocadores que, sendo pessoas singulares, não exerçam actividades de comércio, indústria ou prestação de serviços, comunicam ao serviço de finanças da área da situação do prédio os contratos de arrendamento, subarrendamento e respectivas promessas, bem como as suas alterações.
2. A comunicação referida no número anterior é efectuada até ao fim do mês seguinte ao do início do arrendamento, subarrendamento, das alterações ou, no caso de promessa, da disponibilização do bem locado.
3. No caso de o contrato de arrendamento ou subarrendamento apresentar a forma escrita, a comunicação referida no n.º 1 é acompanhada de um exemplar do contrato.

JURISPRUDÊNCIA:

CESSÃO DE ARRENDAMENTO:

"**I** – Face ao disposto no artigo 424.º do Código Civil, não pode existir cessão da posição contratual se, entre o anterior inquilino de um andar e a actual ocupante deste, não tiver havido uma inequívoca convergência de vontades, no sentido de esta passar a substituir aquele na posição de inquilino, e, muito menos, se não tiver havido consentimento por parte do senhorio, quanto à transmissão.

II – A denúncia do contrato de arrendamento, feita por carta através da qual o inquilino informa o senhorio de que pode dar ao andar o "destino que entender e ajustar com outrem qualquer contrato de arrendamento" constitui elemento bem elucidativo no sentido de que não foi operada qualquer cessão contratual, mesmo que esteja demonstrado que uma terceira pessoa – o suposto cessionário – ocupa o andar em causa com consentimento do senhorio e vem depositando as rendas, há vários anos, em nome do verdadeiro inquilino.

III – A vaga promessa, feita pelo senhorio à ocupante, sem título, do seu andar, de vir a celebrar com ele um contrato de arrendamento, se não tiver sido estipulada a retribuição correspondente ao gozo temporária da coisa locada – artigo 410.º, n.º 1 e artigo 1022.º do Código Civil.

IV – Não constitui abuso do direito de propriedade o facto de o senhorio exigir a restituição do andar que lhe pertence e cuja ocupação por outrem se não mostra titulada, pois tal pretensão não excede os limites impostos pela boa fé, pelos bons costumes ou pelo fim social e económico do seu direito de proprietário – artigo 334.º do Código Civil."

*(**Acórdão do Supremo Tribunal de Justiça**, de 05.01.1984, Boletim do Ministério da Justiça, 333, pág. 406)*

REVOGAÇÃO REAL:

"I – O facto de o senhorio saber que o arrendamento se destinava à habitação do arrendatário e de mais dois casais não dá a estes casais a qualidade de arrendatários, se eles não intervierem no contrato.

II – É de aplicar ao contrato de arrendamento o instituto da revogação real previsto na lei para os testamentos.

III – O senhorio reconhece como seu arrendatário o ocupante do prédio sempre que recebe dele a respectiva renda e em nome dele passa o recibo."

*(**Acórdão da Relação de Coimbra**, de 27.11.1984, Colectânea de Jurisprudência, 1984, Tomo V, pág. 75)*

MERO ACORDO DE CORTESIA:

"I – Para que haja contrato, não basta um simples acordo amigável de cortesia, de camaradagem ou obsequiosidade; é necessário que as vontades dos contraentes se dirijam à constituição, modificação ou extinção de efeitos jurídicos.

II – Na ausência de vontade de efeitos jurídicos, inexiste negócio jurídico.

III – Assim, quem habitar uma casa mediante mera autorização do respectivo dono está numa situação precária podendo essa autorização ser livremente revogada.

IV – A renda tem de ser certa e determinada ou, pelo menos, determinável."

*(**Acórdão da Relação do Porto**, de 16.12.1984, Colectânea de Jurisprudência, 1984, Tomo V, pág. 262)*

FALTA DE CONTRATO; DIREITO DE PREFERÊNCIA:

"I – Para se saber se estamos em presença de um contrato de arrendamento ou de outro contrato, há que apurar, em cada caso, qual a vontade das partes, para depois se ver a que tipo de contrato se ajusta o contrato que elas quiseram realizar.

II – Não se pode concluir pela celebração de um contrato de arrendamento, quando dos factos provados não é lícito extrair que tenha havido em vista a cons-

Parte II – Código Civil

tituição de um vínculo locativo, mas apenas se revela uma situação precária, condicionada à realização de uma escritura de compra e venda.

III – Não se tendo demonstrado que o contrato em apreço obedeça à tipologia legal do contrato de arrendamento, o autor não goza do direito de preferência que invoca."

(**Acórdão do Supremo Tribunal de Justiça**, *de 24.01.1985, Boletim do Ministério da Justiça, 343, pág. 318*)

ANÚNCIOS NO PRÉDIO ARRENDADO:

"I – O arrendamento de um prédio urbano para comércio e/ou indústria sem qualquer reserva por banda do senhorio, implica a cedência do gozo de todo o prédio arrendado, tanto o seu interior como o exterior.

II – A divulgação da insígnia do estabelecimento instalado no prédio arrendado e o anúncio de produtos que no mesmo se fabricam e/ou vendem são actividades que visam prosseguir o fim para que a coisa foi locada.

III – Sendo um arrendamento feito naquelas condições, é lícito ao arrendatário individualizar o seu estabelecimento nos termos dos artigos 141.º, 143.º e 145.º do CPI e fazer anunciar os seus produtos na fachada do prédio arrendado."

(**Acórdão da Relação de Lisboa**, *de 08.03.1990, Colectânea de Jurisprudência, 1990, Tomo II, pág. 120*)

CONTRATO PARA FINS HOTELEIROS:

"I – A classificação de um contrato deriva da interpretação do clausulado nele.

II – Não se pode considerar de arrendamento quando o clausulado no contrato vai abranger todos os elementos necessários à sua tipificação e as partes expressamente afastam tal contrato.

III – É atípico o contrato, para fins hoteleiros, consistente na exploração de fracções autónomas, por certo tempo e denunciável."

(**Acórdão da Relação de Lisboa**, *de 26.04.1990, Colectânea de Jurisprudência, 1990, Tomo II, pág. 158*)

NATUREZA:

"I – O contrato de locação e, pelo menos no que toca às obrigações de cedência do prédio e pagamento da renda, um contrato de natureza bilateral ou sinalagmático, na medida em que existe um vínculo de reciprocidade ou interdependência entre as obrigações do locador e as do locatário.

II – Tal contrato está sujeito ao regime preconizado pelo artigo 428.º do Código Civil.

III – Assim sem estar fixada a renda, não pode o locatário pagá-la, e não o podendo fazer (por não lhe ser exigível enquanto ela não estiver determinada) não pode falar-se de relação locatícia.

IV – Consequentemente, não estando sujeito ao pagamento da renda, não pode ele exigir a entrega do locado para ser por si reocupado, cabendo, por sua vez, ao locador o direito de recusar a entrega respectiva, enquanto perdurar aquela situação."

(*Acórdão da Relação de Coimbra*, de 23.04.1991, Colectânea de Jurisprudência, 1991, Tomo II, pág. 89)

PARQUES DE CAMPISMO; NÃO USO DE MEIOS POSSESSÓRIOS:

"I – Quem procura parques de campismo pretende que lhe seja fornecida estada e lhe seja possibilitado o gozo de férias em local de interesse turístico e com um mínimo de condições de conforto, higiene e segurança.

II – As entidades que exploram esses parques e oferecem aos seus frequentadores todas estas vantagens e serviços ao cobrarem uma determinada remuneração, fazem-no tendo em vista não só a ocupação do local onde o campista se instala mas sobretudo toda aquela série de benefícios.

III – Tal contrato é atípico ou inominado.

IV – Por não ter natureza locatícia, a lei não permite o uso dos meios possessórios por quem não é possuidor."

(*Acórdão da Relação de Évora*, de 04.11.1993, Colectânea de Jurisprudência, 1993, Tomo IV, pág. 299)

ELEMENTOS DO CONTRATO; RENDA:

"I – O arrendamento urbano é um contrato pelo qual uma das partes concede à outra o gozo temporário dum prédio urbano, no todo ou em parte, mediante retribuição.

II – Diferentemente da retribuição, que deve ser certa e determinada e fixada em escudos, o prazo não é um elemento essencial, já que a lei, para a falta de estipulação, estabelece um prazo supletivo.

III – Não se mostrando fixada como contrapartida à ocupação do prédio qualquer quantia em escudos, nem estabelecido critério objectivo com vista à sua determinação, haverá que concluir pela inexistência de arrendamento."

(*Acórdão da Relação do Porto*, de 19.09.1994, Boletim do Ministério da Justiça, 439, pág. 646)

CONTRATO DE LOCAÇÃO; FALTA DE TÍTULO:

"I – Sendo o contrato de locação, nos termos do artigo 1022.º do Código Civil, o contrato pelo qual uma das partes se obriga a proporcionar à outra o gozo temporário de uma coisa, mediante retribuição, são três os respectivos elementos essenciais: *a*) A obrigação de proporcionar à outra parte o gozo de uma coisa; *b*) A natureza temporária desse gozo; *c*) O facto de àquela prestação corresponder uma remuneração.

Parte II – Código Civil

II – Nos termos da teoria da impressão do destinatário, adoptada pelo Código Civil, não se verifica o encontro de declarações necessário à perfeição de um contrato de arrendamento – mas apenas, porventura, uma promessa de arrendamento – se, apesar de ocorrer a utilização de um prédio por uma sociedade constituída entre o respectivo proprietário e outra pessoa, estes apenas acordaram verbalmente que a sociedade deliberaria pagar ao primeiro certa renda, deliberação que, todavia, não veio a ser tomada.

III – Na situação descrita, é incongruente a invocação, por um lado, do arrendamento, para legitimar a ocupação, e, por outro da nulidade de tal contrato, para evitar o pagamento da renda.

IV – Assim, não possuindo o utilizador do prédio título legítimo de ocupação, esta é ilícita, constituindo aquele dever de indemnizar o proprietário, nos termos do art. 483.º, n.º 1, do Código Civil, em valor equivalente às rendas não percebidas e correspondentes juros de mora.

V – Carecendo o ocupante do prédio de título legítimo para o efeito, é adequada a acção de reivindicação para obter a respectiva desocupação e restituição ao proprietário."

(***Acórdão do Supremo Tribunal de Justiça***, *de 06.02.1996, Boletim do Ministério da Justiça, 454, pág. 674*)

LOJISTA; CENTRO COMERCIAL:

"**I** – No contrato de instalação de lojista num centro comercial, a par do elemento típico do contrato de locação, que é o da obrigação de uma das partes proporcionar à outra o gozo temporário de uma coisa, ocorrem outros elementos, como a atribuição ao criador do centro da iniciativa da sua organização, da selecção dos ramos de negócios e de serviços e das próprias pessoas que são os lojistas, da gestão de todo o orgânico e de prestação de certos serviços.

II – O contrato de instalação de lojista num centro comercial é um contrato atípico e inominado.

III – Tal contrato é insusceptível de se espartilhar nos estreitos limites do regime do contrato de locação, nele não tendo assento disposições legais como a da renovação automática que tipifica o contrato de arrendamento comercial, por ser conflituante com a necessidade de proteger o interesse geral do todo orgânico que é o centro comercial."

(***Acórdão do Supremo Tribunal de Justiça***, *de 24.10.1996, Boletim do Ministério da Justiça, 460, pág. 742*)

LOCAÇÃO DE ESTABELECIMENTO COMERCIAL; CONTRATO ATÍPICO:

"**I** – A locação de estabelecimento comercial é um contrato atípico que se rege pelas declarações negociais de quem nele outorga e, subsidiariamente, pelas

CC   Art. 1022.º

normas do contrato típico de estrutura mais próxima – que é o arrendamento para exercício de comércio ou indústria – e pelas regras comuns dos contratos.

II – A possibilidade legal de fazer operar a resolução do contrato por declaração à outra parte não impede que à mesma se proceda por via de acção judicial, com eficácia retroactiva desencadeada a partir de sentença que reconheça os seus pressupostos de facto.

III – Cabe ao locador de estabelecimento comercial, como dever contratual acessório da entrega deste, a diligência de manutenção do respectivo licenciamento camarário.

IV – A limitação causada ao funcionamento do estabelecimento por perda do licenciamento necessário para salão de dança gera uma perda de interesse do locatário decorrente da mora do locador quanto à manutenção desse licenciamento.

V – Resolvido o contrato por facto imputável ao locador, não releva a cláusula de acordo com a qual o locatário não teria direito de indemnização por benfeitorias.

VI – A resolução do contrato não implica o dever de restituição das rendas pagas, mas não exclui a restituição da caução."

(***Acórdão do Supremo Tribunal de Justiça**, de 13.07.2004, Colectânea de Jurisprudência, Acórdãos do Supremo Tribunal de Justiça, 2004, Tomo II, pág. 145*)

ANOTAÇÕES:

1. NATUREZA DO CONTRATO:

"O contrato de locação é puramente consensual, não tendo, por conseguinte carácter real *quoad constitutionem* (visto a entrega da coisa, como resulta do disposto na al. *a*) do art. 1031.º, não ser elemento integrante do contrato). (...) É oneroso (pois envolve uma retribuição por parte do locatário) e tem efeitos duradouros (porquanto dele nasce uma relação – a relação locativa – que tem, de um lado, uma prestação *continuada* – a do locador – e, do outro, uma prestação *periódica* – a do locatário)." (*Pires de Lima – Antunes Varela, Código Civil Anotado, vol. II, 1997, pág. 343*)

2. GOZO TEMPORÁRIO DA COISA:

"O gozo temporário da coisa, a que a lei se refere, não precisa de esgotar todas as possibilidades de utilização dele nem de coincidir com o seu uso normal. Pode locar-se o muro de um edifício apenas para nele afixar cartazes ou locar-se uma furgoneta ou uma *roulotte* para nelas fazer uma exposição de artigos. Note-se, porém, que ao arrendamento de um muro não são aplicáveis as disposições do artigo 1083.º e seguintes [hoje, artigos 1.064.º e seguintes], visto o contrato não ter por objecto o prédio urbano ou rústico na sua função normal (aquela que imprime natureza

Parte II – Código Civil

especial ao contrato e determina um regime próprio). São, portanto, apenas aplicáveis as regras gerais da locação." (*Pires de Lima – Antunes Varela, Código Civil Anotado, vol. II, 1997, pág. 344*)

3. OCUPAÇÃO DE TERRAÇO:

"É de arrendamento e não inominado ou atípico o contrato em que o dono do imóvel concedeu a outrem o direito de ocupar, em exclusivo, durante o prazo de cinco anos e para fins de publicidade luminosa, o terraço que serve de cobertura ao edifício." (*Parecer do Prof. Antunes Varela, Colectânea de Jurisprudência, 1993, Tomo III, pág. 5*)

4. RETRIBUIÇÃO:

"É essencial à perfeição do arrendamento que as partes tenham acordado no montante da retribuição que deve ser paga pelo locatário ou no critério que permita a sua fixação. De contrário, é de concluir, ao invés do que pode suceder na compra e venda (cfr. art. 883.º, n.º 1), onde as condições do contrato (com efeitos que, por via de regra, se esgotam logo com a entrega da coisa, por parte do vendedor) são muito diferentes das existentes na locação (com prestação duradoura, da parte do locador), que as partes não chegaram a efectuar o contrato (art. 232.º)." (*Pires de Lima – Antunes Varela, Código Civil Anotado, vol. II, 1997, pág. 343*)

5. ARRENDAMENTO DE BENS DO INCAPAZ:

"Existe legalmente consagrada uma proibição relativa à celebração de contratos de arrendamento, a qual respeita ao arrendamento de bens do incapaz a favor dos seus pais, tutor, curador, administrador legal de bens ou protutor que exerça as funções de tutor. Efectivamente, refere o art. 1892.º, que sem autorização do tribunal (actualmente do Ministério Público, por força do DL 272/2001) não podem os pais tomar de arrendamento, ainda que por intermédio de hasta pública, bens do filho sujeito ao poder paternal, excepto nos casos de sub-rogação legal, de licitação em processo de inventário ou de outorga em partilha judicialmente autorizada. Esta proibição abrange o arrendamento celebrado por interposta pessoa o que ocorrerá nos casos referidos no art. 579.º, n.º 2 (art. 1892.º, n.º 2)."

(*Luís Manuel Teles de Menezes Leitão, Arrendamento Urbano, 2ª edição, Coimbra, 2006, págs. 63 e seg.*)

NOTAS PESSOAIS:

ARTIGO 1023.º
Arrendamento e aluguer

A locação diz-se arrendamento quando versa sobre coisa imóvel, aluguer quando incide sobre coisa móvel.

HISTÓRICO:

Redacção do Decreto-Lei n.º 47 344, de 25 de Novembro de 1966.

REMISSÕES:

Coisa móvel – art. 204.º CC; coisas imóveis – art. 205.º CC; arrendamento de prédios urbanos – arts. 1.064.º e segs. CC; disposições especiais do arrendamento para habitação – arts. 1092.º e segs. CC; disposições especiais do arrendamento para fins não habitacionais – arts. 1.108.º e segs. CC.

LEGISLAÇÃO COMPLEMENTAR:

**COISAS IMÓVEIS E COISAS MÓVEIS:
ARTIGOS 204.º E 205.º DO CÓDIGO CIVIL**

Artigo 204.º *(Coisas imóveis)*
1. São coisas imóveis:
a) Os prédios rústicos e urbanos;
b) As águas;
c) As árvores, os arbustos e os frutos naturais, enquanto estiverem ligados ao solo;
d) Os direitos inerentes aos imóveis mencionados nas alíneas anteriores;
e) As partes integrantes dos prédios rústicos e urbanos.

2. Entende-se por prédio rústico uma parte delimitada do solo e as construções nele existentes que não tenham autonomia económica e por prédio urbano qualquer edifício incorporado no solo, com os terrenos que lhe sirvam de logradouro.

Parte II – Código Civil

3. É parte integrante toda a coisa móvel ligada materialmente ao prédio com carácter de permanência.

Artigo 205.º *(Coisas móveis)*
1. São móveis todas as coisas não compreendidas no artigo anterior.
2. Às coisas móveis sujeitas a registo público é aplicável o regime das coisas móveis em tudo o que não seja especialmente regulado.

ANOTAÇÕES:

ALUGUER:

"Ao invés do que sucedia, *formalmente*, no Código de 1867 (arts. 1.633.º e segs), não se regula especialmente no novo Código o contrato de aluguer. Não há, na verdade, nenhuma disposição que lhe deva ser exclusivamente aplicada, como já não existia, de resto, no domínio do velho Código. Houve, porém, o cuidado de caracterizar devidamente as que devam ser aplicadas apenas ao arrendamento 'por não serem congruentes, como se exprimia o artigo 1634.º do Código de 1867, com a índole dos objectos imobiliários" (*Pires de Lima – Antunes Varela, Código Civil Anotado, 1997, vol. II, págs. 344 e seg.*)

NOTAS PESSOAIS:

ARTIGO 1024.º
A locação como acto de administração

1. A locação constitui, para o locador, um acto de administração ordinária, excepto quando for celebrada por prazo superior a seis anos.

2. O arrendamento de prédio indiviso feito por consorte ou consortes administradores só é válido quando os restantes comproprietários manifestem, por escrito e antes ou depois do contrato, o seu assentimento.

HISTÓRICO:

– O n.º 1 é redacção do Decreto-Lei n.º 47.344, de 25 de Novembro de 1966.
– O n.º 2 é redacção do n.º 2 do artigo 2.º da Lei n.º 6/2006, de 27 de Fevereiro (NRAU).

Redacção anterior:
2. Porém, o arrendamento de prédio indiviso feito pelo consorte ou consortes administradores só se considera válido quando os restantes comproprietários manifestem, antes ou depois do contrato, o seu assentimento; se a lei exigir escritura pública para a celebração do arrendamento, deve o assentimento ser prestado por igual forma.

REMISSÕES:

Mandato geral e actos de administração ordinária – art. 1159.º, n.º 1 CC; consentimento de ambos os cônjuges para arrendamento de imóveis – art. 1682.º-A, n.º 1, al. *a*) CC; consentimento de ambos os cônjuges para locação de estabelecimento comercial – art. 1682.º, n.º 1, al. *b*) CC; autorização do tribunal para locação de bens do menor, por prazo superior a seis anos – art. 1889.º, n.º 1, al. *m*), e 1938.º, n.º 1, al. *a*) CC; registo obrigatório do arrendamento superior a seis anos – art. 2.º, n.º 1, al. *m*) CRegPred.

Parte II – Código Civil

LEGISLAÇÃO COMPLEMENTAR:

MANDATO: ARTIGO 1159.º DO CÓDIGO CIVIL

Artigo 1159.º *(Extensão do mandato)*
1. O mandato geral só compreende os actos de administração ordinária.
2. O mandato especial abrange, além dos actos nele referidos, todos os demais necessários à sua execução.

ADMINISTRAÇÃO DE BENS NO CASAMENTO: ARTIGOS 1678.º, 1681.º E 1682.º-B, DO CÓDIGO CIVIL

Artigo 1678.º *(Administração dos bens do casal)*
1. Cada um dos cônjuges tem a administração dos seus bens próprios.
2. Cada um dos cônjuges tem ainda a administração:
a) (…)
b) (…)
c) Dos bens comuns por ele levados para o casamento ou adquiridos a título gratuito depois do casamento, bem como dos sub-rogados em lugar deles;
d) Dos bens que tenham sido doados ou deixados a ambos os cônjuges com exclusão da administração do outro cônjuge, salvo se se tratar de bens doados ou deixados por conta da legítima desse outro cônjuge;
e) (…)
f) Dos bens próprios do outro cônjuge, se este se encontrar impossibilitado de exercer a administração por se achar em lugar remoto ou não sabido ou por qualquer outro motivo, e desde que não tenha sido conferida procuração bastante para a administração desses bens;
g) Dos bens próprios do outro cônjuge se este lhe conferir por mandato esse poder.
3. Fora dos casos previstos no número anterior, cada um dos cônjuges tem legitimidade para a prática de actos de administração ordinária relativamente aos bens comuns do casal; os restantes actos de administração só podem ser praticados com o consentimento de ambos os cônjuges.

Artigo 1681.º *(Exercício da administração)*
1. O cônjuge que administrar bens comuns ou próprios do outro cônjuge, ao abrigo do disposto nas alíneas *a)* a *f)* do n.º 2 do artigo 1678.º, não é obrigado a prestar contas da sua administração, mas responde pelos actos praticados em prejuízo do casal ou do outro cônjuge.
2. Quando a administração por um dos cônjuges, dos bens comuns ou próprios do outro se fundar em mandato, são aplicáveis as regras deste contrato, mas, salvo se outra coisa tiver sido estipulada, o cônjuge administrador só tem de prestar contas e entregar o respectivo saldo, se o houver, relativamente a actos praticados durante os últimos cinco anos.

CC   *Art. 1024.º*

3. Se um dos cônjuges entrar na administração dos bens próprios do outro ou dos bens comuns cuja administração lhe não caiba, sem mandato escrito mas com conhecimento e sem oposição expressa do outro cônjuge, é aplicável o disposto no número anterior; havendo oposição, o cônjuge administrador responde como possuidor de má fé.

Artigo 1682.º-B *(Disposição do direito ao arrendamento)*
Relativamente à casa de morada de família, carecem do consentimento de ambos os cônjuges:
a) A resolução, a oposição à renovação ou a denúncia do contrato de arrendamento pelo arrendatário;
b) A revogação do arrendamento por mútuo consentimento;
c) A cessão da posição de arrendatário;
d) O subarrendamento ou empréstimo total ou parcial.

NOTA: A forma para o consentimento é a exigida para a procuração, podendo ser suprido judicialmente, em caso de injusta recusa ou impossibilidade, por qualquer causa de o prestar (artigo 1684.º do Código Civil).
Os actos referidos no artigo 1682.º-B do Código Civil, praticados sem consentimento ou seu suprimento são anuláveis, a requerimento do outro cônjuge, nos seis meses subsequentes à data em que teve conhecimento, mas nunca depois de decorridos três anos sobre a sua celebração.

JURISPRUDÊNCIA:

INEFICÁCIA:

"O contrato de arrendamento celebrado por um comproprietário sem o assentimento dos outros não é nulo, mas simplesmente ineficaz quanto a eles, em termos que se equiparam ao da locação de prédio alheio."
(***Acórdão do Supremo Tribunal de Justiça***, *de 19.01.1984, Boletim do Ministério da Justiça, 333, pág. 428*)

LOCAÇÃO, ACTO DE ADMINISTRAÇÃO ORDINÁRIA:

"**I** – O contrato de locação constitui, para o locador, um acto de administração ordinária, excepto quando for celebrado por um prazo superior a seis meses (art. 1024.º, n.º 1, do Código Civil), daí que possa dar de locação todo aquele que puder dispor do uso ou da fruição da coisa.
II – A norma do artigo 1678.º, n.º 2, al. *a)* do Código Civil, na sua redacção primitiva, concedia à mulher a administração de todos os bens do casal, se o marido se encontrasse 'em lugar remoto ou não sabido, ou impossibilitado, por qualquer motivo, de exercer a administração', isto é, bastava, para o efeito, a não presença

Parte II – Código Civil

do marido, quer fosse ausência em sentido técnico, mesmo que não decretada a curadoria, quer fosse ausência em sentido amplo (lugar sabido), mas, sem que, pela distância a que o marido se encontrasse, se pudesse aguardar pelo seu regresso.

III – Na vigência daquele normativo, estando o marido ausente em parte incerta – ausência em sentido técnico – a mulher tinha o direito de assumir a administração dos bens do casal, nomeadamente, dar de arrendamento uma fracção autónoma de prédio urbano."

(*Acórdão do Supremo Tribunal de Justiça, de 02.12.1986, Boletim do Ministério da Justiça, 362, pág. 537*)

NULIDADE DE ARRENDAMENTO:

"**I** – O disposto no artigo 1024.º do Código Civil é aplicável a arrendamento feito por herdeiro de herança indivisa.

II – Sendo tal arrendamento feito sem autorização ou conhecimento dos restantes herdeiros, está ferido de nulidade sujeita a regime que não é o da nulidade pura (artigo 285.º e artigo 286.º do Código Civil), por não ser de conhecimento oficioso, ser sanável mediante confirmação e só poder ser arguida pelos herdeiros não intervenientes no acto, mas também se afasta da anulabilidade pura (artigo 287.º do Código Civil), por não estar dependente de qualquer prazo.

III – É possível ao herdeiro pedir para si próprio a entrega de bens em poder do demandado."

(*Acórdão da Relação de Coimbra, de 04.10.1988, Colectânea de Jurisprudência, 1988, Tomo IV, pág. 69*)

ARRENDAMENTO POR CO-HERDEIRO:

"**I** – A celebração de contrato de arrendamento, pelo co-herdeiro, sem o consentimento dos restantes, constitui nulidade.

II – Esta nulidade é especial ou de regime misto, pois consente a confirmação e só pode ser invocada pelos consortes não participantes no acto."

(*Acórdão do Supremo Tribunal de Justiça, de 30.05.1989, Boletim do Ministério da Justiça, 387, pág. 538*)

ARRENDAMENTO DE PRÉDIO INDIVISO; INTERVENÇÃO DOS CONSORTES; VALIDADE:

"O arrendamento de prédio indiviso feito pelo consorte ou consortes administradores só se considera válido quando os restantes comproprietários manifestem, antes ou depois do contrato, o seu assentimento."

(*Acórdão da Relação de Lisboa, de 29.04.1993, Boletim do Ministério da Justiça, 426, pág.506*)

CC   Art. 1024.º

ARRENDAMENTO; CONSENTIMENTO:

"**I** – O contrato de arrendamento celebrado sem o assentimento de consorte e nulo.

II – Trata-se de uma nulidade de regime misto: e invocável pelos restantes comproprietários, sanável mediante confirmação e não esta sujeita a prazo."

(*Acórdão da Relação de Lisboa, de 20.05.1993, Colectânea de Jurisprudência, 1993, Tomo III, pág. 112*)

INEFICÁCIA RELATIVA:

"**I** – Na lei adjectiva vigente o princípio da auto responsabilidade das partes constitui o reverso do prevalecente princípio dispositivo.

II – Na acção de reivindicação o autor tem de demonstrar o seu direito de propriedade ou de compropriedade e os réus os factos que demonstram a legitimidade da sua detenção.

III – O artigo 1024.º, n.º 2 do Código Civil – locação celebrada sem consentimento de todos os contestantes – tipifica um caso de ineficácia relativa.

IV – O erro sobre a identificação das partes pode importar incidente anómalo tributável.

V – O desentranhamento da réplica pode importar ou não o desentranhamento dos documentos que a acompanham.

VI – Direito de propriedade sobre um estabelecimento e arrendamento do local onde o mesmo se encontre não são confundíveis."

(*Acórdão do Supremo Tribunal de Justiça, de 07.02.1995, Colectânea de Jurisprudência, Acórdãos do Supremo Tribunal de Justiça, 1995, Tomo I, pág. 67*)

PRÉDIO INDIVISO; MENOR COMPROPRIETÁRIO:

"**I** – A subscrição de contrato de arrendamento de prédio indiviso por um dos comproprietários, que é também o representante legal de outro comproprietário, seu filho menor, implica o consentimento dele em nome do seu filho, apesar de não ser invocada a qualidade de representante legal e desse filho ter sido indevidamente representado no contrato por um curador.

II – A necessidade de autorização do tribunal para a celebração de arrendamento de prédio pertencente a menor apenas é exigida quando o prazo inicial do contrato for superior a 6 anos, independentemente das suas prorrogações."

(*Acórdão do Supremo Tribunal de Justiça, de 22.10.1996, Colectânea de Jurisprudência, Acórdãos do Supremo Tribunal de Justiça, 1996, Tomo III, pág. 65*)

FALTA DE MENÇÃO DA NATUREZA DO DIREITO DO LOCADOR:

"Não tendo o locador declarado, no contrato de arrendamento, a natureza do direito que lhe assistia para dar o prédio de arrendamento, sendo certo que, no caso,

Parte II – Código Civil

actuava no uso dos poderes de representante e administrador de uma herança ainda ilíquida a que pertencia o prédio dado de arrendamento, não tem a omissão de tal menção, perante o silêncio e indiferença do locatário, qualquer consequência jurídica."

(***Acórdão da Relação de Coimbra***, *de 16.01.2001, Colectânea de Jurisprudência, 2001, Tomo I, pág. 11*)

ANOTAÇÕES:

1. FUNDAMENTO DO PRECEITO:

"A solução adoptada neste artigo 1024.º – a da não validade do arrendamento – obedeceu a razões ponderosas. Não interessa, na verdade, aos consortes que o acto não autorizado seja ineficaz em relação a eles, enquanto o arrendatário detiver o prédio e pagar as rendas ao consorte administrador. O que lhes interessa é por termo ao arrendamento, obter o despejo do prédio, ou, se se quiser, por termo àquela *situação de facto*. Ora, isto não se consegue com a posição puramente passiva inerente à ineficácia, mas somente com a destruição activa do acto mediante uma acção judicial. E a mais adequada para esse efeito é a acção de nulidade, a funcionar como pressuposto ou antecedente da acção de despejo. Cfr. Rui de Alarcão, *A confirmação dos negócios anuláveis*, pág. 199, nota 333, e Pereira Coelho, *Arrendamento*, pág. 91 (…).″ (*Pires de Lima – Antunes Varela, Código Civil Anotado, 1997, vol. II, págs. 346 e seg.*)

2. LEGITIMIDADE PARA LOCAR:

"Do disposto no n.º 1 resulta, por via indirecta, a determinação das pessoas que têm legitimidade para conceder a outrem o gozo temporário e retribuído de uma coisa (mandatário, representante legal ou voluntário, cônjuge administrador, cabeça-de-casal, curador provisório ou definitivo dos bens do ausente, o administrador da massa falida, etc.), embora os efeitos jurídicos do acto não sejam sempre os mesmos, especialmente pelo que respeita à caducidade (cfr. artigo 1051.º, alínea *c*))." (*Pires de Lima – Antunes Varela, Código Civil Anotado, 1997, vol. II, pág. 345*)

3. NULIDADE DO CONTRATO:

"O arrendamento feito por um ou alguns dos consortes sem o consentimento de todos é um arrendamento nulo, como resulta claramente deste n.º 2 do artigo 1024.º (cfr. art. 294.º), embora a sanção esteja sujeita a um regime especial, incluindo a possibilidade de confirmação e o facto de só ser invocável pelos consortes não participantes no acto.

Vaz Serra (*Rev. de Leg. e de Jur.*, ano 100.º, pág. 202 e ano 103.º, pág. 56, nota 2), invocando, porém, o disposto no n.º 2 do artigo 1408.º e o facto de a exigência do assentimento dos consortes ter em vista a defesa do direito destes, entende que a sanção não é, neste caso, a da nulidade, mas a da *ineficácia.*" (*Pires de Lima – Antunes Varela, Código Civil Anotado, 1997, vol. II, pág. 346*)

4. ALTERAÇÃO AO N.º 2:

"A alteração introduzida no n.º 2 do artigo 1024.º traduziu-se, essencialmente, na eliminação da sua parte final, onde era feita referência à possibilidade de o consentimento dos consortes não outorgantes ser dado através de escritura pública (quando fosse essa a forma legalmente exigida para a celebração do contrato). Tratou-se, assim, de uma actualização formal da norma, dado que a escritura pública já tinha deixado de ser exigida em toda e qualquer hipótese de celebração do contrato de arrendamento." (*Maria Olinda Garcia, A Nova Disciplina do Arrendamento Urbano, Coimbra, 2006, pág. 9*)

5. LEGITIMIDADE PARA CELEBRAR O CONTRATO

"Em nosso entender, o arrendamento urbano é para o arrendatário uma simples assunção de obrigações como contrapartida do gozo de uma coisa, pelo que deve ser considerada um acto de mera administração, até porque a lei permite amplamente a denúncia do arrendatário, independentemente do prazo estipulado (cfr. arts. 1098.º, n.º 2, 1100.º e 1110.º, n.º 2). Pode assim o arrendamento ser celebrado, em relação ao arrendatário, por mandatário com poderes gerais de administração (art. 1159.º) e pelos pais em representação do menor (art. 1889.º, *h*)). Em relação ao tutor, ser-lhe-á permitido tomar de arrendamento, ser for para assegurar habitação ao pupilo (o que é uma componente do seu direito a alimentos) ou tal se mostre necessário à administração do património dele (art. 1938.º, n.º 1, *d*), sendo este regime igualmente aplicável ao administrador de bens (art. 1971.º) e curador (art. 94.º)."

(*Luís Manuel Teles de Menezes Leitão, Arrendamento Urbano, 2ª edição, Coimbra, 2006, pág. 32*)

NOTAS PESSOAIS:

ARTIGO 1025.º
Duração máxima

A locação não pode celebrar-se por mais de trinta anos; quando estipulada por tempo superior, ou como contrato perpétuo, considera-se reduzida àquele limite.

HISTÓRICO:

Redacção do Decreto-Lei n.º 47344, de 25 de Novembro de 1966.

REMISSÕES:

Regime dos prazos – arts. 296.º e segs. CC; redução dos negócios jurídicos – art. 292.º CC.

JURISPRUDÊNCIA:

ARRENDAMENTO DE PRÉDIO RÚSTICO:

"**I** – O contrato de arrendamento de um prédio rústico, celebrado no domínio do Código de 1867 pelo prazo de 100 anos, para fins não agrícolas, é regulado pela lei vigente à data da feitura do contrato.

II – Tendo terminado em 29 de Setembro de 1979 o prazo contratual de 100 anos o contrato caducou e, consequentemente, não se renovou.

III – A disposição imperativa do artigo 1025.º do Código Civil não interfere no termo do contrato, porquanto da sua aplicação resultaria *ex vi* do artigo 297.º, n.º 1, do mesmo Código, um termo posterior ao resultante da aplicação da lei antiga.

IV – O facto de o terreno em questão e as construções nele implantadas se situarem em área degradada, sujeitos, por isso, a expropriação, implica a inexistência *in casu* das razões sociais e jurídicas que estiveram na base da estatuição da renovação obrigatória do contrato de arrendamento."

(***Acórdão do Supremo Tribunal de Justiça**, de 01.07.1986, Boletim do Ministério da Justiça, 359, pág. 661*)

Parte II – Código Civil

ARRENDAMENTO CELEBRADO EM 1913:

"**I** – Ao contrato de arrendamento rural celebrado em 1913 pelo prazo de 99 anos, renováveis, é aplicável o regime prescrito no Decreto 385/88, por força do artigo 36.º, n.º 1 deste diploma.

II – Aliás, tal contrato, face aos artigos 1025.º – norma geral da locação e por isso aplicável aos arrendamentos rurais – e 297.º do Código Civil de 1966, ficou reduzido a 30 anos, contados desde 01.06.1967.

III – Transmitido o contrato de arrendamento por morte do primitivo arrendatário para um seu filho, com a morte deste em Agosto de 1966 o contrato caducou nos termos do artigo 23.º, n.º 4 do Decreto 385/88, por não ser legalmente possível outra transmissão.

IV – Os apontados artigos 1025.º e 297.º do Código Civil e 23.º e 36.º, n.º 1, do Decreto 385/88, na interpretação segundo a qual se consideram aplicáveis ao dito contrato de arrendamento, não são materialmente inconstitucionais.

V – Nada obsta à validade da cláusula, contida no contrato de arrendamento, de que as benfeitorias realizadas pelo arrendatário não lhe dão direito de exigir indemnização ao senhorio.

VI – Que assim não fosse, quando as benfeitorias terão sido efectuadas sempre seria legalmente necessário o consentimento prévio do senhorio, o que nem sempre foi alegado."

(***Acórdão do Supremo Tribunal de Justiça***, *de 21.01.2003, Colectânea de Jurisprudência, Acórdãos do Supremo Tribunal de Justiça, 2003, Tomo I, pág. 25*)

PERMANÊNCIA DO ARRENDATÁRIO
NO LOCAL ARRENDADO POR MAIS DE VINTE ANOS:

"**I** – As leis relativas às relações jurídicas de arrendamento são, em princípio, de aplicação imediata às relações já constituídas.

II – A declaração de inconstitucionalidade com força obrigatória geral, quer se trate de inconstitucionalidade orgânica, quer material, tem em princípio eficácia retroactiva, *ex tunc* (e não, apenas, efeitos a contar da data da declaração, ou *ex nunc*).

III – Atenta a eficácia retroactiva da declaração da norma do artigo 107.º, n.º 1, al. *b*), do RAU, passou a encontrar-se em vigor, por repristinação, o artigo 2.º, n.º 1, al. *b*), da Lei n.º 55/79, de 15.09.

IV – Para o êxito da excepção, não basta a mera alegação da subsistência do contrato de arrendamento por 20 anos ou mais, tornando-se necessária a alegação e prova da manutenção ou permanência do arrendatário no local arrendado por aquele período ou mais, e nessa qualidade."

(***Acórdão da Relação de Lisboa***, *de 04.03.2004, Colectânea de Jurisprudência, 2004, Tomo II, pág. 81*)

CC Art. 1025.º

ANOTAÇÕES:

1. REDUÇÃO DO PRAZO:

"Os contratos celebrados por mais de trinta anos não são nulos: consideram--se reduzidos ao limite legal. Não se verifica, porém, um fenómeno de redução, tal como está previsto no artigo 292.º, pois a limitação do prazo impõe-se, mesmo que não seja essa a vontade conjectural das partes. Trata-se de uma redução que exprime uma limitação de ordem pública. Entende-se haver inconvenientes, quer no aspecto económico, quer no plano social, em que o gozo de determinada coisa seja obrigatoriamente concedido para um período demasiado dilatado de tempo a quem não seja o seu proprietário ou usufrutuário" (*Pires de Lima – Antunes Varela, Código Civil Anotado, 1997, vol. II, pág. 348*)

2. NÃO APLICAÇÃO DO PRECEITO:

"Este limite máximo de trinta anos não pode aplicar-se à duração da relação locatícia, proveniente da renovação do contrato (…).

A abolição dos casos de arrendamentos por prazos superiores ao fixado no artigo 1025.º far-se-á as mais das vezes com a cessação pura e simples do arrendamento (por redução do prazo ou caducidade do contrato realizado). Se, porém, tiver havido inversão do título a que o arrendatário detinha o imóvel (art. 1265.º), nada obsta a que o antigo arrendatário venha a adquirir o imóvel por usucapião, com base na posse em nome próprio que sobre ele tenha exercido, durante o tempo necessário." (*Pires de Lima – Antunes Varela, Código Civil Anotado, 1997, vol. II, pág. 348*)

NOTAS PESSOAIS:

ARTIGO 1026.º
Prazo supletivo

Na falta de estipulação, entende-se que o prazo de duração do contrato é igual à unidade de tempo a que corresponde a retribuição fixada, salvas as disposições especiais deste código.

HISTÓRICO:

Redacção do Decreto-Lei n.º 47344, de 25 de Novembro de 1966.

REMISSÕES:

Liberdade contratual – arts. 398.º, n.º 1 e 405.º CC; obrigação do locatário em restituir a coisa no fim do contrato – art. 1038.º, al. *i*) CC; formas de cessação do arrendamento urbano – art. 1079.º CC; estipulação de prazo certo – art. 1095.º CC; renovação automática do contrato – art. 1096.º CC.

ANOTAÇÕES:

ÂMBITO DE APLICAÇÃO:

"Dada a existência de regras especiais, com larga projecção, o campo de incidência do disposto neste artigo 1026.º é, sobretudo, o contrato de aluguer. Quem aluga, por ex., um automóvel a tanto por hora, sem nada se declarar quanto ao prazo, aluga-o normalmente por uma hora, se o aluga a tanto por dia, aluga-o normalmente por um dia, e assim sucessivamente." (*Pires de Lima – Antunes Varela, Código Civil Anotado, 1997, vol. II, pág. 349*)

NOTAS PESSOAIS:

ARTIGO 1027.º
Fim do contrato

Se do contrato e respectivas circunstâncias não resultar o fim a que a coisa locada se destina, é permitido ao locatário aplicá-la a quaisquer fins lícitos, dentro da função normal das coisas de igual natureza.

HISTÓRICO:

Redacção do Decreto-Lei n.º 47 344, de 25 de Novembro de 1966.

REMISSÕES:

Interpretação dos negócios jurídicos – arts. 236.º e segs. CC; requisitos do objecto negocial – art. 280.º CC; fim do negócio jurídico contrário à lei ou à ordem pública ou ofensivo dos bons costumes – art. 281.º CC; obrigação do locatário na restituição da coisa no fim do contrato – art. 1038.º, al. *i)* CC; arrendamentos mistos – art. 1066.º CC; fim do arrendamento urbano – art. 1067.º CC; resolução do contrato por uso do locado para fim diverso – art. 1083.º, n.º 2, al. *c)*.

LEGISLAÇÃO COMPLEMENTAR:

INTERPRETAÇÃO E INTEGRAÇÃO DA DECLARAÇÃO NEGOCIAL – ARTIGOS 236.º A 239.º DO CÓDIGO CIVIL

Artigo 236.º *(Sentido normal da declaração)*
1. A declaração negocial vale com o sentido que um declaratário normal, colocado na posição do real declaratário, possa deduzir do comportamento do declarante, salvo se este não puder razoavelmente contar com ele.
2. Sempre que o declaratário conheça a vontade real do declarante, é de acordo com ela que vale a declaração emitida.

Artigo 237.º *(Casos duvidosos)*
Em caso de dúvida sobre o sentido da declaração, prevalece, nos negócios gratuitos, o menos gravoso para o disponente e, nos onerosos, o que conduzir ao maior equilíbrio das prestações.

Parte II – Código Civil

Artigo 238.º *(Negócios formais)*
1. Nos negócios formais não pode a declaração valer com um sentido que não tenha um mínimo de correspondência no texto do respectivo documento, ainda que imperfeitamente expresso.
2. Esse sentido pode, todavia, valer, se corresponder à vontade real das partes e as razões determinantes da forma do negócio se não opuserem a essa validade.

Artigo 239.º *(Integração)*
Na falta de disposição especial, a declaração negocial deve ser integrada de harmonia com a vontade que as partes teriam tido se houvessem previsto o ponto omisso, ou de acordo com os ditames da boa fé, quando outra seja a solução por eles imposta.

JURISPRUDÊNCIA:

LEGIMITIDADE:

"Não é nulo, por impossibilidade do seu objecto, o arrendamento para habitação celebrado por uma sociedade comercial, como inquilina, para habitar no respectivo prédio quem a sociedade entender."
(*Acórdão da Relação do Porto, de 17.03.1997, Boletim do Ministério da Justiça, 465, pág. 639*)

ANOTAÇÕES:

INTERPRETAÇÃO DO CONTRATO:

"A interpretação do contrato, com vista à determinação do fim da locação, há-de fazer-se segundo as regras dos artigos 236.º e seguintes, atendendo especialmente às "respectivas circunstâncias", que, na locação, podem revelar, e muitas vezes revelam, o sentido da declaração negocial.
Esgotado o processo interpretativo, sem se chegar à determinação do fim contratual, o locatário poderá aplicar a coisa a qualquer fim lícito, dentro da função normal das coisas de igual natureza." (*Pires de Lima – Antunes Varela, Código Civil Anotado, 1997, vol. II, págs. 349 e seg.*)

NOTAS PESSOAIS:

ARTIGO 1028.º
Pluralidade de fins

1. Se uma ou mais coisas forem locadas para fins diferentes, sem subordinação de uns a outros, observar-se-á, relativamente a cada um deles, o regime respectivo.

2. As causas de nulidade, anulabilidade ou resolução que respeitem a um dos fins não afectam a parte restante da locação, excepto se do contrato ou das circunstâncias que o acompanham não resultar a discriminação das coisas ou partes da coisa correspondentes às várias finalidades, ou estas forem solidárias entre si.

3. Se, porém, um dos fins for principal e os outros subordinados, prevalecerá o regime correspondente ao fim principal; os outros regimes só são aplicáveis na medida em que não contrariem o primeiro e a aplicação deles se não mostre incompatível com o fim principal.

HISTÓRICO:

Redacção do Decreto-Lei n.º 47 344, de 25 de Novembro de 1966.

REMISSÕES:

Reunião de regras de dois ou mais negócios no mesmo contrato – art. 405.º, n.º 2 CC; redução dos negócios jurídicos – art. 292.º CC; interpretação e integração do negócio jurídico – arts. 236.º e segs. CC; arrendamento de imóveis mobilados – art. 1065.º CC; arrendamentos mistos – art. 1066.º CC.

JURISPRUDÊNCIA:

SUBORDINAÇÃO DE CONTRATOS:

"**I** – Existindo dois contratos – um tendo por objecto a garagem de um prédio e outro a habitação de um seu andar, por se tratar de casa de renda limitada, desti-

Parte II – Código Civil

nando-se a garagem a recolha exclusiva de viatura daquele arrendatário, está o arrendamento da garagem subordinado ao da habitação.

II – Daí que – n.º 3 do artigo 1028.º – prevalecerá o regime correspondente ao fim principal – o do arrendamento urbano para habitação."

(*Acórdão da Relação de Lisboa, de 27.10.1983, Colectânea de Jurisprudência, 1983, Tomo IV, pág. 159*)

QUALIFICAÇÃO DO CONTRATO:

"**I** – Se o arrendamento abrange um prédio urbano destinado a habitação e um prédio rústico visando fins agrícolas, o maior valor daquele ou deste prédio é que determina a qualificação do contrato.

II – Só se pode concluir que determinado prédio urbano está integrado numa exploração agrícola, se consistir numa construção existente em prédio rústico sem autonomia económica, conforme resulta do n.º 2 do artigo 204.º do Código Civil."

(*Acórdão da Relação do Porto, de 28.01.1988, Colectânea de Jurisprudência, 1988, Tomo I, pág. 205*)

IMÓVEL ARRENDADO PARA MAIS DE UM FIM:

"**I** – Se um imóvel foi arrendado para mais que um fim, deve observar-se para cada fim o regime respectivo.

II – Assim não sucederá se existir subordinação de um fim a outro, ou se do contrato ou circunstâncias que o acompanham não resultar discriminação das coisas ou partes da coisa correspondentes às várias finalidades ou se houver solidariedade dos fins a que as coisas se aplicam.

III – Sendo o imóvel arrendado a sociedade e destinando-se, além do comércio e indústria, a habitação de sócios ou empregados dela, deve presumir-se que há subordinação do fim habitacional ao comercial ou industrial.

IV – Se, porém, há actos posteriores ao contrato, praticados pelos contraentes ou seus sucessores, que revelam concordância implícita com uma forma de discriminação das partes da coisa arrendada que correspondem a cada um dos fins, o contrato deve ser integrado de harmonia com esse acordo implícito, por ser essa a solução que corresponde aos ditames da boa fé, independentemente de esses actos não obedecerem aos requisitos de forma exigidos para o contrato.

V – A integração de um negócio jurídico, através de critérios indicados no artigo 239.º do Código Civil, é matéria de direito."

(*Acórdão do Supremo Tribunal de Justiça, de 25.09.1990, Boletim do Ministério da Justiça, 399, pág. 486*)

USO DO ARRENDADO PARA FIM DIVERSO:

"Desde que no contrato de arrendamento não esteja prevista a sua vinculação a um fim específico, não pode concluir-se por violação do contrato e, consequente-

CC   *Art. 1028.º*

mente, por ocorrência de fundamento resolutivo, qualquer mudança no modo como é utilizado o arrendado, por mais prolongado que tenha sido o anterior."
(*Acórdão da Relação de Lisboa, de 21.01.1993, Colectânea de Jurisprudência, 1993, Tomo I, pág. 120*)

CONTRATO DE ARRENDAMENTO; PLURALIDADE DE FINS:

"**I** – Não é possível uma perfeita discriminação das coisas afectas a cada uma das finalidades do arrendamento – habitação e exercício da advocacia – se as divisões de uma mesma casa destinadas a esta última finalidade não se podem autonomizar das restantes.

II – Terá de ser ordenado o despejo relativo a todo o local arrendado se se verifica um fundamento de resolução relativo a uma das finalidades do arrendamento, no caso de impossibilidade material de destrinça entre os espaços afectos a cada uma dessas finalidades."
(*Acórdão da Relação de Lisboa, de 07.05.1998, Colectânea de Jurisprudência, 1998, Tomo III, pág. 88*)

CONTRATO DE ARRENDAMENTO; PLURALIDADE DE FINS; APLICAÇÃO DO PRÉDIO PARA FIM OU RAMO DE NEGÓCIO DIVERSO:

"**I** – Na ausência de demonstração, por parte do arrendatário, da distinção clara quer dos objectos negociais, quer da discriminação das partes do prédio afectas a cada um deles, é de optar pela solidariedade prevista na última parte do n.º 2 do artigo 1028.º do Código Civil.

II – A *ratio legis* da al. *b*) do n.º do artigo 64.º do R.A.U. consiste na preocupação de combater a aplicação do prédio a fim mais desgastante do imóvel do que o previsto pelas partes, e no propósito de evitar a sua utilização para um fim que repugne ou não convenha ao senhorio.

III – Tendo o imóvel sido arrendado para "estabelecimento comercial de café e venda de frutas e hortaliças", passando aí os arrendatários a explorarem um restaurante, não se verificando entre a exploração de um café e a de um restaurante relações de complementaridade ou acessoriedade, o senhorio tem o direito de resolver o contrato de arrendamento, com base no artigo 64.º, n.º 1, al. *b*) do R.A.U.."
(*Acórdão da Relação de Lisboa, de 21.05.1998, Colectânea de Jurisprudência, 1998, Tomo III, pág. 107*)

ANOTAÇÕES:

SUBORDINAÇÃO DE UM FIM AO OUTRO:

"Há apenas uma questão de facto a resolver, se é que a solução não resulta, explícita ou implicitamente, do próprio contrato. O arrendamento de um prédio

Parte II – Código Civil

urbano, por ex., para nele funcionar um hospital, uma casa de saúde, um colégio, etc., engloba, ou pode englobar em si, como fins subordinados, não autónomos, a habitação dos enfermeiros ou professores; no arrendamento de um prédio urbano para uma exploração industrial, com a cláusula de que nele podem habitar trabalhadores, fica igualmente subordinado este último fim ao primeiro: não há arrendamento para habitação, mas um arrendamento industrial. No arrendamento de uma casa de habitação, com a faculdade atribuída ao inquilino de nela exercer uma profissão liberal, das que são habitualmente exercidas no domicílio, há apenas, atento o fim principal do contrato, um arrendamento para habitação." (*Pires de Lima – Antunes Varela, Código Civil Anotado, 1997, vol. II, pág. 352*)

NOTAS PESSOAIS:

ARTIGO 1029.º
Exigência de escritura pública

1. Devem ser reduzidos a escritura pública:
a) Os arrendamentos sujeitos a registo;
b) Os arrendamentos para o comércio, indústria ou exercício de profissão liberal.

2. No caso da alínea a) do número anterior, a falta de escritura pública ou do registo não impede que o contrato se considere validamente celebrado e plenamente eficaz pelo prazo máximo por que o poderia ser sem a exigência de escritura e de registo.

3. No caso da alínea b) do n.º 1, a falta de escritura pública é sempre imputável ao locador e a respectiva nulidade só é invocável pelo locatário, que poderá fazer a prova do contrato por qualquer meio.

HISTÓRICO:

– Revogado pelo artigo 2.º, n.º 1 da Lei n.º 6/2006, de 27 de Fevereiro (NRAU).

– Os n.ºˢ 1 e 2 eram redacção do Decreto-Lei n.º 47 344, de 25 de Novembro de 1966.

– O n.º 3, aditado pelo Decreto-Lei n.º 67/75, de 19 de Fevereiro, havia já sido revogado pelo artigo 5.º do Decreto-Lei n.º 321-B/90, de 15 de Outubro, que aprovou o Regime do Arrendamento Urbano.

NOTAS PESSOAIS:

ARTIGO 1030.º
Encargos da coisa locada

Os encargos da coisa locada, sem embargo de estipulação em contrário, recaem sobre o locador, a não ser que a lei os imponha ao locatário.

HISTÓRICO:

Redacção do Decreto-Lei n.º 47 344, de 25 de Novembro de 1966.

ANOTAÇÕES:

1. ENCARGOS:

São encargos da coisa locada, nomeadamente, o pagamento da contribuição autárquica, dos prémios de seguros, das despesas com exigências municipais relativas a asseio e beleza do prédio, do condomínio, quando se trate de fracção autónoma em prédio em regime de propriedade horizontal. Contudo, relativamente a esta última despesa, é frequente o acordo entre locador e locatário, no sentido de ser este último a suportá-la.

São da responsabilidade do locatário, por força da lei, nomeadamente os encargos com a manutenção da coisa (artigo 1043.º, n.º 1 do Código Civil).

2. ENCARGOS A SUPORTAR PELO ARRENDATÁRIO:

Apenas as despesas correntes necessárias à fruição das partes comuns do edifício e ao pagamento de serviços de interesse comum podem, por acordo entre as partes, ficar a cargo do arrendatário.

Assim, não será de admitir que fique a cargo do arrendatário da totalidade do prédio o pagamento da contribuição autárquica, dado tratar-se de um encargo inerente à pessoa do proprietário (senhorio).

NOTAS PESSOAIS:

SECÇÃO II
Obrigações do locador

ARTIGO 1031.º
Enumeração

São obrigações do locador:
a) Entregar ao locatário a coisa locada;
b) Assegurar-lhe o gozo desta para os fins a que a coisa se destina.

HISTÓRICO:

Redacção do Decreto-Lei n.º 47 344, de 25 de Novembro de 1966.

REMISSÕES:

Eficácia dos contratos – art. 406.º CC; vício da coisa locada – art. 1032.º CC; reparações ou outras despesas urgentes pelo locador – art. 1036.º CC; actos que impedem ou diminuem o gozo da coisa – art. 1037.º CC.

LEGISLAÇÃO COMPLEMENTAR:

REGULAMENTO GERAL DAS EDIFICAÇÕES URBANAS, ARTIGOS 10.º A 13.º

Artigo 10.º Independentemente das obras periódicas de conservação a que se refere o artigo anterior, as câmaras municipais poderão, em qualquer altura, determinar, em edificações existentes, precedendo vistoria realizada nos termos do artigo 51.º, § 1.º, do Código Administrativo, a execução de obras necessárias para corrigir más condições de salubridade, solidez ou segurança contra o risco de incêndio.

§ 1.º Às câmaras municipais compete ordenar, precedendo vistoria, a demolição total ou parcial das construções que ameacem ruína ou ofereçam perigo para a saúde pública.

Parte II – Código Civil

§ 2.º As deliberações tomadas pelas câmaras municipais em matéria de beneficiação extraordinária ou demolição serão notificadas ao proprietário do prédio no prazo de três dias, a contar da aprovação da respectiva acta.

Artigo 11.º Poderão ser expropriadas as edificações que, em consequência de deliberação camarária baseada em prévia vistoria realizada nos termos do § 1.º do artigo 51.º do Código Administrativo, devam ser reconstruídas, remodeladas, beneficiadas ou demolidas, total ou parcialmente, para realização de plano de urbanização geral ou parcial aprovado.

Artigo 12.º A execução de pequenas obras de reparação sanitária, como, por exemplo, as relativas a roturas, obstruções ou outras formas de mau funcionamento, tanto das canalizações interiores e exteriores de águas e esgotos como das instalações sanitárias, a deficiências das coberturas e ao mau estado das fossas será ordenada pelas câmaras municipais, independentemente de vistoria.

§ **único.** Passa para as câmaras municipais a competência para a aplicação das penas previstas na lei pelo não cumprimento das determinações a que este artigo se refere.

Artigo 13.º Quando determinadas obras forem impostas por um serviço público, a notificação ao interessado deverá ser feita por intermédio da respectiva câmara municipal.

JURISPRUDÊNCIA:

DIMINUIÇÃO DO GOZO DO ARRENDADO:

"**I** – Deve entender-se que impedem e diminuem o gozo do fogo arrendado as obras, realizadas pelo senhorio, de que resultou temporária impossibilidade de acesso à residência, com a criação de uma situação que torne esse acesso difícil e perigoso.

II – Tal conduta integra a responsabilidade contratual e extracontratual do senhorio."

(*Acórdão da Relação de Coimbra, de 28.01.1992, Boletim do Ministério da Justiça, 413, pág. 620*)

OBRIGAÇÕES DO LOCADOR (REPARAÇÕES NO LOCADO; PRAZO):

"A obrigação do locador de proceder a reparações no locado é daquelas que, pela sua própria natureza, exige a fixação de um prazo para o cumprimento, cumprindo ao tribunal fazê-lo se os interessados não estiverem de acordo."

(*Acórdão da Relação de Coimbra, de 14.10.1992, Boletim do Ministério da Justiça, 420, pág. 659*)

INDEMNIZAÇÃO POR OBRAS:

"**I** – É válida a cláusula de contrato de arrendamento que atribui ao inquilino o direito de ser indemnizado pelo senhorio, pelo custo de obras de conservação e beneficiação, para o efeito de o local arrendado satisfazer o fim do arrendamento, a saber, a realização de espectáculos de teatro, cinema e festas musicais.

II – Consequentemente, não constitui caso de força maior justificativo do encerramento do locado o facto de carecer de tais obras."

(*Acórdão da Relação de Lisboa, de 15.12.1993, Colectânea de Jurisprudência, 1993, Tomo V, pág. 158*)

OBRAS REALIZADAS PELO LOCATÁRIO EM CASO DE URGÊNCIA; REEMBOLSO:

"**I** – A obrigação de assegurar ao locatário o gozo do locado, para fins a que se destina, imposta ao locador pela al. *b*) do artigo 1031.º do Código Civil, implica a obrigação de efectuar as reparações ou outras despesas essenciais que, para tanto, sejam necessárias.

II – Porém, no caso de urgência que não se compadeça com as delongas de procedimento judicial, o locatário pode realizar as obras substituindo-se ao locador, cabendo-lhe o direito de ser reembolsado do que haja despendido (artigo 1036.º do Código Civil).

III – Se a urgência permitir aguardar que o locador incorra em mora, o locatário terá previamente que, nos termos do n.º 1 do artigo 805.º do mesmo Código, interpelar, judicial ou extrajudicialmente, o locador. Caso não cheguem a acordo sobre o prazo para a realização das reparações ou de outras despesas, o locatário deverá, conforme estabelece o n.º 2 do artigo 777.º, igualmente do Código Civil, requerer que aquele seja judicialmente fixado, utilizando o processo regulado nos artigos 1456.º e 1457.º do Código de Processo Civil (n.º 1 do artigo 1036.º do Código Civil).

IV – Se a urgência não permite aguardar que o locador incorra em mora, o locatário poderá realizar as obras e despesas sem necessidade de aguardar que o locador incorra em mora. Neste caso, exige-se, todavia, que a urgência das obras e despesas não consinta qualquer demora e que o locador seja, ao mesmo tempo, avisado da sua realização (n.º 2 do artigo 1036.º do Código Civil)."

(*Acórdão do Supremo Tribunal de Justiça, de 27.10.1994, Boletim do Ministério da Justiça, 440, pág. 478*)

ARRENDAMENTO; ENTREGA DA COISA ARRENDADA:

"Embora a alínea *a*) do artigo 1031.º do Código Civil estabeleça a obrigação da entrega da coisa, esta entrega é elemento da eficácia e não da perfeição, complemento ou validade do acordo contratual. O contrato de arrendamento é um contrato consensual e não um negócio real e, por isso, existe, perfeito, mesmo antes da entrega da coisa locada."

Parte II – Código Civil

(*Acórdão da Relação de Coimbra*, de 23.04.1996, Boletim do Ministério da Justiça, 456, pág. 508)

CONTRATO DE ARRENDAMENTO; OBRAS; REPERCUSSÃO DO CUSTO NA RENDA:

"**I** – O locador tem o dever de realizar, no locado, as obras indispensáveis ao fim contratual, pequenas ou grandes, quer a sua necessidade resulte do desgaste provocado pelo simples decurso do tempo, ou de acto de terceiro ou de caso fortuito ou força maior.

II – Em tal se pode inserir a reparação da porta de uma cozinha.

III – Mas, não se tratando de deficiência imputável ao senhorio, não decorrendo de defeito de construção, nem de caso fortuito ou de força maior, e resultando de imposição municipal, o custo pode ser repercutido na renda, basicamente à luz do artigo 38.º do Regime de Arrendamento Urbano."

(*Acórdão da Relação de Lisboa*, de 24.04.1996, Colectânea de Jurisprudência 1996, Tomo II, pág. 118)

SUSPENSÃO DO PAGAMENTO DA RENDA:

"Se o locatário paga a renda e o locador não repara as deteriorações do imóvel que é obrigado a garantir, aquele pode suspender o pagamento de toda a renda, quando se trata de não cumprimento que exclua totalmente o gozo da coisa ou de parte dela, no caso de privação parcial do gozo imputável ao locador."

(*Acórdão da Relação de Lisboa*, de 09.05.1996, Colectânea de Jurisprudência, 1996, Tomo III, pág. 87)

OBRAS NAS PARTES COMUNS; INTERVENÇÃO PRINCIPAL:

"**I** – Em acção intentada pelo inquilino contra o senhorio, pedindo a condenação deste na realização de obras de conservação ordinária nas partes comuns do edifício (constituído em propriedade horizontal), pode o proprietário de outra fracção autónoma requerer a sua intervenção principal espontânea ao lado do primitivo réu.

II – De facto, sendo os condóminos, na propriedade horizontal, comproprietários das partes comuns do edifício, são, todos, na proporção das suas fracções, responsáveis pelas respectivas despesas de conservação; por conseguinte, são,

todos, na referida acção do inquilino contra o senhorio, sujeitos passivos da relação material controvertida."

(*Acórdão da Relação de Coimbra*, de 19.11.1996, Colectânea de Jurisprudência, 1996, Tomo V, pág. 20)

CC   Art. 1031.º

ABUSO DE DIREITO:

"Integra abuso de direito a conduta do locador que não realiza obras necessárias a assegurar o exercício da actividade comercial no arrendado, permitindo a degradação do prédio, que levou à cessação da actividade, e, não obstante, vem pedir a resolução do contrato com fundamento em encerramento do prédio."
(*Acórdão da Relação do Porto*, de 10.07.1997, *Boletim do Ministério da Justiça, 463, pág. 652*)

PUBLICIDADE DO ESTABELECIMENTO; SUPRIMENTO DO CONSENTIMENTO:

"**I** – Ao arrendatário comercial, é lícito, no âmbito do contrato de arrendamento, fazer uso da publicidade do estabelecimento, designadamente nas paredes exteriores do prédio arrendado.

II – É admissível o suprimento do consentimento do senhorio que recusou a autorização exigida administrativamente para o licenciamento da publicidade ao estabelecimento comercial instalado no prédio dado de arrendamento."
(*Acórdão do Supremo Tribunal de Justiça*, de 10.05.2005, *Colectânea de Jurisprudência, Acórdãos do Supremo Tribunal de Justiça, 2005, Tomo II, pág. 83*)

FALTA DE LICENÇA DE UTILIZAÇÃO:

"**I** – A falta de licença de utilização, passada pela autoridade municipal, não gera a nulidade do contrato de arrendamento.

II – A falta de licença de utilização por causa imputável ao senhorio apenas importa, celebrado o contrato de arrendamento, a sujeição do mesmo a uma coima, a ver resolvido o contrato pelo arrendatário, com indemnização nos termos gerais, e a ver o inquilino a requerer a sua notificação para a realização das obras necessárias, com manutenção da renda inicialmente fixada."
(*Acórdão da Relação de Coimbra*, de 10.01.2006, *Colectânea de Jurisprudência, 2006, Tomo I, pág. 5*)

ANOTAÇÕES:

1. FUNDAMENTO:

"Esta disposição constitui o corolário lógico do disposto no artigo 1022.º; sendo o locador obrigado a proporcionar ao locatário o gozo temporário da coisa, tem não só a obrigação de lha entregar (cfr., quanto à compra e venda, a obrigação paralela consignada no artigo 879.º, alínea *b*)), como a de lhe assegurar o gozo dela para os fins a que se destina. (...)

A obrigação de assegurar o gozo da coisa vigora não só para o período de duração do contrato fixado pelas partes, mas também para as prorrogações ou

Parte II – Código Civil

renovações..." (*Pires de Lima – Antunes Varela, Código Civil Anotado, 1997, vol. II, pág. 358*)

2. GOZO DA COISA LOCADA:

"Como aliás decorre expressamente da al. *b*) do art. 1031.º do CC, constitui obrigação do locador assegurar ao locatário o gozo da coisa para os fins a que se destinou.

Neste contexto, o arrendatário não pode deixar de estar convicto de que, por efeito do contrato, o senhorio lhe permitirá usar todos os meios indispensáveis ao exercício do respectivo comércio, no local dado de arrendamento.

Essa convicção poderá ainda ser mais forte se a utilização de qualquer um desses meios for do conhecimento do senhorio e ao mesmo tempo se não tenha oposto.

Entre esses meios, conta-se o da publicidade comercial do respectivo estabelecimento, designadamente no próprio prédio dado de arrendamento. Efectivamente, é um meio muito comum a divulgação comercial do respectivo estabelecimento, nomeadamente no local onde o mesmo está instalado.

A concorrência comercial existente numa economia de mercado, estimulada até como um importante factor de progresso económico, justifica-o plenamente, de modo a conseguir-se o exercício vantajoso da respectiva actividade comercial. Aliás, com benefício também para o próprio senhorio que, por efeito daquela actividade, pode ver valorizado o prédio.

Nestas condições, ao arrendatário comercial é lícito, no âmbito do contrato de arrendamento, fazer uso da publicidade do estabelecimento, servindo-se, designadamente, das paredes exteriores do prédio que constitui objecto daquele contrato (cfr., neste sentido, o acórdão desta Relação, de 8 de Março de 1990, publicado na *Colectânea de Jurisprudência*, Ano XV, tomo 2, pág. 120)." (*do Acórdão do Supremo Tribunal de Justiça, de 10.05.2005, Colectânea de Jurisprudência, Acórdãos do Supremo Tribunal de Justiça, 2005, Tomo II, págs. 84 e seg.*)

3. ABUSO DE DIREITO; SUPRIMENTO DO CONSENTIMENTO:

"A recusa do consentimento pelo senhorio representa um ilegítimo exercício do respectivo direito, porquanto excede manifestamente os limites impostos pela boa fé e pelo fim social ou económico daquele direito.

Esta situação, podendo também configurar um caso de abuso do direito, nos termos definidos no artigo 334.º do Código Civil, não pode ter acolhimento na ordem jurídica vigente, dada a sua ilegitimidade.

Neste contexto não pode deixar de ser admissível o suprimento do consentimento do senhorio, que recusou a autorização exigida administrativamente para o licenciamento da publicidade ao estabelecimento comercial instalado no prédio dado de arrendamento, designadamente para efeitos do disposto no art. 1425.º, n.º 1, do Código de Processo Civil." (*do Acórdão do Supremo Tribunal de Justiça, de 10.05.2005, Colectânea de Jurisprudência, Acórdãos do Supremo Tribunal de Justiça, 2005, Tomo II, pág. 85*)

4. EXCEPÇÃO DE NÃO CUMPRIMENTO DO CONTRATO:

"A doutrina e a jurisprudência vêm entendendo que é admissível o uso da excepção de não cumprimento do contrato, em casos de prestação continuada, como é o caso do contrato de locação (cfr. Antunes Varela, Das Obrigações em Geral, vol. I, pág. 364; Pires de Lima e Antunes Varela, Código Civil Anotado, vol. I, 4ª ed., pág. 406; João Abrantes, A Excepção de Não Cumprimento do Contrato no Direito Português, págs., 62 a 67; Calvão da Silva, Cumprimento e Sanção Pecuniária Compulsória, nota 599, págs. 331 e 332; Acs. Do STJ de 11.12.84, BMJ 342.º, pág. 355; da RL de 06.04.95, CJ, XX, II, pág. 111 e de 09.05.96, CJ, XXI, III, 87; da RC de 27.06.95, CJ, XX, III, 47 e desta Relação de 04.03.96, CJ XXI, II, 177, de 23.04.01 e de 27.05.02, in http://www.dgsi.pt/jtrp.processos, respectivamente, n.ºs 0150255 e 0250709).

Mas, para que tal excepção seja causa justificativa do incumprimento, a boa fé exige, por um lado, que a falta assuma relevo significativo e, por outro, que se observe a ideia de proporcionalidade ou adequação entre essa falta e a recusa do excipiente, ou, no dizer dos citados acórdãos desta Relação de 04.03.96 e de 23.04.01, que haja correspectividade entre a prestação que se pretende recusar e aquela cuja falta se invoca.

Na locação existe correspectividade entre as obrigações do senhorio de entregar ao locatário a coisa locada e de lhe assegurar o respectivo gozo, por um lado, e a obrigação de pagamento da renda, por outro, por parte deste último (cfr. arts. 1031.º e 1038.º, al. *a*), ambos do Código Civil).

É que o contrato de arrendamento é, por definição, bilateral, oneroso e sinalagmático.

Deste modo, o arrendatário tem a faculdade de recusar o pagamento da renda enquanto o senhorio não cumprir a obrigação de lhe assegurar o gozo da coisa, desde que a falta assuma relevo significativo e que se observe a proporcionalidade e a adequação supra referidas.

A mencionada excepção constitui uma excepção peremptória de direito material, cujo objectivo e funcionamento se ligam ao equilíbrio das prestações contratuais, valendo – tipicamente – no contexto de contratos bilaterais, quer haja incumprimento puro e simples, ou cumprimento defeituoso." (*in Acórdão da Relação do Porto, de 17.06.2003, Colectânea de Jurisprudência, 2003, Tomo III, pág. 193*)

NOTAS PESSOAIS:

ARTIGO 1032.º
Vício da coisa locada

Quando a coisa locada apresentar vício que lhe não permita realizar cabalmente o fim a que é destinada, ou carecer de qualidades necessárias a esse fim ou asseguradas pelo locador, considera-se o contrato não cumprido:

a) Se o defeito datar, pelo menos, do momento da entrega e o locador não provar que o desconhecia sem culpa;

b) Se o defeito surgir posteriormente à entrega, por culpa do locador.

HISTÓRICO:

Redacção do Decreto-Lei n.º 47 344, de 25 de Novembro de 1966.

REMISSÕES:

Fim do contrato – art. 1027.º CC; responsabilidade pelo não cumprimento do contrato – arts. 798.º e segs. CC; apreciação da culpa – art. 799.º, n.º 2, e 487.º, n.º 2 CC; presunção de culpa art. 799.º, n.º 1, e 487.º, n.º 1 CC; anulação do contrato por erro sobre o objecto ou por dolo – arts. 251.º e 253.º CC; obrigação de aviso por parte do locatário – art. 1038.º, al. *h*) CC.

JURISPRUDÊNCIA:

**OBRAS A CARGO DO SENHORIO;
PRÉDIO EM PROPRIEDADE HORIZONTAL:**

"**I** – O artigo 12.º do RAU não pode ter o sentido de obrigar o senhorio de fracção autónoma arrendada a fazer obras de conservação ordinária em partes comuns do prédio, porque isso iria conflituar com o que se estabelece no artigo 1424.º do Código Civil para a propriedade horizontal.

Parte II – Código Civil

II – Sendo o arrendado fracção autónoma de um prédio em propriedade horizontal, o dever do senhorio fazer obras de conservação cabe ao senhorio apenas se a sua necessidade se situa na própria fracção, porque, se se localiza em parte comum, o senhorio não pode ser obrigado a fazer aí obras, nem as pode fazer."

(***Acórdão do Supremo Tribunal de Justiça***, *de 13.01.2004, Colectânea de Jurisprudência, Acórdãos do Supremo Tribunal de Justiça, 2004, Tomo I, pág. 18*)

ARRENDAMENTO URBANO; OBRIGAÇÕES DO SENHORIO

"**I** – É obrigação do senhorio uma actividade positiva de modo a assegurar o gozo do prédio arrendado para os fins a que se destina.

II – A al. *b*) do art. 1032.º do CC tanto se aplica ao aparecimento do defeito por culpa do locador como ao agravamento do defeito por sua culpa.

III – O dever de indemnizar por parte do locador não tem a sua exclusiva fonte no art. 1032.º do CC, resultando, também, nos termos do art. 798.º do CC, da falta culposa no cumprimento da obrigação específica do contrato de arrendamento que consiste em assegurar ao arrendatário o gozo da coisa arrendada para os fins a que se destina.

IV – A excepção do não cumprimento do contrato pressupõe que a prestação exigida e a que se invoca para justificar a recusa sejam correlativas ou recíprocas.

V – Se a arrendatária entrou no gozo da coisa e nesse gozo se manteve até ao despejo, não tendo, assim, a ocorrência das invocadas deficiências implicado a cessação do gozo, improcede a *exceptio*.

VI – A lei não prevê, expressamente, as consequências jurídicas do abuso do direito; os seus efeitos "serão os correspondentes à forma de actuação do titular", "a sanção do acto abusivo é variável e deve ser determinada, consequentemente, caso por caso".

VII – A lei é adversa à fixação da indemnização em liquidação em execução de sentença, preferindo a determinação por equidade, nos termos do art. 566.º, n.º 3, do CC. Não quer a lei – nem deve o juiz – arrastar a solução dos litígios, recomeçando na liquidação em execução de sentença o que devia ter acabado na acção declarativa."

(***Acórdão do Supremo Tribunal de Justiça***, *de 04.04.2006, Colectânea de Jurisprudência, Acórdãos do Supremo Tribunal de Justiça, 2006, Tomo I, pág. 33*)

ANOTAÇÕES:

1. VÍCIOS RELEVANTES:

" Os vícios da coisa relevam, nos termos deste artigo, nos termos seguintes: *a*) Se são anteriores à entrega, são sempre de considerar, para o efeito de se haver o contrato como não cumprido, a não ser que o locador prove que os desconhecia

CC	*Art. 1032.º*

sem culpa; *b*) Se os vícios surgirem depois da entrega, só são relevantes quando houver culpa do locador, hipótese seguramente pouco vulgar, visto que, normalmente, o locador não tem, posteriormente à entrega da coisa locada, acção directa sobre ela." (*Pires de Lima – Antunes Varela, Código Civil Anotado, 1997, vol. II, págs. 360 e seg.*)

2. DESCONHECIMENTO DO VÍCIO DA COISA:

"No caso previsto na alínea *a*), de o locador desconhecer, sem culpa, os vícios da coisa, a imposição do ónus da prova e, portanto, a presunção do conhecimento e a presunção da culpa tornam a possibilidade da prova facultada ao locador muito precária. Mas imaginemos que se consegue fazer a prova. Quais as consequências? O contrato considera-se cumprido e, portanto, o locatário não pode exigir do locador a indemnização correspondente às perdas que lhe adviriam do não cumprimento. Mas não fica o locador, por tal facto, liberto da obrigação de assegurar o gozo da coisa (art. 1031.º). Logo, se o locador não eliminar o defeito, pode o locatário exigir uma indemnização pelo prejuízo que lhe advier, não em consequência do não cumprimento do contrato, porque o contrato se considera cumprido, mas em virtude da existência dos defeitos e da sua não eliminação.

Por outro lado, o facto de o contrato se considerar cumprido e carecer o locatário de qualquer direito de indemnização contra o locador, não obsta a que ele possa reclamar redução da renda, nos termos do artigo 1040.º, nem a que possa resolver o contrato, se o defeito da coisa assumir a gravidade prevista na alínea *b*) do artigo 1050.º (*vide*, a propósito, Baptista Machado, *Acordo negocial e erro na venda de coisas defeituosas*, 1972, pág. 93, nota 134)." (*Pires de Lima – Antunes Varela, Código Civil Anotado, 1997, vol. II, pág. 361*)

3. FALTA DE CUMPRIMENTO DO CONTRATO:

"São três os tipos de situações que a lei trata como falta de cumprimento do contrato: *a*) vícios impeditivos da realização cabal do fim a que a coisa se destina: o motor alugado não funciona, o veículo não anda, a máquina não trabalha, o prédio está inabitável ou está sujeito a uma servidão que obsta à realização do fim para que foi arrendado, etc.; *b*) falta das qualidades necessárias ao fim contratual: o selo, a moeda ou a fotografia não obedecem aos requisitos exigidos na exposição, para figurar na qual foram alugados; o prédio carece das condições essenciais para a indústria ou o comércio que nele se pretendia instalar; *c*) falta de qualidades asseguradas pelo locador: o motor não tem a potência garantida pelo dono, nem o veículo o número de lugares que o proprietário prometera, etc." (*Pires de Lima – Antunes Varela, Código Civil Anotado, 1997, vol. II, pág. 361*)

4. FALTA DE CUMPRIMENTO DA OBRIGAÇÃO CONTRATUAL:

Cfr. Januário Gomes, Arrendamento Urbano, págs. 345 e segs.

Parte II – Código Civil

5. VÍCIO POSTERIOR:

"Os casos previstos na alínea *b*) do artigo não se confundem com aqueles em que o vício aparece posteriormente, existindo, porém, já em gérmen no momento da celebração do contrato ou da entrega da coisa, hipótese em que se pode estar perante um vício redibitório enquanto naqueles, os previstos no preceito, não (M. Januário Gomes, *Arrendamento Urbano*, pág. 345). A referência ao vício posterior à entrega deve ser entendida apenas no que se refere à indemnização por cumprimento defeituoso, que não dão azo a uma anulação do contrato (*ob. cit.*, 345). Quando, pelo menos, no momento da entrega do prédio, o vício é objectivo e facilmente reconhecível e mesmo assim o inquilino o aceita, não tem aplicação o artigo (*ob. cit.*, 348)."

(*Abílio Neto, Código Civil Anotado, 12ª edição, pág. 861*)

6. VÍCIOS E FALTA DE QUALIDADES: DISTINÇÃO:

"A lei distingue entre vícios e falta de qualidades. A expressão "vícios", tendo um conteúdo pejorativo, abrangerá as características da coisa que levam a que esta seja valorada negativamente, enquanto que a "falta de qualidades", embora não implicando a valoração negativa da coisa, a coloca em desconformidade com o contrato. Há assim vício sempre que a coisa apresente objectivamente imperfeições, as quais têm que ser suficientemente graves para impedir o fim a que a coisa é destinada, o qual é estipulado pelas partes ou resulta das normas supletivas legais. Há, pelo contrário, falta de qualidades sempre que a coisa, não sendo objectivamente defeituosa, não tenha a idoneidade necessária para realizar o fim pretendido pelas partes ou não tenha as características que foram asseguradas pelo senhorio."

(*Luís Manuel Teles de Menezes Leitão, Arrendamento Urbano, 2ª edição, Coimbra, 2006, pág. 79*)

7. ARRENDAMENTO DE BENS DE CONSUMO:

"Estendendo consideravelmente entre nós o âmbito de aplicação da Directiva 1999/44/CE, o art. 1.º, n.º 2, do DL 67/2003, de 8 de Abril vem determinar que o regime das garantias nas vendas de bens de consumo é ainda aplicável à locação de bens de consumo. Estando assim em causa um arrendamento de bens de consumo, ou seja um arrendamento de imóvel efectuado por um profissional dessa actividade a um não profissional, que o aplica a um destino não profissional (como, por exemplo, a habitação própria), o regime dos arts. 1032.º e ss. É substituído pela aplicação com as necessárias adaptações do regime do DL 67/2003, de 8 de Abril.

O senhorio tem assim o dever de que o imóvel dado em arrendamento seja conforme com o contrato (art. 2.º, n.º 1, DL 67/2003), o que se presumirá não se verificar sempre que ocorra algum dos factos negativos referidos no art. 2.º, n.º 2, do DL 67/2003. Caso se verifique essa não conformidade com o contrato, o

CC   Art. 1032.º

arrendatário tem direito a que a conformidade seja reposta sem encargos, por meio de reparação ou de substituição, a uma redução adequada da renda ou à resolução do contrato (art. 4.º DL 67/2003)."

(*Luís Manuel Teles de Menezes Leitão, Arrendamento Urbano, 2ª edição, Coimbra, 2006, pág. 82*)

NOTAS PESSOAIS:

ARTIGO 1033.º
Casos de irresponsabilidade do locador

O disposto no artigo anterior não é aplicável:

a) Se o locatário conhecia o defeito quando celebrou o contrato ou recebeu a coisa;

b) Se o defeito já existia ao tempo da celebração do contrato e era facilmente reconhecível, a não ser que o locador tenha assegurado a sua inexistência ou usado de dolo para o ocultar;

c) Se o defeito for da responsabilidade do locatário;

d) Se este não avisou do defeito o locador, como lhe cumpria.

HISTÓRICO:

Redacção do Decreto-Lei n.º 47 344, de 25 de Novembro de 1966.

REMISSÕES:

Perfeição da declaração negocial – arts. 224.º e segs. CC; dolo – arts. 253.º e seg. CC; obrigação do locatário avisar o locador – art. 1038.º, al. *h)* CC.

LEGISLAÇÃO COMPLEMENTAR:

DOLO – ARTIGOS 253.º E SEGUINTE DO CÓDIGO CIVIL

Estes preceitos vão transcritos *infra*, em anotação ao artigo 1035.º do Código Civil.

JURISPRUDÊNCIA:

**VÍCIO OU DEFEITO CONHECIDO DO LOCATÁRIO;
FORNECIMENTO DE ENERGIA ELÉCTRICA:**

"I – Deve considerar-se vício ou defeito da coisa conhecido do locatário, sujeito à tutela do artigo 1033.º do Código Civil, o facto de o arrendado, constituído

Parte II – Código Civil

por uns anexos à casa do senhorio, receber desta energia através dum fio subterrâneo, por ser previsível que a acumulação dos consumos nas duas casas poderia provocar uma sobrecarga e, portanto, a interrupção de corrente eléctrica.

II – O fornecimento de energia eléctrica ao arrendado através da instalação do proprietário é ilegal, visto a venda ou fornecimento de energia eléctrica a uma unidade habitacional só poder ser feito pela empresa concessionária desse serviço público.

III – A obrigação que o locador tem de assegurar o gozo do locado para fins habitacionais não compreende, portanto, a eliminação do defeito relativo ao fornecimento de energia eléctrica, nem o constitui na obrigação de indemnizar o arrendatário."

(***Acórdão da Relação do Porto***, *de 29.09.1988, Boletim do Ministério da Justiça, 379, pág. 635*)

CADUCIDADE DE ARRENDAMENTO:

"**I** – Os vícios subsequentes à celebração do contrato que resultem de omissão dos deveres do senhorio de proceder a obras de conservação ordinária extraordinária ou beneficiações, que lhe incumbem por lei, constituem o senhorio no dever de indemnizar o arrendatário pelos prejuízos causados.

II – A reparação de janelas e portas com vidros partidos, bem como a realização de outras obras que evitem a degradação das condições de habitabilidade ou de utilização do arrendado, constituem obras de conservação ordinária, a cargo do senhorio.

III – A demolição do prédio arrendado, por determinação camarária, importa caducidade do arrendamento por perda total da coisa arrendada.

IV – Mas, a obrigação do senhorio de assegurar o gozo da coisa locada ao arrendatário só se extingue, conduzindo à caducidade do contrato, quando a prestação se torne impossível por causa que lhe não seja imputável.

V – Por isso, se não for provado o nexo causal entre a omissão dos deveres do senhorio, tendentes a proporcionar ao arrendatário o gozo da coisa, e o estado de ruína do prédio que motivou a sua demolição, a caducidade do contrato não gera dever de indemnizar."

(***Acórdão da Relação do Porto***, *de 19.10.1993, Colectânea de Jurisprudência, 1993, Tomo IV, pág. 2*)

DEFEITOS CONHECIDOS DO LOCATÁRIO:

"**I** – Conhecendo o arrendatário os defeitos ou deteriorações já existentes no locado à data da celebração do contrato, fica impedido de exigir mais tarde do senhorio a reparação de tais defeitos ou deteriorações.

II – De qualquer modo, representará manifesto abuso de direito o arrendatário exigir do senhorio a reparação de defeitos ou deteriorações já existentes no

CC   *Art. 1033.º*

locado, havendo uma manifesta desproporção entre o montante das rendas pagas pelo primeiro e o valor do custo das obras que o senhorio teria de realizar."

(**Acórdão da Relação de Coimbra**, *de 27.01.1998, Boletim do Ministério da Justiça, 473, pág. 569*)

ANOTAÇÕES:

1. CONHECIMENTO DO DEFEITO PELO LOCATÁRIO:

O locatário pode ter conhecimento do defeito no momento em que celebrou o contrato ou quando recebeu a coisa. O conhecimento em qualquer um destes momentos é relevante. Se o locatário tiver conhecimento do vício depois do contrato, mas antes de a coisa ser entregue, já a não deve receber, considerando o contrato não cumprido. Se a recebe, entende-se que concorda com o cumprimento defeituoso. O locatário apercebe-se, por exemplo, que dois ou mais compartimentos do prédio estão ocupados com coisas por terceiros, a quem foram emprestados ou dados de arrendamento para o efeito. Se, apesar disso, recebe o prédio, presume-se que aceita essa cedência, que se conforma com ela.

2. NOTORIEDADE DO DEFEITO À DATA DA CELEBRAÇÃO DO CONTRATO:

"Não é necessário que tenha havido por parte do locador a intenção ou consciência de induzir ou manter em erro o locatário (cfr. art. 253.º). Basta que tenha assegurado, mesmo de boa fé, a inexistência do vício." (*Pires de Lima – Antunes Varela, Código Civil Anotado, 1997, vol. II, pág. 362*)

3. RESPONSABILIDADE DO LOCATÁRIO PELO DEFEITO:

"Trata-se de uma hipótese seguramente muito rara, embora se possa dar no caso de a coisa se encontrar em poder do locatário, a um outro título, antes da celebração do contrato." (*Pires de Lima – Antunes Varela, Código Civil Anotado, 1968, vol. II, pág. 362*)

4. FALTA DE AVISO DO LOCATÁRIO:

A este propósito, cfr. artigo 1038.º, al. *h*) do Código Civil. De facto, se o locatário, tendo acesso e ao seu dispor a coisa locada, não avisa o locador do defeito por si encontrado ou localizado, não pode imputar-se responsabilidade a este, que o desconhecia, nem tinha possibilidade de o conhecer.

5. AVISO AO SENHORIO:

"Notado o defeito, o locatário tem que avisar por qualquer meio o senhorio, prevenindo-se da prova, no prazo de 30 dias após aquele conhecimento (n.º 2 do

Parte II – Código Civil

art. 916.º, por analogia – n.º 2 do artigo 10.º). Se o não avisar fica constituído em mora (al. *d*) do artigo 1033.º e al. *h*) do artigo 1083.º, por aplicação do princípio geral estabelecido nos artigos 804.º e 805.º). Se o defeito for corrigível, então, interpela judicial ou extrajudicialmente o locador (artigo 804.º) nos termos e para o efeito do artigo 1036 adiante comentado. Se o defeito for irreparável, o contrato é nulo por impossibilidade originária da prestação (n.º 3 do artigo 401.º). Neste caso, ao locador poderá ser exigida uma indemnização, se não procedeu segundo as regras da boa fé (artigo 227.º) (Isidro Matos, *Arrendamento e Aluguer*, 78)."
(*Abílio Neto, Código Civil Anotado, 12ª edição, pág. 861*)

NOTAS PESSOAIS:

ARTIGO 1034.º
Ilegitimidade do locador ou deficiência do seu direito

1. São aplicáveis as disposições dos dois artigos anteriores:

a) Se o locador não tiver a faculdade de proporcionar a outrem o gozo da coisa locada;

b) Se o seu direito não for de propriedade ou estiver sujeito a algum ónus ou limitação que exceda os limites normais inerentes a este direito;

c) Se o direito do locador não possuir os atributos que ele assegurou ou estes atributos cessarem posteriormente por culpa dele.

2. As circunstâncias descritas no número antecedente só importam a falta de cumprimento do contrato quando determinarem a privação, definitiva ou temporária, do gozo da coisa ou a diminuição dele por parte do locatário.

HISTÓRICO:

Redacção do Decreto-Lei n.º 47 344, de 25 de Novembro de 1966.

REMISSÕES:

Legitimidade para dar de arrendamento – art. 1024.º CC; erro sobre o objecto do negócio – art. 251.º CC; apreciação da culpa – arts. 799.º, n.º 2 e 487.º, n.º 2 CC; responsabilidade do locador pelo não cumprimento do contrato – arts. 798.º e segs. CC.

JURISPRUDÊNCIA:

INDEMNIZAÇÃO POR INCUMPRIMENTO DO CONTRATO; PEDIDO RECONVENCIONAL:

"**I** – Em acção de despejo movida pelo radiciário com fundamento na caducidade do arrendamento por morte do usufrutuário, pode deduzir-se pedido recon-

Parte II – Código Civil

vencional de indemnização por incumprimento do contrato, nos termos do artigo 1034.º, n.ᵒˢ 1, al. *b*) e 2, do Código Civil, se o locador se apresentou como proprietário e ele, o radiciário e seu herdeiro mantiveram o inquilino na ignorância da real titularidade do locado.

II – A reconvenção pode ser deduzida a título eventual, ou seja, somente para o caso de a acção proceder."

(**Acórdão da Relação do Porto**, *de 19.09.1989, Boletim do Ministério da Justiça, 389, pág. 642*)

FALTA DE ATRIBUTOS DO LOCADO:

"**I** – Quando o direito do locador não possui os atributos que ele assegurou ao locatário, o artigo 1034.º do Código Civil manda aplicar o artigo 1032.º.

II – Uma vez que o autor ficou privado da 'loja' – n.º 2 do artigo 1034.º – não ocorrendo, como não ocorrem na nossa hipótese, as excepções do artigo 1033.º, o contrato considera-se como não cumprido por parte do locador, o que acarreta, face ao disposto no artigo 798.º, responsabilidade pelos prejuízos sofridos pelo locatário, a fixar em dinheiro, nos termos do artigo 566.º, todos do mesmo Código."

(**Acórdão do Supremo Tribunal de Justiça**, *de 07.12.1989, Boletim do Ministério da Justiça, 392, pág. 453*)

ANOTAÇÕES:

1. ALÍNEA A) DO N.º 1:

"É o caso, por exemplo, de o locador ser um simples usuário da coisa. Nos termos do artigo 1488.º, o usuário, se esses poderes não lhe tiverem sido atribuídos pelo título constitutivo do direito, não pode locar a coisa. Se o fizer, na ignorância do locatário acerca dos seus poderes (cfr. art. 1033.º, al. *a*)), sujeita-se à sanção do artigo 1032.º: considera-se o contrato não cumprido e responde pelos danos que causar à outra parte. (*Pires de Lima – Antunes Varela, Código Civil Anotado, 1997, vol. II, pág. 364*)

2. ALÍNEA B) DO N.º 1:

O locador, em vez de se apresentar perante o locatário como usuário ou locatário, apresenta-se como proprietário da coisa e intitula-se como tal. Neste caso, não cumpre a sua obrigação contratual. A hipótese de maior interesse prático é a da locação feita pelo usufrutuário, supondo o locatário que o locador é proprietário da coisa, dando assim lugar a que aquele se veja sujeito, contra a sua expectativa, à caducidade do contrato em consequência da extinção do usufruto.

3. ALÍNEA C) DO N.º 1:

"Assegura-se, por exemplo, que um terreno arrendado nunca é atingido pelas cheias de um rio, que um quarto não é afectado pelos ruídos exteriores, que um automóvel se encontra em condições de funcionamento, que de uma janela se vê a passagem de certo cortejo, etc. Ou assegura-se que não serão prejudicadas as vistas do prédio, e é o próprio locador que constrói um prédio que tira as vistas ao primeiro." (*Pires de Lima – Antunes Varela, Código Civil Anotado, 1997, vol. II, pág. 364*)

4. LIMITAÇÃO AOS EFEITOS PRESCRITOS NO N.º 1:

"O n.º 2 estabelece uma limitação aos efeitos prescritos no número anterior. O não cumprimento só se verifica se houver privação, definitiva ou temporária, do gozo da coisa ou a diminuição dele por parte do locatário. Pretende-se afastar a relevância de circunstâncias de menor importância, que não afectam directamente o gozo da coisa, como a de se ter assegurado que a casa é quente no Inverno e fresca no verão, que o automóvel é muito cómodo, salvo se qualquer destes factos se apresentar como essencial à vida do negócio jurídico." (*Pires de Lima – Antunes Varela, Código Civil Anotado, 1997, vol. II, pág. 365*)

NOTAS PESSOAIS:

ARTIGO 1035.º
Anulabilidade por erro ou dolo

O disposto nos artigos 1032.º e 1034.º não obsta à anulação do contrato por erro ou por dolo, nos termos gerais.

HISTÓRICO:

Redacção do Decreto-Lei n.º 47 344, de 25 de Novembro de 1966.

REMISSÕES:

Erro de cálculo ou de escrita – art. 249.º CC; erro na transmissão da declaração – art. 250.º CC; erro sobre a pessoa ou sobre o objecto do negócio – art. 251.º CC; erro sobre os motivos – art. 252.º CC; dolo – art. 253.º CC; efeitos do dolo – art. 254.º CC.

LEGISLAÇÃO COMPLEMENTAR:

ERRO: ARTIGOS 247.º A 252.º DO CÓDIGO CIVIL

Artigo 247.º *(Erro na declaração)*
Quando, em virtude de erro, a vontade declarada não corresponda à vontade real do autor, a declaração negocial é anulável, desde que o declaratário conhecesse ou não devesse ignorar a essencialidade, para o declarante, do elemento sobre que incidiu o erro.

Artigo 248.º *(Validação do negócio)*
A anulabilidade fundada em erro na declaração não procede, se o declaratário aceitar o negócio como o declarante o queria.

Artigo 249.º *(Erro de cálculo ou de escrita)*
O simples erro de cálculo ou de escrita, revelado no próprio contexto da declaração ou através das circunstâncias em que a declaração é feita, apenas dá direito à rectificação desta.

Parte II – Código Civil

Artigo 250.º *(Erro na transmissão da declaração)*
1. A declaração negocial inexactamente transmitida por quem seja incumbido da transmissão pode ser anulada nos termos do artigo 247.º.
2. Quando, porém, a inexactidão for devida a dolo do intermediário, a declaração é sempre anulável.

Artigo 251.º *(Erro sobre a pessoa ou sobre o objecto do negócio)*
O erro que atinja os motivos determinantes da vontade, quando se refira à pessoa do declaratário ou ao objecto do negócio, torna este anulável nos termos do artigo 247.º.

Artigo 252.º *(Erro sobre os motivos)*
1. O erro que recaia nos motivos determinantes da vontade, mas se não refira à pessoa do declaratário nem ao objecto do negócio, só é causa de anulação se as partes houverem reconhecido, por acordo, a essencialidade do motivo.
2. Se, porém, recair sobre as circunstâncias que constituem a base do negócio, é aplicável ao erro do declarante o disposto sobre a resolução ou modificação do contrato por alteração das circunstâncias vigentes no momento em que o negócio foi concluído.

DOLO: ARTIGOS 253.º E SEGUINTE DO CÓDIGO CIVIL

Artigo 253.º *(Dolo)*
1. Entende-se por dolo qualquer sugestão ou artifício que alguém empregue com a intenção ou consciência de induzir ou manter em erro o autor da declaração, bem como a dissimulação, pelo declaratário ou terceiro, do erro do declarante.
2. Não constituem dolo ilícito as sugestões ou artifícios usuais, considerados legítimos segundo as concepções dominantes no comércio jurídico, nem a dissimulação do erro, quando nenhum dever de elucidar o declarante resulte da lei, de estipulação negocial ou daquelas concepções.

Artigo 254.º *(Efeitos do dolo)*
1. O declarante cuja vontade tenha sido determinada por dolo pode anular a declaração; a anulabilidade não é excluída pelo facto de o dolo ser bilateral.
2. Quando o dolo provier de terceiro, a declaração só é anulável se o destinatário tinha ou devia ter conhecimento dele; mas, se alguém tiver adquirido directamente algum direito por virtude da declaração, esta é anulável em relação ao beneficiário, se tiver sido ele o autor do dolo ou se o conhecia ou devia ter conhecido.

ANOTAÇÕES:

1. SIMULAÇÃO/ARRENDAMENTO:

"**I** – Não tendo sido posta em causa a autoria ou a verdade de dois contratos, o primeiro, em que os autores arrendaram a um seu tio-avô um andar e o segundo, em que este subarrendou esse andar e alugou os respectivos móveis ao réu, segue--se que as declarações de vontade deles constantes estão plenamente provadas, sendo eles validos.

II – Consequentemente, estava vedada a prova testemunhal de declarações negociais expressas ou tácitas contrarias a elas ou delas divergindo, designadamente de declarações integradoras de um contrato de arrendamento directamente celebrado entre autores e réu, ainda que deduzidas de comportamentos que se reconduziam ao esquema de execução desse contrato.

III – Não provada a simulação desses contratos, não pode ser declarado que exista entre os autores e o réu uma relação de arrendamento daquele andar."

(Parecer do Dr. José Lebre de Freitas, Colectânea de jurisprudência, 1991, Tomo I, pág. 29)

2. ANULABILIDADE:

"Reconheceu-se ao locatário, como não podia deixar de ser, a possibilidade de impugnar a validade do contrato, em vez de exigir do locador responsabilidade contratual, quando se verifiquem todos os requisitos do erro ou dolo como causas anulatórias, nos termos gerais. Se o vício da coisa ou do direito era desconhecido do locatário no momento da celebração do acordo, em circunstâncias que afectam a sua validade, poderá ele, se assim quiser, pedir a sua anulação em juízo, de preferência a prevalecer-se dos direitos emergentes da falta de execução integral e correcta" *(Galvão Telles, Contratos Civis, pág. 41)*

3. DEFEITOS SUPERVENIENTES:

"A anulação por erro ou dolo não é possível, em princípio, relativamente aos defeitos supervenientes, previstos na alínea *b)* do artigo 1032.º. O erro e o dolo incidem sempre sobre circunstâncias que viciem a vontade no momento da celebração do negócio; e o defeito da coisa locada posterior à entrega não constituirá, por via de regra, objecto de nenhuma falsa representação dos contraentes no momento da celebração do contrato." *(Pires de Lima – Antunes Varela, Código Civil Anotado, 1997, vol. II, págs. 365 e seg.)*

4. VÍCIOS DA VONTADE:

"Sendo a locação um contrato, as vontades que nele intervêm devem ser isentas de vício. Aplicam-se ao contrato de locação os princípios estabelecidos sobre a falta e vícios da vontade para os contratos em geral (artigos 240.º e seguintes), incluindo os relativos ao erro e dolo (artigo 1035.º). O arrendamento de um prédio sem condições de habitabilidade é um exemplo de erro sobre o objecto do negócio. É anulável o negócio (artigo 251.º) desde que se verifiquem os pressupostos indicados na al. *b)* do artigo 1050.º (Isidro Matos, *Arrendamento e Aluguer*, 78)."

(Abílio Neto, Código Civil Anotado, 12ª edição, pág. 862)

Parte II – Código Civil

NOTAS PESSOAIS:

336

ARTIGO 1036.º
Reparações ou outras despesas urgentes

1. Se o locador estiver em mora quanto à obrigação de fazer reparações ou outras despesas, e umas e outras, pela sua urgência, se não compadecerem com as delongas do procedimento judicial, tem o locatário a possibilidade de fazê-las extrajudicialmente, com direito ao seu reembolso.

2. Quando a urgência não consinta qualquer dilação, o locatário pode fazer as reparações ou despesas, também com direito a reembolso, independentemente de mora do locador, contanto que o avise ao mesmo tempo.

HISTÓRICO:

Redacção do Decreto-Lei n.º 47 344, de 25 de Novembro de 1966.

REMISSÕES:

Mora – arts. 804.º e segs. CC; reparações da responsabilidade do locador – arts. 1031.º, al. *b*) CC e 10.º e 12.º RGEU; liberdade de forma quanto ao aviso – art. 219.º CC.

LEGISLAÇÃO COMPLEMENTAR:

MORA DO DEVEDOR: ARTIGOS 804.º A 808.º DO CÓDIGO CIVIL

Artigo 804.º *(Princípios gerais)*
1. A simples mora constitui o devedor na obrigação de reparar os danos causados ao credor.
2. O devedor considera-se constituído em mora quando, por causa que lhe seja imputável, a prestação, ainda possível, não foi efectuada no tempo devido.
Artigo 805.º *(Momento da constituição em mora)*
1. O devedor só fica constituído em mora depois de ter sido judicial ou extrajudicialmente interpelado para cumprir.

Parte II – Código Civil

2. Há, porém, mora do devedor, independentemente de interpelação:

a) Se a obrigação tiver prazo certo;

b) Se a obrigação provier de facto ilícito;

c) Se o próprio devedor impedir a interpelação, considerando-se interpelado, neste caso, na data em que normalmente o teria sido.

3. Se o crédito for ilíquido, não há mora enquanto se não tornar líquido, salvo se a falta de liquidez for imputável ao devedor; tratando-se, porém, de responsabilidade por facto ilícito ou pelo risco, o devedor constitui-se em mora desde a citação, a menos que já haja então mora, nos termos da primeira parte deste número.

Artigo 806.º *(Obrigações pecuniárias)*

1. Na obrigação pecuniária a indemnização corresponde aos juros contados do dia da constituição em mora.

2. Os juros devidos são os juros legais, salvo se antes da mora for devido um juro mais elevado ou as partes houverem estipulado um juro moratório diferente do legal.

3. Pode, no entanto, o credor provar que a mora lhe causou dano superior aos juros referidos no número anterior e exigir a indemnização suplementar correspondente, quando se trate de responsabilidade por facto ilícito ou pelo risco.

Artigo 807.º *(Risco)*

1. Pelo facto de estar em mora, o devedor torna-se responsável pelo prejuízo que o credor tiver em consequência da perda ou deterioração daquilo que deveria entregar, mesmo que estes factos lhe não sejam imputáveis.

2. Fica, porém, salva ao devedor a possibilidade de provar que o credor teria sofrido igualmente os danos se a obrigação tivesse sido cumprida em tempo.

Artigo 808.º *(Perda do interesse do credor ou recusa do cumprimento)*

1. Se o credor, em consequência da mora, perder o interesse que tinha na prestação, ou esta não for realizada dentro do prazo que razoavelmente for fixado pelo credor, considera-se para todos os efeitos não cumprida a obrigação.

2. A perda do interesse na prestação é apreciada objectivamente.

JURISPRUDÊNCIA:

REPARAÇÕES NECESSÁRIAS:

"**I** – O locador está obrigado, sob pena de responder por perdas e danos, a proceder às reparações necessárias à conservação e consolidação do locado e que não sejam inerentes a uma má utilização do locado por parte do inquilino.

II – É igualmente geradora de responsabilidade civil a conduta voluntária do locador destinada a provocar 'perda da coisa locada', em virtude de esta só relevar para a extinção do contrato quando seja devido a um facto não dependente da vontade do senhorio."

CC   Art. 1036.º

(*Acórdão da Relação de Lisboa*, de 25.06.1985, Colectânea de Jurisprudência, 1985, Tomo III, pág. 178)

PESSOAS QUE PODEM RESIDIR NO LOCADO:

"As pessoas que podem residir no locado têm o direito de exigir do senhorio o reembolso do que despendam em reparações urgentes que este se recuse a mandar efectuar."
(*Acórdão da Relação de Évora*, de 22.10.1987, Boletim do Ministério da Justiça, 370, pág. 631)

AVISO AO LOCADOR; MORA DO LOCADOR; REEMBOLSO:

"I – O regime estabelecido no artigo 1046.º do Código Civil sobre benfeitorias só é aplicável em situações não abrangidas pelo artigo 1036.º do mesmo diploma, acerca de reparações ou outras despesas urgentes.
II – A necessidade de aviso ao locador, pelo locatário, nos termos do artigo 1036.º, n.º 2, do Código Civil pressupõe inexistência de mora do locador.
III – O artigo 1036.º do Código Civil tem de ser entendido em conjugação com o disposto no artigo 1031.º, al. *b*) do mesmo diploma, no que concerne à obrigação de o locador assegurar o gozo da coisa locada para os fins da locação.
IV – Existe mora do locador se este houver sido avisado, quer pelo locatário, quer pela Câmara Municipal, da exigência de obras que se revelem necessárias, e não se comprove que algo tenha feito ou diligenciado a tal respeito.
V – Ao direito ao reembolso previsto no artigo 1036.º do Código Civil corresponde uma dívida de valor, nominalmente corrigível em função da desvalorização monetária.
VI – O valor desse reembolso deve ser tanto quanto possível real, correspondendo ao que foi desembolsado, e determinado, se necessário, em termos de equidade, antes mesmo da hipótese de liquidação em execução de sentença."
(*Acórdão do Supremo Tribunal de Justiça*, de 27.09.1994, Boletim do Ministério da Justiça, 439, pág. 549)

OBRAS REALIZADAS PELO LOCATÁRIO EM CASO DE URGÊNCIA; REEMBOLSO:

"I – A obrigação de assegurar ao locatário o gozo do locado, para fins a que se destina, imposta ao locador pela al. *b*) do artigo 1031.º do Código Civil, implica a obrigação de efectuar as reparações ou outras despesas essenciais que, para tanto, sejam necessárias.
II – Porém, no caso de urgência que não se compadeça com as delongas de procedimento judicial, o locatário pode realizar as obras substituindo-se ao locador, cabendo-lhe o direito de ser reembolsado do que haja despendido (artigo 1036.º do Código Civil).

Parte II – Código Civil

III – Se a urgência permitir aguardar que o locador incorra em mora, o locatário terá previamente que, nos termos do n.º 1 do artigo 805.º do mesmo Código, interpelar, judicial ou extrajudicialmente, o locador. Caso não cheguem a acordo sobre o prazo para a realização das reparações ou de outras despesas, o locatário deverá, conforme estabelece o n.º 2 do artigo 777.º, igualmente do Código Civil, requerer que aquele seja judicialmente fixado, utilizando o processo regulado nos artigos 1456.º e 1457.º do Código de Processo Civil (n.º 1 do artigo 1036.º do Código Civil).

IV – Se a urgência não permite aguardar que o locador incorra em mora, o locatário poderá realizar as obras e despesas sem necessidade de aguardar que o locador incorra em mora. Neste caso, exige-se, todavia, que a urgência das obras e despesas não consinta qualquer demora e que o locador seja, ao mesmo tempo, avisado da sua realização (n.º 2 do artigo 1036.º do Código Civil)."

(***Acórdão do Supremo Tribunal de Justiça***, *de 27.10.1994, Boletim do Ministério da Justiça, 440, pág. 478*)

REALIZAÇÃO DE OBRAS:

"**I** – O arrendamento de imóvel classificado de interesse público é permitido, embora sujeito a limitações, dependendo da natureza da actividade e das características do imóvel.

II – Envolve abuso de direito a invocação, pelo senhorio, da nulidade do arrendamento celebrado em 1977 e então participado por ele às Finanças, sem que desde então tenha posto em causa a existência do contrato.

III – Estando o imóvel em estado de degradação total, os trabalhos necessários para a sua recuperação constituem obras de conservação extraordinária.

IV – Devendo a renda ser de montante bastante para permitir ao senhorio cobrir os encargos com a propriedade e conservar uma parte como rendimento do que investiu, envolve abuso do direito a exigência de obras cujo valor excede manifestamente a relação de proporcionalidade entre a obrigação de reparação e a renda recebida.

V – A progressiva degradação do locado que explica o seu não uso pelo locatário não integra força maior visto que esta pressupõe um evento natural ou acção de terceiro.

VI – Entre a obrigação de realização de obras e o dever de usar o locado não há correspectividade que justifique a invocação da excepção de não cumprimento do contrato."

(***Acórdão da Relação de Lisboa***, *de 29.04.2004, Colectânea de Jurisprudência, 2004, Tomo II, pág. 113*)

CC
Art. 1036.º

ANOTAÇÕES:

1. URGÊNCIA DA REPARAÇÃO:

"O n.º 2 previne a existência de casos em que se prescinde da mora do locador. Pode ser tal a urgência das reparações ou despesas, que não haja sequer tempo para a interpelação. Elas podem nesse caso ser feitas pelo locatário, desde que ao mesmo avise o locador. O aviso valerá como interpelação e produzirá, como tal, os seus efeitos, logo que chegue ao conhecimento do destinatário, ou seja deste conhecido (art. 224.º), mas não é um pedido de autorização (Miccio, *La locazione*, 1967, n.º 93).

Trata-se sempre de uma faculdade conferida ao locatário e não de uma obrigação que a lei lhe imponha: o locatário pode não ter meios para efectuar a reparação ou pagar a despesa ou pode, a despeito da sua urgência, não querer efectuá-la, por qualquer razão (cfr. Antunes Varela, anotação ao ac. do Sup. Trib. Just., de 4 de Abril de 1967, na *Rev. Leg. Jur.*, ano 100.º, pág. 380, nota 2)." (*Pires de Lima – Antunes Varela, Código Civil Anotado, vol. II, 1997, pág. 367*)

2. MORA DO LOCADOR:

"A mora do locador pode obrigá-lo, nos termos gerais dos artigos 804.º e seguintes, a indemnizar todos os danos ao credor (locatário). Mas não confere ao locatário a faculdade de recusar o pagamento das rendas, se e enquanto o locatário não for privado do gozo da coisa locada (ac. do Sup. Trib. Just., de 6 de Maio de 1982, no *Bol. Min. Just.*, n.º 317, pág. 239)." (*Pires de Lima – Antunes Varela, Código Civil Anotado, vol. II, 1997, pág. 367*)

NOTAS PESSOAIS:

ARTIGO 1037.º
Actos que impedem ou diminuem o gozo da coisa

1. Não obstante convenção em contrário, o locador não pode praticar actos que impeçam ou diminuam o gozo da coisa pelo locatário, com excepção dos que a lei ou os usos facultam ou o próprio locatário consinta em cada caso, mas não tem obrigação de assegurar esse gozo contra actos de terceiro.

2. O locatário que for privado da sua coisa ou perturbado no exercício dos seus direitos pode usar, mesmo contra o locador, dos meios facultados ao possuidor nos artigos 1276.º e seguintes.

HISTÓRICO:

Redacção do Decreto-Lei n.º 47 344, de 25 de Novembro de 1966.

REMISSÕES:

Obrigação do locador de assegurar o gozo da coisa – art. 1031.º, al. *b*) CC; valor jurídico dos usos – art. 3.º CC; acção de prevenção – art. 1276.º CC; acção directa – art. 1277.º CC; acção de manutenção ou restituição da posse – arts.1278.º e segs. CC

LEGISLAÇÃO COMPLEMENTAR:

DEFESA DA POSSE – ARTIGOS 1276.º A 1286.º DO CÓDIGO CIVIL

Artigo 1276.º *(Acção de prevenção)*
Se o possuidor tiver justo receio de ser perturbado ou esbulhado por outrem, será o autor da ameaça, a requerimento do ameaçado, intimado para se abster de lhe fazer agravo, sob pena de multa e responsabilidade pelo prejuízo que causar.

Artigo 1277.º *(Acção directa e defesa judicial)*
O possuidor que for perturbado ou esbulhado pode manter-se ou restituir-se por sua própria força e autoridade, nos termos do artigo 336.º, ou recorrer ao tribunal para que este lhe mantenha ou restitua a posse.

Parte II – Código Civil

Artigo 1278.º *(Manutenção e restituição da posse)*

1. No caso de recorrer ao tribunal, o possuidor perturbado ou esbulhado será mantido ou restituído enquanto não for convencido na questão da titularidade do direito.

2. Se a posse não tiver mais de um ano, o possuidor só pode ser mantido ou restituído contra quem não tiver melhor posse.

3. É melhor posse a que for titulada; na falta de título, a mais antiga; e, se tiverem igual antiguidade, a posse actual.

Artigo 1279.º *(Esbulho violento)*

Sem prejuízo do disposto nos artigos anteriores, o possuidor que for esbulhado com violência tem o direito de ser restituído provisoriamente à sua posse, sem audiência do esbulhador.

Artigo 1280.º *(Exclusão das servidões não aparentes)*

As acções mencionadas nos artigos anteriores não são aplicáveis à defesa das servidões não aparentes, salvo quando a posse se funde em título provindo do proprietário do prédio serviente ou de quem lho transmitiu.

Artigo 1281.º *(Legitimidade)*

1. A acção de manutenção da posse pode ser intentada pelo perturbado ou pelos seus herdeiros, mas apenas contra o perturbador, salva a acção de indemnização contra os herdeiros deste.

2. A acção de restituição de posse pode ser intentada pelo esbulhado ou pelos seus herdeiros, não só contra o esbulhador ou seus herdeiros, mas ainda contra quem esteja na posse da coisa e tenha conhecimento do esbulho.

Artigo 1282.º *(Caducidade)*

A acção de manutenção, bem como as de restituição da posse, caducam, se não forem intentadas dentro de um ano subsequente ao facto da turbação ou do esbulho, ou ao conhecimento dele quando tenha sido praticado a ocultas.

Artigo 1283.º *(Efeito da manutenção ou restituição)*

É havido como nunca perturbado ou esbulhado o que foi mantido na sua posse ou a ela foi restituído judicialmente.

Artigo 1284.º *(Indemnização de prejuízos e encargos com a restituição)*

1. O possuidor mantido ou restituído tem direito a ser indemnizado do prejuízo que haja sofrido em consequência da turbação ou do esbulho.

2. A restituição da posse é feita à custa do esbulhador e no lugar do esbulho.

Artigo 1285.º *(Embargos de terceiro)*

O possuidor cuja posse for ofendida por penhora ou diligência ordenada judicialmente pode defender a sua posse mediante embargos de terceiro, nos termos definidos na lei de processo.

Artigo 1286.º *(Defesa da composse)*

1. Cada um dos compossuidores, seja qual for a parte que lhe cabe, pode usar contra terceiro dos meios facultados nos artigos precedentes, quer para defesa da

própria posse, quer para defesa da posse comum, sem que ao terceiro seja lícito opor-lhe que ela não lhe pertence por inteiro.

2. Nas relações entre compossuidores não é permitido o exercício da acção de manutenção.

3. Em tudo o mais são aplicáveis à composse as disposições do presente capítulo.

EMBARGOS DE TERCEIRO
– ARTIGOS 351.º A 359.º DO CÓDIGO DE PROCESSO CIVIL

Artigo 351.º *(Fundamento dos embargos de terceiro)*
1. Se a penhora, ou qualquer acto judicialmente ordenado de apreensão ou entrega de bens, ofender a posse ou qualquer direito incompatível com a realização ou o âmbito da diligência, de que seja titular quem não é parte na causa, pode o lesado fazê-lo valer, deduzindo embargos de terceiro.

2. Não é admitida a dedução de embargos de terceiro relativamente à apreensão de bens realizada no processo especial de recuperação da empresa e de falência.

Artigo 352.º *(Embargos de terceiro por parte dos cônjuges)*
O cônjuge que tenha a posição de terceiro pode, sem autorização do outro, defender por meio de embargos os direitos relativamente aos bens próprios e aos bens comuns que hajam sido indevidamente atingidos pela diligência prevista no artigo anterior.

Artigo 353.º *(Dedução dos embargos)*
1. Os embargos são processados por apenso à causa em que haja sido ordenado o acto ofensivo do direito do embargante.

2. O embargante deduz a sua pretensão, mediante petição, nos 30 dias subsequentes àquele em que a diligência foi efectuada ou em que o embargante teve conhecimento da ofensa, mas nunca depois de os respectivos bens terem sido judicialmente vendidos ou adjudicados, oferecendo logo as provas.

Artigo 354.º *(Fase introdutória dos embargos)*
Sendo apresentada em tempo e não havendo outras razões para o imediato indeferimento da petição de embargos, realizam-se as diligências probatórias necessárias, sendo os embargos recebidos ou rejeitados conforme haja ou não probabilidade séria da existência do direito invocado pelo embargante.

Artigo 355.º *(Efeitos da rejeição dos embargos)*
A rejeição dos embargos, nos termos do disposto no artigo anterior, não obsta a que o embargante proponha acção em que peça a declaração da titularidade do direito que obsta à realização ou ao âmbito da diligência, ou reivindique a coisa apreendida.

Artigo 356.º *(Efeitos do recebimento dos embargos)*
O despacho que receba os embargos determina a suspensão dos termos do processo em que se inserem, quanto aos bens a que dizem respeito, bem como a

Parte II – Código Civil

restituição provisória da posse, se o embargante a houver requerido, podendo, todavia, o juiz condicioná-la à prestação de caução pelo requerente.

Artigo 357.º *(Processamento subsequente ao recebimento dos embargos)*
1. Recebidos os embargos, são notificadas para contestar as partes primitivas, seguindo-se os termos do processo ordinário ou sumário de declaração, conforme o valor.
2. Quando os embargos apenas se fundem na invocação da posse, pode qualquer das partes primitivas, na contestação, pedir o reconhecimento quer do seu direito de propriedade sobre os bens, quer de que tal direito pertence contra quem a diligência foi promovida.

Artigo 358.º *(Caso julgado material)*
A sentença de mérito proferida nos embargos constitui, nos termos gerais, caso julgado quanto à existência e titularidade do direito invocado pelo embargante ou por algum dos embargados, nos termos do n.º 2 do artigo anterior.

Artigo 359.º *(Embargos de terceiro com função preventiva)*
1. Os embargos de terceiro podem ser deduzidos, a título preventivo, antes de realizada, mas depois de ordenada, a diligência a que se refere o artigo 351.º, observando-se o disposto nos artigos anteriores, com as necessárias adaptações.
2. A diligência não será efectuada antes de proferida decisão na fase introdutória dos embargos e, sendo estes recebidos, continuará suspensa até à decisão final, podendo o juiz determinar que o embargante preste caução.

PROCEDIMENTOS CAUTELARES
– ARTIGOS 381.º A 392.º DO CÓDIGO DE PROCESSO CIVIL

Artigo 381.º *(Âmbito das providências cautelares não especificadas)*
1. Sempre que alguém mostre fundado receio de que outrem cause lesão grave e dificilmente reparável ao seu direito, pode requerer a providência conservatória ou antecipatória concretamente adequada a assegurar a efectividade do direito ameaçado.
2. O interesse do requerente pode fundar-se num direito já existente ou em direito emergente de decisão a proferir em acção constitutiva, já proposta ou a propor.
3. Não são aplicáveis as providências referidas no n.º 1 quando se pretenda acautelar o risco de lesão especialmente prevenido por alguma das providências tipificadas na secção seguinte.
4. Não é admissível, na dependência da mesma causa, a repetição de providência que haja sido julgada injustificada ou tenha caducado.

Artigo 382.º *(Urgência do procedimento cautelar)*
1. Os procedimentos cautelares revestem sempre carácter urgente, precedendo os respectivos actos qualquer outro serviço judicial não urgente.
2. Os procedimentos instaurados perante o tribunal competente devem ser decididos, em 1ª instância, no prazo máximo de dois meses ou, se o requerido não tiver sido citado, de 15 dias.

CC

Artigo 383.º *(Relação entre o procedimento cautelar e a acção principal)*
1. O procedimento cautelar é sempre dependência da causa que tenha por fundamento o direito acautelado e pode ser instaurado como preliminar ou como incidente de acção declarativa ou executiva.
2. Requerido antes de proposta a acção, é o procedimento apensado aos autos desta, logo que a acção seja instaurada; e se a acção vier a correr noutro tribunal, para aí é remetido o apenso, ficando o juiz da acção com exclusiva competência para os termos subsequentes à remessa.
3. Requerido no decurso da acção, deve o procedimento ser instaurado no tribunal onde esta corre e processado por apenso, a não ser que a acção esteja dependente de recurso; neste caso a apensação só se faz quando o procedimento estiver findo ou quando os autos da acção principal baixem à 1ª instância.
4. Nem o julgamento da matéria de facto, nem a decisão final proferida no procedimento cautelar, têm qualquer influência no julgamento da acção principal.
5. Nos casos em que, nos termos de convenções internacionais em que seja parte o Estado Português, o procedimento cautelar seja dependência de uma causa que já foi ou haja de ser intentada em tribunal estrangeiro, o requerente deverá fazer prova nos autos do procedimento cautelar da pendência da causa principal, através de certidão passada pelo respectivo tribunal.

Artigo 384.º *(Processamento)*
1. Com a petição, oferecerá o requerente prova sumária do direito ameaçado e justificará o receio da lesão.
2. É sempre admissível a fixação, nos termos da lei civil, da sanção pecuniária compulsória que se mostre adequada a assegurar a efectividade da providência decretada.
3. É subsidiariamente aplicável aos procedimentos cautelares o disposto nos artigos 302.º a 304.º.

Artigo 385.º *(Contraditório do requerido)*
1. O tribunal ouvirá o requerido, excepto quando a audiência puser em risco sério o fim ou a eficácia da providência.
2. Quando seja ouvido antes do decretamento da providência, o requerido é citado para deduzir oposição, sendo a citação substituída por notificação quando já tenha sido citado para a causa principal.
3. Não tem lugar a citação edital, devendo o juiz dispensar a audiência do requerido quando se certificar que a citação pessoal deste não é viável.
4. A revelia do requerido que haja sido citado tem os efeitos previstos no processo comum de declaração.
5. Quando o requerido não for ouvido e a providência vier a ser decretada, só após a sua realização é notificado da decisão que a ordenou, aplicando-se à notificação o preceituado quanto à citação.
6. Se a acção for proposta depois de o réu ter sido citado no procedimento cautelar, a proposição produz efeitos contra ele desde a apresentação da petição inicial.

Parte II – Código Civil

Artigo 386.º *(Audiência final)*
1. Findo o prazo da oposição, quando o requerido haja sido ouvido, procede-se, quando necessário, à produção das provas requeridas ou oficiosamente determinadas pelo juiz.
2. A audiência final só pode ser adiada, por uma única vez, no caso de falta de mandatário de alguma das partes, devendo realizar-se num dos cinco dias subsequentes.
3. A falta de alguma pessoa convocada e de cujo depoimento se não prescinda, bem como a necessidade de realizar qualquer diligência probatória no decurso da audiência, apenas determinam a suspensão desta na altura conveniente, designando-se logo data para a sua continuação.
4. São sempre gravados os depoimentos prestados quando o requerido não haja sido ouvido antes de ordenada a providência cautelar.

Artigo 387.º *(Deferimento e substituição da providência)*
1. A providência é decretada desde que haja probabilidade séria da existência do direito e se mostre suficientemente fundado o receio da sua lesão.
2. A providência pode, não obstante, ser recusada pelo tribunal, quando o prejuízo dela resultante para o requerido exceda consideravelmente o dano que com ela o requerente pretende evitar.
3. A providência decretada pode ser substituída por caução adequada, a pedido do requerido, sempre que a caução oferecida, ouvido o requerente, se mostre suficiente para prevenir a lesão ou repará-la integralmente.
4. A substituição por caução não prejudica o direito de recorrer do despacho que haja ordenado a providência substituída, nem a faculdade de contra esta deduzir oposição, nos termos do artigo seguinte.

Artigo 387.º-A *(Recurso)*
Das decisões proferidas nos procedimentos cautelares não cabe recurso para o Supremo Tribunal de Justiça, sem prejuízo dos casos em que o recurso é sempre admissível.

Artigo 388.º *(Contraditório subsequente ao decretamento da providência)*
1. Quando o requerido não tiver sido ouvido antes do decretamento da providência, é-lhe lícito, em alternativa, na sequência da notificação prevista no n.º 5 do artigo 385.º:
  a) Recorrer, nos termos gerais, do despacho que a decretou, quando entenda que, face aos elementos apurados, ela não devia ter sido deferida;
  b) Deduzir oposição, quando pretenda alegar factos ou produzir meios de prova não tidos em conta pelo tribunal e que possam afastar os fundamentos da providência ou determinar a sua redução, aplicando-se, com as adaptações necessárias, o disposto nos artigos 386.º e 387.º.
2. No caso a que se refere a alínea *b)* do número anterior, o juiz decidirá da manutenção, redução ou revogação da providência anteriormente decretada, cabendo recurso desta decisão, que constitui complemento e parte integrante da inicialmente proferida.

348

Artigo 389.º *(Caducidade da providência)*

1. O procedimento cautelar extingue-se e, quando decretada, a providência caduca:

a) Se o requerente não propuser a acção da qual a providência depende dentro de 30 dias, contados da data em que lhe tiver sido notificada a decisão que a tenha ordenado, sem prejuízo do disposto no n.º 2;

b) Se proposta a acção, o processo estiver parado mais de 30 dias, por negligência do requerente;

c) Se a acção vier a ser julgada improcedente, por decisão transitada em julgado;

d) Se o réu for absolvido da instância e o requerente não propuser nova acção em tempo de aproveitar os efeitos da proposição da anterior;

e) Se o direito que o requerente pretende acautelar se tiver extinguido.

2. Se o requerido não tiver sido ouvido antes do decretamento da providência, o prazo para a propositura da acção de que aquela depende é de 10 dias contados da notificação ao requerente de que foi efectuada ao requerido a notificação prevista no n.º 5 do artigo 385.º.

3. Quando a providência cautelar tenha sido substituída por caução, fica esta sem efeito nos mesmos termos em que o ficaria a providência substituída, ordenando-se o levantamento daquela.

4. A extinção do procedimento e o levantamento da providência são determinados pelo juiz, com prévia audiência do requerente, logo que se mostre demonstrada nos autos a ocorrência do facto extintivo.

Artigo 390.º *(Responsabilidade do requerente)*

1. Se a providência for considerada injustificada ou vier a caducar por facto imputável ao requerente, responde este pelos danos culposamente causados ao requerido, quando não tenha agido com a prudência normal.

2. Sempre que o julgue conveniente em face das circunstâncias, pode o juiz, mesmo sem audiência do requerido, tornar a concessão da providência dependente da prestação de caução adequada pelo requerente.

Artigo 391.º *(Garantia penal da providência)*

Incorre na pena do crime de desobediência qualificada todo aquele que infrinja a providência cautelar decretada, sem prejuízo das medidas adequadas à sua execução coerciva.

Artigo 392.º *(Aplicação subsidiária aos procedimentos nominados)*

1. Com excepção do preceituado no n.º 2 do artigo 387.º, as disposições constantes desta secção são aplicáveis aos procedimentos cautelares regulados na secção subsequente, em tudo quanto nela se não encontre especialmente prevenido.

2. O disposto no n.º 2 do artigo 390.º é aplicável ao arresto e ao embargo de obra nova.

3. O tribunal não está adstrito à providência concretamente requerida, sendo aplicável à cumulação de providências cautelares a que caibam formas de procedimento diversas o preceituado nos n.ºs 2 e 3 do artigo 31.º.

Parte II – Código Civil

RESTITUIÇÃO PROVISÓRIA DA POSSE
– ARTIGOS 393.º A 395.º DO CÓDIGO DE PROCESSO CIVIL

Artigo 393.º *(Em que casos tem lugar a restituição provisória de posse)*

No caso de esbulho violento, pode o possuidor pedir que seja restituído provisoriamente à sua posse, alegando os factos que constituem a posse, o esbulho e a violência.

Artigo 394.º *(Termos em que a restituição é ordenada)*

Se o juiz reconhecer, pelo exame das provas, que o requerente tinha a posse e foi esbulhado dela violentamente, ordenará a restituição, sem citação nem audiência do esbulhador.

Artigo 395.º *(Defesa da posse mediante providência não especificada)*

Ao possuidor que seja esbulhado ou perturbado no exercício do seu direito, sem que ocorram as circunstâncias previstas no artigo 393.º, é facultado, nos termos gerais, o procedimento cautelar comum.

JURISPRUDÊNCIA:

EMBARGO DE OBRA NOVA:

"**I** – O direito português, no tocante à tutela da posse, enquadra-se no sistema subjectivo e não objectivo. Daí que, no sistema subjectivo, o locatário não exerça poderes a título de um direito real mas de um direito obrigacional.

II – No entanto, e excepcionalmente, apesar de possuidor precário, o arrendatário goza de defesa possessória, nos termos do n.º 2 do artigo 1037.º do Código Civil, onde dispõe que o locatário que for privado da coisa ou perturbado no exercício dos seus direitos pode usar mesmo contra o locador dos meios facultados ao possuidor nos artigos 1276.º e seguintes.

III – Nos termos do n.º 2 do artigo 412.º do Código de Processo Civil, o embargo de obra nova pode ser requerido por quem se julgue ofendido no seu direito de propriedade, em qualquer outro direito real de gozo ou na posse, em consequência de obra, trabalho ou serviço novo que lhe cause ou ameace causar prejuízo.

IV – Só que, no caso em apreço, a obra que a sociedade ré leva a efeito no espaço contíguo ao prédio de que o autor ocupa o terceiro andar, não contende directamente com a posse que este ali exerce: a construção em curso é, em si, indiferente em relação à posse exercida sobre o andar.

V – Para obviar aos prejuízos que invoca, decorrentes não da obra em si mas da forma como se executa e que diz ofender, no caso directamente, direitos de personalidade, não é adequado o procedimento cautelar de embargo de obra nova, pois não está fundamentemente em causa a defesa da posse do andar que, como titular em nome alheio, o requerente exerce."

*(**Acórdão do Supremo Tribunal de Justiça**, de 22.10.1991, Boletim do Ministério da Justiça, 410, pág. 703)*

ESTABELECIMENTO COMERCIAL; POSSE:

"**I** – O contrato pelo qual uma pessoa cede a outra, temporária e remuneradamente, a exploração de um estabelecimento comercial deve ser considerado como um contrato de locação a que é aplicável subsidiariamente o regime geral dos contratos de locação.

II – Vários dos elementos imateriais, usualmente indicados como constitutivos do estabelecimento comercial (v. g., as marcas, modelos industriais, patentes, etc.), são tradicionalmente designados por propriedade e são-lhes aplicáveis, subsidiariamente, as normas relativas à propriedade em sentido estrito por força do disposto no artigo 1303.º, n.º 2, do Código Civil.

III – Por o estabelecimento comercial ser constituído predominantemente por elementos corpóreos ou materiais, em que os elementos imateriais podem ser diminutos ou nem existir, deverá ser-lhes aplicável o regime daqueles, por força do princípio da predominância.

IV – Como coisa corpórea pode o estabelecimento ser objecto de posse e, por força do artigo 1037.º, n.º 2 do Código Civil, esta pode ser defendida por recurso a acções possessórias e aos embargos de terceiro."

(***Acórdão da Relação de Lisboa***, de 09.06.1994, *Boletim do Ministério da Justiça, 438, pág. 537*)

ARRENDATÁRIO; DEFESA DOS DIREITOS; MEIOS:

"O arrendatário, embora não seja mais do que um possuidor em nome alheio, pode socorrer-se, para defender os seus direitos dimanados do contrato de arrendamento, das acções possessórias de prevenção, manutenção e restituição de posse e lançar mão, ainda, quer da acção directa, quer dos embargos de terceiro."

(***Acórdão da Relação de Lisboa***, de 06.07.1995, *Boletim do Ministério da Justiça, 449, pág. 419*)

SUBARRENDATÁRIO; MERO DETENTOR:

"**I** – O arrendatário (como o subarrendatário e o cessionário do local arrendado, ainda que em situação oponível ao locador) apenas se comporta e é considerado como mero detentor, possuidor precário ou em nome de outrem.

II – A tutela possessória conferida pelo artigo 1037.º, n.º 2 do Código Civil ao locatário só poderá ser gozada pelo sublocatário (locatário do locatário) em relação ao senhorio, se a sublocação for oponível a este, isto é – de harmonia com o disposto nos artigos 1038.º, als. *f*) e *g*), 1049.º e 1061.º do Código Civil – tiver sido comunicada a este e por ele tiver sido autorizada ou por ele tiver sido o locatário reconhecido como tal.

III – A recorrente, como mera detentora do armazém – a título de sua subarrendatária não reconhecida pelo senhorio, a quem não foi comunicado o subarrendamento, nem o autorizou, ou a título de cessão da coisa locada, nas mesmas

Parte II – Código Civil

condições –, não podia usar do meio 'embargos de terceiro', razão por que estes não podiam ser admitidos.

IV – Apenas ao possuidor, e já não ao mero detentor, o artigo 1273.º do Código Civil reconhece o direito a ser indemnizado das benfeitorias necessárias que haja feito e a levantar as benfeitorias realizadas na coisa, desde que o possa fazer sem detrimento dela, pois, no caso de o não poder, tem direito a receber o valor delas, calculado segundo as regras do enriquecimento sem causa.

V – Consequentemente, não pode esse detentor arrogar-se o direito de retenção do armazém onde terá feito obras, que se poderiam qualificar como benfeitorias úteis, até ser pago do seu valor pelo respectivo proprietário."

(**Acórdão do Supremo Tribunal de Justiça**, de 27.11.1997, Boletim do Ministério da Justiça, 471, pág. 343)

ESCAVAÇÕES; INDEMNIZAÇÃO:

"**I** – O locatário de estabelecimento comercial não pode socorrer-se do artigo 1348.º, n.º 2, do Código Civil, por não ser proprietário vizinho (no sentido de prédio 'alheio', ou seja não contíguo, desde que afectado).

II – Todavia, as escavações, na medida em que prejudicaram o uso do locado, legitimam o lesado, enquanto locatário, a poder propor uma acção de indemnização, ao abrigo do artigo 1037.º, n.º 2, do Código Civil, independentemente de ser proprietário do prédio afectado."

(**Acórdão da Relação de Lisboa**, de 19.03.1998, Colectânea de Jurisprudência, 1998, Tomo II, pág. 98)

CONTRATO DE ARRENDAMENTO; CADUCIDADE; VENDA JUDICIAL:

"**I** – O arrendamento é um contrato consensual e obrigacional.

II – A faculdade excepcional atribuída ao locatário de usar de acção de defesa da posse prevista nos artigos 1276.º e seguintes do Código Civil não obsta a que ele seja detentor ou possuidor em nome alheio.

III – O artigo 1057.º do Código Civil deve ser interpretado restritivamente, aplicando-se apenas aos casos em que, à data da alienação, o locatário tenha já iniciado o gozo da coisa – pois só é razoável impor ao adquirente da mesma o respeito da locação se, à data da aquisição, tiver a possibilidade de conhecer a existência dela através da relação de gozo que a exterioriza.

IV – O referido artigo 1057.º do Código Civil é, semelhantemente, também inaplicável à venda em processo executivo.

V – Na expressão «direitos reais» constante do artigo 824.º, n.º 2, do Código Civil inclui-se, por analogia, o arrendamento, registado ou não.

VI – Assim, a venda judicial, em processo executivo, de um imóvel hipotecado faz caducar o arrendamento, não registado, dessa coisa celebrado posteriormente à constituição daquela garantia real."

CC   Art. 1037.º

(*Acórdão do Supremo Tribunal de Justiça*, de 03.12.1998, Boletim do Ministério da Justiça, 482, pág. 219)

ANOTAÇÕES:

1. INTERPRETAÇÃO DO N.º 1:

"O facto de o locador abrir um estabelecimento que faça concorrência ao instalado no prédio arrendado ou consentir que outrem o abra não cai no âmbito deste preceito.

Sejam estes actos lícitos ou ilícitos, a verdade é que só forçando manifestamente o sentido real dos termos se poderá dizer que eles impedem ou diminuem o gozo da coisa pelo locatário." (*Pires de Lima – Antunes Varela, Código Civil Anotado, 1997, vol. II, pág. 368*)

2. DIMINUIÇÃO ILÍCITA DO GOZO DA COISA:

"O acto abusivo de diminuição ilícita do gozo da coisa pode bem consistir na locação de dependências integradas no imóvel locado, feita pelo locador a terceiros, sem o consentimento do locatário (cfr., a propósito, os casos apreciados nos acórdãos da Relação do Porto, de 9 de Fevereiro de 1972, sumariado no *Bol. Min. Just.*, n.º 214, pág. 175, e do Sup. Trib. Just., de 21 de Maio de 1976, na *Rev. Leg. Jur.*, ano 110.º, págs. 164 e segs.)." (*Pires de Lima – Antunes Varela, Código Civil Anotado, vol. II, 1997, pág. 368*)

3. RESTRIÇÃO À RESPONSABILIDADE:

"O artigo 1037.º, n.º 1 do Código Civil, estabelece uma importante restrição à responsabilidade, pois que esta só existe se a pessoa que tem em seu poder a coisa, pois que esta só existe se a pessoa que tem em seu poder a coisa, móvel ou imóvel, que tanto pode tratar-se do proprietário, comodatário, depositário ou arrendatário, estiver obrigada a vigiá-la, porquanto é a pessoa que tem a coisa à sua guarda que deve tomar as providências necessárias para evitar a lesão, cabendo ao lesante, encarregado da vigilância do imóvel, para se eximir à sua responsabilidade, ilidir a presunção de culpa que sobre si recai."

(*do Acórdão da Relação de Coimbra, de 14.02.2006, Colectânea de Jurisprudência, 2006, Tomo I, pág. 28*)

NOTAS PESSOAIS:

SECÇÃO III
Obrigações do locatário

SUBSECÇÃO I
Disposição geral

ARTIGO 1038.º
Enumeração

São obrigações do locatário:
a) Pagar a renda ou aluguer;
b) Facultar ao locador o exame da coisa locada;
c) Não aplicar a coisa a fim diverso daqueles a que ela se destina;
d) Não fazer dela uma utilização imprudente;
e) Tolerar as reparações urgentes, bem como quaisquer obras ordenadas pela autoridade pública;
f) Não proporcionar a outrem o gozo total ou parcial da coisa por meio de cessão onerosa ou gratuita da sua posição jurídica, sublocação ou comodato, excepto se a lei o permitir ou o locador o autorizar;
g) Comunicar ao locador, dentro de quinze dias, a cedência do gozo da coisa por algum dos referidos títulos, quando permitida ou autorizada;
h) Avisar imediatamente o locador, sempre que tenha conhecimento de vícios na coisa, ou saiba que a ameaça algum perigo ou que terceiros se arrogam direitos em relação a ela, desde que o facto seja ignorado pelo locador;
i) Restituir a coisa locada findo o contrato.

Parte II – Código Civil

HISTÓRICO:

Redacção do Decreto-Lei n.º 47 344, de 25 de Novembro de 1966.

LEGISLAÇÃO COMPLEMENTAR:

CESSÃO DA POSIÇÃO CONTRATUAL
– ARTIGOS 424.º A 427.º DO CÓDIGO CIVIL

Artigo 424.º *(Noção. Requisitos)*
1. No contrato com prestações recíprocas, qualquer das partes tem a faculdade de transmitir a terceiro a sua posição contratual, desde que o outro contraente, antes ou depois da celebração do contrato, consinta na transmissão.
2. Se o consentimento do outro contraente for anterior à cessão, esta só produz efeitos a partir da sua notificação ou reconhecimento.

Artigo 425.º *(Regime)*
A forma de transmissão, a capacidade de dispor e de receber, a falta e vícios da vontade e as relações entre as partes definem-se em função do tipo de negócio que serve de base à cessão.

Artigo 426.º *(Garantia da existência da posição contratual)*
1. O cedente garante ao cessionário, no momento da cessão, a existência da posição contratual transmitida, nos termos aplicáveis ao negócio, gratuito ou oneroso, em que a cessão se integra.
2. A garantia do cumprimento das obrigações só existe se for convencionada nos termos gerais.

Artigo 427.º *(Relações entre o outro contraente e o cessionário)*
A outra parte no contrato tem o direito de opor ao cessionário os meios de efesa provenientes desse contrato, mas não os que provenham de outras relações com o cedente, a não ser que os tenha reservado ao consentir na cessão.

COMODATO – ARTIGOS 1129.º A 1141.º DO CÓDIGO CIVIL

Artigo 1129.º *(Noção)*
Comodato é o contrato gratuito pelo qual uma das partes entrega à outra certa coisa, móvel ou imóvel, para que se sirva dela, com a obrigação de a restituir.

Artigo 1130.º *(Comodato fundado num direito temporário)*
1. Se o comodante emprestar a coisa com base num direito de duração limitada, não pode o contrato ser celebrado por tempo superior; e, quando o seja, reduzir-se-á ao limite de duração desse direito.
2. É aplicável ao comodato constituído pelo usufrutuário o disposto nas alíneas *a)* e *b)* do artigo 1052.º.

Artigo 1131.º *(Fim do contrato)*

Se do contrato e respectivas circunstâncias não resultar o fim a que a coisa emprestada se destina, é permitido ao comodatário aplicá-la a quaisquer fins lícitos, dentro da função normal das coisas de igual natureza.

Artigo 1132.º *(Frutos da coisa)*

Só por força de convenção expressa o comodatário pode fazer seus os frutos colhidos.

Artigo 1133.º *(Actos que impedem ou diminuem o uso da coisa)*

1. O comodante deve abster-se de actos que impeçam ou restrinjam o uso da coisa pelo comodatário, mas não é obrigado a assegurar-lhe esse uso.

2. Se este for privado dos seus direitos ou perturbado no exercício deles, pode usar, mesmo contra o comodante, dos meios facultados ao possuidor nos artigos 1276.º e seguintes.

Artigo 1134.º *(Responsabilidade do comodante)*

O comodante não responde pelos vícios ou limitações do direito nem pelos vícios da coisa, excepto quando se tiver expressamente responsabilizado ou tiver procedido com dolo.

Artigo 1135.º *(Obrigações do comodatário)*

São obrigações do comodatário:

a) Guardar e conservar a coisa emprestada;

b) Facultar ao comodante o exame dela;

c) Não a aplicar a fim diverso daquele a que a coisa se destina;

d) Não fazer dela uma utilização imprudente;

e) Tolerar quaisquer benfeitorias que o comodante queira realizar na coisa;

f) Não proporcionar a terceiro o uso da coisa, excepto se o comodante o autorizar;

g) Avisar imediatamente o comodante, sempre que tenha conhecimento de vícios na coisa ou saiba que a ameaça algum perigo ou que terceiro se arroga direitos em relação a ela, desde que o facto seja ignorado do comodante;

h) Restituir a coisa findo o contrato.

Artigo 1136.º *(Perda ou deterioração da coisa)*

1. Quando a coisa emprestada perecer ou se deteriorar casualmente, o comodatário é responsável, se estava no seu poder tê-lo evitado, ainda que mediante o sacrifício de coisa própria de valor não superior.

2. Quando, porém, o comodatário a tiver aplicado a fim diverso daquele a que a coisa se destina, ou tiver consentido que terceiro a use sem para isso estar autorizado, será responsável pela perda ou deterioração, salvo provando que ela teria igualmente ocorrido sem a sua conduta ilegal.

3. Sendo avaliada a coisa ao tempo do contrato, presume-se que a responsabilidade ficou a cargo do comodatário, embora este não pudesse evitar o prejuízo pelo sacrifício de coisa própria.

Parte II – Código Civil

Artigo 1137.º *(Restituição)*
1. Se os contraentes não convencionaram prazo certo para a restituição da coisa, mas esta foi emprestada para uso determinado, o comodatário deve restituí-la ao comodante logo que o uso finde, independentemente de interpelação.
2. Se não foi convencionado prazo para a restituição nem determinado o uso da coisa, o comodatário é obrigado a restituí-la logo que lhe seja exigida.
3. É aplicável à manutenção e restituição da coisa emprestada o disposto no artigo 1043.º.

Artigo 1138.º *(Benfeitorias)*
1. O comodatário é equiparado, quanto a benfeitorias, ao possuidor de má fé.
2. Tratando-se de empréstimo de animais, as despesas de alimentação destes correm, salvo estipulação em contrário, por conta do comodatário.

Artigo 1139.º *(Solidariedade dos comodatários)*
Sendo dois ou mais os comodatários, são solidárias as suas obrigações.

Artigo 1140.º *(Resolução)*
Não obstante a existência de prazo, o comodante pode resolver o contrato, se para isso tiver justa causa.

Artigo 1141.º *(Caducidade)*
O contrato caduca pela morte do comodatário.

JURISPRUDÊNCIA:

CONTRATO DE ARRENDAMENTO; CEDÊNCIA DO LOCADO; COMUNICAÇÃO AO SENHORIO:

"**I** – A cedência do locado não constitui facto continuado ou duradouro, mas instantâneo, sendo a ocupação pelo terceiro mera consequência desse facto.
II – Mesmo quando contratualmente autorizada pelo senhorio a cedência do locado, tem esta que ser comunicada àquela no prazo de quinze dias, nos termos da alínea *g*) do artigo 1038.º do Código Civil."
(**Acórdão da Relação de Lisboa**, *de 29.09.1994, Colectânea de Jurisprudência, 1994, Tomo IV, pág. 95*)

ARRENDAMENTO; INCÊNDIO; ÓNUS DA PROVA:

"Ocorrendo incêndio em casa arrendada, é ao locatário que incumbe provar que o sinistro em causa não lhe é imputável, nem a terceiro a quem tenha permitido a utilização do locado."
(**Acórdão da Relação do Porto**, *de 11.12.1995, Boletim do Ministério da Justiça, 452, pág. 486*)

COMUNICAÇÃO DA CESSÃO AO SENHORIO:

"**I** – A cedência do gozo do locado por meio de locação ou de cessão de estabelecimento conferem ao senhorio, quando não autorizadas, o poder de requerer judicialmente a resolução do contrato de arrendamento.

II – A cessão, quando autorizada, deve ser comunicada ao senhorio, sob pena de ser ineficaz em relação a este e ser, portanto, causa de resolução.

III – É ao inquilino que compete provar ter cumprido a obrigação de comunicar ao senhorio a cessão."

(*Acórdão da Relação de Évora, de 18.05.1996, Colectânea de Jurisprudência, 1996, Tomo III, pág. 265*)

ACÇÃO DE DESPEJO; ARRENDAMENTO PARA ESCRITÓRIOS DE SERVIÇOS DO ESTADO; CESSÃO NÃO AUTORIZADA DO DIREITO AO ARRENDAMENTO; ALTERAÇÃO DO FIM A QUE SE DESTINA O ARRENDAMENTO:

"**I** – O Instituto Português da Qualidade é um Instituto Público dotado de personalidade jurídica, autonomia administrativa e património próprio.

II – Sendo o Instituto da Qualidade um serviço do Estado e continuando ali a funcionar escritórios afectos ao serviço deste, não violou o réu o disposto nas alínea *c*) e *f*) do artigo 1038.º do Código Civil, nem a alínea *f*) do n.º 1 do artigo 64.º do Decreto-Lei n.º 321-B/1990, de 15 de Outubro – Regime do Arrendamento Urbano."

(*Acórdão da Relação de Lisboa, de 14.01.1997, Boletim do Ministério da Justiça, 463, pág. 622*)

TRESPASSE DE ESTABELECIMENTO:

"**I** – O artigo 115.º do RAU contém uma norma especial, segundo a qual o arrendatário pode trespassar o estabelecimento comercial ou industrial sem necessitar de autorização do senhorio.

II – A dispensa dessa autorização tem, porém, como pressupostos que o trespasse seja acompanhado de transferência em conjunto das instalações, utensílios, mercadorias ou outros elementos que integram o estabelecimento; que, quando transmitido o gozo do prédio, nele se continue a exercer o mesmo ramo de comércio ou indústria, ou lhe seja dado o mesmo destino e que o trespasse seja celebrado por escritura pública.

III – A comunicação a que se refere a al. *g*) do artigo 1038.º do Código Civil pode ser feita por qualquer meio legítimo; essencial é que seja feita dentro dos 15 dias seguintes à data da celebração da escritura de trespasse.

IV – A comunicação ao senhorio por parte do arrendatário, de que vai trespassar o estabelecimento, ainda que indique o nome do outro contraente, a data e local da celebração do contrato e o preço, não se confunde nem substitui a comunicação a que se refere a al. *g*) do artigo 1038.º do Código Civil.

Parte II – Código Civil

V – A falta de comunicação tem como consequência a ineficácia do trespasse em relação ao senhorio, situação que passa a integrar a previsão da al. *f)* do n.º 1 do art. 64.º do RAU, conferindo ao senhorio a faculdade de pedir a resolução do arrendamento."

(**Acórdão da Relação de Évora**, *de 01.07.1997, Colectânea de Jurisprudência, 1997, Tomo IV, pág. 265*)

CESSÃO DE EXPLORAÇÃO;
FALTA DE CONSENTIMENTO DO SENHORIO:

"Não tendo sido autorizada pelo senhorio a cessão de exploração do estabelecimento instalado no prédio arrendado, mostra-se violado o disposto no artigo 1038.º, al. *f)*, do Código Civil, o que constitui fundamento de resolução do contrato..."

(**Acórdão da Relação de Évora**, *de 12.03.1998, Boletim do Ministério da Justiça, 475, pág. 794*)

ARRENDAMENTO;
ÓNUS DA PROVA DA CAUSA DA PERDA OU DESTRUIÇÃO:

"Incumbe ao inquilino, que pretenda afastar a regra da sua responsabilização na perda ou deterioração da coisa, o ónus de provar que a mesma não provém de culpa sua."

(**Acórdão do Supremo Tribunal de Justiça**, *de 15.02.2001, Colectânea de Jurisprudência, Acórdãos do Supremo Tribunal de Justiça, 2001, Tomo I, pág. 121*)

TRANSMISSÃO DO ARRENDAMENTO; FUSÃO DE SOCIEDADES:

"Nada justifica que, no caso de fusão de sociedades, se abra uma excepção ao dever de comunicar ao senhorio a transmissão do direito de arrendamento."

(**Acórdão da Relação de Guimarães**, *de 08.01.2003, Colectânea de Jurisprudência, 2003, Tomo I, pág. 277*)

USO DO ARRENDADO PARA FIM DIFERENTE:

"**I** – A finalidade do contrato de arrendamento é determinada, em regra, por uma cláusula contratual.

II – A proibição legal do uso do locado para 'fim diverso daquele a que se destina' não tem como referência o uso licenciado mas sim o fim convencionado no contrato de arrendamento, pelo que jamais poderá o arrendatário desenvolver no locado a actividade licenciada, se não for essa a actividade convencionada."

(**Acórdão da Relação de Lisboa**, *de 20.02.2003, Colectânea de Jurisprudência, 2003, Tomo I, pág. 114*)

FUSÃO DE SOCIEDADES, POR INCORPORAÇÃO:

"**I** – A transmissão do direito ao arrendamento da sociedade incorporada para a sociedade incorporante, no caso de fusão de sociedades, por incorporação, não carece de consentimento do senhorio, mas deve ser-lhe comunicada, no prazo de 15 dias a que se refere o artigo 1038.º, alínea *g*), do Código Civil.

II – A falta de tal comunicação dá ao senhorio o direito à resolução do contrato, nos termos do artigo 64.º, n.º 1, alínea *f*) do RAU, em virtude de a cedência ser ineficaz em relação ao mesmo."

(*Acórdão da Relação de Lisboa, de 01.07.2003, Colectânea de Jurisprudência, 2003, Tomo IV, pág. 73*)

RESTITUIÇÃO DO LOCADO; MORA DO SENHORIO:

"**I** – A obrigação de restituir o locado no estado em que se encontrava a quando do arrendamento não abrange as obras destinadas a adaptar o locado aos fins a que se destinou o contrato de arrendamento, salvo havendo convenção entre as partes, que obrigue o inquilino à reposição originária do estado que precedeu o contrato.

II – Em princípio, as rendas deverão ser pagas até à entrega do locado ao senhorio; mas se houver mora deste, o inquilino não tem de pagar as rendas, a partir do momento em que ela ocorre.

III – O senhorio incorre em mora, se o inquilino lhe entregou o locado, tendo-se recusado a recebê-lo sem motivo justificado.

IV – Não tendo o inquilino obrigação de realizar as obras pretendidas pelo senhorio, sendo esse o motivo de recusa de receber o locado, então a mora é do senhorio e o inquilino não tem que lhe pagar as rendas, desde o momento em que coloca o locado à sua disposição."

(*Acórdão do Supremo Tribunal de Justiça, de 16.12.2004, Colectânea de Jurisprudência, Acórdãos do Supremo Tribunal de Justiça, 2004, Tomo III, págs. 149 e seg.*)

RECUSA DE RECEBIMENTO DE RENDA:

"Comete o crime de especulação (p.p. pelo artigo 14.º do RAU, aprovado pelo DL 321-B/90, de 15.10) o senhorio que recusa emitir e entregar ao inquilino recibos correspondentes às rendas por ele pagas, antes lhe entregando pequenos papéis de onde constam, para além do valor da renda, os montantes respeitantes à luz e à água."

(*Acórdão da Relação do Porto, de 12.10.2005, Colectânea de Jurisprudência, 2005, Tomo IV, pág. 231*)

FALTA DE REALIZAÇÃO DE OBRAS DE CONSERVAÇÃO; DEVER DE INFORMAÇÃO:

"**I** – O arrendatário tem o dever de informar o senhorio da degradação do locado e da necessidade de realização de obras de conservação.

Parte II – Código Civil

II – Não tendo o arrendatário cumprido tal dever, não é possível concluir por um comportamento omissivo ilícito do senhorio que não realizou obras, nem se pode considerar verificada a excepção de não cumprimento do contrato, em termos de exonerar o arrendatário de habitar o locado com permanência.

III – A acentuada desproporção entre o custo das obras e a exiguidade da renda paga torna ilegítima a exigência dessas obras, por constituir excesso manifesto dos limites impostos pela boa fé e pelo fim económico-social do direito, proibido pelo artigo 334.º do Código Civil."

(*Acórdão da Relação de Lisboa, de 17.01.2006, Colectânea de Jurisprudência, 2006, Tomo I, pág. 75*)

DEVERES DO LOCATÁRIO; PRESUNÇÃO DE CULPA:

"**I** – O locatário não pode fazer uma utilização imprudente do locado susceptível de causar danos em fracções vizinhas.

II – O dever de guarda e conservação que incide sobre o locatário e que se reflecte na legitimidade da tutela possessória, fá-lo responder, com culpa por ser a pessoa que deve tomar as providências necessárias para evitar a lesão e que em melhores condições está de provar a ausência de culpa.

III – Tendo o locatário de uma fracção dum condomínio efectuado obras que causaram danos ao autor, proprietário doutra fracção, é obrigado a indemnizar."

(*Acórdão da Relação de Coimbra, de 14.02.2006, Colectânea de Jurisprudência, 2006, Tomo I, págs. 26 e seg.*)

ARRENDAMENTO URBANO; RESOLUÇÃO; CEDÊNCIA DO LOCADO

"O simples facto de a sede de uma sociedade, de que o arrendatário comercial e sua mulher são os únicos sócios, se localizar no arrendado não constitui violação do artigo 1038.º, al. *f*) do CC nem integra o fundamento de despejo previsto no art. 64.º, n.º 1, al. *f*) do RAU."

(*Acórdão da Relação de Lisboa, de 27.04.2006, Colectânea de Jurisprudência, 2006, Tomo II, pág. 114*)

ARRENDAMENTO; CADUCIDADE; FUSÃO DE SOCIEDADES

"**I** – A fusão da sociedade arrendatária com outra sociedade não determina a extinção do contrato de arrendamento por caducidade, transmitindo-se esta para a sociedade incorporante, sem necessidade de consentimento do senhorio.

II – Contudo essa transmissão deve ser comunicada ao senhorio.

III – Sendo dois os senhorios é suficiente a comunicação àquele que habitualmente se relaciona com o inquilino para tratar das questões relativas ao arrendamento."

CC   *Art. 1038.º*

(*Acórdão da Relação de Lisboa*, de 18.05.2006, Colectânea de Jurisprudência, 2006, Tomo III, pág. 96)

CONTRATO DE ARRENDAMENTO; EXCEPÇÃO DE NÃO CUMPRIMENTO DO CONTRATO; RESOLUÇÃO DO CONTRATO

"**I** – A excepção de não cumprimento do contrato tem aplicação ante o incumprimento da eliminação dos defeitos pelo senhorio e que obstem ao gozo de coisa locada, porquanto sendo elementos essenciais do contrato de arrendamento a obrigação de proporcionar o gozo, a cargo do locador, e a de pagar a renda, por parte do locatário, ambas estão ligadas por uma relação de sinalagma, que não fica destruída pela diversa natureza das prestações.

II – Não se tratando de defeito da coisa locada anterior ou contemporânea da entrega, impende sobre o locatário o dever de avisar imediatamente o senhorio dos vícios que descubra na coisa ou dos perigos que a ameaçam para que este os possa eliminar.

III – No caso do locatário não cumprir esse dever de aviso imediato, não pode invocar a excepção de não cumprimento do contrato, suspendendo o pagamento das rendas.

IV – No caso em que possa ser invocada excepção de não cumprimento do contrato, a privação parcial do gozo do locado apenas legitima o locatário a suspender o pagamento de parte da renda.

V – A imprevisibilidade e a inevitabilidade que caracterizam o conceito de força maior não se coadunam com o encerramento por carência de obras do prédio arrendado para comércio, uma vez que essas obras são normalmente previsíveis e evitáveis por acto humano, não se justificando que tal situação impeça a resolução do contrato por motivo de tal encerramento."

(*Acórdão da Relação de Coimbra*, de 18.07.2006, Colectânea de Jurisprudência, 2006, Tomo III, pág. 38)

VENDA JUDICIAL EM PROCESSO EXECUTIVO; CADUCIDADE DE ARRENDAMENTO POSTERIOR À CONSTITUIÇÃO DO REGISTO DA HIPOTECA

"**I** – A venda judicial em processo executivo dum imóvel hipotecado faz caducar o arrendamento celebrado posteriormente à constituição do registo de hipoteca nos termos do art. 824.º-2 do CC.

II – O dono do imóvel arrendado apenas tem direito ao recebimento das respectivas rendas depositadas actualizadas e de acordo com as actualizações anuais à taxa fixada legalmente para o regime de rendas livres e aos juros de mora à taxa legal desde a citação até integral pagamento e não também a uma indemnização pelos danos causados pela ocupação nomeadamente num caso em que a questão jurídica

Parte II – Código Civil

subjacente aos factos não se apresenta linear tudo dependendo da interpretação jurídica que se defenda."

(*Acórdão da Relação de Lisboa*, de 28.09.2006, Colectânea de Jurisprudência, 2006, Tomo IV, pág. 63)

ANOTAÇÕES:

1. FUSÃO DE SOCIEDADES:

"Sobre a fusão de sociedades o artigo 97.º do Código das Sociedades Comerciais estipula:

1. Duas ou mais sociedades, ainda que de tipo diverso, podem fundir-se mediante a reunião numa só.

(…)

4. A fusão pode realizar-se:

a) Mediante a transferência global do património de uma ou mais sociedades para outra e a atribuição aos sócios daquelas partes, acções ou quotas desta;

b) Mediante a constituição de uma nova sociedade, para a qual se transferem globalmente os patrimónios das sociedades fundidas, sendo aos sócios destas atribuídas partes, acções ou quotas da nova sociedade.

Por outro lado, o artigo 112.º do mesmo diploma dispõe:

Com a inscrição da fusão no registo comercial:

a) Extinguem-se as sociedades incorporadas ou, no caso de constituição de nova sociedade, todas as sociedades fundidas, transmitindo-se os seus direitos e obrigações para a sociedade incorporante ou para a nova sociedade.

O instituto da fusão das sociedades foi regulado no CSC, em obediência aos princípios consagrados numa Directiva comunitária sobre a matéria – a Terceira Directiva do Conselho, de 9 de Outubro de 1978 [78/855/CEE].

Como resulta dos citados artigos 97.º e 112.º do CSC, é desnecessária a autorização do senhorio para a transmissão do direito ao arrendamento decorrente de um negócio de fusão."

(*in Acórdão da Relação de Guimarães*, de 08.01.2003, Colectânea de Jurisprudência, 2003, Tomo I, pág. 278)

2. COMUNICAÇÃO AO SENHORIO:

"Quanto à necessidade ou não de comunicação dessa transmissão do direito ao arrendamento em consequência da integração, por fusão, da sociedade arrendatária, os apontados autores [Henrique Mesquita e Raul Ventura] têm posições divergentes, o mesmo acontecendo com a jurisprudência.

O acórdão da Relação de Lisboa de 25.10.1994 [Revista de Legislação e Jurisprudência, Ano 127, pág. 378] decidiu que sendo uma sociedade arrendatária de parte de um prédio, incorporada, mediante fusão, noutra sociedade, a transmissão para a sociedade incorporante do direito ao arrendamento não carece do consentimento do senhorio, mas tem de ser-lhe notificada, constituindo a falta de notificação, fundamento de despejo.

Em sentido contrário, o Acórdão da Relação de Coimbra, de 24.06.1976, decidiu que a transmissão do direito ao arrendamento, decorrente de um negócio de fusão de sociedade, não carece de autorização do senhorio, nem tem de lhe ser comunicada."

(in Acórdão da Relação de Guimarães, de 08.01.2003, Colectânea de Jurisprudência, 2003, Tomo I, pág. 278)

3. COMUNICAÇÃO AO SENHORIO:

Como escreve Henrique Mesquita [Revista de Legislação e Jurisprudência, Ano 131.º, pág. 153], "declarando-se, no artigo 112.º do Código das Sociedades Comerciais, que, com a inscrição da fusão no registo, se extinguem as sociedades incorporadas ou, no caso de constituição de nova sociedade, as sociedades fundidas, e que os direitos e obrigações das sociedades extintas se transmitem para a nova sociedade, deve entender-se que esta transmissão universal se opera sem necessidade de satisfazer ou preencher os requisitos de que a lei faça depender a transmissão singular de cada direito ou obrigação. (…)

Se as exigências desta índole tivessem de ser cumpridas, a realização de um projecto de fusão de sociedades tornar-se-ia muitas vezes inviável. Bastaria, para tanto, que a transmissão de determinada posição jurídica, imprescindível, no entendimento dos interessados, para o sucesso da operação de reorganização empresarial projectada, carecesse do consentimento de um terceiro e este o recusasse.

A lei pretende evitar que surjam obstáculos insuperáveis à concretização de um negócio de fusão e, precisamente com esse objectivo, estabelece que, por mero efeito do registo da fusão, todo o património da sociedade ou das sociedades incorporadas ou fundidas se transmite, global e unitariamente (*uno actu*), para a sociedade incorporante ou para a nova sociedade, sem necessidade do consentimento de terceiros que porventura seja exigido para a transmissão singular de alguma ou algumas das posições jurídicas, activas ou passivas, que integrem esses patrimónios."

4. COMUNICAÇÃO AO SENHORIO:

Antes da fusão, ambas as sociedades tinham personalidade jurídica própria, independentemente das pessoas dos sócios, a qual se mantinha, mesmo que houvesse, põe exemplo, cessão das quotas a favor de terceiros e/ou que o ramo de negócio passasse a ser completamente diferente e o seu património se modificasse.

Diz o Prof. Pessoa Jorge [O Direito, Ano 122, II, págs. 477 e seg.]: a obrigação prevista na alínea *g*) só existe, como nela se diz, quando a cedência do gozo da coisa se faz por algum dos títulos referidos na alínea anterior, ou seja, por cessão onerosa ou gratuita da posição de arrendatário, sublocatário ou comodatário. A menção a estes títulos jurídicos mostra que a palavra cessão está empregada em sentido espe-

Parte II – Código Civil

cífico (de cessão na posição contratual) e não no sentido genérico de transmissão do gozo da coisa, para o qual o código utiliza a palavra cedência [como faz na alínea *g*)]; a cedência do gozo da coisa não é um título jurídico, mas o efeito comum a vários e distintos títulos.

E depois acrescenta que a transmissão prevista no artigo 1038.º tem fonte voluntária e é a título singular. E logo a seguir: ora, como se viu, a inscrição da incorporação no registo comercial produz directamente a transmissão, a título universal, do património da incorporada para o da incorporante, incluindo os direitos aos arrendamentos de que aquela seja parte. E conclui dizendo que a incorporação não se integra em nenhum dos títulos referidos naquelas alíneas *f*) e *g*).

Consequentemente, não existe para a sociedade incorporada, que se extingue, nem para a incorporante, que àquela sucede, a obrigação de comunicar ao locador que o gozo da coisa se transmitiu se transferiu para a segunda, pois se está fora do campo de aplicação das transcritas alíneas do artigo 1038.º.

5. EXCEPÇÃO DE NÃO CUMPRIMENTO DO CONTRATO:

A doutrina e a jurisprudência vêm entendendo que é admissível o uso da excepção de não cumprimento do contrato, em casos de prestação continuada, como é o caso do contrato de locação (cfr. Antunes Varela, Das Obrigações em Geral, vol. I, pág. 364; Pires de Lima e Antunes Varela, Código Civil Anotado, vol. I, 4ª ed., pág. 406; João Abrantes, A Excepção de Não Cumprimento do Contrato no Direito Português, págs, 62 a 67; Calvão da Silva, Cumprimento e Sanção Pecuniária Compulsória, nota 599, págs. 331 e 332; Acs. Do STJ de 11.12.84, BMJ 342.º, pág. 355; da RL de 06.04.95, CJ, XX, II, pág. 111 e de 09.05.96, CJ, XXI, III, 87; da RC de 27.06.95, CJ, XX, III, 47 e desta Relação de 04.03.96, CJ XXI, II, 177, de 23.04.01 e de 27.05.02, *in* http://www.dgsi.pt/jtrp.processos, respectivamente, n.ᵒˢ 0150255 e 0250709).

Mas, para que tal excepção seja causa justificativa do incumprimento, a boa fé exige, por um lado, que a falta assuma relevo significativo e, por outro, que se observe a ideia de proporcionalidade ou adequação entre essa falta e a recusa do excipiente, ou, no dizer dos citados acórdãos desta Relação de 04.03.96 e de 23.04.01, que haja correspectividade entre a prestação que se pretende recusar e aquela cuja falta se invoca.

Na locação existe correspectividade entre as obrigações do senhorio de entregar ao locatário a coisa locada e de lhe assegurar o respectivo gozo, por um lado, e a obrigação de pagamento da renda, por outro, por parte deste último (cfr. arts. 1031.º e 1038.º, al. *a*), ambos do Código Civil).

É que o contrato de arrendamento é, por definição, bilateral, oneroso e sinalagmático.

Deste modo, o arrendatário tem a faculdade de recusar o pagamento da renda enquanto o senhorio não cumprir a obrigação de lhe assegurar o gozo da coisa, desde que a falta assuma relevo significativo e que se observe a proporcionalidade e a adequação *supra* referidas.

6. OBRIGAÇÃO DE COMUNICAÇÃO AO LOCADOR:

"A obrigação de comunicação ao locador, nos casos de cedência do gozo da coisa, existe em qualquer caso de transmissão da posição contratual do locatário ou de sublocação. As consequências do não cumprimento desta obrigação, no caso de cedência, deixam de ter aplicação, se o locador reconhecer o cessionário como tal ou se a comunicação lhe tiver sido feita por este próprio (art. 1049.º). Tratando-se de sublocação, independentemente do direito de resolução (art. 1049.º), ela não produz efeitos em relação ao locador ou em relação a terceiro, senão a partir do reconhecimento do sublocatário como tal ou da comunicação a que se refere a alínea *g*) do artigo 1038.º (art. 1061.º)." (*Pires de Lima – Antunes Varela, Código Civil Anotado, vol. II, 1997, pág. 372*)

7. OBRIGAÇÃO DE GUARDA E CONSERVAÇÃO:

"A hipótese legal, contemplada pelo artigo 1038.º, *d*) do Código Civil, constitui uma aplicação prática da obrigação de guarda e conservação que impende sobre o locatário, devendo a utilização ser prudente, aferindo-se esta cláusula geral pela 'diligência do bom pai de família', porque tal decorre do dever de guarda e conservação da coisa locada, sendo certo, igualmente, que, não obstante a obrigação de não fazer da coisa uma utilização imprudente, ser de natureza contratual, pois que se refere às relações entre senhorio e locatário, os danos por este produzidos, em fracções ou coisas vizinhas, são susceptíveis de originar uma situação de responsabilidade civil extracontratual. Aliás, este dever de guarda e conservação, que incide sobre o locatário, mero detentor, reflecte-se na legitimidade que o mesmo goza para, autonomamente, defender contra terceiros o seu gozo da coisa, enquanto manifestação da tutela possessória, consagrada pelo artigo 1037.º, n.º 2, do Código Civil, o que significa que ele se encontra numa situação de soberania, em tudo semelhante à que decorre da titularidade de um direito real de gozo.

Ora, quem tem a detenção material da coisa, em nome próprio ou alheio, detém sobre a mesma o controlo físico, o que significa que a responsabilidade pelo facto das coisas é, apenas, uma responsabilidade por facto do homem."

(*do Acórdão da Relação de Coimbra, de 14.02.2006, Colectânea de Jurisprudência, 2006, Tomo I, pág. 28*)

NOTAS PESSOAIS:

SUBSECÇÃO II
Pagamento da renda ou aluguer

ARTIGO 1039.º
Tempo e lugar do pagamento

1. O pagamento da renda ou aluguer deve ser efectuado no último dia de vigência do contrato ou do período a que respeita, e no domicílio do locatário à data do vencimento, se as partes ou os usos não fixarem outro regime.

2. Se a renda ou aluguer houver de ser pago no domicílio, geral ou particular, do locatário ou de procurador seu, e o pagamento não tiver sido efectuado, presume-se que o locador não veio nem mandou receber a prestação no dia do vencimento.

HISTÓRICO:

Redacção do Decreto-Lei n.º 47 344, de 25 de Novembro de 1966.

REMISSÕES:

Cessação da mora no prazo de oito dias – art. 1041.º, n.º 2 CC; domicílio – arts. 82.º e segs. CC; prazo de prestação das obrigações – arts. 777.º e segs. CC; lugar da prestação das obrigações – arts. 772.º e segs. CC; valor jurídico da presunção – art. 350.º CC.

LEGISLAÇÃO COMPLEMENTAR:

DOMICÍLIO: ARTIGOS 82.º A 88.º DO CÓDIGO CIVIL:

Artigo 82.º *(Domicílio voluntário geral)*
1. A pessoa tem domicílio no lugar da sua residência habitual; se residir alternadamente em diversos lugares, tem-se por domiciliada em qualquer deles.

Parte II – Código Civil

2. Na falta de residência habitual, considera-se domiciliada no lugar da sua residência ocasional ou, se esta não puder ser determinada, no lugar onde se encontrar.

Artigo 83.º *(Domicílio profissional)*

1. A pessoa que exerce uma profissão tem, quanto às relações a que esta se refere, domicílio profissional no lugar onde a profissão é exercida.

2. Se exercer a profissão em lugares diversos, cada um deles constitui domicílio para as relações que lhe correspondem.

Artigo 84.º *(Domicílio efectivo)*

É permitido estipular domicílio particular para determinados negócios, contanto que a estipulação seja reduzida a escrito.

Artigo 85.º *(Domicílio legal dos menores e interditos)*

1. O menor tem domicílio no lugar da residência da família; se ela não existir, tem por domicílio o do progenitor a cuja guarda estiver.

2. O domicílio do menor que em virtude de decisão judicial foi confiado a terceira pessoa ou a estabelecimento de educação ou assistência é o do progenitor que exerce o poder paternal.

3. O domicílio do menor sujeito a tutela é o do respectivo tutor.

4. Quando tenha sido instituído o regime de administração de bens, o domicílio do menor ou do interdito é o do administrador, nas relações a que essa administração se refere.

5. Não são aplicáveis as regras dos números anteriores se delas resultar que o menor ou interdito não tem domicílio em território nacional.

Artigo 86.º *(Revogado pelo Decreto-Lei n.º 496/77, de 25.11)*

Artigo 87.º *(Domicílio legal dos empregados públicos)*

1. Os empregados públicos, civis ou militares, quando haja lugar certo para o exercício dos seus empregos, têm nele domicílio necessário, sem prejuízo do seu domicílio voluntário no lugar da residência habitual.

2. O domicílio necessário é determinado pela posse do cargo ou pelo exercício das respectivas funções.

Artigo 88.º *(Domicílio legal dos agentes diplomáticos portugueses)*

Os agentes diplomáticos portugueses, quando invoquem extraterritorialidade, consideram-se domiciliados em Lisboa.

LUGAR DA PRESTAÇÃO: ARTIGOS 772.º A 776.º DO CÓDIGO CIVIL

Artigo 772.º *(Princípio geral)*

1. Na falta de estipulação ou disposição especial da lei, a prestação deve ser efectuada no lugar do domicílio do devedor.

2. Se o devedor mudar de domicílio depois de constituída a obrigação, a prestação será efectuada no novo domicílio, excepto se a mudança acarretar prejuízo para o credor, pois, nesse caso, deve ser efectuada no lugar do domicílio primitivo.

Artigo 773.º *(Entrega de coisa móvel)*

1. Se a prestação tiver por objecto coisa móvel determinada, a obrigação deve ser cumprida no lugar onde a coisa se encontrava ao tempo da conclusão do negócio.

2. A disposição do número anterior é ainda aplicável, quando se trate de coisa genérica que deve ser escolhida de um conjunto determinado ou de coisa que deva ser produzida em certo lugar.

Artigo 774.º *(Obrigações pecuniárias)*

Se a obrigação tiver por objecto certa quantia em dinheiro, deve a prestação ser efectuada no lugar do domicílio que o credor tiver ao tempo do cumprimento.

Artigo 775.º *(Mudança do domicílio do credor)*

Se tiver sido estipulado, ou resultar da lei, que o cumprimento deve efectuar-se no domicílio do credor, e este mudar de domicílio após a constituição da obrigação, pode a prestação ser efectuada no domicílio do devedor, salvo se aquele se comprometer a indemnizar este do prejuízo que sofrer com a mudança.

Artigo 776.º *(Impossibilidade da prestação no lugar fixado)*

Quando a prestação for ou se tornar impossível no lugar fixado para o cumprimento e não houver fundamento para considerar a obrigação nula ou extinta, são aplicáveis as regras supletivas dos artigos 772.º a 774.º.

PRAZO DA PRESTAÇÃO: ARTIGOS 777.º A 782.º DO CÓDIGO CIVIL

Artigo 777.º *(Determinação do prazo)*

1. Na falta de estipulação ou disposição especial da lei, o credor tem o direito de exigir a todo o tempo o cumprimento da obrigação, assim como o devedor pode a todo o tempo exonerar-se dela.

2. Se, porém, se tornar necessário o estabelecimento de um prazo, quer pela própria natureza da prestação, quer por virtude das circunstâncias que a determinaram, quer por força dos usos, e as partes não acordarem na sua determinação, a fixação dele é deferida ao tribunal.

3. Se a determinação do prazo for deixada ao credor e este não usar da faculdade que lhe foi concedida, compete ao tribunal fixar o prazo, a requerimento do devedor.

Artigo 778.º *(Prazo dependente da possibilidade ou do arbítrio do devedor)*

1. Se tiver sido estipulado que o devedor cumprirá quando puder, a prestação só é exigível tendo este a possibilidade de cumprir; falecendo o devedor, é a prestação exigível dos seus herdeiros, independentemente da prova dessa possibilidade, mas sem prejuízo do disposto no artigo 2071.º

2. Quando o prazo for deixado ao arbítrio do devedor, só dos seus herdeiros tem o credor o direito de exigir que satisfaçam a prestação.

Parte II – Código Civil

Artigo 779.º *(Beneficiário do prazo)*
O prazo tem-se por estabelecido a favor do devedor, quando se não mostre que o foi a favor do credor, ou do devedor e do credor conjuntamente.

Artigo 780.º *(Perda do benefício do prazo)*
1. Estabelecido o prazo a favor do devedor, pode o credor, não obstante, exigir o cumprimento imediato da obrigação, se o devedor se tornar insolvente, ainda que a insolvência não tenha sido judicialmente declarada, ou se, por causa imputável ao devedor, diminuírem as garantias do crédito ou não forem prestadas as garantias prometidas.
2. O credor tem o direito de exigir do devedor, em lugar do cumprimento imediato da obrigação, a substituição ou reforço das garantias, se estas sofreram diminuição.

Artigo 781.º *(Dívida liquidável em prestações)*
Se a obrigação puder ser liquidada em duas ou mais prestações, a falta de uma delas importa o vencimento de todas.

Artigo 782.º *(Perda do benefício do prazo em relação aos co-obrigados e terceiros)*
A perda do benefício do prazo não se estende aos co-obrigados do devedor, nem a terceiro que a favor do crédito tenha constituído qualquer garantia.

JURISPRUDÊNCIA:

AUSÊNCIA DO SENHORIO:
"A ausência do senhorio do local onde as rendas deviam ser pagas não isenta o arrendatário do respectivo pagamento."
(***Acórdão do Supremo Tribunal de Justiça***, *de 05.12.1989, Actualidade Jurídica, 4.º/89, pág. 13*)

DEPÓSITO DAS RENDAS:
"**I** – Tendo-se provado que o lugar do pagamento das rendas era o próprio locado e presumindo-se que o senhorio não se apresentou aí a recebê-las (artigo 1039.º, n.º 2, do Código Civil), existe *mora accipiendi*.
II – O locatário pode, assim, desonerar-se depositando as rendas em singelo (por não haver lugar a indemnização)."
(***Acórdão da Relação de Coimbra***, *de 19.02.1991, Boletim do Ministério da Justiça, 404, pág. 519*)

LOCAL DO PAGAMENTO DA RENDA; ACTUALIZAÇÃO DA RENDA:
"**I** – Celebrado por escritura pública um contrato de arrendamento para fins comerciais ou habitacionais e estipulado na escritura que o pagamento das rendas

CC   Art. 1039.º

deve ser feito na residência do senhorio, ou do representante que ele indicar, no primeiro dia útil do mês a que respeitar, não constitui alteração desse lugar de pagamento o facto do representante do senhorio se deslocar ao locado para receber as rendas e depois deixar de o fazer, visto que tal facto não se reveste de idoneidade para determinar alteração da estipulação contratual a respeito do lugar do pagamento das rendas, consistindo antes numa mera concessão por parte do representante do senhorio enquanto este o desejasse, sem que daí resultassem direitos para o arrendatário, a ponto deste poder invocar 'o uso' a que alude o artigo 1039.º, n.º 1, do Código Civil. – conceito que não abarca a situação dos autos.

II – Assim, deixando os RR. de pagar a renda no lugar constante da escritura para esse efeito, constituíram-se os mesmos em mora logo em relação à renda vencida em 1 de Janeiro de 1995, mora essa a que só poderiam pôr termo oferecendo-a ou depositando-a com a indemnização de 50% para desse modo evitar os efeitos da mora, ou seja, a resolução do contrato em causa.

III – A comunicação escrita do senhorio ao arrendatário para o efeito da actualização anual da renda deve ser feita com a antecedência mínima de trinta dias, indicando-se nela o novo montante, o coeficiente e demais factores relevantes utilizados no seu cálculo, pelo que não tendo a comunicação respeitado aquele prazo e indicando-se na mesma um montante de actualização claramente ilegal, como sucede no caso vertente, é a dita comunicação ineficaz e inválida.

IV – No caso de mora no pagamento das rendas, o depósito destas, para ter eficácia liberatória, deve abranger a indemnização de 50% das rendas em dívida até à contestação da acção de despejo que tenha por fundamento a falta de pagamento, não sendo, pois, suficiente, no caso, para evitar a resolução do contrato em pareço, o depósito das rendas em singelo feito pelos RR..

V – É lícito e possível o pedido de juros legais moratórios relativos às rendas vencidas desde a data da citação e das vincendas desde o respectivo vencimento, até, umas e outras, efectiva desocupação do locado, na medida em que esses juros representam a compensação pelo dano sofrido pelo senhorio com a ocupação do locado após o incumprimento e privação do valor das rendas em tempo oportuno."

(*Acórdão da Relação do Porto*, de 09.10.1997, *Colectânea de Jurisprudência, 1997, Tomo IV, pág. 217*)

ESTIPULAÇÃO DO LUGAR DE PAGAMENTO DA RENDA:

"**I** – Estando provado que locador e locatário estipularam expressamente o lugar de pagamento das rendas, há que concluir que foi afastada a regra de natureza supletiva consagrada no artigo 1039.º, n.º 1 do Código Civil.

II – Se, enquanto se mantém pendente acção de despejo, o depósito das rendas se pode justificar, nos termos da parte final do artigo 991.º do Código de Processo Civil [hoje revogado pelo art. 3.º, n.º 1, al. *b*), da lei preambular do Regime do Arrendamento Urbano, vigorando, porém, o mesmo regime – artigos 22.º e ss. Do Regime do Arrendamento Urbano], com o trânsito em julgado da decisão que põe termo àquela acção cessa a causa do depósito.

Parte II – Código Civil

III – A partir daí só seria lícito ao locatário voltar a depositar as rendas caso se verificasse a situação prevista no artigo 841.º do Código Civil, ou seja, se, sem culpa sua não pudesse efectuar a prestação e não pudesse fazê-lo com segurança, por qualquer motivo relativo à pessoa do credor, ou se este estivesse em mora."

(**Acórdão da Relação de Évora**, *de 16.12.1997, Boletim do Ministério da Justiça, 472, pág. 582*)

ANOTAÇÕES:

PRESUNÇÃO DO N.º 2:

"A presunção estabelecida no n.º 2 tem importância, dado que, não praticando o credor (locador) os actos necessários ao cumprimento da obrigação, constitui-se em mora (art. 813.º) e deixam de ser aplicáveis ao locatário, consequentemente, as sanções do artigo 1041.º, assim como deixa aquele de poder resolver o contrato com o fundamento na falta de pagamento da renda.

Contra a regra geral do n.º 1 do artigo 799.º, segundo a qual é ao devedor que incumbe provar que a falta de cumprimento não procede de culpa sua, inverte-se neste caso o ónus da prova, presumindo-se que a culpa é do credor, dada a dificuldade que teria o devedor de fazer a prova de um facto negativo e atenta a gravidade especial da sanção cominada para a falta de cumprimento da prestação." (*Pires de Lima – Antunes Varela, Código Civil Anotado, vol. II, 1997, pág. 301*)

NOTAS PESSOAIS:

ARTIGO 1040.º
Redução da renda ou aluguer

1. Se, por motivo não atinente à sua pessoa ou à dos seus familiares, o locatário sofrer privação ou diminuição do gozo da coisa locada, haverá lugar a uma redução da renda ou aluguer proporcional ao tempo da privação ou diminuição e à extensão desta, sem prejuízo do disposto na secção anterior.

2. Mas, se a privação ou diminuição não for imputável ao locador nem aos seus familiares, a redução só terá lugar no caso de uma ou outra exceder um sexto da duração do contrato.

3. Consideram-se familiares os parentes, afins ou serviçais que vivam habitualmente em comunhão de mesa e habitação com o locatário ou o locador.

HISTÓRICO:

Redacção do Decreto-Lei n.º 47 344, de 25 de Novembro de 1966.

REMISSÕES:

Obrigação do locador – art. 1031.º, al. *b*) CC; apreciação da culpa – arts. 487.º e 799.º CC; noção de parentesco – art. 1578.º CC; noção de afinidade – art. 1584.º CC; elementos e cessação da afinidade – art. 1585.º CC; noção de contrato de trabalho – art. 1152.º CC; noção de prestação de serviço – art. 1154.º CC.

LEGISLAÇÃO COMPLEMENTAR:

PARENTESCO: ARTIGOS 1578.º A 1582.º DO CÓDIGO CIVIL

Artigo 1578.º *(Noção de parentesco)*
Parentesco é o vínculo que une duas pessoas, em consequência de uma delas descender da outra ou de ambas procederem de um progenitor comum.

Parte II – Código Civil

Artigo 1579.º *(Elementos do parentesco)*

O parentesco determina-se pelas gerações que vinculam os parentes um ao outro: cada geração forma um grau, e a série dos graus constitui a linha de parentesco.

Artigo 1580.º *(Linhas de parentesco)*

1. A linha diz-se recta, quando um dos parentes descende do outro; diz-se colateral, quando nenhum dos parentes descende do outro, mas ambos procedem de um progenitor comum.

2. A linha recta é descendente ou ascendente: descendente, quando se considera como partindo do ascendente para o que dele procede; ascendente, quando se considera como partindo deste para o progenitor.

Artigo 1581.º *(Cômputo dos graus)*

1. Na linha recta, há tantos graus quantas as pessoas que formam a linha de parentesco, excluído o progenitor.

2. Na linha colateral os graus contam-se pela forma, subindo por um dos ramos e descendo pelo outro, mas sem contar o progenitor comum.

Artigo 1582.º *(Limites do parentesco)*

Salvo disposição da lei em contrário, os efeitos do parentesco produzem-se em qualquer grau da linha recta e até ao sexto grau da linha colateral.

AFINIDADE: ARTIGOS 1584.º E SEGUINTE DO CÓDIGO CIVIL

Artigo 1584.º *(Noção de afinidade)*

Afinidade é o vínculo que liga cada um dos cônjuges aos parentes do outro.

Artigo 1585.º *(Elementos e cessação da afinidade)*

A afinidade determina-se pelos mesmos graus e linhas que definem o parentesco e não cessa pela dissolução do casamento.

JURISPRUDÊNCIA:

REDUÇÃO DA RENDA:

"A renda paga adiantadamente pode ser reduzida nos termos do artigo 1040.º do Código Civil se a privação do gozo da coisa antes do fim do prazo a que ela respeita não se pode imputar ao arrendatário mas antes ao senhorio."

(*Acórdão da Relação de Évora*, de 13.11.1980, *Colectânea de Jurisprudência, 1980, Tomo V, pág. 78*)

CC	Art. 1040.º

ARRENDAMENTO; DIMINUIÇÃO DO GOZO DA COISA LOCADA; REDUÇÃO DA RENDA; INTERPRETAÇÃO DA EXPRESSÃO «DURAÇÃO DO CONTRATO»:

"**I** – A redução da renda só se justifica pelo prejuízo que a privação do prédio locado acarreta para o locatário, e esse prejuízo, no caso de o locador não ter tido culpa nessa privação, tem a ver com o prazo convencionado ou fixado na lei para a duração do contrato, isto é, com o período de vigência que se espera ele venha a ter, independentemente das suas eventuais renovações.

II – A expressão «duração do contrato», usado no artigo 1040.º, n.º 2, do Código Civil, tem o significado de prazo (estipulado ou estabelecido, supletivamente, por lei), por que, em princípio, o contrato deve manter-se, independentemente de eventuais renovações.

III – A compensação pode ocorrer em três modalidades: extinção das dívidas compensáveis por simples imposição de um dos interessados ao outro (compensação legal unilateral), extinção por acordo das partes (compensação voluntária, contratual ou convencional) ou extinção dos créditos recíprocos através de uma decisão constitutiva dos tribunais (compensação judiciária).

IV – Nada obsta a que o tribunal venha a declarar que não há motivos legais para se verificar a compensação, como a que venha a declarar verificada, mas por montante diferente do declarado pelo interessado; tudo dependerá da prova.

V – Também nada proíbe que, não obstante ter indicado um montante inferior na declaração feita ao seu credor por via extrajudicial, o devedor venha, na contestação-reconvenção, pedir que se tome em conta um seu crédito superior ao ali indicado, justificando o lapso de escrita ou de cálculo ali cometido."

(*Acórdão do Supremo Tribunal de Justiça, de 14.11.1996, Boletim do Ministério da Justiça, 461, pág. 441*)

ANOTAÇÕES:

INTERPRETAÇÃO:

Fala-se neste artigo "por um lado, em não ser o motivo *atinente* à pessoa do locatário ou dos seus familiares, e, por outro, em não ser *imputável* o facto ao locador ou seus familiares. Num caso atende-se, pois, ao simples facto de a privação ou diminuição *não dizer respeito* a um dos contraentes (*por motivo estranho* à sua própria pessoa – cfr. art. 1050.º, alínea *a*)); no outro, exige-se a *não imputabilidade*. Ora, estas duas circunstâncias não coincidem necessariamente (cfr. art. 488.º). (*Pires de Lima – Antunes Varela, Código Civil Anotado, vol. II, 1997, pág. 375*)

NOTAS PESSOAIS:

ARTIGO 1041.º
Mora do locatário

1. Constituindo-se o locatário em mora, o locador tem o direito de exigir, além das rendas ou alugueres em atraso, uma indemnização igual a 50% do que for devido, salvo se o contrato for resolvido com base na falta de pagamento.

2. Cessa o direito à indemnização ou à resolução do contrato, se o locatário fizer cessar a mora no prazo de oito dias a contar do seu começo.

3. Enquanto não forem cumpridas as obrigações a que o n.º 1 se refere, o locador tem o direito de recusar o recebimento das rendas ou alugueres seguintes, os quais são considerados em dívida para todos os efeitos.

4. A recepção de novas rendas ou alugueres não priva o locador do direito à resolução do contrato ou à indemnização referida, com base nas prestações em mora.

HISTÓRICO:

O n.º 1 é redacção do Decreto-Lei n.º 293/77, de 20 de Julho.

Redacção anterior:
1. Constituindo-se em mora, o locador tem o direito de exigir, além das rendas ou alugueres em atraso, uma indemnização igual ao dobro do que for devido, salvo se o contrato for resolvido com base na falta de pagamento.

Os restantes n.ºs são redacção do Decreto-Lei n.º 47 344, de 25 de Novembro de 1966.

REMISSÕES:

Mora do devedor – arts. 804.º e segs. CC; obrigação de indemnização – arts. 562.º e segs. CC; resolução por falta de pagamento – art. 1048.º CC; depósito das rendas – art. 17.º NRAU; termos do depósito – art. 18.º NRAU.

Parte II – Código Civil

LEGISLAÇÃO COMPLEMENTAR:

RESOLUÇÃO DO CONTRATO
– ARTIGOS 432.º A 436.º DO CÓDIGO CIVIL

Artigo 432.º *(Casos em que é admitida)*
1. É admitida a resolução do contrato fundada na lei ou em convenção.
2. A parte, porém, que, por circunstâncias não imputáveis ao outro contraente não estiver em condições de restituir o que houver recebido não tem o direito de resolver o contrato.

Artigo 433.º *(Efeitos entre as partes)*
Na falta de disposição especial, a resolução é equiparada, quanto aos seus efeitos, à nulidade ou anulabilidade do negócio jurídico, com ressalva do disposto nos artigos seguintes.

Artigo 434.º *(Retroactividade)*
1. A resolução tem efeito retroactivo, salvo se a retroactividade contrariar a vontade das partes ou a finalidade da resolução.
2. Nos contratos de execução continuada ou periódica, a resolução não abrange as prestações já efectuadas, excepto se entre estas e a causa da resolução existir um vínculo que legitime a resolução de todas elas.

Artigo 435.º *(Efeitos em relação a terceiros)*
1. A resolução, ainda que expressamente convencionada, não prejudica os direitos adquiridos por terceiro.
2. Porém, o registo da acção de resolução que respeite a bens imóveis, ou a móveis sujeitos a registo, torna o direito de resolução oponível a terceiro que não tenha registado o seu direito antes do registo da acção.

Artigo 436.º *(Como e quando se efectiva a resolução)*
1. A resolução do contrato pode fazer-se mediante declaração à outra parte.
2. Não havendo prazo convencionado para a resolução do contrato, pode a outra parte fixar ao titular do direito de resolução um prazo razoável para que o exerça, sob pena de caducidade.

MORA DO DEVEDOR – ARTIGOS 804.º A 808.º DO CÓDIGO CIVIL

Artigo 804.º *(Princípios gerais)*
1. A simples mora constitui o devedor na obrigação de reparar os danos causados ao credor.
2. O devedor considera-se constituído em mora quando, por causa que lhe seja imputável, a prestação, ainda possível, não foi efectuada no tempo devido.

Artigo 805.º *(Momento da constituição em mora)*
1. O devedor só fica constituído em mora depois de ter sido judicial ou extrajudicialmente interpelado para cumprir.

CC   Art. 1041.º

2. Há, porém, mora do devedor, independentemente de interpelação:
a) Se a obrigação tiver prazo certo;
b) Se a obrigação provier de facto ilícito;
c) Se o próprio devedor impedir a interpelação, considerando-se interpelado, neste caso, na data em que normalmente o teria sido.

3. Se o crédito for ilíquido, não há mora enquanto se não tornar líquido, salvo se a falta de liquidez for imputável ao devedor; tratando-se, porém, de responsabilidade por facto ilícito ou pelo risco, o devedor constitui-se em mora desde a citação, a menos que já haja então mora, nos termos da primeira parte deste número.

Artigo 806.º *(Obrigações pecuniárias)*

1. Na obrigação pecuniária a indemnização corresponde aos juros a contar do dia da constituição em mora.

2. Os juros devidos são os juros legais, salvo se antes da mora for devido um juro mais elevado ou as partes houverem estipulado um juro moratório diferente do legal.

3. Pode, no entanto, o credor provar que a mora lhe causou dano superior aos juros referidos no número anterior e exigir a indemnização suplementar correspondente, quando se trate de responsabilidade por facto ilícito ou pelo risco.

Artigo 807.º *(Risco)*

1. Pelo facto de estar em mora, o devedor torna-se responsável pelo prejuízo que o credor tiver em consequência da perda ou deterioração daquilo que deveria entregar, mesmo que estes factos lhe não sejam imputáveis.

2. Fica, porém, salva ao devedor a possibilidade de provar que o credor teria sofrido igualmente os danos se a obrigação tivesse sido cumprida em tempo.

Artigo 808.º *(Perda do interesse do credor ou recusa do cumprimento)*

1. Se o credor, em consequência da mora, perder o interesse que tinha na prestação, ou esta não for realizada dentro do prazo que razoavelmente for fixado pelo credor, considera-se para todos os efeitos não cumprida a obrigação.

2. A perda do interesse na prestação é apreciada objectivamente.

JURISPRUDÊNCIA:

MORA DO ARRENDATÁRIO:

"**I** – Não se tendo provado que o réu ofereceu a renda ao autor em casa deste na sua qualidade de senhorio (como havia sido aprovado), haverá que concluir que existe mora do réu arrendatário, porquanto a ele lhe competia alegar e demonstrar tais factos.

II – Não utilizando os meios previstos nos artigos 1041.º, n.º 2, do Código Civil e 1048.º do mesmo código de forma a evitar a resolução do contrato, os depósitos feitos pelo réu não podem ser considerados liberatórios à face da lei e, assim sendo a acção tem manifestamente de proceder."

Parte II – Código Civil

(*Acórdão da Relação de Évora*, de 14.04.1994, Boletim do Ministério da Justiça, 436, pág. 460)

DEPÓSITO CONDICIONAL DAS RENDAS E INDEMNIZAÇÃO:

"**I** – O depósito condicional das rendas e da indemnização nos termos da lei implica a caducidade do direito à resolução do contrato de arrendamento mas sem prejuízo da discussão judicial sobre se ocorreu ou não mora no pagamento das rendas que constitua fundamento legal justificativo da exigência ou inexigência de indemnização.

II – Conforme resulta do disposto nos n.ºs 3 e 4 do artigo 1041.º do Código Civil, o facto de o senhorio conhecer do cumprimento parcial da prestação de renda e não se opor ao seu recebimento, não significa que haja renunciado ao direito que, nos termos do n.º 1 daquele artigo lhe advinha da situação de mora, imputável ao locatário."

(*Acórdão da Relação de Lisboa*, de 03.10.1996, Colectânea de Jurisprudência, 1996, Tomo IV, pág. 114)

RENDAS VENCIDAS NA PENDÊNCIA DA ACÇÃO:

"**I** – As rendas vencidas na pendência da acção devem ser pagas ou depositadas nos termos gerais, isto é, no prazo de oito dias concedido pelo n.º 2 do artigo 1041.º do Código Civil, prazo que tem natureza substantiva, sendo contado nos termos do artigo 279.º do Código Civil sem a suspensão própria dos prazos judiciais.

II – Vencidas rendas na pendência da acção, se forem depositadas para além dos oito dias a que se refere o n.º 2 do artigo 1041.º do Código Civil, sem a indemnização de 50%, tem o senhorio o direito de requerer o despejo imediato, nos termos do artigo 58.º do Regime do Arrendamento Urbano.

III – O inquilino não faz caducar esse direito do senhorio se efectuar o depósito da indemnização para além do termo do prazo da resposta a que se refere o n.º 3 do aludido artigo 58.º."

(*Acórdão da Relação do Porto*, de 04.03.1997, Boletim do Ministério da Justiça, 465, pág. 643)

MORA; CAUSA DE RESOLUÇÃO:

"**I** – Proposta acção pelo inquilino para apurar o montante da renda e feito o depósito no decurso da acção, decidida esta deve o inquilino, nos termos do contrato, passar a pagar a renda em casa do senhorio.

II – Não o fazendo e continuando a proceder ao seu depósito, entra em mora casual da resolução do contrato.

III – Pedida a actualização de rendas não pode ser pedida outra actualização antes de decorrido um ano.

CC   Art. 1041.º

IV – Considerado insubsistente o depósito par obstar ao despejo, apenas têm de ser pagas as rendas em singelo."
(*Acórdão da Relação de Coimbra*, de 17.03.1998, Colectânea de Jurisprudência, 1998, Tomo II, pág. 28)

CONTRATO DE ALD; RESOLUÇÃO; RETROACTIVIDADE:

"**I** – O contrato de aluguer de longa duração (ALD) de automóveis novos é um contrato indirecto em que o tipo de referência é o aluguer e o fim indirecto é o da venda a prestações com reserva de propriedade.

II – Para a resolução destes contratos basta a simples comunicação ao locatário que estiver em falta.

III – Não obstante a resolução ter efeitos retroactivos, continuam em vigor, depois disso, as cláusulas que as partes tenham estipulado para vigorarem na hipótese de haver resolução por incumprimento."
(*Acórdão da Relação do Porto*, de 04.12.2001, Colectânea de Jurisprudência, 2001, Tomo V, pág. 204)

FALTA DE PAGAMENTO DAS RENDAS; COMUNICABILIDADE DA DÍVIDA:

"**I** – No contrato de arrendamento para habitação de ambos os cônjuges e não obstante apenas um deles figurar como arrendatário, a falta de pagamento das respectivas rendas é da responsabilidade de ambos os cônjuges, caso essa renda constitua um encargo normal da vida familiar ou vise o proveito comum do casal.

II – O proveito comum do casal afere-se, não pelo resultado, mas antes pelo fim visado pelo cônjuge que contraiu a respectiva dívida.

III – Para a comunicabilidade dessa dívida, é suficiente a alegação e a prova de que tais rendas foram pagas, de que os devedores são casados entre si, bem como que o locado se destinou à habitação de ambos."
(*Acórdão da Relação do Porto*, de 20.10.2005, Colectânea de Jurisprudência, 2005, Tomo IV, pág. 216)

ANOTAÇÕES:

1. TRAMITAÇÃO:

"Caso actue extrajudicialmente, a resolução do contrato apenas pode operar quando o atraso no pagamento da renda seja superior a três meses. É indiferente que se trate de uma só renda em falta ou até de várias rendas não pagas. Relevante é que pelo menos uma delas exceda o período de tempo mencionado.
(...)

Parte II – Código Civil

Após o decurso do prazo trimestral assiste então ao locador um direito de resolução do contrato de arrendamento. Com efeito, o art. 1083.º, n.º 3, 1ª parte CC, NRAU concretiza o proémio do art. 1083.º, n.º 2 CC, NRAU, afirmando que a expiração daquele período torna "inexigível a manutenção do [contrato de] arrendamento".

O exercício de tal pretensão está dependente de comunicação à contraparte (art. 1084.º, n.º 1 CC, NRAU), sendo esta efectuada através de "notificação avulsa" ou mediante "contacto pessoal do advogado, [do] solicitador ou [do] solicitador de execução, sendo neste caso feita na pessoa do notificando, com entrega do duplicado da comunicação e [da] cópia dos documentos que a acompanhem, devendo o notificando assinar o original" (art. 9.º, n.º 7 NRAU).

Tal declaração carece de ser motivada, devendo invocar-se o(s) facto(s) que está(ão) na sua base e que gera(m) o incumprimento definitivo do contrato. Refira-se que aqui os pressupostos resolutivos estão já definidos (art. 1083.º, n.º 2 CC, NRAU), pelo que cabe ao senhorio alegá-los e especificar, em concreto, as circunstâncias do incumprimento temporário (*v.g.*, o valor da renda relativo aos meses de Julho e Agosto não foi depositado em conta ou que não foram enviados os cheques para pagamento das quantias devidas)."

(*Fernando de Gravato Morais, Novo Regime do Arrendamento Comercial, Coimbra, 2006, págs. 103 e seg.*)

2. CONTAGEM DO PRAZO:

"...cumpre referir que, declarada a *resolução* do contrato pelo senhorio, esta "fica sem efeito se o arrendatário puser fim à mora no prazo de três meses" (art. 1084.º, n.º 3 CC, NRAU).

O prazo de três meses (de oponibilidade à pretensão) deve contar-se após a realização da comunicação pelo senhorio e não da data em que é legítimo o exercício do direito pelo senhorio.

Assim, para além do prazo de três meses, exigido para o locador poder *resolver* o contrato, o inquilino ainda dispõe de igual período de tempo para evitar a sua extinção. Para isso, necessita de pagar as rendas em atraso e a correspondente indemnização de 50% do montante das rendas."

(*Fernando de Gravato Morais, Novo Regime do Arrendamento Comercial, Coimbra, 2006, pág. 104*)

3. PRAZO

"Note-Se que, em sede extrajudicial, o arrendatário beneficia de, pelo menos, 6 meses para proceder ao pagamento (ao final do terceiro mês após o atraso, o legislador adiciona idêntico período para que o inquilino possa fazer cessar a mora), o que configura um período excessivo, atenta a eficácia e a celeridade pretendidas, quanto a esta matéria. E o prazo em causa só é de 6 meses se o senhorio,

CC   Art. 1041.º

quando se perfizerem os três primeiros, de imediato, remeter a correspondente notificação ao inquilino. Caso contrário, será aquele sempre superior."

(*Fernando de Gravato Morais, Novo Regime do Arrendamento Comercial, Coimbra, 2006, pág. 105*)

4. ACÇÃO EXECUTIVA

"Se o locatário não pagar voluntariamente os valores em causa e não desocupar o locado, o senhorio pode, em seguida, instaurar uma acção executiva, juntando para o efeito o contrato de arrendamento comercial acomoanhado da comunicação extrajudicial realizada, documentos que servem assim de base à execução para entrega de coisa certa (art. 15.º, n.º 1, al. *e*) NRAU).

Naturalmente que, em sede de oposição à execução, ao inquilino não é permitido socorrer-se do regime favorável que "desperdiçou" anteriormente. Queremos com isto afirmar que até ao termo do prazo que tem para "contestar" não pode, pagando as rendas em atraso e a indemnização correspondente, fazer caducar o direito de resolução. Embora literalmente a lei o admita, no art. 1048.º, n.º 1 CC, NRAU, ao arrendatário não é legítimo beneficiar duas vezes da mesma prerrogativa, até porque a finalidade da lei vigente é a de agilizar e de tornar célere este mecanismo. Seria uma incoerência legal absolutamente inadmissível se tal fosse viável."

(*Fernando de Gravato Morais, Novo Regime do Arrendamento Comercial, Coimbra, 2006, pág. 105*)

NOTAS PESSOAIS:

ARTIGO 1042.º
Cessação da mora

1. O locatário pode pôr fim à mora oferecendo ao locador o pagamento das rendas ou alugueres em atraso, bem como a indemnização fixada no n.º 1 do artigo anterior.

2. Perante a recusa do locador em receber as correspondentes importâncias, pode o locatário recorrer à consignação em depósito.

HISTÓRICO:

Redacção do n.º 2 do artigo 2.º da Lei n.º 6/2006, de 27 de Fevereiro (NRAU).

Redacção anterior:

Artigo 1042.º *(Depósito das rendas ou alugueres em atraso)*
1. Se o locatário depositar as rendas ou alugueres em atraso, bem como a indemnização fixada no n.º 1 do artigo anterior, quando devida, e requerer dentro de cinco dias a notificação judicial do depósito ao locador, presume-se que lhe ofereceu o pagamento respectivo, pondo fim à mora, e que este o recusou.
2. O depósito, quando abranja a indemnização, envolve da parte do locatário o reconhecimento de que caíra em mora, salvo se for feito condicionalmente; mas este preceito não se aplica à oferta do pagamento.

REMISSÕES:

Consignação em depósito – arts. 841.º e segs. CC; valor jurídico da presunção – art. 350.º CC; mora do devedor – arts. 804.º e segs. CC; pagamento ou depósito das rendas na pendência de acção de despejo – art. 14.º NRAU.

Parte II – Código Civil

LEGISLAÇÃO COMPLEMENTAR:

CONSIGNAÇÃO EM DEPÓSITO
– ARTIGOS 841.º A 846.º DO CÓDIGO CIVIL

O texto integral vai transcrito em anotação ao artigo 17.º NRAU.

CONSIGNAÇÃO EM DEPÓSITO
– ARTIGOS 1024.º A 1032.º DO CÓDIGO DE PROCESSO CIVIL

O texto integral vai transcrito em anotação ao artigo 17.º NRAU.

ANOTAÇÕES:

SIMPLIFICAÇÃO DE REGIME:

A nova redacção dada ao preceito "vem simplificar o regime da cessação da mora do locatário quanto ao pagamento das rendas. O locatário já não tem de recorrer ao depósito das rendas ou alugueres em atraso como meio para fazer cessar a mora no respectivo pagamento. Basta que, por qualquer forma, ofereça o respectivo pagamento ao senhorio, bem como a indemnização referida no artigo 1041.º, n.º 1." (*Maria Olinda Garcia, A Nova Disciplina do Arrendamento Urbano, Coimbra, 2006, pág. 10*)

SUBSECÇÃO III
Restituição da coisa locada

ARTIGO 1043.º
Dever de manutenção e restituição da coisa

1. Na falta de convenção, o locatário é obrigado a manter e restituir a coisa no estado em que a recebeu, ressalvadas as deteriorações inerentes a uma prudente utilização, em conformidade com os fins do contrato.

2. Presume-se que a coisa foi entregue ao locatário em bom estado de manutenção, quando não exista documento onde as partes tenham descrito o estado dela ao tempo da entrega.

HISTÓRICO:

Redacção do Decreto-Lei n.º 47 344, de 25 de Novembro de 1966.

REMISSÕES:

Valor jurídico da presunção – art. 350.º CC; liberdade contratual – arts. 398.º, n.º 1 e 405.º CC; dever de entrega da coisa locada – art. 1031.º, al. *a*) CC; vícios da coisa locada – arts. 1032.º e segs. CC; dever de utilização prudente – art. 1038.º, al. *d*) CC; dever de restituição da coisa – art. 1038.º, al. *i*) CC.

JURISPRUDÊNCIA:

REPARAÇÃO DE DANO:

"A responsabilidade pela reparação de dano em edifício arrendado para comércio, resultante de assalto, recai sobre o comerciante-inquilino e não sobre o proprietário-senhorio (artigo 1043.º do Código Civil)."

Parte II – Código Civil

(*Acórdão da Relação de Lisboa*, de 24.03.1992, Colectânea de Jurisprudência, 1992, Tomo II, pág. 142)

RESTITUIÇÃO DO LOCADO;
OBRAS DE ADAPTAÇÃO CONSENTIDAS:

"**I** – Findo o contrato de arrendamento, o dever que incumbe ao inquilino de restituição do locado ao estado em que o recebeu, previsto no artigo 1043.º do Código Civil, está associado às deteriorações pela sua utilização, não já a obras de adaptação do prédio aos fins a que se destina por virtude do contrato.

II – Por conseguinte, se o inquilino com o consentimento do senhorio procedeu a extensas obras de adaptação do locado ao exercício de actividade comercial acordada, não lhe incumbe findo o contrato eliminar essas obras, a menos que tal resulte das cláusulas do contrato negociado entre as partes.

III – Incorre em mora o senhorio que recusa receber o locado invocando indevidamente a não reposição ao estado anterior a tais obras de adaptação, não podendo, por isso, exigir do inquilino o pagamento das rendas que se forem vencendo após o momento em que o locado é colocado à sua disposição."

(*Acórdão da Relação de Coimbra*, de 27.04.2004, Colectânea de Jurisprudência, 2004, Tomo II, pág. 34)

RESTITUIÇÃO DO LOCADO; MORA DO SENHORIO:

"**I** – A obrigação de restituir o locado no estado em que se encontrava a quando do arrendamento não abrange as obras destinadas a adaptar o locado aos fins a que se destinou o contrato de arrendamento, salvo havendo convenção entre as partes, que obrigue o inquilino à reposição originária do estado que precedeu o contrato.

II – Em princípio, as rendas deverão ser pagas até à entrega do locado ao senhorio; mas se houver mora deste, o inquilino não tem de pagar as rendas, a partir do momento em que ela ocorre.

III – O senhorio incorre em mora, se o inquilino lhe entregou locado, tendo-se recusado a recebê-lo sem motivo justificado.

IV – Não tendo o inquilino obrigação de realizar as obras pretendidas pelo senhorio, sendo esse o motivo de recusa de receber o locado, então a mora é do senhorio e o inquilino não tem que lhe pagar as rendas, desde o momento em que coloca o locado à sua disposição."

(*Acórdão do Supremo Tribunal de Justiça*, de 16.12.2004, Colectânea de Jurisprudência, Acórdãos do Supremo Tribunal de Justiça, 2004, Tomo III, págs. 149 e seg.)

ANOTAÇÕES:

DETERIORAÇÕES:

"O artigo 1043.º tem manifestamente em vista as deteriorações provenientes do uso (bom ou mau, prudente ou imprudente) da coisa. Quanto às deteriorações provenientes de utilização normal da coisa, conforme aos fins do contrato, isenta-se o locatário de as reparar na altura em que restitui a coisa locada. Indirectamente, prescreve-se o dever de reparar as deteriorações causadas por um uso imprudente, quer do locatário, quer das pessoas a quem este tenha permitido a sua utilização.

Quanto às deteriorações provocadas pelo desgaste do tempo (caixilharia apodrecida, pinturas estragadas, fendas nos tectos, nas paredes, nos soalhos, etc.), por maioria de razão se deve entender que não obrigam o locatário, no momento da restituição. É essa, aliás, a doutrina que resulta do disposto no artigo 1044.º..."
(Pires de Lima – Antunes Varela, Código Civil Anotado, vol. II, 1997, pág. 380)

NOTAS PESSOAIS:

ARTIGO 1044.º
Perda ou deterioração da coisa

O locatário responde pela perda ou deteriorações da coisa, não exceptuadas no artigo anterior, salvo se resultarem de causa que lhe não seja imputável nem a terceiro a quem tenha permitido a utilização dela.

HISTÓRICO:

Redacção do Decreto-Lei n.º 47 344, de 25 de Novembro de 1966.

REMISSÕES:

Deteriorações ilícitas – art. 1043.º, n.º 1 CC; apreciação da culpa – arts. 487.º e 799.º CC; sublocação – art. 1060.º CC; comodato – arts. 1129.º e segs. CC; ónus da prova – art. 342.º CC.

JURISPRUDÊNCIA:

DESTRUIÇÃO PARCIAL DO ARRENDADO:

"**I** – O senhorio não responde pelas obras de conservação do locado que não resultem de uma prudente utilização do mesmo.

II – O arrendatário, em caso de destruição parcial do arrendado, consequência de incêndio, não é obrigado a proceder à sua reconstrução se a perda da coisa lhe não for imputável, nem a terceiro a quem tenha permitido a utilização dela.

III – O artigo 1044.º do Código Civil estabelece uma presunção de culpa por parte do locatário.

IV – Em consequência, incide sobre este o ónus da prova de que a perda da coisa ocorreu sem culpa sua, devendo-se a caso fortuito ou de força maior ou qualquer causa que lhe seja alheia.

V – O arrendatário, sendo obrigado a vigiar o locado e, em consequência dos princípios da responsabilidade civil, é ainda responsável pelos danos produzidos nos andares adjacentes."

Parte II – Código Civil

(***Acórdão da Relação de Lisboa***, de 07.06.1990, Colectânea de Jurisprudência, 1990, Tomo III, pág. 137)

PERDA DA COISA LOCADA:

"**I** – Só a perda total da coisa locada conduz à caducidade do contrato de arrendamento.

II – A distinção entre as situações de perda total e de perda parcial não pode ser feita através de um critério naturalístico, de um critério físico.

III – A perda é total quando, em virtude de causa não imputável ao locador, o arrendado se tornar impossível para o fim acordado; será parcial quando o locatário puder ainda gozar, total ou parcialmente, a coisa arrendada para o fim a que se destinava contratualmente.

IV – Neste caso, a caducidade opera *ope legis*, pelo que, mesmo que o senhorio continue a receber as rendas, não pode concluir-se que actua com abuso do direito, ao invocar mais tarde a caducidade, por ter criado no inquilino a convicção de que não exerceria esse direito, tal como não se pode concluir pela renovação do contrato.

V – Tendo caducado o contrato, recusando o inquilino a entrega do local, deve pagar ao locador, a título de indemnização, quantia correspondente ao dobro do valor da renda.

VI – A indemnização, nos termos do artigo 1045.º do Código Civil, não exclui a responsabilidade civil por outros danos, nos termos gerais.

VII – O senhorio não tem a obrigação de reconstruir o prédio arrendado que foi destruído por um incêndio casual.

VIII – Do disposto no artigo 1044.º do Código Civil decorre a presunção de culpa por parte do locatário na perda ou deterioração da coisa locada, pelo que, não tendo o locatário ilidido tal presunção, deve ressarcir o locador dos danos causados pelo incêndio, não cobertos integralmente por contrato de seguro."

(***Acórdão da Relação de Lisboa***, de 21.10.2003, Colectânea de Jurisprudência, 2003, Tomo IV, pág. 111)

ANOTAÇÕES:

1. LOCATÁRIO/POSSUIDOR DE BOA FÉ:

"A situação do locatário em relação à perda ou às deteriorações da coisa é, no fundo, a situação do possuidor de boa fé. Todavia, entre este artigo e o disposto no artigo 1269.º há algumas diferenças a assinalar. A mais importante é esta: enquanto que, em princípio, o locatário é responsável pela perda ou pelas deteriorações, e, portanto, para que o não seja necessita de provar que as causas lhe não são imputáveis, nem a terceiro a quem tenha permitido a utilização da coisa, o possuidor de boa fé só responde se se provar a sua culpa. Não repugna admitir esta disparidade quanto ao ónus da prova, se atendermos a que o locatário é um possuidor precário, em nome alheio; ele sabe que a coisa não é sua." (*Pires de Lima – Antunes Varela, Código Civil Anotado, vol. II, 1997, pág. 381*)

2. RESPONSABILIDADE DO LOCATÁRIO:

"Mesmo que o locatário não tenha culpa, ele é responsável ainda, se as perdas ou deteriorações forem imputáveis a terceiros a quem tenha permitido o uso da coisa. É uma responsabilidade paralela à do comitente em relação a actos praticados pelo comissário (cfr. art. 500.º), e tem uma justificação até certo ponto semelhante." (*Pires de Lima – Antunes Varela, Código Civil Anotado, vol. II, 1997, pág. 381*)

3. SUBLOCAÇÃO:

"Havendo sublocação, o senhorio e o inquilino encontram-se um defronte do outro com os mesmos direitos e obrigações como se não houvesse sublocação; os direitos e obrigações recíprocos mantêm-se inalteráveis dentro das suas cláusulas contratuais e cláusulas respectivas que até aí as disciplinavam.

Neste pensamento se deve interpretar o disposto no artigo 1044.º do Código Civil, que ampliou o conteúdo do n.º 2 do artigo 22.º do Decreto 5411, declarando o locatário responsável pela coisa quando a perda ou as deteriorações da coisa sejam devidas ao locatário ou a terceiro a quem tenha permitido a utilização da coisa e não somente a familiares e sublocatários. O sentido da alteração é positivo e não negativo; amplia e não restringe."

(*Estelita de Mendonça, Da sublocação, pág. 150*)

NOTAS PESSOAIS:

ARTIGO 1045.º
Indemnização pelo atraso na restituição da coisa

1. Se a coisa locada não for restituída, por qualquer causa, logo que finde o contrato, o locatário é obrigado, a título de indemnização, a pagar até ao momento da restituição a renda ou aluguer que as partes tenham estipulado, excepto se houver fundamento para consignar em depósito a coisa vendida.

2. Logo, porém, que o locatário se constitua em mora, a indemnização é elevada ao dobro.

HISTÓRICO:

Redacção do Decreto-Lei n.º 47 344, de 25 de Novembro de 1966.

REMISSÕES:

Dever de restituição da coisa – arts. 1038.º, al. *i*) e 1043.º CC; obrigação de indemnização – arts. 562.º e segs. CC; consignação em depósito – arts. 841.º e segs. CC; mora do locatário – arts. 804.º e segs. E 1041.º CC.

LEGISLAÇÃO COMPLEMENTAR:

OBRIGAÇÃO DE INDEMNIZAÇÃO
– ARTIGOS 562.º A 572.º DO CÓDIGO CIVIL

Artigo 562.º *(Princípio geral)*
Quem estiver obrigado a reparar um dano deve reconstituir a situação que existiria, se não se tivesse verificado o evento que obriga à reparação.

Artigo 563.º *(Nexo de causalidade)*
A obrigação de indemnização só existe em relação aos danos que o lesado provavelmente não teria sofrido se não fosse a lesão.

Parte II – Código Civil

Artigo 564.º *(Cálculo da indemnização)*
1. O dever de indemnizar compreende não só o prejuízo causado, como os benefícios que o lesado deixou de obter em consequência da lesão.
2. Na fixação da indemnização pode o tribunal atender aos danos futuros, desde que sejam previsíveis; se não forem determináveis, a fixação da indemnização correspondente será remetida para decisão ulterior.

Artigo 565.º *(Indemnização provisória)*
Devendo a indemnização ser fixada em liquidação posterior, pode o tribunal condenar desde logo o devedor no pagamento de uma indemnização, dentro do quantitativo que considere já provado.

Artigo 566.º *(Indemnização em dinheiro)*
1. A indemnização é fixada em dinheiro, sempre que a reconstituição natural não seja possível, não repare integralmente os danos ou seja excessivamente onerosa para o devedor.
2. Sem prejuízo do preceituado noutras disposições, a indemnização em dinheiro tem como medida a diferença entre a situação patrimonial do lesado, na data mais recente que puder ser atendida pelo tribunal, e a que teria nessa data se não existissem danos.
3. Se não puder ser averiguado o valor exacto dos danos, o tribunal julgará equitativamente dentro dos limites que tiver por provados.

Artigo 567.º *(Indemnização em renda)*
1. Atendendo à natureza continuada dos danos, pode o tribunal, a requerimento do lesado, dar à indemnização, no todo ou em parte, a forma de renda vitalícia ou temporária, determinando as providências necessárias para garantir o seu pagamento.
2. Quando sofram alteração sensível as circunstâncias em que assentou, quer o estabelecimento da renda, quer o seu montante ou duração, quer a dispensa ou imposição de garantias, a qualquer das partes é permitido exigir a correspondente modificação da sentença ou acordo.

Artigo 568.º *(Cessão dos direitos do lesado)*
Quando a indemnização resulte da perda de qualquer coisa ou direito, o responsável pode exigir, no acto do pagamento ou em momento posterior, que o lesado lhe ceda os seus direitos contra terceiros.

Artigo 569.º *(Indicação do montante dos danos)*
Quem exigir a indemnização não necessita de indicar a importância exacta em que avalia os danos, nem o facto de ter pedido determinado quantitativo o impede, no decurso da acção, de reclamar quantia mais elevada, se o processo vier a revelar danos superiores aos que foram inicialmente previstos.

Artigo 570.º *(Culpa do lesado)*
1. Quando um facto culposo do lesado tiver concorrido para a produção ou agravamento dos danos, cabe ao tribunal determinar, com base na gravidade das culpas de ambas as partes e nas consequências que delas resultaram, se a indemnização deve ser totalmente concedida, reduzida ou mesmo excluída.

CC

2. Se a responsabilidade se basear numa simples presunção de culpa, a culpa do lesado, na falta de disposição em contrário, exclui o dever de indemnizar.

Artigo 571.º *(Culpa dos representantes legais e auxiliares)*
Ao facto culposo do lesado é equiparado o facto culposo dos seus representantes legais e das pessoas de quem ele se tenha utilizado.

Artigo 572.º *(Prova da culpa do lesado)*
Àquele que alega a culpa do lesado incumbe a prova da sua verificação; mas o tribunal conhecerá dela, ainda que não seja alegada.

CONSIGNAÇÃO EM DEPÓSITO
– ARTIGOS 1024.º A 1032.º DO CÓDIGO DE PROCESSO CIVIL

O texto integral vai transcrito em anotação ao artigo 17.º NRAU.

JURISPRUDÊNCIA:

MORA DO INQUILINO:

"**I** – A indicação, no contrato de arrendamento, das pessoas que irão habitar o arrendado com o inquilino não dá a essas pessoas a qualidade de inquilino.

II – No arrendamento para habitação de casa sujeita a regime social, que haja caducado por morte do inquilino, não têm direito a novo arrendamento as pessoas que com ele vivam.

III – Findo o contrato de arrendamento, o locatário que não restitua a coisa locada e se constitua em mora, fica obrigado a pagar ao locador, a título de indemnização, o dobro da renda."

(*Acórdão da Relação do Porto, de 22.01.1987, Colectânea de Jurisprudência, 1987, Tomo I, pág. 203*)

RESOLUÇÃO DO CONTRATO:

"Resolvido o contrato de aluguer de automóvel sem condutor, por não pagamento das prestações do aluguer, está o locatário obrigado a pagar, a título de indemnização, tais quantias desde a data da resolução até à entrega do veículo, a menos que outra coisa tenha sido ajustada (artigo 1045.º do Código Civil)."

(*Acórdão da Relação de Lisboa, de 19.11.1996, Colectânea de Jurisprudência, 1996, Tomo V, pág. 103*)

ALUGUER DE AUTOMÓVEL SEM CONDUTOR:

"**I** – Ao contrato de aluguer de automóvel sem condutor aplicam-se, além da sua disciplina especial, as disposições gerais do contrato de aluguer.

Parte II – Código Civil

II – Continuando o locatário a utilizar o veículo ilegitimamente após a resolução do contrato, tem a obrigação de pagar também os alugueres vencidos após a resolução e até à restituição do veículo ao locador."

(***Acórdão da Relação de Lisboa***, *de 06.02.1997, Colectânea de Jurisprudência, 1997, Tomo I, pág. 119*)

CONTRATO DE ARRENDAMENTO; INDEMNIZAÇÃO PELO ATRASO NA RESTITUIÇÃO DA COISA LOCADA; ENRIQUECIMENTO SEM CAUSA; RESPONSABILIDADE PELOS DANOS, NOS TERMOS GERAIS:

"**I** – A indemnização, prevista no artigo 1045.º, Código Civil, pelo atraso na restituição da coisa locada, findo o contrato, é uma indemnização pelo enriquecimento sem causa, correspondente ao quantitativo da renda, por ser este o valor de uso do prédio.

II – Tal não impede o ex-senhorio de fazer valer contra o ex-locatário os princípios gerais da responsabilidade civil se a conduta deste, ao não lhe restituir o prédio findo o contrato, lhe causar outros danos."

(***Acórdão da Relação do Porto***, *de 30.06.1997, Colectânea de Jurisprudência, 1997, Tomo III, pág. 225*)

DEVER DE RESTITUIÇÃO DO LOCATÁRIO POR MOTIVO DE NULIDADE; DETERMINAÇÃO DA CONTRAPRESTAÇÃO DEVIDA PELO USO E FRUIÇÃO DO IMÓVEL:

"**I** – A liquidação do valor devido pelo locatário como consequência da declaração da nulidade do contrato incidente sobre fracção predial de que esteve a usufruir, deve pautar-se por critérios de objectividade e segundo as regras do enriquecimento sem causa.

II – Em princípio e se houve acordo das partes quanto ao pagamento de uma «renda» no momento da respectiva celebração, deve o seu montante ser atendido como o valor presumido da prestação a restituir pelo arrendatário, até por analogia com a situação de ocupação para além do termo contratual, consignada no artigo 1045.º, n.º 1, do Código Civil."

(***Acórdão da Relação de Coimbra***, *de 05.05.1998, Boletim do Ministério da Justiça, 477, pág. 573*)

NULIDADE POR VÍCIO DE FORMA; ENRIQUECIMENTO SEM CAUSA:

"**I** – Celebrado um arrendamento por vício de forma ao abrigo do qual o locatário ocupou o prédio sem pagar a renda mensal estipulada, pode haver lugar à restituição do enriquecimento obtido.

$$CC \qquad Art.\ 1045.^o$$

II – Para isso, é necessário provar-se que o autor poderia arrendar o imóvel a terceiro se o não tivesse entregue ao réu em cumprimento de contrato nulo.

III – O enriquecimento em tal caso mede-se pelo valor das rendas mensais que o locatário não pagou enquanto dispôs do prédio.

IV – Face à natureza subsidiária deste instituto, poderá o mesmo ser removido, aplicando-se com as necessárias adaptações o regime previsto no artigo 289.º, n.º 3, do Código Civil."

(*Acórdão da Relação de Coimbra, de 26.01.1999, Boletim do Ministério da Justiça, 483, pág. 279*)

CONTRATO DE ARRENDAMENTO; NULIDADE: CONSEQUÊNCIAS:

"**I** – A nulidade de um contrato exclui os efeitos queridos pelas partes, mas não exclui os relacionados com as "relações de liquidação" decorrentes da nulidade.

II – É para o cálculo das restituições inerentes às operações de liquidação do contrato nulo que importa atentar nas cláusulas deste.

III – Num arrendamento declarado nulo o inquilino é condenado, não no pagamento das rendas porventura em dívida, mas no pagamento de uma indemnização pelo uso e ocupação do tocado correspondente ao prédio em que está em dívida a respectiva contraprestação equivalente ao seu valor locativo.

IV – Obrigação de restituição e obrigação de indemnização têm, como fontes genéticas, fundamentos diversos.

V – Tratando-se de obrigação de restituição não tem aplicação o artigo 570.º do Código Civil."

(*Acórdão da Relação de Évora, de 27.05.1999, Colectânea de Jurisprudência, 1999, Tomo III, pág. 263*)

CONTRATO DE ARRENDAMENTO; OBRIGAÇÃO DO FIADOR:

"**I** – É válida a cláusula aposta num contrato de arrendamento segundo a qual caso o senhorio não possa exigir a indemnização de 50% pela falta de pagamento das rendas poder cobrar juros de mora à taxa legal acrescida de 9%.

II – É válida também a cláusula penal segundo a qual na falta de pagamento, pelo arrendatário, das despesas de condomínio, o senhorio poder exigir uma indemnização de 50% do que for devido. Sendo, porventura, excessiva, só o arrendatário pode pedir a sua redução, estando vedado ao tribunal proceder à redução a título oficioso.

III – As partes são livres de acordar na indemnização devida em caso de incumprimento da obrigação de restituição do locado no fim do contrato, não estando sujeitas ao disposto no artigo 1045.º do Código Civil.

IV – É válida a cláusula que fixa o montante da indemnização devida ao senhorio caso tenha necessidade de recorrer ao tribunal, pela preparação do processo e honorários de advogado.

Parte II – Código Civil

V – Os fiadores são responsáveis com o arrendatário pelo pagamento da indemnização devida pela mora na entrega do locado."

(*Acórdão da Relação de Lisboa, de 27.06.2002, Colectânea de Jurisprudência, 2002, Tomo III, págs. 116 e seg.*)

OCUPAÇÃO ILEGAL DE ANDAR; INDEMNIZAÇÃO:

"**I** – A privação do uso de um bem decorrente de ocupação ilícita importa, em regra, na existência de um dano de que o lesado deve ser compensado.

II – Ainda que não se tenha provado que durante o período de privação o proprietário teria arrendado o imóvel por uma determinada quantia, não está afastado o seu direito de indemnização que considere o valor locativo do imóvel e, se necessário, pondere as regras da equidade."

(*Acórdão da Relação de Lisboa, de 11.03.2003, Colectânea de Jurisprudência, 2003, Tomo II, pág. 70*)

INDEMNIZAÇÃO PELO ATRASO NA RESTITUIÇÃO DO LOCADO:

"**I** – Do confronto com a lei anterior, onde se previa a responsabilidade do locatário 'por perdas e danos' (arts. 1616.º do Código Civil de 1867 e 25.º do Dec. N.º 5411, de 17.04.1919), ou seja, em conformidade com os princípios gerais sobre indemnização, resulta que o legislador, com o artigo 1045.º do CC, quis consagrar solução diversa e mais restritiva.

II – A indemnização pelo atraso na restituição da coisa locada, prevista no artigo 1045.º do Código Civil, abrange todos os danos resultantes desse atraso e, em princípio, está limitado pelo critério consignado nesse preceito, com exclusão das regras gerais dos artigos 562.º e seguintes do mesmo Código (mas sem prejuízo de eventual abuso do direito do obrigado à restituição), qualquer que seja a causa de cessação do contrato, designadamente, o acordo ou transacção judicial, homologada por sentença.

III – Esta limitação da indemnização não ofende qualquer preceito ou princípio constitucional, antes colhe apoio na tutela do direito à habitação em cujo mercado fora lançado o imóvel, direito e fim justificativos de diferenciação em relação às situações gerais de responsabilidade civil."

(*Acórdão do Supremo Tribunal de Justiça, de 08.07.2003, Colectânea de Jurisprudência, Acórdãos do Supremo Tribunal de Justiça, 2003, Tomo II, pág. 138*)

ALD; INDEMNIZAÇÃO PELO ATRASO NA RESTITUIÇÃO:

"**I** – Celebrado entre A. e R. contrato pelo qual aquela aluga a esta automóvel por 36 períodos mensais por determinada quantia a pagar antecipadamente em cada mês, sendo restituído a final, e emitindo mais tarde a A. promessa unilateral de venda à R. desse veículo como usado, por certo preço, desde que pagas as importâncias

CC   Art. 1045.º

relativas ao aluguer, visando ambas a aquisição do automóvel pela R. findo o prazo do contrato, verifica-se a existência de negócio indirecto, em que o tipo de referência é o aluguer e o fim indirecto as prestações com reserva de propriedade.

II – Estando por pagar apenas uma prestação, não há lugar à resolução do contrato nos termos do artigo 934.º do Código Civil e fica sem cabimento a aplicação do artigo 1045.º do mesmo Código."

(*Acórdão do Supremo Tribunal de Justiça, de 25.09.2003, Colectânea de Jurisprudência, Acórdãos do Supremo Tribunal de Justiça, 2003, Tomo III, págs. 54 e seg.*)

ALUGUER DE VEÍCULO DE LONGA DURAÇÃO:

"**I** – O contrato de aluguer de veículo sem condutor é um contrato de aluguer de natureza especial que se regula no essencial pelas normas do Dec.-Lei 354/86, de 23.10, pelas normas gerais dos contratos e pelas cláusulas estabelecidas pelos contraentes que não estiverem em contradição com normas de natureza imperativa.

II – O disposto no artigo 1045.º, n.º 2 do CC não é aplicável ao aluguer de veículos de longa duração."

(*Acórdão da Relação de Lisboa, de 16.09.2004, Colectânea de Jurisprudência, 2004, Tomo V, pág. 71*)

OBRAS A CARGO DO SENHORIO; INDEMNIZAÇÃO PELO ATRASO NA RESTITUIÇÃO DA COISA:

"**I** – As obras a que o senhorio se mostra obrigado são as destinadas a manter o prédio em bom estado de preservação, com o fim de remediar as deficiências provenientes do seu uso normal, e de o manter nas condições de utilização existentes à data da celebração do contrato.

II – Assim sendo, a locatária não pode exigir do senhorio a realização de obras na instalação eléctrica, de modo a permitir a utilização de meios tecnológicos actuais, para os quais a instalação existente não estava preparada.

III – Para que a indemnização a que se refere o artigo 1045.º do CC seja devida, basta a falta de cumprimento oportuno da obrigação de restituição do bem, não estando a obrigação dependente da prova da existência de uma utilização lucrativa que o proprietário daria ao local arrendado."

(*Acórdão da Relação de Lisboa, de 20.01.2005, Colectânea de Jurisprudência, 2005, Tomo I, pág. 83*)

MORA NA ENTREGA DO LOCADO; INDEMNIZAÇÃO:

"**I** – O artigo 1045.º do CC tem natureza imperativa e sobrepõe-se à vontade das partes.

II – As partes podem validamente estipular uma indemnização correspondente ao triplo da renda em vigor para o caso de o inquilino não cumprir o contrato

Parte II – Código Civil

e por isso o senhorio ter de efectuar despesas judiciais e extrajudiciais para fazer valer os seus direitos."

(*Acórdão da Relação de Lisboa*, *de 07.04.2005, Colectânea de Jurisprudência, 2005, Tomo II, pág. 86*)

ANOTAÇÕES:

1. INDEMNIZAÇÃO PELOS DANOS EMERGENTES E LUCROS CESSANTES:

"A referida indemnização, nos termos do artigo 1045.° (pagamento da renda) parece não excluir a responsabilidade civil por outros danos, nos termos gerais.

Com efeito, como se decidiu no Acórdão RP, de 30.06.97 (CJ Ano 97, III, 225) aquela indemnização não impede o (ex) senhorio de fazer valer contra o (ex) locatário os princípios da responsabilidade civil se a conduta deste, ao não lhe restituir o prédio findo o contrato, lhe causar danos.

Valerão aqui os princípios da responsabilidade civil extracontratual, nos termos do artigo 483.°.

Em sentido contrário parece ter decidido o Acórdão RP, de 04.10.88 (CJ, Ano 88. tomo IV, pág. 183) (e arestos nele citados), onde se faz uma abordagem da evolução da legislação e da jurisprudência sobre a matéria em causa, tendo concluído de forma diferente daquela.

O Acórdão do STJ, de 13.10.98 (disponível na Internet – mas apenas o sumário) decidiu: A indemnização pelo atraso na restituição da coisa locada tem natureza contratual e apenas está dependente do condicionalismo previsto no artigo 1045.° do CC."

(*in Acórdão da Relação de Lisboa, de 21.10.2003, Colectânea de Jurisprudência, 2003, Tomo IV, pág. 114*)

2. FALTA DE MORA DO LOCATÁRIO:

"Se, findo o contrato, não houver mora do locatário quanto à obrigação de restituição da coisa locada, nem fundamento para este a consignar em depósito, o contrato prolonga-se até à entrega da coisa, devendo o locatário continuar a pagar, agora a título de indemnização, a renda ou aluguer convencionado. Indemnização justa, visto que ele continua a usar a coisa em prejuízo do locador – mas indemnização de natureza claramente contratual."

(*Pires de Lima – Antunes Varela, Código Civil Anotado, vol. II, 1997, pág. 382*)

3. CONSIGNAÇÃO EM DEPÓSITO:

"Se, porém, houver fundamento para a consignação em depósito, deixa de se justificar a indemnização. O locatário não restitui a coisa, ou porque houve mora do

CC   Art. 1045.º

locador, ou porque não pôde fazê-lo com segurança, por motivo relativo à pessoa do credor (cfr. art. 841.º, n.º 1), e pode não ter qualquer interesse em retê-la. Cessa, portanto, a obrigação do pagamento da renda ou aluguer, e, como o depósito é facultativo, nenhuma outra responsabilidade lhe pode advir da falta de cumprimento da obrigação de restituir."

(Pires de Lima – Antunes Varela, Código Civil Anotado, vol. II, 1997, pág. 382)

NOTAS PESSOAIS:

ARTIGO 1046.º
Indemnização de despesas e levantamento de benfeitorias

1. Fora dos casos previstos no artigo 1036.º, e salvo estipulação em contrário, o locatário é equiparado ao possuidor de má fé quanto a benfeitorias que haja feito na coisa locada.

2. Tratando-se de aluguer de animais, as despesas de alimentação destes correm sempre, na falta de estipulação em contrário, por conta do locatário.

HISTÓRICO:

Redacção do Decreto-Lei n.º 47 344, de 25 de Novembro de 1966.

REMISSÕES:

Posse de má fé – art. 1260.º CC; benfeitorias – art. 216.º CC; noção de aluguer – art. 1023.º CC.

JURISPRUDÊNCIA:

LOCATÁRIO, POSSUIDOR DE MÁ FÉ:

"**I** – Nada dispondo o contrato quanto à conservação ou melhoramento do arrendado, e não tendo o inquilino alegado e provado a urgência das obras feitas e a mora do senhorio, deve o arrendatário ser equiparado, quanto a tais obras, como possuidor de má fé.

II – Para ser indemnizado das benfeitorias úteis que não possam ser levantadas, tem o arrendatário de alegar e provar que elas aumentaram o valor do arrendado, que este, no momento da restituição, se encontrava valorizado como consequência directa e necessária delas."

(*Acórdão da Relação de Coimbra, de 12.03.1985, Colectânea de Jurisprudência, 1985, Tomo II, pág. 39*)

Parte II – Código Civil

APLICAÇÃO DO ARTIGO:

"**I** – O regime estabelecido no artigo 1046.º do Código Civil sobre benfeitorias só é aplicável em situações não abrangidas pelo artigo 1036.º do mesmo diploma, acerca de reparações ou outras despesas urgentes.

II – A necessidade de aviso ao locador, nos termos do artigo 1036.º, n.º 2, do Código Civil pressupõe inexistência de mora do locador.

III – O artigo 1036.º tem de ser entendido em conjugação com o disposto no artigo 1031.º, al. *b*) do mesmo diploma, no que concerne à obrigação de o locador assegurar o gozo da coisa locada para os fins da locação.

IV – Existe mora do locador se este houver sido avisado, quer pelo locatário, quer pela Câmara Municipal, da exigência de obras que se revelem necessárias, e não se comprove que algo tenha feito ou diligenciado a tal respeito.

V – Ao direito ao reembolso previsto no artigo 1036.º do Código Civil corresponde uma dívida de valor, nominalmente corrigível em função da desvalorização monetária.

VI – O valor desse reembolso deve ser tanto quanto possível real, correspondendo ao que foi desembolsado, e determinado, se necessário, em termos de equidade, antes mesmo da hipótese de liquidação em execução de sentença."

(***Acórdão do Supremo Tribunal de Justiça***, *de 27.09.1994, Boletim do Ministério da Justiça, 439, pág. 549*)

ANOTAÇÕES:

1. REMISSÃO:

O n.º 2 contém um preceito semelhante ao estabelecido para o comodato, no n.º 2 do artigo 1138.º do Código Civil, justificando-se a pertinência da disposição legal em ambos os casos. De facto, quer o locatário, quer o comodatário, retiram para si as utilidades da coisa locada ou mutuada. Por isso, tratando-se de animais, deverá recair sobre eles a obrigação de alimentação, sob pena de perecimento da coisa ou diminuição do seu valor, sendo certo que, em qualquer dos casos, esta deverá ser restituída, no fim do contrato, no estado em que a recebeu (*cfr.*, a propósito da locação, artigo 1043.º, n.º 1 deste Código).

2. BENFEITORIAS:

"Por aplicação do disposto nos artigos 1273.º e 1275.º, o locatário tem direito a ser indemnizado das benfeitorias necessárias que haja feito e a levantar as benfeitorias úteis, desde que o possa fazer sem detrimento da coisa. Se o não puder fazer sem detrimento, goza apenas do direito ao valor dessas benfeitorias úteis, calculado segundo as regras do enriquecimento sem causa (arts. 473.º e segs.). Quanto às benfeitorias voluptuárias, o locatário não as pode levantar, nem tem direito a qualquer indemnização (art. 1275.º, n.º 2). Quanto a saber se o locatário goza ou não do direito de retenção, nos casos em que haja lugar a indemnização, veja-se o disposto no artigo 754.º..." (*Pires de Lima – Antunes Varela, Código Civil Anotado, vol. II, 1997, págs. 383 e seg.*)

NOTAS PESSOAIS:

SECÇÃO IV
Resolução e caducidade do contrato

SUBSECÇÃO I
Resolução

ARTIGO 1047.º
Resolução

A resolução do contrato de locação pode ser feita judicial ou extra-judicialmente.

HISTÓRICO:

Redacção do n.º 2 do artigo 2.º da Lei n.º 6/2006, de 27 de Fevereiro (NRAU).

Redacção anterior:
Artigo 1047.º *(Falta de cumprimento por parte do locatário)*
A resolução do contrato fundada na falta de cumprimento por parte do loca-tário tem de ser decretada pelo tribunal.

REMISSÕES:

Causas de resolução do arrendamento urbano – art. 1083.º CC; acção de des-pejo – art. 14.º NRAU.

LEGISLAÇÃO COMPLEMENTAR:

RESOLUÇÃO DO CONTRATO:
ARTIGOS 432.º A 436.º DO CÓDIGO CIVIL

Artigo 432.º *(Casos em que é admitida)*
1. É admitida a resolução do contrato fundada na lei ou em convenção.

Parte II – Código Civil

2. A parte, porém, que, por circunstâncias não imputáveis ao outro contraente, não estiver em condições de restituir o que houver recebido não tem o direito de resolver o contrato.

Artigo 433.º *(Efeitos entre as partes)*
Na falta de disposição especial, a resolução é equiparada, quanto aos seus efeitos, à nulidade ou anulabilidade do negócio, com ressalva do disposto nos artigos seguintes.

Artigo 434.º *(Retroactividade)*
1. A resolução tem efeito retroactivo, salvo se a retroactividade contrariar a vontade das partes ou a finalidade da resolução.
2. Nos contratos de execução continuada ou periódica, a resolução não abrange as prestações já efectuadas, excepto se entre estas e a causa da resolução existir um vínculo que legitime a resolução de todas elas.

Artigo 435.º *(Efeitos em relação a terceiros)*
1. A resolução, ainda que expressamente convencionada, não prejudica os direitos adquiridos por terceiro.
2. Porém, o registo da acção de resolução que respeite a bens imóveis, ou a móveis sujeitos e registo, torna o direito de resolução oponível a terceiro que não tenha registado o seu direito antes do registo da acção.

Artigo 436.º *(Como e quando se efectiva a resolução)*
1. A resolução do contrato pode fazer-se mediante declaração à outra parte.
2. Não havendo prazo convencionado para a resolução do contrato, pode a outra parte fixar ao titular do direito de resolução um prazo razoável para que o exerça, sob pena de caducidade,

JURISPRUDÊNCIA:

DESOCUPAÇÃO DE PRÉDIO URBANO DE AUTARQUIA:

"**I** – A desocupação de prédios urbanos das autarquias arrendados, com fundamento em ilícito do inquilino, só pode ser decretada pelos tribunais comuns (artigo 1047.º do Código Civil), pelo que sofre de usurpação de poderes o acto da autarquia que ordene a desocupação com esse fundamento.

II – O acto com dois fundamentos, um legal envolvendo o exercício de poderes discricionários e outro representando usurpação de poderes, é todo ele atingido por este vício se for de concluir que o fundamento que o envolve contribui para a formação da vontade da Administração na parte em que exerceu o poder discricionário."

(*Acórdão do Supremo Tribunal Administrativo, de 23.06.1988, Boletim do Ministério da Justiça 378, pág. 771*)

CC   Art. 1047.º

REVOGAÇÃO DE ARRENDAMENTO:

"**I** – Verifica-se revogação real do arrendamento quando, em consequência de acordo entre senhorio e arrendatário por fim ao mesmo, o arrendatário desocupa o prédio.

II – O pedido de resolução do arrendamento, formulado depois da revogação real do contrato, tem de improceder, mas não o pedido do pagamento das rendas vencidas até ao momento da revogação."

(*Acórdão da Relação do Porto, de 23.05.1989, Colectânea de Jurisprudência, 1989, Tomo III, pág. 205*)

REVOGAÇÃO DE ARRENDAMENTO:

"**I** – Tratando-se de casa de morada de família, a revogação do arrendamento por mútuo acordo dos contraentes carece de consentimento de ambos os cônjuges arrendatários, qualquer que seja a regime de bens do casamento, e mesmo que só um deles tenha celebrado o contrato.

II – Na falta de tal consentimento, o acordo não é nulo, mas simplesmente anulável.

III – É nula a cláusula, inserida num contrato de arrendamento segundo a qual o arrendatário deverá restituir o prédio ao senhorio logo que este necessite dele.

IV – A nulidade dessa cláusula não importa nulidade de todo o negócio, mesmo que se prove que ele não teria sido concluído sem a dita cláusula."

(*Acórdão da Relação do Porto, de 25.01.1990, Colectânea de Jurisprudência, 1990, Tomo I, 232*)

CONTRATO DE ALD:

"Nos contratos de ALD, em caso de incumprimento de locatário, o locador pode resolver extrajudicialmente o contrato, uma vez que o legislador, ao estabelecer no artigo 17.º, n.º 4, do DL 354/86, de 23.10, uma remissão genérica para 'os termos da lei', não pretendeu restringir essa resolução aos casos de intervenção obrigatória do tribunal."

(*Acórdão da Relação de Lisboa, de 14.06.2004, Colectânea de Jurisprudência, 2004, Tomo III, pág. 194*)

CONTRATO DE ALUGUER; RESOLUÇÃO EXTRA-JUDICIAL; NÃO RECEPÇÃO DE CARTA QUE COMUNICA A RESOLUÇÃO DO CONTRATO

"**I** – Mesmo na vigência da anterior redacção do art. 1047.º do C. Civil (ou seja, àquela que actualmente lhe foi dada pela Lei 06/2006, de 27/02), as partes podiam, sem necessidade de recurso ao tribunal para o efeito, resolver unilateralmente os

Parte II – Código Civil

contratos de aluguer, mediante simples comunicação à outra parte, desde que tivessem expressamente convencionado essa possibilidade perante a ocorrência de determinadas circunstâncias concretas.

II – Devolvida a carta registada, com AR, através da qual foi comunicada a resolução do contrato à outra parte, a eficácia dessa resolução só opera se a não recepção da carta se tiver ficado a dever exclusivamente a comportamento culposo do seu destinatário."

(**Acórdão do Supremo Tribunal de Justiça**, *de 14.11.2006, Colectânea de Jurisprudência, Acórdãos do Supremo Tribunal de Justiça, 2006, Tomo III, pág. 109*)

ANOTAÇÕES:

1. ALTERAÇÃO LEGISLATIVA:

"A grande novidade desta nova redacção traduz-se no facto de ao locador ser agora permitido invocar a resolução do contrato por via extrajudicial.

Tratando-se de arrendamento urbano, esta norma sofre, porém, significativas restrições, pois na maior parte das hipóteses o locador terá de recorrer à via judicial para obter a resolução do contrato." (*Maria Olinda Garcia, A Nova Disciplina do Arrendamento Urbano, Coimbra, 2006, pág. 10*)

2. EFICÁCIA RETROACTIVA DA RESOLUÇÃO:

"Nada há já, porém, que impeça, em princípio, a eficácia retroactiva da resolução, mesmo no arrendamento. Assim, se a resolução se fundar na falta de pagamento da renda, a eficácia da sentença de despejo deve retroagir à data em que o arrendatário deixou de pagar a mais antiga das rendas em dívida – não se contando apenas desde a data em que a sentença foi proferida –, para o efeito de saber, por exemplo, se o arrendatário goza ou não do direito de preferência relativamente à alienação do prédio operada antes da proposição da acção de despejo. Cfr., a propósito, Mota Pinto, *Direito de preferência do arrendatário e despejo com fundamentos posteriores à venda do prédio arrendado*, 1980." (*Pires de Lima – Antunes Varela, Código Civil Anotado, vol. II, 1997, pág. 385*)

NOTAS PESSOAIS:

ARTIGO 1048.º
Falta de pagamento da renda ou aluguer

1. O direito à resolução do contrato por falta de pagamento da renda ou aluguer caduca logo que o locatário, até ao termo do prazo para a contestação da acção declarativa, ou para a oposição à execução, destinadas a fazer valer esse direito, pague, deposite ou consigne em depósito as somas devidas e a indemnização referida no n.º 1 do artigo 1041°.

2. Em fase judicial, o locatário só pode fazer uso da faculdade referida no número anterior uma única vez, com referência a cada contrato.

3. O regime previsto nos números anteriores aplica-se ainda à falta de pagamento de encargos e despesas que corram por conta do locatário.

HISTÓRICO:

Redacção do n.º 2 do artigo 2.º da Lei n.º 6/2006, de 27 de Fevereiro (NRAU). O n.º 1 corresponde, em parte, à anterior redacção.

Redacção anterior:

Artigo 1048.º *(Falta de pagamento da renda ou aluguer)*
O direito à resolução do contrato por falta de pagamento da renda ou aluguer caduca logo que o locatário, até à contestação da acção destinada a fazer valer esse direito, pague ou deposite as somas devidas e a indemnização referida no n.º 1 do artigo 1041.º.

REMISSÕES:

Resolução do contrato – arts. 432.º e segs. CC; contestação: acção ordinária – arts. 486.º e segs. CPC; acção sumária – art. 783.º CPC; oposição à execução – arts. 813.º e segs. CPC; consignação em depósito – arts. 1024.º e segs. CPC.

Parte II – Código Civil

LEGISLAÇÃO COMPLEMENTAR:

REGRAS GERAIS DOS PRAZOS:
ARTIGOS 296.º A 299.º DO CÓDIGO CIVIL

Artigo 296.º *(Contagem dos prazos)*

As regras constantes do artigo 279.º são aplicáveis, na falta de disposição especial em contrário, aos prazos e termos fixados por lei, pelos tribunais ou por qualquer outra autoridade.

Artigo 279.º *(Cômputo do termo)*

À fixação do termo são aplicáveis, em caso de dúvida, as seguintes regras:

a) Se o termo se referir ao princípio, meio ou fim do mês, entende-se como tal, respectivamente, o primeiro dia, o dia 15 ou o fim do mês; se for fixado no princípio, meio ou fim do ano, entende-se, respectivamente, o primeiro dia do ano, o dia 30 de Junho e o dia 31 de Dezembro;

b) Na contagem de qualquer prazo não se inclui o dia, nem a hora, se o prazo for de horas, em que ocorrer o evento a partir do qual o prazo começa a correr;

c) O prazo fixado em semanas, meses ou anos, a contar de certa data, termina às 24 horas do dia que corresponda, dentro da última semana, mês ou ano, a essa data; mas, se no último mês não existir dia correspondente, o prazo finda no último dia desse mês;

d) É havido, respectivamente, como prazo de uma ou duas semanas o designado por oito ou quinze dias, sendo havido como prazo de um ou dois dias o designado por 24 ou 48 horas;

e) O prazo que termine em domingo ou dia feriado transfere-se para o primeiro dia útil; aos domingos e dias feriados são equiparadas as férias judiciais, se o acto sujeito a prazo tiver de ser praticado em juízo.

Artigo 297.º *(Alteração de prazos)*

1. A lei que estabelecer, para qualquer efeito, um prazo mais curto do que o fixado na lei anterior é também aplicável aos prazos que já estiverem em curso, mas o prazo só se conta a partir da entrada em vigor da nova lei, a não ser que, segundo a lei antiga, falte menos tempo para o prazo se completar.

2. A lei que fixar um prazo mais longo é igualmente aplicável aos prazos que já estejam em curso, mas computar-se-á neles todo o tempo decorrido desde o seu momento inicial.

3. A doutrina dos números anteriores é extensiva, na parte aplicável, aos prazos fixados pelos tribunais ou por qualquer autoridade.

Artigo 298.º *(Prescrição, caducidade e não uso do direito)*

1. Estão sujeitos a prescrição, pelo seu não exercício durante o lapso de tempo estabelecido na lei, os direitos que não sejam indisponíveis ou que a lei não declare isentos de prescrição.

CC — Art. 1048.º

2. Quando, por força da lei ou por vontade das partes, um direito deva ser exercido dentro de certo prazo, são aplicáveis as regras da caducidade, a menos que a lei se refira expressamente à prescrição.

3. Os direitos de propriedade, usufruto, uso e habitação, enfiteuse, superfície e servidão não prescrevem, mas podem extinguir-se pelo não uso nos casos especialmente previstos na lei, sendo aplicáveis nesses casos, na falta de disposição em contrário, as regras da caducidade.

Artigo 299.º *(Alteração da qualificação)*

1. Se a lei considerar de caducidade um prazo que a lei anterior tratava como prescricional, ou se, ao contrário, considerar como prazo de prescrição o que a lei antiga tratava como caso de caducidade, a nova qualificação é também aplicável aos prazos em curso.

2. No primeiro caso, porém, se a prescrição estiver suspensa ou tiver sido interrompida no domínio da lei antiga, nem a suspensão nem a interrupção serão atingidas pela aplicação da nova lei; no segundo, o prazo passa a ser susceptível de suspensão e interrupção nos termos gerais da prescrição.

CADUCIDADE: ARTIGOS 328.º A 333.º DO CÓDIGO CIVIL

Artigo 328.º *(Suspensão e interrupção)*

O prazo de caducidade não se suspende nem se interrompe senão nos casos em que a lei o determine.

Artigo 329.º *(Começo do prazo)*

O prazo de caducidade, se a lei não fixar outra data, começa a correr no momento em que o direito puder legalmente ser exercido.

Artigo 330.º *(Estipulações válidas sobre a caducidade)*

1. São válidos os negócios pelos quais se criem casos especiais de caducidade, se modifique o regime legal desta ou se renuncie a ela, contanto que não se trate de matéria subtraída à disponibilidade das partes ou de fraude às regras legais da prescrição.

2. São aplicáveis aos casos convencionais de caducidade, na dúvida acerca da vontade dos contraentes, as disposições relativas à suspensão da prescrição.

Artigo 331.º *(Causas impeditivas da caducidade)*

1. Só impede a caducidade a prática, dentro do prazo legal ou convencional, do acto a que a lei ou convenção atribua efeito impeditivo.

2. Quando, porém, se trate de prazo fixado por contrato ou disposição legal relativa a direito disponível, impede também a caducidade o reconhecimento do direito por parte daquele contra quem deva ser exercido.

Artigo 332.º *(Absolvição e interrupção da instância e ineficácia do compromisso arbitral)*

1. Quando a caducidade se referir ao direito de propor certa acção em juízo e esta tiver sido tempestivamente proposta, é aplicável o disposto no n.º 3 do artigo

Parte II – Código Civil

327.º; mas, se o prazo fixado para a caducidade for inferior a dois meses, é substituído por ele o designado nesse preceito.

2. Nos casos previstos na primeira parte do artigo anterior, se a instância se tiver interrompido, não se conta para efeitos de caducidade o prazo decorrido entre a proposição da acção e a interrupção da instância.

Artigo 333.º *(Apreciação oficiosa da caducidade)*
1. A caducidade é apreciada oficiosamente pelo tribunal e pode ser alegada em qualquer fase do processo, se for estabelecida em matéria excluída da disponibilidade das partes.
2. Se for estabelecida em matéria não excluída da disponibilidade das partes, é aplicável à caducidade o disposto no artigo 303.º.

CONSIGNAÇÃO EM DEPÓSITO:
ARTIGOS 1024.º A 1032.º DO CÓDIGO DE PROCESSO CIVIL

Em anotação ao artigo 17.º do NRAU.

JURISPRUDÊNCIA:

DEPÓSITO DAS RENDAS:

"**I** – Conveniência de serviço não é comissão de serviço.

II – Esta traduz-se num encargo temporário atribuído a alguém para fazer certa e determinada tarefa.

(...)

IV – O pagamento ou de4pósito das rendas ou da indemnização referidas no artigo 1048.º do Código Civil deverá ser feito até à contestação da acção, devendo abranger, no tocante às rendas, todas as vencidas até esse momento."

(***Acórdão da Relação de Évora****, de 05.11.1996, Colectânea de Jurisprudência, 1996, Tomo V, pág. 268*)

RENDAS A DEPOSITAR:

"**I** – A cominação por falta de resposta à excepção deduzida pelo réu não se aplica quando estiver em causa apenas uma questão ou conclusão de direito.

II – A causa de pedir nas acções de despejo por falta de pagamento de rendas abrange tanto as já vencidas, como as vincendas na pendência da causa.

III – O montante a que alude o artigo 1048.º do Código Civil reporta-se às rendas vencidas até ao termo do prazo para a contestação.

IV – Cessa a mora e o direito de resolução do contrato, mesmo havendo processo pendente, quando o locatário paga a renda no prazo de oito dias a contar do seu vencimento."

| CC | Art. 1048.º |

(*Acórdão da Relação de Coimbra*, de 20.01.1998, Boletim do Ministério da Justiça, 473, pág. 568)

ANOTAÇÕES:

PRAZOS:

"A lei estabelece dois prazos – o da contestação da acção declarativa e o da oposição à execução – (para duas hipóteses distintas) dentro dos quais, se o locatário pagar, depositar ou consignar em depósito a quantia em mora acrescida de 50%, se considera que o direito de resolução do senhorio caduca. Todavia, o alcance do pagamento (ou meio equiparado) não é rigorosamente o mesmo nestas duas hipóteses. Assim, na primeira hipótese (...) pode dizer-se que existe caducidade do direito de resolução do locador, já que a resolução do contrato ainda não tinha sido decretada. Porém, na hipótese de o pagamento ocorrer dentro do prazo de oposição à execução (para entrega de coisa certa) não poderá dizer-se que existe caducidade do direito de resolução, pois se a execução está em curso é porque a resolução foi operada extrajudicialmente (cfr. artigo 1084.º, n.ºs 1 e 3) e o locatário não entregou a coisa."

(*Maria Olinda Garcia, A Nova Disciplina do Arrendamento Urbano, Coimbra, 2006, pág. 11*)

NOTAS PESSOAIS:

ARTIGO 1049.º
Cedência do gozo da coisa

O locador não tem o direito à resolução do contrato com fundamento na violação do disposto nas alíneas *f)* e *g)* do artigo 1038.º, se tiver reconhecido o beneficiário da cedência como tal, ou ainda, no caso da alínea *g)*, se a comunicação lhe tiver sido feita por este.

HISTÓRICO:

Redacção do Decreto-Lei n.º 47 344, de 25 de Novembro de 1966.

REMISSÕES:

Resolução do contrato – arts. 432.º e segs. CC; obrigações do locatário – art. 1038.º CC.

LEGISLAÇÃO COMPLEMENTAR:

RESOLUÇÃO DO CONTRATO:
ARTIGOS 432.º A 436.º DO CÓDIGO CIVIL

Em anotação ao artigo 1047.º do Código Civil.

JURISPRUDÊNCIA:

PRINCÍPIO GERAL:

"**I** – O artigo 1049.º do Código Civil traduz a consagração do princípio de que o reconhecimento do cessionário como inquilino implica a consolidação da cessão (ou cedência do locado), mesmo que esta não haja sido previamente autorizada.

Parte II – Código Civil

II – Provado que a ré, que sempre viveu ininterruptamente no locado, após o falecimento da sua mãe, aí tem permanecido, tendo o autor proposto que ela saísse da casa mediante indemnização e continuando a receber dela o pagamento das rendas, é de considerar que ela se constituiu na qualidade de arrendatário (se ela já o não fosse por haver sucedido a sua mãe) face aos preceitos combinados dos artigos 1022.º e 1023.º do Código Civil (...), que reputa imputável ao locador a falta de contrato escrito, cuja nulidade só é invocável pelo locatário."

(**Acórdão do Supremo Tribunal de Justiça**, *de 05.12.1985, Boletim do Ministério da Justiça, 352, pág. 299*)

ANOTAÇÕES:

1. VIOLAÇÃO DA AL. F) DO ARTIGO 1038.º:

"... Cessa o direito de resolução, se o locador reconhecer o beneficiário da cedência. Reconhecer o beneficiário da cedência não é simplesmente ter conhecimento da cessão e da pessoa do cessionário, pois de outro modo poderia o locador ser forçado a reagir precipitadamente contra a cedência da coisa, sob pena de perder o seu direito; é necessário que o locador aceite o beneficiário de cedência *como tal*, recebendo dele, por exemplo, as rendas ou alugueres." (*Pires de Lima – Antunes Varela, Código Civil Anotado, vol. II, 1997, pág. 387*)

2. VIOLAÇÃO DA ALÍNEA G) DO ARTIGO 1038.º:

A falta de comunicação, "também é relevante para o efeito de fazer cessar o direito de resolução, o reconhecimento do beneficiário da cessão. Mas, além desse facto, é igualmente relevante o de a comunicação ter sido feita pelo beneficiário. Não deve, na verdade, importar que seja um ou outro a fazer a comunicação; o que interessa é que ela seja feita, para conhecimento do locador." (*Pires de Lima – Antunes Varela, Código Civil Anotado, vol. II, 1997, pág. 387*)

NOTAS PESSOAIS:

ARTIGO 1050.º
Resolução do contrato pelo locatário

O locatário pode resolver o contrato, independentemente de responsabilidade do locador:

a) Se, por motivo estranho à sua própria pessoa ou à dos seus familiares, for privado do gozo da coisa, ainda que só temporariamente;

b) Se na coisa locada existir ou sobrevier defeito que ponha em perigo a vida ou a saúde do locatário ou dos seus familiares.

HISTÓRICO:

Redacção do Decreto-Lei n.º 47 344, de 25 de Novembro de 1966.

REMISSÕES:

Resolução do contrato – arts. 432.º e segs. CC; conceito de familiares – art. 1040.º, n.º 3 CC

LEGISLAÇÃO COMPLEMENTAR:

RESOLUÇÃO DO CONTRATO:
ARTIGOS 432.º A 436.º DO CÓDIGO CIVIL

Em anotação ao artigo 1047.º do Código Civil.

ANOTAÇÕES:

RESPONSABILIDADE DO LOCADOR:

"A resolução do contrato não afasta, como na introdução do preceito expressamente se afirma, a responsabilidade do locador pelo prejuízo que o locatário possa

Parte II – Código Civil

ter com a privação do gozo da coisa ou pelos danos que o defeito da coisa possa causar ao locatário ou seus familiares. A responsabilidade do locador tanto pode ser contratual, se houver violação das obrigações impostas ao locador (arts. 1031.º e segs.), como extracontratual, se assentar antes na prática de qualquer facto (acção ou omissão) ilícito." (*Pires de Lima – Antunes Varela, Código Civil Anotado, 1997, vol. II, pág. 388*)

NOTAS PESSOAIS:

SUBSECÇÃO II
Caducidade

ARTIGO 1051.º
Casos de caducidade

O contrato de locação caduca:

a) Findo o prazo estipulado ou estabelecido por lei;

b) Verificando-se a condição a que as partes o subordinaram, ou tornando-se certo que não pode verificar-se, conforme a condição seja resolutiva ou suspensiva;

c) Quando cesse o direito ou findem os poderes legais de administração com base nos quais o contrato foi celebrado;

d) Por morte do locatário ou, tratando-se de pessoa colectiva, pela extinção desta, salvo convenção escrita em contrário;

e) Pela perda da coisa locada;

f) Pela expropriação por utilidade pública, salvo quando a expropriação se compadeça com a subsistência do contrato;

g) Pela cessação dos serviços que determinaram a entrega da coisa locada.

HISTÓRICO:

As alíneas *a)* a *e)* são redacção da Lei n.º 46/85, de 20 de Setembro.

As alíneas *f)* e *g)* são redacção do n.º 2 do artigo 2.º da Lei n.º 6/2006, de 27 de Fevereiro (NRAU).

Essencialmente, a alínea *f)* mantém a redacção anterior, enquanto a alínea *g)* é inovadora (muito embora estabeleça princípio semelhante ao da alínea *j)* do n.º 1 do artigo 64.º do RAU [revogado]).

Parte II – Código Civil

REMISSÕES:

Administração dos bens do interdito ou inabilitado – arts. 139.º e 154.º CC; administração das sociedades sem personalidade jurídica – arts. 195.º e 200.º CC; administração de coisa hipotecada – art. 700.º CC; administração de sociedade – arts. 900.º a 987.º e 1009.º CC; administração da coisa depositada – art. 1204.º CC; administração da coisa comum – art. 1407.º CC; administração das partes comuns na propriedade horizontal – arts. 1430.º a 1438.º; administração dos bens do casal – art. 1678.º CC; administração de bens do menor – arts. 1967.º a 1972.º CC; administração da herança jacente – art. 2047.º CC; administração de herança ou legado sob condição suspensiva – art. 2237.º CC; administração de herança ou legado, quando não seja prestada caução, se exigível – art. 2239.º CC; administração de herança ou legado a favor de nascituro – art. 2240.º CC; administração da herança – arts. 2241.º e 2709.º CC.

Expropriação por utilidade pública – Lei n.º 168/1999, de 18 de Setembro.

LEGISLAÇÃO COMPLEMENTAR:

CADUCIDADE: ARTIGOS 328.º A 333.º DO CÓDIGO CIVIL

Artigo 328.º *(Suspensão e interrupção)*
O prazo de caducidade não se suspende nem se interrompe senão nos casos em que a lei o determine.

Artigo 329.º *(Começo do prazo)*
O prazo de caducidade, se a lei não fixar outra data, começa a correr no momento em que o direito puder legalmente ser exercido.

Artigo 330.º *(Estipulações válidas sobre a caducidade)*
1. São válidos os negócios pelos quais se criem casos especiais de caducidade, se modifique o regime legal desta ou se renuncie a ela, contanto que não se trate de matéria subtraída à disponibilidade das partes ou de fraude às regras legais da prescrição.
2. São aplicáveis aos casos convencionais de caducidade, na dúvida acerca da vontade dos contraentes, as disposições relativas à suspensão da prescrição.

Artigo 331.º *(Causas impeditivas da caducidade)*
1. Só impede a caducidade a prática, dentro do prazo legal ou convencional, do acto a que a lei ou convenção atribua efeito impeditivo.
2. Quando, porém, se trate de prazo fixado por contrato ou disposição legal relativa a direito disponível, impede também a caducidade o reconhecimento do direito por parte daquele contra quem deva ser exercido.

Artigo 332.º *(Absolvição e interrupção da instância e ineficácia do compromisso arbitral)*
1. Quando a caducidade se referir ao direito de propor certa acção em juízo e esta tiver sido tempestivamente proposta, é aplicável o disposto no n.º 3 do artigo

327.º; mas, se o prazo fixado para a caducidade for inferior a dois meses, é substituído por ele o designado nesse preceito.

2. Nos casos previstos na primeira parte do artigo anterior, se a instância se tiver interrompido, não se conta para efeitos de caducidade o prazo decorrido entre a proposição da acção e a interrupção da instância.

Artigo 333.º *(Apreciação oficiosa da caducidade)*
1. A caducidade é apreciada oficiosamente pelo tribunal e pode ser alegada em qualquer fase do processo, se for estabelecida em matéria excluída da disponibilidade das partes.

2. Se for estabelecida em matéria não excluída da disponibilidade das partes, é aplicável o disposto no artigo 303.º.

CONTRATO SOB CONDIÇÃO OU A TERMO – ARTIGOS 270.º A 279.º DO CÓDIGO CIVIL

Artigo 270.º *(Noção de condição)*
As partes podem subordinar a um acontecimento futuro e incerto a produção dos efeitos do negócio jurídico ou a sua resolução: no primeiro caso, diz-se suspensiva a condição; no segundo, resolutiva.

Artigo 271.º *(Condições ilícitas ou impossíveis)*
1. É nulo o negócio jurídico subordinado a uma condição contrária à lei ou à ordem pública, ou ofensiva dos bons costumes.

2. É igualmente nulo o negócio sujeito a uma condição suspensiva que seja física ou legalmente impossível; se for resolutiva, tem-se a condição por não escrita.

Artigo 272.º *(Pendência da condição)*
Aquele que contrair uma obrigação ou alienar um direito sob condição suspensiva, ou adquirir um direito sob condição resolutiva, deve agir, na pendência da condição, segundo os ditames da boa fé, por forma que não comprometa a integridade do direito da outra parte.

Artigo 273.º *(Pendência da condição: actos conservatórios)*
Na pendência da condição suspensiva, o adquirente do direito pode praticar actos conservatórios, e igualmente os pode realizar, na pendência da condição resolutiva, o devedor ou o alienante condicional.

Artigo 274.º *(Pendência da condição: actos dispositivos)*
1. Os actos de disposição dos bens ou direitos que constituem objecto do negócio condicional, realizados na pendência da condição, ficam sujeitos à eficácia ou ineficácia do próprio negócio, salvo estipulação em contrário.

2. Se houver lugar à restituição do que tiver sido alienado, é aplicável, directamente ou por analogia, o disposto nos artigos 1269.º e seguintes em relação ao possuidor de boa fé.

Parte II – Código Civil

Artigo 275.º *(Verificação e não verificação da condição)*
1. A certeza de que a condição se não pode verificar equivale à sua não verificação.
2. Se a verificação da condição for impedida, contra as regras da boa fé, por aquele a quem prejudica, tem-se por verificada; se for provocada, nos mesmos termos, por aquele a quem aproveita, considera-se como não verificada.

Artigo 276.º *(Retroactividade da condição)*
Os efeitos do preenchimento da condição retrotraem-se à data da conclusão do negócio, a não ser que, pela vontade das partes ou pela natureza do acto, hajam de ser reportados a outro momento.

Artigo 277.º *(Não retroactividade)*
1. Sendo a condição resolutiva aposta a um contrato de execução continuada ou periódica, é aplicável o disposto no n.º 2 do artigo 434.º.
2. O preenchimento da condição não prejudica a validade dos actos de administração ordinária realizados, enquanto a condição estiver pendente, pela parte a quem incumbir o exercício do direito.
3. À aquisição de frutos pela parte a que se refere o número anterior são aplicáveis as disposições relativas à aquisição de frutos pelo possuidor de boa fé.

Artigo 278.º *(Termo)*
Se for estipulado que os efeitos do negócio jurídico comecem ou cessem a partir de certo momento, é aplicável à estipulação, com as necessárias adaptações, o disposto nos artigos 272.º e 273.º.

Artigo 279.º *(Cômputo do tempo)*
À fixação do termo são aplicáveis, em caso de dúvida, as seguintes regras:
a) Se o termo se referir ao princípio, meio ou fim do mês, entende-se como tal, respectivamente, o primeiro dia, o dia 15 e o último dia do mês; se for fixado no princípio, meio ou fim do ano, entende-se, respectivamente, o primeiro dia do ano, o dia 30 de Junho e o dia 31 de Dezembro;
b) Na contagem de qualquer prazo não se inclui o dia, nem a hora, se o prazo for de horas, em que ocorrer o evento a partir do qual o prazo começa a correr;
c) O prazo fixado em semanas, meses ou anos, a contar de certa data, termina às 24 horas do dia que corresponda, dentro da última semana, mês ou ano, a essa data; mas, se no último mês não existir dia correspondente, o prazo finda no último dia desse mês.
d) É havido, respectivamente, como prazo de uma ou duas semanas o designado por oito ou quinze dias, sendo havido como prazo de um ou dois dias o designado por 24 ou 48 horas;
e) O prazo que termine em domingo ou dia feriado transfere-se para o primeiro dia útil; aos domingos e dias feriados são equiparadas as férias judiciais, se o acto sujeito a prazo tiver de ser praticado em juízo.

428

JURISPRUDÊNCIA:

CADUCIDADE DE ARRENDAMENTO:

"Para se manter o arrendamento celebrado por usufrutuário após a morte deste, basta que o inquilino requeira a notificação judicial do senhorio, de que pretende essa manutenção, no prazo de seis meses previsto no n.º 2 do artigo 1051.º do Código Civil, sem ser necessário que a notificação se efective dentro desse prazo, por a declaração do inquilino exigida pela lei não ter a natureza de declaração negocial com destinatário, do artigo 224.º, n.º 1 do mesmo diploma, e ser, apenas, uma manifestação da sua vontade, feita sob forma especial."

(Acórdão da Relação de Lisboa, de 10.01.1985, Colectânea de Jurisprudência, 1985, Tomo I, pág. 142)

CADUCIDADE DE ARRENDAMENTO:

"**I** – Ao estabelecer-se, na alínea *b*) do n.º 1 do artigo 1051.º do Código Civil, a caducidade do arrendamento, foi intenção do legislador admitir a oponibilidade de uma condição resolutiva ao contrato de arrendamento.

II – Há, no entanto, que ver sempre se, em abstracto, uma condição resolutiva e ou não compatível com o regime de garantias do arrendamento.

III – Ora, em abstracto, uma cláusula que permita a extinção por caducidade, no caso de venda do arrendado, e ofensivo do princípio legal contido no artigo 1095.º do Código Civil, que é imperativo."

(Acórdão da Relação do Porto, de 21.05.1985, Colectânea de Jurisprudência, 1985, Tomo III, pág. 242)

CADUCIDADE DE ARRENDAMENTO:

"**I** – O contrato de arrendamento caduca com a morte do senhorio-usufrutuário, independentemente de o arrendatário saber ou não desta última qualidade.

II – Assim não acontecerá se, a partir do conhecimento da morte do usufrutuário, o arrendatário comunicar ao senhorio que pretende manter a posição contratual."

(Acórdão da Relação do Porto, de 30.07.1985, Colectânea de Jurisprudência, 1985, Tomo IV, pág. 244)

CADUCIDADE DE ARRENDAMENTO:

"**I** – É válido o contrato de arrendamento de parte do prédio, celebrado pelo adquirente-preferido antes de haver decisão sobre o reconhecimento do direito de preferência.

II – O direito com base no qual foi outorgado esse arrendamento pelo preferido extingue-se, e retroactivamente, com o reconhecimento da preferência.

Parte II – Código Civil

III – Os locatários podem obstar a caducidade usando da faculdade prevista no n.º 2 do artigo 1051.º do Código Civil."
(*Acórdão da Relação do Porto*, de 08.04.1986, Colectânea de Jurisprudência, 1986, Tomo II, pág. 200)

CADUCIDADE DE ARRENDAMENTO:

"**I** – O regime de caducidade do arrendamento é o vigente a data do facto que o determine.
II – O regime de caducidade do arrendamento rural vigente é o geral estabelecido no artigo 1051.º do Código Civil.
III – A morte do locador-usufrutuário faz extinguir *ipso iure* o arrendamento e permite desde logo que se obtenha a entrega do prédio pelos meios indicados no artigo 970.º do Código de Processo Civil, sendo irrelevante que o arrendatário desconheça a qualidade de mero usufrutuário do senhorio."
(*Acórdão da Relação de Évora*, de 19.02.1987, Colectânea de Jurisprudência, 1987, Tomo I, pág. 316)

CADUCIDADE DE ARRENDAMENTO:

"**I** – A única via para obviar a caducidade de um contrato de arrendamento celebrado por quem cessou os seus poderes legais de administração é a notificação judicial do senhorio.
II – Para que haja caducidade do contrato celebrado por um administrador é necessário que haja fusão da titularidade com os poderes de administração e não mero termo eventual dos poderes de administração.
III – O facto de o autor marido, na qualidade de cabeça-de-casal de uma herança, ter dado de arrendamento um prédio que em partilhas veio a ser adjudicado a autora sua mulher, não obsta a caducidade desse arrendamento."
(*Acórdão da Relação de Lisboa*, de 06.10.1987, Colectânea de Jurisprudência, 1987, Tomo IV, pág. 141)

CADUCIDADE DE ARRENDAMENTO:
"**I** – Não é relevante a caducidade de arrendamento fundada na qualidade de usufrutuária da senhoria, quando esta se intitulou proprietária no contrato e nunca deu conhecimento ao inquilino daquela outra qualidade.
II – A inscrição no registo da qualidade de usufrutuária não dá ao arrendatário a obrigação de a conhecer."
(*Acórdão da Relação de Lisboa*, de 18.10.1988, Colectânea de Jurisprudência, 1988, Tomo IV, pág. 132)

CADUCIDADE DE ARRENDAMENTO:

"**I** – Só a perda total envolve caducidade do arrendamento.

II – O critério de qualificação da perda como total ou parcial não é físico ou naturalístico, antes dependendo do fim a que a coisa locada se destina.

III – A perda e total quando, em virtude da causa não imputável ao locador, se tornar impossível o uso da coisa para o fim convencionado.

IV – É o caso de um prédio arrendado para habitação que, em virtude de incêndio, ficou em risco de desabar."

(*Acórdão da Relação de Lisboa*, *de 90.11.1989, Colectânea de Jurisprudência, 1989, Tomo V, pág. 103*)

CADUCIDADE DE ARRENDAMENTO:

"I – Não é relevante a caducidade do arrendamento fundada na qualidade de usufrutuária da senhoria se esta se intitulou proprietária no contrato de arrendamento e sempre ocultou aquela qualidade ao arrendatário, não havendo da parte deste qualquer incúria ou negligência quanto ao conhecimento de tal qualidade.

II – Em caso de compropriedade ao inquilino bastara comunicar a um dos comproprietários o desejo de continuar como arrendatário.

III – Tal comunicação terá que ser considerada como válida, eficaz e confirmativa da manifestação de vontade, se o não recebimento se não deve a incúria ou negligência do inquilino, mas antes do senhorio ou do seu representante."

(*Acórdão da Relação de Lisboa*, *de 21.12.1989, Colectânea de Jurisprudência, 1989, Tomo V, pág. 143*)

CADUCIDADE DE ARRENDAMENTO:

"I – Ainda que o senhorio na anterior acção, houvesse reconhecido os réus como arrendatários esse reconhecimento só era valido e eficaz nessa acção, e não no novo processo, onde tal confissão não tem qualquer valor.

II – Quando na anterior acção os réus foram absolvidos da instância por ilegitimidade (litisconsórcio necessário) não podem ser aproveitadas na nova acção nem as provas, nem a decisão ali proferidas.

III – A morte do locatário, como causa de caducidade, opera por si, extingue automaticamente o contrato que, "ipso iure", fica desfeito.

IV – Porque a acção de despejo só pode ser intentada contra o arrendatário, só este, como réu na acção, poderá deduzir em reconvenção o seu direito a benfeitorias ou a indemnização."

(*Acórdão da Relação do Porto*, *de 22.01.1991, Colectânea de Jurisprudência, 1991, Tomo I, pág. 238*)

CADUCIDADE DE ARRENDAMENTO:

"I – O contrato de arrendamento celebrado pelo cabeça-de-casal, na vigência do artigo 1051.º, n.º 2, do Código Civil, não caduca com a partilha, quando se verifique a condição de o inquilino comunicar o desejo de manter a sua posição contratual.

Parte II – Código Civil

II – Não basta, porém, para que a caducidade não ocorra a comunicação de que as rendas foram depositadas à ordem dos herdeiros, no desconhecimento da identidade do cabeça-de-casal, sendo necessário que o inquilino manifeste, por notificação judicial, o desejo de manter o contrato."

(*Acórdão do Supremo Tribunal de Justiça, de 05.02.1991, Boletim do Ministério da Justiça, 404, pág. 391*)

CADUCIDADE DE ARRENDAMENTO:

"A expropriação só extingue o arrendamento na medida em que se não compadeça com a subsistência deste contrato."

(*Acórdão da Relação de Évora, de 07.03.1991, Colectânea de Jurisprudência, 1991, Tomo II, pág. 316*)

CESSAÇÃO DE ARRENDAMENTO:

"É válida a cláusula inserta em contrato de arrendamento fazendo-o cessar quando o utente do local deixar de estar ao serviço da arrendatária."

(*Acórdão da Relação de Lisboa, de 27.06.1991, Colectânea de Jurisprudência, 1991, Tomo III, pág. 172*)

CADUCIDADE DE ARRENDAMENTO:

"**I** – Há perda da coisa locada (artigo 1051.º, n.º 1 alínea *e*) do Código Civil) quando a mesma deixa de satisfazer o fim a que se destina.

II – Esta avaliação reporta-se ao momento da ocorrência do facto destruidor."

(*Acórdão da Relação de Lisboa, de 28.01.1992, Colectânea de Jurisprudência, 1992, Tomo I, pág. 147*)

CADUCIDADE DE ARRENDAMENTO:

"**I** – A caducidade do arrendamento por morte do usufrutuário locador e regida pela lei vigente a data da morte deste.

II – O autor de benfeitorias úteis que pretende indemnização tem que alegar e provar que as mesmas não podem ser levantadas sem detrimento do prédio e que o prédio se acha valorizado como consequência directa e necessária delas."

(*Acórdão da Relação de Lisboa, de 30.01.1992, Colectânea de Jurisprudência, 1992, Tomo I, pág. 150*)

CADUCIDADE DE ARRENDAMENTO:

"Cessa o contrato de arrendamento se o familiar, que vive com o inquilino falecido, não necessitar da subsistência do arrendamento por não carecer de habitação."

(*Acórdão da Relação de Lisboa, de 04.06.1992, Colectânea de Jurisprudência, 1992, Tomo III, 199*)

CC   Art. 1051.º

ARRENDAMENTO; CONTRATO DE TRABALHO; CONTRATO MISTO:

"No caso de contrato misto de trabalho e de arrendamento, em que o elemento dominante é o derivado do contrato de trabalho, não são aplicáveis as normas proteccionistas insertas na legislação sobre arrendamento habitacional, terminando, assim, com o termo da relação laboral, o direito à ocupação com o consequente dever de restituir o prédio."

(*Acórdão da Relação do Porto, de 12.01.1995, Boletim do Ministério da Justiça, 443, pág. 442*)

ACEITAÇÃO DE RENDAS PELO LOCADOR:

"**I** – A aceitação de rendas pelo locador, mormente das que se vencerem depois de esgotado o prazo previsto no n.º 2 do artigo 1051.º do Código Civil, não pode, por si só, levar à conclusão de que aquele renunciou ao direito de oposição que lhe é conferido pelo artigo 1056.º do mesmo Código.

II – A oposição do locador como meio idóneo para impedir a renovação do arrendamento caducado não depende formalmente de processo especial, podendo ser feita por meio de simples carta dirigida ao locatário.

III – Tendo os réus inquilinos continuado no locado sem qualquer oposição dos autores senhorios mesmo depois de esgotado o prazo que lhes era concedido para pedirem a renovação do contrato e tendo estes continuado a receber daqueles as respectivas rendas durante alguns meses após o óbito do usufrutuário do imóvel, a recusa de recebimento das mesmas a partir de certo momento não constitui forma válida de oposição à renovação.

IV – Cabe aos autores senhorios o ónus de prova da matéria quesitada conexa com o direito de oposição que invocam."

(*Acórdão da Relação de Lisboa, de 30.05.1996, Colectânea de Jurisprudência, 1996, Tomo III, pág. 105*)

OMISSÃO DO DEVER DE EFECTUAR OBRAS:

"**I** – O senhorio não pode colher da consciente e propositada omissão do dever de efectuar obras no locado a caducidade do contrato.

II – A perda contemplada na al. *e*) do artigo 1051.º do Código Civil é apenas a perda total.

III – Incorre em responsabilidade civil para com o inquilino e portanto na correlativa obrigação de indemnização, o senhorio que deixa degradar o imóvel locado a ponto de forçar o inquilino à sua desocupação.

IV – Não sendo previsível a reconstituição natural, a indemnização justa será a que habilite o inquilino a usufruir doutra fracção, sem quaisquer custos, incluídos os da mudança, em área próxima da do imóvel locado, a partir da desocupação e durante a realização das obras na fracção locada."

Parte II – Código Civil

(**Acórdão da Relação de Lisboa**, *de 10.10.1996, Colectânea de Jurisprudência, 1996, Tomo IV, pág. 126*)

PERDA DA COISA LOCADA; CADUCIDADE; CONTRATO UNO, COM ACTIVIDADES DIFERENTES:

"**I** – Para que se justifique a caducidade do contrato de arrendamento há necessidade de que ocorra a perda total do locado.

II – Verifica-se a perda total quando os danos sofridos pelo prédio o tornam inapto para proporcionarem a finalidade do arrendamento ainda que mantendo-se o edifício parcialmente de pé.

III – Ocorrendo um contrato uno mas com duas funções, uma comercial e outra industrial, sendo afectada esta última há que ampliar a matéria do facto que fixe tal afectação e medida da mesma."

(**Acórdão do Supremo Tribunal de Justiça**, *de 24.10.1996, Colectânea de Jurisprudência, Acórdãos do Supremo Tribunal de Justiça, 1996, Tomo III, pág. 69*)

RENOVAÇÃO DO CONTRATO:

"**I** – Caducado o contrato de arrendamento de prédio urbano com o termo do contrato de trabalho, permitindo o proprietário que o ex-trabalhador continue a habitar a casa, situação que se verificou por mais de um ano, o contrato de arrendamento renovou-se.

II – Não configura ameaça de lesão do direito de arrendatária da requerente o facto de a requerida a ter informado por carta de que, se não desocupasse a casa, proporia acção para esse efeito.

III – Tendo a requerente receio de que a requerida proceda à demolição da casa arrendada, o meio adequado para acautelar o seu direito seria o uso oportuno do embargo de obra nova."

(**Acórdão da Relação do Porto**, *de 08.04.1997, Colectânea de Jurisprudência, 1997, Tomo II, pág. 207*)

DIREITO A NOVO ARRENDAMENTO:

"No caso de caducidade do arrendamento por terem cessado os poderes legais de administração com base nos quais o contrato foi celebrado, apenas o arrendatário habitacional – e não os arrendatários comerciais, industriais ou de profissões liberais – tem direito à celebração de novo arrendamento."

(**Acórdão da Relação do Porto**, *de 15.04.1997, Boletim do Ministério da Justiça, 466, pág. 585*)

PERDA DA COISA LOCADA:

"**I** – A alínea *e*) do artigo 1051.º do Código Civil versa directamente sobre o conteúdo da relação jurídica locatícia, isto é, abstrai do seu núcleo fáctico constitutivo.

CC   Art. 1051.º

II – A 'perda da coisa locada' referida naquele preceito é a perda total.

III – No caso de perda parcial da coisa locada, o locatário tem o direito de impor ao locador a redução da renda proporcionalmente ao tempo da privação ou diminuição do gozo da coisa e à extensão desta, sem prejuízo de poder resolver o contrato.

IV – Haverá perda total da coisa arrendada para o fim previsto no citado preceito quando o evento, não imputável ao senhorio, impossibilitar objectivamente o seu uso pelo arrendatário para o fim convencional.

V – Ocorre, por seu turno, perda parcial da coisa arrendada quando, não obstante o grau de destruição em causa, o arrendatário possa usufruir, no todo ou em parte, do seu gozo para o fim acordado.

VI – Se um incêndio destruiu um terço do prédio arrendado, destruição esta circunscrita ao abatimento do telhado, tendo o arrendatário, uma vez limpo o entulho da área ardida, passado logo a utilizá-la tal como a área não ardida, para os fins previstos no contrato de arrendamento, estamos perante uma perda apenas meramente parcial do prédio locado.

VII – Consequentemente, o dito incêndio não provocou a caducidade do arrendamento."

(**Acórdão da Relação de Lisboa**, de 12.06.1997, Colectânea de Jurisprudência, 1997, Tomo III, pág. 104)

ARRENDAMENTO DE IMÓVEL PERTENCENTE A HERANÇA INDIVISA; CADUCIDADE DO ARRENDAMENTO COM A CELEBRAÇÃO DA ESCRITURA PÚBLICA DE PARTILHAS:

"**I** – A herança indivisa não configura um acto de compropriedade, mas sim de comunhão, pelo que se o cônjuge sobrevivo der de arrendamento um prédio pertencente à herança indivisa, tal contrato caducará, nos termos do artigo 1051.º, alínea c), do Código Civil, com o termo dos seus poderes, por morte ou partilhas.

II – O arrendamento só não caducaria se fosse celebrado pelo colectivo dos herdeiros ou se o locado fosse adjudicado, na partilha, à cabeça-de-casal que o arrendou ou à herdeira que serviu de intermediária.

III – Consistindo a caducidade na extinção automática do contrato, como mera consequência da sua realização no âmbito de poderes de administração que se extinguiram, considera-se caducado o contrato de arrendamento feito pela cabeça-de-casal, logo que efectuada a partilha da herança."

(**Acórdão da Relação de Évora**, de 17.09.1998, Boletim do Ministério da Justiça, 479, pág. 731)

PERDA DA COISA LOCADA:

"**I** – A demolição do prédio arrendado, por autorização ou determinação camarária, importa a caducidade do arrendamento, por perda total da coisa arrendada.

Parte II – Código Civil

II – O § 3.º do artigo 168.º do Regulamento Geral das Edificações Urbanas apenas garante aos inquilinos o direito à reocupação dos prédios no caso de obras de reparação ou beneficiação e não já em caso de demolição."

(**Acórdão da Relação de Coimbra**, *de 18.05.1999, Colectânea de Jurisprudência, 1999, Tomo III, pág. 20*)

CONTRATO CELEBRADO PELO USUFRUTUÁRIO; DIREITO A NOVO ARRENDAMENTO HABITACIONAL; PRAZO:

"**I** – O contrato de arrendamento celebrado pelo usufrutuário caduca com a morte deste, mas, tratando-se de arrendamento habitacional, o inquilino pode exercer o direito a novo arrendamento.

II – O prazo para o inquilino exercer esse direito só começa a correr a partir do momento em que toma conhecimento de que o senhorio celebrou o contrato, não como proprietário, mas como usufrutuário."

(**Acórdão da Relação do Porto**, *de 09.12.1999, Boletim do Ministério da Justiça, 492, pág. 484*)

PERDA DA COISA LOCADA; DEMOLIÇÃO DO LOCADO:

"**I** – A perda parcial da coisa locada resultante de incêndio não justifica a extinção do arrendamento, nos termos do artigo 1055.º, alínea *e*) do Código Civil, se o locatário mantiver o interesse no contrato.

II – A simples ordem de demolição do prédio não faz desaparecer do comércio jurídico a coisa locada, não podendo, enquanto não se concretizar, servir de fundamento de caducidade."

(**Acórdão da Relação do Porto**, *de 17.12.1999, Boletim do Ministério da Justiça, 492, pág. 485*)

CONTRATO DE ARRENDAMENTO; CADUCIDADE DO CONTRATO DE ARRENDAMENTO; ABUSO DO DIREITO:

"**I** – Assumindo as proprietárias de prédio arrendado, a qualidade de senhorias no contrato de arrendamento outorgado pelo usufrutuário de metade do prédio, não conduz à caducidade do contrato, a morte do usufrutuário.

II – Após mais de 25 anos de contemporização, constitui manifesto abuso de direito à luz do pensamento normativo que domina o disposto no artigo 334.º do Código Civil, pugnar pela caducidade do arrendamento celebrado em 22 de Setembro de 1969, pelo usufrutuário de apenas metade do prédio."

(**Acórdão Supremo Tribunal de Justiça**, *de 14.11.2000, Colectânea de Jurisprudência, Acórdãos do Supremo Tribunal de Justiça, 2000, Tomo III, pág. 121*)

CADUCIDADE POR DESTRUIÇÃO DO ARRENDADO; INDEMNIZAÇÃO:

"**I** – O contrato de arrendamento extingue-se, automaticamente, por caducidade, como mera consequência de evento a que a lei atribui esse efeito, designadamente por perda do arrendado.

II – A sentença que a declara é declarativa.

III – Na vigência do contrato, cabe ao senhorio realizar obras de conservação mas, extinto ele por caducidade por perda do arrendado, já não lhes cabe reconstruí-lo.

IV – Tendo-se verificado perda do arrendado por culpa do locador, designadamente não realização de obras de conservação necessárias, o arrendatário tem direito a indemnização.

V – Quando se mostre impossível averiguar o valor exacto dos danos a indemnizar, deve o Tribunal socorrer-se da equidade e não condenar em valor a liquidar em execução de sentença."

(***Acórdão da Relação de Évora***, *de 18.01.2001, Colectânea de Jurisprudência, 2001, Tomo I, pág. 259*)

ARRENDAMENTO CELEBRADO POR USUFRUTUÁRIO; CADUCIDADE POR MORTE DO SENHORIO; OPOSIÇÃO À RENOVAÇÃO; INDEMNIZAÇÃO:

"**I** – Um contrato de arrendamento, celebrado pelo usufrutuário de um prédio, como senhorio, caduca pela morte deste.

II – Tratando-se de arrendamento para habitação e ocorrendo a referida caducidade, o arrendatário tem direito a um novo arrendamento, que deverá exercer mediante comunicação escrita, nos 30 dias subsequentes à caducidade do contrato anterior, sob pena de caducidade daquele direito.

III – Se, não obstante a caducidade do arrendamento, o locatário se mantiver no gozo da coisa pelo prazo de um ano, sem oposição do locador, o contrato considera-se renovado.

IV – Enquanto este período não se mostrar decorrido, o senhorio não está limitado por qualquer posição anterior de não oposição, podendo sempre tomar iniciativas conducentes à desocupação do locado.

V – É perfeitamente admissível que, disposto em dado momento, a anuir à renovação de um contrato caduco, o senhorio venha a resolver coisa diversa, desde que ainda não tenha decorrido o prazo de um ano a que alude o artigo 1056.º do Código Civil.

VI – Após a caducidade do contrato, o inquilino fica obrigado a indemnizar o senhorio pela não restituição do locado, sendo essa indemnização igual ao montante da renda ou ao seu dobro, consoante haja ou não mora do locatário, quanto a essa restituição."

Parte II – Código Civil

(*Acórdão do Supremo Tribunal de Justiça*, de 22.05.2001, Colectânea de Jurisprudência, Acórdãos do Supremo Tribunal de Justiça, 2001, Tomo II, págs. 96 e seg.)

CADUCIDADE:

"**I** – A oposição a que alude o artigo 1056.º não conforma o estabelecimento de um prazo de caducidade para a propositura da acção de despejo para fazer valer os efeitos de extinção do contrato pela causa de caducidade prevista no artigo 1051.º.

II – Trata-se, sim, da prática de um acto obstativo da renovação do contrato caducado *ope legis*.

III – Uma coisa é a oposição do senhorio, outra é a acção de despejo fundada na caducidade, com a qual nada tem que ver o prazo de um ano referido no artigo 1056.º.

IV – Esta acção pode ser proposta posteriormente, sendo seu pressuposto, isso sim e necessariamente, que a oposição ao gozo do inquilino tenha tido lugar dentro do ano.

V – Esta oposição pode ser manifestada por qualquer meio.

VI – Quando se opte apenas e directamente pelo meio de oposição consistente na propositura de acção de despejo, para que seja eficaz, é ainda necessário que a citação do inquilino tenha lugar dentro do período de tempo de cujo decurso a lei extrai a presunção do acordo de renovação."

(*Acórdão da Relação do Porto*, de 10.03.2003, Colectânea de Jurisprudência, 2003, Tomo II, pág. 163)

CADUCIDADE; FIM DOS PODERES DE ADMINISTRAÇÃO:

"**I** – Com a efectivação da partilha caduca o contrato de arrendamento celebrado pelo cabeça de casal.

II – Adjudicado a um dos interessados o usufruto sobre o prédio anteriormente arrendado e mantendo-se o arrendatário na sua fruição por período superior a um ano, considera-se renovado o contrato pelo período correspondente ao da duração do usufruto.

III – Com o óbito do usufrutuário caduca o contrato de arrendamento anteriormente renovado."

(*Acórdão da Relação de Évora*, de 03.06.2003, Colectânea de Jurisprudência, 2003, Tomo III, págs. 251 e seg.)

PERDA DA COISA LOCADA:

"**I** – Só a perda total da coisa locada conduz à caducidade do contrato de arrendamento.

$$CC \qquad Art. \ 1051.^o$$

II – A distinção entre as situações de perda total e de perda parcial não pode ser feita através de um critério naturalístico, de um critério físico.

III – A perda é total quando, em virtude de causa não imputável ao locador, o arrendado se tornar impossível para o fim acordado; será parcial quando o locatário puder ainda gozar, total ou parcialmente, a coisa arrendada para o fim a que se destinava contratualmente.

IV – Neste caso, a caducidade opera *ope legis*, pelo que, mesmo que o senhorio continue a receber as rendas, não pode concluir-se que actua com abuso do direito, ao invocar mais tarde a caducidade, por ter criado no inquilino a convicção de que não exerceria esse direito, tal como não se pode concluir pela renovação do contrato.

V – Tendo caducado o contrato, recusando o inquilino a entrega do local, deve pagar ao locador, a título de indemnização, quantia correspondente ao dobro do valor da renda.

VI – A indemnização, nos termos do artigo 1045.º do Código Civil, não exclui a responsabilidade civil por outros danos, nos termos gerais.

VII – O senhorio não tem a obrigação de reconstruir o prédio arrendado que foi destruído por um incêndio casual.

VIII – Do disposto no artigo 1044.º do Código Civil decorre a presunção de culpa por parte do locatário na perda ou deterioração da coisa locada, pelo que, não tendo o locatário ilidido tal presunção, deve ressarcir o locador dos danos causados pelo incêndio, não cobertos integralmente por contrato de seguro."

(***Acórdão da Relação de Lisboa***, *de 21.10.2003, Colectânea de Jurisprudência, 2003, Tomo IV, pág. 111*)

CADUCIDADE DO ARRENDAMENTO; OPONIBILIDADE DO ARRENDAMENTO À EXECUÇÃO:

"**I** – A enunciação dos casos de caducidade do contrato de locação feita no artigo 1051.º do Código Civil é taxativa.

II – A expressão 'sem prejuízo do disposto quanto aos regimes especiais', usada no artigo 66.º, n.º 1, do RAU, não significa que haja casos de caducidade do arrendamento para além dos do artigo 1051.º do Código Civil, mas que, apesar de concretizada uma dessas causas, o arrendamento não caduca se houver um regime especial que a isso obste.

III – Casos de regime especial são os dos artigos 1052.º do Código Civil, 83.º, 84.º, 85.º, 112.º, 113.º e 117.º do RAU.

IV – O disposto no artigo 824.º, n.º 2 do Código Civil, sobre a transmissão dos bens na venda em execução, não pode aplicar-se directamente ao arrendamento, porque não previsto na sua letra; e não pode aplicar-se-lhe por analogia, por o não recomendar o regime fortemente vinculístico da específica legislação que regula este instituto, designadamente no que toca à estabilidade da posição do arrendatário.

Parte II – Código Civil

V – A hipoteca não gera, por si só, qualquer indisponibilidade para onerar ou dar de arrendamento os bens hipotecados; o que gera indisponibilidade (para dispor ou dar de arrendamento) é a penhora.

VI – A inoponibilidade do arrendamento à execução só existe se ele foi constituído depois da penhora e não quando foi constituído depois da hipoteca mas antes da penhora."

(*Acórdão do Supremo Tribunal de Justiça, de 20.09.2005, Colectânea de Jurisprudência, Acórdãos do Supremo Tribunal de Justiça, 2005, Tomo III, pág. 29*)

CADUCIDADE DO ARRENDAMENTO; RESTITUIÇÃO DO LOCADO; DANOS POR FALTA DE ENTREGA:

"**I** – A caducidade resulta do próprio evento que a determina e, consistindo ela na morte do arrendatário a que não sobrevive pessoa para a qual o contrato se transmite.

II – Recusando-se o réu, como herdeiro, a restituir o locado ao proprietário, constitui-se no dever de indemnizar por facto ilícito e pelo valor correspondente aos danos sofridos.

III – A restituição do locado só tem lugar decorridos três meses sobre a caducidade, podendo o autor reclamar a entrega, decorrido esse período, e, havendo mora, a indemnização é elevada para o dobro se for equivalente à renda até aí paga."

(*Acórdão da Relação de Coimbra, de 06.12.2005, Colectânea de Jurisprudência, 2005, Tomo V, pág. 34*)

CADUCIDADE DE ARRENDAMENTO POSTERIOR À CONSTITUIÇÃO DO REGISTO DA HIPOTECA

"**I** – A venda judicial em processo executivo dum imóvel hipotecado faz caducar o arrendamento celebrado posteriormente à constituição do registo de hipoteca nos termos do art. 824.º-2 do CC.

II – O dono do imóvel arrendado apenas tem direito ao recebimento das respectivas rendas depositadas actualizadas e de acordo com as actualizações anuais à taxa fixada legalmente para o regime de rendas livres e aos juros de mora à taxa legal desde a citação até integral pagamento e não também a uma indemnização pelos danos causados pela ocupação nomeadamente num caso em que a questão jurídica subjacente aos factos não se apresenta linear tudo dependendo da interpretação jurídica que se defenda."

(*Acórdão da Relação de Lisboa, de 28.09.2006, Colectânea de Jurisprudência, 2006, Tomo IV, pág. 63*)

ANOTAÇÕES:

1. PODERES LEGAIS DE ADMINISTRAÇÃO:

"Quando a lei se refere aos poderes legais de administração com base nos quais o contrato foi celebrado não subjectiva esses poderes. Isto para dizer que o regime de caducidade só opera quando a situação de administração cessa e não quando, por qualquer razão, finda o exercício daquele que, em concreto e no uso desses poderes, celebrou o contrato. Assim, dado de arrendamento o prédio por quem exercia as funções de cabeça-de-casal, o arrendamento só caducará, nos termos da citada alínea e) do artigo 1051.º, n.º 1, quando os herdeiros partilharem a herança (ou seja, quando cessar, em geral, o regime de administração a que o prédio estava sujeito) e não quando aquele cabeça-de-casal (em concreto) cessou ou foi afastado do exercício do cargo (ou porque morreu ou foi removido...)."

(in Acórdão da Relação de Évora, de 03.06.2003, Colectânea de Jurisprudência, 2003, Tomo III, pág. 254)

2. *MODUS OPERANDI* DA CADUCIDADE:

"Nos casos previstos nas suas alíneas *d*), *e*) e *f*) [do artigo 1051.º], a caducidade opera *ope legis* (*ipso iuris*), ou seja, sem necessidade de qualquer manifestação de vontade, privada ou jurisdicional, tendente a extingui-la. É que a caducidade é a extinção automática do contrato, como mera consequência de algum evento a que a lei atribui esse efeito.

Nos restantes casos referidos na lei (excepto por morte do inquilino, como é óbvio, ou extinção do locatário, salvo convenção em contrário) se, não obstante a caducidade, o locatário se mantiver no gozo da coisa locada pelo lapso de um ano, sem oposição do locador, o contrato considera-se renovado nas condições previstas nas condições previstas no artigo 1054.º. É que, nestes casos, o efeito extintivo só opera *ope iudicis*. Quer dizer que a cessação do contrato não resulta do próprio evento que a determina, sendo necessário que o senhorio obtenha a respectiva declaração judicial (e daí a possibilidade da renovação destes contratos se o locatário se mantiver no gozo da coisa pelo lapso de um ano, sem oposição do locador, ao contrário do que acontece com os casos em que a caducidade opera *ipso iure* (em que não há necessidade de declaração judicial nesse sentido.

Para que se verifique esta renovação torna-se, pois, necessário que:

a) o locatário se mantenha no gozo da coisa locada, após a caducidade do arrendamento, pelo prazo de um ano;

b) Sem oposição do locador."

(in Acórdão da Relação de Lisboa, de 21.10.2003, Colectânea de Jurisprudência, 2003, Tomo IV, pág. 112)

Parte II – Código Civil

3. EXPROPRIAÇÃO POR UTILIDADE PÚBLICA:

Sobre a evolução legislativa, cfr. *Pires de Lima –Antunes Varela, Código Civil Anotado, vol. II, 1997, pág. 391.*

4. IDEM:

"A expropriação por utilidade pública de imóvel determina de igual modo a caducidade do contrato de arrendamento comercial (art. 1051.º, al. *f*), parte final CC, NRAU, na esteira da remissão do revogado art. 67.º, parte inicial RAU para esse normativo).

Esta regra sofre, porém, um desvio quando naturalmente a expropriação se compadece com a subsistência do contrato (art. 1051.º, n.º 1, al. *f*), *in fine* CC).

Extinto o contrato, a entidade expropriante está obrigada a indemnizar o arrendatário, sendo a posição deste considerada para esse efeito como um encargo autónomo (art. 30.º, n.º 1 do Código das Expropriações).

O valor dessa indemnização é calculado nos termos do CE, aprovado pela Lei 168/99, de 18 de Setembro.

Relevam, no quadro do art. 30.º, n.º 3 CE, as despesas relativas à nova instalação (aqui se integrando os diferenciais de renda a pagar pelo arrendatário), assim como os prejuízos resultantes do período de paralisação da actividade necessário para efectuar a transferência do imóvel. Neste âmbito, contabilizam-se, por exemplo, os salários pagos, os encargos relativos à Segurança Social que a entidade empregadora continue a suportar. O cálculo desse montante é efectuado nos termos gerais do direito."

(Fernando de Gravato Morais, Novo Regime do Arrendamento Comercial, Coimbra, 2006, pág. 139)

5. CONFUSÃO ENTRE SENHORIO E ARRENDATÁRIO:

"Outra causa de caducidade do arrendamento parece ser a confusão (arts. 868.º e ss.), ou seja, a reunião na mesma pessoa das qualidades de senhorio e arrendatário.

Essa situação pode ocorrer, em primeiro lugar, sempre que o arrendatário adquira o imóvel, dado que nos termos do art. 1057.º essa aquisição lhe transmite necessariamente a posição de senhorio. A lei permite aliás ao arrendatário a aquisição do imóvel arrendado por via do direito de preferência que lhe é reconhecido no caso de venda ou dação em cumprimento de imóvel arrendado há mais de três anos (art. 1091.º, n.º 1, *a*)). E ainda, no âmbito do regime transitório, quando o locado tenha adquirido a classificação de mau ou péssimo e o senhorio não realize no prazo de seis meses as obras que foi intimado (arts. 35.º e ss. RJOPA).

Outra situação de confusão pode verificar-se no caso de o senhorio adquirir a posição de arrendatário, o que pode ocorrer no caso de trespasse por venda ou dação em cumprimento do estabelecimento comercial instalado em prédio arrendado,

$$CC \qquad\qquad Art.\ 1051.^o$$

em que o senhorio exerça o direito de preferência, que lhe é reconhecido a título supletivo no art. 1112.º, n.º 4, dado que o trespasse implica a aquisição pelo trespassário da condição de arrendatário (art. 1112.º, n.º 1, *a*))."

(*Luís Manuel Teles de Menezes Leitão, Arrendamento Urbano, 2ª edição, Coimbra, 2006, págs. 103 e seg.*)

6. INDEMNIZAÇÃO AO ARRENDATÁRIO:

"A caducidade do arrendamento urbano não atribui presentemente ao arrendatário direito a qualquer indemnização, nem sequer em caso de expropriação por utilidade pública (art. 1051.º, *f*)) ao contrário do que se previa anteriormente no art. 67.º, n.º 1 do RAU e se continua a prever para o arrendamento rural e florestal nos arts. 25.º, n.º 2 do RAR e 20.º, n.º 2 do RAF. Assim, se por exemplo o senhorio recebeu uma indemnização em consequência da perda da coisa locada (art. 1051.º, *e*)), como na hipótese de ter efectuado o seu seguro, não tem que atribuir qualquer parte dessa indemnização ao arrendatário. Apenas no caso de o senhorio ter culpa na verificação da caducidade (como na hipótese de ter sido ele a causar por negligência a destruição da coisa locada) é que o senhorio se verá constituído no dever de indemnizar o arrendatário pelos danos que lhe causou."

(*Luís Manuel Teles de Menezes Leitão, Arrendamento Urbano, 2ª edição, Coimbra, 2006, págs. 105 e seg.*)

NOTAS PESSOAIS:

ARTIGO 1052.º
Excepções

O contrato de locação não caduca:
a) Se for celebrado pelo usufrutuário e a propriedade se consolidar na sua mão;
b) Se o usufrutuário alienar o seu direito ou renunciar a ele, pois nestes casos o contrato só caduca pelo termo normal do usufruto;
c) Se for celebrado pelo cônjuge administrador.

HISTÓRICO:

Redacção do Decreto-Lei n.º 496/77, de 25 de Novembro.

REMISSÕES:

Direito de propriedade – arts. 1302.º e segs. CC; direito de usufruto – arts. 1439.º e segs. CC; trespasse do usufruto – art. 1444.º CC; renúncia do usufruto – art. 1476.º, n.º 1, al. *e*) e n.º 2 CC; administração dos bens do casal – art. 1678.º CC.

JURISPRUDÊNCIA:

LOCAÇÃO DE PRÉDIO INDIVISO POR UM DOS USUFRUTUÁRIOS:

"**I** – É mais correcta a tese de que o arrendamento de prédio indiviso, feito por um usufrutuário sem manifestação do assentimento anterior ou posterior dos demais, é ineficaz *stricto sensu* quanto aos não outorgantes.

II – Se, porém, usufrutuários não outorgantes, ao longo de 20 anos, nenhuma oposição deduziram ao contrato de arrendamento, bem pode dizer-se que lhe deram tácito assentimento, confirmando, assim, tacitamente o contrato.

III – Constituído o prédio em propriedade horizontal e cabendo ao A., em propriedade plena, o andar arrendado, por renúncia ao usufruto daqueles usufrutuá-

Parte II – Código Civil

rios não outorgantes – e já era comproprietário da raiz do prédio desde 1975 – age ele com abuso do direito ao pretender, em acção proposta em 1995, a declaração da 'nulidade' do contrato de arrendamento, que foi celebrado em 1975."

(**Acórdão do Supremo Tribunal de Justiça**, *de 11.10.2001, Colectânea de Jurisprudência, Acórdãos do Supremo Tribunal de Justiça, 2001, Tomo III, págs. 75 e seg.*)

CADUCIDADE DO ARRENDAMENTO; OPONIBILIDADE DO ARRENDAMENTO À EXECUÇÃO:

"**I** – A enunciação dos casos de caducidade do contrato de locação feita no artigo 1051.º do Código Civil é taxativa.

II – A expressão 'sem prejuízo do disposto quanto aos regimes especiais', usada no artigo 66.º, n.º 1, do RAU, não significa que haja casos de caducidade do arrendamento para além dos do artigo 1051.º do Código Civil, mas que, apesar de concretizada uma dessas causas, o arrendamento não caduca se houver um regime especial que a isso obste.

III – Casos de regime especial são os dos artigos 1052.º do Código Civil, 83.º, 84.º, 85.º, 112.º, 113.º e 117.º do RAU.

IV – O disposto no artigo 824.º, n.º 2 do Código Civil, sobre a transmissão dos bens na venda em execução, não pode aplicar-se directamente ao arrendamento, porque não previsto na sua letra; e não pode aplicar-se-lhe por analogia, por o não recomendar o regime fortemente vinculístico da específica legislação que regula este instituto, designadamente no que toca à estabilidade da posição do arrendatário.

V – A hipoteca não gera, por si só, qualquer indisponibilidade para onerar ou dar de arrendamento os bens hipotecados; o que gera indisponibilidade (para dispor ou dar de arrendamento) é a penhora.

VI – A inoponibilidade do arrendamento à execução só existe se ele foi constituído depois da penhora e não quando foi constituído depois da hipoteca mas antes da penhora."

(**Acórdão do Supremo Tribunal de Justiça**, *de 20.09.2005, Colectânea de Jurisprudência, Acórdãos do Supremo Tribunal de Justiça, 2005, Tomo III, pág. 29*)

ANOTAÇÕES:

1. ALÍNEA A):

"Há certa analogia entre a primeira excepção [a da al. *a*)] e a convalidação da venda de coisa alheia prevista no artigo 895.º. Ambas obedecem à mesma ideia geral. Deve mesmo generalizar-se, como regra, ao contrato de locação, o princípio contido neste artigo 895.º, não sob a forma de convalidação (a não ser no caso do n.º 2 do artigo 1024.º), mas sob a forma de atribuição ao acto de efeitos mais enérgicos, subtraindo-o ao regime da caducidade pela cessação dos poderes de administração

CC	*Art. 1052.º*

do locador. Não é preciso, para tanto, invocar o argumento da analogia com o caso do usufruto previsto na alínea *a*) do artigo 1052.º; bastará o disposto no artigo 939.º. Assim, se o cabeça-de-casal vier a adquirir pela partilha a coisa locada, se o pai ou o tutor vierem a adquirir do filho ou pupilo os bens que arrendaram, não deve considerar-se caduco o contrato pela cessação dos seus poderes."

(Pires de Lima – Antunes Varela, Código Civil Anotado, vol. II, 1997, pág. 395)

2. ALÍNEA B):

"Pela segunda excepção pretende-se evitar que a caducidade fique, injustificadamente, na dependência exclusiva da vontade do usufrutuário-locador. Estatuindo para esses casos a caducidade do contrato apenas com o termo normal do usufruto, a lei respeita as expectativas do locatário até onde parece justo e criterioso ressalvá-las."

(Pires de Lima – Antunes Varela, Código Civil Anotado, vol. II, 1997, pág. 395)

3. ALÍNEA C):

"A terceira excepção respeita aos contratos celebrados pelo cônjuge administrador. Embora este não seja o proprietário da coisa, os contratos não caducam pela cessação dos seus poderes de administração, quer se trate do marido ou da mulher, quer os negócios tenham por objecto bens próprios ou bens comuns."

(Pires de Lima – Antunes Varela, Código Civil Anotado, vol. II, 1997, pág. 395)

4. BENS PRÓPRIOS DO OUTRO CÔNJUGE:

"É evidente que a lei quis com o disposto na alínea *c*) cobrir os casos em que o administrador dê de locação bens próprios do outro cônjuge. Porque quando arrende bens próprios dele, administrador, ou bens comuns não se põe o problema, porque aí as funções administrativas coincidem com a propriedade ou compropriedade.

Muito menos haverá questão no actual regime da separação em que cada cônjuge dará de renda não por ser administrador, mas por ser proprietário."

(A. Lopes Cardoso, Administração dos Bens do Casal, pág. 128)

NOTAS PESSOAIS:

ARTIGO 1053.º
Despejo do prédio

Em qualquer dos casos de caducidade previstos nas alíneas *b*) e seguintes do artigo 1051.º, a restituição do prédio, tratando-se de arrendamento, só pode ser exigida passados seis meses sobre a verificação do facto que determina a caducidade ou, sendo o arrendamento rural, no fim do ano agrícola em curso no termo do referido prazo.

HISTÓRICO:

O corpo do artigo é redacção do n.º 2 do artigo 2.º da Lei n.º 6/2006, de 27 de Fevereiro (NRAU).

Redacção anterior:

Artigo 1053.º (Despejo do prédio)
Em qualquer dos casos de caducidade previstos nas alíneas *b*) e seguintes do artigo 1051.º, a restituição do prédio, tratando-se de arrendamento, só pode ser exigida passados três meses sobre a verificação do facto que determina a caducidade ou, sendo o arrendamento rural, no fim do ano agrícola em curso no termo do referido prazo.

REMISSÕES:

Regime dos prazos – arts. 296.º e segs. CC; arrendamento rural – Dec.-Lei n.º 385/88, de 25.10.

LEGISLAÇÃO COMPLEMENTAR:

ARRENDAMENTO RURAL
– DECRETO-LEI N.º 385/88, DE 25 DE OUTUBRO

O texto integral vai reproduzido *infra*, Parte IV, Anexo I.

Parte II – Código Civil

JURISPRUDÊNCIA:

RESTITUIÇÃO DO LOCADO; MORA:

"**I** – Não é necessária a intervenção de todos os comproprietários do locado para assegurar a legitimidade activa na acção em que se peça o despejo.

II – A caducidade do contrato de locação extingue-o automaticamente, com eficácia *ex nunc*, independentemente de qualquer manifestação de vontade nesse sentido.

III – O disposto no artigo 1053.º do Código Civil não retarda a extinção do contrato, mas sim o momento a partir do qual o locatário pode ser constituído em mora quanto à obrigação de restituir o locado.

IV – Da manutenção do locatário no gozo da coisa pelo lapso de um ano depois de extinto o contrato por caducidade, sem oposição do locador, a lei infere no artigo 1056.º do Código Civil um acordo restaurador da relação contratual, com eficácia retroactiva.

V – Constitui oposição do locador a exteriorização por qualquer meio de uma vontade séria, não necessariamente receptícia, que exclua com segurança a probabilidade desse acordo."

(***Acórdão da Relação de Évora***, *de 19.04.1990, Boletim do Ministério da Justiça, 396, pág. 453*)

MORTE DA TRANSMISSÁRIA:

"**I** – A morte da transmissária (viúva do primitivo arrendatário) ocorreu aos 10 de Novembro de 1986 e daí que, aos 11 de Fevereiro de 1987, já o autor pudesse reclamar a restituição do arrendado, tendo alertado a ré para o estatuído no artigo 1053.º do Código Civil, atempadamente, e impetrou que as chaves lhe fossem entregues até 9 de Fevereiro de 1987.

II – A restituição do arrendado, no caso de extinção por caducidade ao vínculo jurídico, é exigível e devida, passados três [actualmente, seis] meses sobre a verificação do facto que determinar a caducidade."

(***Acórdão da Relação de Lisboa***, *de 26.06.1990, Boletim do Ministério da Justiça, 398, pág. 566*)

ANOTAÇÕES:

1. APLICAÇÃO DO PRECEITO:

"Esta disposição é aplicável apenas ao arrendamento, e não ao aluguer, como resulta do próprio texto do artigo. O preceito tem em vista evitar os prejuízos que poderiam advir para o arrendatário, se fosse obrigado a fazer a entrega imediata e inesperada do prédio. Por isso, a disposição não é aplicável no caso previsto na alínea *a*) do artigo 1051.º Havendo prazo estipulado ou estabelecido por lei, é conhecido com antecedência o momento da caducidade do contrato."

(*Pires de Lima – Antunes Varela, Código Civil Anotado, vol. II, 1997, pág. 396*)

2. PRINCÍPIOS CONTIDOS NO PRECEITO:

"Estabelecem-se no artigo dois princípios: um, de carácter geral; outro, de natureza especial, para o arrendamento rural. Em qualquer dos casos, nunca o locatário pode ser compelido a entregar a coisa sem que decorram três meses sobre a verificação do facto que determinou a caducidade. Tratando-se, porém, de arrendamento rural, a entrega só é obrigatória findo o ano agrícola em curso no termo do referido prazo de três meses. Se, por exemplo, o contrato caducar dois meses antes do termo do ano agrícola, o arrendatário tem direito a completar esse ano e a mais um ano por inteiro, visto os três meses se completarem já no decurso do ano seguinte."

(*Pires de Lima – Antunes Varela, Código Civil Anotado, vol. II, 1997, págs. 396 e seg.*)

3. CADUCIDADE DE ARRENDAMENTO:

"**I** – O prazo de 180 dias, que o n.º 2 do artigo 1051.º do Código Civil concede ao arrendatário para se opor à caducidade do vínculo contratual, na hipótese do cessação do direito com base no qual o contrato foi celebrado, conta-se do conhecimento, por aquele, da extinção do direito do usufruto que serviu de base a celebração do contrato.

II – O usufruto extingue-se com a morte do respectivo titular.

III – No caso de existirem vários co-usufrutuários, só a morte do último acarreta, em princípio, a extinção do usufruto.

IV – O conhecimento da extinção do direito de usufruto implica o conhecimento da qualidade de usufrutuário do senhorio e o conhecimento da sua morte.

V – Constitui meio idóneo para o arrendatário se opor à extinção do arrendamento a declaração, no próprio processo, da intenção de fazer subsistir a relação locatário."

(*Parecer dos Drs. Raul Guichard Alves e Agostinho Cardoso Guedes, Colectânea de Jurisprudência, 1991, Tomo IV, pág. 81*)

4. ALTERAÇÃO AO PRECEITO:

A alteração introduzida na redacção do preceito traduziu-se, simplesmente, na ampliação do prazo para a desocupação do imóvel, que passou de três meses para seis meses, o que justifica com vista a permitir ao locatário proceder à sua entrega de forma menos apressada, permitindo-lhe retirar do seu interior os seus objectos pessoais e colocando-os noutro local, o que nem sempre poderá ser solucionável em curto período.

Parte II – Código Civil

NOTAS PESSOAIS:

ARTIGO 1054.º
Renovação do contrato

1. Findo o prazo do arrendamento, o contrato renova-se por períodos sucessivos, se nenhuma das partes se tiver oposto à renovação no tempo e pela forma convencionados ou designados na lei.

2. O prazo da renovação é igual ao do contrato; mas é apenas de um ano, se o prazo do contrato for mais longo.

HISTÓRICO:

O n.º 1 é redacção do n.º 2 do artigo 2.º da Lei n.º 6/2006, de 27 de Fevereiro (NRAU).

Redacção anterior:

Artigo 1054.º (Renovação do contrato)
1. Findo o prazo do arrendamento, o contrato renova-se por períodos sucessivos, se nenhuma das partes o tiver denunciado no tempo e pela forma convencionados ou designados na lei.

O n.º 2 mantém a redacção do Decreto-Lei n.º 47 344, de 25 de Novembro de 1966.

JURISPRUDÊNCIA:

CESSÃO DE ARRENDAMENTO:

"**I** – Ao contrário do que possa pensar-se após uma leitura apressada da segunda parte do n.º 1 do artigo 59.º da Lei n.º 2030, o reconhecimento "a posteriori" do cessionário como verdadeiro inquilino não pode funcionar como mero substitutivo da notificação a que se refere a sua primeira parte, antes a transcende no sentido de uma real consolidação da cessão realizada.

Parte II – Código Civil

II – O artigo 1049.º do Código Civil traduz a consagração do princípio de que o reconhecimento do cessionário como inquilino implica a consolidação da cessão (ou cedência do locado), mesmo que esta não haja sido previamente autorizada.

III – Provado que a ré, que sempre viveu ininterruptamente no locado, após o falecimento da sua mãe, aí tem permanecido, tendo o autor proposto que ela saísse da casa mediante indemnização e continuando a receber dela o pagamento das rendas, e de considerar que ela se constituiu na qualidade de arrendatária (se ela já o não fosse por haver sucedido a sua mãe) face aos preceitos combinados do artigo 1022.º e artigo 1023.º do Código Civil e ao dispositivo do artigo 1.º do Decreto-Lei n.º 188/1976, de 12 de Março, que reputa imputável ao locador a falta de contrato escrito, cuja nulidade só é invocável pelo locatário."

(**Acórdão do Supremo Tribunal de Justiça**, de 05.12.1985, Boletim do Ministério da Justiça, 352, pág. 299)

CADUCIDADE DE ARRENDAMENTO:

"**I** – O pagamento de rendas durante três meses após a verificação do facto determinante da caducidade do arrendamento não é, *de per si*, um facto concludente no sentido de ter sido celebrado um novo contrato de arrendamento entre a mulher que viveu com o falecido inquilino e o proprietário.

II – Um tal facto pode bem traduzir, tão-somente, o direito do proprietário ao receber as rendas durante o período em que o despejo é inexigível.

III – A qualificação como rendas, das importâncias recebidas, feita pelo proprietário, é facto incaracterístico e irrelevante à possível outorga de um novo arrendamento."

(**Acórdão da Relação do Porto**, de 21.07.1987, Colectânea de Jurisprudência, 1987, Tomo IV, pág. 215)

CADUCIDADE DE ARRENDAMENTO:

"O prazo de 180 dias concedido ao inquilino pelo artigo 1051.º, n.º 2, do Código Civil, para comunicar ao senhorio, por notificação judicial, que pretende manter a sua posição contratual, conta-se a partir da data em que o inquilino teve conhecimento de cessou o direito de usufruto com base no qual o contrato foi celebrado."

(**Acórdão da Relação do Porto**, de 25.06.1987, Colectânea de Jurisprudência, 1987, Tomo III, pág. 214)

DIREITO A NOVO ARRENDAMENTO:

"Embora a lei não o diga expressamente, tem de se entender que é de 180 dias, a contar do falecimento do arrendatário, o prazo em que o candidato a arrendatário deve manifestar a sua disposição de gozar do novo arrendamento e que, em igual prazo a contar dessa comunicação, deve o senhorio declarar que pretende vender o fogo."

*(**Acórdão da Relação do Porto**, de 28.9.1989, Colectânea de Jurisprudência, 1989, Tomo IV, pág. 211)*

CONTINUAÇÃO DE HABITAÇÃO NO LOCADO:

"**I** – Caducado o contrato de arrendamento de prédio urbano com o termo do contrato de trabalho, permitindo o proprietário que o ex-trabalhador continue a habitar a casa, situação que se verificou por mais de um ano, o contrato de arrendamento renovou-se.

II – Não configura ameaça de lesão do direito de arrendatária da requerente o facto de a requerida a ter informado por carta de que, se não desocupasse a casa, proporia acção para esse efeito.

III – Tendo a requerente receio de que a requerida proceda à demolição da casa arrendada, o meio adequado para acautelar o seu direito seria o uso oportuno do embargo de obra nova."

*(**Acórdão da Relação do Porto**, de 08.04.1997, Colectânea de Jurisprudência, 1997, Tomo II, pág. 207)*

RENOVAÇÃO DE CONTRATO CADUCADO:

"**I** – Se o locatário de contrato de arrendamento caducado não conseguiu provar a falta de oposição do locador, de que fala o artigo 1056.º do Código Civil, o contrato não pode ter-se por renovado.

II – Não age com abuso de direito quem, pela sua conduta, não criou a outrem uma situação objectiva de confiança, no sentido de lhe ter criado uma expectativa de adopção no futuro de um comportamento coerente e consequente com aquele."

*(**Acórdão da Relação do Porto**, de 29.09.2003, Colectânea de Jurisprudência, 2003, Tomo IV, pág. 170)*

ANOTAÇÕES:

1. MOMENTO DA DENÚNCIA:

"Tem-se entendido que a denúncia há-de ser *posterior* à celebração do contrato, para que a renovação deste, de acordo com o espírito da lei, funcione como uma *garantia*, tanto para o senhorio, como para o arrendatário. Não se reconhece, por isso, validade à cláusula pela qual as partes convencionem a *improrrogabilidade* da locação, logo no momento da sua celebração (Pires de Lima, na *Rev. Leg. Jur.*, ano 101.º, págs. 238 e segs.)."

(Pires de Lima – Antunes Varela, Código Civil Anotado, vol. II, 1997, pág. 398)

2. ALTERAÇÃO DO TEXTO LEGAL:

A alteração introduzida na letra da lei não reflecte alteração do espírito do preceito. De facto, em vez de *denúncia*, fala-se agora em *oposição à renovação*, o que vem de acordo com a alteração introduzida no artigo 1055.º, na sua epígrafe e corpo do n.º 1.

NOTAS PESSOAIS:

ARTIGO 1055.º
Oposição à renovação

1. A oposição à renovação tem de ser comunicada ao outro contraente com a antecedência mínima seguinte:

a) Seis meses, se o prazo for igual ou superior a seis anos;

b) Sessenta dias, se o prazo for de um a seis anos;

c) Trinta dias, quando o prazo for de três meses a um ano;

d) Um terço do prazo, quando este for inferior e três meses.

2. A antecedência a que se refere o número anterior reporta-se ao fim do prazo do contrato ou da renovação.

HISTÓRICO:

A epígrafe e o corpo do n.º 1 são redacção do n.º 2 do artigo 2.º da Lei n.º 6//2006, de 27 de Fevereiro (NRAU).

Redacção anterior:

Artigo 1055.º *(Denúncia)*
1. A denúncia tem de ser comunicada ao outro contraente com a antecedência mínima seguinte:

a) (…)

b) (…)

c) (…)

d) (…).

O n.º 2 mantém a redacção do Decreto-Lei n.º 47.344, de 25 de Novembro de 1966.

REMISSÕES:

Renovação do contrato – art. 1054.º CC.

Parte II – Código Civil

JURISPRUDÊNCIA:

HABITAÇÃO POR CURTOS PERÍODOS:

"Os contratos de habitação por curtos períodos estão sujeitos ao regime geral do artigo 1055.º do Código Civil, que faculta a qualquer dos contraentes o direito de denúncia, com observância de certos prazos relativamente ao seu termo."

(***Acórdão da Relação do Porto***, *de 27.07.1982, Colectânea de Jurisprudência, 1982, Tomo IV, pág. 221*)

PRAZO DA ALÍNEA B):

"**I** – A al. *b*) do artigo 1055.º do Código Civil respeita aos arrendamentos de 1 até 6 anos, mas não abrange os de seis anos propriamente ditos, que estão previstos na al. *a*) do mesmo artigo.

II – Por isso, a denúncia ali prevista tem de ser levada a cabo com a antecedência mínima de 60 dias.

III – A norma especial de fixação de indemnização pela mora prevista no artigo 1045.º do Código Civil afasta a norma geral do artigo 806.º, pelo que se o credor pede, como indemnização, 50% do valor das rendas, não pode cumular com esse o pedido de juros."

(***Acórdão da Relação de Coimbra***, *de 25.06.1996, Colectânea de Jurisprudência, 1996, Tomo III, pág. 29*)

PRAZO DE UM ANO:

"(...)

V – A circunstância de quer na al. *b*) quer na al. *c*) do n.º 1 do artigo 1055.º do Código Civil, para definir o pré-aviso de denúncia, se referir o prazo de um ano, ali como limite mínimo e aqui como limite máximo (do contrato de arrendamento), não é susceptível de tornar equívoca a fixação da antecedência da denúncia, quando se aceite que, no contexto de uma enumeração escalonada, se deve dar prevalência às alíneas precedentes sobre as sucessivas, pois é de admitir que o legislador, ao enumerar o primeiro prazo a que fez corresponder a antecedência da denúncia respectiva, *ipso facto* exclui que, dentro dos limites invocados, se aplique uma antecedência diferente. Isto é, o prazo correspondente à antecedência seguinte não poderá ultrapassar, no seu limite máximo, o limite mínimo antecedente, nomeadamente ao abrigo do disposto no artigo 806.º do mesmo Código, cujo comando, tendo natureza supletiva, só intervém quando não haja outra indemnização moratória."

(***Acórdão do Supremo Tribunal de Justiça***, *de 03.07.1997, Boletim do Ministério da Justiça, 469, pág. 494*)

CC Art. 1054.º

ANOTAÇÕES:

JUSTIFICAÇÃO DA ANTECEDÊNCIA:

"O estabelecimento de uma antecedência mínima para a realização da denúncia [hoje, oposição à renovação] justifica-se pela necessidade de proteger tanto os interesses do locatário, eventualmente necessitado de locar outra coisa para satisfação das suas necessidades, como os interesses do locador, para que possa retirar da coisa, sem grande perda de tempo, os rendimentos ou o uso que ela é capaz de lhe proporcionar."

(Pires de Lima – Antunes Varela, Código Civil Anotado, vol. II, 1997, pág. 399)

NOTAS PESSOAIS:

ARTIGO 1056.º
Outra causa de renovação

Se, não obstante a caducidade do arrendamento, o locatário se mantiver no gozo da coisa pelo lapso de um ano, sem oposição do locador, o contrato considera-se igualmente renovado nas condições do artigo 1054.º.

HISTÓRICO:

Redacção do Decreto-Lei n.º 47 344, de 25 de Novembro de 1966.

REMISSÕES:

Causas impeditivas da caducidade – art. 331.º CC.

JURISPRUDÊNCIA:

REQUISITOS PARA A RENOVAÇÃO DO CONTRATO:

"**I** – Constituem requisitos para a renovação do contrato de arrendamento (artigo 1056.º do Código Civil), 1.º a manutenção do locatário no arrendamento; 2.º a manutenção dessa situação pelo período de um ano após o facto determinante da caducidade; 3.º a não oposição do locador à renovação.

II – Todos esses requisitos porque constitutivos do direito do arrendatário à renovação do contrato, têm de ser por ele provados.

III – A oposição à renovação do contrato não está sujeita a qualquer forma solene pelo que pode ser feita judicialmente ou extrajudicialmente."

(**Acórdão do Supremo Tribunal de Justiça**, de 11.04.1991, Actualidade Jurídica, 18.º, pág. 14)

CADUCIDADE DE ARRENDAMENTO:

"**I** – A oposição do locador a que alude o artigo 1056.º do Código Civil não esta sujeita a forma especial, podendo ser efectuada por qualquer dos meios por que a vontade possa manifestar-se.

Parte II – Código Civil

II – É forma relevante de oposição a instauração de acção de despejo contra o locatário com fundamento em caducidade do arrendamento.

III – Essa oposição é relevante desde que a acção tenha sido proposta no prazo de um ano referido no referido artigo não sendo necessário que a citação do réu se realize dentro desse prazo.

IV – O prazo do um ano a que alude esse preceito conta-se do momento em que ocorreu o facto gerador da caducidade do contrato de arrendamento e não do termo do prazo estabelecido no n.º 2 do artigo 1051.º do Código Civil.

V – O simples facto de o proprietário ter continuado a receber rendas do locatário, após a morte do usufrutuário que deu o local de arrendamento, não importa por si só a renovação do contrato."

(***Acórdão da Relação de Évora***, *de 20.02.1992, Colectânea de Jurisprudência, 1992, Tomo II, pág. 271*)

PRAZO:

"**I** – A declaração de oposição do locador à renovação do arrendamento, após a caducidade deste, só será eficaz depois de chegar ao conhecimento do locatário ou, pelo menos, depois de este a receber.

II – O prazo estabelecido no artigo 1056.º do Código Civil não é de caducidade e, por isso, não se interrompe com o exercício de um direito de acção."

(***Acórdão da Relação de Lisboa***, *de 01.07.1993, Colectânea de Jurisprudência, 1993, Tomo III, pág. 147*)

ARRENDAMENTO URBANO; CADUCIDADE E RENOVAÇÃO:

"A expressão 'sem oposição do locador', de que fala o artigo 1.056.º do Código Civil, traduz-se, por um lado, num facto impeditivo ou extintivo do direito do senhorio e, por outro, num verdadeiro e próprio facto constitutivo do direito do arrendatário à renovação do contrato caducado, a par da sua manutenção no arrendado pelo lapso de tempo de um ano."

(***Acórdão da Relação do Porto***, *de 31.01.2002, Colectânea de Jurisprudência, 2002, Tomo I, pág. 197*)

CADUCIDADE; FORMA DE OPOSIÇÃO:

"**I** – A oposição a que alude o artigo 1056.º não conforma o estabelecimento de um prazo de caducidade para a propositura da acção de despejo para fazer valer os efeitos de extinção do contrato pela causa de caducidade prevista no artigo 1051.º.

II – Trata-se, sim, da prática de um acto obstativo da renovação do contrato caducado *ope legis*.

III – Uma coisa é a oposição do senhorio, outra é a acção de despejo fundada na caducidade, com a qual nada tem que ver o prazo de um ano referido no artigo 1056.º.

CC   Art. 1056.º

IV – Esta acção pode ser proposta posteriormente, sendo seu pressuposto, isso sim e necessariamente, que a oposição ao gozo do inquilino tenha tido lugar dentro do ano.

V – Esta oposição pode ser manifestada por qualquer meio.

VI – Quando se opte apenas e directamente pelo meio de oposição consistente na propositura de acção de despejo, para que seja eficaz, é ainda necessário que a citação do inquilino tenha lugar dentro do período de tempo de cujo decurso a lei extrai a presunção do acordo de renovação."

(*Acórdão da Relação do Porto, de 10.03.2003, Colectânea de Jurisprudência, 2003, Tomo II, pág. 163*)

RENOVAÇÃO DE CONTRATO CADUCADO:

"**I** – Se o locatário de contrato de arrendamento caducado não conseguiu provar a falta de oposição do locador, de que fala o artigo 1056.º do Código Civil, o contrato não pode ter-se por renovado.

II – Não age com abuso de direito quem, pela sua conduta, não criou a outrem uma situação objectiva de confiança, no sentido de lhe ter criado uma expectativa de adopção no futuro de um comportamento coerente e consequente com aquele."

(*Acórdão da Relação do Porto, de 29.09.2003, Colectânea de Jurisprudência, 2003, Tomo IV, pág. 170*)

CADUCIDADE; RENOVAÇÃO TÁCITA:

"**I** – Enquanto não se mostrar decorrido, sem qualquer oposição do senhorio à permanência no arrendado do inquilino de contrato de arrendamento caducado, o prazo de 1 ano exigido pelo artigo 1056.º do Código Civil, não está o senhorio limitado por qualquer posição anterior de não oposição, podendo tomar as iniciativas visando a desocupação do arrendado.

II – Nada impede, não constituindo abuso de direito, que num primeiro momento após o facto causador da caducidade do contrato de arrendamento, o senhorio possa anuir à renovação de um contrato caducado e, posteriormente, venha resolver coisa diversa, desde que esta segunda resolução ocorra dentro do referido prazo de 1 ano após aquele facto."

(*Acórdão da Relação de Évora, de 22.04.2004, Colectânea de Jurisprudência, 2004, Tomo II, pág. 249*)

Parte II – Código Civil

ANOTAÇÕES:

1. FORMA DE OPOSIÇÃO:

"Não se trata aí [artigo 1056.º CC] do estabelecimento de um prazo de caducidade para a propositura da acção de despejo para fazer valer os efeitos da extinção do contrato pela causa de caducidade prevista no artigo 1051.º. Trata-se, sim, da prática de um acto obstativo do contrato caducado *ope legis*.

Uma coisa é a oposição do senhorio, outra é a acção de despejo fundada na caducidade, com a qual nada tem que ver o prazo de um ano referido no artigo 1056.º Esta acção pode ser proposta posteriormente, sendo seu pressuposto, isso sim e necessariamente, que a oposição ao gozo do inquilino tenha tido lugar dentro do ano.

Esta oposição, por sua vez, pode ser manifestada por qualquer meio, nos termos gerais admitidos para a declaração negocial, previstos no artigo 217.º do Código Civil (vid. Pereira Coelho, Arrendamento, 1988, pág. 323).

Vale isto por dizer que, não se exigindo forma especial, a oposição pode ser manifestada através de acção ou outro meio judicial, por qualquer forma escrita, verbal ou mesmo tacitamente.

Tal manifestação de vontade ou declaração negocial, qualquer que seja a forma que revista, tem como destinatário o locatário que se encontra no gozo da coisa.

Por outro lado, a declaração, sendo de natureza receptícia, só produz efeitos logo que se torne conhecida do respectivo destinatário – artigos 224.º, n.º 1 e 295.º, do Código Civil.

Consequentemente, a oposição do locador ao gozo do locatário, qualquer que seja o meio utilizado para a manifestar, só produzirá efeitos se chegar ao conhecimento deste dentro do prazo de um ano, pois que tem também como finalidade ou efeito a restituição do bem locado, o que o arrendatário só está em condições de satisfazer se, e após, a vontade do senhorio lhe for dada a conhecer.

Não basta, efectivamente, propor, ou dever considerar-se proposta a acção antes de exaurido o prazo para a oposição.

Quando se opte apenas e directamente por esse meio de oposição, para que esta deva considerar-se eficaz é ainda necessário que a citação do inquilino tenha lugar dentro do período de tempo de cujo decurso a lei extrai a presunção do acordo de renovação (cfr. Ac. da RL de 01.07.93, CJ, XVIII-III-147; Vaz Serra, RLJ 104.º-382)."

(*in Acórdão da Relação do Porto, de 10.03.2003, Colectânea de Jurisprudência, 2003, Tomo II, pág. 164*)

2. FALTA DE OPOSIÇÃO DO LOCADOR:

"A exigência da falta de oposição do locador, para que se verifique a renovação do contrato, mostra que este artigo se funda numa presunção – a de que as partes acordaram tacitamente na renovação.

CC	Art. 1056.º

No sentido (infundado) de que se trata de uma *prorrogação* (por *períodos sucessivos*), *vide* Pinto Furtado, *ob. cit.*, pág. 485, nota 1. Poder-se-ia falar de uma verdadeira *prorrogação*, se o prolongamento da vida da relação contratual se desse por *tempo indefinido*, como sucedia no direito brasileiro anterior à nova lei do arrendamento."

(*Pires de Lima – Antunes Varela, Código Civil Anotado, vol. II, 1997, pág. 399*)

3. OPOSIÇÃO JUDICIAL DO LOCADOR:

"Se o locador se opuser judicialmente à continuação do locatário no gozo da coisa, antes de decorrido o ano subsequente à verificação da caducidade, mesmo que a oposição dele só venha a ser conhecida do locatário depois do decurso do prazo de 1 ano subsequente à verificação da caducidade, a boa doutrina é a de que não há *renovação* do contrato. Cfr. a jurisprudência invocada por Rodrigues Bastos, num e noutro sentido, em *Notas ao Código Civil*, IV, 1995, anot. Ao artigo 1056.º, págs. 228 e segs.

Quer isto dizer que nem sempre o recebimento das rendas pode considerar-se como renúncia ao direito de obter o despejo (cfr., a propósito, Vaz Serra, anot. ao ac. do Sup. Trib. Just., de 9 de Fevereiro de 1971, pub. na *Rev. Leg. Jur.*, ano 104.º, pág. 384)."

(*Pires de Lima – Antunes Varela, Código Civil Anotado, vol. II, 1997, pág. 400*)

NOTAS PESSOAIS:

SECÇÃO V
Transmissão da posição contratual

ARTIGO 1057.º
Transmissão da posição do locador

O adquirente do direito com base no qual foi celebrado o contrato sucede nos direitos e obrigações do locador, sem prejuízo das regras do registo.

HISTÓRICO:

Redacção do Decreto-Lei n.º 47 344, de 25 de Novembro de 1966.

REMISSÕES:

Cessão da posição contratual – arts. 424.º e segs. CC.

JURISPRUDÊNCIA:

CONTRATO-PROMESSA DE ARRENDAMENTO:

"**I** – Ao regime do contrato-promessa de arrendamento é inaplicável a norma do artigo 1057.º.

II – O contrato de arrendamento de coisa comum sem o assentimento de todos os consortes é nulo, com possibilidade de confirmação e invocável só pelos consortes não participantes.

III – A ausência de registo de contrato a transmitir direito real só pode interessar a terceiros, ou seja, às pessoas que do mesmo transmitente adquirirem direitos incompatíveis.

Parte II – Código Civil

IV – A sentença, nos termos do artigo 830.º do Código Civil, não obsta a que o contrato constituído venha, em acção autónoma, a ser atacado quanto à sua validade, nos termos gerais de direito."

(*Acórdão do Supremo Tribunal de Justiça*, de 15.04.1993, Revista da Ordem dos Advogados, 53.º, pág. 127)

CONTRATO DE ARRENDAMENTO; INDEMNIZAÇÃO; DEVERES DO SENHORIO:

"**I** – A legitimidade está sempre dependente da forma como o autor apresenta a petição e configura a causa.

II – Se a acção tem como base um contrato de arrendamento que se diz incumprido pelo senhorio, ele será parte ilegítima se se demonstrar que, antes da prática dos factos desrespeitadores do contrato, transmitiu a outrem o seu posicionamento de titular da relação jurídica contratual."

(*Acórdão do Supremo Tribunal de Justiça*, de 07.12.1993, Colectânea de Jurisprudência, Acórdãos do Supremo Tribunal de Justiça, 1993, Tomo III, pág. 167)

TRANSMISSÃO DA POSIÇÃO DO LOCADOR; LOCAÇÃO FINANCEIRA:

"**I** – A posição jurídica do locador de prédio arrendado transmite-se, por força de contrato de locação financeira, para quem neste ocupa a posição de locatário.

II – Considera-se recebida pelo declaratário a declaração constante de carta registada com aviso de recepção que é devolvida ao remetente com a menção de 'não reclamada'.

III – Cabe ao declaratário o ónus de prova de ausência de culpa da sua parte no não recebimento dessa carta."

(*Acórdão da Relação de Lisboa*, de 27.06.2002, Colectânea de Jurisprudência, 2002, Tomo III, págs. 113 e seg.)

ANOTAÇÕES:

1. TRANSMISSÃO DA POSIÇÃO DO LOCADOR:

"A posição jurídica do locador só pode transmitir-se quando se transmita o direito com base no qual foi possível celebrar o contrato. A transmissão dos direitos e obrigações do locador (...) só pode produzir-se quando ao mesmo tempo se transfira o direito a cuja sombra foi celebrado e vive o contrato de locação. Em tal caso deve mesmo produzir-se *ipso iure*, como maneira de não romper o vínculo contratual em iníquo detrimento do locatário. A translação desse vínculo é um efeito da lei, sem necessidade de alienante e adquirente a clausularem, nem possibilidade de a excluírem. Se o dono de uma casa arrendada a vende ou a lega, o comprador ou o legatário sucede na qualidade de senhorio, torna-se imperativamente titular dos respectivos direitos e obrigações.

Não pode, por isso, falar-se com rigor, neste caso, de uma *cessão da posição contratual* do locador, ao contrário do que se passa com a posição do locatário, nem tão-pouco há que exigir o consentimento deste para a transmissão do direito (cfr. art. 424.º)"

(Pires de Lima – Antunes Varela, Código Civil Anotado, vol. II, 1997, págs. 400 e seg.)

2. RENDAS RELATIVAS A MESES ANTERIORES À TRANSMISSÃO:

"Já se levantou nos tribunais a questão de saber se o adquirente do prédio pode intentar acção de despejo, alegando a falta de pagamento de rendas relativas a meses anteriores à data da aquisição (...). Não tendo havido cessão do direito a essas rendas, é líquido que o adquirente carece de legitimidade para propor a acção de despejo. E também já a não tem o alienante do prédio, que apenas conserva um direito (de crédito) às rendas vencidas e não pagas."

(Pires de Lima – Antunes Varela, Código Civil Anotado, vol. II, 1997, pág. 401)

3. PRESSUPOSTO DE APLICAÇÃO DO PRECEITO:

"Pressuposto da aplicação do art. 1057.º é apenas a aquisição do direito com base no qual foi celebrado o contrato, independentemente da forma como essa transmissão se opere. Seja por acto entre vivos, seja mortis causa. Também no caso de constituição de um novo direito sobre o imóvel arrendado deve dar-se a transmissão da posição de senhorio para o novo titular no caso de esse novo direito implicar a exclusividade do gozo sobre a coisa locada (ex: a constituição de um usufruto). Essa transmissão parece ocorrer igualmente na venda executiva, uma vez que o arrendamento não se encontra incluído nos direitos que caducam com essa venda, nos termos do art. 824.º, n.º 2, bem como na alienação em processo de insolvência, face ao que se dispõe no art. 109.º CIRE."

(Luís Manuel Teles de Menezes Leitão, Arrendamento Urbano, 2ª edição, Coimbra, 2006, pág. 69)

NOTAS PESSOAIS:

ARTIGO 1058.º
Liberação ou cessão de rendas ou alugueres

A liberação ou cessão de rendas ou alugueres não vencidos é inoponível ao sucessor entre vivos do locador, na medida em que tais rendas ou alugueres respeitem a períodos de tempo não decorridos à data da sucessão.

HISTÓRICO:

Redacção do Decreto-Lei n.º 47 344, de 25 de Novembro de 1966.

REMISSÕES:

Liberação ou cessão de rendas ou alugueres não vencidos – art. 821.º CC; cessão de créditos – arts. 577.º e segs. CC; prazo das prestações periódicas – arts. 777.º e segs. CC.

LEGISLAÇÃO COMPLEMENTAR:

**CESSÃO DE CRÉDITOS:
ARTIGOS 577.º A 588.º DO CÓDIGO CIVIL**

Artigo 577.º *(Admissibilidade da cessão)*
1. O credor pode ceder a terceiro uma parte ou a totalidade do crédito, independentemente do consentimento do devedor, contanto que a cessão não seja interdita por determinação da lei ou convenção das partes e o crédito não esteja, pela própria natureza da prestação, ligado ao credor.
2. A convenção pela qual se proíba ou restrinja a possibilidade da cessão não é oponível ao concessionário, salvo se este a conhecia no momento da cessão.
Artigo 578.º *(Regime aplicável)*
1. Os requisitos e efeitos da cessão entre as partes definem-se em função do tipo de negócio que lhe serve de base.

Parte II – Código Civil

2. A cessão de créditos hipotecários, quando não seja feita em testamento e a hipoteca recaia sobre bens imóveis, deve necessariamente constar de escritura pública.

Artigo 579.º *(Proibição da cessão de direitos litigiosos)*

1. A cessão de créditos ou outros direitos litigiosos feita, directamente ou por interposta pessoa, a juízes ou magistrados do ministério público, funcionários de justiça ou mandatários judiciais é nula, se o processo decorrer na área em que exercem habitualmente a sua actividade ou profissão; é igualmente nula a cessão desses créditos ou direitos feita a peritos ou outros auxiliares da justiça que tenham intervenção no respectivo processo.

2. Entende-se que a cessão é efectuada por interposta pessoa, quando é feita ao cônjuge do inibido ou a pessoa de quem este seja herdeiro presumindo, ou quando é feita a terceiro, de acordo com o inibido, para o cessionário transmitir a este a coisa ou direito cedido.

3. Diz-se litigioso o direito que tiver sido contestado em juízo contencioso, ainda que arbitral, por qualquer interessado.

Artigo 580.º *(Sanções)*

1. A cessão feita com quebra do disposto no artigo anterior, além de nula, sujeita o cessionário à obrigação de reparar os danos causados, nos termos gerais.

2. A nulidade da cessão não pode ser invocada pelo cessionário.

Artigo 581.º *(Excepções)*

A proibição da cessão de créditos ou direitos litigiosos, não tem lugar nos casos seguintes:

a) Quando a cessão for feita ao titular de um direito de preferência ou de remição relativo ao direito cedido;

b) Quando a cessão se realizar para defesa de bens possuídos pelo cessionário;

c) Quando a cessão se fizer ao credor em cumprimento do que lhe é devido.

Artigo 582.º *(Transmissão de garantias e outros acessórios)*

1. Na falta de convenção em contrário, a cessão do crédito importa a transmissão, para o cessionário, das garantias e outros acessórios do direito transmitido, que não sejam separáveis da pessoa do cedente.

2. A coisa empenhada que estiver na posse do cedente será entregue ao cessionário, mas não a que estiver na posse de terceiro.

Artigo 583.º *(Efeitos em relação ao devedor)*

1. A cessão produz efeitos em relação ao devedor desde que lhe seja notificada, ainda que extrajudicialmente, ou desde que ele a aceite.

2. Se, porém antes da notificação ou aceitação, o devedor pagar ao cedente ou celebrar com ele algum negócio jurídico relativo ao crédito, nem o pagamento nem o negócio é oponível ao cessionário, se este provar que o devedor tinha conhecimento da cessão.

CC — Art. 1058.º

Artigo 584.º *(Cessão a várias pessoas)*
Se o mesmo crédito for cedido a várias pessoa, prevalece a cessão que for notificada ao devedor ou que por este tiver sido aceita.

Artigo 585.º *(Meios de defesa pelo devedor)*
O devedor pode opor ao cessionário, ainda que este os ignorasse, todos os meios de defesa que lhe seria lícito invocar contra o cedente, com ressalva dos que provenham de facto posterior ao conhecimento da cessão.

Artigo 586.º *(Documentos e outros meio probatórios)*
O cedente é obrigado a entregar ao cessionário os documentos e outros meios probatórios do crédito, que estejam na sua posse e me cuja conservação não tenha interesse legítimo.

Artigo 587.º *(Garantia da existência do crédito e da solvência do devedor)*
1. O cedente garante ao cessionário a existência e a exigibilidade do crédito ao tempo da cessão, nos termos aplicáveis ao negócio, gratuito ou oneroso, em que a cessão se integra.
2. O cedente só garante a solvência do devedor se a tanto expressamente se estiver obrigado.

Artigo 588.º *(Aplicação das regras da cessão a outras figuras)*
As regras da cessão de créditos são extensivas, na parte aplicável, à cessão de quaisquer outros direitos não exceptuados por lei, bem como à transferência legal ou judicial de créditos.

ANOTAÇÕES:

1. ÂMBITO DE APLICAÇÃO:

"Refere-se a disposição, de carácter meramente supletivo (...), às liberações ou cessões de rendas ou alugueres não vencidos. Não se aplica, portanto, às rendas ou alugueres vencidos, embora respeitem a períodos de tempo não decorridos à data da sucessão."
(*Pires de Lima – Antunes Varela, Código Civil Anotado, vol. II, 1997, pág. 402*)

2. TRANSMISSÃO DO PRÉDIO:

"Conforme determina o artigo 1058.º, no caso de o prédio ser transmitido, as rendas ou alugueres, vencidos e não pagos à data da transmissão, pertencem ao transmitente a não ser que, no respectivo contrato, se insira uma cláusula por força da qual o adquirente fica com direito a receber as rendas ou alugueres em atraso. Se nada se tiver convencionado, o adquirente apenas tem direito a receber as rendas que se vencerem depois da transmissão.

Parte II – Código Civil

Ainda, pela mesma razão deste preceito, dispõe o artigo 821.º: a liberação ou cessão de rendas e alugueres não vencidos antes da penhora é inoponível ao exequente na medida em que as rendas ou alugueres respeitem a períodos de tempo não decorridos à data da penhora.

Visam estes preceitos defender o sucessor entre vivos do locador comprador do prédio ou os credores na execução."

(*Isidro Matos, Arrendamento e Aluguer, pág. 152*)

NOTAS PESSOAIS:

ARTIGO 1059.º
Transmissão da posição do locatário

1. A posição contratual do locatário é transmissível por morte dele ou, tratando-se de pessoa colectiva, pela extinção desta, se assim tiver sido convencionado por escrito.

2. A cessão da posição do locatário está sujeita ao regime geral dos artigos 424.º e seguintes, sem prejuízo das disposições especiais deste capítulo.

HISTÓRICO:

Redacção do Decreto-Lei n.º 47 344, de 25 de Novembro de 1966.

REMISSÕES:

Termo da personalidade das pessoas singulares – art. 68.º CC; morte presumida – arts. 114.º e segs. CC; extinção da pessoa colectiva – art. 182.º CC; forma dos negócios jurídicos – arts. 219.º e segs. CC; caducidade por morte do locatário ou extinção de pessoa colectiva – art. 1051.º, al. *e*) CC; cessão da posição contratual – arts. 424.º e segs. CC.

LEGISLAÇÃO COMPLEMENTAR:

FORMA DOS NEGÓCIOS JURÍDICOS:
ARTIGOS 219.º A 223.º DO CÓDIGO CIVIL

Artigo 219.º *(Liberdade de forma)*
A validade da declaração negocial não depende da observância de forma especial, salvo quando a lei o exigir.

Parte II – Código Civil

Artigo 220.º *(Inobservância da forma legal)*
A declaração negocial que careça da forma legalmente prescrita é nula, quando outra não seja a sanção especialmente prevista na lei.

Artigo 221.º *(Âmbito da forma legal)*
1. As estipulações verbais acessórias anteriores ao documento legalmente exigido para a declaração negocial, ou contemporâneas dele, são nulas, salvo quando a razão determinante da forma lhes não seja aplicável e se prove que correspondem à vontade do autor da declaração.
2. As estipulações posteriores ao documento só estão sujeitas à forma legal prescrita para a declaração se as razões da exigência especial da lei lhe forem aplicáveis.

Artigo 222.º *(Âmbito da forma voluntária)*
1. Se a forma escrita não for exigida por lei, mas tiver sido adoptada pelo autor da declaração, as estipulações verbais acessórias anteriores ao escrito, ou contemporânea dele, são válidas, quando se mostre que correspondem à vontade do declarante e a lei as não sujeite à forma escrita.
2. As estipulações verbais posteriores ao documento são válidas, excepto se, para o efeito, a lei exigir a forma escrita.

Artigo 223.º *(Forma convencional)*
1. Podem as partes estipular uma forma especial para a declaração; presume-se, neste caso, que as partes se não querem vincular senão pela forma convencionada.
2. Se, porém, a forma só for convencionada depois de o negócio estar concluído ou no momento da sua conclusão, e houver fundamento para admitir que as partes se quiseram vincular desde logo, presume-se que a convenção teve em vista a consolidação do negócio, ou qualquer outro efeito, mas não a sua substituição.

CESSÃO DA POSIÇÃO CONTRATUAL – ARTIGOS 424.º A 427.º DO CÓDIGO CIVIL

O texto integral vai transcrito em anotação ao artigo 1038.º do Código Civil.

JURISPRUDÊNCIA:

FALECIMENTO DO ARRENDATÁRIO NA PENDÊNCIA DA ACÇÃO:

"**I** – Falecido o arrendatário na pendência da acção de despejo, caduca, em princípio, o contrato de locação e extinguir-se-á a instância.
II – Para que haja lugar a incidente de habilitação, é necessário que os requeridos possam ter a qualidade de sucessores do falecido na relação jurídica de arrendamento.
III – Neste incidente não pode discutir-se outra coisa que não seja se o habilitando tem condições legalmente exigidas para a substituição.

IV – A causa de pedir e o pedido mantém-se, o que pode implicar a necessidade de, consoante os pedidos formulados, os habilitados serem diferentes."

(*Acórdão da Relação de Lisboa*, de 22.03.1990, Colectânea de Jurisprudência, 1990, Tomo II, pág. 137)

CESSÃO DA POSIÇÃO CONTRATUAL:

"**I** – A cessão da posição contratual envolve dois contratos: o contrato-instrumento e o contrato-base.

II – Este último origina a posição que o cedente transmite ao terceiro. Pelo contrato-instrumento opera-se a transmissão da posição contratual, isto é, celebra-se o negócio em que se fundamenta a cessão, expressamente contemplado no artigo 425.º do Código Civil. *No caso em espécie*:

III – Os factos provados integram em todos os seus elementos a previsão do artigo 424.º, n.º 1 do Código Civil, e, por omissão, a previsão do artigo 1059.º, n.º 2 do mesmo Código, ou seja, um negócio de cessão da posição contratual do arrendatário comercial, que é nulo, por falta de escritura pública, conforme aos artigos 425.º e 220.º daquele Código.

(...)."

(*Acórdão do Supremo Tribunal de Justiça*, de 30.01.1990, Boletim do Ministério da Justiça, 393, pág. 594)

ARRENDAMENTO; CESSÃO DA POSIÇÃO DO ARRENDATÁRIO; CONTITULARIDADE:

"**I** – A cessão da posição do arrendatário tem de ser um acto deste, o que não sucede se houver venda judicial dessa posição, que, só por si, não determina a resolução do contrato de arrendamento.

II – Havendo contitularidade da posição do locatário, se um dos arrendatários deixar de o ser por força da venda judicial da sua quota na comunhão, o outro mantém-se, agora como arrendatário único, devido à expansão do seu direito ocasionada pelo reconhecimento do seu direito de preferência na venda da referida quota."

(*Acórdão da Relação de Lisboa*, de 16.06.1994, Colectânea de Jurisprudência, 1994, Tomo III, pág. 119)

ARRENDAMENTO URBANO; CADUCIDADE; MORTE DO INQUILINO; TRANSMISSÃO DO ARRENDAMENTO:

"**I** – Face ao artigo 85.º do R.A.U., transmitido o arrendamento habitacional ao filho do promitente arrendatário, por morte deste, não há lugar a nova transmissão, nos termos desse preceito, para o cônjuge do filho, quando este morre.

II – O artigo 1056.º do Código Civil é inaplicável, sequer por analogia, se a caducidade tiver por causa a morte do locatário.

Parte II – Código Civil

III – Do simples recebimento das rendas, após o falecimento do arrendatário, ainda que durante um período significativo, continuando os recibos a ser emitidos em nome do falecido, não pode concluir-se pela renovação do arrendamento.

IV – Não há lugar à conversão, nos termos do artigo 293.º do Código Civil, de comunicação para transmissão do arrendamento por morte (artigo 85.º, n.º 1 e artigo 89.º do R.A.U.) em comunicação para direito a novo arrendamento (artigo 94.º do R.A.U.)."

(*Acórdão da Relação de Lisboa*, *de 14.11.1996, Colectânea de Jurisprudência, 1996, Tomo V, pág. 88*)

ARRENDAMENTO PARA HABITAÇÃO; TRANSMISSÃO DA POSIÇÃO DE ARRENDATÁRIO:

"**I** – É a lei vigente à data da morte do locatário que regula a eventualidade da transmissão do direito ao arrendamento.

II – A referência ao cônjuge sobrevivo no n.º 3 do artigo 85.º do Regime do Arrendamento Urbano abrange tão-só o cônjuge sobrevivo do primitivo arrendatário de uma prévia transmissão.

III – A renovação do contrato nos termos do artigo 1056.º do Código Civil pressupõe a qualidade de locatário, pelo que não é aplicável ao cônjuge sobrevivo do descendente do primitivo arrendatário a qualidade de transmissário do direito deste último.

IV – A ocupação do locado pelo cônjuge do titular do direito ao arrendamento após a caducidade operada pela morte deste, enquanto transmissário do direito do primitivo arrendatário, é ilícita e susceptível de gerar responsabilidade civil, verificados que sejam os restantes requisitos legais."

(*Acórdão da Relação de Lisboa*, *de 29.10.1998, Boletim do Ministério da Justiça, 480, pág. 526*)

ANOTAÇÕES:

1. TRANSMISSÃO DE ARRENDAMENTO; CESSÃO DA POSIÇÃO CONTRATUAL:

"O artigo 1120.º do Código Civil não permite a transmissão do direito de arrendamento, sem consentimento do senhorio, a favor de uma pessoa colectiva (designadamente uma sociedade)"

(*Parecer do Doutor Manuel Henrique Mesquita, Colectânea de Jurisprudência, 1986, Tomo I, pág. 13*)

2. ADMISSIBILIDADE DA CESSÃO:

"O problema da admissibilidade da cessão tem sido muito discutido, facto que se deve, em grande parte, à confusão, proveniente já do direito romano, entre a cessão e a sublocação. Feita a distinção entre as duas figuras, não há motivo para não aplicar à primeira o regime geral da transmissão da posição contratual. O disposto no n.º 2 do artigo 1059.º seria mesmo desnecessário, se não fossem as confusões que na doutrina se têm feito entre a cessão e a sublocação. A sublocação dá lugar a uma classe parasitária, mas não a cessão do direito ao arrendamento, visto, neste caso, o arrendatário demitir de si todos os seus direitos contratuais, que são transmitidos ao novo arrendatário."

(*Pires de Lima – Antunes Varela, Código Civil Anotado, vol. II, 1997, pág. 403*)

3. CESSÃO DA POSIÇÃO DE ARRENDATÁRIO:

"A cessão da posição de arrendatário, tão confundida no direito anterior ao Código Civil com o subarrendamento, traduz-se numa operação jurídica por força da qual se opera uma *modificação subjectiva* da relação jurídica do lado do locatário, mantendo a relação locatícia a sua identidade. Por força da cessão, o locatário-cedente abandona o "palco contratual", diversamente do que ocorre na sublocação, onde o sublocador mantém a sua posição de locatário face ao locador. Na lição de Mota Pinto (*Cessão da posição contratual*, págs. 71-72) constitui esse tipo de contrato o meio dirigido à circulação da relação contratual, isto é, à transferência *ex negotio* por uma das partes contratuais (cedente) com consentimento do outro contraente (cedido), para um terceiro (cessionário) do complexo de posições activas e passivas criadas por um contrato. Opera-se, assim, o subingresso negocial de um terceiro na posição de parte contratual do cedente, isto é, na titularidade, antes encabeçada neste, da relação contratual ou, como se exprime a nossa lei (artigos 424.º e seguintes), da posição contratual. Para esse efeito se desencadear torna-se imprescindível o consenso do outro contraente originário, isto é, do cedido, consenso cuja manifestação pode ser simultânea, posterior ou anterior ao acordo das duas partes restantes. Trata-se, destarte, dum tipo negocial, onde concorrem três declarações de vontade."

(*Januário Gomes, Arrendamentos para Habitação, Coimbra, 1994, pág. 148*)

NOTAS PESSOAIS:

SECÇÃO VI
Sublocação

ARTIGO 1060.º
Noção

A locação diz-se sublocação, quando o locador a celebra com base no direito de locatário que lhe advém de um precedente contrato locativo.

HISTÓRICO:

Redacção do Decreto-Lei n.º 47 344, de 25 de Novembro de 1966.

JURISPRUDÊNCIA:

FALTA DE FORMA ESPECIAL:

"**I** – A falta de forma especial, quando a lei exige, conduz à nulidade do contrato de subarrendamento verbalmente acordado.

II – A nulidade só é invocável pelo locatário e reveste as características básicas da nulidade absoluta, podendo ser arguida a todo o tempo por via de acção.

III – Como consequência, deve ser restituído tudo, como se o negócio não tivesse sido celebrado, mas as rendas recebidas pelo sublocador fazem excepção, já que o contrato se considera economicamente cumprido, de sorte que aquelas são a compensação do uso e fruição do prédio pelo inquilino."

(***Acórdão da Relação de Lisboa***, *de 15.04.1986, Colectânea de Jurisprudência, 1986, Tomo II, pág. 111*)

CONCEITO:

"Sublocação não é apenas um conceito jurídico, definido no artigo 1060.º do Código Civil, mas um termo usado também na linguagem comum, nomeadamente,

Parte II – Código Civil

nomeadamente, na forma 'subaluguer, referindo-se as pessoas normalmente àquela modalidade subcontratual sem disporem, no seu vocabulário corrente, de outro termo que traduza a situação."

(***Acórdão da Relação do Porto***, *de 24.10.1989, Boletim do Ministério da Justiça, 390, pág. 465*)

SUBCONTRATO:

"O subarrendamento é um subcontrato pelo qual o arrendatário sem perder essa qualidade, celebra por sua vez um novo contrato de arrendamento da mesma coisa, com um terceiro que passará a sublocatário, pelo que ficam subsistindo as relações decorrentes dos dois contratos."

(***Acórdão do Supremo Tribunal de Justiça***, *de 23.05.1995, Colectânea de Jurisprudência, Acórdãos do Supremo Tribunal de Justiça, 1995, Tomo II, pág. 104*)

FALTA DE LICENÇA DE UTILIZAÇÃO:

"**I** – A falta de licença de utilização do prédio não determina a invalidade do contrato de subarrendamento.

II – O fiador, ainda que tenha assumido a obrigação como principal pagador, não tem legitimidade para, em nome do subarrendatário, resolver o contrato de subarrendamento.

III – De resto, inscrito o prédio na matriz antes de 1951, e arrendado em data e por senhorio que se desconhecem, nunca havia possibilidade de o fiador do subarrendatário obter a resolução do contrato de subarrendamento, celebrado por escrito particular em 31.08.98, com fundamento na falta de licença de utilização.

IV – Não existe abuso do direito por parte da sublocadora ao exigir o pagamento das rendas vencidas e respectiva indemnização, não pedindo a resolução do contrato.

V – Apesar de não se tratar de acção de despejo, são devidas as rendas, que foram pedidas, vencidas na pendência da acção."

(***Acórdão da Relação do Porto***, *de 17.06.2003, Colectânea de Jurisprudência, 2003, Tomo III, pág. 191*)

ANOTAÇÕES:

1. FIADOR:

"O fiador, enquanto terceiro relativamente ao contrato de subarrendamento, só pode discutir o cumprimento ou incumprimento desse contrato na estrita medida em que isso se reflicta na relação de fiança, impondo-lhe ou não o pagamento dos valores afiançados. Mas já não pode discutir a questão da resolução desse contrato, por ter a ver com a sua manutenção, o que está para além da fiança prestada.

CC	Art. 1060.º

Daí que não se lhe reconheça legitimidade para, na qualidade de fiador e ainda que tenha assumido a obrigação como principal pagador, resolver o contrato em nome do devedor (cfr., neste sentido, os Acórdãos da RL de 14.02.91, sumariado em http://www.dgsi.pt/jtrl, Proc. n.º 0035572, e de 20.09.96, publicado na CJ, Ano XXI, Tomo IV, pág. 98)."

(*in Acórdão da Relação do Porto, de 17.06.2003, Colectânea de Jurisprudência, 2003, Tomo III, pág. 192*)

2. UTILIDADE IDÊNTICA:

"Não se exige, nem na letra, nem no espírito da lei, que a locação efectuada pelo locatário, para haver sublocação, proporcione ao sublocatário utilidade idêntica ou análoga à que levou o locador a dar o prédio de arrendamento, ao invés do que julgou o ac. do Sup. Trib. Just., de 17 de Julho de 1972 (*Rev. Trib.*, ano 91.º, pág. 15). Essencial à figura da sublocação é que o locatário proporcione a outrem, mediante retribuição, o gozo temporário da totalidade ou de parte da coisa locada, com base num contrato locativo anterior.

A cedência do gozo do imóvel à custa do direito adquirido pelo locatário é inquestionável em situações como a versada naquele acórdão."

(*Pires de Lima – Antunes Varela, Código Civil Anotado, vol. II, 1997, págs. 404 e seg.*)

3. ESPECIALIDADES DE REGIME:

"Há, porém, algumas especialidades de regime a considerar no subarrendamento, que se afastam do regime geral do arrendamento. Assim, em primeiro lugar, e para evitar a especulação, o legislador vem colocar um limite à renda que pode ser cobrada do subarrendatário, estabelecendo que esta não deve ser "superior ou proporcionalmente superior ao que é devido pelo contrato de locação, aumentado de vinte por cento, salvo se outra coisa não tiver sido convencionada com o locador" (art. 1062.º). Por outro lado, a lei admite que o senhorio possa exigir directamente do subarrendatário a prestação que lhe é devida, se tanto o arrendatário como o subarrendatário estiverem em mora quanto às respectivas prestações de renda ou aluguer (art. 1063.º). No caso de subarrendamento total, admite-se mesmo que o senhorio se possa fazer substituir ao arrendatário, mediante notificação judicial, considerando-se resolvido o primeiro arrendamento e passando o subarrendatário a arrendatário directo (art. 1090.º, n.º 1). Da mesma forma, se o senhorio receber alguma renda do subarrendatário e lhe passar recibo após a extinção do arrendamento, será o subarrendatário havido como arrendatário directo (art. 1090.º, n.º 2). Finalmente, o subarrendamento depende da manutenção do contrato de arrendamento, pelo que o art. 1089.º vem estabelecer que o subarrendamento caduca com a extinção, por qualquer causa, do contrato de arrendamento, sem prejuízo da responsabilidade do sublocador para com o sublocatário, quando o motivo da extinção lhe seja imputável."

Parte II – Código Civil

(*Luís Manuel Teles de Menezes Leitão, Arrendamento Urbano, 2ª edição, Coimbra, 2006, pág. 76*)

NOTAS PESSOAIS:

ARTIGO 1061.º
Efeitos

A sublocação só produz efeitos em relação ao locador ou a terceiros a partir do seu reconhecimento pelo locador ou da comunicação a que se refere a alínea *g*) do artigo 1038.º.

HISTÓRICO:

Redacção do Decreto-Lei n.º 47 344, de 25 de Novembro de 1966.

REMISSÕES:

Reconhecimento expresso ou tácito – art. 217.º CC; princípio da liberdade de forma – art. 219.º CC; proibição, em regra, da sublocação – art. 1038.º, al. *f*) CC; dever de comunicação ao locador da cedência – art. 1038.º, al. *g*) CC.

JURISPRUDÊNCIA:

ALCANCE DO PRECEITO:

"**I** – O artigo 1061.º do Código Civil não obsta a que, verificado o respectivo condicionalismo, possa ocorrer a caducidade do contrato principal ou a sua extinção por algum facto resolutivo, e por arrastamento, a do subcontrato (sublocação).

II – O sublocatário, em caso de despejo, não pode usar dos embargos de terceiro, os quais são inadaptáveis a este processo especial, que prevê um modo especial de suspensão do despejo (artigo 986.º do Código Civil)."

(*Acórdão da Relação do Porto, de 19.09.1898, Boletim do Ministério da Justiça, 389, pág. 646*)

EMBARGOS DE TERCEIRO; SUBARRENDATÁRIO:

"**I** – O subarrendamento, quando lícito, porque autorizado e reconhecido pelo senhorio, apenas se impõe ao respeito deste enquanto subsistir o contrato de arrendamento.

Parte II – Código Civil

II – Em princípio, a celebração de um contrato de subarrendamento não gera relações jurídicas entre o senhorio e o subarrendatário.

III – Por isso, só o arrendatário-sublocador, caso dê motivo à resolução do arrendamento, se constitui em responsabilidade para com o sublocatário, que não tem qualquer outro direito que não seja o de ser indemnizado por aquele."

(*Acórdão da Relação do Porto, de 13.01.2001, Colectânea de Jurisprudência, 2000, Tomo I, pág. 190*)

SUBLOCAÇÃO; APLICAÇÃO DAS LEIS NO TEMPO:

"**I** – Sublocações ocorridas entre 1935 e 1943 regulam-se pela lei ao tempo vigente.

II – No domínio do Dec. 5.411 e da Lei 1.662, a autorização genérica de sublocação no contrato de arrendamento dispensava a autorização para uma concreta sublocação e a notificação desta ao senhorio.

III – Aquelas sublocações, válidas e eficazes em relação ao senhorio, não caducam com a extinção do arrendamento por resolução, que se fundou, além do mais, na sua ilicitude."

(*Acórdão da Relação do Porto, de 30.01.2001, Colectânea de Jurisprudência, 2001, Tomo I, pág. 195*)

ANOTAÇÕES:

1. AUTORIZAÇÃO DO LOCADOR:

"A sublocação tem de ser autorizada pelo locador, nos termos da alínea *f*) do artigo 1038.º, e, além disso, mesmo quando autorizada, tem de ser comunicada a este dentro do prazo de quinze dias, nos termos da alínea *g*) do mesmo artigo. A falta de autorização ou a falta de comunicação importa para o locador o direito de resolver o contrato por falta de cumprimento da obrigação imposta ao locatário. O artigo 1049.º, porém, não atribui este direito ao locador, se ele reconheceu o beneficiário como tal, ou se a comunicação lhe tiver sido feita por este."

(*Pires de Lima – Antunes Varela, Código Civil Anotado, vol. II, 1997, pág. 405*)

2. EFEITOS DA SUBLOCAÇÃO:

"A lei não diz quais sejam *concretamente* os efeitos da sublocação. Estes variam conforme a sublocação é total ou parcial, e consoante a modalidade de sublocação parcial que as partes adoptem. No essencial, pode dizer-se que a sublocação se traduz na coexistência de dois contratos, dos quais um deriva do outro, servindo este de base àquele, como se afirma no preceito, mas sem ser indispensável que a forma de utilização da coisa proporcionada por um dos contratos seja idêntica ou análoga à forma de uso ou fruição facultada pelo outro."

(*Pires de Lima – Antunes Varela, Código Civil Anotado, vol. II, 1997, pág. 406*)

CC — Art. 1061.º

NOTAS PESSOAIS:

ARTIGO 1062.º
Limite da renda ou aluguer

O locatário não pode cobrar do sublocatário renda ou aluguer superior ou proporcionalmente superior ao que é devido pelo contrato de locação, aumentado de vinte por cento, salvo se outra coisa tiver sido convencionada com o locador.

HISTÓRICO:

Redacção do Decreto-Lei n.º 47 344, de 25 de Novembro de 1966.

JURISPRUDÊNCIA:

INTERPRETAÇÃO DA NORMA:

O artigo 1062.º não pode ser considerado como norma de interesse e ordem pública, visto que a sua aplicação supletiva pode ser afastada pela vontade convergente das partes e no contrato escrito ou verbal de arrendamento para habitação."
(*Acórdão da Relação de Lisboa, de 09.01.1979, Colectânea de Jurisprudência, 1979, Tomo I, pág. 249*)

SUB-RENDA:

"Todo o preço locativo recebido pelo sublocador é sub-renda, inclusive para o efeito do limite legal do artigo 1062.º, e ainda que tenha sido o sublocador a mobilar a casa sub-arrendada."
(*Acórdão da Relação de Évora, de 04.01.1980, Colectânea de Jurisprudência, 1980, Tomo I, pág. 190*)

ANOTAÇÕES:

1. SUBARRENDAMENTOS PARCIAIS:

"Para o efeito de se calcular, nos subarrendamentos parciais, escreve Rui de Alarcão (*A limitação da renda no subarrendamento*, n.º 2, no *Bol. Fac. de Direito*,

Parte II – Código Civil

vol. XXXVIII), a quota da renda principal (renda-base) que corresponde à parte sublocada não deve lançar-se mão – note-se – de um critério puramente *quantitativo*, mas sim de um critério *qualitativo*, em que se tenha em conta a *importância relativa* dos locais sublocados."

(*Pires de Lima – Antunes Varela, Código Civil Anotado, vol. II, 1997, pág. 406*)

2. LOCAÇÕES SUCESSIVAS:

"O limite fixado relaciona-se com a renda ou aluguer pago pelo locatário ao seu locador. Havendo locações sucessivas, em cada uma delas poderá haver um aumento de 20% da renda ou aluguer pago ao locador que antecede. Uma tal solução, escreve Rui de Alarcão (*ob. cit.* [nota anterior], n.º 3), é a que se afigura estar em harmonia com a *ratio legis* e com o princípio segundo o qual as normas ditadas para o arrendamento são também aplicáveis ao subarrendamento. Em sentido diferente, Estelita de Mendonça, *Da sublocação*, págs. 94 e segs.)."

(*Pires de Lima – Antunes Varela, Código Civil Anotado, vol. II, 1997, pág. 407*)

NOTAS PESSOAIS:

ARTIGO 1063.º
Direitos do locador em relação ao sublocatário

Se tanto o locatário como o sublocatário estiverem em mora quanto às respectivas dívidas de renda ou aluguer, é lícito ao locador exigir do sublocatário o que este dever, até ao montante do seu próprio crédito.

HISTÓRICO:

Redacção do Decreto-Lei n.º 47 344, de 25 de Novembro de 1966.

REMISSÕES:

Mora do devedor – arts. 798.º e segs. e 804.º e segs. CC.

LEGISLAÇÃO COMPLEMENTAR:

**SUB-ROGAÇÃO DO CREDOR AO DEVEDOR:
ARTIGOS 606.º A 609.º DO CÓDIGO CIVIL**

Artigo 606.º *(Direitos sujeitos à sub-rogação)*
1. Sempre que o devedor o não faça, tem o credor a faculdade de exercer, contra terceiro, os direitos de conteúdo patrimonial que competem àquele, excepto se, por sua própria natureza ou disposição da lei, só puderem ser exercidos pelo respectivo titular.
2. A sub-rogação, porém, só é permitida quando seja essencial à satisfação ou garantia do direito do credor.
Artigo 607.º *(Credores sob condição suspensiva ou a prazo)*
O credor sob condição suspensiva e o credor a prazo apenas são admitidos a exercer a sub-rogação quando mostrem ter interesse em não aguardar a verificação da condição ou o vencimento do crédito.
Artigo 608.º *(Citação do credor)*
Sendo exercida judicialmente a sub-rogação, é necessária a citação do devedor.

Parte II – Código Civil

Artigo 609.º *(Efeitos da sub-rogação)*
A sub-rogação exercida por um dos credores aproveita a todos os demais.

ANOTAÇÕES:

SUBLOCAÇÕES SUCESSIVAS:

"Neste caso, é necessário que todos os locatários estejam em mora quanto às respectivas dívidas de rendas ou alugueres, para que possa ser exercido o direito por parte do locador em relação ao último sublocatário; mas poderá exercê-lo em relação ao penúltimo, por ex., se era simplesmente o último que não se encontrava em mora. Imaginemos, porém, que o locador recebeu a renda ou aluguer, mas que o locatário a não recebeu do sublocatário, nem este a do seu sublocatário. O direito conferido neste artigo poderá ser exercido pelo locatário em relação ao segundo sublocatário, por aplicação da regra geral de que a sublocação é uma locação, sujeita, portanto, ao mesmo regime que esta (cfr. art. 1060.º)."
(Pires de Lima – Antunes Varela, Código Civil Anotado, vol. II, 1997, pág. 408)

NOTAS PESSOAIS:

SECÇÃO VII
Arrendamento de prédios urbanos

SUBSECÇÃO I
Disposições gerais

ARTIGO 1064.º
Âmbito

A presente secção aplica-se ao arrendamento, total ou parcial, de prédios urbanos e, ainda, a outras situações nela previstas.

HISTÓRICO:

Redacção da Lei n.º 6/2006, de 27 de Fevereiro (NRAU).

Tem alguma correspondência ao que vinha estabelecido no artigo 1083.º do Código Civil, na redacção do Decreto-Lei n.º 47 344, de 25 de Novembro de 1966.

JURISPRUDÊNCIA:

ARRENDAMENTO:

"É inadmissível a aposição de uma condição resolutiva em contrato de arrendamento urbano para habitação."

(*Acórdão da Relação de Coimbra, de 12.02.1985, Boletim do Ministério da Justiça, 344, pág. 466*)

ACÇÃO DE DESPEJO;
INEFICÁCIA OU INVALIDADE DO CONTRATO:

"Se o contrato de arrendamento estiver ferido de ineficácia ou invalidade, a entrega do prédio tem de ser pedida com esse fundamento, não podendo ser ordenada, oficiosamente, pelo tribunal, em acção de despejo."

(Acórdão da Relação de Coimbra, de 28.01.1992, Boletim do Ministério da Justiça, 413, pág. 618)

ARRENDAMENTO; FRACÇÃO SEM ARRECADAÇÃO; LIBERDADE CONTRATUAL:

"Nada existindo na lei que impeça o arrendamento de uma fracção autónoma sem a respectiva arrecadação, as partes podem convencioná-lo ao abrigo da autonomia da sua vontade nos termos do artigo 405.º do Código Civil."

(Acórdão da Relação de Lisboa, de 07.10.1997, Boletim do Ministério da Justiça, 470, pág. 666)

RENDA; COMODATO:

"**I** – Não pode ser qualificado como arrendamento o contrato em que seja indeterminada a retribuição a pagar pelo utilizador do imóvel ou em que a mesma não revista a natureza periódica.

II – Embora o comodato seja um contrato gratuito, tal não contende com a possibilidade de serem impostos ao comodatário certos encargos os quais todavia apenas limitam o direito conferido gratuitamente.

III – A indemnização pela ocupação ilícita de um andar, é devida independentemente da prova de qualquer dano sofrido pelos seus proprietários, sendo bastante a demonstração de que o seu ocupante o usa sem título legítimo."

(Acórdão do Supremo Tribunal de Justiça, de 05.06.2001, Colectânea de Jurisprudência, Acórdãos do Supremo Tribunal de Justiça, 2001, Tomo II, pág. 124)

ANOTAÇÕES:

1. FUNDAMENTO DO PRECEITO:

Este artigo define, em termos gerais, o âmbito de aplicação dos preceitos seguintes, em matéria de arrendamento, total ou parcial, de prédios urbanos e ainda a "outras situações", como será o caso de arrendamentos de prédios rústicos não sujeitos a regimes especiais (artigo 1108.º) e bem assim a locação de estabelecimento (artigo 1109.º).

Trata-se, apenas, de uma norma introdutória do regime constante dos preceitos seguintes.

2. CONCEITO E ELEMENTOS DO CONTRATO DE ARRENDAMENTO URBANO:

"No contrato de arrendamento urbano, doutrinalmente designado por bilateral ou sinalagmático, intervêm duas partes que se põem de acordo através de duas declarações de vontade negocial de conteúdos divergentes, as quais se conciliam emergindo das mesmas obrigações para ambas.

CC   *Art. 1064.º*

A obrigação, fundamental, do senhorio é a de proporcionar o gozo temporário do prédio urbano ao arrendatário. Este, por sua vez, assume a obrigação de pagar uma retribuição, a designada renda.

O contrato de arrendamento, quanto à constituição, é um contrato consensual, por oposição a contrato real, uma vez que fica perfeito com o estabelecimento da obrigação de entrega ao arrendatário do locado, visto esta última e o gozo constituírem consequências da execução do contrato e não condições da sua formação.

O contrato de arrendamento é um contrato oneroso, através do qual, tendencialmente, as partes conseguem um certo equilíbrio económico entre a prestação e a contraprestação.

Quanto à natureza das prestações, o arrendamento é um contrato de natureza duradoura ou continuada no que respeita ao senhorio, o qual tem a obrigação de assegurar continuamente o gozo do imóvel para o fim estabelecido; é um contrato de prestação periódica ou repetida, para o arrendatário, o qual tem a obrigação de pagar a renda."

(Margarida Grave, Novo Regime do Arrendamento Urbano, Anotações e Comentários, 3ª ed. págs. 28 e seg.)

NOTAS PESSOAIS:

ARTIGO 1065.º
Imóveis mobilados e acessórios

A locação de imóveis mobilados e seus acessórios presume-se unitária, originando uma única renda e submetendo-se à presente secção.

HISTÓRICO:

Redacção do artigo 3.º da Lei n.º 6/2006, de 27 de Fevereiro (NRAU).
Corresponde, parcialmente, ao artigo 74.º do RAU, entretanto revogado pela Lei n.º 6/2006, de 27 de Fevereiro.

Anterior redacção:
Artigo 74.º *(Casas mobiladas)*
Quando o arrendamento do prédio para habitação seja acompanhado do aluguer da respectiva mobília ao mesmo locatário, considera-se arrendamento urbano todo o contrato e renda todo o preço locativo.

ANOTAÇÕES:

1. CONTRATO MISTO:

"A qualificação do contrato misto, previsto no artigo, como contrato de arrendamento urbano, desdobra-se em várias sequências.

Assim é que a actualização da renda se terá sempre de subordinar aos critérios estabelecidos na lei para os contratos de arrendamento destinados a habitação do inquilino.

Se o contrato for denunciado com o fundamento de que o locador necessita do imóvel para a sua própria habitação, a indemnização a que o locatário tem direito incluirá no seu cômputo a parte da renda correspondente aos imóveis (contra, de *iure condendo*, Isidro Matos, Arrendamento e aluguer, pág. 227)."
(Pires de Lima – Antunes Varela, Código Civil Anotado, vol. II, 1997, pág. 632)

2. REGIME A APLICAR:

"Uma das dúvidas que se levantam é a do regime a aplicar nos casos em que as concretas relações estabelecidas entre o senhorio e o arrendatário apontam para a

Parte II – Código Civil

existência, não de *um contrato misto de arrendamento e aluguer*, mas de *dois contratos autónomos*, em *união de contratos*. Pelas regras gerais, a cada figura seria de aplicar o regime respectivo: assim, v.g. o facto de o mecanismo de actualização de rendas no arrendamento estar condicionado, não impediria o funcionamento dum regime de actualização do aluguer baseado plenamente no princípio da liberdade contratual.

Aceitando-se que o artigo 74.º [hoje, artigo 1065.º do CC] tem *natureza imperativa* – sendo a respectiva *ratio* evitar que no arrendamento para habitação sejam frustradas as disposições limitativas da liberdade contratual – não se vêem razões que justifiquem tratamento diverso, consoante as partes tenham celebrado dois contratos, um na dependência do outro, ou tenham dado forma a uma só figura contratual híbrida: estão em jogo, tanto numa como noutra situação interesses de ordem pública, interesses atinentes às garantias concedidas ao arrendatário, tendentes a salvaguardar o valor da *estabilidade da habitação*.

Maiores dúvidas podem surgir nos casos, certamente raros, em que o arrendamento, inicialmente desacompanhado do aluguer de mobília, vem a sê-lo posteriormente na vigência do mesmo arrendamento, mas através da celebração de um autónomo contrato de aluguer. (...)

Face à consideração de que o regime do artigo 1065.º do CC tem não só aplicação nos *contratos mistos* de arrendamento e aluguer, mas também às *uniões de contratos com dependência* (em que o aluguer depende do arrendamento), forçoso é considerar que o dispositivo, para além de ser um exemplo claro de *absorção* dum elemento pelo outro, no seio dos contratos mistos, é também um caso, até agora pouco desvendado, de *desconsideração ou irrelevância legais* por uma situação de união de contratos, traduzidos na 'conversão'. dessa união, em termos ainda não definitivamente captados, numa situação em tudo similar a um contrato misto."

(*Januário Gomes, Arrendamentos para Habitação, Coimbra, 1994, págs. 17 e segs.*)

3. BENS ACESSÓRIOS:

"Ao locador compete assegurar o regular funcionamento dos bens acessórios, só recaindo tais encargos sobre o locatário se, por facto seu ou de outrem, a quem haja propiciado o gozo da coisa, sobrevierem avarias que exijam intervenção técnica de qualquer grau e a qualquer nível ou se, por iniciativa sua, se propuser, sem qualidades técnicas reconhecidas, a efectuar reparações que redundem em danos idênticos ou superiores aos detectados.

Ao locatário só serão consentidas deteriorações inerentes a uma prudente utilização do bem acessório. As deteriorações consideráveis importam a sua responsabilidade sempre que não justificadas."

(*Margarida Grave, Novo Regime do Arrendamento Urbano, Anotações e Comentários, 3ª ed., pág. 30*)

4. CONTRATO UNITÁRIO:

"Assim, o art. 1065.º considera a locação de imóveis mobilados e seus acessórios como um contrato unitário, regulado pelo arrendamento urbano. Efectivamente, o arrendamento de casas mobiladas pode naturalmente ser qualificado como um contrato misto de arrendamento e aluguer, justificando, como normalmente sucede nos contratos mistos, a discussão sobre o regime do arrendamento deve absorver a situação do aluguer (teoria da absorção), se devem aplicar-se combinadamente os dois regimes (teoria da combinação) ou se o regime deve considerar-se lacunoso, a integrar por analogia (teoria da analogia).

(...) Uma vez que o NRAU determinou a extinção do vinculismo arrendatício deixa-se de se estabelecer injuntivamente a absorção, passando esta a constituir uma mera presunção, que as partes podem afastar, diferenciando a situação do arrendamento do imóvel em relação ao aluguer dos móveis."

(*Luís Manuel Teles de Menezes Leitão, Arrendamento Urbano, 2ª edição, Coimbra, 2006, pág. 20*)

NOTAS PESSOAIS:

ARTIGO 1066.º
Arrendamentos mistos

1. O arrendamento conjunto de uma parte urbana e de uma parte rústica é havido por urbano quando essa seja a vontade dos contratantes.

2. Na dúvida, atende-se, sucessivamente, ao fim principal do contrato e à renda que os contratantes tenham atribuído a cada uma delas.

3. Na falta ou insuficiência de qualquer dos critérios referidos no número anterior, o arrendamento tem-se por urbano.

HISTÓRICO:

Redacção do artigo 3.º da Lei n.º 6/2006, de 27 de Fevereiro (NRAU).
O artigo 1084.º do Código Civil, na redacção do Decreto-Lei n.º 47 344, de 25 de Novembro de 1966, continha uma disposição semelhante, que se transcreve:

Artigo 1084.º *(Arrendamentos mistos)*
1. Envolvendo o contrato uma parte urbana e uma parte rústica, só se considera como urbano o arrendamento se a parte urbana for de valor superior à rústica.
2. Para efeitos do número anterior, atender-se-á ao valor que resulta da matriz ou, na falta ou deficiência desta, à renda que os contraentes tiverem atribuído a cada uma das partes; na falta de discriminação, proceder-se-á a avaliação.

O preceito transcrito foi revogado pelo artigo 3.º do Decreto-Lei n.º 321-B/90, de 15 de Outubro, substituindo-o pelo artigo 2.º do RAU, de igual conteúdo, agora também revogado.

REMISSÕES:

Noção de prédios rústico e urbano – art. 204.º, n.º 2 CC; liberdade contratual – art. 405.º CC; locação com pluralidade de fins – art. 1028.º CC.

Parte II – Código Civil

ANOTAÇÕES:

1. ANÁLISE DO PRECEITO:

Muito embora este artigo tenha uma epígrafe igual ao antigo artigo 1084.º do Código, na redacção do Decreto-Lei n.º 47 344, de 25 de Novembro de 1966, o certo é que o seu conteúdo substantivo é substancialmente diferente.

De facto, o anterior preceito estabelecia como critério da qualificação do contrato (como rústico ou urbano) o maior valor de cada uma das partes, remetendo, para o efeito, para o valor resultante da matriz ou, na falta ou deficiência deste, à renda que tivesse sido estabelecida, considerando como critério residual a avaliação de cada parte do imóvel.

Na redacção actual, o legislador teve em conta outros critérios, mais de acordo com a realidade dos nossos dias, considerando, em primeiro lugar, como determinante, a vontade das partes (expressa no contrato, que deve ser escrito) e, em segundo lugar, ao fim principal do contrato e renda que tenha sido estabelecida (geralmente "quartejada" entre a parte rústica e a urbana).

Finalmente, na falta de funcionamento de qualquer dos critérios anteriormente referidos, o arrendamento considera-se (presume-se) "urbano", dada a maior prevalência desta tendência de intenção dos contraentes.

2. ANÁLISE DO PRECEITO:

Este artigo "deve ser entendido a partir do disposto no artigo 204.º, n.º 2 [do Código Civil] – e, portanto, sem prejuízo das noções básicas deste preceito. Quando no artigo 2.º do RAU se fala numa parte urbana e numa parte rústica que o contrato envolve, quer aludir-se ao *objecto* do contrato – não às partes *integrantes, componentes* ou *constitutivas* do prédio.

É frequente, na prática do comércio jurídico, as partes afastarem-se, na realização dos arrendamentos que celebram, da *realidade jurídica* do prédio. O dono do prédio de vários piso, considerado como *unidade predial* nos livros de registo, na matriz ou nas repartições camarárias, até porque não reúne muitas vezes os requisitos legalmente necessários para a sua divisão em *fracções autónomas*, dentro do regime da propriedade horizontal (artigo 1415.º), faz dele a cada passo objecto de múltiplos arrendamentos sobre partes diferenciadas do imóvel.

E é tendo em conta este fenómeno frequentíssimo que o artigo 2.º alude aos contratos que envolvem uma parte urbana e uma parte rústica, mas sem ignorar a existência legal prévia da *definição* dos prédios rústicos e dos prédios urbanos, tal como muito realisticamente a traça o n.º 2 do artigo 204.º do Código Civil.

Quer isto dizer que, embora possivelmente existam *construções* no prédio arrendado, este não deixa de ser *rústico* (independentemente do valor relativo de cada uma das suas partes constitutivas), se as construções não tiverem autonomia económica, como acontece com as adegas, os celeiros, os edifícios para arrecadação de alfaias agrícolas, com as cortes de gado, etc., tal como não deixa o prédio

502

CC   *Art. 1066.º*

de ser urbano, por nele existirem terrenos que lhe sirvam de logradouro, por maior que seja o valor destes (cfr., a propósito, acórdão da Relação de Lisboa, de 12 de Abril de 1970, no *Bol. Min. Just.*, n.º 196, pág. 297)."

(Pires de Lima – Antunes Varela, Código Civil Anotado, vol. II, 1997, pág. 481)

3. SITUAÇÕES PRÁTICAS:

"É frequente, na prática do comércio jurídico, as partes afastarem-se, na realização dos arrendamentos que celebram, da realidade jurídica do prédio. O proprietário do imóvel de vários pisos considerado como unidade predial nos livros de registo, na matriz e nos serviços camarários, até porque não reúne muitas vezes os requisitos legalmente necessários para a sua divisão em fracções autónomas no regime de propriedade horizontal (artigo 1415.º e seguintes do Código Civil), faz dele objecto de múltiplos arrendamentos sobre as partes diferenciadas do imóvel. E é tendo em conta este fenómeno que o artigo em anotação alude aos contratos que envolvem uma parte urbana e uma parte rústica, mas sem ignorar a existência legal prévia da definição dos prédios rústicos e dos prédios urbanos, tal como a traça o artigo 204.º, n.º 2, do Código Civil."

(Margarida Grave, Novo Regime do Arrendamento Urbano, Anotações e Comentários, 3ª ed. pág. 31)

4. REGIME DO PRECEITO:

"Efectivamente, deixou de ser a diferenciação entre a parte rústica e a parte urbana a delimitar a aplicação ou não do regime do arrendamento urbano, dado que se a parte rústica não estiver sujeita a regimes especiais, poderá considerar-se eventualmente sujeita ao regime geral da locação civil e ao regime do arrendamento urbano, com as devidas adaptações. Não parece, por isso, que seja a esse caso que primordialmente se destina o critério instituído no art. 1064.º, parecendo pressupor-se que terá que ocorrer concomitantemente uma destinação da parte rústica a algum regime especial, estando assim aqui em causa um contrato misto de arrendamento urbano e de arrendamento rústico sujeito a regime especial. Neste enquadramento, parece de concluir que, enquanto que a legislação anterior se destinava a impedir a regulação integral deste arrendamento misto pelo regime do arrendamento urbano, de acordo com a teoria da absorção, já que a condicionava à circunstância de a parte urbana ser de valor superior à rústica, esta nova disposição deixa de colocar esse entrave, atendendo primordialmente ao fim das partes, e até preferindo a qualificação como arrendamento urbano."

(Luís Manuel Teles de Menezes Leitão, Arrendamento Urbano, 2ª edição, Coimbra, 2006, págs. 21 e seg.)

NOTAS PESSOAIS:

ARTIGO 1067.º
Fim do contrato

1. O arrendamento urbano pode ter fim habitacional ou não habitacional.

2. Quando nada se estipule, o local arrendado pode ser gozado no âmbito das suas aptidões, tal como resultem da licença de utilização.

3. Na falta de licença de utilização, o arrendamento vale como habitacional se o local for habitável ou como não habitacional se o não for, salvo se outro destino lhe tiver vindo a ser dado.

HISTÓRICO:

Redacção do artigo 3.º da Lei n.º 6/2006, de 27 de Fevereiro (NRAU).
Corresponde ao artigo 1086.º do Código Civil, na redacção do Decreto-Lei n.º 47 344, de 25 de Novembro de 1966, revogado pelo artigo 3.º do Decreto-Lei n.º 321-B/90, de 15 de Outubro, tendo sido tal dispositivo transposto para o artigo 3.º do RAU, revogado pela Lei acima citada.

Redacção anterior:

Artigo 3.º *(Fim do contrato)*
1. O arrendamento urbano pode ter como fim a habitação, a actividade comercial ou industrial, o exercício de profissão liberal ou outra aplicação lícita do prédio.
2. Quando nada se estipule, o arrendatário só pode utilizar o prédio para habitação.

REMISSÕES:

Arrendamento para habitação – arts. 1092.º se segs. CC; arrendamento para fins não habitacionais – arts. 1108.º e segs. CC.

Parte II – Código Civil

JURISPRUDÊNCIA:

FINALIDADE DE ARRENDAMENTO:

"Celebrado um contrato de arrendamento de prédio urbano por escrito particular e dele constando que o arrendado "é exclusivamente destinado a habitação não lhe podendo ser dado outro fim", não pode provar-se por testemunhas que o arrendamento foi efectuado com vista à permanência do locatário no local arrendado 'apenas nos fins de semana e épocas balneares'."

(*Acórdão da Relação de Coimbra, de 31.1.1984, Boletim do Ministério da Justiça, 333, pág. 530*)

FINALIDADE DO ARRENDAMENTO:

"Constando do contrato de arrendamento, reduzido a escrito, que o arrendamento se destinava a habitação – sem se referir que era para habitação por períodos curtos – não é possível interpretar a vontade das partes no sentido de que a casa se destinava a ser habitada apenas nas férias de verão e, eventualmente, nos dias de Natal e da Páscoa, dada a força probatória do documento."

(*Acórdão da Relação de Coimbra, de 29.05.1984, Colectânea de Jurisprudência, 1984, Tomo III, pág. 52*)

DENÚNCIA DE ARRENDAMENTO:

"I – Verifica-se a existência de um contrato de arrendamento por curtos períodos quando, verbalmente, o senhorio e o inquilino acordam na cedência do uso e fruição do locado, mediante certa renda para habitação em veraneio e férias.

II – É relevante na classificação de um contrato de arrendamento por curtos períodos a finalidade da locação; não o sendo o prazo de duração do contrato."

(*Acórdão da Relação de Lisboa, de 19.06.1986, Colectânea de Jurisprudência, 1986, Tomo III, pág. 132*)

ARRENDAMENTO:

"O princípio da especialidade das pessoas colectivas não obsta a que estas celebrem contratos de arrendamento para habitação, desde que se revelem necessários ou convenientes aos fins que estatutariamente visam."

(*Acórdão da Relação do Porto, de 11.11.1986, Colectânea de Jurisprudência, 1986, Tomo V, pág. 206*)

ARRENDAMENTO MISTO; REGIME LEGAL:

"I – A um arrendamento misto – comércio e habitação – que as partes consideram uno e indivisível, deve aplicar-se o regime que corresponde ao fim principal.

$$CC \qquad Art.\ 1067.^{o}$$

II – Não resultando claramente da vontade das partes qual o fim prevalente, o mesmo deve presumir-se a partir de circunstâncias como a da renda ser diferenciada para cada um dos fins do contrato, e a do número de divisões do arrendado afecto a cada um dos fins."

(*Acórdão da Relação do Porto, de 04.07.1991, Boletim do Ministério da Justiça, 409, pág. 868*)

ARRENDAMENTO; OBJECTO:

"**I** – Os limites da coisa sobre que incide o direito de gozo do arrendatário são definidos pelo respectivo contrato, ainda que verbal, e não pelo âmbito espacial dos actos de fruição sobre ela praticados, em suprimento da falta de estipulação escrita sobre tal âmbito.

II – Não existe presunção legal de titularidade do direito ao arrendamento derivada de actos de gozo do inquilino sem origem no respectivo contrato."

(*Acórdão da Relação do Porto, de 17.01.1994, Boletim do Ministério da Justiça, 433, pág. 612*)

CONTRATO DE ARRENDAMENTO; NOÇÃO:

"Não reveste a natureza de arrendamento o contrato em que, como contrapartida pela cedência do gozo de uma casa de habitação, o proprietário desta recebe a prestação de um serviço."

(*Acórdão da Relação de Lisboa, de 08.06.1995, Boletim do Ministério da Justiça, 448, pág. 422*)

CONTRATO DE ARRENDAMENTO; ARRENDAMENTO PARA VILEGIATURA:

"O carácter marcadamente excepcional do arrendamento para fim especial transitório torna indispensável que do título do contrato conste uma cláusula alusiva ao regime de vilegiatura, não determinando este só por si, automaticamente, simples circunstância de o fogo se situar na zona de vilegiatura, balnear ou termal."

(*Acórdão da Relação de Lisboa, de 02.05.1996, Colectânea de Jurisprudência, 1996, Tomo III, pág. 76*)

ARRENDAMENTO PARA HABITAÇÃO; SOCIEDADE COMERCIAL:

"Não é nulo, por impossibilidade do seu objecto, o arrendamento para habitação celebrado por uma sociedade comercial, como inquilina, para habitar no respectivo prédio quem a sociedade entender."

(*Acórdão da Relação do Porto, de 17.03.1997, Boletim do Ministério da Justiça, 465, pág. 639*)

Parte II – Código Civil

ARRENDAMENTO PARA HABITAÇÃO; INCONVERTIBILIDADE EM ARRENDAMENTO MISTO POR MERA TOLERÂNCIA DO ANTERIOR PROPRIETÁRIO E SENHORIO:

"**I** – O facto de os anteriores proprietários e senhorios do locado não se terem insurgido contra a actividade comercial ali desenvolvida pelos arrendatários, não permite considerar que o contrato de arrendamento celebrado com fins habitacionais se tenha convertido em arrendamento misto comercial e habitacional e que este tenha sido o fim contratual pretendido por ambas as partes contratantes.

II – Tal atitude dos antigos proprietários e senhorios do locado só pode ser interpretada como uma mera tolerância, insusceptível de por si só traduzir uma expressão de vontade, sem a qual não é possível nenhuma alteração de um contrato sinalagmático, como é o arrendamento."

(*Acórdão da Relação de Évora, de 09.10.1997, Boletim do Ministério da Justiça, 470, pág. 699*)

ESPAÇO NÃO HABITÁVEL ACESSÓRIO:

"**I** – O arrendamento de espaços não habitáveis em conjunto com arrendamento de espaço destinado à habitação fica sujeito apenas às regras deste, nomeadamente à da renovação obrigatória.

II – A expressão 'em conjunto' não significa em simultâneo, mas sim como acessório ou complementar."

(*Acórdão da Relação de Évora, de 21.04.2005, Colectânea de Jurisprudência, 2005, Tomo II, pág. 257*)

FALTA DE LICENÇA DE UTILIZAÇÃO:

"**I** – A falta de licença de utilização, passada pela autoridade municipal, não gera a nulidade do contrato de arrendamento.

II – A falta de licença de utilização por causa imputável ao senhorio apenas importa, celebrado o contrato de arrendamento, a sujeição do mesmo a uma coima, a ver resolvido o contrato pelo arrendatário, com indemnização nos termos gerais, e a ver o inquilino a requerer a sua notificação para a realização das obras necessárias, com manutenção da renda inicialmente fixada."

(*Acórdão da Relação de Coimbra, de 10.01.2006, Colectânea de Jurisprudência, 2006, Tomo I, pág. 5*)

FIM DO ARRENDAMENTO:

"**I** – A ponderação dos factos práticos da solução jurídica deve ser tida em conta em matéria de interpretação da lei.

II – Tendo uma casa sido arrendada para servir de casa de função a fim de aí alojar os comandantes da GNR que fossem desempenhar funções no posto duma localidade, essa finalidade é diferente do arrendamento para habitação familiar e integra-se numa aplicação lícita do prédio.

III – Sendo esse o fim do arrendamento não é aplicável a limitação do direito de denúncia pelo facto da entidade locatária usar o locado há 30 ou mais anos."

(*Acórdão da Relação de Coimbra*, de 26.04.2006, *Colectânea de Jurisprudência, 2006, Tomo II, pág. 36*)

ANOTAÇÕES:

1. INTERPRETAÇÃO DO PRECEITO:

Considera-se que o contrato pode ter fim habitacional ou não habitacional, o qual será, em princípio, definido pela vontade dos contraentes, em obediência ao princípio do artigo 405.º do Código Civil.

Contudo, tal liberdade contratual ficará sempre limitada pelo âmbito das aptidões do locado, resultantes da licença de utilização. De facto, não podem as partes estipular que um determinado "espaço" se destina a ser arrendado para habitação se da própria licença emitida pela entidade autárquica resultar que só tem aptidão para o exercício de comércio, indústria ou serviços. Basta pensar na hipótese de o prédio ou fracção não estar dotado de cozinha, para que as partes não lhe possam dar o destino de habitação.

O n.º 3 ressalva, contudo, as situações em que ao prédio não foi atribuída licença de utilização, *v.g.*, nos casos em que o prédio urbano seja de construção anterior à publicação do Decreto-Lei n.º 38 382, de 7 de Agosto de 1951, que apareceu como combate à *construção clandestina*, numa fase de evolução da construção urbana (cfr. Pires de Lima – Antunes Varela, Código Civil Anotado, vol. II, pág. 507).

Nesta hipótese, o arrendamento vale como habitacional, se o local for habitável, ou como não habitacional se o não for, a não ser que outro destino lhe tenha vindo a ser dado. É certo que a lei devia "disciplinar" esta matéria, estabelecendo-se que o arrendamento só deveria "valer" de acordo com as condições do locado legalmente exigíveis (v.g., nos regulamentos camarários, complementados com o regime geral da edificações urbanas). Contudo, a lei pretende contemporizar com situações já estabelecidas, pelo decurso do tempo, o que resulta inequívoco da expressão utilizada na parte final do n.º 3 do preceito, quando refere "se outro destino *lhe tiver vindo a ser dado*".

2. ARRENDAMENTO HABITACIONAL:

"O arrendamento urbano é *habitacional* quando tem por fim a habitação do locatário e do seu agregado familiar. A lei não define o que seja *habitação*. Num sentido estrito, associado ao *direito à habitação* do normativo constitucional (art. 65.º, n.º 1), a habitação identifica-se como a *casa*, a *morada*, com o local de *residência habitual e permanente*, onde a pessoa tem centrada a sua vida pessoal e familiar. Num sentido amplo, arrendamento habitacional é também o destinado a habi-

Parte II – Código Civil

tação não permanente, nomeadamente em períodos curtos de férias perto de praias, ou feito, v.g. por um ano para utilização regular da casa em fins de semana."
(*Januário Gomes, Arrendamentos para Habitação, Coimbra, 1994, pág. 13*)

3. FIM DO CONTRATO:

"A menção discriminada do fim a que pode destinar-se o contrato de arrendamento provém da circunstância de se fixar no diploma um regime particular, convertendo cada uma das variantes do prédio, consoante o fim a que se destina, numa espécie de contrato típico ou nominado. Assim, quando o fim do arrendamento seja a habitação, são, especialmente, aplicáveis ao contrato os artigos 1092.º a 1107.º do Código Civil. Sendo o fim do contrato e exercício de uma actividade comercial (essencialmente caracterizada pela operação especial que lhe está confiada na mediação entre a oferta e a procura de bens), ou industrial (marcada pela fase de transformação de bens que lhe cabe no processo de criação de riqueza), ou tratando-se do arrendamento para o exercício de uma ptofissão liberal (v.g., para instalação de uma sociedade de advogados, para a montagem de uma clínica médica ou para funcinamento de um atelier de arquitectura), cujo acento tónico reside na independência com que a actividade lucrativa do agente é exercida, ou qualquer outra aplicação lícita do imóvel para fim não habitacional, destacando-se na prática negocial a utilização das caves ou de certos ou de certos pavimentos ao nível do rés-do-chão, das garagens para recolha de veículos automóveis, entre outros, os preceitos característicos da relação situam-se nos artigos 1108.º a 1113.º do Código Civil.

Saliente-se que nos artigos 1108.º a 1113.º se encontra, também, com as necessárias adaptações e em conjunto com o regime geral da locação civil, o regime jurídico dos arrendamentos rústicos não sujeitos a regimes especiais."

(*Margarida Grave, Novo Regime do Arrendamento Urbano, Anotações e Comentários, 3ª ed. págs. 33 e seg.*)

NOTAS PESSOAIS:

ARTIGO 1068.º
Comunicabilidade

O direito do arrendatário comunica-se ao seu cônjuge, nos termos gerais e de acordo com o regime de bens vigente.

HISTÓRICO:

Redacção do artigo 3.º da Lei n.º 6/2006, de 27 de Fevereiro (NRAU).

Preceito inovador, que estabelece uma regra completamente oposta à que constava do artigo 83.º do RAU, entretanto revogado.

JURISPRUDÊNCIA:

INCOMUNICABILIDADE DO ARRENDAMENTO:

"O contrato de arrendamento habitacional celebrado por um dos cônjuges não se comunica ao outro cônjuge, não se reconhecendo a este a qualidade de co-arrendatário."

(**Acórdão da Relação do Porto**, *de 28.10.2004, Colectânea de Jurisprudência, 2004, Tomo I, pág. 201*)

ANOTAÇÕES:

1. ALTERAÇÃO LEGISLATIVA:

Este preceito estabelece uma regra oposta à que vinha consagrada no artigo 83.º do RAU (revogado pela Lei n.º 6/2006, de 27 de Fevereiro).

Efectivamente, a lei revogada estabelecia que, qualquer que fosse o regime matrimonial, a posição do cônjuge não se transmitia ao cônjuge e caducava pela sua morte, muito embora ressalvando a transmissão no caso de divórcio (artigo 84.º do citado RAU, em conjugação com o artigo 1793.º do Código Civil).

Por outro lado, o artigo 85.º do revogado RAU regulava a transmissão por morte do arrendamento para habitação, contemplando como excepção de não caducidade do arrendamento a situação prevista na al. *a)* do seu n.º 1, relativamente ao cônjuge não separado judicialmente de pessoas e bens ou de facto.

Parte II – Código Civil

2. COMUNICABILIDADE DO ARRENDAMENTO:

A nova redacção estabelecida neste preceito contém o princípio geral da comunicabilidade do direito ao arrendamento a favor do cônjuge. Trata-se de um princípio de aplicação a várias situações, que convém dissecar:

a) Em primeiro lugar, a regra abrange arrendamentos habitacionais e não habitacionais, dado que a norma está inserida nas "disposições gerais" do arrendamento de prédios urbanos;

b) Em segundo lugar, a transmissão do arrendamento verifica-se de acordo com o regime de bens do casamento e dependente dele.

Relativamente à primeira situação, e analisando a hipótese de arrendamento para fins não habitacionais, a lei resolve expressamente este caso no artigo 1113.º do Código. Poderá mencionar-se a hipótese de um espaço comercial arrendado em nome do marido, o qual, entretanto, falece. Neste caso, não pode duvidar-se que o direito ao arrendamento se pode transmitir para o seu cônjuge mulher (muito embora seja de ressalvar a hipótese de haver outros herdeiros, podendo tal direito ser adjudicado a outro destes, em partilha). Por outro lado, tratando-se de arrendamento habitacional, o mesmo é dizer, arrendamento da casa de morada de família, a situação está igualmente prevista e solucionada no artigo 1105.º do Código, quando se trate de comunicabilidade em vida, e no artigo 1106.º, quando se trate de comunicabilidade por morte.

3. REGIME DE BENS DO CASAMENTO:

A parte final do preceito concilia a comunicação do arrendamento a favor do cônjuge com o regime de bens do casamento.

A questão pode colocar-se entre o regime de comunhão (geral ou de adquiridos) e o de separação.

A lei faz depender a alienação da locação de estabelecimento comercial (próprio ou comum) do consentimento de ambos os cônjuges, a não ser que eles entre vigora o regime de separação (artigo 1682.º-A, n.º 1, al. *b*) do Código Civil).

Contudo, quanto se trate de prédio destinado a habitação (que será a casa de morada de família), a cessão de posição de arrendatário depende do consentimento de ambos os cônjuges, independentemente do regime de bens do casamento (artigo 1682.º-B, al. *c*), do Código Civil).

4. DEFESA DA POSSE:

"O cônjuge casado contitular de património comum, do qual faz parte o direito ao arrendamento do local onde funciona a estabelecimento comercial, é possuidor em nome próprio e, consequentemente, é-lhe lícito defender a sua posse ou compasse por meio de embargos."

(*Margarida Grave, Novo Regime do Arrendamento Urbano, Anotações e Comentários, 3ª ed., pág. 35*)

NOTAS PESSOAIS:

SUBSECÇÃO II
Celebração

ARTIGO 1069.º
Forma

O contrato de arrendamento urbano deve ser celebrado por escrito, desde que tenha duração superior a seis meses.

HISTÓRICO:

Redacção do artigo 3.º da Lei n.º 6/2006, de 27 de Fevereiro (NRAU).
Corresponde, em parte, ao artigo 7.º do RAU, revogado pela Lei n.º 6/2006, de 27 de Fevereiro, que vai a seguir transcrito:

Artigo 7.º *(Forma)*
1. O contrato de arrendamento urbano deve ser celebrado por escrito.
2. A inobservância da forma escrita só pode ser suprimida pela exibição do recibo de renda e determina a aplicação do regime de renda condicionada, sem que daí possa resultar aumento de renda.
3. No caso dos arrendamentos sujeitos a registo, a falta deste não impede que o contrato se considere plenamente eficaz pelo prazo máximo por que o poderia ser sem essa exigência, desde que tenha sido observada a forma escrita.

JURISPRUDÊNCIA:

RENDA EM GÉNERO:

"No contrato em que se cede o gozo de um imóvel mediante a entrega mensal à proprietária de géneros alimentícios no valor de 6.000$00 falta um elemento essencial para que o contrato possa ser considerado de locação (a existência de uma renda fixada em escudos)."
(***Acórdão da Relação de Coimbra***, *de 15.10.1991, Boletim do Ministério da Justiça, 410, pág. 887*)

Parte II – Código Civil

PROVA:

"À prova de que se convencionou um contrato de arrendamento não é essencial saber qual foi o montante da renda, bastando que se apure haver lugar à obrigação de pagar uma renda."

(*Acórdão da Relação de Coimbra*, *de 26.01.1994, Boletim do Ministério da Justiça, 433, pág. 626*)

OBJECTO DO CONTRATO (PROVA TESTEMUNHAL):

"Celebrado contrato escrito de arrendamento, pode a exacta definição do seu objecto fazer-se com recurso à prova testemunhal."

(*Acórdão da Relação de Coimbra*, *de 16.05.1995, Boletim do Ministério da Justiça, 447, pág. 581*)

CONTRATO VERBAL; INVOCAÇÃO DA SUA NULIDADE:

"I – Celebrado contrato verbal de arrendamento urbano em que foi locador o proprietário do imóvel, entretanto falecido, está reservada ao arrendatário a invocação da nulidade desse contrato por falta de redução a escrito.

II – Esse contrato, embora nulo por falta de forma, será válido enquanto a nulidade não for invocada pelo inquilino, como se se tratasse de uma anulabilidade."

(*Acórdão da Relação de Évora*, *de 30.01.1997, Boletim do Ministério da Justiça, 463, pág. 657*)

PROVA DO CONTRATO:

"I – Com a publicação do DL n.º 321-B/90, de 15.10 (RAU) a nulidade do arrendamento por falta de forma reconduz-se, em princípio, à nulidade de direito comum, podendo deste modo, ser invocada a todo o tempo e ser declarada oficiosamente pelo tribunal.

II – Apesar de todos os arrendamentos estarem sujeitos à forma escrita, relativamente aos arrendamentos para habitação por prazo igual ou inferior a 6 anos, a inobservância da forma escrita pode ser suprida pela exibição de recibo de renda.

III – Pode ainda ser suprida por qualquer outro documento assinado pelo senhorio e de que conste a confissão expressa do contrato de arrendamento, mas não por prova testemunhal."

(*Acórdão da Relação do Porto*, *de 29.05.2003, Colectânea de Jurisprudência, 2003, Tomo III, pág. 182*)

CC   Art. 1069.º

FORMA DO CONTRATO; NULIDADE:

"**I** – Não é de conhecimento oficioso a nulidade de um contrato de arrendamento para habitação, não reduzido a escrito e sem que, no processo, se haja exibido qualquer recibo de renda.

II – No caso, a forma escrita é uma 'formalidade *ad probationem*', não sendo indispensável à constituição e validade do contrato, que é válido independentemente do escrito que tem por fim tornar mais segura a sua prova."

(*Acórdão da Relação do Porto, de 15.11.2004, Colectânea de Jurisprudência, 2004, Tomo V, pág. 172*)

ARRENDAMENTO
FORMA

"A exigência do art. 7.º do RAU de que o contrato de arrendamento deve ser celebrado por escrito consagra uma formalidade ad probationem."

(*Acórdão da Relação de Évora, de 09.03.2006, Colectânea de Jurisprudência, 2006, Tomo II, pág. 225*)

CONTRATO DE ARRENDAMENTO
FORMALIDADES

"**I** – O contrato de arrendamento para habitação, para ser válido, necessita de ser celebrado através de documento escrito – artigo 7.º, n.º 1 do Regime do Arrendamento Urbano [hoje, artigo 1069.º do Código Civil] –, pelo que se trata de uma formalidade *ad substantiam*, não podendo, por isso, a respectiva declaração ser substituída por qualquer meio de prova ou por outro documento que não seja de força probatória superior – artigo 364.º, n.º 1, do Código Civil.

II – Em sede de esclarecimento do teor e alcance do documento do contrato de arrendamento já é possível prova testemunhal, como decorre do disposto no artigo 393.º, n.º 3, do Código Civil, pelo que é possível averiguar-se, por esse meio probatório, se um dado contrato de arrendamento é ou não de duração limitada por cinco anos."

(*Acórdão da Relação de Coimbra, de 27.06.2006, www.jurisfor.pt/arrendamento urbano*)

ANOTAÇÕES:

1. FORMA LEGAL:

"Diz Pereira Coelho [Breves Notas ao Regime do Arrendamento Urbano, RLJ, Ano 126.º], pág. 198, nota 37: 'Com efeito, se a lei admite que a falta de contrato escrito seja suprida por um documento (o recibo de renda) que tem uma função de

517

Parte II – Código Civil

prova do contrato de arrendamento, parece resultar claramente da lei que a forma escrita do contrato, relativamente aos arrendamentos de que se trata e em que a lei admite o suprimento, apenas é exigida 'para prova da declaração negocial' nos termos do artigo 364.º, n.º 2 do CC, podendo, por isso, ser substituída por qualquer outro documento em que se contenha uma confissão expressa pelo senhorio do contrato de arrendamento'.

A este respeito, Mota Pinto, Teoria Geral do Direito Civil, Lições do Ano Lectivo de 1972-1973, págs. 512/513, defende que no nosso direito a nulidade deixará de ser a sanção para a inobservância da forma legal, sempre que, em casos particulares, a lei determine outra consequência (artigo 220.º CC). E daí que infere-se do disposto no artigo 364.º do CC que quaisquer documentos (autênticos ou particulares) serão formalidades *ad probationem*, nos casos excepcionais em que resultar claramente da lei que a finalidade tida em vista ao ser formulada certa exigência de forma foi apenas a de obter prova segura acerca do acto e não qualquer das outras finalidades possíveis do formalismo negocial.

Refere aí este ilustre Professor que, nestes casos, é de admitir, como meio de suprimento da falta do documento, a confissão expressa.

Embora aponte aí como exemplo precisamente o caso de no arrendamento urbano não existir título escrito e poder ser provado pela exibição do recibo de renda *e se reportar a uma data em que não era exigida a forma escrita*, os princípios orientadores do seu pensamento sobre esta questão continuam a ser de plena validade."

(*in Acórdão da Relação do Porto, de 29.05.2003, Colectânea de Jurisprudência, 2003, Tomo III, pág. 184*)

2. REQUISITO DE FORMA:

Levanta-se uma questão pertinente, que respeita ao requisito de forma exigido para o contrato com prazo superior a seis meses de duração.

Como resulta do disposto no artigo 220.º do Código Civil, "a declaração negocial que careça da forma legalmente prevista é nula, quando outra não seja a sanção especialmente prevista na lei".

No caso vertente, a lei não estabelece qualquer outra sanção para o caso de o contrato não estar reduzido a escrito, pelo que este será nulo, na falta de verificação deste requisito.

Na lei anterior, esta falta poderia ser suprida com a exibição de recibo de renda, que se considerava como suficiente para a prova do contrato. Solução pertinente, face à realidade inequívoca de, a maior parte dos arrendamentos não ser formalizada através de contrato escrito. O contrato era verbal, o inquilino "pedia" um "papel", um documento, pelo qual comprovasse o pagamento da renda, nada "para fins fiscais", mas apenas para futura prova nos tribunais.

CC   *Art. 1069.º*

Perante uma inequívoca "fuga fiscal", que anteriormente se verificava, o legislador exige agora a outorga do contrato escrito, o qual deverá ser declarado pelo locador para fins fiscais, a nível de IRS.

3. CONTRATO-PROMESSA DE ARRENDAMENTO:

"A celebração de um contrato de arrendamento para habitação pode ser precedida, nos termos gerais, pela celebração de um *contrato-promessa* (artigos 410.º a 413.º do Código Civil), o qual só será válido se for celebrado por escrito e assinado pela parte que se vincula ou por ambas, consoante o contrato-promessa seja unilateral ou bilateral (artigo 410.º, n.º 2 do Código Civil). Não sendo respeitada a forma exigida por lei, o contrato é nulo nos termos gerais (artigos 22.º e 286.º do Código Civil).

A susceptibilidade de a nulidade do contrato-promessa de arrendamento por vício de forma ser invocada nos termos gerais – a todo o tempo, por qualquer interessado e podendo também ser declarada oficiosamente pelo tribunal – é de afirmar mesmo em relação aos arrendamentos celebrados antes do RAU."

(*Januário Gomes, Arrendamentos para Habitação, Coimbra, 1994, págs. 47 e seg.*)

4. PRIORIDADE DO REGISTO:

"Segundo o princípio da prioridade do registo, no caso de arrendamento por um prazo superior a seis anos, prevalece o arrendamento que tiver sido primeiramente registado, ou seja, o direito inscrito em primeiro lugar prevalece sobre os que se lhe seguirem relativamente aos mesmos bens; se, todavia, o contrato de arrendamento tiver sido celebrado por um prazo inferior a seis anos, mas não tiver sido registado, prevalece o arrendamento mais antigo em data, ou seja, o contrato primeiramente outorgado."

(*Margarida Grave, Novo Regime do Arrendamento Urbano, Anotações e Comentários, 3ª ed., pág. 38*)

5. INVALIDADE DO CONTRATO:

"Verificada uma situação de invalidade, o senhorio deixa de ser obrigado a assegurar o gozo do imóvel e perde o direito a receber a renda. Dado que a invalidade tem efeito retroactivo, o senhorio terá de restituir as rendas recebidas, enquanto o arrendatário, dado que não é possível a restituição em espécie da prestação que recebeu, deverá restituir o valor correspondente ao gozo locativo do imóvel (art. 289.º, n.º 1). As duas obrigações de restituição deverão ser cumpridas simultaneamente, sendo aplicáveis as regras da excepção de não cumprimento do contrato (art. 290.º).

Parte II – Código Civil

Para obter a restituição do prédio em caso de invalidade do arrendamento, parece que poderá ser instaurada uma acção de invalidade e consequente restituição do imóvel (art. 285.°), ou uma acção de reivindicação, no caso de o senhorio ser proprietário do mesmo (art. 1311.°), onde a validade jurídica do arrendamento terá necessariamente que ser discutida. Não parece, porém, possível que seja utilizada para o efeito a acção de despejo, já que esta, nos termos do art. 14.° do NRAU, destina-se antes a fazer cessar a situação jurídica do arrendamento, não abrangendo assim os casos de invalidade do contrato."

(Luís Manuel Teles de Menezes Leitão, Arrendamento Urbano, 2ª edição, Coimbra, 2006, págs. 33 e seg.)

6. NÃO REDUÇÃO A ESCRITO DO CONTRATO:

"O NRAU abandonou a distinção clássica dos contratos de arrendamento, consoante os mesmos se destinassem a habitação, a comércio ou indústria, ou ao exercício de profissões liberais: a lei distingue, agora, os arrendamentos habitacionais e os não habitacionais.

Pois bem: o contrato de arrendamento para habitação, com termo certo, está sujeito às limitações do artigo 1095.° do Código Civil: entre elas conta-se a proibição de prazo inferior a cinco anos (1095.°/2); por isso, em regra, o arrendamento para habitação não poderá ser celebrado verbalmente, por não se subsumir na parte final do artigo 1069.°.

Temos, porém, aqui uma excepção: poderão ser celebrados, com termo certo inferior, os contratos de arrendamento para habitação não permanente ou para fins especiais transitórios, designadamente, por motivos profissionais, de educação e formação ou turísticos (artigo 1095.°/3); deste modo, por exemplo, um arrendamento para fins turísticos, pelo prazo de um mês, estará sujeito à regra da liberdade de forma – artigo 219.° do Código Civil – por escapar à exigência formal contida no artigo 1069.°/1ª parte."

(Carlos Lacerda Barata, Celebração do contrato de arrendamento no NRAU, Revista da Ordem dos Advogados, Ano 66, Dezembro 2006, págs. 1271 e seg.)

7. CONTRATOS DE DURAÇÃO INDETERMINADA:

"... embora sem termo certo, estes contratos vigorarão, em princípio, por tempo não inferior a cinco anos, mercê do regime de denúncia, pelo locador (artigo 1101.°, c), do Código Civil), a qual não poderá, em qualquer caso, levar a uma duração efectiva do contrato inferior àquele período (artigo 1103.°/7, do Código Civil). É certo que o contrato poderá cessar por outra via: Nomeadamente, por denúncia do arrendatário – para a qual basta uma antecedência de 120 dias (artigo 1100.°/1) –, mas esta circunstância não invalidará a conclusão de que, tendencialmente, este tipo de arrendamentos não constituirão locações

_CC_ _Art. 1069.º_

de curta duração, nenhuma razão havendo, portanto, para os excluir da exigência de forma escrita."

(*Carlos Lacerda Barata, Celebração do contrato de arrendamento no NRAU, Revista da Ordem dos Advogados, Ano 66, Dezembro 2006, págs. 1273 e seg.*)

NOTAS PESSOAIS:

ARTIGO 1070.º
Requisitos de celebração

1. O arrendamento urbano só pode recair sobre locais cuja aptidão para o fim do contrato seja atestada pelas entidades competentes, designadamente através de licença de utilização, quando exigível.

2. Diploma próprio regula o requisito previsto no número anterior e define os elementos que o contrato de arrendamento urbano deve conter.

HISTÓRICO:

Redacção do artigo 3.º da Lei n.º 6/2006, de 27 de Fevereiro (NRAU).

Corresponde, parcialmente, ao artigo 9.º do RAU, revogado pela Lei acima citada, cujo texto se transcreve:

Artigo 9.º *(Licença de utilização)*
1. Só podem ser objecto de arrendamento urbano os edifícios ou suas fracções cuja aptidão para o fim pretendido pelo contrato seja atestada pela licença de utilização, passada pela autoridade municipal competente, mediante vistoria realizada menos de oito anos antes da celebração do contrato.
2. Quando as partes aleguem urgência na celebração do contrato, a licença referida no número anterior pode ser substituída por documento comprovativo de a mesma ter sido requerida, em conformidade com o direito à utilização do prédio nos termos legais e com a antecedência mínima requerida por lei.
3. A mudança de finalidade no sentido de permitir arrendamentos comerciais deve ser sempre previamente autorizada pela câmara municipal, seja através de nova licença, seja por averbamento à anterior.
4. A existência de licença de utilização bastante ou, quando isso não seja possível, do documento comprovativo da mesma ter sido requerida, deve ser referida no próprio texto do contrato, nos termos do n.º 2, alínea *c*), do artigo anterior, não podendo ser celebrada qualquer escritura pública de arrendamento sem a sua menção.
5. A inobservância do disposto nos n.ºs 1 a 3, por causa imputável ao senhorio, determina a sujeição do mesmo a uma coima não inferior a um ano de renda, observados os limites legais, salvo quando a falta de licença se fique a dever a atraso que não lhe seja imputável.

Parte II – Código Civil

6. Na situação prevista no número anterior, o arrendatário pode resolver o contrato, com o direito a indemnização nos termos gerais, ou requerer a notificação do senhorio para a realização das obras necessárias, aplicando-se o regime dos artigos 14.º a 18.º e mantendo-se a renda inicialmente fixada, salvo o disposto no número seguinte.

7. O arrendamento não habitacional de locais licenciados apenas para habitação é nulo, sem prejuízo, sendo esse o caso, da aplicação da sanção prevista no n.º 5 e do direito do arrendatário à indemnização.

LEGISLAÇÃO COMPLEMENTAR:

LICENÇAS – DECRETO-LEI N.º 555/99, DE 16 DE DEZEMBRO, ARTIGOS 4.º, 64.º, 89.º, 90.º E 116.º

Artigo 4.º *(Licenças e autorizações administrativas)*

1. A realização de operações urbanísticas depende de prévia licença ou autorização administrativas, nos termos e com as excepções constantes da presente secção.

2. Estão sujeitas a licença administrativa:

a) As operações de loteamento em área não abrangida por plano de pormenor ou abrangida por plano de pormenor que não contenha as menções constantes das alíneas *a)*, *c)*, *d)*, *e)* e *f)* do n.º 1 do artigo 91.º do Decreto-Lei n.º 380/1999, de 22 de Setembro;

b) As obras de urbanização e os trabalhos de remodelação de terrenos em área não abrangida por operação de loteamento, bem como a criação ou remodelação de infra-estruturas que, não obstante se inserirem em área abrangida por operação de loteamento, estejam sujeitas a legislação específica que exija a intervenção de entidades exteriores ao município no procedimento de aprovação dos respectivos projectos de especialidades;

c) As obras de construção, de ampliação ou de alteração em área não abrangida por operação de loteamento nem por plano de pormenor que contenha as menções referidas na alínea *a)*, sem prejuízo do disposto na alínea *b)* do n.º 1 do artigo 6.º;

d) As obras de reconstrução, ampliação, alteração ou demolição de edifícios classificados ou em vias de classificação e as obras de construção, reconstrução, ampliação, alteração ou demolição de edifícios situados em zona de protecção de imóvel classificado ou em vias de classificação ou em áreas sujeitas a servidão administrativa ou restrição de utilidade pública;

e) A alteração da utilização de edifícios ou suas fracções em área não abrangida por operação de loteamento ou plano municipal de ordenamento do território, quando a mesma não tenha sido precedida da realização de obras sujeitas a licença ou autorização administrativas.

CC

Art. 1070.º

3. Estão sujeitas a autorização administrativa:

a) As operações de loteamento em área abrangida por plano de pormenor que contenha as menções referidas na parte final da alínea *a)* do número anterior;

b) As obras de urbanização e os trabalhos de remodelação de terrenos em área abrangida por operação de loteamento e que não respeitem à criação ou remodelação de infra-estruturas sujeitas à legislação específica referida na parte final da alínea *b)* do número anterior;

c) As obras de construção, de ampliação ou de alteração em área abrangida por operação de loteamento ou por plano de pormenor que contenha as menções referidas na parte final da alínea *a)* do número anterior, sem prejuízo do disposto na alínea *b)* do n.º 1 do artigo 6.º;

d) As obras de reconstrução salvo as previstas na alínea *d)* do número anterior;

e) As obras de demolição de edificações existentes que não se encontrem previstas em licença ou autorização de obras de reconstrução, salvo as previstas na alínea *d)* do número anterior;

f) A utilização de edifícios ou suas fracções, bem como as alterações à mesma que não se encontrem previstas na alínea *e)* do número anterior;

g) As demais operações urbanísticas que não estejam isentas ou dispensadas de licença ou autorização, nos termos do presente diploma.

Artigo 64.º *(Vistoria)*
1. A concessão da licença ou autorização de utilização não depende de prévia vistoria municipal, salvo o disposto no número seguinte.
2. O presidente da câmara municipal pode determinar a realização de vistoria, no prazo de 15 dias a contar da entrega do requerimento referido no artigo anterior, se a obra não tiver sido inspeccionada ou vistoriada no decurso da sua execução ou se dos elementos constantes do processo ou do livro de obra resultarem indícios de que a mesma foi executada em desconformidade com o respectivo projecto e condições da licença, ou com as normas legais e regulamentares que lhe são aplicáveis.

Artigo 74.º *(Título)*
1. O licenciamento ou autorização das operações urbanísticas é titulado por alvará.
2. A emissão do alvará é condição de eficácia da licença ou autorização, e depende do pagamento das taxas devidas pelo requerente.

Artigo 89.º *(Dever de conservação)*
1. As edificações devem ser objecto de obras de conservação pelo menos uma vez em cada período de oito anos.
2. Sem prejuízo do disposto no número anterior, a câmara municipal pode a todo o tempo, oficiosamente ou a requerimento de qualquer interessado, determinar a execução de obras de conservação necessárias à correcção de más condições de segurança ou de salubridade.

Parte II – Código Civil

3. A câmara municipal pode, oficiosamente ou a requerimento de qualquer interessado, ordenar a demolição total ou parcial das construções que ameacem ruína ou ofereçam perigo para a saúde pública e para a segurança das pessoas.

4. Os actos referidos nos números anteriores são eficazes a partir da sua notificação ao proprietário.

Artigo 90.º *(Vistoria prévia)*

1. As deliberações referidas no n.º 2 e n.º 3 do artigo anterior são precedidas de vistoria a realizar por três técnicos a nomear pela câmara municipal.

2. Do acto que determinar a realização da vistoria e respectivos fundamentos é notificado o proprietário do imóvel, mediante carta registada expedida com, pelo menos, sete dias de antecedência.

3. Até à véspera da vistoria, o proprietário pode indicar um perito para intervir na realização da vistoria e formular quesitos a que deverão responder os técnicos nomeados.

4. Da vistoria é imediatamente lavrado auto, do qual consta obrigatoriamente a identificação do imóvel, a descrição do estado do mesmo e as obras preconizadas e, bem assim, as respostas aos quesitos que sejam formuladas pelo proprietário.

5. O auto referido no número anterior é assinado por todos os técnicos e pelo perito que hajam participado na vistoria e, se algum deles não quiser ou não puder assiná-lo, faz-se menção desse facto.

6. Quando o proprietário não indique perito até à data referida no número anterior, a vistoria é realizada sem a presença deste, sem prejuízo de, em eventual impugnação administrativa ou contenciosa da deliberação em causa, o proprietário poder alegar factos não constantes do auto de vistoria, quando prove que não foi regularmente notificado nos termos do n.º 2.

7. As formalidades previstas no presente artigo podem ser preteridas quando exista risco iminente de desmoronamento ou grave perigo para a saúde pública, nos termos previstos na lei para o estado de necessidade.

Artigo 116.º *(Taxa pela realização, manutenção e reforço de infraestruturas urbanísticas)*

1. A emissão dos alvarás de licença e autorização previstos no presente diploma está sujeita ao pagamento das taxas a que se refere a alínea *b*) do artigo 19.º da Lei n.º 42/1998, de 6 de Agosto.

2. A emissão do alvará de licença ou autorização de loteamento e de obras de urbanização está sujeita ao pagamento da taxa referida na alínea *a*) do artigo 19.º da Lei n.º 42/1998, de 6 de Agosto.

3. A emissão do alvará de licença ou autorização de obras de construção ou ampliação em área não abrangida por operação de loteamento ou alvará de obras de urbanização está igualmente sujeita ao pagamento da taxa referida no número anterior.

4. A emissão do alvará de licença parcial a que se refere o n.º 5 do artigo 23.º está também sujeita ao pagamento da taxa referida no n.º 1, não havendo lugar à liquidação da mesma aquando da emissão do alvará definitivo.

CC   *Art. 1070.°*

5. Os projectos de regulamento municipal da taxa pela realização, manutenção e reforço de infra-estruturas urbanísticas devem ser acompanhados da fundamentação do cálculo das taxas previstas, tendo em conta, designadamente, os seguintes elementos:
   a) Programa plurianual de investimentos municipais na execução, manutenção e reforço das infra-estruturas gerais, que pode ser definido por áreas geográficas diferenciadas;
   b) Diferenciação das taxas aplicáveis em função dos usos e tipologias das edificações e, eventualmente, da respectiva localização e correspondentes infraestruturas locais.

ELEMENTOS DO CONTRATO DE ARRENDAMENTO E REQUISITOS A QUE OBEDECE A SUA CELEBRAÇÃO – DECRETO-LEI N.° 160/2006, DE 8 DE AGOSTO

O texto integral vai transcrito *infra*, na Parte III.

JURISPRUDÊNCIA:

CONTRATO DE ARRENDAMENTO; FALTA DE LICENÇA DE UTILIZAÇÃO

"**I** – A falta de licença de utilização, passada pela autoridade municipal, não gera a nulidade do contrato de arrendamento.

II – A falta de licença de utilização por causa imputável ao senhorio apenas importa, celebrado o contrato de arrendamento, a sujeição do mesmo a uma coima, a ver resolvido o contrato pelo arrendatário, com indemnização nos termos gerais, e a ver o inquilino a requerer a sua notificação para a realização das obras necessárias, com manutenção da renda inicialmente fixada."

(***Acórdão da Relação de Coimbra***, *de 10.01.2006, Colectânea de Jurisprudência, 2006, Tomo I, pág. 5*)

ANOTAÇÕES:

1. ESPÍRITO DO PRECEITO:

O n.° 1 do preceito impõe a exigência do comprovativo da aptidão do locado para o fim do contrato, comprovada através das autoridades competentes, nomeadamente, a exigência da licença de utilização.

A este propósito, e em anotação ao artigo 9.° do RAU, diziam Pires de Lima – Antunes Varela (Código Civil Anotado, vol. II, pág. 507) que, tal preceito, "pretendendo pôr ordem e imprimir certeza numa área em que, na prática, ainda impe-

Parte II – Código Civil

rava a *desordem* e a *vaga confiança* no *fechar complacente dos olhos* das autoridades ou na condenação dos excessos da burocracia, firmou de novo a exigência da licença de utilização, estendeu-a a todas as variantes do arrendamento urbano, esclareceu que a aptidão funcional do prédio ou da fracção autónoma ou da parte – não autónoma – dele, estabeleceu um prazo *máximo* de validade do atestado de aptidão do prédio e fixou as sanções aplicáveis à infracção dos deveres impostos ao senhorio, através da exigência da licença.

2. REQUISITOS DO CONTRATO:

O n.º 1 do preceito em análise exige que o arrendamento recaia sobre locais cuja aptidão esteja comprovada pelas entidades competentes, designadamente através da licença de utilização, quando exigível.

Parece-nos que terá de haver sempre comprovação da aptidão do local para o fim do contrato e que esta depende da respectiva licença de utilização emitida pela câmara municipal competente, a qual deverá ser devidamente identificada no contrato (reduzido a escrito, nos termos do artigo 1069.º). Pelo que, a falta de indicação tal elemento no contrato, conduzirá à anulabilidade deste, por omissão ou erro de elemento essencial na declaração (artigo 247.º do Código Civil). Já no caso de inexistência de licença, o negócio será nulo por impossibilidade do objecto (artigo 280.º do mesmo Código).

3. NOVA REGULAMENTAÇÃO:

Contrariamente ao que dispunha o artigo 9.º do revogado RAU, este preceito não estabelece normas quanto ao preenchimento do requisito previsto no n.º 1, remetendo para diploma próprio, que ainda não se encontra publicado.

Contudo, e seguindo uma "tradição" que vem já do RAU, deverá sempre exigir-se a exibição da licença de utilização do imóvel, comprovativa de que o mesmo se encontra apto a ser arrendado para o fim constante do contrato, do qual deverá constar referência expressa àquela, instruindo-se o referido contrato com cópia autenticada da mesma.

4. LEGITIMIDADE PARA TOMAR DE ARRENDAMENTO:

"Quanto à legitimidade de tomar de arrendamento o princípio é o de que cada um o pode fazer para si, na medida em que o acto de tomar de arrendamento não é um acto de administração ordinária, passível de ser executado por outrém para outrém.

Contudo, existem algumas excepções:

– Quam não possa tomar de arrendamento, para si, certos imóveis, em obediência ao princípio geral que proíbe o negócio consigo mesmo (artigo 261.º do Código Civil): é o caso dos pais, em relação a imóveis dos filhos (artigo 1892.º do Código Civil), do tutor em relação a prédios tutelados (artigo 1937.º, alínea *b*) do

Código Civil), do administrador legal de bens (artigo 1971.º do Código Civil) sem autorização do tribunal;
– Quem possa tomar de arrendamento para outrém: todos aqueles que possuam mandatos com poderes especiais para o efeito, ou aqueles que supram essa possibilidade junto do tribunal."
(Margarida Grave, Novo Regime do Arrendamento Urbano, Anotações e Comentários, 3ª ed., pág. 41)

5. EXIGÊNCIA DA LICENÇA DE UTILIZAÇÃO:

"O artigo em anotação confirmou a intenção do legislador continuar a pretender pôr ordem a imprimir certeza numa área em que, na prática, ainda imperava a desordem e a vaga confiança no fechar complacente dos olhos das autoridades, ou na condenação dos excessos da burocracia. Firmou-se, novamente, a exigência da licença de utilização a todas as variantes do arrendamento urbano, confirmando-se que a aptidão funcional atestada no prédio se há-de referir especificadamente ao fim visado pelo arrendamento, pelo prazo máximo de validade do atestado de aptidão do prédio (artigo 89.º, n.º 1 do Decreto-Lei n.º 555/99, de 16 de Dezembro, na redacção actualizada pelo Decreto-Lei n.º 177/2001, de 4 de Junho)."
(Margarida Grave, Novo Regime do Arrendamento Urbano, Anotações e Comentários, 3ª ed., pág. 39)

6. ALTERAÇÃO DA UTILIZAÇÃO:

"Hoje, por força do Decreto-Lei n.º 555/99, de 16 de Dezembro, na redacção utilizada pelo Decreto-Lei n.º 177/2001, de 4 de Junho, rectificado no DR Série I – A, 2.º Suplemento, de 30.06.2001, que o republicou, e pela Lei n.º 15/2002, de 22 de Fevereiro, está sujeita a licença administrativa a alteração da utilização de edifícios ou as suas fracções em área não abrangida por operação de loteamento ou plano municipal de ordenamento do território, quando a mesma não tenha sido precedida da realização de obras sujeitas a licença ou autorização administrativas – artigo 4.º, n.º 2, alínea *e)*. Esta licença de alteração da utilização destina-se a verificar a conformidade do uso previsto com as normas legais e regulamentares que lhe são aplicáveis e a idoneidade do edifício ou sua fracção autónoma para o fim a que se destina – artigo 62.º, n.º 1. Está, também, sujeita a licença administrativa a utilização de edifícios ou suas fracções, bem como as alterações à mesma, que não se encontrem previstas no artigo 4.º, n.º 2, alíneas *e)* e *f)*. Esta autorização de utilização destina-se a verificar a conformidade da obra concluída com o projecto aprovado e com as condições do licenciamento ou autorização – artigo 62.º, n.º 2. A vistoria que serve de base à licença de utilização tem de ser realizada menos de oito anos antes da celebração do contrato – n.º 1 – com vista a verificar o estado de conservação dos edifícios ou fracções e a sua aptidão para o fim pretendido."
(Margarida Grave, Novo Regime do Arrendamento Urbano, Anotações e Comentários, 3ª ed., págs. 43 e seg.)

Parte II – Código Civil

7. LICENÇA DE UTILIZAÇÃO:

"... é condicionalismo da celebração do contrato de arrendamento a existência de licença de utilização, quando exigível (arts. 1070.º e 5.º, n.º 1, DL 160/2006, de 8 de Agosto), sendo que a mesma só não é exigível quando a construção do edifício seja anterior à entrada em vigor do Regulamento Geral das Edificações Urbanas, aprovado pelo Decreto-Lei n.º 38382, de 7 de Agosto de 1951 devendo nesse caso ser anexado ao contrato documento autêntico que demonstre a data da construção (art. 5.º, n.º 2, DL 160/2006, de 8 de Agosto). No entanto, quando as partes aleguem urgência na celebração do contrato, a referida licença pode ser substituída por documento comprovativo de a mesma ter sido requerida com a antecedência mínima prevista na lei (art. 5.º, n.º 3, DL 160/2006, de 8 de Agosto). Da mesma forma, é exigida autorização camarária para a mudança de finalidade e para o arrendamento não habitacional de prédios ou fracções não licenciados (art. 5.º, n.º 4 DL 160/2006, de 8 de Agosto). Qualquer destes documentos vem, no entanto, a ser dispensado em relação aos arrendamentos que tenham por objecto espaços não habitáveis ou utilizáveis para comércio, indústria ou serviços, nomeadamente para afixação de publicidade ou outro fim limitado (art. 5.º, n.º 9, DL 160/2006, de 8 de Agosto)."

(*Luís Manuel Teles de Menezes Leitão, Arrendamento Urbano, 2ª edição, Coimbra, 2006, págs. 27 e seg.*)

NOTAS PESSOAIS:

SUBSECÇÃO III
Direitos e obrigações das partes

DIVISÃO I
Obrigações não pecuniárias

ARTIGO 1071.º
Limitações ao exercício do direito

Os arrendatários estão sujeitos às limitações impostas aos proprietários de coisas imóveis, tanto nas relações de vizinhança como nas relações entre arrendatários de partes de uma mesma coisa.

HISTÓRICO:

Redacção do artigo 3.º da Lei n.º 6/2006, de 27 de Fevereiro (NRAU).
Preceito inovador.

REMISSÕES:

Limites materiais ao direito de propriedade de imóveis – art. 1344.º CC; direito de demarcação – arts. 1353.º e segs. CC; direito de tapagem – arts. 1356.º e segs. CC; construções e edificações – arts. 1360.º e segs. CC; plantação de árvores e arbustos – arts. 1366.º e segs. CC, paredes e muros de meação – arts. 1370.º e segs. CC.

LEGISLAÇÃO COMPLEMENTAR:

PROPRIEDADE DE IMÓVEIS:
ARTIGOS 1344.º A 1352.º DO CÓDIGO CIVIL

Artigo 1344.º *(Limites materiais)*
1. A propriedade dos imóveis abrange o espaço aéreo correspondente à superfície, bem como o subsolo, com tudo o que neles se contém e não esteja desintegrado do domínio por lei ou negócio jurídico.

Parte II – Código Civil

2. O proprietário não pode, todavia, proibir os actos de terceiro que, pela altura ou profundidade a que têm lugar, não haja interesse em impedir.

Artigo 1345.º *(Coisas imóveis sem dono conhecido)*
As coisas imóveis sem dono conhecido consideram-se património do Estado.

Artigo 1346.º *(Emissão de fumo, produção de ruídos e factos semelhantes)*
O proprietário de um imóvel pode opor-se à emissão de fumo, fuligem, vapores, cheiros, calor ou ruídos, bem como à produção de trepidações e a outros quaisquer factos semelhantes, provenientes de prédio vizinho, sempre que tais factos importem um prejuízo substancial para o uso do imóvel ou não resultem da utilização normal do prédio de que emanam.

Artigo 1347.º *(Instalações prejudiciais)*
1. O proprietário não pode construir nem manter no seu prédio quaisquer obras, instalações ou depósitos de substâncias corrosivas ou perigosas, se for de recear que possam ter sobre o prédio vizinho efeitos nocivos não permitidos por lei.
2. Se as obras, instalações ou depósitos tiverem sido autorizados põe entidade pública competente, ou tiverem sido observadas as condições especiais prescritas na lei para a construção ou manutenção deles, a sua inutilização só é admitida a partir do momento em que o prejuízo se torne efectivo.
3. É devida, em qualquer dos casos, indemnização pelo prejuízo sofrido.

Artigo 1348.º *(Escavações)*
1. O proprietário tem a faculdade de abrir no seu prédio minas ou poços e fazer escavações, desde que não prive os prédios vizinhos do apoio necessário para evitar desmoronamentos ou deslocações de terra.
2. Logo que venham a padecer danos com as obras feitas, os proprietários vizinhos serão indemnizados pelo autor delas, mesmo que tenham sido tomadas as precauções julgadas necessárias.

Artigo 1349.º *(Passagem forçada momentânea)*
1. Se, para reparar algum edifício ou construção, for indispensável levantar andaime, colocar objectos sobre prédio alheio, fazer passar por ele os materiais para a obra ou praticar outros actos análogos, é o dono do prédio obrigado a consentir nesses actos.
2. É igualmente permitido o acesso a prédio alheio a quem pretenda apoderar-se de coisas suas que acidentalmente nele se encontrem; o proprietário pode impedir o acesso, entregando a coisa ao seu dono.
3. Em qualquer dos casos previstos neste artigo, o proprietário tem direito a ser indemnizado do prejuízo sofrido.

Artigo 1350.º *(Ruína de construção)*
Se qualquer edifício ou outra obra oferecer perigo de ruir, no todo ou em parte, e do desmoronamento puderem resultar danos para o prédio vizinho, é lícito ao dono deste exigir da pessoa responsável pelos danos, nos termos do artigo 492.º, as providências necessárias para eliminar o perigo.

CC   Art. 1071.º

Artigo 1351.º *(Escoamento natural das águas)*
1. Os prédios inferiores estão sujeitos a receber as águas que, naturalmente e sem obra do homem, decorrem dos prédios superiores, assim como a terra e entulhos que elas arrastam na sua corrente.
2. Nem o dono do prédio inferior pode fazer obras que estorvem o escoamento, nem o dono do prédio superior obras capazes de o agravar, sem prejuízo da possibilidade de constituição da servidão legal de escoamento, nos casos em que é admitida.

Artigo 1352.º *(Obras defensivas das águas)*
1. O dono do prédio onde existam obras defensivas para conter as águas, ou onde, pela variação do curso das águas, seja necessário construir novas obras, é obrigado a fazer os reparos precisos, ou a tolerar que os façam, sem prejuízo dele, os donos dos prédios que padeçam danos ou estejam expostos a danos iminentes.
2. O disposto no número anterior é aplicável, sempre que seja necessário despojar algum prédio de materiais cuja acumulação ou queda estorve o curso das águas com prejuízo ou risco de terceiro.
3. Todos os proprietários que participam do benefício das obras são obrigados a contribuir para as despesas delas, em proporção do seu interesse, sem prejuízo da responsabilidade que recaia sobre o autor dos danos.

ANOTAÇÕES:

1. ANÁLISE DO PRECEITO:

"Conclui-se desta disposição que, por exemplo, o arrendatário de uma fracção autónoma de prédio constituído em propriedade horizontal está, assim, claramente vinculado ao cumprimento dos deveres dos condóminos em matéria de bom uso das partes comuns do imóvel. A violação grave e reiterada deste tipo de deveres é fundamento de resolução, nos termos do artigo 1083.º, n.º 2, alínea *a*)."
(*Maria Olinda Garcia, A Nova Disciplina do Arrendamento Urbano, Coimbra, 2006, pág. 16*)

2. PRINCÍPIOS ESTABELECIDOS NO PRECEITO:

Este artigo estabelece, fundamentalmente, dois princípios que sujeitam a actuação do arrendatário. Por um lado, este encontra-se limitado pelas mesmas limitações do proprietário de coisas imóveis e, por outro, das que são impostas ao arrendatário de partes de uma mesma coisa.
No que se refere ao primeiro princípio, o legislador pretende esclarecer que o arrendatário, enquanto tal, tem de actuar como se fosse proprietário do imóvel, pelo que lhe são aplicáveis as disposições dos artigos 1344.º e seguintes do Código Civil, com as necessárias adaptações. Isto quer dizer que o arrendatário tem obrigações

Parte II – Código Civil

perante o proprietário (e, porque não, arrendatário) de prédio vizinho. Mas, consequentemente, também tem direitos perante este, precisamente, os mesmos que teria o proprietário.

Por outro lado, o arrendatário terá de respeitar os direitos de outros arrendatários da mesma coisa (como decorre da parte final do preceito), sem identificar quais, desconhecendo-se, por isso, qual a intenção do legislador com esta ressalva.

3. DIREITOS DO PROPRIETÁRIO:

"O proprietário goza de modo pleno do direito de uso, fruição e disposição das coisas, com observância das restrições impostas. Há restrições de direito privado e de direito público. Ora, o legislador pretende, e bem, com este preceito acautelar que não pode ser exigível ao senhorio dar cumprimento a determinadas obrigações de sua responsabilidade se este, por sua vez, se encontrar privado dos necessários meios, ou inclusive do objecto contratual, ou seja, do imóvel, como se constata, põe exemplo, no caso de uma expropriação do locado."

(*Margarida Grave, Novo Regime do Arrendamento Urbano, 2006, 3ª ed., pág. 45*)

NOTAS PESSOAIS:

ARTIGO 1072.º
Uso efectivo do locado

1. O arrendatário deve usar efectivamente a coisa para o fim contratado, não deixando de a utilizar por mais de um ano.

2. O não uso pelo arrendatário é lícito:

a) Em caso de força maior ou de doença;

b) Se a ausência, não perdurando há mais de dois anos, for devida ao cumprimento de deveres militares ou profissionais, do próprio, do cônjuge ou de quem viva com o arrendatário em união de facto;

c) Se a utilização for mantida por quem, tendo direito a usar o locado, o fizesse há mais de um ano.

HISTÓRICO:

Redacção da Lei n.º 6/2006, de 27 de Fevereiro (NRAU).

O n.º 1 não tem correspondência no texto anterior da lei.

O disposto no n.º 2 corresponde, substancialmente ao que vinha disposto no n.º 2 do artigo 64.º do RAU (entretanto revogado), em matéria de excepção à resolução do arrendamento pelo senhorio.

Redacção anterior:

Artigo 64.º *(Casos de resolução pelo senhorio)*

1. O senhorio só pode resolver o contrato se o arrendatário:

(...)

i) Conservar o prédio desabitado por mais de um ano ou, sendo o prédio destinado a habitação, não tiver nele residência permanente, habite ou não outra casa, própria ou alheia;

(...)

2. Não tem aplicação o disposto na alínea *i)* do número anterior:

a) Em caso de força maior ou de doença;

b) Se o arrendatário se ausentar por tempo não superior a dois anos, em cumprimento de deveres militares, ou no exercício de outras funções públicas

Parte II – Código Civil

ou de serviço particular por conta de outrem, e bem assim, sem dependência de prazo, se a ausência resultar de comissão de serviço público, civil ou militar, por tempo indeterminado;

c) Se permanecerem no prédio o cônjuge ou parentes em linha recta do arrendatário ou outros familiares dele, desde que, neste último caso, com ele convivessem há mais de um ano.

JURISPRUDÊNCIA:

ARRENDAMENTO; RESOLUÇÃO; FALTA DE RESIDÊNCIA PERMANENTE:

"A ausência em serviço particular contratado só revela para efeitos da resolução do arrendamento depois de decorridos dois anos, não podendo o senhorio requerer a resolução do contrato antes de decorrido esse prazo, ainda que prove que o contrato de trabalho que determinou a ausência tem a duração predeterminada de três anos."

(*Acórdão da Relação do Porto*, de 30.09.1991, *Boletim do Ministério da Justiça, 409, pág. 869*)

CONTRATO DE ARRENDAMENTO; MARIDO ARRENDATÁRIO NÃO RESIDENTE; COMUNICABILIDADE DO ARRENDAMENTO AO OUTRO CÔNJUGE:

"**I** – Não basta ao cônjuge do arrendatário, para fazer funcionar a excepção impeditiva do despejo previsto no artigo 64.º, n.º 2, alínea *c*), do Regime do Arrendamento Urbano, demonstrar a sua qualidade de cônjuge e a sua permanência no locado.

II – Tem ainda de alegar e provar factos que convençam o julgado de que, sendo temporária a ausência do arrendatário, não há desintegração do agregado familiar, subsistindo entre este e aquele um elo ou vínculo de dependência, designadamente económico."

(*Acórdão da Relação de Lisboa*, de 13.02.1997, *Boletim do Ministério da Justiça, 464, pág. 605*)

CONTRATO DE ARRENDAMENTO; ARRENDAMENTO PARA HABITAÇÃO NÃO PERMANENTE; CONVERSÃO DO CONTRATO:

"**I** – Sendo o fim do arrendamento a habitação não permanente, é válida a cláusula em que se estipula que o contrato é feito nos termos e para os efeitos do n.º 2 da alínea *b*) do artigo 1083.º do Código Civil e que é feito nesses termos por o arrendamento se destinar a um fim especial transitório, neste caso a necessidade de

CC — Art. 1072.°

um domicílio eventual do arrendatário pelo período máximo de seis meses, renovável por um máximo de quatro períodos sucessivos de igual duração, em virtude de a habitação principal se encontrar em obras.

II – O regime deste contrato é o do artigo 5.° n.° 2, alínea *b*) do Regime de Arrendamento Urbano que reproduz o artigo 1083.°, n.° 2, alínea *b*) do Código Civil.

III – Neste caso não há lugar à conversão do contrato noutro de duração limitada, submetido ao regime do artigo 98.° e seguintes do Regime de Arrendamento Urbano pois as partes eram livres de fixar o prazo contratual, não havendo violação do n.° 2 deste artigo 98.° que vale apenas para os arrendamentos vinculísticos."

(*Acórdão da Relação de Lisboa, de 03.07.1997, Colectânea de Jurisprudência, 1997, Tomo IV, pág. 81*)

FACTO IMPEDITIVO DO DIREITO DE RESOLUÇÃO DO CONTRATO DE ARRENDAMENTO; CASO DE FORÇA MAIOR:

"**I** – Ao erigir como causa justificativa da desabitação e da falta de residência permanente o caso de força maior – a obstar à resolução do arrendamento – o legislador quer efectivamente abranger aqueles casos em que a ausência do locado foi determinada por factos exteriores à pessoa do locatário, 'normalmente imprevisíveis, ou pelo menos imprevistas, cuja força é superior à vontade normal', factos que tornam compreensível e aceitável aquela situação de ausência.

II – As cheias do Tejo de 1989 constituem 'um caso de força maior'. Simplesmente um facto natural, como esse, só justifica a desabitação enquanto persiste ou não é normalizada a situação. As cheias não se mantêm por longo tempo e mesmo as mais catastróficas não se arrastam por muitos dias, pelo que deve considerar-se absolutamente injustificada uma ausência que perdurou quase quatro anos, não se verificando qualquer facto impeditivo do direito de resolução do contrato de arrendamento."

(*Acórdão da Relação de Évora, de 15.01.1998, Boletim do Ministério da Justiça, 473, pág. 581*)

ARRENDATÁRIO; HABITAÇÃO; RESIDÊNCIA; CONCEITOS DE FACTO; CASO DE FORÇA MAIOR; RUPTURA DE CANALIZAÇÃO; LITIGÂNCIA DE MÁ FÉ:

"**I** – As expressões «habitam» e «residem» reportadas à situação dos arrendatários em relação ao locado consubstanciam conceitos de facto.

II – A casa de residência permanente do arrendatário habitacional é, em regra, aquela em que ele tem o centro da sua vida familiar e da respectiva economia doméstica, ou seja, onde habitualmente dorme, toma as refeições, convive, recebe os amigos e a correspondência postal.

III – O caso de força maior a que se reporta a alínea *a*) do n.° 2 do artigo 64.° do Regime do Arrendamento Urbano é o evento natural ou de acção humana de

Parte II – Código Civil

outrem que não o arrendatário que, embora pudesse prevenir-se, não podia ser evitado em si ou nas suas consequências danosas e que torne compreensível, aceitável, perfeitamente explicável que aquele não resida na ema arrendada.

IV – A ruptura da canalização da água da casa arrendada derivada do desgaste pelo tempo do seu uso não integra o conceito de caso de força maior.

V – A sustentação de teses controvertidas na doutrina e na jurisprudência e na interpretação de regras de direito, mesmo que espaçosamente feitas e em termos de litigiária ousada, é insusceptível de integrar o conceito de litigância de má fé."

(*Acórdão da Relação de Lisboa, de 11.03.1999, Boletim do Ministério da Justiça, pág. 477*)

ARRENDAMENTO PARA HABITAÇÃO;
RESIDÊNCIA PERMANENTE:

"O facto de um arrendatário prestar serviço no Conselho da Europa, em comissão, por tempo indeterminado, não integra a excepção prevista na parte final do artigo 64.º, n.º 2, alínea *b*), do Regime do Arrendamento Urbano."

(*Acórdão da Relação do Porto, de 18.05.1999, Boletim do Ministério da Justiça, 487, pág. 363*)

RESOLUÇÃO DO CONTRATO PELO SENHORIO;
FALTA DE RESIDÊNCIA PERMANENTE;
DESINTEGRAÇÃO DO AGREGADO FAMILIAR:

"**I** – A excepção ao direito de resolução do senhorio prevista na alínea *c*) do n.º 2 do artigo 64.º do Regime de Arrendamento Urbano pressupõe que não tenha havido desintegração do agregado familiar.

II – Assim, ocorrendo a separação entre o(a) locatário(a) e o cônjuge ou a(o) companheira(o) que com ele (ela) vivia em união de facto, houve desintegração do agregado familiar ou ruptura da união de facto, pelo que, em qualquer circunstância, não tem aplicação aquela excepção prevista na alínea *c*) do n.º 2 do artigo 64.º daquele diploma legal."

(*Acórdão da Relação de Lisboa, de 04.05.2000, Boletim do Ministério da Justiça, 497, pág. 429*)

FALTA DE RESIDÊNCIA PERMANENTE;
CASO DE FORÇA MAIOR OU DE DOENÇA:

"**I** – São traços constitutivos e indispensáveis do conceito de residência permanente a habitualidade, a estabilidade e a circunstância de constituir o centro da organização da vida doméstica.

II – Essencial para que se possa falar de residências alternadas é que se tenha nos vários lugares verdadeira habitação, casa montada ou instalada (e não simples

CC   Art. 1072.º

quarto de pernoita ou gabinete de trabalho) e que a situação seja estável, goze de relativa permanência e não haja uma simples morada ocasional, variável de ano para ano ou de mês para mês.

III – Para a verificação da excepção prevista na al. *c*) do n.º 2 do artigo 64.º do RAU, não basta que no arrendado permaneçam familiares do arrendatário, sendo necessário que não ocorra desintegração do agregado familiar.

IV – O facto de a filha dos arrendatários ter habitado sempre no local arrendado, depois de casada juntamente com o seu marido, conjugado com a demonstração da falta de residência permanente daqueles nesse local, é insuficiente para integrar essa excepção.

V – Apenas é de considerar verificada a excepção da al. *a*) do n.º 2 do mesmo artigo quando o caso de força maior ou de doença sejam alheios, quer ao comportamento contratual do senhorio, quer ao estado em que o arrendado se encontre em resultado de omissão de conduta por aquele devida – estando o senhorio contratualmente obrigado a proporcionar ao arrendatário o gozo do prédio para os fins a que se destina, se permitir, designadamente por falta de obras de conservação e reparação, que o arrendado se torne inabitável, torna-se possível ao arrendatário a invocação da excepção de não cumprimento do contrato, que o exonera de nele habitar com carácter de permanência.

VI – Para a resolução do contrato fundada em falta de residência permanente, não é necessário que esta tenha decorrido por mais de um ano.

VII – Nada obsta à validade da cláusula, contida em contrato de arrendamento, segundo a qual as benfeitorias realizadas pelo arrendatário não lhe dão direito a qualquer indemnização."

(*Acórdão do Supremo Tribunal de Justiça*, *de 11.10.2001, Colectânea de Jurisprudência, Acórdãos do Supremo Tribunal de Justiça, 2001, Tomo III, pág. 69*)

HABITAÇÃO NÃO PERMANENTE;
DENÚNCIA; DEVER DE INDEMNIZAÇÃO:

"**I** – É formalmente válido o contrato verbal de arrendamento para habitação não permanente em lugar de vilegiatura, celebrado em Outubro de 1998.

II – Nos termos da lei de processo em vigor, o Tribunal, uma vez que se visa alcançar a verdade material fim último do Direito, para além de poder atentar oficiosamente nos factos notórios e do dever de impedir que se faça do processo um uso anormal, tem ainda a possibilidade de investigar os factos instrumentais que resultem da instrução e discussão da causa.

III – Assim, sobre as partes recai a necessidade de alegar e provar os factos essenciais por força do princípio dispositivo mas quanto aos instrumentais, já o juiz pode suprir qualquer falta das partes e sujeitá-los a prova.

IV – Deve ainda o juiz, na decisão, considerar os factos essenciais à procedência das pretensões formuladas ou das excepções deduzidas, que sejam complemento ou concretização de outros que as partes hajam alegado oportunamente

Parte II – Código Civil

e resultem da instrução e discussão da causa, desde que a parte interessada manifeste vontade de deles se aproveitar e, à parte contrária, tenha sido facultado o exercício do contraditório.

V – Existe 'decisão surpresa' se o autor pede que seja considerado arrendatário e a ré pede que seja declarada a nulidade da denúncia do contrato em causa e o juiz julgou tal contrato nulo por falta de forma sem, precisamente, ouvir as partes sobre a eventualidade de vir a proferir, como proferiu, decisão nesse sentido.

VI – Se a ré senhoria abriu uma vala junto ao prédio arrendado impedindo o autor de a ele aceder utilizando a sua viatura, tem de concluir-se que deixou de lhe assegurar o gozo do dito prédio, uma vez que aquele não se encontra obrigado a saltar valas para entrar em casa.

VII – Mas, se por força da abertura dessa mesma vala, a ré senhoria deixar de ter acesso normal ao arrendado para proceder a regas, segundo o contratado, e, com isso, lhe secaram algumas árvores e a horta por falta de rega, não é disso responsável o inquilino."

(***Acórdão da Relação de Évora***, *de 14.07.2004, Colectânea de Jurisprudência, 2004, Tomo I, pág. 245*)

RESIDÊNCIAS PERMANENTES ALTERNADAS:

"**I** – Para poderem ser havidas como residências permanentes alternadas torna-se necessário que em relação a cada uma delas se verifique o condicionalismo previsto para o conceito de residência permanente.

II – Ele assenta na estabilidade, habitualidade, continuidade e efectividade de estada em determinados locais do centro da vida familiar."

(***Acórdão da Relação de Lisboa***, *de 04.11.2004, Colectânea de Jurisprudência, 2004, Tomo V, pág. 75*)

ANOTAÇÕES:

1. ANÁLISE DO PRECEITO:

"Esta norma não estabelece, em rigor, uma obrigação permanente de usar o imóvel, pois se o arrendatário deixa de o usar, por exemplo, durante dois ou três meses, o senhorio não terá nenhum interesse específico em mover uma acção de cumprimento para que o arrendatário seja condenado a usar efectivamente o imóvel. A consequência do não uso será a resolução do contrato, nos termos do artigo 1083.º, n.º 2, alínea *d*). Todavia, o senhorio só poderá fazer valer esse direito se a falta de uso do imóvel se prolongar por mais de um ano e, para além desse período, se não for justificada por alguma das circunstâncias referidas nas três alíneas do n.º 2 do artigo 1072.º."

(*Maria Olinda Garcia, A Nova Disciplina do Arrendamento Urbano, Coimbra, 2006, pág. 17*)

| CC | *Art. 1072.º* |

2. DIFERENÇA DE REGIME:

Entre as excepções previstas no n.º 2 do artigo 64.º do revogado RAU e o actualmente disposto no n.º 2 do artigo em análise, verifica-se não haver completa coincidência.

As maiores divergências constatam-se nas alíneas *b*) e *c*) de ambos os preceitos.

Assim, quanto à primeira das alíneas, estabeleceu-se o prazo máximo de dois anos para justificar a ausência do arrendatário do locado, por motivo de cumprimento de deveres militares ou profissionais do próprio, cônjuge ou quem viva com ele em união de facto. Por um lado, o legislador utiliza uma expressão incorrecta ao distinguir "deveres militares" e "deveres profissionais", como se, no primeiro caso, não se tratasse de dever profissional. Por outro, deixou de justificar-se a ausência, sem dependência de prazo, no caso de comissão de serviço por período superior a dois anos, pretendendo evitar-se que se prolonguem *ad aeternum* as situações de ausência justificada.

No que se refere à segunda das alíneas citadas, o preceito é hoje mais abrangente, ao referir-se às pessoas que tenham direito a usar o locado (sejam ou não familiares do arrendatário), com manifesta remissão para o disposto no artigo 1093.º do Código, quanto às pessoas que podem residir no locado (todos os que vivam com ele em economia comum e um máximo de três hóspedes, salvo cláusula em contrário).

Sobre o que deve entender-se por economia comum, quer na sua regulamentação legal, quer na interpretação do conceito, cfr. a Lei n.º 6/2001, de 11 de Maio e a nossa obra "Uniões de Facto e Economia Comum", Coimbra, 2006, págs. 337 e segs.

3. FIM OU RAMO DE ACTIVIDADE:

"A cláusula que fixa o fim ou o ramo de actividade a que o prédio urbano se destina, como cláusula de afectação do locado, parte, em regra, da iniciativa do senhorio e é de harmonia com a vontade real deste, contemporânea da celebração do contrato, nos termos dos artigos 236.º e 238.º do Código Civil, que deve ser interpretada.

Na ausência de cláusula contratual, que indique o fim a que o imóvel arrendado se destina, deve-se atender ao disposto no artigo 1067.º do Código Civil."

(*Margarida Grave, Novo Regime do Arrendamento Urbano, 2006, 3ª ed., págs. 45e seg.*)

4. DEFESA DO INTERESSE DO SENHORIO:

"O legislador pretendeu não só acautelar o interesse do senhorio em não ver desvalorizar-se o imóvel com o seu encerramento, seja este imputável ao arrendatário ou a terceiro, como proteger o próprio interesse geral de fomentar o aproveitamento efectivo de todos os locais utilizáveis para o exercício de actividades de

Parte II – Código Civil

carácter não habitacional neles exercida. O limite do protelamento do encerramento do estabelecimento ou do escritório até ao período máximo de um ano, tolerado por lei, em atenção à causa que o determina, aplica-se tanto para o caso de ausência forçada do arrendatário, como para o de força maior ou doença. No entender do legislador é justo que o imóvel volte às mãos do senhorio, a fim de lhe dar a afectação possível mais conveniente."

(*Margarida Grave, Novo Regime do Arrendamento Urbano, 2006, 3ª ed., pág. 46*)

5. DEVER DE UTILIZAÇÃO DO LOCADO:

"Cumpre precisar que o dever de utilização do locado, que subjaz à disposição, se apura atendendo a determinados factores e em razão das circunstâncias específicas do caso. Deve, pois, levar-se em conta o grau de diminuição da actividade, a duração e o tipo de encerramento (esporádico, ocasional, intermitente, contínuo, permanente).

Assim, a mera exposição de mercadorias num local agora não aberto ao público, o fecho das portas cumulado com a forragem a papel dos vidros da montra de molde a impossibilitar o acesso ao local e o seu visionamento, configuram, entre outras, hipóteses de não uso relevante.

Questionar-se-á se deve acolher-se a orientação anterior que impõe a verificação de um requisito de natureza temporal, sem prejuízo de se considerarem outras causas justificativas – logo legítimas – do não uso (*v.g.*, o senhorio autorizou o exercício de obras de grande vulto, pelo que durante o período de inactividade o prazo em questão não deve ter-se em conta, ou contribuiu decisivamente para o fecho do prédio).

Quanto à primeira parte do art. 1083.º, n.º 2, al. *d*) CC, NRAU, o fundamento para a extinção do contrato é o simples facto de o arrendatário manter o imóvel encerrado por período superior a um ano. Não se exige, porém, que o seu não uso seja consecutivo (por exemplo, não é suficiente para afastar o regime resolutivo a abertura durante 2 ou 3 dias por ano).

Quanto ao prazo máximo de 2 anos resultante do RAU, pensamos que, em princípio, se deve manter. A protecção excepcional dos interesses do arrendatário comercial deve ser temporalmente limitada nos casos de "força Maior" (abarcando-se aqui tanto as causas naturais – o abalo sísmico, a inundação grave – como os actos de autoridade ou de particulares – a guerra civil, a ocupação militar) e numa situação de doença."

(*Fernando de Gravato Morais, Novo Regime do Arrendamento Comercial, Coimbra, 2006, págs. 116 e seg.*)

NOTAS PESSOAIS:

ARTIGO 1073.º
Deteriorações lícitas

1. É lícito ao arrendatário realizar pequenas deteriorações no prédio arrendado, quando elas se tornem necessárias para assegurar o seu conforto ou comodidade.

2. As deteriorações referidas no número anterior devem, no entanto, ser reparadas pelo arrendatário antes da restituição do prédio, salvo estipulação em contrário.

HISTÓRICO:

Redacção da Lei n.º 6/2006, de 27 de Fevereiro (NRAU).
Corresponde integralmente ao artigo 4.º do RAU (revogado), que, por seu turno, tinha substituído o artigo 1092.º do Código Civil, na redacção do Decreto-Lei n.º 47 344, de 25 de Novembro de 1966.

ANOTAÇÕES:

1. PEQUENAS DETERIORAÇÕES:

"Este preceito que, para caracterizar certo aspecto do *direito de uso* do prédio, por parte do arrendatário, no arrendamento urbano, destaca justificadamente as *deteriorações* (estragos causados no prédio por acção do arrendatário – e não por circunstância de *força maior* ou por simples desgaste do tempo: Pinto Furtado, *ob. cit.*, pág. 416) que ele *lícita* e *regularmente* pode causar no imóvel, constitui uma inovação trazida no *Anteprojecto* de Galvão Telles (art. 93.º).

As *pequenas deteriorações* voluntariamente provocadas no prédio, quando necessárias para assegurar o *conforto* ou a *comodidade* do arrendatário, de acordo com o gozo do imóvel que o contrato lhe visa proporcionar, *quando reparáveis*, não contrariam as regras da *utilização prudente do prédio*, que o contrato faculta ao locatário (art. 1038.º, al. *d*)).

Tais são, a mero título de exemplo, a introdução, nas paredes, de canos para o aquecimento, a colocação de postes ou de antenas para serviço nos aparelhos de

Parte II – Código Civil

rádio ou de televisão; a introdução de pequenos suportes para a colocação de espelhos, retratos, gravuras, armários, etc.; a abertura de uma janela ou postigo para ventilação da casa, a própria abertura e colocação da porta destinada a facilitar a comunicação entre duas salas da casa (cfr. Mário Frota, *Arrendamento Urbano*, 1987, pág. 225)."

(*Pires de Lima – Antunes Varela, Código Civil Anotado, vol. II, 1997, pág. 485*)

2. DETERIORAÇÕES LÍCITAS – EXEMPLOS:

"Como deteriorações lícitas de reduzida dimensão, figuram, entre outras, como geralmente se reconhece, as emergentes do rasgamento de paredes para a instalação de equipamentos de climatização (ar condicionado), da instalação de postes e antenas para equipamentos audiovisuais, da colocação de quadros, gravuras, suportes, da fixação de cabides e armários, de candeeiros e lanternas, sanefas e outros adornos, a abertura de um postigo e demais obras de pequena monta.

A desfiguração da fisionomia interna do locado constitui já, ao que parece, algo enquadrável no âmbito dos actos susceptíveis de conduzir à resolução do contrato."

(*Margarida Grave, Novo Regime do Arrendamento Urbano, 2006, 3ª ed., pág. 49*)

3. RESTITUIÇÃO DO PRÉDIO:

"No momento da restituição do prédio, por motivo de cessação do contrato, haverá ainda que distinguir, muito cuidadosamente, segundo os critérios ditados pelo simples bom senso, entre as *deteriorações* do imóvel correspondentes a uma utilização *normal, corrente* – ou *prudente*, como a lei lhe chama –, que não obrigam a *reparação* (nos termos do artigo 1043.º, n.º 1) e as deteriorações que, embora *lícitas* (por obedecerem ao duplo requisito do art. 4.º do RAU), obrigam à sua reparação, nos termos deste mesmo artigo 4.º, por virtude do carácter marcadamente *pessoal* da utilização do prédio, que elas pressuponham."

(*Pires de Lima – Antunes Varela, Código Civil Anotado, vol. II, 1997, pág. 485*)

4. DETERIORAÇÕES LÍCITAS:

Uma outra disposição – o art. 1073.º CC, NRAU – alude às "deteriorações lícitas", encontrando paralelo absoluto com o art. 4.º NRAU, na esteira do art. 1043.º, n.º 1, *in fine* CC. Admitem-se tais deteriorações sempre que sejam necessárias para assegurar o conforto e a comodidade do inquilino. Do mesmo modo, há que considerar as deteriorações inerentes a uma prudente utilização do imóvel, em conformidade com os fins do contrato. Imagine-se que o locatário afixa reclamos no prédio referentes à sua actividade ou que perfura a parede do locado para instalação de um ecrã de grande dimensão.

Findo o contrato, à data da restituição do imóvel, o arrendatário deve já ter reparado as deteriorações efectuadas. O objectivo pretendido é o de que, ao tempo da entrega, o prédio se encontre nas exactas condições anteriores, isto é, por referência ao momento da celebração do contrato de locação."

(*Fernando de Gravato Morais, Novo Regime de Arrendamento Comercial, Coimbra, 2006, págs. 84 e seg.*)

NOTAS PESSOAIS:

ARTIGO 1074.º
Obras

1. Cabe ao senhorio executar todas as obras de conservação, ordinárias ou extraordinárias, requeridas pelas leis vigentes ou pelo fim do contrato, salvo estipulação em contrário.

2. O arrendatário apenas pode executar quaisquer obras quando o contrato o faculte ou quando seja autorizado, por escrito, pelo senhorio.

3. Exceptuam-se do disposto no número anterior as situações previstas no artigo 1036°, caso em que o arrendatário pode efectuar a compensação do crédito pelas despesas com a realização da obra com a obrigação de pagamento da renda.

4. O arrendatário que pretenda exercer o direito à compensação previsto no número anterior comunica essa intenção aquando do aviso da execução da obra, e junta os comprovativos das despesas até à data do vencimento da renda seguinte.

5. Salvo estipulação em contrário, o arrendatário tem direito, no final do contrato, a compensação pelas obras licitamente feitas, nos termos aplicáveis às benfeitorias realizadas por possuidor de boa fé.

HISTÓRICO:

Redacção da Lei n.º 6/2006, de 27 de Fevereiro (NRAU).
O n.º 1 corresponde, parcialmente, ao que vinha disposto nos artigos 12.º e 13.º do RAU (revogado).

Redacções anteriores:

Artigo 12.º *(Obras de conservação ordinária)*
As obras de conservação ordinária estão a cargo do senhorio, sem prejuízo do disposto no artigo 1043.º do Código Civil e nos artigos 4.º e 120.º do presente diploma.

Parte II – Código Civil

Artigo 13.º *(Obras de conservação extraordinária e de beneficiação)*
1. As obras de conservação extraordinária e de beneficiação ficam a cargo do senhorio quando, nos termos das leis administrativas em vigor, a sua execução lhe seja ordenada pela câmara municipal competente ou quando haja acordo escrito das partes no sentido da sua realização, com discriminação das obras a efectuar.
2. A realização das obras referidas no número anterior dá lugar à actualização das rendas regulada nos artigos 38.º e 39.º.
3. Ficam ressalvados todos os direitos que o senhorio e o arrendatário tenham perante terceiros.

LEGISLAÇÃO COMPLEMENTAR:

BENFEITORIAS REALIZADAS PELO POSSUIDOR: ARTIGOS 1273.º A 1275.º DO CÓDIGO CIVIL

Artigo 1273.º *(Benfeitorias necessárias e úteis)*
1. Tanto o possuidor de boa fé como o de má fé têm direito a ser indemnizados das benfeitorias necessárias que hajam feito, e bem assim a levantar as benfeitorias úteis realizadas na coisa, desde que o possam fazer sem detrimento dela.
2. Quando, para evitar o detrimento da coisa, não haja lugar ao levantamento das benfeitorias, satisfará o titular o direito ao possuidor o valor delas, calculado segundo as regras do enriquecimento sem causa.

Artigo 1274.º *(Compensação de benfeitorias com deteriorações)*
A obrigação de indemnização por benfeitorias é susceptível de compensação com a responsabilidade do possuidor por deteriorações.

Artigo 1275.º *(Benfeitorias voluptuárias)*
1. O possuidor de boa fé tem direito a levantar as benfeitorias voluptuárias, não se dando detrimento da coisa; no caso contrário, não pode levantá-las nem haver o valor delas.
2. O possuidor de má fé perde, em qualquer caso, as benfeitorias voluptuárias que haja feito.

PROGRAMA DE RECUPERAÇÃO DE IMÓVEIS DEGRADADOS (PRID) – DECRETO-LEI N.º 704/76, DE 30 DE SETEMBRO

PROGRAMA DE SOLIDARIEDADE E DE APOIO À RECUPERAÇÃO DE HABITAÇÃO (SOLARH) – DECRETO-LEI N.º 39/2001, DE 9 DE FEVEREIRO, ACTUALIZADO PELO DECRETO-LEI N.º 25/2002, DE 11 DE FEVEREIRO

PROGRAMA ESPECIAL DE COMPARTICIPAÇÃO NA RECUPERAÇÃO DE IMÓVEIS ARRENDADOS (RECRIA) – DECRETO-LEI N.º 329-C/2000, DE 22 DE DEZEMBRO E DECRETO-LEI 106/96 DE 31 DE JULHO (PARA IMÓVEIS EM PROPRIEDADE HORIZONTAL)

Transcritos *infra*, Parte IV, Anexo VII.

REGIME DE APOIO À RECUPERAÇÃO HABITACIONAL EM ÁREAS URBANAS ANTIGAS – DECRETO-LEI N.º 329-B/2000, DE 22 DE DEZEMBRO

Transcrito *infra*, Parte IV, Anexo VII

ANOTAÇÕES:

1. OBRAS DE CONSERVAÇÃO:

O n.º 1 do preceito estabelece que quaisquer obras de conservação, sejam ordinárias ou extraordinárias, ficam a cargo do senhorio, quando resultem da lei vigente ou sejam determinadas pelo fim do contrato, excepto se as partes tiverem convencionado de forma diferente.

Princípio semelhante vinha já contido no RAU, embora repartido em dois preceitos, distinguindo-se as obras de conservação ordinárias (artigo 12.º) das extraordinárias (e de beneficiação) (artigo 13.º).

Relativamente ao que deve entender-se por obras de conservação ordinárias, podemos socorrer-nos, a título exemplificativo, do que vinha disposto no n.º 2 do artigo 11.º do RAU. E dizemos, a título exemplificativo (e não imperativo, fechado ou exclusivo, na medida em que o preceito em análise limita-se a prever uma cláusula geral, cuja aplicação ficará ao critério do julgador, perante cada caso concreto). De toda a forma, sem dúvida que a jurisprudência continuará a considerar como obras de conservação ordinária as hipótese previstas naquele n.º 2 do artigo 11.º do RAU:

  a) A reparação e limpeza geral do prédio e suas dependências;
  b) As obras impostas pela Administração Pública, nos termos da lei geral ou local aplicável, e que visem conferir ao prédio as características apresentadas aquando da concessão da licença de utilização;
  c) Em geral, as obras destinadas a manter o prédio nas condições requeridas pelo fim do contrato e existentes à data da sua celebração.

Já quanto ao que deve entender-se por obras de conservação extraordinária, o n.º 3 do citado artigo 11.º do RAU considerava-as, nomeadamente, aquelas que

Parte II – Código Civil

eram ocasionadas por defeito de construção do prédio ou por caso fortuito ou de força maior, critério que deverá continuar a ser utilizado (a título meramente exemplificativo).

2. OBRAS DE CONSERVAÇÃO ORDINÁRIA E EXTRAORDINÁRIA:

"Entende-se por obras de conservação ordinária aquelas que estão relacionadas com o envelhecimento exterior e interior do prédio e com o seu uso normal; são aquelas que a lei refere como de reparação e limpeza geral, as destinadas a assegurar o dozo do prédio, de acordo com o fim a que se destina e foi acordado com o arrendatário e, bem assim, as impostas pela Administração Pública de modo o conferir aos imóveis as características existentes ao tempo da concessão da licença de utilização.

Entende-se por obras de conservação extraordinária as ocasionadas por defeito de construção do prédio ou por caso fortuito ou de força maior, e, em geral, as que, não sendo imputáveis a acções ou omissões ilícitas perpetradas pelo senhorio, ultrapassem, no ano em que se tornem necessárias, dois terços do rendimento líquido desse mesmo ano."

(Margarida Grave, Novo Regime do Arrendamento Urbano, 2006, 3ª ed., págs. 50 e seg.)

3. OBRAS EFECTUADAS PELO ARRENDATÁRIO:

O n.º 2 do preceito estabelece que o arrendatário apenas pode efectuar obras (quaisquer que sejam) quando o contrato o faculte ou que estejam autorizadas por escrito pelo senhorio.

Tal significa que, muito embora as obras sejam, por princípio, da responsabilidade do senhorio, o arrendatário pode efectuar algumas delas, precisamente as que estejam contratualmente previstas.

Contudo, há casos em que o arrendatário pode realizar obras, independentemente do consentimento do senhorio, quando, pela sua urgência, não se compadecerem com as delongas de procedimento judicial (artigo 1036.º, n.º 1 do Código Civil). Tal significa que, independentemente de autorização do senhorio, o arrendatário pode efectuar essas obras por sua conta, tendo direito a ser delas compensado com a obrigação de pagamento da renda. Para o efeito, o arrendatário comunica essa intenção aquando do aviso da execução da obra e junta os comprovativos das despesas até à data do vencimento da renda seguinte (n.º 4 do artigo em anotação).

4. AVISO AO SENHORIO PELO ARRENDATÁRIO:

Para se prevalecer do disposto nos n.ᵒˢ 1 e 2 do preceito em análise, "o arrendatário deve avisar o senhorio, por qualquer forma comprovável, mas de preferência por carta registada com aviso de recepção ou por notificação judicial, de que o prédio carece de obras. Nessa interpelação, deve o arrendatário indicar o prazo em

550

que o senhorio há-de realizar as obras – artigo 777.º do Código Civil. Avisado o senhorio, este entra em mora se não efectuar voluntariamente as obras necessárias, no prazo fixado, devendo o arrendatário, na comunicação mencionada, informar o senhorio que executará a obra e fará a compensação do seu crédito pela realização da mesma com a obrigação de pagamento da renda."

(Margarida Grave, Novo Regime do Arrendamento Urbano, 2006, 3ª ed., pág. 52)

5. COMPENSAÇÃO DO ARRENDATÁRIO PELO MONTANTE DAS OBRAS POR SI REALIZADAS:

Resulta dos n.os 3 e 4 do preceito que o arrendatário tem direito a ser compensado pelo senhorio do valor das obras que tenha realizado em caso de urgência, devendo comunicar a este o seu montante, até à data do vencimento da renda seguinte. Contudo, não se estabeleceu o critério dessa compensação, ou seja, em que termos e montantes será o arrendatário compensado (recuperado) dos montantes que haja adiantado.

A propósito de situação semelhante, o artigo 18.º do RAU estabelecia que, na falta de pagamento voluntário [pelo senhorio], o arrendatário podia deduzir na renda, até 70% do seu montante, as despesas efectuadas por conta das obras. Contudo, tal preceito referia-se apenas às obras realizadas ao abrigo do artigo 16.º daquele RAU, ou seja, as que fossem requeridas à câmara municipal, ao abrigo de decisão administrativa, e não tivessem sido iniciadas no prazo de 120 dias a contar da recepção do requerimento formulado pelo arrendatário.

6. COMPENSAÇÃO DO ARRENDATÁRIO NO FINAL DO CONTRATO:

Finalmente, prevê-se a hipótese de o arrendatário ser compensado, no final do contrato, pelas obras por si licitamente feitas, nos termos aplicáveis às benfeitorias realizadas por possuidor de boa fé (n.º 5 do preceito em análise).

Tal disposição pressupõe, desde logo, que tal cláusula venha prevista e estipulada no contrato, o que atribui licitude ao arrendatário para a sua realização. Por outro lado, não se tratará, logicamente de obras urgentes, a que se referem os n.os 3 e 4, por remissão expressa para o artigo 1036.º, ambos do Código Civil.

7. REGIME DAS OBRAS:

"O regime consagrado no novo art. 1074.º do Código Civil é bastante diferente em relação ao regime das obras. Efectivamente, em coerência com a obrigação que incumbe ao senhorio de proporcionar o gozo da coisa ao locatário para os fins a que esta se destina (art. 1031.º, b)), o novo art. 1074.º, n.º 1, vem estabelecer que lhe incumbe efectuar obras de conservação ordinária ou extraordinária, sempre que elas sejam requeridas pelas leis ordinárias ou resultem do fim do contrato, salvo

Parte II – Código Civil

estipulação em contrário. Assim, embora se preveja supletivamente que é sobre o senhorio que recai o dever de realizar obras, admite-se estipulação em contrário, o que se justifica, pois é natural que por contrato certas obras possam ficar a cargo do arrendatário, uma vez que o valor da renda pode ser cláusula de "arrendamento do imóvel no estado em que se encontra". Receia-se, porém, que os futuros contratos de arrendamento, que normalmente resultam de cláusulas contratuais gerais, passem esse dever integralmente para o arrendatário, o que poderia resultar numa derrogação pura e simples de uma das principais obrigações do senhorio."

(*Luís Manuel Teles de Menezes Leitão, Arrendamento Urbano, 2ª edição, Coimbra, 2006, pág. 39*)

8. OBRAS DETERMINADAS PELO MUNICÍPIO:

"O município pode determinar a realização de obras coercivas nos prédios arrendados, caso as mesmas não sejam realizadas pelo senhorio (art. 12.º do RJOPA). Para esse efeito, o município pode, nos termos dos arts. 91.º e 107.º do DL 555/99, de 16 de Dezembro, proceder ao despejo administrativo e ocupar o prédio ou fogos, total ou parcialmente, até ao período de um ano após a data da conclusão das obras, após o que tal ocupação cessa automaticamente (art. 13.º do RJOPA). Nesse caso, o município tem, no entanto, que assegurar o realojamento dos arrendatários existentes, em condições idênticas, quer quanto ao local, quer quanto ao valor da renda e encargos (arts. 15.º, n.º 1, e 6.º, n.º 3 do RJOPA), mantendo-se a obrigação de pagamento da renda, a qual deve passar a ser depositada pelo arrendatário (arts. 15.º, n.º 2 e 19.º RJOPA). No caso do arrendamento não habitacional, o município pode, no entanto, limitar-se a indemnizar o arrendatário por todas as despesas e danos, com o limite mínimo de dois anos de renda, caso não seja possível o realojamento ou o arrendatário não concorde com as condições oferecidas (arts. 15.º, n.º 3 e 6.º, n.º 1, a) do RJOPA). Nesse caso, o município pode arrendar o prédio após as obras, para se ressarcir da indemnização paga (arts. 15.º, n.º 3 e 20.º RJOPA)."

(*Luís Manuel Teles de Menezes Leitão, Arrendamento Urbano, 2ª edição, Coimbra, 2006, pág. 43*)

9. OBRAS REALIZADAS PELO ARRENDATÁRIO:

"No caso de o arrendatário realizar licitamente as obras terá direito, no final do contrato, a uma "compensação" por essas obras, nos termos aplicáveis às benfeitorias realizadas pelo possuidor de boa fé (art. 1074.º, n.º 5). O arrendatário terá assim direito ao reembolso das benfeitorias necessárias e ao levantamento das benfeitorias úteis, quando este possa ser efectuado sem detrimento da coisa, tendo direito à restituição do enriquecimento por despesas no caso contrário (art. 1273.º). O arrendatário pode ainda levantar as benfeitorias voluptuárias que tenha feito, não se dando detrimento da coisa, perdendo as mesmas na hipótese contrária (art. 1275.º, n.º 1).

CC   Art. 1074.º

O arrendatário terá ainda direito de retenção (art. 754.º). A lei admite, porém, estipulação em contrário, pelo que este regime poderá ser derrogado por convenção das partes, designadamente estabelecendo que o arrendatário não terá direito a qualquer indemnização pelas obras que venha a fazer no prédio, o que aliás costuma ser estabelecido nas cláusulas contratuais gerais relativas ao arrendamento urbano."

(Luís Manuel Teles de Menezes Leitão, Arrendamento Urbano, 2ª edição, Coimbra, 2006, pág. 45)

NOTAS PESSOAIS:

DIVISÃO II
Renda e encargos

ARTIGO 1075.º
Disposições gerais

1. A renda corresponde a uma prestação pecuniária periódica.

2. Na falta de convenção em contrário, se as rendas estiverem em correspondência com os meses do calendário gregoriano, a primeira vencer-se-á no momento da celebração do contrato e cada uma das restantes no primeiro dia útil do mês imediatamente anterior àquele a que diga respeito.

HISTÓRICO:

Redacção da Lei n.º 6/2006, de 27 de Fevereiro (NRAU).
O n.º 2 corresponde ao artigo 20.º do RAU (revogado).

JURISPRUDÊNCIA:

RENDA COMO ELEMENTO SINALAGMÁTICO DO ARRENDAMENTO:

"**I** – Embora a renda seja, no contrato de arrendamento, a contraprestação do gozo da coisa locada, não é essencial ao conceito que as duas prestações (gozo-renda) se equivalham.

II – Tendo-se provado que a moradia dada de arrendamento pelo pai à filha, em 1988, pela renda de 10 contos mensais, valia então 40.000 contos, e podia ser arrendada, se livre e devoluta, por 150 contos mensais; mas também que o pai locador, pressentindo a morte, pretendeu beneficiar a filha locatária em detrimento dos irmãos, no sentido de lhe garantir o direito de habitar a casa onde ela vivia; e, ao

Parte II – Código Civil

mesmo tempo, tendo inserido no contrato uma cláusula que lhe permitia a ele, locador, habitar o prédio – não pode dizer-se que o arrendamento seja anulável por simulação relativa, nem pode pretender-se por isso convertê-lo num comodato."

(***Acórdão da Relação do Porto***, *de 06.05.2004, Colectânea de Jurisprudência, 2004, Tomo III, págs. 170 e seg.*)

CONTRATO-PROMESSA DE ARRENDAMENTO; NULIDADE PARCIAL; PRESCRIÇÃO:

"**I** – Não pode deixar de se considerar nula cláusula aposta em contrato-promessa de arrendamento em que locador e locatário acordam em que este passe a usufruir do imóvel, tendo em vista exercer no arrendado uma actividade comercial, sem nenhum deles dispor de qualquer licença para o efeito.

II – Não estando, sequer, alegado que o contrato-promessa não teria sido concluído sem a parte viciada, não se pode concluir pela sua invalidade total.

III – Mas as obrigações que decorrem da cláusula nula – pagamento de renda – não podem subsistir como tal, pelo que o seu não pagamento tempestivo não pode implicar que eventual pagamento posterior seja acrescido de indemnização por mora.

IV – Os ocupantes do imóvel devem pagar ao proprietário o valor das rendas estipuladas não como rendas mas como contrapartida pela ocupação.

V – O prazo de prescrição correspondente é de 5 anos."

(***Acórdão da Relação de Lisboa***, *de 28.04.2005, Colectânea de Jurisprudência, 2005, Tomo III, pág. 65*)

ANOTAÇÕES:

1. ANÁLISE DO PRECEITO:

O n.º 1 estabelece o princípio de que a renda corresponde a uma prestação pecuniária periódica, esclarecendo a parte final do artigo 1022.º do Código. De facto, este preceito refere como requisito da noção de locação o pagamento de uma retribuição, a qual fica "esclarecida" como sendo *pecuniária* (e não em géneros ou serviços específicos).

O n.º 2 transcreve o que já vinha vertido no artigo 20.º do RAU que, por seu turno, correspondia ao artigo 1090.º, na redacção do Decreto-Lei n.º 47 344, de 25 de Novembro de 1996, cujo conteúdo analisamos na nota seguinte.

2. SOBRE O N.º 2:

Esta disposição, com carácter manifestamente excepcional, apenas se reporta às rendas que estejam em correspondência certa com o calendário gregoriano. Não se verificando essa correspondência, como no caso de se convencionar, por exemplo,

CC	Art. 1075.º

que o arrendamento começa a vigorar em 20 de Janeiro, haverá que aplicar a regra geral do artigo 1039.º do Código, por força do qual, não havendo convenção ou uso em contrário, o pagamento da renda deve ser efectuado no último dia de vigência do contrato ou do período a que a renda diz respeito.

NOTAS PESSOAIS:

ARTIGO 1076.º
Antecipação de rendas

1. O pagamento da renda pode ser antecipado, havendo acordo escrito, por período não superior a três meses.

2. As partes podem caucionar, por qualquer das formas legalmente previstas, o cumprimento das obrigações respectivas.

HISTÓRICO:

Redacção da Lei n.º 6/2006, de 27 de Fevereiro (NRAU).

O n.º 1 corresponde, parcialmente, ao artigo 21.º do RAU (revogado), que se transcreve:

Artigo 21.º (Antecipação)
1. Não é permitido às partes estipularem antecipação de renda superior à correspondente a um mês, nem por tempo superior a um mês, relativamente ao início do período a que respeita, ficando reduzida a esses limites sempre que os exceda.

2. O mês computa-se pelo calendário gregoriano, quando as rendas estejam em correspondência com os meses do mesmo calendário, calculando-se, nas restantes hipóteses, em 30 dias.

LEGISLAÇÃO COMPLEMENTAR:

PRESTAÇÃO DE CAUÇÃO:
ARTIGOS 623.º A 626.º DO CÓDIGO CIVIL

Artigo 623.º *(Caução imposta ou autorizada por lei)*
1. Se alguém for obrigado ou autorizado por lei a prestar caução, sem se designar a espécie que ela deve revestir, pode a garantia ser prestada por meio de depósito em dinheiro, títulos de crédito, pedras ou metais preciosos, ou por penhor, hipoteca ou fiança bancária.

2. Se a caução não puder ser prestada por nenhum dos meios referidos, é lícita a prestação de outra espécie de fiança, desde que o fiador renuncie ao benefício da excussão.

Parte II – Código Civil

3. Cabe ao tribunal apreciar a idoneidade da caução, sempre que não haja acordo dos interessados.

Artigo 624.º *(Caução resultante de negócio jurídico ou determinação do tribunal)*

1. Se alguém for obrigado ou autorizado por negócio jurídico a prestar caução, ou esta for imposta pelo tribunal, é permitido prestá-la por meio de qualquer garantia, real ou pessoal.

2. É aplicável, nestes casos, o disposto no n.º 3 do artigo anterior.

Artigo 625.º *(Falta de prestação de caução)*

1. Se a pessoa obrigada à caução a não prestar, o credor tem o direito de requerer o registo de hipoteca sobre os bens do devedor, ou outra cautela idónea, salvo se for diferente a solução especialmente fixada na lei.

2. A garantia limita-se aos bens suficientes para assegurar o direito do credor.

Artigo 626.º *(Insuficiência ou impropriedade da caução)*

Quando a caução prestada se torne insuficiente ou imprópria, por causa não imputável ao credor, tem este o direito de exigir que ela seja reforçada ou que seja prestada outra forma de caução.

PRAZO DA PRESTAÇÃO: ARTIGOS 777.º A 782.º DO CÓDIGO CIVIL

Em anotação ao artigo 1039.º do Código Civil.

ANOTAÇÕES:

1. ALTERAÇÃO LEGISLATIVA:

A principal alteração introduzida neste preceito, relativamente ao direito anteriormente vigente, consiste no alargamento do prazo de antecipação da renda de um mês para três meses. Tal significa que, ao celebrar o contrato de arrendamento, o arrendatário poderá ter de pagar, não só a renda do mês em curso, mas também as rendas correspondentes aos três meses subsequentes.

Trata-se, sem dúvida, de uma medida preventiva relativamente ao interesse patrimonial do senhorio, para o caso de falta de pagamento da renda pelo arrendatário, que será fundamento para a resolução do contrato e consequente acção de despejo. Ora, tendo em conta as "delongas do procedimento judicial" (já referidas no n.º 1 do artigo 1036.º do Código), pretendeu-se criar um dispositivo de protecção do senhorio, para minorar as consequências da falta de pagamento das rendas e da impossibilidade da sua cobrança coerciva, por falta de localização de património penhorável em nome do arrendatário relapso.

2. GARANTIAS DO PAGAMENTO DA RENDA:

"O art. 1076.º, n.º 2 determina que "as partes podem caucionar, por qualquer das formas legalmente previstas, o cumprimento das obrigações respectivas". Trata-se, neste caso, de uma caução de fonte negocial, pelo que o art. 624.º, n.º 1, admite que ela seja prestada por qualquer garantia, real ou pessoal. A obrigação de pagamento da renda pode assim, nos termos gerais, ser objecto de qualquer garantia que as partes venham a estipular para a hipótese de incumprimento pelo arrendatário.

A forma mais comum de garantia do pagamento das obrigações do arrendatário é, no entanto, a prestação de fiança, com renúncia do fiador ao benefício de excussão. Face à revogação do art. 655.º do Código Civil, pelo art. 2.º, n.º 1 do NRAU, deixa de existir qualquer presunção de limitação da fiança ao período inicial de duração do arrendamento, e qualquer limite à estipulação das partes relativamente ao respectivo prazo, na ausência de nova convenção. Assim, se for prestada fiança em relação ao pagamento da renda, esta manter-se-á em princípio durante todo o período de vigência do arrendamento, incluindo as suas renovações. Nada obsta, porém, que as partes convencionem que o fiador apenas se obriga pelo período inicial de duração do contrato, excluindo as suas renovações, ou que a fiança se extinga logo que ocorra qualquer alteração da renda."

(*Luís Manuel Teles de Menezes Leitão, Arrendamento Urbano, 2ª edição, Coimbra, 2006, pág. 52*)

NOTAS PESSOAIS:

ARTIGO 1077.º
Actualização de rendas

1. As partes estipulam, por escrito, a possibilidade de actualização da renda e o respectivo regime.

2. Na falta de estipulação, aplica-se o seguinte regime:
a) A renda pode ser actualizada anualmente, de acordo com os coeficientes de actualização vigentes.
b) A primeira actualização pode ser exigida um ano após o início da vigência do contrato, e as seguintes, sucessivamente, um ano após a actualização anterior.
c) O senhorio comunica, por escrito e com a antecedência mínima de trinta dias, o coeficiente de actualização e a nova renda dele resultante.
d) A não actualização prejudica a recuperação dos aumentos não feitos, podendo, todavia, os coeficientes ser aplicados em anos posteriores, desde que não tenham passado mais de três anos sobre a data em que teria sido inicialmente possível a sua aplicação.

HISTÓRICO:

Redacção da Lei n.º 6/2006, de 27 de Fevereiro (NRAU).
Corresponde, parcialmente, aos artigos 31.º a 34.º do RAU (revogados), que se transcrevem:

Artigo 31.º *(Casos de actualização)*
1. As rendas reguladas neste diploma são actualizáveis nos casos seguintes:
a) Anualmente, em função de coeficientes aprovados pelo Governo, nos termos do artigo 32.º, ou por convenção das partes, nos casos previstos na lei;
b) Noutras ocasiões, em função de obras de conservação extraordinária ou beneficiação, realizadas pelo senhorio, nos termos dos artigos 38.º e seguintes, salvo quando possam ser exigidas a terceiros.

Parte II – Código Civil

2. Fica ressalvado, na medida da sua especificidade, o disposto quanto aos arrendamentos de renda apoiada.

Artigo 32.º *(Coeficientes de actualização)*
1. Os coeficientes de actualização de renda dos diversos tipos de arrendamento é o resultante da variação do índice de preços no consumidor, sem habitação, correspondente aos últimos 12 meses e para os quais existam valores disponíveis à data de 31 de Agosto, apurado pelo Instituto Nacional de Estatística.
2. O Instituto Nacional de Estatística fará publicar no Diário da República até 30 de Outubro o aviso com o coeficiente referido no número anterior.
3. A renda resultante da actualização referida no n.º 1 deve ser arredondada para a centena de escudos imediatamente superior.

Artigo 33.º *(Nova renda)*
1. O senhorio interessado na actualização anual da renda deve comunicar por escrito ao arrendatário, com a antecedência mínima de 30 dias, o novo montante e o coeficiente e demais factores utilizados no seu cálculo.
2. A nova renda considera-se aceite quando o arrendatário não discorde nos termos do artigo 35.º e no prazo nele fixado.
3. O arrendatário que não concorde com a nova renda pode ainda denunciar o contrato, contanto que o faça até 15 dias antes de findar o primeiro mês de vigência da nova renda, mês esse pelo qual apenas deve pagar a renda antiga.

Artigo 34.º *(Anualidade)*
1. A primeira actualização pode ser exigida um ano após a data do início da vigência do contrato e as seguintes, sucessivamente, um ano após a actualização anterior.
2. A não actualização das rendas não pode dar lugar a posterior recuperação dos aumentos de renda não feitos, mas os coeficientes respectivos podem ser aplicados em anos posteriores, desde que não tenham passado mais de dois anos sobre a data em que teria sido inicialmente possível a sua aplicação.

LEGISLAÇÃO COMPLEMENTAR:

ERRO DE CÁLCULO OU DE ESCRITA
– ARTIGO 249.º DO CÓDIGO CIVIL

Artigo 249.º *(Erro de cálculo ou de escrita)*
O simples erro de cálculo ou de escrita, revelado no próprio contexto da declaração ou através das circunstâncias em que a declaração é feita, apenas dá direito à rectificação desta.

$$CC \hspace{6cm} Art. \ 1077.°$$

ANOTAÇÕES:

1. REGIMES DE ACTUALIZAÇÃO DAS RENDAS:

O princípio geral nesta matéria vem vertido no n.° 1 do preceito, que remete para a vontade das partes a possibilidade de actualização da renda e respectivo regime. Trata-se de um regime para valer, desde logo, relativamente a novos contratos, os que sejam celebrados após a entrada em vigor da nova lei.

Na falta dessa estipulação, será aplicável o regime estabelecido nos artigos 30.° a 49.° do NRAU, relativamente à actualização das rendas dos contratos para habitação celebrados antes da entrada em vigor do RAU, aprovado pelo Decreto-Lei n.° 321-B/90, de 15 de Outubro, e aos contratos para fins não habitacionais celebrados antes da entrada em vigor do Decreto-Lei n.° 257/95, de 30 de Setembro (artigo 27.° do NRAU), que estabelecem normas transitórias, com vista a uma reposição do valor das rendas mais antigas, em favor do senhorio.

Relativamente aos contratos de arrendamento habitacionais celebrados na vigência do RAU e bem assim aos não habitacionais celebrados depois do Decreto-Lei n.° 257/95, de 30 de Setembro, aplicam-se as disposições constantes do NRAU em matéria de actualização de renda, como resulta do n.° 1 do artigo 26.° deste último diploma.

Remete-se, por isso, para as anotações desses artigos do NRAU.

2. REGIME ACTUAL DE ACTUALIZAÇÃO DA RENDA:

O legislador optou por um regime de actualização anual de renda, de acordo com os coeficientes vigentes, os quais são fixados de acordo com os princípios referidos nos artigos 24.° e 25.° do NRAU (cfr. anotações a estes preceitos).

De realçar que a primeira actualização pode ser exigida um ano após o início da vigência do contrato, considerando-se para tal o decurso de 12 meses. Clarificou-se a dúvida existente no regime anterior, de que a actualização poderia referir-se sempre a partir do mês de Janeiro de cada ano, de acordo com o coeficiente de actualização fixado, ou seja, de que, tendo-se celebrado o contrato de arrendamento, por exemplo, no mês de Agosto, a primeira actualização (e, consequentemente, as subsequentes) se pudesse verificar logo no mês de Janeiro do ano seguinte.

A efectivação da actualização da renda continua dependente de comunicação do senhorio, com a antecedência mínima de 30 dias relativamente à renovação do contrato, a qual deve ser efectuada por escrito, através de carta registada com aviso de recepção, que servirá sempre de prova para este, cumprindo-se os demais requisitos previstos no artigo 9.° do NRAU.

Finalmente, refira-se a que a não actualização prejudica a recuperação dos aumentos não feitos, podendo, todavia, os coeficientes ser aplicados em anos posteriores, desde que não tenham passado mais de três anos sobre a data em que o senhorio o podia fazer. Nesta matéria, alargou-se o prazo de aplicação da actualização previsto no n.° 2 do artigo 34.° do RAU, de dois para três anos.

Parte II – Código Civil

3. ACTUALIZAÇÃO ANUAL:

"Apenas no caso de ausência de estipulação, a lei determina que a renda é actualizada anualmente, de acordo com os coeficientes de actualização vigentes (art. 1077.º, n.º 2 *a*)), podendo a primeira actualização ser exigida um ano após a vigência do contrato e as seguintes, sucessivamente, um ano após a actualização anterior (art. 1077.º, n.º 2, *b*)). Estabelece o art. 24.º, n.º 1, do NRAU que essa actualização resulta da totalidade da variação do índice de preços no consumidor, sem habitação, correspondente aos últimos doze meses e para os quais existam valores disponíveis à data de 31 de Agosto, apurado pelo Instituto Nacional de Estatística, devendo fazer publicar no Diário da República até 30 de Outubro de cada ano um aviso mencionando o referido coeficiente (art. 24.º, n.º 2 NRAU). A renda assim apurada é arredondada para a unidade euro imediatamente superior (art. 25.º, n.º 1, NRAU), sendo aplicado o mesmo arredondamento no caso de determinação da renda com recurso a fórmulas aritméticas (art. 25.º, n.º 2, NRAU).

Para efeitos de actualização, o senhorio deve comunicar, por escrito e com a antecedência mínima de 30 dias, o coeficiente de actualização e a nova renda resultante (art. 1077.º, n.º 2 *c*)), tendo essa comunicação que obedecer ao disposto nos arts. 9.º e ss. Do NRAU."

(*Luís Manuel Teles de Menezes Leitão, Arrendamento Urbano, 2ª edição, Coimbra, 2006, pág. 49*)

NOTAS PESSOAIS:

ARTIGO 1078.º
Encargos e despesas

1. As partes estipulam, por escrito, o regime dos encargos e despesas, aplicando-se, na falta de estipulação em contrário, o disposto nos números seguintes.

2. Os encargos e despesas correntes respeitantes ao fornecimento de bens ou serviços relativos ao local arrendado correm por conta do arrendatário.

3. No arrendamento de fracção autónoma, os encargos e despesas referentes à administração, conservação e fruição de partes comuns do edifício, bem como o pagamento de serviços de interesse comum, correm por conta do senhorio.

4. Os encargos e despesas devem ser contratados em nome de quem for responsável pelo seu pagamento.

5. Sendo o arrendatário responsável por um encargo ou despesa contratado em nome do senhorio, este apresenta, no prazo de um mês, o comprovativo do pagamento feito.

6. No caso previsto no número anterior, a obrigação do arrendatário vence-se no final do mês seguinte ao da comunicação pelo senhorio, devendo ser cumprida simultaneamente com a renda subsequente.

7. Se as partes acordarem uma quantia fixa mensal a pagar por conta dos encargos e despesas, os acertos são feitos semestralmente.

HISTÓRICO:

Redacção da Lei n.º 6/2006, de 27 de Fevereiro (NRAU).

Corresponde, parcialmente, ao disposto nos artigos 40.º a 43.º do RAU (revogado), no que se refere aos encargos respeitantes à fruição das partes comuns do edifício onde se localiza a fracção arrendada.

Parte II – Código Civil

Por razões meramente exemplificativas, transcrevem-se esses preceitos:

Encargos de fruição de partes comuns

Artigo 40.º *(Princípio geral)*

As despesas correntes necessárias à fruição das partes comuns do edifício e ao pagamento de serviços de interesse comum podem, por acordo entre as partes, ficar a cargo do arrendatário.

Artigo 41.º *(Requisitos)*

1. O acordo referido no artigo anterior deve, sob pena de nulidade:

a) Constar de texto escrito do contrato ou de um aditamento, também escrito, e assinado pelo arrendatário;

b) Reportar-se a edifícios cujas fracções autónomas se encontrem nas condições referidas no artigo 1415.º do Código Civil, devidamente constituídos em propriedade horizontal;

c) Especificar, dentro dos limites do artigo 1424.º do Código Civil, quais as despesas a cargo do arrendatário.

2. A nulidade do acordo não prejudica a validade das restantes cláusulas do contrato.

Artigo 42.º *(Especificação)*

1. A especificação das despesas e dos encargos deve ser feita directamente ou por remissão para regulamento anexo ao contrato, nos termos do n.º 3 do artigo 8.º.

2. A especificação compreende, designadamente, a natureza dos encargos, a forma de proceder ao cálculo ou determinação do seu montante, o seu limite máximo e, quando seja o caso, as fórmulas de revisão ou de actualização.

3. Para efeitos do disposto no número anterior, as partes podem fixar uma quantia a pagar mensalmente, sem prejuízo de eventuais acertos nos precisos termos definidos no contrato.

4. O senhorio deve comunicar ao arrendatário, com uma antecedência razoável, todas as informações necessárias para determinação e comprovação das despesas a cargo deste, incluindo deliberações da assembleia de condóminos, leituras de contadores ou quaisquer outras.

Artigo 43.º *(Norma supletiva)*

Salvo disposição contratual em contrário, as obrigações relativas aos encargos e despesas a cargo do arrendatário vencem-se no final do mês seguinte ao da comunicação pelo senhorio, devendo ser cumprida simultaneamente com a renda subsequente.

CC — — Art. 1078.º

LEGISLAÇÃO COMPLEMENTAR:

ENCARGOS DE CONSERVAÇÃO E FRUIÇÃO – ARTIGO 1424.º DO CÓDIGO CIVIL

Artigo 1424.º *(Encargos de conservação e fruição)*

1. Salvo disposição em contrário, as despesas necessárias à conservação e fruição das partes comuns do edifício e ao pagamento de serviços de interesse comum são pagas pelos condóminos em proporção do valor das suas fracções.

2. Porém, as despesas relativas ao pagamento de serviços de interesse comum podem, mediante disposição do regulamento de condomínio, aprovada sem oposição por maioria representativa de dois terços do valor total do prédio, ficar a cargo dos condóminos em partes iguais ou em proporção à respectiva fruição, desde que devidamente especificadas e justificados os critérios que determinam a sua imputação.

3. As despesas relativas aos diversos lanços de escadas ou às partes comuns do prédio que sirvam exclusivamente algum dos condóminos ficam a cargo dos que delas se servem.

4. Nas despesas dos ascensores só participam os condóminos cujas fracções por eles possam ser servidas.

ANOTAÇÕES:

1. PRINCÍPIO GERAL:

O n.º 1 do preceito estabelece o princípio geral de que a responsabilidade pelos encargos e despesas atinentes ao objecto locado deverá ser acordada, por escrito, entre senhorio e arrendatário. Só, na falta de tal estipulação, se aplica o regime supletivo, constante dos n.ºs seguintes.

2. PRINCÍPIOS SUPLETIVOS:

Há que distinguir, conforme o arrendado seja ou não fracção autónoma. Efectivamente, quando o arrendado não se insira em prédio sujeito ao regime de propriedade horizontal, todas as despesas e encargos correntes correm por conta do arrendatário (*v.g.*, despesas de consumo de água ou electricidade). Diferente será a situação quando o arrendado seja uma fracção autónoma. Neste caso, há que distinguir entre as despesas atinentes ao uso da fracção em si mesma, e as que se referem à administração, conservação e fruição das partes comuns do edifício, sendo estas da responsabilidade do senhorio, enquanto proprietário da fracção (e comproprietário das partes comuns do edifício).

Por outro lado, com vista a uma maior disciplina contabilística e fiscal, os encargos e despesas devem ser contratados pelo responsável do pagamento. Por isso, há

Parte II – Código Civil

que disciplinar o pagamento de determinados encargos que estando contratados em nome do senhorio, sejam da responsabilidade do arrendatário. O caso mais vulgar será o de, à data do arrendamento, o prédio já se encontrar equipado com fornecimento de água e electricidade, cujos contratos foram efectuados em nome do senhorio. Ora, neste caso, sendo da responsabilidade do arrendatário o pagamento dos respectivos consumos, este deverá proceder perante aquele ao respectivo pagamento, simultaneamente com a renda. Claro que, nem sempre assim sucede, já que o aviso de pagamento geralmente é enviado para o próprio locado, sendo o arrendatário que, por sua iniciativa, procede ao respectivo pagamento.

Finalmente, o legislador foi sensível à situação, ainda hoje corrente, de se estipular no contrato uma quantia fixa mensal referente, geralmente, a previsíveis consumos de água e electricidade (vulgar nos casos em que o prédio se encontra dotado apenas de um "contador", sendo que foi apenas arrendada parte do imóvel). Neste caso, há lugar a acertos semestrais nos pagamentos (n.º 7 do preceito). Contudo, a realidade tem-nos mostrado ser mais frequente a estipulação de um quantitativo fixo mensal, independentemente de os consumos serem maiores ou menores.

NOTAS PESSOAIS:

SUBSECÇÃO IV
Cessação

DIVISÃO I
Disposições comuns

ARTIGO 1079.º
Formas de cessação

O arrendamento urbano cessa por acordo das partes, resolução, caducidade, denúncia ou outras causas previstas na lei.

HISTÓRICO:

Redacção da Lei n.º 6/2006, de 27 de Fevereiro (NRAU).
Corresponde ao artigo 50.º do RAU (revogado).

REMISSÕES:

Resolução do contrato de arrendamento – arts. 1047.º e segs. CC; caducidade do contrato de arrendamento – art. 1051.º CC; cessação de arrendamento urbano por revogação – art. 1082.º CC; resolução de arrendamento urbano – art. 1083.º CC; denúncia do arrendamento para habitação pelo arrendatário – art. 1100.º CC; denúncia do arrendamento para habitação pelo senhorio – arts. 1101.º e segs. CC.

JURISPRUDÊNCIA:

REVOGAÇÃO DE ARRENDAMENTO:

"Há revogação real do contrato de arrendamento se o locatário sai do arrendado entregando ao senhorio as respectivas chaves."

(***Acórdão da Relação de Coimbra**, de 27.11.1984, Boletim do Ministério da Justiça, 341, pág. 480*)

Parte II – Código Civil

CADUCIDADE DO ARRENDAMENTO; PERDA DO LOCADO:

"**I** – Caduca o contrato de arrendamento quando se torna impossível o uso do prédio para o fim destinado, o que tanto pode decorrer da perda total como do estado de ruína do locado.

II – Se, apesar do incêndio que afectou o prédio, o arrendatário procedeu, a expensas suas, à reconstrução da parte danificada, tal não determina a caducidade do arrendamento."

(**Acórdão da Relação de Évora**, *de 10.03.2005, Colectânea de Jurisprudência, 2005, Tomo II, pág. 245*)

ANOTAÇÕES:

1. INSOLVÊNCIA DO ARRENDATÁRIO:

"No caso de insolvência do arrendatário, dispõe o art. 108.º, n.º 1, CIRE, que não se verifica qualquer suspensão do arrendamento, mas o administrador da insolvência pode sempre denunciá-lo com um pré-aviso de sessenta dias, se nos termos da lei ou do contrato não for suficiente um pré-aviso inferior. Essa faculdade é, no entanto, excluída no caso do arrendamento para habitação do insolvente, onde o administrador da insolvência pode apenas declarar que o direito ao pagamento de rendas vencidas depois de decorridos sessenta dias sobre a declaração de insolvência não poderá ser exercido no processo de insolvência, podendo nesse caso o senhorio exigir apenas, como crédito da insolvência, indemnização pelos prejuízos sofridos em caso de despejo por falta de pagamento das referidas rendas, até ao montante das correspondentes a um trimestre (art. 108.º, n.º 2, CIRE)."

(*Luís Manuel Teles de Menezes Leitão, Arrendamento Urbano, 2ª edição, Coimbra, 2006, pág. 117*)

2. INSOLVÊNCIA DO SENHORIO:

"Sendo o senhorio o insolvente, determina o art. 109.º, n.º 1, CIRE que a sua declaração de insolvência não suspende a execução do contrato de arrendamento, sendo a denúncia por qualquer das partes apenas possível para o fim do prazo em curso, sem prejuízo dos casos de renovação obrigatória. Dado que a renovação obrigatória foi abolida pelo NRAU, esta excepção apenas se poderá passar a aplicar em relação aos arrendamentos submetidos a regime transitório (arts. 26.º e ss. NRAU). Em todos os outros casos, o administrador da insolvência pode denunciar o contrato no fim normal do prazo, sem que o arrendatário a isso possa obstar.

No caso de o imóvel ainda não ter sido entregue pelo senhorio ao arrendatário à data da declaração de insolvência, tanto o administrador da insolvência como o arrendatário têm a faculdade de resolver o contrato em consequência dessa decla-

CC	*Art. 1079.º*

ração, podendo qualquer das partes fixar à outra um prazo para o exercício do direito de resolução, findo o qual o mesmo cessa (arts. 109.º, n.º 2, e 108.º, n.º 5, CIRE)."

(*Luís Manuel Teles de Menezes Leitão, Arrendamento Urbano, 2ª edição, Coimbra, 2006, pág. 118*)

NOTAS PESSOAIS:

ARTIGO 1080.º
Imperatividade

O disposto nesta subsecção tem natureza imperativa, salvo disposição legal em contrário.

HISTÓRICO:

Redacção da Lei n.º 6/2006, de 27 de Fevereiro (NRAU).
Corresponde, essencialmente, ao artigo 51.º do RAU (revogado).

ANOTAÇÕES:

JUSTIFICAÇÃO DO PRECEITO:

Este preceito, por um lado, "afirma o interesse *público* que revestem as normas reguladoras da resolução, da caducidade e da denúncia do contrato, numa área de relações jurídicas que, por pertencerem ao foro contratual, se encontram em princípio sujeitas a normas de carácter supletivo, como logo se depreende do disposto no artigo 405.º do Código.

E por esta disposição se fica sabendo que as normas contidas nessas bolsas mais resguardadas, facilmente localizáveis no percurso do regime da relação negocial locatícia, se impõem ao próprio *acordo* das partes em sentido contrário.

Mas como, por outro lado, a intenção do legislador, ao proclamar solene e abertamente a natureza *imperativa* destes pequenos condados normativos, não é positivamente a de criar *tabus* da lei ou de implantar *dogmas* em certas ilhas do instituto, porque é apenas, por via de regra, a de proteger de modo especial os interesses de uma ou outra das partes mais dignos de tutela, caberá naturalmente ao intérprete inquirir, junto de cada norma compreendida nesses *pequenos santuários*, qual o interesse que o legislador pretendeu salvaguardar (não se excluindo obviamente a possibilidade de uma ou outra norma proteger de modo especial interesses de terceiros ou até de interesses gerais da contratação).

E, uma vez feito esse levantamento, poder-se-á algumas vezes concluir com segurança pela *nulidade* das cláusulas contratuais que não respeitem a tutela mínima

Parte II – Código Civil

que a lei pretendeu conceder ao interesse visado, mas admitir racionalmente outras vezes a validade das *cláusulas* contratuais que, em vez de *enfraquecerem*, só *reforcem* a tutela publicística da lei."

(*Pires de Lima – Antunes Varela, Código Civil Anotado, vol. II, 1997, págs. 574 e seg.*)

NOTAS PESSOAIS:

ARTIGO 1081.º
Efeitos da cessação

1. A cessação do contrato torna imediatamente exigível, salvo se outro for o momento legalmente fixado ou acordado pelas partes, a desocupação do local e a sua entrega, com as reparações que incumbam ao arrendatário.

2. Com antecedência não superior a três meses sobre a obrigação de desocupação do local, o senhorio pode exigir ao arrendatário a colocação de escritos, quando correspondam aos usos da terra.

3. O arrendatário deve, em qualquer caso, mostrar o local a quem o pretender tomar de arrendamento durante os três meses anteriores à desocupação, em horário acordado com o senhorio.

4. Na falta de acordo, o horário é, nos dias úteis, das dezassete horas e trinta minutos às dezanove horas e trinta minutos e, aos sábados e domingos, das quinze às dezanove horas.

HISTÓRICO:

Redacção da Lei n.º 6/2006, de 27 de Fevereiro (NRAU).

Corresponde, parcialmente, ao artigo 54.º do RAU (revogado), cujo texto se transcreve:

Artigo 54.º *(Efeitos da interpelação)*
1. A interpelação feita pelo senhorio, quando efectuada na forma prevista pela lei, torna exigível, a partir do momento legalmente fixado, a desocupação do local e a sua entrega com as reparações que incumbem ao arrendatário.

2. Com a interpelação, o senhorio pode exigir ao arrendatário a colocação de escritos, quando correspondam ao uso da terra.

3. O arrendatário deve, em qualquer caso, mostrar o local a quem pretender tomá-lo de arrendamento, em horário acordado com o senhorio.

4. Na falta do acordo referido no número anterior, o arrendatário deve mostrar o local nos dias úteis, das 17 horas e 30 minutos às 19 horas e 30 minutos e aos sábados e domingos, das 15 às 19 horas, respectivamente.

Parte II – Código Civil

REMISSÕES:

Cessação do contrato – art. 1079.º CC; reparação das deteriorações pelo arrendatário – art. 1073.º, n.º 2, CC; desocupação no caso de caducidade do arrendamento – art. 1053.º CC; desocupação no caso de cessação do arrendamento – art. 1087.º CC; é obrigação do locatário facultar ao locador o exame da coisa locada – art. 1038.º, al. *b)* CC.

ANOTAÇÕES:

1. DESOCUPAÇÃO E ENTREGA DO LOCADO:

Cessando o contrato de arrendamento, por qualquer uma das formas previstas no artigo 1079.º, o arrendatário está obrigado à desocupação do locado e sua entrega imediata, a não ser que as partes tenham acordado de forma diferente. Uma vez mais, o legislador coloca como hipótese mais razoável o acordo dos contraentes.

Contudo, o preceito em análise, ressalva também os casos em que a lei estabelece prazo específico máximo para a desocupação, sob pena de indemnização pelo atraso, nos termos previstos no artigo 1045.º. Trata-se, essencialmente, de remissão para duas situações especiais, uma referente à caducidade do contrato (artigo 1053.º) e outra referente à cessação do contrato (artigo 1087.º).

Constata-se que a caducidade é uma forma de cessação do contrato (artigo 1079.º), estabelecendo-se contudo, quanto a ela um prazo mais lato relativamente às outras formas de cessação, o que pode levar a considerar-se haver confusão do legislador. Ilusão pura, que pode ser esclarecida pela letra da lei. É que o artigo 1053.º estabelece que a restituição do prédio só pode ser exigida passados seis meses sobre a verificação do facto que determina a *caducidade*, enquanto o artigo 1087.º fala em desocupação do locado no final do 3.º mês seguinte à *resolução*. Tal significa que, muito embora uma e outra – caducidade e resolução – sejam formas de cessação do contrato, estabeleceram-se prazos diferentes para efectivação do direito do senhorio em obter a restituição do locado.

2. COLOCAÇÃO DE ESCRITOS E OBRIGAÇÃO DE MOSTRAR O LOCADO:

Os princípios referidos nos n.ᵒˢ 2 a 4 foram transferidos do direito anterior, pois já vinham previstos no artigo 54.º do RAU, que manteve o disposto no n.º 2 do artigo 964.º do Código de Processo Civil revogado pela al. *b)* do n.º 1 do artigo 3.º do Decreto-Lei n.º 312-B/90, de 15 de Outubro.

Trata-se de princípios vigentes, desde largos tempos, na tradição portuguesa e que se mantêm no nosso direito.

"Os escritos colocados no imóvel são, por via de regra, um simples anúncio público de que este se encontra disponível para arrendamento. Sublinhe-se a neces-

578

CC Art. 1081.º

sidade de o arrendatário ser avisado, citado ou, eventualmente, notificado, com a antecedência mínima fixada na lei, ou seja, com antecedência não superior a três meses da data da desocupação."

(Margarida Grave, Novo Regime do Arrendamento Urbano, 2006, 3ª ed., pág 66)

3. INCUMPRIMENTO DO ARRENDATÁRIO:

"O não cumprimento da obrigação, por parte do arrendatário, fá-lo incorrer:

– Em má fé, implicando a perda das benfeitorias voluptuárias que haja feito (artigo 1275.º, n.º 2 do Código Civil);

– Em mora, pelo que é obrigado a pagar ao senhorio, a título de indemnização, até ao momento da restituição, a renda que tenham estipulado elevada ao dobro, excepto se houver fundamento consignar em depósito a coisa devida (artigo 1045.º do Código Civil);

– O incumprimento da obrigação de colocar escritos ede mostrar o locado são fonte do direito de indemnizar, nos termos do artigo 798.º do Código Civil."

(Margarida Grave, Novo Regime do Arrendamento Urbano, 2006, 3ª ed., pág 66)

NOTAS PESSOAIS:

DIVISÃO II
Cessação por acordo entre as partes

ARTIGO 1082.º
Revogação

1. As partes podem, a todo o tempo, revogar o contrato, mediante acordo a tanto dirigido.

2. O acordo referido no número anterior é celebrado por escrito, quando não seja imediatamente executado ou quando contenha cláusulas compensatórias ou outras cláusulas acessórias.

HISTÓRICO:

Redacção da Lei n.º 6/2006, de 27 de Fevereiro (NRAU).
Corresponde ao artigo 62.º do RAU (revogado).

ANOTAÇÕES:

1. REVOGAÇÃO:

"A *revogação* do contrato de arrendamento consagrada neste preceito insere-se manifestamente no esquema geral da *extinção* do contrato por mútuo consentimento, traçado no artigo 406.º do Código Civil, a que vulgarmente se dá o nome de *distrate* do contrato e que se caracteriza não só pela *bilateralidade* da sua fonte, mas também pela *não-retroactividade* dos seus efeitos (Pinto Furtado, *ob. cit.*, n.º 92, págs. 611 e segs. e Januário Gomes, *ob.* e *ed. cits.*, págs. 223 e segs.)."

(*Pires de Lima – Antunes Varela, Código Civil Anotado, vol. II, 1997, pág. 591*)

2. FORMA DO CONTRATO:

"Relativamente à *forma* do contrato (de revogação), verifica-se que a lei nem quis consagrar a regra do *contrarius actus*, nem aceitou o princípio da liberdade de

Parte II – Código Civil

forma (art. 219.º do Cód. Civil), nem sequer adoptou a solução *racional, discriminatória*, do artigo 221.º, n.º 2, do Código Civil (cfr. Pinto Furtado, *ob. cit.*, n.º 93, pág. 612).

Não se aceitou a regra do *contrarius actus*, por ser evidente que a lei não exige a redução do acordo de revogação a escritura pública, nos casos em que a celebração do arrendamento está sujeita a escritura pública. Não se adoptou a regra da liberdade de forma, porque para vários casos se exigiu a redução do contrato a escrito (particular). E também não se remeteu para o critério racional do artigo 221.º, n.º 2, do Código Civil, porque se tomaram exclusivamente em linha de conta as circunstâncias do acordo de revogação, sem se confrontarem com as razões justificativas da *forma* requerida para a celebração do arrendamento."

(*Pires de Lima – Antunes Varela, Código Civil Anotado, vol. II, 1997, pág. 591*)

3. FORMA EXIGIDA PARA A REVOGAÇÃO:

"Particularmente interessante – e bastante instrutiva, quanto à questão de forma exigida para a *revogação* do arrendamento no período anterior ao RAU – é o caso apreciado pelo ac. do Sup. Trib. Just., de 29 de Abril de 1992, que a Rev. Leg. Jur. Publicou no ano 125.º, págs. 86 e segs., e que Henrique Mesquita comentou, com anotação favorável. Aí se sustentou, em termos convincentes, que a *revogação* do arrendamento, mesmo quando este devesse constar de documento *escrito*, não necessitava de revestir a mesma *forma*, por força da doutrina geral consagrada no n.º 2 do artigo 221.º do Código Civil, devendo por conseguinte reconhecer-se a plena validade da revogação *tácita* de um arrendamento urbano, resultante da celebração de um contrato-promessa de compra e venda do imóvel arrendado, firmado entre o senhorio e o arrendatário, na sequência do qual o promitente-comprador deixou de pagar a renda que anteriormente pagava."

(*Pires de Lima – Antunes Varela, Código Civil Anotado, vol. II, 1997, pág. 592*)

4. REDUÇÃO A ESCRITO:

"O primeiro caso determinante da necessidade de redução a escrito é aquele em que o acordo não seja imediatamente executado. A fórmula suscita algumas perplexidades: então a forma do contrato de revogação (*prius*) depende do cumprimento ou incumprimento (*posterius*) da obrigação, assumida pelo inquilino, de despejar o local arrendado? Aparentemente não faz sentido. Mas, por outro lado, também não parece fazer sentido atribuir-se à expressão o significado de dispensar de redução a escrito o *acordo em que fique clausulada a sua imediata execução*, independentemente da execução desta. (...) Deste preceito parece, efectivamente, resultar que a dispensa de redução a escrito supõe uma tradução real, coeva, em termos de execução da revogação. Assim, o mero acordo tendente a uma execução imediata da desocupação tem mais o sentido de um acordo preliminar cuja inexecução poderá legitimar o senhorio a um pedido de indemnização nos termos gerais."

(*Januário Gomes, Arrendamentos para Habitação, Coimbra, 1994, pág. 213*)

5. CLÁUSULAS COMPENSATÓRIAS:

"É frequente que a declaração de aceitação do distrate por parte do inquilino, tenha como contrapartida uma quantia em dinheiro, a que normalmente é dada a designação, juridicamente incorrecta, de 'indemnização'. Tais cláusulas compensatórias são lícitas, não se lhes estendendo a previsão tipológica do crime de especulação.

(*Januário Gomes, Arrendamentos para Habitação, Coimbra, 1994, pág. 213*)

6. CLÁUSULAS ACESSÓRIAS:

O terceiro caso previsto é o de o acordo de revogação conter quaisquer outras cláusulas acessórias, como seja a sujeição do contrato a uma condição.

NOTAS PESSOAIS:

DIVISÃO III
Resolução

ARTIGO 1083.º
Fundamento da resolução

1. Qualquer das partes pode resolver o contrato, nos termos gerais de direito, com base em incumprimento pela outra parte.

2. É fundamento de resolução o incumprimento que, pela sua gravidade ou consequências, torne inexigível à outra parte a manutenção do arrendamento, designadamente, quanto à resolução pelo senhorio:

a) A violação reiterada e grave de regras de higiene, de sossego de boa vizinhança ou de normas constantes do regulamento do condomínio;

b) A utilização do prédio contrária à lei, aos bons costumes ou à ordem pública;

c) O uso do prédio para fim diverso daquele a que se destina;

d) O não uso do locado por mais de um ano, salvo nos casos previstos no n.º 2 do artigo 1072.º;

e) A cessão, total ou parcial, temporária ou permanente e onerosa ou gratuita, quando ilícita, inválida ou ineficaz perante o senhorio.

3. É inexigível ao senhorio a manutenção do arrendamento em caso de mora superior a três meses no pagamento da renda, encargos ou despesas, ou de oposição pelo arrendatário à realização de obra ordenada por autoridade pública, sem prejuízo do disposto nos números 3 e 4 do artigo seguinte.

4. É fundamento de resolução pelo arrendatário, designadamente, a não realização pelo senhorio de obras que a este caibam, quando tal omissão comprometa a habitabilidade do locado.

Parte II – Código Civil

HISTÓRICO:

Redacção da Lei n.º 6/2006, de 27 de Fevereiro (NRAU).

O n.º 1 tem alguma correspondência com o disposto no artigo 63.º do RAU (revogado), que se transcreve:

Artigo 63.º *(Resolução)*

1. O arrendatário pode resolver o contrato nos termos gerais de direito, com base em incumprimento pela outra parte.

2. A resolução do contrato fundada na falta de cumprimento por parte do arrendatário tem de ser decretada pelo tribunal.

O n.º 2 tem alguma correspondência com o disposto no n.º 1 do artigo 64.º do RAU (revogado), que, por seu turno reproduziu, embora com ligeiras alterações, o artigo 1093.º do Código Civil, na redacção do Decreto-Lei n.º 47 344, de 25 de Novembro de 1966, pelo que se transcreve aquele texto:

Artigo 64.º *(Casos de resolução pelo senhorio)*

1. O senhorio só pode resolver o contrato se o arrendatário:

a) Não pagar a renda no tempo e lugar próprios nem fizer depósito liberatório;

b) Usar ou consentir que outrem use o prédio arrendado para fim ou ramo de negócio diverso daqueles a que se destina;

c) Aplicar o prédio, reiterada ou habitualmente, a práticas ilícitas, imorais ou desonestas;

d) Fizer no prédio, sem consentimento escrito do senhorio, obras que alterem substancialmente a sua estrutura externa ou a disposição interna das suas divisões, ou praticar actos que nele causem deteriorações consideráveis, igualmente não consentidas e que não possam justificar-se nos termos dos artigos 1043.º do Código Civil ou 4.º do presente diploma;

e) Der hospedagem a mais de três pessoas das mencionadas no n.º 3 do artigo 76.º, quando não seja esse o fim para que o prédio foi arrendado;

f) Subarrendar ou emprestar, total ou parcialmente, o prédio arrendado, ou ceder a sua posição contratual, nos casos em que estes actos são ilícitos, inválidos por falta de forma ou ineficazes em relação ao senhorio, salvo o disposto no artigo 1049.º do Código Civil;

g) Cobrar do subarrendatário renda superior à que é permitida nos termos do artigo 1062.º do Código Civil;

h) Conservar encerrado, por mais de um ano, o prédio arrendado para comércio, indústria ou exercício de profissão liberal, salvo caso de força maior ou ausência forçada do arrendatário, que não se prolongue por mais de dois anos;

i) Conservar o prédio desabitado por mais de um ano ou, sendo o prédio destinado a habitação, não tiver nele residência permanente, habite ou não outra casa, própria ou alheia;

j) Deixar de prestar ao proprietário ou ao senhorio os serviços prestados que determinaram a ocupação do prédio.

REMISSÕES:

Obrigações do locatário: v. g., pagar a renda – art. 1038.º, al. *a)* CC; não aplicar o locado a fim diverso – art. 1038.º, al. *c)* CC; não fazer dela uma utilização imprudente – art. 1038.º, al. *d)* CC; não proporcionar a outrem o gozo da coisa – art. 1038.º, al. *f)* CC; comunicar ao locador a cedência do gozo da coisa, quando permitida ou autorizada – art. 1038.º, al. *g)* CC; excepções à resolução por falta de uso do locado – art. 1072.º, n.º 2 CC; acção de despejo – art. 14.º NRAU.

JURISPRUDÊNCIA:

FALTA DE RESIDÊNCIA PERMANENTE:

"Para a verificação da excepção prevista na alínea *c)* do n.º 2 do artigo 1093.º do Código Civil, não é necessária à existência ou permanência de familiares no arrendado. Basta um só familiar nas condições mencionadas no artigo 1040.º, n.º 3, do mesmo Código, para que se verifique a apontada excepção."

(*Acórdão da Relação do Porto, de 28.06.1984, Boletim do Ministério da Justiça, 339, pág. 466*)

FALTA DE RESIDÊNCIA PERMANENTE:

"A utilização pelo locatário, do arrendado, nas férias, fins-de-semana, domingos, dias santos não chega para integrar a permanência que a lei exige."

(*Acórdão da Relação de Évora, de 12.07.1984, Colectânea de Jurisprudência, 1984, Tomo IV, pág. 294*)

CESSAÇÃO DE ARRENDAMENTO:

"É nula a cláusula de contrato de arrendamento em que o arrendatário aceita como resolvido o contrato a partir de certa data, quer considerando tal cláusula como condição resolutiva, quer como termo final do arrendamento."

(*Acórdão da Relação de Coimbra, de 23.10.1984, Colectânea de Jurisprudência, 1984, Tomo IV, pág. 57*)

FALTA DE RESIDÊNCIA PERMANENTE:

"Não tem residência permanente no local arrendado os réus que vivem no estrangeiro há cerca de três anos, mesmo que, nesse período, tenham estado a utilizar a casa, por uma vez, durante o gozo das suas férias."

Parte II – Código Civil

(***Acórdão da Relação de Coimbra***, *de 13.11.1984, Boletim do Ministério da Justiça, 341, pág. 479*)

FALTA DE RESIDÊNCIA PERMANENTE:

"**I** – Residência permanente é a casa em que o arrendatário tem o centro ou sede da sua vida familiar e social e da sua economia doméstica; a casa em que o arrendatário, estável ou habitualmente, dorme, toma as suas refeições, convive e recolhe a sua correspondência; o local em que tem instalada e organizada a sua vida familiar e a sua economia doméstica – o seu lar, que constitui o centro ou sede dessa organização.

II – A falta de residência permanente, como fundamento da resolução do arrendamento, não tem que ter a duração mínima de um ano.

III – Não é de aceitar a tese de que a resolução do contrato apenas seja admissível após o decurso do primeiro período contratual, depois de se ter entrada na fase das prorrogações por vontade unilateral do arrendatário."

(***Acórdão do Supremo Tribunal de Justiça***, *de 05.03.1985, Boletim do Ministério da Justiça, 345, pág. 372*)

FALTA DE RESIDÊNCIA PERMANENTE:

"**I** – A equiparação a bolseiro fora do país com vista a doutoramento e situação que não foi directamente prevista pelo legislador para efeitos de obstar a resolução do contrato de arrendamento por falta de residência permanente.

II – É admissível, no entanto, a interpretação extensiva da 2ª parte da alínea *b*) do artigo 1093.º do Código Civil, de modo a fazer caber no seu espírito essa situação, pois ela merece tratamento igual ao que se dispensa ao arrendatário que, sem dependência de prazo, se ausente do arrendado por motivos de comissão de serviço público, quer civil quer militar, por tempo determinado."

(***Acórdão da Relação do Porto***, *de 08.10.1985, Colectânea de Jurisprudência, 1985, Tomo IV, pág. 245*)

DESPEJO:

"A utilização do locado, anunciada publicamente, para reserva e venda de bilhetes para uma carreira "expresso" de transporte público de passageiros integra causa resolutiva prevista no artigo 1093.º, n.º 1, alínea *b*), do Código Civil [hoje, artigo 1083.º], se o destino contratual do arrendado for o exercício do comércio de artigos de papelaria, livraria, escritório, electrodomésticos, artesanato e agente comercial de óleos e seus derivados."

(***Acórdão da Relação de Évora***, *de 06.03.1986, Boletim do Ministério da Justiça, 357, pág. 508*)

DESABITAÇÃO DE PRÉDIO ARRENDADO:

"**I** – Constitui contrato de arrendamento habitacional aquele que, sendo celebrado com a GNR, tem por objecto um prédio urbano, destinado à habitação de um comandante daquela corporação, não obstante conter ele uma cláusula que atribui à inquilina o direito de regular a ocupação e desocupação do prédio.

II – A referida cláusula apenas tem o significado de poder a GNR deliberar livremente sobre a cedência do local a algum dos seus elementos, ou seja, de o ceder a um e, depois, a outro.

III – São-lhe, assim, aplicáveis as normas especiais do artigo 1093.º, n.º 1 alínea *i*), se o contrato em causa se não puder enquadrar em qualquer das hipóteses excepcionadas pelo n.º 2 do artigo 1083.º.

IV – Pode, pois, o senhorio resolver o contrato, se o arrendatário (GNR) conservar o prédio desabitado por mais de um ano, consecutivamente."

(*Acórdão da Relação do Porto, de 22.04.1986, Colectânea de Jurisprudência, 1986, Tomo II, pág. 204*)

DESPEJO POR OBRAS:

"**I** – Para efeitos de resolução do contrato de arrendamento não se consideram deteriorações consideráveis o facto de o arrendatário haver destruído todos os vidros da habitação locada.

II – Também não justifica aquela resolução a construção de um barracão de madeira, sem qualquer ligação física com o arrendado.

III – Na falta de convenção a renda deve ser paga no último dia da vigência do contrato ou do período a que respeita e no domicílio do locatário, a data do vencimento."

(*Acórdão da Relação de Évora, de 05.02.1987, Colectânea de Jurisprudência, 1987, Tomo I, pág. 296*)

PRISÃO DE INQUILINO:

"**I** – Se o inquilino, por se encontrar preso em cumprimento de pena, manteve a casa arrendada desabitada, mais de um ano, período durante o qual não residiu nela, tal facto é motivo de resolução do contrato de arrendamento.

II – A prisão do inquilino não constitui caso de força maior, impeditivo do despejo."

(*Acórdão da Relação de Coimbra, de 08.11.1988, Colectânea de Jurisprudência, 1988, Tomo V, pág. 69*)

SUBLOCAÇÃO:

"**I** – A sublocação torna o sublocatário associado ou comparticipante do locatário no que respeita ao uso diligente do local arrendado.

Parte II – Código Civil

II – Mesmo não usando da faculdade concedida pelo artigo 1103.º do Código Civil, o locador pode, a partir de uma falta de residência permanente do sublocatário, accionar este e o locatário para obter simultaneamente a resolução do arrendamento e do subarrendamento.

III – O empréstimo do local arrendado só releva para a resolução se tem um mínimo de duração e cabendo ao locador o ónus da respectiva prova.

IV – Se essa cedência é feita pelo subarrendatário, o arrendatário só incorre ilicitamente em falta de comunicação ao senhorio se, por sua vez, essa situação lhe tiver sido comunicada."

(**Acórdão da Relação de Lisboa**, *de 13.07.1989, Colectânea de Jurisprudência, 1989, Tomo IV, pág. 124*)

FALTA DE RESIDÊNCIA PERMANENTE:

"**I** – A *ratio legis* da alínea *b*) do n.º 2 do artigo 1 093.º do Código Civil abrange a situação laboral do cônjuge do arrendatário, e não só deste, como motivo potencialmente justificativo da ausência da casa de morada de família.

II – O prazo não superior a 2 anos, referido nesse normativo, reporta-se a tempo de ausência, e não tanto a tempo de actividade laboral.

III – Para efeitos do mesmo dispositivo legal, esse prazo constitui ónus de prova do réu.

IV – O princípio da economia processual permite fazer considerar a dimensão temporal, para efeitos de tal prazo, reportada ao encerramento da discussão da causa."

(**Acórdão da Relação de Lisboa**, *de 15.2.1990, Colectânea de Jurisprudência, 1990, Tomo I, pág. 171*)

PRÁTICAS ILÍCITAS NO ARRENDADO:

"**I** – Para efeitos do artigo 1093.º, n.º 1, alínea *c*) do Código Civil [hoje, artigo 1083.º], são imorais, ilícitos e desonestos factos de natureza delituosa punidos criminalmente e largamente publicitados, de impressão de notas falsas.

II – Tal actividade é de considerar reiterada quando o processo de preparação, impressão e falsificação se desenrola por larga margem de meses.

III – Tendo nessa actividade intervindo todos os sócios da ré, por acordo deles, dividindo tarefas e utilizando as suas próprias instalações e maquinaria nela existente, os seus actos repercutem-se na sociedade, ao nível da responsabilidade por actos ilícitos, porque seus representantes ou gerentes, nos termos do artigo 500.º e do artigo 998.º do Código Civil, no ponto em que este último normativo preceitua que 'a sociedade responde civilmente pelos actos ou omissões dos seus representantes, agentes ou mandatários nos mesmos termos em que os comitentes respondem pelos actos ou omissões dos seus comissários'."

(**Acórdão da Relação de Coimbra**, *de 06.11.1990, Colectânea de Jurisprudência, 1990, Tomo V, 35*)

CONTRATO DE ARRENDAMENTO;
RESOLUÇÃO; DIREITOS DOS VIZINHOS; ÓNUS DA PROVA:

"**I** – Integra a previsão do artigo 1093.º, n.º 1 alínea c) do Código Civil e, hoje, a do artigo 64.º, n.º 1 alínea c), do Regime do Arrendamento Urbano, aprovado pelo Decreto-Lei n.º 321-B/1990, de 15 de Outubro, a conduta do inquilino que, no arrendado, acumula lixos que emanam cheiro nauseabundo que se faz sentir noutros apartamentos do mesmo prédio, pois tal prática é ilícita por ofender direitos de personalidade dos vizinhos, nomeadamente a integridade moral e física destes, os seus direitos a um ambiente de vida sadia e a habitação em condições de higiene, os quais são consagrados e protegidos como de interesse e ordem pública pela Constituição da República (artigo 25.º, artigo 64.º, artigo 65.º e artigo 66.º), Lei de Bases do Ambiente (artigo 2.º, artigo 6.º e artigo 8.º) e Código Civil (artigo 70.º).

II – Recai sobre o inquilino o ónus de provar que tais sucessos não procedem de culpa sua, para poder evitar a resolução do contrato, atento o disposto no artigo 799.º do Código Civil."

(*Acórdão da Relação de Lisboa*, *de 09.04.1991, Boletim do Ministério da Justiça, 406, pág. 709*)

RESOLUÇÃO DO CONTRATO; USO PARA FIM DIVERSO:

"Constitui fundamento de resolução do contrato, nos termos do n.º 1 alínea b), do artigo 1093.º do Código Civil [hoje, artigo 1083.º], o acolhimento, pelo arrendatário no prédio que tomou de arrendamento para sua habitação, interessado ou desinteressado, de pessoas idosas a quem presta assistência e onde fornece dormida a mais três pessoas, curando-lhes da limpeza dos quartos."

(*Acórdão da Relação de Évora*, *de 02.05.1991, Boletim do Ministério da Justiça, 407, pág. 643*)

ARRENDAMENTO; RESOLUÇÃO;
FALTA DE RESIDÊNCIA PERMANENTE:

"**I** – A falta de residência permanente justifica-se, como causa de despejo, na medida em que revela o manifesto desinteresse do arrendatário na utilização do prédio arrendado para a sua habitação, por dele já não ter necessidade.

II – Uma vez apurado com segurança que o arrendatário já não habita, actual e habitualmente o prédio arrendado, a acção tem de proceder, apesar de se ter provado que só há cerca de sete meses o réu deixou de ter no locado a sua residência permanente, pois preocupações de ordem social que exigem que não haja casas sem gente por haver gente sem casas, impõe que, nesse caso, se considere desnecessário que se continue a aguardar inutilmente que se complete o prazo de um ano."

(*Acórdão da Relação do Porto*, *de 06.05.1991, Boletim do Ministério da Justiça, 407, pág. 621*)

Parte II – Código Civil

ARRENDAMENTO; RESOLUÇÃO; FALTA DE RESIDÊNCIA PERMANENTE:

"Provando-se que se manteve a viver no arrendado a sogra do réu marido, tendo os réus, os seus três filhos, passado a viver em África, onde organizaram a sua vida familiar, tal facto é irrelevante para efeitos de aplicação do disposto na alínea c) do n.º 2 do artigo 1093.º do Código Civil, não podendo, assim, considerar--se verificada essa excepção ao direito de resolução do arrendamento, por parte do senhorio."

(***Acórdão da Relação do Porto***, *de 07.05.1991, Boletim do Ministério da Justiça, 407, pág. 621*)

PRÁTICAS ILÍCITAS NO ARRENDADO:

"É de resolver o arrendamento, por haver habitualmente práticas ilícitas, imorais e desonestas, se em prédio arrendado para indústria de hospedagem são frequentes vezes alugados quartos com pouca permanência para a prática de relações sexuais acidentais."

(***Acórdão da Relação de Lisboa***, *de 09.05.1991, Colectânea de Jurisprudência, 1991, Tomo III, pág. 134*)

ARRENDAMENTO; CESSÃO DO GOZO DO ARRENDAMENTO A TÍTULO OCASIONAL E PRECÁRIO POR RAZÕES JUSTIFICADAS:

"I – O subarrendamento ao prédio arrendado, a cessão da posição contratual do locatário, o empréstimo do locado, quando não autorizados pelo locador, ineficazes em relação a ele ou inválidos por falta de forma são, em princípio, condutas ilícitas e só deixam de ser sancionadas com a resolução do contrato se alcançar em justificação.

II – Esta justificação corre no caso de cedência ocasional, precária e fundada em razões humanitárias, de cortesia ou amizade.

III – O acento tónico da justificação não está na precariedade da cedência mas na relevância das razões que constituem a essência da justificação."

(***Acórdão da Relação de Lisboa***, *de 28.05.1991, Boletim do Ministério da Justiça, 407, pág. 607*)

ACÇÃO DE DESPEJO; FALTA DE CONTESTAÇÃO:

"A falta de contestação implica a total procedência da acção de despejo em que, além deste, se pede (embora indevidamente) a condenação do réu a pagar ao autor as rendas vencidas e vincendas e a correspondente indemnização."

(***Acórdão da Relação de Coimbra***, *de 28.01.1992, Boletim do Ministério da Justiça, 413, pág. 618*)

CC   *Art. 1083.º*

CONTRATO DE ARRENDAMENTO; RESOLUÇÃO; COMISSÃO DE SERVIÇO DO ARRENDATÁRIO:

"A comissão de serviço público que admite a possibilidade de sucessivas renovações ou prorrogações torna indeterminada ou indeterminável a sua duração e, em tal medida, obsta ao funcionamento e eficácia do regime excepcional de protecção ao inquilino constante da alínea *b*) do n.º 2 do artigo 1093.º do Código Civil."

(*Acórdão da Relação de Lisboa*, de 06.02.1992, *Boletim do Ministério da Justiça 414, pág. 618*)

FALTA DE RESIDÊNCIA PERMANENTE:

"**I** – A protecção a residência do agregado familiar só tem sentido se e enquanto tem sentido o local arrendado funciona como centro de referência ou aglutinação da vida familiar.

II – A permanência de familiares não impede a resolução por falta de residência permanente se todo o agregado familiar, com excepção de um dos seus elementos, instalou definitivamente nova residência noutra localidade."

(*Acórdão da Relação de Lisboa*, de 06.02.1992, *Colectânea de Jurisprudência, 1992, Tomo I, pág. 154*)

ACÇÃO DE DESPEJO; VIOLAÇÃO DE CLÁUSULA CONTRATUAL; CEDÊNCIA DO GOZO DO LOCADO:

"**I** – A violação da cláusula do contrato que proíbe ao arrendatário forrar as paredes com papel só pode fundamentar a resolução do contrato se puder integrar--se na previsão de alguma das alíneas do artigo 1093.º, n.º 1, do Código Civil, [hoje, artigo 1083.º].

II – Só existe cedência do gozo da coisa locada quando há, por parte do arrendatário, uma demissão do gozo da coisa em benefício de terceiro (e não quando apenas ocorre uma simples permissão de utilização precária, desacompanhada de qualquer ideia de transferência do gozo do locado)."

(*Acórdão da Relação de Coimbra*, de 28.04.1992, *Boletim do Ministério da Justiça, 416, pág. 716*)

CONTRATO DE ARRENDAMENTO; RESOLUÇÃO; ALTERAÇÃO SUBSTANCIAL DO LOCADO:

"**I** – A abertura no telhado e instalação de uma chaminé para extracção de fumos não constitui alteração substancial do locado e, logo, não fundamenta qualquer resolução do contrato de arrendamento – artigo 1093.º, n.º 1, alínea *d*), do Código Civil.

II – Porém, nos termos do apontado normativo, já consubstancia tal fundamento o facto de o inquilino haver instalado no locado um assador de frangos,

Parte II – Código Civil

os quais vende depois ao público, quando o arrendamento se destinava apenas ao comércio de mercearias e loiças."

(***Acórdão da Relação de Lisboa***, *de 02.06.1992, Boletim do Ministério da Justiça, 418, pág. 841*)

AFECTAÇÃO DO ARRENDADO A FINS DIVERSOS:

"**I** – As direcções gerais são departamentos, sem personalidade jurídica, da Administração Central do Estado, onde se incluem diversos serviços.

II – Assim, a afectação de determinados andares arrendados para instalação de uma Direcção-Geral, a instalação de uma Inspecção-Geral, não envolve resolução do respectivo Contrato de Arrendamento, pois o novo fim não difere substancialmente daquele a que estava destinado."

(***Acórdão da Relação de Lisboa***, *de 11.06.1992, Colectânea de Jurisprudência, 1992, Tomo III, pág. 203*)

FALTA DE RESIDÊNCIA PERMANENTE:

"Desconhecendo-se os exactos termos do contrato de arrendamento, designadamente se visou a satisfação das necessidades permanentes ou normais de habitação de inquilino ou se o espaço (andar) se destina a segunda residência, para períodos de férias e ocupação de tempos livres, não é possível decretar a resolução de tal com base na causa de «falta de residência» por ela ser de todo em todo, juridicamente irrelevante no segundo caso."

(***Acórdão da Relação de Évora***, *de 07.07.1992, Boletim do Ministério da Justiça, 419, pág. 838*)

RESOLUÇÃO (CAUSAS):

"É taxativa a enumeração das situações que, nos termos do artigo 64.º, n.º 1, alínea *f*), do Regime de Arrendamento Urbano, podem permitir ao senhorio a resolução do contrato."

(***Acórdão da Relação de Coimbra***, *de 15.09.1992, Boletim do Ministério da Justiça, 419, pág. 827*)

ENCERRAMENTO DE ESTABELECIMENTO:

"A falência da arrendatária não impede a resolução do contrato de arrendamento por encerramento do estabelecimento, que funcionava no arrendado."

(***Acórdão da Relação de Lisboa***, *de 27.10.1992, Colectânea de Jurisprudência, 1992, Tomo IV, pág. 191*)

ARRENDAMENTO; RESOLUÇÃO; ENCERRAMENTO DO ARRENDADO:

"**I** – O encerramento do locado só fundamenta a resolução do contrato se, para o arrendatário, nada ali existe de relevante.

CC Art. 1083.º

II – Não se verifica o encerramento se, destinado o arrendado a escritório de navegação, ali funciona um «arquivo morto» que o arrendatário sempre terá de conservar e que pode consultar com normalidade."

(*Acórdão da Relação do Porto, de 11.03.1993, Boletim do Ministério da Justiça, 425, pág. 618*)

ARRENDAMENTO; SERVIÇOS PÚBLICOS; NÃO OCUPAÇÃO DO ARRENDADO:

"**I** – Destinando-se o arrendado ao funcionamento de um serviço público, demarcou-se ao arrendamento, não um fim estático, inerente à guarda ou armazenamento de coisas, mas um fim dinâmico de carácter pessoal.

II – Assim, ocorre causa de resolução do contrato de arrendamento com fundamento em, conservar o locado desocupado de pessoas há mais de um ano, quando aí não se exercem quaisquer actividades correspondentes a funções de interesse público e durante esse tempo se destinou somente a arrecadação de um serviço sem intervenção activa de qualquer funcionário."

(*Acórdão da Relação do Porto, de 13.04.1993, Colectânea de Jurisprudência, 1993, Tomo II, pág. 211*)

CEDÊNCIA DE USO DE GARAGEM:

"Não justifica resolução de arrendamento o facto de os arrendatários, sem se demitirem da sua qualidade, autorizarem, por razões de amizade e vizinhança, outras pessoas a guardarem bens na garagem do locado e, mesmo, um médico (em cuja casa trabalha a arrendatária) a guardar, ali, um automóvel, disponibilizando-lhe uma chave."

(*Acórdão da Relação de Lisboa, de 29.04.1993, Colectânea de Jurisprudência, 1993, Tomo II, pág. 144*)

RESOLUÇÃO DE ARRENDAMENTO:

"A resolução do contrato de arrendamento opera-se por efeito da sentença em 1ª instância, quando confirmada pela relação."

(*Acórdão da Relação de Coimbra, de 07.07.1993, Colectânea de Jurisprudência, 1993, Tomo IV, pág. 35*)

ARRENDAMENTO; AUSÊNCIA DO ARRENDATÁRIO:

"**I** – A razão de ser do artigo 64.º, n.º 2, *c*) do Regime de Arrendamento Urbano – permanência, no locado, de certos familiares do arrendatário, obstaculando ao despejo – está na protecção do direito a habitação desses familiares, e não do arrendatário.

II – Uma pessoa pode ser arrendatária de mais de um local sob protecção vinculística.

Parte II – Código Civil

III – Para que a dita excepção do artigo 64.º, n.º 2, *c)* do Regime do Arrendamento Urbano se verifique é mister uma dessas situações: *a)* se mantenha a ligação do arrendatário às pessoas que permanecem no locado, em termos que se supor o regresso do arrendatário; *b)* ou, embora haja desagregação familiar, permaneça, no locado, pessoa a quem o arrendamento pode ser transmitido; *c)* ou, apesar da definitiva saída do arrendatário, se mantenha dependência, designadamente económica, de quem fica, relativamente àquele."

(**Acórdão da Relação de Lisboa**, *de 27.10.1994, Colectânea de Jurisprudência, 1994, Tomo IV, pág. 129)*

ARRENDAMENTO; RESOLUÇÃO DO CONTRATO:

"**I** – Para efeito da resolução do arrendamento, deve entender-se que as deteriorações exprimem correntemente a ideia de «tornar pior, danificar, estragar, arruinar, degradar» e que as alterações se ligam à ideia de modificar, tornar diferente, excluindo na finalidade imediata o propósito de danificar.

II – Para formular um juízo seguro sobre as alterações, o julgador deve fazer uso de um critério de razoabilidade, considerando a boa fé do inquilino e a situação do senhorio, que não pode sacrificar a estrutura do local às comodidades do arrendatário.

III – A abertura no soalho ele um buraco com 0,95 cm x 0,55 cm para instalar uma escada a ligar o rés-do-chão ao 1.º andar constitui uma deterioração justificada para assegurar o conforto e a comodidade do arrendatário, não sendo fundamento para a resolução do contrato."

(**Acórdão da Relação do Porto**, *de 27.03.1995, Boletim do Ministério da Justiça, 445, pág. 610)*

RESOLUÇÃO; CESSÃO DE EXPLORAÇÃO;
COMUNICAÇÃO AO SENHORIO:

"**I** – A cedência do gozo do locado por meio de locação ou de cessão de estabelecimento conferem ao senhorio, quando não autorizadas, o poder de requerer judicialmente a resolução do contrato de arrendamento.

II – A cessão, quando autorizada, deve ser comunicada ao senhorio sob pena de ser ineficaz em relação a este e ser, portanto, causa de resolução.

III – É ao inquilino que compete provar ter cumprido a obrigação legal de comunicar ao senhorio a cessão."

(**Acórdão da Relação de Évora**, *de 18.05.1995, Colectânea de Jurisprudência, 1995, Tomo III, pág. 265)*

CONTRATO DE ARRENDAMENTO; CAUSAS DE RESOLUÇÃO; CASA DE REPOUSO; FALTA DE ALVARÁ:

"O simples facto de uma casa de repouso funcionar sem alvará, que em tempos já teve, não integra o fundamento de resolução previsto no artigo 64.°, n.° 1, alínea *c*), do Regime do Arrendamento Urbano."

(*Acórdão da Relação de Lisboa*, de 02.11.1995, Boletim do Ministério da Justiça, 451, pág. 491)

ACÇÃO DE DESPEJO; ARRENDAMENTO COMERCIAL; FINS DIVERSOS:

"A utilização do arrendado apenas como armazém, ainda que de apoio ao seu ramo de negócio, não comportando sequer uma utilização para um ramo de negócio diferente, importa já uma utilização para um fim diverso (não negocial) e, enquanto tal, violadora do disposto na alínea *b*) e alínea *h*) do artigo 64.°, n.° 1, do Decreto-Lei n.° 321-B/1990, de 15 de Outubro."

(*Acórdão da Relação de Évora*, de 11.04.1996, Boletim do Ministério da Justiça, 456, pág. 515)

DETERIORAÇÕES CONSIDERÁVEIS:

"**I** – Quando se fala em «deteriorações consideráveis» quer-se significar estragos ou danos importantes que são aqueles que revestem um elevado vulto, quer pela sua extensão, quer pelo custo da sua reparação, quer ainda em confronto com o valor e tamanho do prédio onde são praticados.

II – Tal 'locução' significa, assim, estragos consideráveis, notáveis ou importantes, sendo só estes que podem ser fundamento da resolução do contrato."

(*Acórdão da Relação de Évora*, de 11.04.1996, Boletim do Ministério da Justiça, 456, pág. 516)

ARRENDAMENTO; TRANSMISSÃO; FUSÃO DE SOCIEDADES; MUDANÇA DE RAMO:

"**I** – A transmissão da posição do arrendatário comercial, por efeito duma fusão de sociedades é válida, não necessitando da autorização do senhorio.

II – Se o arrendatário continuar a usar o arrendado, a título principal, para o fim ou ramo de negócio convencional e apenas exercer acessoriamente uma nova actividade, não há motivo para a resolução do contrato de arrendamento."

(*Acórdão da Relação de Lisboa*, de 17.04.1997, Colectânea de Jurisprudência, 1997, Tomo II, pág. 105)

Parte II – Código Civil

USO DO LOCADO PARA FIM DIVERSO DO CONTRATADO; ÓNUS DE ALEGAÇÃO E PROVA:

"**I** – Se o arrendatário continua a explorar a título principal o ramo de negócio convencionado, apenas acessoriamente exercendo uma nova actividade, não se está perante um motivo de resolução do contrato.

II – Arrendado um prédio para oficina de automóveis, actividade na qual se utilizam garrafas de gás, é lícito ao arrendatário armazená-las no locado desde que se destinem a essa mesma actividade.

III – Só uma actividade nova exercida com carácter duradouro releva para a resolução do contrato.

IV – É ao senhorio que incumbe alegar e provar, não só que a nova actividade tem carácter duradouro como que a armazenagem das garrafas de gás é autónoma e nada tem a ver com a actividade exercida pelo arrendatário."

(*Acórdão da Relação de Évora, de 01.07.1997, Colectânea de Jurisprudência, 1997, Tomo IV, pág. 263*)

ARRENDAMENTO; RESOLUÇÃO; OBRAS SEM AUTORIZAÇÃO:

"A construção pelo arrendatário, sem autorização do senhorio, de um anexo em cimento no exterior da casa para guarda de utensílios domésticos e laborais, que não prejudica a estrutura do prédio, não integra fundamento para a resolução do arrendamento, embora constitua o arrendatário na obrigação de o remover no final do contrato."

(*Acórdão da Relação do Porto, de 02.12.1997, Boletim do Ministério da Justiça, 472, pág. 560*)

FALTA DE RESIDÊNCIA PERMANENTE; PRISÃO DO ARRENDATÁRIO:

"Decorrendo a falta de residência permanente do arrendado do facto de o arrendatário ter sido preso, não se verifica caso de força maior, por a prisão ser imputável a comportamento do próprio arrendatário."

(*Acórdão da Relação do Porto, de 09.12.1997, Boletim do Ministério da Justiça, 472, pág. 560*)

RESOLUÇÃO DO CONTRATO; FALTA DE PAGAMENTO DE RENDAS:

"A especificidade do regime estatuído no artigo 64.º, n.º 1, alínea *a*), do Regime de Arrendamento Urbano, acerca da resolução do contrato de arrendamento por falta de pagamento de rendas e forma de o poder evitar, afasta a regra do artigo 799.º do Código Civil aplicável aos casos em que não esteja previsto na lei, nem por acordo das partes, outro regime."

(*Acórdão da Relação do Porto*, *de 28.04.1998, Boletim do Ministério da Justiça, 476, pág. 484*)

RESOLUÇÃO DO CONTRATO DE ARRENDAMENTO; HABITAÇÃO PERMANENTE; DOENÇA:

"A doença que impede a actuação do fundamento de resolução do contrato contido na alínea *i*) do n.º 1 do artigo 64.º do Regime do Arrendamento Urbano não pode ser uma doença irreversível, que se prolonga indefinidamente no tempo. Antes terá de ser, apenas, uma doença temporária que não impeça o arrendatário de regressar ao tocado dentro de um prazo razoável, normalmente curto. De contrário não seria realizado, até, um dever fundamental do inquilino de guarda e conservação do imóvel, que lhe é imposto pelo artigo 1043.º do Código Civil."

(*Acórdão da Relação de Lisboa*, *de 07.05.1998, Boletim do Ministério da Justiça, 477, pág. 558*)

CESSÃO DO LOCADO; COMUNICAÇÃO AO SENHORIO; ÓNUS DA PROVA:

"**I** – A falta de comunicação ao senhorio, da cessão do locado, no prazo de 15 dias, se não tiver sido reconhecido o beneficiário como tal, faculta àquele a resolução do contrato de arrendamento, nos termos da alínea *f*) do artigo 64.º do Regime do Arrendamento Urbano.

II – Ao senhorio cabe fazer a prova dos factos constitutivos do seu direito, tendo o ónus de alegar e provar a falta de comunicação da cedência, não estando os réus obrigados a demonstrar e provar que efectuaram tal comunicação o que constituiria inversão do ónus da prova."

(*Acórdão da Relação de Évora*, *de 02.07.1998, Boletim do Ministério da Justiça, 479, pág. 732*)

REGIME DO ARRENDAMENTO URBANO; PRÉDIO DESABITADO OU DESOCUPADO; CASO DE FORÇA MAIOR:

"**I** – A expressão desabitado consoante da primeira parte da alínea *i*), do artigo 64.º do Regime do Arrendamento Urbano, aprovado pelo Decreto-Lei n.º 321-B/1990, de 15 de Outubro, tem o sentido de desocupado e reporta-se a prédios destinados a outros fins que não sejam a habitação ou o exercício do comércio, da indústria ou de profissão liberal.

II – O caso de força maior a que se reporta a alínea *a*) do n.º 2 do artigo 64.º do Regime do Arrendamento Urbano é o evento natural ou de acção humana de outrem que não o arrendatário que, embora pudesse prevenir-se, não podia ser evitado nem em si nem nas suas consequências danosas e que tome compreensível, aceitável e perfeitamente explicável que aquele não resida na casa arrendada."

(*Acórdão da Relação de Lisboa*, *de 14.10.1999, Boletim do Ministério da Justiça, 490, pág. 317*)

Parte II – Código Civil

ARRENDAMENTO PARA HABITAÇÃO; RESOLUÇÃO DO CONTRATO; RESIDÊNCIA PERMANENTE; DOENÇA DO INQUILINO:

"**I** – Não obstante o inquilino deixar de habitar o arrendado, o senhorio está impedido de resolver o contrato se aquele saiu de casa unicamente para se curar de doença de que foi acometido, a ela regressando logo que seja ultrapassada a enfermidade, a menos que a doença seja de tal forma grave que determine que o tratamento fora da residência perdure indefinidamente.

II – Se o locado não está em condições de albergar condignamente o inquilino doente para aí receber os tratamentos, necessitando de obras de conservação, as quais se integram na obrigação do senhorio de assegurar o gozo do prédio arrendado, não se verifica o fundamento da resolução do contrato por falta de residência permanente."

(*Acórdão da Relação do Porto*, de 06.12.1999, *Boletim do Ministério da Justiça, 492, pág. 485*)

CONTRATO DE ARRENDAMENTO URBANO; OBRAS NO LOCADO; ALTERAÇÃO SUBSTANCIAL DE ESTRUTURA EXTERNA; CASOS DE RESOLUÇÃO PELO SENHORIO:

"**I** – O advérbio 'substancialmente' contido na alínea *d*) do n.º 1 do artigo 64.º do Regime de Arrendamento Urbano abrange quer o sentido das obras que alteram a própria substância da construção, quer aquelas que, em si, se possam ter como consideráveis, uma vez que na linguagem comum também usa dizer-se que é substancial não apenas o que é essencial, fundamental ou básico (sentidos que se prendem com aquela primeira acepção), mas também aquilo que tem importância, que é vultuoso, que é sensível, que é considerável.

II – Assim a montagem pelo inquilino, sem autorização escrita do senhorio, de uma estrutura de madeira e zinco, ainda que amovível, no terraço de um 1.º andar onde um seu filho passou a cozinhar e a dormir integra obras consideráveis que altera substancialmente a estrutura externa do locado, constituindo causa de resolução contratual pelo senhorio nos termos daquele normativo."

(*Acórdão da Relação de Lisboa*, 30.03.2000, *Boletim do Ministério da Justiça, 495, pág. 353*)

REGIME DO ARRENDAMENTO URBANO; RESOLUÇÃO DO CONTRATO:

"Tendo as partes estipulado que o fim do arrendamento era exclusivamente casa de pasto – isto é, serviço de refeições em instalações modestas – não podendo nela ser exercido qualquer outro ramo de comércio ou indústria, tem de entender-se que servir refeições de peixe grelhado, como linguados, pargos e douradas e de toda a espécie de marisco não estava excluído do fim querido pelas partes, não se podendo considerar que servir aquele tipo de comida constitua outro ramo de comércio ou indústria e integre o fundamento de resolução previsto no artigo 64.º, n.º 1, alínea *b)*, do Regime do Arrendamento Urbano."

(*Acórdão da Relação de Évora*, *de 28.06.2000, Boletim do Ministério da Justiça, 498, pág. 291*)

FALTA DE RESIDÊNCIA PERMANENTE; MÁ FÉ:

"**I** – Continua a ter residência permanente no locado a arrendatária que, devido à sua saúde precária e à avançada idade, passou a dormir num lar de idosos, onde também toma banho e as refeições mas mantém no locado o centro da sua vida.

II – Assim acontece quando o resto do tempo é passado na casa arrendada, onde a arrendatária toma a merenda e recebe a visita de familiares e vizinhos, mantém as suas mobílias, roupas e utensílios domésticos, lava a roupa e vê televisão.

III – Litiga com má fé o autor que alega factos que não coincidem com a verdade, conhecendo essa falsidade."

(*Acórdão da Relação de Lisboa*, *de 04.06.2002, Colectânea de Jurisprudência, 2002, Tomo III, pág. 90*)

ABUSO DE DIREITO DE REQUERER A RESOLUÇÃO DO CONTRATO DE ARRENDAMENTO:

"**I** – Não é admissível sentença de condenação condicional em que o tribunal, declarando resolvido o contrato de arrendamento, condiciona o despejo à reposição pelo locatário, no prazo de três meses, do imóvel ao estado anterior ao da realização de obras ilegais.

II – Também a lei não considera facto extintivo do direito à resolução do contrato de arrendamento a reposição em prazo a fixar pelo julgador do local arrendado no estado anterior àquele em que se encontrava quando foram realizadas as obras ilícitas fundamentadoras da resolução do contrato de arrendamento nos termos do artigo 64.º, n.º 1, alínea *d)* do RAU.

III – Incorre em abuso do direito (artigo 334.º do Código Civil) o locador que, intimado pela Câmara Municipal a realizar obras não as faz, mas autoriza o inquilino a fazê-las num contexto de grande degradação do imóvel cujo estado inclusivamente afecta a saúde da filha dos arrendatários e, depois, se aproveita, propondo acção de despejo, do facto de o inquilino ter realizado, no decurso de amplas obras de conservação do local arrendado, duas alterações (eliminação da despensa e da parte da parede que liga a cozinha à marquise substituindo-a por pequeno murete) que, sendo de pequena monta e não reveladoras do propósito de transformação do local arrendado mas apenas de mera adaptação, ainda assim são susceptíveis de ser consideradas alterações substanciais das divisões internas do local arrendado.

Parte II – Código Civil

IV – O abuso do direito é de conhecimento oficioso e, tratando-se de excepção de direito material, prevalece sobre a regra processual da proibição da *reformatio in pejus.*"

(***Acórdão da Relação de Lisboa***, *de 22.01.2004, Colectânea de Jurisprudência, 2004, Tomo I, pág. 74*)

RESOLUÇÃO – CEDÊNCIA DO LOCADO:

"O simples facto de a sede de uma sociedade, de que o arrendatário comercial e sua mulher são os únicos sócios, se localizar no arrendado não constitui violação do artigo 1038.º, al. *f)* do CC nem integra o fundamento de despejo previsto no artigo 64.º, n.º 1, al. *f)* do RAU."

(***Acórdão da Relação de Lisboa***, *de 27.04.2006, Colectânea de Jurisprudência, 2006, Tomo II, pág. 114*)

ARRENDAMENTO URBANO
RESOLUÇÃO

"**I** – O arrendamento não pode, sem autorização por escrito do senhorio, efectuar obras que alterem substancialmente a estrutura externa ou a disposição interna do imóvel, ou praticar actos que nele causem deteriorações consideráveis, não consentidas e que não possam justificar-se nos termos do artigo 1043.º do Código Civil ou artigo 4.º do Regime de Arrendamento Urbano.

II – É obrigação do locatário não fazer da coisa locada uma utilização imprudente, existindo sanção para a violação daquela obrigação, nos termos do artigo 1038.º, alínea *d)* do Código Civil."

(***Acórdão da Relação de Coimbra***, *de 24.20.2006, www.jurinfor.pt/arrendamento urbano*)

ANOTAÇÕES:

1. PRINCÍPIOS FUNDAMENTAIS:

Relativamente à legislação anterior, designadamente ao revogado RAU, este novo regime refere, num único preceito, os fundamentos de resolução do contrato de arrendamento, sejam eles por iniciativa do arrendatário, sejam por iniciativa do senhorio, começando por referir, no n.º 1, que tal resolução pode partir de qualquer uma das partes, com base em incumprimento pela outra dos seus deveres. A este propósito, convém recordar que a lei esclareceu, taxativamente, quais são as obrigações de cada um dos contraentes, devendo consultar-se para o efeito os artigos 1031.º (obrigações do locador) e 1038.º (obrigações do locatário), com as respectivas anotações transcritas *supra*.

Pode, assim, concluir-se, em primeira análise, que a violação de uma dessas obrigações, por qualquer dos contraentes, atribui ao outro o direito à resolução justificada do contrato de arrendamento. Para tal, é necessário, por um lado, o *incumprimento da obrigação* pelo outro contraente e, por outro, que a sua *gravidade* ou *consequências*, torne *inexigível* a *manutenção do contrato* (cfr. corpo do n.º 2 do preceito), estabelecendo-se, assim, uma cláusula geral quanto aos fundamentos de resolução do contrato de arrendamento [solução algo paralela à que foi adoptada em matéria de fundamento de divórcio litigioso, vertida no n.º 1 do artigo 1779.º do Código Civil].

Mas, o preceito acaba por especificar, a título exemplificativo, fundamentos de resolução do contrato pelo senhorio (n.ºs 2 e 3), e bem assim fundamento específico de resolução deste por parte do arrendatário (n.º 4).

2. CLÁUSULA GERAL – I:

Ao contrário do que acontecia na legislação anterior, optou-se pelo estabelecimento de uma *cláusula geral* quanto ao fundamento da resolução, pelo menos, na perspectiva do senhorio (tal como referido na anotação anterior).

Efectivamente, o n.º 2 do artigo em anotação refere esse princípio geral de incumprimento de obrigações relativamente a cada um dos contraentes, acrescentando, contudo, determinadas causas de resolução, por parte do senhorio, que não são taxativas (as referidas nas várias alíneas desse n.º 2). Nesse sentido é decisiva a referência a "designadamente" aí contida, que demonstra que o elenco das causas indicadas é meramente exemplificativo.

Assim, face à nova lei, "qualquer incumprimento por parte do arrendatário pode ser causa de resolução, desde que pela sua gravidade ou consequências torne inexigível ao senhorio a manutenção do arrendamento" (*Maria Olinda Garcia, A Nova Disciplina do Arrendamento Urbano, Coimbra, 2006, pág. 23*).

3. CLÁUSULA GERAL – II:

"Merece particular atenção o alcance da cláusula geral constante do n.º 2 do artigo 1083.º (que parece inspirada em normas de Direito do Trabalho). Assim, se, por um lado, qualquer tipo de incumprimento (não expressamente referido nas suas alíneas) pode fundamentar a resolução, desde que pela sua gravidade ou consequências torne inexigível à outra parte a manutenção do arrendamento; por outro lado, todos os fundamentos tipificados nessas alíneas terão de preencher essa cláusula, ou seja, terão de atingir um nível de gravidade e gerar consequências tais que não seja razoavelmente exigível àquele senhorio (de um ponto de vista objectivo) a manutenção do contrato com aquele arrendatário."

(*Maria Olinda Garcia, A Nova Disciplina do Arrendamento Urbano, Coimbra, 2006, pág. 23*)

Parte II – Código Civil

4. ELENCO DAS CAUSAS DE RESOLUÇÃO:

"Apesar de o elenco das causas de resolução ter sido encurtado quando comparado com o revogado artigo 64.º do RAU, tal não significa que alguns dos anteriores fundamentos tenham desaparecido. Assim, por exemplo, não se faz agora referência à realização de obras não autorizadas (como fazia a al. *d*) do revogado artigo 64.º do RAU). Tal não significa, naturalmente, que o arrendatário possa demolir paredes ou abrir portas e janelas onde quiser. O imóvel é propriedade alheia, pelo que tais intervenções, quando não autorizadas, serão actos ilícitos, susceptíveis de fundamentarem a resolução do contrato."

(*Maria Olinda Garcia, A Nova Disciplina do Arrendamento Urbano, Coimbra, 2006, pág. 23*)

5. FUNDAMENTOS ESPECIFICADOS: ALÍNEA A) DO N.º 2 (I):

O fundamento especificado na alínea *a*) do n.º 2 é inovador em dois sentidos: por um lado, prevê-se a violação reiterada e grave de regras de higiene, de sossego e de boa vizinhança; por outro, a violação de normas constantes do regulamento do condomínio.

Muito embora não haja experiência jurisprudencial nestas matérias, é evidente que o legislador pretende prevenir situações correntes relacionadas com a falta de cumprimento de regras de convivência social e entre vizinhos (sejam ou não condóminos). É claro que a referência à gravidade e reiteração da violação por parte do arrendatário terá de ser apreciada casuisticamente e de forma objectiva. Não bastará, por exemplo, uma simples queixa de um vizinho, que mantém uma relação de pré-conflito com o arrendatário, porque este, por vezes, "ouve música" na casa (ou apartamento) em tom mais elevado (muito embora, a horas "convenientes") ou mantém no arrendado um animal doméstico permitido aí permanecer por regulamento municipal.

No que se refere à violação das normas do condomínio, tudo dependerá também do próprio regulamento, elaborado de acordo com o preceituado no artigo 1429.º-A do Código Civil.

6. IDEM: ALÍNEA A) (II)

"Para o senhorio resolver o contrato com este fundamento é necessário que ocorra uma prática reiterada, ou seja, contínua de violação de regras de higiene, como seja, a manutenção do locado em bom estado de conservação e manutenção, de violação das regras de sossego, como, por exemplo, o desrespeito pelas horas de sono dos vizinhos e, por último, como seja a violação de normas do regulamento do condomínio, cite-se, a título ilustrativo, a inobservância das regras de utilização da piscina, pondo em risco a saúde dos utentes."

(*Margarida Grave, Novo Regime do Arrendamento Urbano, 2006, 3ª ed., pág 70*)

7. IDEM: ALÍNEA B) (I):

Esta alínea reproduz, embora de forma literalmente diferente, o que vinha já previsto na alínea *c*) do n.º 1 do artigo 64.º do RAU, quando referia como fundamento de resolução do contrato de arrendamento pelo senhorio a aplicação, do prédio pelo arrendatário, reiterada ou habitualmente, a práticas ilícitas, imorais ou desonestas.

Exige-se que tal utilização seja efectuada de forma reiterada e grave (conforme se deduz do corpo do n.º 2). "Não basta, portanto, provar que no prédio foi praticado um *acto* ilícito, imoral ou desonesto. É necessário, por exemplo, que nele se pratique reiteradamente a prostituição, que uma ou mais dependências sejam usadas como *quartos de pouca permanência*, ou se protele um regime de concubinato escandaloso, etc. Note-se, porém, que nem a *publicidade* da falta, nem o escândalo *público* das práticas *ilícitas*, *imorais* ou *desonestas* constituem requisito essencial da sua relevância. A instalação de oficina de moeda falsa ou duma agência de pedofilia, por exemplo, legitima a resolução do arrendamento, mesmo que coberta de sigilo, pois a razão de ser da *resolução* está na violação grave da *boa fé* com que o contrato deve ser cumprido."

(*Pires de Lima – Antunes Varela, Código Civil Anotado, vol II, 1997, pág. 600*).

É óbvio que, actualmente, face ao regime reconhecido pela Lei n.º 7/2001, de 11 de Maio, o facto de um homem e uma mulher, dois homens ou duas mulheres viverem juntos na mesma casa (em união de facto), não legitima ao senhorio resolver o contrato de arrendamento celebrado com um deles, até porque aquela Lei atribui direitos ao outro membro da referida união de facto na transmissão do contrato de arrendamento e considerando essa união como legítima. A este propósito, cfr. o nosso trabalho *Uniões de Facto e Economia Comum*, 2ª edição, Coimbra, 2006.

8. IDEM: ALÍNEA B) (II):

Saliente-se ainda que esta causa de resolução do arrendamento se caracteriza por "abranger uma série de casos típicos de violação, não de obrigações legais ou contratuais emergentes da relação locatícia, mas do dever (geral) acessório de boa fé (igual a lisura, compostura ou lealdade) com que deve ser gozado o prédio alheio cedido por via do arrendamento. É, por isso, destituída de fundamento, salvo o devido respeito, a eliminação que Pinto Furtado (ob. cit., pág. 656) propõe das práticas ilícitas civis do âmbito da disposição. A acção cível de despejo nada tem que ver, é evidente, com a acção policial ou criminal contra a prática de prostituição, da corrupção de menores, etc."

(*Pires de Lima – Antunes Varela, Código Civil Anotado, vol. II, 1997, págs. 600 e seg.*)

9. IDEM: ALÍNEA B) (III):

"Para o senhorio intentar uma acção de despejo com este fundamento é necessário fazer prova do carácter reiterado das ditas práticas. Não basta provar que no

Parte II – Código Civil

prédio foi praticado um acto ilícito, imoral ou desonesto. Note-se, porém, que nem a falta de publicidade, nem o escândalo público das práticas ilícitas, imorais ou desonestas constituem requisito essencial da sua relevância."

(*Margarida Grave, Novo Regime do Arrendamento Urbano, 2006, 3ª ed., pág 70*)

10. IDEM: ALÍNEA C):

Refere-se esta alínea à utilização do prédio para fim diverso daquele a que se destina, segundo o que foi estipulado no contrato, princípio semelhante ao que vinha previsto na alínea *b*) do n.º 1 do artigo 64.º do RAU.

A *ratio legis* desta disposição está, em grande parte na "ideia de combater a aplicação do prédio a um fim mais desgastante do imóvel do que o previsto pelas partes, e também no propósito de evitar a utilização do imóvel para um fim que *repugne* ao senhorio ou lhe não convenha aceitar.

Para maiores desenvolvimentos, vejam-se os comentários de Pires de Lima – Antunes Varela, Código Civil Anotado, vol. II, 1997, págs. 599 e seg..

11. IDEM: ALÍNEA D):

Esta alínea corresponde, em síntese, ao que vinha previsto nas alíneas *h*) e *i*) do n.º 1 do artigo 64.º do RAU. A lei anterior distinguia entre o não uso do locado para fins não habitacionais e a falta de habitação ou residência permanente, em qualquer dos casos, por mais de um ano.

A lei actual uniformizou o critério de fundamento da resolução, estabelecendo uma fórmula mais simples e sintética, abrangente dos dois tipos de situações. Continua, contudo, a excepcionar com as situações excepcionais actualmente previstas no n.º 2 do artigo 1072.º (anteriormente, n.º 2 do referido artigo 64.º do RAU).

12. IDEM: ALÍNEA E).

Finalmente, e a título exemplificativo, refere-se como fundamento de resolução a cessão total ou parcial do locado, a título permanente ou temporário, oneroso ou gratuito. Com esta fórmula mais abrangente pretende prever-se as situações anteriormente reguladas na alínea *f*) do n.º 1 do artigo 64.º do RAU.

13. RESOLUÇÃO PELO ARRENDATÁRIO:

"O n.º 4 estabelece como causa de resolução por parte do arrendatário o facto de o senhorio não realizar obras que lhe competem, quando esse incumprimento comprometa a 'habitabilidade do locado'. Deverá, porém, ter-se em consideração que a expressão 'habitabilidade' não significa que a norma seja válida apenas para arrendamentos habitacionais. Ela deverá valer para qualquer arrendamento, sempre que por incumprimento do senhorio o imóvel deixe de ter a aptidão física ou funcional para servir o fim convencionado."

CC   Art. 1083.º

(*Maria Olinda Garcia, A Nova Disciplina do Arrendamento Urbano, Coimbra, 2006, pág. 23*)

14. MAIS UM FUNDAMENTO DE RESOLUÇÃO:

Finalmente, deve considerar-se que o senhorio pode resolver o contrato no caso de o arrendatário se opor à realização de actos necessários à avaliação fiscal ou à determinação do coeficiente de conservação do local arrendado (artigo 39.º do NRAU).

15. RESIDÊNCIAS ALTERNADAS:

"Sendo as residências alternadas lugares onde se vive interpoladamente, mas em cada uma delas com *permanência* ou *habitualidade*, em razão das exigências da vida, – compreende-se que, se na base de alguma dessas residências ou mesmo de ambas (supondo tratar-se de duas) estiverem vínculo ou vínculos de arrendamento, não possa o senhorio ou cada um dos senhorios despejar o interessado pelo facto de este ter outra residência. Semelhante facto não implica falta de residência permanente, justificativo de despejo, porque por definição as residências possuem ambas esse cunho, ambas se revestindo do atributo da *estabilidade*. A adoptar-se entendimento diverso, e suposto se tratasse de duas casas arrendadas, de ambas poderia o inquilino ser despejado, não gozando sequer de protecção para um dos seus lares. (...)

Situação muito diversa da descrita, em que há uma pluralidade de moradas *duradouras*, todos no mesmo plano de residências principais, é a que se oferece quando alguém, a par de uma residência permanente, tem uma residência ocasional. Existe então uma *hierarquia* de residências, só uma sendo *principal*, e *secundária* a outra."

(*Galvão Telles, Resolução do contrato de arrendamento – residência permanente, residência alternada e residência ocasional, Colectânea de Jurisprudência, 1989, Tomo II, págs. 33 e seg.*)

16. USO DO PRÉDIO PARA FIM DIVERSO:

"Deve recorrer-se, para saber quais os actos que podem ser praticados pelo arrendatário comercial, às regras gerais de interpretação (art. 236.º CC). Aqui relevam várias circunstâncias: os termos do negócio, os usos prática, a finalidade prosseguida pelo declarante, os interesses em jogo, sendo de particular utilidade, nessa concretização, a Classificação das Actividades Económicas (CAE), regulada pelo DL 182/93, de 14 de Maio.

Dessa análise resulta(m) então qual(is) a(s) actividade(s) a exercer pelo inquilino. Em certas situações exige-se alguma flexibilidade. Imagine-se que o contrato dispõe que o locado se destina a uma "padaria", a uma "papelaria" ou a uma "ourivesaria". Decorre do senso comum que o locatário não fica vinculado apenas à venda de pão, de papel ou de ouro.

Parte II – Código Civil

Para além destes casos, a hipótese concreta pode mostrar que os actos praticados pelo arrendatário cabem na previsão contratual ou que, ao invés, daí resulta o exercício de uma actividade diversa, em razão do abandono (pelo arrendatário ou por um terceiro legitimado a usar o imóvel) da estipulada. É o que sucede se, *v.g.*, o ramo de negócio exercido é o de "café-restaurante" e no locado se instala uma "discoteca" ou se cessa a actividade de "mini-mercado" e se passa a vender no prédio "electrodomésticos" ou ainda se é exercida agora uma actividade de profissional liberal. As últimas situações descritas não integram o teor da estipulação (específica ou genérica), havendo lugar, sem margem para dúvidas, à resolução do negócio por parte do senhorio, ao abrigo do art. 1083.º, n.º 2, al. *c*) CC, NRAU."

(Fernando de Gravato Morais, Novo Regime do Arrendamento Comercial, Coimbra, 2006, págs. 109 e seg.)

17. ACTIVIDADE ACESSÓRIA:

"Por um lado, o exercício de uma actividade "instantânea" – ocasional (não sistemática) ou até aquela que se prolongue de modo fraccionado por um limitado período de tempo (o comerciante de tecidos adquiriu para revender 20 quadros, promovendo a respectiva alienação tão só nos meses de Janeiro e de Abril) – não confere ao senhorio o direito de resolução do contrato.

Ao invés, o exercício de uma (nova) actividade duradoura – cuja realização se protele no tempo – seja ela continuada ou permanente (não sofrendo portanto interrupção), seja ela reiterada ou periódica (a actividade é executada sucessiva e repetidamente no tempo), acarreta a resolução do contrato.

Por outro lado, a prática pelo arrendatário de actos de "escassa importância", ainda que a actividade realizada no locado seja duradoura, não faz *de per si* actuar o regime previsto no art. 1083.º, n.º 2, al. *d*) CC, NRAU."

(Fernando de Gravato Morais, Novo Regime do Arrendamento Comercial, Coimbra, 2006, págs. 114 e seg.)

18. INTERPRETAÇÃO DO N.º 2, ALÍNEA E):

"A formulação actual do art. 1083.º, n.º 2, *e*) é, no entanto, manifestamente infeliz, pois não se diz qual o objecto da cessão, não se sabendo se se refere ao direito do arrendamento ou ao gozo do prédio. A interpretação histórica, resultante da contraposição com o art. 64.º, n.º 1, *f*) do RAU, e a já referida relação com o art. 1038.º, *f*) e *g*), leva-nos a concluir que se deve abranger não apenas a cessão da posição contratual de arrendatário, mas também o subarrendamento e o comodato, sempre que qualquer destes negócios seja ilícito, inválido ou ineficaz perante o senhorio, estando assim em causa uma cessão do gozo do prédio e não apenas do direito ao arrendamento.

Dado que tanto a cessão da posição contratual como o subarrendamento e o comodato pressupõem o consentimento do senhorio, este poderá resolver o contrato, sempre que qualquer desses negócios seja celebrado sem a sua permissão."

(Luís Manuel Teles de Menezes Leitão, Arrendamento Urbano, 2ª edição, Coimbra, 2006, pág. 90)

19. CLÁUSULA GERAL:

"As cláusulas gerais podem ser concretizadas por recurso à técnica dos exemplos-padrão, em que os casos de aplicação da cláusula geral deverão ter uma estrutura valorativa idêntica aos exemplos legalmente mencionados. Não é, no entanto, o que sucede neste art. 1083.°, já que o conjunto de exemplos referidos no n.° 2, a que acrescem as situações mencionadas no n.° 3, é muito limitativo, não referindo sequer a mais grave violação do contrato que é a realização de obras e deteriorações no prédio pelo arrendatário, ainda que contraditoriamente se preveja expressamente no art. 1083.°, n.° 3 como fundamento de resolução a oposição do arrendatário à realização de obra ordenada por autoridade pública. Será, por isso, conveniente analisar os restantes fundamentos de resolução do contrato pelo senhorio, anteriormente referidos no art. 64.°, n.° 1, do RAU, para averiguar em que termos eles poderão ser abrangidos pelo cláusula geral."

(Luís Manuel Teles de Menezes Leitão, Arrendamento Urbano, 2ª edição, Coimbra, 2006, pág. 92)

NOTAS PESSOAIS:

ARTIGO 1084.º
Modo de operar

1. A resolução pelo senhorio quando fundada em causa prevista no n.º 3 do artigo anterior, bem como a resolução pelo arrendatário, operam por comunicação à contraparte, onde fundamentadamente se invoque a obrigação incumprida.

2. A resolução pelo senhorio com fundamento em uma das causas previstas no n.º 2 do artigo anterior é decretada nos termos da lei de processo.

3. A resolução pelo senhorio, quando opere por comunicação à contraparte e se funde na falta de pagamento da renda, fica sem efeito se o arrendatário puser fim à mora no prazo de três meses.

4. Fica igualmente sem efeito a resolução fundada na oposição pelo arrendatário à realização de obra ordenada por autoridade pública se, no prazo de três meses, cessar essa oposição.

HISTÓRICO:

Redacção da Lei n.º 6/2006, de 27 de Fevereiro (NRAU).
Preceito inovador.

REMISSÕES:

Forma de comunicação – art. 9.º, n.º 7 NRAU; acção de despejo – art. 14.º NRAU.

ANOTAÇÕES:

1. COMUNICAÇÃO À OUTRA PARTE:

Estabelece-se a hipótese de resolução do contrato por via extrajudicial em duas hipóteses:

Parte II – Código Civil

a) Pelo senhorio, quando a resolução resulte da falta de pagamento de renda, encargos ou despesas, pelo arrendatário, por período superior a três meses (artigo 1083.º, n.º 3);

b) Pelo arrendatário, quando a resolução resulte do incumprimento do senhorio de alguma das obrigações referidas no artigo 1031.º do Código.

É o que resulta do n.º 1 do preceito em análise.

2. RESOLUÇÃO PELO SENHORIO:

Na hipótese referida na alínea *a)* da anotação anterior, o senhorio pode proceder à resolução do contrato de arrendamento, por simples comunicação ao arrendatário.

Contudo, convém realçar qual a exequibilidade desta comunicação. É evidente que a simples comunicação não dará ao senhorio a possibilidade de reaver, de imediato, o locado (atento, nomeadamente, o disposto no artigo 1087.º). Por isso, caso o arrendatário não proceda à desocupação do imóvel, restará ao senhorio o recurso a requerimento executivo para entrega de coisa certa, servindo como título executivo a comunicação por este efectuada (registada e com aviso de recepção, como exigido pelo artigo 9.º do NRAU), como resulta da alínea *e)* do n.º 1 do artigo 15.º do NRAU.

Nos termos do n.º 3 deste artigo 1084.º, a resolução pelo senhorio, neste caso, fica sem efeito se o arrendatário puser termo à mora no prazo de três meses, ou seja, se este pagar as rendas em atraso ou proceder ao seu depósito, nos termos dos artigos 17.º e seguintes do NRAU.

Regime semelhante será aplicado no caso de o senhorio ter optado pela acção de despejo, nos termos do artigo 14.º do NRAU, que abrange não só a hipótese de mora no pagamento de rendas, despesas e encargos por parte do senhorio, bem como os restantes fundamentos previstos no n.º 2 do artigo 1083.º (cfr., artigo 1084.º, n.º 2, do Código Civil).

3. RESOLUÇÃO POR OPOSIÇÃO DO ARRENDATÁRIO:

O n.º 4 do preceito considera ainda que fica sem efeito a resolução operada por oposição do arrendatário à realização de obra ordenada por autoridade pública, se no prazo de três meses cessar essa oposição.

NOTAS PESSOAIS:

ARTIGO 1085.º
Caducidade do direito de resolução

1. A resolução deve ser efectivada dentro do prazo de um ano a contar do conhecimento do facto que lhe serve de fundamento, sob pena de caducidade.

2. Quando se trate de facto continuado ou duradouro, o prazo não se completa antes de decorrido um ano da sua cessação.

HISTÓRICO:

Redacção da Lei n.º 6/2006, de 27 de Fevereiro (NRAU).

Corresponde ao artigo 1094.º do Código Civil, na redacção do Decreto-Lei n.º 47 344, de 25 de Novembro de 1966, substituído pelo artigo 65.º do RAU (revogado), que se transcreve:

Artigo 65.º *(Caducidade do direito de pedir a resolução)*
1. A acção de resolução deve ser proposta dentro de um ano, a contar do conhecimento do facto que lhe serve de fundamento, sob pena de caducidade.

2. O prazo de caducidade previsto no número anterior, quando se trate de facto continuado ou duradouro, conta-se a partir da data em que o facto tiver cessado.

LEGISLAÇÃO COMPLEMENTAR:

CADUCIDADE: ARTIGOS 328.º A 333.º DO CÓDIGO CIVIL

Artigo 328.º *(Suspensão e interrupção)*
O prazo de caducidade não se suspende nem se interrompe senão nos casos em que a lei o determine.

Artigo 329.º *(Começo do prazo)*
O prazo de caducidade, se a lei não fixar outra data, começa a correr no momento em que o direito puder legalmente ser exercido.

Parte II – Código Civil

Artigo 330.º *(Estipulações válidas sobre a caducidade)*
1. São válidos os negócios pelos quais se criem casos especiais de caducidade, se modifique o regime legal desta ou se renuncie a ela, contanto que não se trate de matéria subtraída à disponibilidade das partes ou de fraude às regras legais da prestação.
2. São aplicáveis aos casos convencionais de caducidade, na dúvida acerca da vontade dos contraentes, as disposições relativas à suspensão da prescrição.

Artigo 331.º *(Causas impeditivas da caducidade)*
1. Só impede a caducidade a prática, dentro do prazo legal ou convencional, do acto a que a lei ou convenção atribua efeito impeditivo.
2. Quando, porém, se trate de prazo fixado por contrato ou disposição legal relativa a direito disponível, impede também a caducidade o reconhecimento do direito por parte daquele contra quem deva ser exercido.

Artigo 332.º *(Absolvição e interrupção da instância e ineficácia do compromisso arbitral)*
1. Quando a caducidade se referir ao direito de propor certa acção em juízo e esta tiver sido tempestivamente proposta, é aplicável o disposto no n.º 3 do artigo 327.º; mas, se o prazo fixado para a caducidade for inferior a dois meses, é substituído por ele o designado nesse preceito.
2. Nos casos previstos na primeira parte do artigo anterior, se a instância se tiver interrompido, não se conta para efeitos de caducidade o prazo decorrido entre a proposição da acção e a interrupção da instância.

Artigo 333.º *(Apreciação oficiosa da caducidade)*
1. A caducidade é apreciada oficiosamente pelo tribunal e pode ser alegada em qualquer fase do processo, se for estabelecida em matéria excluída da disponibilidade das partes.
2. Se for estabelecida em matéria não excluída da disponibilidade das partes, é aplicável à caducidade o disposto no artigo 303.º.

JURISPRUDÊNCIA:

ARRENDAMENTO; TRANSMISSÃO DO PRÉDIO; CADUCIDADE DO DIREITO DE RESOLUÇÃO:

"O conhecimento pelo anterior senhorio de determinada situação de facto respeitante ao direito de resolução de arrendamento é, posteriormente à transmissão do prédio locado, oponível ao novo senhorio (para a qual se transmitiu o prédio), tendo em vista a respectiva caducidade."
*(**Acórdão da Relação de Lisboa**, de 16.01.1992, Boletim do Ministério da Justiça, 413, pág. 597)*

RESOLUÇÃO POR DESVIO DE FIM DO ARRENDADO; CADUCIDADE:

"**I** – Se o arrendamento visava instalar no locado uma oficina de reparação de motorizadas e o locatário, cessando essa actividade, passou a utilizar o local só para expor bicicletas, motorizadas e automóveis, o facto constitui fundamento da resolução do contrato.

II – Quando o fundamento da resolução do arrendamento é um facto continuado ou duradouro, o prazo de caducidade do direito do senhorio só começará quando o arrendatário cessar a violação continuada."

(*Acórdão da Relação do Porto, de 24.10.1996, Boletim do Ministério da Justiça, 460, pág. 801*)

CADUCIDADE DA ACÇÃO; INCIDENTE DE DESPEJO IMEDIATO:

"**I** – Para efeitos do pedido de resolução do contrato de arrendamento com fundamento na falta de pagamento de rendas, apenas valem as que, alegadamente, não foram pagas durante o ano anterior à propositura da acção, já que, relativamente às anteriores, caducou o referido direito, apesar de poder ser exigido o seu pagamento.

II – Não há lugar ao despejo imediato por falta de pagamento de rendas vencidas na pendência da acção quando nesta esteja em discussão saber se o locatário tinha ou não a obrigação de pagar as rendas indicadas pelo autor ao fundamentar a causa.

III – A notificação ao locatário, feita pelo tribunal, do resultado do recurso da avaliação fiscal, não substitui a notificação que lhe deve ser efectuada pelo senhorio, para a fixação da nova renda."

(*Acórdão da Relação de Évora, de 27.02.2003, Colectânea de Jurisprudência, 2003, Tomo I, pág. 253*)

ANOTAÇÕES:

1. PRAZO PARA DESPEJO; A CADUCIDADE DA RESOLUÇÃO DO CONTRATO DE ARRENDAMENTO NA COMPROPRIEDADE:

"**I** – A natureza da compropriedade: teorias.

II – O artigo 1024.º do Código Civil: a aplicação do seu regime, por analogia, a resolução do contrato.

III – O artigo 298.º, n.º 2, do Código de Processo Civil: a analogia entre a situação da desistência do litisconsorte e a da caducidade do seu direito.

IV – Na natureza jurídica da compropriedade – como ainda da aplicação daquelas normas legais – decorre que a circunstância de um dos comproprietários senhorios (ou mais do que um desde que não todos) ter conhecimento, há mais de

Parte II – Código Civil

um ano, do facto que e fundamento da resolução do contrato de arrendamento, não pode afectar a situação dos demais, relativamente ao arrendamento.

(*Parecer do Professor António Meneses Cordeiro e do Dr. António Teles, Colectânea de Jurisprudência, 1989, Tomo III, pág. 35*)

2. VIOLAÇÕES REPETIDAS E SUCESSIVAS:

"Os tribunais estiveram durante bastante tempo divididos sobre a solução a dar ao problema da contagem do prazo de caducidade, no caso de violações contratuais repetidas ou sucessivas (como a falta de pagamento de renda ou a aplicação reiterada do prédio a práticas ilícitas, imorais ou desonestas) e no caso das violações duradouras ou continuadas (como a aplicação do prédio a fim diverso do estipulado, a desocupação do prédio, a falta de residência permanente do locatário, etc.). (...)

No caso das faltas repetidas ou sucessivas, entendiam alguns acórdãos e julgados de 1ª instância que o prazo de caducidade se contava a partir do conhecimento (pelo locador) da primeira das faltas verificadas, enquanto noutros se aceitava que o prazo decorria separadamente para cada uma das faltas registadas, de tal modo que o direito de resolução só caducava quando findasse o prazo relativo à última das violações (contratuais ou legais) de que o locador teve conhecimento. (...)"

Se não houvesse lugar à cessação da resolução por eliminação da sua causa, mas se verificassem violações repetidas, embora da mesma natureza, também não restam dúvidas de que o prazo de caducidade deveria correr separadamente para cada uma das faltas. O facto de ter eventualmente caducado o direito ao despejo fundado na falta de pagamento da renda do mês de Janeiro não obstaria à procedência do despejo baseado na falta de pagamento da renda do mês de Abril ou de Maio (se após o conhecimento da última falta não tivesse decorrido mais de um ano), ainda que uma e outra faltas se encontrassem reunidas na *mesma* causa de pedir da *mesma* acção."

(*Pires de Lima – Antunes Varela, Código Civil Anotado, vol. II, 1997, págs. 612 e seg.*)

3. VIOLAÇÕES CONTINUADAS OU DURADOURAS:

"No caso das violações continuadas ou duradouras, a questão é mais delicada, por não serem de idêntica natureza as situações abrangidas na lei.

Por um lado, há os casos (como o da realização de obras, sem a autorização necessária, ou o da aplicação continuada do prédio a fim ilícito, ou a ramo de negócio diferente do estipulado) em que repugna admitir que, tendo o locador conhecimento há vários anos da infracção praticada, possa exigir o despejo do arrendatário, a pretexto de que as obras não foram ainda desfeitas, ou a aplicação indevida ainda se mantém, ou sob a alegação de que não decorreu mais de um ano sobre a destruição da obra ou o retorno do imóvel à sua devida aplicação. E mal se compreende que o prazo de caducidade só comece a contar-se, em tais casos, a partir exactamente do momento em que o locatário volta a dar ao prédio a aplicação adequada.

CC | Art. 1085.º

Por outro lado, também não se justifica que, conservando o locatário o prédio desabitado há mais de um ano, com conhecimento do locador que não reagiu contra o facto, o locatário adquira direito a manter o prédio desabitado por tempo indefinido, a pretexto de ter caducado o direito do locador à resolução do contrato."
(*Pires de Lima – Antunes Varela, Código Civil Anotado, vol. II, 1997, pág. 613*)

4. ASSENTO DO SUPREMO TRIBUNAL DE JUSTIÇA, DE E DE MAIO DE 1984:

"Seja instantâneo ou continuado o facto violador do contrato de arrendamento, é a partir do conhecimento inicial pelo senhorio que se conta o prazo de caducidade estabelecido no artigo 1094.º do Código Civil."

5. CONTAGEM DO INÍCIO DO PRAZO:

"Determina o art. 1085.º CC, NRAU ... que o senhorio dispõe do prazo de um ano para o exercício daquele direito. Todavia, o início da sua contagem diverge em razão da situação em causa.

Se se trata de um facto instantâneo – a conduta violadora é uma só – a acção de resolução deve ser proposta no prazo de um ano a contar do facto que lhe subjaz. Assim, verificado o circunstancialismo do art. 1083.º, n.º 2, al. *e*) CC, NRAU, o locador dispõe do prazo de um ano para reagir, através da competente acção de despejo, sob pena de extinção do direito (art. 1085.º, n.º 1 CC, NRAU).

Quanto às rendas vencidas – art. 1083.º, n.º 3 CC – cada uma das prestações tem autonomia para a contagem do prazo de caducidade. Aplica-se, relativamente a cada uma delas, o preceituado no art. 1085.º, n.º 1 CC.

Tendo em conta a possibilidade de exercício extrajudicial do direito de resolução, o legislador substituiu, no art. 1085.º, n.º 1 CC, NRAU, a expressão "deve ser proposta" pela locução "deve ser efectivada".

Portanto, independentemente do modo de actuação do senhorio, o prazo para o exercício do direito é de um ano. Só que utilizada a via extrajudicial, o prazo começa a contar – em relação a cada renda – a partir da data em que é possível exercer a pretensão (ou seja, quando a mora for superior a três meses).

(...)

Estando em causa um facto continuado ou um facto duradouro, o período em causa apenas inicia na data da cessação do facto, no pressuposto de que o senhorio conheça efectivamente a situação (ou pudesse realmente conhecê-la)."

(*Fernando de Gravato Morais, Novo Regime do Arrendamento Comercial, Coimbra, 2006, págs. 120 e seg.*)

NOTAS PESSOAIS:

ARTIGO 1086.º
Cumulações

1. A resolução é cumulável com a denúncia ou com a oposição à renovação, podendo prosseguir a discussão a ela atinente mesmo depois da cessação do contrato, com a finalidade de apurar as consequências que ao caso caibam.

2. A resolução é igualmente cumulável com a responsabilidade civil.

HISTÓRICO:

Redacção da Lei n.º 6/2006, de 27 de Fevereiro (NRAU).
Preceito inovador.

REMISSÕES:

Oposição à renovação – art. 1055.º CC; denúncia do arrendamento – arts. 1099.º e segs. CC; responsabilidade civil – arts. 483.º e segs. CC.

LEGISLAÇÃO COMPLEMENTAR:

RESPONSABILIDADE CIVIL:
ARTIGOS 483.º E SEGUINTES DO CÓDIGO CIVIL

Nota: *Apenas se transcrevem os artigos com interesse directo com o preceito em anotação*

Responsabilidade por factos ilícitos

Artigo 483.º *(Princípio geral)*

1. Aquele que, com dolo ou mera culpa, violar ilicitamente o direito de outrem ou qualquer disposição legal destinada a proteger interesses alheios fica obrigado a indemnizar o lesado pelos danos resultantes da violação.

2. Só existe obrigação de indemnizar independentemente de culpa nos casos especificados na lei.

(...)

Parte II – Código Civil

Artigo 486.º *(Omissões)*

As simples omissões dão lugar à obrigação de reparar os danos, quando, independentemente dos outros requisitos legais, havia, por força da lei ou do negócio jurídico, o dever de praticar o acto omitido.

Artigo 487.º *(Culpa)*

1. É ao lesado que incumbe provar a culpa do autor da lesão, salvo havendo presunção legal de culpa.

2. A culpa é apreciada, na falta de outro critério legal, pela diligência de um bom pai de família, em face das circunstâncias de cada caso.

Artigo 488.º *(Imputabilidade)*

1. Não responde pelas consequências do facto danoso quem, no momento em que o facto ocorreu, estava, por qualquer causa, incapacitado de entender ou querer, salvo se o agente se colocou culposamente nesse estado, sendo este transitório.

2. Presume-se falta de imputabilidade nos menores de sete anos e nos interditos por anomalia psíquica.

Artigo 489.º *(Indemnização por pessoa não imputável)*

1. Se o acto causador dos danos tiver sido praticado por pessoa não imputável, pode esta, por motivo de equidade, ser condenada a repará-los, total ou parcialmente, desde que não seja possível obter a devida reparação das pessoas a quem incumbe a sua vigilância.

2. A indemnização será, todavia, calculada por forma a não privar a pessoa não imputável dos alimentos necessários, conforme o seu estado e condição, nem dos meios indispensáveis para cumprir os seus deveres legais de alimentos.

Artigo 490.º *(Responsabilidade dos autores, instigadores e auxiliares)*

Se forem vários os autores, instigadores ou auxiliares do acto ilícito, todos eles respondem pelos danos que hajam causado.

Artigo 491.º *(Responsabilidade das pessoas obrigadas à vigilância de outrem)*

As pessoas que, por lei ou negócio jurídico, forem obrigadas a vigiar outras, por virtude da incapacidade natural destas, são responsáveis pelos danos que elas causem a terceiro, salvo se mostrarem que cumpriram o seu dever de vigilância ou que os danos se teriam produzido ainda que o tivessem cumprido.

Artigo 492.º *(Danos causados por edifícios ou outras obras)*

1. O proprietário ou possuidor de edifício ou outra obra que ruir, no todo ou em parte, por vício de construção ou defeito de conservação, responde pelos danos causados, salvo se provar que não houve culpa da sua parte ou que, mesmo com a diligência devida, se não teriam evitado os danos.

2. A pessoa obrigada, por lei ou negócio jurídico, a conservar o edifício ou obra responde, em lugar do proprietário ou possuidor, quando os danos forem devidos exclusivamente a defeito de conservação.

(...)

CC   Art. 1086.º

Artigo 494.º *(Limitação da indemnização no caso de mera culpa)*

Quando a responsabilidade se fundar na mera culpa, poderá a indemnização ser fixada, equitativamente, em montante inferior ao que corresponderia aos danos causados, desde que o grau de culpabilidade do agente, a situação económica deste e do lesado e as demais circunstâncias do caso o justifiquem.

(...)

Artigo 497.º *(Responsabilidade solidária)*

1. Se forem várias as pessoas responsáveis pelos danos, é solidária a sua responsabilidade.

2. O direito de regresso entre os responsáveis existe na medida das respectivas culpas e das consequências que delas advierem, presumindo-se iguais as culpas das pessoas responsáveis.

Artigo 498.º *(Prescrição)*

1. O direito de indemnização prescreve no prazo de três anos, a contar da data em que o lesado teve conhecimento do direito que lhe compete, embora com desconhecimento da pessoa do responsável e da extensão integral dos danos sem prejuízo da prescrição ordinária se tiver decorrido o respectivo prazo a contar do facto danoso.

2. Prescreve igualmente no prazo de três anos, a contar do cumprimento, o direito de regresso entre os responsáveis.

3. Se o facto ilícito constituir crime para o qual a lei estabeleça prescrição sujeita a prazo mais longo, é este o prazo aplicável.

4. A prescrição do direito de indemnização não importa prescrição da acção de reivindicação nem da acção de restituição por enriquecimento sem causa, se houver lugar a uma ou a outra.

ANOTAÇÕES:

1. ALCANCE DA NORMA:

O alcance desta norma não é muito claro.

"Pode caber aí a hipótese em que, por exemplo, o senhorio tenha movido acção de despejo, com vista não só à resolução da relação mas também para fazer valer outras pretensões (com reparações que o arrendatário deveria fazer no imóvel ou indemnização por danos causados), e entretanto se verifique a extinção da relação por oposição à renovação (tanto invocada pelo senhorio como pelo arrendatário). Nesta hipótese, apesar de se verificar a extinção do arrendamento a acção poderá prosseguir para se conhecer da responsabilidade do arrendatário. Cabe também no âmbito desta norma a hipótese de o senhorio ter simultaneamente fundamentos para invocar a resolução do contrato e a denúncia justificada, nos termos do artigo 1103.º. Na hipótese de um dos pedidos não ser procedente, poderá, eventualmente, o arrendamento extinguir-se com base no outro."

(Maria Olinda Garcia, A Nova Disciplina do Arrendamento Urbano, Coimbra, 2006, pág. 25)

2. RESPONSABILIDADE CIVIL:

O n.º 2 estabelece o princípio de cumulação da resolução do contrato com a responsabilidade civil, pelo que somos remetidos para os princípios gerais nesta matéria, decorrentes dos artigos 483.º e seguintes do Código Civil, em matéria de responsabilidade por factos ilícitos.

A resolução do contrato pode ser operada por iniciativa do senhorio ou do arrendatário, feita judicial ou extrajudicialmente. É lógico que a cumulação a que se refere o n.º 2 do preceito depende da resolução judicial do contrato, convindo apreciar se esta é accionada pelo senhorio ou pelo arrendatário.

No primeiro caso – ou seja, por iniciativa do senhorio – a resolução fundamentar-se-á, essencialmente, ou por falta de pagamento de renda ou aluguer (situação esclarecida no artigo 1048.º do Código), ou com base em qualquer um dos fundamentos referidos no artigo 1083.º. Perante tal cenário, parece-nos que o pedido de indemnização civil por parte do senhorio só terá sentido útil no segundo leque de situações apontado, já que, no caso de a resolução se fundamentar na falta de pagamento de renda ou aluguer, o senhorio apenas pode socorrer-se do expediente previsto no artigo 1041.º, ou seja, o de exigir ao arrendatário, para além das rendas ou alugueres em atraso, uma indemnização correspondente a 50% do que for devido, sendo que, com esse pagamento faz cessar o direito à resolução do contrato (artigo 1048.º, n.º 1, do Código). Assim sendo, só será viável ao senhorio exigir responsabilidade ao arrendatário, por exemplo, por danos causados por este no locado (alteração da sua estrutura, destruição de materiais, etc), os quais, pela sua gravidade ou consequências, fundamentaram o pedido de resolução do contrato.

No segundo caso – ou seja, por iniciativa do arrendatário – deve ter-se em atenção o que vem disposto no artigo 1050.º do Código, face ao que vem referido no corpo do preceito. De facto, o arrendatário pode resolver o contrato face à verificação de alguma das circunstâncias especificadas nas duas alíneas, mesmo que não haja responsabilidade do locador. Pelo que, competirá sempre ao arrendatário provar que o fundamento invocado para a resolução do contrato é imputável ao locador, sob pena de não ter êxito na cumulação do pedido de indemnização que venha a formular. Se, por exemplo, o arrendatário alegar que pretende a resolução do contrato dado que o prédio arrendado não tem condições legais para que lhe seja efectuado fornecimento de água ou de electricidade, é necessário provar que tal tipo de situação é imputável ao senhorio (que não tem a necessária licença de utilização do locado).

NOTAS PESSOAIS:

ARTIGO 1087.º
Desocupação

A desocupação do locado, nos termos do artigo 1081.º, é exigível no final do terceiro mês seguinte à resolução, se outro prazo não for judicialmente fixado ou acordado pelas partes.

HISTÓRICO:

Redacção da Lei n.º 6/2006, de 27 de Fevereiro (NRAU).
Preceito inovador.

REMISSÕES:

Despejo do prédio – art. 1053.º CC.

ANOTAÇÕES:

1. INTERPRETAÇÃO DO PRECEITO:

Esta norma estabelece um regime supletivo de obrigação do arrendatário no sentido de desocupar o locado no fim do 3.º mês seguinte à resolução, prevalecendo em relação a este outro que tenha sido judicialmente fixado ou acordado pelas partes.

É lógico que, caso o arrendatário não desocupe o locado dentro do prazo estabelecido, o senhorio terá de recorrer a execução comum (para entrega de coisa certa), nos termos dos artigos 928.º e seguintes do Código de Processo Civil, servindo de título executivo a sentença judicial (decisória ou homologatória) ou o termo de acordo extrajudicial entre as partes.

De facto, na primeira das hipóteses, pode ter havido decisão proferida pelo tribunal no sentido de julgar procedente o pedido de resolução do contrato de arrendamento, como podem as partes ter transigido no decurso dos autos, no sentido dessa resolução, a qual ficou homologada. Da segunda hipótese, prevê-se a situação de as partes, independentemente do recurso a tribunal, terem acordado na referida resolução do contrato.

2. CONTAGEM DO PRAZO:

"Impõe-se saber se, no caso de resolução extrajudicial por falta de pagamento de renda, é relevante para efeito do início da contagem do prazo – dado que o senhorio só pode fazer actuar o mecanismo extintivo no final do 3.º mês após a mora – o momento do seu exercício (ou melhor, o da recepção da carta enviada) ou da data da (não) oponibilidade pelo arrendatário (o que implica que aqui deve contar-se novo período de 3 meses).

Figure-se a seguinte situação: o arrendatário, em mora desde o dia 8 de Janeiro, recebe a declaração extrajudicial a 12 de Maio; todavia, não se opõe ao *direito de resolução* (até ao dia 12 de Agosto), nem abandona o prédio.

Se atendermos àquela data, a desocupação do locado é exigível a 31 de Agosto (ou seja, no final do 3.º mês seguinte à resolução). Caso se considere o outro momento, o início da contagem do prazo de 3 meses ocorre a 12 de Agosto, pelo que termina a 12 de Novembro, de sorte que a desocupação deverá ocorrer a 31 de Novembro.

Em razão da dupla dilação que já favorece o inquilino, não parece razoável estender-se o prazo por novo período de 3 meses. Aliás, na lógica do art. 1087.º CC, NRAU a *resolução* ocorre no primeiro momento assinalado."

(*Fernando de Gravato Morais, Novo Regime do Arrendamento Comercial, Coimbra, 2006, pág. 123*)

NOTAS PESSOAIS:

SUBSECÇÃO V
Subarrendamento

ARTIGO 1088.º
Autorização do senhorio

1. A autorização para subarrendar o prédio deve ser dada por escrito.

2. O subarrendamento não autorizado considera-se, todavia, ratificado pelo senhorio, se ele reconhecer o subarrendatário como tal.

HISTÓRICO:

Redacção da Lei n.º 6/2006, de 27 de Fevereiro (NRAU).

Corresponde ao artigo 1101.º do Código Civil, na redacção do Decreto-Lei n.º 47 344, de 25 de Novembro de 1966, substituído pelo artigo 44.º do RAU (revogado), que se transcreve:

Artigo 44.º *(Autorização do senhorio)*

1. A autorização para subarrendar o prédio deve ser dada por escrito ou em escritura pública, consoante a forma exigida para o contrato.

2. O subarrendamento não autorizado considera-se, todavia, ratificado pelo senhorio, se ele reconhecer o subarrendatário como tal.

LEGISLAÇÃO COMPLEMENTAR:

REPRESENTAÇÃO SEM PODERES:
ARTIGO 268.º DO CÓDIGO CIVIL

Artigo 268.º *(Representação sem poderes)*

1. O negócio que uma pessoa, sem poderes de representação, celebre em nome de outrem é ineficaz em relação a este, se não for por ele ratificado.

2. A ratificação está sujeita à forma exigida para a procuração e tem eficácia retroactiva, sem prejuízo dos direitos de terceiro.

Parte II – Código Civil

3. Considera-se negada a ratificação, se não for feita dentro do prazo que a outra parte fixar para o efeito.

4. Enquanto o negócio não for ratificado, tem a outra parte a faculdade de o revogar ou rejeitar, salvo se, no momento da conclusão, conhecia a falta de poderes do representante.

CONTRATO PARA PESSOA A NOMEAR: ARTIGOS 452.º A 456.º DO CÓDIGO CIVIL

Artigo 452.º *(Noção)*
1. Ao celebrar o contrato, pode uma das partes reservar o direito de nomear um terceiro, que adquira os direitos e assuma as obrigações provenientes desse contrato.

2. A reserva de nomeação não é possível nos casos em que não é admitida a representação ou é indispensável a determinação dos contraentes.

Artigo 453.º *(Nomeação)*
1. A nomeação deve ser feita mediante declaração por escrito ou outro contraente, dentro do prazo convencionado ou, na falta de convenção, dentro dos cinco dias posteriores à celebração do contrato.

2. A declaração de nomeação deve ser acompanhada, sob pena de ineficácia, do instrumento de ratificação do contrato ou de procuração anterior à celebração deste.

Artigo 454.º *(Forma da ratificação)*
1. A ratificação deve constar de documento escrito.

2. Se, porém, o contrato tiver sido celebrado por meio de documento de maior força probatória, necessita a ratificação de revestir igual forma.

Artigo 455.º *(Efeitos)*
1. Sendo a declaração de nomeação feita nos termos do artigo 453.º, a pessoa nomeada adquire os direitos e assume as obrigações provenientes do contrato a partir da celebração dele.

2. Não sendo feita a declaração de nomeação nos termos legais, o contrato produz os seus efeitos relativamente ao contraente originário, desde que não haja estipulação em contrário.

Artigo 456.º *(Publicidade)*
1. Se o contrato estiver sujeito a registo, pode este ser feito em nome do contraente originário, com indicação da cláusula para pessoa a nomear, fazendo-se posteriormente os necessários averbamentos,

2. O disposto no número anterior é extensivo a qualquer outra forma de publicidade a que o contrato esteja sujeito.

CC   *Art. 1088.º*

JURISPRUDÊNCIA:

SUBLOCAÇÃO:

"**I** – A falta de forma especial, quando a lei a exige, conduz à nulidade do contrato de subarrendamento verbalmente celebrado.

II – A nulidade só é invocável pelo locatário e reveste as características básicas da nulidade absoluta, podendo ser arguida a todo o tempo por via de acção.

III – Como consequência, deve ser restituído tudo, como se o negócio não tivesse sido celebrado, mas as rendas recebidas pelo sublocador fazem excepção, já que o contrato se considera economicamente cumprido, de sorte que aquelas são a compensação do uso e fruição do prédio pelo inquilino."

(***Acórdão da Relação de Lisboa***, *de 15.04.1986, Colectânea de Jurisprudência, 1986, Tomo II, pág. 111*)

ANOTAÇÕES:

1. ALCANCE DO N.º 1:

O n.º 1 do preceito reproduz, parcialmente, o que vinha estabelecido no n.º 1 do artigo 44.º do RAU, omitindo a referência à exigência de escritura pública, decorrente da revogação das alíneas *l*) e *m*) do n.º 2 do artigo 80.º do Código do Notariado, conforme o disposto no artigo 2.º do Decreto-Lei n.º 64-A/2000, de 22 de Abril.

Reproduzindo, de forma adaptada, a expressão utilizada por Pereira Coelho (Arrendamento, 1988, pág. 228), se o subarrendamento é um verdadeiro arrendamento feito às cavalitas de um arrendamento anterior, e ainda vigente, sobre o mesmo prédio, é perfeitamente compreensível que ele seja celebrado com cumprimento do mesmo formalismo do contrato anteriormente celebrado.

2. ALCANCE DO N.º 2:

O n.º 2 do preceito (na sequência da anterior legislação – artigo 1101.º, n.º 2 do Código Civil, na redacção original, e artigo 44.º, n.º 2, do RAU), vem considerar como convalidado o subarrendamento não autorizado, desde que o subarrendatário seja considerado como tal.

"Uma coisa, porém, é o *senhorio reconhecer* o subarrendatário *como tal*; outra coisa, bastante diferente, é o senhorio ter *conhecimento* da *existência* do sublocatário (Pereira Coelho, [*Arrendamento*], 1988, pág. 236, nota 1 (...)).

Esta distinção já foi feita, com um sentido e alcance que ainda hoje persiste, no texto do artigo 1049.º do Código Civil [na redacção original], segundo o qual 'o locador não tem direito à resolução do contrato com fundamento na violação do disposto nas alíneas *f*) e *g*) do artigo 1038.º [na redacção original] *se tiver reconhecido o beneficiário da cedência como tal*, ou ainda, no caso da alínea *g*), se a comunicação tiver sido feita por este'.

Parte II – Código Civil

Casos nítidos de *ratificação* serão, por exemplo, o da existência de *autorização*, sem forma legal bastante, mas *posterior* ao *conhecimento* da instalação do sublocatário no imóvel ou a prática de qualquer acto material *concludente* de concordância do locador com essa instalação."

(*Pires de Lima – Antunes Varela, Código Civil Anotado, vol. II, 1997, pág. 560*)

3. AUTORIZAÇÃO PELO SENHORIO:

"Não se esqueça, porém, que para o contrato de subarrendamento ser plenamente eficaz, não basta a existência de *autorização* (*genérica* ou *específica*) do locador para o sublocador o realizar. A fim de o locador poder controlar a regularidade ou legalidade da sua realização, é ainda indispensável que o subarrendamento seja comunicado ao locador [conforme hoje resulta do artigo 1061.º do Código Civil].

A simples falta de comunicação do subarrendamento, dentro do prazo de 15 dias, fixado para o efeito, constitui fundamento para a resolução do arrendamento, [com base no incumprimento do contrato (artigo 1083.º, n.º 1 do Código Civil]. E, uma vez resolvido o arrendamento, também o subarrendamento caduca, por força do disposto no artigo seguinte."

(*Pires de Lima – Antunes Varela, Código Civil Anotado, vol. II, 1997, pág. 561*)

4. EFICÁCIA DO SUBARRENDAMENTO:

"Não se esqueça, porém, que para o contrato de subarrendamento ser, plenamente, eficaz não basta a existência de autorização (genérica ou específica) do senhorio para o arrendatário o realizar. A fim de o senhorio poder controlar a regularidade ou legalidade da sua realização é, ainda, indispensável que o subarrendamento seja comunicado ao senhorio, ou pelo arrendatário, ou então pelo próprio subarrendatário (artigos 1038.º, alínea g), 1049.º, *in fine*, e 1061.º do Código Civil)."

(*Margarida Grave, Novo Regime do Arrendamento Urbano, 2006, 3ª ed., pág 79*)

NOTAS PESSOAIS:

ARTIGO 1089.º
Caducidade

O subarrendamento caduca com a extinção, por qualquer causa, do contrato de arrendamento, sem prejuízo da responsabilidade do sublocador para com o sublocatário, quando o motivo da extinção lhe seja imputável.

HISTÓRICO:

Redacção da Lei n.º 6/2006, de 27 de Fevereiro (NRAU).

Corresponde ao artigo 1102.º do Código Civil, na redacção do Decreto-Lei n.º 47 344, de 25 de Novembro de 1966, substituído pelo artigo 45.º do RAU (revogado), que se transcreve:

Artigo 45.º *(Caducidade)*
O subarrendamento caduca com a extinção, por qualquer causa, do contrato de arrendamento, sem prejuízo da responsabilidade do sublocador para com o sublocatário, quando o motivo da extinção lhe seja imputável.

REMISSÕES:

Formas de cessação do contrato de arrendamento – art. 1079.º CC; revogação – art. 1082.º CC; resolução – arts. 1083.º e segs. CC.

LEGISLAÇÃO COMPLEMENTAR:

CADUCIDADE – ARTIGOS 328.º A 333.º DO CÓDIGO CIVIL

Em anotação, *supra*, ao artigo 1085.º do Código Civil.

JURISPRUDÊNCIA:

SUBLOCAÇÃO:

"I – Por princípio, decretada a resolução de um arrendamento, entre senhorio e arrendatário, tal acarreta extinção do dependente subarrendamento.

Parte II – Código Civil

II – Neste contexto legal, o senhorio não pode ser prejudicado só porque autorizou a sublocação.

III – Esta autorização apenas acarreta que o senhorio não possa pedir a resolução do arrendamento com base em sublocação.

IV – Contudo, o sublocatário passara a posição de arrendatário, se o senhorio o reconhecer como tal.

V – O direito constitucional a habitação não implica deveres dos cidadãos uns para com os outros mas, sim, obrigação de o estado implementar politica adequada nesse sector social.

VI – Não age em abuso de direito o senhorio que reconheceu o sublocatário como tal mas o não reconhece como arrendatário directo."

(***Acórdão da Relação de Lisboa***, *de 27.06.1991, Colectânea de Jurisprudência, 1991, Tomo III, pág. 168*)

ANOTAÇÕES:

1. HISTÓRIA DO PRECEITO:

A norma em análise tem sido mantida na nossa lei nos termos ainda hoje constantes. O seu teor "vingou" no nosso direito com a Lei n.º 2030 (artigo 61.º, n.º 1), passando sucessivamente para o artigo 1102.º do Código Civil (na redacção original) e depois para o artigo 45.º do RAU, mantendo-se no texto actual.

2. INTERPRETAÇÃO DO PRECEITO:

"São dois os princípios que orientam a disposição: de um lado, a subordinação do subarrendamento ao arrendamento (relação de dependência do contrato derivado ou subcontrato, em face do contrato principal); do outro, a responsabilidade do arrendatário para com o subarrendatário, se o contrato se extinguir por acto impugnável àquele.

Imaginemos, por exemplo, que o arrendatário deixa de pagar as rendas e lhe é movida uma acção de resolução do contrato. Não pode o subarrendatário, neste caso, evitar o despejo; mas também não deve ele, estando a sua situação reconhecida pelo senhorio, sofrer as consequências dum facto para que não contribuiu, embora lhe tivesse sido possível subrogar-se ao senhorio, pelo pagamento das rendas, nos direitos deste sobre o arrendatário (cfr. art. 592.º) – visto estar directamente interessado no pagamento – e evitar, assim, o despejo. Exemplo ainda mais frisante é o da revogação do contrato de arrendamento por acordo dos contraentes. Embora o acordo possa ser imposto ao subarrendatário, ele tem o direito a uma indemnização por parte do seu locador (o arrendatário)."

(*Pires de Lima – Antunes Varela, Código Civil Anotado, vol. II, 1997, pág. 561*)

CC   Art. 1089.º

3. EFEITOS PRÁTICOS:

"Porque entre senhorio e subarrendatário se não estabelecem quaisquer relações jurídicas, se aquele as não quiser assumir, nos termos do artigo 1090.º, extingue-se o arrendamento, caduca o subarrendamento.

Os contratos de subarrendamento constituem um fenómeno que a lei tolera, mas não incentiva. Daí esta aparente dureza com que os trata. Os direitos dos subarrendatários, são, em princípio, os que derivam dos direitos dos subarrendatários e não é a autorização ou reconhecimento pelo senhorio que dá àqueles direitos exigíveis a este.

São dois os princípios que dominam o instituto do subarrendamento em relação ao arrendamento. Em primeiro lugar, a extinção do contrato principal faz caducar o contrato derivado ou subcontrato; em segundo lugar, a limitação da responsabilidade à pessoa do arrendatário para com o subarrendatário, se o contrato principal se extinguir por acto daquele."

(*Margarida Grave, Novo Regime do Arrendamento Urbano, 2006, 3ª ed., pág 80*)

NOTAS PESSOAIS:

ARTIGO 1090.º
Direitos do senhorio em relação ao subarrendatário

1. Sendo total o subarrendamento, o senhorio pode substituir-se ao arrendatário, mediante notificação judicial, considerando-se resolvido o primitivo arrendamento e passando o subarrendatário a arrendatário directo.

2. Se o senhorio receber alguma renda do subarrendatário e lhe passar recibo depois da extinção do arrendamento, é o subarrendatário havido como arrendatário directo.

HISTÓRICO:

Redacção da Lei n.º 6/2006, de 27 de Fevereiro (NRAU).

Corresponde ao artigo 1103.º do Código Civil, na redacção do Decreto-Lei n.º 47 344, de 25 de Novembro de 1966, substituído pelo artigo 46.º do RAU (revogado), que se transcreve:

Artigo 46.º *(Direitos do senhorio em relação ao subarrendatário)*
1. Sendo total o subarrendamento, o senhorio pode substituir-se ao arrendatário, mediante notificação judicial, considerando-se resolvido o primitivo arrendamento e passando o subarrendatário a arrendatário directo.
2. Se o senhorio receber alguma renda do subarrendatário e lhe passar recibo depois da extinção do arrendamento, será o subarrendatário havido como arrendatário directo.

LEGISLAÇÃO COMPLEMENTAR:

NOTIFICAÇÕES AVULSAS:
ARTIGOS 261.º A 263.º DO CÓDIGO DE PROCESSO CIVIL

Artigo 261.º *(Como se realizam)*
1. As notificações avulsas dependem do despacho prévio que as ordene e são feitas pelo solicitador de execução, designado para o efeito pelo requerente ou pela secretaria, ou por funcionário de justiça, nos termos do número 8 do artigo 239.º, na própria pessoa do notificando, à vista do requerimento, entregando-se ao notificado o duplicado e cópia dos documentos que o acompanhem.

Parte II – Código Civil

2. O solicitador ou funcionário de execução lavra certidão do acto, que é assinada pelo notificado.

3. O requerimento e a certidão são entregues a quem tiver requerido a diligência.

4. Os requerimentos e documentos para as notificações avulsas são apresentados em duplicado; e tendo de ser notificada mais de uma pessoa, apresentar-se-ão tantos duplicados quantas forem as que vivam em economia separada.

Artigo 262.º *(Inadmissibilidade de oposição às notificações avulsas)*
1. As notificações avulsas não admitem oposição alguma.

Os direitos respectivos só podem fazer-se valer nas acções competentes.

2. Do despacho de indeferimento da notificação cabe agravo, mas só até à Relação.

Artigo 263.º *(Notificação para revogação de mandato ou procuração)*
1. Se a notificação tiver por fim a renovação de mandato ou procuração, será feita ao mandatário ou procurador, e também à pessoa com quem ele devia contratar, caso o mandato tenha sido conferido para tratar com certa pessoa.

2. Não se tratando de mandato ou procuração para negociar com certa pessoa, a revogação deve ser anunciada num jornal da localidade onde reside o mandatário ou o procurador; se aí não houver jornal, o anúncio será publicado num dos jornais mais lidos nessa localidade.

ANOTAÇÕES:

1. NOTIFICAÇÃO JUDICIAL:

"A notificação judicial (avulsa) a que se refere o n.º 1 do artigo – cfr. artigo 261.º do Código de Processo Civil – deve ser feita ao arrendatário e ao subarrendatário: a este, para saber a quem há-de pagar a renda e de quem pode doravante exigir o cumprimento dos deveres que recaem sobre o locador; àquele, porque é substituído na relação contratual."

(Pires de Lima – Antunes Varela, Código Civil Anotado, vol. II, 1997, pág. 563)

2. SUBARRENDAMENTO TOTAL:

O n.º 1 do preceito refere-se apenas ao subarrendamento total.

Tratando-se de um arrendamento parcial, haveria inconvenientes, sobretudo de ordem social. Tal como referem Pires de Lima – Antunes Varela, Código Civil Anotado, vol. II, 1997, pág. 563, citando parecer da então Câmara Corporativa, "a substituição, nestes casos de sublocação parcial, importando a quebra do vínculo que liga o arrendatário ao sublocatário, tem como consequência poder o senhorio realizar mais tarde novos contratos, se os antigos caducarem, com outros arrendatários, relativamente às partes sublocadas do prédio, criando-se com isso situações

CC   Art. 1090.º

insuportáveis para o primitivo inquilino. Se as sublocações dissessem sempre respeito a partes perfeitamente distintas de um prédio, podia o inconveniente não ser grande; mas há que contar com sublocações de um ou mais aposentos dentro do mesmo prédio, sem nenhuma separação material com o resto da casa, e que tiveram lugar somente porque as relações de intimidade entre arrendatário e sublocatário permitiam uma convivência que seria intolerável com pessoas estranhas. O *intuitus personae*, que é vivo em casos desta ordem, inibe, pois, que se aceite uma solução jurídica que faça quebrar as relações entre os originários contraentes.

3. NOTIFICAÇÃO DO SUBARRENDATÁRIO:

No caso previsto no n.º 1 do preceito, ou seja, o da sublocação total, pressupõe-se a notificação judicial (avulsa) do arrendatário, para que cesse o arrendamento; mas também tem de efectuar-se a notificação judicial (avulsa) do subarrendatário, para que este saiba que passa de subarrendatário a arrendatário directo e possa agir em conformidade.

Neste sentido, cfr. Pires de Lima – Antunes Varela, Código Civil Anotado, vol. II, 1997, pág. 565.

NOTAS PESSOAIS:

SUBSECÇÃO VI
Direito de preferência

ARTIGO 1091.º
Regra geral

1. O arrendatário tem direito de preferência:
a) Na compra e venda ou dação em cumprimento do local arrendado há mais de três anos.
b) Na celebração de novo contrato de arrendamento, em caso de caducidade do seu contrato por ter cessado o direito ou terem findado os poderes legais de administração com base nos quais o contrato fora celebrado.

2. O direito previsto na alínea *b)* existe enquanto não for exigível a restituição do prédio, nos termos do artigo 1053.º.

3. O direito de preferência do arrendatário é graduado imediatamente acima do direito de preferência conferido ao proprietário do solo pelo artigo 1535.º.

4. É aplicável, com as necessárias adaptações, o disposto nos artigos 416.º a 418.º e 1410.º.

HISTÓRICO:

Redacção da Lei n.º 6/2006, de 27 de Fevereiro (NRAU).
O disposto na alínea *a)* do n.º 1, bem como nos n.ºs 3 e 4, corresponde ao que vinha disposto nos artigos 47.º, 48.º e 49.º do RAU (revogados), que se transcrevem:
Artigo 47.º *(Direito de preferência)*
1. O arrendatário de prédio urbano ou de sua fracção autónoma tem o direito de preferência na compra e venda ou na dação em cumprimento do local arrendado há mais de um ano.

Parte II – Código Civil

2. Sendo dois ou mais os preferentes, abre-se entre eles licitação, revertendo o excesso para o alienante.

Artigo 48.º *(Graduação)*
O direito de preferência do arrendatário é graduado imediatamente acima do direito de preferência conferido ao proprietário do solo pelo artigo 1535.º do Código Civil.

Artigo 49.º *(Regime)*
Ao direito de preferência do arrendatário é aplicável, com as necessárias adaptações, o disposto nos artigos 416.º a 418.º e 1410.º do Código Civil.

O disposto na alínea *b)* do n.º 1 corresponde, em parte, ao que vinha disposto nos artigos 66.º, n.º 2 e 90.º do RAU (revogados), que se transcrevem:

Artigo 66.º *(Caducidade)*
1. Sem prejuízo do disposto quanto aos regimes especiais, o arrendamento caduca nos casos fixados pelo artigo 1051.º do Código Civil.
2. Quando o contrato de arrendamento para habitação caduque por força da alínea *c)* do artigo 1051.º do Código Civil, o arrendatário tem direito a um novo arrendamento nos termos do artigo 90.º.

Artigo 90.º *(Direito a novo arrendamento)*
1. Quando o contrato de arrendamento para habitação caduque por morte do arrendatário, têm direito a novo arrendamento, sucessivamente:
   a) As pessoas referidas na alínea *a)* do n.º 1 do artigo 76.º, desde que convivam com o arrendatário há mais de cinco anos, com excepção das que habitem o local arrendado por força do negócio jurídico que não respeite directamente a habitação;
   b) Os subarrendatários, quando a sublocação seja eficaz em relação ao senhorio, preferindo, entre vários, o mais antigo.
2. Havendo pluralidade de pessoas nas condições da alínea *a)* do número anterior, o direito a novo arrendamento cabe às que convivam há mais tempo com o arrendatário, preferindo, em igualdade de condições, os parentes, por grau de parentesco, os afins, por grau de afinidade, e o mais idoso.

LEGISLAÇÃO COMPLEMENTAR:

PACTOS DE PREFERÊNCIA:
ARTIGOS 414.º A 419.º DO CÓDIGO CIVIL

Artigo 414.º *(Noção)*
O pacto de preferência consiste na convenção pela qual alguém assume a obrigação de dar preferência a outrem na venda de determinada coisa.

Artigo 415.º *(Forma)*
É aplicável ao pacto de preferência o disposto no número 2 do artigo 410.º.

Artigo 416.º *(Conhecimento do preferente)*

1. Querendo vender a coisa que é objecto do pacto, o obrigado deve comunicar ao titular do direito o projecto de venda e as cláusulas do respectivo contrato.

2. Recebida a comunicação, deve o titular exercer o seu direito dentro do prazo de oito dias, sob pena de caducidade, salvo se estiver vinculado a prazo mais curto ou o obrigado lhe assinar prazo mais longo.

Artigo 417.º *(Venda de coisa conjuntamente com outras)*

1. Se o obrigado quiser vender a coisa juntamente com outra ou outras, por um preço global, pode o direito ser exercido em relação àquela pelo preço que proporcionalmente lhe for atribuído, sendo lícito, porém, ao obrigado exigir que a preferência abranja todas as restantes, se estas não forem separáveis sem prejuízo apreciável.

2. O disposto no número anterior é aplicável ao caso de o direito de preferência ter eficácia real e a coisa ter sido vendida a terceiro juntamente com outra ou outrem.

Artigo 418.º *(Prestação acessória)*

1. Se o obrigado receber de terceiro a promessa de uma prestação acessória que o titular do direito de preferência não possa satisfazer, será essa prestação compensada em dinheiro; não sendo avaliável em dinheiro, é excluída a preferência, salvo se for lícito presumir que, mesmo sem a estipulada, a venda não deixará de ser efectuada, ou que a prestação foi convencionada para afastar a preferência.

2. Se a prestação acessória tiver sido convencionada para afastar a preferência, o preferente não é obrigado a satisfazê-la, mesmo que ela seja avaliável em dinheiro.

Artigo 419.º *(Pluralidade de titulares)*

1. Pertencendo simultaneamente a vários titulares, o direito e preferência só pode ser exercido por todos em conjunto; mas, se o direito se extinguir em relação a algum deles, ou algum declarar que não o quer exercer, acresce o seu direito aos restantes.

2. Se o direito pertencer a mais de um titular, mas houver de ser exercido apenas por um deles, na falta de designação abrir-se-á licitação entre todos, revertendo o excesso para o alienante.

DAÇÃO EM CUMPRIMENTO:
ARTIGOS 837.º A 840.º DO CÓDIGO CIVIL

Artigo 837.º *(Quando é admitida)*

A prestação de coisa diversa da qual for devida, embora de valor superior, só exonera o devedor se o credor der o seu assentimento.

Artigo 838.º *(Vícios da coisa ou do direito)*

O credor a quem for feita a dação em cumprimento goza de garantia pelos vícios da coisa ou do direito transmitido, nos termos prescritos para a compra e venda, mas pode optar pela prestação primitiva e reparação dos danos sofridos.

Parte II – Código Civil

Artigo 839.º *(Nulidade ou anulabilidade da dação)*

Sendo a dação declarada nula ou anulada por causa imputável ao credor, não renascem as garantias prestadas por terceiro, excepto se este conhecia o vício na data em que teve notícia da dação.

Artigo 840.º *(Dação "pro solvendo")*

1. Se o devedor efectuar uma prestação diferente da devida, para que o credor obtenha mais facilmente, pela realização do valor dela, a satisfação do seu crédito, este só se extingue quando for satisfeito, e na medida respectiva.

2. Se a dação tiver por objecto a cessão de um crédito ou a assunção de uma dívida presume-se feita nos termos do número anterior.

DIREITO DE PREFERÊNCIA – LEI N.º 107/2001, DE 8 DE SETEMBRO, ARTIGO 37.º

Artigo 37.º *(Direito de preferência)*

1. Os comproprietários, o Estado, as Regiões Autónomas e os municípios gozam, pela ordem indicada, do direito de preferência em caso de venda ou dação em pagamento de bens classificados ou em vias de classificação ou dos bens situados na respectiva zona de protecção.

2. É aplicável ao direito de preferência previsto neste artigo o disposto nos artigos 416.º a 418.º e 1410.º do Código Civil, com as necessárias adaptações.

3. O disposto no presente artigo não prejudica os direitos de preferência concedidos à Administração Pública pela legislação avulsa.

JURISPRUDÊNCIA:

PREFERÊNCIA:

"**I** – No nosso sistema jurídico é princípio dominante que o direito de fruição de que goza o arrendatário subjaz a fogos independentes.

II – Embora o contrato de arrendamento abrangesse dois andares, tratando-se de fogos distintos, e como a autora nunca tivesse ocupado o segundo andar, nunca poderia efectivar-se o direito de preferência em mais do que o piso realmente ocupado."

(**Acórdão do Supremo Tribunal de Justiça**, *de 14.06.1984, Boletim do Ministério da Justiça, 338, pág. 387*)

PREFERÊNCIA:

"O exercício do direito de preferência recai sobre todo o prédio, não obstante o arrendatário o ser apenas de uma parte do prédio vendido."

(**Acórdão da Relação do Porto**, *de 21.05.1985, Colectânea de Jurisprudência, 1985, Tomo III, pág. 242*)

ARRENDAMENTO; PREFERÊNCIA:

"**I** – O direito de preferência, como direito real de aquisição, é dotado de eficácia *erga omnes* e prevalece, logo que se verifiquem os pressupostos do seu exercício (venda, ou dação em cumprimento, de imóvel, ou direito, sobre que incide) relativamente a qualquer outro direito que em momento posterior se constitua sobre o respectivo objecto.

II – O reconhecimento judicial do direito de preferência retroage os seus efeitos ao momento da verificação dos respectivos pressupostos, isto é, ao momento da venda ou dação em cumprimento do imóvel (ou direito) sobre que incide.

III – Os actos praticados pelo preferido relativamente ao imóvel (ou direito) sujeito ao direito de preferência enquanto este não for exercido, ou não for definido judicialmente, ficam subordinados a um regime semelhante ao dos actos praticados sob condição resolutiva.

IV – Consequentemente, um contrato de arrendamento referente a imóvel objecto do direito de preferência celebrado pelo comprador-preferido não é oponível ao preferente que em tempo exerceu o direito de preferência e/ou nele foi judicialmente reconhecido."

(*Acórdão do Supremo Tribunal de Justiça, de 05.05.1987, Boletim do Ministério da Justiça, 367, pág. 493*)

DIREITO DE PREFERÊNCIA ELEMENTOS A COMUNICAR AO TITULAR:

"**I** – No caso do direito de preferência do arrendatário urbano, a identidade do comprador não é elemento essencial a ser comunicado pelo senhorio ao titular do direito, nos termos do artigo 416.º do Código Civil.

II – Estes casos são distintos dos casos de direito de preferência do comproprietário, pois as características da comunhão (administração e uso da coisa comum – artigo 1406.º e artigo 1407.º do Código Civil) tornam decisivo, para a determinação do exercício ou não do direito de preferência, o conhecimento da pessoa para quem um dos comproprietários pretende transferir a sua quota.

III – As relações entre o arrendatário urbano e o senhorio são caracterizadas por um certo distanciamento, que torna praticamente indiferente para o primeiro qualquer mudança que se opere na propriedade do prédio arrendado."

(*Acórdão do Supremo Tribunal de Justiça, de 23.01.1992, Boletim do Ministério da Justiça, 413, pág. 542*)

DIREITO DE PREFERÊNCIA; ARRENDATÁRIO; RENÚNCIA; CADUCIDADE:

"**I** – Os elementos essenciais a comunicar ao preferente devem abranger todos os factores do negócio que possam influir decisivamente na formação da vontade de preferir ou não (n.º 1 do artigo 416.º do Código Civil).

Parte II – Código Civil

II – Entende-se que o mencionado preferente renuncie à preferência, quando, sendo-lhe comunicada a alienação da habituação, não aceita o preço comunicado de forma inequívoca.

III – Caduca o direito de preferência quando não é exercido dentre do prazo devido (n.º 2 do referido artigo 416.º do Código Civil)."

(*Acórdão do Supremo Tribunal de Justiça, de 11.03.1992, Boletim do Ministério da Justiça, 415, pág. 569*)

DIREITO DE TRANSFERÊNCIA; TERRENO CONTÍGUO A CASA DE HABITAÇÃO; LOGRADOURO; ARRENDAMENTO URBANO:

"**I** – A parcela de terreno, contígua a casa de habitação, tanto pode ser considerada como terreno rústico, como logradouro da casa.

II – Na ausência de definição legal, por logradouro pode entender-se o terreno contíguo a prédio urbano que é ou pode ser fruído por quem se utilize daquele, constituindo um e outro uma unidade.

III – Se o terreno constitui o logradouro da casa, tem de considerar-se incluído no contrato de arrendamento tendo esta por objecto e, assim, abrangido pela preferência da arrendatária habitacional."

(*Acórdão do Supremo Tribunal de Justiça, de 25.03.1993, Colectânea de Jurisprudência, Acórdãos do Supremo Tribunal de Justiça, 1993, Tomo II, pág. 33*)

DIREITO DE PREFERÊNCIA; ARRENDATÁRIO HABITACIONAL; VENDA DE QUINHÃO HEREDITÁRIO:

"O arrendatário habitacional não goza do direito de preferência na venda do direito e acção à herança de cujo acervo faz parte o prédio arrendado."

(*Acórdão Supremo Tribunal de Justiça, de 15.04.1993, Colectânea de Jurisprudência, Acórdãos do Supremo Tribunal de Justiça, 1993, Tomo II, pág. 68*)

PREFERÊNCIA DE ARRENDATÁRIO:

"**I** – Tendo o comprador do imóvel objecto da preferência constituído hipoteca sobre ele, o credor hipotecário não tem que ser demandado na acção de preferência.

II – A expressão "preço", contida no n.º 1 do artigo 1410.º do Código Civil, não abrange a sisa, as despesas notariais e o custo do registo.

III – Para o direito de preferência concedido pelo artigo 1117.º do dito Código é necessário que o arrendamento tenha sido realizado para comércio e industria, não bastando que, na prática, seja exercido no prédio o comércio ou indústria.

IV – O réu que tem por fim, de acordo com os estatutos, a promoção da educação física, intelectual e moral dos seus associados, mediante a prática de jogos e exercícios desportivos em comum, não pode considerar-se empresa comercial."

(*Acórdão do Supremo Tribunal de Justiça, de 17.03.1993, Colectânea de Jurisprudência, Acórdãos do Supremo Tribunal de Justiça, 1993, Tomo II, pág. 11*)

DIREITO DE PREFERÊNCIA; CONCURSO DE TITULARES
NOTIFICAÇÃO PARA PREFERÊNCIA:

"No caso de pluralidade de preferentes com direitos distintos e de natureza diversa, nada obriga o titular dum direito de preferência legal (arrendatário habitacional) a notificar o outro preferente (arrendatário comercial) para dizer se pretende ou não exercer o seu direito potestativo."

(*Acórdão da Relação do Porto, de 30.01.1995, Boletim do Ministério da Justiça, 443, pág. 446*)

ARRENDAMENTO; DIREITO DE PREFERÊNCIA; GARAGEM:

"O inquilino duma garagem para recolha de veículo não goza do direito de preferência na venda dessa garagem."

(*Acórdão da Relação do Porto, de 30.09.1996, Boletim do Ministério da Justiça, 459, pág. 601*)

PREFERÊNCIA DO ARRENDATÁRIO;
ARRENDATÁRIO DE PARTE DO IMÓVEL ALIENADO:

"I – Só o arrendatário de prédio ou fracção autónoma – e não já o arrendatário de dependência ou dependências não autónomas – pode exercer o direito de preferência relativamente ao local arrendado.

II – Tal exercício é viável tanto no caso de venda autónoma do local arrendado, como no caso de venda de todo o prédio ou prédios, com estipulação de um preço global.

III – Nesse caso pode exercer-se a preferência apenas em relação ao local arrendado se daí não resultar prejuízo sensível para o alienante."

(*Acórdão do Supremo Tribunal de Justiça, de 02.06.1999, Colectânea de Jurisprudência, Acórdãos do Supremo Tribunal de Justiça, 1999, Tomo II, pág. 129*)

ARRENDAMENTO; DIREITO DE PREFERÊNCIA
CASA DA MORADA DE FAMÍLIA:

"I – O cônjuge do arrendatário, que não outorgou no contrato de arrendamento, não tem que ser notificado para exercer um direito de preferência que não lhe assiste, ainda que esteja em causa a casa de morada da família.

II – O artigo 83.º do R.A.U. não padece do vício de inconstitucionalidade."

(*Acórdão do Supremo Tribunal de Justiça, de 01.02.2000, Primeiro de Janeiro, suplemento Justiça e Cidadania, de 27.04.2000, pág. 15*)

DIREITO DE PREFERÊNCIA;
DO ARRENDATÁRIO HABITACIONAL:

"Para que haja direito de preferência do arrendatário habitacional é necessário que o seja há mais de um ano e que, na altura do arrendamento, não esteja projectada

Parte II – Código Civil

a venda da fracção, por contrato formalmente válido. Se a fracção foi prometida vender quando o autor ainda não era arrendatário, não há direito de preferência."

(**Acórdão do Supremo Tribunal de Justiça**, de 19.10.2000, Colectânea de Jurisprudência, Acórdãos do Supremo Tribunal de Justiça, 2000, Tomo III, pág. 87)

DIREITO DE PREFERÊNCIA; CASA DE FUNÇÃO; NATUREZA DO CONTRATO DE ATRIBUIÇÃO; INEXISTÊNCIA DE ARRENDAMENTO:

"**I** – Não constitui um contrato de arrendamento a atribuição, a título precário, ainda que mediante o pagamento de uma renda, de casa de função, pertencente ao Estado, a uma professora primária.

II – Quer em virtude da natureza do contrato, quer por se tratar de prédio do Estado, não assiste à funcionária em questão direito de preferência na venda deste."

(**Acórdão da Relação do Porto**, de 14.03.2002, Colectânea de Jurisprudência, 2002, Tomo II, pág. 192)

ANOTAÇÕES:

PREFERÊNCIA:

"**I** – Existindo, num mesmo prédio, vários arrendatários habitacionais e comerciais, verifica-se um caso de pluralidade de direitos de preferência concorrentes sobre a mesma coisa, entre os primeiros e aquele que, de entre os segundos, pague a renda mais elevada, desde que exerça o comércio no prédio há mais de um ano.

II – Pretendendo um dos titulares do direito de preferência, ou um grupo de titulares, instaurar a acção de preferência por ter sido vendido o prédio onerado, e meramente facultativo o recurso ao processo de notificação para preferência dos outros arrendatários, previsto no artigo 1465.º do Código de Processo Civil, como preliminar da acção de preferência, para a qual tem, isoladamente, legitimidade.

III – Tendo havido licitação no processo de notificação para preferência, se os licitantes vencedores não exercerem o seu direito, os vencidos não ficam vinculados pelas suas ofertas, não sendo obrigados nem a exercer a preferência, nem a manter o preço oferecido."

(Parecer do Professor Antunes Varela e Dr.ª Maria dos Prazeres Pizarro Beleza, Colectânea de Jurisprudência, 1990, Tomo III, pág. 31)

2. VENDA JUDICIAL DE FRACÇÕES SUJEITAS AO DIREITO DE PREFERÊNCIA DO ARRENDATÁRIO:

"**I** – Tendo o Administrador da falência, com conhecimento de causa e aprovação do síndico, promovido a venda conjunta de 4 fracções autónomas do mesmo imóvel pertencente à massa falida, assiste ao arrendatário de 3 dessas fracções, como titular do direito de preferência, optar pela separação delas ou concordar com a venda conjunta.

II – Se a arrendatária preferente não requereu a separação das fracções é porque concordou com o projecto da venda conjunta e também com a extensão da sua preferência a todas as fracções abrangidas nessa venda, sendo essa também a vontade imputável à vontade da obrigada à preferência.

III – O depósito de uma parte do preço feita pelo preferente no momento da adjudicação, determinada pelo síndico, constitui uma irregularidade processual, cuja única sanção aplicável é a de substituir a respectiva guia, por outra, depois de ordenado o pagamento total e imediato do preço.

IV – Tal sanção já não pode ter lugar, se na data em que a irregularidade for apreciada pelo juiz da falência, a totalidade do preço e a respectiva sisa se encontrarem há muito saldadas e pagas.

V – O mero licitante carece de legitimidade substantiva para arguir a nulidade do aludido depósito parcial, porque não é no interesse dele, mas dos credores do falido que deve ser feito o pagamento imediato de todo o preço."

(Parecer do Professor Antunes Varela, de 25.05.1995, SC-97-I, pág. 5)

3. PREFERÊNCIA:

Acerca do direito de preferência do arrendatário, cfr. Augusto Borges, Regime do Arrendamento Urbano Anotado, 3ª edição, págs. 77 e segs.

4. ARRENDAMENTO HÁ MAIS DE TRÊS ANOS:

"Se, por um lado, a preferência aproveita, indiscriminadamente, a todos os arrendatários, tem de concluir-se que a preferência aproveita, sem distinção entre os arrendatários, àquele que, à data da venda ou dação em cumprimento, frua ou goze o locado há mais de três anos.

Por outro lado, refira-se que, se o senhorio, proprietário de um imóvel afecto ao reime de propriedade horizontal, com fracções arrendadas a diversas pessoas, pretender vender ou dar em pagamento alguma ou algumas das fracções, deve considerar-se como certo que a preferência respectiva compete somente ao arrendatário da fracção que se pretende alienar, e não também aos restantes arrendatários de diferentes fracções autónomas do mesmo imóvel.

No caso, porém, de a alienação projectada ou realizada se referir à totalidade do imóvel, não afecto ao regime da propriedade horizontal, a preferência competirá a todos o co-arrendatários das partes do mesmo imóvel, cujo contrato perdure há mis de três anos.

Quando mais de um arrendatário gozar do direito de preferência na compra ou dação em pagamento do prédio ou fracção, este é licitado, sendo vendido àquele dos preferentes que fizer o lance mais alto. O acréscimo de preço assim obtido reverte para o proprietário."

(Margarida Grave, Novo Regime do Arrendamento Urbano, 2006, 3ª ed., pág 83)

Parte II – Código Civil

5. EXERCÍCIO DO DIREITO DE PREFERÊNCIA PELO ARRENDATÁRIO PRETERIDO:

"O arrendatário cujo legal direito de preferência tenha sido violado pelo senhorio pode fazer valer o seu direito judicialmente. Nesse sentido, tem o direito de haver para si o prédio ou fracção alienada, desde que o requeira dentro do prazo de seis meses a contar da data em que teve conhecimento dos elementos essenciais da venda e deposite o preço, a importância do Imposto Municipal sobre as Transacções, o custo da escritura, ec., nos oito dias seguintes ao despacho que ordene a citação do réu."

(*Margarida Grave, Novo Regime do Arrendamento Urbano, 2006, 3ª ed., pág 84*)

NOTAS PESSOAIS:

SUBSECÇÃO VII
Disposições especiais do arrendamento para habitação

DIVISÃO I
Âmbito do contrato

ARTIGO 1092.º
Indústrias domésticas

1. No uso residencial do prédio arrendado inclui-se, salvo cláusula em contrário, o exercício de qualquer indústria doméstica, ainda que tributada.

2. É havida como doméstica a indústria explorada na residência do arrendatário que não ocupe mais de três auxiliares assalariados.

HISTÓRICO:

Redacção do artigo 3.º da Lei n.º 6/2006, de 27 de Fevereiro (NRAU).

Corresponde, em parte, ao artigo 1108.º do Código Civil, na redacção do Decreto-Lei n.º 47 344, de 25 de Novembro de 1966, entretanto substituído pelo artigo 75.º do RAU (revogado), que se transcreve:

Artigo 75.º *(Indústrias domésticas)*

1. No uso residencial de prédio arrendado inclui-se o exercício de qualquer indústria doméstica, ainda que tributada.

2. É indústria doméstica a explorada na sua residência pelo arrendatário ou pelos seus familiares, contanto que não ocupe mais de três auxiliares assalariados.

3. Consideram-se familiares as pessoas designadas no n.º 3 do artigo 1040.º do Código Civil.

Parte II – Código Civil

JURISPRUDÊNCIA:

INDÚSTRIA DOMÉSTICA:

"É indústria doméstica a actividade desenvolvida por um filho dos locatários que, numa cozinha do arrendado que foi adaptada, corta cabelos e barbas aos fins-de-semana."

(**Acórdão da Relação do Porto**, *de 11.05.1989, Colectânea de Jurisprudência, 1989, Tomo III, pág. 195*)

ARRENDAMENTO HABITACIONAL; INDÚSTRIA DOMÉSTICA:

"É lícito ao senhorio autorizar que o exercício de indústria doméstica se faça com um número de auxiliares assalariados superior ao referido no n.º 2 do artigo 1108.º do Código Civil."

(**Acórdão da Relação do Porto**, *de 29.03.1993, Boletim do Ministério da Justiça, 425, pág. 616*)

RELEVÂNCIA DA UNIÃO DE FACTO; INDÚSTRIA DOMÉSTICA; PERMANÊNCIA NO PRÉDIO DE FAMILIARES:

"**I** – A expressão «comunhão de vida» não encerra matéria de direito, mas um juízo de valor sobre factos, pelo que, se indevidamente foi incluída no questionário, a resposta ao respectivo quesito é de manter, por não estar abrangida pelo artigo 646.º, n.º 4, do Código de Processo Civil.

II – No domínio do arrendamento, a noção de «família» do artigo 1040.º, n.º 3, do Código Civil, passou a contemplar a pessoa que vive em união de facto com o arrendatário.

III – Deve, pois, considerar-se indústria doméstica, para o efeito do artigo 75.º do Regime de Arrendamento Urbano, a exercida no prédio por quem vive em união de facto com o locatário.

IV – Essa pessoa é igualmente equiparada ao cônjuge a que se refere o artigo 64.º, n.º 2, alínea *c*), do Regime de Arrendamento Urbano.

V – A excepção à resolução do contrato prevista nessa alínea só revela, porém, se subsistir um vínculo de dependência económica entre os familiares do arrendatário e este, por forma a inferir-se que não houve desintegração do agregado."

(**Acórdão da Relação do Porto**, *de 27.09.1994, Colectânea de Jurisprudência, 1994, Tomo IV, pág. 198*)

ARRENDAMENTO PARA HABITAÇÃO; RECOLHA DE VEÍCULO AUTOMÓVEL:

"**I** – A guarda do veículo automóvel na casa de habitação ou junto desta é um costume social prevalecente.

CC

Art. 1092.º

II – Assim, tal guarda tem de ser considerada uma actividade doméstica, portanto própria da habitação.

III – E um arrendamento que tenha por objectivo a mesma realidade tem de ser considerado habitacional."

(*Acórdão da Relação de Lisboa*, de 04.04.1995, Boletim do Ministério da Justiça, 446, pág. 338)

ARRENDAMENTO PARA HABITAÇÃO;
FIM DIVERSO: INDÚSTRIA DOMÉSTICA:

"I – O conceito de "indústria doméstica", cujo regime está previsto no artigo 75.º do Regime do Arrendamento Urbano, não pode ser tão amplo que permita meter no mesmo "saco" as mais diversas situações, que podem levar ao arbítrio e à insegurança, por nele se incluir toda a actividade doméstica, com exclusão apenas do comércio.

II – É de considerar que os réus têm utilizado o arrendado para fim diverso daquele a que se destina, que é o de habitação, ao receberem, diariamente, 6/7 crianças de tenra idade, desde os primeiros meses de vida até aos 3/4 anos, para delas tomarem conta, não podendo tal actividade ser integrada no conceito de "indústria doméstica", por não se destinar à produção de riqueza."

(*Acórdão da Relação de Coimbra*, de 04.04. 2000, Boletim do Ministério da Justiça, 496, pág. 313)

ANOTAÇÕES:

1. COMENTÁRIO AO PRECEITO:

A redacção actual deste artigo admite o exercício de indústria doméstica no locado, mesmo que o contrato tenha sido efectuado para habitação. Contudo, podem as partes contratantes estipular expressamente a restrição do uso do locado para fim diferente da habitação, como resulta do n.º 1 do preceito.

2. REQUISITOS:

"A natureza excepcional do preceito (que impede, por exemplo, a sua aplicação analógica ao exercício do *comércio* pelo arrendatário: Pereira Coelho, Breves notas ..., na *Rev. Leg. Jur.*, ano 125.º, pág. 258, nota 1, e, no mesmo sentido, o acórdão da Relação do Porto, de 30 de Junho de 1992, no *Bol. Min. Just.*, n.º 418, pág. 854) impôs a necessidade de indicar com rigor os requisitos a que deve obedecer uma indústria para ser havida como doméstica, no sentido desta disposição. É considerada como tal (n.º 2) a que for explorada pelo arrendatário ou pelos seus familiares, contanto que não ocupe mais de três auxiliares assalariados. São familiares,

Parte II – Código Civil

além do cônjuge do arrendatário, os parentes, afins ou serviçais que vivam habitualmente em comunhão de mesa e habitação com o locatário. O número destes não tem limites; o dos auxiliares assalariados é limitado a três."

(*Pires de Lima – Antunes Varela, Código Civil Anotado, vol. II, 1997, págs. 633 e seg.*)

3. UNIÃO DE FACTO:

"No conceito *vulgar, lato*, de *familiares* – nada *técnico* ou *rigoroso*, usado no n.º 3 do artigo 1040.º do Código Civil –, nada repugna incluir, de acordo com a *mens legis*, a pessoa que viva em *união de facto* com o arrendatário: vide Pereira Coelho, na *Rev. Leg. Jur.*, ano 120.º, pág. 83, e acórdão da Relação do Porto, de 27 de Setembro de 1994, na *Col. Jur.*, XIX, 4, pág. 198."

(*Pires de Lima – Antunes Varela, Código Civil Anotado, vol. II, 1997, pág. 635*)

4. INDÚSTRIA DOMÉSTICA – EXCEPÇÃO:

"O melindre da excepção levou o legislador a dar uma limitada noção de indústria doméstica e de familiares, além de usar outras fórmulas delimitando o seu âmbito. Assim, a norma refere-se ao *uso residencial do prédio arrendado* e à actividade que é *explorada na residência do arrendatário*, vincando bem tratar-se de um arrendamento habitacional, no qual se consente, em paralelo, um uso diferente.

A lei esclarece os requisitos que definem a existência de uma indústria doméstica, não interessado para o efeito a quantidade de objectos produzidos ou transformados, nem a sua espécie ou qualidade;

– ser explorada na residência do arrendatário;

– poder ocupar um máximo de três auxiliares assalariados.

Saliente-se que a norma não faz alusão ao comércio doméstico, ou exercício de profissão liberal doméstica, isto para sublinhar nestes últimos casos a utilização diferente do locado do fim inicial objecto do arrendamento, nomeadamente, do destino habitacional."

(*Margarida Grave, Novo Regime do Arrendamento Urbano, 2006, 3ª ed., pág 87*)

NOTAS PESSOAIS:

ARTIGO 1093.º
Pessoas que podem residir no local arrendado

1. Nos arrendamentos para habitação podem residir no prédio, além do arrendatário:
a) Todos os que vivam com ele em economia comum;
b) Um máximo de três hóspedes, salvo cláusula em contrário.

2. Consideram-se sempre como vivendo com o arrendatário em economia comum a pessoa que com ele viva em união de facto, os seus parentes ou afins na linha recta ou até ao 3° grau da linha colateral, ainda que paguem alguma retribuição, e bem assim as pessoas relativamente às quais, por força da lei ou de negócio jurídico que não respeite directamente à habitação, haja obrigação de convivência ou de alimentos.

3. Consideram-se hóspedes as pessoas a quem o arrendatário proporcione habitação e preste habitualmente serviços relacionados com esta, ou forneça alimentos, mediante retribuição.

HISTÓRICO:

Redacção do artigo 3.º da Lei n.º 6/2006, de 27 de Fevereiro (NRAU).
Corresponde, em parte, ao artigo 1109.º do Código Civil, na redacção do Decreto-Lei n.º 47 344, de 25 de Novembro de 1966, substituído pelo artigo 76.º do RAU (revogado), que se transcreve:

Artigo 76.º *(Pessoas que podem residir no prédio)*
1. Nos arrendamentos para habitação podem residir no prédio, além do arrendatário:
a) Todos os que vivam com ele em economia comum;
b) Um máximo de três hóspedes, salvo cláusula em contrário.
2. Consideram-se sempre como vivendo com o arrendatário em economia comum os seus parentes ou afins na linha recta ou até ao 3.º grau da linha colateral, ainda que paguem alguma retribuição e bem assim as pessoas relativamente às quais, por força da lei ou de negócio jurídico que não respeite directamente à habitação, haja obrigação de convivência ou de alimentos.

Parte II – Código Civil

3. Apenas se consideram hóspedes as pessoas a quem o arrendatário proporcione habitação e preste habitualmente serviços relacionados com esta, ou forneça alimentos, mediante retribuição.

REMISSÕES:

Transmissão do arrendamento para habitação em vida do arrendatário – art. 1105.º CC; transmissão por morte do arrendatário – art. 1106.º CC; disposição do direito ao arrendamento da casa de morada de família – art. 1682.º-B CC.

LEGISLAÇÃO COMPLEMENTAR:

ECONOMIA COMUM:

LEI N.º 6/2001, DE 11 DE MAIO
– ADOPTA MEDIDAS DE PROTECÇÃO DAS PESSOAS
QUE VIVAM EM ECONOMIA COMUM

Artigo 1.º *(Âmbito de aplicação)*
1. A presente lei estabelece o regime de protecção das pessoas que: vivam em economia comum há mais de dois anos.
2. O disposto na presente lei não prejudica a aplicação de qualquer disposição legal ou regulamentar em vigor tendente à protecção jurídica de situações de união de facto, nem de qualquer outra legislação especial aplicável.
3. Não constitui facto impeditivo da aplicação da presente lei a coabitação em união de facto.

Artigo 2.º *(Economia comum)*
1. Entende-se por economia comum a situação de pessoas que vivam em comunhão de mesa e habitação há mais de dois anos e tenham estabelecido uma vivência em comum de entreajuda ou partilha de recursos.
2. O disposto na presente lei é aplicável a agregados constituídos por duas ou mais pessoas, desde que pelo menos uma delas seja maior de idade.

Artigo 3.º *(Excepções)*
São impeditivos da produção dos efeitos jurídicos decorrentes da aplicação da presente lei:
  a) A existência entre as pessoas de vínculo contratual, designadamente sublocação e hospedagem, que implique a mesma residência ou habitação comum;
  b) A obrigação de convivência por prestação de actividade laboral para com uma das pessoas com quem viva em economia comum;

652

$$CC \hspace{4cm} Art. \; 1093.°$$

    c) As situações em que a economia comum esteja relacionada com a prossecução de finalidades transitórias;

    d) Encontrar-se alguma das pessoas submetida a situação de coacção física ou psicológica ou atentatória da autodeterminação individual.

Artigo 4.º *(Direitos aplicáveis)*

1. Às pessoas em situação de economia comum são atribuídos os seguintes direitos:

    a) Benefício do regime jurídico de férias, faltas e licenças e preferência na colocação dos funcionários da Administração Pública equiparado ao dos cônjuges, nos termos da lei;

    b) Benefício do regime jurídico de férias, feriados e faltas, aplicável por efeito de contrato individual de trabalho, equiparado ao dos cônjuges, nos termos da lei;

    c) Aplicação do regime do imposto de rendimento das pessoas singulares nas mesmas condições dos sujeitos passivos casados e não separados judicialmente de pessoas e bens, nos termos do disposto no artigo 7.º;

    d) Protecção da casa de morada comum, nos termos da presente lei;

    e) Transmissão de arrendamento por morte.

2. Quando a economia comum integrar mais de duas pessoas, os direitos consagrados nas alíneas *a)* e *h)* do número anterior apenas podem ser exercidos, em cada ocorrência, por uma delas.

Artigo 5.º *(Casa de morada comum)*

1. Em caso de morte da pessoa proprietária da casa de morada comum, as pessoas que com ela tenham vivido em economia comum há mais de dois anos nas condições previstas na presente lei têm direito real de habitação sobre a mesma, pelo prazo de cinco anos, e, no mesmo prazo direito de preferência na sua venda.

2. O disposto no número anterior não se aplica caso ao falecido sobrevivam antecedentes que com ele vivessem há pelo menos um ano e pretendam continuar a habitar a casa, ou no caso de disposição testamentária em contrário.

3. Não se aplica ainda o disposto no n.º 1 no caso de sobrevivência de descendentes menores que não coabitando com o falecido demonstrem ter absoluta carência de casa para habitação própria.

Artigo 6.º *(Transmissão do arrendamento por morte)*

Ao n.º 1 do artigo 85.º do Regime do Arrendamento Urbano, aprovado pelo Decreto-Lei n.º 321-B/90, de 15 de Outubro, é aditada uma alínea *f)*, com a seguinte redacção:

    «*f)* Pessoas que com ele vivessem em economia comum há mais de dois anos.»

Artigo 7.º *(Regime fiscal)*

À situação de duas pessoas vivendo em regime de economia comum é aplicável, com as devidas adaptações, o disposto no artigo 14.º-A do Código do IRS, aprovado pelo Decreto-Lei n.º 442-A/88, de 30 de Novembro.

Parte II – Código Civil

Artigo 8.º *(Regulamentação)*

O Governo publicará no prazo de 90 dias os diplomas regulamentares das normas da presente lei que tal careçam.

Artigo 9.º *(Entrada em vigor)*

Os preceitos da presente lei que tenham repercussão orçamental produzem efeitos com a lei do Orçamento do Estado posterior à sua entrada em vigor.

UNIÃO DE FACTO:

LEI N.º 7/2001, DE 11 DE MAIO
– ADOPTA MEDIDAS DE PROTECÇÃO DAS UNIÕES DE FACTO

Artigo 1.º *(Objecto)*

1. A presente lei regula a situação jurídica de duas pessoas, independentemente do sexo, que vivam em união de facto há mais de dois anos.

2. Nenhuma norma da presente lei prejudica a aplicação de qualquer outra disposição legal ou regulamentar em vigor tendente à protecção jurídica de uniões de facto ou de situações de economia comum.

Artigo 2.º *(Excepções)*

São impeditivos dos efeitos jurídicos decorrentes da presente lei:

a) Idade inferior a 16 anos;

b) Demência notória, mesmo nos intervalos lúcidos, e interdição ou inabilitação por anomalia psíquica;

c) Casamento anterior não dissolvido, salvo se tiver sido decretada separação judicial de pessoas e bens;

d) Parentesco na linha recta ou no 2.º grau da linha colateral ou afinidade na linha recta;

e) Condenação anterior de uma das pessoas como autor ou cúmplice por homicídio doloso ainda que não consumado contra o cônjuge do outro.

Artigo 3.º *(Efeitos)*

As pessoas que vivem em união de facto nas condições previstas na presente lei têm direito a:

a) Protecção da casa de morada de família, nos termos da presente lei;

b) Beneficiar do regime jurídico de férias, faltas, licenças e preferência na colocação dos funcionários da Administração Pública;

c) Beneficiar do regime jurídico de férias, feriados, faltas, aplicado por efeito de contrato individual de trabalho, equiparado ao dos cônjuges, nos termos da lei;

d) Aplicação do regime do imposto de rendimento das pessoas singulares nas mesmas condições dos sujeitos passivos casados e não separados judicialmente de pessoas e bens;

e) Protecção na eventualidade de morte do beneficiário, pela aplicação do regime geral da segurança social e da lei;

f) Prestação por morte resultante de acidente de trabalho ou doença profissional, nos termos da lei;

g) Pensão de preço de sangue e por serviços excepcionais e relevantes prestados ao país, nos termos da lei.

Artigo 4.º (*Casa de morada de família e residência comum*)

1. Em caso de morte do membro da união de facto proprietário da casa de morada comum, o membro sobrevivo tem direito real de habitação, pelo prazo de cinco anos, sobre a mesma, e, no mesmo prazo, direito de preferência na sua venda.

2. O disposto no número anterior não se aplica caso ao falecido sobrevivam descendentes com menos de um ano de idade ou que com ele convivessem há mais de um ano e pretendam habitar a casa, ou no caso de disposição testamentária em contrário.

3. Em caso de separação, pode ser acordada entre os interessados a transmissão do arrendamento em termos idênticos aos previstos no n.º 1 do artigo 84.º do Regime do Arrendamento Urbano.

4. O disposto no artigo 1793.º do Código Civil e no n.º 2 do artigo 84.º do Regime do Arrendamento Urbano é aplicável à união de facto se o tribunal entender que tal é necessário, designadamente tendo em conta, consoante os casos, o interesse dos filhos ou do membro sobrevivo.

Artigo 5.º (*Transmissão do arrendamento por morte*)

O artigo 85.º do Decreto-Lei n.º 321-B/90, de 15 de Outubro, que aprova o Regime do Arrendamento Urbano, passa a ter a seguinte redacção:

«Artigo 85.º

(...)

1. (...)

a) (...)

b) (...)

c) Pessoa que com ele viva em união de facto há mais de dois anos, quando o arrendatário não seja casado ou esteja separado judicialmente ele pessoas e bens;

d) (*Anterior alínea c)*).

e) (*Anterior alínea d)*).

2. Caso ao arrendatário não sobrevivam pessoas na situação prevista na alínea *b)* do n.º 1, ou estas não pretendam a transmissão é equiparada ao cônjuge a pessoa que com ele vivesse em união de facto.

3. (...)

4. (...)»

Artigo 6.º (*Regime de acesso às prestações por morte*)

1. Beneficia dos direitos estipulados nas alíneas *e)*, *f)* e *g)* do artigo 3.º, no caso de uniões de facto previstas na presente lei, quem reunir as condições constantes no artigo 2020.º do Código Civil, decorrendo a acção perante os tribunais cíveis.

Parte II – Código Civil

2. Em caso de inexistência ou insuficiência de bens da herança, ou nos casos referidos no número anterior, o direito às prestações efectiva-se mediante acção proposta contra a instituição competente para a respectiva atribuição.

Artigo 7.º *(Adopção)*
Nos termos do actual regime de adopção, constante do Livro IV, Título IV, do Código Civil, é reconhecido às pessoas de sexo diferente que vivam em união de facto nos termos da presente lei o direito de adopção em condições análogas às previstas no artigo 1979.º do Código Civil sem prejuízo das disposições legais respeitantes à adopção por pessoas não casadas.

Artigo 8.º *(Dissolução da união de facto)*
1. Para efeitos da presente lei, a união de facto dissolve-se:
a) Com o falecimento de um dos membros;
b) Por vontade de um dos seus membros;
c) Com o casamento de um dos membros.
2. A dissolução prevista na alínea *b)* do número anterior apenas terá de ser judicialmente declarada quando se pretendam fazer valer direitos da mesma dependentes, a proferir na acção onde os direitos reclamados são exercidos, ou em acção que siga o regime processual das acções de estado.

Artigo 9.º *(Regulamentação)*
O Governo publicará no prazo de 90 dias os diplomas regulamentares das normas da presente lei que de tal careçam.

Artigo 10.º *(Revogação)*
É revogada a Lei n.º 135/99, ele 28 de Agosto.

Artigo 11.º *(Entrada em vigor)*
Os preceitos da presente lei com repercussão orçamental produzem efeitos com a lei do Orçamento do Estado posterior à sua entrada em vigor.

JURISPRUDÊNCIA:

CONTRATO DE HOSPEDAGEM; SUA NATUREZA E REVOGAÇÃO:

"I – O contrato de hospedagem revela uma estrutura mista, sendo formado por um conjunto de contratos. Por essência é um contrato de prestação de serviços habitual e remunerado.

II – É livremente revogável quando exista justa causa, no termo do prazo contratual ou, também, quando não se faça prova de que foi celebrado no interesse do hospedeiro."

(*Acórdão da Relação de Lisboa*, *de 14.11.1991, Boletim do Ministério da Justiça, 411, pág. 639*)

DENÚNCIA DE HOSPEDAGEM:

"**I** – A hospedagem é um contrato que revela uma estrutura mista formada de um conjunto de contratos (um contrato de arrendamento, um contrato de aluguer e um contrato de prestação de serviços).

II – No contrato de hospedagem, por tempo determinado, há o direito de denúncia unilateral a todo o tempo."

(*Acórdão da Relação de Lisboa, de 14.11.1991, Colectânea de Jurisprudência, 1991, Tomo V, pág. 130*)

CONTRATO DE HOSPEDAGEM; PRESTAÇÃO DE SERVIÇOS; RETRIBUIÇÃO:

"**I** – Entre os contratos de prestação de serviços sem regulamentação especial no actual Código Civil encontra-se o contrato de hospedagem ou albergaria.

II – Se foi convencionado entre as partes que uma forneceria à outra dormida no seu lar e alimentação e, para além disso, roupa lavada, cuidados de saúde e ajuda no seu dia a dia de pessoa incapaz de cuidados primários, mediante retribuição, esse contrato é um contrato misto de hospedagem ou albergaria e de genérica prestação de serviço.

III – Contrato esse ao qual se terão de aplicar as disposições do mandato, nos termos do artigo 1156.º do Código Civil, para apurar a medida da retribuição."

(*Acórdão da Relação de Coimbra, de 09.02.1999, Colectânea de Jurisprudência, 1999, Tomo I, pág. 36*)

ECONOMIA COMUM:

"**I** – Sendo a primitiva arrendatária tia da R., ambas solteiras e vivendo no arrendado durante 54 anos, é de concluir, quer por presunção judicial, quer pelo n.º 2 do artigo 76.º do RAU, que o tenham feito em economia comum.

II – O facto de a R. não ter feito acompanhar de documentos a comunicação da morte da arrendatária do senhorio, não prejudica a transmissão do contrato, conforme o n.º 3 do artigo 89.º do RAU."

(*Acórdão da Relação do Porto, de 26.09.2005, Colectânea de Jurisprudência, 2005, Tomo IV, pág. 187*)

ANOTAÇÕES:

1. HÓSPEDES:

"A hospedagem supõe sempre a verificação de uma destas circunstâncias:
a) Fornecimento de habitação, com a prestação dos serviços habitualmente relacionados com este facto;
b) Fornecimento de alimentos.

Parte II – Código Civil

Em qualquer dos casos deve haver remuneração, pois a expressão final – mediante retribuição – abrange tanto uma como outra das formas previstas de hospedagem. Se a habitação não é acompanhada dos serviços relacionados com ela, não haverá hospedagem, mas subarrendamento."

(*Pires de Lima – Antunes Varela, Código Civil Anotado, vol. II, 1997, págs. 637 e seg.*)

2. UNIÃO DE FACTO E ECONOMIA COMUM:

Este preceito, embora reproduzindo parcialmente a letra do artigo 76.º do RAU, vem ao encontro dos novos conceitos constantes das Leis n.ᵒˢ 6/2001 e 7/2001, ambas de 11 de Maio.

Por um lado, mantém a expressão "economia comum", muito embora, hoje, com um sentido mais abrangente, atendendo à regulação desta nova figura introduzida pela Lei n.º 6/2001, acima referida.

De facto, nos termos do n.º 1 do artigo 2.º desta Lei, entende-se por economia comum a situação de pessoas que vivam em comunhão de mesa e habitação há mais de dois anos e tenham estabelecido uma vivência comum de entreajuda ou partilha de recursos, acrescentando o n.º 2 do preceito que tal regime de protecção jurídica se aplica a agregados constituídos por duas ou mais pessoas, desde que pelo menos uma delas seja maior de idade.

Tal significa que o legislador "clarificou" aquilo que possa entender-se por "economia comum", dado que tal conceito não estava esclarecido na legislação anterior. Assim, os dois preceitos – o agora em análise e o constante da Lei n.º 6/2001 – devem ser interpretados em consonância e complementando-se.

Por outro lado, o n.º 2 vem dizer que considera-se a viver em economia comum (entre outros) a pessoa que viva com o arrendatário em união de facto, o que poderia admitir-se na consequência da atribuição de efeitos decorrentes da Lei n.º 7/2001 (que "reformulou" a Lei n.º 135/99, de 28 de Agosto). Redacção infeliz, certamente, dado que, muito embora de facto em ambas as situações possa haver uma economia comum, o certo é que a lei distingue conceitualmente "união de facto" e "economia comum".

Para maiores desenvolvimentos sobre esta temática, cfr. *José António de França Pitão, "Uniões de Facto e Economia Comum", 2ª Edição, Almedina, Coimbra, 2006.*

3. ECONOMIA COMUM:

"Além do arrendatário, podem ainda residir no prédio locado, de acordo com a alínea *a*) do art. 76.º [hoje, al. *a*) do n.º 1 do artigo 1093.º do CC] 'todos os que vivam com ele em economia comum'. O normativo é inteiramente lógico: não faria sentido que apenas o indivíduo que tomou de arrendamento pudesse residir no prédio, excluindo do seu convívio todos aqueles que com ele vivem, maxime o cônjuge e os filhos. A permissão de residência não é prejudicada pelo facto de, à data do arrendamento, o locatário viver sozinho, não sendo determinante para a 'fixação' dos que vivem em economia comum a data da celebração do contrato. É indiferente também, por outro lado, que o arrendatário passe a viver em economia comum com pessoa ou pessoas diversas das que viviam no início do arrendamento ou a partir de certa data, sendo também indiferente o *número* de pessoas que viviam em economia comum."

Esta alínea *a*) "não atribui às pessoas aí enunciadas um direito subjectivo a residir no prédio que possa ser oposto ao senhorio ou ao arrendatário. A permissão de residência está à *sombra do direito do arrendatário* e dependente da sua subsistência e da sua vontade."

(*Januário Gomes, Arrendamentos para Habitação, Coimbra, 1994, pág. 20*)

4. HÓSPEDES:

"A caracterização de um contrato como de hospedagem pressupõe o *proporcionamento de habitação* acompanhado de *prestação habitacional de serviços* com aquela relacionados (limpeza e arrumação de quartos, lavagem de roupas, etc.) ou de *fornecimento de alimentos*: em qualquer dos casos, exige-se que haja *retribuição* por parte do hóspede.

A letra do n.º 3 do preceito em análise "parece permitir, *prima facie*, uma interpretação diversa da exposta relativamente ao fornecimento de alimentos. Mais concretamente, poderia in terpretar-se o normativo no sentido de que a caracterização do contrato como sendo de hospedagem está dependente de um de dois requisitos:

a) proporcionamento de habitação com prestação de serviços com ela relacionados; ou simplesmente,

b) fornecimento de alimentos.

A esta luz, seriam hóspedes para efeitos deste artigo aqueles que com o locatário apenas tivessem um contrato de fornecimento de refeições, como acontece nalguns centros urbanos universitários, em que um número normalmente reduzido de estudantes almoça ou janta, por contrato mensal, numa casa de família. Não nos parece, porém, que, para efeitos deste artigo, esteja preenchida no caso a qualificação de tais comensais como hóspedes."

(*Januário Gomes, Arrendamentos para Habitação, Coimbra, 1994, págs. 23 e seg.*)

5. PRESTAÇÃO DE SERVIÇOS:

"Por serviços relacionados com a habitação deve incluir-se a limpeza e arrumação de quartos e outros cómodos, o tratamento de roupas de cama e de uso pessoal, acompanhado ou não do seu fornecimento. A simples utilização de louças, roupas, móveis, contadores de gás, electricidade e água, pia de despejos, etc. não representa prestação de serviços domésticos, mas apenas a transferência para alguém desses mobiliários ou partes da casa."

(*A. Pais de Sousa, Anotações ao regime do arrendamento urbano, 2ª ed., pág. 154*)

Parte II – Código Civil

6. PROIBIÇÃO DA HOSPEDAGEM:

Resulta da parte final da alínea *b*) do n.º 1 deste artigo (como já acontecia durante a vigência do RAU) que a hospedagem pode ser proibida por cláusula introduzida no contrato de arrendamento. Daqui poderem levantar-se duas questões.

A primeira refere-se à hipótese de o contrato ser celebrado antes da vigência do RAU, proibindo em absoluto a hospedagem. Pode tal cláusula considerar-se eficaz actualmente, face ao teor do citado preceito? Obviamente que não, já que no domínio da redacção original do Código Civil (artigo 1109.º) tal cláusula era nula por atentar contra uma disposição *imperativa*, não se conhecendo qualquer mecanismo jurídico que permita a sua "ressurreição": a proibição do fornecimento de hospedagem está dependente, para ser eficaz, de nova convenção feita à luz do normativo legitimador.

A segunda questão prende-se com os efeitos da violação de tal cláusula pelo arrendatário. Para tal terá de fazer-se uma interpretação extensiva da alínea *e*) do n.º 2 do artigo 1083.º do Código Civil, considerando-se que o senhorio pode resolver o contrato. É que, a não se entender assim, o locador apenas poderá obter a condenação do locatário a abster-se do fornecimento de hospedagem, para além, naturalmente, da eventual indemnização pelos prejuízos decorrentes da violação do acordo.

(Cfr. *Januário Gomes, Arrendamentos para Habitação, Coimbra, 1994, págs. 27 e seg.*)

NOTAS PESSOAIS:

DIVISÃO II
Duração

ARTIGO 1094.º
Tipos de contratos

1. O contrato de arrendamento urbano para habitação pode celebrar-se com prazo certo ou por duração indeterminada.

2. No contrato com prazo certo pode convencionar-se que, após a primeira renovação, o arrendamento tenha duração indeterminada.

3. No silêncio das partes, o contrato tem-se como celebrado por duração indeterminada.

HISTÓRICO:

Redacção do artigo 3.º da Lei n.º 6/2006, de 27 de Fevereiro (NRAU).
Não tem correspondência em anterior legislação.

REMISSÕES:

Contrato com prazo certo – arts. 1095.º e segs. CC; contrato de duração indeterminada – arts. 1099.º e segs. CC.

ANOTAÇÕES:

INOVAÇÃO DO PRECEITO:

Esta norma não tem preceito correspondente, quer no RAU, quer na redacção original do Código Civil, aprovada pelo Decreto-Lei n.º 47 344, de 25 de Novembro de 1966.

Refere-se o preceito, essencialmente, a dois tipos de contrato para habitação, que poderão ser com prazo certo ou por duração indeterminada, deixando-se à

Parte II – Código Civil

vontade das partes estabelecer que o contrato com termo certo possa converter-se em contrato com duração indeterminada após a primeira renovação (n.º 2), acrescentando-se ainda que, caso as partes nada tenham convencionado expressamente, o arrendamento entende-se como celebrado com duração indeterminada (n.º 3).

Daqui pode concluir-se, em primeiro lugar, que o legislador pretende que a duração do contrato fique, desde logo, dependente da vontade dos contraentes, e, em segundo, que na falta de manifestação expressa se adopte o regime de contrato com duração indeterminada, incentivando-se a estabilidade deste quanto à sua duração, solução que aquele entendeu mais consentânea com os interesses do arrendatário, o qual, no caso de contrato com prazo certo, fica sempre dependente da hipótese da sua renovação.

NOTAS PESSOAIS:

SUBDIVISÃO I
Contrato com prazo certo

ARTIGO 1095.º
Estipulação de prazo certo

1. O prazo deve constar de cláusula inserida no contrato.

2. O prazo referido no número anterior não pode, contudo, ser inferior a cinco nem superior a trinta anos, considerando-se automaticamente ampliado ou reduzido aos referidos limites mínimo e máximo quando, respectivamente, fique aquém do primeiro ou ultrapasse o segundo.

3. O limite mínimo previsto no número anterior não se aplica aos contratos para habitação não permanente ou para fins especiais transitórios, designadamente por motivos profissionais, de educação e formação ou turísticos, neles exarados.

HISTÓRICO:

Redacção do artigo 3.º da Lei n.º 6/2006, de 27 de Fevereiro (NRAU).

Os n.ᵒˢ 1 e 2 correspondem, em parte, ao que vinha disposto no artigo 98.º do RAU (revogado), que se transcreve:

Artigo 98.º *(Estipulação de prazo efectivo)*

1. As partes podem estipular um prazo para a duração efectiva dos arrendamentos urbanos para habitação desde que a respectiva cláusula seja inserida no texto escrito do contrato, assinado pelas partes.

2. O prazo referido no número anterior não pode, contudo, ser inferior a cinco anos.

3. As sociedades de gestão e investimento imobiliário e os fundos de investimento imobiliário podem celebrar contratos de arrendamento de duração limitada, pelo prazo mínimo de três anos, desde que se encontrem nas condições a definir para o efeito.

O n.º 3 poderá ter alguma inspiração no que vinha disposto na alínea *c)* do n.º 2 do artigo 5.º do RAU (revogado).

Parte II – Código Civil

LEGISLAÇÃO COMPLEMENTAR:

ARRENDAMENTO URBANO PARA HABITAÇÃO NA REGIÃO AUTÓNOMA DA MADEIRA: LEI N.º 89/95, DE 1 DE SETEMBRO

Artigo 1.º *(Objecto)*

A presente lei introduz adaptações, para aplicação Região Autónoma da Madeira, ao Regime do Arrendamento Urbano, aprovado pelo Decreto-Lei n.º 321-B/90, de 15 de Outubro.

Artigo 2.º *(Estipulação de prazos nos contratos de duração limitada)*

O prazo para a duração efectiva dos contratos de duração limitada, no âmbito dos arrendamentos urbanos para habitação, não pode ser inferior a dois anos, independentemente da natureza jurídica das partes.

ANOTAÇÕES:

1. INTERPRETAÇÃO DO N.º 2:

"O n.º 2 veio solucionar problemas interpretativos que se colocavam na vigência da lei anterior no sentido de saber como deveria ser tratado o contrato que as partes queriam que fosse de duração limitada mas ao qual tinham atribuído prazo inicial inferior a 5 anos. Não há agora dúvidas que (caso não se verifique a hipótese do n.º 3) a duração inicial é de 5 anos, mesmo que as partes tenham estipulado prazo inferior."

(*Maria Olinda Garcia, A Nova Disciplina do Arrendamento Urbano, Coimbra, 2006, pág. 30*)

2. IDEM:

O n.º 2 estabelece como prazo mínimo do contrato o de cinco anos e como prazo máximo o de 30 anos. Trata-se de norma imperativa, que não admite alteração com base no princípio da liberdade contratual, que verte do artigo 405.º do Código Civil, sendo certo que este mesmo preceito, no n.º 1 estabelece como limite dessa liberdade o respeito pela lei.

Assim sendo, caso o contrato escrito estipule um prazo inferior a cinco anos ou superior a trinta, tal cláusula é havida como não escrita, por violação da lei. Contudo nestes casos não pode falar-se de nulidade do contrato por violação de norma imperativa, já o restante conteúdo do contrato pode ser "aproveitado" e considerado válido. O que haverá é, por assim dizer uma redução parcial do contrato, com a fixação imperativa dos prazos máximo ou mínimo estabelecidos na lei.

3. INTERPRETAÇÃO DO N.º 3:

O disposto no n.º 3 corresponde, em certa medida, ao que dispunha o revogado artigo 5.º, n.º 2, alínea *c)*, do RAU. Todavia, a referência a contratos para 'fins especiais transitórios' (que é uma transcrição do que constava daquela revogada alínea) suscita algumas dificuldades interpretativas, já que a subsecção VII (à qual esta norma pertence) respeita exclusivamente a arrendamentos habitacionais e, por outro lado, o artigo 1110.º, n.º 1, manda aplicar (supletivamente) aos arrendamentos para fins não habitacionais as regras do arrendamento para habitação."

(*Maria Olinda Garcia, A Nova Disciplina do Arrendamento Urbano, Coimbra, 2006, pág. 30*)

4. IDEM:

O n.º 3 do preceito excepciona o limite mínimo do contrato em certas situações pontuais, no caso de contratos para habitação não permanente ou para fins especiais transitórios, designadamente por motivos profissionais, de educação e formação ou turísticos, desde que tal motivação conste do contrato.

A enumeração é meramente exemplificativa, pelo que poderá haver outros fundamentos que justifiquem a outorga de contrato por prazo inferior a cinco anos.

Dentro dos motivos constantes do preceito, podem exemplificar-se os seguintes:

a) **A** foi destacado em comissão de serviço pelo período de dois anos para uma determinada localidade, necessitando de um apartamento para instalar o seu agregado familiar;

b) **A** inscreveu-se num curso politécnico, com a duração de três anos, num Instituto longe da sua residência habitual, necessitando, por isso, de uma habitação na cidade onde se situa o Instituto onde vai estudar;

c) **A** pretende gozar as suas férias de Verão numa praia no Algarve e necessita de uma vivenda para utilizar durante esse período.

Em qualquer dos casos, trata-se de exemplos académicos, mas elucidativos da inviabilidade de aplicação do prazo mínimo de cinco anos. O contrato poderá ser celebrado pelo período estritamente necessário às necessidades de estadia do arrendatário.

5. CONTRATOS DE DURAÇÃO LIMITADA:

A implantação sistemática de disposições relativas aos contratos de duração limitada na secção que trata da cessação do contrato (como acontecia no direito anterior) não era inteiramente feliz, como observava Januário Gomes (cit. por Pires de Lima – Antunes Varela, Código Civil Anotado, vol. II, 1997, pág. 681).

Também é certeira a observação feita por alguns autores no sentido de que a expressão contratos (de arrendamento para habitação) de duração limitada não é técnica ou juridicamente rigorosa, embora se não possa negar o seu poder de sugestão ou de aliciamento.

Parte II – Código Civil

Primeiro, porque a limitação (temporal) da duração do contrato não é uma propriedade privativa dos contratos especiais de arrendamento para habitação, a que se referiam os artigos 98.º e seguintes do RAU: a todo o contrato de locação (quer se trate de arrendamento, quer de aluguer) é aplicável o limite temporal máximo de duração estabelecido no artigo 1025.º do Código Civil.

Segundo, porque ao contrário do que poderia depreender-se da expressão contratos de duração limitada, não se trata de negócios de duração prévia e rigidamente determinada, mas apenas – bem mais comedidamente – de contratos que podem findar (ser denunciados por qualquer das partes, designadamente pelo senhorio) a partir de certo prazo.

Não são propriamente contratos de duração efectiva, como se dizia no n.º 1 do artigo 98.º do RAU, mas sim contratos para os quais falha, a partir do prazo acordado entre as partes, o princípio clássico da renovação obrigatória do contrato – a favor do inquilino.

Em terceiro lugar, a possibilidade de denúncia do arrendamento por parte do senhorio, a partir do termo do prazo convencionado entre as partes – com ressalva do prazo mínimo estabelecido por lei –, nem sequer é privativa dos arrendamentos urbanos para habitação.

(Adaptação do texto de *Pires de Lima – Antunes Varela, Código Civil Anotado, vol. II, 1997, págs. 681 e seg.*)

NOTAS PESSOAIS:

ARTIGO 1096.º
Renovação automática

1. Excepto se celebrado para habitação não permanente ou para fim especial transitório, o contrato celebrado com prazo certo renova-se automaticamente no seu termo e por períodos mínimos sucessivos de três anos, se outros não estiverem contratualmente previstos.

2. Qualquer das partes se pode opor à renovação, nos termos dos artigos seguintes.

HISTÓRICO:

Redacção do artigo 3.º da Lei n.º 6/2006, de 27 de Fevereiro (NRAU).

Corresponde, parcialmente, ao n.º 1 do artigo 100.º do RAU (revogado), que se transcreve:

Artigo 100.º *(Renovação automática, denúncia e revogação)*

1. Os contratos de duração limitada celebrados nos termos do artigo 98.º renovam-se, automaticamente, no fim do prazo e por períodos mínimos de três anos, se outro não estiver especialmente previsto, quando não sejam denunciados por qualquer das partes.

(...)

REMISSÕES:

Oposição à renovação pelo senhorio – art. 1097.º CC; oposição à renovação pelo arrendatário – art. 1098.º CC.

ANOTAÇÕES:

REGIME DO PRECEITO:

O regime de renovação automática previsto no n.º 1 aplica-se apenas a arrendamento para habitação permanente, ou seja, para aqueles casos em que o arrendatário (e seu agregado familiar) fixou residência no locado.

Parte II – Código Civil

Nestes casos, o contrato renova-se automaticamente por períodos mínimos sucessivos de três anos, se as partes nada tiverem estabelecido em contrário, ressalvando-se sempre a hipótese de qualquer dos contraentes opor-se à renovação do contrato, relativamente ao seu termo.

Pretende-se salvaguardar, sobretudo, as hipóteses de arrendamento para habitação de duração necessariamente limitada, como será o caso de ocupação de um prédio para um curto período de férias ou por destacamento para comissão de serviço por prazo restrito.

NOTAS PESSOAIS:

ARTIGO 1097.º
Oposição à renovação deduzida pelo senhorio

O senhorio pode impedir a renovação automática mediante comunicação ao arrendatário com uma antecedência não inferior a um ano do termo do contrato.

HISTÓRICO:

Redacção do artigo 3.º da Lei n.º 6/2006, de 27 de Fevereiro (NRAU).

Corresponde, parcialmente, ao n.º 2 do artigo 100.º do RAU (revogado), que se transcreve:

Artigo 100.º *(Renovação automática, denúncia e revogação)*

1. Os contratos de duração limitada celebrados nos termos do artigo 98.º renovam-se, automaticamente, no fim do prazo e por períodos mínimos de três anos, se outro não estiver especialmente previsto, quando não sejam denunciados por qualquer das partes.

2. A denúncia referida no número anterior deve ser feita pelo senhorio mediante notificação judicial avulsa contra a requerida com um ano de antecedência sobre o fim do prazo ou da sua renovação.

3. A denúncia efectuada pelo senhorio nos termos desta disposição não confere ao arrendatário o direito a qualquer indemnização.

4. O arrendatário pode denunciar nos termos referidos no n.º 1, bem como revogar o contrato, a todo o tempo mediante comunicação escrita a enviar ao senhorio, com a antecedência mínima de 90 dias sobre a data em que se operam os seus efeitos.

REMISSÕES:

Forma de comunicação – art. 9.º NRAU.

ANOTAÇÕES:

ANÁLISE DO PRECEITO:

Nos termos do preceito em anotação, o senhorio pode impedir (o mesmo é dizer, opor-se) à renovação automática do contrato, bastando para tal que proceda

Parte II – Código Civil

à comunicação ao arrendatário com uma antecedência não inferior a um ano do termo do contrato.

Desta redacção, pode concluir-se facilmente que o senhorio, caso não pretenda a renovação (automática) do contrato terá de comunicá-lo ao arrendatário, por escrito, por si assinado, e remetido em carta registada com aviso de recepção (artigo 9.º, n.º 1 do NRAU). Simplificou-se, assim, o regime previsto no revogado RAU (artigo 100.º, n.º 2), no qual se exigia a notificação judicial avulsa do arrendatário (nos termos previstos nos artigos 261.º e seguintes do Código de Processo Civil).

Também pode concluir-se que o legislador, voluntária ou involuntariamente, alterou o regime do prazo de notificação. É que, no revogado n.º 2 do artigo 100.º do RAU, dizia-se que a notificação tinha de ser efectuada "com um ano de antecedência", enquanto no texto actual se refere "uma antecedência não inferior a um ano". Tal significa que, enquanto no regime anterior a comunicação teria de ser efectuada até um ano e um dia antes do termo do prazo do contrato, pela redacção actual o senhorio pode opor-se à renovação por comunicação efectuada no último dia do ano exactamente anterior ao termo daquele prazo.

Para efeito de contagem do prazo, no caso vertente, deve analisar-se o que vem disposto no artigo 279.º do Código Civil.

NOTAS PESSOAIS:

ARTIGO 1098.º
Oposição à renovação ou denúncia pelo arrendatário

1. O arrendatário pode impedir a renovação automática mediante comunicação ao senhorio com uma antecedência não inferior a cento e vinte dias do termo do contrato.

2. Após seis meses de duração efectiva do contrato, o arrendatário pode denunciá-lo a todo o tempo, mediante comunicação ao senhorio com uma antecedência não inferior a cento e vinte dias do termo pretendido do contrato, produzindo essa denúncia efeitos no final de um mês de calendário.

3. A inobservância da antecedência prevista nos números anteriores não obsta à cessação do contrato, mas obriga ao pagamento das rendas correspondentes ao período de pré-aviso em falta.

HISTÓRICO:

Redacção do artigo 3.º da Lei n.º 6/2006, de 27 de Fevereiro (NRAU).

Corresponde, em parte, ao n.º 4 do artigo 100.º do RAU (revogado), que se transcreve:

Artigo 100.º (Renovação automática, denúncia e revogação)

1. Os contratos de duração limitada celebrados nos termos do artigo 98.º renovam-se, automaticamente, no fim do prazo e por períodos mínimos de três anos, se outro não estiver especialmente previsto, quando não sejam denunciados por qualquer das partes.

2. A denúncia referida no número anterior deve ser feita pelo senhorio mediante notificação judicial avulsa contra a requerida com um ano de antecedência sobre o fim do prazo ou da sua renovação.

3. A denúncia efectuada pelo senhorio nos termos desta disposição não confere ao arrendatário o direito a qualquer indemnização.

4. O arrendatário pode denunciar nos termos referidos no n.º 1, bem como revogar o contrato, a todo o tempo mediante comunicação escrita a enviar ao senhorio, com a antecedência mínima de 90 dias sobre a data em que se operam os seus efeitos.

Parte II – Código Civil

REMISSÕES:

Resolução do contrato pelo locatário – art. 1050.º CC; renovação do contrato – art. 1054.º CC; oposição à renovação – art. 1055.º CC.

ANOTAÇÕES:

1. ANÁLISE DO PRECEITO:

O n.º 2 do artigo estabelece a possibilidade de contrato de arrendamento ser denunciado pelo arrendatário, mas nunca antes de decorridos seis meses desde o seu início (de duração efectiva). Por outro lado, a comunicação de denúncia tem de ser efectuada com a antecedência não inferior a 120 dias do termo pretendido (diferente do prazo de 90 dias referido no n.º 4 do artigo 100.º do RAU).

Perante o regime anteriormente vigente, encontram-se duas diferenças importantes: por um lado, há o alargamento do prazo de comunicação prévia; por outro, tal comunicação só poderá ser efectuada (com efeito útil) após seis meses de duração efectiva do contrato. Tal significa que, em apelo à estabilidade do contrato, o arrendatário terá de manter as suas obrigações relativamente ao locado, pelo menos, pelo prazo de seis meses, antes de proceder à denúncia do contrato.

Se conjugarmos os dois prazos referidos no n.º 2 – duração efectiva do contrato por seis meses e antecedência de comunicação de 120 dias (quatro meses) –, tal significa que o arrendatário ficará sempre vinculado às suas obrigações contratuais pelo prazo de dez meses (nomeadamente, o pagamento da renda), sem contar com as restantes para si decorrentes do disposto no n.º 3 do mesmo preceito.

2. DENÚNCIA DO CONTRATO:

A denúncia do contrato, a todo o tempo, agora referida no n.º 2 do artigo em análise [e só a denúncia], vem na sequência de comentário crítico de Pires de Lima – Antunes Varela (Código Civil Anotado, vol. II, 1997, pág. 686), relativamente à referência que constava do n.º 4 do artigo 100.º do RAU, no qual se previa a dupla hipótese de o arrendatário denunciar ou revogar o contrato. Referem estes Ilustres Mestres que a indicada revogação não era, em boa técnica jurídica, uma verdadeira revogação, nem sequer unilateral, do arrendamento.

NOTAS PESSOAIS:

SUBDIVISÃO II
Contrato de duração indeterminada

ARTIGO 1099.º
Princípio geral

O contrato de duração indeterminada cessa por denúncia de uma das partes, nos termos dos artigos seguintes.

HISTÓRICO:

Redacção do artigo 3.º da Lei n.º 6/2006, de 27 de Fevereiro (NRAU).
Preceito inovador.

JURISPRUDÊNCIA:

DENÚNCIA DE ARRENDAMENTO:

"O proprietário da raiz, ou titular da nua propriedade, não pode exercer o direito de denúncia do arrendamento para habitação, por ser pressuposto dessa faculdade o direito de gozo sobre o prédio."
(*Acórdão da Relação de Coimbra*, de 03.07.1984, Boletim do Ministério da Justiça, 339, pág. 469)

DENÚNCIA DE ARRENDAMENTO:

"**I** – É pela averiguação da finalidade da habitação visada pelo arrendatário e do destino efectivamente dado que se determina se está afecta a satisfação das necessidades permanentes ou se a utilização a que se destina tem carácter transitório, denotando tratar-se de segunda residência, para períodos de lazer, descanso ou recreio.

II – Tendo sido celebrado contrato de arrendamento para curtos períodos e sendo esse o destino dado ao prédio, o tempo de duração do contrato não lhe faz perder essa natureza.

Parte II – Código Civil

III – Assim, é legal a denúncia do mesmo.

IV – É legalmente admissível a existência de residências alternadas para instalação estável e duradoura da vida doméstica."

(**Acórdão da Relação de Évora**, de 20.12.1984, Colectânea de Jurisprudência, 1984, Tomo V, pág. 315)

ARRENDAMENTO; DENÚNCIA DO CONTRATO; DENÚNCIA DEFINITIVA/UNILATERAL:

"**I** – A denúncia é a declaração de vontade unilateral e receptícia destinada a pôr termo a uma relação jurídica duradoura, ao fim de curso de certo prazo no arrendamento.

II – Todavia, só será eficaz quando for levada ao conhecimento da pessoa a que é ou pode ser dirigida.

III – Tratando-se de um direito prestativo atribuído ao denunciante por contrato, só este e não o tribunal tem legitimidade para o seu exercício. Todavia, se o tribunal reconhece que se justificava aquele exercício, limita-se a emitir uma sentença declarativa e não constitutiva."

(**Acórdão do Supremo Tribunal de Justiça**, de 11.02.1992, Boletim do Ministério da Justiça, 414, pág. 465)

ARRENDAMENTO; HABITAÇÃO NÃO PERMANENTE; DENÚNCIA DO CONTRATO

"**I** – Feito um arrendamento para vilegiatura, qualquer que seja o prazo de duração do contrato, o senhorio pode denunciá-lo.

II – A norma que não permite o direito de denúncia do contrato desde que o inquilino se mantenha na unidade predial há vinte anos, ou mais, nessa qualidade, porque aparece manifestamente conexionada com o regime de denúncia dos arrendamentos vinculísticos, não pode ter aplicação nos que não beneficiam da correspondente protecção legal."

(**Acórdão da Relação do Porto**, de 09.03.2006, Colectânea de Jurisprudência, 2006, Tomo II, pág. 155)

INTERPRETAÇÃO DA LEI; LIMITAÇÃO AO DIREITO DE DENÚNCIA

"**I** – A ponderação dos factos práticos da solução jurídica deve ser tida em conta em matéria de interpretação da lei.

II – Tendo uma casa sido arrendada para servir de casa de função a fim de aí alojar os comandantes da GNR que fossem desempenhar funções no posto duma localidade, essa finalidade é diferente do arrendamento para habitação familiar e integra-se numa aplicação lícita do prédio.

III – Sendo esse o fim do arrendamento não é aplicável a limitação do direito de denúncia pelo facto da entidade locatária usar o locado há 30 ou mais anos."

(*Acórdão da Relação de Coimbra*, de 26.04.2006, *Colectânea de Jurisprudência, 2006, Tomo II, pág. 36*)

ANOTAÇÕES:

1. ANÁLISE DO PRECEITO:

Este artigo é inovador, dado que, ao contrário do que resultava do revogado artigo 68.º do RAU, agora o contrato celebrado por tempo indeterminado pode ser denunciado a todo o tempo, com a ressalva dos prazos de antecedência fixados na lei.

Relativamente ao arrendatário, valerá o prazo de antecedência não inferior a 120 dias sobre a data em que pretenda a cessação do contrato, muito embora essa denúncia só produza efeitos no final de um mês do calendário gregoriano (artigo 1100.º, n.º 1).

Quanto ao senhorio, têm de considerar-se os casos de denúncia previstos no artigo 1101.º, os quais estão previstos apenas para os contratos de duração indeterminada, o que é justificável. Na verdade, tratando-se de contrato com prazo certo, o senhorio terá sempre a possibilidade de não o renovar, restando-lhe aguardar pelo termo do prazo fixado (nos termos do artigo 1095.º).

Nas hipóteses previstas nas alíneas *a*) e *b*) do preceito, o senhorio tem de manifestar a sua intenção, por via processual, com uma antecedência não inferior a seis meses sobre a data que pretenda para a desocupação (artigo 1103.º, n.º 1).

Quanto à hipótese da alínea *c*), o senhorio terá de comunicar ao arrendatário a sua intenção com prazo não inferior a cinco anos. Trata-se, neste caso, daquelas hipóteses em que o senhorio, pura e simplesmente, pretende o locado desocupado, sem invocar fundamento "palpável" e justificativo para essa desocupação, pelo que terá de avisar o arrendatário dentro de um prazo razoável, fixado pelo legislador.

2. DENÚNCIA – CONCEITO:

"Considera-se denúncia a declaração feita nos contratos, por tempo indeterminado, em que um dos contraentes comunica ao outro que deseja pôr termo ao contrato. Uma vez efectuada essa denúncia, os efeitos do contrato de arrendamento têm-se por cessados desde o momento em que a declaração opera os seus efeitos, terminando, a partir daqui, as obrigações do senhorio e de arrendatário.

Como no arrendamento urbano impera o princípio da renovação automática dos contratos, quer o senhorio, quer o arrendatário, quando não estiverem interessados na continuação do arrendamento têm de fazer sabê-lo à parte contrária."

(*Margarida Grave, Novo Regime do Arrendamento Urbano, 2006, 3ª ed., pág 95*)

Parte II – Código Civil

NOTAS PESSOAIS:

ARTIGO 1100.º
Denúncia pelo arrendatário

1. O arrendatário pode denunciar o contrato, independentemente de qualquer justificação, mediante comunicação ao senhorio com antecedência não inferior a cento e vinte dias sobre a data em que pretenda a cessação, produzindo essa denúncia efeitos no final de um mês do calendário gregoriano.

2. À denúncia pelo arrendatário é aplicável, com as necessárias adaptações, o disposto no n.º 3 do artigo 1098.º.

HISTÓRICO:

Redacção do artigo 3.º da Lei n.º 6/2006, de 27 de Fevereiro (NRAU).

Corresponde, em parte, ao disposto no n.º 4 do artigo 100.º do RAU (revogado), que se transcreve:

Artigo 100.º *(Renovação automática, denúncia e revogação)*
(...)
4. O arrendatário pode denunciar nos termos referidos no n.º 1 [denúncia para o fim do prazo], bem como revogar o contrato, a todo o tempo, mediante comunicação escrita a enviar ao senhorio, com a antecedência mínima de 90 dias sobre a data em que se operam os seus efeitos.

JURISPRUDÊNCIA:

**CASA DE MORADA DE FAMÍLIA;
DENÚNCIA POR UM DOS CÔNJUGES**

"**I** – A denúncia de arrendamento da casa de morada de família efectuada por um dos cônjuges constitui um acto válido se não for anulado, no prazo legal, pelo outro cônjuge.

II – O senhorio carece de legitimidade para invocar a anulabilidade de denúncia por falta de consentimento de ambos os cônjuges.

III – Se o outro cônjuge não invocou a anulabilidade de denúncia, a ilegitimidade conjugal fica sanada, e aquela produz todos os efeitos legais."

Parte II – Código Civil

(**Acórdão da Relação de Coimbra**, *de 12.09.2006, Colectânea de Jurisprudência, 2006, Tomo IV, pág. 7*)

ANOTAÇÕES:

1. ANÁLISE DO PRECEITO:

Permite-se ao arrendatário denunciar o contrato, sem justificação, a qualquer tempo, mediante comunicação ao senhorio com a antecedência não inferior a 120 dias sobre a data em que se pretenda a cessação. Este preceito é aplicável aos contratos de duração indeterminada (atendendo ao seu enquadramento sistemático), permitindo-se, assim, que o arrendatário faça cessar um contrato para o qual não se fixou termo.

Contudo, tal não significa que o arrendatário "abandone" o locado sem assumir quaisquer responsabilidades perante o locador, dado que não se podem frustrar as expectativas deste na estabilidade da relação locatícia.

Assim sendo, o arrendatário pode denunciar o contrato, nos termos prescritos no n.º 1, mas mantendo a obrigação de pagamento das rendas que se vencerem até ser completado o prazo de pré-aviso, como resulta do n.º 3 do artigo 1098.º, por remissão do n.º 2 do preceito em análise.

2. DIFERENÇAS DE REGIME EM RELAÇÃO AO RAU:

Comparando o texto deste preceito com o que vinha estipulado no n.º 4 do artigo 100.º do RAU (norma anteriormente correspondente), localizamos duas diferenças fundamentais.

Em primeiro lugar, este preceito permite ao arrendatário denunciar o contrato a todo o tempo, não necessitando de justificação, denúncia essa que produz efeitos no fim do mês de acordo com o calendário gregoriano, ao contrário do regime anterior, segundo o qual os efeitos se contam desde a data da comunicação, uma vez decorrido o prazo estipulado para o efeito.

Em segundo lugar, enquanto no regime anterior o prazo de comunicação era de 90 dias, no regime actual esse prazo foi alargado para 120 dias, podendo até ser mais longo. Bastará para tal que o arrendatário comunique a denúncia, por exemplo, no dia 10 de Maio, caso em que os efeitos só se produzirão no dia 30 de Setembro.

NOTAS PESSOAIS:

ARTIGO 1101.º
Denúncia pelo senhorio

O senhorio pode denunciar o contrato de duração indeterminada nos casos seguintes:

a) Necessidade de habitação pelo próprio, ou pelos seus descendentes em primeiro grau;

b) Para demolição ou realização de obra de remodelação ou restauro profundos;

c) Mediante comunicação ao arrendatário com antecedência não inferior a cinco anos sobre a data em que pretenda a cessação.

HISTÓRICO:

Redacção do artigo 3.º da Lei n.º 6/2006, de 27 de Fevereiro (NRAU).

Corresponde, em parte, ao artigo 69.º do RAU (revogado), que se transcreve:

Artigo 69.º *(Casos de denúncia pelo senhorio)*

1. Sem prejuízo dos casos previstos no artigo 89.º-A, o senhorio pode denunciar o contrato para o termo do prazo ou da sua renovação nos casos seguintes:

a) Quando necessite do prédio para sua habitação ou dos seus descendentes em 1.º grau;

b) Quando necessite do prédio para nele construir a sua residência ou dos seus descendentes em 1.º grau;

c) Quando se proponha ampliar o prédio ou nele construir novos edifícios por forma a aumentar o número de locais arrendáveis e disponha do respectivo projecto de arquitectura, aprovado pela câmara municipal;

d) Quando o prédio esteja degradado e não se mostre aconselhável, sob o aspecto técnico ou económico, a respectiva beneficiação ou reparação e esteja aprovado pela câmara municipal o respectivo projecto de arquitectura.

2. O disposto neste artigo não é aplicável às casas de saúde nem aos estabelecimentos de ensino oficial ou particular.

REMISSÕES:

Princípio geral – art. 1099.º CC; denúncia para habitação – art. 1102.º CC; denúncia justificada – art. 1.103.º CC.

Parte II – Código Civil

LEGISLAÇÃO COMPLEMENTAR:

REGIME JURÍDICO DAS OBRAS EM PRÉDIOS ARRENDADOS – DECRETO-LEI N.º 157/2006, DE 8 DE AGOSTO

O texto integral está transcrito *infra* na Parte III.

JURISPRUDÊNCIA:

DENÚNCIA DE ARRENDAMENTO:

"O caso de o senhorio querer casar, vivendo em casa de seus pais, constitui uma hipótese de necessidade actual da casa por si arrendada."
(*Acórdão da Relação do Porto, de 17.01.1984, Boletim do Ministério da Justiça, 333, pág. 517*)

DENÚNCIA DE ARRENDAMENTO:

"Não basta para integrar o conceito de «necessidade» expresso na alínea *a*) do n.º 1 do artigo 1096.º do Código Civil a mera necessidade do senhorio em aproximar a sua residência da dos filhos."
(*Acórdão do Supremo Tribunal de Justiça, de 11.07.1985, Boletim do Ministério da Justiça, 349, pág. 454*)

DENÚNCIA DE ARRENDAMENTO:

"Exercendo um dos contitulares de herança indivisa o direito de denúncia contra o inquilino, não pode outro dos contitulares exercer o direito de denúncia contra outro inquilino, visto que: *a*) à herança, como universalidade de direito, não são aplicáveis os princípios da propriedade comum; *b*) não se verifica, assim, o requisito da alínea *a*) do n.º 1 do artigo 1098.º do Código Civil."
(*Acórdão da Relação de Évora, de 07.11.1985, Colectânea de Jurisprudência, 1985, Tomo V, 219*)

DENÚNCIA DE ARRENDAMENTO:

"**I** – Para o exercício do direito de denúncia do arrendamento com fundamento no artigo 1096.º, n.º 1, alínea *a*), do Código Civil, a necessidade de casa constitui um requisito autónomo, não bastando, para isso, a alegação e prova dos requisitos enumerados no artigo 1098.º, n.º 1 do mesmo diploma legal.
II – Não se dando como provada a necessidade actual ou iminente de habitação por parte do senhorio, não poderá proceder a acção proposta."
(*Acórdão do Supremo Tribunal de Justiça, de 07.10.1986, Boletim do Ministério da Justiça, 360, pág. 571*)

DENÚNCIA DE ARRENDAMENTO:

"**I** – Para o efeito de denúncia do contrato de arrendamento, deve reconhecer--se que existe necessidade do prédio para habitação própria, se o filho, que vive com os pais, contraiu casamento e, com seu cônjuge, pretende fazer vida à parte, sendo também nesse sentido a vontade dos pais.

II – O exercício do direito de denúncia por um dos comproprietários não faz precludir o mesmo direito em relação aos demais."

(*Acórdão da Relação do Porto, de 30.07.1987, Colectânea de Jurisprudência, 1987, Tomo IV, pág. 223*)

DENÚNCIA DE ARRENDAMENTO:

"**I** – Provado o propósito dos senhorios, emigrantes na Africa do Sul, de regresso iminente ao pais provado se mostra o requisito necessidade exigido no artigo 1096.º do Código Civil.

II – Nada tendo sido dito no despacho saneador e na sentença sobre excepções peremptórias deduzidas pelos réus nos articulados e nada tendo sido decidido sobre elas, cometeu-se nulidade de que enferma a sentença mas a declaração desta não impede o tribunal de recurso de conhecer do objecto da apelação.

III – Verificada a qualidade de arrendatária da ré inquilina, a data da propositura da acção e, estando ela, então, na situação de reforma antecipada por doença, não podiam os senhorios exercer o direito de denúncia do contrato de arrendamento."

(*Acórdão da Relação do Porto, de 26.01.1990, Colectânea de Jurisprudência, 1990, Tomo I, pág. 235*)

DENÚNCIA DE ARRENDAMENTO:

"**I** – O arrendamento de uma fracção autónoma, de um prédio em propriedade horizontal, com garagem para recolha individual de viatura, não pode ser denunciado pelo senhorio com fundamento na necessidade dela para uso pessoal.

II – Tal arrendamento, porém, não goza da protecção específica concedida no artigo 1107.º e seguintes do Código Civil aos arrendamentos para habitação, para comércio ou indústria e para o exercício de profissões liberais."

(*Acórdão da Relação do Porto, de 19.04.1990, Colectânea de Jurisprudência, 1990, Tomo II, pág. 234*)

CONTRATO DE ARRENDAMENTO; DENÚNCIA; HERDEIRO:

"Assiste ao herdeiro de herança indivisa o direito de denúncia para habitação relativamente ao contrato de arrendamento de prédio que integra a mesma herança."

(*Acórdão da Relação do Porto, de 06.12.1990, Boletim do Ministério da Justiça, 402, pág. 669*)

Parte II – Código Civil

DENÚNCIA DE ARRENDAMENTO:

"**I** – 'Quando necessite do prédio para habitação ou para nele construir a sua residência' tem de ser entendido no sentido de que, de a necessidade habitacional do senhorio se basta com a ocupação de uma parte do prédio, designadamente com um ou dois pisos, ele não pode pedir o despejo da totalidade do arrendado.

II – Atribuindo-se um só dos andares ao senhorio altera-se quantitativamente o pedido, pois fica a vigorar o mesmo contrato de arrendamento, e não outro, embora tenha de haver, posteriormente, uma redução da renda, por diminuição do gozo da coisa locada.

III – Pertencendo a escolha de um dos andares ao senhorio, e não a tendo ele feito, devolve-se o respectivo direito aos réus mas, se estes não declararem qual dos andares escolhem, cumprir-se-á, posteriormente, a ritologia do artigo 803.º do Código de Processo Civil.

IV – Tendo os réus a possibilidade de ficar a residir num dos andares não tem lugar o diferimento da desocupação."

(*Acórdão da Relação do Porto*, *de 31.01.1991, Colectânea de Jurisprudência, 1991, Tomo I, pág. 245*)

ARRENDAMENTO URBANO; NECESSIDADE DA CASA:

"Não tem qualquer fundamento legal, nem razão de ser, o entendimento de que o senhorio não possa denunciar o arrendamento urbano, com fundamento em necessidade da casa para sua habitação, na hipótese de o circunstancialismo justificativo da necessidade já existir à data da celebração do contrato de arrendamento."

(*Acórdão da Relação de Lisboa*, *de 26.02.1991, Boletim do Ministério da Justiça, 404, pág. 497*)

DENÚNCIA DE ARRENDAMENTO:

"**I** – Para efeito da denuncia do arrendamento para habitação própria do senhorio, devem considerar-se como seus familiares, as pessoas referidas no n.º 3 do artigo 1040.º do Código Civil, que com ele vivam habitualmente em comunhão de mesa e habitação.

II – Para prova do requisito da necessidade que o senhorio tenha da casa arrendada, para habitação própria e dos seus familiares, não é preciso demonstrar que estes últimos são credores dele, senhorio, de uma prestação alimentar."

(*Acórdão da Relação do Porto*, *de 12.12.1991, Colectânea de Jurisprudência, 1991, Tomo V, pág. 206*)

ARRENDAMENTO; DENÚNCIA PARA HABITAÇÃO PRÓPRIA:

"**I** – Para que possa ter lugar a denúncia do contrato para habitação própria do senhorio é necessário que este tenha necessidade da casa para nela estabelecer a sua habitação, havendo tal necessidade de ser real, actual ou futura.

II – Não tem real necessidade da casa o senhorio que, tendo vivido em casa da mãe por mero favor, passou, por morte desta, à categoria de herdeiro de herança indivisa, uma vez que o herdeiro merece protecção jurídica similar à do comproprietário."

(*Acórdão da Relação do Porto, de 20.01.1992. Boletim do Ministério da Justiça, 413, pág. 608*)

ARRENDAMENTO; DENÚNCIA PARA HABITAÇÃO:

"I – A necessidade futura do local arrendado só pode justificar a denúncia do contrato de arrendamento nos termos do artigo 96.º, n.º 1, alínea *a*), do Regime do Arrendamento Urbano se for séria e eminente, não sendo para tanto suficiente o simples namoro do senhorio, ainda que prolongado por vários anos.

II – O casamento do senhorio com essa sua namorada, ocorrido depois de proferida a sentença e antes do seu trânsito em julgado, constitui facto superveniente que não pode ser atendido nessa acção."

(*Acórdão da Relação do Porto, de 06.07.1992, Boletim do Ministério da Justiça, 419, pág. 811*)

CONTRATO DE ARRENDAMENTO PARA HABITAÇÃO; DENÚNCIA; NECESSIDADE DO PRÉDIO PARA HABITAÇÃO DO SENHORIO:

"I – Justifica a necessidade do prédio para sua habitação nos termos e para efeitos do disposto no artigo 69.º, n.º 1, alínea *a*), do Regulamento do Arrendamento urbano, o senhorio emigrante que alegue e prove que quer regressar a Portugal e que pretende ir residir no prédio locado, sua única casa própria.

II – A lei, no seu juízo de valor, não considera que afronte o fim social ou económico do direito de denúncia do arrendamento o procedimento do proprietário de dois prédios que doa um a um filho, para satisfação das suas necessidades habitacionais, vindo depois exercer o direito de denúncia do contrato de arrendamento do outro prédio, por precisar do mesmo para sua habitação."

(*Acórdão da Relação de Lisboa, de 20.10.1992, Boletim do Ministério da Justiça, 420, pág. 632*)

DENÚNCIA DE ARRENDAMENTO:

"I – Integra a necessidade do arrendado para habitação própria do senhorio, como verdadeira causa justificativa da denúncia do respectivo contrato, o facto de o senhorio e seus familiares viverem, por mero favor, em prédio de terceiro.

II – Se o senhorio tiver diversos prédios arrendados, só pode denunciar o contrato relativamente aquele que esteja arrendado há menos tempo, cabendo, em tal caso, ao mesmo senhorio o ónus da prova sobre o arrendamento mais recente, desde que se apure, na acção de denúncia do contrato de arrendamento, que ele tem outra casa dada de arrendamento.

Parte II – Código Civil

III – Pretendendo o senhorio denunciar dois contratos por necessitar simultaneamente das duas habitações arrendadas para instalar a sua residência, deve demandar ambos os inquilinos na mesma acção, sob pena de se colocar sob a alçada da norma contida no artigo 1089.º, n.º 2, do Código Civil e artigo 71.º, n.º 2 do Regime do Arrendamento Urbano."

(*Acórdão da Relação do Porto, de 15.12.1992, Colectânea de Jurisprudência, 1992, Tomo V, pág. 238*)

ARRENDAMENTO; DENÚNCIA PARA HABITAÇÃO:

"Provado que o 1.º andar que os autores habitam é insuficiente para as suas necessidades e que os mesmos são proprietários do respectivo rés-do-chão, que se encontra arrendado para habitação, justifica-se a denúncia desse arrendamento para o senhorio ali instalar ou para ali estender a sua habitação, ainda que, mesmo em conjunto com o 1.º andar, o dito rés-do-chão não satisfaça integralmente as necessidades de habitação do senhorio."

(*Acórdão da Relação do Porto, de 26.01.1993, Boletim do Ministério da Justiça, 423, pág. 593*)

DENÚNCIA DE ARRENDAMENTO:

"**I** – O prazo fixado na lei para denúncia do contrato de arrendamento com fundamento em necessidade do prédio para habitação de um filho do locador, não e de caducidade, pois, só com o surgimento dessa necessidade, e que se radica no locador o respectivo direito de denúncia. Antes – e por isso não há caducidade – inexiste o direito em causa.

II – O prazo impeditivo do exercício do direito de denúncia com aquele fundamento que deve ser observado e o actual de 30 anos, mesmo que o contrato de arrendamento seja anterior a vigência da respectiva lei, contando-se, porém, todo o tempo passado desde a celebração do contrato de arrendamento."

(*Acórdão da Relação de Lisboa, de 11.02.1993, Colectânea de Jurisprudência, 1993, Tomo I, pág. 139*)

DENÚNCIA (NECESSIDADE DE CASA POR PARTE DO SENHORIO); LEGITIMIDADE DO COMPROPRIETÁRIO:

"**I** – Se o prazo para se exercitar o direito de denúncia para habitação se esgotou no domínio da Lei n.º 55/1979, de 15 de Setembro, não renasce com a entrada em vigor do Regulamento do Arrendamento urbano, aprovado pelo Decreto-Lei n.º 321-B/1990, de 15 de Outubro, que estabelece prazo mais longo.

II – Se, porém, estiver ainda em curso em tal monumento, aplicar-se-á o novo prazo, computando-se o tempo já decorrido.

III – Face ao artigo 1098.°, n.° 1, alínea *a*), do Código Civil, o comproprietário, mesmo sem acordo dos demais consortes, tem legitimidade para exercer aquele direito de denúncia relativamente a uma necessidade sua.

IV – A necessidade de casa, por parte do senhorio, Tem que ser real, séria e actual – podendo até ser futura, contanto que iminente e devidamente comprovada – mas, verificados tais pressupostos, prevalecem os interesses daquele face aos do inquilino."

(*Acórdão da Relação de Lisboa, de 01.02.1994, Boletim do Ministério da Justiça, 434, pág. 672*)

DENÚNCIA DO CONTRATO; HERANÇA INDIVISA:

"O direito de denúncia do contrato de arrendamento para habitação própria do senhorio cabe também ao co-herdeiro de herança indivisa de que faça parte o prédio arrendado, desde que haja acordo dos restantes herdeiros."

(*Acórdão da Relação do Porto, de 30.05.1995, Boletim do Ministério da Justiça, 447, pág. 561*)

DENÚNCIA; NECESSIDADE DE CASA
PARA HABITAÇÃO PRÓPRIA:

"**I** – Alegando os autores que estão emigrados em França e que pretendem regressar a Portugal logo que disponham de casa, está claramente configurada a necessidade de um local para instalarem a sua habitação.

II – Não cumpre ao autor a alegação e prova de que o contrato que pretende denunciar é o mais recente, por não ser facto integrante dos pressupostos da norma legal que lhe sejam favoráveis."

(*Acórdão da Relação do Porto, de 04.07.1995, Boletim do Ministério da Justiça, 449, pág. 432*)

DENÚNCIA PARA HABITAÇÃO DE DESCENDENTE:

"**I** – Na denúncia de arrendamento para habitação de descendente torna-se necessário alegar e provar que o descendente não dispõe de casa própria para habitar, nem tem casa arrendada na área onde o locado se situa que satisfaça as suas necessidades habitacionais, quer à data da propositura da acção, quer no ano anterior.

II – A prova da existência de tal requisito não dispensa a prova de análoga situação quanto ao senhorio."

(*Acórdão da Relação do Porto, de 12.10.1995, Boletim do Ministério da Justiça, 450, pág. 553*)

Parte II – Código Civil

CONTRATO DE ARRENDAMENTO PARA HABITAÇÃO; DENÚNCIA; NECESSIDADE DO LOCADO (DESCENDENTE DO SENHORIO); CADUCIDADE DO DIREITO DE DENÚNCIA:

"**I** – Requerida a denúncia do contrato de arrendamento por parte do senhorio, em vista de instalar um seu filho – artigo 71.º, n.º 1, alínea *b*), do Regime do Arrendamento Urbano – não importa saber, por ser irrelevante, se a casa de habitação daquele tem ou não espaço suficiente para receber o descendente.

II – A caducidade do direito de denúncia do contrato de arrendamento não é de conhecimento oficioso."

(***Acórdão da Relação de Lisboa***, *de 05.12.1995, Boletim do Ministério da Justiça, 452, pág. 478*)

ARRENDAMENTO; DENÚNCIA PARA HABITAÇÃO DE DESCENDENTE:

"**I** – A necessidade a que alude o artigo 69.º, n.º 1, alínea *a*), do Regime do Arrendamento Urbano há-de ser apreciada em função do circunstancialismo respeitante ao descendente em 1.º grau do senhorio, independentemente das características da casa onde este último habita.

II – O projecto sério e iminente de contrair matrimónio, aliado ao facto de o descendente do senhorio trabalhar na área do concelho onde se situa o arrendado, constitui uma necessidade viva, real, justificada e actual do arrendado para aí instalar o seu lar."

(***Acórdão da Relação do Porto***, *de 21.03.1996, Boletim do Ministério da Justiça, 455, pág. 565*)

NECESSIDADE DO PRÉDIO:

"A necessidade para habitação própria tem o significado de 'falta do que é indispensável ou imprescindível', não se confundindo com o desejo, querer ou capricho do senhorio ou com maior comodidade dele, antes se impondo uma situação objectiva de carência, susceptível de fazer prevalecer o *jus utendi* daquele sobre os direitos contratuais do inquilino."

(***Acórdão da Relação de Coimbra***, *de 26.03.1996, Boletim do Ministério da Justiça, 455, pág. 582*)

ARRENDAMENTO; DENÚNCIA PARA HABITAÇÃO PRÓPRIA; MORTE DO SENHORIO:

"**I** – O direito de denúncia do arrendamento para habitação própria, atribuído ao senhorio, é um direito pessoal e intransmissível.

II – Decretada a denúncia do arrendamento, com trânsito em julgado, mas falecido o senhorio antes da execução do despejo, desaparece o direito assim reconhecido, que não é objecto de sucessão.

III – Modificadas as circunstâncias que determinaram a condenação, a sentença pode ser alterada (artigo 671.º, n.º 2, do Código de Processo Civil), renascendo o anterior arrendamento simultaneamente com o desaparecimento do direito do falecido senhorio e operando-se a transmissão da posição do locador."

(*Acórdão da Relação do Porto*, de 24.09.1996, *Boletim do Ministério da Justiça, 459, pág. 600*)

CONTRATO DE ARRENDAMENTO; DENÚNCIA DO CONTRATO; NECESSIDADE DO ARRENDADO, PARA HABITAÇÃO DO SENHORIO OU DO SEU FILHO; REQUISITOS; MÁ FÉ:

"I – Tal como acontecia na vigência do estabelecido no Código Civil, também no Regime de Arrendamento Urbano, o direito de denúncia do contrato de arrendamento por parte do senhorio, depende da verificação cumulativa e simultânea dos requisitos da necessidade do imóvel para habitação e dos previstos no artigo 71.º daquele Regulamento.

II – Tendo o alegado direito de denúncia, *in casu*, como fundamento a necessidade do arrendado para habitação do filho do senhorio proprietário, deve ser alegado e provado que quer o senhorio quer o seu filho beneficiam do requisito a que se alude na alínea *b*) do N.º 1 do artigo 71.º do Regime de Arrendamento Urbano.

III – Não se tendo feito essa prova, não pode verificar-se a pretendida denúncia do contrato de arrendamento.

IV – Não se tendo provado nenhum dos pressupostos aludidos no n.º 2 do artigo 456.º do Código do Processo Civil, não se pode concluir tenham os RR litigado com má fé."

(*Acórdão da Relação de Lisboa*, de 05.06.1997, *Colectânea de Jurisprudência, 1997, Tomo III, pág. 100*)

DENÚNCIA DO CONTRATO DE ARRENDAMENTO PARA HABITAÇÃO DO SENHORIO; NECESSIDADE DO LOCADO:

"I – Preenche o requisito – necessidade do locado para sua habitação – para o exercício do direito de denúncia para habitação do senhorio a comproprietária do locado, mulher adulta e com independência económica, que deseja ter o seu próprio espaço, onde possa viver como bem lhe aprouver, recebendo os amigos que estenda sem necessidade de obter permissões ou de dar satisfações dos seus actos, isto independentemente de a casa dos pais, sita na mesma localidade onde tem também o seu emprego, dispor de espaço físico suficiente para a poder alojar.

II – O facto do contrato de trabalho que a liga aquele lugar, ser a termo certo, pelo período de um ano, renovável por mais dois períodos de igual duração, não afasta, por si só, a possibilidade da «necessidade do locado» ser actual, séria e premente."

Parte II – Código Civil

(*Acórdão da Relação de Évora*, de 16.10.1997, Boletim do Ministério da Justiça, 470, pág. 702)

ARRENDAMENTO URBANO (HABITAÇÃO); DENÚNCIA; DOAÇÃO:

"O acto de doação de imóvel tendo em vista permitir ao donatário o exercício do direito de denúncia do contrato de arrendamento para sua habitação é um acto lícito, lícito sendo também o exercício dessa denúncia por não se poder considerar tal facto, em si mesmo, como abrangido pela previsão constante do artigo 109.° do Regime do Arrendamento Urbano."

(*Acórdão da Relação de Lisboa*, de 29.01.1998, Boletim do Ministério da Justiça, 473, pág. 545)

DENÚNCIA PARA HABITAÇÃO PRÓPRIA; NECESSIDADE DO LOCADO; PROPRIEDADE DO LOCADO; CRIAÇÃO INTENCIONAL DOS REQUISITOS; INCAPACIDADE TOTAL PARA O TRABALHO POR PARTE DO INQUILINO:

"I – Tendo o senhorio adquirido a propriedade da fracção autónoma (objecto da acção de denúncia para habitação própria) por escritura de constituição de propriedade horizontal e de divisão de prédio que lhe havia cabido em compropriedade, por partilha de herança, não se exige o decurso do prazo de 5 anos previsto no artigo 71.°, n.° 1, alínea *a*) do R.A.U..

II – Pretendendo o senhorio casar e ir residir para a fracção, por não ter outra habitação própria, é de concluir que tem necessidade do locado.

III – O simples facto de, em tal escritura, ter cabido a outro interessado uma fracção então devoluta, não significa que o senhorio tenha criado intencionalmente a necessidade do locado ou os outros requisitos da denúncia e que se verifique, pois, o obstáculo previsto no artigo 109.° do R.A.U..

IV – Só a reforma do inquilino, por invalidez absoluta (que abrange a incapacidade para toda e qualquer profissão ou actividade), ou tal incapacidade integrem a limitação ao direito de denúncia prevista na alínea *a*) do n.° 1 o artigo 107.° do R.A.U. não a integra a invalidez relativa que abrange apenas a própria profissão ou equivalente."

(*Acórdão da Relação de Évora*, de 23.04.1998, Colectânea de Jurisprudência, 1998, Tomo II, pág. 283)

ARRENDAMENTO; DENÚNCIA PARA HABITAÇÃO:

"I – É complexa a causa de pedir nas acções de denúncia pelo senhorio dos contratos de arrendamento para habitação própria, sendo constituída pela necessidade do prédio para sua habitação e pelos requisitos do n.° 1 do artigo 71.° do Regime do Arrendamento Urbano.

CC   Art. 1101.º

II – Um destes requisitos, mais concretamente o constante da alínea *b*) do n.º 1 do mencionado artigo 71.º, indispensável à procedência da acção de despejo com o referido fundamento, pode analisar-se em dois sub-requisitos: *a*) Não ter o senhorio (autor) casa própria ou arrendada, na localidade, que satisfaça as necessidades de habitação própria ou dos seus descendentes em 1.º grau; *b*) Não ter o senhorio casa própria ou arrendada há mais de um ano.

III – Este período intercalar funciona como elemento dissuasor da venda de casa própria ou da saída de casa arrendada, que o senhorio habite, para criar a necessidade de habitação e possibilitar o despejo da casa que dera de arrendamento. Visa, em suma, evitar a fraude à lei.

IV – O sub-requisito de não ter casa própria ou arrendada há mais de um ano, como componente que é da causa de pedir, tem de ser alegado e provado pelo senhorio, sob pena da acção improceder.

V – Na falta de alegação de factos susceptíveis de preencher o referido requisito, poderia o M.ᵐᵒ Juiz que proferiu o despacho liminar, acaso desse pela falta, convidar os autores a corrigir a petição ao abrigo da faculdade concedida pelo disposto no artigo 477.º, n.º 1, do Código de Processo Civil de 1961.

VI – Tratando-se, porém, de uma faculdade o seu não uso, nesse momento, pelo juiz, eventualmente por não ter reparado na deficiência da alegação não projecta quaisquer efeitos na apreciação que, futuramente, dessa irregularidade se venha a fazer, sobretudo por serem plenamente alicáveis *in casu* os princípios do dispositivo, da auto-responsabilidade das partes e da preclusão."

(***Acórdão do Supremo Tribunal de Justiça***, *de 25.05.1999, Boletim do Ministério da Justiça 487, pág. 292*)

NECESSIDADE DO PRÉDIO PARA HABITAÇÃO DO SENHORIO:

"**I** – O direito de denúncia consignado no artigo 69.º, n.º 1, alínea *a*), do Regime de Arrendamento Urbano (necessidade do prédio para habitação do senhorio) é um corolário dos princípios constitucionais consagrados no artigo 65.º, artigo 44.º e artigo 62.º da Constituição da República Portuguesa.

II – Aquele direito prevalece sobre o direito do inquilino e, só por si, afasta o proteccionismo excepcional à posição do arrendatário.

III – A «necessidade» referida naquele segmento da norma do Regime do Arrendamento Urbano tem de ser real, séria e actual e implica imprescindibilidade e não mero capricho ou vontade gratuita de mudança.

IV – 'A actualidade' significa que a necessidade foi determinada por circunstancialismo ocorrido posteriormente à data de celebração do contrato de arrendamento."

(***Acórdão da Relação de Évora***, *de 01.06.1999, Boletim do Ministério da Justiça, 488, pág. 422*)

Parte II – Código Civil

ANOTAÇÕES:

1. INOVAÇÃO DO PRECEITO:

"A grande novidade introduzida nesta matéria é a possibilidade de o senhorio denunciar livremente o contrato, sem necessidade, portanto, de invocar qualquer fundamento (denúncia vazia), bastando, para o efeito que a comunicação ao arrendatário seja feita com uma antecedência de 5 anos."

(*Maria Olinda Garcia, A Nova Disciplina do Arrendamento Urbano, Coimbra, 2006, pág. 33*)

2. FUNDAMENTO DA ALÍNEA A)

Tal como já acontecia no direito anterior, o senhorio pode denunciar o contrato caso necessite do prédio para habitação própria sua ou de descendentes em 1.º grau (filhos).

O direito anterior [artigo 107.º do RAU] previa limitações ao exercício do direito de denúncia pelo senhorio, em duas circunstâncias.

Inexplicavelmente, esta disposição não tem correspondência na lei actual, muito embora esta só tenha aplicação aos contratos celebrados após a sua entrada em vigor, bem como às relações contratuais constituídas que subsistam nessa data (artigo 59.º. N.º 1 do NRAU), acrescentando-se que as normas supletivas contidas no NRAU só se aplicam aos contratos celebrados antes da entrada em vigor da nova lei quando não sejam em sentido oposto ao de norma supletiva vigente aquando da celebração, caso em que essa norma é aplicável (idem, n.º 3).

Efectivamente, a lei anterior considerava que o direito de denúncia não podia ser exercido quando ocorresse algumas das seguintes circunstâncias:

a) Ter o arrendatário 65 ou mais anos de idade ou, independentemente desta, se encontre na situação de reforma por invalidez absoluta, ou, não beneficiando de pensão de invalidez, sofra de incapacidade total para o trabalho;

b) Manter-se o arrendatário no local arrendado há 30 ou mais anos nessa qualidade [por via de sucessivas renovações do contrato].

A não previsão destas limitações é um rude golpe na estabilidade do arrendamento, sobretudo em pessoas de idade mais avançada, que se verificará em qualquer uma das alíneas acima transcritas. Efectivamente, se o arrendamento dura há 30 anos, naturalmente o arrendatário terá, pelo menos 48 anos, sendo-lhe difícil encontrar outro local para arrendar, com a agravante de ter de alterar todos os seus hábitos (*v.g.*, disposição das divisões do prédio, relação com vizinhos, etc.), sendo certo que o senhorio não ficaria prejudicado, dado poder proceder agora à actualização da renda.

3. INTERPRETAÇÃO DA ALÍNEA A):

"Foi durante algum tempo bastante discutida na doutrina e objecto de soluções divergentes na jurisprudência a questão de saber se basta ao senhorio para obter a denúncia do contrato e o consequente despejo do inquilino, alegar e provar a verificação dos requisitos do n.º 1 do artigo 1.102.º do Código Civil, ou se, além disso era ainda essencial a *alegação* e a *prova* da *real necessidade* do prédio para a habitação do senhorio (ou do seu descendente em 1.º grau).

A pergunta é inteiramente pertinente, porque não faltam na vida situações em que, não obstante a verificação dos requisitos discriminados na lei, não existe a necessidade de habitação do senhorio ou seu descendente de 1.º grau, em termos que justifiquem a possibilidade legal de deitarem para fora do imóvel quem nele satisfaça a necessidade primária de habitação, própria ou do seu agregado familiar."

(Pires de Lima – Antunes Varela, Código Civil Anotado, Coimbra, 1997, págs. 623 e seg. [adaptado])

4. DENÚNCIA PARA HABITAÇÃO PRÓPRIA:

"Esta media, quer nos termos agora admitidos de simples denúncia, quer como fundamento de despejo imediato, justifica-se por várias razões de ordem jurídica e social. Havendo colisão entre os interesses do senhorio e os do inquilino, quanto à necessidade do prédio para habitação, devem satisfazer-se primeiro os daquele, porque é o dono do prédio. Por outro lado, o interesse social que está na base da *renovação obrigatória* do contrato – a necessidade de habitação – tanto se satisfaz entregando a casa ao senhorio, se não tiver outra, como ao inquilino. Até pode dar-se o caso de este ter outro prédio em condições de habitabilidade."

(Pires de Lima – Antunes Varela, Código Civil Anotado, Coimbra, 1997, pág. 621)

5. FUNDAMENTO DA ALÍNEA B):

O fundamento da alínea *b*) é complemento àquela outra situação em que o senhorio pretende aumentar a capacidade locativa do edifício, que é objecto de regulamentação específica em diploma autónomo, transcrito em anotação ao artigo 1.103.º do Código Civil.

No caso previsto nesta alínea não se exige que o senhorio aumente a capacidade locativa do prédio, mas tão só que pretenda realizar obras de remodelação ou restauro profundos. Contudo, o n.º 3 do artigo 1103.º estabelece três situações, em alternativa, de protecção do arrendatário, que são:

a) Pagamento ao arrendatário de todas as despesas e danos, patrimoniais e não patrimoniais, não podendo o valor da indemnização ser inferior ao de dois anos de renda;

b) Garantir o realojamento do arrendatário no mesmo concelho, em condições análogas às que já tinha;

c) Assegurar o realojamento temporário do arrendatário no mesmo concelho com vista a permitir a reocupação do prédio, em condições análogas às que já detinha.

Cfr. anotações ao artigo 1.103.º do Código Civil.

Parte II – Código Civil

6. FUNDAMENTO DA ALÍNEA C):

Independentemente das situações específicas das duas alíneas anteriores, em que o senhorio tem causa justificativa para a denúncia, a lei permite-lhe ainda proceder a esta independentemente de motivo. O senhorio pretende o prédio vazio, exemplificativamente, seja para melhor o rentabilizar, seja porque tem alguém amigo que pretenda lá colocar a habitar ou até dar outro destino ao imóvel. Contudo não tem de revelar o motivo.

Nesta hipótese, no entanto, a denúncia tem de ser comunicada ao arrendatário com a antecedência mínima de 5 anos. É óbvio que, ao estabelecer esta dilação, o legislador teve em conta o prazo mínimo de outorga do contrato de arrendamento para habitação.

7. ALTERAÇÃO RELATIVAMENTE AO RAU:

A lei actual não contém disposição equivalente ao n.º 2 do artigo 69.º do RAU (revogado).

Este preceito estabelecia a inaplicabilidade da denúncia quando o arrendamento respeitasse a casas de saúde ou estabelecimentos de ensino oficial ou particular.

Esta previsão era deveras pertinente, dado que se pretendia estabelecer uma situação de estabilidade no arrendamento, motivada sobretudo por razões de ordem social, já os espaços locativos eram ocupados por instituições de interesse dos cidadãos, que não se compadecem com mudanças de instalações, dada a necessidade de adaptação dos espaços aos fins a que se destinam.

8. LOCAÇÃO DE ESTABELECIMENTO; PRORROGAÇÃO DO CONTRATO:

"Figure-se a existência de uma locação de estabelecimento pelo período de 2 anos, com início em Janeiro de 2006. A entrada em vigor da lei não parece afectar o contrato de arrendamento, apesar de se encontrar em execução o negócio em apreço. Mas à data da prorrogação do contrato, *in casu* por igual período, em Janeiro de 2008, deve entender-se que se modifica o conteúdo da posição arrendatícia?

A solução não está prevista na lei. A argumentação pode direccionar-se em ambos os sentidos, consoante a fundamentação escolhida. Se se privilegiar o primordial objectivo do NRAU – a extinção do vinculismo – então considera-se aplicável, em qualquer situação, o art. 1101.º, al. *c*) CC, NRAU na data da prorrogação ou da renovação do negócio. Caso se atenda, com rigor, à qualificação jurídica a dar ao tempo da continuidade do negócio, pode retirar-se uma de duas conclusões: ou se trata de uma mera prorrogação do (mesmo) contrato ou de uma renovação, e portanto de um contrato novo e distinto. Naquela hipótese, ao contrário desta, não se aplicaria o art. 1101.º, al. *c*), NRAU.

CC   Art. 1101.º

Parece, no entanto, que do ponto de vista dos valores em jogo, o arrendatário comercial não tem, a partir de determinado momento, nenhum interesse digno de protecção legal a preservar, nem qualquer expectativa que mereça ser tutelada. Assim, mesmo na hipótese de prorrogação contratual – *in casu*, em Janeiro de 2008 – deve considerar-se que o senhorio se pode socorrer, a partir dessa data, do art. 1101.º, al. *c*) CC, NRAU."

(*Fernando de Gravato Morais, Novo Regime de Arrendamento Comercial, Coimbra, 2006, págs. 40 e seg.*)

NOTAS PESSOAIS:

ARTIGO 1102.º
Denúncia para habitação

1. O direito de denúncia para habitação do senhorio depende do pagamento do montante equivalente a um ano de renda, e da verificação dos seguintes requisitos:

  a) Ser o senhorio proprietário, comproprietário ou usufrutuário do prédio há mais de cinco anos, ou, independentemente deste prazo, se o tiver adquirido por sucessão;

  b) Não ter o senhorio, há mais de um ano, na área dos concelhos de Lisboa ou do Porto e seus limítrofes ou no respectivo concelho quanto ao resto do País casa própria ou arrendada que satisfaça as necessidades de habitação própria ou dos seus descendentes em primeiro grau.

2. O senhorio que tiver diversos prédios arrendados só pode denunciar o contrato relativamente àquele que, satisfazendo as necessidades de habitação própria e da família, esteja arrendado há menos tempo.

3. O direito de denúncia para habitação do descendente está sujeito à verificação do requisito previsto na alínea *a)* do n.º 1 relativamente ao senhorio e do da alínea *b)* do mesmo número para o descendente.

HISTÓRICO:

Redacção do artigo 3.º da Lei n.º 6/2006, de 27 de Fevereiro (NRAU), conjugada com a declaração de rectificação n.º 24/2006, de 17 de Abril, quanto à alínea *a)* do n.º 1.

Corresponde, em parte, ao artigo 71.º do RAU (revogado), que se transcreve:

Artigo 71.º *(Denúncia para habitação)*

1. O direito de denúncia para habitação do senhorio depende, em relação a ele, da verificação dos seguintes requisitos:

  a) Ser proprietário, comproprietário ou usufrutuário do prédio há mais de cinco anos, ou, independentemente deste prazo, se o tiver adquirido por sucessão;

Parte II – Código Civil

b) Não ter, há mais de um ano, na área das comarcas de Lisboa ou do Porto e suas limítrofes ou na respectiva localidade quanto ao resto do País casa própria ou arrendada que satisfaça as necessidades de habitação própria ou dos seus descendentes em 1° grau.

2. O senhorio que tiver diversos prédios arrendados só pode denunciar o contrato relativamente àquele que, satisfazendo às necessidades de habitação própria e da família, esteja arrendado há menos tempo.

3. O direito de denúncia para habitação do descendente está sujeito à verificação do requisito previsto na alínea *a)* do n.º 1 relativamente ao senhorio e do da alínea *b)* do mesmo número para o descendente.

REMISSÕES:

Propriedade – arts. 1.302.º e segs. CC; compropriedade – arts. 1.403.º e segs. CC; usufruto – arts. 1.439.º e segs. CC; denúncia pelo senhorio – art. 1.101.º CC; denúncia justificada – art. 1.103.º CC; sucessão por morte – arts. 2.024.º e segs. CC; regime dos contratos habitacionais celebrados antes do DL 257/95, de 30.09 – art. 26.º NRAU; regime dos contratos habitacionais celebrados antes do RAU – arts. 27.º e 28.º NRAU.

JURISPRUDÊNCIA:

DENÚNCIA DE ARRENDAMENTO:

"**I** – Se, posteriormente ao contrato de arrendamento, celebrado pelo senhorio em 1976, depois do falecimento de sua mulher, ele e os filhos constituírem a propriedade horizontal sobre o prédio, a que pertencia o andar arrendado, o qual passou a constituir a fracção autónoma que veio a ser adjudicada, mais tarde, em partilhas, ao senhorio, este não sucede nos direitos que sua mulher tinha no andar arrendado que, depois, passou a ser objecto de fracção autónoma.

II – De facto, o referido andar ficou a pertencer-lhe nas condições em que já lhe pertencia como elemento da comunhão de bens do casal, só que desde então, os sujeitos dessa propriedade colectiva passaram a ser o senhorio, como meeiro que era, e os filhos como herdeiros.

III – Mas, ainda que se admitisse que o senhorio adquiriu o andar arrendado por sucessão, estar-lhe-ia sempre vedado exercer a denúncia, pois o que a lei exige é que o que deve ser adquirido por sucessão e a própria fracção autónoma, e esta, no momento da sucessão, ainda não existia, visto só passar a ter existência legal quando se constituiu a propriedade horizontal."

*(**Acórdão da Relação do Porto***, de 26.07.1984, Colectânea de Jurisprudência, 1984, Tomo IV, pág. 214)*

DENÚNCIA DE ARRENDAMENTO:

"Na acção proposta para obter a denúncia do arrendamento, ao senhorio-autor incumbe alegar e provar factos dos quais resulte que precisa de ir ocupar a casa locada para satisfazer as suas necessidades habitacionais."

(*Acórdão da Relação de Coimbra, de 22.01.1985, Boletim do Ministério da Justiça, 343, pág. 383*)

DENÚNCIA DE ARRENDAMENTO:

"**I** – O senhorio tem necessidade do locado para sua habitação quando o estado de carência seja objectivamente motivado por um condicionalismo que, segundo a experiência comum, determinaria a generalidade das pessoas que nele se encontrassem a precisar do arrendado para sua habitação.

II – Constituído um prédio em propriedade horizontal para efeitos de partilha do património hereditário em que se integra, o interessado a quem seja adjudicada uma fracção não sofre limitação no direito de denunciar o respectivo contrato de arrendamento."

(*Acórdão da Relação de Évora, de 25.07.1985, Colectânea de Jurisprudência, 1985, Tomo IV, pág. 289*)

DENÚNCIA DE ARRENDAMENTO:

"Os elementos do artigo 1098.º, n.º 1 do Código Civil [hoje, artigo 1102.º, n.º 1], sendo constitutivos do direito de denúncia do senhorio, por este tem que ser alegados a provados."

(*Acórdão da Relação de Coimbra, de 22.10.1985, Boletim do Ministério da Justiça, 350, pág. 395*)

DENÚNCIA DE ARRENDAMENTO:

"A ocupação de casa por motivo exclusivo de relação laboral não é equivalente a ter «casa arrendada», pelo que, em tal caso, não é exigível o decurso do prazo de um ano previsto no artigo 1098.º, n.º 1 do Código Civil." (*Acórdão da Relação do Porto, de 12.11.1985, Colectânea de Jurisprudência, 1985, Tomo V, pág. 165*)

DENÚNCIA DE ARRENDAMENTO:

"**I** – A existência à data do arrendamento dos requisitos previstos no artigo 1096.º e do artigo 1098.º do Código Civil, não obsta a denúncia do contrato, se eles ainda se verificam quando o senhorio propõe a respectiva acção judicial de denúncia.

II – A lei não impõe essa restrição ao exercício do direito de denúncia, nem estabelece qualquer caducidade do mesmo, que o senhorio pode reservar para melhor oportunidade consoante as suas conveniências ou outras necessidades, sem que possa concluir-se que renunciou a ele.

Parte II – Código Civil

III – O que a lei exige é a «realidade» e «actualidade» desses requisitos à data do pedido de denúncia do contrato de arrendamento, ainda que já existentes à data da celebração deste, sem que esta situação impeça o senhorio de exercer o seu direito de denúncia mais tarde, se tais requisitos persistirem."

(*Acórdão do Supremo Tribunal de Justiça, de 21.10.1986, Boletim do Ministério da Justiça, 360, pág. 588*)

DENÚNCIA DE ARRENDAMENTO:

"Se o senhorio vive em casa emprestada ou em companhia de parente ou amigo, tem direito à resolução do contrato de arrendamento para habitação própria."

(*Acórdão da Relação de Coimbra, de 16.12.1986, Colectânea de Jurisprudência, 1986, Tomo V, pág. 93*)

DENÚNCIA DE ARRENDAMENTO:

"**I** – Para efeitos do n.º 2 do artigo 1098.º do Código Civil é mais recente o arrendamento que o for em função da data do respectivo contrato e não em função da data em que cada um dos ocupantes actuais sucedeu no direito do originário locatário.

II – Por morte do transmitente opera-se uma transferência legal do contrato a título singular, não se tornando necessário celebrar novo contrato, devendo apenas ser feito um aditamento mencionando a transmissão e o nome do transmissário e passando os recibos a ser obrigatoriamente emitidos em nome deste."

(*Acórdão da Relação do Porto, de 20.04.1989, Colectânea de Jurisprudência, 1989, Tomo II, pág. 228*)

DENÚNCIA DE ARRENDAMENTO:

"**I** – É o senhorio que na acção de denúncia de arrendamento para habitação, tem de demonstrar os factos integrantes da necessidade e dos restantes requisitos exigidos.

II – Já incide sobre o arrendatário a prova de existência de outro arrendamento mais recente, mas impendendo sobre o senhorio o ónus de que o prédio mais recentemente arrendado não satisfaz as respectivas necessidades.

III – Para efeitos de determinação de qual o arrendamento mais recente, não releva a sucessão nos termos do artigo 1111.º do Código Civil, já que este não corresponde a um novo arrendamento."

(*Acórdão da Relação de Lisboa, de 21.6.1990, Colectânea de Jurisprudência, 1990, Tomo III, pág. 144*)

ARRENDAMENTO; DENÚNCIA DO CONTRATO PARA HABITAÇÃO DO SENHORIO:

"**I** – Considera-se legítima ou justificada a conduta dos pais que fazem doação de um prédio a um filho com o objecto de, mais tarde, o filho exercer o direito de denúncia do arrendamento, se vier a encontrar-se nas condições legalmente exigidas. Tal conduta não se afigura susceptível sequer de censurabilidade.

II – Só deixará de ser assim, quando se tenha a intenção de atingir certo inquilino, em detrimento de outro, ou possuindo o senhorio vários prédios, tenha feito doação do arrendado, apenas com aquele objectivo."

(*Acórdão da Relação do Porto, de 21.05.1991, Boletim do Ministério da Justiça, 407, pág. 621*)

ARRENDAMENTO; CADUCIDADE POR MORTE DO INQUILINO; RECUSA DE NOVO ARRENDAMENTO:

"**I** – Tendo o arrendamento caducado por morte do inquilino, pode o senhorio recusar a celebração de novo arrendamento com as pessoas que habitavam, há mais de 5 anos, em economia comum, com o primeiro arrendatário, se tiver necessidade de utilizar o fogo para habitação de parentes ou afins na linha recta, que não tenham casa própria ou arrendada na respectiva localidade, ou na área das comarcas de Lisboa e Porto e seus limítrofes.

II – Essa necessidade tem de ser real e séria, traduzida em razões ponderosas, não sendo bastante a circunstância de a neta do senhorio namorar, não se tendo provado a existência de projecto de casamento."

(*Acórdão da Relação do Porto, de 03.06.1991, Boletim do Ministério da Justiça, 408, pág. 644*)

DENÚNCIA PARA HABITAÇÃO DO SENHORIO:

"Improcede a acção proposta para obter a denúncia do arrendamento se se apurar que a necessária de habitação por parte dos autores foi por eles provocada ao mudarem de residência, sem qualquer razão plausível, cerca de dois anos antes da propositura da acção."

(*Acórdão da Relação de Coimbra, de 12.11.1991, Boletim do Ministério da Justiça, 411, pág. 665*)

DENÚNCIA:

"Improcede a acção destinada a obter a denúncia de um contrato de arrendamento de uma habitação fundada em que o senhorio tem necessidade dela para a unir à casa que habita nas férias, remodelando-a e fazendo uma única casa, ampla e confortável."

(*Acórdão da Relação de Coimbra, de 03.12.1991, Boletim do Ministério da Justiça, 412, pág. 561*)

Parte II – Código Civil

DENÚNCIA:

"O senhorio não pode obter a denúncia do contrato de arrendamento, com fundamento em que necessita da casa para nela habitar, no caso de ter outra casa que só não utiliza porque a cedeu, por favor, a um irmão."

(*Acórdão da Relação de Coimbra, de 17.12.1991, Boletim do Ministério da Justiça, 412, pág. 561*)

DENÚNCIA PELO SENHORIO PARA HABITAÇÃO PRÓPRIA:

"**I** – É o senhorio que tem de alegar e demonstrar que necessita da casa a despejar para sua habitação.

II – Não é bastante para denunciar o arrendamento, a demonstração pelo autor comproprietário do imóvel arrendado de que pretende vir a residir na casa que há 20 anos arrendou aos réus e que tem nessa localidade, de onde saiu há uns vinte anos, algumas pessoas amigas."

(*Acórdão da Relação de Évora, de 14.01.1993, Boletim do Ministério da Justiça, 423, pág. 622*)

ARRENDAMENTO; NECESSIDADE DO ARRENDADO PARA HABITAÇÃO DO SENHORIO:

"A necessidade do arrendado, para habitação, invocada pelo senhorio, para denúncia do contrato, indicada agora no artigo 69.º, n.º 1, alínea *a*), do Regime do Arrendamento Urbano – Decreto-Lei N.º 321-B/1990, de 15 de Outubro – é requisito primário, essencial e autónomo, a verdadeira causa de pedir dessa acção, cujo exercício depende da verificação cumulativa dos requisitos, hoje indicados no artigo 71.º do mesmo Regime do Arrendamento Urbano, simples condições ou pressupostos de admissibilidade dessa acção."

(*Acórdão da Relação de Coimbra, de 05.12.1995, Boletim do Ministério da Justiça, 452, pág. 495*)

ARRENDAMENTO; NECESSIDADE DO ARRENDADO PARA HABITAÇÃO DO SENHORIO:

"**I** – É ponto assente que a necessidade – necessidade real, séria, actual – do arrendado para a habitação do senhorio integra a essência de pedir nas acções de despejo movimentadas com esse fundamento, formando um requisito autónomo para a sua procedência.

II – Provando-se que os autores vivem por mero favor em casa de um irmão, tanto basta para que possa ser dada como demonstrada a invocada necessidade."

(*Acórdão da Relação de Coimbra, de 19.12.1995, Boletim do Ministério da Justiça, 452, pág. 499*)

CONTRATO DE ARRENDAMENTO; DENÚNCIA; NECESSIDADE DO LOCADO PARA HABITAÇÃO:

"Na denúncia de arrendamento com fundamento na necessidade do locado para habitação de descendente em 1.º grau, tem o senhorio de alegar e provar que tanto ele como o filho não têm, há mais de um ano, casa própria ou arrendada na respectiva área, que satisfaça aquela necessidade."

(*Acórdão da Relação de Lisboa, de 05.06.1996, Boletim do Ministério da Justiça, 458, pág. 381*)

DENÚNCIA PELO SENHORIO; NECESSIDADE; MERA DENÚNCIA:

"**I** – Em recurso não podem ser levantadas questões novas, não suscitadas no tribunal *a quo*, que não sejam de conhecimento oficioso; e, se o forem, não deverão se conhecidas.

II – Em recurso de sentença final não pode retomar-se uma excepção que, levantada na contestação, foi decidida no despacho saneador nem que dele se haja recorrido, formando caso julgado formal.

III – Viver por mera tolerância em casa alheia, cuja restituição até já foi pedida, equivale a não ter casa para habitar.

IV – A necessidade da casa por parte do senhorio releva à custa de idêntica necessidade por parte do inquilino, não havendo que indagar qual é maior."

(*Acórdão da Relação de Coimbra, de 07.11.1996, Colectânea de Jurisprudência, 1996, Tomo V, pág. 81*)

HERANÇA INDIVISA; DENÚNCIA DE CONTRATO DE ARRENDAMENTO URBANO POR UM DOS HERDEIROS:

"**I** – Numa situação de herança indivisa, um herdeiro/meeiro não pode usar do direito de denúncia de um contrato de arrendamento urbano, nos termos dos artigos 69.º e seguintes do Regime do Arrendamento Urbano, sendo inquilino em tal arrendamento um outro herdeiro da mesma herança.

II – Enquanto a herança se mantém indivisa, não pode um co-herdeiro, por si só, invocar a qualidade de comproprietário, a não ser que os restantes co-herdeiros nisso estejam de acordo."

(*Acórdão da Relação de Évora, de 18.06.1998, Boletim do Ministério da Justiça, 478, pág. 466*)

DENÚNCIA:

"**I** – Na doação pura a menor presume-se a aceitação do donatário, mas a presunção não se estende à comunhão no propósito que animou os doadores e presidiu à liberalidade.

Parte II – Código Civil

II – Sendo legítima a doação de prédio arrendado feita por pais a filho menor com o objectivo de mais tarde este exercer o direito de denúncia do arrendamento se vier a encontrar-se nas condições legalmente exigidas."
(**Acórdão Relação de Évora**, *de 28.10.1999, Boletim do Ministério da Justiça, 490, pág. 330*)

ANOTAÇÕES:

1. DIFERENÇA EM RELAÇÃO AO REGIME ANTERIOR:

Enquanto o n.º 1 deste preceito faz depender a efectivação da denúncia do pagamento pelo senhorio do equivalente a um ano de renda, a lei anterior [artigo 72.º do RAU, agora revogado] impunha o pagamento do equivalente a dois anos e meio de renda.

Note-se que o pagamento desta quantia não é condição de exercício do direito de denúncia, na medida em que a indemnização deverá ser paga no mês seguinte ao trânsito em julgado da decisão que determine a denúncia e consequente desocupação do imóvel (artigo 1.103.º, n.º 5, do Código Civil), pelo que a falta desse pagamento poderá, quando muito permitir ao arrendatário propor execução de sentença para pagamento de quantia certa.

2. ANÁLISE DO N.º 1, ALÍNEA A):

O preceito em análise estabelece no seu n.º 1 os requisitos que podem fundamentar e permitir o pedido de denúncia do arrendamento para habitação.

Nos termos da al. *a*), o senhorio tem de ser proprietário, comproprietário ou usufrutuário do imóvel há mais de cinco anos, sendo desnecessário tecer considerações sobre a qualificação jurídica de cada um destes conceitos básicos na literatura jurídica. Daqui pode tirar-se, obviamente uma conclusão: não basta que o senhorio seja mero possuidor para exercer este direito de denúncia. Tal significa que o respectivo direito tem de se encontrar registado em seu nome, o que pressupõe a existência de um título aquisitivo, substancial e formalmente válido.

Finalmente, refira-se que o indicado prazo de cinco anos não se aplica no caso de o respectivo direito ter sido adquirido por sucessão, seja ela legal ou testamentária, caso em que o senhorio pode exercer o direito de denúncia a qualquer momento. Nesta hipótese, a lei não equipara, porém, o regime da sucessão ao da doação, o que é perfeitamente justificado, dado que a doação é um negócio *inter vivos*, ao contrário da sucessão, que é um negócio *mortis causa*, que não está dependente da vontade do seu titular, a não ser quanto à aceitação e já não quanto ao facto em si próprio. De referir ainda que o direito de denúncia pode ser exercido independentemente da partilha da herança. É que a partilha é um acto subsequente à sucessão [que a lei refere expressamente] e que surge por causa dela. Por outro lado, nem sempre há lugar à partilha. Basta que o *de cuius* tenha apenas um herdeiro (*v.g.*, um único filho, caso seja viúvo).

3. ANÁLISE DO N.º 1, ALÍNEA B):

"A alínea *b*) do n.º 1... introduziu uma alteração importante (embora insuficiente) em relação ao âmbito geográfico onde o senhorio não deve ter outra casa que satisfaça as suas necessidades. Essa área passou a ser, em termos gerais, o concelho onde se localiza o imóvel a despejar [na lei anterior, referia-se a *localidade* onde se situava o imóvel]. Mas é pena que o legislador não tenha corrigido a discriminação em relação aos concelhos de Lisboa e Porto, pois é amplamente sabido que as razões (ligadas a questões de melhores acessos entre localidades), que historicamente justificaram a ampliação daquela exigência aos concelhos limítrofes, se encontram completamente alteradas ou até subvertidas."

(Maria Olinda Garcia, A Nova Disciplina do Arrendamento Urbano, Coimbra, 2006, pág. 34)

4. ANÁLISE DO N.º 2:

"Da fórmula usada no n.º 2 conclui-se que não impede o direito de denúncia do senhorio o facto de ele ter qualquer outra casa própria ou arrendada, desde que esta comprovadamente não satisfaça as suas necessidades familiares de habitação."

(Pires de Lima – Antunes Varela, Código Civil Anotado, vol. II, 1997, pág. 628)

Será o caso, por exemplo, de o senhorio ser casado, existindo três filhos menores do casal, sendo ele proprietário de um apartamento de tipologia T1.

5. SITUAÇÃO DO PROPRIETÁRIO DE RAIZ:

"Muito interessante é o problema, apreciado e julgado no ac. do Sup. Trib. Just., de 3 de Março de 1983 (*Bol. Min. Just.*, n.º 325, pág. 548), que consiste em saber se, tendo o *proprietário da raiz* de certo imóvel dado o prédio de arrendamento a terceiro, pode o locador denunciar o contrato, alegando (ele, *nu-proprietário*) necessitar do prédio para sua habitação. A solução exacta é a defendida na anotação de Carlos Lima no acórdão (pub. na *Rev. Ord. Adv.*, 44, pág. 105): a ineficácia do contrato em relação ao usufrutuário do imóvel, que poderá a todo o tempo reivindicá-lo, quer do nu-proprietário, quer do arrendatário que deste o tomou indevidamente. A questão foi por nós analisada em anotação ao ac. do Sup. Trib. Just., de 3 de Março de 1983 (na *Rev. Leg. Jur.*, ano 120.º, págs. 48 e segs.), nos múltiplos aspectos em que ela se desdobra. Em sentido diferente, mas sem razões convincentes, Pinto Furtado, ob. cit., págs. 742 e segs."

(Pires de Lima – Antunes Varela, Código Civil Anotado, vol. II, 1997, pág. 628)

6. ANÁLISE DO N.º 3:

Para que o senhorio possa exercer o direito de denúncia para habitação de um seu filho é necessário, por um lado, que ele, senhorio, seja proprietário, compro-

Parte II – Código Civil

prietário ou usufrutuário do prédio, nas mesmas condições previstas na al. *a*) do n.º 1, e, por outro, que o respectivo filho não tenha casa própria ou arrendada, nos mesmos termos previstos na alínea *b*) do citado n.º 1.

7. ARRENDAMENTOS HABITACIONAIS VIGENTES À DATA DA ENTRADA EM VIGOR DO NRAU:

A estes arrendamentos "continuam a aplicar-se os limites à denúncia (por parte do senhorio) previstos no artigo 107.º do RAU [revogado].

Assim, o arrendatário (primitivo ou o cônjuge a quem o arrendamento se tenha transmitido nos termos dos artigos 84.º e 85.º do RAU) de 65 anos ou mais de idade, bem como de idade inferior mas reformado por invalidez absoluta sofrendo de incapacidade total para o trabalho ou incapacidade parcial superior a dois terços continuará a gozar de protecção legal contra a denúncia do senhorio baseada em necessidade do imóvel para habitação (própria ou de um filho). Esta tutela não é, porém, de duração ilimitada. Como decorre do n.º 2 do artigo 26.º, tal protecção cessa quando, depois de a nova lei estar em vigor, o contrato se renove pela primeira vez, tratando-se de arrendamentos de duração limitada, ou quando ocorra transmissão por morte para filho ou enteado do arrendatário (que é disciplinada nos termos do artigo 57.º)."

(*Maria Olinda Garcia, A Nova Disciplina do Arrendamento Urbano, Coimbra, 2006, pág. 51*)

NOTAS PESSOAIS:

ARTIGO 1103.º
Denúncia justificada

1. A denúncia pelo senhorio com qualquer dos fundamentos previstos nas alíneas *a*) e *b*) do artigo 1101.º é feita nos termos da lei de processo com antecedência não inferior a 6 meses sobre a data pretendida para a desocupação.

2. O senhorio que haja invocado o fundamento referido na alínea *a*) do artigo 1101.º deve dar ao local a utilização invocada no prazo de seis meses e por um período mínimo de três anos.

3. A invocação do disposto na alínea *b*) do artigo 1101.º obriga o senhorio mediante acordo e em alternativa:

   a) Ao pagamento de todas as despesas e danos, patrimoniais e não patrimoniais, suportados pelo arrendatário, não podendo o valor da indemnização ser inferior ao de dois anos de renda;

   b) A garantir o realojamento do arrendatário no mesmo concelho, em condições análogas às que este já detinha;

   c) A assegurar o realojamento temporário do arrendatário no mesmo concelho com vista a permitir a reocupação do prédio, em condições análogas às que este já detinha.

4. No caso do número anterior, na falta de acordo entre as partes aplica-se o disposto na alínea *a*).

5. A indemnização devida pela denúncia deve ser paga no mês seguinte ao trânsito em julgado da decisão que a determine.

6. Salvo caso de força maior, o não cumprimento do disposto no n.º 2, bem como o não início da obra no prazo de seis meses, torna o senhorio responsável por todas as despesas e demais danos, patrimoniais e não patrimoniais, ocasionados ao arrendatário, não podendo o valor da indemnização ser inferior ao de dois anos de renda, e confere ao arrendatário o direito à reocupação do locado.

Parte II – Código Civil

7. Da denúncia não pode resultar uma duração total do contrato inferior a cinco anos.

8. A denúncia do contrato para demolição ou realização de obra de remodelação ou restauro profundos é objecto de legislação especial.

HISTÓRICO:

Redacção do artigo 3.º da Lei n.º 6/2006, de 27 de Fevereiro (NRAU).

O n.º 1 corresponde, em parte, ao artigo 70.º do RAU (revogado), que se transcreve:

Artigo 70.º *(Forma e prazo da denúncia)*
A denúncia do senhorio deve ser feita em acção judicial, com a antecedência mínima de seis meses relativamente ao fim do prazo do contrato, mas não obriga ao despejo enquanto não decorrerem três meses sobre a decisão definitiva.

REMISSÕES:

Cfr. remissões do artigo anterior.

LEGISLAÇÃO COMPLEMENTAR:

REGIME JURÍDICO DAS OBRAS EM PRÉDIOS ARRENDADOS – DECRETO-LEI N.º 157/2006, DE 8 DE AGOSTO

O texto integral vai transcrito *infra* na Parte III.

Revoga a Lei n.º 2088, de 3 de Junho de 1957, que se transcreve por mero interesse histórico.

DESPEJO PARA AUMENTO DA CAPACIDADE LOCATIVA – LEI N.º 2088, DE 3 DE JUNHO DE 1957 (REVOGADA)

Artigo 1.º O senhorio pode requerer o despejo para o fim do prazo do arrendamento com fundamento na execução de obras que permitam o aumento do número de arrendatários, em conformidade com o projecto aprovado pela câmara municipal:

a) Contra arrendatários de prédio urbano, a fim de proceder à sua ampliação, alteração ou substituição;
b) Contra arrendatários de prédio rústico destinado a estabelecimento comercial ou industrial, sito dentro de povoação ou na sua contiguidade, a fim de construir um edifício.

§ **único.** Observar-se-á, em relação a cada inquilino, o regime estabelecido para a alteração ou para a ampliação do edifício, conforme as obras projectadas modifiquem ou não o local por ele ocupado.

Artigo 2.º O disposto no artigo anterior abrange os arrendamentos para habitação, comércio, indústria ou profissão liberal, mas não é aplicável às casas de saúde e estabelecimentos de ensino oficial ou particular, mesmo quando sujeitos a contribuição industrial.

Artigo 3.º O despejo com o fundamento indicado no artigo 1º só é admissível se concorrerem os seguintes requisitos:

1.º O número de locais arrendados ou arrendáveis deve aumentar num mínimo de metade, mas não poderá ficar inferior a sete em Lisboa e a quatro nas outras localidades do País, não se contando para o efeito os locais de tipo apartamento;

2.º O edifício novo ou o alterado devem conter locais destinados aos antigos inquilinos, correspondendo aproximadamente aos que eles ocupavam; mas quando, por virtude da extensão ou importância destes últimos locais, a atribuição de outros, aproximadamente correspondentes, na obra em projecto, tornar esta economicamente inviável, será dado aos arrendatários o direito de reocupar até dois locais no edifício ou o de receber a indemnização estabelecida nesta lei, acrescida de percentagem, a fixar pelo tribunal, não superior a 50 por cento. Em qualquer caso, serão assinalados no projecto os locais destinados aos diversos arrendatários;

3.º Em caso de ampliação ou alteração do edifício, deve estar certificada pela câmara municipal, com base em vistoria, a impossibilidade de o inquilino ou inquilinos permanecerem nele durante a execução das obras nos termos do § 2.º do artigo 167º Regulamento Geral das Edificações Urbanas, aprovado pelo Decreto-Lei n.º 38 382, de 7 de Agosto de 1951.

§ **1.º** O requisito expresso no n.º 1 aplica-se tanto ao despejo de prédio urbano como ao despejo de prédio rústico.

§ **2.º** A correspondência aproximada entre os novos locais e os antigos será apreciada pelo tribunal, segundo o seu prudente critério, em atenção às circunstâncias de cada caso.

§ **3.º** A mesma correspondência é necessária quando as obras possam ser feitas sem despejo do inquilino, mas com alteração do local por ele ocupado.

Artigo 4.º O senhorio tem direito de fazer visitar o prédio para o efeito de elaboração da planta, independentemente do estipulado no contrato.

§ **único.** No caso de oposição do arrendatário, poderá ser judicialmente suprido o seu consentimento.

Artigo 5.º O inquilino sujeito a despejo nos termos da alínea *a*) do artigo 1.º terá o direito de:

1.º Reocupar as dependências que tinha no edifício simplesmente ampliado ou ocupar as que lhe são destinadas, no edifício alterado ou construído de novo e receber, em qualquer dos casos, uma indemnização pela suspensão do arrendamento; ou

Parte II – Código Civil

2.º Receber uma indemnização pela resolução do arrendamento.

§ **1.º** A indemnização pela suspensão do arrendamento será igual a uma ou duas vezes a renda anual à data da sentença de despejo, conforme se trate de arrendamento para habitação ou para comércio, indústria ou profissão liberal.

§ **2.º** A indemnização pela resolução do arrendamento será igual a cinco ou dez vezes a renda anual à data da sentença de despejo, consoante se trate de arrendamento para habitação ou para comércio, indústria ou profissão liberal.

§ **3.º** Aos montantes determinados nos termos dos parágrafos anteriores acrescerá um vigésimo por cada ano completo de duração do arrendamento até à sentença de despejo, com o limite máximo de vinte anos.

Artigo 6.º O arrendatário sujeito a despejo nos termos da alínea *b*) do artigo 1.º não tem o direito de reocupação, mas o de ser indemnizado nos termos dos §§ 2.º e 3.º do artigo anterior.

Artigo 7.º Em caso de mera ampliação do edifício, o inquilino continuará sujeito à renda que pagava ao tempo do despejo. Nos outros casos, as rendas dos locais destinados aos antigos inquilinos serão fixadas antecipadamente pela Comissão Permanente de Avaliação, perante cópia do projecto aprovado e seus anexos, autenticada pela câmara municipal.

§ **1.º** O antigo inquilino que vier a ocupar o edifício alterado ou construído de novo não poderá ser compelido a satisfazer, de começo, renda superior à vigente à data do despejo, acrescida, no máximo, de 50 por cento. A eventual diferença entre a renda assim acrescida e a fixada pela Comissão Permanente de Avaliação será paga por sucessivos aumentos de 20 por cento dessa diferença em cada um dos semestres seguintes.

§ **2.º** Se as obras puderem fazer-se sem despejo do inquilino, não haverá por esse motivo modificação de renda, nem durante a sua execução nem, posteriormente.

Artigo 8.º A acção judicial será intentada conjuntamente contra todos os arrendatários, à excepção daqueles cujos locais não sofram alteração e possam permanecer no prédio e ainda daqueles contra quem já exista título exequível de despejo.

§ **1.º** Havendo outros locais além dos ocupados pelos arrendatários demandados, o senhorio deverá alegar e provar que não sofrem alteração e que os seus detentores podem permanecer no prédio, conforme certificado camarário; ou que possui título exequível de desocupação contra os respectivos arrendatários ou detentores; ou que estão ocupados por ele próprio, senhorio; ou que se encontram vagos.

§ **2.º** A petição inicial especificará as rendas pagas pelos arrendatários a despejar e o começo da vigência dos arrendamentos respectivos, e será acompanhada dos títulos de arrendamento, quando legalmente necessários, da planta do edifício na sua forma actual, da cópia autenticada do projecto aprovado pela câmara municipal, da certidão do parecer da Comissão Permanente de Avaliação e da mais documentação necessária.

§ **3.º** O juiz, logo que o processo lhe seja concluso, marcará tentativa de conciliação, a fazer no prazo de quinze dias. Se houver acordo com todos os réus acerca

CC   Art. 1103.º

da reocupação ou da indemnização, o processo considerar-se-á findo, proferindo o juiz no próprio auto a sentença a que se refere o artigo imediato. Se o acordo for apenas com alguns dos réus, o processo seguirá contra aqueles que não se conciliarem. O prazo da contestação contar-se-á, neste caso, desde a tentativa de conciliação.

§ 4.º São aplicáveis a esta acção as disposições do Código de Processo Civil sobre o despejo para o fim do prazo de arrendamento ou da sua renovação, tudo o que não for contrariado pelo presente diploma, e exceptuadas, designadamente, as disposições do art. 970.º e da segunda parte do segundo período do artigo 971.º daquele Código, bem como as relativas ao despejo provisório, que não é aqui admissível.

Artigo 9.º Em caso de procedência da acção, a sentença reconhecerá ao senhorio o direito de realizar as obras e condenará os réus a despejarem o prédio, ou a não embaraçarem as obras quando se trate de inquilinos nas condições referidas no § 3.º do artigo 3.º.

§ l.º A mesma sentença condenará o senhorio nas prestações, de coisa ou de facto a que o arrendatário tem direito por força do artigo 5.º, bem como nas prestações referidas nos artigos 14.º e 15.º, se as suas disposições se tornarem aplicáveis.

§ 2.º O arrendatário, para garantia das indemnizações a que tiver direito, goza privilégio imobiliário, que tomará o 4° lugar no artigo 887.º do Código Civil.

Artigo 10.º O inquilino comunicará ao senhorio, por carta registada, até oito dias depois do trânsito em julgado da sentença de despejo, se opta pela primeira ou pela segunda das modalidades previstas no artigo 5.º.

§ **Único.** No silêncio do inquilino, entender-se-á que opta pela segunda modalidade.

Artigo 11.º Nos quinze dias subsequentes ao termo do prazo estabelecido no artigo anterior, o senhorio pagará ao arrendatário metade da indemnização que no caso couber.

§ **1.º** Tratando-se de prédio rústico, o prazo fixado neste artigo conta-se desde o trânsito em julgado da sentença;

§ **2.º** A mora do senhorio dará ao arrendatário direito aos respectivos juros, nos termos gerais.

Artigo 12.º Efectuado o pagamento ordenado no artigo anterior, o arrendatário deverá desocupar o prédio dentro do prazo de três ou de seis meses, conforme se trate de arrendamento para habitação ou para comércio, indústria ou profissão liberal; ou até ao fim do prazo do arrendamento ou da sua renovação em curso ao tempo da propositura da acção, se este prazo for mais longo.

§ l.º Verificando-se algum dos factos previstos no artigo 759.º, n.ºs 1, 2 e 3, do Código Civil, o primeiro prazo indicado no corpo do presente artigo contar-se-á a partir da ocorrência desse facto.

§ 2.º O arrendatário pode legitimamente recusar-se a desocupar o prédio enquanto o senhorio lhe não pagar a segunda metade da indemnização.

Parte II – Código Civil

Artigo 13.º As obras deverão ser iniciadas até três meses depois de tornado efectivo o despejo de todos os arrendatários, salvo caso fortuito ou de força maior.

§ único. Esse prazo será, todavia, de seis meses se nenhum arrendatário houver declarado querer ocupar ou reocupar o edifício.

Artigo 14.º Em caso de inobservância do prescrito no artigo anterior ou no seu § único, o senhorio perde o direito à execução das obras; e os arrendatários, mesmo que não tenham optado pela modalidade estabelecida no n.º do art. 5.º, podem reocupar imediatamente o prédio nas condições vigentes à data do despejo, sem obrigações de restituir a indemnização recebida.

Artigo 15.º O inquilino que oportunamente declarou querer ocupar ou reocupar o edifício tem direito a um complémento de indemnização se o senhorio lhe não facultar, com base na respectiva licença camarária, aquela ocupação ou reocupação, até doze meses depois de haver desocupado o prédio.

§ 1.º O referido complemento será determinado nos termos seguintes: por cada um dos primeiros seis meses de atraso, vez e meia ou três vezes a renda mensal à data da sentença de despejo, consoante se trate de arrendamento para habitação ou para comércio, indústria ou profissão liberal; por cada um dos meses seguintes, o dobro desses quantitativos.

§ 2.º Se o senhorio provar que o atraso provém de caso fortuito ou de força maior, o complemento de indemnização será calculado, conforme a natureza do arrendamento, na base de uma ou duas vezes a mencionada renda; e só depois de cessar o impedimento se observará o disposto no parágrafo anterior.

§ 3.º Ao complemento de indemnização também é aplicável, em qualquer dos casos, o factor estabelecido no § 3.º do artigo 5.º.

§ 4.º O arrendatário fica obrigado ao pagamento da renda e ao cumprimento das demais obrigações a partir da data em que o senhorio lhe faculte a ocupação da casa.

Artigo 16.º Não poderão ser aprovadas alterações ao projecto junto com a petição inicial que impeçam o aumento mínimo do número de arrendatários exigido no artigo 3.º, n.º 1, ou que afectem os locais destinados a inquilinos com direito a ocupação ou reocupação.

§ 1.º Verificando-se a hipótese prevista na segunda parte do corpo do artigo 165.º do Regulamento Geral das Edificações Urbanas, aprovado pelo Decreto-Lei n.º 38 382, de 7 de Agosto de 1951, o despejo aí regulado tornar-se-á obrigatório desde que nenhum dos antigos arrendatários tenha declarado querer ocupar ou reocupar o edifício.

§ 2.º O pedido de licença de ocupação será despachado o mais tardar até trinta dias depois da sua apresentação, sem prejuízo do disposto no artigo 8.º e seus parágrafos do citado Regulamento Geral das Edificações Urbanas.

Artigo 17.º O preceituado nos artigos 804.º, 986.º, 987.º, 988.º e 992.º do Código do Processo Civil é aplicável, com as necessárias adaptações, à execução

CC　　　　　　　　　　　　　　　　　　　Art. 1103.º

da sentença de despejo, ou à ocupação ou reocupação do prédio pelos arrendatários despejados, nos termos do n.º 1 do artigo 5.º ou do artigo 14.º deste diploma.

Artigo 18.º Os processos administrativos respeitantes ao projecto e execução das obras e à fixação das rendas ficam sujeitos à legislação respectiva na parte não alterada por esta lei.

Artigo 19.º Fica revogado o artigo 69.º, alínea *c*), da Lei n.º 2030, de 22 de Junho de 1948.

§ **único.** As disposições inovadoras do presente diploma não são aplicáveis aos despejos fundados em projecto cuja aprovação tenha sido requerida à câmara municipal até 29 de Outubro de 1956, inclusive, desde que o despejo seja requerido no prazo de seis meses, a partir da entrada em vigor desta lei ou da aprovação do projecto, se esta for posterior, salvo, neste último caso, se a demora na referida aprovação for imputável ao senhorio.

JURISPRUDÊNCIA:

**ARRENDAMENTO; DENÚNCIA;
AUMENTO DO NÚMERO DE LOCAIS ARRENDÁVEIS:**

"Ainda que as obras a realizar no prédio para aumento do número de locais arrendáveis violem disposições do Regulamento Geral das Edificações Urbanas, não pode o arrendatário opor-se à denúncia com fundamento nessa violação."

(*Acórdão da Relação do Porto, de 07.01.1992, Boletim do Ministério da Justiça, 413, pág. 607*)

**DESPEJO; DENÚNCIA PARA AUMENTO
DOS LOCAIS ARRENDADOS; FALTA DE FIXAÇÃO DA RENDA:**

"**I** – Na acção de despejo com fundamento na execução de obras para aumento de locais arrendáveis, os requisitos do n.º 1 e n.º 2 do artigo 3.º da Lei n.º 2.088, de 3 de Junho de 1957, são elementos da causa de pedir.

II – A fixação da renda, exigida pelo artigo 7.º da mesma Lei, pela Comissão e pelo processo previstos no Decreto n.º 37 021, de 21 de Agosto de 1948, deve ter lugar antes da propositura da acção.

III – A falta dessa prévia fixação da renda integra excepção dilatória, de conhecimento oficioso."

(*Acórdão da Relação do Porto, de 10.03.1992, Boletim do Ministério da Justiça 415, pág. 722*)

Parte II – Código Civil

DENÚNCIA DO ARRENDAMENTO PARA AMPLIAÇÃO DO PRÉDIO:

"**I** – O artigo 73.º do Regime do Arrendamento Urbano traduz a intenção do legislador de que também os preceitos de natureza adjectiva contidos na legislação especial sobre a denúncia do arrendamento para aumento do número de locais arrendáveis (Lei n.º 2.088, de 3 de Junho de 1957) continuem aplicáveis levando a que se tenha de observar a tramitação nessa legislação para a acção de despejo dirigida a tal denúncia.

II – Daí que se tenha de designar dia para a tentativa de conciliação, só a partir dela começando a correr o prazo para o réu contestar (artigo 8.º, § 3.º, da Lei n.º 2088)."

(*Acórdão da Relação de Évora, de 12.05.1994, Boletim do Ministério da Justiça, 437, pág. 609*)

EXCLUSÃO DO DIREITO DE DENÚNCIA; ABUSO DE DIREITO:

"**I** – No que respeita aos pressupostos legais da efectivação da denúncia do contrato de arrendamento pelo senhorio é aplicável a lei vigente ao tempo em que é operada a declaração de denúncia do contrato e não a que se encontrava em vigor aquando da sua celebração.

II – A denúncia deve ser feita em acção judicial com a antecedência mínima de seis meses relativamente ao fim do prazo do contrato ou da sua renovação, pelo que o inquilino tem de ser citado com essa antecedência.

III – A permanência do arrendatário no local arrendado, como circunstância obstacularizante ao direito de denúncia pelo senhorio, constitui uma excepção peremptória atípica ou inominada, diferente da caducidade.

IV – Esta excepção peremptória atípica não é de conhecimento oficioso.

V – Para que surja uma situação de exclusão do direito de denúncia do senhorio é necessário que a situação por ele criada se traduza na figura geral de proibição do abuso de direito."

(*Acórdão da Relação do Porto, de 03.02.2004, Colectânea de Jurisprudência, 2004, Tomo I, pág.172*)

REOCUPAÇÃO PELO INQUILINO; MOTIVO DE FORÇA MAIOR:

"**I** – Os casos enumerados no artigo 72.º, n.º 2 do RAU [hoje, artigo 1103.º do CC], que inviabilizam a pretensão de indemnização e reocupação aí referidas por parte do inquilino, valem de modo autónomo.

II – O motivo de força maior a que se alude no artigo 72.º, n.º 2 do RAU deve ser aferido em função do disposto no artigo 790.º do Código Civil, correspondendo, por isso, a uma situação de impossibilidade (objectiva) de cumprimento, por causa que não seja imputável ao senhorio.

III – As obras de restauração ou conservação de um prédio, por forma a torná-lo 'mais habitável' ou a dotá-lo de maiores comodidades, não integram qualquer situação de força maior dilatória, justificativa da não ocupação atempada desse prédio, que foi despejado com fundamento na necessidade de habitação do senhorio ou do seu filho.

IV – A não realização das obras de reparação ou manutenção do prédio por dificuldades económicas ou por insolvência do senhorio, constitui uma simples *dificultas proestandi* ou uma impossibilidade meramente subjectiva, insusceptível de integrar uma situação de força maior."

(***Acórdão da Relação do Porto***, *de 26.02.2004, Colectânea de Jurisprudência, 2004, Tomo I, pág. 193*)

ANOTAÇÕES:

1. ANÁLISE DO N.º 1:

Para que o senhorio obtenha o despejo do prédio por via da denúncia terá de propor acção judicial com esse fim, a não ser que haja acordo entre as partes.

A acção judicial, que é neste caso obrigatória, corre os termos normais da acção de despejo (artigo 14.º do NRAU). A acção tem de ser instaurada com a antecedência não inferior a seis meses sobre a data pretendida para a desocupação.

Se a citação do arrendatário (réu) for feita com uma antecedência inferior ao prazo indicado e o arrendatário alegar na sua defesa esse facto, a acção não pode deixar de improceder, forçando o senhorio a propor nova acção no termo do prazo seguinte, com a antecedência necessária para dar ao arrendatário o pré-aviso que a lei lhe quer conceder.

2. ANÁLISE DO N.º 2:

Obtido o despejo para habitação própria, por via da denúncia do contrato de arrendamento, o senhorio terá de habitá-la, pelo menos, no prazo de seis meses e por um período mínimo de três anos.

Compreende-se o estabelecimento destes dois prazos. Relativamente à dilação de seis meses para a ocupação do prédio justifica-se dado que o senhorio terá de mudar toda a sua mobília e utensílios para a casa desocupada, podendo ainda haver necessidade ou interesse pessoal em efectuar reparações ou melhoramentos (*v.g.*, arranjos de canalizações, de soalhos, pintura interior, ou até mesmo pretender fechar uma varanda para obter maior área interior).

O não cumprimento desta disposição fará o senhorio incorrer nas sanções e consequências previstas no n.º 5 deste preceito.

Parte II – Código Civil

3. ANÁLISE DO N.º 3:

O n.º 3 do preceito impõe determinadas obrigações alternativas ao senhorio, quando a denúncia seja efectuada por motivo de demolição do prédio ou realização de obra de remodelação ou restauro profundo, a saber:

a) Pagamento de todas as despesas e danos, patrimoniais e não patrimoniais, suportados pelo arrendatário, não podendo o valor da indemnização ser inferior ao de dois anos de renda – a lei distingue, portanto, entre despesas e danos (patrimoniais e não patrimoniais). A nível de despesas, poderemos ventilar as que o arrendatário terá de suportar com o transporte das suas mobílias e utensílios para a nova residência. No que se refere a danos patrimoniais, pode colocar-se a hipótese de se terem inutilizado alguns utensílios no transporte para a nova residência ou até benfeitorias que o arrendatário tenha efectuado no locado e que não possam ser levantadas. Em qualquer dos casos, as verbas terão de ser documentalmente provadas, através da sua factura-recibo.

Já quanto aos danos não patrimoniais, o arrendatário pode invocar o desgosto e contratempos para a sua vida pessoal e/ou profissional, por via da mudança de residência.

Contudo, uma coisa é certa: mesmo que não haja despesas nem danos patrimoniais, bastará ao arrendatário alegar, na contestação da acção de denúncia, que teve danos não patrimoniais do montante correspondente ao valor de dois anos de renda, montante que lhe será sempre garantido.

b) Garantia de realojamento do arrendatário no mesmo concelho, em condições análogas às que este já detinha – daqui resulta, desde logo, que incumbe ao senhorio "encontrar" uma "nova casa" para o arrendatário se instalar, a qual terá condições análogas às da casa despejada. Tarefa, certamente difícil, já que, com a formulação legal teremos de entender que a nova residência tem de proporcionar ao arrendatário, por um lado, o mesmo número de divisões da anterior, com áreas semelhantes, e, por outro, com uma renda semelhante à despejada. Ora, é bem sabido que, face ao "congelamento" de rendas que se verificou durante décadas, certamente a renda da casa despejada é de valor bastante baixo, o que não será possível conseguir no actual mercado de concorrência, com rendas livres, logo de valor muito mais elevado.

c) Assegurar o realojamento temporário do arrendatário no mesmo concelho com vista a permitir a reocupação do prédio, em condições análogas às que este já detinha – se o senhorio optar pela reocupação do prédio pelo arrendatário, uma vez findas as obras de remodelação ou restauro, terá de assegurar ao arrendatário o realojamento temporário, durante o período das obras, em condições análogas às que este já detinha, o que significa que as despesas inerentes a esse realojamento (*v.g.*, transporte de mobílias e utensílios e renda da nova habitação) correm por conta do senhorio.

714

Em resumo: nestes casos de denúncia, o senhorio terá de optar por uma das hipóteses referidas nas três alíneas do n.º 3 do preceito em anotação, com as consequências inerentes a cada uma delas e que ficaram apontadas.

4. FALTA DE ACORDO ENTRE AS PARTES (N.º 4):

O legislador prevê a hipótese de as partes chegarem a acordo quanto à escolha de uma das modalidades previstas no número anterior.

Na falta desse acordo, a questão terá de ser decidida judicialmente, devendo o senhorio denunciar o contrato com seis meses de antecedência sobre a data pretendida para a desocupação (n.º 1 do preceito, por remissão).

5. ANÁLISE DO N.º 6:

Diferente do regime do n.º 2 é o que resulta do n.º 6 do preceito.

Efectivamente, se a ocupação do imóvel não se concretizar dentro do prazo estabelecido no n.º 2 ou se as obras não se iniciarem dentro do mesmo prazo, independentemente da opção quanto a uma das soluções do n.º 3, o senhorio será sempre responsável, *cumulativamente*, pelo pagamento ao arrendatário de todas as despesas e demais danos, patrimoniais e não patrimoniais, ocasionados ao arrendatário, não podendo o valor da indemnização ser inferior ao de dois anos de renda, podendo ainda este exigir do senhorio a reocupação do imóvel.

6. ANÁLISE DO N.º 7:

Resulta do n.º 7 do preceito que da denúncia não pode resultar uma duração total do contrato inferior a cinco anos. Sabendo-se que o contrato não pode ser celebrado inicialmente por período inferior a cinco anos (artigo 1.095.º, n.º 2), sendo o das renovações de três anos, isto significa das duas, uma: ou o senhorio denuncia o contrato para o termo do seu prazo inicial (e então completam-se os cinco anos), ou só posteriormente, já no decurso de uma das renovações.

7. ACÇÃO JUDICIAL:

"A acção judicial é, neste caso, obrigatória (desde que não haja acordo das partes para a cessação do contrato) de forma diversa da regra geral do artigo 1055.º do Código Civil, corre os termos da acção de despejo, tendo de ser intentada com a antecedência de seis meses, pelo menos, antes da data pretendida para a desocupação.

Se o senhorio não respeitar os seis meses de prazo indicado e o arrendatário alegar em sua defesa esse facto, a acção improcede, forçando o senhorio a propor nova acção, com a antecedência necessária. Estes seis meses deveriam ser, em princípio, o tempo necessário e suficiente para que o processo judicial corresse seus termos e fosse proferida sentença com trânsito em julgado."

(*Margarida Grave, Novo Regime do Arrendamento Urbano, 2006, 3ª ed., pág 103*)

Parte II – Código Civil

NOTAS PESSOAIS:

ARTIGO 1104.º
Confirmação da denúncia

No caso previsto na alínea *c*) do artigo 1101.º, a denúncia deve ser confirmada, sob pena de ineficácia, por comunicação com a antecedência máxima de quinze meses e mínima de um ano relativamente à data da sua efectivação.

HISTÓRICO:

Redacção do artigo 3.º da Lei n.º 6/2006, de 27 de Fevereiro (NRAU).
Preceito inovador.

ANOTAÇÕES:

1. ANÁLISE DO PRECEITO:

Estabelece-se uma "sobrecarga" sobre o senhorio, no sentido de o obrigar a confirmar a sua intenção de denúncia do arrendamento quando não pretenda que o contrato continue, mesmo sem motivo justificativo (artigo 1101.º, alínea *c*)). Nos termos deste preceito, o senhorio terá de comunicar ao arrendatário a sua intenção de denúncia com a antecedência não inferior a cinco anos. Para além disso, terá ainda de confirmar essa intenção dentro dos prazos (máximo e mínimo) estabelecidos neste artigo, no sentido de dizer, inequivocamente, que "não mudou de ideia", quer mesmo que o arrendatário abandone o locado.

2. TRANSMISSÃO DO ARRENDAMENTO:

Maria Olinda Garcia (*A Nova Disciplina do Arrendamento Urbano, Coimbra, 2006, pág. 36*) diz que "se, após a comunicação a que respeita a alínea *c*) do artigo 1101.º, o arrendatário falecer (transmitindo-se o direito a alguma das pessoas referidas no artigo 1106.º), deve entender-se que a mudança de arrendatário (que sucede, rigorosamente, na mesma posição do anterior) não altera a eficácia dessa comunicação. A confirmação da denúncia será, então, enviada ao novo arrendatário. Caso este sucessor ainda não tenha cumprido o dever de comunicação, estabelecido no

Parte II – Código Civil

artigo 1107.º, e a carta do senhorio for enviada em nome do falecido arrendatário, os efeitos do artigo 1104.º deverão igualmente produzir-se."

Concordamos com a opinião acima transcrita, sobretudo na medida em que o transmissário assume a posição do *de cuius*, em todos os seus direitos e obrigações, não podendo "castigar-se" o senhorio por uma falta de comunicação que compete àquele.

NOTAS PESSOAIS:

DIVISÃO III
Transmissão

ARTIGO 1105.º
Comunicabilidade e transmissão em vida para o cônjuge

1. Incidindo o arrendamento sobre casa de morada de família, o seu destino é, em caso de divórcio ou de separação judicial de pessoas e bens, decidido por acordo dos cônjuges, podendo estes optar pela transmissão ou pela concentração a favor de um deles.

2. Na falta de acordo, cabe ao tribunal decidir, tendo em conta a necessidade de cada um, os interesses dos filhos e outros factores relevantes.

3. A transferência ou a concentração acordadas e homologadas pelo juiz ou pelo conservador do registo civil ou a decisão judicial a elas relativa são notificadas oficiosamente ao senhorio.

HISTÓRICO:

Redacção do artigo 3.º da Lei n.º 6/2006, de 27 de Fevereiro (NRAU).
Corresponde, em parte, ao artigo 84.º do RAU (revogado), que se transcreve:

Artigo 84.º *(Transmissão por divórcio)*
1. Obtido o divórcio ou a separação judicial de pessoas e bens, podem os cônjuges acordar em que a posição de arrendatário fique pertencendo a qualquer deles.
2. Na falta de acordo, cabe ao tribunal decidir, tendo em conta a situação patrimonial dos cônjuges, as circunstâncias de facto relativas à ocupação da casa, o interesse dos filhos, a culpa imputada ao arrendatário na separação ou divórcio, o facto de ser o arrendamento anterior ou posterior ao casamento e quaisquer outras razões atendíveis.
3. Estando o processo pendente no tribunal de família, cabe a este a decisão.
4. A transferência do direito ao arrendamento para o cônjuge do arrendatário, por efeito de acordo ou decisão judicial, deve ser notificada oficiosamente ao senhorio.

Parte II – Código Civil

Os n.ᵒˢ 1, 2 e 3 do artigo acima transcrito correspondiam ao que vinha anteriormente disposto no artigo 1110.º do Código Civil, na redacção do Decreto-Lei n.º 47 344, de 25 de Novembro de 1965, enquanto o n.º 4 corresponde à redacção do Decreto-Lei n.º 163/95, de 13 de Julho.

LEGISLAÇÃO COMPLEMENTAR:

CASA DE MORADA DA FAMÍLIA: ARTIGO 1793.º DO CÓDIGO CIVIL

Artigo 1793.º *(Casa de morada da família)*
1. Pode o tribunal dar de arrendamento a qualquer dos cônjuges, a seu pedido, a casa de morada da família, quer essa seja comum quer própria do outro, considerando, nomeadamente, as necessidades de cada um dos cônjuges e o interesse dos filhos do casal.
2. O arrendamento previsto no número anterior fica sujeito às regras do arrendamento para habitação, mas o tribunal pode definir as condições do contrato, ouvidos os cônjuges, e fazer caducar o arrendamento, a requerimento do senhorio, quando circunstâncias supervenientes o justifiquem.

CASA DE MORADA DE FAMÍLIA E RESIDÊNCIA COMUM: ARTIGO 4.º DA LEI N.º 7/2001, DE 11 DE MAIO

Artigo 4.º *(Casa de morada de família e residência comum)*
1. Em caso de morte do membro da união de facto proprietário da casa de morada comum, o membro sobrevivo tem direito real de habitação, pelo prazo de cinco anos, sobre a mesma, e, no mesmo prazo, direito de preferência na sua venda.
2. O disposto no número anterior não se aplica caso ao falecido sobrevivam descendentes com menos de um ano de idade ou que com ele convivessem há mais de um ano e pretendam habitar a casa, ou no caso de disposição testamentária em contrário.
3. Em caso de separação, pode ser acordada entre os interessados a transmissão do arrendamento em termos idênticos aos previstos no n.º 1 do artigo 84.º do Regime do Arrendamento Urbano.
4. O disposto no artigo 1793.º do Código Civil e no n.º 2 do artigo 84.º do Regime do Arrendamento Urbano é aplicável à união de facto se o tribunal entender que tal é necessário, designadamente tendo em conta, consoante os casos, o interesse dos filhos ou do membro sobrevivo.

CASA DE MORADA COMUM: ARTIGO 5.º DA LEI N.º 6/2001, DE 11 DE MAIO

Artigo 5.º *(Casa de morada comum)*
1. Em caso de morte da pessoa proprietária da casa de morada comum, as pessoas que com ela tenham vivido em economia comum há mais de dois anos nas

CC

Art. 1105.º

condições previstas na presente lei têm direito real de habitação sobre a mesma, pelo prazo de cinco anos, e, no mesmo prazo direito de preferência na sua venda.

2. O disposto no número anterior não se aplica caso ao falecido sobrevivam descendentes ou ascendentes que com ele vivessem há pelo menos um ano e pretendam continuar a habitar a casa, ou no caso de disposição testamentária em contrário.

3. Não se aplica ainda o disposto no n.º 1 no caso de sobrevivência de descendentes menores que não coabitando com o falecido demonstrem ter absoluta carência de casa para habitação própria.

JURISPRUDÊNCIA:

CASA DE MORADA DE FAMÍLIA:

"I – Se bem que o preceito do n.º 3 do artigo 1110.º do Código Civil não haja estabelecido uma hierarquia de valores entre os elementos ou factores nele referidos, isso não significa que uma certa diferenciação hierárquica não haja de ser estabelecida pelo tribunal, em cada caso concreto e segundo aquilo que o bom senso indicar como a solução mais justa.

II – O tribunal que haja de decidir sobre a atribuição do direito ao arrendamento pode (e deve mesmo) debruçar-se sobre os elementos úteis que possam constar da respectiva decisão.

III – O chamado factor "premência" que, na previsão do n.º 3 do artigo 1110.º do Código Civil apenas pode inserir-se na referência a "outras razões atendíveis", não pode fazer esquecer os demais factores especialmente considerados no preceito, designadamente o factor "culpa" e o que se relaciona com "as circunstâncias de facto relativas à ocupação", factores estes que devem ser conhecidos e tidos em conta pelo tribunal que decide da atribuição do direito ao arrendamento, nomeadamente quando constem da sentença que decretou o divórcio."

(*Acórdão do Supremo Tribunal de Justiça*, de 02.04.1987, Boletim do Ministério da Justiça, 366, pág. 502)

CASA DE MORADA DA FAMÍLIA; LITIGIOSIDADE; MEIOS PROCESSUAIS PRÓPRIOS; DIREITO DE ARRENDAMENTO:

"I – O campo de aplicação do processo de jurisdição voluntária regulado no artigo 1415.º do Código de Processo Civil restringe-se à fixação ou alteração da residência da família durante a vigência do casamento (artigo 1673.º do Código Civil).

II – Já a forma processual própria para dirimir o litígio relativo à atribuição da casa de morada da família na sequência de divórcio ou de separação de pessoas e bens é a do processo comum.

III – O direito a arrendamento – em qualquer dos casos previstos no artigo 84.º do Regime do Arrendamento Urbano e artigo 1793.º do Código Civil – deve

Parte II – Código Civil

ser atribuído ao cônjuge ou ex-cônjuge que mais necessite da casa que foi morada da família, necessidade a apurar segundo a apreciação global das circunstâncias particulares de cada caso e ponderados os interesses dos filhos do casal; e, em situação de sensível igualdade, deve ser preterido o cônjuge declarado culpado da separação ou divórcio."

(*Acórdão da Relação de Lisboa, de 26.10.1995, Boletim do Ministério da Justiça, 450, pág. 540*)

PARQUEAMENTO DE VIATURA; TRANSFERÊNCIA DO DIREITO AO ARRENDAMENTO; DENÚNCIA:

"**I** – De acordo com o disposto no artigo 5.º, n.º 2, alínea *e*), artigo 6.º, n.º 1, e artigo 58.º do Regime do Arrendamento Urbano, o direito ao arrendamento urbano para parqueamento de viatura transmite-se ao cônjuge do primitivo arrendatário.

II – A norma constante daqueles preceitos é inovadora e não interpretativa de norma anterior, mas aplica-se a todas as relações de arrendamento em vigor, ainda que nascidas de contratos de arrendamento anteriores ao início da vigência do Regime do Arrendamento Urbano.

III – O n.º 1 do artigo 6.º, não incluindo entre as normas aplicáveis o artigo 68.º, n.º 2, ambos do Regime do Arrendamento Urbano, pretendeu afastar a regra da renovação obrigatória do contrato no arrendamento de prédio urbano para garagem e conferir ao senhorio o direito de denúncia."

(*Acórdão da Relação do Porto, de 11.12.1995, Boletim do Ministério da Justiça, 452, pág. 485*)

TRANSMISSÃO POR MORTE:

"O facto do arrendatário falecido, uns anos antes da sua morte ter abandonado o lar conjugal, não impede a transmissão do arrendamento para o cônjuge sobrevivo, que se manteve no arrendado."

(*Acórdão da Relação de Lisboa, de 20.02.2001, Colectânea de Jurisprudência, 2001, Tomo I, pág. 123*)

SEGUNDA RESIDÊNCIA; SEPARAÇÃO DE FACTO DOS CÔNJUGES; CASA DE MORADA DE FAMÍLIA:

"**I** – A separação de facto entre cônjuges não tem, em si mesma, o efeito de desqualificar um andar que tinham arrendado, como casa de morada de família.

II – Apesar do dever de coabitação ter sido deixado de cumprir pelo cônjuge arrendatário a casa arrendada continuou a ser o lugar de cumprimento desse dever.

III – Para que o arrendado pudesse deixar de ser qualificado como casa de morada de família, era necessário que, a par da separação de facto dos cônjuges, tivesse existido um acordo nesse sentido."

(*Acórdão da Relação de Lisboa, de 12.07.2001, Colectânea de Jurisprudência, 2001, Tomo IV, pág. 91*)

CASA DE MORADA DA FAMÍLIA; PENDÊNCIA DA ACÇÃO DE DIVÓRCIO; MOMENTO DA ATRIBUIÇÃO:

"**I** – O processo para 'atribuição da casa de morada de família', previsto no artigo 1413.º do Código de Processo Civil, é dependência da acção de divórcio ou separação litigiosa.

II – A atribuição definitiva da casa de morada de família a um dos cônjuges, nos termos do artigo 1793.º do Código Civil, pressupões a efectiva ou simultânea verificação do pedido de divórcio ou separação.

III – Os factores ou coeficientes a ter em conta nas hipóteses previstas nos artigos 84.º do RAU e 1793.º do Código Civil são, essencialmente, os mesmos, já que não há razões para serem diferentes.

IV – Sendo o pedido de atribuição da casa de morada de família formulado na pendência da acção de divórcio litigioso, deve sobrestar-se na decisão até ser proferida sentença, com trânsito em julgado, nesta acção de que aqueles autos são apenso."

(**Acórdão da Relação do Porto**, de 24.02.2005, Colectânea de Jurisprudência, 2005, Tomo I, págs. 197 e seg.)

ANOTAÇÕES:

1. ACORDO DAS PARTES:

"A primeira solução a que a lei intencionalmente alude, para lhe conceder justificada prioridade, é a ditada pelo acordo das partes, quando posterior à decretação do divórcio ou da separação.

Os cônjuges, mesmo depois de divorciados ou separados, são em princípio os melhores julgadores da complexa teia de interesses concretos, seus, e dos filhos se os houver, que se debatem no seu caso especial da crise matrimonial.

Por consequência, se, não obstante todas as divergências conjugais que conduziram à extinção da sociedade matrimonial, os desavindos acordarem na solução a dar à delicada questão do destino do arrendamento para habitação, que qualquer deles tenha celebrado com o senhorio, é evidente que a essa solução acordada se deve o tribunal agarrar com ambas as mãos (...).

E porque essa é, presuntivamente, a solução que melhor serve o interesse superior da família, com os filhos à cabeça quando os haja, facilmente se compreendem também os demais aspectos revolucionários da solução.

O primeiro deles consiste no facto de a solução acordada entre os cônjuges, os quais representam *apenas um dos lados* da *relação locatícia*, apesar do carácter bilateral desta relação, prescindir do *assentimento* do senhorio, e ser apenas *notificada* (oficiosamente) a este. E saliente-se que a desnecessidade do *assentimento* do senhorio se verifica, mesmo que a solução acordada entre os cônjuges seja no sentido de o arrendamento transitar para a titularidade do cônjuge que não foi o contraente inicial.

Parte II – Código Civil

A solução de manter o contrato necessariamente em benefício do cônjuge arrendatário poderia não ser justa, porque o divórcio ou a separação tivessem sido causados por esse cônjuge ou até porque a intervenção dele como arrendatário pode ter sido *meramente casual* ou *fortuita*."

(*Pires de Lima – Antunes Varela, Código Civil Anotado, vol. II, 1997, págs. 649 e seg.*)

2. FALTA DE ACORDO:

"*Na falta de acordo* – acordo que é uma espécie de *tábua de salvação* capaz de evitar as dúvidas e incertezas criadas pelas sugestões, muitas vezes contraditórias, das múltiplas circunstâncias que interferem em cada caso – o n.º 2 remete para o prudente arbítrio do julgador, no processo de divórcio ou separação, a resolução de cada caso; mas fornece-lhe ao mesmo tempo, numa espécie de memorial, a lista (*não taxativa ou exaustiva*) de elementos ou pontos de referência que ele deve ponderar na resolução de cada caso.

[Trata-se de ter em conta, na atribuição da casa de morada da família, à necessidade de cada um dos cônjuges, os interesses dos filhos e outros factores relevantes, constituindo este último factor uma verdadeira cláusula geral que, como tal está dependente de análise casuística da circunstância concreta, cabendo ao juiz decidir quanto à sua pertinência.]

(...)

Sendo o divórcio ou a separação requerido por mútuo consentimento, logo na indicação dos documentos com os quais a respectiva petição deve ser instruída (art. 1419.º, n.º 1, al. *f*) do Código de Processo Civil), o cuidado da lei se revela, ao incluir expressamente, entre os documentos exigidos, '*o acordo sobre o destino da casa de morada da família*'.

E noutras disposições, ainda agora vigentes, se manifesta de igual modo o papel activo que a lei confia ao julgador na defesa da solução que melhor sirva, nesse ponto, os interesses de cada um dos filhos (artigo 1776.º, n.º 2, e, especialmente, o artigo 1778.º do Código Civil).

E idêntica preocupação transparece, quer no divórcio litigioso (artigo 1793.º do Código Civil e artigo 1407.º, n.os 2 e 7 do Código de Processo Civil), quer nos casos em que, no processo de divórcio ou de separação por mútuo consentimento, intervenha o conservador do registo civil, *travesti* de julgador (artigo 1778.º-A do Código Civil)."

(*Pires de Lima – Antunes Varela, Código Civil Anotado, vol. II, 1997, págs. 650 e seg. [adaptadas]*)

3. ANÁLISE DO N.º 1:

"O artigo em anotação, no seu n.º 1, permite, no caso de divórcio ou de separação judicial de pessoas e bens, que os cônjuges possam acordar quem fica com a posição de arrendatário. Na ausência de entendimento entre eles, cabe ao Tribunal decidir, tendo em conta a necessidade de cada um, os interesses dos filhos ou outros factores relevantes, se a posição de arrendatário se mantém na titularidade do cônjuge que já a detém, ou se o direito ao arrendamento é transferido para o outro cônjuge.

Entre outros factores relevantes, enunciaremos, com carácter exemplificativo, a situação patrimonial dos cônjuges, as circunstâncias de facto relativas à ocupação da casa, a culpa imputada ao arrendatário na separação ou divórcio e o facto de o arrendamento ser anterior ou posterior ao casamento, não existindo entre estes factores quaisquer relações de hierarquia."

(*Margarida Grave, Novo Regime do Arrendamento Urbano, 2006, 3ª ed., pág 106*)

4. ANÁLISE DO N.º 3:

O n.º 3 limita-se a confirmar um princípio que transitou do direito anterior (n.º 4 do artigo 84.º do RAU, revogado), que consiste no facto de o tribunal comunicar ao senhorio oficiosamente, ou seja, por sua própria iniciativa, o destino da casa de morada de família acordado pelos cônjuges e homologado pelo juiz ou conservador do registo civil.

5. EXTENSÃO DO REGIME À UNIÃO DE FACTO:

Nos termos do n.º 3 do artigo 4.º da Lei n.º 7/2001, de 11 de Maio, em caso de separação dos membros da união de facto, pode ser acordada entre os interessados a transmissão do arrendamento em termos idênticos aos previstos no n.º 1 do artigo 84.º do RAU [actualmente, n.º 1 do preceito em anotação – artigo 1.105.º do Código Civil].

Por outro lado, o n.º 4 do citado artigo 4.º da Lei n.º 7/2001, estabelece que o disposto no artigo 1793.º do Código Civil e no n.º 2 do artigo 84.º do RAU [actualmente, n.º 2 do preceito em anotação] é aplicável à união de facto se o tribunal entender que tal é necessário, designadamente tendo em conta, consoante os casos, o interesse dos filhos ou do membro sobrevivo.

6. NOTIFICAÇÃO AO SENHORIO:

"A transferência do direito ao arrendamento para o cônjuge do arrendatário, por efeito de acordo ou decisão judicial, *deve ser notificada oficiosamente ao senhorio*. Esta notificação é ordenada pelo Juiz no processo e é executada nos termos habituais de cumprimento pela secretaria de despachos do juiz. Para o efeito, a lei não indica qualquer prazo de execução, convicta de que o decorrer normal do processo com a consequente execução dos despachos do juiz, assegurará uma comunicação em tempo do senhorio não se ver confrontado meses ou anos depois, com a alteração subjectiva operada.

De qualquer modo, nas situações normais, o senhorio não deixa de ter conhecimento da transferência do direito ao arrendamento através do novo arrendatário, quando este exija, como tem direito, a emissão dos *recibos de renda* em seu nome. (...)

Parte II – Código Civil

A transferência da posição de arrendatário opera-se com o *trânsito em julgado da decisão do juiz*, da qual é notificado o senhorio. Assim, admitindo que, por lapso, a secretaria judicial não notifica o senhorio e que este também não é informado da transferência pelo novo arrendatário (v.g. porque as rendas eram e continuaram a ser pagas, por rotina, através de débito dos respectivos quantitativos numa determinada conta bancária), o locador não pode, por exemplo, resolver o contrato por falta de residência permanente do arrendatário (inicial), invocando a *ineficácia* da transferência do direito ao arrendamento; no entanto, pode responsabilizar o Estado por incumprimento do dever de notificação, na medida em que de tal omissão lhe tenham advindo prejuízos."

(*Januário Gomes, Arrendamentos para Habitação, Coimbra, 1994, págs. 155 e seg.*)

NOTAS PESSOAIS:

ARTIGO 1106.º
Transmissão por morte

1. O arrendamento para habitação não caduca por morte do arrendatário quando lhe sobreviva:

a) Cônjuge com residência no locado ou pessoa que com o arrendatário vivesse no locado em união de facto e há mais de um ano;

b) Pessoa que com ele residisse em economia comum e há mais de um ano.

2. No caso referido no número anterior, a posição do arrendatário transmite-se, em igualdade de circunstâncias, sucessivamente para o cônjuge sobrevivo ou pessoa que, com o falecido, vivesse em união de facto, para o parente ou afim mais próximo ou de entre estes para o mais velho, ou para o mais velho de entre as restantes pessoas que com ele residissem em economia comum, há mais de um ano.

3. A morte do arrendatário nos seis meses anteriores à data da cessação do contrato dá ao transmissário o direito de permanecer no local por período não inferior a seis meses a contar do decesso.

HISTÓRICO:

Redacção do artigo 3.º da Lei n.º 6/2006, de 27 de Fevereiro (NRAU).

Corresponde, parcialmente ao artigo 85.º do RAU (revogado), que se transcreve:

Artigo 85.º *(Transmissão por morte)*
1. O arrendamento para habitação não caduca por morte do primitivo arrendatário ou daquele a quem tiver sido cedida a sua posição contratual, se lhe sobreviver:

a) Cônjuge não separado judicialmente de pessoas e bens ou de facto;

b) Descendente com menos de um ano de idade ou que com ele convivesse há mais de um ano;

Parte II – Código Civil

c) Pessoa que com ele viva em união de facto há mais de dois anos, quando o arrendatário não seja casado ou esteja separado judicialmente de pessoas e bens;

d) Ascendente que com ele convivesse há mais de um ano;

e) Afim na linha recta, nas condições referidas nas alíneas *b)* e *c)*;

2. Caso ao arrendatário não sobrevivam pessoas na situação prevista na alínea *b)* do n.º 1, ou estas não pretendam a transmissão é equiparada ao cônjuge a pessoa que com ele vivesse em união de facto.

3. Nos casos do número anterior, a posição de arrendatário transmite-se, pela ordem das respectivas alíneas, às pessoas nele referidas, preferindo, em igualdade de condições, sucessivamente, o parente ou afim mais próximo e mais idoso.

4. A transmissão a favor de parentes ou afins também se verifica por morte do cônjuge sobrevivo quando, nos termos deste artigo, lhe tenha sido transmitido o direito ao arrendamento.

REMISSÕES:

Separação judicial de pessoas e bens – arts. 1794.º CC; linhas de parentesco – art. 1580.º CC; afinidade – art. 1584.º CC; união de facto – Lei n.º 7/2001, de 11.05; economia comum – Lei n.º 6/2001, de 11.05.

JURISPRUDÊNCIA:

CADUCIDADE DE ARRENDAMENTO:

"**I** – É acessório do arrendamento para habitação, o arrendamento de garagem celebrado posteriormente àquele, se a garagem foi construída em logradouro que antes se integrava no arrendado.

II – Por isso aquele arrendamento, tal como o principal, não caduca por morte do locatário se lhe sobrevive cônjuge não separado judicialmente ou de facto."

(***Acórdão da Relação de Lisboa***, *de 21.03.1991, Colectânea de Jurisprudência, 1991, Tomo II, 157*)

ARRENDAMENTO; MORTE DO ARRENDATÁRIO; TRANSMISSÃO DO CONTRATO:

"**I** – No domínio dos arrendamentos de prédios urbanos para fins habitacionais, o contrato não caduca por morte do primeiro arrendatário, se lhe sobreviver cônjuge não separado judicialmente de pessoas e bens ou de facto, ou deixar parente ou afim, na linha recta com menos de um ano, ou que com ele convivessem pelo menos há um ano.

CC

Art. 1106.º

II – O inciso legal «que com ele convivesse pelo menos há um ano» não pode deixar de ser interpretado no sentido de se exigir que o sucessor conviva com o arrendatário, pelo menos no último ano de vida deste, no prédio arrendado, em termos de aí ter a sua residência permanente, o que pressupõe a comunidade da vida familiar e a instalação do trem de vida doméstica unicamente no arrendado.

III – Ao assegurar aos familiares do arrendatário a sucessão no direito ao arrendamento, a lei quer evitar-lhes que, saindo de casa onde tinham a residência permanente, fiquem sem casa para onde ir morar, devendo excluir-se, assim, da hipótese legal o sucessor que não careça do prédio arrendado, *v.g.*, por ter na localidade outro prédio, próprio ou arrendado, que satisfaça as suas necessidades habitacionais."

(*Acórdão da Relação do Porto, de 08.06.1992, Boletim do Ministério da Justiça, 418, pág. 854*)

TRANSMISSÃO POR MORTE DO ARRENDATÁRIO; CONDIÇÕES PARA A 2ª TRANSMISSÃO DO ARRENDAMENTO:

"**I** – Para que ocorra a 2ª transmissão do arrendamento a favor dos parentes ou afins não é necessário que estes tenham convivido com o primitivo arrendatário, basta a convivência de mais de um ano do cônjuge sobrevivo, à data da morte daquele, e a dos parentes ou afins, de igual duração, à da morte do cônjuge sobrevivo.

II – É esta interpretação que se colhe do n.º 3 do artigo 85.º do Regime de Arrendamento Urbano, no qual a expressão «nos termos deste artigo» e o advérbio «também» insinuam que a segunda transmissão a favor dos parentes ou afins se verifica por forma igual à primeira.

III – Tal transmissão, porém, fica condicionado ao disposto no artigo 86.º do referido Regime de Arrendamento Urbano, integrando-se a lacuna quanto à 2ª transmissão, como se neste artigo se dissesse «à data da morte do primitivo arrendatário «e seu cônjuge».

IV – Assim, não tendo ficado provado que a neta do cônjuge sobrevivo tivesse, quer na ocasião da morte do seu avô (primitivo arrendatário), quer na da sua avó, uma outra residência obstativa da transmissão, é suficiente para que esta se dê, por morte da avó, que tenha, com ela convivido, como se verificou, mais de um ano, à data desse facto."

(*Acórdão do Supremo Tribunal de Justiça, de 22.11.1994, Colectânea de Jurisprudência, Acórdãos do Supremo Tribunal de Justiça, 1994, Tomo III, pág. 150*)

ARRENDAMENTO; TRANSMISSÃO AOS PARENTES DO ARRENDATÁRIO; ECONOMIA COMUM; PRESUNÇÃO:

"A transmissão do arrendamento para os parentes do falecido arrendatário, nos termos do artigo 1111.º do Código Civil, na redacção da Lei n.º 46/1985, de 20 de Setembro, depende apenas de o beneficiário ter vivido com o finado há pelo menos um ano à data da morte, presumindo a lei que estes parentes vivem em

Parte II – Código Civil

economia comum com o arrendatário, ainda que paguem alguma retribuição, não carecendo, por isso, de provar que contribuíam para as despesas domésticas do agregado familiar."

(*Acórdão da Relação do Porto, de 09.12.1997, Boletim do Ministério da Justiça, 472, pág. 561*)

ACÇÃO DE DESPEJO; FALECIMENTO DO ARRENDATÁRIO:

"**I** – A transmissão do direito ao arrendamento não constitui um verdadeiro fenómeno de 'sucessão'.

II – Ela só poderá ser feita para os concretos transmissários da posição contratual definidos na lei e não para os sucessores no quadro da herança.

III – Assim não pode haver habilitação.

IV – A enunciação dos beneficiários da Segunda transmissão é taxativa."

(*Acórdão da Relação de Lisboa, de 11.05.2000, Colectânea de Jurisprudência, 2000, Tomo III, pág. 83*)

CONTRATO DE ARRENDAMENTO; CADUCIDADE POR ÓBITO DO ARRENDATÁRIO; PERMANÊNCIA DO CÔNJUGE SOBREVIVO, SEPARADO DE FACTO; FORMA DO PROCESSO:

"**I** – O meio processual próprio para se obter a desocupação de uma casa objecto de um arrendamento que caducou por óbito do arrendatário é a acção de reivindicação, e não acção de despejo.

II – A alínea *a*) do n.º 1 do artigo 85.º do Regime de Arrendamento Urbano deve ser interpretada restritivamente, naqueles casos em que o cônjuge arrendatário abandona o arrendado, continuando a viver neste o cônjuge sobrevivo, após a separação de facto.

III – Nestes casos, o arrendamento não caduca por morte do primitivo arrendatário, transmitindo-se ao cônjuge sobrevivo, observados que se mostrem os requisitos previstos nesse diploma."

(*Acórdão da Relação de Lisboa, de 24.02.2000, Colectânea de Jurisprudência, 2000, Tomo I, pág. 126*)

CONTRATO DE ARRENDAMENTO; TRANSMISSÃO POR MORTE:

"O facto do arrendatário falecido, uns anos antes da sua morte ter abandonado o lar conjugal, não impede a transmissão do arrendamento para o cônjuge sobrevivo, que se manteve no arrendado."

(*Acórdão da Relação de Lisboa, de 20.02.2001, Colectânea de Jurisprudência, 2001, Tomo I, pág. 123*)

CC   Art. 1106.º

TRANSMISSÃO DE DIREITO POR MORTE DO INQUILINO:

"**I** – As expressões 'conviver com' e 'viver com', referidas nas diversas alíneas do n.º 1 do artigo 85.º do RAU, devem ser interpretadas no sentido de que o parente transmissário do direito ao arrendamento, por morte do inquilino, não só coabite com o *de cuius*, mas tenha também estabelecido com ele laços de efectiva vivência ou convivência comunitária.

II – Por isso, tal coabitação deve ser interpretada no sentido de o parente transmissário ter no locado a sua residência permanente (entendida no sentido que dominantemente vem hoje sendo atribuído a este conceito)."

(*Acórdão da Relação de Coimbra*, de 05.06.2001, *Colectânea de Jurisprudência, 2001, Tomo III, pág. 19*)

TRANSMISSÃO DO ARRENDAMENTO; REQUISITOS:

"**I** – Não deve ser reconhecida a transmissão do direito ao arrendamento a favor da filha do arrendatário que com ele vivia à data da sua morte se, estando o locado situado em Lisboa, a mesma é proprietária de um prédio numa comarca limítrofe, o qual satisfaz as suas necessidades.

II – O termo 'residência' empregue no artigo 86.º do RAU não deve ser considerado no seu literal, mas antes no sentido de o interessado ter habitação disponível que satisfaça as necessidades habitacionais."

(*Acórdão da Relação de Lisboa*, de 12.02.2004, *Colectânea de Jurisprudência, 2004, Tomo I, pág. 109*)

ECONOMIA COMUM, DIREITO À TRANSMISSÃO DO ARRENDAMENTO:

"**I** – A alínea *f*) do n.º 1 do artigo 85.º do RAU (alínea aditada pela Lei n.º 6/ /2001) veio conferir às pessoas que vivessem em economia comum com o arrendatário há mais de dois anos o direito à transmissão do arrendamento, no caso de morte do arrendatário.

II – Porque se trata de uma norma relativa ao estatuto legal dos sujeitos da relação jurídica, ela tem aplicação aos contratos em curso, não se exigindo que os pressupostos de que depende a transmissão do direito se tenham de verificar no domínio da nova lei.

III – Tal norma não é inconstitucional.

IV – Nem viola o princípio da confiança, ínsito no princípio do Estado de Direito."

(*Acórdão do Supremo Tribunal de Justiça*, de 22.04.2004, *Colectânea de Jurisprudência, Acórdãos do Supremo Tribunal de Justiça, 2004, Tomo II, pág. 45*)

Parte II – Código Civil

TRANSMISSÃO DO ARRENDAMENTO
DIREITO DE PREFERÊNCIA

"**I** – Não é de conhecimento oficioso a nulidade consubstanciada na não gravação áudio dos depoimentos – de parte e testemunhal – prestados em audiência de discussão e julgamento, oportunamente requerida, nulidade que se considera sanada, se não foi arguida, atempadamente, pela parte recorrente da decisão sobre a matéria de facto.

II – A morte do primitivo arrendatário habitacional não implica sempre, como ressalva a parte final do artigo 83.º do Regime de Arrendamento Urbano, a caducidade do arrendamento para habitação; este não caduca por morte do primitivo arrendatário se lhe sobreviver cônjuge não separado de pessoas e bens ou de facto.

III – Sendo o arrendatário casado, à data da morte, o contrato de arrendamento não caducou, antes se transmitiu ao seu cônjuge, transmissão que, por força da lei, é automática e ocorre com a verificação da morte (do primitivo arrendatário), a não ser que o cônjuge sobrevivo a ela renuncie.

IV – No artigo 89.º, n.º 1 e n.º 2, do Regime de Arrendamento Urbano impõe-se ao transmissário não renunciante a obrigação de comunicação da morte do primitivo arrendatário, por carta registada com aviso de recepção, mas a inexistência de tal comunicação não prejudica a transmissão do contrato.

V – Tendo o cônjuge sobrevivo a posição de arrendatário goza do direito de preferência em caso de alienação do imóvel."

(***Acórdão da Relação do Porto***, *de 19.01.2006, www.jurinfor.pt/arrendamento urbano*)

ANOTAÇÕES:

1. SEPARAÇÃO DE FACTO:

"Para que goze, porém, dos direitos conferidos neste artigo, o cônjuge não pode estar judicialmente separado de pessoas e bens, e *nem sequer separado de facto*. A *separação de facto* supõe uma situação de ruptura nas relações normais dos cônjuges e não uma simples separação imposta por circunstâncias que o justifiquem, como a prestação de serviço militar, uma viagem de recreio ou de negócios, etc., mas que nenhuma perturbação anormal envolvem na relação matrimonial." (*Pires de Lima – Antunes Varela, Código Civil Anotado, vol. II, 1997, pág. 654*)

Neste sentido é decisiva a letra da lei (alínea *a*) do n.º 1 do preceito em anotação), quando refere que a transmissão do direito ao arrendamento dá-se a favor do **cônjuge com residência no locado**.

Aliás, face ao teor do texto legal, pode concluir-se que a lei não exige, em relação aos cônjuges, "qualquer período mínimo de convivência para que se opere a transmissão do direito ao arrendamento. Quer isto dizer que, nos próprios casamentos *in articulo mortis*, o cônjuge do arrendatário goza desse direito de transmissão.

CC   Art. 1106.º

Não é, na verdade, a duração da convivência conjugal que justifica a transmissão do arrendamento, mas a situação jurídica de cônjuge, e esta nasce no momento da celebração do casamento. Repugna tornar dependentes quaisquer direitos conjugais do decurso do tempo, como se este pudesse imprimir à união uma relevância e uma eficácia novas." (*Pires de Lima – Antunes Varela, Código Civil Anotado, vol. II, 1997, pág. 654*)

Diferente é a solução preconizada para a união de facto, em que se exige que o companheiro sobrevivo vivesse no locado há mais de um ano. Ora, esta parte do preceito parece entrar em contradição com o n.º 1 do artigo 1.º da Lei n.º 7/2001, de 11.05, que faz depender os efeitos da união de facto de um período de dois anos durante os quais os companheiros vivam em condições análogas às dos cônjuges. Assim sendo, poderá interpretar-se esta parte final da alínea a) do n.º 1 do preceito em análise no sentido de se exigir que os companheiros já vivessem em união de facto há mais de três anos, ou seja, os dois anos referidos na Lei n.º 7/2001, mais um ano referido no preceito em análise. É que não se compreende que o legislador tivesse querido derrogar ou excepcionar o prazo daquela Lei, sob pena de se desvirtuar o instituto e os objectivos com ele tidos em causa (nomeadamente, a estabilidade e durabilidade da união de facto). Contudo, a interpretação mais correcta será no sentido de se considerar que estes prazos não são cumulativos, pelo que, desde que a união de facto dure há, pelo menos, dois anos, o companheiro sobrevivo terá direito de transmissão do arrendamento.

Em sentido diferente, Maria Olinda Garcia, A Nova Disciplina do Arrendamento Urbano, Coimbra, 2006, pág. 38.

2. ALTERAÇÃO DO LEQUE DE TRANSMISSÁRIOS:

Na lei anterior, na falta de cônjuge sobrevivo, teriam direito de transmissão do arrendamento, sucessivamente, o descendente com menos de um ano de idade ou que convivesse com o arrendatário há mais de um ano, a pessoa que vivesse em união de facto há mais de dois anos, o ascendente que com ele convivesse há mais de um ano, o afim na linha recta e, finalmente, as pessoas que vivessem em economia comum há mais de dois anos.

O n.º 2 do artigo em anotação simplificou estas referências, criando um regime mais alargado. É que a transmissão do direito ao arrendamento pode verificar-se a favor do parente ou afim mais próximo e de entre estes para o mais velho. O que significa que se eliminou a limitação do grau de parentesco ou afinidade ao primeiro grau da linha recta. Assim, face à redacção actual do n.º 2 do artigo em anotação, o direito ao arrendamento pode ser transmitido a qualquer parente ou afim do arrendatário falecido, que com ele vivessem, preferindo o de grau mais próximo e, entre estes o mais velho.

Finalmente, refira-se que este direito é também diferido às pessoas que com ele vivessem em economia comum há mais de um ano. Cabem aqui, portanto, as considerações que tecemos na anotação anterior relativamente à união de facto.

733

Parte II – Código Civil

3. LIMITAÇÃO NA TRANSMISSÃO:

"Outra alteração a registar é o facto de ter desaparecido a referência à segunda transmissão por morte (que anteriormente constava do n.º 4 do artigo 85.º do RAU). Dado que a lei deixa de se referir à transmissão do direito do *primitivo arrendatário* (diferentemente do que dispunha o n.º 1 do artigo 85.º do RAU), referindo-se apenas ao arrendatário, parece poder entender-se que deixa de haver qualquer limitação ao número de transmissões por morte"

(*Maria Olinda Garcia, A Nova Disciplina do Arrendamento Urbano, Coimbra, 1997, pág. 38*)

4. ANÁLISE DO N.º 3:

"O n.º 3 estabelece uma espécie de sucessão transitória ou provisória para as situações em que, quando o arrendatário morre, o contrato se encontrava destinado a cessar dentro de 6 meses ou menos, porque os poderes do senhorio eram temporalmente limitados e iriam extinguir-se ou por ter havido oposição à renovação ou denúncia do contrato, quer por parte do senhorio quer por parte do arrendatário. Assim, se quando o arrendatário morre faltava 1 mês para a extinção do contrato e consequente despejo do local, aquele que seria normal sucessor tem mais 5 meses, para além dessa data, para procurar um alojamento alternativo."

(*Maria Olinda Garcia, A Nova Disciplina do Arrendamento Urbano, Coimbra, 1997, págs. 39 e seg.*)

NOTAS PESSOAIS:

ARTIGO 1107.º
Comunicação

1. Por morte do arrendatário, a transmissão do arrendamento, ou a sua concentração no cônjuge sobrevivo, deve ser comunicada ao senhorio, com cópia dos documentos comprovativos e no prazo de três meses a contar da ocorrência.

2. A inobservância do disposto no número anterior obriga o transmissário faltoso a indemnizar por todos os danos derivados da omissão.

HISTÓRICO:

Redacção do artigo 3.º da Lei n.º 6/2006, de 27 de Fevereiro (NRAU).
Corresponde, essencialmente, ao artigo 89.º do RAU (revogado), que se transcreve:

Artigo 89.º *(Comunicação ao senhorio)*
1. O transmissário não renunciante deve comunicar ao senhorio, por carta registada com aviso de recepção, a morte do primitivo arrendatário ou do cônjuge sobrevivo, enviada nos 180 dias posteriores à ocorrência.
2. A comunicação referida no número anterior deve ser acompanhada dos documentos autênticos ou autenticados que comprovem os direitos do transmissário.
3. A inobservância do disposto nos números anteriores não prejudica a transmissão do contrato mas obriga o transmissário faltoso a indemnizar por todos os danos derivados da omissão.

JURISPRUDÊNCIA:

ARRENDAMENTO; TRANSMISSÃO; CADUCIDADE:

"Em vista do n.º 5 do artigo 1111.º do Código Civil, na redacção da Lei n.º 46/1985, de 20 de Setembro [sem correspondência no texto actual], não se verifica a caducidade do arrendamento pelo facto de o transmissário não ter dado conhecimento ao senhorio, na devida forma, do óbito do arrendatário, no prazo de 180 dias a contar da verificação deste."

Parte II – Código Civil

(*Acórdão da Relação de Lisboa*, de 28.05.1991, Boletim do Ministério da Justiça, 407, pág. 607)

ANOTAÇÕES:

1. ALTERAÇÃO DE REGIME QUANTO AO PRAZO:

Relativamente à lei anterior (RAU), este preceito introduziu uma alteração que se consubstancia no encurtamento do prazo para comunicar a morte do arrendatário, que passa de 180 dias para 3 meses.

2. ALTERAÇÃO DE REGIME QUANTO À FORMA DE COMUNICAÇÃO:

Relativamente à forma de comunicação, detecta-se agora uma alteração do que vinha estabelecido no RAU. Efectivamente, o n.º 1 do preceito em anotação não se refere a que a comunicação tenha de ser efectuada em carta registada com aviso de recepção, o que pressupõe que possa ser efectuada por qualquer via (*v.g.*, carta simples por via postal ou em mão). Contudo, assim não é. É que o legislador não necessitava de o referir expressamente, já que há uma remissão tácita para o disposto no n.º 1 do artigo 9.º do NRAU, nos termos do qual as comunicações entre as partes são realizadas mediante escrito assinado pelo declarante e remetido por carta registada com aviso de recepção, como resultava já do direito anterior.

3. DOCUMENTOS COMPROVATIVOS:

Quanto aos documentos que devem acompanhar a comunicação do transmissário, deverá este juntar, pelo menos, uma certidão de óbito do arrendatário, certidão ou certidões comprovativas do seu parentesco ou afinidade [serão várias as certidões quando não se trate de parente do 1.º grau em linha recta – *v.g.*, certidões de nascimento e de casamento que comprovem uma cadeia na árvore genealógica] e atestado de residência, emitido pela respectiva Junta de Freguesia [pelo qual se comprova que o transmissário vivia com o falecido arrendatário].

4. SANÇÃO:

Têm sido várias as soluções adoptadas pelo legislador para o caso da omissão dos deveres constantes do n.º 1 do preceito.

O n.º 3 do artigo 89.º do RAU estabelecia que a falta de cumprimento da obrigação de comunicação ou omissão dos documentos não prejudicava a transmissão do contrato, muito embora obrigasse o faltoso a indemnizar o senhorio pelos danos sofridos.

Contudo, o n.º 2 do artigo em anotação eliminou a referência à primeira parte do texto do preceito do RAU acima citado, pelo que deve entender-se que as

CC — Art. 1107.º

sanções aplicáveis à falta de comunicação da morte do arrendatário ou à falta de remessa dos documentos exigidos, dentro do prazo legal (3 meses), são a indemnização pelos danos causados ao senhorio, expressamente prevista na lei, e a caducidade do direito de transmissão do arrendamento, por omissão da lei. Valerão aqui, sobretudo, um argumento de ordem histórica, face às sucessivas alterações introduzidas neste regime (mesmo durante a vigência do RAU), um argumento de ordem legal [artigo 1.051.º, alínea *d*) do Código Civil] e um argumento de ordem jurisprudencial, face às decisões tomadas pelos nossos tribunais, tendo em conta a aplicação das leis no tempo.

NOTAS PESSOAIS:

SUBSECÇÃO VIII
Disposições especiais do arrendamento para fins não habitacionais

ARTIGO 1108.º
Âmbito

As regras da presente subsecção aplicam-se aos arrendamentos urbanos para fins não habitacionais, bem como, com as necessárias adaptações e em conjunto com o regime geral da locação civil, aos arrendamentos rústicos não sujeitos a regimes especiais.

HISTÓRICO:

Redacção do artigo 3.º da Lei n.º 6/2006, de 27 de Fevereiro (NRAU).
Não tem correspondência no direito anterior.
Contudo, poderá encontrar-se uma sua afloração no artigo 6.º do RAU (revogado), que se transcreve:

Artigo 6.º *(Aplicação subsidiária)*
1. Aos arrendamentos rústicos não sujeitos a regimes especiais e aos arrendamentos e subarrendamentos referidos nas alíneas *a*) a *e*) do n.º 2 do artigo anterior aplica-se o regime geral da locação civil, bem como o disposto nos artigos 2.º a 4.º, 19.º a 21.º, 44.º a 46.º, 74.º a 76.º e 83.º a 85.º, 88.º e 89.º do presente diploma, com as devidas adaptações.
2. Aos arrendamentos referidos na alínea *f*) do n.º 2 do artigo anterior aplica-se, também, o regime geral da locação civil, bem como o do arrendamento urbano, na medida em que a sua índole for compatível com o regime destes arrendamentos.

JURISPRUDÊNCIA:

APLICAÇÃO A ARRENDAMENTO A PARTIDO POLÍTICO:

"**I** – Estão excluídos do regime do arrendamento urbano, no seu art. 5.º, apenas aqueles casos em que nada justifica a protecção do arrendatário, ou em que os inte-

Parte II – Código Civil

resses do Estado e do senhorio, residente no local, predominam sobre a protecção devida ao arrendatário.

II – O arrendamento de um prédio ao Partido Socialista, para o exercício de actividades político partidárias, está sujeito à disciplina do RAU, apenas podendo ser denunciado num dos casos previstos no artigo 69.º do mesmo diploma legal [hoje, artigo 1101.º do CC]."

(*Acórdão do Supremo Tribunal de Justiça*, de 26.10.2004, Colectânea de Jurisprudência, Acórdãos do Supremo Tribunal de Justiça, 2004, Tomo III, págs. 93 e seg.)

ARRENDAMENTO COMERCIAL; REGIME VINCULÍSTICO

"Só os arrendamentos para armazenagem que não tenham, em si mesmos, ou eles próprios, nos termos do art. 110º do RAU, natureza comercial (por o locado se destinar ao exercício de uma actividade directamente relacionada com o comércio ou indústria), estão compreendidos na al. *e*) do n.º 2 do art. 5.º daquele diploma (fins limitados) e subtraídos ao regime vinculístico acolhido pelo seu art. 68.º, n.º 2."

(*Acórdão do Supremo Tribunal de Justiça*, de 18.05.2006, Colectânea de Jurisprudência, Acórdãos do Supremo Tribunal de Justiça, 2006, Tomo I, pág. 88)

ANOTAÇÕES:

ANÁLISE DO PRECEITO:

"As normas desta subsecção aplicam-se não só aos arrendamentos de prédios urbanos para fins não habitacionais, mas também aos arrendamentos de prédios rústicos que não se destinem a fins rurais ou florestais. Estes arrendamentos de prédios rústicos tinham a sua disciplina anterior no artigo 6.º do RAU.

Diferentemente da lei anterior, a lei actual não contém normas específicas para os arrendamentos destinados a comércio, indústria, exercício de profissões liberais ou outros fins. Todos estes arrendamentos são agora designados por arrendamentos para fins não habitacionais.

A disciplina dos arrendamentos para fins não habitacionais é agora deixada, em ampla medida, à liberdade das partes. Quando estas nada disponham valem, com as devidas adaptações, as regras do arrendamento para habitação, que agora funciona como regime modelar ou supletivo."

(*Maria Olinda Garcia, A Nova Disciplina do Arrendamento Urbano, Coimbra, 2006, págs. 40 e seg.*)

NOTAS PESSOAIS:

ARTIGO 1109.º
Locação de estabelecimento

1. A transferência temporária e onerosa do gozo de um prédio ou de parte dele, em conjunto com a exploração de um estabelecimento comercial ou industrial nele instalado, rege-se pelas regras da presente subsecção, com as necessárias adaptações.

2. A transferência temporária e onerosa de estabelecimento instalado em local arrendado não carece de autorização do senhorio, mas deve ser-lhe comunicada no prazo de um mês.

HISTÓRICO:

Redacção do artigo 3.º da Lei n.º 6/2006, de 27 de Fevereiro (NRAU).
Corresponde, em parte ao artigo 111.º do RAU (revogado), que se transcreve:

Artigo 111.º *(Cessão de exploração do estabelecimento comercial)*
1. Não é havido como arrendamento de prédio urbano ou rústico o contrato pelo qual alguém transfere temporária e onerosamente para outrem, juntamente com o gozo do prédio, a exploração de um estabelecimento comercial ou industrial nele instalado.
2. Se, porém, ocorrer alguma das circunstâncias previstas no n.º 2 do artigo 115.º, o contrato passa a ser havido como arrendamento do prédio.

[NOTA: O artigo 115.º, n.º 2 descreve os casos em que não há trespasse]

JURISPRUDÊNCIA:

CONTRATO DE ARRENDAMENTO COMERCIAL:

"É de arrendamento comercial e não de cessão de exploração de estabelecimento o contrato pelo qual uma das partes cede à outra por determinado prazo e mediante pagamento de uma contrapartida mensal, o direito de exploração de estabelecimento comercial de supermercado, transferindo para esta última o mobiliário

Parte II – Código Civil

e equipamento constantes da lista anexa à escritura mas não tendo o referido estabelecimento clientela nem empregados e inexistindo mercadoria no local onde até então não fora exercida qualquer actividade comercial."

(**Acórdão da Relação de Lisboa**, *de 05.07.2001, Colectânea de Jurisprudência, 2001, Tomo IV, pág. 75*)

CESSÃO DE EXPLORAÇÃO DE ESTABELECIMENTO COMERCIAL; NULIDADE DA CESSÃO POR FALTA DE FORMA:

"**I** – O proprietário de prédio arrendado tem legitimidade para propor acção de despejo, mesmo que desacompanhado do seu cônjuge.

II – Se o titular de um estabelecimento comercial instalado em prédio arrendado transmitir o estabelecimento em globo a terceiro, a título oneroso e temporário, estamos perante uma cessão de exploração de estabelecimento comercial, que inclui o direito de uso do prédio.

III – Neste caso, o cedente não se demite da sua condição de arrendatário, continuando obrigado ao pagamento das rendas ao senhorio.

IV – Se o cedente da exploração de estabelecimento cede também o direito ao arrendamento do local, estamos perante a figura da cessão da posição contratual do arrendatário, que, para ser válida perante o senhorio, tem de ser por ele autorizada, consentida ou conhecida (artigo 1.038.º, al. f) do Código Civil).

V – A cessão de exploração de estabelecimento comercial é eficaz em relação ao senhorio, sem necessidade de ser por ele autorizada, nem mesmo de lhe ser comunicada.

VI – Carecendo, ao tempo em que foi feita, a cessão de exploração de estabelecimento de escritura pública, a celebração do contrato sem essa formalidade importa a sua nulidade.

VII – Sendo assim nula a cessão, resulta que o cessionário se encontra no gozo do local arrendado sem autorização do senhorio, o que confere a este o direito à resolução do contrato."

(**Acórdão da Relação do Porto**, *de 29.10.2002, Colectânea de Jurisprudência, 2002, Tomo IV, pág. 190 e seg.*)

LOCAÇÃO DE ESTABELECIMENTO COMERCIAL; CONTRATO ATÍPICO:

"**I** – A locação de estabelecimento comercial é um contrato atípico que se rege pelas declarações negociais de quem nele outorga e, subsidiariamente, pelas normas do contrato típico de estrutura mais próxima – que é o arrendamento para exercício de comércio ou indústria – e pelas regras comuns dos contratos.

II – A possibilidade legal de fazer operar a resolução do contrato por declaração à outra parte não impede que à mesma se proceda por via de acção judicial, com eficácia retroactiva desencadeada a partir de sentença que reconheça os seus pressupostos de facto.

$$CC \qquad\qquad Art.\ 1109.^o$$

III – Cabe ao locador de estabelecimento comercial, como dever contratual acessório da entrega deste, a diligência de manutenção do respectivo licenciamento camarário.

IV – A limitação causada ao funcionamento do estabelecimento por perda do licenciamento necessário para salão de dança gera uma perda de interesse do locatário decorrente da mora do locador quanto à manutenção desse licenciamento.

V – Resolvido o contrato por facto imputável ao locador, não releva a cláusula de acordo com a qual o locatário não teria direito de indemnização por benfeitorias.

VI – A resolução do contrato não implica o dever de restituição das rendas pagas, mas não exclui a restituição da caução."

(**Acórdão do Supremo Tribunal de Justiça**, de 13.07.2004, Colectânea de Jurisprudência, Acórdãos do Supremo Tribunal de Justiça, 2004, Tomo II, pág. 145)

NULIDADE DA CONVENÇÃO DE "VENDA DA CHAVE":

"**I** – É nula a convenção do senhorio com os inquilinos no sentido de estes pagarem montante, a título de venda da chave, que exorbite o valor da caução legal e da renda estipulada, por violação do artigo 47.º do DL n.º 46/85, de 20.0, aplicável à data da celebração do contrato de arrendamento.

II – O Tribunal deve conhecer oficiosamente dessa nulidade, nos termos do artigo 286.º do Código Civil e ainda por expressa determinação do artigo 665.º do CPC, segundo o qual o tribunal deve obstar à prossecução de objectivo proibido por lei."

(**Acórdão da Relação de Évora**, de 11.11.2004, Colectânea de Jurisprudência, 2004, Tomo V, pág. 239)

CONTRATO DE CESSÃO DE ESTABELECIMENTO COMERCIAL:

"**I** – A medida excepcional prevista no artigo 437.º, n.º 1 do Código Civil, permite que um contrato seja modificado quando se verifiquem os seguintes requisitos: *a)* que a circunstância em que se produziu uma alteração se inclua na base do negócio; *b)* que tal alteração seja anormal, caracterizada pela sua excepcionalidade quanto ao percurso normal da vida de contrato semelhante; *c)* que a manutenção do contrato ou dos seus termos afecte gravemente os princípios da boa fé; *d)* que a alteração verificada não esteja coberta pelos riscos próprios do contrato.

II – No caso de contrato de cessão de estabelecimento de restauração numa área de serviço existente num Itinerário Principal, a alteração do volume de tráfego desse IP em resultado da construção de uma auto-estrada, pode constituir uma alteração anormal das circunstâncias em que as partes fundaram a decisão de contratar, justificativa da diminuição da renda.

III – A modificação da renda deve ser feita segundo juízos de equidade, procurando reequilibrar as prestações de modo a adaptá-las às novas circunstâncias, sem inflectir o seu sentido inicial, reduzindo o valor da renda na proporção da alteração das circunstâncias.

Parte II – Código Civil

IV – Por conseguinte, residindo a alteração na diminuição do tráfego automóvel, deve o valor da renda ser reduzido na proporção da diminuição desse tráfego."

(*Acórdão da Relação de Coimbra*, de 31.01.2006, Colectânea de Jurisprudência, 2006, Tomo I, pág. 13)

CESSÃO DE EXPLORAÇÃO DE ESTABELECIMENTO; NATUREZA DO CONTRATO; NECESSIDADE DE AUTORIZAÇÃO DO SENHORIO

"**I** – A cessão de exploração é um contrato atípico que não está sujeito a renovação obrigatória.

II – Para a cessão de exploração do estabelecimento pelo inquilino não é necessária a autorização do senhorio.

III – Todavia, tendo o senhorio e arrendatário clausulado no contrato de arrendamento que a autorização ao locatário para ceder a exploração carecia de autorização do senhorio, essa convenção é válida e a sua falta é causa de resolução, salvo havendo caducidade devidamente invocada da causa de resolução invocada."

(*Acórdão da Relação de Coimbra*, de 24.10.2006, Colectânea de Jurisprudência, 2006, Tomo V, pág. 9)

ANOTAÇÕES:

1. JUSTIFICAÇÃO DA NORMA:

"Esta norma vem acabar com a divisão doutrinal e jurisprudencial que se tinha formado na vigência da lei anterior quanto à necessidade do consentimento do senhorio para efeitos de locação de estabelecimento, e, quanto à necessidade de comunicação desse acto ao senhorio. É agora claro que esse acto é legalmente autorizado, mas tem de ser comunicado ao senhorio no prazo de um mês. A ausência dessa comunicação torna o acto ineficaz perante o senhorio e habilita-o, consequentemente, a requerer a resolução do contrato, nos termos do artigo 1083.º, n.º 2, alínea *e*). Todavia, para que essa ausência de comunicação dentro do prazo legal possa sustentar a resolução do contrato, é ainda necessário que se preencha a cláusula geral do n.º 2 do artigo 1083.º, ou seja, que o incumprimento '*pela sua gravidade ou consequências, torne inexigível à outra parte a manutenção do arrendamento*'."

(*Maria Olinda Garcia, A Nova Disciplina do Arrendamento Urbano, Coimbra, 2006, pág. 41*)

2. HISTÓRIA DO PRECEITO:

"O artigo 1085.º [na redacção original do Código Civil] quis tutelar esta figura com uma dupla finalidade: por um lado, pretende-se consagrar a *validade* do contrato, não obstante a mistura que nele se fazia entre o imóvel, que era a sede do estabelecimento, e os móveis, que integravam o substrato material do estabelecimento; por outro lado, obedecendo à ideia do criador do estabelecimento, que era a de retomar a fruição deste, logo que findasse o prazo convencionado ou o cedente quisesse pôr termo ao negócio, prescreveu-se expressamente que o contrato não era havido como arrendamento, nem do prédio urbano, nem do prédio rústico, em que o estabelecimento tivesse a sua sede, para significar essencialmente que nem a cedência temporária onerosa do imóvel, nem a cedência temporária e onerosa do estabelecimento comercial eram cobertas pelo carácter vinculístico próprio do arrendamento, nomeadamente pela regra básica da renovação obrigatória do contrato, por vontade do arrendatário.

Apesar de ter, em parte, por objecto a *cedência temporária* e *onerosa* do gozo de um imóvel (prédio urbano ou prédio rústico), o contrato retratado no n.º 1 do artigo 1085.º do Código Civil [na redacção original] aparecia qualificado e regulado como um contrato inominado, sujeito à disciplina da *liberdade contratual*.

Mais concretamente: a afirmação de que este contrato retratado no anterior artigo 1085.º do Código Civil, e posteriormente, artigo 111.º do RAU, *não é havido como arrendamento de prédio* quer essencialmente significar que o cedente não está, findo o prazo do contrato, vinculado ao princípio da renovação *obrigatória* dele, tal como o artigo 1095.º do Código Civil o definia e tal como posteriormente o entendeu o artigo 68.º, n.º 2 do RAU [que corresponde, parcialmente, ao actual artigo 1099.º do Código Civil]."

(*Pires de Lima – Antunes Varela, Código Civil Anotado, vol. II, 1997, págs. 701 e seg. [com adaptações]*)

Na redacção actual do artigo 1109.º do Código Civil, a locação de estabelecimento parece ter assumido o estatuto de contrato de arrendamento para fins não habitacionais, muito embora atípico ou desvirtuado. Para tal pesa, desde logo, um argumento de ordem sistemática, que resulta do próprio enquadramento ou colocação do preceito dentro do Código; por outro lado, não pode esquecer-se que o n.º 1 do preceito em anotação manda aplicar as disposições relativas a arrendamento para fins não habitacionais, com as necessárias adaptações, sintoma da sua atipicidade.

3. NOÇÃO DE LOCAÇÃO DE ESTABELECIMENTO:

"Locação do estabelecimento (ou cessão de exploração do estabelecimento) é, para este efeito, o contrato oneroso pelo qual o arrendatário cede temporariamente a terceiro a mera exploração do seu estabelecimento que tem instalado no prédio arrendado e de que, consequentemente, conserva a respectiva titularidade. (...)

Aí se considerava não ser havido como arrendamento o contrato pelo qual alguém transferisse temporária e onerosamente para outrem, juntamente com a fruição do prédio, a exploração de um estabelecimento comercial ou industrial instalado no prédio arrendado. Mas se nele passasse a exercer-se outro ramo de comércio ou indústria, ou lhe fosse dado, de um modo geral, outro destino, ou quando a

Parte II – Código Civil

transferência não abrangesse o conjunto das instalações, utensílios, mercadorias ou outros elementos que integram o estabelecimento, já o contrato de transferência deveria ser havido como arrendamento do prédio onde ele está instalado."

(*Cunha de Sá – Leonor Coutinho, Arrendamento 2006, Novo Regime do Arrendamento Urbano, Coimbra, 2006, pág. 64*)

Esta questão está hoje regulada no artigo 1109.º (em anotação) que perfilha orientação diferente, considerando a locação de estabelecimento comercial ou industrial como arrendamento para fim não habitacional, mas sem necessidade de autorização do senhorio.

4. LOCAÇÃO E TRESPASSE:

O preceito refere-se apenas à transferência temporária e onerosa da exploração do estabelecimento comercial ou industrial, juntamente com o gozo de um prédio ou parte dele (*v.g.*, uma fracção autónoma).

No entanto, se houver transferência definitiva da titularidade do estabelecimento, há trespasse, e, consequentemente, se o prédio onde o estabelecimento funcionava estiver arrendado, há transferência da posição de arrendatário, nos termos do artigo 1112.º, n.º 1, alínea *a*), do Código Civil.

A cessão temporária e onerosa da fruição do estabelecimento comercial ou industrial é hoje designada por locação de estabelecimento, não só no preceito em análise, bem como noutras disposições legislativas, nomeadamente, artigo 1682.º-A, n.º 1, al. *b*), do Código Civil e artigo 246.º, n.º 2, al. *c*), do Código das Sociedades Comerciais.

5. ANÁLISE DO N.º 2:

Basicamente, resultam dois princípios do n.º 2 do artigo em anotação. Por um lado, a locação de estabelecimento não está dependente de autorização do senhorio do prédio onde o estabelecimento se encontra instalado, nem este tem direito de preferência (como sucede, quanto a este com o trespasse – cfr. artigo 1112.º, n.º 4 do Código Civil); por outro, o cedente (locador do estabelecimento) terá de comunicar ao senhorio do prédio a outorga do contrato, indicando-lhe qual o prazo da locação e o nome e demais elementos identificativos do locatário do estabelecimento.

A lei não indica qual a forma para a comunicação, havendo uma remissão tácita para o disposto no n.º 1 do artigo 9.º do NRAU, nos termos do qual esta deve ser efectuada por escrito assinado pelo declarante e remetido por carta registada com aviso de recepção.

NOTAS PESSOAIS:

ARTIGO 1110.º
Duração, denúncia ou oposição à renovação

1. As regras relativas à duração, denúncia e oposição à renovação dos contratos de arrendamento para fins não habitacionais são livremente estabelecidas pelas partes, aplicando-se, na falta de estipulação, o disposto quanto ao arrendamento para habitação.

2. Na falta de estipulação, o contrato considera-se celebrado com prazo certo, pelo período de dez anos, não podendo o arrendatário denunciá-lo com antecedência inferior a um ano.

HISTÓRICO:

Redacção do artigo 3.º da Lei n.º 6/2006, de 27 de Fevereiro (NRAU).
Preceito sem correspondência na legislação anterior.

REMISSÕES:

Arrendamento para habitação: contrato com prazo certo – arts. 1095.º e segs. CC; contrato de duração indeterminada – arts – 1099.º e segs. CC; denúncia pelo arrendatário – art. 1100.º CC; denúncia pelo senhorio – art. 1101.º CC; oposição à renovação deduzida pelo senhorio – art. 1097.º CC; oposição à renovação deduzida pelo arrendatário – art. 1098.º CC.

LEGISLAÇÃO COMPLEMENTAR:

TÍTULO EXECUTIVO
– ARTIGOS 45.º E 46.º DO CÓDIGO DE PROCESSO CIVIL

Artigo 45.º *(Função do título executivo)*
1. Toda a execução tem por base um título, pelo qual se determinam o fim e os limites da acção executiva.

Parte II – Código Civil

2. O fim da execução, para o efeito do processo aplicável, pode consistir no pagamento de quantia certa, na entrega de coisa certa ou na prestação de um facto, quer positivo, quer negativo.

Artigo 46.º *(Espécies de títulos executivos)*
1. À execução apenas podem servir de base:
a) As sentenças condenatórias;
b) Os documentos exarados ou autenticados por notário que importem constituição ou reconhecimento de qualquer obrigação;
c) Os documentos particulares, assinados pelo devedor, que importem constituição ou reconhecimento de obrigações pecuniárias, cujo montante seja determinado ou determinável por simples cálculo aritmético, ou de obrigação de entrega de coisas móveis ou de prestação de facto;
d) Os documentos a que, por disposição legal, seja atribuída força executiva.
2. Consideram-se abrangidos pelo título executivo os juros de mora, à taxa legal, da obrigação dele constante.

JURISPRUDÊNCIA:

DENÚNCIA DE ARRENDAMENTO:

"**I** – Não constitui arrendamento para fim especial transitório, enquadrável no artigo 1083.º do Código Civil, o contrato em que é dado de arrendamento um imóvel, pelo prazo de cinco anos renovável por períodos anuais seguidos e sucessivos, com o destino de ser utilizado pela sociedade inquilina na satisfação dos seus fins como unidade industrial hoteleira, nomeadamente na instalação de seus hóspedes em qualquer dos regimes por ela praticados.

II – Não é anulável por erro a declaração negocial do senhorio quando se não prova que as partes reconheceram, por acordo, a essencialidade do motivo determinante da vontade daquele em poder denunciar o contrato findo o primeiro período."

(*Acórdão do Supremo Tribunal de Justiça, de 12.06.1984, Boletim do Ministério da Justiça, 338, pág. 382*)

ARRENDAMENTO; DENÚNCIA; EFEITOS; CONCLUSÕES:

"**I** – O contrato de arrendamento relativo a um telhado com vista à instalação de um anúncio luminoso não assume natureza vinculística, rege-se fundamentalmente pelo regime da locação civil e, consequentemente, é legalmente permitida a sua denúncia no termo do respectivo prazo.

II – O anúncio e o contrato de arrendamento mencionados constituem componentes do estabelecimento comercial do arrendatário.

III – Destinando-se a denúncia do contrato de arrendamento a produzir efeitos no domínio de vigência do Regime do Arrendamento Urbano, a sua validade deve ser aferida à luz deste diploma.

CC   Art. 1110.º

IV – O pedido de declaração de extinção do contrato de arrendamento por denúncia está implícito no pedido de remoção do anúncio formulado na acção.

V – As conclusões são um resumo das alegações sintetizantes dos pontos de discordância da decisão recorrida delimitador do objecto do recurso – não seu complemento –, pelo que não devem aditar novos motivos de discordância.

VI – O tribunal de recurso não deve considerar o conteúdo das conclusões não explanado nas alegações."

(*Acórdão do Supremo Tribunal de Justiça, de 12.01.1995, Boletim do Ministério da Justiça, 443, pág. 342*)

CESSAÇÃO DO CONTRATO PELA ARRENDATÁRIA; DESNECESSIDADE DE CONSENTIMENTO DO SEU CÔNJUGE:

"Embora o direito de arrendamento comercial se comunique ao cônjuge do arrendatário como meeiro, o arrendatário, sem consentimento do seu cônjuge, pode validamente fazer cessar o arrendamento por si celebrado."

(*Acórdão do Supremo Tribunal de Justiça, de 23.09.2004, Colectânea de Jurisprudência, Acórdãos do Supremo Tribunal de Justiça, 2004, Tomo III, pág. 25*)

DENÚNCIA DO CONTRATO POR NECESSIDADE DO LOCADO:

"Estando em causa um locado objecto de contrato de arrendamento para comércio ou indústria, o prazo legal estatuído nos n.ᵒˢ 1 e 2 do art. 114.º do RAU para a sua desocupação deve contar-se após o termo do respectivo contrato ou da sua renovação, sendo irrelevante a data do trânsito em julgado da decisão definitiva proferida na acção de despejo."

(*Acórdão do Supremo Tribunal de Justiça, de 22.06.2005, Colectânea de Jurisprudência, Acórdãos do Supremo Tribunal de Justiça, 2005, Tomo II, pág. 140*)

ANOTAÇÕES:

1. ANÁLISE DO PRECEITO:

"A matéria da duração, denúncia e oposição à renovação do contrato é agora plenamente remetida para o domínio da liberdade contratual, aplicando-se supletivamente as regras do arrendamento para habitação desde que não sejam especificamente contrariadas.

Um dos pontos em que a aplicação supletiva das regras do arrendamento para habitação é contrariada é em matéria de ausência de estipulação de prazo. Assim, no arrendamento habitacional (segundo o artigo 1094.º, n.º 3) se as partes não estipularam prazo, o arrendamento considera-se celebrado por tempo indeterminado. Diferentemente, nos arrendamentos para fins não habitacionais, na ausência dessa estipulação o contrato considera-se celebrado com prazo certo pelo prazo de 10 anos, como determina o n.º 2 do artigo 1110.º."

Parte II – Código Civil

(*Maria Olinda Garcia, A Nova Disciplina do Arrendamento Urbano, Coimbra, 2006, pág. 42*)

2. QUANTO AO N.º 2:

"O contrato de prazo certo celebrado, nos termos do artigo em anotação, constitui título executivo – artigos 45.º e 46.º, alínea *d*) do Código de Processo Civil, para efeitos de se instaurar execução ordinária para entrega de coisa certa."

(*Margarida Grave, Novo Regime do Arrendamento Urbano, 2006, 3ª ed., pág 114*)

3. PRAZO DO CONTRATO:

"Actualmente, nada se garante *ex lege* ao locatário quando o contrato dispõe quanto ao prazo. Inexiste assim um período mínimo de vigência do negócio.

A razão de ser da disciplina é, portanto, bem diversa. Não se protege – ainda que de forma mínima, como outrora – o arrendatário comercial, nem o estabelecimento mercantil instalado no imóvel.

A defesa dos valores assinalados – em especial, o da localização do estabelecimento naquele específico prédio – só resultará assim eficaz, do ponto de vista dos interesses do arrendatário, se este conseguir apor uma estipulação que estabeleça um prazo alargado de duração inicial.

O legislador apenas intervém quando as partes nada dispõem quanto à duração. Nesta peculiar (e provavelmente pouco usual) hipótese consagra-se uma tutela mais forte do locatário; o negócio considera-se celebrado com prazo certo pelo período de 10 anos (art. 1110.º, n.º 2 CC, NRAU).

Com esta solução asseguram-se agora os interesses de ambos os contraentes. Vejamos.

A protecção do inquilino resulta de, no silêncio do contrato, a regra geral vigente determinar que aquele se considera celebrado por tempo indeterminado (cfr. art. 1094.º, n.º 3 CC, NRAU e também o art. 27.º, n.º 1 DL 178/86, de 3 de Julho). Assim, a denúncia pelo senhorio só se mostraria possível com uma antecedência de 5 anos. Diversamente, sujeitando-se o negócio ao prazo mínimo de duração de 10 anos, não se mostra admissível a "oposição à prorrogação" pelo locador antes desse período de tempo.

Confere-se, porém, apenas alguma tutela ao arrendatário comercial. O emprego do termo "alguma" decorre do facto de só existir tal mecanismo na omissão do clausulado quanto à duração. Basta, portanto, que o senhorio aponha uma estipulação quanto ao prazo para afastar o art. 1110.º, n.º 2 CC, NRAU."

(*Fernando de Gravato Morais, Novo Regime de Arrendamento Comercial, Coimbra, 2006, pág. 89*)

4. CONTRATO SOB CONDIÇÃO QUANTO AO PRAZO:

"Cumpre ainda discutir se a duração do negócio pode estar sujeita ao preenchimento de uma condição, *in casu*, resolutiva.

Figuremos dois exemplos: A, senhorio, apõe no contrato uma cláusula que estabelece que "o negócio perdura enquanto a actividade nele exercida [v.g., a venda de artesanato] for legalmente qualificada de interesse nacional ou municipal"; prevê--se, por outro lado, que "o contrato está sujeito à mudança do estabelecimento para o estrangeiro por deliberação dos sócios da sociedade, aqui arrendatária mercantil".

Tais estipulações – uma que beneficia os interesses do senhorio, outra que tutela os interesses do locatário – parecem admissíveis. Justifiquemos.

Em primeiro lugar, é possível às partes, em qualquer negócio, subordiná-lo a uma condição, dado o princípio da liberdade negocial. Em segundo lugar, não parece que este seja um contrato de tipo incondicionável, seja por "razões ligadas ao teor qualitativo (pessoal) dos interesses respectivos", seja "por motivos de certeza e segurança jurídica".

Mostra-se, todavia, necessário que a condição aposta seja lícita e legalmente possível. O risco do negócio aqui corre por conta de ambas as partes. No primeiro caso, o senhorio pode ver estendido desmesuradamente – em relação ao que projectava – o tempo de duração. Na outra situação, o locador pode ver o contrato cessar de um momento para o outro.

De todo o modo, há que proceder a uma apreciação da concreta convenção aposta para aferir da sua validade."

(*Fernando de Gravato Morais, Novo Regime de Arrendamento Comercial, Coimbra, 2006, págs. 91 e seg.*)

NOTAS PESSOAIS:

ARTIGO 1111.º
Obras

1. As regras relativas à responsabilidade pela realização das obras de conservação ordinária ou extraordinária, requeridas por lei ou pelo fim do contrato, são livremente estabelecidas pelas partes.

2. Se as partes nada convencionarem, cabe ao senhorio executar as obras de conservação, considerando-se o arrendatário autorizado a realizar as obras exigidas por lei ou requeridas pelo fim do contrato.

HISTÓRICO:

Redacção do artigo 3.º da Lei n.º 6/2006, de 27 de Fevereiro (NRAU).
Corresponde, em parte, ao artigo 120.º do RAU (revogado), que se transcreve:

Artigo 120.º *(Regime das obras)*
1. As partes podem convencionar, por escrito, que qualquer dos tipos de obras a que se refere o artigo 11.º do presente diploma* fique, total ou parcialmente, a cargo do arrendatário.
2. A realização de obras determinadas pelas autoridades administrativas em função do fim específico constante do contrato, quando devam ser suportadas pelo arrendatário, não carece de autorização do senhorio.
3. Salvo cláusula em contrário, quando o arrendatário suporte o custo das obras, deve o senhorio indemnizá-lo, no termo do contrato, de acordo com as regras do enriquecimento sem causa.

ANOTAÇÕES:

1. QUANTO AO N.º 1:

O n.º 1 do preceito em anotação estabelece um princípio geral de liberdade contratual em matéria de obras, quer se trate de obras de conservação ordinária, quer se trate de obras de conservação extraordinária, requeridas por força da lei (*v.g.*, imposição de postura camarária) ou pelo fim do contrato (*v.g.*, colocação de

Parte II – Código Civil

divisões interiores, quando permitidas por lei). Prevê-se, assim, a estipulação de acordo quanto a benfeitorias úteis ou necessárias que tenham de ser efectuadas no arrendado. Já quanto a benfeitorias voluptuárias que venham a ser efectuadas, estas serão sempre da responsabilidade do arrendatário, se este teve a iniciativa da sua realização.

2. QUANTO AO N.º 2

Na falta de acordo ou estipulação entre as partes, caberá ao senhorio a responsabilidade de execução das obras de conservação (v.g., canalizações, instalação eléctrica, esgotos) e ao arrendatário a realização das obras exigidas por lei ou requeridas pelo fim do contrato (servindo como exemplos os indicados na nota anterior), o qual fica autorizado a realizá-las *ex vi legis*.

Compreende-se este regime de obras da responsabilidade do arrendatário. É que, neste tipo especial de arrendamento, as obras no prédio arrendado podem revestir, quando ligadas à exploração da actividade negocial que é exercida no imóvel, um carácter de urgência especial, que não se compadece com o regime normal da realização de obras no prédio arrendado, nem podem ficar dependentes de prévia e expressa autorização do senhorio.

NOTAS PESSOAIS:

ARTIGO 1112.º
Transmissão da posição do arrendatário

1. É permitida a transmissão por acto entre vivos da posição do arrendatário, sem dependência da autorização do senhorio:
a) No caso de trespasse de estabelecimento comercial ou industrial;
b) A pessoa que no prédio arrendado continue a exercer a mesma profissão liberal, ou a sociedade profissional de objecto equivalente.

2. Não há trespasse:
a) Quando a transmissão não seja acompanhada de transferência, em conjunto, das instalações, utensílios, mercadorias ou outros elementos que integram o estabelecimento;
b) Quando a transmissão vise o exercício, no prédio, de outro ramo de comércio ou indústria ou, de um modo geral, a sua afectação a outro destino.

3. A transmissão deve ser celebrada por escrito e comunicada ao senhorio.

4. O senhorio tem direito de preferência no trespasse por venda ou dação em cumprimento, salvo convenção em contrário.

5. Quando, após a transmissão, seja dado outro destino ao prédio, ou o transmissário não continue o exercício da mesma profissão liberal, o senhorio pode resolver o contrato.

HISTÓRICO:

Redacção do artigo 3.º da Lei n.º 6/2006, de 27 de Fevereiro (NRAU)
O n.º 1 corresponde, parcialmente, ao n.º 1 do artigo 115.º e ao artigo 122.º do RAU (revogado) e os n.ºs 2 e 3 correspondem, essencialmente, ao n.ºs 2 e 3 do artigo 115.º do RAU (revogado), disposições que se transcrevem:

Parte II – Código Civil

Artigo 115.º *(Trespasse de estabelecimento comercial ou industrial)*
1. É permitida a transmissão por acto entre vivos da posição do arrendatário, sem dependência da autorização do senhorio, no caso de trespasse do estabelecimento comercial ou industrial.
2. Não há trespasse:
a) Quando a transmissão não seja acompanhada de transferência, em conjunto, das instalações, utensílios, mercadorias ou outros elementos que integram o estabelecimento;
b) Quando, transmitido o gozo do prédio, passe a exercer-se nele outro ramo de comércio ou indústria ou quando, de um modo geral, lhe seja dado outro destino.
3. O trespasse deve ser celebrado por escrito, sob pena de nulidade.

Artigo 122.º *(Cessão da posição do arrendatário)*
1. A posição do arrendatário é transmissível por acto entre vivos, sem autorização do senhorio, a pessoas que no prédio arrendado continuem a exercer a mesma profissão.
2. A cessão deve ser celebrada por escrito, sob pena de nulidade.

LEGISLAÇÃO COMPLEMENTAR:

TRESPASSE; FORMA: DECRETO-LEI N.º 64-A/2000, DE 22.04

Artigo 1.º – Os artigos ... 115.º ... do Regime do Arrendamento Urbano, aprovado pelo Decreto-Lei n.º 321-B/90, de 15 de Outubro, passam a ter a seguinte redacção:
(...)
Artigo 115.º *(Trespasse do estabelecimento comercial ou industrial)*
(...)
3. O trespasse deve ser celebrado por escrito, sob pena de nulidade.

PACTOS DE PREFERÊNCIA: ARTIGOS 414.º A 423.º DO CÓDIGO CIVIL

Artigo 414.º *(Noção)*
O pacto de preferência consiste na convenção pela qual alguém assume a obrigação de dar preferência a outrem na venda de determinada coisa.

Artigo 415.º *(Forma)*
É aplicável ao pacto de preferência o disposto no número 2 do artigo 410.º.

Artigo 416.º *(Conhecimento do preferente)*
1. Querendo vender a coisa que é objecto do pacto, o obrigado deve comunicar ao titular do direito o projecto de venda e as cláusulas do respectivo contrato.

CC   Art. 1112.º

2. Recebida a comunicação, deve o titular exercer o seu direito dentro do prazo de oito dias, sob a pena de caducidade, salvo se estiver vinculado a prazo mais curto ou o obrigado lhe assinar prazo mais longo.

Artigo 417.º *(Venda de coisa juntamente com outras)*
1. Se o obrigado quiser vender a coisa juntamente com outra ou outras, por um preço global, pode o direito ser exercido em relação àquela pelo preço que proporcionalmente lhe for atribuído sendo lícito, porem, ao obrigado exigir que a preferência abranja todas as restantes, se estas não forem separáveis sem prejuízo apreciável.

2. O disposto no número anterior é aplicável ao caso de o direito de preferência ter eficácia real e a coisa ter sido vendida a terceiro juntamente com outra ou outras.

Artigo 418.º *(Prestação acessória)*
1. Se o obrigado receber de terceiro a promessa de uma prestação acessória que o titular do direito de preferência não possa satisfazer será essa prestação compensada em dinheiro; não sendo avaliável em dinheiro, e excluída a preferência, salvo se for lícito presumir que, mesmo sem a prestação estipulada, a venda não deixaria de ser efectuada, ou que a prestação foi convencionada para afastar a preferência.

2. Se a prestação acessória tiver sido convencionada para afastar a preferência, o preferente não é obrigado a satisfazê-la, mesmo que ela seja avaliável em dinheiro.

Artigo 419.º *(Pluralidade de titulares)*
1. Pertencendo simultaneamente a vários titulares, o direito de preferência só pode ser exercido por todos em conjunto; mas, se o direito se extinguir em relação a algum deles, ou algum declarar que não o quer exercer, acresce o seu direito aos restantes.

2. Se o direito pertencer a mais de um titular, mas houver de ser exercido apenas por um deles, na falta de designação abrir-se-á licitação entre todos, revertendo o excesso para o alienante.

Artigo 420.º *(Transmissão do direito e da obrigação de preferência)*
O direito e a obrigação de preferência não são transmissíveis em vida nem por morte, salvo estipulação em contrário.

Artigo 421.º *(Eficácia real)*
1. O direito de preferência pode, por convenção das partes, gozar de eficácia real se, respeitando a bens imóveis, ou a móveis sujeitos a registo forem observados os requisitos de forma e de publicidade exigidos no artigo 413.º.

2. É aplicável neste caso, com as necessárias adaptações, o disposto no artigo 1410.º.

Parte II – Código Civil

Artigo 422.º *(Valor relativo do direito de preferência)*
O direito convencional de preferência não prevalece contra os direitos legais de preferência; e, se não gozar de eficácia real, também não procede relativamente à alienação efectuada em execução, falência, insolvência ou casos análogos.

Artigo 423.º *(Extensão das disposições anteriores a outros contratos)*
As disposições dos artigos relativos à compra e venda são extensivas, na parte aplicável, à obrigação de preferência que tiver por objecto outros contratos com ela compatíveis.

ACÇÃO DE PREFERÊNCIA: ARTIGO 1410.º DO CÓDIGO CIVIL

Artigo 1410.º *(Acção de preferência)*
1. O comproprietário a quem se não dê conhecimento da venda ou da dação em cumprimento tem o direito de haver para si a quota alienada, contanto que o requeira dentro do prazo de seis meses, a contar da data em que teve conhecimento dos elementos essenciais da alienação, e deposite o preço devido nos 15 dias seguintes à propositura da acção.
2. O direito de preferência e a respectiva acção não são prejudicados pela modificação ou distrate da alienação, ainda que estes efeitos resultem de confissão ou transacção judicial.

JURISPRUDÊNCIA:

IMPENHORABILIDADE DO DIREITO AO ARRENDAMENTO:

"O direito ao arrendamento é, em princípio, impenhorável (sem o que facilmente veria o senhorio uma outra pessoa substituir-se ao inquilino), mas deixa de o ser nos casos em que a cedência não depende de autorização do senhorio (como sucede no trespasse)."

(*Acórdão da Relação de Coimbra, de 08.10.1991, Boletim do Ministério da Justiça, 410, pág. 891*)

ARRENDAMENTO PARA PROFISSÃO LIBERAL; CESSÃO DE POSIÇÃO CONTRATUAL; DIREITO DE PREFERÊNCIA DO SENHORIO:

"Nos arrendamentos para o exercício de profissão liberal, o senhorio goza do direito de preferência, no caso de cessão da posição de arrendatário, ainda que não vá exercer a mesma actividade."

(*Acórdão da Relação do Porto, de 29.06.1995, Boletim do Ministério da Justiça, 448, pág. 429*)

CONTRATO DE ARRENDAMENTO; TRANSMISSÃO DO ARRENDAMENTO; ACTIVIDADE COMERCIAL; ACTIVIDADE INDUSTRIAL; TRESPASSE; CESSÃO DA POSIÇÃO CONTRATUAL:

"**I** – O arrendamento será comercial ou industrial quando tenha sido tomado directamente para fins relacionados, respectivamente, com uma actividade comercial ou industrial.

II – É actividade comercial a de mediação nas trocas e industrial a que se destina à produção de riqueza.

III – Para além das sete situações previstas no artigo 230.º do Código Comercial, devem ser consideradas como empresas comerciais todas as que correspondem às características jurídicas da comercialidade, independentemente de estarem ou não enumeradas ou serem análogas a alguma das aí indicadas.

IV – Constitui uma empresa industrial, para efeitos de arrendamento, um estabelecimento de ensino particular de interesse público visando a reeducação de crianças atrasadas mentais, com finalidade de obtenção de lucro."

(*Acórdão do Supremo Tribunal de Justiça, de 16.04.1996, Boletim do Ministério da Justiça, 456, pág. 396*)

CISÃO SIMPLES DE SOCIEDADES; TRANSMISSÃO DO DIREITO AO ARRENDAMENTO:

"**I** – O regime previsto no CSC para a cisão de sociedades dispensa a autorização do senhorio para a transmissão do direito ao arrendamento.

II – Assim, é permitido a uma sociedade cindida transmitir, por via de cisão simples, para a nova sociedade constituída, a sua posição de arrendatária, sem necessidade de consentimento do senhorio e sem necessidade de a cessão da sua posição contratual de arrendatária ser celebrada singularmente e por escritura pública."

(*Acórdão da Relação de Lisboa, de 06.02.2001, Colectânea de Jurisprudência, 2001, Tomo I, pág. 104*)

"VENDA DA CHAVE"; NULIDADE DO CONTRATO:

"**I** – O contrato em que uma parte cede, a título oneroso, o espaço físico que traz de arrendamento (para o exercício da sua actividade de venda de material informático e acessórios) para a outra parte ali instalar um estabelecimento de charcutaria e similares (na sequência, previamente garantida, de o senhorio celebrar com esta parte um novo contrato de arrendamento) não constitui nem um trespasse de estabelecimento comercial (artigo 115.º, n.º 2 do RAU), nem a cessão de exploração do mesmo, nem a cedência de qualquer componente do seu recheio.

II – Tal contrato configura aquilo a que usualmente se chama de 'venda de chave' – conduta proibida por lei e que integra crime de especulação (artigo 14.º do DL 321-B/90, de 15.10) – sendo por isso nulo."

Parte II – Código Civil

(*Acórdão da Relação de Coimbra*, *de 06.03.2001, Colectânea de Jurisprudência, 2001, Tomo II, pág. 13*)

TRESPASSE DE ESTABELECIMENTO COMERCIAL; AMPLITUDE DO CONTRATO; OBRAS NÃO AUTORIZADAS:

"**I** – Se as partes admitiram que no estabelecimento destinado a uma actividade se pudesse exercer acessoriamente determinado tipo de comércio, o ramo comercial autorizado tem a amplitude definida no contrato.

II – O trespasse é válido, apesar de o inquilino/trespassário passar a utilizar o locado exclusiva ou predominantemente para uma actividade comercial que anteriormente era exercida de uma forma meramente acessória.

III – Para efeitos de caducidade do direito de resolução, a realização de obras ilegais e a cessão ilícita da posição contratual constituem factos de execução instantânea ou temporariamente determinados, pelo que a acção de resolução deve ser proposta dentro do prazo de um ano a contar do seu conhecimento.

IV – A circunstância de uma obra poder ser tecnicamente removível não basta para que improceda a acção de despejo com fundamento no actual artigo 64.º, n.º 1, al. *d*), do RAU, pois o que releva é o carácter definitivo da obra."

(*Acórdão da Relação de Lisboa*, *de 10.05.2001, Colectânea de Jurisprudência, 2001, Tomo III, pág. 87*)

TRESPASSE; NULIDADE:

"**I** – Constitui título executivo o documento assinado pelo devedor em que este reconhece ser devedor de uma determinada quantia, obrigando-se a pagá-la em prestações mensais, ainda que os montantes destes não fiquem à partida fixados.

II – Basta que o devedor não pague qualquer quantia num desses meses, para o credor poder exigir o montante das restantes prestações, cujo apuramento é dependente de um simples cálculo aritmético.

III – O contrato de trespasse celebrado antes da vigência do Decreto-Lei n.º 64-A/2000, que não foi reduzido a escritura pública, quando tal era legalmente exigido, é nulo.

IV – Nos casos de nulidade por vício de forma, existem situações limite de abuso de direito que podem justificar o impedimento ou a paralisação daquela invalidade, mormente quando nunca se pôs em causa o respectivo contrato, mas apenas se pretende eximir ao pagamento de parte do preço ajustado que ainda se encontra em dívida."

(*Acórdão da Relação do Porto*, *de 22.04.2004, Colectânea de Jurisprudência, 2004, Tomo II, pág. 188*)

CC   Art. 1112.º

TRANSMISSÃO DO LOCADO PELO LOCATÁRIO:

"**I** – Há autonomia entre as figuras de comerciante em nome individual e de sociedade unipessoal, que advém, entre outras razões, de a última, ao contrário da primeira, ter responsabilidade limitada.

II – O locatário não pode transmitir a sua posição contratual fora do condicionalismo do artigo 1038.º, al. *f*) do Código Civil.

III – Não tendo a cedência sido autorizada pelo senhorio, nem obedecido ao formalismo do trespasse, o locador pode resolver o contrato, ao abrigo do artigo 64.º, n.º 1, al. *f*) do RAU."

(***Acórdão da Relação do Porto***, *de 06.04.2006, Colectânea de Jurisprudência, 2006, Tomo II, pág. 184*)

ARRENDAMENTO COMERCIAL; PREFERÊNCIA

"**I** – Tal como acontece no caso de notificação judicial para preferência, também no caso da notificação extrajudicial se torna irrevogável a proposta de venda.

II – Neste caso, constitui-se uma contra-promessa entre o proponente e o aceitante, susceptível de execução específica.

III – No entanto, para proceder a preferência, o aceitante tem que requerer a consignação em depósito do respectivo preço."

(***Acórdão do Supremo Tribunal de Justiça***, *de 21.02.2006, Colectânea de Jurisprudência, Acórdãos do Supremo Tribunal de Justiça, 2006, Tomo I, pág. 78*)

ANOTAÇÕES:

1. QUANTO AO N.º 1:

O n.º 1 do preceito em anotação distingue duas hipóteses de admissibilidade de transmissão entre vivos da posição de arrendatário, sem dependência de autorização do senhorio, relativamente aos arrendamentos para fins não habitacionais.

Assim, em primeiro lugar considera o trespasse de estabelecimento comercial ou industrial. A lei não define trespasse. Contudo, podemos extrair o seu conceito, por excepção, face ao disposto no n.º 2 deste artigo, que será comentado infra.

Em segundo lugar, considera a cessão do arrendamento para o exercício de profissão liberal ou para actividade de sociedade profissional de objecto equivalente. Abandonou-se, assim, a autonomização de regulamentação dos artigos 121.º e seguinte do RAU, no capítulo respeitante a arrendamento para o exercício de profissões liberais, muito embora essa autonomização fosse relativa ou meramente formal e sistemática, na medida em que o artigo 121.º daquele diploma mandava aplicar as disposições dos artigos 110.º a 120.º (arrendamento para comércio e indústria).

Parte II – Código Civil

2. NOÇÃO DE TRESPASSE:

"Para haver trespasse do estabelecimento comercial ou industrial é necessário que a titularidade do estabelecimento seja transmitida a terceiro, designadamente, por venda ou dação em pagamento. E para que haja transmissão do arrendamento do prédio onde o estabelecimento trespassado esteja instalado é necessário que a transmissão da fruição do prédio seja acompanhada da transferência, em conjunto, das instalações, utensílios, mercadorias ou outros elementos que integram o estabelecimento e que, uma vez transmitido o gozo do local arrendado, não passe a exercer-se nele outro ramo de comércio ou indústria ou, de um modo geral, não lhe seja dado outro destino."

(*Cunha de Sá – Leonor Coutinho, Arrendamento 2006, Novo Regime do Arrendamento Urbano, Coimbra, 2006, pág. 64*)

3. REQUISITOS ESSENCIAIS DO TRESPASSE:

Embora o Código Civil não defina trespasse, como já se disse, podem descortinar-se-lhe dois elementos essenciais:

a) Exercício, no prédio, do mesmo ramo de comércio ou indústria;
b) Transmissão global ou unitária, a título definitivo, do conjunto de instalações, utensílios mercadorias ou outros elementos corpóreos ou incorpóreos que integrem o estabelecimento (*v.g.*, a clientela).

Tanto basta para mostrar como o trespasse, que se refere ao estabelecimento comercial, é figura essencialmente distinta, quer da locação de estabelecimento, quer do subarrendamento, que se referem ao contrato de locação.

Para maiores desenvolvimentos, cfr. Pires de Lima – Antunes Varela, Código Civil Anotado, vol. II, 1997, pág. 711.

4. PROIBIÇÃO DE TRESPASSE:

"Não é permitido clausular a proibição de trespasse, mas este não pode ser utilizado como um expediente grosseiro, para obstar à execução do mandado de despejo. Verifica-se, por vezes, que o arrendatário, consciente de ter dado motivo à resolução do contrato, procede ao trespasse do estabelecimento.

Surge, assim, um terceiro para embargar a decisão que resolve o contrato e manda desocupar o prédio. A declaração de resolução do contrato de arrendamento retroage à data da respectiva celebração, pelo que o trespasse ulteriormente efectuado é nulo e, consequentemente, o trespassário não tem legitimidade para deduzir embargos."

(*Margarida Grave, Novo Regime do Arrendamento Urbano, 2006, 3ª ed., pág 118*)

5. EXERCÍCIO DE PROFISSÃO LIBERAL:

"Embora o exercício da (mesma) profissão seja reconhecidamente um requisito pessoal de carácter individual (pois só as pessoas singulares, em bom rigor, podem exercer uma profissão), alguns dos nossos tribunais [e agora a alínea *b*) do n.º 1 do

CC   Art. 1112.º

preceito em anotação] têm deliberadamente estendido às próprias pessoas colectivas a possibilidade legal de beneficiarem da cessão da posição de arrendatário (para o exercício de profissão liberal), nos termos previstos pelo artigo 122.º [do RAU, actualmente, artigo 1112.º do Código Civil], principalmente para não impedirem os indivíduos que, exercendo a mesma profissão, queiram associar-se, no intuito de alcançarem as vantagens, nomeadamente fiscais, da sua actividade conjunta, de livremente o fazerem."
(*Pires de Lima – Antunes Varela, Código Civil Anotado, vol. II, 1997, págs. 725 e seg.*)

6. QUANTO AO N.º 2:

"Se a mudança do ramo de comércio ou indústria explorado no prédio se dá depois de efectuada a transmissão do estabelecimento, ela não prejudica, obviamente, a existência do trespasse, que se tenha processado anteriormente. O que há, quando assim for, é uma aplicação do imóvel a um fim ou ramo de negócio diverso do estipulado, a menos que a mudança esteja facultada nas cláusulas do contrato de locação." Contudo, nesta hipótese, o senhorio pode resolver o contrato, o mesmo sucedendo ao transmissário que não continue o exercício da mesma profissão liberal, como resulta do disposto no n.º 5 do artigo em anotação.
"A questão de saber se houve uma aplicação do imóvel a ramo distinto ou a destino diferente, ou se houve antes o simples desenvolvimento ou cerceamento duma aplicação anterior, pode levantar dificuldades em algumas situações concretas."
(*Pires de Lima – Antunes Varela, Código Civil Anotado, vol. II, 1997, pág. 711*)

7. IDEM:

"Esta norma exprime agora, claramente, a ideia de proibição do negócio em fraude à lei.
Assim, ainda que se preencha o requisito da alínea *a*), ou seja, ainda que o objecto transmitido preencha o âmbito funcional do estabelecimento comercial instalado no local arrendado (existindo, aparentemente, trespasse, de um ponto de vista objectivo), quando o propósito dos contratantes não foi o de dar continuidade ao normal funcionamento daquele concreto estabelecimento (com eventuais alterações funcionais, inovações tecnológicas, etc.) mas sim o de passar a usar o local arrendado para um fim ou actividade económica diferente, quando essa mudança se concretize, deverá concluir-se, retroactivamente, que aquilo que as partes, na realidade, quiseram não foi celebrar um trespasse, mas sim um outro negócio, tendo por verdadeiro objecto o direito de gozo do imóvel. O que as partes celebraram não foi, portanto, o negócio legalmente autorizado (o trespasse), mas sim um outro negócio, que não sendo legalmente autorizado necessitaria de autorização do senhorio."
(*Maria Olinda Garcia, A Nova Disciplina do Arrendamento Urbano, Coimbra, 2006, págs. 43 e seg.*)

Parte II – Código Civil

8. QUANTO AO N.º 3:

"O n.º 3 coloca algumas dificuldades interpretativas, já que não estabelece prazo para a comunicação do trespasse (ou da cedência da posição do profissional liberal), limitando-se a dizer que a transmissão deve ser comunicada ao senhorio. A solução formalmente e sistematicamente mais correcta é a de aplicar aqui o prazo geral do artigo 1038.º, alínea *g*), ou seja, o prazo de 15 dias [ideia reforçada pelo artigo 1410.º do Código Civil, aqui aplicável, com as necessárias adaptações]. Todavia, do ponto de vista da identidade dos interesses em jogo, compreende-se mal esta solução, há que o legislador estabeleceu o prazo de 1 mês para a comunicação da locação do estabelecimento. O não cumprimento do dever de informar o senhorio no prazo de 15 dias torna a cedência do direito ineficaz e confere ao senhorio o direito de invocar a resolução do contrato, nos termos da alínea *e*) do n.º 2 do artigo 1083.º. Todavia, também nesta hipótese, a resolução só será procedente se for preenchida a cláusula geral do n.º 2 desse artigo, ou seja, quando o incumprimento '*pela sua gravidade ou consequência, torne inexigível à outra parte a manutenção do arrendamento*'."

(*Maria Olinda Garcia, A Nova Disciplina do Arrendamento Urbano, Coimbra, 2006, pág. 44*)

9. QUANTO AO N.º 4:

Resulta deste preceito que o trespasse não está dependente de autorização do senhorio. Contudo, assiste-lhe direito de preferência na transmissão, aplicando-se aqui as regras dos artigos 414.º a 423.º do Código Civil, e bem assim o disposto no artigo 1410.º do mesmo Código, com as necessárias adaptações.

Assim, o arrendatário, quando pretenda trespassar o estabelecimento, terá de comunicar ao senhorio [em escrito assinado, por carta registada com aviso de recepção – artigo 9.º, n.º 1 do NRAU] o projecto de trespasse (v.g., identificação do trespassário) e as cláusulas do respectivo trespasse (v.g., preço e modalidade de pagamento). Recebida a comunicação o senhorio dispõe do prazo de oito dias para exercer o seu direito de preferência [também em carta registada com aviso de recepção], sob pena de caducidade (cfr. artigo 416.º do Código Civil).

10. QUANTO AO N.º 5:

"O n.º 2 do artigo em anotação [cfr. nota 4] deve, todavia, ser articulado com o disposto no n.º 5 (que é, aliás, uma norma de alcance um pouco indefinido). Esta norma confere ao senhorio o direito de resolver o contrato se depois do trespasse (ou da transmissão da posição do profissional liberal) o arrendatário der outro destino ao imóvel (ou deixe de aí exercer a profissão liberal). Se, o diferente destino dado ao local vem a ser a expressão visível de que as partes não quiseram celebrar um trespasse, essa hipótese já se encontra prevista na alínea *b*) do n.º 2 e o fundamento de resolução de resolução que lhe corresponde é o da alínea *e*) do n.º 2 do artigo 1083.º, ou seja, trata-se de uma cedência ilícita. Se houve, efectivamente, trespasse, e posteriormente se alterou o fim (supondo que o contrato não permitia destinar o imóvel a mais do que um fim), esta norma também não diz nada de novo porque esse fundamento de resolução já se encontra previsto na alínea *c*) do n.º 2 do artigo 1083.º."

(*Maria Olinda Garcia, A Nova Disciplina do Arrendamento Urbano, Coimbra, 2006, pág. 44*)

11. TRESPASSE DE ESTABELECIMENTO COMERCIAL

"Se, após a entrada em vigor do diploma, for celebrado um negócio de trespasse de estabelecimento comercial instalado no imóvel arrendado – pretendendo, naturalmente, as partes manter a organização mercantil no locado – cessa o impedimento que mantinha o senhorio adstrito à "prorrogação forçada" do contrato (art. 26.º, n.º 6, al. *a*) NRAU).

Ora, como sabemos, o conceito de trespasse é bastante lato. Trata-se da transmissão definitiva entre vivos, onerosa ou gratuita, de um estabelecimento comercial. Envolve, assim, figuras de cariz bastante distinto: a venda (voluntária, executiva ou sede de liquidação da massa insolvente), a troca, a dação em cumprimento, a doação, e ainda outras situações ligadas a operações societárias (v.g., a entrada com um estabelecimento para uma sociedade).

De todo o modo, se nada for estipulado (ou se nada for convencionado em sentido contrário) no contrato de trespasse quanto à posição de arrendatário do imóvel (um dos elementos incorpóreos do estabelecimento), esta transmite-se naturalmente para o adquirente da unidade jurídica (art. 115.º, n.º 1, da lei antiga e art. 1112.º, n.º 1, al. *a*) da lei nova) sem necessidade de consentimento do senhorio. Assim, o trespassário, beneficia, em princípio, da posição do anterior arrendatário, em particular no que toca à impossibilidade de "oposição à prorrogação" do contrato pelo locador – ou, nos termos da actual lei, à não utilização do mecanismo da denúncia (imotivada) do contrato. De resto, o art. 1112.º, n.º 1, al. *a*) CC, NRAU representa um desvio à regra ínsita no art. 424.º CC.

Embora se mantenha no quadro das disposições transitórias o mesmo desvio (dado que se continua a aplicar o art. 1112.º, n.º 1, al. *a*) CC, NRAU), há agora uma especificidade: a posição contratual do anterior inquilino não se transfere exactamente nos mesmos termos, dado que aqui é empregue o art. 1101.º, al. *c*) CC, NRAU. Com efeito, o trespasse interfere negativamente (na perspectiva do novo arrendatário) na transmissão do conteúdo da posição contratual do anterior locatário.

Procurando justificar esta consequência gravosa para o novo inquilino (e também novo proprietário do estabelecimento), pode afirmar-se que a transmissão da posição jurídica (por via da transferência definitiva do estabelecimento) é a causa (ou uma das causas) da mudança da disciplina. Há um outro arrendatário comercial, na maior parte dos casos desconhecido do senhorio e que lhe é imposto (cfr. anterior

Parte II – Código Civil

art. 115.º RAU e o actual art. 1112.º, n.º 1 CC, NRAU), pelo que se entende justificado forçar este último a um regime menos favorável, atendendo a que. o espírito da nova lei é o de afastar, em larga medida, a principal faceta vinculista."

(*Fernando de Gravato Morais, Novo Regime de Arrendamento Comercial, Coimbra, 2006, págs. 36 e segs.*)

12. TRESPASSE: PRAZO PARA COMUNICAÇÃO AO SENHORIO:

"Actualmente, o art. 1112.º, CC, NRAU alude, entre outras situações, ao trespasse de estabelecimento instalado em local arrendado. Mas a parte final do n.º 3 do preceito em análise apenas determina que "a transmissão (do estabelecimento) deve ser ... comunicada ao senhorio". Nada se refere, contudo, quanto ao prazo da notificação.

Podíamos ser levados a pensar que se manteria o regime anterior e, portanto, o prazo quinzenal mencionado. Com efeito, pode argumentar-se que, como o NRAU não regula esta matéria, se emprega o mesmo preceito civilista. Esta posição é de resto sustentada por Maria Olinda Garcia. Alude a autora que, pelo facto de o art. 1112.º, n.º 3 CC, NRAU não estabelecer um "prazo específico", ao contrário do que sucede no art. 1109.º, n.º 2 CC, NRAU, "terá de ser observado ... o prazo de 15 dias previsto na alínea *g*) do art. 1038.º do CC".

Não sustentamos tal tese. Cabe, a nosso ver, observar o prazo de um mês previsto no art. 1109.º CC, NRAU."

(*Fernando de Gravato Morais, Novo Regime do Arrendamento Comercial, Coimbra, 2006, pág. 151*)

NOTAS PESSOAIS:

ARTIGO 1113.º
Morte do arrendatário

1. O arrendamento não caduca por morte do arrendatário, mas os sucessores podem renunciar à transmissão, comunicando a renúncia ao senhorio no prazo de três meses, com cópia dos documentos comprovativos da ocorrência.

2. É aplicável o disposto no artigo 1107.º, com as necessárias adaptações.

HISTÓRICO:

Redacção do artigo 3.º da Lei n.º 6/2006, de 27 de Fevereiro (NRAU).
Corresponde, essencialmente, ao artigo 112.º do RAU (revogado), que se transcreve:

Artigo 112.º *(Morte do arrendatário)*
1. O arrendamento não caduca por morte do arrendatário, mas os sucessores podem renunciar à transmissão, comunicando a renúncia ao senhorio no prazo de 30 dias.
2. O sucessor não renunciante deve comunicar, por escrito, ao senhorio a morte do arrendatário, a enviar nos 180 dias posteriores à ocorrência e da qual constem os documentos autênticos ou autenticados que comprovem os seus direitos.
3. O arrendatário não pode prevalecer-se do não cumprimento dos deveres de comunicação estabelecidos neste artigo e deve indemnizar o senhorio por todos os danos derivados da omissão.

REMISSÕES:

Regime dos contratos celebrados depois do DL 257/95, de 30.09 – art. 26.º NRAU; arrendamento por morte nos arrendamentos para fins não habitacionais – art. 58.º NRAU.

Parte II – Código Civil

JURISPRUDÊNCIA:

ARRENDAMENTO PARA COMÉRCIO; MORTE DO ARRENDATÁRIO; OMISSÃO DO DEVER DE COMUNICAÇÃO:

"A omissão do dever de comunicação, por morte do arrendatário, prevista no artigo 112.º, n.º 2 do Regime de Arrendamento Urbano, não determina a caducidade do contrato de arrendamento para comércio."

(*Acórdão da Relação de Évora*, de 25.05.2000, *Colectânea de Jurisprudência, 2000, Tomo III, pág. 259*)

PENHORA DO "DIREITO AO TRESPASSE E ARRENDAMENTO"; CADUCIDADE POR MORTE DO ARRENDATÁRIO:

"I – A nomeação à penhora do 'direito ao trespasse e arrendamento' de um estabelecimento comercial ou industrial deve ser entendida como a nomeação à penhora do próprio estabelecimento, enquanto unidade jurídica.

II – No arrendamento para comércio ou indústria, a regra é a de que o contrato não caduca por morte do arrendatário.

III – O não cumprimento pelo sucessor do arrendatário falecido do dever de comunicação estatuído no artigo 112.º, n.º 2 do RAU (comunicação da morte do arrendatário) não obsta à transmissão do arrendamento, ou seja, não implica a caducidade daquele."

(*Acórdão do Supremo Tribunal de Justiça*, de 16.01.2001, *Colectânea de Jurisprudência, Acórdãos do Supremo Tribunal de Justiça, 2001, Tomo I, pág. 65*)

ANOTAÇÕES:

1. DIFERENÇAS DE REGIME – RENÚNCIA DA TRANSMISSÃO:

O artigo em anotação estabelece no seu n.º 1 que o arrendamento não caduca por morte do arrendatário, podendo, contudo os seus sucessores renunciar à transmissão, mediante comunicação escrita [em carta registada com aviso de recepção – artigo 9.º, n.º 1 do NRAU], dirigida ao senhorio, no prazo de três meses, com cópia dos documentos comprovativos da ocorrência. Tais documentos serão, essencialmente, a certidão de óbito do arrendatário falecido e certidão de nascimento do ou dos sucessores renunciantes, documentos estes que podem ser substituídos por cópia autenticada de escritura de habilitação de herdeiros.

Relativamente ao regime anterior, o constante do artigo 112.º do RAU (revogado), verifica-se um alargamento do prazo para a comunicação, que na lei anterior era de apenas 30 dias (n.º 1 do citado preceito).

2. DIFERENÇAS DE REGIME – ACEITAÇÃO DA TRANSMISSÃO:

O n.º 2 do preceito em anotação remete para o disposto no artigo 1107.º do Código Civil, com as necessárias adaptações. Assim, deve entender-se que o sucessor que não queira renunciar à transmissão do direito ao arrendamento, deve comunicar a sua intenção ao senhorio, por escrito [e em carta registada com aviso de recepção – artigo 9.º, n.º 1 do NRAU], instruindo-o com os documentos comprovativos, no prazo de três meses a contar do óbito do arrendatário. De referir que a inobservância desta obrigação obriga o transmissário faltoso a indemnizar o senhorio por todos os danos derivados da omissão (art. 1107.º, n.º 2 do Código Civil).

NOTAS PESSOAIS:

PARTE III

**REGIME DE DETERMINAÇÃO E VERIFICAÇÃO
DO COEFICIENTE DE CONSERVAÇÃO
– DECRETO-LEI N.º 156/2006, DE 8 DE AGOSTO**

**REGIME JURÍDICO DAS OBRAS
EM PRÉDIOS ARRENDADOS
– DECRETO-LEI N.º 157/2006, DE 8 DE AGOSTO**

**REGIMES DE DETERMINAÇÃO
DO RENDIMENTO ANUAL BRUTO CORRIGIDO
E ATRIBUIÇÃO DO SUBSÍDIO DE RENDA
– DECRETO-LEI N.º 158/2006, DE 8 DE AGOSTO**

**DEFINIÇÃO DO CONCEITO FISCAL
DE PRÉDIO DEVOLUTO
– DECRETO-LEI N.º 159/2006, DE 8 DE AGOSTO**

**ELEMENTOS DO CONTRATO
DE ARRENDAMENTO E REQUISITOS
A QUE OBEDECE A SUA CELEBRAÇÃO
– DECRETO-LEI N.º 160/2006, DE 8 DE AGOSTO**

**COMISSÕES ARBITRAIS MUNICIPAIS
– DECRETO-LEI N.º 161/2006, DE 8 DE AGOSTO**

Parte III – Legislação Complementar ao NRAU

MODELO ÚNICO SIMPLIFICADO
PARA PEDIDOS E COMUNICAÇÕES
– PORTARIA N.º 1192-A/2006, DE 3 DE NOVEMBRO

FICHA DE AVALIAÇÃO PARA DETERMINAÇÃO
DO NÍVEL DE CONSERVAÇÃO DE IMÓVEIS LOCADOS
– PORTARIA N.º 1192-B/2006, DE 3 DE NOVEMBRO

DECRETO-LEI N.º 156/2006, DE 8 DE AGOSTO

REGIME DE DETERMINAÇÃO E VERIFICAÇÃO DO COEFICIENTE DE CONSERVAÇÃO

O Novo Regime do Arrendamento Urbano (NRAU) foi aprovado pela Lei n.º 6/2006, de 27 de Fevereiro, dando resposta a uma necessidade há muito, e por todos, sentida. A reforma empreendida tem o NRAU como diploma central, mas carece ainda, para sua integral aplicação, de um conjunto de diplomas complementares. Entre esses diplomas encontra-se o que aprova o regime de determinação e verificação do coeficiente de conservação, previsto na alínea b) do n.º 1 do artigo 64.º do NRAU e que se publica.

A determinação do nível de conservação é essencial no processo de actualização das rendas antigas, pois influencia o valor da renda a pagar e, no caso de arrendamento para habitação, condiciona a possibilidade de actualização. É também um instrumento valioso de conhecimento acerca da realizada do património urbano arrendado.

Para esse efeito, o presente decreto-lei cria um método de avaliação, de forma que se procura o mais objectiva e imparcial possível, do estado de conservação dos edifícios e da existência nesses edifícios de infra-estruturas básicas.

Os aspectos técnicos e procedimentais do método de avaliação do estado de conservação do edifício constam de portaria, dada a sua natureza. São previstas vistorias, a cargo de engenheiro ou arquitecto, ou ainda, na falta daqueles, de engenheiro técnico, que permitirão a avaliação dos vários elementos do prédio. Embora o método seja de aplicação simples, entende-se que, quando possível, deve facilitar-se a actuação dos cidadãos, pelo que se consagra neste decreto-lei a possibilidade de

Parte III – Legislação Complementar ao NRAU

dispensa da prévia determinação do coeficiente de conservação em relação à actualização da renda. Tal será admissível quando ambas as partes entendam que o locado se encontra bem conservado, havendo vantagens para todos: para o senhorio representa a eliminação de um passo no processo de actualização da renda, para o inquilino representa o pagamento de uma renda mais baixa.

Foram ouvidos os órgãos de governo próprios das Regiões Autónomas, a Associação Nacional de Municípios Portugueses, a Ordem dos Advogados, a Ordem dos Engenheiros e a Ordem dos Arquitectos.

Foram, ainda, ouvidas as várias associações com interesses no sector, designadamente, a Associação Lisbonense de Proprietários, a Associação dos Inquilinos Lisbonense e a Associação dos Inquilinos do Norte, a Confederação do Comércio e Serviços de Portugal e a Confederação do Turismo Português, a Federação da Restauração, Cafés, Pastelarias e Similares de Portugal, a Federação Portuguesa da Indústria de Construção e Obras Públicas e a Federação Nacional de Comércio, a Associação Portuguesa para a Defesa do Consumidor, e ainda várias entidades representativas das empresas de consultoria e avaliação imobiliária, de mediação mobiliária, de fundos de investimento e de fundos de pensões.

Assim:

Nos termos da alínea a) do n.º 1 do artigo 198.º da Constituição, o Governo decreta o seguinte:

ARTIGO 1.º
Objecto

1. O presente decreto-lei estabelece o modo de fixação do nível de conservação dos imóveis locados, conforme o previsto no n.º 2 do artigo 33.º do Novo Regime do Arrendamento Urbano (NRAU), aprovado pela Lei n.º 6/2006, de 27 de Fevereiro.

2. Os elementos do imóvel locado a avaliar para efeito do previsto no número anterior, os critérios dessa avaliação e a forma de cálculo do nível de conservação constam de portaria conjunta dos membros do Governo com tutela sobre as autarquias locais, a habitação e as obras públicas, a qual regula os procedimentos necessários à execução do presente decreto-lei.

DL n.º 156/2006, de 8 de Agosto

ARTIGO 2.º
Legitimidade para o requerimento

1. Podem requerer a determinação do nível de conservação de um prédio urbano ou de uma fracção autónoma:

a) O proprietário, o superficiário ou o usufrutuário;

b) O arrendatário com contrato de arrendamento para habitação celebrado antes da entrada em vigor do Regime do Arrendamento Urbano, aprovado pelo Decreto-Lei n.º 321-B/90, de 15 de Outubro, ou com contrato para fim não habitacional celebrado antes da entrada em vigor do Decreto-Lei n.º 257/95, de 30 de Setembro;

c) Outras pessoas previstas na lei.

2. O requerimento efectuado por pessoa prevista nas alíneas *b)* e *c)* do número anterior é notificado às pessoas referidas na alínea *a)* do mesmo número.

ARTIGO 3.º
Competência

1. A determinação do nível de conservação é requerida às comissões arbitrais municipais, adiante designadas por CAM, reguladas pelo Decreto-Lei n.º 161/2006, de 8 de Agosto.

2. A determinação do nível de conservação é realizada por arquitecto ou engenheiro inscrito na respectiva ordem profissional.

3. As ordens profissionais dos arquitectos e engenheiros fornecem a cada CAM a lista dos seus membros habilitados e disponíveis para a determinação do nível de conservação no município, podendo um arquitecto ou engenheiro prestar serviços a mais do que uma CAM.

4. Na falta de arquitectos ou engenheiros em número suficiente, a determinação do nível de conservação pode ser feita por engenheiro técnico, solicitando a CAM competente a indicação de uma lista à respectiva associação profissional.

5. Pela determinação do nível de conservação é devida uma taxa, nos termos do artigo 20.º do decreto-lei referido no n.º 1.

Parte III – Legislação Complementar ao NRAU

ARTIGO 4.º
Garantias de imparcialidade

1. A escolha do técnico responsável por cada processo é feita por sorteio, o qual pode ser feito usando meios informáticos.

2. Os técnicos estão impedidos de intervir em relação a prédios próprios ou em que seja interessada, a qualquer título, entidade de que sejam administradores ou colaboradores, ou a prédios em que sejam interessados seus ascendentes, descendentes ou parentes e afins até ao 4.º grau da linha colateral, devendo repetir-se o sorteio quando tal se verifique.

3. Os actos realizados em violação do disposto no número anterior são anulados pela CAM oficiosamente ou a requerimento dos interessados.

ARTIGO 5.º
Níveis de conservação

1. Os níveis de conservação reflectem o estado de conservação de um prédio urbano e a existência nesse prédio de infra-estruturas básicas.

2. Os níveis de conservação constam da seguinte tabela:

Nível	Estado de conservação
5	Excelente
4	Bom
3	Médio
2	Mau
1	Péssimo

ARTIGO 6.º
Possibilidade de reabilitação

1. Sendo atribuído a um prédio um nível de classificação péssimo, a CAM determina se o prédio pode ser reabilitado, ou se deve ser demolido, por apresentar riscos para a segurança ou a saúde públicas e não ser tecnicamente viável a sua recuperação.

DL n.º 156/2006, de 8 de Agosto

2. Quando a CAM entenda que o prédio deve ser demolido, transmite essa informação aos serviços municipais com competência em matéria de urbanismo.

ARTIGO 7.º
Dispensa de determinação

1. Para efeitos de actualização do valor da renda, pode ser dispensada a determinação do nível de conservação quando o senhorio entenda que o prédio se encontra em estado de conservação bom ou excelente.

2. O senhorio que entenda que o prédio se encontra em estado de conservação bom ou excelente entrega na CAM comunicação de que vai proceder à actualização da renda e do nível de conservação em que avalia o locado.

3. O senhorio que use a faculdade concedida no presente artigo só pode actualizar a renda aplicando o coeficiente de actualização 0,9, correspondente ao nível de conservação 3.

4. O comprovativo da comunicação prevista n.º 2 vale como determinação do nível de conservação, para os efeitos da alínea *a*) do n.º 4 do artigo 38.º do NRAU.

5. O arrendatário, na resposta prevista no artigo 37.º do NRAU, pode alegar que o estado de conservação é mau ou *péssimo,* caso em que o senhorio pede à CAM a determinação do nível de conservação.

6. O coeficiente a aplicar à nova renda é o que resultar da determinação efectuada, deixando de se aplicar o limite previsto no n.º 3.

7. A alegação referida no n.º 5 não prejudica o previsto no artigo 37.º do NRAU, sendo a nova renda, quando venha a existir actualização, devida no mês seguinte à comunicação pelo senhorio do nível de conservação apurado e da renda respectiva.

8. No prazo de 40 dias a contar da comunicação prevista no número anterior, o arrendatário pode denunciar o contrato, devendo desocupar o local no prazo de seis meses, e, não existindo, neste caso, alteração da renda.

Parte III – Legislação Complementar ao NRAU

ARTIGO 8.º
Entrada em vigor

O presente decreto-lei entra em vigor no 30.º dia seguinte ao da sua publicação.

DECRETO-LEI N.º 157/2006, DE 8 DE AGOSTO

REGIME JURÍDICO DAS OBRAS EM PRÉDIOS ARRENDADOS

A Lei n.º 6/2006, de 27 de Fevereiro, aprovou o Novo Regime do Arrendamento Urbano (NRAU), dando resposta à necessidade, por todos sentida, de reformar profundamente esta área do ordenamento jurídico.

O NRAU, para sua completa aplicação, carece de um conjunto de legislação complementar, alguma da qual objecto de autorização legislativa da Assembleia da República. Entre esses diplomas complementares encontra-se o diploma relativo ao regime das obras em prédios arrendados, que ora se publica, matéria fulcral tanto na regulação dos novos contratos como na resolução dos problemas de degradação urbanística já existentes.

O presente diploma estrutura-se em duas grandes partes. A primeira aplica-se aos contratos que se vierem a celebrar após a sua entrada em vigor e, ainda, em tudo o que não é excepcionado na segunda parte, aos contratos já existentes. A segunda parte contém um regime especial transitório, aplicável aos contratos de arrendamento para habitação celebrados antes do RAU e aos contratos de arrendamento para fins não habitacionais celebrados antes da entrada em vigor do Decreto-Lei n.º 257/95, de 30 de Setembro.

O presente decreto-lei regula as obras efectuadas por iniciativa do senhorio, prevendo a possibilidade de suspensão do contrato ou a sua denúncia. Nos contratos habitacionais anteriores a 1990, a denúncia terá sempre como contrapartida o realojamento. Revoga, pois, a Lei n.º 2088, de 3 de Julho de 1957, a qual, além de ser de difícil aplicação, visava promover a construção nova, objectivo que já não corresponde às necessidades actuais. O diploma regule ainda as obras coercivas realizadas pelos municípios em prédios arrendados, substituindo o que a este respeito se dispunha no RAU.

Finalmente, em relação aos contratos antigos, o decreto-lei regula os direitos de intervenção dos arrendatários. Se, em relação aos contratos novos, não é de prever que o problema da degradação urbana se venha a colocar significativamente, fruto da adequação dos valores das rendas e da maior mobilidade, o problema da degradação dos prédios objecto de arrendamentos antigos é sobejamente conhecido. Aqui, não basta enunciar o dever de conservação, é necessário criar os instrumentos legais que possibilitem a efectiva reabilitação. Tal passa por apoiar a reabilitação por parte dos proprietários, o que é tratado em legislação própria, mas exige ainda que seja possível intervir quando o proprietário não possa ou não queira reabilitar o seu património.

Assim, possibilita-se ao arrendatário a realização de obras de reabilitação, com posterior compensação no valor da renda. Possibilita-se ainda ao arrendatário, mediante acção judicial, a aquisição da propriedade do prédio ou fracção, quando esta seja a última solução viável. Este será o caso quando o proprietário não efectue as obras necessárias e o município, a tal instado, também o não faça. Este direito de aquisição pelo arrendatário acarreta a obrigação para o adquirente – e para quem o substitua nos 20 anos seguintes – de reabilitação e de manutenção do prédio. A degradação urbana é um problema que não afecta apenas os habitantes dos prédios degradados, ela afecta toda a comunidade, sendo um obstáculo à sã vivência das cidades e ao próprio desenvolvimento económico, nomeadamente com reflexos negativos no turismo.

Possibilitar a recuperação dos centros históricos, reabilitando em lugar de construir de novo, é objectivo a prosseguir com empenho, devendo o direito de aquisição do locado que este decreto-lei regula ser visto a esta luz, e não somente como um modo de composição do conflito entre as partes.

Foram ouvidos os órgãos de governo próprio das Regiões Autónomas, a Associação Nacional dos Municípios Portugueses, a Ordem dos Advogados, a Ordem dos Engenheiros e a Ordem dos Arquitectos.

Foram, ainda, ouvidas as várias associações com interesses no sector, designadamente, a Associação Lisbonense de Proprietários, a Associação dos Inquilinos Lisbonense, a Associação dos Inquilinos do Norte, a

DL n.º 157/2006, de 8 de Agosto

Confederação do Comércio e Serviços de Portugal, a Confederação do Turismo Português, a Federação da Restauração, Cafés, Pastelarias e Similares de Portugal, a Federação Portuguesa da Indústria de Construção e Obras Públicas, a Federação Nacional de Comércio, a Associação Portuguesa para a Defesa do Consumidor, e ainda várias entidades representativas das empresas de consultoria e avaliação imobiliária, de mediação mobiliária, de fundos de investimento e de fundos de pensões.

Assim:

No uso da autorização legislativa concedida pela alínea a) do n.º 1 e pelo n.º 2 do artigo 63.º da Lei n.º 6/2006, de 27 de Fevereiro, e nos termos da alínea b) do n.º 1 do artigo 198.º da Constituição, o Governo decreta o seguinte:

SECÇÃO I
Disposições Comuns

ARTIGO 1.º
Objecto

1. O presente decreto-lei aprova o regime jurídico aplicável:

a) À denúncia ou suspensão do contrato de arrendamento para demolição ou realização de obras de remodelação ou restauro profundos, nos termos do n.º 8 do artigo 1103.º do Código Civil;

b) À realização de obras coercivas pelos municípios, nos casos em que o senhorio as não queira ou não as possa realizar;

c) À edificação em prédio rústico arrendado e não sujeito a regime especial.

2. O presente decreto-lei estabelece ainda o regime aplicável, nos contratos de arrendamento para fim habitacional celebrados antes da vigência do Regime do Arrendamento Urbano (RAU), aprovado pelo Decreto-Lei n.º 321-B/90, de 15 de Outubro, e nos contratos de arrendamento para fim não habitacional celebrados antes da entrada em vigor do Decreto-Lei n.º 257/95, de 30 de Setembro:

a) À realização de obras pelo arrendatário, nos termos da alínea *a)* do n.º 4 do artigo 48.º do NRAU, aprovado pela Lei n.º 6/2006, de 27 de Fevereiro;

Parte III – Legislação Complementar ao NRAU

b) Ao direito de aquisição do prédio pelo arrendatário quando o senhorio não realize as obras necessárias, nos termos da alínea *c)* do n.º 4 do artigo 48.º do NRAU.

ARTIGO 2.º
Regra geral

Cabe ao senhorio efectuar as obras necessárias à manutenção do estado de conservação do prédio arrendado, nos termos dos artigos 1074.º e 1111.º do Código Civil, bem como da legislação urbanística aplicável.

ARTIGO 3.º
Obras coercivas

No caso de o senhorio não efectuar as obras a que está obrigado, o município pode intimá-lo à sua realização, bem como proceder à sua realização coerciva.

SECÇÃO II
Regime geral

SUBSECÇÃO I
Iniciativa do senhorio

ARTIGO 4.º
Remodelação ou restauro profundos

1. São obras de remodelação ou restauro profundos as que obrigam, para a sua realização, à desocupação do locado.

2. As obras referidas no número anterior são qualificadas como estruturais ou não estruturais, sendo estruturais quando originem uma distribuição de fogos sem correspondência com a distribuição anterior.

DL n.º 157/2006, de 8 de Agosto

ARTIGO 5.º
Denúncia ou suspensão para remodelação ou restauro

1. O senhorio que pretenda realizar obras de remodelação ou restauro profundos pode denunciar o contrato ou suspender a sua execução pelo período de decurso daquelas.

2. A suspensão do contrato é obrigatória quando as obras não sejam estruturais, ou quando, sendo estruturais, se preveja a existência de local com características equivalentes às do locado após a obra.

ARTIGO 6.º
Denúncia para remodelação ou restauro

1. A denúncia do contrato para remodelação ou restauro profundos obriga o senhorio, mediante acordo e em alternativa:
a) Ao pagamento de todas as despesas e danos, patrimoniais e não patrimoniais, suportados pelo arrendatário, não podendo o valor da indemnização ser inferior ao de dois anos de renda;
b) A garantir o realojamento do arrendatário por período não inferior a cinco anos.

2. Na falta de acordo entre as partes, aplica-se o disposto na alínea *a)* do número anterior.

3. O realojamento do arrendatário é feito no mesmo concelho e em condições análogas às que aquele já detinha, quer quanto ao local quer quanto ao valor da renda e encargos.

4. A indemnização prevista na alínea *a)* do n.º 1 tem em conta o valor das benfeitorias realizadas e dos investimentos efectuados em função do locado.

ARTIGO 7.º
Denúncia para demolição

1. O senhorio pode denunciar o contrato de arrendamento quando pretenda demolir o locado.

Parte III – Legislação Complementar ao NRAU

2. À denúncia para demolição aplica-se o disposto no artigo anterior, excepto quando, cumulativamente:

    a) A demolição seja necessária por força da degradação do prédio, incompatível tecnicamente com a sua reabilitação e geradora de risco para os respectivos ocupantes;

    b) Os pressupostos constantes da alínea anterior sejam atestados pelo município, ouvida a comissão arbitral municipal (CAM).

ARTIGO 8.º
Efectivação da denúncia

1. A denúncia do contrato é feita mediante acção judicial, onde se prove estarem reunidas as condições que a autorizam.

2. A petição inicial é acompanhada de comprovativo de aprovação pelo município de projecto de arquitectura relativo à obra a realizar.

3. Nos 15 dias seguintes à propositura da acção, o senhorio, quando não pretenda assegurar o realojamento, deposita o valor correspondente a dois anos de renda.

4. No caso de a indemnização apurada ser de montante superior ao valor correspondente a dois anos de renda, a sentença não é proferida sem que se mostre depositada a sua totalidade.

5. O arrendatário pode levantar o depósito após o trânsito em julgado da sentença que declare a extinção do arrendamento.

6. Por convenção das partes, a acção a que se refere o n.º 1 pode ser decidida por tribunal arbitral.

ARTIGO 9.º
Suspensão

1. A suspensão da execução do contrato pelo período de decurso das obras obriga o senhorio a assegurar o realojamento do arrendatário durante esse tempo.

2. Aplica-se ao realojamento do arrendatário o disposto no n.º 3 do artigo 6.º.

DL n.º 157/2006, de 8 de Agosto

ARTIGO 10.º
Efectivação da suspensão

1. O senhorio que pretenda a suspensão do contrato comunica ao arrendatário os seguintes elementos:
   a) Intenção de proceder a obras que obrigam à desocupação do locado;
   b) Local e condições do realojamento fornecido;
   c) Data de início e duração previsível das obras.

2. O arrendatário, em alternativa à suspensão, pode denunciar o contrato, produzindo a denúncia efeitos em momento por si escolhido entre o da comunicação prevista no número anterior e a data de início das obras.

3. O arrendatário que não aceite as condições propostas ou a susceptibilidade de suspensão do contrato comunica-o ao senhorio, que pode então recorrer à CAM.

4. No caso de o arrendamento ser para fim não habitacional, o arrendatário pode declarar preferir ao realojamento uma indemnização por todas as despesas e danos, patrimoniais e não patrimoniais, decorrentes da suspensão, sendo a CAM competente para a sua fixação.

5. A denúncia do contrato ou a não aceitação da suspensão são comunicadas ao senhorio no prazo de 30 dias a contar da comunicação referida no n.º 1.

6. O contrato de arrendamento suspende-se no momento da desocupação do locado.

7. O senhorio comunica ao arrendatário o fim das obras, devendo o arrendatário reocupar o locado no prazo de três meses, salvo justo impedimento, sob pena de caducidade do contrato de arrendamento.

ARTIGO 11.º
Edificação em prédio rústico

O disposto na presente subsecção é aplicável, com as necessárias adaptações, à denúncia de arrendamento de prédio rústico quando o senhorio pretenda aí construir um edifício.

Parte III – Legislação Complementar ao NRAU

SUBSECÇÃO II
Iniciativa do município

ARTIGO 12.º
Âmbito

O disposto na presente subsecção aplica-se a obras coercivas realizadas pelos municípios em prédios total ou parcialmente arrendados, devido à sua não realização pelo senhorio.

ARTIGO 13.º
Poderes do município

Para efeitos da execução das obras coercivas, nos termos previstos nos artigos 91.º e 107.º do Decreto-Lei n.º 555/99, de 16 de Dezembro, pode o município proceder ao despejo administrativo e ocupar o prédio ou fogos, total ou parcialmente, até ao período de um ano após a data da conclusão das obras, após o qual tal ocupação cessa automaticamente.

ARTIGO 14.º
Orçamento

O início das obras é precedido da elaboração de um orçamento do respectivo custo, a comunicar ao senhorio, por escrito, e que representa o valor máximo pelo qual este é responsável.

ARTIGO 15.º
Realojamento ou indemnização

1. O município não pode proceder ao despejo administrativo sem assegurar simultaneamente o realojamento temporário dos arrendatários existentes, sendo aplicável o disposto no n.º 3 do artigo 6.º.

2. Durante o realojamento mantém-se a obrigação de pagamento da renda, havendo lugar ao seu depósito, nos termos do artigo 19.º.

DL n.º 157/2006, de 8 de Agosto

3. No caso de arrendamento não habitacional, não sendo possível o realojamento ou não concordando o arrendatário com as condições oferecidas, o município indemniza o arrendatário nos termos da alínea *a*) do n.º 1 do artigo 6.º, tendo o direito de arrendar o local após as obras, nos termos do artigo 20.º, para se ressarcir da indemnização paga.

ARTIGO 16.º
Comunicação ao arrendatário

Com antecedência não inferior a 30 dias, o arrendatário é notificado, por carta registada ou por afixação de edital na porta da respectiva casa e na sede da junta de freguesia:

a) Da data do despejo administrativo;
b) Do local de realojamento que lhe foi destinado;
c) Da obrigação de retirar todos os bens do local despejando;
d) Da duração previsível das obras;
e) Da obrigação de depositar as rendas, nos termos do artigo 19.º.

ARTIGO 17.º
Reocupação pelo arrendatário

O município comunica ao arrendatário o fim das obras, devendo o arrendatário reocupar o locado no prazo de três meses, salvo justo impedimento, sob pena de caducidade do contrato de arrendamento.

ARTIGO 18.º
Compensação

1. O ressarcimento pelas obras executadas pelo município é feito através do recebimento das rendas, com o limite previsto no artigo 14.º.

2. O senhorio pode levantar os depósitos no valor correspondente a 50% da renda vigente aquando do início das obras, acrescida das actualizações ordinárias anuais, revertendo o restante para o município.

3. No prazo de 10 dias após ter sido requerida pelo senhorio, o município emite declaração para os efeitos referidos no número anterior.

Parte III – Legislação Complementar ao NRAU

ARTIGO 19.º
Depósito das rendas

1. O arrendatário deposita a renda, nos termos dos artigos 17.º e seguintes do NRAU, enquanto o município não se encontrar totalmente ressarcido.

2. No prazo de 10 dias após o ressarcimento integral, o município notifica os inquilinos da cessação do dever de depositar a renda.

ARTIGO 20.º
Arrendamento pelo município

1. Existindo fogos devolutos no prédio reabilitado, pode o município arrendá-los, mediante concurso público, pelo prazo de cinco anos, renováveis nos termos do artigo 1096.º do Código Civil.

2. Existindo arrendamento nos termos do número anterior, o proprietário só tem o direito de se opor à renovação do contrato quando o fim do respectivo prazo se verifique após o ressarcimento integral do município.

3. A renda a praticar nos contratos referidos no número anterior é determinada nos termos do artigo 31.º do NRAU.

4. O disposto no n.º 1 não é aplicável se o proprietário arrendar os fogos devolutos, por valor não inferior ao previsto no número anterior, no prazo de quatro meses após a ocupação do prédio pelo município ou após a conclusão das obras.

5. Aos titulares dos contratos de arrendamento previstos neste artigo é aplicável o disposto no artigo anterior, cabendo ao senhorio o direito previsto no n.º 2 do artigo 18.º.

ARTIGO 21.º
Arrolamento de bens

1. Se, no momento da ocupação, forem encontrados bens no local a ocupar, proceder-se-á ao seu arrolamento.

DL n.º 157/2006, de 8 de Agosto

2. Para efeitos do arrolamento referido no número anterior, procede-se da seguinte forma:

a) É lavrado auto em que se descrevem os bens, em verbas numeradas, e se mencionam quaisquer ocorrências relevantes;

b) O auto é assinado pelo funcionário que o lavrar e pelo possuidor dos bens, se existir, devendo intervir duas testemunhas quando for assinado por este último;

c) Ao acto de arrolamento assiste o possuidor ou detentor dos bens, sempre que queira e esteja no local ou seja possível chamá-lo, podendo fazer-se representar por mandatário judicial;

d) Os bens arrolados ficam depositados à guarda do município e serão entregues ao arrendatário a requerimento deste, sem prejuízo de só poderem ser repostos no fogo despejando após a conclusão das respectivas obras;

e) São aplicáveis ao arrolamento as disposições relativas à penhora, com as devidas adaptações, em tudo que não contrarie o estabelecido neste artigo.

3. O arrendatário é responsável pelas despesas resultantes do despejo, depósito e arrolamento dos bens.

ARTIGO 22.º
Obras por iniciativa de outras entidades

O disposto na presente subsecção é aplicável, com as devidas adaptações, à realização de obras em prédios arrendados por entidade a quem a lei confira esse direito, nomeadamente sociedades de reabilitação urbana, fundos de investimento imobiliário e fundos de pensões.

Parte III – Legislação Complementar ao NRAU

SECÇÃO II
Regime especial transitório

SUBSECÇÃO I
Disposições gerais

ARTIGO 23.º
Âmbito de aplicação

1. O disposto na presente secção apenas se aplica:

a) Aos contratos de arrendamento para habitação celebrados antes da entrada em vigor do RAU, aprovado pelo Decreto-Lei n.º 321-B/90, de 15 de Outubro;

b) Aos contratos de arrendamento para fins não habitacionais celebrados antes da entrada em vigor do Decreto-Lei n.º 257/95, de 30 de Setembro.

2. Em tudo o não previsto na presente secção aplica-se o disposto na secção anterior.

SUBSECÇÃO II
Iniciativa do senhorio

ARTIGO 24.º
Denúncia para demolição

1. A faculdade de demolição só existe quando se verifiquem os pressupostos do n.º 2 do artigo 7.º, sem prejuízo do disposto no número seguinte.

2. Existe ainda a faculdade de demolição quando esta for considerada pelo município a solução tecnicamente mais adequada e a demolição seja necessária à execução de plano municipal de ordenamento do território.

DL n.º 157/2006, de 8 de Agosto

ARTIGO 25.º
Denúncia no arrendamento para habitação

1. Em caso de denúncia para realização de obras de remodelação ou restauro profundo ou para demolição do prédio, o arrendatário habitacional tem o direito de ser realojado, devendo na petição inicial da acção ser indicado o local destinado ao realojamento e a respectiva renda.

2. O realojamento é feito no mesmo concelho e em condições análogas às que o arrendatário já detinha, não podendo o local a tal destinado encontrar-se em estado de conservação mau ou péssimo.

3. A sentença fixa a renda a pagar pelo novo alojamento, a qual é determinada nos termos do artigo 31.º do NRAU, bem como o faseamento aplicável, nos termos dos artigos 38.º e seguintes da mesma lei.

4. Na contestação da acção de denúncia, o arrendatário pode invocar as circunstâncias previstas nas alíneas *a*) e *b*) do n.º 3 do artigo 37.º do NRAU.

5. A morte do arrendatário é causa de caducidade do arrendamento, devendo o locado ser restituído no prazo de seis meses a contar do decesso.

6. O arrendatário pode, na contestação, optar entre o realojamento nos termos dos números anteriores e o recebimento da indemnização prevista na alínea *a*) do n.º 1 do artigo 6.º, a qual tem por limite mínimo o valor correspondente a 24 vezes a retribuição mínima mensal garantida.

ARTIGO 26.º
Denúncia no arrendamento para fim não habitacional

1. Em caso de denúncia para realização de obras de remodelação ou restauro profundo ou para demolição do prédio, o arrendatário não habitacional tem direito ao pagamento de todas as despesas e danos, patrimoniais e não patrimoniais, considerando-se o valor das benfeitorias realizadas e dos investimentos efectuados em função do locado, não podendo o valor da indemnização ser inferior ao valor de cinco anos de renda, com o limite mínimo correspondente a 60 vezes a retribuição mínima mensal garantida.

Parte III – Legislação Complementar ao NRAU

2. Nos 15 dias seguintes à propositura da acção, o senhorio deposita o valor correspondente a 60 vezes a retribuição mínima mensal garantida.

3. No caso de a indemnização apurada ser de montante superior, a sentença não é proferida sem que se mostre depositada a totalidade daquela.

ARTIGO 27.º
Actualização da renda

O senhorio que realize obras de reabilitação nos três anos antes de proceder à actualização da renda nos termos da secção II do NRAU, das quais resulte a atribuição à totalidade do prédio onde se situa o locado de nível de conservação bom ou excelente, nos termos do Decreto-Lei n.º 156/2006, de 8 de Agosto, pode actualizar a renda anual tendo por base a fórmula seguinte:

$$R = VPC \times CC \times 4\%$$

em que

VPC – valor patrimonial corrigido, correspondente ao valor da avaliação realizada nos termos dos artigos 38.º e seguintes do Código do Imposto Municipal sobre Imóveis (CIMI), sem consideração do coeficiente de vetustez;

CC – coeficiente de conservação, previsto no artigo 33.º do NRAU;
R – renda anual.

SUBSECÇÃO III
Iniciativa do município

ARTIGO 28.º
Actualização da renda

1. A realização de obras pelo município visa a obtenção pelo prédio de um nível de conservação compatível com a actualização da renda, nos termos dos artigos 30.º e seguintes do NRAU, com as devidas adaptações e as especialidades constantes deste artigo.

DL n.º 157/2006, de 8 de Agosto

2. A comunicação ao arrendatário prevista no artigo 16.º tem o efeito da comunicação pelo senhorio prevista no artigo 34.º do NRAU, sendo a indicação do valor da renda futura substituída pela indicação de que haverá aumento da renda, para montante a indicar após a conclusão das obras.

3. À comunicação referida no número anterior é aplicável o disposto nas alíneas *c*), *d*) e *e*) do n.º 4 e no n.º 5 do artigo 38.º do NRAU.

4. Após a conclusão das obras, a câmara municipal promove a avaliação fiscal do prédio e a determinação do seu nível de conservação e comunica ao arrendatário o fim das obras e o valor da renda actualizada, contendo essa comunicação os elementos previstos nas alíneas *a*) e *b*) do n.º 4 do artigo 38.º do NRAU.

5. É aplicável à actualização da renda o disposto no artigo anterior.

6. A nova renda, determinada de acordo com o faseamento aplicável ao caso, é devida a partir do 3.º mês a contar da comunicação prevista no n.º 4.

7. O arrendatário pode denunciar o contrato enquanto não reocupar o locado.

8. O valor a levantar pelo senhorio, nos termos do n.º 2 do artigo 18.º, não pode ser superior ao valor da renda vigente aquando do início das obras, acrescida das actualizações ordinárias anuais.

SUBSECÇÃO IV
Iniciativa do arrendatário

DIVISÃO I
Âmbito de aplicação

ARTIGO 29.º
Responsabilidade pelas obras ou pelos danos

O disposto na presente subsecção aplica-se apenas quando:
a) As obras de conservação do locado não estejam a cargo do arrendatário, salvo quando estejam em causa obras a realizar em outras partes do prédio, nomeadamente partes comuns;
b) A degradação do prédio não se deva a actuação ilícita do arrendatário.

Parte III – Legislação Complementar ao NRAU

DIVISÃO II
Manutenção do arrendamento

ARTIGO 30.º
Actuação do arrendatário

1. Quando ao locado tenha sido atribuído nível de conservação mau ou péssimo, nos termos do Decreto-lei n.º 156/2006, de 8 de Agosto, o arrendatário pode intimar o senhorio à realização das obras necessárias à obtenção de um nível mínimo de médio.

2. Se o senhorio, sendo a tal intimado, não iniciar as obras dentro do prazo de seis meses ou declarar não o pretender fazer dentro desse prazo, o arrendatário pode solicitar ao município competente a realização de obras coercivas, ou tomar a iniciativa da sua realização, nos termos dos artigos seguintes.

3. Cessa o disposto no número anterior quando o senhorio não der início à obra por motivo imputável à Administração Pública, nomeadamente por demora no licenciamento da obra ou na decisão sobre a atribuição de apoio à reabilitação do prédio.

4. A intimação para obras e a declaração de não pretender realizá--las só são eficazes quando efectuadas por escrito.

ARTIGO 31.º
Legitimidade

1. Além do caso previsto no n.º 2 do artigo anterior, o arrendatário pode realizar obras de conservação quando o senhorio, a tal instado pelo município, a elas não proceda dentro do prazo estabelecido.

2. O arrendatário pode ainda realizar obras no caso de o senhorio ter suspendido a execução de obras anteriormente iniciadas e não as ter retomado no prazo de 90 dias a contar da suspensão, desde que o arrendatário tenha posteriormente intimado o senhorio a retomá-las em prazo não superior a 30 dias, sendo também aqui aplicável o disposto no n.º 3 do artigo anterior.

DL n.º 157/2006, de 8 de Agosto

3. Havendo pluralidade de arrendatários em prédio não sujeito a propriedade horizontal, a realização de obras, relativamente às partes comuns, depende do assentimento de, pelo menos, metade deles, ficando os restantes vinculados a tal decisão e aos correspondentes encargos.

4. O arrendatário só pode realizar as obras necessárias para se atingir o nível médio de conservação, nos termos do Decreto-lei n.º 156/2006, de 8 de Agosto.

ARTIGO 32.º
Procedimento

1. O início das obras pelo arrendatário depende de prévia comunicação dessa intenção ao senhorio e à CAM.

2. A comunicação referida no número anterior é feita com o mínimo de um mês de antecedência face ao início das obras e contém o respectivo orçamento e a exposição dos factos que conferem o direito de as efectuar.

ARTIGO 33.º
Compensação e valor das obras

1. O arrendatário que efectue obras no locado compensa o valor despendido com as obras com o valor da renda, a partir do início daquelas.

2. O valor das obras a ter em conta para os efeitos de compensação é o correspondente às despesas efectuadas e orçamentadas e respectivos juros, acrescidos de 5% destinados a despesas de administração.

3. Cessando, por qualquer causa, o contrato de arrendamento antes do ressarcimento completo do arrendatário, este tem o direito de receber o valor em falta.

ARTIGO 34.º
Compensação e valor da renda

1. O valor da renda a ter em conta para os efeitos do artigo anterior é o resultante da aplicação dos artigos 31.º a 33.º do NRAU, considerando-se um nível médio de conservação e um faseamento em cinco anos.

Parte III – Legislação Complementar ao NRAU

2. Durante o período de duração da compensação, o senhorio tem o direito de receber o valor correspondente a 50% da renda vigente aquando do início das obras, acrescida das actualizações ordinárias anuais.

DIVISÃO III
Aquisição do locado pelo arrendatário

ARTIGO 35.º
Legitimidade

1. Quando ao locado tenha sido atribuído um nível de conservação de mau ou péssimo, nos termos do Decreto-Lei n.º 156/2006, de 8 de Agosto, o arrendatário que pretenda reabilitá-lo pode adquirir o locado desde que, cumulativamente:

a) O senhorio, a tal intimado, não tenha iniciado as obras dentro do prazo de seis meses, ou tenha declarado não o pretender fazer dentro desse prazo;

b) O arrendatário tenha solicitado ao município competente a realização de obras coercivas, nos ternos do n.º 2 do artigo 30.º, sem que este as tenha iniciado no prazo de seis meses.

2. O arrendatário pode ainda adquirir o locado no caso de o senhorio ou o município terem suspendido a execução de obras anteriormente iniciadas nos termos das alíneas do número anterior e não as terem retomado no prazo de 90 dias a contar da suspensão, desde que o arrendatário tenha posteriormente intimado ao seu reinicio em prazo não superior a 30 dias.

3. Cessa o disposto nos números anteriores quando o senhorio não der início à obra por motivo imputável à Administração Pública, nomeadamente por demora no licenciamento da obra ou na decisão sobre a atribuição de apoio à reabilitação do prédio.

ARTIGO 36.º
Acção de aquisição

1. O arrendatário com direito de aquisição pode exercê-lo, no prazo de três anos a contar da data do final do prazo previsto na alínea *b)* do

DL n.º 157/2006, de 8 de Agosto

n.º 1 do artigo anterior, desde que o senhorio não tenha entretanto iniciado as obras, mediante a propositura de acção judicial a tal destinada.

2. A petição inicial contém a descrição das obras que o autor pretende realizar e é acompanhada de comprovativo da aprovação pelo município do projecto de arquitectura, quando exigível.

3. A sentença tem por efeito a transmissão da propriedade para o arrendatário e só é proferida mostrando-se integralmente pago o preço e satisfeitas as obrigações fiscais inerentes à transmissão.

4. A sentença declara o cumprimento ou a isenção das obrigações fiscais e refere a obrigação de reabilitação e manutenção que recaem sobre o adquirente.

ARTIGO 37.º
Legitimidade passiva

A acção deve ser proposta contra o senhorio e ainda, quando não seja a mesma pessoa, contra o proprietário, superficiário ou usufrutuário.

ARTIGO 38.º
Valor da aquisição

1. O valor de aquisição é o resultante da avaliação feita nos termos do CIMI há menos de três anos.

2. O autor tem legitimidade para requerer a avaliação fiscal referida no número anterior.

ARTIGO 39.º
Obrigação de reabilitação e manutenção

1. O adquirente do prédio deve realizar as obras indicadas na ficha de avaliação do estado de conservação como necessárias para a obtenção de uma classificação de médio.

2. As obras devem ser iniciadas no prazo de 120 dias a contar da aquisição, aplicando-se, com as necessárias adaptações, o disposto no n.º 3 do artigo 35.º.

Parte III – Legislação Complementar ao NRAU

3. O adquirente do prédio deve mantê-lo em estado de conservação médio, ou superior, durante os 20 anos subsequentes à aquisição.

4. Em caso de transmissão ocorrida nos 20 anos seguintes à aquisição pelo arrendatário, o novo titular sucede nas obrigações previstas nos números anteriores.

5. O disposto no n.º 1 não impede o adquirente de efectuar outras obras, nomeadamente tendentes a melhorar o prédio em mais do que aquilo a que está obrigado.

6. O adquirente pode efectuar obras de reconstrução ou de alteração, tal como definidas nas alíneas *c)* e *e)* do artigo 2.º do Decreto-Lei n.º 555/99, de 16 de Dezembro, desde que mantenha condições de ocupação análogas às anteriores para todos os ocupantes do prédio.

ARTIGO 40.º
Reversão

1. Se o disposto no artigo anterior não for cumprido, o anterior proprietário tem direito à reaquisição do prédio pelo mesmo preço.

2. O direito à reaquisição é exercido através de acção judicial, seguindo-se, com as necessárias adaptações, o disposto no artigo 36.º.

3. Em caso de reversão é aplicável o disposto nos números 3 e 4 do artigo anterior.

ARTIGO 41.º
Registo predial

O registo da aquisição pelo arrendatário contém referência à obrigação prevista nos números 2 e 3 do artigo 39.º.

ARTIGO 42.º
Prédios constituídos em propriedade horizontal

1. Estando o prédio constituído em propriedade horizontal, o arrendatário pode adquirir a fracção autónoma locada.

DL n.º 157/2006, de 8 de Agosto

2. Se as obras necessárias à obtenção de um nível de conservação médio incidirem sobre outras fracções autónomas ou sobre partes comuns do prédio, o arrendatário pode adquirir as fracções necessárias à realização da obra, podendo, quando indispensável, adquirir a totalidade das fracções.

3. O titular de fracção autónoma a adquirir pode, na contestação da acção de aquisição, declarar estar disposto a participar nas obras necessárias, caso em que a acção improcede quanto a ele.

4. A declaração prevista no número anterior vale como título executivo para a execução da obrigação dela decorrente.

5. Pretendendo o arrendatário adquirir fracção além daquela que arrenda, os demais condóminos podem declarar pretender a aquisição, para si, dessa fracção, caso em que se abre licitação entre os interessados, revertendo o excesso para o alienante.

6. O condómino interessado na aquisição prevista no número anterior que não seja parte no processo pode intervir na acção para esse efeito.

ARTIGO 43.º
Prédios não constituídos em propriedade horizontal

1. Se o locado consistir em edifício composto por uma única unidade, ou em edifício composto por diversas unidades e que, por qualquer motivo, não possa ser submetido ao regime de propriedade horizontal, a aquisição opera em relação à totalidade do prédio.

2. Se o locado consistir em unidade de um edifício composto por diversas fracções em condições de constituírem fracções autónomas, sem que o mesmo se encontre constituído em propriedade horizontal, o arrendatário pode, na própria acção de aquisição e em alternativa:
   a) Solicitar ao tribunal a constituição judicial da propriedade horizontal, operando a aquisição da propriedade apenas em relação à fracção autónoma que vier a corresponder ao locado;
   b) Solicitar ao tribunal a constituição judicial da propriedade horizontal, operando a aquisição da propriedade em relação à fracção autónoma que vier a corresponder ao locado e ainda em relação às fracções necessárias à realização da obra, nos termos do n.º 2 do artigo anterior.

Parte III – Legislação Complementar ao NRAU

ARTIGO 44.º
Aquisição de outras fracções

1. No caso previsto na alínea *b*) do n.º 2 do artigo anterior, são partes passivas os sujeitos referidos no artigo 36.º e ainda, no caso de as fracções a adquirir se encontrarem arrendadas, os respectivos arrendatários.

2. O réu não arrendatário pode, na contestação da acção de aquisição, optar por manter a titularidade de uma ou mais fracções, à excepção da ocupada pelo autor.

3. O réu arrendatário pode, na contestação da acção de aquisição, optar pela aquisição da fracção por si ocupada, direito este que substitui o direito de preferência previsto no artigo 1091.º do Código Civil, quando existente.

4. As opções previstas nos n.ºs 2 e 3 pressupõem a obrigação de participar nas obras necessárias, sendo aplicável o disposto no n.º 3 do artigo 42.º.

ARTIGO 45.º
Actualização da renda

Feitas as obras previstas no artigo 39.º, e subsistindo no imóvel adquirido arrendatários com contrato de arrendamento para habitação celebrado antes da entrada em vigor do RAU, ou contrato para fins não habitacionais celebrado antes da entrada em vigor do Decreto-Lei n.º 257/95, de 30 de Setembro, pode haver actualização das respectivas rendas, nos termos previstos no NRAU.

ARTIGO 46.º
Direito de preferência

1. Os anteriores titulares gozam do direito de preferência na venda ou dação em cumprimento do prédio ou fracção adquiridos ao abrigo do disposto nos artigos anteriores, pelo prazo de 20 anos a contar do trânsito em julgado da sentença que efectuou a transmissão.

2. O direito de preferência previsto no número anterior é graduado imediatamente abaixo da preferência conferida ao arrendatário no artigo 1091.º do Código Civil.

800

DL n.º 157/2006, de 8 de Agosto

3. É aplicável, com as necessárias adaptações, o disposto nos artigos 416.º a 418.º e 1410.º do Código Civil.

SECÇÃO IV
Disposições finais e transitórias

ARTIGO 47.º
Comunicações

Às comunicações entre senhorio e arrendatário previstas no presente decreto-lei aplica-se o disposto nos artigos 9.º a 12.º do NRAU.

ARTIGO 48.º
Alteração ao Decreto-Lei n.º 555/99, de 16 de Dezembro

1. O artigo 92.º do Decreto-Lei n.º 555/99, de 16 de Dezembro, passa a ter a seguinte redacção:

ARTIGO 92.º
Despejo administrativo

1. (...)
2. (...)
3. (...)
4. (...)
5. Ao despejo de ocupante titular de contrato de arrendamento aplica-se o disposto no Decreto-Lei n.º 157/2006, de 8 de Agosto.

2. O prazo previsto no n.º 2 do artigo 71.º do Decreto-Lei n.º 555/99, de 16 de Dezembro, para requerer a emissão do alvará não corre na pendência das acções de aquisição ou denúncia previstas neste decreto-lei.

ARTIGO 49.º
Norma revogatória

É revogada a Lei n.º 2088, de 3 de Julho de 1957.

Parte III – Legislação Complementar ao NRAU

ARTIGO 50.º
Entrada em vigor

O presente decreto-lei entra em vigor no 30.º dia seguinte ao da sua publicação.

DECRETO-LEI N.º 158/2006, DE 8 DE AGOSTO

REGIMES DE DETERMINAÇÃO
DO RENDIMENTO ANUAL BRUTO CORRIGIDO
E A ATRIBUIÇÃO DO SUBSÍDIO DE RENDA

A revisão do regime jurídico do arrendamento urbano, uma das medidas prioritárias do XVII Governo Constitucional, culminou na aprovação do Novo Regime do Arrendamento Urbano (NRAU), pela Lei n.º 6/2006, de 27 de Fevereiro, a qual constitui um marco essencial no ordenamento jurídico português no sentido da dinamização do mercado de arrendamento, actualmente estagnado. Este desiderato é concretizado não só através da consagração de um regime de direito substantivo e processual civil moderno mas também através da promoção da actualização das rendas antigas – as rendas relativas a contratos de arrendamento habitacionais celebrados antes da vigência do Decreto-Lei n.º 321-B/90, de 15 de Outubro (RAU), e contratos não habitacionais celebrados antes da vigência do Decreto-Lei n.º 257/95, de 30 de Setembro.

Ora, a actualização das rendas antigas, que visa assegurar ao proprietário a valorização do seu património e ao inquilino viver numa habitação condigna, encontra-se consagrada nos artigos 30.º a 56.º do NRAU. Do disposto neste regime legal resulta que a renda actualizada terá como limite máximo o valor anual correspondente a 4% do valor do locado, sendo que este corresponde ao produto do valor da avaliação realizada nos termos dos artigos 38.º e seguintes do Código do Imposto Municipal sobre Imóveis (CIMI), realizada há menos de três anos, multiplicado pelo coeficiente de conservação previsto no artigo 33.º do NRAU, o qual adequa os critérios actualmente vigentes a algumas particularidades dos prédios antigos e traduz as condições da habitabilidade do locado. Tendo

Parte III – Legislação Complementar ao NRAU

em vista evitar rupturas sociais, o NRAU prevê que a actualização da renda seja, em regra, faseada ao longo de 5 anos (período padrão), salvo se existirem circunstâncias que impliquem a actualização ao longo de 2 ou 10 anos, ou mesmo a actualização imediata.

Nos arrendamentos habitacionais, o NRAU estabelece que a actualização da renda é faseada ao longo de 10 anos se o arrendatário invocar que o rendimento anual bruto corrigido (RABC) do seu agregado familiar é inferior a cinco RMNA, ou que tem idade igual ou superior a 65 anos, ou deficiência com grau comprovado de incapacidade superior a 60%. E prevê ainda o NRAU que a actualização será faseada ao longo de dois anos nos casos previstos no artigo 45.º ou se o senhorio invocar que o agregado familiar do arrendatário dispõe de um RABC superior a 15 RMNA, sem que o arrendatário invoque uma das circunstâncias acima mencionadas.

Ao supra-exposto acresce que o conceito de RABC do agregado familiar do arrendatário foi ainda utilizado pelo legislador para efeitos de atribuição de subsídio de renda ao arrendatário cujo agregado familiar receba um RABC inferior e três RMNA ou que tenha idade igual ou superior a 65 anos e cujo agregado familiar receba um RABC inferior a cinco RMNA, nos termos do n.º 1 do artigo 46.º do NRAU.

Em síntese, no âmbito do NRAU, o conceito de RABC do agregado familiar do arrendatário é fundamental, por um lado, para efeitos de determinação do período de faseamento da actualização das rendas antigas e, por outro, para efeitos de atribuição do subsídio de renda ao arrendatário.

Tendo em vista facilitar a compreensão e a aplicação de dois aspectos essenciais do NRAU – período de faseamento da actualização de rendas antigas e subsídio de renda –, optou-se por regular no presente decreto-lei quer o regime de determinação do RABC do agregado familiar do arrendatário quer o regime de atribuição do subsídio de renda, cumulando-se numa única iniciativa legislativa os compromissos assumidos pelo Governo nas alíneas a) e c) do n.º 1 do artigo 64.º do NRAU e o enunciado no n.º 9 do artigo 37.º do NRAU.

Assim, o presente decreto-lei inicia pela definição de agregado familiar do arrendatário e seus dependentes, tendo por referência os mesmos conceitos jurídicos utilizados para efeitos fiscais no Código do Imposto sobre o Rendimento das Pessoas Singulares. Trata-se de assegurar a

DL n.º 158/2006, de 8 de Agosto

coerência do sistema jurídico como um todo, a uniformização de critérios e a igualdade de tratamento de situações, sem prejuízo das adaptações efectuadas, tendo em conta as especificidades da posição jurídica do arrendatário, que tem o gozo do locado. Portanto, considera-se que faz parte do agregado familiar do arrendatário, desde que com ele vivam em comunhão de habitação: o cônjuge não separado judicialmente de pessoas e bens e os seus dependentes; o cônjuge ou ex-cônjuge, respectivamente nos casos de separação judicial de pessoas e bens ou de declaração de nulidade, anulação ou dissolução do casamento, e os dependentes a seu cargo; pessoa que com o arrendatário viva em união de facto há mais de dois anos, com residência no locado, e os seus dependentes, e, bem assim, os ascendentes do arrendatário, do seu cônjuge ou de pessoa que com ele viva em união de facto há mais de dois anos. E são considerados dependentes: os filhos, adoptados e enteados menores não emancipados, bem como os menores sob tutela; os filhos, adoptados e enteados maiores, bem como aqueles que até à maioridade estiveram sujeitos à tutela de qualquer dos sujeitos a quem incumbe a direcção do agregado familiar, que, não tendo idade superior a 25 anos e não auferindo anualmente rendimentos superiores à retribuição mínima mensal garantida mais elevada, frequentem o 11.º ou 12.º ano de escolaridade ou estabelecimento de ensino médio ou superior; os filhos, adoptados e enteados e os sujeitos a tutela, maiores, inaptos para o trabalho e para angariar meios de subsistência, quando não aufiram rendimentos superiores à retribuição mínima mensal garantida mais elevada, e ainda os ascendentes cujo rendimento mensal seja inferior à retribuição mínima mensal garantida.

Após a definição dos elementos do agregado familiar do arrendatário, o presente decreto-lei dedica-se ao conceito de rendimento anual bruto (RAB) do agregado familiar do arrendatário, fazendo-o equivaler à soma dos rendimentos anuais ilíquidos auferidos por todos os elementos do agregado familiar do arrendatário, também aqui, nos termos do Código do Imposto sobre o Rendimento das Pessoas Singulares, pelas razões acima referidas. Mas, atendendo a que o RAB do agregado familiar do arrendatário é utilizado para determinar o período de faseamento da actualização da renda antiga e atribuir o subsídio de renda, importava aqui corrigi-lo, tornando-o materialmente mais justo e adequado à realidade sócio-económica do arrendatário. Assim sendo, prevê-se que o RAB

Parte III – Legislação Complementar ao NRAU

do agregado familiar do arrendatário seja corrigido através de vários factores, como seja pela soma do total dos rendimentos anuais ilíquidos auferidos pelas pessoas que vivam em comunhão de habitação com o arrendatário há mais de um ano. Ao montante assim obtido deve ainda deduzir-se o valor correspondente a 0,5 RMNA por cada dependente ou pessoa portadora de deficiência com grau comprovado de incapacidade igual ou superior a 60%. Só depois de efectuadas estas correcções ao RAB do agregado familiar é que se obtém o conceito de RABC do agregado familiar do arrendatário a que se refere o NRAU.

E sendo o RABC do agregado familiar do arrendatário um conceito instrumental da atribuição de um subsídio de renda, pois este só será atribuído ao arrendatário cujo agregado familiar receba um RABC inferior a três RMNA ou que tenha idade igual ou superior a 65 anos e cujo agregado familiar receba um RABC inferior a cinco RMNA, por motivos de clarificação e simplificação legislativa, acima expostos, o presente decreto-lei consagra ainda o regime de atribuição deste subsídio.

O subsídio de renda visa assegurar a protecção social do arrendatário economicamente desfavorecido, sobretudo os idosos, mas importa uma determinada taxa de esforço por parte do arrendatário, que se situa entre 15% e 30%, sendo que, em qualquer dos casos, o montante do subsídio de renda mensal não pode ultrapassar o valor correspondente a uma retribuição mínima mensal garantida.

Em termos procedimentais, os pedidos de atribuição dos subsídios de renda devem ser entregues pelo arrendatário junto dos serviços de segurança social da área da sua residência e são decididos pelo Instituto Nacional da Habitação (INH) no prazo de 45 dias. O INH assegura a análise e a gestão destes subsídios específicos do mercado de arrendamento habitacional, assumindo-se ainda como repositório da informação necessária para a constituição do observatório da habitação e da reabilitação urbana e da base de dados da habitação, enunciada na alínea c) do n.º 2 do artigo 64.º do NRAU.

O processo de atribuição do subsídio assenta numa relação de confiança, de cooperação e de veracidade entre o requerente e o Estado. Com efeito, o subsídio é devido a partir do mês seguinte ao da apresentação do requerimento inicial de atribuição do subsídio, devidamente instruído, sendo atribuído por 12 meses, e é renovável automaticamente por iguais períodos, tendo em conta o aumento de renda e aditando-se ao RABC o valor da inflação. Se ocorrer uma alteração de circunstâncias, o arrendatário deve comunicá-la aos serviços de segurança social da área da sua residência no prazo de 15 dias, tendo em vista a reavaliação dos pressupostos de atribuição do subsídio – trata-se de assegurar a igualdade de tratamento dos beneficiários e a justiça material na atribuição do subsídio. Este pressuposto de confiança no arrendatário implica, em contrapartida, a obrigação do titular do direito a subsídio de renda em colaborar com o INH, ao qual incumbe a fiscalização das regras relativas à atribuição, renovação e manutenção do subsídio de renda, apresentando todos os meios probatórios que lhe forem solicitados, para efeitos de verificação dos pressupostos de manutenção do subsídio atribuído. Por outro lado, as falsas declarações, as omissões ou outros factos relativos aos deveres do beneficiário conducentes à obtenção ilícita do subsídio de renda determinam a cessação imediata do pagamento do subsídio, dando lugar à restituição de subsídios indevidamente pagos, sem prejuízo do apuramento de responsabilidade penal a que possa haver lugar.

Pretende-se ainda que os requerimentos de atribuição do subsídio e de alteração de circunstâncias constem de um modelo uniforme, simplificado e de fácil compreensão pelo requerente, o qual possa ser enviado electronicamente, nos termos a aprovar por portaria regulamentadora do presente decreto-lei.

Foram ouvidos os órgãos de governo próprio das Regiões Autónomas, a Associação Nacional dos Municípios Portugueses, a Ordem dos Advogados, a Ordem dos Engenheiros e a Ordem dos Arquitectos.

Foram, ainda, ouvidas as várias associações com interesses no sector, designadamente, a Associação Lisbonense de Proprietários, a Associação dos Inquilinos Lisbonense, a Associação dos Inquilinos do Norte, a Confederação do Comércio e Serviços de Portugal, a Confederação do Turismo Português, a Federação da Restauração, Cafés, Pastelarias e Similares de Portugal, a Federação Portuguesa da Indústria de Construção e Obras Públicas, a Federação Nacional de Comércio, a Associação Portuguesa para a Defesa do Consumidor, e ainda várias entidades representativas das empresas de consultoria e avaliação imobiliária, de mediação mobiliária, de fundos de investimento e de fundos de pensões.

Foram promovidas as diligências necessárias à audição da Comissão Nacional de Protecção de Dados.

Parte III – Legislação Complementar ao NRAU

Assim:

Nos termos da alínea a) do n.º 1 do artigo 198.º da Constituição, o Governo decreta o seguinte:

CAPÍTULO I
Disposições gerais

ARTIGO 1.º
Objecto

1. O presente decreto-lei estabelece os regimes de determinação do rendimento anual bruto corrigido, adiante designado por RABC, e de atribuição do subsídio de renda nos arrendamentos para habitação, ao abrigo do n.º 9, do artigo 37.º e do artigo 46.º da Lei n.º 6/2006, de 27 de Fevereiro, que aprova o Novo Regime do Arrendamento Urbano, adiante designado por NRAU.

2. O RABC apurado nos termos do presente decreto-lei releva para efeitos de determinação do período de faseamento da actualização das rendas referidas no número anterior, e, bem assim, de atribuição do subsídio de renda ao arrendatário habitacional.

ARTIGO 2.º
Agregado familiar do arrendatário

1. Para efeitos do presente decreto-lei, considera-se agregado familiar, em cada ano, o conjunto de pessoas constituído pelo arrendatário e pelas seguintes pessoas que com ele vivam em comunhão de habitação:

a) O cônjuge não separado judicialmente de pessoas e bens e os seus dependentes;

b) Cônjuge ou ex-cônjuge, respectivamente nos casos de separação judicial de pessoas e bens ou de declaração de nulidade, anulação ou dissolução do casamento, e os dependentes a seu cargo;

c) Pessoa que com o arrendatário viva em união de facto há mais de dois anos, com residência no locado, e seus descendentes;

DL n.º 158/2006, de 8 de Agosto

d) Ascendentes do arrendatário, do seu cônjuge ou de pessoa que com ele viva em união de facto há mais de dois anos.

2. Para efeitos do disposto no número anterior, consideram-se dependentes:

a) Os filhos, adoptados e enteados, menores não emancipados, bem como os menores sob tutela;

b) Os filhos, adoptados e enteados, maiores, bem como aqueles que até à maioridade estiveram sujeitos à tutela de qualquer dos sujeitos a quem incumbe a direcção do agregado familiar, que, tendo mais de 25 anos e não auferindo anualmente rendimentos superiores à retribuição mínima mensal garantida, frequentem o 11.º ou 12.º ano de escolaridade ou estabelecimento de ensino médio ou superior;

c) Os filhos, adoptados, enteados e os sujeitos a tutela, maiores, inaptos para o trabalho e para angariar meios de subsistência, quando não aufiram rendimentos superiores à retribuição mínima mensal garantida;

d) Os ascendentes cujo rendimento mensal seja inferior à retribuição mínima mensal garantida.

3. No caso de o arrendatário não residir no locado, temporária ou permanentemente, por motivos de doença ou internamento em estabelecimentos de apoio social ou equiparados, considera-se agregado familiar do arrendatário o conjunto de pessoas referidas nos números anteriores que habitem no local arrendado.

ARTIGO 3.º
Definições

Para efeitos do presente diploma, considera-se:

a) "Retribuição mínima nacional anual (RMNA)", o valor da retribuição mínima mensal garantida (RMMG), a que se refere o n.º 1 do artigo 266.º do Código do Trabalho, multiplicado por 14 meses;

b) "Renda", o quantitativo devido mensalmente ao senhorio pela utilização do fogo para fins habitacionais;

c) "Renda cessante", a última renda que foi fixada, nos termos legais;

Parte III – Legislação Complementar ao NRAU

d) "Renda Nova", a renda actualizada, nos termos do NRAU;
e) "Taxa de esforço (Tx)", o valor em percentagem, resultante da relação entre o RABC e a RMNA;
f) "Renda base", o quantitativo resultante da divisão por 12, do resultado da aplicação da taxa de esforço ao RABC.

CAPÍTULO II
Rendimento anual bruto corrigido

ARTIGO 4.º
Rendimento anual bruto

1. Considera-se rendimento anual bruto (RAB) o quantitativo que resulta da soma dos rendimentos anuais ilíquidos, nos termos do Código do Imposto sobre o Rendimento das Pessoas Singulares (CIRS), auferidos por todos os elementos do agregado familiar do arrendatário.

2. Tratando-se de rendimentos da categoria B do CIRS enquadrados no regime simplificado, considera-se rendimento bruto o resultante da aplicação do coeficiente de 0,2 ao valor das vendas de mercadorias e de produtos, bem como aos serviços prestados no âmbito de actividades hoteleiras e similares, restauração e bebidas e ao montante dos subsídios destinados à exploração que tenha por efeito compensar reduções nos preços de venda de mercadorias e produtos e do coeficiente de 0,65 aos restantes rendimentos provenientes desta categoria, excluindo a variação de produção.

3. O disposto no número anterior não prejudica a aplicação das restantes regras de determinação do rendimento da categoria B previstas no CIRS, no âmbito do regime simplificado.

4. Tratando-se de rendimentos de categoria B, nos termos do CIRS, enquadrados no regime de contabilidade organizada, considera-se rendimento bruto o resultante do lucro apurado.

DL n.º 158/2006, de 8 de Agosto

ARTIGO 5.º
Rendimento anual bruto corrigido

1. O RABC é o quantitativo que resulta da soma dos rendimentos anuais ilíquidos auferidos por todos os elementos do agregado familiar do arrendatário, corrigido pelos seguintes factores:

a) Total dos rendimentos anuais ilíquidos, nos termos do artigo anterior, auferidos pelas pessoas que vivam em comunhão de habitação com o arrendatário há mais de um ano;

b) Número de dependentes do agregado familiar do arrendatário e das pessoas que vivam em comunhão de habitação com o arrendatário há mais de um ano;

c) Número de pessoas do agregado familiar portadoras de deficiência com grau comprovado de incapacidade igual ou superior a 60%.

2. O RAB do agregado familiar do arrendatário é corrigido através da soma dos rendimentos anuais ilíquidos, nos termos previstos no artigo anterior, auferidos pelas pessoas que vivam em comunhão de habitação com o arrendatário há mais de um ano.

3. A correcção do RAB do agregado familiar do arrendatário em função do número de dependentes é feita através da dedução ao RAB do agregado familiar do arrendatário corrigido nos termos do número anterior, do valor correspondente a 0,50 da RMNA, por cada dependente.

4. Se no agregado familiar existir pessoa portadora de deficiência com grau comprovado de incapacidade igual ou superior a 60%, é deduzido ao RAB corrigido nos termos do n.º 2, o valor correspondente a 0,5 da RMNA, cumulável com a correcção prevista no número anterior, por cada individuo nestas condições.

5. A declaração de que o RABC do agregado familiar do arrendatário é ou não superior a 3, 5 ou 15 RMNA é emitida pelo serviço de finanças competente, a pedido do senhorio ou arrendatário, no âmbito da actualização de rendas prevista nos artigo 37.º e seguintes do NRAU, nos termos de modelo a aprovar através de portaria conjunta dos membros do Governo responsáveis pelas áreas das autarquias locais, das finanças e da habitação.

Parte III – Legislação Complementar ao NRAU

6. A declaração a que se refere o número anterior não pode, em caso algum, revelar dados relativos à situação tributária protegidos pelo dever de confidencialidade estabelecido na lei geral tributária, designadamente através da discriminação dos rendimentos pelos respectivos titulares.

CAPÍTULO III
Atribuição do subsídio de renda

ARTIGO 6.º
Condições de atribuição do subsídio de renda

Ao abrigo do disposto no n.º 1, do artigo 46.0 do NRAU, tem direito a subsídio de renda, em alternativa, o arrendatário:

a) Cujo agregado familiar receba um RABC inferior a três RMNA;
b) Com idade igual ou superior a 65 anos e cujo agregado familiar receba um RABC inferior a cinco RMNA.

ARTIGO 7.º
Requerimento de atribuição do subsídio de renda

1. O arrendatário solicita a atribuição do subsídio de renda junto dos serviços de segurança social da área da sua residência.

2. O modelo de requerimento de atribuição do subsídio de renda, a sua forma de entrega, os elementos obrigatórios e os procedimentos relativos à recepção, análise e avaliação dos pedidos são aprovados por portaria conjunta dos membros do Governo responsáveis pelas áreas das autarquias locais, da habitação e da segurança social.

3. O Instituto Nacional de Habitação (INH) comunica ao requerente a decisão sobre a atribuição do subsídio de renda, no prazo de 45 dias a contar da data de apresentação do requerimento, devidamente instruído.

4. A atribuição, renovação e manutenção do subsídio de renda depende da autorização pelo requerente, pelos membros do agregado familiar e

DL n.º 158/2006, de 8 de Agosto

pelas pessoas a que se refere a alínea *a*) do n.º 1 do artigo 5.º ao INH ao acesso à informação fiscal e das entidades processadoras de pensões, relevante para efeitos de atribuição do subsídio.

5. A falta de autorização pelo requerente ao acesso à informação fiscal e das entidades processadoras de pensões, nos termos do número anterior, bem como a não apresentação de um dos elementos obrigatórios previstos na portaria a que se refere o n.º 2 determinam a rejeição liminar do pedido.

ARTIGO 8.º
Indeferimento da atribuição do subsídio de renda

1. O requerimento de atribuição do subsídio de renda é indeferido quando se verifique qualquer uma das seguintes situações:

a) A renda base calculada seja de valor igual ou superior ao da renda actualizada;

b) O arrendatário, o cônjuge ou pessoa que com ele viva em união de facto há mais de dois anos, residindo na área dos concelhos de Lisboa ou do Porto e limítrofes, seja proprietário de imóvel para habitação nesses concelhos ou limítrofes ou, residindo no respectivo concelho, quanto ao resto do País, seja proprietário de imóvel para habitação nesse concelho, que se encontre desocupado, adquirido após o início do contrato de arrendamento, com excepção dos casos de sucessão *mortis causa;*

c) O arrendatário forneça na habitação arrendada serviços de hospedagem ou subarrende parte ou a totalidade da mesma.

2. Não há lugar à atribuição de subsídio de renda sempre que:

a) A renda seja actualizada nos termos do artigo 45.º do NRAU;

b) O montante do subsídio de renda mensal seja inferior a 5% da RMMG.

ARTIGO 9.º
Cumulação de subsídios

1. O subsídio de renda atribuído no âmbito do presente decreto-lei, não é cumulável com qualquer outro de idêntica natureza ou finalidade.

Parte III – Legislação Complementar ao NRAU

2. A concessão do subsídio de renda previsto no presente decreto-lei, determina a cessação imediata do direito atribuído nos termos do disposto no artigo 23.º do Decreto-Lei n.º 283/2003, de 8 de Novembro, alterado pelo Decreto-Lei n.º 42/2006, de 23 de Fevereiro.

ARTIGO 10.º
Taxa de esforço

1. A *Tx* é o valor em percentagem, arredondado às décimas, que resulta da seguinte fórmula:

$$Tx = [10 \times (RABC \text{ do agregado familiar}/RMNA)] / 100.$$

2. Quando a taxa de esforço referida, no número anterior, seja inferior a 15%, ou superior a 30%, é corrigida através do seu aumento ou redução para os limites referidos anteriormente.

ARTIGO 11.º
Montante do subsídio

1. O montante do subsídio é igual à diferença entre o valor da renda nova e o valor da renda base calculada.

2. Quando o valor da renda cessante seja igual ou superior ao da renda base calculada, o montante do subsídio é igual à diferença entre o valor da renda nova e o valor da renda cessante.

3. O montante do subsídio de renda mensal não pode ultrapassar o valor correspondente a uma RMMG.

ARTIGO 12.º
Pagamento

1. O subsídio de renda é pago mensalmente aos respectivos titulares ou aos seus representantes legais.

2. O subsídio de renda pode ainda ser pago às pessoas ou entidades que prestem assistência aos titulares do direito, desde que sejam consideradas idóneas pelo INH, quando os titulares do subsídio de renda:

DL n.º 158/2006, de 8 de Agosto

a) Sejam incapazes e se encontrem a aguardar nomeação do respectivo representante legal;

b) Se encontrem impossibilitados de modo temporário ou permanente de receber a prestação, por motivos de doença, ou se encontrem internados em estabelecimentos de apoio social ou equiparados.

3. O pagamento é efectuado através de transferência bancária, salvo se for indicada outra forma de pagamento.

ARTIGO 13.º
Duração

1. O subsídio de renda é devido a partir do mês seguinte ao da apresentação do requerimento inicial de atribuição do subsídio, é atribuído por 12 meses e é renovável por iguais períodos, caso se mantenham os pressupostos da sua atribuição.

2. A renovação do subsídio é feita automaticamente, tendo em conta o aumento de renda e aditando-se ao RABC o valor da inflação, salvo se ocorrer uma alteração de circunstâncias, nos termos previstos no artigo seguinte.

ARTIGO 14.º
Alteração de circunstâncias

1. O titular do direito ao subsídio comunica aos serviços de segurança social da área da sua residência qualquer alteração dos pressupostos de atribuição do subsídio, designadamente a alteração do nível de rendimentos igual ou superior a 5%, da composição do agregado familiar ou dos factores de correcção do RABC, nos termos do modelo de requerimento referido no n.º 2, do artigo 7.º.

2. A obrigação de comunicação prevista no número anterior é cumprida no prazo de 15 dias a contar da data da ocorrência dos factos.

3. No prazo de 45 dias a contar da data da apresentação do requerimento de alteração de circunstâncias previsto no n.º 1, devidamente ins-

Parte III – Legislação Complementar ao NRAU

truído, o INH comunica ao titular do direito ao subsídio a decisão, a qual produz efeitos a partir do mês seguinte ao da apresentação do requerimento.

4. Em caso de morte do titular do subsídio, se a sua posição contratual se transmitir para quem reúna os pressupostos para a manutenção do subsídio de renda, o transmissário comunica este facto aos serviços de segurança social, nos mesmos termos e prazos referidos nos números anteriores, sob pena de caducidade do subsídio.

5. Para efeitos do disposto neste artigo, segue-se o procedimento de atribuição do subsídio de renda, com as devidas adaptações.

ARTIGO 15.º
Fiscalização e reavaliação oficiosa

1. Cabe ao INH a fiscalização do cumprimento das normas previstas no presente decreto-lei.

2. O titular do direito a subsídio de renda é obrigado a apresentar todos os meios probatórios solicitados pelos serviços de segurança social e pelo INH no prazo de 15 dias úteis a contar da data da recepção da notificação para o efeito.

3. Sem prejuízo da fiscalização da situação dos beneficiários, sempre que se justifique, o INH procede à reavaliação dos pressupostos de manutenção do subsídio de renda, de dois em dois anos.

4. As falsas declarações, as omissões ou outros factos relativos aos deveres do beneficiário, conducentes à obtenção ilícita do subsídio de renda, determinam a cessação imediata do pagamento do subsídio, dando lugar à restituição de subsídios indevidamente pagos, sem prejuízo do apuramento de responsabilidade penal a que possa haver lugar.

ARTIGO 16.º
Caducidade do subsídio de renda

O direito ao subsídio de renda caduca por morte do titular, salvo no caso de transmissão do arrendamento para quem reúna os pressupostos de manutenção do subsídio de renda, nos termos do n.º 4 do artigo 14.º.

DL n.º 158/2006, de 8 de Agosto

ARTIGO 17.º
Gestão e cooperação entre as entidades participantes

1. A análise e gestão acerca da atribuição do subsídio de renda ou da sua manutenção e a gestão do subsídio de renda compete ao INH.

2. Os serviços de segurança social procedem à instrução dos pedidos de atribuição do subsídio de renda e das comunicações de alteração de circunstâncias e enviam ao INH o conjunto de informações relevantes de modo a habilitá-lo para a tomada de decisão final, preferencialmente através de comunicação electrónica, no prazo de 15 dias a contar da data da apresentação do requerimento devidamente instruído.

3. O INH promove a articulação com as entidades e serviços competentes para comprovar as condições de que depende a atribuição e manutenção do subsídio de renda, podendo aceder à informação fiscal e das entidades processadoras de pensões, relevante para verificar se o RABC do agregado familiar do arrendatário é ou não superior a 3, 5 ou 15 RMNA.

4. O acesso e a troca de informações, nomeadamente a confirmação e a informação dos dados referidos nos números anteriores, são efectuados através do recurso aos meios informáticos, assegurando-se sempre a protecção dos dados em causa.

ARTIGO 18.º
Encargos

1. As verbas necessárias ao pagamento dos subsídios de renda, nos termos previstos no presente decreto-lei, são inscritas no Orçamento do Estado e transferidas da Direcção-Geral do Tesouro para a Caixa Geral de Depósitos no 1.º mês do trimestre a que respeitam, mediante comunicação pelo INH dos elementos relativos à sua atribuição.

2. Até 31 de Janeiro de cada ano, a Caixa Geral de Depósitos deve apresentar a conta referente ao pagamento dos subsídios durante o ano anterior, procedendo-se às compensações a que haja lugar.

3. As verbas referentes a despesas de administração realizadas pelos serviços da segurança social, designadamente as referentes ao pessoal afecto à execução do presente decreto-lei, são inscritas no orçamento do

Parte III – Legislação Complementar ao NRAU

Ministério do Ambiente, do Ordenamento do Território e do Desenvolvimento Regional e são transferidas para o Instituto de Gestão Financeira da Segurança Social (IGFSS) no 1.º mês do trimestre a que respeitam.

4. Até ao dia 31 de Janeiro de cada ano, o IGFSS apresenta a conta corrente às respectivas despesas de administração do ano anterior, procedendo-se às compensações a que haja lugar.

CAPÍTULO IV
Disposições finais

ARTIGO 19.º
Ano civil relevante

O agregado familiar, a retribuição mínima nacional anual e os factores de correcção do rendimento anual bruto relevantes para efeitos de aplicação do presente decreto-lei são aqueles que existem no ano civil anterior:

a) À comunicação, pelo senhorio, da renda nova e, sendo caso disso, da invocação de que o arrendatário dispõe de RABC superior a 15 RMNA;

b) À invocação, pelo arrendatário junto do senhorio, de que dispõe de RABC inferior a cinco, ou três RMNA, e a cada posterior comunicação anual pelo arrendatário;

c) À data da apresentação do modelo de requerimento de atribuição do subsídio de renda ou de alteração de circunstâncias.

ARTIGO 20.º
Entrada em vigor

O presente diploma entra em vigor no 30.º dia seguinte ao da sua publicação.

DECRETO-LEI N.º 159/2006, DE 8 DE AGOSTO

DEFINIÇÃO DO CONCEITO FISCAL
DE PRÉDIO DEVOLUTO

A dinamização do mercado do arrendamento urbano e a reabilitação e a renovação urbanas almejadas no Novo Regime do Arrendamento Urbano (NRAU), aprovado pela Lei n.º 6/2006, de 27 de Fevereiro, só podem ser alcançadas se resultarem de uma estratégia concertada de um conjunto de iniciativas legislativas, entre elas a que permite responsabilizar os proprietários que não asseguram qualquer função social ao seu património, permitindo a sua degradação, através da penalização em sede fiscal dos proprietários que mantêm os prédios devolutos.

Para tanto, o Governo foi autorizado pela Assembleia da República, nos termos da alínea b) do n.º 1 e do n.º 3 do artigo 63.º da referida Lei n.º 6/2006, de 27 de Fevereiro, a proceder à definição de prédio ou fracção autónoma devoluta para efeitos da aplicação da taxa de imposto municipal sobre imóveis (IMI), ao abrigo do disposto no artigo 112.º do Código do Imposto Municipal sobre Imóveis (CIMI), na redacção que lhe foi dada pela mesma Lei n.º 6/2006, de 27 de Fevereiro.

Assim, para efeitos do presente decreto-lei, considera-se devoluto o prédio urbano ou a fracção autónoma que durante um ano se encontre desocupada, sendo indícios de desocupação a inexistência de contratos em vigor com empresas de telecomunicações, de fornecimento de água, gás e electricidade e a inexistência de facturação relativa a consumos de água, gás, electricidade e telecomunicações.

Paralelamente, enunciam-se os casos em que, mesmo que exista a desocupação durante um ano, o prédio ou fracção autónoma não se con-

sidera devoluta para efeitos do presente decreto-lei, como, por exemplo: no caso de se destinar a habitação por curtos períodos em praias, campo, termas e quaisquer outros lugares de vilegiatura, para arrendamento temporário ou para uso próprio; durante o período em que decorrem obras de reabilitação, desde que certificadas pelos municípios; após a conclusão de construção ou emissão de licença de utilização que ocorreram há menos de um ano; tratar-se da residência em território nacional de emigrante português, tal como definido no artigo 3.º do Decreto-Lei n.º 323/95, de 29 de Novembro, considerando-se como tal a sua residência fiscal, na falta de outra indicação; ou que seja a residência em território nacional de cidadão português que desempenhe no estrangeiro funções ou comissões de carácter público ao serviço do Estado Português, de organizações internacionais, ou funções de reconhecido interesse público, e os respectivos acompanhantes autorizados, entre outras situações previstas neste decreto-lei.

Do ponto de vista procedimental, os municípios procedem à identificação dos prédios urbanos ou fracções autónomas que se encontrem devolutos e notificam o sujeito passivo do imposto municipal sobre imóveis, para o domicílio fiscal, do projecto de declaração de prédio devoluto, para este exercer o direito de audição prévia e da decisão, nos termos e prazos previstos no Código do Procedimento Administrativo. A decisão de declaração de prédio ou fracção autónoma devoluta é sempre susceptível de impugnação judicial, nos termos gerais previstos no Código de Processo nos Tribunais Administrativos.

Por último, prevê-se um dever geral de cooperação de todas as entidades com os municípios, designadamente através do envio de informação solicitada tendo em vista apurar se determinado prédio urbano ou fracção autónoma se encontra devoluta. Em especial, as empresas de telecomunicações e de fornecimento de água, gás e electricidade devem prestar aos municípios, mediante solicitação escrita, a informação necessária à identificação da existência de contratos de fornecimento, ou de consumo, por cada prédio ou fracção autónoma, preferencialmente através de comunicação electrónica ou outro suporte informático.

Foram ouvidos os órgãos de governo próprio das Regiões Autónomas, a Associação Nacional dos Municípios Portugueses, a Ordem dos Advogados, a Ordem dos Engenheiros e a Ordem dos Arquitectos.

DL n.º 159/2006, de 8 de Agosto

Foram, ainda, ouvidas as várias associações com interesses no sector, designadamente, a Associação Lisbonense de Proprietários, a Associação dos Inquilinos Lisbonense, a Associação dos Inquilinos do Norte, a Confederação do Comércio e Serviços de Portugal, a Confederação do Turismo Português, a Federação da Restauração, Cafés, Pastelarias e Similares de Portugal, a Federação Portuguesa da Indústria de Construção e Obras Públicas, a Federação Nacional de Comércio, a Associação Portuguesa para a Defesa do Consumidor, e ainda várias entidades representativas das empresas de consultoria e avaliação imobiliária, de mediação mobiliária, de fundos de investimento e de fundos de pensões.

Foram promovidas as diligências necessárias à audição da Comissão Nacional de Protecção de Dados.

Assim:

No uso da autorização legislativa concedida pela alínea b) do n.º 1 e do n.º 3 do artigo 63.º da Lei n.º 6/2006, de 27 de Fevereiro, e nos termos da alínea b) do n.º 1 do artigo 198.º da Constituição, o Governo decreta o seguinte:

ARTIGO 1.º
Objecto

O presente decreto-lei estabelece os casos em que um prédio urbano ou fracção autónoma é considerado devoluto, para efeitos de aplicação da taxa do imposto municipal sobre imóveis (IMI), ao abrigo do disposto no artigo 112.º do Código do Imposto Municipal sobre Imóveis (CIMI), aprovado pelo Decreto-Lei n.º 287/2003, de 12 de Novembro, na redacção que lhe foi dada pela Lei n.º 6/2006, de 27 de Fevereiro, que aprova o Novo Regime do Arrendamento Urbano.

ARTIGO 2.º
Noção

1. Para efeitos de aplicação da taxa do IMI, considera-se devoluto o prédio urbano ou a fracção autónoma que durante um ano se encontre desocupado.

Parte III – Legislação Complementar ao NRAU

2. São indícios de desocupação:

a) A inexistência de contratos em vigor com empresas de telecomunicações e de fornecimento de água, gás e electricidade;

b) A inexistência de facturação relativa a consumos de água, gás, electricidade, e telecomunicações.

ARTIGO 3.º
Excepções

Não se considera devoluto o prédio urbano ou fracção autónoma:

a) Destinado a habitação por curtos períodos em praias, campo, termas e quaisquer outros lugares de vilegiatura, para arrendamento temporário ou para uso próprio;

b) Durante o período em que decorrem obras de reabilitação, desde que certificadas pelos municípios;

c) Cuja conclusão de construção ou emissão de licença de utilização ocorreram há menos de um ano;

d) Adquirido para revenda por pessoas singulares ou colectivas, nas mesmas condições do artigo 7.º do Código do Imposto Municipal Sobre as Transmissões Onerosas de Imóveis, aprovado pelo Decreto-Lei n.º 287/2003, de 12 de Novembro, bem como adquirido pelas entidades e nas condições referidas no artigo 8.º do mesmo Código, desde que, em qualquer dos casos, tenham beneficiado ou venham a beneficiar da isenção do imposto municipal sobre as transmissões onerosas de imóveis, e durante o período de três anos a contar da data da aquisição;

e) Que seja a residência em território nacional de emigrante português, tal como definido no artigo 3.º do Decreto-Lei n.º 323/95, de 29 de Novembro, considerando-se como tal a sua residência fiscal, na falta de outra indicação;

f) Que seja a residência em território nacional de cidadão português que desempenhe no estrangeiro funções ou comissões de carácter público ao serviço do Estado Português, de organizações internacionais, ou funções de reconhecido interesse público, bem como os seus respectivos acompanhantes autorizados.

DL n.º 159/2006, de 8 de Agosto

ARTIGO 4.º
Procedimento

1. A identificação dos prédios urbanos ou fracções autónomas que se encontrem devolutos, compete aos municípios.

2. Os municípios notificam o sujeito passivo do IMI, para o domicílio fiscal, do projecto de declaração de prédio devoluto, para este exercer o direito de audição prévia, e da decisão, nos termos e prazos previstos no Código do Procedimento Administrativo.

3. A comunicação da identificação dos prédios urbanos ou fracções autónomas considerados devolutos nos termos do presente decreto-lei e sujeitos ao dobro da taxa do IMI é efectuada, por transmissão electrónica de dados, pelos municípios no mesmo prazo previsto no artigo 112.º do CIMI para a comunicação da respectiva taxa anual.

4. A decisão de declaração de prédio ou fracção autónoma devoluta é susceptível de impugnação judicial, nos termos gerais previstos no Código de Processo nos Tribunais Administrativos.

ARTIGO 5.º
Dever de cooperação

1. Todas as entidades têm o dever cooperar com os municípios, designadamente através do envio de informação solicitada tendo em vista apurar se determinado prédio urbano ou fracção autónoma se encontra devoluta.

2. As empresas de telecomunicações e de fornecimento de água, gás e electricidade, prestam aos municípios, mediante solicitação escrita, a informação necessária à identificação da existência de contratos de fornecimentos, ou de consumo, por cada um prédio urbano ou fracção autónoma, preferencialmente através de comunicação electrónica ou outro suporte informático.

Parte III – Legislação Complementar ao NRAU

ARTIGO 6.º
Entrada em vigor

1. O presente diploma entra em vigor no 30.º dia seguinte ao da sua publicação

2. Os efeitos fiscais previstos no presente decreto-lei reportam-se ao ano de 2007 e seguintes.

DECRETO-LEI N.º 160/2006, DE 8 DE AGOSTO

ELEMENTOS DO CONTRATO DE ARRENDAMENTO E OS REQUISITOS A QUE OBEDECE A SUA CELEBRAÇÃO

Tendo sido aprovado o Novo Regime do Arrendamento Urbano (NRAU), pela Lei n.º 6/2006, de 27 de Fevereiro, importa publicar os diplomas necessários à sua completa aplicação. Entre estes encontra-se o decreto-lei que regula os elementos do contrato de arrendamento e os requisitos a que obedece a sua celebração, previsto no n.º 2 do artigo 1070.º do Código Civil, na redacção que lhe foi dada pelo NRAU, o qual agora se publica.

A matéria do presente decreto-lei corresponde à que era tratada nos artigos 8.º e 9.º do RAU, sendo objecto de diploma autónomo em virtude da revogação daquele. Trata-se de matéria procedimental que não deve integrar o texto do Código Civil, o qual não se dedica a semelhante pormenorização a propósito de qualquer outro tipo contratual.

O presente decreto-lei estabelece que às partes é dada ampla liberdade na conformação do contrato de arrendamento, sendo poucos os elementos que dele necessariamente devem constar. Assim, são elementos suficientes para a celebração de um contrato de arrendamento – necessariamente reduzido a escrito quando de duração superior a seis meses – os seguintes: a identidade das partes, a identificação do local arrendado, a existência da licença de utilização, o valor da renda e a data da celebração. Com apenas estes elementos é possível a celebração de um contrato perfeito, pois o Código Civil estabelece um conjunto adequado de disposições supletivas, regulando os aspectos não contemplados expressamente pelas partes. Em casos particulares, devem ser inseridas

Parte III – Legislação Complementar ao NRAU

outras cláusulas contratuais, por exemplo, a referência ao regulamento de condomínio, quando existente.

Continua a exigir-se a licença de utilização para se poder dar de arrendamento um prédio urbano ou uma fracção autónoma, explicitando- -se que compete às câmaras municipais a aplicação de coimas resultantes da falta dessa licença. Por forma a garantir a harmonia do sistema jurídico, explicita-se que esta exigência só se coloca em relação aos edifícios de construção posterior a 1951, data em que foram criadas as licenças de utilização. Para os edifícios anteriores, só a alteração da sua utilização ou o arrendamento para fim não habitacional são sujeitos a autorização.

Foram ouvidos os órgãos de governo próprio das Regiões Autónomas, a Associação Nacional dos Municípios Portugueses, a Ordem dos Advogados, a Ordem dos Engenheiros e a Ordem dos Arquitectos.

Foram, ainda, ouvidas as várias associações com interesses no sector, designadamente, a Associação Lisbonense de Proprietários, a Associação dos Inquilinos Lisbonense, a Associação dos Inquilinos do Norte, a Confederação do Comércio e Serviços de Portugal, a Confederação do Turismo Português, a Federação da Restauração, Cafés, Pastelarias e Similares de Portugal, a Federação Portuguesa da Indústria de Construção e Obras Públicas, a Federação Nacional de Comércio, a Associação Portuguesa para a Defesa do Consumidor, e ainda várias entidades representativas das empresas de consultoria e avaliação imobiliária, de mediação mobiliária, de fundos de investimento e de fundos de pensões.

Assim:

Nos termos da alínea a) do n.º 1 do artigo 198.º da Constituição, o Governo decreta o seguinte:

ARTIGO 1.º
Objecto

O presente decreto-lei regula os elementos do contrato de arrendamento e os requisitos a que obedece a sua celebração, conforme previsto no n.º 2 do artigo 1070.º do Código Civil.

DL n.º 160/2006, de 8 de Agosto

ARTIGO 2.º
Conteúdo necessário

Do contrato de arrendamento urbano, quando deva ser celebrado por escrito, deve constar:

a) A identidade das partes, incluindo naturalidade, data de nascimento e estado civil;
b) A identificação e localização do arrendado, ou da sua parte;
c) O fim habitacional ou não habitacional do contrato, indicando, quando para habitação não permanente, o motivo da transitoriedade;
d) A existência da licença de utilização, o seu número, a data e a entidade emitente, ou a referência a não ser aquela exigível, nos termos do artigo 5.º;
e) O quantitativo da renda;
f) A data da celebração.

ARTIGO 3.º
Conteúdo eventual

1. O contrato de arrendamento urbano deve mencionar, quando aplicável:

a) A identificação dos locais de uso privativo do arrendatário, dos de uso comum a que ele tenha acesso e dos anexos que sejam arrendados com o objecto principal do contrato;
b) A natureza do direito do locador, sempre que o contrato seja celebrado com base num direito temporário ou em poderes de administração de bens alheios;
c) O número de inscrição na matriz predial ou a declaração de o prédio se encontrar omisso;
d) O regime da renda, ou da sua actualização;
e) O prazo;
f) A existência de regulamento da propriedade horizontal;
g) Quaisquer outras cláusulas permitidas por lei e pretendidas pelas partes, directamente ou por remissão para regulamento anexo.

2. Devem ser anexados ao contrato e assinados pelas partes os regulamentos a que se referem as alíneas *f)* e *g)* do número anterior e um

Parte III – Legislação Complementar ao NRAU

documento onde se descreva o estado de conservação do local e suas dependências, bem como do prédio, aplicando-se, na sua falta ou em caso de omissão ou dúvida, o disposto no n.º 2 do artigo 1043.º do Código Civil.

ARTIGO 4.º
Omissão de elementos

A falta de algum ou alguns dos elementos referidos nos artigos 2.º e 3.º não determina a invalidade ou a ineficácia do contrato, quando possam ser supridas nos termos gerais e desde que os motivos determinantes da forma se mostrem satisfeitos.

ARTIGO 5.º
Licença de utilização

1. Só podem ser objecto de arrendamento urbano os edifícios ou suas fracções cuja aptidão para o fim pretendido pelo contrato seja atestado pela licença de utilização.

2. O disposto no número anterior não se aplica quando a construção do edifício seja anterior à entrada em vigor do Regulamento Geral das Edificações Urbanas, aprovado pelo Decreto-Lei n.º 38.382, de 7 de Agosto de 1951, caso em que deve ser anexado ao contrato documento autêntico que demonstre a data de construção.

3. Quando as partes aleguem urgência na celebração do contrato, a licença referida no n.º 1 pode ser substituída por documento comprovativo de a mesma ter sido requerida com a antecedência mínima prevista na lei.

4. A mudança de finalidade e o arrendamento para fim não habitacional de prédios ou fracções não licenciados devem ser sempre previamente autorizados pela câmara municipal.

5. A inobservância do disposto nos números 1 a 4 por causa imputável ao senhorio determina a sujeição do mesmo a uma coima não inferior a um ano de renda, observados os limites legais estabelecidos pelo Decreto-Lei n.º 433/82, de 27 de Outubro, salvo quando a falta de licença se fique a dever a atraso que não lhe seja imputável.

DL n.º 160/2006, de 8 de Agosto

6. A coima prevista no número anterior constitui receita do município, competindo a sua aplicação ao presidente da câmara municipal, com a faculdade de delegação em qualquer dos vereadores.

7. Na situação prevista no n.º 5 o arrendatário pode resolver o contrato, com direito a indemnização nos termos gerais.

8. O arrendamento para fim diverso do licenciado é nulo, sem prejuízo, sendo esse o caso, da aplicação da sanção prevista no n.º 5 e do direito do arrendatário à indemnização.

9. Não se aplica o disposto nos números anteriores aos arrendamentos que tenham por objecto espaços não habitáveis ou utilizáveis para comércio, indústria ou serviços, nomeadamente para afixação de publicidade ou outro fim limitado.

ARTIGO 6.º
Entrada em vigor

O presente decreto-lei entra em vigor no dia seguinte ao da sua publicação.

DECRETO-LEI N.º 161/2006, DE 8 DE AGOSTO

COMISSÕES ARBITRAIS MUNICIPAIS

A Lei n.º 6/2006, de 27 de Fevereiro, aprovou o Novo Regime do Arrendamento Urbano (NRAU), reformando profundamente esta área do ordenamento jurídico. O NRAU contém o quadro essencial do Regime do Arrendamento Urbano, remetendo-se para legislação complementar o tratamento de aspectos que, por motivos de técnica legislativa, não devem integrar o diploma principal. Entre esses diplomas complementares encontra-se o diploma que regula as comissões arbitrais municipais, previstas no artigo 49.º do NRAU e que ora se publica.

Pretende-se que as comissões arbitrais municipais (CAM) desempenhem um papel de relevo na aplicação do NRAU, sobretudo no que concerne ao regime transitório destinado aos contratos de arrendamento mais antigos.

A relação arrendatícia, sobretudo nos contratos que vigoram há mais tempo, é fonte frequente de conflito entre as partes, sendo desejável a criação de meios de resolução desses conflitos alternativos aos tribunais. Assim, as CAM terão competência para dirimir alguns tipos de conflitos, nomeadamente os relativos a obras e à efectiva utilização do locado. Essa competência não abrange, em caso algum, a possibilidade de determinar a cessação do contrato.

As CAM desempenham também funções essenciais na determinação do nível de conservação do locado para efeito de actualização da renda. Cabe à CAM de cada município receber os pedidos de determinação, encaminhá-los para os técnicos que efectuarão as vistorias necessárias e comunicar os resultados aos interessados. As CAM coordenam todo o processo de determinação do coeficiente de conservação, o qual tem reflexos no valor da renda a pagar.

Parte III – Legislação Complementar ao NRAU

As CAM desempenham ainda funções relevantes em matéria de recolha e encaminhamento de informação, de forma a permitir a monitorização da aplicação prática do NRAU.

De molde a permitir que a aplicação efectiva do NRAU seja possível de forma atempada em todo o território nacional, prevê-se que, transitoriamente, enquanto as CAM não estiverem instaladas em cada município, os municípios possam desempenhar algumas das funções que àquelas são atribuídas, designadamente a promoção da determinação do coeficiente de conservação.

Foram ouvidos os órgãos de governo próprio das Regiões Autónomas, a Associação Nacional dos Municípios Portugueses, a Ordem dos Advogados, a Ordem dos Engenheiros e a Ordem dos Arquitectos.

Foram, ainda, ouvidas as várias associações com interesses no sector, designadamente, a Associação Lisbonense de Proprietários, a Associação dos Inquilinos Lisbonense, a Associação dos Inquilinos do Norte, a Confederação do Comércio e Serviços de Portugal, a Confederação do Turismo Português, a Federação da Restauração, Cafés, Pastelarias e Similares de Portugal, a Federação Portuguesa da Indústria de Construção e Obras Públicas, a Federação Nacional de Comércio, a Associação Portuguesa para a Defesa do Consumidor, e ainda várias entidades representativas das empresas de consultoria e avaliação imobiliária, de mediação mobiliária, de fundos de investimento e de fundos de pensões.

Assim:

Nos termos da alínea a) do n.º 1 do artigo 198.º da Constituição, o Governo decreta o seguinte:

SECÇÃO I
Composição e funcionamento

ARTIGO 1.º
Objecto

O presente decreto-lei regula as comissões arbitrais municipais, adiante designadas por CAM, previstas no artigo 49.º do Novo Regime do Arrendamento Urbano (NRAU), aprovado pela Lei n.º 6/2006, de 27 de Fevereiro.

DL n.º 161/2006, de 8 de Agosto

ARTIGO 2.º
Natureza das comissões arbitrais municipais

As CAM são entidades oficiais não judiciárias com autonomia funcional.

ARTIGO 3.º
Dever de colaboração

1. As autoridades administrativas têm o dever de colaborar com as CAM no exercício das suas atribuições.

2. O dever de colaboração incumbe igualmente às pessoas singulares e colectivas que para tal sejam solicitadas.

ARTIGO 4.º
Constituição das comissões arbitrais municipais

1. Cada CAM é constituída por:
a) Um representante da câmara municipal, que preside;
b) Um representante do serviço de finanças;
c) Um representante dos senhorios, nomeado pelas associações de senhorios;
d) Um representante dos arrendatários habitacionais, nomeado pelas associações de arrendatários;
e) Um representante dos arrendatários não habitacionais, podendo este ser nomeado por associações representativas de interesses económicos;
f) Um representante da Ordem dos Engenheiros;
g) Um representante da Ordem dos Arquitectos;
h) Um representante da Ordem dos Advogados;
i) Nas áreas metropolitanas de Lisboa e Porto e nos municípios com mais de 100 000 habitantes podem ser cooptados pela comissão um a três cidadãos com especial qualificação nos domínios da habitação ou da reabilitação urbana.

2. Caso as associações representativas dos senhorios ou dos arrendatários não cheguem a acordo quanto aos representantes que lhes com-

Parte III – Legislação Complementar ao NRAU

pete indicar, cabe à câmara municipal indicar os representantes de entre aqueles que tiverem sido propostos.

ARTIGO 5.º
Designação dos membros

1. Os membros da CAM são nomeados pela entidade que representam, sendo a sua designação inicial efectuada no prazo de 30 dias a contar de solicitação efectuada nos termos do número seguinte.

2. Após a designação pela câmara municipal do seu representante, compete a este, como presidente e no prazo de oito dias, solicitar às demais entidades representadas na CAM as designações necessárias.

3. Em caso de falta de designação por uma ou mais entidades, a CAM considera-se constituída desde que tenham sido designados cinco dos seus elementos, incluindo necessariamente o representante do serviço de finanças.

ARTIGO 6.º
Substituição

Os membros da CAM prestam serviço por tempo indeterminado, podendo ser substituídos:
   a) Quando apresentem pedido de escusa ou aleguem impedimento;
   b) Quando faltem, sem justificação, a três sessões seguidas ou cinco interpoladas;
   c) Por iniciativa da entidade que os haja designado.

ARTIGO 7.º
Reuniões

1. A CAM reúne sempre que o julgue conveniente, estando presente a maioria dos seus membros.

2. Na falta do presidente, este é substituído pelo vogal designado pelo serviço de finanças.

DL n.º 161/2006, de 8 de Agosto

3. Na falta do secretário, o presidente designa, de entre os membros da CAM, quem o substitua.

4. As decisões são tomadas por maioria, tendo o presidente, em caso de empate, voto de qualidade.

5. Ao funcionamento das CAM aplica-se o disposto no Código do Procedimento Administrativo sobre o funcionamento dos órgãos colegiais em tudo o que não contrariar o presente decreto-lei.

6. Na primeira reunião são escolhidos, por maioria absoluta de votos, os elementos que exercem funções de árbitro.

ARTIGO 8.º
Membros

1. Os membros da CAM desempenham as suas funções com imparcialidade e independência técnica.

2. Com excepção do presidente, os membros da CAM consideram-se domiciliados no local onde esta tiver a sede.

3. Os membros da CAM previstos nas alíneas *c)* a *i)* do artigo 4.º são remunerados mediante senhas de presença.

ARTIGO 9.º
Senhas de presença

1. Os membros da CAM cuja remuneração seja feita mediante senhas de presença têm direito a uma senha de presença por cada reunião, ordinária ou extraordinária, no valor correspondente a 2% do valor base da remuneração do presidente da câmara municipal.

2. O pagamento das senhas de presença é encargo do município.

ARTIGO 10.º
Impedimentos

1. Os membros da CAM estão impedidos de intervir em qualquer assunto relativo a prédios próprios ou em que seja interessada, a qual-

Parte III – Legislação Complementar ao NRAU

quer título, entidade de que sejam administradores ou colaboradores, ou a prédios em que sejam interessados seus ascendentes, descendentes ou parentes e afins até ao 4.º grau da linha colateral.

2. Os actos realizados em violação do disposto no número anterior são anulados pela CAM oficiosamente ou a requerimento dos interessados.

ARTIGO 11.º
Apoio logístico e técnico

1. As instalações e os meios administrativos de apoio, humanos ou materiais, necessários ao funcionamento das CAM, são assegurados pelo município.

2. No desenvolvimento da sua actividade, as CAM podem ser apoiadas tecnicamente pelo Instituto Nacional da Habitação, podendo ser celebrados protocolos de cooperação para o efeito.

SECÇÃO II
Competência

ARTIGO 12.º
Competência territorial

1. As CAM exercem a sua competência na área do município onde têm sede, sendo a competência territorial aferida em função da localização do prédio.

2. Nos municípios com mais de 100.000 habitantes, pode ser criada, quando se justifique, mais de uma CAM, com competências numa ou mais freguesias, nos termos a definir por decisão da câmara municipal.

3. A faculdade conferida no número anterior está dependente, no que respeita à divisão territorial, da sua conjugação territorial com os serviços locais de finanças.

DL n.º 161/2006, de 8 de Agosto

ARTIGO 13.º
Competência material

As CAM têm funções administrativas, decisórias e de acompanhamento, nos termos dos artigos seguintes.

ARTIGO 14.º
Competência administrativa

Compete às CAM, no exercício das suas funções administrativas:
a) Promover a determinação do nível e do coeficiente de conservação dos prédios;
b) Nomear os técnicos responsáveis pela determinação do nível de conservação, nos termos do Decreto-Lei n.º 156/2006, de 8 de Agosto;
c) Definir, a requerimento dos interessados, as obras necessárias para a obtenção de nível de conservação superior.

ARTIGO 15.º
Determinação do coeficiente de conservação

1. A determinação do coeficiente de conservação do locado tem por base o nível de conservação resultante da ficha de verificação do estado de conservação do edifício, nos termos da portaria a que se refere o n.º 2 do artigo 1.º do Decreto-Lei n.º 156/2006, de 8 de Agosto.

2. Na determinação do coeficiente de conservação aplicável a cada caso a CAM tem em consideração as seguintes circunstâncias:
a) A conservação do prédio dever-se a obras efectuadas licitamente pelo arrendatário, caso em que se aplica o coeficiente de conservação imediatamente inferior ao correspondente estado de conservação;
b) A degradação do prédio dever-se a actuação ilícita do arrendatário, ou a falta de manutenção por este quando o dever de manutenção lhe assistisse, caso em que se aplica coeficiente de conservação superior, determinado de acordo com a equidade;
c) Ambas as partes terem efectuado obras de conservação, caso em que o coeficiente de conservação é determinado de acordo com

Parte III – Legislação Complementar ao NRAU

a equidade, sendo intermédio em relação ao coeficiente correspondente ao nível de conservação e ao coeficiente imediatamente inferior.

3. Para a definição do coeficiente de conservação a CAM pode solicitar às partes informação relativa às circunstâncias referidas nas alíneas do número anterior.

4. A determinação do nível e do coeficiente de conservação é válida durante três anos.

ARTIGO 16.º
Definição das obras necessárias

1. Quando da avaliação resulte um nível de conservação mau ou péssimo, tanto o senhorio como o arrendatário podem requerer à CAM a descrição das obras a efectuar para se atingir o nível médio.

2. O senhorio pode ainda requerer:

a) Sendo atribuído ao prédio nível médio ou bom, a descrição das obras necessárias para se atingir nível superior;

b) A indicação da necessidade de desocupação do locado pelo arrendatário durante a realização das obras.

ARTIGO 17.º
Competência decisória

1. Compete às CAM decidir:

a) As reclamações relativas à determinação do coeficiente de conservação;

b) As questões levantadas por senhorios ou arrendatários relativas a obras a realizar no locado, nomeadamente quanto a responsabilidade, custo, compensação com o valor da renda, necessidade de desocupação e adequação do realojamento;

c) A falta de utilização do locado, nos termos e para os efeitos previstos no artigo 45.º e na alínea *a)* do artigo 56.º do NRAU;

d) Outras matérias previstas na lei.

DL n.º 161/2006, de 8 de Agosto

2. Para a decisão de cada procedimento é sorteado um árbitro de entre os elementos da CAM a quem tenham sido atribuídas essas funções, o qual pode solicitar aos demais membros da CAM a colaboração que entenda útil.

3. Nas áreas metropolitanas de Lisboa e Porto e nos municípios com mais de 100.000 habitantes, a CAM pode, quando o número de pedidos de arbitragem o justifique, recorrer a pessoas que não a integrem para desempenhar as funções de árbitro.

4. As decisões proferidas pela CAM têm o valor de decisões arbitrais, e delas cabe recurso para o tribunal de comarca.

5. O recurso referido no número anterior tem efeito meramente devolutivo e conhece matéria de facto e de direito.

ARTIGO 18.º
Procedimento decisório

1. O procedimento inicia-se pela apresentação de requerimento escrito, com indicação do nome e do domicílio do senhorio e do arrendatário, bem como do local arrendado, contendo a exposição sucinta dos factos e o pedido e a indicação do valor atribuído à questão.

2. O requerimento pode ser subscrito simultaneamente pelo senhorio e pelo arrendatário, contendo neste caso a exposição das posições de ambas as partes.

3. O mesmo procedimento pode ser usado por um senhorio em relação a vários arrendatários, quando as questões a resolver sejam idênticas para todos eles.

4. Não sendo o requerimento subscrito por ambas as partes, a outra parte é citada para, em 10 dias, dizer o que lhe aprouver, sendo-lhe enviada cópia do requerimento apresentado.

5. A resposta é apresentada por escrito, sendo imediatamente notificada à contraparte.

6. As citações são efectuadas por via postal ou pessoalmente pelo funcionário; as notificações podem ser também efectuadas por telefone,

Parte III – Legislação Complementar ao NRAU

telecópia, correio electrónico ou via postal, e são dirigidas para o domicílio ou local de trabalho do citando ou notificando ou, no caso do arrendatário, para o local arrendado.

7. Reunidas as posições das partes, ou esgotado o prazo de resposta, o processo é distribuído ao árbitro, o qual determina um dia para audiência, e o faz notificar, não podendo esse dia distar mais de 15 dias da data da notificação.

8. A audiência inicia-se com a tentativa de conciliação das partes, precedida, quando conveniente, de breve exposição sobre os termos do litígio.

9. Se as partes chegarem a acordo, é este reduzido a escrito e assinado por todos os intervenientes, para imediata homologação pelo árbitro.

10. Na falta de acordo, as partes apresentam imediatamente os meios de prova que entenderem, com o limite de três testemunhas apresentadas por cada parte.

11. Quando o considere necessário à decisão, o árbitro pode determinar inspecção ao local, por si ou por membro da CAM por si designado, suspendendo-se a audiência até nova data.

12. A falta do requerente equivale à desistência do pedido e a do requerido à sua confissão, excepto se, em três dias, a falta for justificada, caso em que se marcará nova, e última, data para a audiência.

13. A decisão é proferida na audiência de julgamento e reduzida a escrito, dela constando uma sucinta fundamentação, sendo imediata e pessoalmente notificada às partes.

ARTIGO 19.º
Acompanhamento

Compete às CAM, no exercício das suas funções de acompanhamento:

a) Recolher e tratar informação relativa ao estado de conservação dos prédios arrendados do município;

b) Recolher e tratar informação relativa aos resultados das avaliações feitas;

DL n.º 161/2006, de 8 de Agosto

c) Informar os interessados acerca dos procedimentos relativos à actualização de rendas;

d) Aprovar o relatório anual de actividades e avaliação elaborado pelo presidente e enviá-lo à assembleia municipal.

ARTIGO 20.º
Taxas

1. São devidas taxas pela determinação do coeficiente de conservação, pela definição das obras necessárias para a obtenção de nível de conservação superior e pela submissão de um litígio a decisão da CAM no âmbito da respectiva competência decisória.

2. As taxas previstas no número anterior constituem receita municipal, a afectar ao funcionamento da CAM.

3. As taxas previstas no n.º 1 têm os valores seguintes, se a assembleia municipal não fixar valores distintos:

a) 1 unidade de conta (UC), tal como definida no n.º 2 do artigo 5.º do Decreto-Lei n.º 212/89, de 30 de Junho, pela determinação do coeficiente de conservação;

b) 0,5 UC pela definição das obras necessárias para a obtenção de nível de conservação superior;

c) 1 UC pela submissão de um litígio a decisão da CAM.

4. As taxas previstas nas alíneas a) e b) do número anterior são reduzidas a um quarto quando se trate de várias unidades de um mesmo edifício, para cada unidade adicional à primeira.

5. Pela submissão de um litígio a decisão da CAM é devida metade da taxa por cada uma das partes, sendo o pagamento efectuado pelo requerente juntamente com a apresentação do requerimento inicial, e pelo requerido no momento da apresentação da defesa.

6. O pagamento das restantes taxas previstas neste artigo é efectuado simultaneamente com a apresentação do requerimento a que respeitem.

Parte III – Legislação Complementar ao NRAU

SECÇÃO III
Disposições finais e transitórias

ARTIGO 21.º
Norma transitória

Enquanto não estiverem instaladas as CAM:

a) As competências administrativas e de acompanhamento previstas neste decreto-lei são atribuídas ao município;

b) Os litígios enquadráveis no n.º 1 do artigo 17.º são dirimidos, nos termos da legislação aplicável, pelos tribunais judiciais ou pelos julgados de paz, aplicando-se, quanto aos tribunais judiciais e com as necessárias adaptações, o regime previsto nos artigos 1.º a 5.º do anexo a que se refere o artigo 1.º do Decreto-Lei n.º 269/98, de 1 de Setembro.

ARTIGO 22.º
Entrada em vigor

O presente decreto-lei entra em vigor no 30.º dia seguinte ao da sua publicação.

PORTARIA N.º 1192-A/2006, DE 3 DE NOVEMBRO

APROVA O MODELO ÚNICO SIMPLIFICADO
PARA PEDIDOS E COMUNICAÇÕES

A aprovação do Novo Regime do Arrendamento Urbano, através da Lei n.º 6/2006, de 27 de Fevereiro, uma das medidas prioritárias do XVII Governo Constitucional que visa fundamentalmente assegurar a dinamização do mercado de arrendamento e a reabilitação urbana, foi recentemente complementada por um conjunto de diplomas legais que concretizou os objectivos em causa. A presente portaria procede à regulamentação dos procedimentos relativos à actualização das rendas relativas a contratos de arrendamento habitacionais celebrados antes da entrada em vigor do Decreto-Lei n.º 321-B/90, de 15 de Outubro (RAU), e não habitacionais celebrados antes da vigência do Decreto-Lei n.º 257/95, de 30 de Setembro, em especial, os pedidos de avaliações fiscais dos prédios e a determinação do seu nível de conservação. Regulamenta ainda os processos relativos aos pedidos de atribuição do subsídio de renda ao arrendatário e as demais diligências legalmente previstas que o senhorio e o arrendatário podem solicitar ou promover junto da Administração Pública.

Para tanto, é aprovado um modelo único simplificado, pelo qual o Governo pretende que todas as diligências acima referidas sejam executadas de acordo com o Programa SIMPLEX, através da simplificação do relacionamento entre os cidadãos ou empresas e o Estado, da desmaterialização dos procedimentos, da comunicação em rede entre os serviços da Administração Pública envolvidos, evitando-se dessa forma pedir aos cidadãos e às empresas a entrega de documentos ou informações de que o Estado já dispõe, contribuindo para o desenvolvimento do Plano Tecnológico e para a redução dos custos de contexto.

Parte III – Legislação Complementar ao NRAU

Consagra-se um modelo que, por um lado, é único, porque elimina a necessidade de preenchimento de vários formulários, aos quais corresponderiam os diversos pedidos e comunicações, a dirigir a diferentes entidades, com vantagem para senhorios e arrendatários, que desta forma podem fazer um ou mais pedidos ou comunicações, através do mesmo modelo e no mesmo acto. Por outro lado, trata-se de um modelo simplificado, pois é de fácil compreensão, e congrega todos os pedidos e comunicações legalmente previstas, permitindo, na grande maioria dos casos, que o utilizador identifique a sua pretensão através da simples aposição de cruzes nos quadrados disponíveis para o efeito.

Relativamente ao universo de pedidos e comunicações, é de destacar que através do modelo único simplificado o senhorio pode reunir os pressupostos da actualização da renda antiga, ou seja, pode solicitar a avaliação fiscal do locado, nos termos do Código do Imposto Municipal sobre Imóveis (CIMI), pedir a determinação do nível de conservação do prédio urbano ou de uma fracção autónoma em causa, nos termos dos artigos 35.º do NRAU e 2.º do Decreto-Lei n.º 156/2006, de 8 de Agosto. O senhorio pode ainda comunicar a dispensa da determinação do nível de conservação, nos termos do artigo 7.º do Decreto-Lei n.º 156/2006, de 8 de Agosto, indicando, quando aplicável, o recurso à faculdade concedida no artigo 27.º do Decreto-Lei n.º 157/2006, de 8 de Agosto. O senhorio pode ainda, entre outras diligências, solicitar comprovativo de que o rendimento anual bruto corrigido (RABC) do agregado familiar do arrendatário é superior a 15 retribuições mínimas nacionais anuais (RMNA), ao abrigo dos artigos 44.º do NRAU e 5.º do Decreto-Lei n.º 158/2006, de 8 de Agosto.

Por seu turno, o arrendatário pode utilizar o modelo único simplificado tendo em vista solicitar a realização de nova avaliação fiscal do locado, nos termos do artigo 37.º do NRAU, obter o comprovativo de que o RABC do seu agregado familiar é inferior a 3 ou a 5 RMNA, ao abrigo dos artigos 37.º e 44.º do NRAU, ou o comprovativo de que se trata de uma microempresa, nos termos do artigo 53.º do NRAU. É ainda de salientar a possibilidade de o arrendatário requerer a determinação do nível de conservação, ao abrigo do disposto nos artigos 48.º do NRAU e 2.º do Decreto-Lei n.º 156/2006, de 8 de Agosto, e a atribuição do subsídio de renda, nos termos do artigo 7.º do Decreto-Lei n.º 158/ /2006, de 8 de Agosto, e bem assim comunicar qualquer alteração dos

Portaria n.º 1192-A/2006, de 3 de Novembro

pressupostos de atribuição do subsídio de renda, nos termos do artigo 14.º do Decreto-Lei n.º 158/2006, de 8 de Agosto.

Por último, a entrega do modelo único simplificado pode ser feita presencialmente, junto dos serviços de finanças, das comissões arbitrais municipais (CAM) ou, se aquelas não estiverem constituídas, junto dos municípios, e dos serviços de segurança social, consoante o tipo de pedido ou de comunicação a realizar.

No prazo de 30 dias a contar da entrada em vigor da presente portaria, os procedimentos serão totalmente desmaterializados, através da disponibilização no endereço na Internet www.portaldahabitacao.pt/ nrau de todas as funcionalidades necessárias aos senhorios, aos arrendatários e aos vários serviços da Administração Pública, através do qual todos poderão formular pedidos, proceder a comunicações e saber, em cada momento, em que fase se encontra o seu pedido ou comunicação feita no âmbito do NRAU. Com efeito, os procedimentos relativos à execução do NRAU serão efectuados através de uma plataforma de integração online, gerida pelo Instituto Nacional de Habitação (INH), pela qual se assegurará a imediata recepção de pedidos e comunicações em tempo real, o seu célere tratamento pelas várias entidades participantes da plataforma de integração, e a comunicação interna pelos serviços da Administração Pública, e entre estes e os cidadãos e as empresas.

A desmaterialização dos procedimentos através da disponibilização da plataforma de integração online implica que os pedidos e comunicações efectuados presencialmente junto dos serviços sejam efectuados verbalmente, perante o funcionário, o qual procederá ao imediato preenchimento do modelo único simplificado na plataforma de integração. Desta forma, assegura-se a imediata inserção do pedido ou da comunicação na plataforma e sua recepção pela entidade que tem de proceder às diligências solicitadas, sejam os serviços de finanças, as CAM, os municípios, os serviços de segurança social ou o próprio INH. A recolha informática dos dados da plataforma de integração online é essencial à monitorização das medidas de execução do NRAU e respectiva legislação complementar, a realizar no seio do futuro Observatório da Habitação e da Reabilitação Urbana.

Foram ouvidas a Associação Nacional dos Municípios Portugueses, a Ordem dos Engenheiros e a Ordem dos Arquitectos.

Assim:

Parte III – Legislação Complementar ao NRAU

Manda o Governo, pelos Ministros de Estado e da Administração Interna, de Estado e das Finanças, do Ambiente, do Ordenamento do Território e do Desenvolvimento Regional e do Trabalho e da Solidariedade Social, ao abrigo do disposto na Lei n.º 6/2006, de 27 de Fevereiro, que aprova o Novo Regime do Arrendamento Urbano (NRAU), e dos Decretos-Leis n.ᵒˢ 156/2006, 157/2006, 158/2006 e 161/2006, todos de 8 de Agosto, o seguinte:

ARTIGO 1.º
Objecto

São aprovados o modelo único simplificado e as instruções de preenchimento, publicadas em anexo, e bem assim os procedimentos relativos à sua entrega, através do qual o senhorio e o arrendatário formulam os pedidos e procedem às comunicações previstas nos artigos 2.º e 3.º.

ARTIGO 2.º
Pedidos e comunicações do senhorio

1. O senhorio preenche o modelo único simplificado quando pretenda:

a) Solicitar a avaliação fiscal do locado efectuada nos termos do Código do Imposto Municipal sobre Imóveis (CIMI), prevista na alínea *a)* do artigo 35.º do Novo Regime do Arrendamento Urbano (NRAU);

b) Obter o documento comprovativo de que o agregado familiar do arrendatário dispõe de um rendimento anual bruto corrigido (RABC) superior ou inferior a 15 retribuições mínimas nacionais anuais (RMNA), tal como previsto no n.º 3 do artigo 44.º do NRAU, e nos n.ᵒˢ 5 e 6 do artigo 5.º do Decreto-Lei n.º 158/ /2006, de 8 de Agosto;

c) Requerer a determinação do nível de conservação de um prédio urbano ou de uma fracção autónoma, prevista na alínea *a)* do n.º 1 do artigo 2.º, e no n.º 5 do artigo 7.º, ambos do Decreto-Lei n.º 156/2006, de 8 de Agosto, e ainda o nível de conservação da totalidade do edifício, nos termos do artigo 27.º do Decreto-Lei n.º 157/2006, de 8 de Agosto.

Portaria n.º 1192-A/2006, de 3 de Novembro

2. O modelo único simplificado é ainda utilizado quando o senhorio proceda às seguintes comunicações:

a) Valor da renda cessante, o valor da renda nova, data da comunicação ao arrendatário do aumento da renda, o período de faseamento de actualização do valor da renda (2, 5 ou 10 anos), a actualização imediata, ou a sua não actualização, nos termos previstos no artigo 42.º do NRAU;

b) Indicação do nível de conservação em que avalia o locado:

    i) Sempre que entenda que o prédio se encontra em estado de conservação bom ou excelente, o que vale como comunicação de que vai proceder à actualização da renda, nos termos dos n.ºˢ 1 a 3 do artigo 7.º do Decreto-Lei n.º 156/2006, de 8 de Agosto;

    ii) Quando fez obras de reabilitação nos três anos antes de proceder à actualização da renda cessante, das quais resulte para a totalidade do edifício um nível de conservação bom ou excelente, nos termos do artigo 27.º do Decreto-Lei n.º 157/2006, de 8 de Agosto.

ARTIGO 3.º
Pedidos e comunicações do arrendatário

1. O arrendatário preenche o modelo único simplificado tendo em vista:

a) A realização de nova avaliação do locado, prevista no n.º 6 do artigo 37.º do NRAU;

b) Obter o documento comprovativo de que o RABC do seu agregado familiar, definido nos artigos 2.º e 5.º do Decreto-Lei n.º 158/ /2006, de 8 de Agosto, é superior ou inferior a 3 ou a 5 RMNA, para os efeitos previstos na alínea *a)* do n.º 3 do artigo 37.º e no n.º 1 do artigo 44.º, ambos do NRAU, e dos n.ºˢ 5 e 6 do artigo 5.º do Decreto-Lei n.º 158/2006, de 8 de Agosto;

c) Obter o documento comprovativo de se tratar de uma microempresa, tal como previsto na alínea *a)* do n.º 2 e no n.º 3 do artigo 53.º do NRAU, para o arrendamento para fim não habitacional;

Parte III – Legislação Complementar ao NRAU

d) Requerer a determinação do nível de conservação, previsto no n.º 1 do artigo 48.º do NRAU, e na alínea *b)* do n.º 1 do artigo 2.º do Decreto-Lei n.º 156/2006, de 8 de Agosto;

e) Solicitar a atribuição do subsídio de renda, nos termos do n.º 1 do artigo 46.º do NRAU e dos n.ºˢ 1 e 2 do artigo 7.º do Decreto--Lei n.º 158/2006, de 8 de Agosto.

2. O modelo único simplificado é ainda utilizado quando o arrenda-tário proceda às seguintes comunicações:

a) Denúncia do contrato de arrendamento, nos termos do n.º 5 do artigo 37.º do NRAU;

b) Qualquer alteração dos pressupostos de atribuição do subsídio de renda, designadamente a alteração do nível de rendimentos igual ou superior a 5%, da composição do agregado familiar ou dos factores de correcção do RABC, nos termos dos n.ºˢ 1 e 2 do artigo 14.º do Decreto-Lei n.º 158/2006, de 8 de Agosto.

3. Em caso de morte do titular do subsídio de renda, o transmissá-rio com condições de reunir os pressupostos para a manutenção do sub-sídio preenche o modelo único simplificado tendo em vista comunicar o decesso, no prazo de 15 dias a contar da data da ocorrência desse facto, nos termos do n.º 4 do artigo 14.º do Decreto-Lei n.º 158/2006, de 8 de Agosto.

ARTIGO 4.º
Procedimentos

1. O modelo único simplificado é preenchido de acordo com as especificações e codificações dele constantes, bem como das respectivas instruções.

2. Nos casos referidos na alínea *a)* do n.º 1 do artigo 2.º e na alínea *a)* do n.º 1 do artigo 3.º, ao modelo aprovado pela presente portaria deve juntar-se a declaração modelo n.º 1 do imposto municipal sobre imóveis, aprovada pela Portaria n.º 1282/2003, de 12 de Novembro.

3. O modelo único simplificado e respectivos anexos são preen-chidos e entregues através do endereço disponível na Internet www.portaldahabitacao.pt/nrau, ou presencialmente junto:

Portaria n.º 1192-A/2006, de 3 de Novembro

a) Dos serviços de finanças, nos casos referidos nas alíneas *a*) e *b*) do n.º 1 do artigo 2.º, nas alíneas *a*) e *b*) do n.º 2 do artigo 2.º, nas alíneas *a*) a *c*) do n.º 1 do artigo 3.º, e na alínea *a*) do n.º 2 do artigo 3.º;

b) Das comissões arbitrais municipais (CAM), nos casos previstos na alínea *c*) do n.º 1 do artigo 2.º, na alínea *b*) do n.º 2 do artigo 2.º, na alínea *d*) do n.º 1 do artigo 3.º e na alínea *a*) do n.º 2 do artigo 3.º ou, se estas não estiverem instaladas, junto dos municípios, ao abrigo da alínea *a*) do artigo 21.º do Decreto-Lei n.º 161/ /2006, de 8 de Setembro;

c) Dos serviços de segurança social, nos casos referidos na alínea *e*) do n.º 1 do artigo 3.º, na alínea *b*) do n.º 2 do artigo 3.º, e no n.º 3 do artigo 3.º.

4. Nos casos em que o modelo único simplificado e respectivos anexos sejam entregues presencialmente, procede-se ao imediato preenchimento do modelo na plataforma informática de integração e imprimem-se duas cópias, que o apresentante assina no acto, destinando-se-lhe uma, como recibo, e outra aos arquivos dos serviços.

5. Nos serviços de finanças, para compensar os custos de impressão, o preço do modelo simplificado e anexos em papel é de € 0,40 por cada folha.

ARTIGO 5.º
Preenchimento e entrega *online*

1. A entrega do modelo simplificado e respectivos anexos através da Internet implica a realização de autenticação no sistema através de senha de acesso que, caso o interessado não a tenha ainda, é obtida através da página «Declarações electrónicas» no endereço www.e-financas.gov.pt.

2. O modelo simplificado e respectivos anexos consideram-se entregues na data em que sejam submetidos, sem anomalias, após o que será emitido o respectivo comprovativo.

3. Os elementos referidos nos n.ºˢ 2 e 3 do artigo 37.º do CIMI, destinados a acompanhar o modelo único simplificado, devem ser entregues em suporte de papel no serviço de finanças da área da situação do prédio,

Parte III – Legislação Complementar ao NRAU

acompanhados do comprovativo referido no número anterior, considerando-se nessa data entregue a declaração.

4. As pessoas colectivas, incluindo o Estado e outras pessoas colectivas de direito público, e os sujeitos passivos de imposto que possuam ou sejam obrigados a possuir contabilidade organizada só podem entregar a declaração através do endereço na Internet referido no n.º 3 do artigo 4.º.

ARTIGO 6.º
Comunicações electrónicas e tratamento de dados

1. As comunicações entre os serviços de finanças, os serviços de segurança social, as CAM, os municípios e os técnicos que avaliam o nível de conservação dos edifícios são realizadas através da plataforma de integração *online* gerida pelo INH, no endereço disponível na Internet www.portaldahabitacao.pt/nrau, devendo o tratamento dos dados obedecer ao disposto na legislação vigente aplicável.

2. Podem ser celebrados protocolos entre o INH e os vários organismos da Administração Pública participantes nos serviços disponibilizados na plataforma de integração *online* referida no número anterior, tendo em vista a aplicação do NRAU, da respectiva legislação complementar e ainda a definição dos procedimentos administrativos de comunicação de dados.

ARTIGO 7.º
Normas finais e transitórias

1. O endereço www.portaldahabitacao.pt/nrau fica disponível na Internet no prazo de 30 dias a contar da data de publicação da presente portaria.

2. Até à disponibilização do endereço referido no número anterior, o preenchimento e a entrega do modelo único simplificado e respectivos anexos podem ser efectuados presencialmente, junto dos serviços de finanças, da segurança social, CAM e municípios, nos termos no n.º 3 do artigo 4.º da presente portaria, sendo neste caso entregues devidamente preenchidos pelos senhorios e arrendatários.

Portaria n.º 1192-A/2006, de 3 de Novembro

ARTIGO 8.º
Entrada em vigor

A presente portaria entra em vigor no dia seguinte ao da sua publicação.

Parte III – Legislação Complementar ao NRAU

Diário da República, 1.ª série — N.º 212 — 3 de Novembro de 2006 **7708-(5)**

☐nrau — NRAU – Novo Regime de Arrendamento Urbano - Modelo Único
(Artigo 1.º da Portaria n.º 1192-A/2006, de 3 de Novembro)

I - Identificação do senhorio, do arrendatário e do prédio arrendado

A - Identificação do senhorio

01 NIF/NIPC:									Nome:

Morada:

B – Identificação do arrendatário / transmissário

02 NIF/NIPC:									Nome:

Morada:

C - Identificação do prédio arrendado

03 Distrito:		04 Concelho:		05 Freguesia:

06 Artigo:	07 Fracção:	Localização:

08 Idade do Prédio: ☐ > 10 Anos ☐ =<10 Anos 09 Tipo de Contrato: ☐ Habitacional ☐ Não Habitacional

II – Pedidos e comunicações do senhorio

A- Pedidos do senhorio

10 ☐ Avaliação Fiscal do Prédio 11 ☐ RABC Nível Conservação: 12 ☐ Do prédio locado 13 ☐ Da Totalidade do prédio

B - Comunicações do senhorio

Nível Conservação: 14 Do prédio locado: ____ 15 Da Totalidade prédio: ____ 16 Data comunicação ao arrendatário do aumento: ___/___/___

17 Valor Renda Cessante: ....€ 18 Valor Nova Renda: ....€ 19 Período Faseamento: ____ 20 ☐ Não Actualização

III - Pedidos e comunicações do arrendatário

A - Pedidos do arrendatário

21 ☐ Avaliação Fiscal do Imóvel 22 ☐ RABC 23 ☐ Nível de Conservação 24 ☐ Comprovativo de Microempresa

B - Comunicações do arrendatário

25 ☐ Denúncia do Contrato

IV – Identificação do arrendatário, do seu agregado familiar e das pessoas que com ele vivam em comunhão de habitação, há mais de um ano

26 NIF									Nome:

27 Data Nascimento: ___/___/___ 28 Relação Parentesco: ____ 29 ☐ Inapto 30 ☐ Grau de incapacidade >= 60%

31 NIF									Nome:

32 Data Nascimento: ___/___/___ 33 Relação Parentesco: ____ 34 ☐ Inapto 35 ☐ Grau de incapacidade >= 60%

36 NIF									Nome:

37 Data Nascimento: ___/___/___ 38 Relação Parentesco: ____ 39 ☐ Inapto 40 ☐ Grau de incapacidade >= 60%

41 NIF									Nome:

42 Data Nascimento: ___/___/___ 43 Relação Parentesco: ____ 44 ☐ Inapto 45 ☐ Grau de incapacidade >= 60%

46 NIF									Nome:

47 Data Nascimento: ___/___/___ 48 Relação Parentesco: ____ 49 ☐ Inapto 50 ☐ Grau de incapacidade >= 60%

51 NIF									Nome:

52 Data Nascimento: ___/___/___ 53 Relação Parentesco: ____ 54 ☐ Inapto 55 ☐ Grau de incapacidade >= 60%

56 NIF									Nome:

57 Data Nascimento: ___/___/___ 58 Relação Parentesco: ____ 59 ☐ Inapto 60 ☐ Grau de incapacidade >= 60%

Portaria n.º 1192-A/2006, de 3 de Novembro

7708-(6) · Diário da República, 1.ª série — N.º 212 — 3 de Novembro de 2006

61 NIF		Nome:				
62 Data Nascimento: / /		63 Relação Parentesco:	64 ☐ Inapto	65 ☐ Grau de incapacidade >= 60%		

66 NIF	Nome:			
67 Data Nascimento: / /	68 Relação Parentesco:	69 ☐ Inapto	70 ☐ Grau de incapacidade >= 60%	

71 NIF	Nome:			
72 Data Nascimento: / /	73 Relação Parentesco:	74 ☐ Inapto	75 ☐ Grau de incapacidade >= 60%	

76 NIF	Nome:			
77 Data Nascimento: / /	78 Relação Parentesco:	79 ☐ Inapto	80 ☐ Grau de incapacidade >= 60%	

81 NIF	Nome:			
82 Data Nascimento: / /	83 Relação Parentesco:	84 ☐ Inapto	85 ☐ Grau de incapacidade >= 60%	

V – Pedido de subsídio de renda por parte do arrendatário / transmissário

A – Pedidos do arrendatário

86 ☐ Subsídio de Renda   87 N.º de Identificação da Segurança Social (NISS):

88 N.º de Identificação Bancária: 89 ☐ Pagamento vale postal

B - Comunicações do arrendatário

90 ☐ Alteração do Nível de Rendimentos   92 ☐ Alteração da Composição do Agregado Familiar

91 ☐ Alteração dos Factores de Correcção do RABC   93 ☐ Falecimento do Titular do Subsídio de Renda

C - Declarações do Arrendatário

☐ O arrendatário, o cônjuge ou pessoa que com ele viva em união de facto há mais de dois anos, residindo na área dos concelhos de Lisboa ou do Porto e limítrofes, declara(m) que não é(são) proprietário(s) de imóvel para habitação nesses concelhos ou limítrofes, ou residindo no respectivo concelho quanto ao resto do País, não é(são) proprietário(s) de imóvel para habitação nesse concelho, que se encontre desocupado, adquirido após o início do contrato de arrendamento, com excepção dos casos de sucessão *mortis causa*.

☐ O arrendatário declara que não fornece na habitação arrendada serviços de hospedagem

☐ O arrendatário declara que não subarrenda parte ou a totalidade da mesma.

☐ O arrendatário declara que tem no locado a sua residência permanente, habite ou não outra casa, própria ou alheia.

☐ O arrendatário declara que tomou conhecimento de que deve comunicar aos serviços de segurança social qualquer alteração da informação prestada, que determine a alteração ou a manutenção do direito ao subsídio de renda, no prazo de 15 dias a contar da ocorrência.

D - Autorização do Arrendatário

O arrendatário declara que dá autorização ao INH, e obteve prévia autorização dos membros do agregado familiar por si indicado, e das pessoas a que se refere a alínea a) do n.º 1 do art. 5.º do DL n.º 158/2006, de 8/8, para acesso à informação fiscal e das entidades processadoras de pensões, relevante para efeitos de atribuição, renovação e manutenção do subsídio de renda

VI - Encerramento do Modelo	VII - Para Uso do Serviço Receptor	
Os elementos declarados correspondem à verdade e não houve qualquer omissão	96 Entidade receptora:	CARIMBO DE RECEPÇÃO
94 Local e Data: , / /	97 N.º do Processo:	
O Declarante (assinatura)	O FUNCIONÁRIO	
	Data: / /	
	Rubrica	
Se a declaração for apresentada por um representante, gestor de negócios ou pelo cabeça-de-casal indique:		
Nome:	Nome:	
95 NIF		

853

Parte III – Legislação Complementar ao NRAU

Diário da República, 1.ª série — N.º 212 — 3 de Novembro de 2006   **7708-(7)**

Modelo Único - Novo Regime de Arrendamento Urbano (NRAU)
Instruções de Preenchimento

O modelo único simplificado destina-se a requerer à Administração Fiscal (AF), às Comissões Arbitrais Municipais (CAM), aos Municípios e à Segurança Social (Seg. Social) a realização das diligências previstas nos arts. 2.º e 3.º da portaria n.º 1192-A/2006, de 3 de Novembro.

Através deste modelo, o senhorio poderá requerer a avaliação fiscal do bem locado, juntando para o efeito a declaração mod. 1 do IMI, obter o comprovativo de que o agregado familiar do arrendatário tem um Rendimento Anual Bruto Corrigido (RABC) superior ou inferior a 15 RMNA, requerer o nível de conservação do locado e da totalidade do edifício onde ele se situa, comunicar o valor da Renda Cessante e da nova Renda fixada, o período de faseamento da actualização do valor da renda ou a sua não actualização, a data de comunicação ao arrendatário do aumento da renda e o nível de conservação em que avalia o locado sempre que entenda que o prédio se encontra em estado de conservação bom ou excelente.

Do mesmo modo o arrendatário poderá requerer a realização de nova avaliação do bem locado, juntando para o efeito a declaração mod. 1 do IMI, obter o comprovativo de que o RABC do seu agregado familiar é inferior a 3 ou a 5 RMNA, requerer o nível de conservação do prédio, obter documento comprovativo de que se trata de uma microempresa, solicitar a atribuição do subsídio de renda, comunicar a denúncia do contrato de arrendamento e a alteração dos pressupostos de atribuição do subsídio de renda. Em caso de morte do titular do subsídio de renda, o modelo serve ainda para quem lhe suceder no arrendamento (transmissário) comunicar o falecimento do anterior arrendatário, o que deve fazer no prazo de 15 dias a contar do falecimento do titular do subsídio de renda. Caso reúna os pressupostos para a manutenção do subsídio, deve solicitá-lo.

Só são susceptíveis de actualização de renda os contratos de arrendamento que, sendo habitacionais, foram celebrados antes da entrada em vigor do RAU, aprovado pelo DL 321-B/90, de 15/10 e os não habitacionais celebrados antes da entrada em vigor do DL 257/95, de 30/9.

O modelo simplificado e respectivos anexos são preenchidos e entregues através do endereço disponível na Internet *www.portaldahabitação.pt/nrau* ou, presencialmente, junto de qualquer serviço de finanças, nos casos referidos nos arts. 2.º/1/a) e b), 2.º/a) e b), 3.º/1/a) a c) e 3.º/2/a) da portaria acima referida; das Comissões Arbitrais Municipais (CAM) ou, se estas não estiverem instaladas, junto dos Municípios, nos casos previstos nos arts. 2.º/1/c), 2.º/2/b), 3.º/1/d) e 3.º/2/a) da citada portaria e dos Serviços de Segurança Social, nos casos referidos nos arts. 3.º/1/e), 3.º/2/b), 3.º/3 da mesma portaria.

QUADRO / CAMPO	DENOMINAÇÃO	EXPLICAÇÃO
Quadro I	Identificação do senhorio, do arrendatário e do prédio arrendado	Este quadro é de preenchimento obrigatório para o senhorio, arrendatário ou seu transmissário, consoante os casos, quer se trate de um primeiro pedido ou comunicação, quer seja um aditamento ou alteração a modelo anteriormente entregue ou comunicação da morte do titular do subsídio de renda.
Campo 01	NIF / NIPC, Nome e Morada do Senhorio	Inscrever o número de identificação fiscal (NIF — pessoa singular; NIPC — pessoa colectiva), o nome ou denominação social e a morada do senhorio.
Campo 02	NIF / NIPC, Nome e Morada do Arrendatário/Transmissário	Inscrever o número de identificação fiscal (NIF — pessoa singular; NIPC — pessoa colectiva), o nome ou denominação social e a morada ou sede do arrendatário/transmissário (quem sucede no arrendamento por morte e requer manutenção do subsídio de renda).
Campos 03 a 07	Identificação do Prédio Arrendado	Indicar o distrito, o concelho, a freguesia, o artigo matricial, a fracção (caso exista) e a localização (rua, n.º e localidade) do prédio arrendado. Caso se trate de prédios em propriedade total com andares ou unidades susceptíveis de utilização independente, indique no campo da fracção o número, a letra ou o elemento identificador da unidade independente.
Campo 08	Idade do prédio	Indicar, colocando um X no respectivo quadrado, se o edificado tem mais de 10 anos de construção, ou se é igual ou inferior a 10 anos. Se o edificado não tiver mais de 10 anos não deverá requerer a determinação do nível de conservação. (art. 33.º da Lei 6/2006 de 27/2).
Campo 09	Tipo de contrato	Indicar, colocando um X no respectivo quadrado, se o contrato de arrendamento é habitacional ou não habitacional.
Quadro II	Pedidos e comunicações do senhorio	Este quadro destina-se ao senhorio requerer ou comunicar às entidades públicas envolvidas no processo de actualização do valor da renda um conjunto de procedimentos e de informações necessárias ao processo.
Campo 10	Avaliação Fiscal do Prédio	Indicar, colocando um X no respectivo quadrado, se pretende requerer a avaliação fiscal do bem locado nos termos das regras do CIMI. A avaliação fiscal é um pressuposto essencial ao processo de actualização do valor da renda, excepto se o mesmo já tiver sido avaliado nos termos do CIMI há menos de 3 anos.
Campo 11	RABC	Indicar, colocando um X no respectivo quadrado, se pretende obter o comprovativo de que o agregado familiar do arrendatário tem um Rendimento Anual Bruto Corrigido (RABC) superior ou inferior a 15 RMNA (ver quadro IV).
Campos 12 e 13	Nível de Conservação: do prédio locado e da totalidade do prédio	Não preencha estes campos caso tenha indicado no campo 8 que a idade do prédio é igual ou inferior a 10 anos. Os campos 12 e 13 servem para requerer o nível de conservação do prédio locado e / ou da totalidade do prédio onde se situa o locado. Para o efeito deverá colocar um X no(s) respectivo(s) quadrado(s). Só poderá pedir o nível de conservação da totalidade do prédio caso tenha feito obras de reabilitação nos três anos antes de proceder à actualização da renda antiga, nos termos e para os efeitos do artigo 27.º do DL 157/2006, de 8/8 (ver campos 14 e 15).
Campos 14 e 15	Nível de Conservação: do prédio locado e da totalidade do prédio	Caso a idade do prédio seja superior a 10 anos e o senhorio entenda que o nível de conservação do prédio locado e da totalidade do prédio é bom ou excelente, indique o nível de conservação nos campos 14 e / ou 15, respectivamente, utilizando os seguintes códigos: 4 — Bom ou 5 — Excelente. Nesta situação o senhorio não pode preencher os campos 12 e 13, pois é dispensada a determinação do nível de conservação, sendo aplicável na actualização da renda o nível de conservação 3 — Médio, correspondente ao coeficiente de conservação 0,9. A indicação do nível de conservação pelo senhorio vale simultaneamente como comunicação à CAM de que vai proceder à actualização da renda (art. 7.º do DL 156/2006 de 8/8). Ver condições do campo anterior.
Campo 16	Data da comunicação ao arrendatário do aumento da renda	Indique a data de comunicação ao arrendatário do aumento da renda (dd/mm/aaaa) — a) a data de assinatura do aviso de recepção (art. 9.º/1 e n.º 2 do art. 34.º da Lei 6/2006, de 27/2); b) em caso de devolução da primeira e segunda cartas, deve indicar a data do 10.º dia posterior ao envio da segunda carta registada com aviso de recepção (art. 10.º/3 e 4 da Lei 6/2006, de 27/2).
Campo 17	Valor da Renda Cessante	Indique o valor da última renda mensal do locado antes do início do processo de actualização.
Campo 18	Valor da Renda Nova	Indique o valor da renda mensal actualizada nos termos do NRAU, no decurso do 1.º ano.
Campo 19	Período de Faseamento	Indicar o período de faseamento de actualização do valor da renda. Tratando-se de prédio habitacional os períodos são de 2, 5 ou 10 anos. Caso o senhorio não comunique atempadamente o período de faseamento, será aplicado um período de 5 anos. (art. 42.º da Lei 6/2006 de 27/2). Tratando-se de prédio não habitacional os períodos são de 0 (actualização imediata), 5 ou 10 anos (art. 53.º e 55.º da Lei 6/2006, de 27/2).
Campo 20	Não Actualização	Indicar, colocando um X no respectivo quadrado, se desistiu do processo de actualização do valor da renda. (art. 42.º da Lei 6/2006 de 27/2).
Quadro III	Pedidos e comunicações do arrendatário/transmissário	Este quadro destina-se ao arrendatário requerer ou comunicar às entidades públicas envolvidas no processo de actualização do valor da renda um conjunto de procedimentos e de informações necessárias ao processo.
Campo 21	Avaliação Fiscal do Imóvel	Indicar, colocando um X no respectivo quadrado, se pretende requerer a avaliação fiscal do bem locado nos termos das regras do CIMI.
Campo 22	RABC	Indicar, colocando um X no respectivo quadrado, se pretende obter o comprovativo de que o agregado familiar do arrendatário tem um Rendimento Anual Bruto Corrigido (RABC) superior ou inferior a 3 ou 5 RMNA (ver quadro IV).

854

Portaria n.º 1192-A/2006, de 3 de Novembro

7708-(8)

Diário da República, 1.ª série — N.º 212 — 3 de Novembro de 2006

QUADRO / CAMPO	DENOMINAÇÃO	EXPLICAÇÃO
Campo 23	Nível de Conservação	Indicar, colocando um X no respectivo quadrado, se pretende requerer o nível de conservação do prédio locado (alínea b) do n.º 1 do art. 2.º do DL 156/2006 de 8/8).
Campo 24	Comprovativo de Microempresa	Indicar, colocando um X no respectivo quadrado, se pretende comprovativo de que o arrendatário é uma microempresa. Aplicável nas situações em que o arrendatário é uma pessoa colectiva.
Campo 25	Denúncia do Contrato	Caso o arrendatário denuncie o contrato de arrendamento, indicar o facto, colocando um X no respectivo quadrado (n.º 5 do art. 37.º da Lei 6/2006 de 27/2).
Quadro IV	Identificação do arrendatário, do seu agregado familiar e das pessoas que com ele vivam em comunhão de habitação, há mais de um ano	Este quadro destina-se a ser preenchimento pelo senhorio e pelo arrendatário caso solicitem comprovativo do RABC do ano civil anterior. Se o senhorio requereu, no campo 11, comprovativo do RABC do agregado familiar do arrendatário, deverá identificar o arrendatário, os membros do seu agregado familiar que, em cada ano, com ele vivam em comunhão de habitação e as pessoas que vivam em comunhão de habitação há mais de um ano com o arrendatário. Se o não fizer, o comprovativo do RABC será feito em função dos elementos fiscais do arrendatário, não sendo por isso obrigatório o seu preenchimento. Caso o arrendatário tenha solicitado, no campo 22, comprovativo do RABC, o seu preenchimento é obrigatório. Face ao disposto nos arts. 2.º e 5.º do DL 158/2006, de 8/8, deverá identificar nos campos 26 a 85: **(1)** O Arrendatário; **(2)** O Cônjuge separado ou não judicialmente de pessoas e bens e o ex-cônjuge no caso de declaração de nulidade, anulação ou dissolução do casamento; **(3)** A Pessoa que com o arrendatário viva em união de facto há mais de dois anos, com residência no locado; **(4)** O(s) Ascendente(s) do arrendatário, do seu cônjuge, de pessoa que com ele viva em união de facto há mais de dois anos e das pessoas identificadas em 6); **(5)** Os filhos, adoptados e enteados menores não emancipados, bem como os menores sob tutela; Os filhos, adoptados e enteados maiores, bem como aqueles que até à maioridade estiveram sujeitos à tutela de qualquer dos sujeitos a quem incumbe a direcção do agregado familiar, que, não tendo mais de 25 anos e não auferindo anualmente rendimentos superiores à retribuição mínima mensal garantida, frequentem o 11.º ou 12.º ano de escolaridade ou estabelecimento de ensino médio ou superior; Os filhos, adoptados, enteados e os sujeitos a tutela, maiores, inaptos para o trabalho e para angariar meios de subsistência, quando não auferam rendimentos superiores à retribuição mínima mensal garantida, desde que, em qualquer dos casos, estejam a cargo das pessoas identificadas em 1, 2, 3, 4 e 6; **(6)** Outras pessoas não especificamente identificadas nos pontos anteriores e que vivam em comunhão de habitação com o arrendatário há mais de um ano.
Campos 26 a 85	NIF / Nome / Data de Nascimento / Relação de Parentesco / Inaptos para o trabalho / Grau de Incapacidade	Inscrever o NIF, o nome, a data de nascimento (dd/mm/aaaa) e a relação de parentesco dos membros do agregado familiar. Para inscrever a relação de parentesco utilize os códigos constantes do quadro anterior e que se encontram a *negrito*. Ex. Arrendatário 1; Cônjuge 2; Filho 5, etc. Se alguma das pessoas anteriormente identificadas forem inaptas para o trabalho ou tiver um grau de incapacidade igual ou superior a 60% indique esse facto colocando um X nos respectivos quadrados. A indicação do NIF é obrigatória excepto quanto aos membros identificados com o código 5, se o não tiverem.
Quadro V	Pedido de subsídio de renda por parte do arrendatário / transmissário	Este quadro e os seus campos destinam-se a ser preenchidos pelo arrendatário caso solicite subsídio de renda, sendo aplicável apenas aos arrendamentos habitacionais. São condições para a atribuição do subsídio de renda as constantes do art. 6.º, n.º s 4 e 5 do art. 7.º e arts. 8.º a 11.º do DL 158/2006 de 8/8.
Quadro V - A	Pedidos do arrendatário	Este quadro destina-se a requerer o subsídio de renda, a identificar o N.º de Identificação da Seg. Social e o N.º de Identificação Bancária, caso queira que o pagamento do subsídio se faça por transferência bancária. Em alternativa, pode indicar o pagamento por vale postal.
Campo 86	Subsídio de Renda	Indicar, colocando um X no respectivo quadrado, se requer a atribuição do subsídio de renda.
Campo 87	N.º de Identificação da Segurança Social	Identifique o N.º de Identificação da Segurança Social (NISS) do arrendatário.
Campo 88	N.º de Identificação Bancária	Indique o N.º de Identificação Bancária. (NIB) (n.º 3 do art. 12.º do DL 158/2006 de 8/8).
Campo 89	Pagamento por Vale Postal	Caso opte pelo pagamento por vale postal, indique essa opção colocando um X no respectivo quadrado.
Quadro V - B	Comunicações do arrendatário	Este quadro e os seus campos destinam-se a ser preenchidos pelo arrendatário caso altere qualquer dos pressupostos que determinaram a atribuição do subsídio. A obrigação de comunicação deve ser cumprida no prazo de 15 dias, a contar da data da ocorrência dos factos, nos serviços de segurança social da área da sua residência (art. 14.º do DL 158/2006 de 8/8).
Campo 90	Alteração do Nível de Rendimentos	Caso tenha havido uma alteração do nível de rendimentos igual ou superior a 5%, indique esse facto colocando um X no respectivo quadrado.
Campo 91	Alteração Composição Agregado Familiar	Caso tenha havido uma alteração na composição do agregado familiar indique esse facto colocando um X no respectivo quadrado e preencha o quadro IV.
Campo 92	Alteração dos Factores de Correcção do RABC	Caso tenha havido uma alteração dos factores de correcção do RABC, indique esse facto colocando um X no respectivo quadrado e preencha o quadro IV.
Campo 93	Falecimento do Titular do Subsídio de Renda	Caso tenha ocorrido a morte do titular do subsídio de renda, o sucessor comunica esse facto, colocando um X no respectivo quadrado. Caso reúna os pressupostos para a manutenção do subsídio de renda, deve solicitá-la através do preenchimento do quadro IV (n.º 4 do art. 14.º do DL 158/2006 de 8/8).
Quadro V - C	Declarações do arrendatário	Este quadro compreende um conjunto de declarações de compromisso de honra necessário à atribuição e manutenção do subsídio. Para o efeito o arrendatário deverá colocar um X nos respectivos quadrados (alíneas b) e c), do n.º 1, do art. 8.º e n.º 1, do art. 14. º n.º 1 do DL n.º 158/2006, de 8/8).
Quadro V - D	Autorizações do arrendatário	Mediante a colocação de um X no respectivo quadrado, o arrendatário, os membros do seu agregado familiar e as pessoas que com ele vivam em comunhão de habitação, autorizam o INH a aceder à informação fiscal e à informação das entidades processadoras de pensões. A atribuição, renovação ou manutenção do subsídio de renda depende da presente autorização, sendo o mesmo rejeitado caso a mesma não seja emitida. (n.º s 4 e 5 do art. 7.º do DL n.º 158/2006, de 8/8).
Quadro VI	Encerramento do Modelo	Se o declarante não for o senhorio ou o arrendatário, deverá indicar o nome e o respectivo NIF, juntando ao modelo instrumento que lhe confira os poderes necessários para o efeito.
Quadro VII	Para Uso do Serviço Receptor	Este quadro destina-se ao Serviço Público que recepcionar o modelo, devendo no campo 96 identificar-se o serviço mediante os seguintes códigos: 1 Serviço de Finanças; 2 CAM; 3 Municípios e 4 - Serviços da Segurança Social e no campo 97 o n.º do processo, a ser dado pelo sistema informático.

855

PORTARIA N.º 1192-B/2006, DE 3 DE NOVEMBRO

FICHA DE AVALIAÇÃO
PARA DETERMINAÇÃO DO NÍVEL DE CONSERVAÇÃO
DE IMÓVEIS LOCADOS

O Decreto-Lei n.º 156/2006, de 8 de Agosto, integra a regulamentação da Lei n.º 6/2006, de 27 de Fevereiro, a qual aprovou o Novo Regime do Arrendamento Urbano (NRAU), e estabelece o modo de fixação do nível de conservação dos imóveis locados. O n.º 2 do artigo 1.º do referido decreto-lei prevê a posterior regulamentação dos elementos do locado a avaliar para determinar o nível de conservação, os critérios dessa avaliação e a respectiva forma de cálculo, determinados de acordo com o método de avaliação do estado de conservação dos edifícios (MAEC), e ainda os procedimentos necessários à execução do legalmente previsto, objecto essencial da presente portaria.

No quadro da elaboração do NRAU, o Laboratório Nacional de Engenharia Civil (LNEC) concebeu o método de avaliação do estado da conservação de edifícios (MAEC) que visa determinar com rigor, objectividade e transparência o estado de conservação de edifícios e a existência de infra-estruturas básicas.

Com efeito, neste método o rigor revela-se nos procedimentos que permitem avaliar com pormenor as condições do edifício observadas durante a vistoria, enquanto a objectividade é a orientadora das regras claras e predefinidas, sendo os resultados tão independentes quanto possível do técnico que as aplica. E o facto de o processo e o resultado poderem ser facilmente compreendidos por todos os intervenientes envolvidos assegura a transparência.

Parte III – Legislação Complementar ao NRAU

De salientar que o estado de conservação é avaliado relativamente às condições que o edifício proporcionava quando foi construído ou quando sofreu a última intervenção profunda, não sendo exigível uma avaliação do nível de qualidade proporcionado pelo edifício face às actuais exigências, como sejam as relativas à segurança estrutural face a acção de um sismo ou ao isolamento térmico proporcionado pela envolvente, entre outros critérios.

Assim, a presente portaria aprova a ficha de avaliação que integra os elementos do locado relevantes para a determinação do nível de conservação, observados durante a vistoria que o técnico efectua presencialmente.

O nível de conservação é solicitado pelo senhorio ou arrendatário às comissões arbitrais municipais (CAM), através do preenchimento e da entrega do modelo único simplificado aprovado pela Portaria n.º 1192-A/2006, de 3 de Novembro, tendo em vista assegurar que as diligências relativas à marcação e realização da vistoria, preenchimento da ficha de avaliação e determinação do nível de conservação pelo técnico, e a definição do coeficiente de conservação pela CAM, sejam efectuadas de acordo com o Programa SIMPLEX, através da desmaterialização dos procedimentos, da comunicação em rede entre os serviços da Administração Pública envolvidos, contribuindo para o desenvolvimento do Plano Tecnológico e para a redução dos custos de contexto.

A presente portaria regula ainda a remuneração devida aos árbitros das CAM.

No prazo de 30 dias a contar da entrada em vigor da presente portaria, os procedimentos serão totalmente desmaterializados, através da disponibilização no endereço na Internet www.portaldahabitacao.pt/ nrau de todas as funcionalidades necessárias aos senhorios, aos arrendatários, aos engenheiros, aos arquitectos, aos engenheiros técnicos e aos serviços da Administração Pública, no âmbito do NRAU. Com efeito, os procedimentos relativos à execução do NRAU serão efectuados através de uma plataforma de integração online, *gerida pelo Instituto Nacional de Habitação (INH), pela qual se assegurará a disponibilização das fichas de avaliação, para* download *pelos técnicos designados, a imediata recepção de pedidos e comunicações, o seu célere tratamento pelas várias entidades participantes, a comunicação interna pelos serviços da Administração Pública, entre estes e os cidadãos e empresas, e entre as*

Portaria n.º 1192-B/2006, de 3 de Novembro

CAM, os municípios e os técnicos designados para proceder às avaliações previstas na presente portaria.

A desmaterialização dos procedimentos permitida pela plataforma de integração online *é essencial à avaliação da execução do NRAU e legislação complementar, a realizar no futuro Observatório da Habitação e da Reabilitação Urbana.*

Foram ouvidas a Associação Nacional dos Municípios Portugueses, a Ordem dos Engenheiros, a Ordem dos Arquitectos e a Associação Nacional dos Engenheiros Técnicos.

Assim:

Manda o Governo, pelos Ministros de Estado e da Administração Interna, de Estado e das Finanças, do Ambiente, do Ordenamento do Território e do Desenvolvimento Regional e das Obras Públicas, Transportes e Comunicações, ao abrigo do disposto na Lei n.º 6/2006, de 27 de Fevereiro, que aprova o NRAU, e dos Decretos-Leis n.ᵒˢ 156/2006, 157/ /2006 e 161/2006, todos de 8 de Agosto, o seguinte:

SECÇÃO I
Disposições gerais

ARTIGO 1.º
Objecto

1. A presente portaria aprova a ficha de avaliação, publicada em anexo, a qual integra os elementos do locado relevantes para a determinação do nível de conservação, nos termos do n.º 2 do artigo 33.º da Lei n.º 6/2006, de 27 de Fevereiro, que aprovou o Novo Regime do Arrendamento Urbano (NRAU), determinados de acordo com o método de avaliação do estado de conservação dos edifícios (MAEC).

2. São ainda regulados na presente portaria os critérios de avaliação e as regras necessárias à determinação do nível de conservação, ao abrigo do disposto no n.º 2 do artigo 1.º do Decreto-Lei n.º 156/2006, de 8 de Agosto, e do coeficiente de conservação previsto na alínea *c*) do n.º 1 do artigo 49.º do NRAU e no artigo 15.º do Decreto-Lei n.º 161/2006, de 8 de Agosto.

Parte III – Legislação Complementar ao NRAU

3. A presente portaria regula ainda a remuneração devida aos árbitros das comissões arbitrais municipais.

SECÇÃO II
Determinação do nível de conservação

ARTIGO 2.º
Ficha de avaliação

1. A ficha de avaliação integra os elementos do locado a avaliar tendo em vista a determinação do nível de conservação, nos termos da tabela constante do n.º 2 do artigo 5.º do Decreto-Lei n.º 156/2006, de 8 de Agosto, que reflecte o estado de conservação do locado e a existência de infra-estruturas básicas.

2. O preenchimento da ficha de avaliação é feito através de vistoria a realizar pelo técnico designado, em obediência às instruções de aplicação do MAEC, publicadas no endereço disponível na Internet www.portaldahabitacao.pt/nrau.

3. O nível de conservação é determinado com base na inspecção das anomalias visíveis à data da vistoria, segundo os critérios e as regras de avaliação constantes dos artigos seguintes.

ARTIGO 3.º
Critérios gerais de avaliação

1. A avaliação do nível de anomalia que afecta cada elemento funcional é realizada através da conjugação dos quatro critérios seguintes:
   a) Consequência da anomalia na satisfação das exigências funcionais;
   b) Tipo e extensão do trabalho necessário para a correcção da anomalia;
   c) Relevância dos locais afectados pela anomalia;
   d) Existência de alternativa para o espaço ou equipamento afectado.

Portaria n.º 1192-B/2006, de 3 de Novembro

2. A pontuação obtida por cada elemento funcional é calculada pelo produto entre o número de pontos associado a cada nível de anomalia e a ponderação atribuída ao elemento funcional.

3. Apenas são avaliados os níveis de anomalias dos elementos funcionais cujo uso beneficie directamente o locado, cujas anomalias possam afectar o locado e que sejam da responsabilidade do proprietário.

4. Tratando-se de avaliação da totalidade do prédio, nos termos do artigo 10.º, não se aplica o disposto no número anterior quanto à relação entre o elemento funcional e o locado.

ARTIGO 4.º
Níveis de anomalia

Os critérios previstos nas alíneas *a*) e *b*) do n.º 1 do artigo anterior referem-se à gravidade da anomalia, cuja aplicação corresponde aos seguintes níveis de anomalia:

a) Anomalias muito ligeiras: ausência de anomalias, ou anomalias sem significado;

b) Anomalias ligeiras: anomalias que prejudicam o aspecto e que requerem trabalhos de limpeza, substituição ou reparação de fácil execução;

c) Anomalias médias:
  i) Anomalias que prejudicam o aspecto e que requerem trabalhos de correcção de difícil execução;
  ii) Anomalias que prejudicam o uso e conforto e que requerem trabalhos de correcção de fácil execução;

d) Anomalias graves:
  i) Anomalias que prejudicam o uso e conforto e que requerem trabalhos de correcção de difícil execução;
  ii) anomalias que colocam em risco a saúde e a segurança, podendo motivar acidentes sem grande gravidade, e que requerem trabalhos de correcção de fácil execução;

e) Anomalias muito graves:
  i) Anomalias que colocam em risco a saúde e a segurança, podendo motivar acidentes sem grande gravidade, e que requerem trabalhos de correcção de difícil execução;

Parte III – Legislação Complementar ao NRAU

ii) Anomalias que colocam em risco a saúde e a segurança, podendo motivar acidentes graves ou muito graves;

iii) Ausência ou inoperacionalidade de infra-estrutura básica.

ARTIGO 5.º
Locais afectados pela anomalia e existência de alternativas

1. Os critérios previstos nas alíneas *c)* e *d)* do n.º 1 do artigo 3.º referem-se aos locais afectados pela anomalia e são aplicados do seguinte modo:

a) Se as anomalias mais graves afectarem a parte principal do locado, prevalece esse nível de anomalia;

b) Se as anomalias mais graves afectarem a parte secundária do locado, é calculada uma média entre o nível de anomalia da parte principal e da parte secundária, atribuindo uma importância menor às partes secundárias;

c) Se as anomalias estiverem situadas nas partes comuns, são avaliadas na medida em que afectem o locado em apreciação;

d) Se a anomalia afectar um equipamento ou instalação para o qual exista uma alternativa com condições equivalentes de utilização, é calculada a média do nível de anomalia desses equipamentos ou instalações.

2. Para efeitos de aplicação dos critérios referidos no número anterior, considera-se como parte principal o conjunto de espaços onde se desenvolvem as funções dominantes do locado e como parte secundária o conjunto de espaços onde se desenvolvem as funções acessórias do locado.

ARTIGO 6.º
Fórmula de cálculo

1. O índice de anomalias é obtido pelo quociente entre o total das pontuações e o total das ponderações atribuídas aos elementos funcionais aplicáveis, sendo o valor obtido aproximado com duas casas decimais.

2. O estado de conservação do locado é determinado através da aplicação das regras enunciadas nos números seguintes.

Portaria n.º 1192-B/2006, de 3 de Novembro

3. O índice de anomalias do locado é classificado segundo a escala constante da seguinte tabela:

Nível de anomalia	Muito ligeiras	Ligeiras	Médias	Graves	Muito graves
Índice de anomalias	5,00≥IA≥4,50	4,50>IA≥3,50	3,50≥IA≥2,50	2,50≥IA≥1,50	1,50≥IA≥1,00
Estado de conservação	Excelente	Bom	Médio	Mau	Péssimo
Nível de conservação	5	4	3	2	1

4. Não devem existir elementos funcionais de ponderação três, quatro, cinco ou seis cujo estado de conservação, determinado aplicando o respectivo nível de anomalia à escala utilizada na regra prevista no n.º 3, seja inferior em mais de uma unidade ao estado de conservação do locado.

5. Se a condição prevista no número anterior não for satisfeita, o estado de conservação do locado deve ser reduzido para o nível imediatamente superior ao estado de conservação do elemento funcional de ponderação três, quatro, cinco ou seis em pior estado.

6. Não devem existir elementos funcionais de ponderação um ou dois cujo estado de conservação, determinado aplicando o respectivo nível de anomalia à escala utilizada na regra prevista no n.º 3, seja inferior em mais de duas unidades ao estado de conservação do locado.

7. Se a condição prevista no número anterior não for satisfeita, o estado de conservação do locado deve ser reduzido para o nível superior em duas unidades ao estado de conservação do elemento funcional de ponderação um ou dois em pior estado.

ARTIGO 7.º
Vistoria

1. A CAM indica o local a vistoriar ao técnico sorteado para a realização da vistoria, ao abrigo do disposto no n.º 1 do artigo 4.º do Decreto-Lei n.º 156/2006, de 8 de Agosto.

2. Nos três dias subsequentes à informação prevista no número anterior, o técnico sorteado indica à CAM, em alternativa:

a) A data e a hora da realização da vistoria, a qual deve realizar-se dentro dos 40 dias subsequentes;

b) O motivo do seu impedimento, nos termos do n.º 2 do artigo 4.º do Decreto-Lei n.º 156/2006, de 8 de Agosto, caso em que é sorteado outro técnico.

3. No caso referido na alínea *a)* do número anterior, a CAM comunica, por via postal registada, a data e a hora da realização da vistoria ao arrendatário e ao senhorio, e informa este último dos documentos necessários à realização daquela.

4. Se a carta dirigida ao arrendatário vier devolvida, é enviada nova carta decorridos 30 dias e, se esta voltar a ser devolvida, considera-se a comunicação recebida no 10.º dia posterior ao do seu envio.

5. Se o arrendatário, por si ou através de terceiro, não puder facultar o acesso ao locado para efeitos de realização da vistoria, indica à CAM uma data alternativa que não pode distar mais de 30 dias da data inicial, nos termos do n.º 2 do artigo 36.º do NRAU, sendo comunicada pela CAM ao técnico.

6. Podem assistir à vistoria, fazer-se representar ou ser acompanhadas por indivíduo cuja presença seja permitida pelo arrendatário, as seguintes pessoas:
a) O arrendatário;
b) O senhorio;
c) Os titulares de direitos reais sobre o locado;
d) O administrador do condomínio, mas apenas em relação às partes comuns do edifício.

7. No caso de não ser facultado o acesso ao locado, ou a uma parte dele, o técnico preenche a ficha de avaliação da forma seguinte:
a) Em relação aos elementos funcionais que puder avaliar, aplica as regras constantes dos artigos 3.º a 5.º;
b) Em relação aos elementos funcionais que não puder avaliar, assinala a existência do nível de anomalia «anomalias ligeiras»;
c) Indica os elementos que não pôde avaliar.

8. Pode ser apresentada justificação para a falta de acesso, no prazo de cinco dias a contar da vistoria ou da cessação do impedimento invocado e acompanhada dos meios de prova existentes, que será considerada aceite desde que a CAM a não rejeite no prazo de cinco dias a contar do seu recebimento.

Portaria n.º 1192-B/2006, de 3 de Novembro

9. No caso previsto no número anterior, e sendo aceite a justificação, o técnico marca nova data para a vistoria dos elementos funcionais não avaliados anteriormente.

10. A ficha de avaliação é entregue pelo técnico à CAM nos três dias subsequentes à realização da vistoria ou do esgotamento do prazo previsto no n.º 3 do artigo seguinte, considerando-se recebida na data em que seja submetida, sem anomalias informáticas, no endereço disponível na Internet www.portaldahabitacao.pt/nrau.

ARTIGO 8.º
Documentos a apresentar pelo senhorio

1. Recebida a comunicação prevista no n.º 3 do artigo anterior, o senhorio apresenta os certificados de inspecção de instalações de gás, ou de electricidade, se obrigatório, em alternativa:

a) Junto da CAM, com antecedência não inferior a cinco dias relativamente à data da vistoria;

b) Ao técnico, na data e hora de realização da vistoria.

2. Se o senhorio não puder apresentar os documentos, por estes se encontrarem em poder da administração do condomínio, solicita à CAM a notificação desta administração para proceder à sua apresentação no momento da vistoria.

3. A falta de apresentação dos documentos referidos neste preceito equivale à inexistência dos mesmos, salvo se o senhorio, no momento da vistoria, protestar juntá-los e os enviar à CAM nos oito dias subsequentes.

ARTIGO 9.º
Afirmações das partes

1. O arrendatário que entenda que o estado de conservação do edifício se deve a obras efectuadas por si, para os efeitos previstos nas alíneas *a)* e *c)* do n.º 2 do artigo 15.º do Decreto-Lei n.º 161/2006, de 8 de Agosto, comunica esse facto ao técnico, o qual anota quais as obras que o arrendatário se arroga.

Parte III – Legislação Complementar ao NRAU

2. O procedimento previsto no número anterior aplica-se igualmente quando o senhorio entenda que o estado de degradação do edifício se deve a actuação ilícita do arrendatário, ou a falta de manutenção por este quando o dever de manutenção lhe assistisse, para os efeitos previstos na alínea *b*) do n.º 2 do artigo 15.º do Decreto-Lei n.º 161/2006, de 8 de Agosto.

3. Estando presente a outra parte, esta deve pronunciar-se sobre a veracidade do afirmado, o que é igualmente anotado, sendo havidas como verdadeiras as afirmações que não forem contestadas.

4. Havendo contestação, as partes apresentam à CAM as provas documentais de que dispuserem, no prazo de cinco dias.

ARTIGO 10.º
Avaliação da totalidade do prédio

1. Se o edifício onde se situa o locado for constituído por duas ou mais unidades e o senhorio pretender invocar a circunstância de o prédio ter sofrido obras de reabilitação nos três anos antes de proceder à actualização da renda, ao abrigo do artigo 27.º do Decreto-Lei n.º 157//2006, de 8 de Agosto, a avaliação do nível de conservação deve ainda considerar e calcular, autonomamente, o nível de conservação aplicável aos elementos funcionais 1 a 17 da ficha de avaliação.

2. O cálculo da avaliação destes elementos funcionais faz-se após a avaliação global e segue as mesmas regras.

3. Considera-se que a totalidade do prédio onde se situa o locado tem nível de conservação bom ou excelente desde que, cumulativamente:
    a) A ficha de avaliação do locado tenha como resultado nível Bom ou Excelente;
    b) O nível de conservação aplicável aos elementos funcionais 1 a 17 de cada ficha de avaliação seja Bom ou Excelente.

4. Se o arrendamento for para fim não habitacional e a conservação do locado couber, contratualmente, ao arrendatário, não se aplica a alínea *a*) do número anterior.

Portaria n.º 1192-B/2006, de 3 de Novembro

5. Se o prédio estiver em regime de propriedade horizontal, valem como obras realizadas pelo senhorio as que tiverem sido feitas pelo condomínio.

6. Se o prédio não estiver em regime de propriedade horizontal, o senhorio só pode pedir a avaliação da totalidade do prédio quando peça simultaneamente a avaliação do estado de conservação de todas as unidades do edifício com contratos de arrendamento anteriores à entrada em vigor do Decreto-Lei n.º 321-B/90, de 15 de Outubro.

7. No caso previsto no número anterior, a faculdade prevista no artigo 27.º do Decreto-Lei n.º 157/2006, de 8 de Agosto, só pode ser exercida em relação à totalidade das unidades aí referidas.

8. A avaliação da totalidade do prédio não vale como avaliação do locado no caso de o resultado não permitir o recurso à faculdade prevista no artigo 27.º do Decreto-Lei n.º 157/2006, de 8 de Agosto, devendo o senhorio solicitar nova vistoria quando pretenda proceder à actualização da renda ao abrigo do regime geral.

ARTIGO 11.º
Vistoria única para duas avaliações

Se relativamente ao mesmo local forem simultaneamente requeridas a avaliação fiscal e a determinação do nível de conservação, a CAM pode deliberar, mediante voto favorável do representante do serviço local de finanças, que ambas as vistorias na mesma data sejam efectuadas pelo perito local referido no artigo 63.º do Código do Imposto Municipal sobre Imóveis, desde que pelo sistema informático da aplicação de gestão das avaliações da Direcção-Geral dos Impostos lhe seja atribuída a ficha para avaliação fiscal do locado, o referido perito integre a lista dos técnicos da CAM e não se coloque em causa o carácter aleatório da designação do técnico.

Parte III – Legislação Complementar ao NRAU

SECÇÃO III
Técnicos

ARTIGO 12.º
Qualificações dos técnicos

1. A vistoria para a determinação do nível de conservação dos edifícios é realizada por arquitecto ou engenheiro inscrito na respectiva ordem profissional, ou por engenheiro técnico inscrito na Associação Nacional dos Engenheiros Técnicos (ANET).

2. Quando as CAM entendam que o número de arquitectos e engenheiros inscritos não é suficiente, a determinação do nível de conservação pode ser feita por engenheiro técnico.

3. No caso referido no número anterior, a CAM solicita à ANET o fornecimento de uma lista de técnicos.

4. Os técnicos a que se referem os números anteriores devem estar devidamente habilitados com formação acreditada na aplicação do MAEC.

5. O técnico que pretenda deixar de integrar a lista da CAM ou ser reintegrado, pode fazê-lo, a qualquer momento, através de mera comunicação à CAM.

ARTIGO 13.º
Remuneração dos técnicos

1. A remuneração dos técnicos é efectuada em função do número de vistorias realizadas e constitui encargo municipal.

2. Se a assembleia municipal não fixar outro montante, a remuneração prevista no número anterior é fixada em três quartos da unidade de conta (UC), tal como definida no n.º 2 do artigo 5.º do Decreto-Lei n.º 212/89, de 30 de Junho, por cada vistoria realizada para determinação do nível de conservação, sendo reduzida a um quarto de UC quando se trate da avaliação de várias unidades de um mesmo edifício, para cada unidade adicional à primeira.

Portaria n.º 1192-B/2006, de 3 de Novembro

SECÇÃO IV
Determinação do coeficiente de conservação

ARTIGO 14.º
Determinação do coeficiente de conservação pela CAM

1. Não constando da ficha de avaliação qualquer afirmação das partes, nos termos previstos no artigo 9.º, a CAM atribui ao locado, no prazo de oito dias a contar da recepção da ficha, o coeficiente de conservação correspondente ao nível de conservação, nos termos do n.º 1 do artigo 33.º do NRAU.

2. Constando da ficha de avaliação afirmação de alguma parte, nos termos previstos no artigo 9.º, a CAM atribui ao locado, no prazo de 30 dias a contar da recepção da ficha e com base nas provas de que dispuser, o coeficiente de conservação determinado de acordo com o previsto no n.º 2 do artigo 15.º do Decreto-Lei n.º 161/2006, de 8 de Agosto.

3. Inscrito o coeficiente de conservação na ficha de avaliação, a CAM procede ao seu envio ao senhorio e ao arrendatário, no prazo máximo de três dias.

ARTIGO 15.º
Reclamação do coeficiente de conservação

1. Recebido o resultado da avaliação, o arrendatário e o senhorio podem, no prazo de oito dias, com base na alínea *a)* do n.º 1 do artigo 17.º do Decreto-Lei n.º 161/2006, de 8 de Agosto, reclamar da determinação do coeficiente de conservação, com os seguintes fundamentos:

a) Discordância do nível de conservação que lhe serviu de base; e ou

b) Errada aplicação do disposto no n.º 2 do artigo 15.º do Decreto-Lei n.º 161/2006, de 8 de Agosto.

2. No caso previsto na alínea *a)* do número anterior é efectuada nova vistoria por dois técnicos em conjunto, não se repetindo o procedimento previsto no artigo 9.º.

Parte III – Legislação Complementar ao NRAU

3. Em caso de desacordo entre os dois técnicos, vale o nível de conservação que corresponder ao obtido na vistoria inicial, se for coincidente com um dos novos resultados, ou o estado intermédio entre os três resultados, se o não for.

4. No caso previsto na alínea *b*) do n.º 1 segue-se o procedimento previsto no artigo 18.º do Decreto-Lei n.º 161/2006, de 8 de Agosto.

5. Decorrido o prazo previsto no n.º 1 a avaliação do nível de conservação e a determinação do coeficiente de conservação tornam-se definitivas.

6. No caso de indeferimento da reclamação do arrendatário, este é obrigado a pagar ao senhorio, em conjunto com o pagamento da primeira renda actualizada, o montante correspondente à diferença entre a renda entretanto paga e a renda actualizada que seria devida durante o tempo que distou entre a reclamação e a decisão final.

SECÇÃO V
Árbitros

ARTIGO 16.º
Remuneração dos árbitros das CAM

1. A remuneração dos árbitros é efectuada em função do número de processos que têm de decidir, ao abrigo do disposto nos artigos 17.º e 18.º do Decreto-Lei n.º 161/2006, de 8 de Agosto, e constitui encargo municipal.

2. Se a assembleia municipal não fixar outro montante, a remuneração prevista no número anterior é fixada em três quartos da UC.

Portaria n.º 1192-B/2006, de 3 de Novembro

SECÇÃO VI
Disposições finais e transitórias

ARTIGO 17.º
Comunicações electrónicas e tratamento de dados

1. As comunicações e procedimentos previstos na presente portaria efectuados pelos arrendatários e senhorios podem ser realizados através do endereço disponível na Internet www.portaldahabitacao.pt/nrau, disponível no prazo de 30 dias a contar da data de publicação da presente portaria.

2. Qualquer comunicação entre os serviços de finanças, os serviços de segurança social, as CAM, os municípios e os técnicos que avaliam o nível de conservação dos edifícios é realizada através da plataforma de integração *online*, gerida pelo INH, disponível no endereço da Internet www.portaldahabitacao.pt/nrau.

3. Podem ser celebrados protocolos entre o INH e as várias entidades com participação na plataforma de integração *online* tendo em vista a aplicação do NRAU, da respectiva legislação complementar e ainda a definição dos procedimentos administrativos de comunicação de dados.

4. O tratamento dos dados resultante do disposto na presente portaria obedece ao disposto na legislação vigente aplicável.

ARTIGO 18.º
Requerimento

1. A determinação do nível de conservação é requerida mediante o preenchimento e a entrega do modelo único simplificado aprovado pela Portaria n.º 1192-A/2006, de 3 de Novembro.

2. O requerimento de nova determinação do nível de conservação durante o prazo de validade de determinação anterior, previsto no n.º 4 do artigo 15.º do Decreto-Lei n.º 161/2006, de 8 de Agosto, só é admissível quando se tenham realizado obras no edifício desde a última avaliação.

Parte III – Legislação Complementar ao NRAU

3. Só é admissível a desistência de um pedido de determinação do nível e do coeficiente de conservação quando esse pedido não tenha sido satisfeito no prazo de seis meses a contar da data de entrega do requerimento e o senhorio recorra à faculdade prevista no artigo 7.º do Decreto--Lei n.º 156/2006, de 8 de Agosto.

ARTIGO 19.º
Norma transitória

Durante o primeiro ano de vigência desta portaria, podem realizar vistorias técnicos sem a formação acreditada na aplicação do MAEC exigida no artigo 12.º, desde que inscritos nas respectivas ordens ou associações profissionais, e com experiência profissional não inferior a cinco anos, incluindo o tempo de estágio.

ARTIGO 20.º
Entrada em vigor

A presente portaria entra em vigor no dia seguinte ao da sua publicação.

Portaria n.º 1192-B/2006, de 3 de Novembro

7708-(14)

Diário da República, 1.ª série — N.º 212 — 3 de Novembro de 2006

□nrau

NRAU – NOVO REGIME DE ARRENDAMENTO URBANO
Ficha de avaliação do nível de conservação de edifícios
(Portaria n.º 1192-B/2006, de 3 de Novembro)

código do técnico	número da ficha

A. IDENTIFICAÇÃO

Rua/Av./Pc.: ....

Número: .... Andar: .... Localidade: .... Código postal: .... -.......... ....

Distrito: .... Concelho: .... Freguesia: ....

Artigo matricial: .... Fracção: .... Código SIG (facultativo): ....

B. CARACTERIZAÇÃO

N.º de pisos do edifício	N.º de unidades do edifício	Época de construção	Tipologia estrutural	N.º de divisões da unidade	Uso da unidade
I__I__I	I__I__I			I__I__I	

C. ANOMALIAS DE ELEMENTOS FUNCIONAIS

	Muito ligeiras (5)	Ligeiras (4)	Médias (3)	Graves (2)	Muito graves (1)	Não se aplica	Ponderação	Pontuação
Edifício								
1. Estrutura	□	□	□	□	□		x 6 =	_____
2. Cobertura	□	□	□	□	□		x 5 =	_____
3. Elementos salientes	□	□	□	□	□	□	x 3 =	_____
Outras partes comuns								
4. Paredes	□	□	□	□	□	□	x 3 =	_____
5. Revestimentos de pavimentos	□	□	□	□	□	□	x 2 =	_____
6. Tectos	□	□	□	□	□	□	x 2 =	_____
7. Escadas	□	□	□	□	□	□	x 3 =	_____
8. Caixilharia e portas	□	□	□	□	□	□	x 2 =	_____
9. Dispositivos de protecção contra queda	□	□	□	□	□	□	x 3 =	_____
10. Instalação de distribuição de água	□	□	□	□	□	□	x 1 =	_____
11. Instalação de drenagem de águas residuais	□	□	□	□	□	□	x 1 =	_____
12. Instalação de gás	□	□	□	□	□	□	x 1 =	_____
13. Instalação eléctrica e de iluminação	□	□	□	□	□	□	x 1 =	_____
14. Instalações de telecomunicações e contra a intrusão	□	□	□	□	□	□	x 1 =	_____
15. Instalação de ascensores	□	□	□	□	□	□	x 3 =	_____
16. Instalação de segurança contra incêndio	□	□	□	□	□	□	x 1 =	_____
17. Instalação de evacuação de lixo	□	□	□	□	□	□	x 1 =	_____
Unidade								
18. Paredes exteriores	□	□	□	□	□		x 5 =	_____
19. Paredes interiores	□	□	□	□	□	□	x 3 =	_____
20. Revestimentos de pavimentos exteriores	□	□	□	□	□	□	x 2 =	_____
21. Revestimentos de pavimentos interiores	□	□	□	□	□	□	x 4 =	_____
22. Tectos	□	□	□	□	□	□	x 4 =	_____
23. Escadas	□	□	□	□	□	□	x 4 =	_____
24. Caixilharia e portas exteriores	□	□	□	□	□		x 5 =	_____
25. Caixilharia e portas interiores	□	□	□	□	□	□	x 3 =	_____
26. Dispositivos de protecção de vãos	□	□	□	□	□	□	x 2 =	_____
27. Dispositivos de protecção contra queda	□	□	□	□	□	□	x 4 =	_____
28. Equipamento sanitário	□	□	□	□	□	□	x 3 =	_____
29. Equipamento de cozinha	□	□	□	□	□	□	x 3 =	_____
30. Instalação de distribuição de água	□	□	□	□	□	□	x 3 =	_____
31. Instalação de drenagem de águas residuais	□	□	□	□	□	□	x 3 =	_____
32. Instalação de gás	□	□	□	□	□	□	x 3 =	_____
33. Instalação eléctrica	□	□	□	□	□	□	x 3 =	_____
34. Instalações de telecomunicações e contra a intrusão	□	□	□	□	□	□	x 1 =	_____
35. Instalação de ventilação	□	□	□	□	□	□	x 2 =	_____
36. Instalação de climatização	□	□	□	□	□	□	x 2 =	_____
37. Instalação de segurança contra incêndio	□	□	□	□	□	□	x 2 =	_____

D. DETERMINAÇÃO DO ÍNDICE DE ANOMALIAS

Total das pontuações	(a)	[____]
Total das ponderações atribuídas aos elementos funcionais aplicáveis	(b)	[____]
Índice de anomalias	(a/b)	[____]

Parte III – Legislação Complementar ao NRAU

Diário da República, 1.ª série — N.º 212 — 3 de Novembro de 2006 **7708-(15)**

E. DESCRIÇÃO DE SINTOMAS QUE MOTIVAM A ATRIBUIÇÃO DE NÍVEIS DE ANOMALIAS "GRAVES" E/OU "MUITO GRAVES"

Número do elemento funcional	Relato síntese da anomalia	Identificação das fotografias ilustrativas
____	....	____
	....	
	....	
	....	
____	....	____
	....	
	....	
	....	
____	....	____
	....	
	....	
	....	
____	....	____
	....	
	....	
	....	
____	....	____
	....	
	....	

F. AVALIAÇÃO

Com base na observação das condições presentes e visíveis no momento da vistoria e nos termos do artigo 6.º da Portaria n.º 1192-B/2006, de 3 de Novembro, declaro que:

- O estado de conservação do locado é:

  Excelente ☐   Bom ☐   Médio ☐   Mau ☐   Péssimo ☐

- O estado de conservação dos elementos funcionais 1 a 17 é _____ (a preencher apenas quando tenha sido pedida a avaliação da totalidade do prédio)

- Existem situações que constituem grave risco para a segurança e saúde
  públicas e/ou dos residentes: Sim ☐   Não ☐

G. OBSERVAÇÕES

....
....
....
....
....

H. TÉCNICO

Nome do técnico: ....   Data de vistoria: ____/____/_____

I. COEFICIENTE DE CONSERVAÇÃO (preenchimento pela CAM)

Nos termos do disposto na alínea c), do n.º 1, do artigo 49.º da Lei n.º 6/2006, de 27 de Fevereiro, e no artigo 15.º do Decreto-Lei n.º 161/2006, de 8 de Agosto, declara-se que o locado acima identificado possui o seguinte Coeficiente de Conservação:

____,____

Data de emissão: ____/____/_____   (Validade: 3 anos)

(O preenchimento da ficha deve ser realizado de acordo as instruções de aplicação disponibilizadas no endereço electrónico www.portaldahabitacao.pt/nrau)

PARTE IV

ANEXOS

(LEGISLAÇÃO REVOGADA
E LEGISLAÇÃO SUBSIDIÁRIA DO NRAU)

ANEXO I

**ARRENDAMENTO RURAL
– DECRETO-LEI N.º 385/88, DE 25 DE OUTUBRO,
ALTERADO PELO DECRETO-LEI N.º 524/99,
DE 10 DE DEZEMBRO**

**ARRENDAMENTO FLORESTAL
– DECRETO-LEI N.º 394/88, DE 8 DE NOVEMBRO**

REGIME DO ARRENDAMENTO RURAL

DECRETO-LEI N.º 385/88, DE 25 DE OUTUBRO

O presente diploma legal, disciplinando o regime geral do arrendamento rural, visa harmonizar os objectivos de política agrícola do Governo com as realidades fundiárias do País e, bem assim, conciliar os legítimos direitos e interesses dos proprietários das terras com os dos cultivadores e rendeiros, de acordo, com a dimensão e a natureza, muito variada, das explorações agrícolas.

Concretiza-se, assim, mais uma reforma estrutural anunciada pelo Governo e, com ela, é dado mais um passo importante para a necessária modernização da agricultura portuguesa.

No limiar da integração plena de Portugal nas Comunidades Europeias impõe-se definir um quadro legal que potencie melhores condições de exploração da terra e competitividade externa.

A introdução de novas tecnologias, o exercício da actividade agrícola em moldes empresariais, a reconversão de culturas e a fixação à terra das novas gerações nem sempre encontram nos proprietários da terra as pessoas mais indicadas.

Impõe-se, assim, no respeito pelo direito de propriedade, estimular o arrendamento, garantindo ao proprietário a rentabilidade do investimento fundiário e assegurando ao rendeiro a estabilidade necessária ao exercício da sua actividade produtiva.

Na sua essência, o presente diploma teve em conta a proposta de lei n.º 25/IV, que teve merecimento na Assembleia da República, com ampla aprovação maioritária.

Do novo regime de arrendamento rural ressalta, desde logo, o alargamento do prazo para dez anos, renovável por períodos sucessivos de três anos. Por outro lado, mantendo-se o sistema de renda máxima tabelada por imperativos de ordem económica e social, admite-se a actualização da renda durante a vigência do contrato.

Parte IV – Anexos – Legislação Revogada e Legislação Subsidiária do NRAU

A redução a escrito de todos os contratos de arrendamento, a regra geral de fixação da renda em dinheiro e a melhoria das garantias contenciosas das partes são outros tantos aspectos de salientar no novo regime de arrendamento.

Finalmente, destaca-se a possibilidade de alargamento do prazo até 25 anos para protecção dos investimentos, a proibição de subarrendamento e o novo regime de denúncia em que se privilegia a exploração directa.

Assim, no uso da autorização legislativa concedida pela Lei n.º 76/88, de 24 de Julho, e nos termos da alínea b) do n.º 1 do artigo 201.º da Constituição, o Governo decreta o seguinte:

DECRETO-LEI N.º 524/99, DE 10 DE DEZEMBRO

O Decreto-Lei n.º 385/88, de 25 de Outubro, estabeleceu um novo regime de arrendamento rural, fixando, nomeadamente, os prazos iniciais e de renovação contrato (artigo 5.º) e estabelecendo que, em caso algum, pode ser convencional antecipação do pagamento da renda (n.º 4 do artigo 7.º).

Quanto ao prazo inicial, o referido diploma obriga a que não seja inferior a dez ou a sete anos, se se tratar de agricultor autónomo, ocorrendo a renovação dos contratos, enquanto não forem denunciados, por períodos sucessivos de três anos ou um, para o agricultor autónomo.

Há-de, porém, ter-se em conta que uma das condições impostas aos agricultores para a obtenção de ajudas comparticipadas pela União Europeia é o compromisso de assegurarem o exercício da actividade agrícola na exploração durante, pelo menos, cinco anos.

Constata-se, pois, que os períodos de renovação dos contratos de arrendamento (três anos ou um) são inferiores ao período, de cinco anos, que os agricultores têm de garantir para obterem as ajudas.

Consequentemente, a renovação de um contrato, nos termos da legislação vigente, não faculta ao agricultor a possibilidade de garantir mais cinco anos de exploração, excluindo-o liminarmente do regime das ajudas comparticipadas.

E, portanto, oportuno e conveniente adequar os prazos de renovação àquela realidade.

Relativamente à impossibilidade legal de antecipação de pagamento de renda, constata-se a retracção da oferta de terra para arrendamento, pelo que se torna necessária a tomada de medida legislativa com o objectivo de contrariar aquela tendência, visando, concomitantemente, criar condições para o rejuvenescimento do tecido empresarial agrícola.

Consequentemente, entende-se adequado abrir uma excepção à parte final da norma do n.º 4 do artigo 7.º do Decreto-Lei n.º 385/88, permitindo que, no caso de jovens agricultores, com um plano de exploração devidamente aprovado pelos serviços regionais do Ministério da Agricultura, do Desenvolvimento Rural e das Pescas, possa ser feito no início do contrato o pagamento das rendas referentes a todos os anos do prazo contratual.

Parte IV – Anexos – Legislação Revogada e Legislação Subsidiária do NRAU

Assim:

No uso da autorização legislativa concedida pela Lei n.º 111/99, de 3 de Agosto, e nos termos da alínea b) do n.º 1 do artigo 198.º da Constituição, o Governo decreta o seguinte:

ARTIGO 1.º

Os artigos 5.º e 7.º do Decreto-Lei n.º 385/88, de 25 de Outubro, passam a ter a seguinte redacção:

(as alterações vão introduzidas no lugar próprio)

ARTIGO 2.º

A alteração introduzida no n.º 3 do artigo 5.º do Decreto-Lei n.º 385/88, de 25 de Outubro, aplica-se aos contratos em vigor à data do início da vigência do presente diploma, não se aplicando, porém, aos períodos de renovação em curso.

ARTIGO 3.º

A antecipação do pagamento de rendas prevista no n.º 4 do artigo 7.º do Decreto-Lei n.º 385/88, de 25 de Outubro, na redacção do presente diploma, não obsta à actualização da renda nos termos dos artigos 8.º e 9.º do referido decreto-lei.

REGIME DO ARRENDAMENTO RURAL

ARTIGO 1.º
Noção

1. A locação de prédios rústicos para fins de exploração agrícola ou pecuária, nas condições de uma regular utilização, denomina-se arrendamento rural.

2. Presume-se rural o arrendamento que recaia sobre prédios rústicos quando o contrato e respectivas circunstâncias não resulte destino diferente.

3. Para efeitos do n.º 1 deste artigo, são consideradas explorações pecuárias aquelas em que o empresário faça exploração do gado com base predominante forrageira própria.

4. São excluídas do âmbito da presente lei as explorações pecuárias sem terra.

ARTIGO 2.º
Âmbito

1. O arrendamento rural, além do terreno e vegetação permanente de natureza não florestal, abrange ainda as construções destinadas habitualmente aos fins próprios da exploração normal dos prédios locados e também à habitação do arrendatário.

2. Salvo cláusula expressa em caso contrário, não se considera compreendido no arrendamento:

a) O arvoredo existente em terrenos destinados a corte de matos;

b) As árvores florestais dispersas;

c) A cortiça produzida por sobreiros existentes nos prédios locados;

d) Quaisquer outros produtos e coisas que, existindo nos prédios locados, não satisfaçam os fins referidos no número anterior.

3. A presente lei não se aplica a arrendamentos para fins florestais, os quais são objecto de legislação especial.

Parte IV – Anexos – Legislação Revogada e Legislação Subsidiária do NRAU

ARTIGO 3.º
Forma de contrato

1. Os arrendamentos rurais, incluindo os arrendamentos ao agricultor autónomo, são obrigatoriamente reduzidos a escrito.

2. No prazo de 30 dias, contados da celebração do contrato, o senhorio entregará o original do contrato na repartição de finanças da sua residência habitual uma cópia nos respectivos serviços regionais do Ministério da Agricultura, Pescas e Alimentação.

3. Qualquer das partes tem a faculdade de exigir, mediante notificação à outra parte, a redução a escrito do contrato.

4. A nulidade do contrato não pode ser invocada pela parte que, após notificação, tenha recusado a sua redução a escrito.

5. Os contratos de arrendamento rural não estão sujeitos a registo e são isentos de selo e de qualquer outro imposto, taxa ou emolumento.

ARTIGO 4.º
Cláusulas nulas

São nulas as cláusulas contratuais em que:

a) O arrendatário se obrigue a vender as colheitas, no todo ou em parte, a entidades certas e determinadas;

b) O arrendatário se obrigue ao pagamento de prémio de seguro contra incêndios de edifícios, bem como de contribuições, impostos ou taxas que incidam sobre prédios compreendidos no arrendamento e que sejam devidas pelo senhorio;

c) Qualquer dos contraentes renuncie ao direito de pedir denúncia ou resolução do contrato e às indemnizações que forem devidas nos casos de violação de obrigações legais ou contratuais;

d) O arrendatário renuncie ao direito de renovação do contrato ou se obrigue antecipadamente à sua denúncia;

e) O arrendatário se obrigue por qualquer título a serviços que não revertam em benefício directo do prédio e se sujeite a encargos extraordinários;

f) As partes subordinem a eficácia ou validade do contrato a condição resolutiva ou suspensiva.

Anexo I – Regime do Arrendamento Rural

ARTIGO 5.º
Prazos de arrendamento

1. Os arrendamentos rurais não podem ser celebrados por prazo inferior a dez anos, a contar da data em que tiverem início, valendo aquele se houver sido estipulado prazo mais curto.

2. Nos arrendamentos ao agricultor autónomo o prazo referido no número anterior é de sete anos.

3. Findos os prazos estabelecidos nos números anteriores, ou convencionado, se for superior, entende-se renovado o contrato por períodos sucessivos de cinco anos, enquanto o mesmo não for denunciado nos termos do presente diploma.

ARTIGO 6.º
Alteração dos prazos

1. Sempre que uma exploração agrícola objecto de arrendamento venha a ser reconvertida pelo arrendatário, o contrato tem a duração mínima fixada na decisão que aprove, em termos a definir, mediante portaria do Ministro da Agricultura, Pescas e Alimentação, o respectivo plano de reconversão.

2. Sobre o plano proposto será obrigatoriamente ouvido o senhorio, e se este apresentar objecções ou sugestões, devem as mesmas ser tomadas em conta na aprovação ou rejeição.

3. O prazo referido no n.º 1 não pode exceder 25 anos, devendo na sua fixação ser considerados o tempo já decorrido desde o início ou renovação do contrato, o valor económico da reconversão, o volume do investimento a fazer e o benefício resultante para o proprietário findo o contrato.

4. Findo o prazo fixado nos termos deste artigo, só por acordo expresso das partes pode haver continuação do arrendamento, a qual vale então como novo arrendamento.

5. A decisão aprobatória do plano será obrigatoriamente comunicada ao senhorio e ao arrendatário.

ARTIGO 7.º
Renda

1. A renda será sempre estipulada em dinheiro, a menos que as partes a fixem expressamente em géneros e em dinheiro simultaneamente.

2. Caso a renda seja fixada parcialmente em géneros, estes não podem ir além de três espécies produzidas no prédio ou prédios arrendados.

Parte IV – Anexos – Legislação Revogada e Legislação Subsidiária do NRAU

3. Uma vez fixado o sistema de estipulação de renda, este não poderá ser alterado na vigência do contrato ou da sua renovação.

4. A renda é anual, só pode ser alterada nos termos do presente diploma e não pode ser convencionada a antecipação do seu pagamento, excepto quando o arrendatário for um jovem agricultor titular de um projecto de exploração aprovado pelos serviços regionais do Ministério da Agricultura, do Desenvolvimento Rural e das Pescas, caso em que pode ser convencionado o pagamento, no início do contrato, das rendas respeitantes a todos os anos do prazo contratual.

5. A renda em dinheiro será paga em casa do senhorio, a menos que o contrato estipule outro local.

6. Caso a renda seja fixada, parcialmente, em géneros, estes serão entregues ao senhorio na sede da exploração agrícola do prédio arrendado.

ARTIGO 8.º
Actualização de rendas

1. As rendas convencionadas em dinheiro ou a sua parte em dinheiro serão actualizáveis anualmente por iniciativa de qualquer das partes, não podendo, contudo, ultrapassar os limites fixados nas tabelas referidas do artigo 9.º.

2. Na falta de acordo entre as partes, até decisão final com trânsito em julgado, vigorará a renda fixada pelo senhorio, desde que respeite os limites das tabelas em vigor.

ARTIGO 9.º
Tabelas de rendas

1. Os Ministros das Finanças e da Agricultura, Pescas e Alimentação estabelecerão por portaria as tabelas de rendas máximas nacionais, com base nos géneros agrícolas predominantes em cada região, na evolução dos seus preços correntes, na diferente natureza dos solos, nas formas do seu aproveitamento e quaisquer outros factores atendíveis, ouvidas as associações de agricultores.

2. As tabelas previstas no número anterior serão estabelecidas por regiões agrícolas e eventuais zonas agrárias, se estas existirem, e serão revistas com intervalos máximos de dois anos.

3. Se o contrato abranger edifícios, dependências, instalações ou outros equipamentos fixos, o valor da renda dos mesmos será referido expressamente no contrato, com destaque das restantes parcelas.

4. A portaria a que se refere o n.º 1 deste artigo pode referir o valor máximo da renda das partes a que se refere o número anterior, reportando tais valores à unidade de área.

Anexo I – Regime do Arrendamento Rural

ARTIGO 10.º
Redução de renda

1. Quando no prédio arrendado, por causas imprevisíveis e anormais, resultar, com carácter duradouro plurianual, diminuição significativa da capacidade produtiva do prédio, ao arrendatário assiste o direito de obter a resolução do contrato ou a fixação de nova renda, salvo se essa diminuição tiver sido resultante de práticas inadequadas de exploração.

2. Consideram-se causas imprevisíveis e anormais, além de outras, inundações, acidentes geológicos e ecológicos e pragas de natureza excepcional.

3. O disposto nos números anteriores não é aplicável aos acidentes susceptíveis de serem cobertos pelo seguro, nos termos da legislação portuguesa.

ARTIGO 11.º
Procedimento a adoptar para a redução ou fixação de nova renda

1. Os pedidos de redução de renda devem ser dirigidos ao senhorio, neles mencionando o arrendatário a renda que considera dever ser paga.

2. Os pedidos são formulados por escrito, no prazo máximo de 30 dias após o termo dos eventos causais do resultado invocado ou, se continuados, decurso deles.

3. Presume-se que os referidos eventos não são fundamento para a redução da renda se o arrendatário não proporcionar ao senhorio a verificação dos sinais da sua ocorrência e os seus resultados.

4. No caso de os contratantes, nos 30 dias seguintes à formulação do respectivo pedido, não chegarem a acordo sobre a redução de renda, poderão recorrer ao tribunal, o qual fixará, no despacho saneador, a renda a vigorar transitoriamente até decisão final do pleito.

5. Enquanto a decisão judicial não transitar em julgado, o senhorio não pode requerer a resolução do contrato com base em falta de pagamento de renda, salvo aquela que o arrendatário propôs no pedido de redução, até ao saneador, sendo-lhe, porém, devida a importância correspondente ao complemento da renda que lhe vier a ser fixada por decisão judicial, acrescida dos respectivos juros.

ARTIGO 12.º
Mora do arrendatário

1. Se o arrendatário não pagar a renda no tempo e lugar próprios, o senhorio, decorridos 90 dias após a data de vencimento, tem direito a obter a resolução contrato, sem perda da renda em falta, acrescida de juros de mora à taxa prevista no artigo 559.º do Código Civil.

Parte IV – Anexos – Legislação Revogada e Legislação Subsidiária do NRAU

2. Os juros de mora a que se refere o número anterior são calculados, para a totalidade do valor da renda anual, contabilizando-se os géneros aos preços oficiais ou, na falta destes, aos preços correntes na região, nos casos em que aqueles produtos figurem na renda estipulada.

3. O arrendatário poderá obstar à resolução do contrato desde que até encerramento da discussão em 1ª instância proceda ao pagamento da renda ou rendas em falta acrescidas de juros de mora à taxa oficial das operações passivas respeitantes ao período de um ano e um dia.

ARTIGO 13.º
Subarrendamento

1. Salvo acordo escrito do senhorio, ao arrendatário é proibido subarrendar, ou ceder por comodato, total ou parcialmente, os prédios arrendados ou ainda ceder a terceiros a sua posição contratual.

2. A proibição expressa no número anterior abrange os "arrendamentos de campanha" e o "contrato de compra e venda de pastagens".

ARTIGO 14.º
Benfeitorias

1. O arrendatário pode fazer no prédio ou prédios arrendados benfeitorias úteis com o consentimento escrito do senhorio ou, na falta deste, mediante um plano de exploração a aprovar pelos serviços regionais do Ministério da Agricultura, Pescas e Alimentação no prazo de 90 dias a contar da recepção do pedido, depois de ouvidas as partes ou seus representantes.

2. O senhorio só pode fazer as benfeitorias úteis que sejam consentidas pelo arrendatário ou, na falta de consentimento escrito deste, aprovadas pelos serviços regionais do Ministério da Agricultura, Pescas e Alimentação no prazo de 90 dias a contar da recepção do pedido, depois de ouvidas as partes ou seus representantes.

3. As benfeitorias referidas no n.º 1 poderão implicar alteração do prazo do contrato e as constantes do n.º 2 poderão fazer alterar o prazo do contrato e o montante da renda, alterações que serão acordadas entre as partes e, em caso de discordância, estabelecidas na decisão aprobatória do plano.

4. Quando as benfeitorias referidas no n.º 2, pedidas pelo senhorio, importem alteração sensível do regime de exploração do prédio ou o arrendatário se não conformar com o eventual acréscimo de renda, tem este a faculdade de proceder, no prazo de 30 dias, à denúncia do contrato, a qual só produz efeitos no fim do respectivo ano agrícola.

Anexo I – Regime do Arrendamento Rural

5. A decisão dos serviços regionais do Ministério da Agricultura, Pescas e Alimentação será obrigatoriamente comunicada ao senhorio e ao arrendatário.

ARTIGO 15.º
Indemnização por benfeitorias

1. Quando houver cessação contratual antecipada por acordo mútuo das partes, haverá lugar a indemnização das benfeitorias realizadas pelo arrendatário e consentidas pelo senhorio.

2. A indemnização, quando a ela houver lugar, será calculada tendo em conta o valor remanescente e os resultados das benfeitorias ou demais melhoramentos no momento de cessação do contrato.

3. Se houver resolução do contrato invocada pelo senhorio, ou quando o arrendatário ficar impossibilitado de prosseguir a exploração por razões de força maior, tem o arrendatário direito a exigir do senhorio indemnização pelas benfeitorias necessárias e pelas úteis consentidas pelo senhorio, calculadas estas segundo as regras do enriquecimento sem causa.

ARTIGO 16.º
Indemnização por deterioração ou dano

O senhorio tem direito a exigir do arrendatário, quando ocorrer a cessação da relação contratual, indemnização relativa a deterioração ou danos causados nos prédios arrendados, ou coisas neles integradas por facto imputável ao mesmo arrendatário, ou como consequência de este não haver cumprido com as obrigações normais de cultivador.

ARTIGO 17.º
Senhorio emigrante

1. Os contratos de arrendamento ao agricultor autónomo podem ser denunciados pelo senhorio no decurso do prazo se este for emigrante e satisfizer cumulativamente as seguintes condições:

a) Ter sido ele quem arrendou o prédio ou o tenha adquirido sucessão;

b) Necessitar de regressar ou ter regressado há menos de um ano a Portugal;

c) Querer explorar directamente o prédio arrendado.

2. No caso de o senhorio exercer o direito previsto no número anterior, o arrendatário tem direito a uma indemnização equivalente às rendas corres-

Parte IV – Anexos – Legislação Revogada e Legislação Subsidiária do NRAU

pondentes ao período que falta decorrer até ao termo do prazo contratual, calculadas com base no valor da última renda vencida.

3. À situação prevista no presente artigo é aplicável, com as necessárias adaptações, o disposto nos n.ºs 2, 3 e 4 do artigo 20.º.

4. A denúncia prevista no presente artigo só produz efeitos decorrido que seja o prazo mínimo de três anos após a celebração do contrato de arrendamento.

ARTIGO 18.º

Denúncia do contrato

1. Os contratos de arrendamento a que se refere este diploma consideram-se sucessiva e automaticamente renovados se não forem denunciados nos termos seguintes:

    a) O arrendatário deve avisar o senhorio, mediante comunicação escrita, com a antecedência mínima de um ano, relativamente ao termo do prazo ou da sua renovação, ou de seis meses, se se tratar de arrendamento a agricultor autónomo;

    b) O senhorio deve avisar também o arrendatário pela forma referida na alínea anterior, com a antecedência mínima de dezoito meses, relativamente ao termo do prazo ou da sua renovação, ou de um ano, se se tratar de arrendamento a agricultor autónomo.

2. A denúncia do contrato de arrendamento inclui obrigatoriamente todo, o seu objecto.

ARTIGO 19.º

Oposição à denúncia

1. O arrendatário pode obstar à efectivação da denúncia desde que, em acção intentada no prazo de 60 dias após a comunicação prevista no artigo anterior, prove que o despejo põe em risco sério a sua subsistência económica e do seu agregado familiar.

2. O despejo do prédio arrendado não pode ter lugar antes do termo do ano agrícola posterior à sentença e se o arrendatário não entregar o prédio arrendado no prazo referido no número anterior, pode o senhorio requerer que se passe mandado para a execução do despejo.

ARTIGO 20.º

Denúncia para exploração directa

1. Quando o senhorio pretenda denunciar o contrato para, no termo do prazo ou da renovação, passar ele próprio ou filhos que satisfaçam as condições

890

Anexo I – Regime do Arrendamento Rural

de jovem agricultor estipuladas na lei a explorar directamente o prédio ou prédios arrendados, o arrendatário não pode opor-se à denúncia.

2. O senhorio que pretenda denunciar o contrato nos termos do número anterior deve expressamente indicar aquela finalidade na comunicação de denúncia prevista no artigo 18.º.

3. O senhorio que invocar o disposto no número anterior fica obrigado, salvo caso de força maior, à exploração directa por si ou pelos sujeitos referidos no n.º 1, durante o prazo mínimo de cinco anos.

4. Em caso de inobservância do disposto no número anterior, o arrendatário cujo contrato foi denunciado tem direito a uma indemnização e à reocupação do prédio, se assim o desejar, iniciando-se outro contrato, sem prejuízo do disposto no artigo 27.º.

5. A indemnização prevista no número anterior, a pagar pelo senhorio, será igual ao quíntuplo das rendas relativas ao período de tempo em que o arrendatário esteve ausente.

ARTIGO 21.º
Resolução do contrato

O senhorio só pode pedir a resolução do contrato no decurso do prazo do mesmo se o arrendatário:

a) Não pagar a renda no tempo e lugar próprios;

b) Faltar ao cumprimento de uma obrigação legal, com prejuízo directo para a produtividade, substância ou função económica e social do prédio;

c) Utilizar processos de cultura ou culturas comprovadamente depauperantes da potencialidade produtiva dos solos;

d) Não velar pela boa conservação dos bens ou causar prejuízos graves nos que, não sendo objecto do contrato, existam no prédio arrendado;

e) Subarrendar ou ceder por comodato, total ou parcialmente, os prédios arrendados ou ainda ceder a sua posição contratual nos casos não permitidos ou sem o cumprimento das obrigações legais;

f) Não atingir os níveis mínimos de utilização do solo estabelecidos na legislação em vigor ou não observar injustificadamente o que for determinado nos planos a que se referem os artigos 6.º e 14.º.

ARTIGO 22.º
Caducidade do contrato

1. O arrendamento não caduca por morte do senhorio nem pela transmissão do prédio.

Parte IV – Anexos – Legislação Revogada e Legislação Subsidiária do NRAU

2. Quando cesse o direito ou findem os poderes de administração com base nos quais o contrato for celebrado, observar-se-á o disposto no n.º 2 do artigo 1051.º do Código Civil.

ARTIGO 23.º
Transmissão por morte do arrendatário

1. O arrendatário rural não caduca por morte do arrendatário, transmitindo-se ao cônjuge sobrevivo, desde que não divorciado ou separado judicialmente ou de facto, àquele que no momento da sua morte vivia com ele há mais de cinco anos em condições análogas às dos cônjuges e a parentes ou afins, na linha recta, que com o mesmo viviam habitualmente em comunhão de mesa e habitação ou em economia comum há mais de um ano consecutivo.

2. A transmissão a que se refere o número anterior defere-se pela ordem seguinte:

a) Ao cônjuge sobrevivo;

b) Aos parentes ou afins da linha recta, preferindo os primeiros aos segundos, os descendentes aos ascendentes e os de grau mais próximo aos de grau mais remoto;

c) À pessoa que vivia com o arrendatário há mais de cinco anos em condições análogas às dos cônjuges.

3. A transmissão a favor dos parentes ou afins do primitivo arrendatário, segundo a ordem constante do número anterior, também se verifica por morte do cônjuge sobrevivo quando, nos termos deste artigo, lhe tenha sido transmitido o direito ao arrendamento.

4. Pode haver duas transmissões *mortis causa* nos termos do número anterior ou apenas uma quando a primeira transmissão se operar a favor das pessoas referidas nas alíneas *b)* e *c)* do n.º 2.

ARTIGO 24.º
Desistência do direito à transmissão

1. Os titulares do direito à transmissão conferida nos termos do artigo anterior que não queiram exercer esse direito comunicarão a sua vontade, por escrito, ao senhorio, no prazo de 90 dias após a morte do arrendatário, ficando responsáveis pelos prejuízos que causarem se não o fizerem.

2. Sob pena de caducidade, os titulares que queiram exercer aquele direito comunicarão a sua vontade, por escrito, ao senhorio, no prazo de 180 dias após a morte do arrendatário.

Anexo I – Regime do Arrendamento Rural

ARTIGO 25.º
Caducidade por expropriação

1. A expropriação do prédio ou prédios arrendados por utilidade pública importa a caducidade do arrendamento.

2. Se a expropriação for total, o arrendamento é considerado encargo autónomo para o efeito de o arrendatário ser indemnizado pelo expropriante.

3. Na indemnização, além dos valores dos frutos pendentes ou das colheitas inutilizadas, atende-se ainda ao valor das benfeitorias a que o arrendatário tenha direito e aos demais prejuízos emergentes da cessação do arrendamento, calculados nos termos gerais de direito.

4. Se a expropriação for parcial, o arrendatário, independentemente dos direitos facultados no número anterior em relação à parte expropriada, pode optar pela resolução do contrato ou pela redução proporcional da renda.

5. Não se aplica, porém, o disposto no número anterior se a parte expropriada corresponder a mais do dobro da parte não expropriada, caso em que ocorre igualmente caducidade com a aplicação dos n.ºˢ 2 e 3 deste artigo.

ARTIGO 26.º
Trabalhos preparatórios e colheitas de frutos pendentes

1. No decurso do último ano do arrendamento, o arrendatário não se pode opor à realização dos trabalhos indispensáveis ao normal aproveitamento da terra. a efectuar pelo cultivador.

2. Reciprocamente, o novo cultivador não pode impedir a realização de todas as práticas necessárias à colheita, utilização e transformação dos frutos pendentes, ainda que fora do prazo do arrendamento cessante.

ARTIGO 27.º
Novos arrendamentos

Quando a cessação do contrato de arrendamento ocorrer por causa não imputável ao arrendatário, este goza do direito de preferência nos contratos de arrendamento celebrados nos cinco anos seguintes.

ARTIGO 28.º
Preferência

1. No caso de venda ou doação em cumprimento do prédio arrendado, aos respectivos arrendatários com, pelo menos, três anos de vigência do contrato assiste o direito de preferirem na transmissão.

Parte IV – Anexos – Legislação Revogada e Legislação Subsidiária do NRAU

2. O direito de preferência do arrendatário cede perante o exercício desse direito por co-herdeiro ou comproprietário.

3. Sempre que o arrendatário exerça o direito de preferência referido no presente artigo, tem de cultivar o prédio directamente, como seu proprietário, durante, pelo menos, cinco anos, salvo caso de força maior, devidamente comprovado.

4. Em caso de inobservância do disposto no número anterior, o adquirente fica obrigado a pagar ao anterior proprietário o valor equivalente ao quíntuplo da última renda vencida e a transmitir a propriedade ao preterido com o exercício da preferência, se este o desejar, pelo preço por que adquiriu o prédio.

5. No caso de exercício judicial desse direito, o preço será pago ou depositado dentro de 30 dias após o trânsito em julgado da respectiva sentença, sob pena de caducidade do direito e do arrendamento.

6. No caso de procedência do direito de preferência há isenção de sisa.

7. Ficam também isentas de sisa todas as transmissões onerosas de prédios a favor dos respectivos arrendatários rurais desde que exista contrato escrito há, pelo menos, três anos, com assinaturas reconhecidas notarialmente ou autenticadas pelos serviços oficiais competentes.

ARTIGO 29.º
Arrendamento de campanha

O Ministro da Agricultura, Pescas e Alimentação pode autorizar, mediante portaria, por tempo limitado e em condições expressamente definidas, arrendamentos de campanha ou outras formas transitórias de exploração de terras alheias por períodos inferiores a um ano, sempre que condicionalismos de ordem económica e social o justifiquem.

ARTIGO 30.º
Arrendamento para fins de emparcelamento

Os prédios adquiridos para fins de emparcelamento podem ser arrendados por prazos inferiores aos estabelecidos no artigo 5.º deste diploma.

ARTIGO 31.º
Parceria agrícola

1. Nos contratos de parceria agrícola só podem ser objecto de divisão entre o parceiro proprietário e o parceiro cultivador, no máximo, os três principais produtos habitualmente produzidos nos prédios objecto de contrato.

Anexo I – Regime do Arrendamento Rural

2. A divisão nunca pode fazer-se atribuindo ao parceiro proprietário quota superior a metade da produção de acordo com o número anterior.

ARTIGO 32.º
Contratos mistos

Nos contratos mistos de arrendamento e parceria só um dos produtos poderá ser objecto de divisão e dois de renda.

ARTIGO 33.º
Legislação aplicável

Aos contratos de parceria agrícola e mistos aplica-se, com as adaptações necessárias, tudo quanto respeita aos arrendamentos rurais.

ARTIGO 34.º
Extinção da parceria agrícola

A parceria agrícola manter-se-á até que o Governo, por decreto-lei, estabeleça as normas transitórias adequadas à sua efectiva extinção.

ARTIGO 35.º
Formas de processo

1. Os processos judiciais referidos no artigo 28.º têm carácter de urgência, seguem os termos de processo ordinário ou sumário, consoante o valor, e enquanto estiverem pendentes, não pode efectivar-se a entrega do prédio ao senhorio com base em denúncia do contrato.
2. Os restantes processos judiciais referentes a arrendamentos rurais têm carácter de urgência e seguem a forma de processo sumário, salvo se outras forem expressamente previstas.
3. É sempre admissível recurso para o tribunal da relação quanto à matéria de direito, sem prejuízo dos recursos ordinários, consoante o valor da acção, tendo sempre efeito suspensivo o recurso interposto da sentença que decrete a restituição do prédio.
4. Nos casos previstos no n.º 4 do artigo 11.º aplica-se o processo previsto no artigo 1429.º do Código de Processo Civil, que reveste também carácter de urgência, não havendo recurso da decisão.

Parte IV – Anexos – Legislação Revogada e Legislação Subsidiária do NRAU

5. Nenhuma acção judicial pode ser recebida ou prosseguir, sob pena de extinção da instância, se não for acompanhada de um exemplar do contrato, quando exigível, a menos que logo se alegue que a falta é imputável à parte contrária.

ARTIGO 36.º
Âmbito de aplicação da presente lei

1. Aos contratos existentes à data da entrada em vigor da presente lei aplica-se o regime nela prescrito.

2. Ficam totalmente isentas de custas as acções instauradas ao abrigo de normas anteriores quando as partes desistam das mesmas ou se verifique a inutilidade superveniente da lide.

3. O novo regime previsto no artigo 3.º da presente lei apenas se aplicará aos contratos existentes à data da sua entrada em vigor a partir de 1 de Julho de 1989.

4. O presente diploma não se aplica aos processos pendentes em juízo que à data da sua entrada em vigor já tenham sido objecto de decisão em 1ª instância, ainda que não transitada em julgado, salvo quanto a normas de natureza interpretativa.

5. Os contratos de arrendamento já renovados à data da entrada em vigor da presente lei não podem ser objecto de denúncia por parte cio senhorio, para efeitos de exploração directa, nos primeiros quatro anos a contar do início da última renovação.

6. Até ao termo do prazo, em curso, dos contratos validamente celebrados ao abrigo do artigo 36.º da Lei n.º 76/77, de 29 de Setembro, não se aplica o disposto no artigo 13.º do presente diploma.

ARTIGO 37.º
Tribunais arbitrais

Poderão ser criados em cada comarca tribunais arbitrais, com a constituição e as competências que legalmente lhes venham a ser conferidas, para o julgamento de questões emergentes do contrato de arrendamento rural.

ARTIGO 38.º
Aplicação da presente lei nas regiões autónomas

1. A legislação sobre arrendamento rural aprovada pela Assembleia Regional dos Açores mantém-se em vigor nesta Região Autónoma.

Anexo I – Regime do Arrendamento Rural

2. As competências cometidas pela presente lei ao Ministério da Agricultura, Pescas e Alimentação e ao Ministro da Agricultura, Pescas e Alimentação, com excepção das respeitantes a tabelas de rendas, são exercidas na Região Autónoma da Madeira pelo respectivo Governo Regional.

ARTIGO 39.º
Definições

Para os efeitos da presente lei, consideram-se adoptadas as definições constantes da Lei de Bases da Reforma Agrária.

ARTIGO 40.º
Disposições revogatórias

1. São revogadas as Leis n.ᵒˢ 76/77, de 29 de Setembro, e 76/79, de 3 de Dezembro.

2. São igualmente revogados os Decretos-Leis n.ᵒˢ 32/79, de 28 de Fevereiro, com as alterações constantes da Lei n.º 24/79, de 26 de Julho, e 130/81, de 28 de Maio.

ARRENDAMENTO FLORESTAL

DECRETO-LEI N.º 394/88, DE 8 DE NOVEMBRO

Desde a publicação da Lei n.º 76/77 de 29 de Setembro (artigo 47.º, n.º 1), tem vindo a ser anunciada ou prometida uma legislação especial sobre arrendamentos para fins florestais. O presente decreto-lei vem finalmente cumprir o que, pelo menos a nível legislativo, vem sendo prometido há mais de dez anos.

Partindo da experiência da aplicação dos mecanismos do arrendamento rural e verificando o peso relativo dos interesses em presença no acto do arrendamento florestal, privilegiou-se claramente o estabelecimento de acordos contratuais livres entre senhorio e arrendatário.

Define-se assim um quadro jurídico por via do qual ficam clarificadas as regras de acesso a terra arrendada para todos os que queiram criar riqueza silvícola no seu conceito mais vasto.

Deixam-se por outro lado para outro tipo de legislação as intervenções genéricas de carácter técnico ou de correcção estrutural de que a floresta portuguesa carece, seja ela conduzida em terras próprias ou arrendadas.

À Direcção-Geral das Florestas remete-se fundamentalmente o papel de divulgador desta legislação, cabendo-lhe igualmente o tratamento da informação que resulte da comunicação obrigatória dos contratos, para, desta forma, prosseguir a via de aproximação livremente assumida e mutuamente vantajosa entre os produtores florestais e os técnicos especializados ao serviço da Administração Pública.

Assim:

Tendo sido ouvidos os órgãos de governo próprio das Regiões Autónomas dos Açores e da Madeira:

No uso da autorização legislativa concedida pela Lei n.º 99/88 de 23 de Agosto, e nos termos da alínea b) do n.º 1 do artigo 201.º da Constituição, o Governo decreta o seguinte:

Parte IV – Anexos – Legislação Revogada e Legislação Subsidiária do NRAU

ARTIGO 1.º
Objecto

As relações jurídicas emergentes do contrato de arrendamento florestal ficam sujeitas ao disposto no presente diploma e legislação complementar.

ARTIGO 2.º
Noção

1. A locação de prédios rústicos para fins de exploração silvícola denomina-se arrendamento florestal.

2. Entende-se por exploração silvícola qualquer das formas seguintes de utilização da terra:

a) Instalação, condução e exploração de povoamentos florestais em terrenos nus ou cobertos de vegetação espontânea;

b) Condução e exploração de povoamentos florestais já existentes;

c) Exploração silvopastoril, cinegética, apícola ou outra utilização produtiva análoga;

d) Constituição ou ampliação de zonas de conservação.

3. O arrendamento florestal pode incluir, embora sem predominância na respectiva unidade de gestão, a criação de áreas de recreio, para desporto e turismo.

ARTIGO 3.º
Objecto de contrato

1. O arrendamento florestal, além do terreno com o arvoredo e demais vegetação permanente, compreende todas as construções existentes que sejam indispensáveis ao desempenho da sua função económica normal.

2. Podem ser excluídos expressamente do objecto do arrendamento os frutos pendentes ou cortes de arvoredo já existentes à data do início da vigência do contrato.

3. Salvo cláusula contratual expressa em contrário, presumem-se compreendidas no arrendamento as construções existentes no terreno que sejam complementares ou acessórias da exploração florestal.

ARTIGO 4.º
Forma

O contrato de arrendamento florestal e suas alterações devem constar de documento assinado pelas partes.

Anexo I – Arrendamento Florestal

ARTIGO 5.º
Suprimento de falta de forma

1. A falta de forma pode ser suprida por decisão judicial que reconstitua cláusulas do contrato.

2. Este suprimento pode ser obtido por via de acção ou de reconvenção.

3. No caso de não ter sido acordada uma cláusula de actualização, o tribunal fixá-la-á de acordo com a equidade.

ARTIGO 6.º
Comunicação e isenções

1. No prazo de 30 dias a contar da celebração do contrato, o senhorio enviará cópia deste aos serviços regionais da Direcção-Geral das Florestas.

2. A infracção do disposto no número anterior constitui contra-ordenação punível com coima de 5000$ a 50000$, a aplicar pelo chefe da circunscrição florestal respectiva.

3. O contrato não está sujeito a inscrição no registo predial e está isento do selo e de qualquer outro imposto, taxa ou emolumento.

4. O disposto nos números anteriores é aplicável, com as necessárias adaptações, às alterações ao contrato.

ARTIGO 7.º
Duração do arrendamento

1. O arrendamento florestal não pode celebrar-se por mais de setenta anos, considerando-se reduzido a este limite o prazo superior que haja sido fixado.

2. O prazo não poderá ser inferior a dez anos, excepto se se tratar de arrendamento para instalação de viveiros.

ARTIGO 8.º
Cláusulas nulas

São nulas as cláusulas contratuais em que:

a) O arrendatário se obrigue a vender os produtos ou serviços emergentes do contrato, no todo ou em parte, a entidades certas e determinadas;

b) O arrendatário se obrigue ao pagamento de prémios de seguro contra incêndios de edifícios ou instalações fixas não compreendidas no contrato, bem como de impostos, contribuições ou taxas incidentes sobre os imóveis objecto do contrato e que sejam devidos pelo senhorio;

Parte IV – Anexos – Legislação Revogada e Legislação Subsidiária do NRAU

c) Qualquer dos contraentes renuncie ao direito de pedir a resolução do contrato e as indemnizações que foram devidas nos casos de violação de obrigações legais ou contratuais.

ARTIGO 9.º
Alteração da composição, regime e estrutura dos povoamentos

1. Na ausência de acordo dos contraentes, a autorização do director-geral das Florestas permite ao arrendatário alterar a composição, regime e estrutura dos povoamentos, com vista a aumentar a rendibilidade económica da exploração ou a racionalizar o aproveitamento dos recursos, desde que a recusa de consentimento do senhorio seja manifestamente injustificada.

2. Tratando-se de arrendamento cujo fim seja a exploração de povoamentos florestais já existentes, a falta de consentimento do senhorio só judicialmente pode ser suprida.

3. No processo de suprimento previsto no número anterior, o tribunal solicitará obrigatoriamente parecer ao director-geral das Florestas.

4. Da autorização do director-geral das Florestas e da sentença proferida no processo de suprimento deve constar a alteração da renda que a equidade impuser:

5. Do acto do director-geral das Florestas cabe recurso contencioso.

ARTIGO 10.º
Fixação e pagamento da renda

1. A renda é anual, estipulada e paga em dinheiro, podendo, no entanto, outra modalidade ser convencionada entre os contraentes.

2. A antecipação da renda poderá ser acordada entre as partes contraentes.

ARTIGO 11.º
Alteração das rendas

1. Todos os contratos conterão obrigatoriamente uma cláusula de actualização da renda.

2. Sempre que circunstâncias excepcionais e de carácter permanente alterem substancialmente a produtividade do prédio, poderá qualquer dos contraentes, na falta de acordo, requerer ao tribunal a alteração da renda.

Anexo I – Arrendamento Florestal

ARTIGO 12.º
Tempo e lugar do pagamento da renda

Salvo cláusula em contrário, o pagamento da renda deve ser efectuado, no último dia do prazo a que respeita, no domicílio do senhorio à data do vencimento.

ARTIGO 13.º
Mora do arrendatário

1. Constituindo-se o arrendatário em mora, o senhorio tem o direito de exigir, além das rendas em atraso, uma indemnização de valor igual ao que for devido, salvo se o contrato for resolvido com base na falta de pagamento das rendas, caso em que apenas terá o direito às rendas devidas.

2. Cessa o direito à indemnização ou à resolução do contrato se o arrendatário fizer cessar a mora no prazo de quinze dias a contar do seu começo.

3. Após a interposição da acção de resolução do contrato com base na falta de pagamento das rendas, o direito à resolução só caduca se o arrendatário, até à contestação da acção, pagar ou depositar as rendas em atraso e uma indemnização de valor igual ao dobro do que for devido.

ARTIGO 14.º
Benfeitorias feitas pelo arrendatário

1. O arrendatário pode fazer no prédio arrendado benfeitorias necessárias sem o consentimento do senhorio.

2. Salvo cláusula contratual em contrário, o arrendatário carece do consentimento do senhorio para fazer benfeitorias úteis.

3. As benfeitorias realizadas pelo arrendatário não justificam a revisão do montante da renda.

4. Salvo cláusula contratual em contrário, cessando o arrendamento por qualquer causa, as benfeitorias revertem para o senhorio, sem haver lugar a qualquer indemnização.

ARTIGO 15.º
Cálculo do valor das benfeitorias que dão lugar à indemnização

1. A indemnização pelas benfeitorias efectuadas ao abrigo da cláusula prevista no n.º 4 do artigo anterior será calculada tendo em conta, além do valor da

Parte IV – Anexos – Legislação Revogada e Legislação Subsidiária do NRAU

renda, o custo suportado pelo arrendatário, as vantagens que o mesmo delas haja usufruído na vigência do contrato em virtude do que fez no imóvel e o proveito que disso resultar futuramente para o senhorio.

2. O pagamento da indemnização referida no número anterior poderá ser fraccionado de forma que as prestações se efectuem aquando da percepção pelo senhorio dos benefícios resultantes das benfeitorias.

ARTIGO 16.º
Benfeitorias feitas pelo senhorio

1. O senhorio pode fazer benfeitorias no prédio com o consentimento do arrendatário ou com o seu suprimento judicial.

2. O senhorio indemnizará o arrendatário pelo prejuízo que a realização destas benfeitorias eventualmente lhe causar.

ARTIGO 17.º
Resolução do contrato pelo senhorio

O senhorio só pode pedir a resolução do contrato se o arrendatário:

a) Não pagar a renda no tempo e lugar próprio nem fizer o pagamento previsto nos termos do n.º 1 do artigo 13.º;

b) Faltar ao cumprimento de alguma obrigação legal ou contratual com prejuízo grave para a produtividade, substância ou função económica e social do prédio;

c) Usar o prédio para fins diferentes do estipulado no contrato;

d) Não velar pela boa conservação dos bens ou causar prejuízos graves nos que, não sendo objecto do contrato, existam no prédio arrendado;

e) Sublocar ou comodatar, total ou parcialmente, os prédios arrendados ou ceder a sua posição contratual em violação do disposto no presente diploma.

ARTIGO 18.º
Cessação do contrato pelo arrendatário

O arrendamento pode cessar, em qualquer altura, por iniciativa do arrendatário, que terá de avisar o senhorio com a antecedência mínima de dois anos, mediante carta registada com aviso de recepção.

Anexo I – Arrendamento Florestal

ARTIGO 19.º
Transmissibilidade

1. O arrendamento florestal não caduca por morte do senhorio, nem pela transmissão do prédio nem quando cesse o direito ou os poderes legais de administração com base nos quais o contrato foi celebrado.

2. O mesmo arrendamento não caduca por morte do arrendatário, transmitindo-se ao cônjuge sobrevivo não separado de pessoas e bens ou de facto, àquele que no momento da sua morte vivia com ele há mais de cinco anos em condições análogas às dos cônjuges e a parentes ou afins na linha recta que com ele vivessem em comunhão de mesa e habitação ou em economia comum há pelo menos dois anos.

3. A transmissão a que se refere o número anterior defere-se pela ordem seguinte:

a) Ao cônjuge sobrevivo;

b) Aos parentes ou afins na linha recta, preferindo os primeiros aos Segundos, os descendentes aos ascendentes e os de grau mais próximo aos de grau mais afastado;

c) A pessoa que vivia com o arrendatário há mais de cinco anos em condições análogas às dos cônjuges.

4. Transmissão a favor dos parentes ou afins do primitivo arrendatário também se verifica por morte do cônjuge sobrevivo quando, nos termos deste artigo, lhe tenha sido transmitido o direito ao arrendamento.

5. O arrendamento, todavia, caduca se o titular do direito à sua transmissão não o exercer nos três meses seguintes à morte do arrendatário mediante comunicação ao senhorio por carta registada com aviso de recepção.

ARTIGO 20.º
Caducidade do arrendamento devido a expropriação

1. A expropriação por utilidade pública da totalidade do imóvel arrendado importa a caducidade do arrendamento.

2. Se a expropriação for total, o arrendamento é considerado como encargo autónomo para o efeito de o arrendatário ser indemnizado pelo expropriante, tendo aquele direito a uma indemnização calculada nos termos da legislação respectiva, mas nunca inferior ao valor dos capitais investidos ou dos lucros cessantes, valores estes sempre reportados à data em que é proferida a primeira decisão no processo de expropriação por utilidade pública.

3. Em alternativa, e para o cômputo da indemnização, também se poderá atender à capitalização dos rendimentos anuais ou multianuais verificados no momento referido na última parte do número anterior.

Parte IV – Anexos – Legislação Revogada e Legislação Subsidiária do NRAU

4. Se a expropriação for parcial, o arrendatário, independentemente dos direitos facultados nos dois números anteriores em relação à parte expropriada, pode optar pela redução proporcional da renda ou pela resolução do contrato quando o senhorio, nos termos da legislação referente a expropriações por utilidade pública, não tenha requerido a expropriação total ou não veja deferida esta pretensão.

ARTIGO 21.º
Termo do contrato

Salvo cláusula contratual ou o acordo expresso dos contraentes, o contrato de arrendamento não se renova automaticamente findo o prazo nele fixado.

ARTIGO 22.º
Exploração em talhadia

No caso de exploração de espécies em talhadia, o arrendatário, no termo do contrato, é obrigado a arrancar os cepos, salvo cláusula contratual ou acordo expresso em contrário.

ARTIGO 23.º
Sublocação e cessão da posição contratual

A sublocação e a cessão da posição contratual do arrendatário carecem de autorização do senhorio.

ARTIGO 24.º
Direito de preferência

1. No caso de venda ou dação em cumprimento de prédios que sejam objecto de arrendamento florestal, têm direito de preferência, pela ordem de menção, os arrendatários, os proprietários de prédios servientes, os proprietários de prédios confinantes e os membros dos agrupamentos de produtores florestais existentes no concelho onde o prédio, ou a sua maior área, se situar.

2. Nas situações previstas no número anterior é aplicável, com as necessárias adaptações, o disposto nos artigos 416.º a 418.º e 1410.º do Código Civil.

3. Havendo mais do que um preferente interessado em exercer o seu direito, abrir-se-á licitação entre eles, revertendo o excesso para o senhorio.

4. O disposto nos números anteriores entende-se sem prejuízo dos direitos de preferência estabelecidos na lei a favor cios contitulares de herança indivisa ou dos comproprietários.

Anexo I – Arrendamento Florestal

ARTIGO 25.º
Parceria

É proibida a celebração de contratos de parceria florestal.

ARTIGO 26.º
Aplicação da lei a arrendamentos existentes

1. As relações e situações jurídicas emergentes de arrendamentos já existentes e que se enquadrem na previsão do artigo 2.0 ficam sujeitas ao regime do presente diploma, quer na parte substantiva quer na adjectiva.

2. A redução a escrito de contratos já existentes e a prática de outras formalidades previstas neste diploma deve verificar-se no prazo de 120 dias a contar do início da sua vigência.

ARTIGO 27.º
Disposições processuais

1. O processo aplicável às acções de resolução dos contratos de arrendamento florestal será o previsto nos artigos 964.º e seguintes do Código de Processo Civil, mas o processo próprio para se obter a fixação e alteração de rendas será o regulado nos artigos 1052.º e seguintes do mesmo Código.

2. Todas as questões emergentes da aplicação do presente diploma, nomeadamente as que dizem respeito à resolução dos contratos, direito de preferência, fixação e alteração das rendas, são da competência do tribunal judicial da comarca de localização do prédio ou da sua maior área.

ARTIGO 28.º
Direito subsidiário

1. Nos casos omissos, desde que não contrariem os princípios deste diploma, aplicam-se sucessivamente as regras respeitantes ao contrato de locação e as dos contratos em geral previstas no Código Civil.

2. Nos casos omissos referentes a matéria de contra-ordenações previstas neste diploma aplica-se o Decreto-Lei n.º 433/82, de 27 de Outubro.

3. Nos casos omissos neste diploma e respeitantes à parte adjectiva aplica-se o Código de Processo Civil.

Parte IV – Anexos – Legislação Revogada e Legislação Subsidiária do NRAU

ARTIGO 29.º
Meios de execução

Compete à Direcção-Geral das Florestas, através dos seus serviços centrais e regionais, divulgar o conteúdo deste diploma, promover a sua aplicação e zelar pelo cumprimento das suas disposições.

ARTIGO 30.º
Aplicação às regiões autónomas

O presente diploma aplica-se às Regiões Autónomas dos Açores e da Madeira, com as adaptações decorrentes da transferência de competências do Governo para os órgãos de governo próprio de cada região.

ANEXO II

REGIME DO ARRENDAMENTO URBANO (RAU)
Aprovado pelo Decreto-Lei n.º 321-B/90, de 15 de Outubro
(com alterações posteriores)

NOTAS:
- O RAU foi revogado expressamente pelo n.º 1 do artigo 60.º da Lei n.º 6/2006, de 27 de Fevereiro
- Contudo, ressalvaram-se as matérias referidas nos artigos 26.º e 28.º dessa Lei, que mantêm o RAU em vigor quanto aos arrendamentos aí referidos.
- Por outro lado, o n.º 2 da citada Lei estabelece que as remissões legais ou contratuais para o RAU consideram-se feitas para os lugares equivalentes do NRAU, com as adaptações necessárias.
- Por isso, é pertinente a publicação do texto do diploma revogado.

REGIME DO ARRENDAMENTO URBANO

CAPÍTULO I
Do Arrendamento Urbano em Geral

SECÇÃO I
Princípios gerais

ARTIGO 1.º
Arrendamento urbano

Arrendamento urbano é o contrato pelo qual uma das partes concede à outra o gozo temporário de um prédio urbano, no todo ou em parte, mediante retribuição.

ARTIGO 2.º
Arrendamentos mistos

1. Envolvendo o contrato uma parte urbana e uma parte rústica, só se considera como urbano o arrendamento se a parte urbana for de valor superior à rústica.

2. Para efeitos do número anterior, atende-se ao valor que resulta da matriz ou, na falta ou deficiência desta, à renda que os contraentes tiverem atribuído a cada uma das partes; na falta de discriminação, procede-se à avaliação.

ARTIGO 3.º
Fim do contrato

1. O arrendamento urbano pode ter como fim a habitação, a actividade comercial ou industrial, o exercício de profissão liberal ou outra aplicação lícita do prédio.

Parte IV – Anexos – Legislação Revogada e Legislação Subsidiária do NRAU

2. Quando nada se estipule, o arrendatário só pode utilizar o prédio para habitação.

ARTIGO 4.º
Deteriorações lícitas

1. É lícito ao arrendatário realizar pequenas deteriorações no prédio arrendado, quando elas se tornem necessárias para assegurar o seu conforto ou comodidade.

2. As deteriorações referidas no número anterior devem, no entanto, ser reparadas pelo arrendatário antes da restituição do prédio, salvo estipulação em contrário.

ARTIGO 5.º
Normas aplicáveis

1. O arrendamento urbano rege-se pelo disposto no presente diploma e, no que não esteja em oposição com este, pelo regime geral da locação civil.

2. Exceptuam-se:

a) Os arrendamentos de prédios do Estado;

b) Os arrendamentos para habitação não permanente em praias, termas ou outros lugares de vilegiatura, ou para outros fins especiais transitórios;

c) Os arrendamentos de casa habitada pelo senhorio, por período correspondente à ausência temporária deste;

d) Os subarrendamentos totais feitos por período correspondente à ausência temporária do arrendatário, nos termos da alínea *b)* do n.º 2 do artigo 64.º e com autorização escrita do senhorio;

e) Os arrendamentos de espaços não habitáveis, para afixação de publicidade, armazenagem, parqueamento de viaturas ou outros fins limitados, especificados no contrato, salvo quando realizados em conjunto com arrendamentos de locais aptos para habitação ou para o exercício do comércio;

f) Os arrendamentos sujeitos a legislação especial.

ARTIGO 6.º
Aplicação subsidiária

1. Aos arrendamentos rústicos não sujeitos a regimes especiais e aos arrendamentos e subarrendamentos referidos nas alíneas *a)* a *e)* do n.º 2 do artigo anterior aplica-se o regime geral da locação civil, bem como o disposto nos artigos 2.º a 4.º, 19.º a 21.º, 44.º a 46.º, 74.º a 76.º e 83.º a 85.º, 88.º e 89.º do presente diploma, com as devidas adaptações.

Anexo II – Regime do Arrendamento Urbano

2. Aos arrendamentos referidos na alínea *f)* do n.º 2 do artigo anterior aplica-se, também, o regime geral da locação civil, bem como o do arrendamento urbano, na medida em que a sua índole for compatível com o regime destes arrendamentos.

SECÇÃO II
Da formação

ARTIGO 7.º
Forma

1. O contrato de arrendamento urbano deve ser celebrado por escrito.
2. Devem ser reduzidos a escritura pública:
a) Os arrendamentos sujeitos a registo;
b) Os arrendamentos para o comércio, indústria ou exercício de profissão liberal.

3. No caso do n.º 1, a inobservância da forma escrita só pode ser suprida pela exibição do recibo de renda e determina a aplicação do regime de renda condicionada, sem que daí possa resultar aumento de renda.
4. No caso da alínea *a)* do n.º 2, a falta de escritura pública ou de registo não impede que o contrato se considere validamente celebrado e plenamente eficaz pelo prazo máximo por que o poderia ser sem a exigência de escritura pública e de registo, desde que tenha sido observada a forma escrita.

ARTIGO 8.º
Conteúdo

1. Do contrato de arrendamento urbano deve constar:
a) A identidade das partes;
b) A identificação e localização do arrendado, ou da sua parte;
c) O quantitativo da renda;
d) A data da celebração.

2. O contrato de arrendamento urbano deve mencionar, também, quando o seu objecto ou o seu fim o impliquem:
a) A identificação dos locais de uso privativo do arrendatário, dos de uso comum a que ele tenha acesso e dos anexos que sejam arrendados com o objecto principal do contrato;

Parte IV – Anexos – Legislação Revogada e Legislação Subsidiária do NRAU

    b) A natureza do direito do locador, sempre que o contrato seja celebrado com base num direito temporário ou em poderes de administração de bens alheios;

    c) A existência da licença de utilização, o seu número, a data e a entidade emitente;

    d) O número de inscrição na matriz predial ou a declaração de o prédio se encontrar omisso;

    e) O regime de renda;

    f) Os elementos necessários para o cálculo do valor do prédio, quando esse elemento seja exigido por lei para a fixação da renda;

    g) O prazo;

    h) A existência de regulamento da propriedade horizontal, se o houver;

    i) Quaisquer outras cláusulas facultadas por lei e pretendidas pelas partes, directamente ou por remissão, para regulamento anexo.

3. Devem ser anexados ao contrato e assinados pelas partes os regulamentos a que se referem as alíneas *h)* e *i)* do número anterior e um documento onde se descreva o estado de conservação do local e suas dependências, bem como do prédio, aplicando-se, na sua falta ou em caso de omissão ou dúvida, o disposto no n.º 2 do artigo 1043.º do Código Civil.

4. Salvo o disposto no artigo seguinte, a falta de algum ou alguns dos elementos referidos nos n.ºs 1 e 2 deste preceito não determina a invalidade ou a ineficácia do contrato, quando possam ser supridas nos termos gerais e desde que os motivos determinantes da forma se mostrem satisfeitos.

ARTIGO 9.º
Licença de utilização

    1. Só podem ser objecto de arrendamento urbano os edifícios ou suas fracções cuja aptidão para o fim pretendido pelo contrato seja atestado pela licença de utilização, passada pela autoridade municipal competente, mediante vistoria realizada menos de oito anos antes da celebração do contrato.

    2. Quando as partes aleguem urgência na celebração do contrato, a licença referida no número anterior pode ser substituída por documento comprovativo de a mesma ter sido requerida, em conformidade com o direito à utilização do prédio nos termos legais e com a antecedência mínima requerida por lei.

    3. A mudança de finalidade no sentido de permitir arrendamentos comerciais deve ser sempre previamente autorizada pela câmara municipal, seja através de nova licença, seja por averbamento à anterior.

Anexo II – Regime do Arrendamento Urbano

4. A existência da licença de utilização bastante ou, quando isso não seja possível, do documento comprovativo da mesma ter sido requerida, deve ser referida no próprio texto do contrato, nos termos do n.º 2, da alínea *c*), do artigo anterior, não podendo ser celebrada qualquer escritura pública de arrendamento sem essa menção.

5. A inobservância do disposto nos n.ᵒˢ 1 a 3, por causa imputável ao senhorio, determina a sujeição do mesmo a uma coima não inferior a um ano de renda, observados os limites legais, salvo quando a falta de licença se fique a dever a atraso que não lhe seja imputável.

6. Na situação prevista no número anterior, o arrendatário pode resolver o contrato, com direito a indemnização nos termos gerais, ou requerer a notificação do senhorio para a realização das obras necessárias, aplicando-se o regime dos artigos 14.º a 18.º e mantendo-se a renda inicialmente fixada, salvo o disposto no número seguinte.

7. O arrendamento não habitacional de locais licenciados apenas para habitação é nulo, sem prejuízo, sendo esse o caso, da aplicação da sanção prevista no n.º 5 e do direito do arrendatário à indemnização.

SECÇÃO III
Do prazo

ARTIGO 10.º
Prazo supletivo

O prazo do arrendamento urbano é de seis meses, se outro não for determinado por lei, convencionado pela parte ou estabelecido pelos usos.

SECÇÃO IV
Das obras

ARTIGO 11.º
Tipos de obras

1. Nos prédios urbanos, e para efeitos do presente diploma, podem ter lugar obras de conservação ordinária, obras de conservação extraordinária e obras de beneficiação.

2. São obras de conservação ordinária:

a) A reparação e limpeza geral do prédio e suas dependências;

Parte IV – Anexos – Legislação Revogada e Legislação Subsidiária do NRAU

b) As obras impostas pela Administração Pública, nos termos da lei geral ou local aplicável, e que visem conferir ao prédio as características apresentadas aquando da concessão da licença de utilização;

c) Em geral, as obras destinadas a manter o prédio nas condições requeridas pelo fim do contrato e existentes à data da sua celebração.

3. São obras de conservação extraordinária as ocasionadas por defeito de construção do prédio ou por caso fortuito ou de força maior, e, em geral, as que não sendo imputadas acções ou omissões ilícitas perpetradas pelo senhorio, ultrapassem, no ano em que se tornem necessárias, dois terços do rendimento líquido desse mesmo ano.

4. São obras de beneficiação todas as que não estejam abrangidas nos dois números anteriores.

ARTIGO 12.º
Obras de conservação ordinária

1. As obras de conservação ordinária estão a cargo do senhorio, sem prejuízo do disposto no artigo 1043.ºº do Código Civil e no artigo 4.º do presente diploma.

2. A realização das obras referidas no número anterior dá lugar à actualização das rendas regulada nos artigos 38.º e 39.º.

ARTIGO 13.º
Obras de conservação extraordinária e de beneficiação

1. As obras de conservação extraordinária e de beneficiação ficam a cargo do senhorio quando, nos termos das leis administrativas em vigor, a sua execução lhe seja ordenada pela câmara municipal competente ou quando haja acordo escrito das partes no sentido da sua realização, com discriminação das obras a efectuar.

2. A realização das obras referidas no número anterior dá lugar à actualização das rendas regulada no artigo 38.º.

3. Ficam ressalvados todos os direitos que o senhorio e o arrendatário tenham perante terceiros.

ARTIGO 14.º
Depósito da actualização das rendas

1. Quando o senhorio, depois de notificado pela câmara municipal competente, não iniciar as obras de conservação ordinária que legalmente lhe caibam

Anexo II – Regime do Arrendamento Urbano

dentro do prazo fixado na notificação, tem o arrendatário o direito de depositar, nos termos do artigo 23.º, à ordem do senhorio, a parte da renda correspondente à actualização referida no artigo 32.º.

2. O depósito só pode ser levantado pelo senhorio mediante a apresentação de documento no qual conste uma declaração municipal que confirme a conclusão das obras.

3. Quando, nos termos dos artigos 15.º ou 16.º, as obras em falta sejam realizadas pela câmara municipal ou pelo próprio inquilino, o depósito reverte, por conta das despesas, a favor de quem as haja efectuado.

4. Os depósitos e os levantamentos referidos neste artigo estão isentos do imposto do selo.

ARTIGO 15.º
Execução administrativa

1. Para efeitos da execução das obras coercivas, nos termos previstos nos artigos 91.º e 107.º do Decreto-Lei n.º 555/99, de 16 de Dezembro, pode a câmara municipal proceder ao despejo administrativo, ocupar o prédio ou fogos, total ou parcialmente, até ao período de um ano após a data da conclusão das obras, devendo proceder, se for o caso, ao arrolamento de bens.

2. O início das obras deve, no entanto, ser precedido da elaboração de um orçamento do respectivo custo, a comunicar ao senhorio, por escrito, e que representa o valor máximo pelo qual este é responsável.

3. O pagamento das obras executadas pela câmara municipal nos termos do número anterior deve ser feito através do recebimento das rendas, até ao limite previsto no n.º 5, durante o tempo necessário ao reembolso integral das despesas efectuadas e respectivos juros, acrescidos de 10% destinados a encargos gerais de administração.

4. Após a ocupação do prédio referida no n.º 1, a câmara municipal notificará os arrendatários, por carta registada ou por afixação de edital na porta da respectiva casa e na sede da junta de freguesia, de que as rendas deverão ser depositadas nos termos do artigo 23.º à ordem da mesma câmara.

5. O senhorio tem o direito de levantar os depósitos até ao montante autorizado expressamente pela respectiva câmara municipal, que não pode ser inferior a 30% da renda efectivamente cobrada à data da ocupação referida no n.º 1.

6. No prazo de 10 dias após ter sido requerida pelo senhorio, a câmara municipal respectiva deverá emitir declaração para os efeitos referidos no número anterior.

7. No caso previsto no n.º 1 e para efeitos do disposto no n.º 3, pode a câmara municipal arrendar os fogos devolutos, por concurso público, em regime

Parte IV – Anexos – Legislação Revogada e Legislação Subsidiária do NRAU

de renda condicionada nos termos do artigo 98.º, pelo prazo mínimo de três anos e máximo de oito anos, não sendo aplicável a caducidade prevista no n.º 2 do artigo 66.º.

8. O disposto no número anterior não é aplicável se o senhorio arrendar os fogos devolutos, por valor não inferior ao da renda condicionada, no prazo de quatro meses após a ocupação do prédio pela câmara municipal ou após a conclusão das obras.

9. A ocupação referida no n.º 1 cessa automaticamente um ano após a conclusão das obras, sem prejuízo do disposto nos n.ºs 7 e 12.

10. Aos contratos de arrendamento celebrados posteriormente à data de ocupação referida no n.º 1 é aplicável o disposto nos n.ºs 3, 4 e 6, bem como o disposto no n.º 7 relativamente ao valor da renda.

11. No prazo de 10 dias após o reembolso integral referido no n.º 3, a câmara municipal respectiva notificará os inquilinos da cessação do dever referido no n.º 4 nos termos nele estatuídos.

12. A notificação de intimação do despejo prevista no n.º 3 do artigo 92.º do Decreto-Lei n.º 555/99, de 16 de Dezembro, será efectuada nos termos previstos no n.º 4.

13. O aumento de renda referido no n.º 5 do artigo 92.º do Decreto-Lei n.º 555/99, de 16 de Dezembro, será apurado nos termos do Regime Especial de Comparticipação na Recuperação de Imóveis Arrendados (RECRIA).

14. Para efeitos do arrolamento referido no n.º 1, proceder-se-á da seguinte forma:

a) Será lavrado auto em que se descrevam os bens, em verbas numeradas, como em inventário. O auto mencionará ainda todas as ocorrências com interesse e será assinado pelo funcionário que o lavre e pelo possuidor dos bens, se existir, devendo intervir duas testemunhas quando for assinado por este último;

b) Ao acto de arrolamento assiste o possuidor ou detentor dos bens, sempre que esteja no local ou seja possível chamá-lo e queira assistir. Pode este interessado fazer-se representar por mandatário judicial;

c) Os bens arrolados ficam depositados à guarda da câmara municipal e serão entregues ao arrendatário, a requerimento deste, sem prejuízo de só poderem ser repostos no fogo despejando após a conclusão das respectivas obras;

d) São aplicáveis ao arrolamento as disposições relativas à penhora, com as devidas adaptações, em tudo que não contrarie o estabelecido neste artigo.

15. Os inquilinos que não dêem cumprimento à intimação a que se refere o n.º 12 serão responsáveis por todas as despesas resultantes do despejo, depósito e arrolamento dos bens.

Anexo II – Regime do Arrendamento Urbano

16. Para efeito do disposto no n.º 1, mantêm-se em vigor todas as vistorias e actos administrativos subsequentes praticados até à entrada em vigor do referido diploma.

ARTIGO 16.º
Execução pelo arrendatário

1. O arrendatário, quando a câmara municipal não inicie as obras a que se refere o artigo 15.º, n.º 1, no prazo de 120 dias a contar da recepção do requerimento por ele formulado, pode proceder à sua execução.

2. No caso previsto no número anterior, o arrendatário deve obter previamente, junto da câmara municipal, um orçamento do respectivo custo, a comunicar ao senhorio, por escrito, e que representa o valor máximo pelo qual este é o responsável.

3. Havendo pluralidade de arrendatários, o disposto nos números anteriores, relativamente às partes comuns, depende do assentimento de, pelo menos, metade deles, ficando os restantes vinculados.

4. O presente artigo não prejudica o disposto no artigo 1036º do Código Civil.

5. Nos casos a que se referem os n.ºˢ 1 e 4 pode ainda o arrendatário submeter à aprovação da câmara municipal o orçamento para execução das obras.

ARTIGO 17.º
Cobrança coerciva

1. Na falta de pagamento voluntário das despesas implicadas pela execução administrativa referida no artigo 15.º, a câmara municipal que a haja realizado deve proceder à respectiva cobrança coerciva.

2. Para efeitos do disposto no número anterior, tem força de título executivo a certidão passada pelos serviços municipais donde conste o quantitativo global das despesas em dívida.

ARTIGO 18.º
Reembolso do arrendatário

Quando o arrendatário execute as obras ao abrigo do artigo 16.º, e enquanto não estiver integralmente reembolsado das despesas efectuadas e respectivos juros, acrescidos de 10% destinados a despesas de administração, apenas é obrigado a pagar ao senhorio 30% da renda vigente à data da notificação municipal ao senhorio para a execução das referidas obras.

Parte IV – Anexos – Legislação Revogada e Legislação Subsidiária do NRAU

SECÇÃO V
Da renda

SUBSECÇÃO I
Disposições gerais

ARTIGO 19.º
Fixação em escudos

1. O quantitativo da renda deve ser fixado em escudos.

2. Sem prejuízo da validade do contrato, é nula a cláusula pela qual se convencione o pagamento em moeda específica ou em moeda estrangeira.

3. O quantitativo da renda fixada em moeda estrangeira corresponde ao seu equivalente em escudos segundo o câmbio do dia e do lugar de celebração do contrato.

ARTIGO 20.º
Vencimento

Na falta de convenção em contrário, se as rendas estiverem em correspondência com os meses do calendário grego, a primeira vencer-se-á no momento da celebração do contrato e cada uma das restantes no primeiro dia útil do mês imediatamente anterior àquele a que diga respeito.

ARTIGO 21.º
Antecipação

1. Não é permitido às partes estipularem antecipação de renda superior à correspondente a um mês, nem por tempo superior a um mês, relativamente ao início do período a que respeita, ficando reduzida a esses limites sempre que os exceda.

2. O mês computa-se pelo calendário gregoriano, quando as rendas estejam em correspondência com os meses do mesmo calendário, calculando-se, nas restantes hipóteses, em 30 dias.

Anexo II – Regime do Arrendamento Urbano

SUBSECÇÃO II
Do depósito de rendas

ARTIGO 22.º
Depósito

1. O arrendatário pode depositar a renda, quando ocorram os pressupostos da consignação em depósito e ainda quando lhe seja permitido fazer cessar a mora ou fazer caducar o direito à resolução do contrato, por falta de pagamento de renda, nos termos, respectivamente, dos artigos 1041.º, n.º 2, e 1048.º do Código Civil.

2. O arrendatário pode ainda depositar a renda quando esteja pendente acção de despejo.

ARTIGO 23.º
Termos do depósito

1. O depósito é feito na Caixa Geral de Depósitos, perante um documento em dois exemplares, assinado pelo arrendatário ou por outrem, em seu nome, e do qual constem:

a) A identidade do senhorio e do arrendatário;
b) A identificação e localização do prédio, ou parte de prédio, arrendado;
c) O quantitativo da renda;
d) O período de tempo a que ela diz respeito;
e) O motivo por que se pede o depósito.

2. Um dos exemplares do documento referido no número anterior fica em poder da Caixa Geral de Depósitos, cabendo o outro ao depositante, com o lançamento de ter sido efectuado o depósito.

3. O depósito fica à ordem do tribunal da situação do prédio ou, quando efectuado na pendência da acção de despejo, do respectivo tribunal.

ARTIGO 24.º
Notificação do senhorio

1. A notificação, ao senhorio, do depósito da renda é facultativa.

2. A junção do duplicado ou duplicados das guias de depósito à contestação da acção de despejo baseada na falta de pagamento de renda produz os efeitos da notificação.

Parte IV – Anexos – Legislação Revogada e Legislação Subsidiária do NRAU

ARTIGO 25.º
Depósitos posteriores

1. Enquanto subsistir a causa do depósito, o arrendatário pode depositar as rendas posteriores, sem necessidade de nova oferta de pagamento nem de notificação dos depósitos sucessivos.

2. Os depósitos posteriores são considerados dependência e consequência do depósito inicial, valendo quanto a eles o que for decidido em relação a este.

3. Se o processo tiver subido em recurso, os documentos relativos ao depósito de rendas que entretanto se vençam podem ser apresentados na 1ª instância, ainda que não tenha ficado traslado.

ARTIGO 26.º
Impugnação do depósito

1. A impugnação do depósito deve ocorrer no prazo de 14 dias contados da notificação, seguindo-se, depois, o disposto na lei de processo sobre a impugnação da consignação em depósito.

2. Quando o senhorio pretenda resolver o contrato por não pagamento de renda, a impugnação deve, no entanto, ser efectuada em acção de despejo a intentar no prazo de 14 dias contados da notificação do depósito ou, estando a acção já pendente, na resposta à contestação ou em articulado específico, apresentado no prazo de sete dias contados da notificação em causa, sempre que esta ocorra depois da contestação.

3. O processo de depósito é apensado ao da acção de despejo, em cujo despacho saneador se deve conhecer da subsistência do depósito e dos seus efeitos, salvo se a decisão depender da prova ainda não produzida.

ARTIGO 27.º
Levantamento do depósito pelo senhorio

1. O senhorio pode levantar o depósito mediante escrito em que declare que não o impugnou nem pretende impugnar.

2. O escrito referido no número anterior é assinado pelo senhorio ou pelo seu representante, devendo a assinatura ser reconhecida por notário, quando não se apresente o bilhete de identidade respectivo.

Anexo II – Regime do Arrendamento Urbano

ARTIGO 28.º
Necessidade de decisão judicial

1. O depósito impugnado pelo senhorio e o depósito realizado condicionalmente pelo arrendatário, nos termos do artigo 1042.º, n.º 2, do Código Civil, só podem ser levantados após decisão judicial e de harmonia com ela.

2. O depósito condicional de rendas e da indemnização legal pode ser levantado na sua totalidade pelo senhorio, à custa do arrendatário, caso se prove a falta de pagamento de rendas, subsistindo o arrendamento.

3. Quando não seja feita a prova preferida no número anterior o senhorio apenas tem direito às rendas, podendo o arrendatário levantar o restante à custa daquele.

ARTIGO 29.º
Falsidade da declaração do depósito

Quando a declaração referida no artigo 27.º seja falsa, a impugnação fica sem efeito e o declarante incorre em multa equivalente ao dobro da quantia depositada, sem prejuízo da responsabilidade penal correspondente ao crime de falsas declarações.

SUBSECÇÃO III
Da actualização de rendas

DIVISÃO I
Disposições gerais

ARTIGO 30.º
Regra geral

A actualização de rendas é permitida nos casos previstos na lei e pela forma nela regulada.

ARTIGO 31.º
Casos de actualização

1. As rendas reguladas neste diploma são actualizáveis nos casos seguintes:
a) Anualmente em função do coeficiente determinado nos termos do artigo 32.º, ou por convenção das partes, nos casos previstos na lei;

Parte IV – Anexos – Legislação Revogada e Legislação Subsidiária do NRAU

b) Noutras ocasiões, em função de obras de conservação ou beneficiação, nos termos dos artigos 38.º e seguintes, salvo quando possam ser exigidas a terceiros.

2. Fica ressalvado, na medida da sua especificidade, o disposto para os arrendamentos de renda apoiada.

DIVISÃO II
Das actualizações anuais

ARTIGO 32.º
Coeficiente de actualização

1. O coeficiente de actualização anual de renda dos diversos tipos de arrendamento é o resultante da totalidade da variação do índice de preços no consumidor, sem habitação, correspondente aos últimos 12 meses e para os quais existam valores disponíveis à data de 31 de Agosto, apurado pelo Instituto Nacional de Estatística.

2. O Instituto Nacional de Estatística fará publicar no Diário da República até 30 de Outubro o aviso com o coeficiente referido no número anterior.

3. A renda resultante da actualização referida no n.º 1 deve ser arredondada para a centena de escudos imediatamente superior.

ARTIGO 33.º
Nova renda

1. O senhorio interessado na actualização anual da renda deve comunicar por escrito ao arrendatário, com a antecedência mínima de 30 dias, o novo montante e o coeficiente e demais factores relevantes utilizados no seu cálculo.

2. A nova renda considera-se aceite quando o arrendatário não discorde nos termos do artigo 35.º e no prazo nele fixado.

3. O arrendatário que não concorde com a nova renda pode ainda denunciar o contrato, contanto que o faça até 15 dias antes de findar o primeiro mês de vigência da nova renda, mês esse pelo qual apenas deve pagar a renda antiga.

ARTIGO 34.º
Anualidade

1. A primeira actualização pode ser exigida um ano após a data do início da vigência do contrato e as seguintes, sucessivamente, um ano após a actualização anterior.

Anexo II – Regime do Arrendamento Urbano

2. A não actualização das rendas não pode dar lugar a posterior recuperação dos aumentos de renda não feitos, mas os coeficientes respectivos podem ser aplicados em anos posteriores, desde que não tenham passado mais de dois anos sobre a data em que teria sido inicialmente possível a sua aplicação.

ARTIGO 35.º

Não aceitação pelo arrendatário

1. O arrendatário pode recusar a nova renda indicada nos termos do artigo 33.º, n.º 1, com base em erro nos factos relevantes ou na aplicação da lei.

2. A recusa, acompanhada da respectiva fundamentação, deve ser comunicada ao senhorio por escrito, no prazo de 15 dias contados da recepção da comunicação de aumento, e da qual conste o montante que o arrendatário considera correcto.

3. O senhorio pode rejeitar o montante indicado pelo arrendatário por comunicação escrita a este dirigida e enviada no prazo de 15 dias contados da recepção da comunicação de recusa.

4. O silêncio do senhorio ou o não acatamento por ele das formalidades referidas no número anterior valem como aceitação da indicação do arrendatário.

ARTIGO 36.º

Recurso a comissão especial

1. Quando o senhorio rejeite o montante indicado, nos termos do n.º 3 do artigo 35.º, o arrendatário pode, nos 15 dias subsequentes à recepção da comunicação da rejeição, requerer a fixação definitiva do aumento devido a uma comissão especial ou ao tribunal de comarca competente, no prazo de 30 dias, sob pena de aceitação definitiva.

2. A composição e o funcionamento da comissão são definidos por portaria conjunta dos Ministros do Equipamento Social, das Finanças, da Economia e da Justiça.

3. À comissão referida nos números anteriores aplica-se o regime previsto na legislação processual civil para o tribunal arbitral necessário.

4. A renda anterior mantém-se até à decisão final, sem prejuízo do disposto no artigo seguinte.

ARTIGO 37.º

Ajustamento e pagamento de rendas

1. Nos meses imediatamente subsequentes à decisão final, deve proceder-se aos eventuais acertos relativos às rendas vencidas, acrescidas de 1,5% do valor global desses acertos por cada mês completo entretanto decorrido.

Parte IV – Anexos – Legislação Revogada e Legislação Subsidiária do NRAU

2. O pagamento dos acertos e respectivos acréscimos, referidos no número anterior, faz-se em prestações mensais, cujo montante não deve exceder metade da renda mensal actualizada.

DIVISÃO III
Da actualização por obras

ARTIGO 38.º
Disposição geral

1. Quando o senhorio realize no prédio obras de conservação ordinária ou extraordinária, ou obras de beneficiação que se enquadrem na lei geral ou local necessárias para a concessão de licença de utilização e que sejam aprovadas ou compelidas pela respectiva câmara municipal, pode exigir do arrendatário um aumento de renda apurado nos termos do Regime Especial de Comparticipação na Recuperação de Imóveis Arrendados (RECRIA).

2. A renda actualizada nos termos do número anterior ou a que resulte de obras realizadas ao abrigo do RECRIA é exigível no mês subsequente ao da conclusão das obras, sendo actualizável nos termos da alínea *a*) do n.º 1 do artigo 31.º

3. O disposto neste preceito não prejudica a possibilidade do acordo referido no artigo seguinte.

4. A actualização por obras de conservação ordinária prevista no n.º 1 só é aplicável aos arrendatários que se mantenham no local arrendado há oito ou mais anos nessa qualidade, considerando-se também para este efeito como tendo a qualidade de arrendatário a pessoa a quem tal posição se transfira por força dos artigos 84.º e 85.º, contando-se o decurso do tempo de que o transmitente já beneficiasse.

ARTIGO 39.º
Obras realizadas por acordo

1. Quando as obras sejam realizadas por acordo das partes, pode ser livremente pactuado um aumento de renda compensatório.

2. A renda acordada e uma referência às obras realizadas, com indicação do seu custo, devem constar de aditamento escrito ao contrato de arrendamento.

Anexo II – Regime do Arrendamento Urbano

SECÇÃO VI
Dos encargos de fruição de partes comuns

ARTIGO 40.º
Princípio geral

As despesas correntes necessárias à fruição das partes comuns do edifício e ao pagamento de serviços de interesse comum podem, por acordo entre as partes, ficar a cargo do arrendatário.

ARTIGO 41.º
Requisitos

1. O acordo referido no artigo anterior deve, sob pena de nulidade:
a) Constar do texto escrito do contrato ou de um aditamento, também escrito, e assinado pelo arrendatário;
b) Reportar-se a edifícios cujas fracções autónomas se encontrem nas condições referidas no artigo 1415.º do Código Civil, devidamente constituídos em propriedade horizontal;
c) Especificar, dentro dos limites do artigo 1424.º do Código Civil, quais as despesas a cargo do arrendatário.

2. A nulidade do acordo não prejudica a validade das restantes cláusulas do contrato.

ARTIGO 42.º
Especificação

1. A especificação das despesas e dos encargos deve ser feita directamente ou por remissão para regulamento anexo ao contrato, nos termos n.º 3 do artigo 8.º.

2. A especificação compreende, designadamente, a natureza dos encargos, a forma de proceder ao cálculo ou determinação do seu montante, o seu limite máximo e, quando seja o caso, as fórmulas de revisão ou de actualização.

3. Para efeitos do disposto no número anterior, as partes podem fixar uma quantia a pagar mensalmente, sem prejuízo de eventuais acertos nos precisos termos definidos no contrato.

4. O senhorio deve comunicar ao arrendatário, com uma antecedência razoável, todas as informações necessárias para determinação e comprovação das despesas a cargo deste, incluindo deliberações da assembleia de condóminos, leituras de contadores ou quaisquer outras.

Parte IV – Anexos – Legislação Revogada e Legislação Subsidiária do NRAU

ARTIGO 43.º
Norma supletiva

Salvo disposição contratual em contrário, as obrigações relativas aos encargos e despesas a cargo do arrendatário vencem-se no final do mês seguinte ao da comunicação pelo senhorio, devendo ser cumprida simultaneamente com a renda subsequente.

SECÇÃO VII
Do subarrendamento

ARTIGO 44.º
Autorização do senhorio

1. A autorização para subarrendar o prédio deve ser dada por escrito ou em escritura pública, consoante a forma exigida para o contrato.

2. O subarrendamento não autorizado considera-se, todavia, ratificado pelo senhorio, se ele reconhecer o subarrendatário como tal.

ARTIGO 45.º
Caducidade

O subarrendamento caduca com a extinção, por qualquer causa, do contrato de arrendamento, sem prejuízo da responsabilidade do sublocador para com o sublocatário, quando o motivo da extinção lhe seja imputável.

ARTIGO 46.º
Direitos do senhorio em relação ao subarrendatário

1. Sendo total o subarrendamento, o senhorio pode substituir-se ao arrendatário, mediante notificação judicial, considerando-se resolvido o primitivo arrendamento e passando o subarrendatário a arrendatário directo.

2. Se o senhorio receber alguma renda do subarrendatário e lhe passar recibo depois da extinção do arrendamento, será o subarrendatário havido como arrendatário directo.

Anexo II – Regime do Arrendamento Urbano

SECÇÃO VIII
Do direito de preferência do arrendatário

ARTIGO 47.º
Direito de preferência

1. O arrendatário de prédio urbano ou de sua fracção autónoma tem o direito de preferência na compra e venda ou na dação em cumprimento do local arrendado há mais de um ano.

2. Sendo dois ou mais os preferentes, abre-se entre eles licitação, revertendo o excesso para o alienante.

ARTIGO 48.º
Graduação

O direito de preferência do arrendatário é graduado imediatamente acima do direito de preferência conferido ao proprietário do solo pelo artigo 1535.º do Código Civil.

ARTIGO 49.º
Regime

Ao direito de preferência do arrendatário é aplicável, com as necessárias adaptações, o disposto nos artigos 416.º a 418.º e 1410.º do Código Civil.

SECÇÃO IX
Da cessação do contrato

SUBSECÇÃO I
Disposições comuns

DIVISÃO I
Regras gerais

ARTIGO 50.º
Cessação do arrendamento

O arrendamento urbano pode cessar por acordo entre as partes, por resolução, por caducidade, por denúncia ou por outras causas determinadas na lei.

Parte IV – Anexos – Legislação Revogada e Legislação Subsidiária do NRAU

ARTIGO 51.º
Imperatividade

O disposto neste diploma sobre a resolução, a caducidade e a denúncia do arrendamento tem natureza imperativa.

ARTIGO 52.º
Meios para a cessação do arrendamento

1. A cessação do arrendamento opera por interpelação dirigida à outra parte, pela forma prevista na lei.

2. Para a cessação do arrendamento ou para a sua efectivação, o senhorio dispõe ainda, quando necessário, da acção de despejo.

DIVISÃO II
Da interpelação

ARTIGO 53.º
Interpelação

1. Quando o senhorio ou arrendatário pretendam fazer cessar o arrendamento, nos casos em que a lei o permita, devem interpelar a outra parte com a antecedência legalmente prescrita.

2. A interpelação faz-se pela citação, quando seja exigida acção judicial, ou extrajudicialmente, por comunicação escrita, nos restantes casos.

3. Produz, ainda, os efeitos da interpelação o reconhecimento, pelo arrendatário, do facto jurídico que conduz à cessação do arrendamento, seja pela aposição de escritos, seja por documento por ele assinado.

ARTIGO 54.º
Efeitos da interpelação

1. A interpelação feita pelo senhorio, quando efectuada na forma prevista pela lei, torna exigível, a partir do momento legalmente fixado, a desocupação do local e a sua entrega com as reparações que incumbem ao arrendatário.

2. Com a interpelação, o senhorio pode exigir ao arrendatário a colocação de escritos, quando correspondam ao uso da terra.

3. O arrendatário deve, em qualquer caso, mostrar o local a quem pretender tomá-lo de arrendamento, em horário acordado com o senhorio.

Anexo II – Regime do Arrendamento Urbano

4. Na falta do acordo referido no número anterior, o arrendatário deve mostrar o local nos dias úteis, das 17 horas e 30 minutos às 19 horas e 30 minutos e aos sábados e domingos, das 15 às 19 horas, respectivamente.

DIVISÃO III
Da acção de despejo

ARTIGO 55.º
Finalidade

1. A acção de despejo destina-se a fazer cessar a situação jurídica do arrendamento, sempre que a lei imponha o recurso à via judicial para promover tal cessação.

2. A acção de despejo é, ainda, o meio processual idóneo para efectivar a cessação do arrendamento quando o arrendatário não aceite ou não execute o despedimento resultante de qualquer outra causa.

ARTIGO 56.º
Forma do processo

1. A acção de despejo, na sua fase declarativa, segue a tramitação do processo comum com as alterações constantes do presente diploma.

2. Juntamente com o pedido de despejo, o autor pode requerer a condenação do réu no pagamento de rendas ou de indemnização.

3. Quando o pedido de despejo tiver por fundamento a falta de residência permanente do arrendatário e quando este tenha na área das comarcas de Lisboa ou do Porto e suas limítrofes ou na respectiva localidade quanto ao resto do País outra residência ou a propriedade de imóvel para habitação adquirido após o início da relação de arrendamento, com excepção dos casos de sucessão *mortis causa*, pode o senhorio, simultaneamente, pedir uma indemnização igual ao valor da renda condicionada, desde o termo do prazo para contestar até à entrega efectiva da habitação.

4. O réu, ao contestar, pode deduzir em reconvenção o seu direito a benfeitorias ou a uma indemnização.

ARTIGO 57.º
Recursos

1. A acção de despejo admite sempre recurso para a relação, independentemente do valor da causa.

Parte IV – Anexos – Legislação Revogada e Legislação Subsidiária do NRAU

2. A apelação interposta de sentença que decrete o despejo tem efeito suspensivo.

ARTIGO 58.º
Rendas vencidas na pendência da acção

1. Na pendência da acção de despejo, as rendas vencidas devem ser pagas ou depositadas, nos termos gerais.

2. O senhorio pode requerer o despejo imediato com base no não cumprimento do disposto no número anterior, sendo ouvido o arrendatário.

3. O direito a pedir o despejo imediato nos termos deste preceito caduca quando o arrendatário, até ao termo do prazo para a sua resposta, pague ou deposite as rendas em mora, e disso faça prova, sendo, no entanto, condenado nas custas do incidente e nas despesas de levantamento do depósito, que serão contadas a final.

ARTIGO 59.º
Mandado de despejo

1. O senhorio pode requerer um mandado para a execução do despejo, quando o arrendatário não entregue o prédio na data fixada na sentença.

2. O requerente deve pôr à disposição do executor os meios necessários para a remoção, transporte e depósito dos móveis e objectos que sejam encontrados no local.

3. Quando seja necessário arrombar as portas ou vencer qualquer resistência material, o funcionário encarregado de executar o mandado deve requisitar a intervenção da força pública e a assistência de qualquer autoridade administrativa, em cuja presença se efectuará o despejo, lavrando-se auto da ocorrência.

ARTIGO 60.º
Casos em que a execução do mandado é sustada

1. O mandado de despejo é executado seja quem for o detentor do prédio.

2. O executor deve sobrestar, porém, no despejo, quando o detentor não tenha sido ouvido e convencido na acção e exibir algum dos títulos seguintes:

a) Título de arrendamento ou de outro gozo legítimo do prédio, emanado do exequente;

b) Título de subarrendamento ou de cessão da posição contratual, emanado do executado, e documento comprovativo de haver sido requerida no prazo de 15 dias a respectiva notificação ao senhorio ou de o senhorio ter especialmente autorizado o subarrendamento ou a cessão, ou de o senhorio ter conhecido o subarrendatário ou cessionário como tal.

Anexo II – Regime do Arrendamento Urbano

3. Deve ser lavrada certidão das ocorrências referidas no número anterior, juntando-se os documentos exibidos e advertindo-se o detentor do ónus prescrito no número seguinte com imediato conhecimento ao senhorio ou ao seu representante.

4. O detentor deve requerer, no prazo de cinco dias, a confirmação da suspensão do despejo, sob pena de imediata execução do mandado.

5. Com o requerimento referido no número anterior devem ser apresentados os documentos disponíveis, decidindo o juiz, sumariamente, ouvido o senhorio, se a suspensão é mantida ou o mandado executado.

ARTIGO 61.º
Suspensão por doença

1. O executor deve ainda sobrestar no despejo quando, tratando se de arrendamento para habitação, se mostre, por atestado médico, que a diligência põe em risco de vida, por razões de doença aguda, a pessoa que se encontra no local.

2. O atestado referido no número anterior deve indicar de modo fundamentado o prazo durante o qual se deve sustar o despejo.

3. Nos casos referidos no n.º 1 tem aplicação o disposto nos n.ºˢ 3, 4 e 5 do artigo anterior.

4. O senhorio pode requerer, à sua custa, o exame do doente por dois médicos nomeados pelo juiz, decidindo este da suspensão, segundo a equidade.

SUBSECÇÃO II
Da cessação por acordo das partes

ARTIGO 62.º
Revogação

1. As partes podem, a todo o tempo, revogar o contrato, mediante acordo a tanto dirigido.

2. O acordo referido no número anterior deve ser celebrado por escrito, sempre que não seja imediatamente executado ou sempre que contenha cláusulas compensatórias ou quaisquer outras cláusulas acessórias.

Parte IV – Anexos – Legislação Revogada e Legislação Subsidiária do NRAU

SUBSECÇÃO III
Da resolução

ARTIGO 63.º
Resolução

1. O arrendatário pode resolver o contrato nos termos gerais de direito, com base em incumprimento pela outra parte.

2. A resolução do contrato fundada na falta de cumprimento por parte do arrendatário tem de ser decretada pelo tribunal.

ARTIGO 64.º
Casos de resolução pelo senhorio

1. O senhorio só pode resolver o contrato se o arrendatário:

a) Não pagar a renda no tempo e lugar próprios nem fizer depósito liberatório;

b) Usar ou consentir que outrem use o prédio arrendado para fim ou ramo de negócio diverso daquele ou daqueles a que se destina;

c) Aplicar o prédio, reiterada ou habitualmente, a práticas ilícitas, imorais ou desonestas;

d) Fizer no prédio, sem consentimento escrito do senhorio, obras que alterem substancialmente a sua estrutura externa ou a disposição interna das suas divisões, ou praticar actos que nele causem deteriorações consideráveis, igualmente não consentidas e que não possam justificar-se nos termos dos artigos 1043.º do Código Civil ou 4.º do presente diploma;

e) Dar hospedagem a mais de três pessoas das mencionadas no n.º 3 do artigo 76.º, quando não seja esse o fim para que o prédio foi arrendado; ou violar cláusula contratual, estabelecida nos termos da alínea *b)* do n.º 1 do mesmo artigo;

f) Subarrendar ou emprestar, total ou parcialmente, o prédio arrendado, ou ceder a sua posição contratual, nos casos em que estes actos são ilícitos, inválidos por falta de forma ou ineficazes em relação ao senhorio, salvo o disposto no artigo 1049.º do Código Civil;

g) Cobrar do subarrendatário renda superior à que é permitida nos termos do artigo 1062.º do Código Civil;

h) Conservar encerrado, por mais de um ano, o prédio arrendado para comércio, indústria ou exercício de profissão liberal, salvo caso de força maior ou ausência forçada do arrendatário que não se prolongue por mais de dois anos;

Anexo II – Regime do Arrendamento Urbano

i) Conservar o prédio desabitado por mais de um ano ou, sendo o prédio destinado a habitação, não tiver nele residência permanente, habite ou não outra casa, própria ou alheia;

j) Deixar de prestar ao proprietário ou ao senhorio os serviços pessoais que determinaram a ocupação do prédio.

2. Não tem aplicação o disposto na alínea *i)* do número anterior:

a) Em caso de força maior ou de doença;

b) Se o arrendatário se ausentar por tempo não superior a dois anos, em cumprimento de deveres militares, ou no exercício de outras funções públicas ou de serviço particular por conta de outrem, e bem assim sem dependência de prazo, se a ausência resultar de comissão de serviço público, civil ou militar por tempo determinado;

c) Se permanecerem no prédio o cônjuge ou parentes em linha recta do arrendatário ou outros familiares dele, desde que, neste último caso, com ele convivessem há mais de um ano.

ARTIGO 65.º

Caducidade do direito de pedir a resolução

1. A acção de resolução deve ser proposta dentro de um ano, a contar do conhecimento do facto que lhe serve de fundamento, sob pena de caducidade.

2. O prazo de caducidade previsto no número anterior, quando se trate de facto continuado ou duradouro, conta-se a partir da data em que o facto tiver cessado.

SUBSECÇÃO IV

Da caducidade

ARTIGO 66.º

Caducidade

1. Sem prejuízo do disposto quanto aos regimes especiais, o arrendamento caduca nos casos fixados pelo artigo 1051.º do Código Civil.

2. Quando o contrato de arrendamento para habitação caduque por força da alínea *c)* do artigo 1051.º do Código Civil, o arrendatário tem direito a um novo arrendamento nos termos do artigo 90.º.

Parte IV – Anexos – Legislação Revogada e Legislação Subsidiária do NRAU

ARTIGO 67.º
Expropriação por utilidade pública

1. A caducidade do contrato em consequência de expropriação por utilidade pública obriga o expropriante a indemnizar o arrendatário, cuja posição é, para o efeito, considerada como um encargo autónomo.

2. A indemnização referida no número anterior é calculada nos termos do Código das Expropriações, que pode fixar ainda outras prestações ressarcitórias.

SUBSECÇÃO V
Da denúncia

ARTIGO 68.º
Denúncia

1. O arrendatário pode impedir a renovação automática do contrato, procedendo à denúncia regulada no artigo 1055° do Código Civil.

2. A denúncia do contrato pelo senhorio só é possível nos casos previstos na lei e pela forma nela estabelecida.

ARTIGO 69.º
Casos de denúncia pelo senhorio

1. Sem prejuízo dos casos previstos no artigo 89.º-A, o senhorio pode denunciar o contrato para o termo do prazo ou da sua renovação nos casos seguintes:

a) Quando necessite do prédio para sua habitação ou dos seus descendentes em 1.º grau;

b) Quando necessite do prédio para nele construir a sua residência ou dos seus descendentes em 1.º grau;

c) Quando se proponha ampliar o prédio ou nele construir novos edifícios por forma a aumentar o número de locais arrendáveis e disponha do respectivo projecto de arquitectura, aprovado pela câmara municipal;

d) Quando o prédio esteja degradado e não se mostre aconselhável, sob o aspecto técnico ou económico, a respectiva beneficiação ou reparação e esteja aprovado pela câmara municipal o respectivo projecto de arquitectura.

2. O disposto neste artigo não é aplicável às casas de saúde nem aos estabelecimentos de ensino oficial ou particular.

Anexo II – Regime do Arrendamento Urbano

ARTIGO 70.º
Forma e prazo da denúncia

A denúncia do senhorio deve ser feita em acção judicial, com a antecedência mínima de seis meses relativamente ao fim do prazo do contrato, mas não obriga ao despejo enquanto não decorrerem três meses sobre a decisão definitiva.

ARTIGO 71.º
Denúncia para habitação

1. O direito de denúncia para habitação do senhorio depende, em relação a ele, da verificação dos seguintes requisitos:
a) Ser proprietário, comproprietário ou usufrutuário do prédio há mais de cinco anos, ou, independentemente deste prazo, se o tiver adquirido por sucessão;
b) Não ter, há mais de um ano, na área das comarcas de Lisboa ou do Porto e suas limítrofes ou na respectiva localidade quanto ao resto do País casa própria ou arrendada que satisfaça as necessidades de habitação própria ou dos seus descendentes em 1° grau.

2. O senhorio que tiver diversos prédios arrendados só pode denunciar o contrato relativamente àquele que, satisfazendo às necessidades de habitação própria e da família, esteja arrendado há menos tempo.

3. O direito de denúncia para habitação do descendente está sujeito à verificação do requisito previsto na alínea *a)* do n.º 1 relativamente ao senhorio e do da alínea *b)* do mesmo número para o descendente.

ARTIGO 72.º
Indemnização e reocupação do prédio

1. É devida ao arrendatário, pela desocupação do prédio para habitação do senhorio, uma indemnização correspondente a dois anos e meio de renda à data do despejo.

2. Se o senhorio, desocupado o prédio, não o for habitar dentro de 60 dias, ou o tiver devoluto durante mais de um ano sem motivo de força maior ou não permanecer nele durante três anos e bem assim se ele não tiver feito, dentro desse mesmo prazo, a obra justificativa da denúncia, o arrendatário despedido tem direito, além da indemnização fixada no número anterior, à importância correspondente a dois anos de renda e pode reocupar o prédio, salvo, em qualquer dos casos mencionados, a ocorrência de morte ou deslocação forçada do senhorio não prevista à data do despejo.

Parte IV – Anexos – Legislação Revogada e Legislação Subsidiária do NRAU

ARTIGO 73.º
Denúncia para aumento de capacidade do prédio

Denúncia para aumento da capacidade do prédio ou por degradação do mesmo:

1. A denúncia do contrato para aumento do número de locais arrendáveis é objecto de legislação especial.

2. À denúncia do contrato previsto na alínea *d*) do n.º 1 do artigo 69.º aplica-se o regime referido no número anterior.

CAPÍTULO II
Do Arrendamento Urbano para Habitação

SECÇÃO I
Disposições gerais

ARTIGO 74.º
Casas mobiladas

Quando o arrendamento do prédio para habitação seja acompanhado do aluguer da respectiva mobília ao mesmo locatário, considera-se arrendamento urbano todo o contrato e renda todo o preço locativo.

ARTIGO 75.º
Indústrias domésticas

1. No uso residencial de prédio arrendado inclui-se o exercício de qualquer indústria doméstica, ainda que tributada.

2. É indústria doméstica a explorada na sua residência pelo arrendatário ou pelos seus familiares, contanto que não ocupe mais de três auxiliares assalariados.

3. Consideram-se familiares as pessoas designadas no n.º 3 do artigo 1040.º do Código Civil.

ARTIGO 76.º
Pessoas que podem residir no prédio

1. Nos arrendamentos para habitação podem residir no prédio, além do arrendatário:

a) Todos os que vivam com ele em economia comum;

b) Um máximo de três hóspedes, salvo cláusula em contrário.

Anexo II – Regime do Arrendamento Urbano

2. Consideram-se sempre como vivendo com o arrendatário em economia comum os seus parentes ou afins na linha recta ou até ao 3.º grau da linha colateral, ainda que paguem alguma retribuição e bem assim as pessoas relativamente às quais, por força da lei ou de negócio jurídico que não respeite directamente à habitação, haja obrigação de convivência ou de alimentos.

3. Apenas se consideram hóspedes as pessoas a quem o arrendatário proporcione habitação e preste habitualmente serviços relacionados com esta, ou forneça alimentos, mediante retribuição.

SECÇÃO II
Da renda

ARTIGO 77.º
Regime de rendas

1. Nos contratos de arrendamento para habitação podem estabelecer-se regimes de renda livre, condicionada e apoiada.

2. A opção entre os regimes de renda livre e de renda condicionada, quando se trate de primeiro ou de novo arrendamento, é feita por acordo das partes, salvo o disposto no artigo 81.º.

3. No silêncio das partes presume-se que tenha sido estipulado o regime de renda condicionada, quando a isso não se oponha o montante da renda acordada.

ARTIGO 78.º
Renda livre

1. No regime de renda livre, a renda é estipulada por livre negociação entre as partes.

2. As partes podem convencionar, seja no próprio contrato seja em documento posterior, o regime de actualização anual das rendas.

ARTIGO 79.º
Renda condicionada

1. No regime de renda condicionada, a renda inicial do primeiro ou dos novos arrendamentos resulta da livre negociação entre as partes, não podendo, no entanto, exceder por mês o duodécimo do produto resultante da aplicação da taxa das rendas condicionadas ao valor actualizado do fogo, no ano da celebração do contrato.

Parte IV – Anexos – Legislação Revogada e Legislação Subsidiária do NRAU

2. A taxa das rendas condicionadas é fixada por portaria dos Ministros das Finanças e das Obras Públicas, Transportes e Comunicações.

ARTIGO 80.º
Valor actualizado dos fogos

Para efeitos do disposto no artigo anterior, o valor actualizado dos fogos é o seu valor real, fixado nos termos do Código das Avaliações.

ARTIGO 81.º
Regime obrigatório de renda condicionada

1. Ficam sujeitos ao regime de renda condicionada os arrendamentos constituídos por força do direito a novo arrendamento, nos termos dos artigos 66.º, n.º 2, e 90.º.

2. O regime de renda condicionada é também obrigatório nos arrendamentos:

a) De fogos que, tendo sido construídos para fins habitacionais pelo Estado e seus organismos autónomos, institutos públicos, autarquias locais, misericórdias e instituições de previdência, tenham sido ou venham a ser vendidos aos respectivos moradores;

b) De fogos construídos por cooperativas de habitação económica, associações de moradores e cooperativas de habitação-construção que tenham usufruído de subsídios ao financiamento ou à construção por parte do Estado, autarquias locais ou institutos públicos;

c) Nos demais casos previstos em legislação especial.

3. A obrigatoriedade imposta no número anterior cessa decorridos 25 anos contados da data da primeira transmissão do prédio, salvo disposição específica em contrário.

ARTIGO 81.º-A
Actualização até ao limite da renda condicionada

1. O senhorio pode suscitar, para o termo do prazo do contrato ou da sua renovação, uma actualização obrigatória da renda, até ao que seria o seu valor em regime de renda condicionada, quando o arrendatário resida na área metropolitana de Lisboa ou do Porto e tenha outra residência ou for proprietário de imóvel nas respectivas áreas metropolitanas, ou quando o arrendatário resida no resto do País e tenha outra residência ou seja proprietário de imóvel nessa mesma comarca, e desde que os mesmos possam satisfazer as respectivas necessidades habitacionais imediatas.

Anexo II – Regime do Arrendamento Urbano

2. Na comunicação para efeitos da actualização obrigatória da renda cabe ao senhorio identificar com rigor as residências ou imóveis que satisfaçam as exigências do número anterior.

3. A actualização rege-se pelo artigo 33.º, com as adaptações seguintes:

a) A comunicação do senhorio é feita com a antecedência mínima de 90 dias em relação ao termo do prazo do contrato ou da sua renovação;

b) A denúncia do arrendatário é enviada por escrito no prazo de 15 dias após a recepção da comunicação do senhorio, devendo o prédio ser restituído devoluto até ao termo do prazo do contrato ou da sua renovação.

ARTIGO 82.º
Renda apoiada

1. No regime de renda apoiada, o montante das rendas é subsidiado, vigorando, ainda, regras específicas quanto à sua determinação e actualização.

2. Ficam sujeitos ao regime referido no número anterior os prédios construídos ou adquiridos para arrendamento habitacional pelo Estado e seus organismos autónomos, institutos públicos e autarquias locais e pelas instituições particulares de solidariedade social com o apoio financeiro do Estado.

3. O regime de renda apoiada fica sujeito a legislação própria, aprovada pelo Governo.

SECÇÃO III
Da transmissão do direito do arrendatário

ARTIGO 83.º
Incomunicabilidade do arrendamento

Seja qual for o regime matrimonial, a posição do arrendatário não se comunica ao cônjuge e caduca por morte, sem prejuízo do disposto nos dois artigos seguintes.

ARTIGO 84.º
Transmissão por divórcio

1. Obtido o divórcio ou a separação judicial de pessoas e bens, podem os cônjuges acordar em que a posição de arrendatário fique pertencendo a qualquer deles.

2. Na falta de acordo, cabe ao tribunal decidir, tendo em conta a situação patrimonial dos cônjuges, as circunstâncias de facto relativas à ocupação da

Parte IV – Anexos – Legislação Revogada e Legislação Subsidiária do NRAU

casa, o interesse dos filhos, a culpa imputada ao arrendatário na separação ou divórcio, o facto de ser o arrendamento anterior ou posterior ao casamento e quaisquer outras razões atendíveis.

3. Estando o processo pendente no tribunal de família, cabe a este a decisão.

4. A transferência do direito ao arrendamento para o cônjuge do arrendatário, por efeito de acordo ou decisão judicial, deve ser notificada oficiosamente ao senhorio.

ARTIGO 85.º
Transmissão por morte

1. O arrendamento para habitação não caduca por morte do primitivo arrendatário ou daquele a quem tiver sido cedida a sua posição contratual, se lhe sobreviver:

a) Cônjuge não separado judicialmente de pessoas e bens ou de facto;

b) Descendente com menos de um ano de idade ou que com ele convivesse há mais de um ano;

c) Ascendente que com ele convivesse há mais de um ano;

d) Afim na linha recta, nas condições referidas nas alíneas *b)* e *c)*;

e) Pessoa que com ele viva há mais de cinco anos em condições análogas às dos cônjuges, quando o arrendatário não seja casado ou esteja separado judicialmente de pessoas e bens.

2. Nos casos do número anterior, a posição do arrendatário transmite-se, pela ordem das respectivas alíneas, às pessoas nele referidas, preferindo, em igualdade de condições, sucessivamente, o parente ou afim mais próximo e mais idoso.

3. A transmissão a favor dos parentes ou afins também se verifica por morte do cônjuge sobrevivo quando, nos termos deste artigo, lhe tenha sido transmitido o direito ao arrendamento.

ARTIGO 86.º
Excepção

O direito à transmissão previsto no artigo anterior não se verifica se o titular desse direito tiver residência nas comarcas de Lisboa e Porto e zonas limítrofes, ou na respectiva localidade quanto ao resto do País, à data de morte do primitivo arrendatário.

Anexo II – Regime do Arrendamento Urbano

ARTIGO 87.º
Regime de renda

1. Aos contratos transmitidos para descendentes com mais de 26 anos de idade e menos de 65, para ascendentes com menos de 65 anos e afins na linha recta, nas mesmas condições, é aplicável o regime de renda condicionada.

2. Aos contratos transmitidos para descendentes ou afins menores de 26 anos aplica-se o regime do número anterior quando estes completem aquela idade e desde que decorrido um ano sobre a morte do arrendatário.

3. Para efeitos do disposto no número anterior, deve o transmissário comunicar ao senhorio, por declaração escrita, a data em que completa 26 anos de idade, com a antecedência mínima de 30 dias.

4. O disposto nos n.ºs 1 e 2 não se aplica quando:

a) O descendente for portador de deficiência a que corresponda incapacidade superior a dois terços;

b) O descendente ou o ascendente se encontrem na situação de reforma por invalidez absoluta, ou não beneficiando de pensão de invalidez, sofra de incapacidade total para o trabalho;

c) O afim na linha recta se encontre nas condições referidas nas alíneas anteriores.

5. A alteração do regime de renda prevista nos n.ºs 1 e 2 não pode envolver a diminuição da renda anteriormente praticada.

ARTIGO 88.º
Renúncia

O direito à transmissão é renunciável mediante comunicação feita ao senhorio nos 30 dias subsequentes à morte do arrendatário, sem prejuízo do disposto no artigo seguinte.

ARTIGO 89.º
Comunicação ao senhorio

1. O transmissário não renunciante deve comunicar ao senhorio, por carta registada com aviso de recepção, a morte do primitivo arrendatário ou do cônjuge sobrevivo, enviada nos 180 dias posteriores à ocorrência.

2. A comunicação referida no número anterior deve ser acompanhada dos documentos autênticos ou autenticados que comprovem os direitos do transmissário.

3. A inobservância do disposto nos números anteriores não prejudica a transmissão do contrato mas obriga o transmissário faltoso a indemnizar por todos os danos derivados da omissão.

Parte IV – Anexos – Legislação Revogada e Legislação Subsidiária do NRAU

ARTIGO 89.º-A
Denúncia pelo senhorio

1. Nos casos referidos no artigo 87.º, e em alternativa à aplicação do regime de renda condicionada aí prevista, pode o senhorio optar pela denúncia do contrato, pagando uma indemnização correspondente a 10 anos de renda, sem prejuízo dos direitos do arrendatário a indemnização por benfeitorias e de retenção, nos termos gerais.

2. A denúncia é feita por carta registada, com aviso de recepção, no prazo de 30 dias após a recepção da comunicação da morte do primitivo arrendatário ou do cônjuge sobrevivo, ou da comunicação prevista no n.º 3 do artigo 87.º, conforme os casos.

3. Presume-se a aceitação da denúncia quando não haja oposição nos termos do artigo seguinte.

ARTIGO 89.º-B
Oposição do arrendatário

1. O arrendatário pode opor-se à denúncia propondo uma nova renda, por carta registada com aviso de recepção, no prazo de 60 dias após a recepção da comunicação referida no artigo anterior.

2. Recebida a oposição, deve o senhorio, no prazo de 30 dias, optar pela manutenção do contrato com a renda proposta ou pela denúncia, mas então com uma indemnização calculada na base da renda proposta pelo arrendatário.

ARTIGO 89.º-C
Pagamentos e restituições do local

1. Metade da indemnização a que houver lugar deve ser paga ou depositada, no prazo de 30 dias após a consolidação da denúncia, por falta de oposição ou por opção do senhorio, e a outra metade no termo do contrato.

2. A nova renda, quando tenha lugar, é exigível a partir do mês seguinte ao do fim do prazo referido no n.º 2 do artigo 89.º-B.

3. A restituição do prédio arrendado, quando deva ter lugar, só é exigível seis meses após a resposta do senhorio optando pela denúncia.

ARTIGO 89.º-D

O não cumprimento dos prazos fixados nesta secção importa a caducidade do direito.

Anexo II – Regime do Arrendamento Urbano

SECÇÃO IV
Do direito a novo arrendamento

ARTIGO 90.º
Direito a novo arrendamento

1. Quando o contrato de arrendamento para habitação caduque por morte do arrendatário, têm direito a novo arrendamento, sucessivamente:

a) As pessoas referidas na alínea *a)* do n.º 1 do artigo 76.º, desde que convivam com o arrendatário há mais de cinco anos, com excepção das que habitem o local arrendado por força do negócio jurídico que não respeite directamente a habitação;

b) Os subarrendatários, quando a sublocação seja eficaz em relação ao senhorio, preferindo, entre vários, o mais antigo.

2. Havendo pluralidade de pessoas nas condições da alínea *a)* do número anterior, o direito a novo arrendamento cabe às que convivam há mais tempo com o arrendatário, preferindo, em igualdade de condições, os parentes, por grau de parentesco, os afins, por grau de afinidade, e o mais idoso.

ARTIGO 91.º
Excepções

O direito a novo arrendamento previsto no artigo anterior não se verifica se o titular desse direito tiver residência nas comarcas de Lisboa e do Porto e zonas limítrofes, ou na respectiva localidade, quanto ao resto do País à data da morte do primitivo arrendatário.

ARTIGO 92.º
Duração limitada

1. Aos contratos celebrados por força do exercício do direito a novo arrendamento aplica-se o regime de duração limitada previsto e regulado nos artigos 98.º e seguintes, sendo o primeiro arrendamento sujeito ao regime de renda condicionada.

2. Os arrendamentos constituídos por força do direito a novo arrendamento não podem envolver diminuição de renda.

3. Quando isso suceda, o novo contrato mantém à partida o valor da renda anterior, aplicando-se o regime previsto no n.º 1.

Parte IV – Anexos – Legislação Revogada e Legislação Subsidiária do NRAU

ARTIGO 93.º
Excepções

O senhorio pode recusar o novo arrendamento quando:

a) Pretenda vender o prédio ou a fracção arrendada;

b) Queira o local para sua residência ou para nele construir a sua habitação e não tenha na área das comarcas de Lisboa e do Porto e suas limítrofes, ou na respectiva localidade quanto ao resto do País, casa própria ou arrendada;

c) Queira o local para sua residência ou para nele construir a sua habitação e resida em casa que não satisfaça as necessidades de habitação própria da família ou em casa arrendada e denuncie o respectivo arrendamento;

d) Queira o local para residência de parentes ou afins de linha recta, desde que estes se encontrem nas condições previstas nas alíneas *b)* ou *c)*;

e) Pretenda afectar o local a fim diferente da habitação e obtenha, para o efeito, a necessária licença camarária;

f) Pretenda ampliar o prédio ou construir novo edifício, em termos de aumentar o número de locais arrendáveis.

ARTIGO 94.º
Comunicações

1. O direito ao novo arrendamento deve ser exercido mediante declaração escrita enviada ao senhorio nos 30 dias subsequentes à caducidade do contrato anterior.

2. Havendo pluralidade, os interessados devem enviar, no prazo fixado, a comunicação referida no número anterior, fazendo-se, depois, a sua graduação e escolha, segundo os critérios do artigo 90.º, n.º 2.

3. A invocação de alguma das excepções estabelecidas no artigo 93.º deve ser feita pelo senhorio mediante comunicação escrita dirigida ao interessado ou interessados e enviada no prazo de 30 dias a contar da comunicação referida no n.º 1.

4. O não acatamento dos prazos referidos no presente artigo envolve a caducidade dos respectivos direitos.

ARTIGO 95.º
Novo contrato

1. O titular do direito ao novo arrendamento pode recorrer à execução específica prevista no artigo 830.º do Código Civil, com as necessárias adaptações.

2. Os efeitos do novo contrato retroagem à data da caducidade do anterior.

Anexo II – Regime do Arrendamento Urbano

ARTIGO 96.º
Indemnização e reocupação

1. Se o senhorio ou as pessoas referidas na alínea *d*) do artigo 93.º, desocupado o fogo, não o forem habitar a título permanente dentro de 180 dias ou não permanecerem nele durante três anos ou ainda quando não sejam feitas, dentro deste último prazo, as obras que tenham justificado a recusa, pode a pessoa que teria o direito do novo arrendamento exigir uma indemnização correspondente a três anos de renda, calculada nos termos do regime da renda condicionada anualmente actualizada e, ainda, requerer a reocupação do local, mediante a celebração de novo contrato de arrendamento.

2. Os direitos conferidos pelo número anterior podem igualmente ser exercidos nos casos em que, desocupado o fogo com fundamento nas alíneas *a*) e *e*) do artigo 93.º o senhorio não realize a venda nos 12 meses seguintes ou não o afecte, no prazo de seis meses, ao fim invocado para a desocupação.

3. Os direitos à indemnização e à reocupação atribuídos nos números anteriores não se constituem quando os factos de que dependem ocorram por caso fortuito ou de força maior, considerando-se como tal, nomeadamente, a dificuldade de constituição tempestiva, quando necessária, da propriedade horizontal do prédio, por facto não imputável ao senhorio.

SECÇÃO V
Do direito de preferência

ARTIGO 97.º
Direito de preferência

1. As pessoas referidas no artigo 90.º, sucessivamente e pela ordem nele estabelecida, têm o direito de preferência na compra do local arrendado.

2. O direito de preferência depende, no entanto, de elas terem pretendido, nos termos e prazos legais, exercer o direito a novo arrendamento e de tal ter sido obstado pela invocação referida na alínea *a*) do artigo 93.º.

3. Têm aplicação, com as devidas adaptações, o disposto nos artigos 416.º a 418.º e 1410.º do Código Civil.

Parte IV – Anexos – Legislação Revogada e Legislação Subsidiária do NRAU

SECÇÃO VI
Da cessação do contrato

SUBSECÇÃO I
Dos contratos de duração limitada

ARTIGO 98.º
Estipulação de prazo efectivo

1. As partes podem estipular um prazo para a duração efectiva dos arrendamentos urbanos para habitação desde que a respectiva cláusula seja inserida no texto escrito do contrato, assinado pelas partes.

2. O prazo referido no número anterior não pode, contudo, ser inferior a cinco anos.

3. As sociedades de gestão e investimento imobiliário e os fundos de investimento imobiliário podem celebrar contratos de arrendamento de duração limitada, pelo prazo mínimo de três anos, desde que se encontrem nas condições a definir para o efeito.

ARTIGO 99.º
Manutenção do contrato e normas excluídas

1. Nos contratos previstos nesta subsecção, a transmissão de posições contratuais não implica a suspensão ou a interrupção do prazo, nem conduz a quaisquer alterações no conteúdo do contrato.

2. Aos mesmos contratos não se aplica o disposto nos artigos 47.º a 49.º, 81.º-A, 89.º-A a 89.º-C, 90.º a 97.º e 102.º a 109.º, bem como, quando tenham um prazo de duração efectiva inferior a oito anos, o n.º 2 do artigo 78.º do presente diploma.

ARTIGO 100.º
Renovação automática, denúncia e revogação

1. Os contratos de duração limitada celebrados nos termos do artigo 98.º renovam-se, automaticamente, no fim do prazo e por períodos mínimos de três anos, se outro não estiver especialmente previsto, quando não sejam denunciados por qualquer das partes.

2. A denúncia referida no número anterior deve ser feita pelo senhorio mediante notificação judicial avulsa contra a requerida com um ano de antecedência sobre o fim do prazo ou da sua renovação.

Anexo II – Regime do Arrendamento Urbano

3. A denúncia efectuada pelo senhorio nos termos desta disposição não confere ao arrendatário o direito a qualquer indemnização.

4. O arrendatário pode denunciar nos termos referidos no n.º 1, bem como revogar o contrato, a todo o tempo mediante comunicação escrita a enviar ao senhorio, com a antecedência mínima de 90 dias sobre a data em que se operam os seus efeitos.

ARTIGO 101.º
Execução forçada

1. O contrato celebrado nos termos do artigo 98.º, em conjunto com a certidão de notificação judicial avulsa requerida pelo senhorio, nos termos do artigo 100.º, constitui título executivo para efeitos de despejo do local arrendado.

2. O despejo referido no número anterior segue a forma da execução ordinária para entrega de coisa certa.

SUBSECÇÃO II
Do diferimento das desocupações

ARTIGO 102.º
Diferimento

1. A desocupação de um local arrendado para habitação, motivada pela cessação do respectivo contrato pode ser diferida por razões sociais imperiosas, nos termos dos artigos seguintes.

2. O diferimento é facultado na decisão da acção de despejo que conduza à desocupação.

ARTIGO 103.º
Fundamentos

1. O diferimento referido no artigo anterior é decidido de acordo com o prudente arbítrio do tribunal quando se demonstre alguma das seguintes circunstâncias:

a) Que a desocupação imediata do local causa ao réu um prejuízo muito superior à vantagem conferida ao autor;

b) Que, tratando-se de resolução por não pagamento de rendas a falta do mesmo se deve a carência de meios do réu.

2. No juízo sobre o diferimento o tribunal deve ainda ter em conta as exigências da boa-fé, a circunstância de o réu não dispor imediatamente de outra

Parte IV – Anexos – Legislação Revogada e Legislação Subsidiária do NRAU

habitação, o número de pessoas que habitam com o réu, a sua idade, o seu estado de saúde e, em geral, a situação económica e social das pessoas envolvidas.

ARTIGO 104.º
Prazo

1. O diferimento da desocupação por razões sociais não pode exceder o prazo máximo de um ano a contar da data do trânsito em julgado da sentença que tenha decretado o despejo.

2. O prazo referido no número anterior absorve quaisquer outros diferimentos permitidos por leis gerais ou especiais.

ARTIGO 105.º
Processo

1. O pedido de diferimento formulado pelo réu ou pelo Ministério Público deve ser apresentado até ao momento da designação do dia para a audiência final.

2. O autor é ouvido, podendo opor-se ao diferimento na resposta à contestação ou no prazo de sete dias conforme o pedido tenha sido formulado na própria contestação ou depois dela.

3. Com o pedido e a resposta são logo oferecidas as provas disponíveis e indicadas as testemunhas, a apresentar, até ao limite de três por parte.

4. O tribunal, quando não se considere esclarecido, pode recolher os elementos ou informações que entender junto das entidades públicas e privadas.

5. A decisão que diferir a desocupação é oficiosamente comunicada, com a sua fundamentação, ao Fundo de Socorro Social do Instituto de Gestão Financeira da Segurança Social.

6. Quando o diferimento da desocupação seja requerido por carência de meios, o réu adquire automaticamente o direito ao benefício do apoio judiciário na forma de dispensa de custas, que o juiz pode ou não manter ao indeferir o requerimento ou ao ordenar a cessação do diferimento.

7. Durante o diferimento da desocupação não são exigíveis quaisquer custas anteriormente contadas.

ARTIGO 106.º
Rendas

1. No diferimento, decidido com base na alínea *a*) do n.º 1 do artigo 103.º, pode o réu, a pedido do senhorio, ser obrigado a caucionar as rendas vincendas, sob pena de perda de benefício.

Anexo II – Regime do Arrendamento Urbano

2. No diferimento decidido com base na alínea *b*) do mesmo preceito cabe ao Fundo de Socorro Social do Instituto de Gestão Financeira da Segurança Social indemnizar o autor pelas rendas vencidas e não pagas, acrescidas de juros de mora e ficando sub-rogado nos direitos daquele.

SUBSECÇÃO III
Das limitações ao direito de denúncia

ARTIGO 107.º
Limitações

1. O direito de denúncia do contrato de arrendamento, facultado ao senhorio pelas alíneas *a*) e *b*) do n.º 1 do artigo 69.º, não pode ser exercido quando no momento em que deva produzir efeitos ocorra alguma das seguintes circunstâncias:

a) Ter o arrendatário 65 ou mais anos de idade ou, independentemente desta, se encontre na situação de reforma por invalidez absoluta, ou, não beneficiando de pensão de invalidez, sofra de incapacidade total para o trabalho, ou seja portador de deficiência a que corresponda incapacidade superior a dois terços;

b) Manter-se o arrendatário no local arrendado há 30 ou mais anos, nessa qualidade, ou por um período de tempo mais curto previsto em lei anterior e decorrido na vigência desta.

2. Para efeitos da alínea *b*) do número anterior, considera-se como tendo a qualidade de arrendatário o cônjuge a quem tal posição se transfira, nos termos dos artigos 84.º e 85.º, contando se a seu favor o decurso do tempo de que o transmitente já beneficiasse.

ARTIGO 108.º
Excepção às limitações

As limitações previstas no n.º 1 do artigo anterior não subsistem quando o senhorio, sendo já proprietário, comproprietário ou usufrutuário do prédio ou parte de prédio à data do seu arrendamento, pretenda regressar ou tenha regressado há menos de um ano ao País, depois de ter estado emigrado durante, pelo menos, 10 anos.

Parte IV – Anexos – Legislação Revogada e Legislação Subsidiária do NRAU

ARTIGO 109.º
Exclusão do direito de denúncia

O direito de denúncia facultado pela alínea *a*) do n.º 1 do artigo 69.º é excluído quando a invocada necessidade de habitação ou os requisitos previstos no artigo 71.º tenham sido intencionalmente criados.

CAPÍTULO III
Do Arrendamento para Comércio ou Indústria

ARTIGO 110.º
Noção

Considera-se realizado para comércio ou indústria o arrendamento de prédios ou partes de prédios urbanos ou rústicos tomados para fins directamente relacionados com uma actividade comercial ou industrial.

ARTIGO 111.º
Cessão de exploração do estabelecimento comercial

1. Não é havido como arrendamento de prédio urbano ou rústico o contrato pelo qual alguém transfere temporária e onerosamente para outrem, juntamente com o gozo do prédio, a exploração de um estabelecimento comercial ou industrial nele instalado.

2. Se, porém, ocorrer alguma das circunstâncias previstas no n.º 2 do artigo 115.º, o contrato passa a ser havido como arrendamento do prédio.

ARTIGO 112.º
Morte do arrendatário

1. O arrendamento não caduca por morte do arrendatário, mas os sucessores podem renunciar à transmissão, comunicando a renúncia ao senhorio no prazo de 30 dias.

2. O sucessor não renunciante deve comunicar, por escrito, ao senhorio a morte do arrendatário, a enviar nos 180 dias posteriores à ocorrência e da qual constem os documentos autênticos ou autenticados que comprovem os seus direitos.

Anexo II – Regime do Arrendamento Urbano

3. O arrendatário não pode prevalecer-se do não cumprimento dos deveres de comunicação estabelecidos neste artigo e deve indemnizar o senhorio por todos os danos derivados da omissão.

ARTIGO 113.º
Cessação por caducidade ou por denúncia do senhorio

1. Salvo no caso de perda da coisa ou no do artigo 112.º, n.º 3, se o arrendamento cessar por motivo de caducidade ou por denúncia do senhorio, o arrendatário tem direito, sem prejuízo da indemnização referida no artigo 67.º, a uma compensação em dinheiro, sempre que por facto seu o prédio arrendado tenha aumentado de valor locativo.

2. A importância da compensação é fixada pelo tribunal, segundo juízos de equidade, mas não pode exceder 10 vezes a renda anual.

ARTIGO 114.º
Desocupação do prédio

1. Quando o arrendamento tiver durado um ou mais anos e cessar pelos motivos referidos no artigo anterior, o arrendatário só é obrigado a desocupar o prédio decorrido um ano após o termo do contrato ou da sua renovação.

2. Se o arrendamento tiver durado 10 ou mais anos, o prazo para a desocupação é de dois anos.

ARTIGO 115.º
Trespasse do estabelecimento comercial ou industrial

1. É permitida a transmissão por acto entre vivos da posição do arrendatário, sem dependência da autorização do senhorio, no caso de trespasse do estabelecimento comercial ou industrial.

2. Não há trespasse:

a) Quando a transmissão não seja acompanhada de transferência, em conjunto, das instalações, utensílios, mercadorias ou outros elementos que integram o estabelecimento;

b) Quando, transmitido o gozo do prédio, passe a exercer-se nele outro ramo de comércio ou indústria ou quando, de um modo geral, lhe seja dado outro destino.

3. O trespasse deve ser celebrado por escritura pública.

Parte IV – Anexos – Legislação Revogada e Legislação Subsidiária do NRAU

ARTIGO 116.º
Direitos do senhorio no caso de trespasse

1. No trespasse por venda ou dação em cumprimento do estabelecimento comercial, o senhorio do prédio arrendado tem direito de preferência.

2. É aplicável neste caso, com as necessárias adaptações, o disposto nos artigos 416.º a 418.º e 1410.º do Código Civil.

3. Sempre que, por contitularidade da posição do senhorio ou pela existência, no estabelecimento trespassado, de mais de um arrendamento, haja dois ou mais preferentes, abre-se licitação entre eles, revertendo o excesso para o alienante.

ARTIGO 117.º
Estipulação de prazo de duração efectiva

1. As partes podem convencionar um prazo para a duração efectiva dos arrendamentos urbanos para comércio ou indústria, desde que a respectiva cláusula seja inequivocamente prevista no texto do contrato, assinado pelas partes.

2. Aos contratos para comércio ou indústria de duração limitada, celebrados nos termos do número anterior, aplica-se, com as necessárias adaptações, o regime dos artigos 98.º a 101.º, salvo o disposto no artigo seguinte.

ARTIGO 118.º
Renovação e denúncia

1. Os contratos de arrendamento a que se refere o artigo anterior renovam-se automaticamente no fim do prazo, por igual período, se outro não estiver expressamente estipulado, quando não sejam denunciados por qualquer das partes.

2. As partes podem livremente convencionar um prazo para a denúncia do contrato pelo senhorio, desde que a respectiva cláusula seja reduzida a escrito.

ARTIGO 119.º
Actualização das rendas

Nos contratos de arrendamento para o exercício do comércio ou indústria em que haja sido estipulado um prazo de duração efectiva superior a cinco anos e, bem assim, quando não haja sido convencionado qualquer prazo, as partes podem estabelecer, seja no próprio contrato, seja em documento posterior, o regime de actualização anual das rendas.

Anexo II – Regime do Arrendamento Urbano

ARTIGO 120.º
Regime das obras

1. As partes podem convencionar, por escrito, que qualquer dos tipos de obras a que se refere o artigo 11.º do presente diploma fique, total ou parcialmente, a cargo do arrendatário.

2. A realização de obras determinadas pelas autoridades administrativas em função do fim específico constante do contrato, quando devam ser suportadas pelo arrendatário, não carece de autorização do senhorio.

3. Salvo cláusula em contrário, quando o arrendatário suporte o custo das obras, deve o senhorio indemnizá-lo, no termo do contrato, de acordo com as regras do enriquecimento sem causa.

CAPÍTULO IV
Do Arrendamento para o Exercício de Profissões Liberais

ARTIGO 121.º
Remissão

É aplicável aos arrendamentos para o exercício de profissões liberais o disposto nos artigos 11.º a 120.º do presente diploma.

ARTIGO 122.º
Cessão da posição do arrendatário

1. A posição do arrendatário é transmissível por acto entre vivos, sem autorização do senhorio, a pessoas que no prédio arrendado continuem a exercer a mesma profissão.

2. A cessão deve ser celebrada por escrito, sob pena de nulidade.

Parte IV – Anexos – Legislação Revogada e Legislação Subsidiária do NRAU

CAPÍTULO V
Do Arrendamento para outros Fins
Não Habitacionais

ARTIGO 123.º
Arrendamentos para outros fins

1. Aos contratos de arrendamento urbano para qualquer aplicação lícita do prédio, não habitacional e diferente das constantes dos capítulos III e IV do presente diploma, pode ser aplicável o disposto nos artigos 117.º a 120.º, sem prejuízo do disposto no número seguinte.

2. Se o contrato de arrendamento se destinar ao exercício de uma actividade não lucrativa, podem as partes, em alternativa e de forma expressa, convencionar a respectiva sujeição ao regime dos artigos 98.º a 101.º do presente diploma.

ANEXO III

ENFITEUSE – ARTIGOS 1491.º A 1523.º DO CÓDIGO CIVIL (REVOGADOS)

**EXTINÇÃO DO REGIME DE COLONIA
– DECRETO REGIONAL N.º 13/77/M, DE 18 DE OUTUBRO**

DA ENFITEUSE

ARTIGOS 1491.º A 1523.º DO CÓDIGO CIVIL

(REVOGADOS PELO DECRETO-LEI N.º 195-A/1976, DE 16 DE MARÇO E PELO DECRETO-LEI N.º 233/1976, DE 2 DE ABRIL)

CAPÍTULO I
Disposições Gerais

ARTIGO 1491.º
Noção

1. Tem o nome de emprazamento, aforamento ou enfiteuse o desmembramento do direito de propriedade em dois domínios, denominados directo e útil.

2. O prédio sujeito ao regime enfitêutico pode ser rústico ou urbano e tem o nome de prazo.

3. Ao titular do domínio directo dá-se o nome de senhorio; ao titular do domínio útil, o de foreiro ou enfiteuta.

ARTIGO 1492.º
Perpetuidade da enfiteuse

1. A enfiteuse é de sua natureza perpétua, sem prejuízo do direito de remição, nos casos em que é admitido.

2. Os contratos que forem celebrados com o nome de emprazamento, aforamento ou enfiteuse, mas estipulados por tempo limitado, são tidos como arrendamentos.

Parte IV – Anexos – Legislação Revogada e Legislação Subsidiária do NRAU

ARTIGO 1493.º
Indivisibilidade do prazo

1. Os prazos não podem ser divididos por glebas, excepto se o senhorio por forma autêntica, convier na divisão.

2. Sendo o prazo transmitido por morte do enfiteuta, deve ser encabeçado em um ou mais dos consortes, conforme acordarem entre si; na falta de acordo, será licitado entre eles e, se nenhum dos interessados o quiser, será vendido e repartir-se-á o preço.

3. Sendo o prazo dividido por glebas sem o consentimento do senhorio, são os enfiteutas solidariamente responsáveis pelo pagamento do foro, sem prejuízo do direito de anulação do respectivo acto.

4. Têm legitimidade para requerer a anulação o senhorio e os seus herdeiros, dentro de um ano a contar do conhecimento da divisão.

ARTIGO 1494.º
Divisão do prazo com o consentimento do dinheiro

1. Consentindo o senhorio na divisão do prazo, cada gleba fica a constituir um prazo diverso, e o senhorio só pode exigir o foro respectivo de cada um dos enfiteutas, conforme a destrinça que for feita.

2. No caso de divisão do prazo, pode o foro que tocar a cada enfiteuta ser aumentado com o que o senhorio deva receber pelo incómodo da cobrança dividida.

ARTIGO 1495.º
Indivisibilidade do domínio directo

1. O domínio directo enfitêutico é igualmente indivisível, excepto se o enfiteuta, por forma autêntica, convier na divisão.

2. É aplicável ao domínio directo o disposto, quanto ao domínio útil, no n.º 2 do artigo 1493.º.

3. O acto de divisão do domínio directo, efectuado sem consentimento do enfiteuta, é anulável a requerimento deste ou dos seus herdeiros, dentro de um ano a contar do conhecimento da divisão.

ARTIGO 1495.º
Indivisibilidade do domínio directo

1. O domínio directo enfitêutico é igualmente indivisível, excepto se o enfiteuta, por forma autêntica convier na divisão.

960

Anexo III – Enfiteuse

2. É aplicável ao domínio directo o disposto, quanto ao domínio útil, no n.º 2 do artigo 1493.º.

3. O acto de divisão do domínio directo, efectuado sem consentimento do enfiteuta, é anulável a requerimento deste ou dos seus herdeiros, dentro de um ano a contar do conhecimento da divisão.

ARTIGO 1496.º
Inadmissibilidade da subenfiteuse

Não é admitida a subenfiteuse, sendo nulos os actos tendentes à sua continuação.

CAPÍTULO II
Constituição da Enfiteuse

ARTIGO 1497.º
Princípio geral

A enfiteuse pode ser constituída por contrato, testamento ou usucapião.

ARTIGO 1498.º
Constituição por usucapião

A constituição da enfiteuse por usucapião pode ter lugar pela aquisição do domínio directo, pela aquisição do domínio útil, ou ainda pela aquisição simultânea de ambos os domínios por pessoas diferentes.

Parte IV – Anexos – Legislação Revogada e Legislação Subsidiária do NRAU

CAPÍTULO III
Direitos e Encargos do Senhorio e do Enfiteuta

SECÇÃO I
Disposições gerais

ARTIGO 1499.º
Direitos do senhorio

O senhorio tem direito:

a) A receber anualmente o foro, e a haver o triplo dos foros em dívida quando haja mora no cumprimento;

b) A alienar ou onerar o seu domínio por acto entre vivos ou por morte;

c) A preferir na venda ou dação em cumprimento do domínio útil, ficando graduado em último lugar entre os preferentes legais;

d) A suceder no domínio útil, na falta de herdeiro testamentário ou legítimo do enfiteuta, com exclusão do Estado;

e) A receber o prédio por devolução, no caso de deterioração.

ARTIGO 1500.º
Direitos extraordinários ou causais

Não é permitido aos interessados convencionar direito algum extraordinário ou causal, a título de lutuosa, laudémio ou qualquer outro.

ARTIGO 1501.º
Direitos do enfiteuta

O enfiteuta tem direito:

a) A usar e fruir o prédio como coisa sua;

b) A constituir ou extinguir servidões ou o direito de superfície;

c) A alienar ou onerar o seu domínio por acto entre vivos ou por morte;

d) A preferir na venda ou dação em cumprimento do domínio directo, ficando graduado em último lugar entre os preferentes legais;

e) A obter a redução do foro ou a encampar o prazo;

f) A remir o foro.

Anexo III – Enfiteuse

SECÇÃO II
Pagamento do foro

ARTIGO 1502.º
Fixação do foro

1. A espécie e quantidade do foro são as fixadas no respectivo título, devendo ser certas e determinadas.
2. Se o emprazamento for de prédio urbano ou de chão para edificar, o foro é sempre a dinheiro.

ARTIGO 1503.º
Foros em moeda específica

Tendo-se estipulado que o pagamento do foro seja feito, no todo ou em parte, em moeda específica, observar-se-á o disposto no artigo 522.º e seguintes.

ARTIGO 1504.º
Foros em géneros

1. O foro em géneros que não for pago no devido prazo pode ser exigido judicialmente em dinheiro, sem prejuízo do disposto na alínea *a*) do artigo 1499.º.
2. O valor dos géneros é calculado pela tarifa camarária da situação do prédio, quando não haja preço legal.

ARTIGO 1505.º
Tempo e lugar do pagamento

1. O foro é pago no lugar e no tempo convencionados.
2. Não havendo convenção sobre o lugar do pagamento, o foro é pago na residência do senhorio, se este morar no conselho da situação do prédio ou no da residência do enfiteuta; em qualquer outro caso, o foro é pago na residência enfiteuta, a não ser que o senhorio tenha quem o represente em algum dos concelhos referidos.
3. Não havendo convenção sobre o tempo do pagamento, o foro, se consistir em frutos, é pago no fim de cada ano, contado desde a data da constituição da enfiteuse, ou, se a data não for conhecida, na forma costumada.

Parte IV – Anexos – Legislação Revogada e Legislação Subsidiária do NRAU

ARTIGO 1506.º
Solidariedade dos senhorios e dos enfiteutas

Sendo dois ou mais os senhorios ou os enfiteutas do mesmo prazo, é aplicável ao pagamento do foro o regime das obrigações solidárias enquanto durar a comunhão.

SECÇÃO III
Outros direitos e encargos

ARTIGO 1507.º
Direito de preferência

1. Aos direitos de preferência conferidos no artigo 1499.º e artigo no 1501.º é aplicável, com as necessárias adaptações, o disposto no artigo 416.º, no artigo 417.º, no artigo 418.º e no artigo 1410.º.

2. Abrangendo o prazo diversos prédios, não podem os senhorios preferir uns e rejeitar outros, nem os enfiteutas adquirir apenas uma parte do domínio directo.

3. Sendo dois ou mais os preferentes, com igual direito, abrir-se-á licitação entre eles, revertendo o excesso para o alienante.

ARTIGO 1508.º
Direito à devolução

1. O direito à devolução só pode ser exercido pelo senhorio se o enfiteuta deteriorar o prédio, de modo que o valor deste não seja equivalente ao do capital correspondente ao foro e mais um quinto, salvo se o enfiteuta se dispuser à remição do foro.

2. No caso de devolução, não é devida pelo senhorio qualquer indemnização.

ARTIGO 1509.º
Redução do foro ou encampação do prazo

1. Se, por caso fortuito, o prédio enfitêutico se deteriorar ou inutilizar só em parte, de modo que o seu valor actual fique sendo inferior ao que era na época do emprazamento, pode o foreiro exigir, dentro do prazo de um ano, que o senhorio lhe reduza o foro, ou encampar o prazo quando este se oponha à redução.

Anexo III – Enfiteuse

2. O direito de redução ou de encampação não existe quando se trate de deterioração ou inutilização devida a causas cobertas pelo seguro.

ARTIGO 1510.º
Garantia do pagamento do foro

No caso previsto no N.º 2 do artigo anterior, se o valor do terreno for inferior ao do capital correspondente ao foro e mais um quinto, pode o senhorio exigir caução ao pagamento do foro, e no caso de esta não ser prestada ou o prédio não ser reconstruído ou reparado dentro do prazo de três anos, a remição do foro.

ARTIGO 1511.º
Remição do foro

1. O direito à remição do foro é conferido ao enfiteuta, quando o emprazamento tiver mais de quarenta anos de duração.
2. O direito de remição não é renunciável, mas é lícito elevar até sessenta anos o prazo dentro do qual não é possível exercê-lo.

ARTIGO 1512.º
Preço da remição

1. O preço da remição é igual a vinte foros.
2. Se o foro consistir em géneros, o preço da remição é pago em dinheiro, atendendo-se ao valor médio dos géneros nos últimos três anos, calculado nos termos do N.º 2 do artigo 1504.º.
3. Devendo o foro ser pago, no todo ou em parte, em moeda específica, o preço da remição será igualmente pago em dinheiro, atendendo-se ao valor médio da prestação nos últimos três anos.

CAPÍTULO IV
Extinção da Enfiteuse

ARTIGO 1513.º
Casos de extinção

A enfiteuse extingue-se:
a) Pela confusão na mesma pessoa dos domínios directo e útil;
b) Pela destruição ou inutilização total do prédio;

Parte IV – Anexos – Legislação Revogada e Legislação Subsidiária do NRAU

c) Pela expropriação por utilidade pública;
d) Pela falta de pagamento do foro durante vinte anos.

ARTIGO 1514.º
Expropriação por utilidade pública

Do montante total da indemnização pela expropriação por utilidade pública do prazo, cabe ao senhorio o correspondente ao preço da remição do foro e o restante ao enfiteuta.

ARTIGO 1515.º
Extinção pela falta de pagamento do foro

À extinção da enfiteuse pela falta de pagamento do foro são aplicáveis as regras da prescrição.

CAPÍTULO V
Disposições Transitórias

ARTIGO 1516.º
Actualização dos foros em dinheiro

Nos foros que, no todo ou em parte, sejam fixados em dinheiro, moeda corrente, metal sonante ou prata, a prestação ou a parte da prestação convencionada será multiplicada por vinte, se o foro for anterior a 1 de Janeiro de 1921, e por dois, se for posterior a esta data e anterior a 1 de Janeiro de 1941.

ARTIGO 1517.º
Laudémio

1. O laudémio relativo aos emprazamentos ou subemprazamentos anteriores a 22 de Março de 1868 é substituída, independentemente da nova convenção ou notificação, por uma prestação anual em dinheiro correspondente à vigésima parte do seu valor à data da entrada em vigor deste código; a prestação é integrada no foro e como tal considerada para todos os efeitos legais.

2. O valor do laudémio para efeitos do número anterior é calculado deduzindo-se do valor do prédio a importância correspondente a vinte prestações anuais e dividindo-se o resto pela taxa mais um.

Anexo III – Enfiteuse

3. A taxa é de quarentena, quando por outro modo se não ache determinada no respectivo título.

ARTIGO 1518.º
Censos de pretérito

Os contratos de censo, quer seja consignativo, quer reservativo, celebrados anteriormente a este código, consideram-se como enfitêuticos e ficam sujeitos às disposições respectivas, sem prejuízo do disposto no artigo seguinte.

ARTIGO 1519.º
Censos consignativos temporários

1. Os contratos de censo consignativo, quando celebrados por certo tempo, extinguem-se pelo decurso do prazo.
2. Os censuístas e os censuários não gozam, neste caso, dos direitos de preferência, devolução, sucessão, redução e encampação.

ARTIGO 1520.º
Prova da enfiteuse e do censo de pretérito

Os contratos de enfiteuse ou de censo anteriores a 1 de Abril de 1867 podem ser provados por qualquer meio e produzem efeitos em relação a terceiros independentemente do registo.

ARTIGO 1521.º
Cabecéis

Nas divisões de prazos concedidos pelo senhorio, anteriormente a 22 de Março de 1868, com o encargo imposto a um dos enfiteutas, a título de cabecel, da cobrança dos foros correspondentes às glebas em que o prazo foi dividido e do seu pagamento ao senhorio, é mantido o encargo na forma convencionada ou na do costume, se estiver em efectivo exercício à data da publicação deste Código.

ARTIGO 1522.º
Subenfiteuse

Aos contratos de subenfiteuse de pretérito são aplicáveis as disposições deste capítulo.

Parte IV – Anexos – Legislação Revogada e Legislação Subsidiária do NRAU

ARTIGO 1523.º
Direito de preferência na subenfiteuse

1. Quando algum prédio subenfitêutico for vencido ou dado em cumprimento, o direito de preferência pertence ao senhorio, e só cabe ao enfiteuta se o senhorio não quiser usar dele.

2. Quando for vendido ou dado em cumprimento o domínio directo, o direito de preferência ao subenfiteuta, e só cabe ao enfiteuta se o subenfiteuta o não quiser exercer.

3. No caso de ser vendido ou dado em cumprimento o domínio enfitêutico, o direito de preferência pertence ao senhorio, e só cabe ao subentifeuta quando o senhorio renunciar a ele.

EXTINÇÃO DO REGIME DE COLONIA

DECRETO REGIONAL N.º 13/77/M, DE 18 DE OUTUBRO

O contrato de colonia é específico da Região Autónoma da Madeira.

Verifica-se quando um terreno pertencente a uma pessoa – senhorio – foi dado a cultivar a outra – colono –, sendo este proprietário das benfeitorias rústicas e urbanas desse terreno. O contrato de colonia tem a sua origem já há séculos, numa altura em que havia muita terra a arrotear e os donatários do arquipélago obtiveram a colaboração de colonos com a aliciante de as benfeitorias lhes ficarem a pertencer. Guardaram, porém, os donos da terra para si a faculdade unilateral e discricionária de pôr fim ao contrato sempre que quisessem. Ao colono, por outro lado, era facultada a possibilidade de venderem as benfeitorias, passando o comprador a ser o novo colono. Todavia, não tendo o colono a possibilidade hoje de receber do proprietário o valor das benfeitorias, a sua recuperação está sempre dependente da vontade do proprietário ou do aparecimento de um novo colono, que, disposto a arrendar a terra, acorda com o anterior colono a compensação pelas benfeitorias realizadas. O colono transmitia aos seus herdeiros o direito às benfeitorias.

Em regra, os produtos da exploração agrícola eram divididos em duas partes iguais, uma para o senhorio e outra para o colono, o que representava uma situação nítida de exploração do trabalho deste. No entanto, em certos locais só eram partilhados os produtos das culturas que o tempo deixou denominar de "ricas" – cana do açúcar, vinha e bananeiras –, cabendo ao colono, por inteiro, todos os outros produtos agrícolas. O senhorio tinha o direito imoral de poder cessar o contrato e despedir o colono quando lhe aprouvesse e de pagar as benfeitorias pelo preço da avaliação, esta também nem sempre justa.

Tratava-se, afinal, de uma situação em que a vontade do mais forte tem sido livre para se impor ao mais fraco.

Durante muitos anos o contrato de colonia não teve regulamentação especial na lei vigente. Foram-lhe aplicados preceitos relativos ao contrato de arren-

Parte IV – Anexos – Legislação Revogada e Legislação Subsidiária do NRAU

damento e ao de parceria agrícola, apesar de muitas das suas cláusulas encontrarem apoio no direito anterior ao Código Civil português e nos usos locais, estes com a relevância que a lei lhes foi concedendo. Surgiram, entretanto, os Decretos-Leis n.ºˢ 40 045, de 22 de Janeiro de 1955, 47 937, de 15 de Setembro de 1967, e 580/74, de 5 de Novembro. Por outro lado, há que distinguir a colonia da parceria agrícola e do arrendamento rural, só contemplando o presente diploma a extinção daquele primeiro regime.

O artigo 101.º da Constituição, n.º 2, refere que será extinto o regime de colonia. Representa esta posição constitucional o reconhecimento de que o referido regime de colonia é intrinsecamente injusto, incompatível com as instituições democráticas. E há que dar concretização ao princípio do n.º 1 do mesmo artigo 101.º da Constituição, que manda regular as formas de exploração da terra alheia de modo a garantir a estabilidade e os legítimos interesses do cultivador. Sem no entanto ser esquecido o direito de propriedade privada, nos termos do artigo 62.º da Constituição, nem o princípio do n.º 2 do artigo 13.º, também da Constituição, que considera que ninguém pode ser privilegiado, beneficiado, prejudicado, privado de qualquer direito ou isento de qualquer dever em razão, entre outras circunstâncias, da ascendência, das convicções políticas ou ideológicas, da situação económica ou condição social.

O artigo 167.º da Constituição, na sua alínea r), atribui à exclusiva competência da Assembleia da República legislar sobre as bases da reforma agrária.

Por outro lado, nos termos da alínea a) do n.º 1 do artigo 229.º da Constituição, são da competência legislativa da Região Autónoma da Madeira as matérias de seu interesse específico que não estejam reservadas à competência própria dos órgãos de soberania.

É óbvio que expressão "bases" da alínea r) do artigo 167.º da Constituição contempla apenas a definição de critérios gerais com aplicação indistinta em todo o território nacional, não visando a regulamentação sobre objecto particularizado de características especificamente locais.

Daí que, por o contrato de colonia ser próprio só da Região da Madeira, ele se insira no âmbito da competência da Assembleia Regional da Madeira. O que a legislação assim produzida não poderá contratar são as bases gerais que forem definidas nos termos da alínea r) do artigo 167.º da Constituição, enfermando de nulidade todas aquelas cláusulas que pequem por tal violação.

A solução dos problemas derivados da extinção do regime de colonia terá assim de ter em conta as condições específicas da Madeira e assentar em duas bases: prioridade na justiça social e não perder de vista a necessidade de uma imprescindível rentabilidade da empresa agrícola.

Determina-se pois a extinção dos contratos de colonia, com a sua conversão, transitoriamente, em contratos de arrendamento rural e reconhece-se que

Anexo III – Extinção do Regime de Colónia

há que dar um prazo para as remições previstas no diploma. As negociações, as avaliações e as questões de ordem financeira, derivadas do processo, são forçosamente lentas e, se tal prazo não for concedido, podem criar-se situações inconvenientes.

É dada ao colono a possibilidade de ascender à propriedade plena da terra e, de acordo com o princípio constitucional sobre o direito à propriedade privada, mediante uma indemnização ao senhorio estabelecida de acordo com as partes ou correspondente ao valor actual do solo considerado para fins agrícolas e por desbravar. Mas não se deixa de ter em conta o caso dos senhorios pobres nem o problema habitacional do senhorio em relação com o prédio sujeito a remição.

Porque se parte do princípio de que o colono, de uma maneira geral, é a parte mais desfavorecida do contrato, só em casos muito especiais, que não afectam as legítimas expectativas dos colonos, é que se reconhece ao senhorio ou a terceiros o direito de remição. Mas também neste caso igualmente se tem em conta o problema habitacional do colono em relação com o prédio sujeito a remição.

A necessidade de não fazer perder à empresa agrícola a sua rentabilidade social leva a prever esquemas de remição pelo titular do prédio confinante quando colono e senhorio não queiram exercer o direito de remição.

Reconhece-se ainda, no presente diploma, a necessidade de uma assistência financeira, orientada pelo Estado ou pela Relação, a fim de mais facilmente se verificar a concretização da transformação das propriedades em regime de colónia em propriedades perfeitas, tendo em conta a situação económica do titular do direito de remição.

Prevê-se igualmente uma intervenção do Governo Regional ou das câmaras municipais mediante expropriação: no caso de o colono, o senhorio ou terceiro titular do direito de remição declararem que não pretendem usar deste direito e nenhum proprietário dos prédios confinantes igualmente pretender utilizar o referido direito. E ainda no caso das áreas sujeitas a plano de urbanização ou de interesse público ou colectivo.

Procurando uma margem de tempo bastante, consagram-se ainda disposições que visam um adequado planeamento da agro-pecuária madeirense e ordenamento do território.

Finalmente, procura-se dar uma necessária protecção em juízo àqueles cuja situação seja comprovadamente débil.

Assim, nos termos da alínea b) do artigo 22.º do Decreto-Lei n.º 318-D/76, de 30 de Abril, a Assembleia Regional da Região Autónoma da Madeira, para valer como lei, o seguinte:

Parte IV – Anexos – Legislação Revogada e Legislação Subsidiária do NRAU

ARTIGO 1.º
Extinção da colónia e disciplina transitória

São extintos os contratos de colonia que subsistem na Região Autónoma da Madeira, os quais passam a reger-se pelas disposições respeitantes ao arrendamento rural e pelas normas do presente diploma.

ARTIGO 2.º
Rendas

1. Os valores das rendas serão fixados anualmente, nos termos da Lei do Arrendamento Rural, até 31 de Dezembro de cada ano, pelo Governo Regional, ouvida uma comissão constituída pelos seguintes elementos: o juiz corregedor do Círculo Judicial do Funchal, que presidirá; um técnico agrário diplomado com curso de engenheiro agrónomo ou silvicultor ou de engenheiro técnico agrário, designado pela Secretaria Regional de Agricultura, Indústria e Pescas; um representante dos rendeiros; um representante dos senhorios e um representante dos trabalhadores rurais, designado pelas respectivas associações ou, na falta, por assembleias para o efeito convocadas pela referida Secretaria.

2. Na falta da fixação referida no número anterior, considera-se prorrogada a vigência da tabela em uso.

3. Enquanto não for fixada a primeira das tabelas referidas no n.º 1, as rendas a praticar serão estabelecidas por mútuo acordo.

4. Não havendo mútuo acordo, nos termos do número anterior:

a) Quando a renda era paga mediante a entrega de uma quota de frutos, continuará a ser praticada nessa modalidade, mas na proporção de um quarto da produção bruta;

b) Quando a renda era paga em dinheiro, o seu pagamento continuará a fazer-se no montante anteriormente estabelecido;

c) Quando a renda deva ser paga em dinheiro, mas o seu montante não esteja estabelecido, aguardar-se-á a fixação da primeira das tabelas referidas no n.º 1, que se aplicará retroactivamente a partir da data da entrada em vigor do presente diploma.

ARTIGO 3.º
Remição pelo colono ou terceiro

1. O colono-rendeiro tem o direito de remir a propriedade do solo onde possua benfeitorias.

Anexo III – Extinção do Regime de Colónia

2. O colono-rendeiro é preterido no direito referido no n.º 1 por pessoa que há mais tempo do que ele venha explorando directamente a terra, por si ou através do seu agregado familiar.

3. No caso previsto no número anterior é obrigatória a remição das benfeitorias.

4. Para efeitos do presente diploma, considera-se agregado familiar o conjunto de pessoas ligadas entre si por qualquer grau de parentesco que vivam habitualmente em comunhão de mesa e habitação ou em economia comum.

ARTIGO 4.º

Servidão de passagem

Se a parcela remida ficar encravada em consequência da remição, não é devida qualquer indemnização pela constituição da servidão de passagem sobre os prédios rústicos vizinhos para comunicação com a via pública.

ARTIGO 5.º

Senhorio pobre

1. Não se efectiva o direito de remição previsto no artigo 3.º quando o senhorio a tal obste, provando ficar, após esta ou outras remições, com um rendimento familiar inferior ao salário mínimo nacional, acrescido de 30% por cada filho a seu cargo até três e de 10% por cada filho a seu cargo acima de três.

2. Não se aplica o disposto no número anterior se o colono-rendeiro estiver também nas referidas condições.

3. Para efeitos do disposto no n.º 1, o senhorio terá de remir as benfeitorias.

ARTIGO 6.º

Habitação própria do senhorio

1. Se o senhorio tiver habitação própria no prédio sujeito a remição, o colono-rendeiro não poderá remir os terrenos necessários ao logradouro daquela, o qual deverá circundar a casa em todo o seu perímetro e ter uma extensão correspondente ao triplo da sua área coberta.

2. A área referida no número anterior deverá ser excedida caso o logradouro já existente não circunde a habitação do senhorio em todo o perímetro desta numa faixa com a largura de 3 m.

3. Se, por virtude de remições, o prédio do senhorio ficar encravado, aplica-se o disposto no artigo 4.º do presente decreto regional.

Parte IV – Anexos – Legislação Revogada e Legislação Subsidiária do NRAU

ARTIGO 7.º
Indemnização ao senhorio

1. Nos termos do artigo 3.º do presente diploma, o senhorio tem direito a indemnização.

2. O valor da indemnização, caso não se verifique acordo entre as partes, corresponde ao valor actual do solo considerado para fins agrícolas e por desbravar.

3. O valor dos ónus ou encargos que incidam sobre a terra remida, quando constituídos, será deduzido ao montante da indemnização a pagar pelo remitente.

ARTIGO 8.º
Remição pelo senhorio

1. O senhorio poderá remir as benfeitorias, indemnizando o colono:

a) Quando o titular do direito de remição mencionado no artigo 3.º expressamente declare perante o notário que não deseja usar do direito conferido pelo referido preceito legal;

b) Desde que prove haver adquirido ou prometido adquirir o prédio em data posterior a 15 de Setembro de 1967 e anterior a 30 de Abril de 1976 e, mediante projecto a apresentar com o pedido de remição, prove intenção de aí construir prédio urbano para fins habitacionais, comerciais ou industriais.

2. O direito de remição previsto na alínea *b)* do número anterior:

a) Só pode ser exercido sobre a área necessária para a construção urbana, respectivo logradouro e comunicação com a via pública;

b) Implica para o senhorio a obrigação de iniciar a construção dentro do prazo de quatro anos a contar da data da remição. Caso contrário, o titular do direito referido no artigo 3.º poderá exercê-lo, ficando também com direito a ser indemnizado pelos prejuízos emergentes.

3. No caso de remição pelo senhorio, o titular do direito referido no artigo 3.º tem o direito de preferência se o senhorio arrendar a terra.

ARTIGO 9.º
Habitação do colono

1. O exercício do direito consignado no artigo anterior não envolverá a habitação do colono nem o logradouro a ela afecto.

974

Anexo III – Extinção do Regime de Colónia

2. No caso referido no n.º 1, o colono tem o direito de remição da área de implantação da casa e logradouro anexo, nos termos do artigo 6.º.

3. Se o prédio habitado for do senhorio, haverá lugar a um contrato de arrendamento.

4. Nos casos previstos na alínea *b)* do n.º 1 do artigo 8.º não subsiste o direito atribuído ao colono pelo n.º 2 deste artigo.

ARTIGO 10.º
Indemnização ao colono-rendeiro

1. A indemnização devida aos colonos-rendeiros, nos termos do presente diploma, não poderá ser inferior ao valor real e actual das benfeitorias, gozando o colono-rendeiro do direito de retenção até que ela lhe seja integralmente paga.

2. Verificada a circunstância contemplada no n.º 4 do artigo anterior, a não subsistência do direito consagrado nos n.ºˢ 1 e 2 do mesmo artigo será também levada em conta na fixação do montante da indemnização.

ARTIGO 11.º
Benfeitorias

1. Conferem direito a indemnização toas as benfeitorias feitas pelo colono-rendeiro no prédio sujeito ao regime de colonia, designadamente a arroteia dos terrenos e todos os trabalhos que o colono-rendeiro ou os anteriores donos da colónia executaram para a formação ou constituição do solo arável.

2. Nos prédios que, nos termos do presente diploma, passam a ficar submetidos ao regime de arrendamento consideram-se como consentidas, para todos os efeitos legais, as benfeitorias já existentes.

3. Decorrido o prazo fixado no artigo 13.º, e no caso de extinção do contrato de arrendamento, o colono-rendeiro conserva, no entanto, o direito a ser indemnizado pelo valor das benfeitorias efectuadas no prédio, nos termos do presente diploma.

ARTIGO 12.º
Águas

O titular do direito de remição que o exerça nos termos do presente diploma tem direito à propriedade ou arrendamento das águas que servem os terrenos sujeitos a colonia mediante o pagamento de justa indemnização ou renda.

Parte IV – Anexos – Legislação Revogada e Legislação Subsidiária do NRAU

ARTIGO 13.º
Prazo de remição

1. As remições previstas no presente diploma só poderão ser requeridas até 31 de Dezembro de 1981.

2. Se até à data referida no número anterior o titular do direito de remição não o exercer, esse direito poderá ser exercido pela outra parte, nos termos do presente diploma, até 31 de Dezembro de 1983.

ARTIGO 14.º
Prédios confinantes

1. Quando o colono-rendeiro, senhorio ou terceiro titular do direito de remição não queiram exercer os direitos que este diploma lhes confere, o proprietário do prédio confinante poderá adquirir o terreno e as benfeitorias até 31 de Dezembro de 1985.

2. Para efeitos do disposto no número anterior, e na falta de acordo, a aquisição do terreno e das benfeitorias é feita pelo seu real valor e actual.

3. Se forem vários os prédios confinantes, o direito consignado no n.º 1 será atribuído de entre os interessados ao proprietário cujo prédio tenha dimensão inferior aos limites mínimos estabelecidos na lei.

4. Verificando-se a igualdade das circunstâncias referidas no n.º 3, terá preferência o proprietário do prédio confinante com menor rendimento familiar e, em igualdade de circunstâncias, o que disponha de menor área.

ARTIGO 15.º
Assistência técnico-financeira

1. Para a realização das remições, poderão os interessados recorrer à assistência técnica e financeira do Estado ou da Região, quando provem necessitá-la, devendo os créditos concedidos ser bonificados se para fins agrícolas.

2. O pagamento ao Estado ou à Região do montante correspondente à assistência financeira prestada nos termos do número anterior poderá ser realizado de uma só vez ou em anuidades nunca superiores a vinte.

3. Quando a exploração agrícola das parcelas em causa esteja integrada em qualquer forma de associativismo de produção, poderá haver isenção de juros.

4. Sempre que se verifique a aquisição de solo ou benfeitorias com assistência financeira nos termos do presente artigo, as parcelas em causa não poderão ser transaccionadas sem autorização do Governo Regional, por um período de quinze anos, a contar da data das remições, desde que os empréstimos não tenham sido pagos.

Anexo III – Extinção do Regime de Colónia

5. O Governo Regional definirá os mecanismos de assistência financeira contemplada neste diploma e de atribuição do produto da indemnização, bem como promoverá a criação de condições para o investimento na Região, por forma que das remições não resulte um notório fluxo inflacionista.

ARTIGO 16.º
Direito de remição supletivo do sector público

O Governo Regional ou o respectivo município poderão exercer o direito de expropriação nos termos legais em vigor, sempre que o colono-rendeiro, o senhorio ou o terceiro titular do direito de remição declarem não querer exercer os respectivos direitos ou não os exerçam nos prazos legais.

ARTIGO 17.º
**Áreas sujeitas a plano de urbanização
ou de interesse público ou colectivo**

1. As propriedades sujeitas ao regime de colonia que estejam ou venham a estar abrangidas por planos de urbanização aprovados ou se situem em zonas de interesse público ou colectivo definidas pelo Governo Regional ou pelas câmaras municipais poderão ser expropriadas pelas entidades competentes, por sua iniciativa ou a solicitação de terceiros que se comprometam a levar a cabo empreendimentos de notório interesse colectivo.

2. Pelas expropriações referidas no número anterior haverá sempre lugar ao pagamento de indemnização nos termos da lei.

ARTIGO 18.º
Planeamento

O Governo Regional nomeará uma comissão de técnicos que, até 31 de Dezembro de 1981, apresentará um estudo donde constem:

a) Zonas em que se aconselham medidas de emparcelamento rural;

b) Tipos de produção agrícola e pecuária aconselhados para cada uma das zonas da Região;

c) Zonas e sectores de produção agrícola e pecuária onde se aconselha a criação de cooperativas;

d) Modalidades e regulamentação de assistência técnica aos processos de emparcelamento, aos tipos de explorações agro-pecuárias e à organização de cooperativas aconselhadas;

Parte IV – Anexos – Legislação Revogada e Legislação Subsidiária do NRAU

e) Fórmulas de integração no sistema geral da produção agrícola de toas as quintas e explorações agrícolas ou zootécnicas geridas pelo sector público, vocacionando-as para a incentivação da produção na Região e estabelecendo ainda que os respectivos rendimentos líquidos revertam integralmente em benefício de ajuda material e técnica aos produtores;

f) As áreas máximas e mínimas de logradouros adjacentes às habitações ou a estabelecimentos comerciais, industriais ou turísticos.

ARTIGO 19.º
Sobrevalorizações

1. Nos casos referidos nos artigos 8.º e 17.º, a indemnização a atribuir aos colonos-rendeiros e aos senhorios deve ter em conta a sobrevalorização decorrente da nova destinação dada ao terreno com colonia, por forma que o benefício daí resultante reverta para os dois intervenientes.

2. Nos restantes casos, quando após a remição o remitente ceda o prédio a título oneroso e daí resulte uma destinação do solo para fins predominantemente não agrícolas, a sobrevalorização que daí advenha beneficiará o remitente e o titular dos bens remidos.

3. O disposto nos números anteriores cessa decorridos quinze anos após a entrada em vigor do presente diploma.

4. A sobrevalorização decorrente dos factos referidos nos n.ᵒˢ 1 e 2 será repartida em partes iguais.

ARTIGO 20.º
Direito de preferência

1. No caso de venda pelo remitente do prédio que foi objecto de remição, terão preferência na compra:

a) O remido ou seus sucessores, durante um período de quinze anos a contar da data da remição;

b) O arrendatário;

c) O proprietário do prédio confinante;

d) A cooperativa agrícola de produção mais próxima.

2. No caso de arrendamento do prédio que foi objecto de remição, terão preferência:

a) O remido;

b) O proprietário da exploração agrícola confinante;

c) A cooperativa agrícola de produção mais próxima.

Anexo III – Extinção do Regime de Colónia

3. Havendo mais do que um interessado, terá preferência o de menor rendimento familiar e, em igualdade de circunstâncias, o que disponha de menor área.

ARTIGO 21.º
Título da remição

Os acordos que tenham por objecto os direitos de remição previstos no presente diploma deverão ser titulados por escritura pública.

ARTIGO 22.º
Tribunal competente e recurso

1. Para a resolução das questões emergentes da aplicação deste diploma é competente o tribunal da localização do prédio.

2. Às remições previstas no presente diploma é aplicável, com as necessárias adaptações, o processo especial de cessação do arrendamento.

3. Da decisão da 1ª instância cabe sempre recurso, independentemente do valor da acção.

ARTIGO 23.º
Assistência judiciária

Têm direito a assistência judiciária os colonos-rendeiros, senhorios ou terceiros titulares do direito de remição cuja situação económica seja comprovadamente débil.

ARTIGO 24.º
Descrição e inscrição prediais

Após as remições previstas no presente diploma, as descrições e inscrições prediais respeitantes a prédios sujeitos ao regime de colonia serão declaradas caducas mediante simples requerimento de qualquer interessado.

ARTIGO 25.º
Disposições gerais

Mantêm-se em vigor as disposições do Decreto-Lei n.º 47 937, de 15 de Setembro de 1967, que não contrariem o disposto neste diploma nem a regulamentação do arrendamento rural.

Parte IV – Anexos – Legislação Revogada e Legislação Subsidiária do NRAU

ARTIGO 26.º
Entrada em vigor

O presente diploma entra em vigor no dia seguinte ao da sua publicação.

ANEXO IV

DIREITOS DE USO E DE HABITAÇÃO – ARTIGOS 1484.º A 1490.º DO CÓDIGO CIVIL

DIREITO REAL DE HABITAÇÃO PERIÓDICA – DECRETO-LEI N.º 22/2002, DE 31 DE JANEIRO

NOTA:

Os direitos reais de habitação e de habitação periódica, constantes deste ANEXO, não se confundem com o direito ao arrendamento para habitação, já que aqueles são direitos reais, enquanto este é comummente qualificado como direito obrigacional.

Contudo, dada a confusão que, por vezes se gera nos leigos de direito (para quem esta obra também se dirige) entre os dois institutos, transcrevem-se os textos integrais dos diplomas que regulam ambos.

DIREITOS DE USO E DE HABITAÇÃO

(ARTIGOS 1484.º A 1490.º DO CÓDIGO CIVIL)

ARTIGO 1484.º
Noção

1. O direito de uso consiste na faculdade de se servir de certa coisa alheia e haver os respectivos frutos, na medida das necessidades, quer do titular, quer da sua família.

2. Quando este direito se refere a casa de morada, chama-se direito de habitação.

ARTIGO 1485.º
Constituição, extinção e regime

Os direitos de uso e de habitação constituem-se e extinguem-se pelos mesmos modos que o usufruto, sem prejuízo do disposto na alínea *b)* do artigo 1293.º, e são igualmente regulados pelo seu título constitutivo; na falta ou insuficiência deste, observar-se-ão as disposições seguintes.

ARTIGO 1486.º
Fixação das necessidades pessoais

As necessidades pessoais do usuário ou do morador usuário são fixadas segunda a sua condição social.

ARTIGO 1487.º
Âmbito da família

Na família do usuário ou do morador usuário compreendem-se apenas o cônjuge não separado judicialmente de pessoas e bens, os filhos solteiros, outros

Parte IV – Anexos – Legislação Revogada e Legislação Subsidiária do NRAU

parentes a quem sejam devidos alimentos e as pessoas que, convivendo com o respectivo titular se encontram ao seu serviço ou ao serviço das pessoas designadas.

ARTIGO 1488.º
Intransmissibilidade do direito

O usuário e o morador usuário não podem trespassar ou loca o seu direito, nem onerá-lo por qualquer modo.

ARTIGO 1489.º
Obrigações inerentes ao uso e à habitação

1. Se o usuário consumir todos os frutos do prédio ou ocupar todo o edifício, ficam a seu cargo as reparações ordinárias, as despesas de administração e os impostos e encargos anuais, como se fosse usufrutuário.

2. Se o usuário receber só parte dos frutos ou ocupar só parte do edifício, contribuirá para as despesas mencionadas no número precedente em proporção da sua fruição.

ARTIGO 1490.º
Aplicação das normas do usufruto

São aplicáveis aos direitos de uso e de habitação as disposições que regulam o usufruto, quando conformes à natureza daqueles direitos.

DIREITO REAL DE HABITAÇÃO PERIÓDICA

DECRETO-LEI N.º 22/2002, DE 31 DE JANEIRO

O disposto no presente diploma aplica-se a todos os empreendimentos sujeitos ao regime de direitos reais de habitação periódica e de direitos de habitação turística existentes à data da sua entrada em vigor.

O direito real de habitação periódica, instituído pelo Decreto-Lei n.º 355/ /1981, de 31 de Dezembro, revelou-se um instrumento jurídico adequado à dinamização do mercado de unidades de alojamento para férias por curtos períodos de tempo.

A experiência acumulada e a necessidade de enquadrar aquele direito no âmbito da actividade turística estiveram na origem do Decreto-Lei n.º 130/1989, de 18 de Abril, diploma que, assim, procurou adaptar o instituto às exigências entretanto sentidas, o qual veio a ser alterado pelo Decreto-Lei n.º 275/93, de 5 de Agosto.

Volvido um curto lapso de tempo, considerou-se oportuno proceder à revisão daquele diploma, por duas razões fundamentais. De um lado, por opções de política do turismo que aconselhavam a adopção de medidas destinadas a melhorar a qualidade o funcionamento dos empreendimentos turísticos no regime do direito real de habitação periódica.

Depois, porque se entendeu ser conveniente reforçar o grau de protecção dos adquirentes de direitos reais de habitação periódica, atendendo a que os respectivos contratos exigem, na maior parte das vezes, uma tutela particular da parte mais fraca. Acrescente-se que as ditas razões, amplamente debatidas a nível comunitário, vieram a suscitar a apresentação de uma proposta de directiva neste domínio (Directiva do Parlamento Europeu e do Conselho n.º 94/47/CE, de 26 de Outubro). Deste modo, foi publicado o Decreto-Lei n.º 180/99, de 22 de Maio, referindo-se como alguns dos aspectos mais salientes do novo diploma, o estabelecimento de que só 60% das unidades de alojamento do empreendimento podiam ser exploradas em regime do direito real de habitação periódica,

Parte IV – Anexos – Legislação Revogada e Legislação Subsidiária do NRAU

com o fim de melhor garantir os padrões de qualidade exigíveis em empreendimentos turísticos deste tipo. Consagrou-se também a exigência da unicidade na titularidade do empreendimento – completada pela regra da indivisibilidade jurídica deste – e a unicidade da administração, num esforço para assegurar a eficácia do seu funcionamento. No campo da protecção do adquirente consumidor várias foram as medidas adoptadas. Procurou-se antes do mais proporcionar-lhe uma informação atempada e pormenorizada sobre o direito real de habitação periódica a adquirir, estabelecendo-se a obrigatoriedade de o alienante pôr à disposição daquele um documento, complementar do contrato, com indicações exaustivas. Por outro lado, e de acordo com tendências sentidas também noutros sectores, conferiu-se ao consumidor um direito de resolução do contrato de aquisição ou do contrato-promessa de aquisição, sem sofrer qualquer penalização, durante um prazo de 14 dias, tendo em vista alcançar decisões aquisitivas menos sugestionadas por técnicas agressivas de promoção e comercialização. Além disso, entendeu-se conveniente defender o adquirente ou o promitente-adquirente contra determinados riscos típicos desses contratos, consagrando-se a obrigatoriedade de o alienante ou o promitente-alienante constituírem garantias suficientes a favor daqueles. Diferente destas garantias prestadas pelo alienante em favor de cada adquirente foi o estabelecimento de caução de boa administração, caução que o proprietário do empreendimento ou o cessionário da exploração deviam constituir em benefício do conjunto dos titulares de direitos reais de habitação periódica, por forma a proteger as suas expectativas de manutenção da qualidade das unidades de alojamento e dos serviços prestados pelo empreendimento. Como corolário da protecção dos adquirentes-consumidores, e na senda do que vinha sendo proposto em outros domínios da actividade económica, procedeu-se a uma adequada tipificação dos ilícitos contra-ordenacionais e, do mesmo passo, actualizaram-se os montantes das coimas aplicáveis. Constituiu também preocupação da reforma da regulamentação do direito de habitação periódica aperfeiçoar ou completar alguns mecanismos e regras introduzidas já pela legislação anterior. Assim, por exemplo, institucionalizou-se uma assembleia geral de titulares de direitos reais de habitação periódica, com competências específicas, a fim de lhes atribuir uma adequada, e desejável, participação na vida do empreendimento, participação essa que, contudo, em nada contendia com a administração deste pelo proprietário ou cessionário da exploração. Procurou-se também melhorar o regime da substituição da entidade administradora do empreendimento e aperfeiçoar a sua articulação com a nomeação judicial do administrador, para permitir uma resposta mais adequada a situações limite de incumprimento da obrigação de administração a cargo do proprietário ou do cessionário da exploração. Estabeleceu-se finalmente um regime básico para todos os direitos que, embora não tendo a natureza de direito real, preenchem um fim análogo ao do direito real de habitação periódica, consa-

Anexo IV – Direito Real de Habitação Periódica

grando-se, assim, um conjunto de regras destinado a assegurar um mínimo de protecção aos que adquiram tais direitos. O novo diploma apresentou-se no final como largamente inovador. Nem por isso, todavia, deixou de atender à especificidade da tradição jurídica portuguesa neste domínio, representando por isso também uma evolução da nossa experiência particular desde a criação, em 1981, do direito real de habitação periódica com as características que o cunharam.

Mais recentemente, o último diploma citado foi alterado pelo Decreto-Lei n.º 22/2002, de 31 de Janeiro, cuja versão agora se publica.

CAPÍTULO I
Do direito real de habitação periódica

SECÇÃO I
Disposições gerais

ARTIGO 1.º
Direito real de habitação periódica

Sobre as unidades de alojamento integradas em hotéis-apartamentos, aldeamentos turísticos e apartamentos turísticos podem constituir-se direitos reais de habitação periódica limitados a um período certo de tempo de cada ano.

ARTIGO 2.º
Outros direitos reais

1. O proprietário das unidades de alojamento sujeitas ao regime de direitos reais de habitação periódica não pode constituir outros direitos reais sobre as mesmas.

2. O disposto no número anterior não impede que, quando necessário, a constituição do direito real de habitação periódica seja precedida da sujeição do edifício, grupo de edifícios ou conjunto imobiliário ao regime da propriedade horizontal.

ARTIGO 3.º
Duração

1. O direito real de habitação periódica é, na falta de indicação em contrário, perpétuo, mas pode ser-lhe fixado um limite de duração, não inferior a

Parte IV – Anexos – Legislação Revogada e Legislação Subsidiária do NRAU

15 anos, a contar da celebração da escritura pública prevista no artigo 6.º, excepto quando o empreendimento estiver ainda em construção, em que o prazo começa a contar a partir da data de abertura ao público do empreendimento turístico.

2. O direito real de habitação periódica é limitado a um período de tempo em cada ano, que pode variar entre o mínimo de 7 dias seguidos e o máximo de 30 dias seguidos.

3. Sem prejuízo do disposto no número anterior, os períodos de tempo devem ter todos a mesma duração.

4. O último período de tempo de cada ano pode terminar no ano civil subsequente ao do seu início.

5. O proprietário das unidades de alojamento previstas no artigo 1.º deve reservar, para reparações, conservação, limpeza e outros fins comuns ao empreendimento, um período de tempo de sete dias seguidos por ano para cada unidade de alojamento.

ARTIGO 4.º

Condições de exploração do empreendimento no regime de direito real de habitação periódica

1. A exploração de um empreendimento sujeito ao regime do direito real de habitação periódica requer que:

a) As unidades de alojamento, além de serem independentes, sejam distintas e isoladas entre si, com saída própria para uma parte comum do empreendimento ou para a via pública;

b) Sobre pelo menos 30% das unidades de alojamento afectas à exploração turística, não sejam constituídos direitos reais de habitação periódica ou direitos de habitação turística, mantendo-se a exploração turística integrada da totalidade do empreendimento;

c) O empreendimento turístico onde se situem as unidades de alojamento sujeitas ao regime de direitos reais de habitação periódica deve abranger a totalidade de um ou mais imóveis, excepto no caso dos hotéis-apartamentos e dos apartamentos turísticos, em que apenas têm de ocupar a maioria das unidades de alojamento de um ou mais edifícios, no mínimo de 10, que formem um conjunto urbanístico coerente;

d) As unidades de alojamento dos hotéis-apartamentos e dos apartamentos turísticos devem ser contíguas e funcionalmente independentes;

e) As unidades de alojamento referidas na alínea *c)* devem ter um único proprietário e, quando o prédio estiver submetido ao regime da proprie-

Anexo IV – Direito Real de Habitação Periódica

dade horizontal, o respectivo título constitutivo deve garantir a utilização das instalações e equipamentos de uso comum por parte dos titulares de direitos reais de habitação periódica;

f) O proprietário das unidades de alojamento referidas na alínea *c)* pode ser um Estabelecimento Individual de Responsabilidade Limitada, uma cooperativa ou uma sociedade comercial;

g) Quando exista cessão de exploração do empreendimento turístico, haja um único cessionário que preencha os requisitos previstos na alínea anterior.

2. A percentagem prevista na alínea *b)* do número anterior pode ser alterada por decisão dos membros do Governo responsáveis pelas áreas do ordenamento do território e do turismo, sob proposta do director-geral do Turismo, quando, cumulativamente, estiverem reunidos os seguintes requisitos:

a) As entidades exploradoras garantirem contratualmente a manutenção da exploração turística de todas as unidades de alojamento afectas a essa exploração, das instalações e equipamentos de uso comum e das instalações e equipamentos de exploração turística durante o período de duração dos respectivos contratos;

b) A construção dos empreendimentos turísticos onde forem constituídos direitos reais de habitação periódica contribuir de forma decisiva para o desenvolvimento e modernização do sector na região em que se localizam, através do aumento da competitividade e do reordenamento e diversificação da oferta e, nas regiões menos desenvolvidas turisticamente, através da criação de oferta turística viável que permita potenciar o desenvolvimento económico regional;

c) A construção dos empreendimentos turísticos onde forem constituídos direitos reais de habitação periódica produzir um impacte significativo, ao nível regional, na criação de emprego ou na requalificação do sector;

d) Os empreendimentos turísticos onde forem constituídos direitos reais de habitação periódica tiverem uma classificação de 5 estrelas.

3. As entidades referidas nas alíneas *f)* e *g)* o n.º 1 devem ter uma situação líquida correspondente a 25% do activo total líquido.

4. Se a execução do empreendimento estiver prevista por fases, o disposto na alínea *b)* do n.º 1 aplica-se a cada uma das fases.

5. As unidades de alojamento dos empreendimentos turísticos previstos no artigo 1.º não se consideram retiradas da exploração de serviços de alojamento turístico pelo facto de se encontrarem sujeitas ao regime do direito real de habitação periódica.

Parte IV – Anexos – Legislação Revogada e Legislação Subsidiária do NRAU

ARTIGO 5.º
Autorização pela Direcção-Geral do Turismo

1. Compete à Direcção-Geral do Turismo autorizar a exploração do empreendimento no regime do direito real de habitação periódica.

2. O proprietário das unidades de alojamento sujeitas ao regime de direitos reais de habitação periódica deve apresentar na Direcção-Geral do Turismo o pedido de autorização da constituição com os seguintes elementos:

a) A identificação do ou dos proprietários do empreendimento turístico;

b) A identificação do proprietário das unidades de alojamento sujeitas ao regime de direitos reais de habitação periódica;

c) A identificação do empreendimento, com menção do número da descrição do prédio ou prédios no registo predial e indicação da sua localização;

d) Classificação provisória atribuída ao empreendimento turístico, se este ainda não estiver em funcionamento, ou a classificação definitiva, se já tiverem decorrido dois meses sobre a sua abertura ao público;

e) A escritura de constituição da propriedade horizontal que garanta a utilização das instalações e equipamentos de uso comum por parte dos titulares de direitos reais de habitação periódica, nos termos previstos na alínea *e)* do n.º 1 do artigo anterior;

f) No caso de o empreendimento se encontrar ainda em construção, a licença de construção emitida pela câmara municipal competente;

g) A indicação dos ónus ou encargos existentes;

h) A data prevista para a abertura ao público do empreendimento;

i) A descrição e designação das unidades de alojamento sobre as quais se pretende constituir direitos reais de habitação periódica, com observância, quanto à primeira, do disposto no n.º 2 e n.º 3 do artigo 83.º do Código do Registo Predial;

j) O número de unidades de alojamento referidas na alínea anterior e a percentagem que representam do total do empreendimento turístico;

l) A enumeração das instalações e equipamentos de uso comum e de exploração turística, bem como dos equipamentos de animação, desportivos e de recreio do empreendimento;

m) O número total dos direitos reais de habitação periódica a constituir e o limite de duração dos mesmos;

n) O valor relativo de cada direito real de habitação periódica, de acordo com uma unidade padrão;

o) O critério de fixação e actualização da prestação periódica devida pelos titulares e a percentagem desta que se destina a remunerar a gestão;

Anexo IV – Direito Real de Habitação Periódica

p) O início e o termo de cada período de tempo dos direitos;
q) Os poderes dos respectivos titulares, designadamente sobre as partes do empreendimento que sejam de uso comum;
r) Os deveres dos titulares, designadamente os relacionados com o exercício do seu direito, e com o tempo, o lugar e a forma de pagamento da prestação periódica;
s) Os poderes e deveres do proprietário do empreendimento, nomeadamente em matéria de equipamento e mobiliário das unidades de alojamento e a sua substituição, de reparações ordinárias e extraordinárias, de conservação e limpeza e os demais serviços disponibilizados;
t) A capacidade máxima de cada uma das unidades de alojamento.

3. Autorizado o projecto de constituição, a Direcção-Geral do Turismo emite uma certidão da qual devem constar os elementos indicados no número anterior.

SECÇÃO II
Constituição

ARTIGO 6.º
Constituição do direito real de habitação periódica

1. O direito real de habitação periódica é constituído por escritura pública.
2. A escritura pública é instruída com cópia da certidão referida no n.º 3 do artigo anterior, devendo o notário mencionar que o conteúdo daquela certidão faz parte integrante da escritura.

ARTIGO 7.º
**Modificação do título de constituição do direito real
de habitação periódica**

1. O título de constituição do direito real de habitação periódica pode ser modificado por escritura pública, havendo acordo dos titulares de direitos reais de habitação periódica cuja posição seja afectada.
2. A aprovação da modificação pode ser judicialmente suprida, em caso de recusa injustificada.
3. À modificação do título de constituição do direito real de habitação periódica é aplicável, com as necessárias adaptações, o disposto nos artigos anteriores.

Parte IV – Anexos – Legislação Revogada e Legislação Subsidiária do NRAU

ARTIGO 8.º
Registo

1. O título de constituição do direito real de habitação periódica está sujeito a inscrição no registo predial.

2. Só pode ser objecto de direito real de habitação periódica o edifício, grupo de edifícios ou conjunto imobiliário objecto de uma única descrição no registo predial.

3. Se a execução do empreendimento turístico tiver sido prevista por fases, o registo de constituição dos direitos reais de habitação periódica respeitantes a cada fase será feito por averbamento à respectiva descrição.

ARTIGO 9.º
Documento informativo

1. O proprietário ou o vendedor de direitos reais de habitação periódica devem entregar gratuitamente a qualquer pessoa que o solicite um documento informativo que, de uma forma clara e precisa, descreva o empreendimento turístico.

2. O documento previsto no número anterior deve conter as seguintes informações.

a) A identidade e o domicílio das partes, com indicação exacta da qualidade jurídica do vendedor no momento da celebração do contrato, bem como a identidade e o domicílio do proprietário das unidades de alojamento sujeitas ao regime de direito real de habitação periódica;

b) A natureza do direito objecto do contrato, bem como das condições do seu exercício e se essas condições se encontram preenchidas;

c) A identificação do empreendimento turístico, com menção do número da descrição do prédio ou prédios no registo predial e indicação da sua localização, com referência ao tipo e classificação do mesmo;

d) Quando o bem imóvel estiver ainda em construção, deve ser indicado:

   i) A fase em que se encontra a construção;

   ii) O prazo limite para a conclusão do imóvel;

   iii) A fase em que se encontram as instalações e os equipamentos de uso comum;

   iiii) O número da licença de construção e o nome e endereço completo das autoridades competentes;

   iiiii) As garantias relativas à conclusão do imóvel e, quando isso não acontecer, as formas de reembolso dos pagamentos já efectuados, bem como as modalidades de pagamento dessas garantias;

Anexo IV – Direito Real de Habitação Periódica

e) Os serviços de utilização turística de uso comum a que o titular de direitos reais de habitação periódica tem direito, bem como os fornecimentos incluídos no preço da unidade de alojamento;

f) As instalações e equipamentos de uso comum e de exploração turística dos empreendimentos a que o titular de direitos reais de habitação periódica tem direito;

g) A indicação da forma de exploração e ou administração do empreendimento turístico;

h) O preço médio e o preço mais alto que o adquirente de direitos reais de habitação periódica tem de pagar para adquirir esse direito;

i) As despesas com a transmissão de direitos reais de habitação periódica devidas pelos titulares;

j) O valor médio e máximo da prestação periódica devida pelos titulares, bem como os critérios de fixação e actualização da mesma;

l) As informações sobre o modo e os prazos do exercício do direito de resolução do contrato, com a indicação da pessoa a quem deve ser comunicado esse direito de resolução;

m) As informações sobre as formas de resolver o contrato de crédito ligado ao contrato de constituição do direito real de habitação periódica quando este for objecto de resolução;

n) Se o empreendimento turístico já estiver em funcionamento, o proprietário ou o vendedor de direitos reais de habitação periódica deve ainda fazer referência no documento informativo ao número da licença de utilização turística emitida pela Câmara Municipal competente, nos termos da legislação aplicável.

3. As alterações às informações previstas no número anterior devem ser comunicadas ao adquirente antes da celebração do contrato, devendo nesse caso o contrato fazer referência expressa a essas alterações.

4. As alterações previstas no número anterior apenas podem resultar de circunstâncias alheias à vontade do vendedor, salvo acordo expresso das partes.

SECÇÃO III
Do certificado predial

ARTIGO 10.º
Certificado predial

1. Relativamente a cada direito real de habitação periódica é emitido pela conservatória do registo predial competente um certificado predial que titule o direito e legitime a transmissão ou oneração deste.

Parte IV – Anexos – Legislação Revogada e Legislação Subsidiária do NRAU

2. O certificado predial só pode ser emitido a favor do proprietário das unidades de alojamento sujeitas ao regime de direitos reais de habitação periódica e depois de efectuado o registo definitivo do título de constituição do direito real de habitação periódica.

3. Só pode ser emitida uma 2ª via do certificado predial em caso de destruição ou extravio, alegado em requerimento do titular.

4. A emissão da 2ª via do certificado predial só pode ter lugar depois de decorridos 30 dias sobre a data do respectivo pedido e é sempre anotada à descrição.

ARTIGO 11.º
Requisitos

1. Do certificado predial devem constar:

a) A data e o cartório notarial em que foi celebrada a escritura pública de constituição do direito real de habitação periódica;

b) Os elementos do título de constituição do direito real de habitação periódica referidos nas alíneas *a)* a *c)* do n.º 2 do artigo 5.º;

c) A identificação do titular do direito;

d) A identificação da unidade de alojamento e o tipo e classificação do empreendimento turístico;

e) A capacidade máxima da unidade de alojamento;

f) A indicação exacta do período durante o qual o direito objecto do contrato pode ser exercido e a duração do regime instituído;

g) A indicação dos ónus ou encargos existentes.

2. O certificado predial deve mencionar a seguir aos elementos previstos no número anterior a existência de um documento complementar que contenha os seguintes elementos:

a) A menção das informações previstas no n.º 2 do artigo 9.º;

b) A data a partir da qual o adquirente pode exercer o direito objecto do contrato;

c) O valor relativo do direito, de acordo com o disposto na alínea *n)* do n.º 2 do artigo 5.º;

d) A indicação de que a aquisição do direito real de habitação periódica não acarreta quaisquer despesas, encargos ou obrigações para além dos estipulados no contrato;

e) A indicação dos encargos legais obrigatórios, nomeadamente os impostos ou taxas que o adquirente tenha de suportar;

f) O valor da prestação periódica devida pelo titular do direito real de habitação periódica;

Anexo IV – Direito Real de Habitação Periódica

g) A possibilidade de participar ou não num sistema de troca e ou de revenda do direito real de habitação periódica, bem como os eventuais custos quando o sistema de troca e ou de revenda seja organizado pelo vendedor ou por terceiro por este designado, mencionando-se expressamente que a venda desse direito não é assegurada a um preço ou dentro de um período de tempo determinado;

h) A descrição especificada dos móveis e utensílios que constituem o equipamento da unidade de alojamento a que se refere o direito;

i) A declaração do proprietário do empreendimento turístico que ateste que este foi ou será construído de acordo com o regime jurídico da instalação e do funcionamento dos empreendimentos turísticos, aprovado pelo Decreto-Lei n.º 167/1997, de 4 de Julho, e que obedece aos requisitos das instalações, classificação e funcionamento previstos nos regulamentos a que se refere o n.º 3 do artigo 1.º daquele diploma;

j) A identificação da entidade responsável pela exploração e administração do empreendimento;

l) Os mecanismos adoptados com vista à participação do adquirente na administração do empreendimento;

m) A indicação das garantias prestadas para cumprir o disposto no artigo 15.º e artigo 31.º.

3. Os elementos previstos no número anterior fazem parte integrante do contrato e completam os elementos previstos no n.º 1, devendo o adquirente declarar por escrito ter recebido aquele documento e compreendido o seu teor.

4. O certificado predial e o documento complementar devem estar redigidos de forma clara e precisa, com caracteres facilmente legíveis, em português, devendo ser entregue pelo vendedor ao adquirente uma tradução, certificada nos termos legais, na ou numa das línguas do Estado-Membro de residência do adquirente ou na ou numa das línguas do Estado-Membro de que este é nacional, à escolha do adquirente, acompanhada de uma tradução do contrato na língua do Estado em que se situe o imóvel.

5. No espaço do certificado predial imediatamente anterior ao destinado a assinaturas deve constar a menção de que nos contratos de alienação do direito real de habitação periódica o adquirente pode resolver o contrato, sem indicar o motivo e sem quaisquer encargos, no prazo de 10 dias úteis a contar da data em que lhe for entregue o certificado predial, salvo se a aquisição tiver sido precedida de contrato-promessa.

6. No espaço previsto no número anterior, o adquirente deve ainda declarar ter recebido a tradução do certificado e do documento complementar, que constitui parte integrante do contrato para todos os efeitos legais.

Parte IV – Anexos – Legislação Revogada e Legislação Subsidiária do NRAU

7. O modelo do certificado predial é aprovado por despacho conjunto dos Ministros da Economia e da Justiça.

SECÇÃO IV
Da transmissão e oneração
de direitos reais de habitação periódica

ARTIGO 12.º
Oneração e transmissão de direitos reais de habitação periódica

1. A oneração ou a transmissão por acto entre vivos de direitos reais de habitação periódica faz-se mediante declaração das partes no certificado predial, com reconhecimento presencial das assinaturas do constituinte do ónus ou do alienante, respectivamente, e está sujeita a registo nos termos gerais.

2. Se a transmissão for a título oneroso, deve ser indicado o valor.

3. A transmissão por morte está sujeita a inscrição no certificado predial, devendo a assinatura do sucessor ser reconhecida presencialmente, após exibição ao notário de documento comprovativo da respectiva qualidade.

4. A transmissão de direitos reais de habitação periódica implica a cessão dos direitos e obrigações do respectivo titular em face do proprietário do empreendimento ou do cessionário da exploração, sem necessidade de concordância deste, considerando-se não escritas quaisquer cláusulas em contrário.

ARTIGO 13.º
Documento complementar

1. Nas transmissões de direitos reais de habitação periódica o vendedor deve entregar ao adquirente o documento complementar previsto no n.º 2 do artigo 11.º.

2. Sem prejuízo do disposto no N.º 3 do artigo 9.º, sempre que haja alguma alteração ao conteúdo do documento complementar ou se verifique a perda ou extravio dele, pode o titular do direito real de habitação periódica exigir do proprietário das unidades de alojamento objecto desse direito um novo documento.

ARTIGO 14.º
Sinal ou antecipação do pagamento

Antes do termo do prazo para o exercício do direito de resolução previsto no n.º 1 do artigo 16.º é proibido efectuar pagamentos ou receber qualquer

Anexo IV – Direito Real de Habitação Periódica

quantia, como forma de pagamento, ou com qualquer outro objectivo directa ou indirectamente relacionado com o negócio jurídico a celebrar.

ARTIGO 15.º
Caução

1. O proprietário das unidades de alojamento sujeitas ao regime de direitos reais de habitação periódica ou o cessionário da exploração devem prestar caução que garanta:

a) A possibilidade do início do gozo do direito pelo adquirente na data prevista no contrato;

b) A expurgação de hipotecas ou outros ónus oponíveis ao adquirente do direito;

c) A devolução da totalidade das quantias entregues pelo adquirente por conta da aquisição desse direito, actualizada de acordo com o índice anual dos preços do consumidor, no caso de o empreendimento turístico não abrir ao público;

d) A devolução da totalidade das quantias entregues pelo adquirente até ao termo do prazo previsto nos n.ᵒˢ 3 e 4 do artigo seguinte.

2. A caução é prestada a favor do adquirente por seguro, garantia bancária, depósito bancário, títulos de dívida pública ou qualquer outra forma de garantia admitida no direito interno dos Estados-Membros da União Europeia, e o seu valor mínimo é equivalente ao que houver sido entregue por aquele.

3. Nas transmissões subsequentes de direitos reais de habitação periódica, transfere-se para o adquirente a caução que garante o cumprimento das obrigações previstas nas alíneas *a)* e *b)* do n.º 1 e ainda, no caso da alínea *c)* do n.º 1, se o empreendimento turístico ainda não estiver aberto ao público.

ARTIGO 16.º
Direito de resolução

1. O adquirente do direito real de habitação periódica que seja uma pessoa singular actuando fora do âmbito da sua actividade profissional pode resolver o respectivo contrato de aquisição, sem qualquer encargo, dentro do prazo de 14 dias a contar da data da entrega do certificado predial, sempre que o alienante intervenha no exercício do comércio ou tenha recorrido à mediação.

2. A declaração de resolução deve ser comunicada ao alienante através de carta registada com aviso de recepção enviada até ao termo do prazo previsto no número anterior.

Parte IV – Anexos – Legislação Revogada e Legislação Subsidiária do NRAU

3. Resolvido o contrato, o alienante restituirá ao adquirente, no prazo de 14 dias úteis, todas as quantias recebidas deste até à data da resolução.

ARTIGO 17.º

**Contratos-promessa de transmissão
de direitos reais de habitação periódica**

1. Os contratos-promessa de transmissão de direitos reais de habitação periódica vinculam ambas as partes e devem ser reduzidos a escrito.

2. O vendedor deve entregar ao adquirente uma tradução do contrato-promessa de transmissão de direitos reais de habitação periódica, certificada nos termos legais, na ou numa das línguas do Estado-Membro de residência do adquirente ou na ou numa das línguas do Estado-Membro de que este é nacional, à escolha do adquirente, acompanhada de uma tradução do contrato na língua do Estado em que se situe o imóvel.

3. No espaço do contrato-promessa de transmissão de direitos reais de habitação periódica imediatamente anterior ao destinado a assinaturas deve constar a menção de que o adquirente pode resolver o contrato, sem indicar o motivo e sem quaisquer encargos, no prazo de 10 dias úteis a contar da data da celebração desse contrato.

4. Antes do termo do prazo para o exercício do direito de resolução previsto no n.º 1 do artigo 16.º é proibido efectuar pagamentos ou receber qualquer quantia como forma de pagamento ou com qualquer outro objectivo directa ou indirectamente relacionado com o negócio jurídico a celebrar.

5. É nula a convenção que faça depender a celebração do contrato prometido da alienação de direitos reais de habitação periódica sobre as restantes unidades de alojamento.

ARTIGO 18.º

Requisitos

1. Os contratos-promessa de alienação de direitos reais de habitação periódica em que o promitente-vendedor intervenha no exercício do comércio devem conter os seguintes elementos:

a) A identidade e o domicílio do proprietário das unidades de alojamento sujeitas ao regime dos direitos reais de habitação periódica, com indicação exacta da qualidade jurídica do vendedor no momento da celebração do contrato;

b) A identificação do promitente-adquirente;

c) Os elementos constantes das alíneas *c)* a *h)*, *o)* e *q)* a *t)* do n.º 2 do artigo 5.º;

Anexo IV – Direito Real de Habitação Periódica

d) Os elementos constantes das alíneas *a)* e *c)* a *f)* do n.º 1 do artigo 11.º;

e) Indicação expressa, aposta imediatamente antes da assinatura das partes, de que o promitente-adquirente do direito real de habitação periódica pode resolver o contrato, sem indicar o motivo e sem quaisquer encargos, no prazo de 10 dias úteis a contar da data de assinatura deste, por meio de carta registada, com aviso de recepção, enviada até ao termo daquele prazo.

2. É obrigatória a entrega ao promitente-adquirente do documento complementar previsto no n.º 2 do artigo 11.º e no artigo 13.º, observando-se, com as devidas adaptações, o disposto no n.º 3 a n.º 5 do artigo 11.º e no n.º 2 e n.º 3 do artigo 12.º.

ARTIGO 19.º
Direito de resolução e caução

1. Nos contratos-promessa o promitente-adquirente goza do direito de resolução após a sua assinatura, nos termos do disposto no artigo 16.º, contando-se o respectivo prazo da data de assinatura do contrato-promessa.

2. Se na pendência do prazo previsto no número anterior for celebrada a escritura pública de constituição do direito real de habitação periódica, o prazo para o adquirente do direito real de habitação periódica resolver o respectivo contrato de aquisição, previsto no n.º 1 do artigo 16.º, conta-se a partir da data da assinatura do contrato-promessa

3. O promitente-vendedor, quando seja proprietário do empreendimento ou cessionário da sua exploração, deve prestar caução nos contratos-promessa que garanta:

a) A possibilidade do início do gozo do direito pelo adquirente na data prevista no contrato-promessa;

b) A expurgação de hipotecas ou outros ónus oponíveis ao adquirente do direito;

c) A devolução da totalidade das quantias entregues pelo adquirente por conta da aquisição desse direito, actualizada de acordo com o índice anual dos preços do consumidor, no caso de o empreendimento turístico não abrir ao público;

d) A devolução da totalidade das quantias entregues pelo adquirente até ao termo do prazo previsto nos n.º 3 a n.º 5 do artigo 16.º.

4. É aplicável à caução a que se refere o número anterior o disposto no n.º 2 do artigo 15.º, observando-se ainda, com as necessárias adaptações, o disposto no n.º 3 do mesmo preceito.

Parte IV – Anexos – Legislação Revogada e Legislação Subsidiária do NRAU

ARTIGO 20.º
Irrenunciabilidade

O direitos conferidos nesta secção ao adquirente e ao promitente-adquirente do direito real de habitação periódica são irrenunciáveis, sendo nula toda a convenção que, de alguma forma, os exclua ou limite.

SECÇÃO V
**Direitos e deveres dos titulares
de direitos reais de habitação periódica**

ARTIGO 21.º
Conteúdo e exercício do direito real de habitação periódica

1. O titular do direito real de habitação periódica tem as seguintes faculdades:

a) Habitar a unidade de alojamento pelo período a que respeita o seu direito;

b) Usar as instalações e equipamentos de uso comum do empreendimento e beneficiar dos serviços prestados pelo titular do empreendimento;

c) Exigir, em caso de impossibilidade de utilização da unidade de alojamento objecto do contrato devido a situações de força maior ou caso fortuito motivado por circunstâncias anormais e imprevisíveis alheias àquele que as invoca, cujas consequências não poderiam ter sido evitadas apesar de todas as diligências feitas, que o proprietário ou o cessionário lhe faculte alojamento alternativo num empreendimento sujeito ao regime de direitos reais de habitação periódica, de categoria idêntica ou superior, num local próximo do empreendimento objecto do contrato;

d) Ceder o exercício das faculdades referidas nas alíneas anteriores.

2. No exercício do seu direito, o titular deve agir como o faria um bom pai de família, estando-lhe especialmente vedadas a utilização da unidade de alojamento e das partes do empreendimento de uso comum para fins diversos daqueles a que se destinam e a prática de actos proibidos pelo título constitutivo ou pelas normas reguladoras do funcionamento do empreendimento.

3. A cedência a que se refere a alínea *d)* do n.º 1 deve ser comunicada por escrito à entidade responsável pela gestão do empreendimento até ao início do período de exercício do direito, sob pena de opor a tal cedência.

1000

Anexo IV – Direito Real de Habitação Periódica

ARTIGO 22.º
Prestação periódica

1. O titular do direito real de habitação periódica é obrigado a pagar anualmente ao proprietário das unidades de alojamento sujeitas ao regime dos direitos reais de habitação periódica a prestação pecuniária indicada no título de constituição.

2. A prestação periódica destina-se exclusivamente a compensar o proprietário das unidades de alojamento sujeitas ao regime dos direitos reais de habitação periódica das despesas com os serviços de utilização e exploração turística a que as mesmas estão sujeitas, contribuições e impostos e quaisquer outras previstas no título de constituição e a remunerá-la pela sua gestão, não podendo ser-lhe dada diferente utilização.

3. O valor da prestação periódica pode variar consoante a época do ano a que se reporta o direito real de habitação periódica, mas deve ser proporcional à fruição do empreendimento pelo titular do direito.

4. A percentagem da prestação periódica destinada a remunerar a gestão não pode ultrapassar 20% do valor total.

ARTIGO 23.º
Falta de pagamento da prestação periódica ou de indemnização

1. O crédito por prestações ou indemnizações devidas pelo titular do direito real de habitação periódica e respectivos juros moratórias goza do privilégio creditório imobiliário sobre este direito, graduável após os mencionados no artigo 746.º e artigo 748.º do Código Civil e os previstos em legislação especial em vigor nesta data.

2. Sem prejuízo do disposto no número anterior, é atribuído ao contrato ou à certidão do registo predial e às actas da assembleia prevista no artigo seguinte força executiva, nos termos e para os efeitos do disposto na alínea *d)* do artigo 46.º do Código de Processo Civil, no que se refere às prestações ou indemnizações devidas pelo titular do direito real de habitação periódica e respectivos juros moratórias.

3. Na falta de pagamento da prestação periódica até dois meses antes do início do período de exercício do correspondente direito, o proprietário das unidades de alojamento sujeitas ao regime do direito real de habitação periódica pode opor-se a esse exercício.

4. No caso previsto no número anterior, o proprietário pode afectar a unidade de alojamento à exploração turística durante o período correspondente a esse direito, caso em que se considera integralmente liquidada a prestação periódica devida nos termos do n.º 1 do artigo anterior.

Parte IV – Anexos – Legislação Revogada e Legislação Subsidiária do NRAU

ARTIGO 24.º
Alteração da prestação periódica

1. Independentemente do critério de fixação da prestação periódica estabelecido no título de constituição, aquela pode ser alterada, por proposta da entidade encarregada da auditoria das contas do empreendimento inserida no respectivo parecer, sempre que se revele excessiva ou insuficiente relativamente às despesas e à retribuição a que se destina e desde que a alteração seja aprovada por maioria dos votos dos titulares presentes em assembleia convocada para o efeito.

2. À alteração da prestação periódica aplica-se o disposto no n.º 2 do artigo 7.º.

SECÇÃO VI
Da administração e conservação do empreendimento

ARTIGO 25.º
Princípios gerais

1. A administração e conservação das unidades de alojamento objecto do direito real de habitação periódica, do seu equipamento e recheio e das instalações e equipamento de uso comum do empreendimento incumbem ao respectivo proprietário.

2. O proprietário pode ceder a exploração do empreendimento, transferindo-se para o cessionário os poderes e deveres a ela ligados, sem prejuízo da responsabilidade subsidiária do proprietário, perante os titulares dos direitos reais de habitação periódica, pela boa administração e conservação do empreendimento.

3. A cessão de exploração deve ser notificada à Direcção-Geral do Turismo e aos titulares dos direitos reais de habitação periódica, sob pena de ineficácia.

ARTIGO 26.º
Conservação e limpeza das unidades de alojamento

1. As unidades de alojamento objecto do direito real de habitação periódica, bem como os respectivos equipamento e mobiliário, devem ser mantidos pela entidade responsável em estado de conservação e limpeza compatível com os fins a que se destinam e com a classificação do empreendimento.

2. Sem prejuízo do normal exercício do seu direito, o titular deve permitir o acesso à respectiva unidade de alojamento para o cumprimento das obrigações previstas no número anterior.

1002

Anexo IV – Direito Real de Habitação Periódica

ARTIGO 27.º
Reparações

1. As reparações indispensáveis ao exercício normal do direito que não possam ser efectuadas sem o sacrifício temporário daquele direito devem realizar-se em momento e condições que minimizem esse sacrifício, sem prejuízo do direito de indemnização dos titulares.

2. As reparações decorrentes de deteriorações imputáveis ao titular do direito ou àquele a quem ele ceder o uso que não resultem do exercício normal desse direito são igualmente efectuadas pela entidade responsável pela exploração do empreendimento, a expensas do titular.

ARTIGO 28.º
Inovações

O proprietário das unidades de alojamento sujeitas ao regime de direitos reais de habitação periódica só pode realizar obras que constituam inovações nas unidades de alojamento, ainda que por sua conta, com o consentimento dos titulares, a prestar em assembleia geral.

ARTIGO 29.º
Encargos

Os titulares de direitos reais de habitação periódica não podem ser responsabilizados pelo pagamento das contribuições, taxas, impostos e quaisquer outros encargos anuais que incidam sobre a propriedade nem pelo cumprimento das respectivas obrigações acessórias.

ARTIGO 30.º
Fundo de reserva

1. Uma percentagem não inferior a 4% do valor da prestação periódica devida pelos titulares dos direitos reais de habitação periódica será afectada à constituição de um fundo de reserva destinado exclusivamente à realização de obras de reparação e conservação das zonas comuns e das respectivas unidades de alojamento, seu mobiliário e equipamento.

2. Reverterão ainda para o fundo previsto no número anterior os saldos das prestações periódicas que constarem das contas anuais do empreendimento.

3. As quantias que integrem o fundo de reserva devem ser depositadas em conta bancária própria.

Parte IV – Anexos – Legislação Revogada e Legislação Subsidiária do NRAU

4. A entidade proprietária ou exploradora do empreendimento deve apresentar à Direcção-Geral do Turismo documento comprovativo de que o fundo de reserva se encontra constituído.

ARTIGO 31.º
Caução de boa administração

1. O proprietário das unidades de alojamento sujeitas ao regime dos direitos reais de habitação periódica ou, tendo havido cessão da exploração, o cessionário devem prestar caução de boa administração e conservação do empreendimento a favor dos titulares de direitos reais de habitação periódica.

2. A caução pode ser prestada por seguro, garantia bancária, depósito bancário ou títulos de dívida pública, devendo o respectivo título ser depositado na Direcção-Geral do Turismo.

3. O montante mínimo da garantia corresponde ao valor anual do conjunto das prestações periódicas a cargo de todos os titulares dos direitos transmitidos.

4. A garantia só pode ser accionada por deliberação dos titulares dos direitos, desde que essa deliberação tenha sido tomada pela maioria dos votos correspondentes aos direitos transmitidos.

5. A garantia deve ser actualizada sempre que o seja a prestação periódica.

ARTIGO 32.º
Prestação de contas

1. A entidade responsável pela administração do empreendimento deve organizar anualmente as contas respeitantes à utilização das prestações periódicas pagas pelos titulares dos direitos e das dotações do fundo de reserva, elaborar um relatório de gestão e submeter ambos à apreciação da empresa de auditoria ou do revisor oficial de contas a eleger nos termos da alínea *d)* do n.º 2 do artigo 34.º.

2. O relatório de gestão e as contas a que se refere o número anterior serão enviados a cada titular de direitos, juntamente com a convocatória da assembleia geral ordinária, acompanhados do parecer da auditoria.

3. Os titulares dos direitos reais de habitação periódica ou os seus representantes têm o direito de consultar os elementos justificativos das contas e do relatório de gestão apresentados na assembleia geral.

4. Não tendo havido a eleição prevista na alínea *d)* do n.º 2 do artigo 34.º, deve a entidade responsável pelo funcionamento do empreendimento solicitar à Câmara dos Revisores Oficiais de Contas a designação de um revisor, o qual exercerá as suas funções enquanto não for substituído por empresa ou revisor eleitos pela assembleia geral.

1004

Anexo IV – Direito Real de Habitação Periódica

ARTIGO 33.º
Programa de administração

1. A entidade responsável pela administração do empreendimento deve elaborar um programa de administração e conservação da parte sujeita ao regime de direito real de habitação periódica para o ano seguinte.

2. O programa deve ser enviado a cada titular de direitos reais de habitação periódica conjuntamente com a convocatória da assembleia geral ordinária.

ARTIGO 34.º
Assembleia geral de titulares de direitos reais de habitação periódica

1. A assembleia geral de titulares de direitos reais de habitação periódica integra todos os titulares daqueles direitos.

2. Compete à assembleia geral:

a) Eleger o presidente de entre os seus membros, sendo o proprietário do empreendimento inelegível para o cargo;

b) Pronunciar-se sobre o relatório de gestão e as contas respeitantes à utilização das prestações periódicas e das dotações do fundo de reserva;

c) Apreciar o programa de administração e conservação do empreendimento no regime de direito real de habitação periódica para o ano seguinte;

d) Eleger o revisor oficial de contas ou a empresa de auditoria que apreciará o relatório de gestão e as contas do empreendimento;

e) Aprovar a alteração da prestação periódica nos termos do artigo 24.º;

f) Deliberar sobre qualquer assunto do interesse dos titulares de direitos reais de habitação periódica.

3. A assembleia geral é convocada pela entidade responsável pela administração do empreendimento, salvo o disposto no n.º 5.

4. A assembleia geral deve ser convocada por carta registada, enviada pelo menos 30 dias antes da data prevista para a reunião, no 1.º trimestre de cada ano, para os efeitos, pelo menos, das matérias referidas nas alíneas *b)* a *d)* e *f)* do n.º 2.

5. A assembleia geral deve ser convocada pelo presidente sob proposta de titulares de direitos reais de habitação periódica que representem 5% dos votos correspondentes aos direitos transmitidos.

6. A assembleia geral delibera qualquer que seja o número de titulares de direitos presentes ou representados, salvo o disposto no número seguinte.

7. A assembleia geral convocada nos termos do n.º 5 requer, para efeitos de deliberação em primeira convocatória, a presença de titulares de direitos que

Parte IV – Anexos – Legislação Revogada e Legislação Subsidiária do NRAU

representem, pelo menos, um terço dos votos correspondentes aos direitos reais de habitação periódica constituídos.

8. O presidente da assembleia geral é eleito por dois anos renováveis.

ARTIGO 35.º
Participação na assembleia

1. Os titulares de direitos reais de habitação periódica podem deliberar em assembleia geral e votar por escrito.

2. Ninguém poderá representar mais de um décimo dos votos correspondentes aos direitos constituídos, salvo se forem detidos por um único titular.

3. O proprietário do empreendimento, mesmo quando não seja titular de direitos reais de habitação periódica, ou, tendo havido cessão de exploração, o cessionário devem comparecer na assembleia geral, a fim de prestar as informações solicitadas.

4. Cada titular de um direito real de habitação periódica tem o número de votos correspondentes ao valor do direito, nos termos estabelecidos no título constitutivo.

5. O proprietário do empreendimento que seja titular de direitos reais de habitação periódica não dispõe dos votos correspondentes às unidades de alojamento cuja construção não esteja terminada.

6. O proprietário do empreendimento ou o cessionário da exploração não podem ser representantes dos titulares dos direitos reais de habitação periódica nem votar a alteração da prestação periódica a que se refere a alínea *e)* do n.º 2 do artigo anterior.

7. As deliberações são tomadas por maioria simples, salvo o disposto no n.º 1 do artigo 37.º.

SECÇÃO VII
Destituição e substituição na administração do empreendimento

ARTIGO 36.º
Destituição da administração do empreendimento

1. Se o proprietário do empreendimento ou o cessionário da exploração deixarem de cumprir a obrigação de administração ou houver cumprimento negligente da mesma, podem os titulares deliberar a sua destituição da administração do empreendimento, sem prejuízo da responsabilidade daqueles.

Anexo IV – Direito Real de Habitação Periódica

2. Considera-se haver incumprimento da obrigação de administrar designadamente nos seguintes casos:

a) Se não for convocada a assembleia geral de titulares nos termos previstos no n.º 4 do artigo 34.º;

b) Se a assembleia de titulares não aprovar o relatório de gestão do exercício anterior;

c) Se a entidade responsável pela administração do empreendimento não organizar nem apresentar os documentos referidos nos artigo 32.º e artigo 33.º;

d) Se o proprietário do empreendimento ou o cessionário da exploração não comparecerem na assembleia geral de titulares;

e) Se não for constituído o fundo de reserva previsto no artigo 30.º;

f) Se não for constituída ou se caducar a garantia prevista no artigo 31.º;

g) Se o empreendimento for desclassificado.

ARTIGO 37.º

Processo

1. O processo de destituição inicia-se em assembleia geral especialmente convocada para o efeito, devendo a deliberação ser tomada por maioria de dois terços dos votos correspondentes aos direitos reais de habitação periódica transmitidos, e só produzindo efeitos depois de decisão do tribunal arbitral, a constituir nos termos dos números seguintes, ou da nomeação judicial prevista no artigo 40.º.

2. O tribunal arbitral é composto por três árbitros, sendo um designado pelos titulares dos direitos reais de habitação periódica, outro pela proprietário e pelo cessionário da exploração, se o houver, e o terceiro pelos árbitros assim designados.

3. O tribunal arbitral deve, quando tal se justificar, fixar um prazo à entidade administradora para cumprimento das obrigações em falta.

4. Decorrido o prazo referido no número anterior, se a entidade em causa não tiver cumprido as obrigações impostas pelo tribunal arbitral, este deliberará, de imediato, a destituição daquela e a consequente substituição por uma outra que administrará todo o empreendimento.

ARTIGO 38.º

Efeitos da substituição

Destituído da administração o proprietário do empreendimento ou o cessionário da exploração, o pagamento das prestações periódicas deixa de lhes ser devido e será realizado à nova entidade administradora.

Parte IV – Anexos – Legislação Revogada e Legislação Subsidiária do NRAU

ARTIGO 39.º
Direitos e deveres da entidade administradora nomeada

1. Compete à entidade administradora nomeada exercer todos os direitos e cumprir todos os deveres inerentes à administração e conservação do empreendimento, sendo-lhe aplicáveis, com as necessárias adaptações, as regras estabelecidas na secção VI.
2. A administração deve exercer-se também no que respeita aos direitos reais de habitação periódica alienados posteriormente pelo proprietário.

ARTIGO 40.º
Nomeação judicial de administrador

1. Tomada a deliberação prevista no n.º 1 do artigo 36.º, se, decorrido o prazo de 60 dias, não se encontrar constituído o tribunal arbitral referido no artigo 37.º, podem os titulares dos direitos reais de habitação periódica requerer ao tribunal da comarca da situação dos bens a nomeação de um administrador judicial.
2. A acção para nomeação do administrador judicial deve ser proposta contra o proprietário do empreendimento e o cessionário da exploração, se existir, seguindo-se, com as necessárias adaptações, o processo previsto para a nomeação de administrador na propriedade horizontal.
3. É aplicável ao administrador judicial, com as necessárias adaptações, o disposto nos artigo 38.º e artigo 39.º.

ARTIGO 41.º
Cessação do regime de substituição
na administração do empreendimento

O regime de substituição na administração do empreendimento cessa mediante deliberação por maioria dos votos correspondentes aos direitos reais de habitação periódica transmitidos, retomando o proprietário ou o cessionário da exploração do empreendimento as funções respectivas logo que preste a caução prevista no artigo 31.º.

Anexo IV – Direito Real de Habitação Periódica

SECÇÃO VIII
Da renúncia do direito real de habitação periódica

ARTIGO 42.º
Renúncia

1. O titular do direito real de habitação periódica pode extingui-lo mediante declaração de renúncia no certificado predial, com reconhecimento presencial da assinatura.

2. A declaração de renúncia carece de ser notificada ao proprietário do empreendimento e à Direcção-Geral do Turismo, devendo ainda ser registada nos termos gerais.

3. A declaração a que se refere o número anterior produz efeitos seis meses após as notificações nele previstas.

SECÇÃO IX
Publicidade, comercialização e formas de referência

ARTIGO 43.º
Publicidade e comercialização

1. Toda a publicidade ou promoção respeitante à venda ou comercialização de direitos reais de habitação periódica deve conter, pelo menos, os elementos referidos nas alíneas *a), b), d)* e *h)* do n.º 2 do artigo 5.º e não pode apresentar a aquisição desses direitos como forma de investimento financeiro.

2. Os direitos reais de habitação periódica não podem ser publicitados ou promovidos enquanto o projecto da respectiva constituição não estiver autorizado pela Direcção-Geral do Turismo, nos termos do disposto no artigo 5.º.

3. A actividade de promoção e comercialização dos direitos reais de habitação periódica só pode desenvolver-se em instalações do proprietário, do cessionário da exploração do empreendimento turístico ou ainda do mediador.

4. A publicidade relativa ao bem ou aos bens imóveis deve indicar a possibilidade de se obter gratuitamente o documento informativo previsto no artigo 9.º, bem como o local onde este pode ser solicitado.

5. Em virtude do disposto no n.º 5 do artigo 7.º da Lei n.º 24/1996, de 31 de Julho, as informações concretas ou objectivas contidas nas mensagens publicitárias consideram-se integradas no conteúdo dos contratos que se venham a celebrar após a sua emissão, tendo-se por não escritas as cláusulas contratuais em contrário.

Parte IV – Anexos – Legislação Revogada e Legislação Subsidiária do NRAU

ARTIGO 44.º
Proibição de utilização de certos termos)

Na publicidade ou promoção dos direitos reais de habitação periódica, bem como nos contratos e documentos a estes respeitantes, não podem usar-se, em relação aos titulares desses direitos, a palavra «proprietário» ou quaisquer outras expressões susceptíveis de criar nos adquirentes desses direitos a ideia de que serão comproprietários do empreendimento.

CAPÍTULO II
Dos direitos de habitação turística

ARTIGO 45.º
Regime dos direitos de habitação turística

1. Os direitos de habitação em empreendimentos turísticos e casas e empreendimentos de turismo no espaço rural por períodos de tempo limitados em cada ano e que não constituam direitos reais de habitação periódica, bem como os contratos pelos quais, directa ou indirectamente, mediante um pagamento antecipado completado ou não por prestações periódicas, se transmite ou prometa transmitir direitos de habitação turística, ficam imperativamente sujeitos às disposições deste capítulo.

2. Os direitos de habitação turística a que se refere o número anterior incluem, nomeadamente, os direitos obrigacionais constituídos no âmbito de contratos referentes a cartões e clubes de férias, cartões turísticos ou outros de natureza semelhante.

ARTIGO 46.º
Requisitos

1. Sem prejuízo do disposto nos números seguintes, os direitos de habitação turística só podem constituir-se desde que os empreendimentos se encontrem em funcionamento e se verifiquem, com as necessárias adaptações, as condições previstas no artigo 4.º, estando a exploração nesse regime sujeita a autorização da Direcção-Geral do Turismo.

2. O disposto no número anterior não prejudica a instalação dos empreendimentos por fases.

3. Excepcionalmente, por decisão dos membros do Governo responsáveis pelas áreas do ordenamento do território e do turismo, sob proposta do director-

Anexo IV – Direito Real de Habitação Periódica

-geral do Turismo, podem constituir-se direitos de habitação turística sobre empreendimentos turísticos e casas e empreendimentos de turismo no espaço rural ainda em construção quando, cumulativamente, estiverem reunidos os seguintes requisitos:

a) As entidades exploradoras garantirem contratualmente a manutenção da exploração turística de todas as unidades de alojamento afectas a essa exploração, das instalações e equipamentos de uso comum e das instalações e equipamentos de exploração turística durante o período de duração dos respectivos contratos;

b) A construção dos empreendimentos turísticos onde forem constituídos direitos de habitação turística contribuírem de forma decisiva para o desenvolvimento e modernização do sector na região em que se localizam, através do aumento da competitividade e do reordenamento e diversificação da oferta e, nas regiões menos desenvolvidas turisticamente, através da criação de oferta turística viável que permita potenciar o desenvolvimento económico regional;

c) A construção dos empreendimentos turísticos onde forem constituídos direitos de habitação turística produzir um impacte significativo, ao nível regional, na criação de emprego ou na requalificação do sector;

d) Os empreendimentos turísticos onde forem constituídos direitos de habitação turística tiverem uma classificação de 5 estrelas;

e) For prestada uma caução nos termos e para os efeitos previstos no artigo 15.º.

4. Quando uma mesma entidade ou grupo empresarial for simultaneamente proprietário e explorador de um hotel da mesma categoria ou de categoria superior ao empreendimento turístico onde se integram as unidades de alojamento sujeitas ao regime dos direitos de habitação turística e os dois empreendimentos se integrem no mesmo conjunto urbanístico, os quartos do hotel podem ser contabilizados para o efeito da percentagem prevista na alínea *b)* do n.º 1 do artigo 4.º, aplicável aos direitos de habitação turística, por força do disposto no n.º 1.

5. O pedido de autorização deve ser apresentado na Direcção-Geral do Turismo e instruído com o seguinte:

a) Documento que contenha, com as necessárias adaptações, os elementos previstos no n.º 2 do artigo 5.º;

b) Cópia da licença de utilização turística do empreendimento turístico ou da licença de utilização para casas ou empreendimentos de turismo no espaço rural;

c) Se o requerente não for o proprietário da casa ou empreendimento, previstos na alínea anterior, documento que o legitime a constituir direitos de habitação turística.

Parte IV – Anexos – Legislação Revogada e Legislação Subsidiária do NRAU

6. As unidades de alojamento das casas e empreendimentos previstos no n.º 1 do artigo anterior não se consideram retiradas da exploração de serviços de alojamento turístico pelo facto de se encontrarem sujeitas ao regime do direito de habitação turística.

ARTIGO 47.º
Duração

Os direitos de habitação turística são, na falta de indicação em contrário, perpétuos, mas pode ser-lhes fixado um limite de duração não inferior a três anos, a contar da data da sua constituição, excepto quando o empreendimento estiver ainda em construção, em que o prazo começa a contar a partir da data da abertura ao público do empreendimento turístico ou da casa ou empreendimento de turismo no espaço rural.

ARTIGO 48.º
Contrato de transmissão de direitos de habitação turística

1. Os contratos de transmissão de direitos de habitação turística são celebrados por escrito.

2. O vendedor deve entregar ao adquirente uma tradução do contrato de transmissão de direitos de habitação turística, certificada nos termos legais, na ou numa das línguas do Estado-Membro de residência do adquirente ou na ou numa das línguas do Estado-Membro de que este é nacional, à escolha do adquirente, acompanhada de uma tradução do contrato na língua do Estado em que se situe o imóvel.

3. No espaço do contrato ou contrato-promessa de transmissão de direitos de habitação turística imediatamente anterior ao destinado a assinaturas deve constar a menção de que o adquirente pode resolver o contrato, sem indicar o motivo e sem quaisquer encargos, no prazo de 10 dias úteis a contar da data da celebração desse contrato.

4. No espaço previsto no número anterior, o adquirente deve ainda declarar ter recebido a tradução do contrato, que constitui parte integrante do mesmo para todos os efeitos legais.

5. Os contratos a que se refere o n.º 1, ou os respectivos contratos-promessa, devem mencionar, quando o vendedor ou o promitente-vendedor intervenham no exercício do comércio, sob pena de anulabilidade:

a) Os elementos a que se referem as alíneas *c)*, *d)*, *g)* e *p)* a *t)* do n.º 2 do artigo 5.º;

b) Os elementos a que se referem as alíneas *a)* a *h)* e *j)* do n.º 2 do artigo 11.º, com as necessárias adaptações;

1012

Anexo IV – Direito Real de Habitação Periódica

c) A indicação das garantias prestadas para cumprir o disposto no artigo 52.º;

d) A indicação explícita de que o direito a que se refere o contrato não constitui um direito real;

e) A indicação e enunciação, no espaço imediatamente anterior ao destinado a assinaturas, do direito de resolução previsto no n.º 1 do artigo seguinte;

f) Se o vendedor não for o proprietário das casas ou empreendimentos previstos no artigo 45.º ou alguém que actue devidamente mandatado para o representar nos termos previstos no número seguinte, deve ainda juntar a autorização prevista nos números seguintes.

6. A comercialização de direitos de habitação turística por quem não seja proprietário das casas ou empreendimentos previstos no artigo 45.º, ou por quem actue devidamente mandatado para o efeito por mediação, agenciamento, cessão ou outras formas afins, depende de autorização a conceder pela Direcção-Geral do Turismo.

7. A concessão da autorização prevista no número anterior depende da observância pelos requerentes dos seguintes requisitos:

a) Ser um Estabelecimento Individual de Responsabilidade Limitada, cooperativa ou sociedade comercial;

b) Garantir o gozo pleno dos direitos de habitação turística objecto do contrato de transmissão durante o seu período de duração;

c) Comprovação da idoneidade comercial dos titulares, administradores ou gerentes do Estabelecimento Individual de Responsabilidade Limitada, da cooperativa ou da sociedade comercial.

8. Para efeitos do disposto na alínea *c)* do número anterior, não são consideradas comercialmente idóneas as pessoas relativamente às quais se verifique:

a) A proibição legal do exercício do comércio;

b) A inibição do exercício do comércio por ter sido declarada a sua falência ou insolvência enquanto não for levantada a inibição e decretada a sua reabilitação;

c) Terem sido titulares, gerentes ou administradores de um Estabelecimento Individual de Responsabilidade Limitada, de uma cooperativa ou de uma sociedade comercial, punida com três ou mais coimas, desde que lhe tenha sido aplicada a sanção de interdição do exercício da actividade.

9. Para efeitos do disposto no n.º 4, o vendedor deve apresentar na Direcção-Geral do Turismo um requerimento instruído com os seguintes elementos:

a) Certidão da escritura pública de constituição do Estabelecimento Individual de Responsabilidade Limitada, da cooperativa ou da sociedade comercial;

Parte IV – Anexos – Legislação Revogada e Legislação Subsidiária do NRAU

b) Certidão do registo comercial definitivo do Estabelecimento Individual de Responsabilidade Limitada, da cooperativa ou da sociedade comercial;

c) Certidão que ateste que o Estabelecimento Individual de Responsabilidade Limitada, a cooperativa ou a sociedade não é devedora ao Estado de quaisquer contribuições, impostos ou outras importâncias ou que o pagamento das mesmas está formalmente assegurado;

d) Certidão que ateste que o Estabelecimento Individual de Responsabilidade Limitada, a cooperativa ou a sociedade tem a situação regularizada para com a segurança social;

e) Cópia dos contratos celebrados entre o vendedor e o ou os proprietários das unidades de alojamento sujeitas ao regime dos direitos de habitação turística, que garantam o gozo pleno dos direitos objecto do contrato ou contrato-promessa de transmissão desses direitos, pelo período de duração neles previstos.

ARTIGO 49.º
Direito de resolução

1. Nos contratos de aquisição de direitos de habitação turística ou nos respectivos contratos-promessa, o adquirente ou o promitente-adquirente têm a faculdade de resolver o contrato, sem indicar o motivo e sem quaisquer encargos, no prazo de 10 dias úteis a contar da data de assinatura deste, por meio de carta registada, com aviso de recepção, enviada até ao termo daquele prazo.

2. É aplicável ao direito de resolução dos contratos de aquisição de direitos de habitação turística ou dos respectivos contratos-promessa, com as necessárias adaptações, o disposto no n.º 3 a n.º 7 do artigo 16.º.

ARTIGO 50.º
Administração e conservação

1. A administração e conservação das unidades de alojamento e das instalações e serviços de uso comum do empreendimento competem ao proprietário ou ao cessionário da exploração, aplicando-se, com as devidas adaptações, o disposto nos artigo 25.º a artigo 30.º.

2. No 1.º trimestre de cada ano será convocada pela entidade responsável pela administração do empreendimento uma assembleia geral dos titulares dos direitos de habitação turística com vista à prestação de informações e à deliberação sobre qualquer assunto do interesse daqueles titulares.

3. É aplicável, com as necessárias adaptações, o disposto na alínea *b)* do n.º 2 e no n.º 4 e n.º 6 do artigo 34.º e no artigo 36.º a artigo 41.º.

Anexo IV – Direito Real de Habitação Periódica

ARTIGO 51.º
Prestação periódica

1. O contrato de aquisição de direito de habitação turística pode estabelecer uma prestação periódica a pagar pelo titular ao proprietário ou ao cessionário da exploração do empreendimento.

2. O valor da prestação periódica pode ser actualizado nos termos previstos no contrato.

3. Não pode convencionar-se o pagamento antecipado das prestações periódicas respeitantes a anos subsequentes.

ARTIGO 52.º
Cauções

1. O proprietário das unidades de alojamento sujeitas ao regime de direitos de habitação turística, ou o vendedor, nos casos previstos na alínea *f)* do n.º 3 do artigo 48.º, deve prestar a favor do adquirente ou do promitente-adquirente de direitos de habitação turística caução pelo montante das quantias recebidas por este a qualquer título, para os efeitos e nos termos do artigo 15.º.

2. O proprietário das unidades de alojamento sujeitas ao regime de direitos de habitação turística ou, tendo havido cessão de exploração, o cessionário devem ainda prestar caução de boa administração, a favor dos titulares de direitos de habitação turística, nos termos e para os efeitos do disposto no artigo 31.º, com as necessárias adaptações.

3. Se na casa ou empreendimento existirem titulares de direitos não obrigados ao pagamento de prestações periódicas, a caução de boa administração deve ser fixada anualmente pela entidade encarregada da auditoria das contas, em valor não inferior ao montante de despesas previsto para cada exercício.

4. A caução prevista nos números anteriores só pode ser accionada por deliberação da maioria dos titulares dos direitos de habitação turística constituídos.

ARTIGO 53.º
Remissão

Aos direitos de habitação turística aplica-se, com as necessárias adaptações, o disposto no artigo 9.º, artigo 14.º, artigo 20.º, artigo 43.º e artigo 44.º do presente diploma.

Parte IV – Anexos – Legislação Revogada e Legislação Subsidiária do NRAU

CAPÍTULO III
Das infracções e sua sanção

ARTIGO 54.º
Contra-ordenações

1. Constituem contra-ordenações puníveis com coima de € 9975,94 (2 000 000$) a € 99 759,40 (20 000 000$):

a) A comercialização de direito real de habitação periódica não validamente constituído;

b) A infracção ao disposto no n.º 1 do artigo 4.º;

c) A infracção ao disposto no n.º 2 do artigo 12.º, no artigo 14.º e no n.º 1 do artigo 17.º;

d) A não prestação das cauções previstas no artigo 15.º e no n.º 3 do artigo 19.º;

e) A não devolução atempada das quantias entregues pelo adquirente ou promitente-adquirente de direitos reais de habitação periódica ou de direitos de habitação turística, em caso do exercício do direito de resolução dos respectivos contratos;

f) A violação dos direitos garantidos pelo disposto nas alíneas *a)* e *c)* do n.º 1 do artigo 21.º;

g) O incumprimento do disposto no artigo 30.º;

h) A não prestação da caução prevista no artigo 31.º;

i) A realização de publicidade ou promoção do direito real de habitação periódica ou de direito de habitação turística em infracção ao disposto no artigo 43.º e artigo 44.º;

j) A comercialização de direitos de habitação turística em infracção ao disposto no n.º 1 e n.º 4 do artigo 46.º;

l) A infracção do disposto no n.º 5 e n.º 6 do artigo 48.º;

m) A não prestação das cauções previstas no artigo 52.º;

n) O incumprimento do disposto no n.º 5 do artigo 60.º.

2. Constituem contra-ordenações puníveis com coima de € 4987,98 (1 000 000$) a € 49 879,79 (10 000 000$):

a) A infracção ao disposto no n.º 3 do artigo 4.º;

b) A infracção ao disposto no n.º 1 e n.º 2 do artigo 9.º;

c) A infracção ao disposto no n.º 2 do artigo 11.º;

d) O incumprimento das obrigações previstas nos n.º 3 a n.º 6 do artigo 11.º, no artigo 13.º e no n.º 2 do artigo 18.º;

e) A falta de conservação e limpeza das unidades de alojamento objecto do direito, em infracção ao disposto no artigo 26.º;

1016

Anexo IV – Direito Real de Habitação Periódica

f) O incumprimento do disposto no n.º 1 a n.º 3 do artigo 32.º, no artigo 33.º e no n.º 1 e n.º 4 do artigo 34.º;

g) A infracção ao disposto no n.º 1 do artigo 48.º, quando o vendedor tenha intervindo no exercício do comércio;

h) A infracção ao disposto no n.º 2 do artigo 48.º;

i) A infracção ao disposto no artigo 49.º;

j) A infracção ao disposto no n.º 2 do artigo 50.º;

l) O incumprimento do disposto no n.º 4 do artigo 60.º.

3. A negligência e a tentativa são puníveis.

ARTIGO 55.º
Sanções acessórias

1. Conjuntamente com as coimas previstas, podem ser aplicadas, de acordo com a natureza, a gravidade ou a frequência das contra-ordenações, as seguintes sanções acessórias, nos termos da lei geral:

a) Apreensão de todo o material utilizado, no caso da alínea *i*) do n.º 1 do artigo anterior;

b) Interdição, por dois anos, do exercício da actividade, salvo no caso da alínea *d*) do n.º 2 do artigo anterior.

2. Da aplicação de qualquer sanção será sempre dada publicidade, a expensas do infractor, mediante:

a) A afixação de cópia da decisão, pelo período de 30 dias, no próprio empreendimento, em lugar e por forma bem visível;

b) A sua publicação em jornal de difusão nacional, regional ou local, de acordo com o lugar, a importância e os efeitos da infracção.

ARTIGO 56.º
Concurso de contra-ordenações

Se um facto violar simultaneamente o disposto no Código da Publicidade, aprovado pelo Decreto-Lei n.º 330/1990, de 23 de Outubro, e alterado pelo Decreto-Lei n.º 74/1993, de 10 de Março, e pelo Decreto-Lei n.º 275/1998, de 9 de Setembro, e artigo 43.º e artigo 44.º do presente diploma, deve ser punido pela violação destes.

Parte IV – Anexos – Legislação Revogada e Legislação Subsidiária do NRAU

ARTIGO 57.º
Responsabilidade

Os titulares, gerentes e administradores ou directores do Estabelecimento Individual de Responsabilidade Limitada, da cooperativa ou da sociedade comercial, proprietárias ou cessionárias, são subsidiariamente responsáveis pelo pagamento das coimas aplicadas àquelas.

ARTIGO 58.º
Competência

1. Compete à Direcção-Geral do Turismo a organização e instrução dos processos relativos às contra-ordenações previstas neste diploma.
2. É da competência do director-geral do Turismo a aplicação de coimas inferiores a 2 000 000$ e sanções acessórias.
3. É da competência do membro do Governo com tutela sobre o turismo a aplicação de coimas de montante igual ou superior a 2 000 000$.

ARTIGO 59.º
Destino das coimas

As importâncias das coimas reverterão em 60% para os cofres do Estado e em 40% para a Direcção-Geral do Turismo.

CAPÍTULO IV
Disposições finais e transitórias

ARTIGO 60.º
Aplicação no tempo e no espaço

1. O presente diploma aplica-se aos direitos reais de habitação periódica constituídos, ficando ressalvados os efeitos já produzidos pelos factos que este se destina a regular.
2. Aos direitos reais de habitação periódica que tenham sido objecto de contratos-promessa de transmissão e não se encontrem constituídos ao tempo da entrada em vigor do presente diploma aplicam-se, quanto à escritura pública, ao registo e à emissão de certificados prediais, as disposições do artigo 4.º, artigo 5.º e artigo 7.º, artigo 8.º e artigo 9.º do Decreto-Lei n.º 130/1989, de 18 de Abril.

1018

Anexo IV – Direito Real de Habitação Periódica

3. Nas transmissões de direitos reais de habitação periódica titulados por certificados prediais emitidos ou a emitir ao abrigo do Decreto-Lei n.º 130/1989, de 18 de Abril, em que, nos termos do presente diploma, caiba ao adquirente a faculdade de resolver o contrato, deve este declarar por escrito, no momento da transmissão, que tomou conhecimento daquela faculdade.

4. O título de constituição dos direitos reais de habitação periódica deve ser modificado, no prazo de um ano, sempre que o mesmo não se conforme, no tocante ao conteúdo dos direitos, com o que se dispõe no presente diploma.

5. O proprietário ou cessionário da exploração do empreendimento turístico deve reforçar, no prazo de um ano, a caução de boa administração, até ao montante mínimo previsto no artigo 31.º.

6. O presente diploma aplica-se aos direitos obrigacionais de habitação turística constituídos ao abrigo do disposto no Decreto-Lei n.º 130/1989, de 18 de Abril, salvo o disposto no n.º 1 do artigo 47.º.

7. As disposições do presente diploma aplicam-se a todos os contratos, por períodos de tempo limitados em cada ano, relativos a direitos reais de habitação periódica e a direitos de habitação turística em empreendimentos que tenham por objecto imóveis sitos em Portugal ou em qualquer outro Estado-Membro da União Europeia.

8. No caso de os contratos respeitarem a direitos reais de habitação periódica e a direitos de habitação turística em empreendimentos turísticos sitos no território de outro Estado-Membro da Comunidade Europeia, por períodos de tempo limitados em cada ano, aplicam-se as disposições correspondentes desse Estado-Membro qualquer que seja o lugar e a forma da sua celebração e a lei escolhida pelas partes para regular o contrato.

ARTIGO 61.º
Isenção de sisa

A transmissão do direito real de habitação periódica é isenta do imposto municipal de sisa.

ARTIGO 62.º
Norma revogatória

Sem prejuízo do disposto no artigo 60.º, é revogado o Decreto-Lei n.º 130//1989, de 18 de Abril.

ANEXO V

**PROPRIEDADE HORIZONTAL
– ARTIGOS 1414.º A 1438.º-A DO CÓDIGO CIVIL**

**RELAÇÕES ENTRE CONDÓMINOS E TERCEIROS
– DECRETO-LEI N.º 268/94, DE 25 DE OUTUBRO**

**CONTA POUPANÇA CONDOMÍNIO
– DECRETO-LEI N.º 269/94, DE 25 DE OUTUBRO**

PROPRIEDADE HORIZONTAL

ARTIGOS 1414.º A 1438.º-A DO CÓDIGO CIVIL

CAPÍTULO VI
Propriedade horizontal

SECÇÃO I
Disposições gerais

ARTIGO 1414.º
Princípio geral

As fracções de que um edifício se compõe, em condições de constituírem unidades independentes, podem pertencer a proprietários diversos em regime de propriedade horizontal.

ARTIGO 1415.º
Objecto

Só podem ser objecto de propriedade horizontal as fracções autónomas que, além de constituírem unidades independentes, sejam distintas e isoladas entre si, com saída própria para uma parte comum do prédio ou para a via pública.

ARTIGO 1416.º
Falta de requisitos legais

1. A falta de requisitos legalmente exigidos importa a nulidade do título constitutivo da propriedade horizontal e a sujeição do prédio ao regime da compropriedade, pela atribuição a cada consorte da quota que lhe tiver sido fixada nos termos do artigo 1418.º ou, na falta de fixação, da quota correspondente ao valor relativo da sua fracção.

Parte IV – Anexos – Legislação Revogada e Legislação Subsidiária do NRAU

2. Têm legitimidade para arguir a nulidade do título os condóminos, e também o Ministério Público sobre participação da entidade pública a quem caiba a aprovação ou fiscalização das construções

SECÇÃO II
Constituição

ARTIGO 1417.º
Princípio geral

1. A propriedade horizontal pode ser constituída por negócio jurídico, usucapião, decisão administrativa ou decisão judicial, proferida em acção de divisão de coisa comum ou em processo de inventário.

2. A constituição da propriedade horizontal por decisão judicial pode ter lugar a requerimento de qualquer consorte, desde que no caso se verifiquem os requisitos exigidos pelo artigo 1415.º.

ARTIGO 1418.º
Conteúdo do título constitutivo

1. No título constitutivo serão especificadas as partes do edifício correspondentes às várias fracções, por forma que estas fiquem devidamente individualizadas, e será fixado o valor relativo de cada fracção, expresso em percentagem ou permilagem, do valor total do prédio.

2. Além das especificações constantes do número anterior, o título constitutivo pode ainda conter, designadamente:

a) Menção do fim a que se destina cada fracção ou parte comum;

b) Regulamento do condomínio, disciplinando o uso, fruição e conservação, quer das partes comuns, quer das fracções autónomas;

c) Previsão do compromisso arbitral para a resolução dos litígios emergentes da relação de condomínio.

3. A falta da especificação exigida pelo n.º 1 e a não coincidência entre o fim referido na alínea *a)* do n.º 2 e o que foi fixado no projecto aprovado pela entidade pública competente determinam a nulidade do título constitutivo.

ARTIGO 1419.º
Modificação do título

1. Sem prejuízo do disposto n.º 3 do artigo 1422.º-A, o título constitutivo da propriedade horizontal pode ser modificado por escritura pública, havendo acordo de todos os condóminos.

Anexo V – Propriedade Horizontal

2. O administrador, em representação do condomínio, pode outorgar a escritura pública a que se refere o número anterior, desde que o acordo conste de acta assinada por todos os condóminos.

3. A inobservância do disposto no artigo 1415.º importa a nulidade do acordo; esta nulidade pode ser declarada a requerimento das pessoas e entidades designadas no n.º 2 do artigo 1416.º.

SECÇÃO III
Direitos e encargos dos condóminos

ARTIGO 1420.º
Direitos dos condóminos

1. Cada condómino é proprietário exclusivo da fracção que lhe pertence e comproprietário das partes comuns do edifício.

2. O conjunto dos dois direitos é incindível; nenhum deles pode ser alienado separadamente, nem é lícito renunciar à parte comum como meio de o condómino se desonerar das despesas necessárias à sua conservação ou fruição.

ARTIGO 1421.º
Partes comuns do prédio

1. São comuns as seguintes partes do edifício:

a) O solo, bem como os alicerces, colunas, pilares, paredes mestras e todas as partes restantes que constituem a estrutura do prédio;

b) O telhado ou os terraços de cobertura, ainda que destinados ao uso de qualquer fracção;

c) As entradas, vestíbulos, escadas e corredores de uso ou passagem comum a dois ou mais condóminos;

d) As instalações gerais de água, electricidade, aquecimento, ar condicionado, gás, comunicações e semelhantes.

2. Presumem-se ainda comuns:

a) Os pátios e jardins anexos ao edifício;

b) Os ascensores;

c) As dependências destinadas ao uso e habitação do porteiro;

d) As garagens e outros lugares de estacionamento;

e) Em geral, as coisas que não sejam afectadas ao uso exclusivo de um dos condóminos.

3. O título constitutivo pode afectar ao uso exclusivo de um condómino certas zonas das partes comuns.

Parte IV – Anexos – Legislação Revogada e Legislação Subsidiária do NRAU

ARTIGO 1422.º
Limitações ao exercício dos direitos

1. Os condóminos, nas relações entre si, estão sujeitos, de um modo geral, quanto às fracções que exclusivamente lhes pertencem e quanto às partes comuns, às limitações impostas aos proprietários e aos comproprietários de coisas imóveis.
2. É especialmente vedado aos condóminos:
a) Prejudicar, quer com obras novas, quer por falta de reparação, a segurança, a linha arquitectónica ou o arranjo estético do edifício;
b) Destinar a sua fracção a usos ofensivos dos bons costumes;
c) Dar-lhe uso diverso do fim a que é destinada;
d) Praticar quaisquer actos ou actividades que tenham sido proibidos no título constitutivo ou, posteriormente, por deliberação da assembleia de condóminos aprovada sem oposição.

3. As obras que modifiquem a linha arquitectónica ou o arranjo estético do edifício podem ser realizadas se para tal se obtiver prévia autorização da assembleia de condóminos, aprovada por maioria representativa de dois terços do valor total do prédio.
4. Sempre que o título constitutivo não disponha sobre o fim de cada fracção autónoma, a alteração ao seu uso carece da autorização da assembleia de condóminos, aprovada por maioria representativa de dois terços do valor total do prédio.

ARTIGO 1422.º-A
Junção e divisão de fracções autónomas

1. Não carece de autorização dos restantes condóminos a junção, numa só, de duas ou mais fracções do mesmo edifício, desde que estas sejam contíguas.
2. Para efeitos do disposto do número anterior, a contiguidade das fracções é dispensada quando se trate de fracções correspondentes a arrecadações e garagens.
3. Não é permitida a divisão de fracções em novas fracções autónomas, salvo autorização do título constitutivo ou da assembleia de condóminos, aprovada sem qualquer oposição.
4. Nos casos previstos nos números anteriores, cabe aos condóminos que juntaram ou cindiram as fracções o poder de, por acto unilateral constante de escritura pública, introduzir a correspondente alteração no título constitutivo.
5. A escritura pública a que se refere o número anterior deve ser comunicada ao administrador no prazo de 30 dias.

Anexo V – Propriedade Horizontal

ARTIGO 1423.º
Direitos de preferência e de divisão

Os condóminos não gozam do direito de preferência na alienação de fracções nem do direito de pedir a divisão das partes comuns.

ARTIGO 1424.º
Encargos de conservação e fruição

1. Salvo disposição em contrário, as despesas necessárias à conservação e fruição das partes comuns do edifício e ao pagamento de serviços de interesse comum são pagas pelos condóminos em proporção do valor das suas fracções.

2. Porém, as despesas relativas ao pagamento de serviços de interesse comum podem, mediante disposição do regulamento de condomínio, aprovada sem oposição por maioria representativa de dois terços do valor total do prédio, ficar a cargo dos condóminos em partes iguais ou em proporção à respectiva fruição, desde que devidamente especificadas e justificados os critérios que determinam a sua imputação.

3. As despesas relativas aos diversos lanços de escadas ou às partes comuns do prédio que sirvam exclusivamente algum dos condóminos ficam a cargo dos que delas se servem.

4. Nas despesas dos ascensores só participam os condóminos cujas fracções por eles possam ser servidas.

ARTIGO 1425.º
Inovações

1. As obras que constituam inovações dependem da aprovação da maioria dos condóminos, devendo essa maioria representar dois terços do valor total do prédio.

2. Nas partes comuns do edifício não são permitidas inovações capazes de prejudicar a utilização, por parte de algum dos condóminos, tanto das coisas próprias como das comuns.

ARTIGO 1426.º
Encargos com as inovações

1. As despesas com as inovações ficam a cargo dos condóminos nos termos fixados pelo artigo 1424.º.

Parte IV – Anexos – Legislação Revogada e Legislação Subsidiária do NRAU

2. Os condóminos que não tenham aprovado a inovação são obrigados a concorrer para as respectivas despesas, salvo se a recusa for judicialmente havida como fundada.

3. Considera-se sempre fundada a recusa, quando as obras tenham natureza voluptuária ou não sejam proporcionadas a importância do edifício.

4. O condómino cuja recusa seja havida como fundada pode a todo o tempo participar nas vantagens da inovação, mediante o pagamento da quota correspondente às despesas de execução e manutenção da obra.

ARTIGO 1427.º
Reparações indispensáveis e urgentes

As reparações indispensáveis e urgentes nas partes comuns do edifício podem ser levadas a efeito, na falta ou impedimento do administrador, por iniciativa de qualquer condómino.

ARTIGO 1428.º
Destruição do edifício

1. No caso de destruição do edifício ou de uma parte que represente, pelo menos, três quartos do seu valor, qualquer dos condóminos tem o direito de exigir a venda do terreno e dos materiais, pela forma que a assembleia vier a designar.

2. Se a destruição atingir uma parte menor, pode a assembleia deliberar, pela maioria do número dos condóminos e do capital investido no edifício, a reconstrução deste.

3. Os condóminos que não queiram participar nas despesas da reconstrução podem ser obrigados a alienar os seus direitos a outros condóminos, segundo o valor entre eles acordado ou fixado judicialmente.

4. É permitido ao alienante escolher o condómino ou condóminos a quem a transmissão deve ser feita.

ARTIGO 1429.º
Seguro obrigatório

1. É obrigatório o seguro contra o risco de incêndio do edifício, quer quanto às fracções autónomas, quer relativamente às partes comuns.

2. O seguro deve ser celebrado pelos condóminos; o administrador deve, no entanto, efectuá-lo quando os condóminos o não hajam feito dentro do prazo e pelo valor que, para o efeito, tenha sido fixado em assembleia; nesse caso, ficará com o direito de reaver deles o respectivo prémio.

Anexo V – Propriedade Horizontal

ARTIGO 1429.º-A
Regulamento do condomínio

1. Havendo mais de quatro condóminos e caso não faça parte do título constitutivo, deve ser elaborado um regulamento do condomínio disciplinando o uso, a fruição e a conservação das partes comuns.
2. Sem prejuízo do disposto na alínea *b*) do n.º 2 do artigo 1418.º, a feitura do regulamento compete à assembleia de condóminos ou ao administrador, se aquela o não houver elaborado.

SECÇÃO IV
Administração das partes comuns do edifício

ARTIGO 1430.º
Órgãos administrativos

1. A administração das partes comuns do edifício compete à assembleia dos condóminos e a um administrador.
2. Cada condómino tem na assembleia tantos votos quantas as unidades inteiras que couberem na percentagem ou permilagem a que o artigo 1418.º se refere.

ARTIGO 1431.º
Assembleia dos condóminos

1. A assembleia reúne-se na primeira quinzena de Janeiro, mediante convocação do administrador, para discussão e aprovação das contas respeitantes ao último ano e aprovação do orçamento das despesas a efectuar durante o ano.
2. A assembleia também reunirá quando for convocada pelo administrador, ou por condóminos que representem, pelo menos, vinte e cinco por cento do capital investido.
3. Os condóminos podem fazer-se representar por procurador .

ARTIGO 1432.º
Convocação e funcionamento da assembleia

1. A assembleia é convocada por meio de carta registada, enviada com 10 dias de antecedência, ou mediante aviso convocatório feito com a mesma antecedência, desde que haja recibo de recepção assinado pelos condóminos.

Parte IV – Anexos – Legislação Revogada e Legislação Subsidiária do NRAU

2. A convocatória deve indicar o dia, hora, local e ordem de trabalhos da reunião e informar sobre os assuntos cujas deliberações só podem ser aprovadas por unanimidade dos votos.

3. As deliberações são tomadas, salvo disposição especial, por maioria dos votos representativos do capital investido.

4. Se não comparecer o número de condóminos suficiente para se obter vencimento e na convocatória não tiver sido desde logo fixada outra data, considera-se convocada nova reunião para uma semana depois, na mesma hora e local, podendo neste caso a assembleia deliberar por maioria de votos dos condóminos presentes, desde que estes representem, pelo menos, um quarto do valor total do prédio.

5. As deliberações que careçam de ser aprovadas por unanimidade dos votos podem ser aprovadas por unanimidade dos condóminos presentes desde que estes representem, pelo menos, dois terços do capital investido, sob condição de aprovação da deliberação pelos condóminos ausentes, nos termos dos números seguintes.

6. As deliberações têm de ser comunicadas a todos os condóminos ausentes, por carta registada com aviso de recepção, no prazo de 30 dias.

7. Os condóminos têm 90 dias após a recepção da carta referida no número anterior para comunicar, por escrito, à assembleia de condóminos o seu assentimento ou a sua discordância.

8. O silêncio dos condóminos deve ser considerado como aprovação da deliberação comunicada nos termos do n.º 6.

9. Os condóminos não residentes devem comunicar, por escrito, ao administrador o seu domicílio ou o do seu representante.

ARTIGO 1433.º
Impugnação das deliberações

1. As deliberações da assembleia contrárias à lei ou a regulamentos anteriormente aprovados são anuláveis a requerimento de qualquer condómino que as não tenha aprovado.

2. No prazo de 10 dias contado da deliberação, para os condóminos presentes, ou contado da sua comunicação, para os condóminos ausentes, pode ser exigida ao administrador a convocação de uma assembleia extraordinária, a ter lugar no prazo de 20 dias, para revogação das deliberações inválidas ou ineficazes.

3. No prazo de 30 dias contado nos termos do número anterior, pode qualquer condómino sujeitar a deliberação a um centro de arbitragem.

4. O direito de propor a acção de anulação caduca no prazo de 20 dias contados sobre a deliberação da assembleia extraordinária ou, caso esta não tenha sido solicitada, no prazo de 60 dias sobre a data da deliberação.

Anexo V – Propriedade Horizontal

5. Pode também ser requerida a suspensão das deliberações nos termos da lei de processo.

6. A representação judiciária dos condóminos contra quem são propostas as acções compete ao administrador ou à pessoa que a assembleia designar para esse efeito.

ARTIGO 1435.º
Administrador

1. O administrador é eleito e exonerado pela assembleia.

2. Se a assembleia não eleger administrador, será este nomeado pelo tribunal a requerimento de qualquer dos condóminos.

3. O administrador pode ser exonerado pelo tribunal, a requerimento de qualquer condómino, quando se mostre que praticou irregularidades ou agiu com negligência no exercício das suas funções.

4. O cargo de administrador é remunerável e tanto pode ser desempenhado por um dos condóminos como por terceiro; o período de funções é, salvo disposição em contrário, de um ano, renovável.

5. O administrador mantém-se em funções até que seja eleito ou nomeado o seu sucessor.

ARTIGO 1435.º-A
Administrador provisório

1. Se a assembleia de condóminos não eleger administrador e este não houver sido nomeado judicialmente, as correspondentes funções são obrigatoriamente desempenhadas, a título provisório, pelo condómino cuja fracção ou fracções representem a maior percentagem do capital investido, salvo se outro condómino houver manifestado vontade de exercer o cargo e houver comunicado tal propósito aos demais condóminos.

2. Quando, nos termos do número anterior, houver mais de um condómino em igualdade de circunstâncias, as funções recaem sobre aquele a que corresponda a primeira letra na ordem alfabética utilizada na descrição das fracções constante do registo predial.

3. Logo que seja eleito ou judicialmente nomeado um administrador, o condómino que nos termos do presente artigo se encontre provido na administração cessa funções, devendo entregar àquele todos os documentos respeitantes ao condomínio que estejam confiados à sua guarda.

Parte IV – Anexos – Legislação Revogada e Legislação Subsidiária do NRAU

ARTIGO 1436.º
Funções do administrador

São funções do administrador, além de outras que lhe sejam atribuídas pela assembleia:

a) Convocar a assembleia dos condóminos;
b) Elaborar o orçamento das receitas e despesas relativas a cada ano;
c) Verificar a existência do seguro contra o risco de incêndio, propondo à assembleia o montante do capital seguro;
d) Cobrar as receitas e efectuar as despesas comuns;
e) Exigir dos condóminos a sua quota-parte nas despesas aprovadas;
f) Realizar os actos conservatórios dos direitos relativos aos bens comuns;
g) Regular o uso das coisas comuns e a prestação dos serviços de interesse comum;
h) Executar as deliberações da assembleia;
i) Representar o conjunto dos condóminos perante as autoridades administrativas;
j) Prestar contas à assembleia;
l) Assegurar a execução do regulamento e das disposições legais e administrativas relativas ao condomínio;
m) Guardar e manter todos os documentos que digam respeito ao condomínio.

ARTIGO 1437.º
Legitimidade do administrador

1. O administrador tem legitimidade para agir em juízo, quer contra qualquer dos condóminos, quer contra terceiro, na execução das funções que lhe pertencem ou quando autorizado pela assembleia.

2. O administrador pode também ser demandado nas acções respeitantes às partes comuns do edifício.

3. Exceptuam-se as acções relativas a questões de propriedade ou posse dos bens comuns, salvo se a assembleia atribuir para o efeito poderes especiais ao administrador.

ARTIGO 1438.º
Recurso dos actos do administrador

Dos actos do administrador cabe recurso para a assembleia, a qual pode neste caso ser convocada pelo condómino recorrente.

Anexo V – Propriedade Horizontal

ARTIGO 1438.º-A
Propriedade horizontal de conjuntos de edifícios

O regime previsto neste capítulo pode ser aplicado, com as necessárias adaptações, a conjuntos de edifícios contíguos funcionalmente ligados entre si pela existência de partes comuns afectadas ao uso de todas ou algumas unidades ou fracções que os compõem.

RELAÇÕES ENTRE CONDÓMINOS E TERCEIROS

DECRETO-LEI N.º 268/94, DE 25 DE OUTUBRO

A necessidade de desenvolver alguns aspectos do regime da propriedade horizontal, aliada à opção de preservar a integração da disciplina daquele instituto no Código Civil, explica a aprovação do presente diploma.

Na verdade, as regras aqui consagradas estatuem ou sobre matérias estranhas à natureza de um diploma como o Código Civil ou com carácter regulamentar, e têm o objectivo de procurar soluções que tornem mais eficaz o regime da propriedade horizontal, facilitando simultaneamente o decorrer das relações entre os condóminos e terceiros.

Assim:

Nos termos da alínea a) do n.º 1 do artigo 201.º da Constituição, o Governo decreta o seguinte:

ARTIGO 1.º
Deliberações da assembleia de condóminos

1. São obrigatoriamente lavradas actas das assembleias de condóminos, redigidas e assinadas por quem nelas tenha servido de presidente e subscritas por todos os condóminos que nelas hajam participado.

2. As deliberações devidamente consignadas em acta são vinculativas tanto para os condóminos como para os terceiros titulares de direitos relativos às fracções.

3. Incumbe ao administrador, ainda que provisório, guardar as actas e facultar a respectiva consulta, quer nos condóminos, quer aos terceiros a que se refere o número anterior.

Parte IV – Anexos – Legislação Revogada e Legislação Subsidiária do NRAU

ARTIGO 2.º
Documentos e notificações relativos ao condomínio

1. Deverão ficar depositadas, à guarda do administrador, as cópias autenticadas dos documentos utilizados para instruir o processo de constituição da propriedade horizontal, designadamente do projecto aprovado pela entidade pública competente.

2. O administrador tem o dever de guardar e dar a conhecer aos condóminos todas as notificações dirigidas ao condomínio, designadamente as provenientes das autoridades administrativas.

ARTIGO 3.º
Informação

Na entrada *do* prédio ou conjunto de prédios ou em local de passagem comum aos condóminos deverá ser afixada a identificação do administrador em exercício ou de quem, a título provisório, desempenhe as funções deste.

ARTIGO 4.º
Fundo comum de reserva

1. É obrigatória a constituição, em cada condomínio, de um fundo comum de reserva para custear as despesas de conservação do edifício ou conjunto de edifícios.

2. Cada condómino contribui para esse fundo com uma quantia correspondente a, pelo menos, 10% da sua quota-parte nas restantes despesas *do* condomínio.

3. O fundo comum de reserva deve ser depositado em instituição bancária, competindo à assembleia de condóminos a respectiva administração.

ARTIGO 5.º
Actualização do seguro

1. É obrigatória a actualização anual do seguro contra o risco de incêndio.

2. Compete à assembleia de condóminos deliberar o montante de cada actualização.

3. Se a assembleia não aprovar o montante da actualização, deve o administrador actualizar o seguro de acordo com o índice publicado trimestralmente pelo Instituto de Seguros de Portugal.

Anexo V – Relações entre Condóminos e Terceiros

ARTIGO 6.º
Dívidas por encargos de condomínio

1. A acta da reunião da assembleia de condóminos que tiver deliberado o montante das contribuições devidas ao condomínio ou quaisquer despesas necessárias à conservação e fruição das partes comuns e ao pagamento de serviços de interesse comum, que não devam ser suportadas pelo condomínio, constitui título executivo contra o proprietário que deixar de pagar, no prazo estabelecido na sua quota-parte.

2. O administrador deve instaurar acção judicial destinada a cobrar as quantias referidas no número anterior.

ARTIGO 7.º
Falta ou impedimento do administrador

O regulamento deve prever e regular o exercício das funções de administração na falta ou impedimento do administrador ou de quem a título provisório desempenhe as funções deste.

ARTIGO 8.º
Publicitação das regras de segurança

O administrador deve assegurar a publicitação das regras respeitantes à segurança do edifício ou conjunto de edifícios, designadamente à dos equipamentos de uso comum.

ARTIGO 9.º
Dever de informação a terceiros

O administrador, ou quem a título provisório desempenhe as funções deste, deve facultar cópia do regulamento aos terceiros titulares de direitos relativos às fracções.

ARTIGO 10.º
Obrigação de constituição da propriedade horizontal e de obtenção da licença da utilização

Celebrado contrato-promessa de compra e venda de fracção autónoma a constituir, e salvo estipulação expressa em contrário, fica o promitente-vendedor obrigado a exercer as diligências necessárias à constituição da propriedade horizontal e à obtenção da correspondente licença de utilização.

Parte IV – Anexos – Legislação Revogada e Legislação Subsidiária do NRAU

ARTIGO 11.º
Obras

Para efeitos da aplicação do disposto nos artigos 10.º, 12.º e 165.º do Regulamento Geral das Edificações Urbanas, aprovado pelo Decreto-Lei n.º 38 382, de 7 de Agosto de 1961, é suficiente a notificação do administrador do condomínio.

ARTIGO 12.º
Direito transitório

Nos prédios já sujeitos ao regime de propriedade horizontal à data da entrada em vigor do presente diploma deve, no prazo de 90 dias, ser dado cumprimento ao disposto no artigo 3.º.

CONTA POUPANÇA CONDOMÍNIO

DECRETO-LEI N.º 269/94, DE 25 DE OUTUBRO

Para estimular os condóminos na mobilização dos recursos necessários à conservação ou reparação extraordinária de imóveis em regime de propriedade horizontal, importa criar mecanismos financeiros que possam prevenir a degradação do tecido urbano, através da constituição de um fundo de reserva para fazer face a obras nas partes comuns dos prédios.

As recentes alterações ao regime da propriedade horizontal introduzidas pelos Decretos-Leis n.ᵒˢ 267/94 e 268/94, ambos de 25 de Outubro, estabelecem a obrigatoriedade da constituição desse fundo de reserva, que poderá revestir a forma de uma "conta poupança-condomínio", caso haja deliberação nesse sentido da assembleia de condóminos, a qual pode anteceder a obrigatoriedade da constituição do fundo.

Aproveitando os princípios enformadores da conta poupança-habitação, que foi fundamentalmente criada para estimular o aforro para aquisição de casa própria, cria-se um mecanismo para permitir o aforro dos condóminos proprietários, a afectar à conservação e beneficiação dos edifícios em regime de propriedade horizontal, num momento em que os primeiros imóveis sujeitos a esse regime, relativamente recente no nosso ordenamento jurídico, carecem de obras mais vultosas do que as normalmente realizadas pela administração dos prédios.

Assim:

No uso da autorização legislativa concedida pelo n.º 3 do artigo 35.º da Lei n.º 75/93, de 20 de Dezembro, e nos termos das alíneas a) e b) do n.º 1 do artigo 201.º da Constituição, o Governo decreta o seguinte:

ARTIGO 1.º

1. Os administradores de prédios em regime de propriedade horizontal, mediante prévia deliberação da assembleia de condóminos, podem abrir contas de depósito a prazo denominadas "contas poupança-condomínio".

Parte IV – Anexos – Legislação Revogada e Legislação Subsidiária do NRAU

2. As contas poupança-condomínio destinam-se exclusivamente à constituição de um fundo de reserva para a realização, nas partes comuns dos prédios, de obras de conservação ordinária, de conservação extraordinária e de beneficiação.

3. Para efeitos do disposto no número anterior, as obras de beneficiação são apenas as determinadas pelas autoridades administrativas.

ARTIGO 2.º

1. A conta poupança-condomínio pode ser mobilizada pelo administrador ou pelos condóminos autorizados em assembleia para o efeito, após o decurso do primeiro prazo contratual.

2. A mobilização do saldo das contas deverá ser realizada por meio de cheque ou ordem de pagamento, emitidos a favor do construtor ou do credor do preço de venda dos materiais ou serviços para a realização das obras nas partes comuns do prédio nos termos do presente diploma.

3. Após deliberação da assembleia de condóminos, a todo o tempo é permitido aos titulares de uma conta poupança-condomínio comunicar à instituição depositária a alteração dos objectivos que se propôs com a abertura da conta, desde que sejam repostos os benefícios fiscais que lhes tenham sido aplicados.

ARTIGO 3.º

(Revogado pelo artigo 10.º da Lei n.º 30-G/2000, de 29-12)

ARTIGO 4.º

1. Qualquer instituição de crédito habilitada a receber depósitos pode constituir contas poupança-condomínio pelo prazo contratual mínimo de um ano, renovável por iguais períodos de tempo, efectuando-se as entregas ao longo de cada prazo anual, nos termos que forem acordados com as instituições de crédito.

2. As instituições de crédito habilitadas a receber depósitos podem, dentro dos limites e regras a fixar por portaria conjunta dos Ministros das Finanças e das Obras Públicas, Transportes e Comunicações, estipular montantes mínimos ou máximos para abertura das contas poupança-condomínio e para as entregas subsequentes, bem como a periodicidade destas últimas e a sua rigidez ou flexibilidade.

1040

Anexo V – Conta Poupança Condomínio

ARTIGO 5.º

1. Os juros são liquidados relativamente a cada conta de depósito:
a) No fim de cada prazo anual, por acumulação ao capital depositado;
b) No momento da mobilização do depósito, sendo então contados à taxa proporcional e devidos até essa data, sem qualquer penalização.

2. Os juros produzidos pelas entregas ao longo de cada prazo anual são calculados à taxa proporcional.

ARTIGO 6.º

1. Se o saldo da conta poupança-condomínio for aplicado cm qualquer finalidade diferente da prevista no n.º 2 do artigo 1.º ou dele forem levantados fundos antes de decorrido o primeiro prazo contratual, aplicam-se as regras vigentes na instituição depositária para depósitos a prazo superior a um ano, sendo anulado o montante dos juros vencidos e creditados que corresponda à diferença de taxas, bem como o valor correspondente aos benefícios fiscais que lhes tenham sido aplicados.

2. Sem prejuízo do disposto no número anterior, desde que o remanescente, sem incluir os juros creditados, exceda os montantes mínimos fixados pela instituição depositária, o titular pode continuar com a conta-poupança-condomínio, mantendo-se a certeza do empréstimo.

3. Podem igualmente ser mantidos todos os benefícios aplicáveis no caso de o saldo de uma conta poupança-condomínio ser integralmente transferido para outra conta da mesma natureza em instituição de crédito distinta.

ARTIGO 7.º

1. Aos titulares de contas poupança-condomínio constituídas há mais de três anos e que pretendam mobilizar o saldo é garantido o direito à concessão de um empréstimo.

2. O montante dos empréstimos a conceder nos termos do número anterior:
a) Será determinado em função de regras estabelecidas no contrato de abertura da conta poupança-condomínio, tendo em conta o ritmo, o valor e a regularidade das entregas do titular da conta;
b) Não pode ser superior à diferença entre o valor das obras projectadas, segundo a avaliação das instituições de crédito, e o saldo das contas poupança-condomínio à data da concessão dos empréstimos.

Parte IV – Anexos – Legislação Revogada e Legislação Subsidiária do NRAU

ARTIGO 8.º

As instituições de crédito devem fixar e tornar públicas as condições da conta poupança-condomínio, designadamente os seguintes elementos:

a) Montantes mínimos ou máximos e periodicidade, rígidos ou flexíveis, prefixados ou não;

b) Montante dos empréstimos em função do saldo da conta poupança-condomínio;

c) Taxa efectiva de remuneração bruta anual da conta poupança-condomínio, calculada como taxa equivalente e tendo em consideração a periodicidade das entregas, cujos pressupostos a instituição de crédito deve explicitar.

ARTIGO 9.º

1. Salvo se houver lugar à aplicação do disposto no Código Penal quanto ao crime de abuso de confiança, a utilização abusiva da conta poupança-condomínio é punível com coima de € 99,76 a € 1246,99, sendo-lhe aplicável o disposto no Decreto-Lei n.º 433/82, de 27 de Outubro.

2. Compete à repartição de finanças da área do prédio elaborar o processo de contra-ordenação e aplicar a coima.

ANEXO VI

MEDIAÇÃO IMOBILIÁRIA
– DECRETO-LEI N.º 77/99, DE 16 DE MARÇO

MEDIAÇÃO IMOBILIÁRIA

DECRETO-LEI N.º 77/99, DE 16 DE MARÇO

A actividade de mediação imobiliária encontra-se regulada pelo Decreto--Lei n.º 285/92, de 19 de Dezembro.

Face a uma actividade em contínua expansão e às crescentes expectativas dos consumidores, justifica-se a actualização dos requisitos inerentes ao exercício da actividade. Aproveita-se ainda para aperfeiçoar os aspectos colhidos da experiência entretanto verificada.

Com efeito, constatando-se um significativo aumento do exercício clandestino da actividade de mediação imobiliária, com os inevitáveis inconvenientes e prejuízos daí decorrentes, quer na perspectiva dos agentes económicos legalmente habilitados, quer na perspectiva dos consumidores, urge instituir os mecanismos legais adequados a uma maior clarificação deste regime e ao reforço da sua fiscalização.

Salientam-se, assim, em relação à anterior legislação as seguintes soluções normativas:

O reforço da capacidade empresarial das entidades mediadoras ao permitir-lhes o exercício de outras actividades comerciais, estabelecendo-se, contudo a individualização da actividade de mediação imobiliária, a fim de possibilitar a sua eficaz fiscalização;

Pretende-se que todas as entidades adoptem a forma societária, principalmente após a criação da sociedade unipessoal, instituto jurídico que se, tem revelado particularmente adequado ao são desenvolvimento das pequenas empresas, de acordo, aliás, com a tendência que se tem vindo a verificar neste sector, a fim de possibilitar, também a sua fiscalização;

Consagra-se maior exigência de requisitos para o ingresso na actividade, agora baseados na idoneidade e capacidade profissional dos seus responsáveis, bem, como na capacidade financeira da empresa, demonstrada pela exigência de capitais próprios positivos;

Parte IV – Anexos – Legislação Revogada e Legislação Subsidiária do NRAU

Estabelece-se a forma de identificação das empresas, dos seus representantes e dos seus prestadores de serviços;

Clarifica-se o momento e estabelecem-se as condições em que é devida a remuneração pela actividade de mediação imobiliária, questões que no domínio da anterior legislação motivaram inúmeras reclamações por parte dos consumidores;

Reforça-se o sistema das garantias, estabelecendo-se, para, além do seguro de responsabilidade civil já existente uma caução para reembolso de quantias indevidamente recebidas;

Cria-se uma comissão arbitral com representação dos diversos interesses em presença, como meio mais expedito para reembolso de quantias indevidamente recebidas;

Estabelecem-se novos deveres das empresas, quer para com os interessados, quer para com o organismo licenciador, tornando-se, em consequência, mais abrangente o regime contra-ordenacional;

Instituem-se novas sanções acessórias, incluindo o alargamento a novas situações de interdição do exercício da actividade e o encerramento dos estabelecimentos, quando a gravidade da situação o justifique.

Foram ouvidas as associações representativas do sector e o Instituto do Consumidor.

Assim:

Nos termos da alínea a) do n.º 1 do artigo 198.º da Constituição, o Governo decreta, para, valer como lei geral da República, o seguinte:

CAPÍTULO I
Disposições gerais

ARTIGO 1.º
Âmbito

1. O exercício da actividade de mediação imobiliária fica sujeito ao regime estabelecido no presente diploma.

2. O exercício da actividade de mediação imobiliária por sociedades com sede efectiva noutro Estado da Comunidade Europeia está igualmente sujeito ao presente diploma sempre que a actividade incida sobre imóveis situados em Portugal.

Anexo VI – Mediação Mobiliária

ARTIGO 2.º
Noção de empresa de mediação imobiliária

Considera-se empresa de mediação imobiliária aquela que tenha por actividade principal a definida no artigo 3.º do presente diploma.

ARTIGO 3.º
Objecto da actividade

1. A actividade de mediação imobiliária é aquela em que, por contrato, uma empresa se obriga a diligenciar no sentido de conseguir interessado na compra ou na venda de bens imóveis ou na constituição de quaisquer direitos reais sobre os mesmos, bem como para o seu arrendamento e trespasse, desenvolvendo para o efeito acções de promoção e recolha de informações sobre os negócios pretendidos e sobre as características dos respectivos imóveis.

2. No âmbito dos contratos de mediação imobiliária as empresas podem ainda prestar serviços relativos à obtenção de documentação conducente à concretização dos negócios visados e que não estejam legalmente atribuídos em exclusivo a outras profissões.

3. Para efeitos do disposto no presente artigo, interessado será o terceiro angariado pela empresa de mediação, desde que esse terceiro venha a concretizar o negócio visado pelo contrato de mediação.

ARTIGO 4.º
Restrição ao âmbito do objecto social

Às empresas de mediação imobiliária está vedado o exercício da actividade comercial de compra e venda de bens imóveis.

ARTIGO 5.º
Requisitos de ingresso e manutenção na actividade

1. A concessão e manutenção da licença depende do preenchimento cumulativo pelos requerentes dos seguintes requisitos:

a) Ser sociedade comercial, ou outra forma de cooperação de sociedades, com sede efectiva num Estado membro da União Europeia, que tenha por objecto e actividade principal o exercício da actividade de mediação imobiliária e a denominação nos termos estipulados no n.º 1 do artigo 7.º;

Parte IV – Anexos – Legislação Revogada e Legislação Subsidiária do NRAU

b) Ter a situação regularizada perante a administração fiscal e a segurança social;

c) Um dos administradores, gerentes ou directores deve possuir a capacidade profissional nos termos do disposto no artigo 6.°;

d) Prestar as garantias exigidas no artigo 24.°;

e) Deter, capital próprio positivo;

f) Os administradores, gerentes ou directores da sociedade requerente devem possuir idoneidade comercial.

2. Para efeitos do disposto na alínea *e)* do número anterior, o capital próprio é determinado nos termos estabelecidos pelo Plano Oficial de Contabilidade (POC) em vigor.

3. Para efeitos do disposto na alínea *f)* do n.° 1 não são consideradas comercialmente idóneas as pessoas relativamente às quais se verifique:

a) Proibição legal do exercício do comércio;

b) Inibição do exercício do comércio por ter sido declarada falência, enquanto não for levantada a inibição e decretada a reabilitação;

c) Terem sido gerentes ou administradores de uma empresa de mediação punida com três coimas pela prática dolosa dos ilícitos de mera ordenação social previstos na alínea *c)* do n.° 1 do artigo 32.°;

d) Terem sido gerentes ou administradores de uma empresa de mediação imobiliária punida com duas coimas pela prática dolosa dos ilícitos de mera ordenação social previstos na alínea *b)* do n.° 1 do artigo 32.°;

e) Terem sido gerentes ou administradores de uma empresa de mediação imobiliária punida com uma coima pela prática dolosa do ilícito de mera ordenação social previsto na alínea *a)* do n.° 1 do artigo 32.°, desde que fique demonstrada a violação, habitual de um dos deveres estipulados no artigo 18.° e no n.° 3 do artigo 19.°, no exercício ilegal da actividade de mediação imobiliária;

f) Terem sido gerentes ou administradores de uma empresa de mediação imobiliária punida com a sanção acessória de interdição do exercício da actividade, nos termos previstos na alínea *b)* do n.° 1 do artigo 33.°, durante o período desta interdição;

g) Terem sido gerentes ou administradores de uma empresa punida com uma coima por práticas restritivas da concorrência;

h) Condenação, com trânsito em julgado, pela prática de concorrência ilícita ou desleal;

i) Condenação, com trânsito em julgado, não suspensa na sua execução, por crime doloso contra o património, em pena igualou superior a 1 ano de prisão;

Anexo VI – Mediação Mobiliária

j) Condenação, com trânsito em julgado, pela prática dos crimes referidos no artigo 2.º do Decreto-Lei n.º 325/95, de 2 de Dezembro, relativo ao branqueamento de capitais e de outros bens provenientes dos crimes nele indicados.

4. As condenações referidas nas alíneas *c)*, *d)*, *e)*, *g)* e *h)* do número anterior não relevam após o decurso do prazo de dois anos contados do cumprimento integral das obrigações decorrentes da aplicação da última sanção.

ARTIGO 6.º
Da capacidade profissional

1. Para efeitos da alínea *c)* do n.º 1 do artigo 5.º, a capacidade profissional consiste na posse das habilitações literárias, experiência e formação profissional adequadas a estabelecer por portaria conjunta dos Ministros do Equipamento, do Planeamento e da Administração do Território, da Educação e do Trabalho e da Solidariedade.

2. A experiência profissional é adquirida através do exercício de funções específicas ao serviço de entidades cuja natureza e actividade são definidas pela portaria referida no número anterior, sendo a adequação do conteúdo dessas funções apreciada pelo Instituto de Mercados de Obras Públicas e Particulares e do Imobiliário, tendo em conta a respectiva relevância para o sector.

3. A formação profissional é adquirida pela frequência de acções de formação administradas por entidades legalmente acreditadas, cujo conteúdo e duração são estabelecidos pela portaria referida no n.º 1.

4. Em caso de sociedades que não tenham a sua sede em Portugal, os mandatários das respectivas representações devem igualmente dispor da capacidade profissional, nos termos exigidos nos números anteriores.

ARTIGO 7.º
Denominação e obrigação de identificação

1. Da denominação das empresas de mediação imobiliária consta obrigatoriamente a expressão «Mediação imobiliária», sendo o seu uso vedado a quaisquer outras entidades.

2. As empresas de mediação estão obrigadas à sua clara identificação, com indicação da denominação, do número da licença e do prazo de validade da mesma, em todos os locais de atendimento de que disponham, incluindo os postos provisórios.

3. Em todos os contratos, correspondência, publicações, publicidade e, de um modo geral, em toda a sua actividade externa, as empresas devem indicar a sua denominação e o número da respectiva licença.

Parte IV – Anexos – Legislação Revogada e Legislação Subsidiária do NRAU

4. Todas as pessoas que prestem serviços às empresas de mediação, no âmbito da respectiva actividade externa, devem estar identificadas através de cartões de identificação fornecidos pelas mesmas, dos quais deverá constar o seu nome e fotografia actualizada, bem como a identificação da empresa, nos termos do n.º 2 do presente artigo.

5. Todas as empresas de mediação que desenvolvam a sua actividade no âmbito de contratos de concessão ou uso de marcas, incluindo os contratos de franquia, estão sujeitas ao disposto no presente artigo.

CAPÍTULO II
Do licenciamento e registo

ARTIGO 8.º
Licença

1. O exercício da actividade de mediação imobiliária depende de licença a conceder pelo Instituto de Mercados de Obras Públicas e Particulares e do Imobiliário, doravante designado por IMOPPI.

2. O IMOPPI emitirá cartões de identificação aos representantes legais das empresas licenciadas, que os deverão exibir em todos os actos em que intervenham.

3. As licenças concedidas e os cartões de identificação são válidos por três anos e revalidados por idênticos períodos.

ARTIGO 9.º
Pedido de licenciamento

1. O pedido de licença é formulado em requerimento dirigido ao presidente do conselho de administração do IMOPPI, do qual deve constar:

a) A identificação do requerente;

b) A identificação dos administradores, gerentes ou directores;

c) A localização dos estabelecimentos.

2. O requerimento deve ser acompanhado dos documentos comprovativos do preenchimento dos requisitos exigidos no artigo 5.º, a regulamentar por portaria do Ministro do Equipamento, do Planeamento e da Administração do Território.

3. O pedido de licenciamento só é deferido quando a empresa reúna os requisitos estabelecidos no presente diploma e tenha procedido ao pagamento da taxa aplicável.

Anexo VI – Mediação Mobiliária

4. O IMOPPI poderá notificar o requerente para, num prazo não superior a 30 dias, suprir deficiências ou prestar esclarecimentos relativamente ao seu pedido.

5. Em caso de deferimento do pedido, o IMOPPI deverá emitir a licença no prazo máximo de 10 dias.

6. Um novo pedido só pode ter lugar um ano após o indeferimento por falta de comprovação de requisitos.

7. Em caso de indeferimento por falta de pagamento da taxa aplicável, um novo pedido de licenciamento implica um agravamento da respectiva taxa, estabelecido pela portaria referida no n.º 3 do artigo 14.º.

8. Qualquer pedido só será processado após comprovação do pagamento das coimas aplicadas por decisão tornada definitiva, nos termos do artigo 32.º.

9. Um novo pedido que seja efectuado até seis meses após o termo de validade da licença, por não ter sido requerida a sua revalidação nos termos do artigo 13.º, implica um agravamento da respectiva taxa, estabelecido pela portaria referida no n.º 3 do artigo 14.º.

ARTIGO 10.º
Suspensão de licenças

1. São suspensas as licenças:

a) Às empresas que o requeiram de forma fundamentada;

b) Às empresas que deixem de reunir qualquer dos requisitos necessários à respectiva concessão e manutenção referidos no artigo 5.º, sem prejuízo do disposto no artigo 11.º.

2. A suspensão das licenças só será levantada a solicitação dos interessados, após comprovação dos requisitos de ingresso na actividade.

3. O período de suspensão da licença não pode ir além da data limite da sua validade e, em caso algum, de seis meses consecutivos.

ARTIGO 11.º
Cancelamento das licenças

São canceladas as licenças:

a) Às empresas que o requeiram;

b) Às empresas que tenham deixado de ser idóneas nos termos do disposto no n.º 2 do artigo 5.º;

c) Às empresas que se encontrem nas situações previstas no artigo anterior e que nos termos do mesmo, não regularizem a sua situação;

d) Às empresas às quais tenha sido aplicada a sanção de interdição do exercício de actividade prevista no artigo 33.º;

Parte IV – Anexos – Legislação Revogada e Legislação Subsidiária do NRAU

e) Em caso de extinção das empresas titulares;

f) Às empresas que não procedam ao pagamento voluntário das coimas aplicadas por decisão tornada definitiva, nos termos do artigo 32.º.

ARTIGO 12.º
Condições e efeitos da suspensão e do cancelamento das licenças

1. A suspensão ou cancelamento a requerimento do interessado só é concedida mediante prévia entrega da licença ao IMOPPI, sendo que, nos restantes casos, a suspensão e o cancelamento implicam a entrega da mesma, no prazo máximo de oito dias contados a partir da data da sua notificação, sob pena de apreensão imediata pelas autoridades competentes.

2. Em caso de cancelamento, as empresas devem ainda remeter ao IMOPPI cópia da declaração de alteração ou cessação de actividade, conforme entregue na repartição de finanças.

3. A suspensão e o cancelamento determinam, ainda, o encerramento dos estabelecimentos e postos provisórios, sob pena de fecho coercivo pelas autoridades competentes, sendo-lhes vedado o exercício da actividade a partir da data da recepção da respectiva notificação.

4. A suspensão e o cancelamento das licenças determinam a nulidade dos contratos de mediação imobiliária ainda não cumpridos por causa imputável às empresas titulares.

5. Nos casos previstos nas alíneas *a)* e *c)* do artigo 11.º, um novo pedido de licenciamento só pode ter lugar um ano após a data do cancelamento da licença.

ARTIGO 13.º
Revalidação das licenças

1. A revalidação deve ser requerida até 30 dias antes da data do termo da licença, sem prejuízo, sem prejuízo do disposto no n.º 3 do presente artigo.

2. O pedido de revalidação só é deferido quando a empresa reúna os requisitos necessários à obtenção da licença e tenha procedido ao pagamento da taxa aplicável e das coimas em dívida e insusceptíveis de impugnação judicial.

3. O pedido de revalidação efectuado após o prazo estabelecido no n.º 1 do presente artigo e até à data do termo de validade da licença implica um agravamento da respectiva taxa, estabelecido pela portaria referida no n.º 3 do artigo 14.º.

4. O pedido de revalidação efectuado após a data do termo da licença implica o não processamento do mesmo e a devolução ao requerente de toda a documentação entregue, podendo efectuar novo pedido nos termos do artigo 9.º.

1052

Anexo VI – Mediação Mobiliária

5. Em caso de indeferimento do pedido de revalidação da licença por falta de comprovação de requisitos para a manutenção na actividade, um novo pedido só poderá ser apresentado um ano após o indeferimento.

6. Em caso, de indeferimento por falta de pagamento da taxa aplicável, um novo pedido de revalidação implica um agravamento da respectiva taxa, estabelecido pela portaria referida no n.º 3 do artigo 14.º.

ARTIGO 14.º
Taxas

1. Os procedimentos, administrativos tendentes ao licenciamento, revalidação e substituição das licenças, bem como os demais tendentes à boa execução do presente diploma, estão sujeitos ao pagamento de taxas destinadas a cobrir os encargos com a gestão do sistema de ingresso e permanência na actividade de mediação imobiliária, bem como com a fiscalização desta actividade.

2. A não comprovação do pagamento da taxa no prazo de 15 dias a contar da emissão da respectiva guia implica o indeferimento do pedido.

3. As taxas constituem receita do IMOPPI e são fixadas, bem como os procedimentos administrativos previstos no n.º 1, por portaria do Ministro do Equipamento, do Planeamento e da Administração do Território.

ARTIGO 15.º
Registo das empresas

O IMOPPI deve organizar e manter um registo das empresas de mediação, do qual deve constar:

a) A denominação social, a sede, o número de identificação de pessoa colectiva, o número de matrícula e a conservatória do registo comercial;

b) As marcas e os nomes dos estabelecimentos comerciais das empresas;

c) O capital próprio;

d) A identificação dos administradores e gerentes;

e) A localização dos estabelecimentos;

f) A forma de prestação das garantias exigidas e respectivos elementos de identificação;

g) A identificação das pessoas que detenham a capacidade profissional exigida no artigo 6.º.

2. Devem ainda ser inscritos no registo, por averbamento, os seguintes factos:

a) A alteração de qualquer dos elementos integrantes do pedido de licenciamento;

b) A verificação de qualquer outro facto sujeito a comunicação ao IMOPPI;

Parte IV – Anexos – Legislação Revogada e Legislação Subsidiária do NRAU

c) A suspensão da licença;
d) As denúncias apresentadas;
e) As sanções aplicadas.

3. O IMOPPI deve ainda manter um registo dos pedidos indeferidos e das licenças canceladas.

CAPÍTULO III
Do exercício da actividade

ARTIGO 16.º
Estabelecimentos

1. As empresas só podem efectuar atendimento do público em instalações autónomas, separadas de quaisquer outros estabelecimentos comerciais ou industriais e de residências, e exclusivamente afectas ao exercício da actividade de mediação imobiliária, designadas por estabelecimentos.

2. A abertura, o encerramento ou a alteração da localização dos estabelecimentos referidos no número anterior só podem ser efectuados após comunicação ao IMOPPI e após o cumprimento das obrigações estabelecidas no artigo 22.º.

3. As empresas podem ainda instalar postos provisórios junto a imóveis ou em empreendimentos de cuja mediação estejam encarregadas, desde que exclusivamente destinados a acolher o representante da empresa para aí prestar informações e facultar a visita aos imóveis.

ARTIGO 17.º
Negócios sobre estabelecimentos comerciais

O trespasse e a cessão de exploração de estabelecimentos comerciais pertencentes a sociedades licenciadas nos termos do presente diploma e afectos ao exercício da actividade de mediação imobiliária dependem da titularidade da licença para o exercício da mediação imobiliária pela adquirente, quando esta pretender continuar a prosseguir ali esta actividade.

ARTIGO 18.º
Deveres para com os interessados

1. As empresas são obrigadas a:
a) Certificar-se, antes da celebração do contrato de mediação, da capacidade e legitimidade para contratar das pessoas intervenientes nos negócios que irão promover;

Anexo VI – Mediação Mobiliária

b) Certificar-se ainda, antes da celebração do mesmo contrato, por todos os meios ao seu alcance, se as características do imóvel objecto do contrato de mediação correspondem às fornecidas pelos interessados contratantes e se sobre o mesmo recaem quaisquer ónus ou encargos;

c) Obter informação junto de quem as contratou e fornecê-la aos interessados de forma clara, objectiva e adequada, nomeadamente sobre as características, composição, preço e condições de pagamento do bem em causa;

d) Propor com exactidão e clareza os negócios de que forem encarregadas, procedendo de modo a não induzir em erro os interessados;

e) Comunicar imediatamente aos interessados qualquer facto que ponha em causa a concretização do negócio visado;

f) Entregar de imediato aos interessados quaisquer quantias que, na qualidade de mediador, lhes sejam confiadas.

2. Está expressamente vedado às empresas:

a) Receber remuneração de ambos os interessados no mesmo negócio, sendo que aquela só lhe será devida por quem em primeiro lugar a contratou, excepto se houver acordo expresso em contrário;

b) Intervir como parte interessada em negócio cujo objecto coincida com o objecto material do contrato de mediação do qual seja parte, nomeadamente comprar ou constituir outros direitos reais, arrendar e tomar de trespasse, para si ou sociedade de que sejam sócias, bem como para os seus sócios, administradores ou gerentes e seus cônjuges e descendentes e ascendentes do 1.º grau;

c) Celebrar contratos de mediação imobiliária quando as circunstâncias do caso lhes permitirem razoavelmente duvidar da licitude do negócio que irão promover;

d) Utilizar em proveito próprio as quantias referidas na alínea *f)* do número anterior.

ARTIGO 19.º
Remuneração

1. A remuneração só é devida com a conclusão e perfeição do negócio visado pelo exercício da mediação.

2. Exceptuam-se do disposto no número anterior:

a) Os casos em que o negócio visado, no âmbito de um contrato de mediação celebrado em regime de exclusividade, não se concretiza por causa imputável ao cliente da empresa mediadora, tendo esta direito a remuneração;

Parte IV – Anexos – Legislação Revogada e Legislação Subsidiária do NRAU

b) Caso seja celebrado contrato-promessa relativo ao negócio visado pelo contrato de mediação, as partes podem prever o pagamento da remuneração após a sua celebração.

3. É vedado às entidades mediadoras receber quaisquer quantias a título de remuneração, ou de provisão por conta da mesma, previamente ao momento em que esta é devida nos termos dos n.ᵒˢ 1 e 2 do presente artigo.

4. Caso a entidade mediadora tenha celebrado contratos de mediação com ambas as partes no mesmo negócio, cujo objecto material seja o mesmo bem imóvel, a remuneração só é devida por quem primeiro a contratou, excepto se houver acordo expresso de todas as partes na respectiva divisão.

5. A alteração subjectiva numa das partes do negócio visado por exercício do direito legal de preferência não afasta o direito a remuneração da empresa de mediação.

ARTIGO 20.º
Contrato de mediação imobiliária

1. O contrato de mediação imobiliária está sujeito à forma escrita.

2. Do contrato constam obrigatoriamente os seguintes elementos:

a) A identificação do contrato como «contrato de mediação imobiliária»;

b) A identificação das partes;

c) A identificação das características do bem imóvel que constitui objecto material do contrato, com especificação de todos os ónus e encargos que sobre ele recaiam;

d) A identificação do negócio visado pelo exercício da mediação;

e) As obrigações das partes contratantes;

f) As condições de remuneração, nomeadamente montante ou percentagem e forma de pagamento, com indicação da taxa de IVA aplicável;

g) O prazo de duração do contrato;

h) A identificação das entidades, seguradoras ou bancárias, através das quais foram prestadas as garantias previstas no artigo 24.º.

3. Quando a empresa de mediação é contratada em regime de exclusividade, só ela tem direito de promover o negócio objecto do contrato de mediação durante o respectivo período de vigência;

4. A consagração do regime de exclusividade, quando exista, terá de constar expressamente do contrato de mediação imobiliária.

5. Os serviços previstos no n.º 2 do artigo 3.º prestados pelas empresas no âmbito de um contrato de mediação devem constar expressamente do mesmo,

Anexo VI – Mediação Mobiliária

bem como a menção dos correspondentes elementos a que se refere a alínea *f)* do n.º 2 do presente artigo, ficando as empresas, nestes casos, investidas na qualidade de mandatárias sem representação.

6. Tratando-se de contratos com uso de cláusulas contratuais gerais, a empresa de mediação deve enviar cópia dos respectivos projectos ao IMOPPI e ao Instituto do Consumidor.

7. O contrato deve ser assinado em duplicado, sendo um exemplar entregue ao interessado e destinando-se o outro a arquivo, após inscrição no livro de registos a que se refere a alínea *e)* do n.º 1 do artigo 22.º.

8. O incumprimento do disposto nos n.ºs 1, 2 e 6 do presente artigo gera a nulidade do contrato, podendo esta, contudo, ser invocada pela entidade mediadora.

ARTIGO 21.º
Livro de reclamações

1. Em cada estabelecimento deve existir um livro de reclamações destinado aos utentes, para que estes possam formular reclamações sobre a qualidade dos serviços e o modo como foram prestados.

2. O livro de reclamações deve encontrar-se sempre disponível e ser imediatamente facultado ao utente que o solicite, devendo ser-lhe entregue um duplicado das observações ou reclamações exaradas no mesmo, podendo este remetê-lo ao IMOPPI, acompanhado dos documentos e meios de prova necessários à apreciação das mesmas.

3. As entidades mediadoras são obrigadas a enviar ao IMOPPI um duplicado das reclamações escritas no livro, no prazo máximo de cinco dias, a contar da sua ocorrência.

4. Em todos os estabelecimentos deve ser publicitada de forma bem visível a existência do respectivo livro de reclamações.

5. Nos postos provisórios devem ser devidamente publicitados os estabelecimentos onde se encontram os livros de reclamações.

6. O livro de reclamações é editado e fornecido pelo IMOPPI ou pelas entidades que ele encarregar para o efeito, sendo o modelo, o preço e as condições de distribuição e utilização, aprovados pelo conselho de administração do IMOPPI.

Parte IV – Anexos – Legislação Revogada e Legislação Subsidiária do NRAU

ARTIGO 22.º
Deveres para com o IMOPPI

1. As empresas são obrigadas a:

a) Comunicar ao IMOPPI qualquer alteração verificada nos requisitos previstos no n.º 1 do artigo 5.º no prazo de 15 dias a contar da respectiva ocorrência;

b) Comunicar previamente ao IMOPPI o uso de marcas ou nomes de estabelecimentos comerciais;

c) Comunicar ao IMOPPI todas as alterações que impliquem actualização do registo das empresas, referido no n.º 1 do artigo 15.º, bem como de quaisquer outras modificações introduzidas no pacto social das sociedades, no prazo de 30 dias, a contar da respectiva ocorrência, sem prejuízo do disposto no n.º 2 do artigo 16.º;

d) Enviar anualmente ao IMOPPI, no prazo por este determinado os elementos relacionados com o exercício da actividade que lhe sejam solicitados;

e) Manter e conservar actualizados um livro de registo e um arquivo de todos os contratos de mediação celebrados no exercício da respectiva actividade, nos termos do artigo 20.º;

f) Dispor de contabilidade organizada de modo a que as operações relativas à actividade de mediação imobiliária se possam claramente distinguir das restantes;

g) Enviar ao IMOPPI cópia das sentenças ou decisões que ponham termo a processos em que tenham sido parte;

h) Prestar ao IMOPPI, no exercício da sua competência de fiscalização, todas as informações relacionadas com a sua actividade, facultar-lhe o acesso às instalações, aos livros de registo e de reclamações, ao arquivo dos contratos de mediação imobiliária e demais documentação referente à sua actividade de mediação;

i) Comunicar ao IMOPPI a cessação da respectiva actividade.

2. Os contratos arquivados nos termos da alínea *e)* do n.º 1 do presente artigo devem ser conservados durante os cinco anos civis subsequentes.

Anexo VI – Mediação Mobiliária

CAPÍTULO IV
Da responsabilidade e garantias

ARTIGO 23.º
Da responsabilidade

1. As empresas de mediação são responsáveis pelo pontual cumprimento das obrigações resultantes do exercício da sua actividade.

2. São ainda solidariamente responsáveis pelos danos causados a terceiros, para além das situações já previstas na lei, quando se demonstre que actuaram, aquando da celebração e execução do contrato de mediação imobiliária, em desrespeito ao disposto nas alíneas *a)* a *e)* do n.º 1 e na alínea *c)* do n.º 2 do artigo 18.º.

3. Consideram-se interessados, para efeitos do presente capítulo, todos os que, em resultado de um acto de mediação, venham a sofrer danos patrimoniais, ainda que não tenham sido parte no contrato de mediação imobiliária.

ARTIGO 24.º
Garantias

1. Para garantia da responsabilidade emergente da sua actividade perante os interessados, as empresas devem prestar uma caução e realizar um contrato de seguro de responsabilidade civil.

2. As garantias destinam-se:

a) Ao reembolso dos montantes de que se tenham apropriado em violação do disposto nas alíneas *a)* e *d)* do n.º 2 do artigo 18.º;

b) Ao reembolso dos montantes que tenham recebido em violação do disposto no n.º 3 do artigo 19.º, sem prejuízo do disposto no n.º 2 do mesmo artigo;

c) Ao ressarcimento dos danos patrimoniais causados aos interessados, decorrentes de acções ou omissões das empresas e seus representantes, ou do incumprimento de outras obrigações resultantes do exercício da actividade.

3. Nenhuma empresa pode iniciar a sua actividade sem fazer prova junto do IMOPPI de que as garantias exigidas foram prestadas e se encontram em vigor.

Parte IV – Anexos – Legislação Revogada e Legislação Subsidiária do NRAU

ARTIGO 25.º
Forma de prestação da caução

1. As empresas devem prestar uma caução para garantia da responsabilidade emergente da não observância dos deveres previstos nas alíneas *a*) e *b*) do n.º 2 do artigo anterior.

2. A caução pode ser prestada por seguro-caução, garantia bancária, depósito bancário, ou títulos de dívida pública portuguesa, depositados a favor do IMOPPI.

3. A caução prestada não pode condicionar o accionamento desta a prazos ou ao cumprimento de obrigações por parte da empresa ou de terceiro.

4. O documento comprovativo da prestação de caução deve ser depositado no IMOPPI.

5. A caução só é devolvida um ano após a data da cessação da respectiva actividade, excepto se nesta data estiver pendente um processo de accionamento dessa garantia.

ARTIGO 26.º
Montante da caução

1. O montante mínimo garantido através da caução será fixado por portaria conjunta dos Ministros das Finanças e do Equipamento, do Planeamento e da Administração do Território e do ministro que tutela a área da defesa do consumidor.

2. Em caso de accionamento da caução, o montante de cobertura exigido deve ser reposto no prazo de 30 dias a contar da sua ocorrência.

ARTIGO 27.º
Accionamento da caução

1. Os interessados em accionar a caução podem requerer ao IMOPPI que demande a entidade garante.

2. O requerimento deve ser instruído com os documentos comprovativos dos factos alegados e apresentado no prazo de 20 dias a contar da data do conhecimento da violação dos deveres referidos no n.º 1 do artigo 25.º, sendo que em caso algum este direito pode ser exercido depois de ter ocorrido a devolução da caução, nos termos do n.º 5 do mesmo artigo.

Anexo VI – Mediação Mobiliária

ARTIGO 28.º
Comissão arbitral

1. O requerimento previsto no artigo anterior pode ser apreciado por uma comissão arbitral, convocada pelo presidente do conselho de administração do IMOPPI, no prazo de 20 dias após a entrega do pedido, e constituída por um representante deste, que preside, um representante do Instituto do Consumidor, um representante das associações do sector da mediação imobiliária, um representante de uma das associações de defesa do consumidor a designar pelo requerente e um representante da empresa de mediação designado por esta.

2. A arbitragem prevista no número anterior rege-se pelo disposto na Lei n.º 31/86, de 29 de Agosto, relativa à arbitragem voluntária.

ARTIGO 29.º
Seguro de responsabilidade civil

1. Para garantia das obrigações previstas na alínea *c*) do n.º 2 do artigo 24.º e nas alíneas *a*) e *b*) do mesmo número, relativamente ao montante que exceda o valor da caução, as empresas devem celebrar um contrato de seguro de responsabilidade civil, de montante mínimo a fixar por portaria conjunta dos Ministros das Finanças e do Equipamento, do Planeamento e da Administração do Território e do ministro que tutela a área da defesa do consumidor.

2. O montante mínimo coberto pelo contrato de seguro nos casos de cooperação de sociedades é o dobro do valor, que vier a ser fixado na portaria referida no número anterior.

3. As condições mínimas do seguro obrigatório serão fixadas por portaria conjunta dos Ministros das Finanças e do Equipamento, do Planeamento e da Administração do Território e do ministro que tutela a área da defesa do consumidor.

ARTIGO 30.º
Actualização das garantias

A actualização dos montantes das garantias previstas nos termos do artigo 24.º são fixadas por portaria conjunta dos Ministros das Finanças e do Equipamento, do Planeamento e da Administração do Território e do ministro que tutela a área da defesa do consumidor.

Parte IV – Anexos – Legislação Revogada e Legislação Subsidiária do NRAU

CAPÍTULO V
Da fiscalização e sanções

ARTIGO 31.º
Competências dos serviços de inspecção do IMOPPI

1. O IMOPPI, no âmbito das suas competências, inspecciona e fiscaliza a actividade de mediação imobiliária.
2. Todas as autoridades e seus agentes devem participar ao IMOPPI quaisquer infracções ao presente diploma e respectivas disposições regulamentares.

ARTIGO 32.º
Contra-ordenações

1. Sem prejuízo de outras sanções que se mostrem aplicáveis, constituem contra-ordenações, puníveis com aplicação das seguintes coimas:
   a) De 500 000$ a 6 000 000$, a violação do disposto no artigo 4.º, no n.º 1 do artigo 8.º e no n.º 3 do artigo 12.º;
   b) De 450 000$ a 5 000 000$, a violação do disposto no artigo 18.º e no n.º 3 do artigo 19.º;
   c) De 300 000$ a 3 000 000$, a violação do disposto no artigo 16.º, nos n.ᵒˢ 1, 2, 3, 4 e 5 do artigo 21.º e nas alíneas *a), e), f)* e *h)* do n.º 1 no n.º 2 do artigo 22.º;
   d) De 200 000$ a 10 000 000 $, a violação do disposto no artigo 7.º, no n.º 2 do artigo 8.º e no n.º 7 do artigo 20.º;
   e) De 125 000$ a 500 000$, a violação do disposto na segunda parte do n.º 1 e no n.º 2 do artigo 12.º e nas alíneas *b), c), d), g)* e *i)* do n.º 1 do artigo 22.º;

2. A tentativa e negligência são puníveis, sendo, nestes casos, os limites máximo e mínimo da coima reduzidos a metade.

ARTIGO 33.º
Sanções acessórias

1. Quando a gravidade da infracção o justifique, podem ser aplicadas as seguintes sanções acessórias nos termos do regime geral das contra-ordenações e coimas:
   a) Encerramento de estabelecimentos;
   b) Interdição do exercício da actividade.

Anexo VI – Mediação Mobiliária

2. As sanções referidas no número anterior têm duração máxima de dois anos contados, a partir da decisão condenatória definitiva.

ARTIGO 34.º
Competência para aplicação das sanções

1. O processo de contra-ordenação é da competência dos serviços do IMOPPI.
2. Compete ao presidente do conselho de administração do IMOPPI a aplicação das coimas e sanções acessórias previstas no presente diploma.
3. O produto das coimas recebidas por infracção ao disposto no presente diploma reverte em 60 % para os cofres do Estado e em 40 % para o IMOPPI.

CAPÍTULO VI
Disposições finais e transitórias

ARTIGO 35.º
Idioma dos documentos

Os requerimentos e demais documentos referidos no presente diploma devem ser redigidos em língua portuguesa ou, quando for utilizado outro idioma, acompanhados de tradução legal, nos termos previstos no Código do Notariado.

ARTIGO 36.º
Actos sujeitos a publicação

1. O IMOPPI promoverá a publicação na 2ª série do *Diário da República* das licenças emitidas e canceladas e, ainda, das sanções aplicadas.
2. As sanções previstas nos artigos 32.º e 33.º do presente diploma devem ser ainda publicitadas pelo IMOPPI, em jornal de difusão nacional, regional ou local, de acordo com o local da sede da empresa.

ARTIGO 37.º
Substituição das licenças

1. O IMOPPI procederá à substituição das licenças à medida que as empresas procedam à sua adaptação, nos termos previstos no artigo 38.º do presente diploma.
2. A substituição a que se refere o número anterior será isenta de taxas.

Parte IV – Anexos – Legislação Revogada e Legislação Subsidiária do NRAU

ARTIGO 38.º
Disposição transitória

1. As pessoas singulares e as pessoas colectivas licenciadas à data da entrada em vigor do presente diploma dispõem do período máximo de um ano para se adaptarem às suas disposições.

2. As entidades referidas no número anterior que se: encontrem licenciadas há mais de três anos estão isentas da comprovação da sua capacidade profissional.

3. A comprovação da capacidade profissional pelas entidades referidas no n.º 1 do presente artigo, que se encontrem licenciadas há menos de três anos, limita-se à formação profissional, com o conteúdo estabelecido pela portaria referida no n.º 1 do artigo 6.º.

4. Em caso de substituição das pessoas que detenham a formação profissional prevista nos números anteriores, devem as empresas cumprir o preceituado no artigo 6.º.

5. Até à publicação da portaria prevista no n.º 3 do artigo 29.º do presente diploma, mantém-se em vigor, à excepção do valor, o regime constante na Portaria n.º 371/93, de 1 de Abril.

ARTIGO 39.º
Modelos e impressos

Os modelos e impressos a utilizar em cumprimento do disposto no presente diploma, bem como os respectivos preços, serão aprovados pelo conselho de administração do IMOPPI.

ARTIGO 40.º
Legislação revogada

É revogado o Decreto-Lei n.º 285/92, de 19 de Dezembro.

ARTIGO 41.º
Entrada em vigor

O presente diploma entra em vigor três meses após a sua publicação.

ANEXO VII

**REGULAMENTO DOS CONCURSOS
PARA ATRIBUIÇÃO DE HABITAÇÕES SOCIAIS
– DECRETO REGULAMENTAR N.º 50/77, DE 10 DE AGOSTO**

**REGIME DE ARRENDAMENTO DE BENS IMÓVEIS
DO DOMÍNIO PRIVADO DO ESTADO
– DECRETO-LEI N.º 507-A/79, DE 24 DE DEZEMBRO**

**CRITÉRIOS PARA A DETERMINAÇÃO DAS RENDAS
DAS HABITAÇÕES PROMOVIDAS PELO ESTADO
E ATRIBUÍDAS EM REGIME DE ARRENDAMENTO
– PORTARIA N.º 288/83, DE 17 DE MARÇO**

**REGIME DAS RENDAS NOS ARRENDAMENTOS
PARA HABITAÇÃO – LEI N.º 46/85, DE 20 DE SETEMBRO**

**REGIME DE ATRIBUIÇÃO DO SUBSÍDIO DE RENDA
DE CASA – DECRETO-LEI N.º 68/86, DE 27 DE MARÇO**

**REGIME DE CONCESSÃO DO INCENTIVO
AO ARRENDAMENTO POR JOVENS
– DECRETO-LEI N.º 162/92, DE 5 DE AGOSTO**

ESCALÕES DE INCENTIVO AO ARRENDAMENTO
POR JOVENS – PORTARIA N.º 835/92, DE 28 DE AGOSTO

REGIME DE RENDA APOIADA
– DECRETO-LEI N.º 166/93, DE 7 DE MAIO

REGIME DE ARRENDAMENTO DE IMÓVEIS
PELO ESTADO E INSTITUTOS PÚBLICOS
– DECRETO-LEI N.º 228/95, DE 11 DE SETEMBRO

REGIME ESPECIAL DE COMPARTICIPAÇÃO
E FINANCIAMENTO NA RECUPERAÇÃO DE PRÉDIOS
URBANOS EM REGIME DE PROPRIED DE HORIZONTAL
– DECRETO-LEI N.º 106/96, DE 31 DE JULHO

REGIME ESPECIAL DE COMPARTICIPAÇÃO
E FINANCIAMENTO NA RECUPERAÇÃO DE PRÉDIOS
URBANOS EM REGIME DE PROPRIEDADE HORIZONTAL
– DECRETO-LEI N.º 106/96, DE 31 DE JULHO

REGIME DE RENDA CONDICIONADA
– DECRETO-LEI N.º 329-A/2000, DE 22 DE DEZEMBRO

"RECRIA" – REGIME ESPECIAL DE COMPARTICIPAÇÃO
NA RECUPERAÇÃO DE IMÓVEIS ARRENDADOS
– DECRETO-LEI N.º 329-C/2000, DE 22 DE DEZEMBRO

REGIME DE CÁLCULO DE COMPARTICIPAÇÃO A FUNDO
PERDIDO A ATRIBUIR NO ÂMBITO DO PROGRAMA
"RECRIA" – PORTARIA N.º 56-A/2000, DE 29 DE JANEIRO

PROTOCOLO PARA REALOZAMENTO DE FAMÍLIAS
A RESIDIREM EM HABITAÇÕES PRECÁRIAS,
DE 17 DE DEZEMBRO DE 2003

REGIME EXCEPCIONAL DE REABILITAÇÃO URBANA
PARA AS ZONAS HISTÓRICAS E ÁREAS CRÍTICAS
– DECRETO-LEI N.º 104/2004, DE 7 DE MAIO

REGULAMENTO DOS CONCURSOS PARA ATRIBUIÇÃO DE HABITAÇÕES SOCIAIS

DECRETO REGULAMENTAR N.º 50/77, DE 11 DE AGOSTO

CAPÍTULO I
Disposições comuns

ARTIGO 1.º
Âmbito e aplicação

1. Os concursos para atribuição do direito à propriedade ou ao arrendamento dos fogos referidos no n.º 2 do artigo 3.º do Decreto-Lei n.º 797/76, de 6 de Novembro, e na demais legislação relativa a habitação social que remeta a atribuição de fogos para os serviços municipais de habitação obedecerão aos preceitos estabelecidos neste Regulamento.

2. As normas internas para funcionamento dos serviços municipais de habitação previstas no artigo 5.º do Decreto-Lei n.º 797/76, de 6 de Novembro, apenas poderão obrigar os respectivos agentes e nunca conter quaisquer regras que restrinjam, modifiquem ou ampliem os direitos de terceiros.

ARTIGO 2.º
Meios financeiros

1. Os meios financeiros necessários para a criação e estruturação dos serviços municipais de habitação, nos termos da alínea *a*) do artigo 6.º do Decreto-Lei n.º 797/76, de 6 de Novembro, serão solicitados pelas respectivas câmaras

Parte IV – Anexos – Legislação Revogada e Legislação Subsidiária do NRAU

municipais aos serviços competentes do Ministério da Habitação, Urbanismo e Construção, no prazo de trinta dias a contar da deliberação camarária de criação dos serviços e, com carácter excepcional, sempre que um assinalável crescimento de actividades justifique a sua reestruturação.

2. As comparticipações destinadas ao funcionamento dos serviços municipais de habitação, nos termos da alínea *b*) do artigo 6.º do Decreto-Lei n.º 797/76, serão solicitadas anualmente pela câmara ou câmaras municipais interessadas, aos serviços competentes do mesmo Ministério, até ao dia 30 de Setembro do ano anterior àquele a que se destinem.

3. Para cobertura dos encargos decorrentes da atribuição dos fogos a cargo dos serviços municipais de habitação, os proprietários ou administradores dos mesmos deverão declarar que, no momento da celebração do contrato respectivo, pagarão à câmara municipal ou à comissão adn1inistrativa da federação ou associação de municípios a parte correspondente àquela cobertura, a qual não poderá exceder 2% do valor de venda ou 15% do valor da primeira renda, conforme o caso.

ARTIGO 3.º
Habitação adequada

1. A habitação a atribuir a cada agregado familiar será a adequada à satisfação das suas necessidades, não podendo ser atribuído a cada concorrente o direito ao arrendamento ou à propriedade de mais do que um fogo.

2. Poderão, porém, ser atribuídos dois fogos, de preferência contíguos, a candidatos com agregado familiar numeroso cuja composição implicasse sobreocupação de um fogo.

3. Para efeitos do disposto no número anterior, considera-se adequada às necessidades do agregado familiar do concorrente a habitação cujo tipo, em relação à composição daquele agregado, se situe entre o máximo e o mínimo previstos no quadro seguinte, de modo que não se verifique sobreocupação ou subocupação:

Anexo VII – Regulamento dos Concursos para a Atribuição de Habitações Sociais

Composição do agregado	Tipos de habitação [1]	
Número de pessoas	Mínimo	Máximo
1...	T0 [1]	T 1/2
2...	T 1/2	T 2/4
3...	T 2/3	T 3/6
4...	T 2/4	T 3/6
5...	T 3/5	T 4/8
6...	T 3/6	T 4/8
7...	T 4/7	T 5/9
8...	T 4/8	T 5/9
9 ou mais...	T 5/9	T 6 [2]

[1] O tipo de cada habitação é definido pelo número de quartos de dormir e pela sua capacidade de alojamento
Ex.: T 2/3 – dois quartos, três pessoas.
[2] Nos casos especiais previstos na legislação sobre casas construídas ao abrigo de contratos de desenvolvimento.

4. Considera-se como fazendo parte do agregado familiar do concorrente o conjunto de pessoas que com ele vivam em comunhão de mesa e habitação, ligadas por laços de parentesco, casamento, afinidade e adopção ou noutras situações especiais assimiláveis.

5. O disposto no n.º 3 não é aplicável aos arrendatários que exerçam o direito de preferência a que se refere o artigo 41.º do Decreto-Lei n.º 608/73, de 14 de Novembro, nem aos concorrentes que pretendam adquirir por compra fogos que não se destinem à habitação própria, o que será declarado no respectivo boletim de inscrição.

ARTIGO 4.º
Modalidades e prazo de validade dos concursos

1. Serão organizados concursos separados, consoante a atribuição do direito à habitação deva fazer-se por classificação ou por sorteio, nos termos do n.º 3 do artigo 8.º do Decreto-Lei n.º 797/76.

2. Também se procederá, sem prejuízo do disposto no número anterior, a concursos separados, de acordo com o regime legal de aquisição, utilização e disposição de fogos.

3. Os concursos terão a validade de um ano.

Parte IV – Anexos – Legislação Revogada e Legislação Subsidiária do NRAU

ARTIGO 5.º
Anúncio de abertura do concurso

1. O concurso é aberto, durante prazo a fixar entre quinze a trinta dias, por meio de anúncio inserto nos jornais de maior circulação nos locais de situação dos fogos e no diário municipal, havendo-o, e divulgado por outros meios convenientes, nomeadamente a afixação de editais.

2. Do anúncio que declare aberto o concurso constará:

a) A localização, quantidade, preço de venda, prestação mensal ou renda a pagar, características principais e tipos dos fogos a atribuir e sua identificação numérica;

b) A área de influência do empreendimento, a nível de concelhos;

c) Os requisitos a que devem obedecer os concorrentes, designadamente o escalão de rendimento abrangido;

d) O regime legal de aquisição, utilização e disposição dos fogos;

e) A modalidade do concurso (classificação ou sorteio);

f) As datas de abertura e de encerramento do concurso e o prazo da sua validade;

g) O local e as horas onde pode ser consultado ou obtido o programa do concurso, prestados os esclarecimentos necessários e apresentados os boletins de inscrição.

ARTIGO 6.º
Programa do concurso

As regras a que obedecerá a entrega dos documentos necessários à participação no concurso, bem como os trâmites subsequentes deste até à atribuição dos fogos, constarão de um programa do concurso que será facultado ou distribuído aos interessados, a solicitação destes.

ARTIGO 7.º
Participação no concurso

1. A participação no concurso só poderá efectuar-se mediante entrega directa ou por carta registada com aviso de recepção, dentro do prazo de abertura, do boletim de inscrição e questionário, devidamente preenchidos e assinados, acompanhados das declarações ou certidões, devidamente autenticadas, dos vencimentos e rendimentos dos membros do agregado familiar, conforme modelos a aprovar por portaria do Ministério da Habitação, Urbanismo e Construção.

2. No caso de entrega directa será passado recibo comprovativo pelo serviço.

Anexo VII – Regulamento dos Concursos para a Atribuição de Habitações Sociais

3. Constituem rendimentos do agregado familiar todos os vencimentos, salários ou subvenções, ilíquidos do concorrente e das pessoas nas situações referidas no n.º 4 do artigo 3.º, bem como quaisquer outros rendimentos de carácter não eventual, exceptuando-se unicamente o abono de família.

4. Sempre que o serviço municipal de habitação o considere necessário, poderá exigir que os concorrentes comprovem, pelos meios legais e dentro do prazo que lhes for fixado, os factos constantes daqueles documentos, para além das confirmações neles apostas.

5. O mesmo serviço poderá proceder a inquérito sobre a situação habitacional e social dos concorrentes, em ordem à atribuição dos fogos.

ARTIGO 8.º
Admissão ao concurso

1. Findo o prazo de abertura do concurso, o serviço municipal de habitação elaborará, no prazo de quarenta e cinco dias, as listas de classificação provisória dos candidatos admitidos ao concurso e dos candidatos excluídos com indicação sucinta, no caso destes, das razões da exclusão.

2. As listas serão afixadas nos locais onde teve lugar a apresentação do boletim de inscrição e do questionário e noutros julgados convenientes, sendo dada publicidade da afixação pelos meios referidos no n.º 1 do artigo 5.º.

3. Serão excluídos do concurso, sem prejuízo do procedimento judicial que possa caber, os candidatos que dolosamente prestem no questionário declarações falsas ou inexactas ou usem de qualquer meio fraudulento para obter casa.

4. Da exclusão ou da inclusão de qualquer concorrente cabe reclamação para a câmara municipal ou para a comissão administrativa da federação ou associação de municípios, consoante os casos, a interpor no prazo de cinco dias a contar da data de afixação da respectiva lista ou da publicação do último anúncio, se esta for posterior.

5. Sobre a matéria de reclamação será proferida decisão no prazo máximo de cinco dias a contar da data da respectiva apresentação.

ARTIGO 9.º
Apuramento dos concorrentes

1. Serão apurados como efectivos tantos concorrentes quantos os fogos disponíveis para atribuição no momento de abertura do concurso e como suplentes os restantes concorrentes admitidos.

2. Apurados, por classificação ou por sorteio os concorrentes, será afixada no prazo máximo de sessenta dias a contar da data de encerramento do concurso,

Parte IV – Anexos – Legislação Revogada e Legislação Subsidiária do NRAU

nos locais indicados no n.º 2 do artigo 8.º, a respectiva lista de atribuição definitiva com indicação sucinta da razão da atribuição, do carácter efectivo ou suplente do beneficiário e do local e horas em que pode ser consultado por qualquer concorrente o processo de atribuição.

3. Da afixação da lista será dada publicidade pelos meios referidos no n.º 1 do artigo 5.º.

4. À impugnação da lista de atribuição definitiva é aplicável o disposto nos n.ºs 4 e 5 do artigo anterior.

ARTIGO 10.º
Validade das declarações

1. A veracidade das declarações dos concorrentes deve ser aferida em relação ao momento em que foram entregues ou expedidas pelos declarantes.

2. A situação dos concorrentes será estabelecida, para efeito de atribuição de direitos, em função dos factos constantes das suas declarações durante o prazo de validade do concurso, devendo, no entanto, os interessados providenciar pela actualização dos elementos constantes das mesmas declarações, independentemente do disposto no n.º 3 do artigo 14.º e no n.º 7 do artigo 21.º.

CAPÍTULO II
Concurso de classificação

ARTIGO 11.º
Admissão ao concurso

1. Aos concursos de classificação apenas podem concorrer os cidadãos nacionais maiores ou emancipados cujos rendimentos não ultrapassem o limite máximo indicado no respectivo anúncio de abertura.

2. O limite a que se refere o número anterior será fixado em função de rendimento mensal por cabeça do respectivo agregado familiar, não sendo admitidos os concorrentes relativamente aos quais esse rendimento exceda, em função do salário mínimo nacional, os limites indicados no quadro seguinte:

Anexo VII – Regulamento dos Concursos para a Atribuição de Habitações Sociais

Número de pessoas do agregado familiar	Coeficiente (1)
1	2,5
2	1,5
3	1,25
4	1
5	0,9
6	0,8
7	0,75
8	0,7
9 ou mais	0,65

[1] A multiplicar pelo valor do salário mínimo mensal nacional, para determinação do limite máximo do rendimento mensal por cabeça do agregado familiar.

3. Para efeitos do disposto no n.º 2 do artigo 8.º do Decreto-Lei n.º 797/76, a adequação da habitação que esteja a ser ocupada pelo agregado familiar do concorrente afere-se pelos seguintes factores, de acordo com o mapa de classificação anexo a este decreto:

a) Condições de habitação;
b) Situação do agregado familiar;
c) Rendimento do agregado familiar;
d) Localização do emprego;
e) Outras situações especiais.

ARTIGO 12.º
Critério de classificação

1. A classificação dos concorrentes resulta da aplicação da pontuação e coeficientes constantes do mapa anexo ao presente diploma.

2. Dentro de cada situação, o número de pontos é multiplicado pelo respectivo coeficiente, sendo a classificação do concorrente obtida através da soma total de pontos obtidos.

3. Antes da abertura do concurso poderão as câmaras municipais ou a comissão administrativa da federação ou associação de municípios interessadas propor ao Ministro da Habitação, Urbanismo e Construção a fixação de coeficientes específicos, em atenção a ponderosas razões de política urbana e social.

ARTIGO 13.º
Da classificação

1. Os concorrentes serão classificados por ordem decrescente de pontos obtidos.

Parte IV – Anexos – Legislação Revogada e Legislação Subsidiária do NRAU

2. No caso de empate entre os concorrentes que obtenham a mesma pontuação, atender-se-á, em primeiro lugar, ao menor rendimento por cabeça e, em seguida, à maior idade do concorrente.

ARTIGO 14.º
Concorrentes suplentes

1. Os concorrentes suplentes serão considerados, pela ordem determinada através da classificação e sem prejuízo do disposto no artigo 3.º, para a atribuição de fogos do mesmo empreendimento que, por qualquer razão, fiquem disponíveis antes da abertura do novo concurso e dentro do prazo de validade referido no n.º 3 do artigo 4.º.

2. A desistência ou recusa de qualquer concorrente do fogo que vier a ser-lhe atribuído implica a sua exclusão.

3. Sempre que, de acordo com o disposto no n.º 1, haja lugar, dentro do prazo de validade do concurso, a nova atribuição de fogos, os concorrentes suplentes presumivelmente abrangidos serão notificados pelo serviço para, sob pena de exclusão, actualizarem as suas declarações, com vista a verificarem se se mantêm as condições de atribuição do direito e para efeitos de eventual revisão da sua posição.

CAPÍTULO III
Concurso por sorteio

ARTIGO 15.º
Solicitação dos proprietários ou administradores

Para os efeitos do disposto na segunda parte do n.º 3 do artigo 8.º do Decreto-Lei n.º 797/76, de 6 de Novembro, os proprietários ou administradores interessados ou a entidade pública que tenha promovido ou coordenado a construção indicarão em boletim devidamente preenchido e assinado, de modelo a aprovar por portaria do Ministério da Habitação, Urbanismo e Construção, dirigido à câmara municipal ou à comissão administrativa da federação ou associação de municípios, a identificação dos fogos, o regime legal de aquisição, utilização e disposição aplicável, bem como o preço de venda, prestação mensal ou renda a pagar, solicitando o seu sorteio nos termos do presente Regulamento.

Anexo VII – Regulamento dos Concursos para a Atribuição de Habitações Sociais

ARTIGO 16.º
Notificação do inquilino

1. Quando o fogo ou fogos a sortear para venda já se encontrem arrendados, será notificado o inquilino para, no prazo de trinta dias, exercer o direito de preferência previsto no artigo 41.º do Decreto-Lei n.º 608/73, de 14 de Novembro.
2. No caso de o inquilino exercer o seu direito de opção, o fogo ou fogos em causa não serão incluídos no concurso.

ARTIGO 17.º
Limite de rendimentos

Aos concursos por sorteio somente podem concorrer cidadãos nacionais maiores ou emancipados cujo agregado familiar tenha rendimento mensal por cabeça de valor situado dentro dos limites mínimos e máximos previstos no quadro seguinte e definidos em função do salário mínimo nacional:

Número de pessoas do agregado familiar	Coeficientes [1]	
	Rendimento mínimo	Rendimento máximo
1	1,5	4
2	1	2,5
3	0,8	1,75
4	0,72	1,5
5	0,6	1,25
6	0,55	1,2
7	0,5	1,1
8	0,5	1
9 ou mais	0,45	1

[1]A multiplicar pelo valor do salário mínimo mensal nacional, para determinação dos limites mínimos e máximos do rendimento mensal por cabeça do agregado familiar.

ARTIGO 18.º
Abertura do concurso

1. A abertura do concurso terá obrigatoriamente lugar dentro de quinze dias após a apresentação do boletim referido no n.º 1 do artigo 15.º ou, nos casos a que se refere o artigo 16.º, dentro de oito dias após o decurso do prazo ali previsto.

Parte IV – Anexos – Legislação Revogada e Legislação Subsidiária do NRAU

2. Será admitida a inscrição para fogos ou locais determinados, mediante declaração do concorrente no respectivo boletim, não implicando a mesma, no entanto, qualquer preferência relativamente a outros concorrentes.

ARTIGO 19.º
Numeração dos concorrentes e anúncios do sorteio

1. Na lista de admissão será atribuído, para efeitos de sorteio, um número a cada concorrente.

2. Nos anúncios a que se refere o n.º 2 do artigo 8.º e nas listas afixadas serão indicados o local e a data e hora de realização do sorteio.

ARTIGO 20.º
Sorteio

1. Os serviços municipais de habitação determinarão qual o processo e meios técnicos a adoptar no sorteio.

2. O sorteio realizar-se-á em sessão pública presidida por uma mesa constituída por um presidente designado pela câmara municipal ou pela comissão administrativa da federação ou associação de municípios, dois dos concorrentes presentes e dois funcionários do serviço municipal de habitação que servirão de secretários.

3. A mesa esclarecerá os concorrentes e o restante público presente sobre o processo do sorteio.

4. Finda a sessão, será elaborada acta da qual conste o resultado do sorteio, assinada por todos os componentes da mesa.

ARTIGO 21.º
Sorteios subsequentes

1. Poderá a câmara municipal ou a federação ou associação de municípios competente determinar a abertura de concurso para todos os fogos que devam ser atribuídos no período máximo de um ano, sendo dispensada, neste caso, a abertura de novos concursos durante o referido período.

2. Serão considerados, para cada sorteio subsequente, os concorrentes não beneficiados no sorteio ou sorteios anteriores, bem como os que venham a inscrever-se até doze dias antes da efectivação do sorteio.

3. Da realização de cada novo sorteio será dada publicidade através dos meios referidos no n.º 1 do artigo 5.º.

Anexo VII – Regulamento dos Concursos para a Atribuição de Habitações Sociais

4. A partir do décimo dia anterior a cada sorteio subsequente será afixada pelos serviços municipais de habitação a lista de todos os concorrentes admitidos, sendo aplicável o disposto no artigo 19.º.

5. Da exclusão ou inclusão de qualquer dos concorrentes a que se refere o n.º 2 cabe reclamação nos termos dos n.ºs 4, 5 e 6 do artigo 8.º.

6. A desistência ou recusa de qualquer concorrente só implica a sua exclusão desde que o fogo que lhe seja atribuído se inclua em empreendimento ao qual tenha especificamente concorrido.

7. Os concorrentes apurados em sorteios subsequentes serão notificados pelo serviço para actualizarem as suas declarações, com vista a verificar se se mantêm as condições de atribuição do direito.

CAPÍTULO IV
Atribuição e contrato

ARTIGO 22.º
Primeira atribuição

1. A primeira atribuição de casas construídas no âmbito dos contratos de desenvolvimento para habitação e ao abrigo do Decreto-Lei n.º 817/76, de 11 de Novembro, será feita, independentemente de concurso, directamente às pessoas que pretendam adquiri-las.

2. A partir do recebimento das comunicações de disponibilidade dos fogos [alínea *a*) do n.º 5 do artigo 5.º, com a redacção dada pelo Decreto-Lei n.º 26/77, de 19 de Janeiro, e n.º 3 do artigo 10.º do Decreto-Lei n.º 638/76, de 29 de Julho], deverão os serviços municipais de habitação acordar com a empresa a organização do processo de comercialização dos fogos, em observância ao disposto nos artigos seguintes.

ARTIGO 23.º
Anúncio

1. Os serviços municipais de habitação anunciarão o número, tipo, preço, localização, regime legal e demais condições dos fogos, pelos meios previstos neste Regulamento.

2. Do anúncio referido no número anterior constará indicação da entidade a quem os interessados devem dirigir-se para a compra dos fogos.

Parte IV – Anexos – Legislação Revogada e Legislação Subsidiária do NRAU

ARTIGO 24.º
Condições de candidatura

Só podem candidatar-se à compra destes fogos as pessoas que estejam nas condições previstas no n.º 3 do artigo 3.º e no n.º 2 do artigo 11.º deste Regulamento.

ARTIGO 25.º
Inscrição

1. Tanto os serviços municipais de habitação como a empresa deverão manter em local visível e facilmente consultável pelos interessados um mapa actualizado permanentemente dos fogos disponíveis.

2. Os interessados na compra de um fogo devem preencher um boletim fornecido no momento da sua inscrição e desta ser-lhes-á passado documento comprovativo do qual conste o número de ordem e data de entrada do boletim devidamente preenchido, bem como a identificação da habitação que pretendem adquirir.

ARTIGO 26.º
Celebração e contrato

1. Os serviços municipais de habitação ajustarão com os beneficiários ou com os seus representantes o local, dia e hora da celebração do contrato do direito atribuído.

2. Os modelos de contrato serão aprovados por portaria do Ministro da Habitação, Urbanismo e Construção.

ARTIGO 27.º
Dúvidas na aplicação

As dúvidas na aplicação do presente Regulamento serão resolvidas por despacho do Ministro da Habitação, Urbanismo e Construção.

Anexo VII – Regulamento dos Concursos para a Atribuição de Habitações Sociais

ANEXO

Mapa de classificação

	Pontos	Coeficiente
1. Falta de habitação e condições de habitabilidade da residência actual		
1.1 – Tipo de alojamento:		
Falta de habitação ou alojamento em construção abarracada	24	2
Em prédio ou moradia	1	2
1.2 – Tipo de ocupação:		
Locação	0	–
Locação e com hóspedes	10	2
Ocupação precária.....................................	10	2
Habitação de função, alojamento de porteiro ou similar.............................	20	2
Sublocação	20	2
Coabitação com a família		
1.3 – Índice de ocupação:		
$\text{i.o.} = \dfrac{\text{número de pessoas}}{\text{número de quartos}}$		
1.4 – Condições higiénicas da habitação:		
Sem esgoto	3	2
Sem água	3	2
Sem retrete	3	2
Sem banheira ou chuveiro	2	2
Sem electricidade	1	2
1.5 – Localização da habitação actual:		
Sem equipamento de transporte..........................	3	1
Sem equipamento escolar primário	3	1
Sem equipamento escolar secundário	3	1
Sem equipamento comercial	3	1
Sem equipamento médico-sanitário....................	3	1
1.6 – Tempo de residência no concelho:		

Parte IV – Anexos – Legislação Revogada e Legislação Subsidiária do NRAU

Menos de um ano	0	–
De um a cinco anos	6	1
Mais de cinco anos	15	1

1.7 – Área de influência do núcleo habitacional:

No concelho	25	1
Outros concelhos dentro da área	10	1
Outros concelhos fora da área	0	1

2. Situação do agregado familiar

2.1 – Tempo de constituição da família:

Menos de cinco anos	3	3
De cinco a dez anos	2	3
Mais de dez anos	1	3

2.2 – Grupos etários do concorrente:

Menos de 36 anos	5	3
De 36 a 45 anos	1	3
Mais de 45 anos	3	3

2.3 – Filhos residentes:

Por cada filho	1	2

2.4 – Ascendentes residentes:

Ascendentes residentes a cargo do concorrente ...	1	2

3. Rendimento do agregado familiar

3.1 – Rendimento mensal [*], por cabeça, do agregado familiar em percentagem do salário mínimo nacional:

Menos de 12,5 %	10	3
De 12,5% a 20%	9	3
De 20% a 30%	8	3
De 30% a 40%	6	3
De 40% a 55%	4	3
De 55% a 75%	2	3
De 75% a 100%	1	3
Mais de 100%	0	–

Anexo VII – Regulamento dos Concursos para a Atribuição de Habitações Sociais

3.2 – Relação renda-rendimento do alojamento actual:		
Menos de 14%	0	–
De 14% a 20%	1	2
De 20% a 30%	2	2
Mais de 30%	5	2
4. Localização do emprego		
4.1 – Do concorrente:		
Sem transporte público directo para o trabalho....	3	1
Com residência fora do concelho de trabalho	3	1
Duração de transporte para o trabalho superior a quarenta e cinco minutos (um percurso)	3	1
4.2 – Do cônjuge (**):		
Sem transporte público directo para o trabalho....	3	1
Com residência fora do concelho de trabalho	3	1
Duração de transporte para o trabalho superior a quarenta e cinco minutos (um percurso)	3	1
5. Situações especiais devidamente justificadas		
5.1 – Problemas de saúde com carácter permanente:		
Situações de deficiência física ou mental	5	1

(*) De valor igual a 1/12 do rendimento anual do agregado familiar.
(**) Sem prejuízo das situações especiais a considerar nos termos da definição de "agregado familiar".

REGIME DE ARRENDAMENTO DE BENS IMÓVEIS DO DOMÍNIO PRIVADO DO ESTADO

DECRETO-LEI N.º 507-A/79, DE 24 DE DEZEMBRO

A legislação relativa ao arrendamento de bens imóveis do domínio privado do Estado encontra-se dispersa e desactualizada, julgando-se de toda a oportunidade proceder à sua revisão e concentração num diploma único que corresponda às necessidades e às concepções actuais nesta matéria.

Trata-se, afinal, de prosseguir nos propósitos de renovação da legislação patrimonial de harmonia com os conceitos modernos que devem enformar a estrutura jurídica dos diversos sectores do âmbito da competência do director-geral do Património.

A ideia que, fundamentalmente, domina o presente diploma é a de que, em matéria de arrendamento de bens do Estado, as soluções da lei civil só devem ser derrogadas nos casos extremos em que haja manifesta incompatibilidade com as exigências de realização oportuna do interesse público.

Esses casos extremos são apenas os resultantes da necessidade de utilização dos prédios arrendados para instalação de serviços públicos ou outros fins de utilidade pública.

Todavia, ainda nestas circunstâncias os interesses dos arrendatários recebem toda a protecção prevista na lei civil relativamente a situações que podem considerar-se comparáveis, designadamente no que diz respeito aos prazos para despejo, ao montante das indemnizações e à faculdade de realojamento, isto é, os aspectos que, juntamente com o da exigência do fundamento de interesse público, são os que principalmente importa considerar do ponto de vista dos mesmos arrendatários.

Julga-se, assim, que as soluções agora adaptadas asseguram um justo equilíbrio entre a indispensável defesa dos interesses do Estado e a protecção que deve ser garantida aos dos particulares seus arrendatários.

Parte IV – Anexos – Legislação Revogada e Legislação Subsidiária do NRAU

Assim sendo:
O Governo decreta, nos termos da alínea a) do n.º 1 do artigo 201.º da Constituição, o seguinte:

ARTIGO 1.º

Os bens imóveis do domínio privado do Estado de que este não careça para imediata instalação dos seus serviços ou para qualquer outro fim de utilidade pública, e que não devam ser alienados, serão arrendados, salvo se o contrário for determinado por despacho do Ministro das Finanças.

ARTIGO 2.º

1. O arrendamento dos bens imóveis do domínio privado do Estado depende de autorização do director-geral do Património e é realizado mediante hasta pública.

2. Em casos especiais e sobre proposta fundamentada do director-geral do Património, pode o Ministro das Finanças autorizar o arrendamento com dispensa de hasta pública, fixando a importância da renda respectiva ou indicando o modo por que esta deve ser calculada.

3. Os contratos de arrendamento celebrados com infracção do disposto nos números anteriores são nulos e de nenhum efeito.

ARTIGO 3.º

1. O director-geral do Património fixará a respectiva base de licitação, bem como a forma de publicidade e as condições a que o arrendamento fica sujeito.

2. É obrigatória, em qualquer caso, a publicidade por meio de editais afixados nos lugares de estilo e com a antecedência mínima de dez dias, devendo em qualquer caso incluir-se neste período dois domingos.

ARTIGO 4.º

As praças para arrendamento e a respectiva adjudicação ficam sujeitas ao mesmo regime estabelecido relativamente à venda de imóveis, com as devidas adaptações e as restrições constantes dos artigos seguintes.

ARTIGO 5.º

Realizadas três praças sem resultado, o director-geral do Património poderá determinar que o arrendamento seja efectuado por meio de propostas ou aguarde melhor oportunidade, se, entretanto, não lhe for dado outro destino de interesse público.

Anexo VII – Regime de Arrendamento de Bens Imóveis do Domínio Privado do Estado

ARTIGO 6.º

Os contratos de arrendamento de bens imóveis do domínio privado do Estado para qualquer fim serão efectuados por termo lavrado na repartição de finanças do concelho ou bairro da situação do imóvel.

ARTIGO 7.º

O adjudicatário do arrendamento deverá pagar no acto da arrematação, pelo menos, a importância total da primeira renda, realizando-se os outros pagamentos conforme o convencionado.

ARTIGO 8.º

O Estado só pode denunciar os contratos de arrendamento relativos aos seus prédios antes do termo do prazo ou da renovação quando esses prédios ou os correspondentes locais se destinam à instalação dos seus serviços ou a outros fins de utilidade pública.

ARTIGO 9.º

1. Nos casos previstos no artigo anterior, o arrendatário será notificado da denúncia do arrendamento pela Direcção-Geral do Património – ou, quando o prédio tenha sido adquirido já arrendado, pelo serviço que realizou a aquisição – com antecedência não inferior a seis meses, antes do termo do prazo do contrato ou da sua renovação, através de carta registada e sem dependência de acção judicial.

2. Se o arrendatário despedido não desocupar o prédio no termo do prazo concedido, a entidade administrativa ou policial fará imediatamente o despejo.

ARTIGO 10.º

1. Os arrendatários de dependências para habitação têm direito à indemnização prevista no n.º 1 do artigo 1099.º do Código Civil.

2. No caso de arrendamento de dependências para instalação de estabelecimento comercial ou industrial, para exercício de profissão liberal, ou de prédio rústico não sujeito ao regime de arrendamento rural, os arrendatários despedidos terão sempre direito à indemnização referida no número anterior e ainda a uma compensação sempre que por acto seu as dependências arrendadas tenham aumentado de valor locativo.

Parte IV – Anexos – Legislação Revogada e Legislação Subsidiária do NRAU

3. A importância da compensação mencionada no número precedente é fixada pelo director-geral do Património e não pode exceder dez vezes a renda anual.

4. Os arrendatários não terão direito a qualquer indemnização ou compensação se vierem a beneficiar de novas instalações fornecidas pelo Estado que reúnam condições idênticas às que desocuparem.

ARTIGO 11.º

O disposto no n.º 2 do artigo 9.º é também aplicável sem dependência de acção judicial nos casos de denúncia com fundamento na alínea *b)* do artigo 1096.º do Código Civil, bem como nos casos de resolução ou de caducidade do contrato por qualquer dos fundamentos admitidos no mesmo Código e uma vez respeitados os prazos estabelecidos na lei civil.

ARTIGO 12.º

O arrendamento de prédios do Estado aos seus funcionários é regulado por instruções aprovadas pelo Ministro das Finanças, não podendo, porém, a renda exceder um sexto do vencimento do arrendatário quando a residência for obrigatória.

ARTIGO 13.º

As lacunas do presente diploma serão integradas por aplicação das disposições da lei civil sobre arrendamento de imóveis.

CRITÉRIOS PARA A DETERMINAÇÃO DAS RENDAS DAS HABITAÇÕES PROMOVIDAS PELO ESTADO E ATRIBUÍDAS EM REGIME DE ARRENDAMENTO

PORTARIA N.º 288/83, DE 17 DE MARÇO

O princípio da revisão anual do valor do salário mínimo nacional, consignado nos diplomas que procedem à sua fixação, contribuiu para a progressiva desactualização do processo de cálculo do valor da prestação pessoal de renda, consubstanciado na Portaria n.º 386/77, de 25 de Junho.

Por forma a superar a situação detectada, optou-se, na presente revisão daquele diploma, pela introdução de um novo processo de cálculo do valor da prestação pessoal anteriormente mencionada, bem como dos seus futuros ajustamentos em função da evolução anual do salário mínimo nacional.

Simultaneamente, procedeu-se a um ajustamento automático das prestações pessoais de renda que não tenham registado os ajustamentos anuais aí previstos.

Aproveitou-se igualmente a oportunidade para introduzir alterações significativas relativamente a distorções ou imperfeições que a Portaria n.º 386/77 continha, nomeadamente contemplando os seguintes aspectos:

Fixação de uma taxa de esforço máxima compreendida entre 10 e 25 %;

Maior dedução nos rendimentos familiares decorrentes do número de filhos;

Novo processo de apuramento do rendimento do agregado familiar;

Estabelecimento do princípio geral de compatibilização entre rendas técnicas iguais para fogos com áreas brutas idênticas.

Este sistema será oportunamente reformulado, no sentido de explicitar os subsídios de renda concedidos, de modo a obter-se um claro conhecimento do esforço do Estado na habitação.

Parte IV – Anexos – Legislação Revogada e Legislação Subsidiária do NRAU

Nestes termos:

Manda o Governo da República Portuguesa, pelo Ministro da Habitação, Obras Públicas e Transportes, ao abrigo do n.º 2 do artigo 6.º do Decreto-Lei n.º 794/76, de 5 de Novembro, o seguinte:

1.º

Na determinação da renda técnica das habitações promovidas pelo Estado e atribuídas em regime de arrendamento deverão contabilizar-se, de modo a explicitar-se o custo total da habitação, os seguintes factores:

a) Estudos e projectos;
b) Custo do terreno;
c) Custo das infra-estruturas;
d) Custo da construção;
e) Encargos financeiros;
f) Fiscalização da obra;
g) Parcela correspondente às despesas de conservação dos imóveis;
h) Parcela destinada a cobrir as despesas de gestão e administração.

2.º

Para efeitos do número anterior, poderá fixar-se anualmente, por despacho do Ministro da Habitação, Obras Públicas e Transportes, um valor médio de renda uniforme por metro quadrado de área bruta dos fogos.

3.º

Na fixação da renda técnica será considerado um prazo de recuperação do capital de 50 anos, a uma taxa de juro de 7,5% ao ano.

4.º

A renda técnica, integrando os elementos expostos nos números antecedentes, calcular-se-á de acordo com a expressão:

$$R_t = rm + 15\% \, r_m + 5\% \, R_t$$

em que:

R_t – renda técnica;
r_m – amortização do capital e juros;
15% r_m – conservação;
5% R_t – administração e gestão.

Anexo VII – Critérios para a Determinação das Rendas das Habitações Promovidas ...

5.º

Será concedido um subsídio a fundo perdido, calculado por diferença entre a renda técnica e a prestação pessoal de renda (renda social), aos agregados familiares com rendimento global mensal inferior a 3 vezes o salário mínimo nacional.

6.º

Para efeitos do disposto no número anterior, entende-se por rendimento do agregado familiar todos os vencimentos ilíquidos e outras fontes de rendimento de todos os membros desse agregado, com excepção do abono de família depois de deduzida uma quantia igual e 1/12 do salário mínin10 nacional *(smn)* em vigor, por cada filho.

7.º

A determinação inicial da prestação pessoal de renda (renda social) resultará da aplicação da percentagem *(P),* de acordo com o quadro I anexo ao presente diploma, ao rendimento mensal da família.

8.º

Acima de 3 vezes o salário mínimo nacional será cobrada a renda técnica.

9.º

A prestação de renda será anualmente ajustada tendo por base uma variação percentual dos rendimentos globais mensais tomado como idêntico ao observado para o salário mínimo nacional.

10.º

O ajustamento referido no número anterior será efectuado no máximo até 90 dias após a última alteração do valor do salário mínimo nacional.

11.º

Sempre que o crescimento do rendimento global mensal do agregado familiar fique aquém do observado para o salário mínimo nacional, os inquilinos poderão fazer prova do respectivo rendimento, para efeitos de fixação de uma prestação pessoal de renda diferente da resultante da aplicação do n.º 9.

Parte IV – Anexos – Legislação Revogada e Legislação Subsidiária do NRAU

12.º

A prestação pessoal de renda será igualmente ajustada sempre que se verifiquem reduções no rendimento e ou alterações na composição do agregado familiar, devendo os arrendatários, de tais factos, fazer prova.

13.º

O valor mínimo da prestação pessoal de renda a cobrar será de € 2.

14.º

Será igualmente ajustada a prestação pessoal de renda sempre que se verifiquem alterações no rendimento global que impliquem um aumento daquele valor, ficando os inquilinos obrigados a comunicá-las 30 dias após a efectivação das mesmas, sob pena de aplicação da renda técnica quando não cumpram, com retroacção de efeitos.

15.º

Não serão efectuados ajustamentos das prestações pessoais de renda inferiores a € 0,50.

16.º

Os ajustamentos referidos nos n.os 11, 12 e 14 produzirão efeitos no 2.º mês seguinte ao da respectiva comprovação, não dando lugar a reembolso.

17.º

A renda social cessará, passando a ser cobrada a renda técnica, sempre que sobrevenha subocupação do fogo, de acordo com as normas que definem a adequação da habitação à dimensão do agregado familiar, desde que se verifique na localidade a disponibilidade de um fogo adequado àquela dimensão.

18.º

Para as prestações pessoais de renda em vigor à data da publicação da presente portaria, e desde que não tenham sido efectuados os ajustamentos anuais previstos no n.º 9 da Portaria n.º 386/77, de 25 de Junho, proceder-se-á ao ajustamento automático das mesmas, de acordo com o disposto nos números seguintes.

Anexo VII – Critérios para a Determinação das Rendas das Habitações Promovidas ...

19.º

O ajustamento mencionado no número anterior será efectuado pela actualização dos rendimentos globais mensais declarados pelos inquilinos aquando do cálculo dos valores das prestações pessoais de renda, através dos coeficientes previstos no quadro II, anexo à presente portaria.

20.º

Sempre que o valor resultante da aplicação dos números anteriores seja superior ao da renda técnica, será cobrada esta última.

21.º

Para os casos referidos nos n.ᵒˢ 18 e 19, aplica-se aos seus futuros ajustamentos o previsto nos n.ᵒˢ 9 a 16 do presente diploma.

22.º

Os critérios de fixação de renda da presente portaria poderão ser aplicados para o futuro, em casos devidamente justificados, aos contratos em vigor.

23.º

O não pagamento das rendas devidas, sem prejuízo de outras sanções previstas na legislação aplicável, poderá dar lugar à resolução do contrato nos termos da lei geral.

24.º

Aos arrendatários com rendas em dívida à data da publicação desta portaria não serão aplicáveis as multas previstas na Portaria n.º 2/78, de 2 de Janeiro, desde que efectuem a liquidação no prazo de 6 meses.

25.º

É revogada a Portaria n.º 386/77, de 25 de Junho.

Parte IV – Anexos – Legislação Revogada e Legislação Subsidiária do NRAU

QUADRO I
Prestação pessoal de renda (renda mensal)

Total do rendimento mensal (R)	Taxa de esforço — Percentagem (P)
R < 1 Smn	10
1 Smn ≤ R < 1,5 Smn..	13
1,5 Smn ≤ R < 2 Smn..	17
2 Smn ≤ R < 2,5 Smn..	21
2,5 Smn ≤ R < 3 Smn..	25
R < 3 Smn	Renda técnica

Smn – Salário mínimo nacional

QUADRO II
Coeficiente de actualização

Total do rendimento mensal declarado	Coeficiente
De 25 de Junho de 1977 a 31 de Março de 1978.................................	2,38
De 1 de Abril de 1978 a 30 de Setembro de 1979	1,88
De 1 de Outubro de 1979 a 30 de Setembro de 1980	1,43
De 1 de Outubro de 1980 a 30 de Setembro de 1981	1,19
Depois de 1 de Outubro de 1981	1,00

REGIME DAS RENDAS NOS ARRENDAMENTOS PARA HABITAÇAO

LEI N.º 46/85, DE 20 DE SETEMBRO (ARTIGOS 22.º A 27.º)

CAPÍTULO IV
Subsídio de renda

ARTIGO 22.º
Âmbito e condição genérica de atribuição

1. Aos inquilinos cujas rendas tenham sido ajustadas nos termos dos Decretos-Leis n.ºˢ 294/82, de 27 de Julho, e 449/83, de 26 de Dezembro, ou que fiquem sujeitos a correcção extraordinária é atribuído subsídio nos casos e termos da presente lei.

2. Em caso de morte dos inquilinos a que se refere o número anterior, cessa o direito ao subsídio, salvo se houver transmissão do arrendamento nos termos do disposto no artigo 1111.º do Código Civil.

3. A transmissão do direito ao subsídio previsto no número anterior cessa, no caso de arrendamento transmitido a descendentes, quando o mais novo atinja a idade de 25 anos.

ARTIGO 23.º
Hospedagem e subarrendamento

1. O inquilino que forneça no fogo arrendado serviços de hospedagem ou subarrende parte ou a totalidade do mesmo não tem direito a subsídio.

Parte IV – Anexos – Legislação Revogada e Legislação Subsidiária do NRAU

2. O sublocatário que arrende fogo ou parte de fogo para habitação, nas condições dos artigos 1061.º e 1101.º do Código Civil, tem direito ao subsídio de renda.

ARTIGO 24.º
Atribuição e renovação

O subsídio de renda é atribuído por período de 12 meses, eventualmente renovável, mantendo-se inalterável durante cada período.

ARTIGO 25.º
Normas genéricas para o cálculo do subsídio

1. O subsídio de renda é determinado em função do rendimento bruto e dimensão do agregado familiar do inquilino e da renda paga.

2. A parte da renda a cargo do agregado familiar, obtida por diferença entre a renda paga e o subsídio recebido, não pode ser inferior, no primeiro ano, à renda paga antes da entrada em vigor da presente lei, ou antes da aplicação do ajustamento de renda por realização de obras, nos termos do artigo 22.º, e, nos anos subsequentes, à renda a seu cargo no ano anterior.

3. No caso de inquilino que viva só e cujo rendimento mensal nesse ano.

4. Para agregados familiares de duas ou mais pessoas, o Governo estabelecerá, com base na regra definida no n.º 1, os rendimentos mensais brutos até aos quais o subsídio cobrirá todo o aumento de renda verificado nesse ano em consequência da correcção extraordinária.

5. O subsídio atribuído a sublocatário, calculado com base na renda do contrato de subarrendamento, não pode ser superior ao que se obteria em função da renda paga pelo sublocador aumentado de 20%.

ARTIGO 26.º
Fixação do subsídio

O Governo fixará anualmente tabelas dos subsídios mensais de renda a que têm direito os inquilinos em função dos rendimentos mensais brutos e da dimensão dos respectivos agregados familiares, bem como das rendas pagas, ouvidas as associações de inquilinos, que devem pronunciar-se no prazo de 30 dias.

Anexo VII – Regime das Rendas nos Arrendamentos para Habitação

ARTIGO 27.º
Casos especiais de subsídio

1. Para além do regime geral de subsídio de renda estabelecido nos artigos anteriores, o Governo pode atribuir, excepcionalmente, por períodos limitados, subsídios de renda em casos especiais de manifesta carência, cujo montante é determinado caso a caso, podendo candidatar-se todos os inquilinos abrangidos pelo disposto no artigo 22.º.

2. Aos inquilinos que sejam deficientes, com grau de incapacidade igualou superior a 60%, é atribuído um subsídio de renda de montante a determinar caso a caso.

3. Os subsídios de renda atribuídos nos termos dos números anteriores não são acumuláveis com o atribuído de harmonia com o regime geral.

REGIME DE ATRIBUIÇÃO DO SUBSÍDIO DE RENDA DE CASA

DECRETO-LEI N.º 68/86, DE 27 DE MARÇO

A Lei n.º 46/85, de 20 de Setembro, cria o subsídio a que têm acesso os inquilinos cujas rendas fiquem sujeitas à correcção extraordinária nela estabelecida ou tenhan1 sido ajustadas nos termos dos Decretos-Leis n.ᵒˢ 294/82, de 27 de Julho, e 449/83, de 26 de Dezembro.

A regulamentação deste subsídio, objecto do presente diploma, assenta nos seguintes princípios gerais:

Periodicidade anual do subsídio de renda;
Constância do seu montante durante o ano para que é atribuído;
Determinação desse montante através de tabelas publicadas previamente;
Administração descentralizada nos centros regionais de segurança social.

Para os casos de decréscimos inesperados e sensíveis dos rendimentos da família, nomeadamente se devidos a morte, desemprego, reforma, suspensão do contrato de trabalho por prestação de serviço militar ou de serviço cívico obrigatório, foi previsto um subsídio especial de carência.

No presente decreto-lei estabelecem-se, ainda, as bases do cálculo do subsídio no caso geral, a partir da renda, do rendimento mensal bruto e da dimensão do agregado familiar.

O modelo de cálculo adoptado estabelece a equivalência entre os rendimentos de famílias de diferente dimensão, reduzindo-os a um rendimento padrão de referência, correspondente à dimensão média das famílias em Portugal. Considerou-se, por outro lado, que, para essa família de referência, três remunerações mínimas nacionais constituíam o rendimento para além do qual cessaria o apoio do Estado ao pagamento da renda.

Fixou-se uma metodologia de determinação anual da renda limite – o máximo da renda, correspondente a cada dimensão do agregado familiar, que

Parte IV – Anexos – Legislação Revogada e Legislação Subsidiária do NRAU

pode ser subsidiada – e, com base nestes parâmetros e na definição de uma função que traduz a taxa de esforço considerada ajustada a cada nível de rendimentos, define-se o procedimento para o cálculo dos montantes do subsídio.

O diploma regulamenta, também, o processo de atribuição e a gestão do subsídio, procurando estabelecer mecanismos e soluções, tão expeditos e de tão fácil administração quanto possível, tendo em conta as exigências mínimas de controle.

O presente diploma alarga, ainda, a possibilidade de suspensão dos despejos, já prevista na Lei n.º 46/85 para o primeiro ano, aos outros anos e para áreas territoriais delimitadas, sempre que se verifiquem atrasos excepcionais na atribuição dos subsídios nessas áreas.

É, também, determinada a suspensão da correcção extraordinária da renda quando os senhorios se recusem a fornecer aos inquilinos documentos exigidos para a candidatura ao subsídio.

Faz-se ainda depender a entrada em vigor da correcção extraordinária das rendas da publicação da portaria que fixa as tabelas do subsídio e da renda limite, momento a partir do qual se considera integralmente regulao1entada a Lei n.º 46/85, de 20 de Setembro.

Por último, são previstas disposições transitórias relativamente às candidaturas ao subsídio de renda para 1986.

Assim:

O Governo decreta, em execução do disposto no n.º 2 do artigo 53.º da Lei n.º 46/85, de 20 de Setembro, e nos termos da alínea c) do n.º 1 do artigo 201.º da Constituição, o seguinte:

CAPÍTULO I
Do subsídio de renda

ARTIGO 1.º
Direito ao subsídio de renda

1. Os arrendatários e subarrendatários que se encontrem nas condições referidas nos artigos 22.º e 23.º da Lei n.º 46/85, de 20 de Setembro, têm direito a um subsídio de renda, nos termos previstos no mesmo diploma, quanto ao arrendamento do fogo ou parte do fogo que constitua a sua residência permanente.

2. O disposto no número anterior aplica-se no caso dos aumentos de renda resultantes do artigo 38.º do Regime do Arrendamento Urbano, conjugado, em alternativa, com o n.º 2, ou o n.º 4 ou o n.º 5 do artigo 12.º do Regime Especial de Comparticipação na Recuperação de Imóveis Arrendados (RECRIA), na

Anexo VII – Regime de Atribuição do Subsídio de Renda de Casa

redacção dada pelo Decreto-Lei n.º 329-C/2000, de 22 de Dezembro, bem como aos resultantes do realojamento no mesmo ou noutros fogos por antigos inquilinos por força da Lei n.º 2088, de 3 de Junho de 1957, excepto no caso de reocupação em edifício novo.

3. Nas disposições subsequentes do presente diploma a referência a arrendatários considera-se igualmente reportada a subarrendatários.

4. Os subsídios de renda atribuídos nos termos dos artigos 3.º e 4.º deste diploma não são acumuláveis com o atribuído de harmonia com o regime geral, previsto no artigo seguinte.

ARTIGO 2.º
Subsídio de renda – regime geral

1. O subsídio é atribuído para o período de um ano civil, sendo eventualmente renovável, desde que se continuem a verificar os pressupostos legais para a sua atribuição.

2. O subsídio será atribuído aos agregados familiares que, para além de se encontrarem nas condições referidas no n.º 1 do artigo 1.º, tenham, num determinado ano, rendimentos e rendas, respectivamente, iguais ou inferiores e iguais ou superiores aos limites indicados em tabelas a aprovar anualmente, até 30 de Novembro, por portaria dos Ministros das Obras Públicas, Transportes e Comunicações e do Trabalho e Segurança Social, para vigorarem no ano civil seguinte.

3. O montante do subsídio será o indicado nessas tabelas, mas, no caso de agregados familiares cujos rendimentos mensais sejam iguais ou inferiores ao produto da pensão mínima de invalidez e velhice do regime geral da Segurança Social pelos factores de equivalência correspondentes à respectiva dimensão, referidos no artigo 7.º e indicados na tabela anexa, o subsídio será igual ao aumento da renda devido à correcção extraordinária ou ao ajustamento efectuado nos termos dos Decretos-Leis n.ᵒˢ 294/82, de 27 de Julho, e 449/83, de 26 de Dezembro.

4. Se a pensão mínima indicada no número anterior não tiver sido actualizada no ano civil a que se referem os rendimentos declarados, o valor a aplicar no cálculo do subsídio, nos termos desse número, será igual ao produto daquela pensão pelo factor de actualização do salário mínimo nacional, correspondente ao número inteiro de anos passados desde a última fixação daquela pensão mínima.

5. A não atribuição de subsídio em determinado ano ou anos, em consequência do estabelecido no n.º 2, não prejudica o direito ao subsídio em anos posteriores, desde que se continuem a verificar os pressupostos referidos no artigo 1.º.

1099

Parte IV – Anexos – Legislação Revogada e Legislação Subsidiária do NRAU

ARTIGO 2.º-A
Subsídios por aumentos resultantes de obras ou realojamentos

1. O subsídio atribuído por força do n.º 2 do artigo 1.º tem as especialidades seguintes, relativamente ao regime geral previsto no artigo 2.º.

2. Não é aplicável o disposto nos artigos 8.º, 9.º, 10.º e 11.º.

3. O valor do subsídio é igual à diferença entre o valor da renda objecto do n.º 2 do artigo 1.º e o valor resultante da aplicação da taxa de esforço ao rendimento mensal bruto do agregado familiar, de acordo com a seguinte tabela:

Percentagem

Rp < 1 SMN 10
1 SMN ≤ Rp < 1,5 SMN 13
1,5 SMN ≤ Rp < 2 SMN 17
2 SMN ≤ Rp < 3 SMN 21
3 SMN ≤ Rp < 4 SMN 25

em que:

Rp = rendimento padrão determinado nos termos do artigo 7.º;
SMN = salário mínimo nacional.

4. Quando o valor Rp for maior ou igual a quatro vezes o SMN não há direito ao subsídio.

5. O subsídio de renda tem como limite máximo a diferença entre o valor da renda actual e o valor da renda objecto do n.º 2 do artigo 1.º.

6. Não há lugar à concessão de subsídio quando o arrendatário ou o cônjuge residindo na área metropolitana de Lisboa ou do Porto forem proprietários de imóvel, ou fracção, para habitação nas respectivas áreas metropolitanas, ou quando residindo no resto do País sejam proprietários de imóvel, ou fracção, para habitação no mesmo município, adquirido após o início do arrendamento excepto no caso de sucessão *mortis causa.*

7. Para efeitos da alínea *b*) do n.º 1 do artigo 5.º, os hóspedes incluem-se no agregado familiar.

8. Para efeitos da alínea *b*) do n.º 1 do artigo 5.º, no caso de indivíduo maior que não apresente rendimentos, nem faça prova de estar incapacitado para o trabalho ou reformado por velhice ou invalidez, presume-se, para efeito do cômputo do rendimento total do respectivo agregado familiar, que aquele aufere um rendimento mensal de valor correspondente a 100% do montante da pensão social.

1100

Anexo VII – Regime de Atribuição do Subsídio de Renda de Casa

9. Para efeitos do n.º 2 do artigo 12.º, deverá ainda o requerente juntar os documentos seguintes:

a) Em substituição do documento previsto na alínea *c)* do n.º 2 do artigo 12.º, documento subscrito pelo arrendatário interessado, do qual constem, designadamente, os elementos relativos à composição e rendimentos do agregado familiar, acompanhado da última nota demonstrativa de liquidação do imposto sobre o rendimento das pessoas singulares e da respectiva declaração de rendimentos que lhe diga respeito;

b) Declaração, sob compromisso de honra, da veracidade dos elementos constantes do requerimento e do n.º 6 e da existência ou não de hóspedes;

c) No caso de as obras terem sido realizadas ao abrigo do programa RECRIA, cópia da comunicação feita pelo IGAPHE ao senhorio aprovando a comparticipação e donde conste o valor da nova renda;

d) No caso de obras realizadas sem recurso a comparticipação, cópia do orçamento aprovado pela respectiva câmara municipal e descrição com o cálculo da nova renda.

10. O requerimento previsto no n.º 1 do artigo 12.º pode ser apresentado em qualquer altura do ano, no prazo de 30 dias após o requerente ter recebido a comunicação do proprietário referida nas alíneas *c)* ou *d)* do n.º 9, podendo ser deferido sem prejuízo do disposto no n.º 12.

11. O subsídio será pago mensalmente por transferência bancária.

ARTIGO 2.º – B
Contra-ordenações

1. Constituem contra-ordenações as declarações a que se referem as alíneas *a)* e *b)* do n.º 9 do artigo 2.º-A, quando emitidas em desconformidade com a verdade.

2. As contra-ordenações mencionadas no número anterior são puníveis com coima no montante mínimo de € 498,80 e máximo de € 3 740,98.

3. São puníveis a tentativa e a negligência.

4. A competência para determinar a instauração dos processos de contra-ordenação, para designar o instrutor e para aplicar as coimas cabe ao órgão gestor da instituição de segurança social que abrange o beneficiário.

ARTIGO 3.º
Subsídio especial para arrendatários deficientes

1. Aos arrendatários que sejam deficientes, com grau de incapacidade igual ou superior a 60%, é atribuído um subsídio de renda de montante a deter-

Parte IV – Anexos – Legislação Revogada e Legislação Subsidiária do NRAU

minar caso a caso, tendo em conta o disposto no n.º 1 do artigo 25.º da Lei n.º 46/85, de 20 de Setembro.

2. O disposto no número anterior é igualmente aplicável nos casos em que seja deficiente o cônjuge do arrendatário ou a pessoa que com este viva em condições análogas às dos cônjuges nos termos do artigo 2020.º do Código Civil.

3. O pedido de concessão do subsídio especial para arrendatários deficientes deverá ser acompanhado de documento comprovativo do grau de deficiência passado pelos serviços de saúde competentes.

ARTIGO 4.º
Subsídio especial de carência

1. Os arrendatários a quem esteja a ser atribuído, ao abrigo dos artigos 2.º ou 3.º, subsídio de renda ou subsídio especial para deficientes, cujas condições económicas tenham sofrido alterações que determinem agravamento significativo da sua situação, podem requerer, a todo o tempo, a concessão de um subsídio especial de carência, cujo valor será determinado caso a caso e que vigorará pelo período de tempo expressamente determinado no despacho de concessão, sem prejuízo do disposto no n.º 8.

2. Poderá ser, igualmente, atribuído subsídio especial de carência aos arrendatários nas condições do n.º 1 do artigo 22.º da Lei n.º 46/85, de 20 de Setembro, a quem não tivesse ainda sido concedido subsídio de renda por não reunirem as restantes condições para a sua atribuição e que, pelas causas referidas no n.º 1 do presente artigo, sofram um agravamento das suas condições económicas.

3. A avaliação da gravidade das condições económicas, a decisão de atribuição do subsídio e a fixação do respectivo montante são da competência dos centros regionais de segurança social.

4. Considera-se existir um agravamento das condições económicas sempre que, por força da ocorrência de qualquer das hipóteses previstas no n.º 1, o rendimento mensal bruto do agregado familiar seja reduzido em pelo menos 30% ou o rendimento *per capita* se torne igual ou inferior ao valor da pensão social do regime não contributivo da Segurança Social.

5. O subsídio especial de carência terá como limite mínimo € 1, nos casos do n.º 1, ou o valor apurado nos termos do artigo 10.º, nos casos do n.º 2, e como limite máximo o montante do aumento da renda.

6. Salvo declaração em contrário do interessado, o subsídio especial de carência será atribuído por um período mínimo de três meses.

7. Os requerimentos para concessão de subsídio especial de carência deverão ser acompanhados de prova da alteração das circunstâncias que os justificam.

Anexo VII – Regime de Atribuição do Subsídio de Renda de Casa

8. Sem prejuízo do disposto no n.º 6, o subsídio especial de carência não poderá transitar de um ano civil para o seguinte, mesmo que continuem a verificar-se as condições que justificam a sua anterior atribuição, devendo, neste caso, os arrendatários candidatar-se ao subsídio geral ou especial para deficientes, conforme os casos.

CAPÍTULO II
Conceitos e normas para o cálculo das tabelas do subsídio geral

ARTIGO 5.º
Conceitos

1. Para efeitos do presente diploma, considera-se:

a) Agregado familiar – as pessoas referidas na alínea *a)* do n.º 1 do artigo 1109.º do Código Civil, bem como a pessoa que viva com o arrendatário, não casado ou separado judicialmente de pessoas e bens, em condições análogas às dos cônjuges, desde que a convivência seja em economia comum e há mais de um ano, salvo, quanto a esta restrição temporal, se se tratar de descendente ou adoptado;

b) Rendimento mensal bruto – o quantitativo que resultar da divisão por doze da soma dos rendimentos ilíquidos efectivamente recebidos por todos os elementos do agregado familiar no ano civil anterior à data de início da apresentação de candidaturas ao subsídio referido no n.º 1 do artigo 12.º;

c) Renda – o quantitativo devido mensalmente ao senhorio, pelo uso do fogo para fins habitacionais, referente ao ano civil a que o subsídio respeite;

d) Rendimento padrão – o valor de referência calculado a partir do rendimento mensal bruto e que estabelece a equivalência dos rendimentos de famílias de diversas dimensões;

e) Salário mínimo nacional – a média das remunerações mínimas mensais garantidas para a generalidade dos trabalhadores, em vigor durante o ano civil referido na alínea *b)*, ponderada pelo número de dias em que cada valor dessas remunerações mínimas tenha estado em vigor;

f) Renda limite – o quantitativo máximo da renda, correspondente a cada dimensão do agregado familiar, que serve de base ao cálculo do montante do subsídio de renda;

Parte IV – Anexos – Legislação Revogada e Legislação Subsidiária do NRAU

g) Renda base – o quantitativo, determinado em função dos rendimentos e da dimensão do agregado familiar, abaixo do qual não há lugar à atribuição do subsídio de renda.

2. Os rendimentos ilíquidos a considerar para o cálculo do rendimento mensal bruto serão, quando existam, designadamente os seguintes:

Ordenados, salários ou outras remunerações do trabalho, subordinado ou independente, incluindo diuturnidades, subsídios de férias, de Natal ou outros;

Rendimentos de prédios rústicos ou urbanos;

Rendas temporárias ou vitalícias;

Pensões de reforma, de aposentação, de velhice, de invalidez, de sobrevivência, sociais, de sangue ou outras;

Rendimentos da aplicação de capitais;

Rendimentos resultantes do exercício da actividade comercial ou industrial;

Quaisquer outros subsídios, exceptuando as prestações familiares.

ARTIGO 6.º
Tabelas de subsídio

As tabelas a que se referem o artigo 26.º da Lei n.º 46/85, de 20 de Setembro, e o n.º 2 do artigo 2.º do presente diploma serão elaboradas, de acordo com os artigos seguintes, por forma que os quantitativos do subsídio sejam múltiplos de *100$00,* arredondando-se para o valor mais próximo.

ARTIGO 7.º
Rendimento padrão

O rendimento padrão de um agregado familiar é determinado pela fórmula:

$$\text{Rendimento padrão} = \frac{2,40}{f(n)} \times \text{rendimento mensal bruto}$$

em que $f(n)$ é um factor de equivalência dos rendimentos dos agregados familiares de diversa dimensão, cujos valores são os fixados na tabela anexa, e 2,40 é o valor de $f(n)$ correspondente à família média portuguesa.

ARTIGO 8.º
Renda limite

1. A renda limite será determinada tendo em conta:

a) As tipologias de habitação adequadas à dimensão dos agregados familiares, definidas pelo Decreto Regulamentar n.º 50/77, de 11 de Agosto;

1104

Anexo VII – Regime de Atribuição do Subsídio de Renda de Casa

b) A taxa de renda e os preços de habitação, por metro quadrado de área útil, aplicáveis no cálculo das rendas de fogos em regime de renda condicionada, tendo em conta a idade média do parque habitacional.

2. As rendas limite utilizadas no cálculo das tabelas de subsídio serão estabelecidas na portaria referida no n.º 2 do artigo 2.º.

ARTIGO 9.º
Renda base

1. A renda base determina-se pela aplicação de uma percentagem ao rendimento mensal bruto do agregado familiar.

2. A referida percentagem determina-se pela fórmula:

$$p = 10 \times \frac{Rp}{SMN}$$

em que Rp é o rendimento padrão e SMN o salário mínimo nacional.

ARTIGO 10.º
Montante do subsídio

Consoante os casos, o montante do subsídio será:

a) Igual ao aumento da renda, quando se verifiquem as circunstâncias previstas no n.º 3 do artigo 2.º;

b) O que resultar da aplicação das seguintes fórmulas:

1) Se a renda for igual ou inferior à renda limite:

$$S = 0,5 \; 1 + \frac{R_l + - R \; (R + - R_b)}{R_l + - R_b}$$

2) Se a renda for superior à renda limite:

$$S = 0,5 \; (R_l + - R_b)$$

sendo R a renda, R_l a renda limite, R_b a renda base e S o subsídio

ARTIGO 11.º
Situações de não atribuição do subsídio de renda

1. Não haverá lugar à atribuição do subsídio quando, relativamente a cada ano, se verificar qualquer das seguintes situações:

a) Rendimento padrão superior a três vezes o salário mínimo nacional;

b) Renda base superior à renda limite;

c) Renda inferior à renda base.

Parte IV – Anexos – Legislação Revogada e Legislação Subsidiária do NRAU

2. Não haverá ainda atribuição de subsídio quando o respectivo montante, determinado nos termos do artigo anterior, for inferior a 1% do salário mínimo nacional, arredondado para a centena de *escudos* imediatamente superior.

CAPÍTULO III
Processo de candidatura

ARTIGO 12.º
Requerimento do subsídio

1. O requerimento para a concessão do subsídio de renda será apresentado durante os meses de Dezembro e Janeiro, respectivamente anterior e do próprio ano a que respeita o subsídio, no centro regional de segurança social da área da residência do arrendatário, em impresso de modelo a aprovar por despacho conjunto dos Ministros das Obras Públicas, Transportes e comunicações e do Trabalho e Segurança Social, a publicar no Diário da República.

2. Com o requerimento serão juntos os documentos seguintes:

a) Recibo da renda ou documento comprovativo do pagamento desta respeitante ao mês anterior, no qual se fará menção do ano em que aquela foi fixada;

b) Fotocópia do documento referido no n.º 2 do artigo 3.º do Decreto-Lei n.º 13/86, de 23 de Janeiro;

c) Declaração das entidades empregadoras comprovando os rendimentos ilíquidos do trabalho dos elementos do agregado familiar auferidos no ano civil referido na alínea *b)* do artigo 5.º;

d) Declaração dos centros regionais de segurança social, Centro Nacional de Pensões, Caixa Geral de Aposentações ou outras, entidades comprovando os montantes pagos no ano civil referido na alínea anterior aos elementos do agregado familiar a título de pensões, rendas e subsídios;

e) Declaração do centro regional de segurança social confirmando a situação de desemprego de elementos do agregado familiar e o montante do respectivo subsídio pago no ano civil anteriormente referido;

f) Fotocópias dos bilhetes de identidade ou cédulas pessoais para identificação dos membros do agregado familiar.

3. No requerimento far-se-á menção da conta bancária, no caso de ser solicitado o recebimento por subsídio através de transferência bancária.

4. As declarações a emitir pelos centros regionais de segurança social são dispensadas quando o centro que as deve emitir for aquele ao qual é requerido o subsídio.

Anexo VII – Regime de Atribuição do Subsídio de Renda de Casa

5. As declarações a emitir pelo Centro Nacional de Pensões são dispensadas quando o centro regional de segurança social competente para atribuição puder comprovar, através de terminal de computador, as importâncias pagas aos beneficiários.

6. A emissão das declarações a que se referem os números anteriores é gratuita e isenta de selo.

7. A renovação do subsídio depende da apresentação de novo requerimento.

ARTIGO 13.º
Gestão do subsídio

1. A gestão do subsídio de renda cabe ao Ministério das Obras Públicas, Transportes e Comunicações, através da Secretaria de Estado da Construção e Habitação, o qual poderá propor, anualmente, alterações às formas de acesso e de cálculo do subsídio.

2. Considera-se transferida para os conselhos directivos dos centros regionais de segurança social a competência para decidir sobre os requerimentos para atribuição do subsídio de renda de casa.

3. Das decisões sobre deferimento ou indeferimento do subsídio de renda, proferidas pelos conselhos directivos dos centros regionais de segurança social, cabe recurso para os tribunais administrativos de círculo.

ARTIGO 14.º
Organização e tramitação do processo

1. Compete às instituições de segurança social a organização dos processos para atribuição dos subsídios de renda e o respectivo pagamento.

2. Nos casos em que durante a organização dos processos se verifique a existência de dúvidas, deverão os serviços solicitar o seu esclarecimento aos interessados por meio de ofício com aviso de recepção.

3. Após a recepção do pedido de esclarecimento, os interessados disporão do prazo de quinze dias para as prestar, sem o que o processo será arquivado.

4. A decisão proferida sobre os processos para atribuição dos subsídios de renda, geral ou especial para deficientes, será comunicada aos interessados até ao dia 28 de Fevereiro do ano a que o subsídio respeite.

ARTIGO 15.º
Forma e data de pagamento

1. O subsídio de renda, com excepção do subsídio especial de carência referido no artigo 4.º, será pago trimestralmente, estando a pagamento durante o 2.º mês do trimestre a que se refere.

Parte IV – Anexos – Legislação Revogada e Legislação Subsidiária do NRAU

2. A periodicidade do pagamento do subsídio especial de carência será estabelecida no despacho que o conceder.

3. O direito ao recebimento dos subsídios prescreve no prazo de um ano contado do último dia do mês em que foi posto a pagamento.

CAPÍTULO IV
Da gestão financeira

ARTIGO 16.º
Provisões orçamentais

1. As verbas inscritas no Orçamento do Estado necessárias para o pagamento dos subsídios de renda, bem como as que correspondam às despesas de administração, serão transferidas do Ministério das Obras Públicas, Transportes e Comunicações para o Instituto de Gestão Financeira da Segurança Social no primeiro mês do trimestre a que respeitem.

2. Até 31 de Janeiro de cada ano o Instituto de Gestão Financeira deverá apresentar a conta referente ao pagamento do subsídio de renda e respectivas despesas de administração durante o ano anterior, procedendo-se às compensações a que haja lugar.

ARTIGO 17.º
Despesas de administração

As despesas de administração a que se refere o n.º 1 do artigo anterior incluirão, nomeadamente, as referentes ao pessoal afecto à execução do presente diploma.

CAPÍTULO V
Disposições finais e transitórias

ARTIGO 18.º
Registo dos titulares do subsídio

Os titulares do subsídio de renda não inscritos na Segurança Social serão incluídos no respectivo ficheiro, tendo em vista a sua correcta identificação e a atribuição e processamento informático dos subsídios.

Anexo VII – Regime de Atribuição do Subsídio de Renda de Casa

ARTIGO 19.º
Dados para a gestão

As instituições de segurança social devem transmitir à Secretaria de Estado da Construção e Habitação todos os dados de que disponham relativos à concessão do subsídio de renda, por forma a possibilitar a sua adequada gestão.

ARTIGO 20.º
Fiscalização

1. Cabe aos centros regionais de segurança social a fiscalização da atribuição do subsídio de renda.
2. Compete ao Ministério das Finanças, através da Direcção-Geral das Contribuições e Impostos, controlar os rendimentos declarados nos processos de candidatura aos subsídios previstos nos artigos 2.º, 3.º e 4.º do presente diploma que venham a ser deferidos.

ARTIGO 21.º
Suspensão excepcional de despejos

No caso de em qualquer ano se verificar um atraso excepcional na atribuição dos subsídios de renda na área territorial de um centro regional de segurança social, os Ministros da Justiça, das Obras Públicas, Transportes e Comunicações e do Trabalho e Segurança Social deverão decretar a suspensão provisória dos despejos nessa área, nos mesmos termos e com as mesmas consequências do disposto no artigo 50.º da Lei n.º 46/85, de 20 de Setembro.

ARTIGO 22.º
Suspensão de correcção extraordinária

As rendas de prédios cujos senhorios se recusem a fornecer aos respectivos arrendatários os documentos por estes solicitados e referidos nas alíneas *a)*, *b)* e *c)* do n.º 2 do artigo 12.º, quando exigíveis no processo de candidatura ao subsídio, não poderão ser objecto da correcção extraordinária determinada na Lei n.º 46/85, de 20 de Setembro, enquanto se mantiver aquela recusa, com prejuízo do recebimento dos quantitativos resultantes daquela correcção relativo aos meses entretanto decorridos.

Parte IV – Anexos – Legislação Revogada e Legislação Subsidiária do NRAU

ARTIGO 23.º
Subsídio de renda para 1986

1. Os Ministros das Obras Públicas, Transportes e Comunicações e do Trabalho e Segurança Social publicarão, no prazo de 60 dias a contar da data da publicação do presente diploma, a portaria estabelecendo as tabelas de subsídio, bem como as rendas limite para 1986.

2. Os requerimentos para a atribuição do subsídio previsto no artigo 2.º, respeitante ao ano de 1986, deverão ser apresentados no prazo de 90 dias a contar do primeiro dia do mês seguinte ao da publicação da portaria a que se refere o número anterior.

3. Os rendimentos a considerar para o cálculo do subsídio do ano de 1986 são os relativos a 1984.

ARTIGO 24.º
Primeiro pagamento do subsídio de 1986

Os arrendatários a quem for atribuído subsídio de renda para 1986 receberão, no primeiro mês em que aquele estiver a pagamento, os montantes havidos pelos subsídios em atraso, relativos aos meses que entretanto tiverem decorrido desde a entrada em vigor da correcção extraordinária das rendas, procedendo, então, ao pagamento do quantitativo resultante dessa correcção eventualmente em atraso.

ARTIGO 25.º
Período de atribuição do subsídio e de suspensão dos despejos em 1986

1. Os centros regionais de segurança social providenciarão no sentido de que, no prazo de 120 dias a contar do primeiro dia do mês seguinte ao da publicação da portaria referida no n.º 1 do artigo 23.º, estejam a pagamento todos os subsídios trimestrais a que têm direito arrendatários residentes na sua área territorial, bem como os subsídios em atraso a que se refere o artigo anterior, procedendo, no referido prazo, à publicação de avisos do início do pagamento no Diário da República e nos meios de comunicação social.

2. O Ministro do Trabalho e Segurança Social poderá determinar, por despacho, a prorrogação do prazo referido no n.º 1, até ao limite de 180 dias, sempre que se verifiquem atrasos na atribuição do subsídio e para as áreas territoriais dos centros regionais de segurança social em que se verifiquem atrasos.

3. Durante o prazo referido no n.º 1, eventualmente alargado nos termos do número anterior, aplica-se o disposto no artigo 50.º da Lei n.º 46/85, de 20 de Setembro.

1110

Anexo VII – Regime de Atribuição do Subsídio de Renda de Casa

ARTIGO 26.º
Correcção extraordinária das rendas em 1986

1. Para o ano civil de 1986, a correcção extraordinária das rendas a que se referem os artigos 11.º e 12.º da Lei n.º 46/85, de 20 de Setembro, só terá lugar depois de efectuada a comunicação prevista no n.º 2 do artigo 3.º do Decreto--Lei n.º 13/86, de 23 de Janeiro.

2. Aquela comunicação só poderá efectuar-se após a publicação da portaria referida no n.º 1 do artigo 23.º do presente diploma.

ARTIGO 27.º
Comunicação extemporânea de correcção extraordinária

1. No caso de o senhorio efectuar a comunicação prevista no n.º 2 do artigo 3.º do Decreto-Lei n.º 13/86, de 23 de Janeiro, em momento que não permita ao arrendatário candidatar-se ao subsídio de renda nos prazos previstos no presente diploma, poderá este ainda fazê-lo nos 30 dias seguintes à recepção daquela comunicação.

2. O subsídio a atribuir, nestas circunstâncias, respeitará apenas às rendas exigíveis a partir da data em que aquela comunicação se considerar efectuada.

3. Ao pagamento dos subsídios concedidos nos termos deste artigo é aplicável, com as necessárias adaptações, o disposto nos n.ºs 1 e 2 do artigo 15.º e no artigo 24.º.

ARTIGO 28.º
Pagamento integral das rendas

O pagamento integral das rendas resultantes da correcção extraordinária dependerá da data do início do pagamento do subsídio de rendas, na área da situação do prédio, nos termos do artigo 50.º da Lei n.º 46/85, de 20 de Setembro.

Parte IV – Anexos – Legislação Revogada e Legislação Subsidiária do NRAU

Tabela a que se referem o n.º 4 do artigo 2.º e o artigo 7.º do Decreto-Lei n.º 68/86

Dimensão do agregado familiar (número de pessoas)	$f(n)$
1	1,000
2	1,750
3	2,400
4	3,000
5	3,575
6	4,110
7	4,620
8	5,120
9	5,625
10	6,100

REGIME DE CONCESSÃO DO INCENTIVO AO ARRENDAMENTO POR JOVENS

DECRETO-LEI N.º 162/92, DE 05 DE AGOSTO

No domínio da política de habitação os jovens têm, sobretudo na perspectiva dos problemas e das circunstâncias envolvidas pelo início de vida, constituído uma preocupação fundamental do Governo.

Essa particular atenção verificou-se, designadamente, no plano das medidas atinentes ao favorecimento da aquisição de casa própria, para o que foram criados programas especialmente orientados para os jovens, cujos resultados ultrapassaram as melhores expectativas.

Por outro lado, o novo regime de arrendamento urbano, aprovado pelo Decreto-Lei n.º 321-B/90, de 15 de Outubro, procurou libertar a política de habitação dos condicionamentos relativos à sua excessiva dependência da aquisição de casa própria. Para tal, ampliou o seu âmbito de intervenção, pela criação de condições para revitalizar o mercado de arrendamento, procurando torná-lo uma verdadeira alternativa à satisfação da necessidade de habitação.

De outra parte ainda, mostra-se necessário, em particular num País em crescimento e modernização, a criação das condições de suporte à mobilidade populacional, a qual assume importância fundamental para o desenvolvimento equilibrado da comunidade nacional.

Ora, a facilidade de acesso à habitação é um dos suportes essenciais desta mobilidade, sendo o mercado de arrendamento o seu instrumento por excelência.

Ponderando todos estes factores, pretende-se, com o presente diploma, a instituição de um apoio financeiro destinado a jovens arrendatários, designado por incentivo ao arrendamento por jovens (IAJ), a aplicar em moldes idênticos aos do Decreto-Lei n.º 328-B/86, de 30 de Setembro, que instituiu os diversos regimes de crédito, por forma que os jovens possam livremente optar por arrendar ou adquirir uma casa.

Parte IV – Anexos – Legislação Revogada e Legislação Subsidiária do NRAU

Assim:
Nos termos da alínea a) do n.º 1 do artigo 201.º da Constituição, o Governo decreta o seguinte:

ARTIGO 1.º
Âmbito

1. O presente diploma regula a concessão do incentivo ao arrendamento por jovens, adiante designado por IAJ.

2. Podem ser beneficiários do IAJ os jovens arrendatários de imóveis habitacionais destinados a habitação própria permanente cujos contratos tenham sido efectuados ao abrigo do Decreto-Lei n.º 321-8/90, de 15 de Outubro, em regime de renda livre ou condicionada.

ARTIGO 2.º
Acesso

1. Podem requerer a atribuição do IAJ os arrendatários nacionais que preencham, cumulativamente, as seguintes condições:

a) Tenham menos de 30 anos ou, quando se trate de casal, nenhum dos cônjuges tenha mais de 30 anos;

b) Possuam um rendimento anual bruto corrigido do agregado familiar, calculado nos termos do Decreto-Lei n.º 328-B/86, de 30 de Setembro, que se enquadre nos escalões de rendimento para acesso ao crédito e ao regime de prestações constantes com bonificações decrescentes;

c) Tenham um rendimento anual bruto, calculado nos termos da alínea anterior, compatível com uma taxa de esforço máximo de 50% relativa ao valor de renda suportado pelo próprio à data de atribuição inicial do incentivo ou sempre que a sua renovação não seja consecutiva;

d) Não sejam proprietários de habitação própria permanente nem arrendatários de outra habitação.

2. Para efeitos do disposto na alínea *c)* do número anterior, entende-se por taxa de esforço a relação entre a renda mensal que o agregado familiar suporta descontada do subsídio e um duodécimo do seu rendimento anual bruto.

ARTIGO 3.º
Incompatibilidade

Ficam excluídos da atribuição do IAJ, nos termos do presente diploma, os jovens arrendatários que tenham como senhorios parentes ou afins na linha recta ou até ao 3.º grau da linha colateral.

Anexo VII – Regime de Concessão do Incentivo ao Arrendamento por Jovens

ARTIGO 4.º
Valor do incentivo ao arrendamento

O valor do IAJ é fixado em portaria dos membros do Governo responsáveis pelas áreas das finanças, da habitação e da juventude, para cada um dos escalões de rendimento anual bruto corrigido do agregado familiar, não podendo, em caso algum, o seu montante ultrapassar 75% do valor da renda efectivamente paga.

ARTIGO 5.º
Duração

O IAJ é atribuído pelo Estado, através do Instituto de Gestão e Alienação do Património Habitacional do Estado (IGAPHE), por um ano, renovável por igual período, até ao limite máximo de cinco anos, consecutivos ou não, de acordo com as condições de acesso em vigor no momento de cada renovação.

ARTIGO 6.º
Atribuição

Os arrendatários devem requerer ao IGAPHE a atribuição do IAJ mediante o preenchimento de impresso próprio, a aprovar por despacho dos membros do Governo responsáveis pelas áreas da habitação e da juventude, acompanhado dos seguintes documentos:

a) Cópia do contrato de arrendamento e do último recibo;

b) Cópia da última declaração exigível, nos termos da lei fiscal, para efeito de imposto sobre o rendimento das pessoas singulares;

c) Indicação da conta bancária aberta na Caixa Geral de Depósitos ou em outra instituição de crédito autorizada, por despacho conjunto dos membros do Governo responsáveis pelas áreas das finanças, da habitação e da juventude, a efectuar o pagamento do IAJ.

ARTIGO 7.º
Organização e tramitação do processo

1. Compete ao IGAPHE a organização dos processos para atribuição do IAJ.

2. A entrega dos requerimentos efectua-se directamente no IGAPHE ou na Caixa Geral de Depósitos, bem como em qualquer das instituições de crédito referidas na alínea *c*) do artigo 6.º, ou nos organismos que venham a ser autorizados por despacho dos membros do Governo responsáveis pelas áreas da habitação e juventude, que para o efeito os enviam ao IGAPHE.

Parte IV – Anexos – Legislação Revogada e Legislação Subsidiária do NRAU

3. Após a recepção do pedido de esclarecimentos, os interessados dispõem do prazo de 15 dias para os prestarem, findo o qual o processo será arquivado.

ARTIGO 8.º
Forma de pagamento

1. Depois de deferido, pelo IGAPHE, o respectivo requerimento, o IAJ é pago mensalmente, por transferência bancária.

2. Para efeitos do disposto no número anterior, o IGAPHE remete o respectivo processo à Caixa Geral de Depósitos ou às instituições de crédito referidas na alínea *c*) do artigo 6.º.

ARTIGO 9.º
Comprovação anual das condições de acesso

1. A renovação anual do IAJ fica dependente ele declaração do arrendatário, nos termos a definir em modelo a aprovar por despacho dos membros do Governo responsáveis pelas áreas da habitação e da juventude, comprovativa de que se mantêm as condições de acesso, com excepção do disposto no artigo 2.º, n.º 1, alínea *c*), se a sua atribuição for consecutiva, acompanhada de:

a) Cópia da última declaração exigível, nos termos da lei fiscal, para efeito de imposto sobre o rendimento das pessoas singulares;

b) Cópia da comunicação do senhorio a proceder à actualização anual da renda, quando haja tido lugar;

c) Cópia do recibo da renda do último mês ou de qualquer documento que prove o seu pagamento, nos termos gerais de direito.

2. O documento referido na alínea *c*) do número anterior pode ser dispensado se o pagamento da renda se efectuar por transferência bancária, conforme documento bancário devidamente emitido para o efeito.

3. A declaração deve ser entregue durante o mês anterior à renovação do IAJ.

4. A falta de declaração ou a sua insuficiência determinam a não renovação do direito ao incentivo e a reposição dos valores recebidos indevidamente, quando tal tenha ocorrido.

ARTIGO 10.º
Cessação do direito ao incentivo ao arrendamento

1. O direito ao IAJ cessa sempre que:

a) Se deixe de verificar alguma das condições previstas no artigo 2.º;

Anexo VII – Regime de Concessão do Incentivo ao Arrendamento por Jovens

b) Ocorrer alguma das incompatibilidades previstas no artigo 3.º;

c) Ocorrer subarrendamento ou hospedagem no prédio arrendado.

2. A ocorrência de qualquer das circunstâncias referidas no número anterior deve ser comunicada pelo arrendatário nos 60 dias subsequentes, mediante o preenchimento de modelo a aprovar por despacho dos membros do Governo responsáveis pelas áreas da habitação e da juventude.

3. O incumprimento culposo do dever de comunicação previsto no número anterior implica a restituição em dobro de todas as quantias entretanto recebidas.

ARTIGO 11.º

Falsas declarações

A prestação, pelo arrendatário, de falsas declarações ou a prática de actos conducentes à obtenção ilícita do IAJ são puníveis nos termos da lei, sem prejuízo da indemnização que ao caso couber, nos termos da lei civil.

ARTIGO 12.º

Provisões orçamentais

1. As verbas inscritas no Orçamento do Estado necessárias ao pagamento do IAJ, bem como as que correspondam às despesas de administração, se as houver, são transferidas da Direcção-Geral do Tesouro para a Caixa Geral de Depósitos ou para as instituições de crédito a que se refere a alínea *c)* do artigo 6.º no 1.º mês do trimestre a que respeitam, mediante comunicação pelo IGAPHE dos elementos relativos à sua atribuição.

2. Até 31 de Janeiro de cada ano, a Caixa Geral ele Depósitos ou as instituições de crédito a que se refere a alínea *c)* do artigo 6.º devem apresentar a conta referente ao pagamento do incentivo durante o ano anterior, procedendo-se às compensações a que haja lugar.

3. Para efeito de controlo orçamental, no início de cada trimestre, o IGAPHE tem de apresentar aos membros do Governo responsáveis pelas áreas das finanças, habitação e juventude um relatório sobre o programa IAJ que inclua o número de contratos em vigor e o montante total dos compromissos assumidos.

ARTIGO 13.º

Despesas de administração

Os montantes das despesas de administração a que se refere o n.º 1 do artigo anterior são fixadas por despacho do membro do Governo responsável pela área das finanças.

Parte IV – Anexos – Legislação Revogada e Legislação Subsidiária do NRAU

ARTIGO 14.º
Acumulação de subsídios

1. O IAJ, ao abrigo do presente diploma, não é comutável com o subsídio de renda previsto no Decreto-Lei n.º 68/86, de 27 de Março.

2. Os centros regionais de segurança social devem transmitir ao IGAPHE todos os dados de que disponham relativos à concessão do subsídio de renda previsto no Decreto-Lei n.º 68/86, de 23 de Março, para efeitos do disposto no número anterior.

ARTIGO 15.º
Fiscalização

1. Cabem ao IGAPHE e à Direcção-Geral das Contribuições e Impostos a fiscalização do cumprimento das regras previstas neste diploma.

2. Compete ao Ministério das Finanças, através da Direcção-Geral das Contribuições e Impostos, controlar a veracidade das declarações de rendimentos constantes dos processos de candidatura ao IAJ.

3. No exercício das suas competências, as entidades referidas nos números anteriores podem solicitar aos requerentes que comprovem documentalmente as declarações por si prestadas.

ESCALÕES DE INCENTIVO AO ARRENDAMENTO POR JOVENS

PORTARIA N.º 835/92, DE 28 DE AGOSTO

A criação pelo Decreto-Lei n.º 162/92, de 5 de Agosto, de um incentivo ao arrendamento para jovens (IAJ) visou possibilitar aos jovens poderem escolher livremente entre arrendar ou adquirir urna habitação, com apoio do Estado de idêntico significado.

Assim:

Manda o Governo, pelos Ministros Adjunto, das Finanças e das Obras Públicas Transportes e Comunicações, nos termos e em execução do disposto no artigo 4.º do Decreto-Lei n.º 162/92, de 5 de Agosto, que o valor máximo do incentivo ao arrendamento para jovens para contratos de arrendamento em regime de renda livre ou condicionada seja determinado em função dos escalões de rendimento anual bruto corrigido fixados para a determinação das bonificações na modalidade de prestações constantes com bonificação decrescente, de acordo com a tabela I anexa, não podendo nunca ser superior a 75% da renda efectivamente paga.

TABELA I
Escalões de incentivo ao arrendamento por jovens

I	II	III	IV
RABC 3,25 SMNA	RABC 3,75 SMNA	RABC 4,25 SMNA	RABC 4,75 SMNA
€ 249,40	€ 149,64	€ 75,82	€ 49,88

RABC – rendimento anual bruto corrigido do agregado familiar.
SMNA – salário mínimo nacional anual.

REGIME DE RENDA APOIADA

DECRETO-LEI N.º 166/93, DE 07 DE MAIO

Os imóveis sujeitos ao regime de arrendamento social encontram-se ainda, à semelhança do que aconteceu com o mercado de arrendamento em geral, até à entrada em vigor do Decreto-Lei n.º 321-B/90, de 15 de Outubro, vinculados a mecanismos vários de actualização de renda pouco funcionais e que têm contribuído, nos últimos anos, para uma acentuada e acelerada degradação do parque habitacional afecto ao arrendamento social.

Importa, por isso, reformular e uniformizar os regimes de renda a que tais imóveis estão sujeitos, de modo que, desejavelmente, a todas as habitações destinadas a arrendamento de cariz social, quer tenham sido adquiridas ou construídas pelo Estado, seus organismos autónomos ou institutos públicos, quer pelas autarquias locais ou pelas instituições particulares de solidariedade social, desde que com o apoio financeiro do Estado, se aplique um só regime – o regime da renda apoiada –, conforme dispõe o artigo 82.º do Regime do Arrendamento Urbano, aprovado pelo diploma acima citado.

Tal regime baseia-se na existência de um preço técnico, determinado objectivamente, tendo em conta o valor real do fogo, e de uma taxa de esforço determinada em função do rendimento do agregado familiar.

É da determinação da taxa de esforço que resulta o valor da renda apoiada.

Estabelecem-se, assim, os mecanismos de determinação do valor locativo do fogo – o preço técnico –, bem como do montante que o arrendatário pode efectivamente suportar – a renda apoiada.

Este valor evoluirá em função e na medida do rendimento do agregado familiar do arrendatário.

Foram ouvidos os órgãos de governo próprio das Regiões Autónomas dos Açores e da Madeira.

Assim:

Parte IV – Anexos – Legislação Revogada e Legislação Subsidiária do NRAU

Nos termos da alínea a) do n.º 1 do artigo 201.º da Constituição, o Governo decreta o seguinte:

ARTIGO 1.º

1. O presente diploma tem por objecto o estabelecimento do regime de renda apoiada.

2. Ficam sujeitos ao regime de renda apoiada os arrendamentos das habitações do Estado, seus organismos autónomos e institutos públicos, bem como os das adquiridas ou promovidas pelas Regiões Autónomas, pelos municípios e pelas instituições particulares de solidariedade social com comparticipações a fundo perdido concedidas pelo Estado, celebrados após a entrada em vigor do presente diploma.

3. Ficam igualmente sujeitos ao regime de renda apoiada os arrendamentos das habitações adquiridas ou promovidas pelas Regiões Autónomas, comparticipadas a fundo perdido pela respectiva Região, celebrados após a entrada em vigor do presente diploma.

ARTIGO 2.º

1. O regime de renda apoiada baseia-se na determinação dos valores de um preço técnico e de uma taxa de esforço, nos termos do presente diploma.

2. Da taxa de esforço resulta o valor da renda apoiada, adiante designada por renda.

ARTIGO 3.º

1. Para os efeitos do presente diploma considera-se:

a) "Agregado familiar", o conjunto de pessoas constituído pelo arrendatário, pelo cônjuge ou pessoa que com aquele viva há mais de cinco anos em condições análogas, pelos parentes ou afins na linha recta ou até ao 3.º grau da linha colateral, bem como pelas pessoas relativamente às quais, por força de lei ou de negócio jurídico que não respeite directamente à habitação, haja obrigação de convivência ou de alimentos e ainda outras pessoas a quem a entidade locadora autorize a coabitação com o arrendatário;

b) "Dependente", elemento do agregado familiar com menos de 25 anos que não tenha rendimentos e que, mesmo sendo maior, possua, comprovadamente, qualquer forma de incapacidade permanente ou seja considerado inapto para o trabalho ou para angariar meios de subsistência;

1122

Anexo VII – Regime de Renda Apoiada

c) "Rendimento mensal bruto", o quantitativo que resulta da divisão por 12 dos rendimentos anuais ilíquidos auferidos por todos os elementos do agregado familiar à data da determinação do valor da renda;

d) "Rendimento mensal corrigido", rendimento mensal bruto deduzido de uma quantia igual a três décimos do salário mínimo nacional pelo primeiro dependente e de um décimo por cada um dos outros dependentes, sendo a dedução acrescida de um décimo por cada dependente que, comprovadamente, possua qualquer forma de incapacidade permanente;

e) "Salário mínimo nacional", o fixado para a generalidade dos trabalhadores.

2. Para efeitos do disposto na alínea c) do número anterior, consideram-se rendimentos o valor mensal de todos os ordenados, salários e outras remunerações do trabalho, incluindo diuturnidades, horas extraordinárias e subsídios, e ainda o valor de quaisquer pensões, nomeadamente de reforma, aposentação, velhice, invalidez, sobrevivência, e os provenientes de outras fontes de rendimento, com excepção do abono de família e das prestações complementares.

ARTIGO 4.º

1. O preço técnico a que se refere o artigo 2.º é calculado nos mesmos termos em que o é a renda condicionada, sendo o seu valor arredondado para a dezena de *escudos* imediatamente inferior.

2. Para os efeitos do disposto no número anterior, o valor do fogo será o que tiver sido considerado para cálculo do montante do respectivo financiamento.

3. Quando não for possível determinar o valor do fogo nos termos do número anterior ou quando esse valor for manifestamente inadequado, é considerado o seu valor actualizado, estabelecido nos termos do regime de renda condicionada, tendo em conta o respectivo nível de conforto, estado de conservação, coeficiente de vetustez e área útil e o preço da habitação por metro quadrado.

ARTIGO 5.º

1. O valor devido pelo arrendatário é o da renda apoiada.

2. O valor da renda é determinado pela aplicação da taxa de esforço *(T)* ao rendimento mensal corrigido do agregado familiar, sendo a taxa de esforço *(T)* o valor, arredondado às milésimas, que resulta da aplicação da seguinte fórmula:

$$T = \frac{0,08Rc}{Smn}$$

Parte IV – Anexos – Legislação Revogada e Legislação Subsidiária do NRAU

em que:

Rc = Rendimento mensal corrigido do agregado familiar;

Smn = Salário mínimo nacional.

3. O valor da renda é arredondado para a dezena de *escudos* imediatamente inferior e não pode exceder o valor do preço técnico nem ser inferior a 1 % do salário mínimo nacional.

ARTIGO 6.º

1. Para a determinação do valor da renda, os arrendatários devem declarar os respectivos rendimentos à entidade locadora anual, bienal ou trienalmente, conforme opção desta.

2. Nos casos em que os rendimentos do agregado familiar tenham carácter incerto, temporário ou variável e não seja apresentada prova bastante que justifique essa natureza, a entidade locadora presumirá que o agregado familiar aufere um rendimento superior ao declarado sempre que um dos seus membros exercer actividade que notoriamente produza rendimentos superiores aos declarados ou seja possuidor de bens não compatíveis com aquela declaração.

3. A declaração estabelecida no número anterior é ilidível pelo interessado mediante a apresentação de prova em contrário.

4. No acto da presunção deve a entidade locadora estabelecer o montante do rendimento mensal bruto do agregado familiar que considera relevante para a fixação da renda e de tudo notificar o arrendatário no prazo de 15 dias.

5. O incumprimento do disposto no n.º 1, quer por falta de declaração quer por falsa declaração, determina o imediato pagamento, por inteiro, do preço técnico, sem prejuízo de constituir fundamento de resolução do contrato de arrendamento.

6. O disposto no número anterior não prejudica, nos termos da lei geral, a eventual responsabilidade criminal do declarante.

ARTIGO 7.º

1. A renda vence-se no 1.º dia útil do mês a que respeita.

2. O pagamento da renda é efectuado no local e pelo modo fixado pela entidade locadora.

3. Sempre que o pagamento seja feito por débito do respectivo quantitativo na conta bancária do arrendatário, é dispensada a emissão do recibo de renda, desde que a entidade locadora e a data do pagamento se mostrem identificadas no extracto autenticado pelo modo em uso na instituição de crédito.

Anexo VII – Regime de Renda Apoiada

ARTIGO 8.º

1. O preço técnico actualiza-se, anual e automaticamente, pela aplicação do coeficiente de actualização dos contratos de arrendamento em regime de renda condicionada.

2. O montante da renda actualiza-se, também anual e automaticamente, em função da variação do rendimento mensal corrigido do agregado familiar, salvo o disposto no n.º 4.

3. A renda pode ainda ser reajustada, a todo o tempo, sempre que se verifique alteração do rendimento mensal corrigido do agregado familiar, resultante de morte, invalidez permanente e absoluta ou desemprego de um dos seus membros.

4. Quando, por opção da entidade locadora, o arrendatário apenas declare bienal ou trienalmente os rendimentos do seu agregado familiar, a actualização da renda é feita com base na variação percentual para esse ano do salário mínimo nacional.

5. Se o disposto no número anterior levar a uma actualização da renda superior à que resultaria da aplicação do n.º 2, o arrendatário pode sempre declarar à entidade locadora os rendimentos do seu agregado familiar para a respectiva correcção.

6. A entidade locadora deve, com a antecedência mínima de 30 dias, comunicar por escrito ao arrendatário qualquer alteração aos valores do preço técnico ou da respectiva renda.

ARTIGO 9.º

1. Compete à entidade locadora a organização dos processos tendentes à determinação do montante da renda.

2. A entidade locadora pode, a todo o tempo, solicitar aos arrendatários quaisquer documentos e esclarecimentos necessários para a instrução e ou actualização dos respectivos processos, fixando-lhes para o efeito um prazo de resposta não inferior a 30 dias.

3. O incumprimento injustificado pelo arrendatário do disposto no número anterior dá lugar ao pagamento por inteiro do respectivo preço técnico.

ARTIGO 10.º

1. É proibida a hospedagem, a sublocação, total ou parcial, ou a cedência a qualquer título das habitações sujeitas ao regime de renda estabelecido pelo presente diploma.

2. Nos casos de subocupação da habitação arrendada, a entidade locadora pode determinar a transferência do arrendatário e do respectivo agregado familiar para habitação de tipologia adequada dentro da mesma localidade.

Parte IV – Anexos – Legislação Revogada e Legislação Subsidiária do NRAU

3. O incumprimento pelo arrendatário, no prazo de 90 dias, da determinação referida no número anterior dá lugar ao pagamento por inteiro do respectivo preço técnico.

ARTIGO 11.º

1. O regime de renda apoiada estabelecido nos artigos anteriores pode ser aplicado pelas entidades referidas no artigo 1.º às habitações, adquiridas ou promovidas com o apoio financeiro do Estado, que se encontrem arrendadas para fins habitacionais à data da entrada em vigor do presente diploma.

2. No acto de adopção do regime de renda apoiada deve a entidade locadora definir:

a) Os fogos e a data a partir da qual este regime passa a ser aplicado;

b) Os critérios utilizados para a determinação do valor do fogo, nos termos do artigo 4.º;

c) O mecanismo utilizado para a actualização das rendas nos termos do artigo 8.º.

3. A entidade locadora deve ainda, com a antecedência mínima de 30 dias sobre a data a que se refere a alínea *a)* do número anterior, comunicar por escrito, ao arrendatário, os elementos na mesma definidos, bem como os montantes do respectivo preço técnico e da renda apoiada.

4. A adopção do regime de renda apoiada estabelecido pelo presente diploma deve ser publicitada pela entidade locadora, no mínimo por três dias, através de anúncios a publicar em jornais locais de maior tiragem e, pelo menos, num jornal de grande tiragem de nível nacional.

5. Os anúncios a que se refere o número anterior devem identificar a entidade locadora, o órgão desta que deliberou ou decidiu a adopção do regime de renda apoiada, a data da respectiva deliberação ou decisão, os elementos definidos nos termos da alínea *a)* do n.º 2, bem como os locais onde os arrendatários podem ser esclarecidos sobre a aplicação do regime de renda apoiada.

REGIME DE ARRENDAMENTO DE IMÓVEIS PELO ESTADO E INSTITUTOS PÚBLICOS

DECRETO-LEI N.º 228/95, DE 11 DE SETEMBRO

A recente entrada em vigor do Decreto-Lei n.º 55/95, de 29 de Março, que veio estabelecer o novo regime da realização de despesas públicas, aliada à necessidade, há muito sentida pelos serviços públicos, de maior simplicidade e celeridade dos procedimentos prévios ao arrendamento de imóveis necessários ao exercício das suas competências, leva o Governo a concluir pela oportunidade da reformulação das regras aplicáveis ao arrendamento de imóveis pelo Estado e seus institutos públicos. Assim, são agora revogados o Decreto n.º 38202, de 13 de Março de 1951, e o Decreto-Lei n.º 200-F/80, de 24 de Junho, diplomas manifestamente desajustados da realidade actual e que nem sequer se coadunam com o disposto no artigo 7.º do Decreto-Lei n.º 55/95, de 29 de Março, estabelecendo-se novo regime que, deixando salvaguardado o princípio da transparência, confere maior autonomia aos serviços e organismos, na linha do novo regime da administração financeira do Estado, tornando mais céleres e eficazes os procedimentos prévios ao arrendamento e melhor ajustando as condições do contrato ao interesse público.

Assim:

Nos termos da alínea a) do n.º 1 do artigo 201.º da Constituição, o Governo decreta o seguinte:

ARTIGO 1.º
Âmbito

O presente diploma estabelece as normas aplicáveis ao arrendamento, pelo Estado e pelos institutos públicos sujeitos ao regime do Decreto-Lei n.º 155/92, de 28 de Julho, de imóveis necessários à instalação de serviços públicos.

Parte IV – Anexos – Legislação Revogada e Legislação Subsidiária do NRAU

ARTIGO 2.º
Consulta prévia à Direcção-Geral do Património do Estado

1. Os serviços do Estado e os institutos públicos que necessitem de um imóvel para instalar os seus serviços devem indicar à Direcção-Geral do Património do Estado (DGPE) as características do imóvel adequadas ao fim pretendido.
2. A DGPE deve emitir declaração no prazo de 10 dias sobre a existência de imóvel adequado.

ARTIGO 3.º
Consulta ao mercado

1. Os serviços do Estado e os institutos públicos podem iniciar o processo de arrendamento, mediante consulta ao mercado imobiliário, se obtiverem declaração pela DGPE de inexistência de imóvel adequado, a qual se presume se a declaração não for emitida no prazo previsto no n.º 2 do artigo anterior.
2. A consulta ao mercado de arrendamento faz-se mediante anúncio em dois jornais, um de circulação nacional e outro regional ou local, com vista à selecção de propostas a apreciar nos termos do artigo seguinte, salvo se, fundamentadamente, aquela se revelar desnecessária.

ARTIGO 4.º
Instrução do processo

1. A instrução do procedimento prévio à celebração de um contrato de arrendamento deve ser feita, sempre que possível, com propostas alternativas, incluindo um parecer dos serviços do Estado ou institutos públicos interessados, sobre as respectivas condições económicas e adequabilidade dos imóveis ao fim pretendido.
2. Caso a renda proposta atinja um valor anual superior a € 35 913,45 o processo é obrigatoriamente submetido a parecer da DGPE.
3. O parecer da DGPE pode revestir a forma de avaliação, mediante o pagamento de uma taxa, de acordo com tabela aprovada por portaria do Ministro das Finanças.
4. O parecer a que se refere o n.º 2 deve ser emitido no prazo máximo de 20 dias contados da data da junção de todos os elementos necessários à instrução do processo, findo o qual se presume favorável.

Anexo VII – Regime de Arrendamento de Imóveis pelo Estado e Institutos Públicos

ARTIGO 5.º
Cláusulas especiais

Os contratos de arrendamento celebrados por serviços do Estado consideram-se, para todos os efeitos legais, celebrados em nome do Estado, devendo, obrigatoriamente, mencionar-se que o arrendamento se destina à instalação e funcionamento de serviços públicos.

ARTIGO 6.º
Alteração do contrato

1. Durante a vigência do arrendamento, as alterações ao respectivo contrato ficam sujeitas a autorização da entidade que tenha autorizado a sua celebração.
2. As alterações que impliquem aumento de renda anual que não decorra exclusivamente da lei ficam sujeitas a autorização da entidade competente, nos termos do Decreto-Lei n.º 55/95, de 29 de Março.

ARTIGO 7.º
Cessação do contrato promovido pelo Estado

A revogação por acordo, bem como a denúncia e a resolução, pelo Estado, dos contratos de arrendamento dependem de autorização do director-geral do Património do Estado, a quem compete igualmente autorizar a afectação a serviços públicos de imóveis arrendados pelo Estado que se encontrem disponíveis.

ARTIGO 8.º
Comunicação

1. As entidades públicas outorgantes devem comunicar à DGPE a celebração dos contratos de arrendamento, bem como as respectivas alterações, mediante o envio de cópia dos mesmos no prazo de 15 dias a contar da data da sua celebração ou alteração.
2. A DGPE deve manter organizada e devidamente actualizada informação referida no número anterior.

ARTIGO 9.º
Invalidade dos contratos

1. Aos contratos de arrendamento previstos neste diploma são aplicáveis as regras gerais sobre invalidade dos contratos de arrendamento urbano.

Parte IV – Anexos – Legislação Revogada e Legislação Subsidiária do NRAU

2. Sempre que os contratos tenham sido celebrados sem os pareceres e autorizações previstos ou em desconformidade com as normas do presente diploma, são anuláveis a requerimento do Ministério Público no prazo de um ano a contar do conhecimento da sua celebração ou da comunicação a que se refere o artigo anterior.

3. A anulabilidade do contrato prevista no número anterior é sanável mediante confirmação da entidade competente para a respectiva autorização.

ARTIGO 10.º
Procedimentos em curso

1. Os processos de arrendamento de imóveis já objecto da avaliação prevista no Decreto n.º 38202, de 13 de Março de 1951, são enviados, para autorização, à entidade competente, nos termos do Decreto-Lei n.º 55/95, de 29 de Março.

2. As propostas de arrendamento de valor igualou inferior a 35 913,45 € são devolvidas pela DGPE aos serviços e institutos públicos interessados no arrendamento, não sendo aplicável o disposto nos artigos 2.º e 3.º.

3. A tramitação subsequente dos processos de arrendamento já em curso de valor superior a 35 913,45 € rege-se pelo disposto no presente diploma.

ARTIGO 11.º
Disposições transitórias

1. O disposto nos artigos 6.º e 7.º é aplicável aos contratos de arrendamento celebrados antes da sua entrada em vigor.

2. Os contratos celebrados antes da entrada em vigor do presente diploma, bem como as respectivas alterações, cujas cópias não tenham sido enviadas à DGPE devem ser objecto da comunicação prevista no artigo 8.º no prazo de 30 dias a contar da data de entrada em vigor do presente diploma.

ARTIGO 12.º
Regulamentação

As regras de instrução do processo e as minutas tipo dos contratos de arrendamento são objecto de portaria do Ministro das Finanças.

ARTIGO 13.º
Revogação

São revogados o Decreto n.º 38202, de 13 de Março de 1951, e o Decreto-Lei n.º 200-F/80, de 24 de Junho.

REGIME ESPECIAL DE COMPARTICIPAÇÃO E FINANCIAMENTO NA RECUPERAÇÃO DE PRÉDIOS URBANOS EM REGIME DE PROPRIEDADE HORIZONTAL

DECRETO-LEI N.º 106/96, DE 31 DE JULHO

O Programa RECRIA, cujo regime jurídico consta actualmente do Decreto-Lei n.º 197/92, de 22 de Setembro, tem vindo a revelar-se um instrumento legal de inegáveis virtudes como contributo para a melhoria significativa das condições de habitabilidade em edifícios degradados e, bem assim, para a tendência de inversão da situação de acentuada degradação que vinha ocorrendo há anos atrás nos edifícios habitacionais arrendados.

Todavia, a experiência da aplicação prática daquele regime vinha revelando a necessidade de adoptar uma solução legal que permitisse aos proprietários de fracções autónomas em edifícios com regime de propriedade horizontal, através da concessão de um apoio financeiro, proceder à realização de obras de recuperação naqueles prédios urbanos.

Neste sentido, o presente diploma estabelece um regime específico de comparticipação e financiamento para a realização de obras de conservação e beneficiação pelos condóminos de edifícios antigos, medida que vem preencher, assim, uma lacuna que se vinha fazendo sentir no âmbito da execução daquele Programa e que tem como pressupostos a crescente generalização da adopção do regime da propriedade horizontal para os edifícios urbanos e o facto de grande parte dos condomínios, em especial os mais antigos, serem habitados por agregados familiares de reduzidos recursos económicos, que não permitem, sem a concessão de apoio financeiro, a realização das necessárias obras de conservação e beneficiação nos respectivos edifícios e suas fracções autónomas.

Desta forma, e numa fase inicial, é previsto o acesso ao Programa dos condóminos de edifícios habitacionais construídos até à data da entrada em

Parte IV – Anexos – Legislação Revogada e Legislação Subsidiária do NRAU

vigor do Regulamento Geral das Edificações Urbanas, aprovado pelo Decreto-Lei n.º 38 382, de 7 de Agosto de 1951, ou após essa data, cuja licença de utilização tenha sido emitida até 1 de Janeiro de 1970, sem prejuízo de, futuramente e em função das necessidades que se venham a verificar, poderem vir a ser abrangidos edifícios em regime de propriedade horizontal com licença de utilização de datas posteriores.

O diploma passa a permitir, a par da possibilidade de concessão aos beneficiários de comparticipação a fundo perdido, a atribuição de empréstimos bonificados para financiamento da parte das obras não comparticipada, meios financeiros estes cuja conjugação, espera-se, venha a constituir um significativo estímulo para que os condóminos dos prédios urbanos mais degradados intervenham na sua recuperação.

Pretende-se assim, em suma, imprimir novo impulso ao processo de reabilitação urbana, criando condições potenciadoras de uma melhor qualidade de vida nos centros urbanos antigos e de conservação do património urbano edificado.

Assim:

Nos termos da alínea a) do n.º 1 do artigo 201.º da Constituição, o Governo decreta o seguinte:

ARTIGO 1.º
Objecto

O presente diploma estabelece o Regime Especial de Comparticipação e Financiamento na Recuperação de Prédios Urbanos em Regime de Propriedade Horizontal, abreviadamente designado por RECRIPH.

ARTIGO 2.º
Beneficiários

1. Têm acesso ao Regime previsto neste diploma as administrações de condomínio que procedam a obras nas partes comuns e os condóminos que, sendo pessoas singulares, procedam a obras nas fracções autónomas de prédios urbanos em regime de propriedade horizontal, construídos até à data da entrada em vigor do Regulamento Geral das Edificações Urbanas, aprovado pelo Decreto-Lei n.º 38 382, de 7 de Agosto de 1951, ou após essa data, cuja licença de utilização tenha sido emitida até 1 de Janeiro de 1970.

2. Para efeitos do disposto no número anterior, têm de se encontrar reunidas as seguintes condições:

a) Serem as fracções autónomas do prédio destinadas a habitação própria e permanente dos condóminos ou estarem arrendadas para fins habi-

1132

Anexo VII – Regime Especial de Comparticipação e Financiamento na Recuperação...

tacionais, podendo uma das fracções ser afecta ao exercício de uma actividade de comércio ou a pequena, indústria hoteleira aberta ao público;

b) Ser o respectivo prédio urbano composto, pelo menos, por quatro fracções autónomas.

ARTIGO 3.º
Obras comparticipáveis e financiáveis

Para efeitos do disposto no presente diploma, podem ser comparticipadas e financiadas, nos termos dos artigos seguintes, as obras de conservação ordinária e extraordinária e de beneficiação, na acepção do artigo 11.º do Regime do Arrendamento Urbano, aprovado pelo Decreto-Lei n.º 321-B/90, de 15 de Outubro, com as devidas adaptações.

ARTIGO 4.º
Regime de comparticipação e financiamento

1. Para a realização de obras de conservação ordinária e extraordinária nas partes comuns dos prédios podem ser concedidas comparticipações a fundo perdido.

2. As comparticipações referidas no número anterior serão concedidas pela administração central, por intermédio do Instituto de Gestão e Alienação do Património Habitacional do Estado, abreviadamente designado por IGAPHE, e pela administração local, através do município da área do imóvel, nos termos do presente diploma.

3. O valor das comparticipações é suportado pelas entidades referidas no número anterior na proporção de 60% e 40%, respectivamente.

4. Sempre que haja lugar à realização de obras nos termos do n.º 1, pode ainda ser concedido um financiamento aos condóminos cujo limite máximo pode ir até ao valor das obras não comparticipado, a conceder nas condições previstas no regime geral de crédito bonificado à habitação estabelecido no Decreto-Lei n.º 328-B/86, de 30 de Setembro, com prazo de reembolso máximo de 10 anos.

5. Poderá também ser concedido um financiamento aos condóminos para suportar a realização de obras de conservação ordinária e extraordinária e de beneficiação nas suas fracções autónomas nas condições de crédito previstas na parte final do número anterior, desde que esteja preenchido um dos seguintes requisitos:

a) Tenham já sido realizadas todas as obras necessárias de conservação ordinária e extraordinária nas partes comuns do prédio;

Parte IV – Anexos – Legislação Revogada e Legislação Subsidiária do NRAU

b) Tenha havido deliberação da assembleia de condóminos no sentido da execução de obras nas partes comuns do prédio nos termos deste diploma.

6. A comprovação do preenchimento das condições referidas nas alíneas do número anterior é efectuada através de declaração da câmara municipal respectiva em como as obras foram concluídas ou pela apresentação de certidão da acta da deliberação da assembleia de condóminos, consoante os casos, devendo estes elementos ser entregues para efeitos do disposto no artigo 6.º.

7. Os financiamentos previstos no presente artigo serão concedidos pelo Instituto Nacional de Habitação ou outra instituição de crédito autorizada nos termos do contrato de financiamento a celebrar entre uma destas entidades e cada condómino.

8. As bonificações de juros relativas aos financiamentos constituem encargo do IGAPHE, que para o efeito deve afectar as verbas necessárias no seu orçamento, sendo o seu processamento efectuado nas condições a acordar entre aquela entidade e as instituições financiadoras.

ARTIGO 5.º
Valor das comparticipações

1. O valor das comparticipações previstas no n.º 1 do artigo anterior é de 20% do montante total das obras a realizar.

2. Para efeito de cálculo das comparticipações, a proporção correspondente a cada fracção autónoma é calculada nos termos do artigo 1418.º do Código Civil.

3. O valor das comparticipações pode ser aumentado quando as obras visem a sua adequação ao disposto nas Medidas Cautelares de Segurança contra Riscos de Incêndio em Centros Urbanos Antigos, aprovadas pelo Decreto-Lei n.º 426/89, de 6 de Dezembro.

ARTIGO 6.º
Instrução do pedido de comparticipação

1. O pedido de comparticipação é instruído com os seguintes elementos:

a) Identificação do prédio, incluindo a indicação do número de fracções autónomas e dos condóminos;

b) Fotocópia autenticada do título constitutivo de propriedade horizontal;

c) Certidão da acta de deliberação da assembleia de condóminos que tenha determinado a realização de obras;

d) Relatório técnico, aprovado pela câmara municipal, comprovativo do estado de conservação do edifício e das obras de que carece;

1134

Anexo VII – Regime Especial de Comparticipação e Financiamento na Recuperação...

e) Descrição dos diversos trabalhos a efectuar, sua duração e respectivo orçamento;

f) Declaração de compromisso de início das obras no prazo de 90 dias a contar da data da notificação do deferimento do pedido.

2. O prazo a que se refere a alínea *f)* do número anterior pode ser prorrogado uma vez, por igual período, mediante a apresentação ao IGAPHE de requerimento devidamente fundamentado.

3. Quando se trate das obras a que se refere o n.º 5 do artigo 4.º, do requerimento deve constar a identificação do despacho conjunto previsto no n.º 3 do artigo 1.º das Medidas Cautelares contra Riscos de Incêndio em Centros Urbanos Antigos, aprovadas pelo Decreto-Lei n.º 426/89, de 6 de Dezembro, bem como declaração da câmara municipal atestando que as obras se destinam a adequar o prédio ao disposto neste diploma.

ARTIGO 7.º
Instrução do pedido de financiamento

1. O pedido de financiamento para realização de obras nas partes comuns dos prédios é instruído com os elementos referidos no n.º 1 do artigo anterior, devendo conter especificação da parte do valor das obras a financiar.

2. Havendo lugar a financiamento nos termos do disposto no n.º 5 do artigo 4.º, o respectivo pedido deverá ser instruído com os seguintes elementos:

a) Identificação do prédio, do condómino e da respectiva fracção autónoma;

b) Certidão da acta de deliberação da assembleia de condóminos que tenha aprovado a realização de obras nas partes comuns do respectivo prédio ou, se for caso disso, declaração da câmara municipal certificando que já foram realizadas as obras necessárias de conservação ordinária e extraordinária nas partes comuns;

c) Especificação do valor do financiamento pretendido;

d) Documentos referidos nas alíneas *b)*, *e)* e *f)* do n.º 1 do artigo anterior.

ARTIGO 8.º
Apresentação do pedido de comparticipação

1. O pedido de comparticipação e o pedido de financiamento, se a este houver lugar, são apresentados à câmara municipal, devidamente instruídos.

2. A câmara municipal, após aprovação das obras a realizar, remete os pedidos referidos no número anterior ao IGAPHE, juntamente com os seguintes documentos:

a) Cálculo dos valores das comparticipações, efectuado de acordo com o disposto no presente diploma;

Parte IV – Anexos – Legislação Revogada e Legislação Subsidiária do NRAU

b) Declaração da câmara municipal definindo o valor da comparticipação a conceder por si;

c) Parecer sobre a admissibilidade do pedido de financiamento em função do valor das obras não comparticipado.

ARTIGO 9.º
Concretização da comparticipação

1. A decisão do IGAPHE é comunicada ao requerente e à câmara municipal.

2. No caso de a decisão prevista no número anterior ser favorável, dela deve constar o montante da comparticipação atribuída.

3. A comparticipação municipal, caso a ela haja lugar, é concretizada nos termos e condições a acordar entre as partes.

4. Mediante a apresentação de declaração emitida pela câmara municipal que confirme a conclusão das obras, o IGAPHE depositará, à ordem do requerente, o valor integral da sua comparticipação.

5. O direito à comparticipação caduca se as obras não forem iniciadas no prazo constante da alínea *f)* do n.º 1 do artigo 6.º.

6. Sempre que haja lugar a financiamento, nos termos previstos no artigo 4.º deste diploma, e depois de obtido parecer favorável do IGAPHE, este enviará para a entidade financiadora a respectiva proposta.

7. O financiamento será concedido nos termos definidos no contrato a celebrar entre a entidade financiadora e o beneficiário, nos termos do disposto no n.º 7 do artigo 4.º.

ARTIGO 10.º
Início e conclusão das obras

Nos 15 dias subsequentes ao início ou à conclusão das obras, os condóminos cujos pedidos de comparticipação e financiamento tenham sido, respectivamente, aprovados ou autorizados ficam obrigados a dar conhecimento daqueles factos ao IGAPHE.

ARTIGO 11.º
Representação

O administrador representa o conjunto dos condóminos, nos termos do artigo 1436.º do Código Civil, para efeitos da prática dos actos referidos no presente diploma respeitantes à realização de obras nas partes comuns do prédio.

REGIME DE RENDA CONDICIONADA

DECRETO-LEI N.º 329-A/2000, DE 22 DE DEZEMBRO

O Regime do Arrendamento Urbano (RAU), aprovado pelo Decreto-Lei n.º 321-B/90, de 15 de Outubro, institui no seu artigo 77.º, no âmbito do arrendamento para habitação, os regimes de renda livre, renda condicionada e renda apoiada.

O regime de renda condicionada pode resultar da livre negociação das partes, presunção legal ou por imposição de lei.

No âmbito deste último regime e na prática, a imposição por lei traduz a situação mais expressiva, assumindo especial relevância nos casos de transmissão dos arrendan1entos mais antigos, relativamente aos quais, como é sabido, o congelamento das rendas durante décadas veio a provocar a respectiva desactualização, originando, em consequência, graves distorções no mercado do arrendamento, embora tenha obviado ao surgimento de graves perturbações ou tensões sociais.

A renda condicionada tem, assim, na sua génese, como objectivo fulcral restabelecer uma relação de equilíbrio entre o valor actualizado do fogo e a necessidade de proporcionar ao proprietário um rendimento não especulativo do capital investido, sem deixar de se atender aos encargos inerentes à propriedade, aspectos que são complementados pela previsão de benefícios fiscais e de subsídio de renda a conceder aos arrendatários que dele careçam.

Neste sentido, a determinação da renda condicionada terá necessariamente de resultar ou ter corno limite o valor actualizado do fogo multiplicado por uma justa taxa de rendimento, como está estabelecido no artigo 79.º do RAU, sendo certo que o valor dos fogos é o seu valor real nos termos do artigo 80.º do mesmo Regime, apurado nos termos do Código das Avaliações.

Porém, enquanto não entrar em vigor o referido Código, é previsto um regime transitório no artigo 10.º do Decreto-Lei n.º 321-B/90, de 15 de Outubro, nos termos do qual o valor real dos fogos é calculado de acordo com os

Parte IV – Anexos – Legislação Revogada e Legislação Subsidiária do NRAU

artigos 4.º a 13.º e 20.º do Decreto-Lei n.º 13/86, de 23 de Janeiro, sem prejuízo da revogação deste último diploma operada pela alínea j) do n.º 1 do artigo 3.º do aludido Decreto-Lei n.º 321-B/90.

No apuramento daquele valor assumem especial relevância os factores do estado de conservação do fogo e o coeficiente de vetustez.

Os estudos que recentemente têm vindo a ser efectuados sobre a matéria revelam que a valoração de tais factores e a respectiva fórmula de cálculo podem ser aperfeiçoadas, essencialmente aquando da realização de obras de recuperação dos imóveis degradados e de melhoria das condições de habitabilidade, reflectindo-se de forma mais evidente a diferença entre o valor da renda condicionada nos casos em que não tenha havido realização de obras e naqueles em que as mesmas se tenham concretizado.

E, nestes pressupostos, actua-se no sentido de incentivar a realização de obras de reabilitação dos prédios urbanos habitacionais arrendados, relevando--se também a necessidade de uma melhor ponderação, na fórmula de cálculo, das áreas de fogos muito pequenas ou muito grandes que têm vindo a provocar distorções no apuramento do valor dos mesmos fogos.

Neste contexto e para melhor leitura da lei, substitui-se o regime dos artigos 4.º a 13.º e 20.º do Decreto-Lei n.º 13/86, embora reproduzindo parte da sua normatividade, criando-se um sistema mais justo e equitativo para vigorar enquanto não for aprovado o Código das Avaliações.

Foram ouvidas a Associação Nacional de Municípios Portugueses e a Associação Nacional de Juntas de Freguesia.

- Assim:

No uso da autorização legislativa concedida pelo artigo 2.º da Lei n.º 16/ /2000, de 8 de Agosto, e nos termos da alínea b) do n.º 1 do artigo 198.º da Constituição, o Governo decreta, para valer com lei geral da República, o seguinte:

ARTIGO 1.º

Valor dos fogos em renda condicionada

1. O valor actualizado dos fogos sujeitos ao regime de renda condicionada, concluídos há menos de um ano à data do arrendamento, não pode ser superior:

 a) Ao preço da primeira transmissão, acrescentado de uma percentagem igual à taxa da sisa aplicada a essa transmissão, acrescida de 2 %;

 b) Ao valor locativo que resultar da avaliação fiscal, tomando-se o coeficiente 14 como factor de capitalização, quando o fogo seja locado pelo próprio promotor ou construtor.

Anexo VII – Regime de Renda Condicionada

2. Nos restantes casos, o valor actualizado dos fogos em regime de renda condicionada será determinado pela fórmula:

$$V = Au \times Pc \times [0,85 \times Cf \times Cc \times (1 - 0,35 \times Vt) + 0,15]$$

sendo V o valor actualizado do fogo no ano de celebração do contrato, Cf um factor relativo ao nível de conforto do fogo, Cc um factor relativo ao estado de conservação do fogo, Au a área útil definida nos termos do Regulamento Geral das Edificações Urbanas, Pc o preço da habitação por metro quadrado e Vt um coeficiente relativo à vetustez do fogo.

3. No caso do n.º 1, o preço da primeira transmissão não pode ser superior ao que serviu de base à liquidação da sisa ou à declaração relativa à isenção da mesma ou, ainda, ao constante da respectiva escritura de compra e venda, consoante o que for menor.

4. A renda que resultar da aplicação dos critérios enumerados no n.º 1 não poderá ser superior ao produto resultante da aplicação do factor 1,3 à renda calculada nos termos do n.º 2, sendo o coeficiente de vetustez igual a 0.

5. Nos fogos com área útil inferior a 50 m^2 o valor apurado nos termos do n.º 2 será corrigido pela multiplicação do factor 1, depois de acrescido de 0,01 por cada metro quadrado de área a menos até ao limite de 0,3.

6. Nos fogos com área útil maior que 100 m^2 o valor da área útil *(Au)*, para efeitos da fórmula constante do n.º 2, será determinado nos seguintes termos:

De 100 m^2 até 120 m^2 – 100 + 0,85 x *(Au – 100)*;

De 120 m^2 até 140 m^2 – 117 + 0,70 x *(Au – 120)*;

Maior que 140 m^2 – 131 + 0,55 x *(Au – 140)*.

ARTIGO 2.º
Nível de conforto do fogo

1. O valor base do factor Cf referido no n.º 2 do artigo 1.º será igual a 1 sempre que o fogo preencha todas as condições de habitabilidade definidas no Regulamento Geral das Edificações Urbanas.

2. Ao valor 1 do factor Cf será adicionado o valor de 0,1 ou 0,07 sempre que o fogo tenha garagem individual ou colectiva, respectivamente, e o valor de 0,08 ou 0,06 se o fogo tiver, respectivamente, quintal privativo ou colectivo, com uma área total ou uma quota da área total, por fogo, igualou superior a 30 m^2.

3. Ao valor 1 do factor Cf será subtraído o valor de 0,2 se o fogo não tiver cozinha, e de 0,2 se o fogo não tiver casa de banho.

4. Em caso de uso colectivo das divisões a que se refere o número anterior o valor a subtrair de acordo com essa disposição será reduzido a metade.

Parte IV – Anexos – Legislação Revogada e Legislação Subsidiária do NRAU

ARTIGO 3.º
Estado de conservação do fogo

1. O valor base do factor Cc referido no n.º 2 do artigo 1.º será igual a 1 sempre que todos os elementos construtivos, revestimentos e equipamentos do fogo estejam em boas condições de conservação e funcionamento.

2. Ao valor base do factor Cc serão cumulativamente subtraídos os valores a seguir indicados, sempre que os elementos ou equipamentos referidos se encontrem em condições deficientes:

a) Pavimentos, paredes e tectos no fogo 0,3
b) Os anteriores nas partes comuns, coberturas e caixilharias exteriores 0,5
c) Caixilharias interiores 0,05
d) Equipamento de cozinha e casa de banho 0,04
e) Redes de águas, esgotos e electricidade do fogo 0,06
f) Os anteriores nas partes comuns 0,05

3. Os valores constantes no número anterior são afectados pelas percentagens seguintes, quando os elementos ou equipamentos se encontrem respectivamente:

Percentagem

a) Em muito mau estado (reparação total) 120
b) Em mau estado (reparação importante) 75
c) Em estado razoável (reparação ligeira)............................... 35
d) Em bom estado (reparação sem significado) 0

4. Sempre que da aplicação dos factores referidos nos números anteriores resulte que Cc seja negativo o mesmo tomará o valor 0.

5. Consideram-se deficientes os sistemas ou elementos construtivos que não cumpram a sua função ou que façam perigar a segurança das pessoas e bens ou, ainda, cuja aparência prejudique significativamente o aspecto geral do fogo ou do prédio.

ARTIGO 4.º
Preço da habitação por metro quadrado

1. O Governo, por portaria do Ministro do Equipamento Social, fixará, no mês de Outubro de cada ano, para vigorar no ano seguinte, os preços de construção da habitação por metro quadrado, para efeitos de cálculo da renda condicionada.

2. Os valores referidos no número anterior serão fixados por zonas do País e aglomerados urbanos, tendo em conta os diferentes custos da construção e do solo.

Anexo VII – Regime de Renda Condicionada

3. Para os fogos dos prédios construídos ou adquiridos para fins habitacionais pelo Estado e seus organismos autónomos, institutos públicos e autarquias locais e pelas instituições particulares de solidariedade social com o apoio financeiro do Estado, que tenham sido ou venham a ser vendidos aos respectivos moradores e estejam sujeitos ao regime de renda condicionada, o preço da construção de habitação por metro quadrado será de 0,8 dos valores a que se refere o n.º 1.

4. Na fixação dos valores a que alude o n.º 1 serão ouvidas as associações representativas dos arrendatários, dos proprietários e das empresas de construção civil.

ARTIGO 5.º
Coeficiente de vetustez

1. O coeficiente de vetustez *(Vt)* referido no n.º 2 do artigo 1.º é o que consta da tabela seguinte, em função do número inteiro de anos decorridos desde a data de emissão da licença de utilização, quando exista, ou da data da primeira ocupação:

Menos de 6	0,00
De 6 a 10	0,05
De 11 a 15	0,10
De 16 a 2	0,15
De 21 a 25	0,20
De 26 a 30	0,30
De 31 a 35	0,40
De 36 a 40	0,50
De 41 a 45	0,60
De 46 a 50	0,65
Mais de 50	0,70

2. No caso de realização de obras de beneficiação nos termos do n.º 4 do artigo 11.º do RAU, em fogos sujeitos ao regime de renda condicionada, o coeficiente de vetustez é calculado multiplicando o coeficiente constante da tabela prevista no número anterior *(Vt)* pelo factor *K,* determinado da seguinte forma:

$$K = 1 \pm \frac{Cb}{Au \times Pc}$$

sendo:

Cb – custo das obras de beneficiação realizadas pelo senhorio;

Au – área útil, nos termos do n.º 2 do artigo 1.º, após a realização das obras;

Pc – preço de habitação por metro quadrado referido do n.º 2 do artigo 1.º.

Parte IV – Anexos – Legislação Revogada e Legislação Subsidiária do NRAU

ARTIGO 6.º
Recurso de fixação da renda

1. A notificação da fixação da renda resultante da aplicação do presente diploma deve ser comunicada por escrito ao arrendatário, com a antecedência mínima de 30 dias, relativamente à data em que for exigida, com indicação do respectivo montante, coeficientes e demais factores relevantes utilizados no seu cálculo.

2. A notificação referida no número anterior deve ainda conter a menção de que cabe recurso da renda fixada, no prazo assinalado no n.º 5, para uma comissão especial e desta para o tribunal de comarca ou directamente para este Tribunal.

3. Quando o senhorio ou arrendatário não concordarem com os valores dos factores, coeficientes, áreas ou outros que serviram de base à determinação do valor da renda condicionada, podem requerer a fixação da renda a uma comissão especial ou directamente ao tribunal de comarca.

4. A comissão é composta por três membros e presidida pelo representante nomeado pelo presidente da câmara municipal da área onde se situa o prédio arrendado, sendo os restantes elementos indicados pelo senhorio e arrendatário ou, na falta dessa indicação, os propostos pelas suas associações representativas.

5. O requerimento é dirigido ao presidente da câmara municipal mencionado no número anterior, no prazo de 60 dias a partir da data da notificação da renda, sem prejuízo de, no caso de haver obras, essa notificação só poder ser feita após a conclusão das mesmas, devendo, então, o presidente da câmara municipal promover no prazo de 30 dias a constituição da comissão especial referida no n.º 1.

6. À comissão aplica-se o regime previsto na legislação processual civil para o tribunal arbitral necessário.

7. Compete ao presidente da comissão especial dirigir a instrução, conduzir os trabalhos e proferir a decisão final.

8. A decisão final a fixar o montante definitivo do aumento de renda é proferida unicamente pelo presidente não podendo exceder o pedido mais alto nem ser inferior ao pedido mais baixo.

9. A renda resultante da aplicação deste diploma é actualizável nos termos da alínea *a*) do n.º 1 do artigo 31.º do RAU.

ARTIGO 7.º
Processo

1. As comissões, nos seus laudos, terão essencialmente em conta os critérios do RAU e do presente diploma, devendo pronunciar-se no prazo máximo de 60 dias contados da data da notificação da constituição da comissão.

Anexo VII – Regime de Renda Condicionada

2. Das decisões das comissões cabe recurso para o tribunal de comarca da situação do prédio, com efeito meramente devolutivo.

ARTIGO 8.º
Ajustamento e pagamento da renda

Na pendência da decisão pela comissão, aplicar-se-á a renda mais baixa oferecida pelas partes desde que superior à renda objecto do recurso, procedendo-se, nos meses seguintes após a decisão, aos eventuais acertos relativos às rendas vencidas, acrescidas de 1,5% do valor global desses acertos por cada mês completo entretanto decorrido.

ARTIGO 9.º
Custas

Às custas devidas pelas partes acrescerá um agravamento, calculado sobre as rendas vencidas, correspondente a 3% da diferença entre os quantitativos pedidos na petição ou indicados pela comissão ou pelo juiz.

ARTIGO 10.º
Remissões

Consideram-se feitas para o presente diploma todas as remissões legais em vigor, feitas para os artigos 4.º a 13.º e 20.º do Decreto-Lei n.º 13/86, de 23 de Janeiro.

ARTIGO 11.º
Entrada em vigor

O presente diploma entra em vigor 30 dias após a sua publicação.

"RECRIA"
REGIME ESPECIAL DE COMPARTICIPAÇÃO NA RECUPERAÇAO DE IMÓVEIS ARRENDADOS

DECRETO-LEI N.º 329-C/2000, DE 22 DE DEZEMBRO

No âmbito da política de habitação, um dos fenómenos mais preocupantes é o da degradação dos prédios arrendados, com as consequentes más condições de habitabilidade para os arrendatários e a desvalorização progressiva da propriedade para os senhorios.

O reconhecimento de tal situação tem estado presente há já cerca de duas décadas, tendo sido lançados vários programas de intervenção no sentido de a alterar.

Assim, em 1976, foi criado pelo Decreto-Lei n.º 704/76, de 30 de Setembro, um programa especial para reparação de fogos ou imóveis em degradação (PRID), o qual foi relançado pelo Decreto-Lei n.º 449/83, de 26 de Dezembro.

Aquele programa, embora à data inovador, não permitiu grandes progressos, devido à pouca adesão dos senhorios, motivada, em particular, pela vigência de um regime de arrendamento urbano já desadequado e incapaz de responder à nova dinâmica social, sobretudo à desactualização das rendas decorrente do seu anterior congelamento.

Tal contexto só viria a ser substancialmente alterado pela Lei n.º 46/85, de 20 de Setembro, na medida em que então se procedeu ao descongelamento das rendas, permitindo-se a sua correcção extraordinária e estabelecendo-se o princípio da sua actualização anual, regulamentando-se a vertente da realização de obras de conservação e beneficiação e sua repercussão para efeitos de actualização do montante das rendas e, por último, prevendo-se a criação de um subsídio de renda.

Foi, assim, dado o primeiro passo que criou as condições necessárias que permitiram mobilizar posteriormente os proprietários para aderir ao subse-

Parte IV – Anexos – Legislação Revogada e Legislação Subsidiária do NRAU

quente programa de recuperação dos prédios degradados, o Regime Especial de Comparticipação na Recuperação de Imóveis Arrendados (RECRIA), instituído pelo Decreto-Lei n.º 4/88, de 14 de Janeiro, sucessivamente aperfeiçoado pelos Decretos-Leis n.ᵒˢ 420/ /89, de 30 de Novembro, 197/92, de 22 de Setembro, e 104/96, de 31 de Julho.

A aplicação deste programa, que, essencialmente, prevê um regime de apoio financeiro para custear parte das obras de conservação e beneficiação a realizar nos imóveis arrendados e se traduz na concessão de uma comparticipação a fundo perdido pelo Estado a proprietários ou a arrendatários e municípios, estes quando se substituam àqueles na realização das obras, já permitiu a recuperação de mais de uma dezena de milhar de fogos, sendo a comparticipação média concedida de cerca 41 % do valor das obras.

Porém, o elevado número de prédios ainda degradados impõe um maior empenhamento de todos os interessados, nomeadamente dos senhorios, e a mobilização institucional da administração central e dos municípios.

Para atingir tal desiderato afigura-se, desde logo, necessário alargar o âmbito de aplicação do programa, por forma a abranger um maior número de fogos e a aumentar o valor global da comparticipação a fundo perdido, conjugando-se esse aumento com a instituição de um sistema de garantia de empréstimo aos proprietários para financiar a quota-parte de obras não comparticipada.

Nesta perspectiva, importa também garantir aos proprietários o retomo do seu investimento em tempo útil, restabelecendo-se o equilíbrio contratual na relação arrendatícia, o que se conseguirá repondo as condições de habitabilidade ou até melhorando-as para o arrendatário e assegurando-se um justo rendimento para os senhorios através das rendas obtidas, o que irá permitir ainda criar condições de incentivo ao investimento no mercado do arrendamento e a reintrodução dos fogos devolutos nesse mercado.

A constatação de que existe um elevado número de prédios urbanos habitacionais que são recuperáveis mas que correm o risco de deixarem de o ser, se não houver uma rápida intervenção ao nível das respectivas coberturas, justifica também que se preveja uma nova solução. Assim, passa a estabelecer-se no presente diploma que, durante o período de três anos a contar da data da entrada em vigor, seja possível a realização de obras de recuperação parcial dos prédios, autónoma e especificamente, em telhados ou terraços de cobertura, casos em que a percentagem de comparticipação a fundo perdido a suportar pelo Instituto de Gestão e Alienação do Património Habitacional do Estado (IGAPHE) será aumentada para 80%, diminuindo-se, em contrapartida, para 20% o esforço financeiro a suportar pelos municípios.

Anexo VII – Recria

Mostra-se também conveniente uma definição clara do valor da correcção das rendas em função das obras realizadas, que será fixado logo à partida no momento da aprovação da comparticipação a fundo perdido a conceder, evitando-se, assin1, interpretações diversas a posteriori de que têm resultado iniquidades quer para os arrendatários quer para os senhorios.

Para uma maior justiça na atribuição da comparticipação é ainda imperioso passar a distinguir cada fogo em função do seu uso e respectiva situação contratual e valores de renda antes e após a realização das obras.

Por último, razões de ordem sistemática, de adequada publicidade e de segurança jurídica, aconselham a elaboração de um novo diploma que contenha o regime do RECRIA, sem prejuízo de se manterem as disposições do regime em vigor que continuam a ter actualidade.

Foram ouvidas a Associação Nacional de Municípios Portugueses e a Associação Nacional de Juntas de Freguesia.

Assim:

No uso da autorização legislativa concedida pelo artigo da Lei n.º 16/2000, de 8 de Agosto, e nos termos da alínea b) do n.º 1 do artigo 198.º da Constituição, o Governo decreta o seguinte:

ARTIGO 1.º

**Regime Especial de Comparticipação
na Recuperação de Imóveis Arrendados**

O Regime Especial de comparticipação na Recuperação de Imóveis Arrendados, abreviadamente designado por RECRIA, visa apoiar a execução das obras definidas no artigo 11.º do Regime do Arrendamento Urbano (RAU), aprovado pelo Decreto-Lei n.º 321-B/90, de 15 de Outubro, que permitam a recuperação de fogos e imóveis em estado de degradação, mediante a concessão de incentivos pelo Estado e municípios.

ARTIGO 2.º

Beneficiários

1. Têm acesso ao RECRIA, nos termos do presente diploma, os proprietários e senhorios que procedam nos fogos e nas partes comuns do prédio a:
   a) Obras de conservação ordinária;
   b) Obras de conservação extraordinária;
   c) Obras de beneficiação, que se enquadrem na lei geral ou local e necessárias para a concessão de licença de utilização.

Parte IV – Anexos – Legislação Revogada e Legislação Subsidiária do NRAU

2. Os arrendatários e as câmaras municipais podem ter acesso ao RECRIA sempre que, nos termos dos artigos 15.º e 16.º do RAU, se substituam aos senhorios na realização das obras.

ARTIGO 3.º
Objecto dos incentivos

1. Podem beneficiar dos incentivos previstos neste diploma as obras a realizar em:
- *a)* Fogos cuja renda tenha sido objecto de correcção extraordinária nos termos da Lei n.º 46/85, de 20 de Setembro;
- *b)* Fogos cuja renda é susceptível de correcção extraordinária nos termos da Lei n.º 46/85, de 20 de Setembro, desde que sejam executadas pela câmara municipal ou pelo arrendatário.

2. Podem, ainda, ser comparticipadas as obras em todos os fogos e fracções não habitacionais de um prédio, desde que nesse prédio existam fogos cujas obras sejam comparticipáveis nos termos do número anterior.

3. Durante o período de três anos a contar da data de entrada em vigor do presente diploma, podem também beneficiar dos incentivos as obras de recuperação parcial, na reparação ou renovação de telhados ou terraços de cobertura, desde que no edifício em causa exista, pelo menos, um fogo numa das situações referidas no n.º 1.

4. Os incentivos referidos no n.º 1 não podem ser concedidos aos proprietários ou senhorios por mais de uma vez para o mesmo edifício, sem prejuízo da situação prevista no número anterior.

ARTIGO 4.º
Natureza dos incentivos

1. Os incentivos concedidos pela administração central, por intermédio do Instituto de Gestão e Alienação do Património Habitacional do Estado (IGAPHE), e pela administração local, através do respectivo município, nos termos do presente diploma, revestem a modalidade de:
- *a)* Comparticipação a fundo perdido;
- *b)* Financiamento do valor das obras não comparticipado.

2. Os incentivos referidos nas alíneas *a)* e *b)* não são cumuláveis com quaisquer outros subsídios, comparticipações ou bonificações concedidos pela Administração, com excepção dos atribuídos no âmbito do Programa SOLARH, pelo que em caso de cumulação haverá lugar a uma redução proporcional.

Anexo VII – Recria

ARTIGO 5.º
Regime da comparticipação a fundo perdido

1. O valor da comparticipação referida na alínea *a*) do n.º 1 do artigo 4.º é suportado pelas entidades aí referidas na proporção de 60% e 40%, respectivamente.

2. O valor da comparticipação a que alude o número anterior, quando se trate das obras referidas no n.º 3 do artigo 3.º, é suportado pelo IGAPHE e pelos princípios na proporção de 80% e 20%, respectivamente.

3. Se, após a realização de obras comparticipadas nos termos do número anterior, forem realizadas outras obras comparticipadas a fundo perdido, deve o valor global de ambas as comparticipações observar a proporção de 60% e 40%, respectivamente, para o IGAPHE e os municípios.

4. O valor da comparticipação prevista no n.º 1 terá de ser reembolsado às entidades concedentes, proporcionalmente aos anos inteiros decorridos desde a data da alienação ou mudança de uso, salvo quando a mudança se destine a habitação, até ao fim do período de oito anos contados a partir da data de concessão da comparticipação, sempre que:

a) O respectivo fogo seja alienado nos oito anos subsequentes à aprovação do pedido de incentivo para o imóvel, com excepção dessa alienação ser feita ao arrendatário ou a quem o respectivo contrato se possa transmitir por força da lei e ainda nos casos de fogos considerados devolutos para efeitos de comparticipação;

b) O respectivo fogo estiver devoluto por mais de seis meses durante o período dos oito anos subsequentes à conclusão das obras.

c) Houver alteração de uso no respectivo fogo nos oito anos subsequentes à aprovação do pedido de incentivo.

5. O valor da comparticipação prevista no n.º 1 terá de ser reembolsado se as obras não forem concluídas no prazo definido no processo de aprovação dos incentivos, acrescido das eventuais prorrogações concedidas pelas entidades.

ARTIGO 6.º
Valor da obra e da comparticipação

1. Na fixação do valor das com participações são tidos em conta o montante das obras a executar, o uso dos fogos e respectiva situação contratual, os valores de renda antes e após as obras de acordo com o artigo 12.º deste diploma e ainda a viabilidade económica de recuperação.

2. As regras de cálculo das comparticipações e os respectivos montantes máximos constam de portaria dos Ministros do Equipamento Social e das Finanças.

Parte IV – Anexos – Legislação Revogada e Legislação Subsidiária do NRAU

3. Para efeito do cálculo dos valores ela obra, a proporção correspondente a cada fogo, relativamente às obras a realizar nas partes comuns do prédio, é determinada nos termos do artigo 1418.º do Código Civil.

4. O valor do custo por metro quadrado das obras imputável a cada fogo, para efeitos de cálculo do valor da obra, não pode ser superior ao valor apurado pela fórmula seguinte:

$$Pc \times [Cf \times Cc \times (1 - 0,35\ Vt) - Cf_I \times Cc_I \times (1 - 0,35\ Vt_I)]$$

em que:

Pc = preço da construção da habitação por metro quadrado fixado anualmente para cálculo de renda condicionada, por força da alínea *a*) do artigo 10.º do Decreto-Lei n.º 321-B/90, de 15 de Outubro, que aprovou o RAU;

Cf, Cc e Vt = respectivamente, coeficiente de conforto, conservação e vetustez do fogo resultantes das obras e apurados nos termos do regime de renda condicionada;

Cj_I, Cc_I / e Vt_I = os mesmos coeficientes que antecedem, aferidos antes da execução das obras.

5. O disposto no número anterior não tem aplicação quando se trate de prédios classificados ou em vias de classificação, no âmbito da Lei do Património Cultural Português, como monumento nacional, imóvel de interesse público ou de valor concelhio ou situado em zona especial de protecção.

ARTIGO 7.º
Do financiamento

1. Os financiamentos previstos na alínea *b*) do n.º 1 do artigo 4.º serão concedidos pelo Instituto Nacional de Habitação (INH) ou outra instituição de crédito autorizada, de acordo com o disposto no n.º 5 do presente artigo e nos termos de contrato de financiamento a celebrar entre aquelas entidades e os proprietários ou senhorios, nas condições do regime de crédito para a aquisição de habitação própria.

2. Sempre que os municípios procedam a obras nos termos previstos neste diploma poderão recorrer a um financiamento da parte das obras não comparticipada, ao abrigo do Decreto-Lei n.º 110/85, de 17 de Abril, nas condições estabelecidas pelo Decreto-Lei n.º 226/87, de 6 de Junho, com prazo de reembolso máximo de oito anos.

3. Os financiamentos previstos no número anterior serão concedidos pelo INH ou outra instituição de crédito autorizada nos termos de contrato de financiamento a celebrar COIU aquelas entidades.

Anexo VII – Recria

4. As bonificações de juros relativas aos financiamentos previstos no n.º 2 constituem encargo do IGAPHE, que para o efeito deve afectar as verbas necessárias no seu orçamento, sendo o respectivo processamento efectuado nas condições a acordar entre aquela entidade e as instituições financiadoras.

5. O INH pode conceder financiamentos, sob a forma de empréstimo, aos proprietários dos imóveis a recuperar até ao montante correspondente à parte do valor das obras não comparticipada, nas seguintes condições:

a) A taxa de juro é a que for aplicável, em cada momento, pelo Instituto, para operações de prazo idêntico, sendo garantida uma taxa de juro inferior a 8%;

b) As verbas dos empréstimos são libertadas mediante avaliações da evolução das obras pela câmara municipal, sem prejuízo de poderem ser concedidos adiantamentos até 20% do valor das obras, a amortizar durante a sua realização;

c) Durante o período de realização das obras, a ser fixado pela câmara municipal, apenas são devidos juros, que serão capitalizados e repercutidos nas prestações de reembolso do empréstimo;

d) O prazo máximo de reembolso dos empréstimos é de oito anos contados da data da última utilização do capital mutuado;

e) O reembolso dos empréstimos é efectuado em prestações de capital e juros, iguais e sucessivas, com a periodicidade estabelecida pelas partes.

ARTIGO 8.º
Instrução do pedido de comparticipação

1. O pedido de comparticipação é instruído com os seguintes elementos:

a) Identificação do proprietário e do senhorio, se não forem a mesma pessoa;

b) Identificação do prédio, uso dos fogos e respectiva situação contratual, de acordo com os n.ºs 2 a 8 do artigo 12.º deste diploma, bem como da área útil e restantes elementos necessários para cálculo da renda condicionada;

c) Relatório técnico comprovativo do estado de conservação do imóvel e das obras de que carece;

d) Descrição dos diversos trabalhos a efectuar, sua duração e respectivo orçamento discriminado por fogo e por partes comuns;

e) Descrição do cálculo da actualização das rendas, de acordo com o artigo 12.º deste diploma;

f) Declaração de compromisso de início das obras no prazo de 90 dias a contar da data da notificação do deferimento do pedido;

Parte IV – Anexos – Legislação Revogada e Legislação Subsidiária do NRAU

g) No caso do n.º 5 do artigo anterior, informação sobre a intenção de contrair o empréstimo e certidão actualizada da conservatória do registo predial da descrição do prédio e ou fracção autónoma objecto das obras e inscrições em vigor.

2. Quando se trate de obras da iniciativa das câmaras municipais, os pedidos são instruídos com os elementos a que se referem as alíneas *b)*, *c)*, *d)* e *e)* do número anterior e ainda com cópia dos autos de vistoria e de certidão de notificação dos senhorios para a realização das obras que hajam sido ordenadas nos termos do artigo 13.º do RAU.

3. No caso de as obras serem da iniciativa dos arrendatários, os pedidos são instruídos com os elementos a que se referem os números anteriores e, ainda, com cópia do orçamento do respectivo custo aprovado pela câmara municipal e com a identificação do requerente.

4. O prazo a que se refere a alínea *f)* do n.º 1 pode ser prorrogado uma vez, por igual período, mediante a apresentação ao IGAPHE de requerimento devidamente fundamentado e, no caso de empréstimo, sujeito a parecer favorável do INH.

ARTIGO 9.º
Apresentação do pedido de comparticipação e financiamento

1. O pedido de comparticipação, devidamente instruído, é apresentado à câmara municipal que, no prazo de 90 dias, decidirá.

2. A câmara municipal, após aprovação das obras a realizar, remete o pedido de comparticipação ao IGAPHE, juntamente com os seguintes elementos:

a) Cálculo dos valores das comparticipações por fogo, efectuado de acordo com o disposto no presente diploma;

b) Declaração da câmara municipal assumindo o valor da comparticipação a conceder por si;

c) Verificação dos valores de actualização das rendas nos termos do artigo 12.º.

3. Os pedidos de comparticipação formulados pela câmara municipal, nos termos do n.º 2 do artigo 8.º, são entregues no IGAPHE deles devendo constar os elementos previstos no número anterior e o valor das obras a financiar nos termos do presente diploma.

4. No caso previsto no número anterior os valores previstos na alínea *c)* do n.º 2 devem ser fixados pela câmara municipal, de acordo com o artigo 12.º, operando-se a actualização automática das rendas com a comunicação prevista nos n.ºs 4 e 6 do artigo 13.º.

Anexo VII – Recria

5. No caso previsto no n.º 3 do artigo 8.º aplica-se o disposto no número anterior.

6. Sempre que haja também lugar a empréstimo ao abrigo do n.º 5 do artigo 7.º, o requerente formulará o respectivo pedido de financiamento conjuntamente com o pedido de comparticipação referido no n.º 1.

7. Para efeitos do disposto no número anterior a câmara municipal, conjuntamente com os elementos que instruem o pedido de comparticipação referido no n.º 2, remeterá ao INH os seguintes elementos:

    a) Pedido de empréstimo;

    b) Declaração da câmara municipal de aprovação das obras a realizar;

    c) Especificação do valor das comparticipações e do valor das obras não comparticipado;

    d) Certidão actualizada da conservatória do registo predial referida na alínea *g)* do n.º 1 do artigo 8.º.

ARTIGO 10.º
Concretização da comparticipação e financiamento

1. A decisão do IGAPHE é comunicada ao requerente e à câmara municipal e, no caso do n.º 5 do artigo 7.º, comunicada ao INH.

2. Quando se verifique a atribuição da comparticipação, da respectiva decisão a comunicar constará o montante da comparticipação e os valores de actualização das rendas referidos no artigo 12.º.

3. A comparticipação municipal, quando a ela haja lugar, é concretizada nos termos e condições a acordar entre as partes.

4. Mediante a apresentação de declaração emitida pela câmara municipal que confirme a conclusão das obras, o IGAPHE depositará, à ordem do requerente, o valor integral da sua comparticipação.

5. Nos casos em que exista comparticipação municipal, a efectivação do disposto no número anterior deve ser precedida da apresentação da declaração emitida pela câmara municipal que confirme a realização e concretização daquela comparticipação.

6. O direito à comparticipação caduca se as obras não forem iniciadas no prazo constante da alínea *f)* do n.º 1 e do n.º 4 do artigo 8.º.

7. Sempre que haja lugar a financiamento nos termos previstos no n.º 2 do artigo 7.º deste diploma e depois de obtido parecer favorável do IGAPHE, este enviará para a entidade financiadora a respectiva proposta.

8. No caso de pedidos de empréstimo apresentados ao abrigo do n.º 5 do artigo 7.º, o INH comunica a sua decisão ao requerente e à câmara municipal e, quando seja favorável, o montante a mutuar e as condições essenciais do empréstimo.

Parte IV – Anexos – Legislação Revogada e Legislação Subsidiária do NRAU

ARTIGO 11.º
Informação prévia

1. Qualquer dos interessados referidos no artigo 2.º poderá requerer por escrito, à respectiva câmara municipal, informação sobre a viabilidade da concessão dos incentivos pela Administração para a realização de obras ao abrigo do disposto no presente diploma.

2. O pedido referido no número anterior deverá ser instruído com os elementos enunciados nas alíneas *a*), *b*) e *d*) do n.º 1 do artigo 8.º e ainda com os elementos necessários para o cálculo da renda condicionada.

3. A informação prestada não é constitutiva de direitos, nem o seu pedido interrompe qualquer prazo sem consentimento expresso da câmara municipal.

ARTIGO 12.º
Actualização de rendas

1. A realização das obras nos termos do presente diploma dá lugar à actualização de rendas, a determinar pelas fórmulas constantes nos números seguintes, em que:

Voi = valor das obras correspondentes ao fogo, em euros;

Rf = renda mensal a pagar pelo arrendatário após a actualização resultante da operação de recuperação, em euros;

Ra = renda mensal actual, em euros;

Rcf = renda condicionada final que corresponde à renda condicionada mensal, considerando o estado de conservação, conforto e vetustez, resultante da execução das obras, em euros.

2. Nos fogos arrendados para habitação, anteriormente à entrada em vigor do Decreto-Lei n.º 321-B/90, de 15 de Outubro, determina-se por:

$$Rf = Ra + Voi \cdot \frac{0{,}08}{12}, \text{ tendo como limite máximo } \frac{(Ra + Rcf)}{2}.$$

3. Nos fogos arrendados para habitação, posteriormente à entrada em vigor do Decreto-Lei n.º 321-8/90, de 15 de Outubro, em regime de renda livre, determina-se por:

$$Rf = Ra + Voi \cdot \frac{0{,}08}{12}, \text{ tendo como limite máximo } 2\ Rcf.$$

4. Nos fogos arrendados para habitação, posteriormente à entrada em vigor do Decreto-Lei n.º 321-B/90, de 15 de Outubro, em regime de renda condicionada, ou fixada nos termos do artigo 87.0 do RA U, determina-se por:

Anexo VII – Recria

$$Rf = Ra + Voi \cdot \frac{0,08}{12} \text{, tendo como limite } Rcf$$

5. Nos fogos arrendados para habitação, com renda fixada nos termos do artigo 89.0-B do RAU, determina-se por:

$$Rf = Ra + Voi \cdot \frac{0,08}{12} \text{, com limite máximo } 1,5 \; Rcf.$$

6. Nos fogos arrendados para habitação, com renda fixada nos termos do artigo 92.º do RAU, determina-se por:

$$Rf = Ra + Voi \cdot \frac{0,08}{12} \text{, tendo como limite } Rcf, \text{ durante o}$$

período obrigatório de renda condicionada.

7. Nos fogos arrendados para fins não habitacionais, com rendas actualizadas ou ajustadas nos termos do artigo 4.º do Decreto-Lei n.º 330/81, de 4 de Dezembro, determina-se por:

$$Rf = Ra + Voi \cdot \frac{0,08}{12} \text{, tendo como limite máximo } Rcf.$$

8. Nos fogos arrendados para fins não habitacionais, não previstos no número anterior, determina-se por:

$$Rf = Ra + Vai \cdot \frac{0,08}{12}.$$

9. Da correcção prevista neste artigo não pode resultar diminuição de renda, caso em que se mantém a renda actual.

10. Para efeito do cálculo do valor *Rf* previsto nos n.ºs 2 a 8 ao factor *Voi* aplica-se, em quaisquer circunstâncias, o disposto nos n.ºs 3 e 4 do artigo 6.º.

ARTIGO 13.º
Comunicação do início das obras, actualização das rendas e recurso

1. O senhorio deve comunicar aos arrendatários, por carta registada, com aviso de recepção e no prazo de 30 dias após receber a comunicação referida no artigo 10.º, n.º 2, e em conformidade com o aprovado pelo IGAPHE e pela respectiva câmara municipal, o seguinte:

a) Cópia da descrição dos diversos trabalhos a efectuar e correspondente orçamento, discriminado pelo respectivo fogo e partes comuns do edifício;

b) Data prevista para o início das obras e sua duração;

Parte IV – Anexos – Legislação Revogada e Legislação Subsidiária do NRAU

c) Descrição do cálculo da actualização da respectiva renda, de acordo com o artigo 12.º, informando que cabe recurso desse cálculo no prazo assinalado no n.º 2 do presente artigo, para uma comissão especial e desta para o tribunal de comarca.

2. O senhorio ou o arrendatário quando não concordarem com os valores dos factores, coeficientes, áreas ou outras que serviram de base ao cálculo da actualização da respectiva renda podem requerer, no prazo de 60 dias após a comunicação referida no n.º 1, a fixação da renda por comissão especial e recorrer desta para o tribunal de comarca nos termos previstos para a fixação da renda condicionada, tendo os respectivos recursos efeito meramente devolutivo, cabendo ainda recurso directamente para o tribunal de comarca no caso previsto no n.º 4 do artigo 9.º.

3. A câmara municipal enviará ao IGAPHE a declaração para efeitos do disposto no n.º 4 do artigo 10.º, remetendo simultaneamente cópia da mesma ao requerente.

4. Após ter recebido cópia da declaração referida no número anterior o senhorio enviará cópia da mesma aos arrendatários por carta registada com aviso de recepção.

5. O novo valor das rendas referido no n.º 2 do artigo 10.º é devido no mês seguinte ao envio da comunicação referida no número anterior.

6. Quando as câmaras municipais ou os arrendatários se substituam aos senhorios na realização das obras nos termos do n.º 2 do artigo 2.º, as comunicações a que se referem os n.ºs 1 e 4 deverão ser feitas pela câmara municipal, incluindo a efectuada ao senhorio.

7. A falta de comunicação referida no n.º 1 ou a inobservância dos termos ali previstos tem como efeito que o novo valor da renda só seja devido no ano seguinte à respectiva efectivação.

8. Os arrendatários dos prédios onde sejam realizadas obras que possam originar aumentos de renda nos termos do artigo 38.º do RAU têm a qualidade de interessados para efeitos do artigo 61.º do Código do Procedimento Administrativo com âmbito restrito ao respectivo fogo e partes comuns, podendo requerer à respectiva câmara municipal, nomeadamente, os elementos referidos no artigo 8.º.

ARTIGO 14.º
Ónus de inalienabilidade e registo

1. O prédio ou suas fracções autónomas que tenham sido objecto de obras de conservação ou de beneficiação realizadas pelas câmaras municipais em substituição dos respectivos senhorios ou proprietários, nos termos legais, ape-

Anexo VII – Recria

nas podem ser alienados após o integral reembolso à câmara municipal das despesas efectuadas e respectivos juros, acrescido de 10% para encargos gerais de administração.

2. O disposto no número anterior não obsta à transmissão do prédio por morte do senhorio ou do proprietário e dos seus sucessores.

3. A inalienabilidade prevista no n.º 1 está sujeita a registo predial, de cuja inscrição deverá constar o montante total das quantias em dívida à câmara municipal pelo senhorio ou proprietário.

4. O registo e o seu cancelamento serão requeridos pela câmara municipal, com isenção de quaisquer encargos.

5. O cancelamento do registo deverá ser requerido no prazo de oito dias após o acto de quitação da totalidade do valor ou da última prestação em dívida.

6. Sem prejuízo do disposto no n.º 1, poderão os senhorios ou proprietários alienar os respectivos prédios ou suas fracções autónomas desde que, no acto de celebração da escritura de compra e venda, o adquirente proceda ao pagamento de todos os montantes em dívida ao município.

ARTIGO 15.º
Protocolo de adesão

1. Os municípios devem celebrar com o IGAPHE protocolos de adesão ao RECRIA, visando definir a sua articulação para efeitos de instrução e de deferimento de pedidos de comparticipação, acompanhamento das obras e pagamento das compm1icipações.

2. O INH pode igualmente celebrar protocolos com as câmaras municipais para definir a articulação de procedimentos e de apoio entre eles para efeito da concessão de empréstimos por aquele Instituto ao abrigo do presente diploma.

ARTIGO 16.º
Garantia dos empréstimos

1. Os empréstimos concedidos ao abrigo do presente diploma são preferencialmente garantidos por hipoteca constituída sobre o prédio ou fracções objecto das obras financiadas.

2. Os actos notariais e de registo relativos à hipoteca referida no número anterior são isentos de taxas e emolumentos, com excepção dos emolumentos pessoais e das importâncias afectas à participação emolumentar devida aos notários, conservadores e oficiais do registo e notariado pela sua intervenção nos actos.

Parte IV – Anexos – Legislação Revogada e Legislação Subsidiária do NRAU

ARTIGO 17.º
Norma revogatória

São revogados os Decretos-Leis n.ºs 197/92, de 22 de Setembro, e 104/96, de 31 de Julho.

ARTIGO 18.º
Entrada em vigor

O presente diploma entra em vigor 30 dias após a sua publicação.

REGIME DE CÁLCULO DE COMPARTICIPAÇAO A FUNDO PERDIDO A ATRIBUIR NO ÂMBITO DO PROGRAMA "RECRIA"

PORTARIA N.º 56-A/2001, DE 29 DE JANEIRO

A recuperação do parque habitacional degradado, que se reconhece de premente necessidade, exige, face aos números e indicadores disponíveis no sector da habitação, a transição para um tipo de intervenção diferente daquela tradicionalmente seguida no passado, criando-se agora as condições para um efectivo alargamento do número de intervenções de reabilitação e recuperação urbana, assegurando-se uma maior eficiência e equilíbrio dos diferentes interesses em presença.

Tal objectivo só poderá ser atingido não apenas com um deliberado empenhamento político, técnico e administrativo, mas também financeiro.

Todavia, toma-se necessário, por razões de transparência, equidade e justiça social, que as regras de concessão das comparticipações a fundo perdido a atribuir pela administração central e local sejam compreensivas e claras variando de acordo con1 os diferentes regimes de ocupação vigentes nos prédios, permitindo aos proprietários uma recuperação sustentada do investimento realizado.

Assim:

Manda o Governo, pelos Ministros do Equipamento Social e das Finanças, nos termos e em execução do disposto no n.º 2 do artigo 6.º do Decreto-Lei n.º 329-C/2000, de 22 de Dezembro, o seguinte:

1.º

O valor da comparticipação a fundo perdido a conceder pela administração central e local é o que resulta da aplicação da seguinte fórmula:

$$Cg = Vgo - Vr$$

Parte IV – Anexos – Legislação Revogada e Legislação Subsidiária do NRAU

em que:

Cg = comparticipação global, por imóvel, em euros;

Vgo = valor global das obras a executar no imóvel, em euros;

Vr = valor a abater ao valor global das obras e que corresponde ao somatório do valor *(Vri)*, calculado, individualmente, para cada um dos fogos nos termos dos números seguintes.

2.º

O *Vri* por fogo determina-se em função do valor das obras *(Voi)* correspondentes ao respectivo fogo, dos valores da respectiva renda *(RI, Ra, Ref e Rea)* e dos coeficientes e fórmulas constantes dos números seguintes, em que:

Voi = valor das obras correspondentes ao fogo, em euros;

Rf = renda mensal a pagar pelo arrendatário após a actualização resultante da operação de recuperação, em euros;

Ra = renda mensal actual, em euros;

Ref = renda condicionada final que corresponde à renda condicionada mensal considerando o estado de conservação, conforto e vetustez, resultante da execução das obras, em euros;

Rca = renda condicionada actual que corresponde à renda condicionada mensal no estado actual do fogo, sem considerar as obras a efectuar, em euros.

3.º

Nos fogos arrendados para habitação, anteriormente à entrada em vigor do Decreto-Lei n.º 321-B/90, de 15 de Outubro, determina-se por:

$$Vri = (Rf - Ra) \times 66$$

4.º

Nos fogos arrendados para habitação, posteriormente a entrada em vigor do Decreto-Lei n.º 321-B/90, de 15 de Outubro, em renda livre, determina-se por:

$$Vri = (Rf - Ra) \times 66$$

sendo que quando o *Ra* for superior à *Rca* se adopta o valor desta.

5.º

Nos fogos arrendados para habitação, posteriormente à entrada em vigor do Decreto-Lei n.º 321-B/90, de 15 de Outubro, em renda condicionada ou fixada nos termos do artigo 87.º do RAU determina-se por:

$$Vri = (Rf - Ra) \times 66$$

6.º

Nos fogos arrendados para habitação, com renda fixada nos termos do artigo 89.º-B do RAU determina-se por:

$$Vri = (Rf - Ra) \times 66$$

sendo que quando o Ra for superior à Rca se adopta o valor desta.

7.º

Nos fogos arrendados para habitação, com renda fixada nos termos do artigo 92.º do RAU determina-se por:

1) No caso de o período probatório de renda condicionada ser de cinco anos:

$$Vri = (Rf - Ra) \times 40 + (2Rcf - Ra) \times 24$$

2) No caso de o período obrigatório de renda condicionada ser de quatro anos:

$$Vri = (Rf - Ra) \times 36 + (2Rcf - Ra) \times 30$$

3) No caso de o período obrigatório de renda condicionada ser de três anos:

$$Vri = (Rf - Ro) \times 27 + (2Rc\,f- Ra) \times 35$$

4) No caso de o período obrigatório de renda condicionada ser de dois anos:

$$Vri = (Rf - Ra) \times 19 + (2Rcf - Ra) \times 47$$

5) No caso de o período obrigatório de renda condicionada ser de um ano:

$$Vri = (Rf - Ra) \times 10 + (2Rcf - Ra) \times 56$$

8.º

Nos fogos devolutos independentemente do uso, determina-se por:

$$Vri = Rcf \times 132$$

9.º

Nos fogos para habitação ou não habitacionais, ocupados permanentemente pelos senhorios, determina-se por:

$$Vri = (Rcf - Rca) \times 222$$

Parte IV – Anexos – Legislação Revogada e Legislação Subsidiária do NRAU

10.º

Nos fogos arrendados para fins não habitacionais, com rendas actualizadas ou ajustadas nos termos do artigo 4.º do Decreto-Lei n.º 330/81, de 4 de Dezembro, ou com contrato posterior à entrada em vigor daquele diploma, determina--se por:

$$Vri = (Rf - Ra) \times 66$$

sendo que quando o *Ra* for superior à *Rca* se adopta o valor desta.

11.º

Nos fogos arrendados para fins não habitacionais, COITI contrato anterior à entrada em vigor do Decreto-Lei n.º 330/81 de 4 de Dezembro, e cujas rendas não tenham sido ajustadas ou actualizadas nos termos daquele diploma, determina-se por:

$$Vri = (Rf - Ra) \times 66$$

PROTOCOLO PARA REALOJAMENTO DE FAMÍLIAS A RESIDIREM EM HABITAÇÕES PRECÁRIAS (DE 17 DE DEZEMBRO DE 2003)

Protocolo

Parceria entre Fundos de Investimento Imobiliário e Municípios para o realojamento de famílias a residirem em habitações precárias

O direito à habitação é um conceito cuja importância está bem patente no texto da Constituição da República Portuguesa, pelo que cumpre ao Estado estimular a construção privada com subordinação ao interesse geral de forma a prover a todos os Portugueses, o acesso a uma habitação condigna.

Assim, o Estado deve adoptar uma política tendente a promover no mercado a oferta de habitações com rendas compatíveis com o rendimento médio do trabalho das famílias portuguesas.

Mas a definição das políticas públicas tendentes ao cumprimento daquelas obrigações constitucionais, devem seguir uma orientação económica com vista a uma boa racionalização dos recursos disponíveis existentes, no respeito pela boa gestão e correcta aplicação dos dinheiros públicos.

É neste pressuposto que a alteração da política de habitação que está em curso, está a ser definida tendo em conta a realidade do parque habitacional do País bem como do seu estado de conservação e utilização.

De acordo com o Census de 2001, Portugal necessita ainda de prover alojamento a cerca de 29.000 famílias. Contudo isto não significará a necessidade de 29.000 novas casas, já que também de acordo com o Census existem cerca de meio milhão de alojamentos vagos.

O XV Governo pretende orientar a sua política de habitação através da reabilitação urbana e da promoção do arrendamento em divergência com a

Parte IV – Anexos – Legislação Revogada e Legislação Subsidiária do NRAU

política seguida nos últimos anos de promoção de construção nova e estímulo à aquisição de casa própria, com as consequências negativas que todos conhecemos.

A política de realojamento dos últimos anos foi executada por recurso exclusivo à construção nova, promovida pelas Autarquias Locais e apoiada em cerca de 50% pelo Estado.

A Secretária de Estado da Habitação entende que há outras oportunidades de financiamento para as operações de realojamento, desde que sejam criadas as condições de rendibilidade e segurança adequadas de forma a que os agentes privados encontrem na habitação social um veículo de aplicação de capital suficientemente atractivo.

Assim e tendo como objectivo impulsionar a política de realojamento Nacional, o Governo incluiu no Orçamento de Estado de 2004 um benefício fiscal que isenta as operações de investimento em habitação a custos controlados realizadas pelos Fundos de Investimento Imobiliário nacionais, da aplicação da taxa liberatória sobre os rendimentos prediais e mais-valias.

Pelo exposto e considerando que:

É competência da Secretária de Estado da Habitação a definição das políticas de habitação e de realojamento;

É competência dos Municípios Portugueses e do Instituto Nacional da Habitação a execução da política de habitação, no âmbito das orientações definidas pela Administração Central;

E

Considerando que a Associação Portuguesa das Sociedades Gestoras de Patrimónios e de Fundos de Investimento (APFIN) representa actualmente a maioria dos Fundos de Investimento registados na CMVM.

O Ministério das Obras Públicas Transportes e Habitação, aqui representado por sua Excelência a Secretária de Estado da Habitação, Doutora Maria do Rosário da Silva Cardoso Águas;

O Instituto Nacional de Habitação, designado abreviadamente por INH, aqui representado pelo Presidente do Conselho Directivo, Senhor Engenheiro José Teixeira Monteiro;

A Associação Portuguesa das Sociedades Gestoras de Patrimónios e de Fundos de Investimento, designada abreviadamente por APFIN, aqui representada pelo Presidente da Direcção, Doutor Manuel Duarte Emauz de Vasconcelos Guimarães;

Celebram o presente protocolo, que se rege nos termos e condições constantes das cláusulas seguintes:

Anexo VII – Protocolo para Realojamento de Famílias ...

PRIMEIRA
Enquadramento

1. O presente protocolo visa definir os termos da colaboração entre o INH e a APFIN para, no exercício das respectivas áreas de conhecimento e competência, estudarem e projectarem um modelo operativo, que permita a execução de habitações de custos controlados por recurso a capitais captados através de Fundos de Investimento Imobiliário registados na CMVM ou em autoridade análoga de países da União Europeia.

2. O estudo e o modelo operativo resultante da colaboração definida nos termos do presente Protocolo definirá a forma de aquisição, pelos Fundos de Investimento Imobiliário, de habitações já construídas ou a construir, bem como as condições que regularão os respectivos contratos de arrendamento.

3. O Instituto Nacional de Habitação será a entidade coordenadora e fiscalizadora das operações, bem como regulará as relações e procedimentos a instituir entre os vários agentes económicos envolvidos na operação.

SEGUNDA
Objecto

O estudo, objecto do presente Protocolo, deverá produzir um conjunto de orientações para a definição dos deveres e obrigações de cada entidade bem como o levantamento exaustivo dos documentos e procedimentos técnico-jurídicos necessários à construção do modelo financeiro que se pretende desenvolver. Como exemplo referem-se algumas das matérias sobre as quais o estudo deve incidir:

a) Enquadramento legal da operação no que diz respeito à modalidade de concepção, preparação, forma de selecção e de adjudicação a fundos de investimento imobiliário;

b) Fiscalização, modificação, e acompanhamento global da operação;

c) Impacto económico e financeiro da operação;

d) Determinação dos termos contratuais que regerão as relações entre os Fundos, os Promotores, os Municípios e o INH;

e) Definição dos termos necessários a que se privilegie a utilização de fogos vagos ou devolutos quando existam no perímetro municipal respectivo;

f) Definição dos deveres e obrigações dos parceiros da operação no respeitante à manutenção e conservação de edifícios;

g) Compatibilização do enquadramento jurídico e legislativo da operação com a legislação aplicável no âmbito da renda apoiada;

Parte IV – Anexos – Legislação Revogada e Legislação Subsidiária do NRAU

h) Determinação de uma renda (yield) de referência, ou de intervalos de renda, que servirá de base ao contrato de arrendamento, bem como cálculo da forma para a sua revisão;

i) Condições para a alienação das habitações após o decurso de determinado prazo.

TERCEIRA
Obrigações

A APFIN compromete-se a disponibilizar ao INH todas as informações relevantes, e respectivas projecções que as Associadas queiram fornecer e que permitam prever a capacidade de captação de meios financeiros necessários à execução da política de habitação do Governo.

QUARTA
Obrigações

A APFIN compromete-se a colaborar com o INH na definição técnico-jurídica da operação bem como na do enquadramento legal e contratual necessário à concretização da operação entre os diversos agentes económicos envolvidos, ou sejam os Municípios, Fundos de Investimento Imobiliário, Instituto Nacional de Habitação e Promotores Imobiliários.

QUINTA
Obrigações

A APFIN compromete-se a divulgar os termos do presente protocolo a todas as suas associadas bem como a todas as instituições que no mercado se dedicam a actividade compatível e se encontrem abrangidas pela supervisão da CMVM e ainda de instituições submetidas a supervisão de autoridade análoga de países da União Europeia, a seu pedido.

SEXTA
Obrigações

O INH compromete-se a divulgar os termos e objectivos do presente protocolo à Associação Nacional de Municípios Portugueses bem como a todas as entidades a quem compete nos termos da lei a realização de operações de realojamento.

Anexo VII – Protocolo para Realojamento de Famílias ...

SÉTIMA
Equipa de Trabalho

A equipa de trabalho será constituída por cinco elementos, sendo dois designados pelo INH, dois designados pela APFIN e um nomeado pela Secretária de Estado da Habitação.

OITAVA
Prazo

O INH e APFIN comprometem-se a apresentar à Secretaria de Estado da Habitação num prazo de 30 dias o estudo objecto do presente protocolo.

Assinado em Lisboa, no Salão Nobre do Ministério das Obras Públicas, Transportes e Habitação, em quadruplicado, no dia 17 de Dezembro de dois mil e três.

A Secretária de Estado da Habitação
(Maria do Rosário da Silva Cardoso Águas)

Pelo Instituto Nacional de Habitação
(José Teixeira Monteiro)

Pela APFIN (Associação Portuguesa das Sociedades Gestoras de Patrimónios e de Fundos de Investimento)
(Manuel Duarte Emaúz de Vasconcelos Guimarães)

REGIME EXCEPCIONAL DE REABILITAÇÃO URBANA PARA AS ZONAS HISTÓRICAS E ÁREAS CRÍTICAS

DECRETO-LEI N.º 104/2004, DE 07 DE MAIO

A degradação das condições de habitabilidade, de salubridade, de estética e de segurança de significativas áreas urbanas do País impõe uma intervenção do Estado tendente a inverter a respectiva evolução.

A par das áreas críticas de recuperação e reconversão urbanística, conceito legalmente já definido, merecem uma atenção particular as zonas urbanas históricas, cujas conservação, recuperação e readaptação constituem um verdadeiro imperativo nacional.

Através do presente diploma é criado um regime jurídico excepcional de reabilitação das referidas áreas, em obediência a diversos princípios, que importa explicitar.

O primeiro princípio é o de que, no quadro dos poderes públicos, a responsabilidade pelo procedimento de reabilitação urbana cabe, primacialmente, a cada município.

Neste sentido, é concedida aos municípios a possibilidade de constituírem sociedades de reabilitação urbana às quais são atribuídos poderes de autoridade e de polícia administrativa como os de expropriação e de licenciamento.

O segundo princípio é o da necessidade de conceder aos poderes públicos meios efectivos de intervenção.

Para tanto, são criadas as referidas sociedades de reabilitação urbana, instrumento empresarial por via do qual se promoverá, mediante decisão dos órgãos dos municípios, o procedimento de reabilitação urbana.

O terceiro princípio é o do controlo por parte dos poderes públicos de todo o procedimento de reabilitação.

Parte IV – Anexos – Legislação Revogada e Legislação Subsidiária do NRAU

Para o efeito, o regime agora criado mantém sempre sob o domínio e iniciativa dos municípios, ou da empresa que para o efeito constituírem, todos os passos que o procedimento de reabilitação implica.

O quarto princípio é o da ponderação dos direitos e obrigações dos proprietários e do equilíbrio na protecção dos direitos dos arrendatários.

Desde logo, é reafirmado o princípio geral de que é aos proprietários que cabe promover a reabilitação dos seus imóveis.

Por outro lado, é concedido aos proprietários o direito, no quadro do documento estratégico de intervenção definido pelos poderes públicos, de solicitarem que o próprio município ou a empresa constituída para o efeito proceda às obras programadas, sem que o seu direito de propriedade seja posto em causa. Admite-se, inclusivamente, que o município ou a empresa criada para o efeito habilite os proprietários, mediante contrato, a realizarem as obras directamente e por sua própria conta.

Na hipótese de os proprietários não exercerem este seu direito, e de os seus prédios virem a ser expropriados, beneficiarão ainda do direito de preferência caso o imóvel de que eram proprietários, depois de reabilitado, seja colocado à venda.

Foi ainda considerada a situação de parte dos proprietários abrangidos aceitarem as condições de reabilitação definidas e outros não.

Nesta eventualidade, os primeiros terão a oportunidade de manter a propriedade do imóvel, suportando os custos em que se incorra com a reabilitação.

No que respeita aos arrendatários, reforçaram-se os seus direitos em caso de expropriação, prevendo o direito de suspensão do contrato e de reocupação do imóvel, bem como o direito de preferência em caso de novo arrendamento.

O quinto princípio é o do incentivo económico à intervenção dos promotores privados no processo de reabilitação.

Neste âmbito, criou-se um quadro de referência para um contrato de reabilitação urbana, a celebrar entre o município, ou a sociedade de reabilitação urbana constituída para o efeito, e os promotores privados, nos termos do qual as partes, dotadas de uma quase plena liberdade negocial, ajustarão os termos em que o promotor privado procederá às operações de reabilitação urbana.

Salvaguardou-se, por razões imperiosas de transparência, a escolha do promotor privado por concurso público, deixando-se a cada município e para cada situação uma margem muito ampla de fixação dos critérios de contratação.

O sexto princípio é o da celeridade procedimental e da certeza quanto ao tempo de duração dos procedimentos, enquanto elementos essenciais ao empenhamento dos agentes económicos.

Anexo VII – Regime Excepcional de Reabilitação Urbana para as Zonas Históricas ...

Neste sentido, é de sublinhar que, face ao regime geral do Código do Procedimento Administrativo, alguns procedimentos são simplificados, os prazos legais são reduzidos, recorre-se em todas as situações ao instituto do deferimento tácito e, como já se referiu, a autoridade pública de reabilitação dispõe sempre do domínio e iniciativa dos procedimentos.

O procedimento de reabilitação urbana agora legalmente disciplinado visa concertar o imperativo público da reabilitação com os interesses sociais e, até, de teor humanitário que esta operação envolve.

A articulação deste regime com a nova lei do arrendamento, com os incentivos concedidos pelo Governo e com a possibilidade de o Estado celebrar contratos-programa com os municípios constituirá um factor acrescido de sucesso daquela concertação de interesses.

Foram ouvidos os órgãos de governo próprio das Regiões Autónomas e a Associação Nacional de Municípios Portugueses.

Assim:

No uso da autorização legislativa concedida pela Lei n.º 106/2003, de 10 de Dezembro, e nos termos da alínea b) do n.º 1 do artigo 198.º da Constituição, o Governo decreta o seguinte:

CAPÍTULO I
Disposições gerais sobre reabilitação urbana

ARTIGO 1.º
Âmbito

1. O presente diploma regula o regime jurídico excepcional da reabilitação urbana de zonas históricas e de áreas críticas de recuperação e reconversão urbanística.

2. Para efeitos do número anterior, entende-se por «reabilitação urbana» o processo de transformação do solo urbanizado, compreendendo a execução de obras de construção, reconstrução, alteração, ampliação, demolição e conservação de edifícios, tal como definidas no regime jurídico da urbanização e da edificação, com o objectivo de melhorar as suas condições de uso, conservando o seu carácter fundamental, bem como o conjunto de operações urbanísticas e de loteamento e obras de urbanização que visem a recuperação de zonas históricas e de áreas críticas de recuperação e reconversão urbanística.

3. Consideram-se «zonas históricas» as como tal classificadas em plano municipal de ordenamento do território.

Parte IV – Anexos – Legislação Revogada e Legislação Subsidiária do NRAU

4. Na falta de plano municipal de ordenamento do território ou sendo este omisso, as zonas históricas são delimitadas por deliberação da assembleia municipal, mediante a aprovação de plano de pormenor nos termos do disposto nos n.ᵒˢ 1 e 2 do artigo 12.º do presente diploma.

5. As áreas críticas de recuperação e reconversão urbanística são as assim declaradas nos termos do artigo 41.º da Lei dos Solos, aprovada pelo Decreto-Lei n.º 794/76, de 5 de Novembro, na redacção em vigor.

6. As operações de reabilitação a efectuar nas zonas históricas e nas áreas críticas de recuperação e reconversão urbanística revestem-se, para todos os efeitos, de interesse público urgente.

7. Ficam excluídos do âmbito de aplicação do presente diploma os bens imóveis afectos a uso militar.

CAPÍTULO II
Sociedades de reabilitação urbana

ARTIGO 2.º
Sociedades de reabilitação urbana

1. Para promover a reabilitação urbana de zonas históricas e de áreas críticas de recuperação e reconversão urbanística, os municípios podem criar empresas municipais de reabilitação urbana nas quais detenham a totalidade do capital social.

2. Em casos de excepcional interesse público, a reabilitação urbana poderá competir a sociedades anónimas de capitais exclusivamente públicos com participação municipal e estatal.

3. Podem participar nas empresas referidas no número anterior os municípios, as pessoas colectivas da administração indirecta do Estado, quando devidamente autorizadas por despacho conjunto dos Ministros das Finanças e da tutela, e as pessoas colectivas empresariais do Estado.

ARTIGO 3.º
Direito aplicável

1. As empresas constituídas nos termos do presente diploma regem-se pelo regime das empresas municipais, constante da Lei n.º 58/98, de 18 de Agosto, ou pelo regime do sector empresarial do Estado, estabelecido pelo Decreto-Lei n.º 558/99, de 17 de Dezembro, consoante a maioria do capital social seja detido pelo município ou pelo Estado.

Anexo VII – Regime Excepcional de Reabilitação Urbana para as Zonas Históricas ...

2. Às referidas empresas é igualmente aplicável o regime jurídico especial em matéria de poderes de autoridade, de planeamento, de licenciamento e de expropriação fixado pelo presente diploma.

ARTIGO 4.º
Denominação

A denominação das empresas deve integrar a expressão «SRU – Sociedade de Reabilitação Urbana», doravante designadas por SRU.

ARTIGO 5.º
Objecto social

1. As SRU têm como objecto promover a reabilitação urbana das respectivas zonas de intervenção.

2. Do objecto social deverá constar a identificação da respectiva zona de intervenção e, no caso de empresas municipais, igualmente a referência ao município a que respeita.

ARTIGO 6.º
Competência

1. No âmbito de procedimentos de reabilitação urbana regulados por este diploma, compete às SRU:

a) Licenciar e autorizar operações urbanísticas;

b) Expropriar os bens imóveis e os direitos a eles inerentes destinados à reabilitação urbana, bem como constituir servidões administrativas para os mesmos fins;

c) Proceder a operações de realojamento;

d) Fiscalizar as obras de reabilitação urbana, exercendo, nomeadamente, as competências previstas na secção V do capítulo III do regime jurídico da urbanização e da edificação, aprovado pelo Decreto-Lei n.º 555/99, de 16 de Dezembro, na redacção em vigor, com excepção da competência para aplicação de sanções administrativas por infracção contra--ordenacional, a qual se mantém como competência do município;

e) Exercer as competências previstas na alínea *b)* do n.º 1 do artigo 42.º, no n.º 2 do artigo 44.º e no artigo 46.º, todos da Lei dos Solos.

2. Sem prejuízo do disposto no número seguinte, as atribuições e competências referidas nas alíneas *a)*, *b)*, *d)* e *e)* do número anterior consideram-se transferidas dos municípios para as SRU, que as exercerão em exclusivo, durante o procedimento de reabilitação urbana, nas respectivas zonas de intervenção.

Parte IV – Anexos – Legislação Revogada e Legislação Subsidiária do NRAU

3. Mantêm-se as competências dos órgãos autárquicos no que diz respeito a obras a executar nas zonas de intervenção antes da aprovação do documento estratégico, bem como, depois da aprovação deste documento, relativamente a obras que não se insiram no procedimento de reabilitação urbana.

ARTIGO 7.º
Zonas de intervenção

1. O acto ou contrato de constituição da empresa deve estabelecer os limites geográficos das respectivas zonas de intervenção sujeitas a reabilitação urbana.

2. Se depois da respectiva constituição o município pretender atribuir novas zonas de intervenção às SRU poderá fazê-lo através de deliberação da câmara municipal.

3. No caso de SRU detidas maioritariamente pelo Estado, a decisão a que se refere o número anterior compete, conjuntamente, aos Ministros das Finanças, das Obras Públicas, Transportes e Habitação e das Cidades, Ordenamento do Território e Ambiente, sob proposta da câmara municipal.

ARTIGO 8.º
Extinção

1. As SRU extinguem-se por deliberação da assembleia municipal, sob proposta da câmara municipal, no caso de empresas total ou maioritariamente detidas pelos municípios, ou por decisão conjunta dos Ministros das Finanças, das Obras Públicas, Transportes e Habitação e das Cidades, Ordenamento do Território e Ambiente.

2. A extinção referida no número anterior deve ocorrer sempre que estiver concluída a reabilitação urbana da zona de intervenção, revertendo os bens da empresa extinta para os seus accionistas na proporção das respectivas participações sociais.

CAPÍTULO III
Licenciamento e planos de pormenor

ARTIGO 9.º
Competência e isenção de licenciamento

1. As operações urbanísticas executadas pelas SRU, dentro da respectiva zona de intervenção, estão isentas dos procedimentos de licenciamento e auto-

Anexo VII – Regime Excepcional de Reabilitação Urbana para as Zonas Históricas ...

rização previstos no artigo 4.º do regime jurídico da urbanização e da edificação, carecendo os projectos de simples aprovação da câmara municipal, após audição das entidades exteriores ao município que, nos termos da lei, devam emitir parecer, autorização ou aprovação.

2. Tendo sido constituída a SRU, compete-lhe licenciar ou autorizar as operações de loteamento e as obras de construção executadas pelos proprietários ou por parceiros privados, nos termos definidos no artigo 6.º e sempre de acordo com o disposto no regime jurídico da urbanização e da edificação, bem como com o disposto no artigo seguinte.

ARTIGO 10.º
Procedimento especial de licenciamento ou autorização

1. As operações urbanísticas executadas pelos proprietários ou por parceiros privados estão sujeitas a autorização ou licença administrativa, consoante a área em questão esteja ou não abrangida por plano de pormenor.

2. No âmbito do procedimento de licenciamento há lugar a consulta, em simultâneo, às entidades que nos termos da lei se devam pronunciar, consulta essa cuja promoção deve ser efectuada pelo presidente do conselho de administração da SRU, ou pelo presidente da câmara municipal, no prazo máximo de cinco dias a contar da data do requerimento inicial, excepto se o interessado fizer prova da solicitação prévia dos pareceres, autorizações ou aprovações.

3. Os pareceres, autorizações ou aprovações das entidades consultadas devem ser recebidos pelo presidente do conselho de administração da SRU, pelo presidente da câmara municipal ou pelo interessado, consoante quem houver promovido a consulta, no prazo de 15 dias a contar da data da recepção do processo pelas referidas entidades, considerando-se haver concordância com a pretensão formulada se não forem recebidos dentro do mesmo prazo.

4. O presidente do conselho de administração da SRU ou o presidente da câmara municipal decide:

a) Sobre o procedimento de licenciamento, no prazo de 20 dias contados, consoante o caso, da data da recepção do requerimento inicial, quando previamente efectuadas as consultas, ou do último dos pareceres, autorizações ou aprovações emitidos pelas entidades referidas no n.º 2, ou ainda do termo do prazo para a recepção dos mesmos pareceres, autorizações ou aprovações;

b) Sobre o procedimento de autorização, no prazo de 10 dias contados, consoante o caso:

i) Da data da recepção do requerimento inicial, se o IPPAR tiver sido previamente consultado ou quando não haja lugar a consulta deste Instituto;

Parte IV – Anexos – Legislação Revogada e Legislação Subsidiária do NRAU

ii) Da data de recepção do parecer do IPPAR, ou ainda do termo do prazo para a recepção do mesmo parecer, nos casos de consulta obrigatória a este Instituto.

5. Todos os demais prazos aplicáveis previstos no regime jurídico da urbanização e da edificação são reduzidos para metade.

ARTIGO 11.º
Comissão especial de apreciação

1. Pode ser constituída junto de cada município ou SRU uma comissão especial de apreciação, composta pelas entidades que nos termos da lei se devem pronunciar sobre os pedidos de licenciamento, cujo parecer, assinado por todos os seus membros com menção expressa da respectiva qualidade, substitui, para todos os efeitos, os pareceres, autorizações e aprovações referidos no n.º 2 do artigo anterior.

2. O parecer considera-se favorável se não for emitido no prazo de 10 dias, devendo as entidades que se opõem ao pedido de licenciamento manifestar, por escrito e de forma fundamentada, ao presidente do conselho de administração da SRU ou ao presidente da câmara, a sua posição.

3. A promoção da constituição da comissão compete ao município ou à SRU, através de solicitação escrita dirigida ao presidente do órgão executivo das entidades competentes, ou ao dirigente máximo do serviço, no caso do Estado, para que indique o respectivo representante.

4. A competência atribuída por lei aos órgãos das diversas entidades que se devem pronunciar no âmbito dos procedimentos de licenciamento e autorização pode ser delegada em qualquer inferior hierárquico para efeitos do disposto no n.º 1 do presente artigo.

ARTIGO 12.º
Decisão sobre planos de pormenor

1. Sempre que tal seja necessário ou conveniente, nomeadamente face à natureza e dimensão das operações, compete à câmara municipal tomar a decisão de elaboração de um plano de pormenor com vista à realização das operações de reabilitação urbana.

2. Os planos de pormenor a que se refere o número anterior revestirão a modalidade simplificada prevista no n.º 2 do artigo 91.º do regime jurídico dos instrumentos de gestão territorial, estabelecido pelo Decreto-Lei n.º 380/99, de 22 de Setembro, na redacção em vigor.

Anexo VII – Regime Excepcional de Reabilitação Urbana para as Zonas Históricas ...

3. Sempre que a operação urbanística se insira em zona para a qual não existe plano de pormenor, caso tenha sido constituída SRU, esta deve notificar a câmara municipal para que se pronuncie sobre se entende conveniente ou necessária a elaboração de tal instrumento de gestão territorial.

4. Para efeitos do disposto no número anterior, da notificação deve constar o teor da deliberação sobre a unidade de intervenção, bem como, se for o caso, todos os elementos disponíveis relativos à intervenção que a SRU pretende que seja levada a efeito.

5. A câmara municipal deve responder no prazo de 20 dias, considerando-se que dispensa a elaboração de plano de pormenor se não se pronunciar dentro daquele prazo.

6. A câmara municipal poderá encarregar a SRU da execução técnica de planos de pormenor.

CAPÍTULO IV
Procedimento de reabilitação urbana a cargo de SRU

ARTIGO 13.º
Princípios gerais

1. A reabilitação urbana deverá ser prioritariamente levada a cabo pelos proprietários e demais titulares de direitos reais sobre os imóveis a recuperar.

2. As SRU deverão apoiar os proprietários na preparação e execução das acções de reabilitação.

3. As SRU deverão informar os proprietários, demais titulares de direitos reais e arrendatários sobre os respectivos direitos e deveres no processo de reabilitação urbana, nomeadamente sobre as eventuais comparticipações financeiras públicas ou bonificações de crédito a que os mesmos podem aceder.

ARTIGO 14.º
Definição das unidades de intervenção

1. A reabilitação urbana na zona de intervenção será realizada mediante a definição pela SRU de unidades de intervenção.

2. A unidade de intervenção corresponderá, regra geral, a um quarteirão, pátio ou rua, podendo em casos de particular interesse público corresponder a um edifício.

Parte IV – Anexos – Legislação Revogada e Legislação Subsidiária do NRAU

ARTIGO 15.º
Documento estratégico

1. Uma vez tomada a decisão relativamente à definição de uma concreta unidade de intervenção, e, se for o caso, aprovado o plano de pormenor nos termos do artigo 12.º, compete à SRU elaborar para a unidade em questão um documento estratégico, nos termos do número seguinte.

2. Constam do documento estratégico:

a) A definição dos edifícios a reabilitar e a extensão das intervenções neles previstas;

b) A indicação dos respectivos proprietários, demais titulares de direitos reais e arrendatários, nos termos do artigo 37.º do presente diploma;

c) Um projecto base de intervenção, no qual se descrevem as opções estratégicas em matéria de reabilitação, designadamente no que concerne a habitação, acessibilidades, equipamentos, infra-estruturas ou espaço público, quando a intervenção inclua estas áreas, explicando sumariamente as razões das opções tomadas de modo a reflectir a ponderação entre os diversos interesses públicos relevantes;

d) A planificação e estimativa orçamental das operações a realizar;

e) A indicação dos eventuais interessados em colaborar com os proprietários na recuperação dos imóveis.

3. Do documento estratégico fará ainda parte o auto de vistoria de cada uma das edificações, identificando o respectivo estado de conservação do ponto de vista da segurança, salubridade e estética.

4. Cumprido o disposto no artigo 12.º, a SRU poderá abrir concurso para apresentação de propostas de documento estratégico.

5. A totalidade dos proprietários em causa, directamente ou através de um promotor, poderá apresentar à SRU proposta de documento estratégico, cabendo àquela pronunciar-se sobre a proposta no prazo de 30 dias, sob pena de se considerar a mesma rejeitada.

6. A proposta, quando apresentada directamente pelos proprietários, deverá indicar o nome, morada e demais elementos de contacto de um único representante designado por aqueles, ao qual a SRU dirigirá as notificações e com o qual manterá os contactos que se mostrarem necessários.

7. A aprovação do documento estratégico, no quadro da situação prevista no n.º 5, não dispensa a celebração entre os particulares ou o promotor e a SRU do contrato previsto no n.º 1 do artigo 18.º do presente diploma.

8. O documento estratégico deve ter em conta os direitos adquiridos através de licenças ou autorizações eficazes.

Anexo VII – Regime Excepcional de Reabilitação Urbana para as Zonas Históricas ...

9. Depois de aprovado, o documento estratégico poderá vir a ser alterado por motivo de interesse público superveniente, devendo essa alteração respeitar o disposto nos artigos 16.º e 17.º, com as devidas adaptações.

10. A vistoria referida no n.º 3 do presente artigo deverá ser realizada pela SRU ou por entidade por esta aceite.

ARTIGO 16.º
Participação dos interessados na elaboração do documento estratégico

1. Quando o documento estratégico for elaborado sem recurso ao disposto nos n.ºs 5 e 6 do artigo anterior, deve a SRU garantir o direito de participação dos interessados no procedimento de elaboração daquele documento.

2. Para os efeitos do disposto no número anterior, a SRU deverá comunicar publicamente a conclusão da elaboração de um projecto base de documento estratégico através da afixação de avisos em todos os edifícios integrados na unidade de intervenção.

3. Os interessados poderão, durante o prazo de 20 dias contados da afixação dos avisos, apresentar à SRU as sugestões e críticas que entenderem, devendo esta facultar-lhes para consulta o projecto base e todos os elementos relevantes relativos ao mesmo.

ARTIGO 17.º
Notificação aos proprietários e sujeição a registo

1. Excepto na situação prevista no n.º 5 do artigo 15.º, uma vez concluída a elaboração do documento estratégico, a SRU deverá notificar os proprietários, demais titulares de direitos reais conhecidos e arrendatários da decisão referida no artigo 15.º, bem como do conteúdo daquele documento, e promover a dinamização do processo com vista à assunção pelos proprietários da responsabilidade de reabilitação.

2. Relativamente àqueles para cuja propriedade esteja prevista a expropriação no documento estratégico, nomeadamente por o espaço em questão se destinar a arruamentos ou equipamentos públicos, a SRU deverá de imediato dar início às negociações de aquisição da propriedade apresentando a respectiva proposta.

3. A notificação a que se refere o n.º 1 processa-se através de carta registada a enviar no prazo máximo de cinco dias depois de concluído o documento estratégico.

4. Sem prejuízo do disposto no artigo 37.º, caso sejam desconhecidos a identificação ou o paradeiro de algum dos proprietários ou titulares de direitos

Parte IV – Anexos – Legislação Revogada e Legislação Subsidiária do NRAU

reais, procede-se à citação edital no próprio prédio, pelo prazo de 15 dias, e faz--se publicar anúncio com o mesmo conteúdo do edital num jornal de grande circulação nacional.

5. O acto de aprovação do documento estratégico fica sujeito a registo, competindo à SRU pedir a sua inscrição no registo predial de cada um dos prédios abrangidos.

ARTIGO 18.º
Procedimento por via de acordo

1. Na sequência da notificação do documento estratégico, os proprietários de um mesmo edifício poderão:

a) Assumir directamente a reabilitação do edifício, estabelecendo com a SRU um contrato em que se fixem prazos, quer para a sujeição das obras a autorização ou licença administrativa quer para a execução das mesmas;

b) Acordar com a SRU os termos da reabilitação do seu edifício, encarregando aquela de proceder a essa reabilitação, mediante o compromisso de pagamento das obras acrescido de comissão de gestão a cobrar pela SRU e das demais taxas devidas nos termos da lei.

2. No caso de as obras a realizar respeitarem a partes comuns do edifício, o acordo dos proprietários será prestado pela assembleia de condóminos, nos termos da lei, sem prejuízo do prazo previsto no artigo seguinte.

3. Para os efeitos do disposto na alínea *b)* do n.º 1 do presente artigo, a SRU enviará a cada proprietário uma proposta de contrato, bem como a menção de disponibilidade para dar início imediato às negociações.

4. O valor das obras referidas na alínea *b)* do n.º 1 do presente artigo deve corresponder a valores razoáveis de mercado e a comissão de gestão deve ser calculada tendo em vista o equilíbrio orçamental da SRU e não objectivos lucrativos.

ARTIGO 19.º
Prazo

1. O acordo dos proprietários a que se refere o artigo anterior deve ser prestado no prazo máximo de 60 dias contado da data em que a notificação do documento estratégico se considera efectuada, prorrogável por decisão da SRU.

2. O silêncio equivale a falta de acordo.

Anexo VII – Regime Excepcional de Reabilitação Urbana para as Zonas Históricas ...

ARTIGO 20.º
Intervenção forçada

1. Na falta do acordo de todos os proprietários sobre a reabilitação da sua fracção, ou de deliberação favorável da assembleia de condóminos quanto à reabilitação das partes comuns, a SRU toma directamente a seu cargo a tarefa de reabilitação do edifício ou de parte deste, conforme o disposto no número seguinte, devendo para o efeito adquirir a propriedade daqueles que não consentiram na reabilitação, ou, se necessário, do edifício, quando se trate da reabilitação de partes comuns.

2. No caso previsto no número anterior, os proprietários que pretendam colaborar na reabilitação da sua fracção deverão:

a) Celebrar um contrato com a SRU, ou com a empresa prevista no artigo 31.º, mediante o qual esta se encarregará de proceder à reabilitação da sua fracção;

b) Proceder eles mesmos às obras na sua fracção, celebrando para o efeito um contrato com a SRU, no qual se comprometam a cumprir prazos e prestem garantias adequadas.

3. Caso os acordos a que se refere o número anterior não sejam obtidos no prazo de 30 dias a contar do termo do prazo previsto no artigo 19.º, o município ou a SRU poderá proceder à expropriação do imóvel ou fracção.

4. O disposto no presente artigo aplica-se, com as necessárias adaptações, aos edifícios não afectos ao regime da propriedade horizontal.

ARTIGO 21.º
Expropriação por utilidade pública

1. Caso tal se revele necessário, a SRU procederá à expropriação dos imóveis ou fracções a reabilitar nos termos do Código das Expropriações, aprovado pela Lei n.º 168/99, de 18 de Setembro, com as especificidades previstas neste diploma.

2. Os expropriados gozam de todos os direitos e garantias consagrados no Código das Expropriações, salvo os que sejam expressamente afastados por este diploma.

3. Sem prejuízo do disposto no n.º 2 do artigo 13.º do Código das Expropriações, são consideradas de utilidade pública as expropriações dos imóveis e direitos a eles relativos para a execução das operações de reabilitação urbana previstas neste diploma.

4. A propriedade dos imóveis expropriados será adquirida pela SRU.

Parte IV – Anexos – Legislação Revogada e Legislação Subsidiária do NRAU

ARTIGO 22.º
Servidões

1. Podem ser constituídas as servidões necessárias à reinstalação e funcionamento das actividades localizadas nas zonas de intervenção.

2. No caso de tal se revelar necessário, à constituição das servidões aplica-se o regime previsto no Código das Expropriações, para a expropriação por utilidade pública.

ARTIGO 23.º
Posse administrativa

As expropriações previstas neste diploma têm carácter de urgência, podendo a SRU tomar posse administrativa imediata do bem expropriado.

ARTIGO 24.º
Indemnização

1. No cálculo do montante das indemnizações seguem-se os critérios previstos nos artigos 23.º e seguintes do Código das Expropriações, com as especificidades constantes do presente artigo.

2. O montante da indemnização calcula-se com referência à data da declaração de utilidade pública e deve corresponder ao valor real e corrente dos imóveis expropriados no mercado, sem contemplação das mais-valias resultantes da reabilitação da zona de intervenção e do próprio imóvel.

3. Quando esteja em causa a expropriação de edifícios ou construções e respectivos logradouros, a justa indemnização deve corresponder ao valor da construção existente, atendendo-se, designadamente, aos elementos referidos no n.º 1 do artigo 28.º do Código das Expropriações e ao valor do solo com os edifícios ou construções nele implantados.

4. Para os efeitos do disposto na alínea *f*) do n.º 1 do artigo 28.º do Código das Expropriações, na expropriação de edifícios ou fracções com contratos de arrendamentos anteriores à entrada em vigor do Decreto-Lei n.º 321-B/90, de 15 de Outubro, na redacção em vigor, o valor a considerar é o das rendas a valores de mercado e não o das efectivamente recebidas pelo expropriado.

ARTIGO 25.º
Direito de preferência dos antigos proprietários

1. No momento da primeira alienação das fracções ou imóveis já reabilitados, os antigos proprietários dos bens expropriados terão direito de preferência.

Anexo VII – Regime Excepcional de Reabilitação Urbana para as Zonas Históricas ...

2. A entidade que pretenda vender o bem reabilitado deverá notificar o antigo proprietário da sua intenção, com indicação do preço proposto, por meio de carta registada com aviso de recepção, tendo aquele o prazo de oito dias para declarar se pretende readquirir o bem.

3. O preço proposto deve corresponder ao preço base pelo qual o bem será colocado no mercado, no caso de o antigo proprietário não exercer a preferência.

4. Caso, na sequência do não exercício do direito de preferência previsto nos números anteriores, a entidade expropriante apenas venha a encontrar comprador por um preço inferior ao preço base deverá novamente notificar o antigo proprietário, comunicando-lhe o projecto de venda e as cláusulas do respectivo contrato, para exercício de segundo direito de preferência, no prazo de oito dias.

5. O direito de preferência estabelecido neste artigo prevalece sobre o direito de preferência estabelecido na lei a favor do arrendatário na venda do local arrendado.

ARTIGO 26.º
Direitos dos arrendatários habitacionais

1. Sem prejuízo do disposto nos números seguintes, a expropriação faz caducar o arrendamento para habitação, aplicando-se o disposto no artigo 30.º do Código das Expropriações.

2. Para além do disposto no artigo 30.º do Código das Expropriações, e sem prejuízo de chegarem a acordo noutros termos com a SRU ou com o município, no caso de imóveis que não se destinem a ser demolidos durante a operação de reabilitação ou que, sendo demolidos, se destinem a ser reconstruídos, desde que, em ambas as situações, para eles esteja prevista a manutenção de fracções destinadas a habitação, os arrendatários têm ainda direito de:

a) Optar pela suspensão do contrato de arrendamento pelo período em que, por força das operações de reabilitação, não possam ocupar o imóvel, seguindo-se o regime de actualização de renda previsto no artigo seguinte;

b) Optar pela manutenção do contrato, com aumento de renda nos termos do artigo seguinte, no caso de não ser necessário desocupar a fracção durante as obras.

3. Findas as obras, os arrendatários que tenham optado pela suspensão do contrato têm direito de reocupar a respectiva fracção, ou, não havendo fracção que lhe corresponda na nova planta, outra no mesmo imóvel, ou no imóvel construído no mesmo local da unidade de intervenção de que a SRU ou o município sejam ou venham a ser proprietários por força da operação de reabilitação urbana, que satisfaça as necessidades do seu agregado.

Parte IV – Anexos – Legislação Revogada e Legislação Subsidiária do NRAU

4. Tendo presente o disposto no número anterior, no caso de o número de fogos do imóvel que se destina a habitação e de que a SRU ou o município sejam ou venham a ser proprietários na sequência da operação de reabilitação ser inferior ao número de arrendatários com o direito a que se refere o n.º 2, o direito à suspensão do contrato é conferido segundo o seguinte regime de prioridade:

a) Em primeira prioridade, os mais idosos;

b) Em igualdade de circunstâncias daqueles, os de rendimentos mais baixos;

c) Se a igualdade de circunstâncias se mantiver, os titulares de arrendamentos mais antigos.

5. Com a expropriação, a posição contratual dos senhorios nos contratos de arrendamento transmite-se para a SRU ou para o município.

6. A opção dos arrendatários a que se refere o n.º 2 deve ter lugar na fase de expropriação amigável, devendo a entidade expropriante informar os arrendatários expressamente dessa possibilidade e do respectivo prazo de exercício.

7. A SRU ou o município, se for o caso, devem assegurar o realojamento durante o período das obras daqueles arrendatários habitacionais que optem pela suspensão do contrato.

8. Para os efeitos de realojamento temporário, o município ou a SRU podem optar por instalar os arrendatários em unidades residenciais, podendo propor-lhes essa solução para efeitos do acordo a que se refere o n.º 2.

9. Por unidade residencial entende-se prédio urbano, ou parte dele, destinado ao alojamento em ambiente semi-independente, garantindo áreas independentes, designadamente quartos e instalações sanitárias, áreas independentes ou não para confecção de refeições, e partilha de algumas funções comuns, como a assistência e serviços.

10. O disposto no n.º 2 do presente artigo não se aplica aos arrendatários que disponham no mesmo concelho, ou em concelho limítrofe, de outra habitação que satisfaça adequadamente as necessidades de habitação do seu agregado.

ARTIGO 27.º
Regime especial de actualização de renda

1. No caso de os arrendatários previstos no artigo anterior optarem pela suspensão do contrato, a respectiva renda será actualizada, segundo critérios de mercado, até ao limite de:

a) 10% do rendimento líquido mensal do agregado familiar, caso este não exceda dois salários mínimos nacionais;

b) 15% do rendimento líquido mensal, nos restantes casos.

Anexo VII – Regime Excepcional de Reabilitação Urbana para as Zonas Históricas ...

2. O limite máximo a que se refere o número anterior será fixado pela SRU ou pelo município, com base nos valores de mercado apurados e nas declarações de IRS dos membros do agregado familiar do arrendatário relativas ao ano anterior ao da fixação da renda.

3. Caso o limite máximo a que se refere o n.º 1 seja inferior ao valor da renda já praticada não haverá lugar a actualização da renda.

4. Caso o arrendatário não forneça à SRU ou ao município os elementos a que se refere o n.º 2, no prazo que lhe for fixado, não inferior a 10 dias, considera-se que renunciou ao direito à manutenção ou suspensão do contrato.

5. Salvo acordo em contrário das partes, o valor fixado pela SRU ou pelo município passa a constituir o valor da renda, imediatamente aplicável no mês em que os arrendatários reocupem a fracção ou, no caso previsto na alínea *b)* do n.º 2 do artigo anterior, no mês seguinte ao da notificação do mesmo.

6. A decisão da SRU ou do município a que se refere o n.º 2 pode ser impugnada nos tribunais administrativos de círculo territorialmente competentes, de cuja sentença não cabe recurso.

7. As rendas fixadas nos termos deste artigo vigorarão, no mínimo, durante períodos de 12 meses, devendo os arrendatários apresentar anualmente à SRU, ou ao município, depois de extinta aquela, as declarações de IRS dos membros do respectivo agregado familiar para efeitos de eventual aumento de renda, no caso de, por aplicação do disposto no n.º 1 deste artigo, o valor desta passar a ser mais elevado.

ARTIGO 28.º
Direito de preferência dos arrendatários habitacionais

1. Os arrendatários habitacionais cujos contratos de arrendamento caduquem como consequência da expropriação têm direito de preferência em qualquer arrendamento que o proprietário pretenda celebrar até 18 meses a contar da emissão do alvará de utilização que tenha como objecto a respectiva fracção ou imóvel depois de reabilitado.

2. O direito de preferência referido no número anterior é extensível às situações em que, na sequência da reabilitação, à fracção anteriormente ocupada pelo arrendatário corresponda outra com a mesma localização na planta, ainda que com maior ou menor área, ou com diversa disposição interna.

3. A notificação para efeitos do exercício do direito de preferência é efectuada para a morada que o arrendatário tiver indicado à entidade expropriante, e o referido direito deve ser exercido no prazo de oito dias a contar da recepção da notificação.

Parte IV – Anexos – Legislação Revogada e Legislação Subsidiária do NRAU

ARTIGO 29.º
Direitos dos arrendatários não habitacionais

1. No caso de arrendamentos comerciais para cuja fracção esteja prevista a utilização comercial depois da operação de reabilitação urbana, o arrendatário tem o direito de optar entre a indemnização por caducidade do arrendamento e a reocupação da fracção nos termos de um novo contrato de arrendamento, mediante o pagamento de uma renda calculada com base em valores de mercado, sem prejuízo da indemnização pela interrupção da actividade durante o período de realização das operações de reabilitação.

2. Na falta de acordo, a renda a que se refere o número anterior será fixada por um tribunal arbitral necessário, cujo regime consta do artigo seguinte.

3. A opção a que se refere o n.º 1 deve ter lugar durante a fase de expropriação amigável.

4. Caso a decisão arbitral seja proferida em data posterior à da reocupação do imóvel ou fracção, a renda será devida desde a data da reocupação mas sobre os montantes já vencidos não incidirão quaisquer juros.

5. O disposto neste artigo aplica-se, com as necessárias adaptações, aos contratos de arrendamento para indústria, para o exercício de profissões liberais e para outros fins não habitacionais.

ARTIGO 30.º
Regras aplicáveis ao tribunal arbitral

1. O tribunal arbitral previsto no n.º 2 do artigo anterior é constituído por três árbitros.

2. A parte que pretende promover a arbitragem comunicará à outra parte, por correio registado ou telefax, o requerimento arbitral, do qual conste o valor da renda que considera adequada e os respectivos fundamentos de facto e de direito, bem como a nomeação de um árbitro.

3. A outra parte dispõe de 10 dias úteis para contestar, devendo indicar o valor da renda que considera adequado e os respectivos fundamentos de facto e de direito, bem como nomear um árbitro.

4. A falta de contestação no prazo previsto no número anterior equivale à confissão do pedido.

5. Caso a parte requerida recorra ao apoio judiciário na modalidade de nomeação de patrono, o prazo previsto no n.º 3 apenas começa a contar a partir da data da notificação ao patrono nomeado da sua designação, ou a partir da notificação ao requerente do pedido de nomeação de patrono da respectiva decisão de indeferimento.

Anexo VII – Regime Excepcional de Reabilitação Urbana para as Zonas Históricas ...

6. A não apresentação de requerimento para efeitos de apoio judiciário na modalidade de nomeação de patrono no prazo de 10 dias úteis a contar da data da notificação do requerimento arbitral equivale igualmente à confissão do pedido.

7. Os dois árbitros deverão, em 10 dias úteis, nomear, por acordo, um terceiro árbitro, que presidirá.

8. Caso no prazo previsto no número anterior não se verifique acordo entre os dois árbitros, estes deverão notificar as partes da falta de acordo, podendo qualquer delas, de imediato, requerer ao presidente do tribunal da relação da área do imóvel a nomeação do terceiro árbitro.

9. Constituído o tribunal, este fixará, ouvidas as partes, as regras processuais aplicáveis, tendo presente, nomeadamente, os princípios da descoberta da verdade material, do contraditório e da celeridade processual.

10. A decisão arbitral deve ser proferida no prazo de três meses a contar da constituição do tribunal, prazo este prorrogável pelo tribunal apenas em casos de absoluta necessidade.

11. Da decisão tomada pelo tribunal arbitral cabe recurso sobre matéria de direito para o tribunal da relação competente em função do lugar da situação do imóvel.

12. Cada parte suporta os custos com o árbitro que nomear e com o seu patrono, bem como os custos próprios com comunicações e produção de prova.

13. Aos demais custos, nomeadamente referentes aos honorários do terceiro árbitro e às despesas de instalação e funcionamento do tribunal, são aplicáveis as regras gerais sobre custas.

14. As partes podem, em alternativa, acordar em recorrer à mediação, a árbitro único ou a arbitragem institucionalizada para dirimir o litígio sobre o montante da renda.

ARTIGO 31.º
Contratos com parceiros privados

1. A SRU poderá celebrar contratos de reabilitação urbana com parceiros privados que se encarregarão de executar a reabilitação da unidade ou unidades de intervenção, ou de parte destas.

2. A escolha dos parceiros privados será feita através de concurso público, o qual deverá respeitar prazos adequados de apresentação das propostas e os demais princípios concursais.

3. Caso o concurso fique deserto, o contrato poderá ser celebrado por ajuste directo, desde que o seja em condições substancialmente idênticas às estabelecidas para efeitos de concurso.

Parte IV – Anexos – Legislação Revogada e Legislação Subsidiária do NRAU

4. Caso o processo de reabilitação em causa resulte de documento estratégico aprovado por via de concurso, nos termos do n.º 4 do artigo 15.º, no concurso previsto no presente artigo pode ser considerado como factor de preferência na selecção do concorrente vencedor, em caso de propostas que mereçam, à luz dos outros critérios, ponderação semelhante, o facto de ter vencido o anterior concurso.

ARTIGO 32.º
Intervenção directa da SRU

1. Competirá à SRU promover directamente a reabilitação urbana:
a) Nos casos em que opte por não celebrar contrato de reabilitação urbana;
b) Nos casos em que o concurso a que se refere o n.º 2 do artigo anterior fique deserto e não recorra ao ajuste directo previsto no n.º 3 do mesmo artigo.

2. Atendendo à urgência das intervenções, as SRU ficam isentas da aplicação do disposto no regime das empreitadas de obras públicas relativamente às empreitadas de valor inferior ao estabelecido para efeitos de aplicação da directiva da União Europeia relativa à coordenação de processos de adjudicação de obras públicas.

ARTIGO 33.º
Concurso público

Compete às SRU aprovar o programa de cada um dos concursos a que se refere o n.º 2 do artigo 31.º, devendo do mesmo constar, designadamente:
a) A identificação do objecto do concurso, incluindo a delimitação clara da área a reabilitar;
b) Os requisitos de admissão dos concorrentes no que respeita às exigências de idoneidade, habilitações profissionais e capacidades técnicas, económicas e financeiras mínimas;
c) Os prazos de prestação de esclarecimentos e de apresentação das propostas;
d) O modo de apresentação das propostas;
e) Os critérios de adjudicação e respectivas ponderações;
f) A existência, ou não, de uma fase de negociações com um ou mais candidatos;
g) O prazo durante o qual os concorrentes ficam obrigados a manter as suas propostas.

Anexo VII – Regime Excepcional de Reabilitação Urbana para as Zonas Históricas ...

ARTIGO 34.º
Contrato de reabilitação urbana

1. O parceiro privado escolhido celebrará com a SRU um contrato de reabilitação urbana, através do qual se obriga a proceder à reabilitação de unidade ou unidades de intervenção, ou de parte destas.

2. Pode o contrato de reabilitação urbana prever a transferência para o parceiro privado dos direitos de comercialização dos imóveis reabilitados e de obtenção dos respectivos proventos, podendo, nomeadamente, ficar acordada a aquisição do direito de propriedade ou do direito de superfície dos bens a reabilitar por parte deste, ou a atribuição de um mandato para a venda destes bens por conta da SRU.

3. A transferência do direito de propriedade ou do direito de superfície da SRU para terceiros, nomeadamente para o promotor privado, apenas será válida após o processo de reabilitação do imóvel em causa estar concluído.

4. O contrato de reabilitação urbana deverá regular, designadamente:

a) A transferência, ou não, para o parceiro privado da obrigação de aquisição dos prédios existentes na área em questão, sempre que tal aquisição se possa fazer por via amigável;

b) A responsabilidade pela condução dos processos expropriativos que se revelem necessários para aquisição da propriedade pela SRU ou pelo município;

c) O modo de pagamento entre as partes do valor das indemnizações devidas por força das expropriações;

d) A obrigação de preparar os projectos a submeter a licenciamento, de os submeter a licenciamento, de promover as obras de reabilitação urbana e de requerer as respectivas licenças de utilização;

e) Os prazos em que as obrigações das partes devem ser cumpridas;

f) As contrapartidas a pagar por qualquer das duas partes contratantes, as quais poderão ser fixadas em espécie;

g) O eventual dever do parceiro privado procurar chegar a acordo com os proprietários interessados na reabilitação da respectiva fracção sobre os termos da reabilitação da mesma e a eventual cessão da posição contratual da SRU a favor do parceiro privado, no caso de aquela ter já chegado a acordo com os proprietários;

h) O eventual dever da SRU ou do parceiro privado por conta desta de proceder ao realojamento temporário dos arrendatários que pretendam reocupar o imóvel reabilitado;

i) As garantias de boa execução do contrato a prestar pelo parceiro privado.

Parte IV – Anexos – Legislação Revogada e Legislação Subsidiária do NRAU

ARTIGO 35.º
Poderes de fiscalização das SRU

1. Compete às SRU fiscalizar o cumprimento por parte dos parceiros privados contratados das obrigações assumidas através do contrato de reabilitação urbana.

2. Compete às SRU fiscalizar a execução das obras de reabilitação.

3. Os parceiros privados contratados, bem como os proprietários dos imóveis, devem colaborar com os municípios e com as SRU no exercício da fiscalização, permitindo-lhes o acesso aos imóveis e aos documentos relativos à reabilitação urbana que esta solicitar.

CAPÍTULO V
Disposições finais

ARTIGO 36.º
Procedimento de reabilitação conduzido pelos municípios

Os municípios que assumam tarefas de reabilitação urbana em zonas históricas ou áreas de recuperação e reconversão urbanística, sem intervenção de SRU, podem optar por seguir o regime previsto neste diploma, incluindo o regime previsto no n.º 2 do artigo 32.º.

ARTIGO 37.º
Conceito de titulares de direitos reais

Para os efeitos dos procedimentos de reabilitação urbana regulados por este diploma, consideram-se titulares de direitos reais sobre os edifícios ou fracções aqueles que no registo predial, na matriz ou em títulos bastantes de provas que exibam figurem como titulares de tais direitos, sempre que se trate de prédios omissos ou haja manifesta desactualização dos registos e das inscrições aqueles que pública e notoriamente forem tidos como tais.

ARTIGO 38.º
Regime especial de constituição de propriedade horizontal

1. No âmbito dos procedimentos da reabilitação urbana previstos no presente diploma, pode ser constituída propriedade horizontal relativamente a fracções que não reúnam as condições previstas no artigo 1415.º do Código Civil, sob condição resolutiva de virem a satisfazê-las no termo das operações de reabilitação urbana.

Anexo VII – Regime Excepcional de Reabilitação Urbana para as Zonas Históricas ...

2. A falta de observância dos requisitos previstos no artigo 1415.º do Código Civil no termo das operações de reabilitação urbana importa a sujeição do prédio ao regime de compropriedade, aplicando-se, com as devidas adaptações, o disposto no artigo 1416.º do Código Civil.

ARTIGO 39.º
Suprimento de incapacidade de menores, inabilitados ou interditos

As SRU têm legitimidade para requerer judicialmente o suprimento da incapacidade de menores, inabilitados ou interditos que sejam titulares de direitos reais sobre imóveis objecto dos procedimentos de reabilitação urbana previstos no presente diploma.

ARTIGO 40.º
Contratos-programa

As SRU podem celebrar contratos-programa com o Estado, aplicando-se, com as necessárias adaptações, o disposto no Decreto-Lei n.º 384/87, de 24 de Dezembro, na redacção em vigor.

ARTIGO 41.º
Fundos de investimento imobiliário

1. Para a execução da reabilitação urbana, poderão constituir-se fundos de investimento imobiliário fechados de subscrição particular.

2. A subscrição de unidades de participação nos fundos referidos no número anterior pode ser feita em dinheiro ou através da entrega de prédios ou fracções a reabilitar.

3. Para o efeito previsto no número anterior, o valor dos prédios ou fracções será determinado pela entidade gestora do fundo, dentro dos valores de avaliação apurados por dois avaliadores independentes registados na Comissão do Mercado de Valores Mobiliários e por aquela designados.

4. As entidades gestoras de fundos de investimento imobiliário podem concorrer aos concursos a que se refere o artigo 31.º, para efeitos da celebração do contrato de reabilitação a que se refere o artigo 34.º.

5. Em tudo o que não contrarie o presente artigo aplica-se o regime jurídico dos fundos de investimento imobiliário fechados de subscrição particular estabelecido no Decreto-Lei n.º 60/2002, de 20 de Março.

6. Os Ministros das Finanças e das Obras Públicas, Transportes e Habitação podem regulamentar o disposto no presente artigo através de portaria conjunta, designadamente no que respeita à aplicação dos artigos 20.º e 31.º aos fundos de investimento imobiliário.

Parte IV – Anexos – Legislação Revogada e Legislação Subsidiária do NRAU

ARTIGO 42.º
Dever de cooperação

Todas as entidades públicas e privadas devem cooperar activa e empenhadamente na prossecução do interesse público de reabilitação urbana.

ARTIGO 43.º
Aplicação a procedimentos em curso

1. Sem prejuízo dos direitos adquiridos, o regime previsto neste diploma aplica-se aos procedimentos de reabilitação urbana já iniciados.

2. Pode ser atribuído às SRU que venham a ser constituídas o exercício de competências relativas a procedimentos de reabilitação já indicados.

3. Os municípios com procedimentos de reabilitação em curso poderão transferir as respectivas posições contratuais para as SRU que venham a constituir.

ÍNDICE

Prefácio à 2ª edição 5

Prefácio 7

INTRODUÇÃO

Proposta de Lei n.º 34/X (exposição de motivos) 11

PARTE I
NOVO REGIME DO ARRENDAMENTO URBANO (NRAU)

TÍTULO I
Novo Regime do Arrendamento Urbano (NRAU)

Artigo 1.º 33

Capítulo I – Alterações legislativas

Artigo 2.º (Alteração ao Código Civil) 35
  Código Civil, artigo 1417.º (propriedade horizontal) 36
  Código Civil, artigo 1682.º-B (Disposição do direito ao arrendamento) 36
Artigo 3.º (Aditamento ao Código Civil) 39
Artigo 4.º (Alteração ao Código de Processo Civil) 41
  Código de Processo Civil, artigo 678.º (Decisões que admitem recurso) 41
  Código de Processo Civil, artigo 930.º (Entrega da coisa) 43
  Código de Processo Civil, artigo 930.º-A (Execução para entrega de coisa
  imóvel arrendada) 44
Artigo 5.º (Aditamento ao Código de Processo Civil) 45
  Código de Processo Civil, artigo 930.º-B (Suspensão da execução) 45
  Código de Processo Civil, artigo 930.º-C (Diferimento da desocupação de imó-
  vel arrendado para habitação) 48

Novo regime do Arrendamento Urbano

Código de Processo Civil, artigo 930.º-D (Termos do diferimento da desocupação) 49
Código de Processo Civil, artigo 930.º-E (Responsabilidade do exequente) ... 51
Artigo 6.º (Alteração ao Decreto-Lei n.º 287/2003, de 12 de Novembro) 53
CIMI, Artigo 15.º 53
CIMI, Artigo 16.º 54
CIMI, Artigo 17.º 54
Portaria n.º 1337/2003, de 5 de Dezembro (Actualização dos valores patrimoniais) 55
Artigo 7.º (Alteração ao Código do Imposto Municipal sobre Imóveis) 59
CIMI, Artigo 61.º 59
CIMI, Artigo 112.º 60
Portaria n..º 1271/2001, de 9 de Novembro Países, territórios e regiões com regime de tributação privilegiada) 62
Artigo 8.º (Alteração ao Código do Registo Predial) 67

Capítulo II – Disposições gerais

Secção I – Comunicações

Artigo 9.º (Forma da comunicação) 69
Código Civil, artigos 373.º a 379.º (Documentos particulares) 70
Código de Processo Civil, artigos 261.º a 263.º (Notificação judicial avulsa) 71
Código de Processo Civil, artigos 239.º e 240.º (Notificação por solicitador ou funcionário judicial) 72
Código de Processo Civil, artigos 245.º e 246.º (Notificação por mandatário judicial) 74
Artigo 10.º (Vicissitudes) 77
Artigo 11.º (Pluralidade de senhorios ou de arrendatários) 81
Artigo 12.º (Casa de morada de família) 83
Código Civil, artigo 1673.º (Residência da família) 83
Código Civil, artigo 1682.º-B (Disposição do direito ao arrendamento) 84

Secção II – Associações

Artigo 13.º (Legitimidade) 87
Constituição da República, artigo 46.º (Liberdade de associação) 88
Código Civil, artigos 167.º a 184.º (Associações) 88
Lei n.º 24/96, de 31 de Julho, artigos 17.º e 18.º (Associações de consumidores) 91

Secção III – Despejo

Artigo 14.º (Acção de despejo) 93

Índice

Artigo 15.º (Título executivo) 103
Código de Processo Civil, artigos 930.º a 930.º-E (Execução para entrega de coisa imóvel arrendada) 104

Secção IV – Justo Impedimento

Artigo 16.º (Invocação de justo impedimento) 109

Secção V – Consignação em depósito

Artigo 17.º (Depósito das rendas) 111
Código Civil, artigos 841.º a 846.º (Consignação em depósito) 111
Código de Processo Civil, artigos 1024.º a 1032.º (Da consignação em depósito) 112
Código Civil, artigos 279.º a 296.º (Cômputo do termo do prazo) 115
Artigo 18.º (Termos do depósito) 119
Artigo 19.º (Notificação do senhorio) 121
Artigo 20.º (Depósitos posteriores) 123
Artigo 21.º (Impugnação do depósito) 125
Artigo 22.º (Levantamento do depósito pelo senhorio) 127
Artigo 23.º (Falsidade da declaração) 129
Código Penal, artigo 360.º (Falsas declarações) 129

Secção VI – Determinação da renda

Artigo 24.º (Coeficiente de actualização) 131
Artigo 25.º (Arredondamento) 135

TÍTULO II
Normas transitórias

Capítulo I – Contratos habitacionais celebrados na vigência do RAU e contratos não habitacionais celebrados depois do Decreto-Lei n.º 257/95 de 30 de Setembro

Artigo 26.º (Regime) 137

Capítulo II – Contratos habitacionais celebrados antes da vigência do RAU e contratos não habitacionais celebrados antes do Decreto-Lei n.º 257/95, de 30 de Setembro

Secção I – Disposições gerais

Artigo 27.º (Âmbito) 145

Novo regime do Arrendamento Urbano

Artigo 28.º (Regime) 147
Artigo 29.º (Benfeitorias) 149
    Código Civil, artigos 1273.º a 1275.º (Benfeitorias pelo possuidor) 150

Secção II – Actualização de rendas

Subsecção I – Arrendamento para habitação

Artigo 30.º (Rendas passíveis de actualização) 153
Artigo 31.º (Valor máximo da renda actualizada) 155
Artigo 32.º (Valor do locado) 157
    CIMI, artigos 37.º a 46.º (Valor patrimonial tributário dos prédios urbanos) .. 165
Artigo 33.º (Coeficiente de conservação) 169
Artigo 34.º (Iniciativa do senhorio) 171
Artigo 35.º (Pressupostos da iniciativa do senhorio) 173
Artigo 36.º (Colaboração do arrendatário) 175
Artigo 37.º (Resposta do arrendatário) 176
    CIMI, artigo 76.º (Segunda avaliação de prédios urbanos) 179
Artigo 38.º (Actualização faseada do valor da renda) 183
Artigo 39.º (Actualização em dois anos) 185
Artigo 40.º (Actualização em cinco anos) 189
Artigo 41.º (Actualização em 10 anos) 193
Artigo 42.º (Comunicação do senhorio ao serviço de finanças) 193
    CIMI, artigos 75.º e 76.º (Segunda avaliação) 197
Artigo 43.º (Aplicação da nova renda) 201
Artigo 44.º (Comprovação da alegação) 203
Artigo 45.º (Regime especial de faseamento) 207
Artigo 46.º (Subsídio de renda) ....
Artigo 47.º (Alteração de circunstâncias) 209
    Código Civil, artigos 437.º a 439.º (Resolução ou modificação do contrato por
    alteração das circunstâncias) 210
Artigo 48.º (Direito a obras) 213
Artigo 49.º (Comissão Arbitral Municipal) 217

Subsecção II – Arrendamento para fim não habitacional

Artigo 50.º (Regime aplicável) 219
Artigo 51.º (Rendas passíveis de actualização) 221
    Decreto-Lei n.º 257/95, de 30 de Setembro (Alterações ao regime do arrenda-
    mento urbano) 221
Artigo 52.º (Pressupostos da iniciativa do senhorio) 225
Artigo 53.º (Actualização faseada do valor da renda) 227
    Decreto-Lei n.º 794/76, de 05.11, artigos 41.º e segs. (Áreas críticas de recupe-
    ração e reconversão urbanística) 228

Índice

Artigo 54.º (Comunicação do senhorio) 233
Artigo 55.º (Resposta do arrendatário) 237
Artigo 56.º (Actualização imediata da renda) 239
    Código das Sociedades Comerciais, artigo 228.º (Transmissão entre vivos e
    cessão de quotas) 239

Secção III – Transmissão

Artigo 57.º (Transmissão por morte no arrendamento para habitação) 243
Artigo 58.º (Transmissão por morte no arrendamento para fins não habitacionais) 249

TÍTULO III
Normas finais

Artigo 59.º (Aplicação no tempo) 257
    Código Civil, artigos 12.º e 13.º (Aplicação das leis no tempo) 257
Artigo 60.º (Norma revogatória) 261
Artigo 61.º (Manutenção de regimes) 263
    RAU, artigos 77.º a 82.º (Regime de rendas) 263
Artigo 62.º (Republicação) 267
Artigo 63.º (Autorização legislativa) 269
Artigo 64.º (Legislação complementar) 271
Artigo 65.º (Entrada em vigor) 273

PARTE II
LOCAÇÃO (ARTIGOS 1022.º A 1113.º DO CÓDIGO CIVIL)

Capítulo IV – Locação

Secção I – Disposições gerais

Artigo 1022.º (Noção) 277
    Código do Imposto do selo, artigos 1.º, 2.º, 3.º e 60.º 277
Artigo 1023.º (Arrendamento e aluguer) 285
    Código Civil, artigos 204.º e 205.º (Coisas imóveis e coisas móveis) 285
Artigo 1024.º (A locação como acto de administração) 287
    Código Civil, artigo 1159.º (Extensão do mandato) 288
    Código Civil, artigos 1678.º, 1681.º e 1682.º-B (administração de bens no
    casamento) 288
Artigo 1025.º (Duração máxima) 295
Artigo 1026.º (Prazo supletivo) 299
Artigo 1027.º (Fim do contrato) 301

1197

Novo regime do Arrendamento Urbano

Código Civil, artigos 236.º a 239.º (interpretação e integração da declaração negocial) 301
Artigo 1028.º (Pluralidade de fins) 303
Artigo 1029.º (Exigência de escritura pública) 307
Artigo 1030.º (Encargos da coisa locada) 309

Secção II – Obrigações do locador

Artigo 1031.º (Enumeração) 311
Regulamento Geral das Edificações Urbanas, artigos 10.º a 13.º 311
Artigo 1032.º (Vício da coisa locada) 319
Artigo 1033.º (Casos de irresponsabilidade do locador) 325
Artigo 1034.º (Ilegitimidade do locador ou deficiência do seu direito) 329
Artigo 1035.º (Anulabilidade por erro ou dolo) 333
Código Civil, artigos 247.º a 252.º (Erro) 333
Código Civil, artigos 253.º e seg. (Dolo) 334
Artigo 1036.º (Reparações ou outras despesas urgentes) 337
Código Civil, artigos 804.º a 808.º (Mora do devedor) 337
Artigo 1037.º (Actos que impedem ou diminuem o gozo da coisa) 343
Código Civil, artigos 1276.º a 1286.º (Defesa da posse) 343
Código de Processo Civil artigos 351.º a 359.º (Embargos de terceiro) 345
Código de Processo Civil, artigos 381.º a 392.º (Procedimentos cautelares) ... 346
Código de Processo Civil, artigos 393.º a 395.º (restituição provisória da posse) . 350

Secção III – Obrigações do locatário

Subsecção I – Disposição geral

Artigo 1038.º (Enumeração) 355
Código Civil, artigos 424.º a 427.º (Cessão da posição contratual) 356
Código Civil, artigos 1129.º a 1141.º (Comodato) 356

Subsecção II – Pagamento da renda ou aluguer

Artigo 1039.º (Tempo e lugar do pagamento) 369
Código Civil, artigos 82.º a 88.º (Domicílio) 369
Código Civil, artigos 772.º a 776.º (Lugar da prestação) 370
Código Civil, artigos 777.º a 782.º (Prazo da prestação) 371
Artigo 1040.º (Redução da renda ou aluguer) 375
Código Civil, artigos 1578.º a 1582.º (Parentesco) 375
Código Civil, artigos 1584.º e seg. (Afinidade) 376
Artigo 1041.º (Mora do locatário) 379
Código Civil, artigos 432.º a 436.º (Resolução do contrato) 380
Código Civil, artigos 804.º a 808.º (Mora do devedor) 380
Artigo 1042.º (Cessação da mora) 387

Índice

Subsecção III – Restituição da coisa locada

Artigo 1043.º (Dever de manutenção e restituição da coisa) 389
Artigo 1044.º (Perda ou deterioração da coisa) 393
Artigo 1045.º (Indemnização pelo atraso na restituição da coisa) 397
    Código Civil artigos 562.º a 572.º (Obrigação de indemnização) 397
Artigo 1046.º (Indemnização de despesas e levantamento de benfeitorias) 407

Secção IV – Resolução e caducidade do contrato

Subsecção I – Resolução

Artigo 1047.º (Resolução) 411
    Código Civil, artigos 432.º a 436.º (Resolução do contrato) 411
Artigo 1048.º (Falta de pagamento da renda ou aluguer) 415
    Código Civil, artigos 296.º a 299.º (Regras gerais dos prazos) 416
    Código Civil, artigos 328.º a 333.º (Caducidade) 417
Artigo 1049.º (Cedência do gozo da coisa) 421
Artigo 1050.º (Resolução do contrato pelo locatário) 423

Subsecção II – Caducidade

Artigo 1051.º (Casos de caducidade) 425
    Código Civil, artigos 328.º a 333.º (Caducidade) 426
    Código Civil, artigos 270.º a 279.º (Contrato sob condição ou a termo) 427
Artigo 1052.º (Excepções) 445
Artigo 1053.º (Despejo do prédio) 449
Artigo 1054.º (Renovação do contrato) 453
Artigo 1055.º (Oposição à renovação) 457
Artigo 1056.º (Outra causa de renovação) 461

Secção V – Transmissão da posição contratual

Artigo 1057.º (Transmissão da posição do locador) 467
Artigo 1058.º (Liberação ou cessão de rendas ou alugueres) 471
    Código Civil, artigos 577.º a 588.º (Cessão de créditos) 471
Artigo 1059.º (Transmissão da posição do locatário) 475
    Código Civil, artigos 219.º a 223.º (Forma dos negócios jurídicos) 475

Secção VI – Sublocação

Artigo 1060.º (Noção) 481
Artigo 1061.º (Efeitos) 485
Artigo 1062.º (Limite da renda ou aluguer) 489
Artigo 1063.º (Direitos do locador em relação ao sublocatário) 491
    Código Civil, artigos 606.º a 609.º (Sub-rogação do credor) 491

Novo regime do Arrendamento Urbano

Secção VII – Arrendamentos de prédios urbanos

Subsecção I – Disposições gerais

Artigo 1064.º (Âmbito) 493
Artigo 1065.º (Imóveis mobilados e acessórios) 497
Artigo 1066.º (Arrendamentos mistos) 501
Artigo 1067.º (Fim do contrato) 505
Artigo 1068.º (Comunicabilidade) 511

Subsecção II – Celebração

Artigo 1069.º (Forma) 515
Artigo 1070.º (Requisitos de celebração) 523
Decreto-Lei n.º 555/99, de 16 de Dezembro, artigos, 4.º, 64.º, 89.º, 90.º e 116.º
(licenças e vistorias) 524

Subsecção III – Direitos e obrigações das partes

Divisão I – Obrigações não pecuniárias

Artigo 1071.º (Limitações ao exercício do direito) 531
Código Civil, artigos 1344.º a 1352.º (Propriedade de imóveis) 531
Artigo 1072.º (Uso efectivo do locado) 535
Artigo 1073.º (Deteriorações lícitas) 543
Artigo 1074.º (Obras) 547
Código Civil, artigos 1273.º a 1275 (Benfeitorias realizadas pelo possuidor) 548

Divisão II – Renda e encargos

Artigo 1075.º (Disposições gerais) 555
Artigo 1076.º (Antecipação de rendas) 559
Código Civil, artigos 623.º a 626.º (Prestação de caução) 559
Artigo 1077.º (Actualização de rendas) 563
Artigo 1078.º (Encargos e despesas) 567

Subsecção IV – Cessação

Divisão I – Disposições comuns

Artigo 1079.º (Formas de cessação) 571
Artigo 1080.º (Imperatividade) 575
Artigo 1081.º (Efeitos da cessação) 577

Divisão II – Cessação por acordo entre as partes

Artigo 1082.º (Revogação) 581

Índice

Divisão III – Resolução

Artigo 1083.º (Fundamento da resolução) 585
Artigo 1084.º (Modo de operar) 611
Artigo 1085.º (Caducidade do direito de resolução) 613
    Código Civil, artigos 328.º a 333.º (Caducidade) 613
Artigo 1086.º (Cumulações) 614
    Código Civil, artigos 483.º e seguintes (Responsabilidade civil) 619
Artigo 1087.º (Desocupação) 623

Subsecção V – Subarrendamento

Artigo 1088.º (Autorização do senhorio) 625
    Código Civil, artigo 268.º (Representação sem poderes) 625
    Código Civil, artigos 452.º a 456.º (Contrato para pessoa a nomear) 626
Artigo 1089.º (Caducidade) 629
Artigo 1090.º (Direitos do senhorio em relação ao subarrendatário) 633
    Código de Processo Civil, artigos 261.º a 263.º (Notificações avulsas) 633

Subsecção VI – Direito de preferência

Artigo 1091.º (Regra geral) 637
    Código Civil, artigos 414.º a 419.º (Pactos de preferência) 638
    Código Civil, artigos 837.º a 840.º (Dação em cumprimento) 639
    Lei n.º 107/2001, de 8.9, artigo 37.º (Direito de preferência) 640

Subsecção VII – Disposições especiais do arrendamento para habitação

Divisão I – Âmbito do contrato

Artigo 1092.º (Indústrias domésticas) 647
Artigo 1093.º (Pessoas que podem residir no local arrendado) 651
    Lei n.º 6/2001, de 11 de Maio (Economia comum) 652
    Lei n.º 7/2001, de 11 de Maio (Uniões de facto) 654

Divisão II – Duração

Artigo 1094.º (Tipos de contratos) 661

Subdivisão I – Contrato com prazo certo

Artigo 1095.º (Estipulação de prazo certo) 663
Artigo 1096.º (Renovação automática) 667
Artigo 1097.º (Oposição à renovação deduzida pelo senhorio) 669
Artigo 1098.º (Oposição à renovação ou denúncia pelo arrendatário) 671

Novo regime do Arrendamento Urbano

Subdivisão II – Contrato de duração indeterminada

Artigo 1099.º (Princípio geral) 673
Artigo 1100.º (Denúncia pelo arrendatário) 677
Artigo 1101.º (Denúncia pelo senhorio) 679
Artigo 1102.º (Denúncia para habitação) 695
Artigo 1103.º (Denúncia justificada) 705
    Lei n.º 2088, de 3 de Junho de 1957 (Despejo para aumento da capacidade
    locativa) 706
Artigo 1104.º (Confirmação da denúncia) 717

Divisão III – Transmissão

Artigo 1105.º (Comunicabilidade e transmissão em vida para o cônjuge) 719
    Código Civil, artigo 1793.º (Casa de morada da família) 720
    Lei n.º 7/2001, de 11 de Maio, artigo 4.º (Casa de morada de família e residên-
    cia comum) 720
    Lei n.º 6/2001, de 11 de Maio, artigo 5.º (Casa de morada comum) 720
Artigo 1106.º (Transmissão por morte) 727
Artigo 1107.º (Comunicação) 735

Subsecção VIII – Disposições especiais do arrendamento
para fins não habitacionais

Artigo 1108.º (Âmbito) 739
Artigo 1109.º (Locação de estabelecimento) 741
Artigo 1110.º (Duração, denúncia ou oposição à renovação) 747
    Código de Processo Civil, artigos 45.º a 46.º (Título executivo) 747
Artigo 1111.º (Obras) 753
Artigo 1112.º (Transmissão da posição do arrendatário) 755
    Decreto-Lei n.º 64-A/2000, de 22.04 (Trespasse; forma) 756
    Código Civil, artigos 414.º a 423.º (Pactos de preferência) 756
    Código Civil, artigo 1410.º (Acção de preferência) 758
Artigo 1113.º (Morte do arrendatário) 767

PARTE III
LEGISLAÇÃO COMPLEMENTAR AO NRAU

Decreto-Lei n.º 156/2006, de 8 de Agosto (Regime de determinação e verificação
    do coeficiente de conservação) 773
Decreto-Lei n.º 157/2006, de 8 de Agosto (Regime jurídico das obras em prédios
    arrendados) 779
Decreto-Lei n.º 158/2006, de 8 de Agosto (Regimes de determinação do rendimento
    anual bruto corrigido e atribuição do subsídio de renda) 803

Índice

Decreto-Lei n.º 159/2006, de 8 de Agosto (Definição do conceito fiscal de prédio devoluto) 819

Decreto-Lei n.º 160/2006, de 8 de Agosto (Elementos do contrato de arrendamento e requisitos a que obedece a sua celebração) 825

Decreto-Lei n.º 161/2006, de 8 de Agosto (Comissões arbitrais municipais) 831

Portaria n.º 1192-A/2006, de 3 de Novembro (Aprova o modelo único simplificado para pedidos e comunicações) 843

Portaria n.º 1192-B/2006, de 3 de Novembro (Ficha de avaliação do nível de conservação de imóveis locados) 857

PARTE IV
ANEXOS (LEGISLAÇÃO REVOGADA
E LEGISLAÇÃO SUBSIDIÁRIA DO NRAU)

ANEXO I

Arrendamento rural – Decreto-Lei n.º 385/88, de 25 de Outubro, alterado pelo Decreto-Lei n.º 524/99, de 10 de Dezembro 879

Arrendamento florestal – Decreto-Lei n.º 394/88, de 8 de Novembro 899

ANEXO II

Regime do Arrendamento urbano (RAU) 911

ANEXO III

Enfiteuse – artigos 1491.º a 1523.º do Código Civil 959

Extinção do regime de colonia – Decreto Regional n.º 13/77/M, de 18 de Outubro ... 969

ANEXO IV

Direitos de uso e de habitação – artigos 1484.º a 1490.º do Código Civil 983

Direito real de habitação periódica – Decreto-Lei n.º 22/2002, de 31 de Janeiro 985

ANEXO V

Propriedade horizontal – artigos 1414.º a 1438.º do Código Civil 1023

Relações entre condóminos e terceiros – Decreto-Lei n.º 268/94, de 25 de Outubro .. 1035

Conta poupança condomínio – Decreto-Lei n.º 268/94, de 25 de Outubro 1039

Novo regime do Arrendamento Urbano

ANEXO VI

Mediação imobiliária – Decreto-Lei n.º 77/99, de 16 de Março 1045

ANEXO VII

Regulamento dos concursos para atribuição de habitações sociais – Decreto Regulamentar n.º 50/77, de 10 de Agosto 1067

Regime de arrendamento de bens imóveis do domínio privado do Estado – Decreto-Lei n.º 507-A/79, de 24 de Dezembro 1083

Critérios para a determinação das rendas das habitações promovidas pelo Estado e atribuídas em regime de arrendamento – Portaria n.º 288/83, de 17 de Março ... 1087

Regime das rendas nos arrendamentos para habitação – Lei n.º 46/85, de 20 de Setembro 1093

Regime de atribuição do subsídio de renda de casa – Decreto-Lei n.º 68/86, de 27 de Março 1097

Regime de concessão do incentivo ao arrendamento por jovens – Decreto-Lei n.º 162/92, de 5 de Agosto 1113

Escalões de incentivo ao arrendamento por jovens – Portaria n.º 835/92, de 28 de Agosto 1119

Regime de renda apoiada – Decreto-Lei n.º 166/93, de 7 de Maio 1121

Regime de arrendamento de imóveis pelo Estado e institutos públicos – Decreto-Lei n.º 228/95, de 11 de Setembro 1127

Regime especial de comparticipação e financiamento na recuperação de prédios urbanos em regime de propriedade horizontal – Decreto-Lei n.º 106/96, de 31 de Julho 1131

Regime de renda condicionada – Decreto-Lei n.º 329-A/2000, de 22 de Dezembro ... 1137

"RECRIA" – Regime especial de comparticipação na recuperação de imóveis arrendados – Decreto-Lei n.º 329-C/2000, de 22 de Dezembro 1145

Regime de cálculo de comparticipação a fundo perdido a atribuir no âmbito do programa "Recria" – Portaria n.º 56-A/2001, de 29 de Janeiro 1159

Protocolo para realojamento de famílias a residirem em habitações precárias – de 17 de Dezembro de 2003 1163

Regime excepcional de reabilitação urbana para as zonas históricas e áreas críticas – Decreto-Lei n.º 104/2004, de 7 de Maio 1169

ÍNDICE 1193